世 界 史 图 书 馆

世界文明史 上

HISTORY OF CIVILIZATIONS

（第二版）

马克垚————主 编

高 毅————副主编

朱孝远 颜海英————第一编主编

郑家馨 郭华榕————第二编主编

董正华 许 平————第三编主编

北京大学出版社
PEKING UNIVERSITY PRESS

图书在版编目（CIP）数据

世界文明史：全2册/马克垚 主编. —2版. —北京：北京大学出版社，2016.1
（世界史图书馆）
ISBN 978−7−301−23858−5

Ⅰ.①世... Ⅱ.①马... Ⅲ.①世界史−文化史 Ⅳ.①K103

中国版本图书馆CIP数据核字（2014）第019485号

书　　　　名	世界文明史（第二版）（上、下）
著作责任者	马克垚　主编
责 任 编 辑	刘　方　李学宜
标 准 书 号	ISBN 978−7−301−23858−5
出 版 发 行	北京大学出版社
地　　　址	北京市海淀区成府路205号　100871
网　　　址	http://www.pup.cn　新浪微博：@北京大学出版社
电 子 信 箱	编辑部 wsz@pup.cn　总编室 zpup@pup.cn
电　　　话	邮购部 62752015　发行部 62750672　编辑部 62752025
印 刷 者	北京中科印刷有限公司
经 销 者	新华书店

787毫米×1092毫米　16开本　85.75印张　1432千字
2004年9月第1版
2016年1月第2版　2024年3月第12次印刷

定　　　价　258.00元（上、下）

举报电话：010-62752074；电子信箱：fd@pup.pku.edu.cn
图书如有印装质量问题，请与出版部联系，电话：010-62756370

目　录
CONTENTS

【第二编】 工业文明的兴起

导 言

文明与文明史

文明一词源自近代欧洲，最初用来形容人的行为方式，和有教养的、有礼貌的、开化的这一类词意思相似，[①] 一说 civilization 一词来自拉丁文 civitas（城邦），所以也有公民的、市民的这样的含义，即它和当时兴起的资产阶级有密切的关系。[②] 法国的启蒙学者最早使用这一名词，"该词最初确指对知识进步，技术进步，道德进步和社会进步的一种朦胧向往，也就是所谓'启蒙思想'"。[③] 在使用中，文明的含义逐渐由指个人的行为而具有了社会的意义，文明与野蛮相对应，用来指社会的一种进步的过程，一种进化所达到的状态，一种发展趋向。

在文明一词流行的同时，文化一词也逐渐被使用。据说德国人早先宁愿使用文化一词而不愿使用文明，后来他们用文化来指宗教、艺术、思想等精神方面的事物，而文明则用来指政治、经济等社会中的现实事物。[④] 到了 19 世纪，文明这一概念已经成为西方国家进行民族扩张和殖民运动的辩护词。他们认为文明这一进程在自己的内部已经完成，"从根本上来说，他们认为自己是一个现存的，或者是稳固的'文明'的提供者，是一个向外界传递'文明'的旗手。不断向前发展的整个文明进程在他们的意识中只留下一个模糊的印象。他们用文明的结果炫耀自己，以示自己的天赋高于他人"。[⑤]

当西方踌躇满志于自己的文明成就时，他们的社会科学也在不断地进步。社会科学家发现，世界历史上和世界舞台上，存在着其他的文明。随着进化论的流行，

---

① 埃利亚斯：《文明的进程》，上册，王佩莉译，三联书店，1998，62、103 页。
② 高毅：《关于编撰〈世界文明史〉的几点想法》，《北大史学》，第 5 期，北京大学出版社，1998，19 页。
③ 布罗代尔：《文明史：过去解释现时》，《资本主义论丛》，顾良、孙慧君译，中央编译出版社，1997，125 页。
④ 高毅，前引文，21 页；埃利亚斯，前引书，第一、二章。
⑤ 埃利亚斯，前引书，116 页。

人类的进化被划分为蒙昧、野蛮、文明诸阶段，其他的民族、国家在进步过程中，都会摆脱野蛮状态而进入文明。而进入文明的标志，正如奎格利所指出的，是一个有了文字和城市的生产社会。① 文明由单数变成了复数，并且成为人类社会发展的公认的阶段。

在当今的西方学术界，关于文明和文化的定义、概念、界说可谓五花八门，不过一般说来可以划分为两大类：一类比较强调它的物质内容，另一类比较强调它的精神内容。② 布罗代尔的文明概念大概属于前一类。他说：文明首先是一个地域范围，要有一定的地域空间，因此包括气候，动、植物种类，农牧业，衣、食、住、行方式等；其次，文明可以等同于社会，这两个词可以互换使用；第三，文明也就是经济。每个社会，每种文明，都有它自己经济的、技术的、生物的和人口的情况，物质的和生物的状况常常决定着文明的命运。人口的升降，经济和技术的兴衰等往往严重影响着文化和社会的结构，所以研究文明也就要研究她的政治经济学；第四，文明也包含着思维方式，也就是集体心理。在每个时代，一定的世界观、一定的集体心智，掌握着社会的整个群众，支配着社会的态度，领导着它的选择，确定着它的偏好，决定着它的行动。这种集体心理来自远古，代代相传，不容易变动，是一种群体无意识的反映。这里宗教是其最强烈的表现。③ 所以布罗代尔认为，研究文明要涉及所有的社会科学领域。在另一处他更明确地说，"事实上，'civilization'至少是一个双义词，它既表示道德价值又表示物质价值。因此，卡尔·马克思区分了经济基础（物质上）与上层建筑（精神上）——在他看来，后者严重地依赖于前者。"④ "有关文明的研究几乎总是导致唯心主义的猖獗，这种对卡尔·马克思的轻蔑是何等的幼稚！" "我最后坚信，政治、社会和经济的结构左右着道德生活、精神生活和宗教生活的方向（不论是好的方向或坏的方向），缺少这样一个强有力的结构，文明也就不能存在。"⑤ 和布罗代尔不同，亨廷顿的文明概念更多地强调它的精神方面的内容。他认为文化实际上是所有文明定义的共同主题，在所有界定文明的客观因素中，最重要的通常是宗教，人类历史上的主要文明在很大

---

① C.Quigley,*The Evolution of Civilizations*（《文明的演变》），N.Y：Macmillan Co.,1961,pp.31,76.
② 何顺果：《西方"文明"概念的局限性》，《北大史学》，第 5 期，北京大学出版社，1998。
③ 布罗代尔著：《文明史纲》肖昶等译，广西师范大学出版社，2003，第一、二章。
④ 布罗代尔：《文明史纲》，25 页。
⑤ 布罗代尔：《资本主义论丛》，157—158 页。

程度上被基本等同为世界上的伟大宗教。"因此，文明是人类最高的文化归类，人类文化认同的最广范围，人类以此与其他物种相区别。"①

文明是人类所创造的伟大成果，它既有物质的，也有精神的，既有政治的，也有经济的、文化的等等，所以我们也可以大致把文明划分为物质文明和精神文明两大类。而文化则较多地指人类的精神财富，如文学、艺术、宗教、风习等。这样的理解其实是学术界的共识。意见分歧主要在于如何界定众多的文明。像亨廷顿，比较强调文明的精神内容，以为最主要的区别是宗教，所以他把当今世界上的主要文明确定为中华文明（儒教文明），日本文明（中国文明的后代），印度文明，伊斯兰文明，西方文明（基督教文明，其中的拉丁美洲文明被称为西方文明的次文明），非洲文明等。② 而有的学者则强调它的物质方面，认为是物质生产、是经济基础最终决定着文明的面貌和发展方向。文明当然有其重要的物质内容，它应该有一个相当的地域，有时候它和国家、民族相联系，但它又不等同于国家或者民族。它有自己的经济，包括农、工、牧、商各业的特点。在这一定的地域和生产方式之下，产生了文明群体的共同语言、宗教、生活习俗、心理认同等等。文明是长寿的，所以这些文化因素、宗教、风习、语言、共同心理等，代代相传，形成了十分稳定的文明特征。但文明又是不断变动的，它的物质内容和精神内容，随着时间的推移，在自己的发展和外力的作用下，不断发生变化。我们只有从它的物质内容和精神内容，从它的变与不变的结合上，才能认清它的面貌、它的特征，才能把不同的文明划分开来。

有了文明，也就有了文明史。文明史是启蒙学者开始写作的。法国的伏尔泰（1694—1778）于1756年完成的《风俗论》（论各民族的精神与风俗）被认为是文明史（文化史）的滥觞，虽然他并未使用文明一词。③ 他在书中竭力想写出中国、印度、埃及、巴比伦等国的历史与文化，并且不乏对这些文明的赞美之词。不过限于当时的条件，他对这些地方的历史与文化所知不多，所以书中的主要内容还是西欧的中古史，而且更多的是政治史。基佐（1787—1874）于法国大革命后写了《法国文明史》和《欧洲文明史》，但这两部书更像是一种政治史。《法国文明史》是一

▶ ▶ ▶ ────────────────────

① 亨廷顿：《文明的冲突和世界秩序的重建》，周琪等译，新华出版社，1998，26 页。
② 同上书，29—33 页。
③ 伏尔泰：《风俗论》，上、中、下，梁守锵等译，商务印书馆，1995—1997。

本中世纪史，写罗马帝国灭亡后的西欧，包括政治史和教会史、文化史等，然后是 9—13 世纪法国的中世纪史，主要写封建制度、王权和城市，这三者是基佐所认为的法国中世纪文明的主要内容。[①] 书中主要突出说明第三等级的兴起。基佐指出，虽然法国的自治城市到 14 世纪初大都被取消了，但第三等级并未消亡，反而在其他市镇中成长起来。[②] 在《欧洲文明史》中，基佐说文明的内容包括社会生活的发展和个人的发展、内心生活的发展。[③] 但在这本书中，他主要写的是社会生活、社会状况的历史，从罗马帝国灭亡起一直写到法国革命，社会史、政治史的内容居多，而不是文明史。

汤因比在 20 世纪初所写的巨著《历史研究》，是一部真正意义上的文明史。汤因比在第一次世界大战后开始写作，对西方文明的成就感到幻灭，因而能破除西欧中心论的陈见。他提出分析历史的单位是文明，文明和社会在汤因比那里基本上是同义语，包括政治、经济、文化等内容。他列出了世界历史上的 20 几种文明，指出每一种文明都有其发生、成长、衰落、解体的过程，其中大多数的文明已经死亡，只有基督教文明、东正教文明、伊斯兰文明、印度文明和远东文明还依然存在。汤因比认为，自地球上出现人类以来，已经有一百万年以上的历史，而各文明存在的时间最长也不过 6000 年，因此对各种文明都可以当作同时代的文明来分析对比。各种文明和文化具有同等价值，并无优劣高下之分，这是汤因比文明观的进步之处。但是长达 6000 年的文明发展过程，其间发生了诸多变化，不宜于把各种文明当作同时代的文明来分析，否则很难写成一部文明史。[④] 另外，汤因比这部书并不是一本历史著作，而是一部历史哲学著作，他提出的文明发生的挑战、应战说曾对文明的研究、对历史的研究产生很大的影响。后来他更把文明发展的动因归原于神秘的上帝，但是他也由此提出了对影响文明发展的文化心理、文化潜意识的研究，还是有其意义的。[⑤]

▶ ▶ ▶ ────────────────────────────

[①] 基佐：《法国文明史》，1—4 卷，沅芷、伊信译，商务印书馆，1993—1998。

[②] 基佐：《法国文明史》，第 4 卷，69—76 页。

[③] 基佐：《欧洲文明史》，程洪逵、沅芷译，商务印书馆，1998，10 页。

[④] A. J. Toynbee, *A Study of History*, 1-12v., Oxford, 1933-1961. 除了专门研究史学史、哲学史的人以外，已经没有人有兴趣、也更无必要去阅读汤因比的巨著了，读一下索麦维尔的节录本就足够了。汤因比：《历史研究》，上、中、下三册，曹未风等译，上海人民出版社，1986。

[⑤] 张志刚：《文化形态史观》，载何兆武等主编：《当代西方史学理论》，中国社会科学出版社，1996，127—133 页。

　　奎格利的文明史和汤因比的文明史很类似。他自称不是要写一部文明史，而是要提供一种分析工具来帮助理解历史。[1] 他主要是把汤因比的文明发展过程的四阶段改为七阶段，即混合、酝酿、扩张、冲突、普世帝国、衰落，然后或者是外族入侵，文明被毁灭；或者是进入又一次的混合，有新的文明发生。奎格利自认为他的这一分析是对汤因比文明分期说的一个改进，他列举了世界上发生过的 16 种文明，但只对其中的美索不达米亚文明、迦南文明、米诺斯文明、古典文明和西方文明的发展历程逐一作了分析。书中并没有表现出世界舞台上各文明相互影响的进程，没有展现世界文明历程的多姿多彩画面。这本书也不是一部理想的文明史。

　　布罗代尔也写过一本文明史，在这本文明史里面，我们可以找到许多关于文明的精彩见解。他认为文明史就是对古代材料中那些对今天仍然行之有效的东西的探索。[2] 他说历史有三种写法，第一种是传统的历史，即按照年代顺序详细地叙述一切事件。这种历史书读后即忘，不能使人评判和理解历史；第二种是把历史划分为一些阶段，如法国革命、工业革命、第二次世界大战等，然后加以解释。第三种就是要写出长时段的历史变迁，也就是文明史。但他不赞成像汤因比和斯宾格勒那样让文明史去适应一种哲学的解释，而是应该根据历史事实来加以论述。[3] 可惜他依然是把文明分列叙述的，在欧洲之外，有伊斯兰文明、非洲文明、远东文明三大部分，不能充分展示世界诸文明发展过程中的相互影响。

　　以上举例的三种文明史可以说代表了一种类型，即它们研究的单位是文明，这一点是很突出的，可是对不同文明的并列叙述难以表现世界文明史的整体发展大势。另外一种文明史的写法，我想可以麦克尼尔和斯塔夫里阿诺斯的著作为代表。麦克尼尔的《世界史》是在他的成名之作《西方的兴起》的基础上改写而成的。《西方的兴起》写作于美国经济、文化称霸全球之际，所以表达的思想是西方文明、美国文明向全球的胜利大进军。[4] 而《世界史》的写作指导思想和《西方的兴起》是一样的，仍然主张，一些文明的中心总是不断地把其成就传播开来，引诱或者迫使

▶　▶　▶

① C. Quigley, *op. cit.*, p. VII.
② 布罗代尔：《文明史纲》，44 页。这本书原为法国中学生编写。但它后来没有被法国的教育当局所接受。
③ 布罗代尔：《文明史纲》，54—55 页。
④ W. H. McNeill, *The Rise of the West*, Chicago 1963; W. H. McNeill, "The Rise of the West After Twenty-five Years", *Journal of World History*, v. 1, 1990.

其他的文明改变自己的传统生活方式。于是和外面的接触就成为社会变迁的主要动力，而各社会的地理位置和交通状况也就十分重要。麦克尼尔自称他的这一世界历史的观点是对当时美国霸权的一种合理解释，并且表示了要重新审视这一原则的愿望。^① 不过在他的《世界史》中这一观点的改正并不是根本上的。斯塔夫里阿诺斯的《全球通史》，自称要站在月球上看地球，^② 所以对各种不同文明能采取比较客观的态度。麦克尼尔和斯塔夫里阿诺斯都称自己的书所叙述的是文明，这一点在 1500 年以前部分还可以比较清楚地看出来，因为那个时候文明之间的交往还不是很多，所以世界史可以以文明为单位论述。1500 年之后的部分，他们叙述的着重点是文明之间的交流，主要是西方文明的传播和非西方社会的反应，政治史的成分较多，更像是一本世界通史，而不是文明史。目下坊间所见的文明史，大体上和上述两本书一样，都是一种世界通史的格局，而不是文明史。

文明是人类所创造的全部物质和精神成果，从这个意义上说，文明史也就是世界通史。过去的世界通史强调的是短时段的东西，政治事件、伟大人物，后来又加上了经济形势、文化情况等比较稳定的东西。文明史不同于世界史，它所研究的单位是各个文明，是在历史长河中各文明的流动、发展、变化。把文明作为研究单位，我们就要区别不同的文明，划分文明的不同类型。但这是一件十分困难的工作。我们可以用西方文明这样的概念来指称整个欧美文明，也可以区别出法国文明和英国文明的不同之处，说明它们都是独立的文明单位。在历史上存在过众多的文明，这些文明确实有强弱之分，有大小之别，有的文明对人类的贡献较大，有的贡献较小。有的文明已然灭亡，有的文明还在世界上屹然挺立。我们只能根据不同的时代、各文明的不同表现和作用，来确定我们所要叙述的文明的类型划分。我们也只能分析一些在历史上起过重大作用、作过较大贡献的文明，而不可能对各文明作详尽的罗列。

文明作为一个研究的单位，当然不同于国家、民族，所以在我们的分析中不可能照顾到国家、民族的演变线索。但文明的存在要有一定的地域空间，与国家、民

▶ ▶ ▶ ────────────────────────

① W. H. Mcneill, *A World History*, Third Edition, Oxford 1979, p. Ⅵ; W. H. McNeill, "The Rise of the West After Twenty-five Years", *op. cit.*, p. 3.

② 斯塔夫里阿诺斯：《全球通史——1500 年以前的世界》，上，吴象婴、梁赤民译，上海社会科学院出版社，1988，54 页。

族有许多关系。文明虽然不是一个政治实体，但文明的发展和政治实体有许多不可分割的联系，政治实体的作用对文明的形成、发展也是十分重要的。文明不完全等同于文化，可是两者的关系太密切了。语言、宗教、群体心理、风俗习惯，对文明的发展起着巨大的作用。个人在文明史的叙述、分析中，也许占不到什么位置，可是一个个人、一件政治事件，在文明史的发展上也并不都是无足轻重的。所以还是像布罗代尔所说的，文明史统括着一切的学科门类，她和通史很难分开，对她的研究要采用社会科学和人文科学的所有方法。这一要求也许是太高了。我们将尽其所能，做一次冒险的尝试。

文明的发展和演变

每一种文明都有其发展和演变的过程，都有自己的历史。如何说明文明的发展，是文明史研究者的中心议题。汤因比把文明看成一个有机体，认为每一种文明都有她发生、成长、衰落、解体的过程。他提出了著名的挑战、应战说。即文明的发生是由于对自然环境或人为环境挑战的应战，挑战不能过强，只有适度的挑战才是文明发生的适当条件。文明发生以后，在不断应付内部和外部的挑战下成长。如果对挑战没有应战，便会开始衰落，经过一系列运动以至文明解体。他的这一对文明发展的过程与机制的说明带有很浓厚的哲学意味，在我们看来是难以用历史发展的经验证明的，所以说明不了文明的发展史，也无法用来划分文明的发展阶段。

奎格利对汤因比的理论做了进一步的发挥和修正。他把文明的发展过程划分为七个阶段，首先是混合，两种或多种文明的混合才会产生新的文明，新文明产生之后要经过一个酝酿阶段的准备，就进入扩张阶段。文明的扩张要有扩张的工具，奎格利的扩张工具从经济上说，就是要有发明，有积累，有投资。但经过扩张后这一工具制度化，财富控制者不再投资而奢侈享受，紧张产生，导致冲突，于是进入第四阶段——冲突或者是帝国主义战争，或者是内部阶级斗争以及其他表现。经过斗争达到普世帝国阶段，这时是文明的黄金时期，表现为和平与繁荣。繁荣之后文明就会衰落，然后是外族入侵，文明被毁灭，或者发生新的混合，产生新的文明。奎格利自称他的文明发展阶段论是要寻找文明兴衰过程的机制，[①]不过这种理论很难用历史的实证研究加以证实。他所叙述的西方文明阶段即与之不同，因此只好说西方有三个扩张阶段。

对文明、对社会发展阶段的划分，还有其他许多理论。马克思提出过生产方式的理论，用生产力和生产关系，经济基础和上层建筑的矛盾运动来说明社会的发展阶段、发展规律，应该说这是一种很有价值的科学理论。当然，限于当时的客观条件，马克思的理论主要根据的是西方国家、西方社会的历史现实，对世界上其他地区的文明研究不够。后来一些学者（主要是苏联学者）把生产方式的理论用于全世界的历史，建立了五种生产方式说，于是成了一种单线发展的理论，有削足适履的毛病。第二次世界大战以后，现代化研究兴起，有些学者又把各个文明、社会划分为传统和现代两个阶段，并且规定了现代社会的诸多特征，认为缺乏这些特征的就是传统社会。但进一步的研究表明，现代社会的标准是西方的现代，而传统的标准是现代的第三世界。传统与现代的对立仍然是历史上东西方对立的继续。而实际上，每个社会的传统与现代都有其传承关系，是不可能截然分开的。所以布莱克等学者表示不愿再使用传统一词，"传统的形式对现代时期具有很大的影响。以前的传统的消亡并不证明取代这种传统的现代化形式能生存下去。在任何社会内，一切比较现代的特点都是由以前的特点变革而来的"。[②]

文明是比较稳定的人类集体。当今世界上的几大文明都是长寿的，都有一个长期的发展过程。但文明又是不断发展变化的，在发展变化中表现出阶段性。文明发展的阶段也可以有多种的划分法，如我们可以把西方文明划分为文艺复兴时期、浪漫主义时期等，也可以划分为封建时期、资本主义时期，甚或把法国文明细分为路易十四时期、拿破仑时期等等。但从文明的长过程来看，根据生产力发展变化来划分文明的发展阶段依然是比较科学合理的办法。文明性质的变化、文明面貌的变化受到许多复杂因素的影响，但最终说来和它的生产力发展状况有关。人类生产力的发展变化，到现在为止，主要可以划分为农业时代和工业时代这两大时代，但是各文明的发展有先有后，有快有慢，并非同步发展，所以各文明进入农业文明和工业文明的时代很不一致。然而，作为世界文明史，我们还是根据各文明生产力的发展

▶ ▶ ▶ ────────────────────────

① C. Quigley, *op. cit.*, p. 266.
② 布莱克等：《日本和俄国的现代化》，周师铭等译，商务印书馆，1992，23 页。

变化情况和历史学界的习惯做法，把它划分为两个时代，下面略作说明。

一、农业文明时代。这时期各文明的共同特点是农业成为文明社会发展的主要动力。人类生产使用的能源，主要是人力、畜力、风力和水力等可再生能源。作为重要生产力的人口受到土地等资源的制约，增长缓慢。农民是人口中的大多数，分散居住在广大的乡村地区，人口、财富、文化集中的城市只占少数。广大的农业劳动者是社会财富的主要创造者，但却生活在社会的最底层。社会分层这时采取政治、法律、习俗等手段加以固定，经济上的不平等直接表现为等级分别。国家、政治组织逐渐完善，统治政权一般采取帝王个人或者贵族寡头专政的形式。在公元前8—前3世纪，在一些重要的古典文化中心，如希腊、印度和中国，人类的精神开始了觉醒，提出了人与自然和人与人的关系的大问题，并进行研究和回答。人的理性精神也从而得到了发扬。不过，宗教迷信思想依然是这时人类的主导意识，世界三大宗教佛教、伊斯兰教、基督教，在各文明的思想意识中起着十分重要的作用。由于农业文明时代生产力发展缓慢，所以这一时代在世界各地都长达数千年。因此，还可以在世界文明史中把这一时期再划分为初级农业文明阶段和发达的农业文明阶段，而以生产工具的铜器和铁器作为划分的标志。本书并未严格采取这一划分，不过提出来供大家参考。

二、工业文明时代。这时期的生产力开始以蒸汽机的使用为标志。能源多为煤炭、石油、天然气等不可再生能源，科学和技术在生产力中的作用日益重要。工业和商业这时逐渐取代农业成为人类文明发展的主要支柱，并且逐渐改变了农业的面貌和性质。生产力的发展使得人类自身的生产所受的限制减弱，再加上医药卫生条件的改善，人口增加的速度大大加快，一度发生所谓人口爆炸。人口的快速增长，反过来又对资源形成威胁，迫使人类不得不自觉地采取措施，节制自身的生产。城市日益发展和膨胀，成为经济、政治、文化、教育等的中心，在文明的发展中起着火车头的作用。似乎世界的发展，就是由一些城市带动、驱使、决定的，而广大的农村的作用日益减弱，甚至被人们一块块无情地抛弃。过去由法律规定和根据血统、门第形成的社会分层已经逐渐消失，政治上的平等渐得实现，不过经济上的不平等依然困扰着广大的人类。在各文明内部，政治结构都在酝酿改变，或者正在改变，或者已经改变，民主成为人类政治的最大诉求，各文明均为之付出了艰苦的努力，并且取得了许多成果。不过，达到理想的民主境界仍然是人类长远的奋斗目标。科学与理性日益主宰人类的意识形态、思维方式，可是宗教仍然是构成各文明的不可忽视的内容和标志。

工业革命开始于 18 世纪的英国，所以工业文明的时代并没有很长时间，有人说："如果人们把整个人类社会的演进用 12 小时来表示，那么现代工业时代只代表最后 5 分钟，而不是更多。"[①]18 世纪下半期英国开始的工业革命，被认为是工业文明时代的开始。我们在这本书中把工业文明划分为两大阶段：

1. **工业文明的兴起** 工业文明时代的到来，有一个长达几个世纪的酝酿时期。我们的叙述是从这一时期开始的。这一时期，世界各地的文明仍然处于农业文明阶段，只是在西北欧的一隅之地，开始了工业化进程的探索。后来这一进程逐渐发展壮大，到 18 世纪成长为工业革命。不久便把其他各文明远远抛在后面。历史学界关于历史发展的规律问题、动力问题，关于东西方文明的同异问题，关于现代化诸问题，关于资本主义萌芽问题等等，实际上都是围绕着这一段时间内世界上发生的事件展开讨论的。为什么西欧（准确说是西欧的英国）从 16 世纪开始能走上工业化的道路，而许多具有光辉历史的东方文明却不能？这成为长期困扰人们的大问题。早先对这一问题的回答多半是从东西方差别角度出发的，即东方的文明有其特殊性，缺乏自己的发展动力，必须在西方文明的帮助、刺激下，才能逐渐发展起来，这无疑带有西方中心论的色彩。一战以后西方文明的矛盾逐渐暴露，西方优越论逐渐褪色，二战后第三世界在世界舞台上崛起，学者们逐渐探讨东方世界独立自主的发展道路，发展出许多新理论、新看法，使得我们的思想大为解放，眼界大为开阔。不过要解决这样的问题，还需要做许多艰苦的工作。

20 世纪 70 年代一些西方学者，从研究荷兰、英国的情况开始，提出了原工业化的理论，即在这些地方的农村中，农民为远方商品市场从事着手工业生产，主要是纺织业。他们已经以手工业为主业，而农业只是副业。他们往往还受到商人的控制，由商人为他们提供资金和商品的销售。这一原工业化是西方工业革命的准备阶段，为西方的工业革命准备了资金和技术等。但也有人认为原工业化使生产长期陷入内卷化，没有对工业革命做出贡献。[②]原工业化的理论对工业化起因的研究很有帮助，历史学家进而研究西欧以外的地区，发现也有这种原工业化的现象。例如，乔

▶ ▶ ▶ ────────────────────────────────

① 详见本书第十四章的讨论。
② 参看王加丰、张卫良：《西欧原工业化的兴起》，中国社会科学出版社，2004。

杜里就指出，在 18 世纪之前，在中国、印度、日本等地，都发生了为远方市场生产的手工业，也有强大的商人资本，只是因为东方的政府不支持这些商人资本的活动，所以它没能像西方的商人资本那样成长起来，并进一步控制手工业生产。[①] 李伯重还认为，中国的江南地区在明清时期也是有可能走上工业化道路的。[②] 彭慕兰也主张，中国的江南地区，在发展中并没有出现所谓的内卷化，[③] 完全具备着发展的可能性。至于为什么中国的江南地区没有发展起来，没有提前实现工业化，没有走在英国的前面，或者没有和它并驾齐驱，二人似乎都认为是由于主客观条件的限制，中国没有及时转向煤、铁的大规模开采，没有使能源有一场革命性的变革。[④] 但最近黄宗智已经对他们的观点进行了反驳，认为中国农业的发展依然是内卷化的道路。[⑤] 美国的加州学派致力于证明亚非国家有自己的发展道路，批判欧洲中心论，[⑥] 而且主要拿中国和西欧对比。看来中国等发展中国家如何走上现代化的道路，仍然是一个需要长期讨论的问题。不过我们大体上可以说，在世界上一些重要的文明中，潜藏着自主实现工业化的可能性，应该是没有问题的。

但是，历史的事实是，工业化是从西欧，主要是从英国开始的。英国之所以能够率先进行工业化，有一系列复杂的原因。一方面是英国较早开始了工业化之前的工业化，在生产力的发展方面走在了前面；而另一方面，西欧 16 世纪开始的对实验科学的重视，也是一个不可忽视的重要原因，这可能和西欧文明的特殊性有关。因此我们这里把科学思维的建立作为西方文明能够向工业文明过渡的一个重要条件来论述。当然我们也充分注意到，理性思维、科学思维，并不是西方文明的专利，而是世界各主要文明的共同财富，只是西方在发展这一方面走在了前面而已。

西欧工业化的实现，也不是一帆风顺的。在西欧农业文明向工业文明的过渡中，也有过许多曲折和反复：经济发展的困难和危机，政治、阶级斗争的紧张和尖

▶ ▶ ▶ ─────────────────

① 布罗代尔：《资本主义论》，12—24 页。
② 李伯重，前引书，539 页。
③ K. Pomeranz, *The Great Divergence*, Princeton, 2000, pp. 99-100.
④ 李伯重，前引书，533—541 页；Pomeranz, *op. cit.*, pp. 57-68。
⑤ 黄宗智：《发展还是内卷？18 世纪英国与中国》，《历史研究》，2002，4。
⑥ 翻译过来的作品就有王国斌：《转变的中国：历史变迁与欧洲经验的局限》，李伯重译，江苏人民出版社，1998；霍布森：《西方文明的东方起源》，孙建党译，山东画报出版社，2009；弗兰克：《白银资本：重视经济全球化的东方》，刘北成译，中央编译出版社，2000；马克斯：《现代世界的起源：全球的、生态的述说》，夏继果译，商务印书馆，2006；戈德斯通：《为什么是欧洲？世界史视觉下的西方崛起（1500－1800）》浙江大学出版社，2010，以及前引彭慕兰的作品等。

锐。但是这一工业革命的实现，使西欧文明在各个方面都得到了大发展，无论在生产力、经济、政治制度，还是在文学艺术等方面，都创造出了辉煌灿烂的成就，是人类的共同财富，值得后进者认真学习。

与此同时，世界上其他的悠久文明，在向工业化过渡的道路上却遇到了很大的困难，这一困难一方面是文明本身在由农业文明向工业文明过渡中必然会发生的，但另一方面，却是文明传播中所遇到的。所以我们这部书既涉及了西欧工业文明的成就，也探讨了第三世界各文明在向工业文明过渡的进程中所遭遇到的各种困难，出现的新问题。

2. 工业文明在全球的扩展 这是从 19 世纪末 20 世纪初开始的，到现在为止不过一百年，即刚刚过去的这一个世纪——20 世纪。在这一百年中，人类经历了前所未有的大变化。从原来先进的西欧文明中，美国文明迅速崛起成为其中最强大、最具实力的文明，而西欧诸国的文明却因为经历了两次世界大战的灾难而有所衰落。从俄罗斯兴起了苏维埃文明，与西欧的工业化、现代化走了不同的道路。更为重要的是，在世界的所有地方，原来落后的农业文明，这时都在向工业文明过渡。它们的过渡，已经克服了在第一阶段遇到的自己本身和西方所强加的困难，积极谋求、找寻适合自己的工业化道路，并且取得了很大的成功，一些第三世界国家已经在工业化的道路上达到了和西方国家差不多的水平。

这一时期工业文明前进的步伐大大加快了。由于许多国家竞相实现工业化，工业化的水平在迅速扩展和提高。以电力、钢铁、化工为代表的第二次工业革命占据了 20 世纪上半期；而 20 世纪下半期，以原子能、生物技术、新材料、新能源等为代表的新技术革命更把人类的创造力发展到十分惊人的程度。人类的劳动生产率得到空前的提高。一个世纪以来，全球经济总规模（国民生产总值）从 1 万多亿美元增加到 30 多万亿美元。[①] 航空航天技术使人类开始向宇宙进军，而信息网络更把地球连成一片。似乎人类征服自然的时代为期不远了。在西方发达社会，由于科学技术的进步，社会结构、组织也发生了很大改变，文明的面貌发生了很大的改变，进入了所谓后工业化、后现代化时期。同时，亚洲的一些古老文明正在冉冉升起，而有些文明也由原来的弱势文明逐渐转化为强势文明。拉丁美洲的诸文明也在取得进

---

① 转引自齐世荣等主编：《二十世纪的历史巨变》，人民出版社，2000，375 页。

步，加快了向工业文明过渡的步伐。虽然最近发生了经济危机，不过他们发展自己独立文明的努力仍然在不断取得成功。伊斯兰文明也在不断进步之中，成为世界上举足轻重的一大力量，在依靠石油资源实现独立的工业化、现代化方面有不少成就。不过伊斯兰国家的工业化发展不平衡，困难也不少。在那里，改革与保守、世俗与宗教的斗争仍在激烈进行。撒哈拉以南的非洲，在前进的道路上还有许多障碍，虽然他们同样也在积极地找寻适合自己的工业化、现代化的道路。所以，在可预见的将来，这个世界依然是多种文明体系并存的世界。

文明的交流

历史上的诸文明并不是封闭的体系，它本身在不断地变动，同时各文明之间也在不断地交流。文明的交流是指组成文明的诸因素，如语言、宗教、科学、技术、政治经济组织、风俗习惯等，在不断地进行传播和接受，它们在形成文明纵向发展的同时，横向上也在相互运动，这是使文明变化的一个重要原因。文明的交流，使各文明创造的成果在短期内即为人类共享，而不必再去重新发现，因此使人类文明前进的步伐大大加快，这是使人类文明进步的重要原因。文明的交流并不是一帆风顺的，它时常要遇到各种阻碍、挫折、冲突，这也就是文明发展进程有时不能快捷，反而延缓的重要原因。

亨廷顿曾经把文明的交流划分为三个时期，1500 年以前称之为遭遇，1500 年—19 世纪末是冲击时期，而 19 世纪末到 20 世纪则是相互作用时期。[①] 他的这种划分是从不同历史阶段文明交流的不同表现而言的。但我觉得文明的交流内容还要复杂得多，下面就从农业文明时期和工业文明时期分别加以论述：

农业文明时期生产不发达，各文明之间往往还隔着广大的空间。道路阻隔，交通不便，因而文明的交流特别缓慢。许多重要的发明创造由于得不到传播，需要各文明地区自己发明。例如，农业就是在地球上七个不同地区分别起源的，而其时间

▶ ▶ ▶ ────────────────────

① 亨廷顿，前引书，33—39 页。

则从距今一万年到距今四千年，先后长达六千年之久。[①] 即使如科学技术在传播中受到人为阻碍较少的事物，也因为交通不发达而交流缓慢。中国造纸术发明于汉代，西传开始于 751 年怛罗斯战役，从中亚地区传至意大利的那不勒斯（1276），用了五百多年的漫长岁月。而传到莫斯科，则已经是 1576 年，到了 16 世纪的晚期了。[②] 不过，总的说来，农业文明时代，各文明地区之间的成果还是缓慢地、不断地相互交流，促成了人类文明的大发展。

另外，文明交流的快慢，不但和生产的发展程度有关，而且和传播者和接受者对交流的态度有关。佛教起源于印度，但是在印度传播了一阵后反而受到排斥，于是向中国传播。在这一过程中，也遇到中国的儒家学说和道教的反对，进行过长期的斗争。后来佛教吸收了中国的许多固有思想成分，发展成为禅宗，方才在中国立定脚跟，成为中华文明的组成部分。同样，基督教起源于东方，向西传播时也遇到了罗马帝国原有信仰的抵抗和帝国的政治迫害。基督教吸收了希腊的哲学内容，和希腊罗马的思想形式有了许多共同点，所以后来才成为罗马帝国的国教，今天更演化而成西方文明的一个重要思想内容。这也就是说，外来文明的传播，必须要能够适合本文明的特性和情况，才能为接受者所接受，才能和当地的文明融合而发挥作用，成为当地文明的有机组成部分。

到了工业文明时代，生产力有了很大的发展，交通运输便利，电话、电报畅通，报纸、书籍这些传播媒介到处流布，现在，互联网、大众媒体更使一个地方的信息瞬间传遍全世界，所以文明的交流比以前容易得多，也快速得多。这就使得文明的成果更容易为大众所分享，成为人类的共同财富，使世界的进步更加快速。但现在的事实是，在各农业文明向工业文明的过渡中，遇到了很多的困难。这是因为各地区的农业文明发展缓慢，许多农业文明都是自己独立成长的。而工业文明发展迅速，在各地区的农业文明还没有来得及成长壮大，找到适合自己向工业文明过渡的道路的时候，西欧的工业文明已经以其强有力的姿态，以其带有侵略性的势头，开始向其他各地传播了，而这一次的传播也理所当然遇到了许多矛盾和冲突。一方面，当时一些历史悠久的农业文明，因为长期形成的政治经济形势和文化心理态

▶ ▶ ▶ ────────────────

① Ph. D. Curtin, *The World and the West*, Cambridge, 2000, p.128.
② 陈勇：《海道大通与世界交往》，黄邦和等编：《通向现代世界的五百年》，北京大学出版社，1994，156 页。

势，对其他文明的内容有一种拒斥，即文明的接受者不愿意接受某种文明的内容，哪怕它是先进的、有效的。例如，中国的清朝统治者曾把西方的先进技术斥为"奇技淫巧"，拒绝采用；而某些伊斯兰国家对西方国家也采取鄙视的态度，拒不采用一些先进文明内容。但另一方面，当时西方文明国家并不愿意把他们的先进文明传播给其他农业文明国家，或者其目的并不是传播先进的文明成果，而意在进行侵略，只不过以传播文明为幌子而已。其中一个例子可举中国明清时期西欧传教士在华的活动。这些传教士是耶稣会士，是当时欧洲最反动的教会势力，是为了反对新教而组织起来的，他们活动的目的就是向全世界宣传天主教，而不在于宣传科学技术知识。所以他们传入中国的，并不是当时西方先进的哥白尼、伽利略、牛顿的古典科学体系，而是反动的中世纪上帝中心的神学体系，是托勒密的地球中心说；并不是培根、笛卡尔的实验思维方式，而是落后的经院哲学。所以何兆武先生认为，中国明清之际，新文化、新思想，近代科学思想和科学方法，都已经崭露头角，如果当时传来的是西方真正的科学思想和科学体系，必将大有助于中国向现代化的发展，也许中国以后的历史面貌就会大大的不同。[①]另一个例子就是英国政府征服印度后传播英国先进文明的例子。英国并不是要帮助印度进步，而是考虑如何使印度更适合英国的剥削和榨取，所以经济上只是实行有利于宗主国的政策，如并不发展印度的工业，而是把印度变成为英国的原料供给地，所建立的工业只是为了便于印度廉价原料和英国工业品的供应和运输；为了掠夺印度的土地税，实行了并不符合印度实际情况的土地改革，结果使印度农民陷入了持久的、难以克服的灾难。他们也并不在印度推行民主制度，而是依然进行专制统治，东方的专制制度再加上西方的专制制度，给印度人民造成了更为深重的苦难，使印度的发展落后了不知多少年，结果印度向工业文明的过渡就更为艰难了。

两次大战以后，生产力的大发展、信息技术的大发展，国际金融、国际贸易的大发展，已经造成经济上全球一体化不可逆转的趋势。而第三世界的许多国家，在政治上获得独立之后，也都在寻求工业化、现代化的道路，其中的许多国家已经实现了工业化。这个时候，应该说各文明之间的交流一定更容易，也更畅通了。但实际上，文明的交流这时依然受到许多的阻碍。关税壁垒、贸易制裁、技术禁运、附

▶　▶　▶ ────────────────────

① 何兆武：《中西文化交流史论》，中国青年出版社，2001，109—112 页。

带各种政治经济条件的技术转让等等，都使经济上落后的国家无法接受西方先进文明中的许多成果。而现在虽然第三世界国家的力量日益上升，不可否认的是，国际上的所有重要组织，都由西方国家所掌控；国际上的所有政治经济活动的规则，都由西方国家所制定，都是服从于他们的利益的，而许多还处在农业文明向工业文明过渡阶段的国家，不得不服从这些规定，这也造成了他们接受先进文明成果的极大困难。发展的结果往往是贫者愈贫，富者愈富，富国与穷国的差距更大了。住在最富裕国家占世界总人口五分之一的这部分人，与住在最贫穷国家占世界总人口五分之一的另一部分人，他们之间的所得差距比，1997 年是 74∶1，1990 年是 60∶1，1960 年是 30∶1。按照世界银行划分的国际贫困线（每人每年 392.88 美元），1998 年的贫困人口比 1987 年还多。虽然中国这些年的贫困人口有了大幅度的减少，但是在世界上的其他地方，贫困人口却由 1987 年的 87981 万人增加到 1998 年的 98571 万人。照市场汇率换算，生活在国际贫穷线以下的 20% 的人类，集体所得大约只有全球产值的 0.3%；生活在国际贫穷线两倍以下的人口达人类总人口的 46%，他们的集体所得却只有全球产值的 1.25%。对比之下，住在高所得经济体中的人口，只占人类总数的 14.9%，却占有全球所得总和的 79.7%。[1] 所以，说到经济上的全球一体化，那只是富国利益的一体化。对于穷国来说，还必须发展自己独立的、固有的文明，找寻适合自己的工业化、现代化道路，并且还应不断地展开斗争，以改变这种不合理的一体化趋势。

经济上的一体化趋势当然也造成了文化上的融合趋势。放眼望去，我们可以看到，美国的广播、电视、大众文化、流行音乐、麦当劳、肯德基，几乎风靡全世界，占领着越来越多的市场和地盘，当然那只是表面现象。我们还应该看到，和大众文化不同的精英文化，却越来越多地强调要保持自己的文化特色，并且得到了广泛的支持。

随着许多原来落后的农业文明转变成为工业文明，他们在经济上、文化上的地位也会越来越突显。不但原有的一些古老农业文明向工业文明发展、成长为现在的强势文明，而且随着经济的进步，工业化的发展，还会有原来弱小的文明成长壮大，成为新的重要的文明。所以虽然有着全球化的发展，但在可以预见的将来，世

▶ ▶ ▶ ─────────────────

① 博格：《一国经济正义与全球经济正义》，《读书》，2002，1。

界依然是多样统一的世界，依然是各文明共处的世界。

（本导言写成后，高毅同志提了一些意见，本人据之做了一些修改，以使它更能符合全书的要求）

马克垚

2002.12

本书自出版以来，受到许多学者和广大读者的关注，称赞在编写体系和方法上有所创新，同时也指出了存在的疏漏和错误。为使本书进一步完善，特于 2005 年 4 月 2 日召开研讨会，听取批评。有复旦大学、南开大学、上海师范大学、西南师范大学和北京大学历史系的一些专家学者参加，与会者提出了许多宝贵的意见。现根据这些意见改正了具体的错误和疏忽之处，并向有关同志致以深切的谢意。

马克垚

2005.4

本书出版至今已有十余年，此次修订，主要改正了一些过时的提法和错讹。其中第二十三章苏维埃文明和第二十四章拉丁美洲文明，请我系徐天新教授和林被甸教授修改，特此致谢。

马克垚

2013.7

第一编　农业文明时代

第一章
古代西亚文明

✿

古代西亚指的是今日土耳其、伊朗、伊拉克、叙利亚、黎巴嫩、约旦、以色列、沙特阿拉伯等国家所在的地区。西方学者也常用"近东"一词来指称这一地区，因为从欧洲人的眼光来看，这一地区是离欧洲较近的"东方"。相对来说，离欧洲比较远的中国、日本、韩国则被称为"远东"。不过，不论是"西亚"或"近东"，在一般习惯中都是在讨论此一地区的古代历史和文明时才使用，而在谈到近代的历史和政治时，则用的是"中东"一词。

如果以地理区域来划分，和古代文化关系比较密切的几个地区分别是小亚细亚（土耳其）、两河流域（今伊拉克、叙利亚北部、伊朗）、叙利亚和巴勒斯坦地区（今叙利亚南部、约旦、以色列）。在以下的叙述中，我们主要使用的就是这些和古代历史有比较密切关系的名词。

两河地区无天然屏障，又位于农耕地区和游牧地区交界处，因此历史上民族大迁徙频频发生，许多古代民族相继在此登台亮相，形成特有的政治、经济制度和文化特色。苏美尔文明时期（公元前 3200—前 2300）城邦林立的现象在阿卡德王国（公元前 2300—前 2191）建立后结束，阿卡德成为第一个统一王朝，统一了巴比伦尼亚。该王国被外族灭掉之后，又有乌尔第三王朝的短暂统治（公元前 2113—前 2006），最终由古巴比伦王国（公元前 1894—前 1595）完成了统一整个两河地区的历史任务。古巴比伦王国瓦解后，加喜特人统治两河流域达 400 年之久，但在文化上却缺乏建树，后来两河流域的政治中心转移到新兴的亚述。在一系列的征服战争后，亚述帝国于公元前 8 世纪建立，与近东诸强争霸；公元前 612 年，亚述被迦勒底人建立的新巴比伦王国（公元前 626—前 539）和东部的米底王国共同灭掉。最后，整个两河地区与西亚其他地区都被波斯帝国征服。

第一节
古代两河流域的地理环境

所谓两河流域，指的是发源于西亚塔鲁斯山和扎格罗斯山的两条河——底格里斯河和幼发拉底河及其支流所经过的地区。这两条河流到巴格达附近几乎相遇，又逐渐向两旁分开，到距波斯湾大约八十公里的地方才汇合为一，再进入波斯湾。从巴格达以下，两河流域所造成的肥沃冲积平原，就是此地古文明孕育和成长的地方。这块冲积平原的南半部古时称为苏美尔，北半部则称为阿卡德，又可以合称为巴比伦尼亚，这是巴比伦帝国所在的地区。巴格达以北的地区叫亚述。

与埃及相反，底格里斯河和幼发拉底河的低地泛滥平原是处于干燥气候下的水分充足的冲积地。埃及的沙漠非常荒芜，少有雨水，而美索不达米亚年平均降雨量为 75—200 毫米，沙漠绿洲中有不少居民。尼罗河的水源是许多条热带河流，它们分布的范围很广，而且由于穿越撒哈拉大沙漠，水势得到调整，所以尼罗河很少有强烈的泛滥。底格里斯河和幼发拉底河的水源是土耳其东部的积雪，它们每年发生泛滥的程度大小取决于这些积雪融化的快慢，泛滥的时间一般在 4 至 6 月。从水源头到三角洲的距离很短，泛滥更为强烈。尼罗河的沉积物是冲刷已久的由火山灰形成的黏土，而两河的沉积物是淡褐色的，来自附近土质差别不大的地区。直到最近，尼罗河所带来的可溶解的盐及石灰都能流入地中海，很少沉积在地表。两河流经大片的沼泽地时河水大量蒸发，在到达狭窄的入海口前，沉淀了许多的盐分。[1]

因此，尽管历经几千年的人事变迁，尼罗河泛滥平原始终保持着肥沃和地力。相反，两河地区则一直有土壤盐碱化的问题，灌溉系统一旦中断，大片平原就迅速变成了贫瘠的盐碱地。在公元 1000—1900 年间，就有大片古代的耕地被弃置。

由于幼发拉底河河床的中间部分比周围高，因此泛滥时河水就会在几个星期中停留在邻近的泛滥盆地里。这一点与尼罗河非常相似。但不同于尼罗河的是，宽阔

▶ ▶ ▶

[1] Karl W. Butzer, "Environmental Change in the Near East and Human Impact on the Land", in *Civilizations of Ancient Near East*（《古代近东文明》），Vol. I, edited by Jack M. Sasson, New York, 1995, p. 142.

而倾斜的河岸并没有因河水的浸泡而更靠近河床，盆地因而沉积了大量的盐分。要保持土壤的肥力，两河地区的人们需要修建灌溉网来控制泛滥的河水，这些渠道起自河堤平原，密密麻麻地呈放射状散开，将河水引向农田。底格里斯河的河床比幼发拉底的低，也较深，所以它的泛滥区较小；而且也较难开通沟渠。总之，如果不做根本的调整和细致的维持，两河地区的土地很不适于耕种。因此，在历史上，美索不达米亚平原不断有弃耕的土地。古代文明中心不断北移，从苏美尔到阿卡德再到亚述，很可能与土地弃耕有关。

美索不达米亚之所以成为理想的定居地，不仅是因为那里农产品丰富，而且也因为两河是重要的交通和商贸要道。在更新世晚期波斯湾形成，它的海岸线到公元前5000年时才逐渐接近今天的位置。但是海水一直持续蔓延，许多沼泽地陆续变成了大大小小的淡水湖和咸水湖。约在公元前1500年，海岸线又后退，到了今天这个位置。沼泽地中发现的海洋贝壳表明，约公元前4000年至公元前2900年期间，波斯湾的海岸线距离古代城市乌尔和埃利都只有45公里（而现在这两处遗址距海岸线有100多公里），这两个城市当时一定是沿海重要的货物集散地。[①]

在美索不达米亚北部，两河更为蜿蜒曲折，并且有很明显的自然堤坝。随着时间的推移，河道有所改变，但仍在巴格达和库特之间。底格里斯河虽然改道，总起来看仍相对稳定，因为在这一段，它处于从东边扎格罗斯山脉延伸过来的冲积扇和西边位于高处的幼发拉底河的挤压之中。幼发拉底河则经常改道，通常分为两个支流（有两个主要的河道），在以往的5000年间它们逐渐向西移动。

三角洲地区则相对平缓，两河在这里不像在北部那样蜿蜒曲折，因为低低的堤坝使得河水流入众多的季节性沼泽地和湖泊中。进入沼泽区后，湖泊密布，水草繁茂，有各种鱼类和鸟类。在这里水流又慢慢地汇合到一起向南流去。

在过去的一万年间，两河流域基本上保持着这种环境特点。沼泽地从没有被冲积土填上，地面下沉是一个可能的原因，冲积土层的厚度不断增加，持续地压迫下面的地壳，而下面的土层也变得更密实。总之，即使有些表面的变化，两河流域各地区的基本特点一直没变。

从乌鲁克晚期到乌尔第三王朝，居民主要集中在三角洲地区，乌鲁克是中心。

---

① Karl W. Butzer, *op. cit.*, p.143.

此后直到公元前1200—前500年，居住区域和政治中心都转移到了两河西部平原。

早期居民集中在美索不达米亚南部的原因，可能是那里接近海岸，但也有另一种解释：除了几处被称作"泛滥地平线"的地方之外，两河在三角洲地区的泛滥远没有北部地区的大；因为在这里平原的坡度大大减缓，排水沟渠可以穿越多条河道。所以就有可能在这里修建大规模的灌溉网，而很少受到阶段性泛滥的破坏，只需很少的人手就可以长期维持这些灌溉网。相反，在三角洲以北的河谷地带，考古发掘证明强烈的泛滥成为周期性的灾难，特别是这些泛滥破坏了堤坝，造成洪涝，整个河谷变成一片泽国。由于河水携带大量的淤泥，幼发拉底河的沟渠常常被阻塞，需要常年疏通，耗费大量的人力。

在没有先进的水利技术的情况下，北部河谷地区很难维持灌溉网。公元前1850年时，在西帕尔和德尔修建了高大的泥砖墙保护城市不受洪水的侵袭。公元前1800年后，由于水利技术的提高，加上帝国建立后有条件组织大规模的人力投入到水利工程中去，政治和文化的中心才逐渐向北部转移。

但是南部三角洲地区的盐碱化比北部严重。在公元前2350年到公元前1850年期间，这里的农作物产量几乎下降了一半，而种子的需求则增加了2倍多；同时农作物的品种也开始由小麦转向更能耐盐碱的六叶大麦。长期连续的耕种，不做适当的休耕，也加速了盐碱化的过程；长年灌溉使得地下水位保持在很高的位置，盐分不能冲刷掉，停留在地表上层。盐碱化是三角洲地区一个严重的问题，主要是由于这里古时没有很好的排水设施，平原又比较平缓，没有大的坡度；同时，大量的淤泥都沉积在河流的上游，所以这里很难增加新的土壤，由于河水蒸发，可溶解物的含量不断增加。泛滥水量减少也会加速盐碱化。盐碱化的一个后果，就是文明中心从美索不达米亚的南部转移到北边的巴比伦，三角洲再也没有恢复往日的辉煌。

埃及的托勒密王朝曾将美索不达米亚复杂的放射状灌溉系统引进埃及的法雍姆地区，而波斯的阿黑门尼德王朝则在公元前500年时将埃及的"盆地灌溉法"引进两河地区。到萨珊王朝时（约公元224—651），这种与当地原来的水利系统截然不同的方法已经广为应用。小渠道不再呈放射状分布，而是呈交叉的格子状环绕着长方形或三角形的盆地。这种新方法的优点是将泛滥的河水存住，浸透到土壤里，但是如果没有很深的排水沟，则会加速盐碱化。萨珊王朝的这个灌溉网与底格里斯河东岸275公里长的渠道结合使用，其规模和复杂性在工业化时代之前是首屈一指的。

萨珊王朝的灌溉网毁于自然和人为的双重破坏，即公元629年之后底格里斯河的连续高水位泛滥，以及阿拉伯人的征服。底格里斯河在流经南部的沙特阿尔—哈拉夫处形成新的河道，该河道一直保存到1500年。结果是将库法以南的幼发拉底河河水蓄成池塘，形成了一大片沼泽地。阿拉伯人重新起用传统的小渠道灌溉系统，更经不起洪水的破坏。[①]

总之，美索不达米亚地区地理环境的变化很大，这一点与埃及相对稳定的情况形成鲜明的对比。

两河流域的西北部和叙利亚的山区相接，有信道可达地中海，因此叙利亚地区成为两河流域与地中海地区的商业交通要冲，在亚述帝国强大时，控制叙利亚就成为重要的政治任务。

第二节
城市的发展与城邦时代

城市的发展

大约到了公元前4000年左右，西亚地区农业的持续发展使得人口和聚落不断膨胀，聚落之间原本疏远的关系也变得密切起来，这些关系包括商业、战争、婚姻等。城市就在这个时候出现。

城市和村落有什么性质上的不同呢？首先，是人口。相对于村落而言，城市的人口多而集中。但这只是表面的不同。城市的人口不但多，分工细，而且有复杂的组织，这些组织多为形式化和非个人性的，包括政治、宗教、军事、商业等方面。随着组织而来的则是社会的阶层化，城市中人的角色不再限于农业生产，甚至主要

▶ ▶ ▶ ───────────────────────

① Karl W. Butzer, *op. cit.*, pp.144-145.

公元前3000年的圆柱印章

不是农业生产。城市与它周围的村落通常会保持一定程度的政治和经济联系。

由于形成的过程和在各个文明圈中的角色的不同，早期城市发展的形式在各地区均不相同。大多数两河流域的城市都是庞大而缺乏规划的人口集中地。考古学者柴尔德曾经举出城市的十个特征：（一）范围和人口均有一定规模；（二）分工专业化；（三）生产剩余物资能够集中；（四）社会阶级分化明显，上层阶级成员（包括宗教、政治、军事）组织并且统治社会；（五）国家和政府组织成形，其中成员的资格以其居住权为主，也就是说，从基于血缘关系的农村居民转为基于地缘关系的城市公民；（六）有公共建筑物，如神庙、宫殿、仓库、灌溉沟渠等等；（七）有远程的贸易活动，所交易的货品在数量和专业化程度上均有所增加；（八）具有纪念性质的大型工艺品开始出现，而这些工艺品具有一致的形制；（九）文字出现，使得组织和管理的工作比较容易进行；（十）算术、天文、几何等较抽象的科学开始萌芽。当然，在每一个早期的城市中，上述这些特征是以不同的比重存在着，造成各个文明的不同面貌。

在两河流域的南端，也就是所谓的苏美尔地区，考古学者在欧贝德发现了这一地区最早的文明，遂称之为欧贝德文化期（约公元前5300—前3600）。欧贝德文化又以埃利都城的遗址最具代表性。考古学者在此处发现了神庙遗迹，以及形制特殊的小泥像。

继欧贝德文化期之后的是以乌鲁克城为代表的文化期（约公元前3600—前3100）。这一文化期的初期开始大量使用陶轮制造陶器，而到了后期便有了几项重要的进步，其中包括文字的发明，以及建造后来成为两河流域地区宗教标志的塔庙。这种神坛的出现表明社会组织有了重大改变。建造这种神坛所需要的人力和物力相当庞大，说明控制和组织这些资源的宗教特权阶级的力量比欧贝德时期更为强大。

乌鲁克文化发展到晚期，进入了所谓的杰姆迭特·纳瑟时期。乌鲁克时代萌芽的文字在这一时期得到了进一步的发展。同时圆柱印章也在此期大量使用，印章上所刻的图案成为此后两河流域地区重要的艺术主题。此外，两河流域城市的基本组织形态也在此期逐渐形成，城市里的神庙成为宗教和政治的中心，而祭司为此中心的主宰。杰姆迭特·纳瑟时期的晚期，也就是两河流域历史时期的开端。[①]

苏美尔城邦

公元前2800到前2340年为"早王朝时期"，是苏美尔文明的成熟期。这个时期苏美尔地区在政治上处在一种分裂的状态，城邦林立，相互征伐，没有一个城邦能长久称霸，比较强大的城邦有埃利都、乌鲁克、拉伽什、乌玛和基什等。

早期的苏美尔城市通常是一个独立的小邦，其统治者有几种称呼，如"恩""恩希""卢伽尔"等，前两种都是主神代理人的头衔，指那些管理神庙的宗教首领，卢伽尔意为"大人"，似乎原为军事领袖。由此看来，王权的起源是相当多元的。城邦的统治者并非专制君主，重大决议要经由长老会议和公民大会商议，前者由贵族组成，后者则由"成年男子"组成。

城邦之间战争的主要原因是争夺土地、水源，争夺霸主地位也是出于这些基本的经济原因。20世纪30年代前，多数学者把苏美尔人与闪米特人之间的种族矛盾作为战争根源，现在看来是非常错误的观点。这两个民族很早以来就共同生活在一起，没有因种族问题引起争执的明确证据。在《苏美尔王表》中，王系一直追溯到基什的闪米特王，而且也没有把闪米特人建立的阿卡德王朝视为异端。

就两河流域的古代文明而言，地处伊拉克南部的乌鲁克（Uruk）往往被视为早期国家的典型。这个早期国家具有如下特点：首先，它是一个以城市为中心的环形定居网络，中心为城市，城外有镇，镇外有乡，乡外有村，分为四个等级；其次，社会分工很细，从乌鲁克IV出土的"人表"可知，早在公元前4千纪末，乌鲁克的居民已经分别从事百余种职业，包括各种政府管理部门的管理工作；第三，

----

① 塞顿·劳埃德：《美索不达米亚考古》，杨建华译，文物出版社，1990，28—30页。

刻有苏美尔王表的泥柱

乌鲁克的埃安纳（Eanna）圣区已经形成一个大型建筑群，其中有红庙、镶嵌庭院、神庙 D、神庙 C、宫殿 E、墩柱大厅、大庭院、夯土大厦、里姆辛（Riemchen）建筑、石镶嵌神庙等。在乌鲁克的另外一个区，即安努塔庙区（库拉巴区），安努塔庙（Anu-ziqqurat）已经巍峨耸立；第四，在这些建筑遗址中出土大量原始楔文泥板，说明文字已经在政府管理和经济活动中起着非常重要的作用；第五，出现大型艺术品；第六，制陶、冶金等技术达到很高水平。

拉伽什与温玛两个城邦之间的争执最为世人熟知，两国间为土地、水源发生的冲突断断续续持续了 100 多年。如今保存下来的《鹫碑》记载了温玛破坏盟约，越过国界，最终被拉伽什击败的史实。

各城邦霸主的象征是叫作"王权"（苏美尔语 nam-lugal）的一种实物和"基什王"的头衔。"王权"类似"权杖""权标"或中国的"鼎"。反映争夺"王权"的主要文献是《苏美尔王表》，这个名称是当代学者给予它的，在古代人们按照该文献的第一句话称之为"当王权自天而降时"。这篇文献的主要内容就是记载"王权"转移的过程，通篇都是"某地城邦被击败，其王权转移到某地"之类的话。《王表》提到有 10 个城邦得到"王权"，考古发现证明当时至少有几十个城邦存在，进一步证明"王权"象征着霸主的地位。

"基什王"之所以成为霸主的代名词，一方面是因为基什确是较早兴起的城邦，在历史上也有过辉煌的时期，但更主要的是因为它经济上的地位，这个时期由于河流改道，乌鲁克等城市失去了地理上的优越性，而基什则是控制作为当时生命线的幼发拉底河的最佳地点。所以当时国王们都争先恐后地控制基什城，"基什王"要名副其实地统治基什这个城市，而不仅是一个光荣的头衔而已。[①]

从历史发展过程来看，最初城邦中的宗教势力非常强大，后来世俗王权逐渐扩张，将神庙置于王权控制之下。考古发现证明，城市中最大的建筑在早期是神庙，后来则是王宫和王陵。这些大神庙通常位于城市的最高点，是最醒目的建筑。

神庙在当时社会中的地位问题一直是学者们讨论的热点。关于这个时期神庙活动的文献主要是在拉伽什首都吉尔苏发现的泥板，时间是公元前 3 千纪中期，即拉伽什城邦的 3 个统治者埃嫩塔尔兹、卢伽尔班达和乌鲁卡基那在位期间。首次对这些文献做系统研究的是戴美尔。他发现在乌鲁卡基那时期神庙拥有大量土地，约有 4500 公顷（约等于 11250 英亩），还负责灌溉工程，又供养着大批牲畜，雇佣了上百名渔民，神庙中还有纺织作坊。因此有些学者认为，这个时期的城邦是"神庙国家"。最早提出这个概念的是施奈德，随后这个观点得到了普遍的承认。根据这个观点，各城邦的土地都属于神庙，其居民也都附属于神庙。法肯斯坦更进一步提出，神庙的出现不仅是苏美尔文明的一个显著特点，也是早期文明形成的标志。后来魏特夫和斯图尔德"灌溉文明"观点的传播，也从某种程度上支持了"神庙国家"观点。根据魏特夫的理论，早期大河流域的农业文明都需要一个强大的中央集

▶ ▶ ▶

① H. J. Nissen, *The Early History of the Ancient Near East, 9000-2000 BC*（《古代近东的早期历史，公元前 9000—前 2000 年》），Chicago, 1988, pp.130-131.

权政府来组织和管理农业灌溉。

20世纪中叶，以盖尔布和贾可诺夫为首的学者对"神庙国家"的概念提出尖锐批评。他们指出，仅以一个地方的文献、一个时期的情况，就推断出整个早王朝时期的城邦状况是非常主观的，盖尔布更以同样在吉尔苏发现的大量反映土地买卖情况的石碑有力地证明，有许多土地是不属于神庙的。迪亚克诺福则考证出戴美尔等人统计出的神庙土地只是当时吉尔苏全部土地的1/10，神庙人口只是当时全部人口的1/3。[1]

持"神庙国家"观点的学者通常把乌鲁卡其那改革作为一个重要的依据，因为此次改革的一个重要内容就是把前任国王剥夺的神庙土地和财产归还神庙。近年来福斯特的研究证明，乌鲁卡其那并非"归还"，而是分配给神庙一些土地，因为他考证出某些土地原本就不属于神庙。他的观点现在还有很大的争议，但是不管怎样，"神庙国家"说是不可信的。神庙经济究竟在当时社会中占多大比例，仍有待进一步的研究。

总之，除神庙土地之外，城邦相当部分的土地控制在以国王和贵族为主的上层阶级手中，其余的土地则属于一般以大家族为单位的平民。这些人也许最多只占平民人口的一半。没有土地的佃农替地主耕种土地，其身份基本与替神庙耕种的佃农一样。

此外要说明的是，苏美尔城邦的主神庙都不在市中心，有些位于城市边缘，有些甚至在城外。神的世界与人的世界是分离的。从这个角度来看，尽管神庙在经济上有重要的地位，但它们与世俗世界客观上的这种隔离表明它们对政治生活的影响是有限的。

早期王朝时期苏美尔地区在政治上虽不统一，经济上却很繁荣。由于政府能够统筹水利灌溉工程，各城邦附近的农田得到充分利用，能生产足够的粮食。畜牧业也很发达，羊毛和乳酪、牛油成为重要的牧产品。手工业如纺织、陶器制造等也有相应的发展。甚至有大量使用奴隶劳动的纺织部门。

城邦之间以及和远方地区的贸易很早就开始了。早期的贸易多半是由各城邦的神庙主持，这是由于神庙拥有大量的土地和依附其上的农人，农工产品的收成和分配都由神庙来主持，分配后剩余的物资就可以用来作为贸易的商品。后来王室越来越多地干预商贸活动。从事贸易的商人一般是从神庙或王室的仓库中预支各种物品

▶ ▶ ▶ ————————————————————————

① John F. Robertson, "The Socialand Economic Organization of Ancient Mesopotamian Temples", *Civilizations of the ancient Near East*（《古代美索不达米亚神庙的社会经济组织》），Vol. I, pp. 450-453.

作为交换的资本，因此也可以说他们属于王室行政组织。当然，也有以私人身份从事贸易的商人。此时人们已经开始使用银子进行交换。

苏美尔城邦中的人们主要分为贵族、平民、佃户、奴隶等四类。佃户和奴隶主要的工作就是替他们的雇主或主人从事各种农牧业和手工业生产。城邦有各种行业的手工业者，如金匠、石匠、木匠、皮匠、织工等。奴隶的来源主要是战俘，但一般平民也可能因为欠债而沦为奴隶。在苏美尔人的观念中，奴隶是主人的财产，可以自由买卖，若企图逃亡，会受到严厉的惩罚。不过奴隶也有某些权利，如他们可以从事买卖、借贷，并可以用钱赎身。一个成年男奴的身价有时与一匹驴子相当。

在早期城邦的经济生活中，税收已经是一个重要的项目。人们不但在买卖、农牧生产方面要缴纳固定的税款给政府或神庙，在日常生活中许多时候也不免受到日渐扩张的政府组织的压榨，必须缴纳各种杂税，如离婚税、埋葬税等等。

苏美尔文化

宗教是这个时期人们生活中的重要部分。苏美尔人的宗教信仰是所谓的自然崇拜与多神信仰。通常每一个城市都有自己的主神及供奉它的大神庙，但也可以崇拜其他的神祇。他们认为，每一种自然界的力量背后都有一个神明在主宰，这些神明具有和人一样的形象，并且生活在和人类社会相似的社会组织中。最初在所有的神明中地位最高的是天神安努，他是乌尔城的主神。他的地位后来被空气和风暴之神——尼普尔城的恩利尔所取代。恩利尔在两河流域各城邦中拥有相当高的权威，因而在各城邦的竞争中，有野心的政治领袖常常要求得恩利尔的祝福。此外，大地之神是恩奇（Enki），战神、爱神是伊南娜。主生殖的是牧羊神杜穆兹。在苏美尔神话中，杜穆兹每年死亡一次，后又复活，是植物生命循环的象征。除了这些较重要的神明之外，尚有数以百计的次要神祇，他们分别掌管世间万物，如沟渠有沟渠之神，斧头有斧头之神，等等。在神明之下，尚有无数的精灵，他们是死者的灵魂，居住在坟墓和黑暗之中，随时会出来攻击活人。要对付他们，只有靠祭司施展咒语和法术才行。

苏美尔人有一套非常复杂的祭神仪式。在仪式中，有各种职司不同的神职人员，如掌香油者、颂咒者、作法者、占卜者、讴歌者。祭品则包括所有日常生活中

占卜用的羊肝模型

的精美食品和衣物。在神庙中，除了每天的献祭外，尚有定时或不定时的节庆。前者如新年祭典，后者则如神庙的启用典礼或国王的即位大典等。

苏美尔人的宗教是非常世俗的，他们的神主要是在物质上为人类赐福，如保佑丰收等，没有救苦救难、超度灵魂或天人合一的特性。但在伦理方面，神是主持正义、惩恶扬善的。不过神也有人的缺点，人间的恶事是神创造的。在神与人的关系上，他们相信人是神创造的，人在世上的目的就是侍奉神明，人摆脱不了神给他们安排的命运，即使是不公正的命运人们也得接受。

苏美尔人对来世的看法相当悲观，他们认为，人死之后灵魂很快就会消失，没有人能在另一个世界复活并享受永生。所以他们不注重后事的操办，没有加工木乃伊、精心营造陵墓的习惯，随葬品也较少。这种观念的产生可能受生活环境的影响，两河地区那难以预测的洪水，使得河畔的农人饱受命运的捉弄，战争的频繁更增加了命运无常的感叹。

由考古发掘所得到的数以万计的泥板文献来推测，苏美尔城邦中有一个相当活跃的知识阶层，他们是能够读写文书，能应付日常公务和处理买卖中的各种契约、合同。当时，有专门的学校可以学习书写的技能，叫作"泥板书屋"。由出土的学校教学用的泥板文献来看，学生们的学习过程是由简单的字词开始，逐渐地抄写比较复杂的文句，最后抄写史诗、诗歌等文学作品。一般而言，能够进学校受教育的大多是上层阶级的子弟。

由于经济活动频繁，苏美尔人的数学非常发达。他们除演算加减乘除外，还能求出平方根和立方根，他们同时使用 10 进位制和 60 进位制。重要的是，他们的数学不只是停留在实用阶段，而是懂得了基本原理和抽象概念，现已发现的数学泥板上的问题有许多是脱离实际、追求抽象推理的。

苏美尔时期文学发展到了相当的高度，学者们已发现了至少五千块以上的泥板，其内容是文学作品，包括神话、史诗、诗歌、故事、格言以及历史性的记录等，从形式到内容都算得上丰富多彩。神话中，"天堂故事""大洪水的故事"很可能是希伯来人圣经中"失乐园""诺亚方舟"等故事的原型。著名的史诗有关于恩美尔卡的史诗、卢伽尔班达史诗、吉尔伽美什史诗等。其中吉尔伽美什的故事流传最广，最脍炙人口的是他寻找长生不老仙草的故事。在这个故事中，为了拯救好友恩奇都，吉尔伽美什历尽艰苦，找到了能令人长生的不死之草，但最后又被蛇偷走，恩奇都最终难免一死，表现出人不能摆脱死亡命运的宿命观念。

第三节
帝国的兴起与发展

两河地区的政权更迭

苏美尔各城邦在混战中内耗，给居住在这个地区的闪族人以可乘之机。基什王的近臣"持杯者"萨尔贡（约公元前 2371—前 2316）趁机篡夺王位，自建新城阿卡德，开始了闪米特人的统治，这就是阿卡德王国，它持续了将近两百年。萨尔贡是一个能征善战的英雄人物，他在位的五十多年间基本上统一了两河地区。

萨尔贡

　　萨尔贡采取各种措施建立君主集权制，他统一了度量衡，建立了一支5400人的常备军，以阿卡德语为官方语言，取代原来的苏美尔语。这个时期开始有了领土国家的概念，国王所统辖的行政部门也逐渐发展完善起来。但是政府对王国各地区的控制并不严密，国王派遣恩希（为阿卡德人）率领少数军队驻扎到各城邦中去，城邦原有的统治者和政府官员一般并不改变。他们对于阿卡德王朝的义务就是定期纳税进贡。

　　阿卡德王朝最后为东北部山区的古提人所灭。古提人入主两河地区达一个世纪之久，但关于其文化我们所知甚少，也许他们完全为当地原有文化所征服。在古提人统治期间，拉伽什一度摆脱古提人的统治而独立，大规模修复古建筑，苏美尔文学和艺术得到很大的发展。

　　公元前2113年，乌鲁克人驱逐了古提人，乌尔城的乌尔纳姆（约公元前2112—前2095）趁机称王，建立了乌尔第三王朝，统一了混乱的两河地区。这是苏美尔文化唯一的一次复兴期。乌尔王朝灭亡之后，苏美尔人就退出了两河地区的政治舞台，但苏美尔文化并没有消亡，仍对后世的文化产生影响。

　　乌尔第三王朝的统治范围大致上和阿卡德王朝时代相当，但中央对地方的控制大大加强了。乌尔纳姆将他的领土划分为41个行政区，由恩希和军事长官共同管理，但这个时期恩希的独立性大大降低了，他们相当于地方总督，不再世袭，由国王直接任免，而且各地恩希要经常调换，以免专权。国王还在各地遍派信使，定期汇报当地的情况。政府组织也较前朝更为复杂而庞大。

　　半个多世纪的强盛之后，乌尔第三王朝开始遭受来自西部沙漠地区的阿摩利人的侵扰，最终为东部山区的埃兰人所灭。两河地区再度陷入多国林立、相互争战的混乱局面。较强大的城邦有南方的伊新和拉尔萨，北方的埃什努那、马里和亚述，它们总共存在了两个世纪。

　　在这些城邦混战之际，阿摩利人的首领苏姆·阿布建立了巴比伦城，开始了古巴比伦王朝，在第六位国王汉谟拉比统治时期，最终完成了统一大业，创建了一个从波斯湾到地中海的大帝国。

　　汉谟拉比共统治巴比伦达43年之久（公元前1792—前1750）。他在位期间大力加强中央集权，主要措施有：建立高效率的官僚体系，由国王直接任免各种官吏，派王室官员和国王私人代表监督地方行政，各地官员以书信形式与国王保持密切联

汉谟拉比祈愿像

系；百姓可直接上书国王反映地方官吏的不公；实行份地与军事义务相结合的制度，保证军人土地不受侵犯，以解除国王常备军的后顾之忧；加强对神庙经济的控制，使之成为王室经济的附庸；编纂和颁布法典，维护社会秩序。这个时期形成了以阿卡德文化为主体的新的文化核心，这种新文化随着汉谟拉比的扩张而广泛传播。

然而在汉谟拉比死后，两河流域的形势又有了变化。他的继承者在受到来自北方和东方的入侵者的压力之后，失去了不少领地。两河流域南方地区，主要是一些古老的苏美尔城邦，他们集结成一个新的政权，以其近海之故，称为"海地王朝"。这个王朝不但独立于巴比伦的控制范围之外，最后甚至比巴比伦王国多存在了150年之久。

虽然汉谟拉比政权没有持续很久，但却是两河流域政治史上重要的里程碑。在汉谟拉比的经略下，巴比伦由一个小城发展为两河流域最重要的政治和文化中心。而在此后的历史中，巴比伦一直是两河流域王权的象征，巴比伦的主神马杜克后来也代替了尼普尔城的恩利尔，成为两河流域王权的赐予者。

公元前1595年，古巴比伦王国为新兴的帝国赫梯所灭，赫梯人取胜后就因国内危机而撤兵。到了大约公元前1490年左右，原先就已在两河建立相当势力的加喜特人成为巴比伦的新主人，但不是作为征服者，而是作为已经本土化的居民。加喜特人来自东部山区，但他们原居何处不详，在古巴比伦王朝结束之前，加喜特人就来到两河流域定居，成为巴比伦帝国的好邻居。他们不但给巴比伦尼亚带来了马，也带来养马业。加喜特语既不是印欧语，也不是塞姆语，与苏美尔语、埃兰语或胡里特语也没有任何联系。大概由于加喜特人接受了巴比伦文化，且把阿卡德语作为书面和口头交流工具的缘故，巴比伦人没有把他们的统治视为异族统治。

加喜特王乌拉姆布里阿什（Ulamburia）和阿古姆（Agum III）统治时，大败"海地王朝"（Sealand Dynasty），控制了波斯湾的贸易，也控制了与底格里斯河东部地区的贸易，通往叙利亚和埃及的商路也在其掌握之中。加喜特人统治下的巴比伦尼亚再次成为当时世界的强权之一。阿卡德语和楔形文字的使用范围再次扩大，成为国际通用的语言和文字。阿玛尔纳书信证明，加喜特统治下的巴比伦尼亚与埃及保持着贸易往来，埃及的黄金大量流入巴比伦尼亚，使黄金一度取代白银成为贸易的媒介。

加喜特人在巴比伦统治了400年之久，是两河流域寿命最长的政权。对于这一段历史，目前我们所知不多，但是可以推测，加喜特人的统治应该相当成功，否则就不可能让分裂倾向甚强的苏美尔和巴比伦诸城邦合为一个整体。在文化上，加喜特人则完全接受了巴比伦的语言和宗教。

加喜特统治后期，亚述日趋强大，他们逐渐南下，进而干预巴比伦尼亚的内政。公元前1230年前后，亚述王图库尔提－宁乌尔塔（Tukulti-Ninurta）远征巴比伦尼亚，给加喜特统治带来毁灭性打击。最后，在亚述和埃兰的共同打击下，加喜特统治结束。巴比伦尼亚进入所谓的伊辛第二王朝的统治时期。

公元前1385—前1355年叫作阿玛尔纳时期，因为在埃及的阿玛尔纳发现了大量以阿卡德语写成的泥板文献，这些泥板文献是这一时期埃及法老与当时近东各国国王之间的往来书信。从这些书信可以看出，当时近东地区有几个大的强权国家，分别是两河上游胡里特人建立的米丹尼帝国、安纳托利亚高原的赫梯帝国、加喜特巴比伦、埃及和两河北部正在发展的亚述帝国。

公元前 1200 年，"海上民族"的入侵席卷整个地中海东岸地区，给近东诸国带来很大的破坏。有学者认为他们的入侵结束了近东地区青铜时代的文明，也对爱琴文明的衰亡有直接的影响。几十年后，阿拉米亚人入侵两河，形成以阿拉米亚语为主体的新的文化核心，对近东文明产生重要的影响。但由于这一时期的文献大多写在羊皮纸卷上，很少保存下来，所以我们所知甚少。

公元前 1000 年以后，两河地区进入铁器时代，北方的亚述开始成为新的霸主。亚述位于巴比伦尼亚以北，该地区多山，矿产和木材资源丰富，又由于地处交通要道，利于商业贸易的发展。这里最早的居民是胡里特人，后来闪米特族的亚述人来到这里。公元前 3 千纪末至前 2 千纪初是早期亚述时期，也是古亚述国家的形成时期。公元前 15 世纪到前 11 世纪为中期亚述时期，在这一时期，亚述诸王利用各种机会扩张势力，灭亡了米丹尼王国，一度占领巴比伦，但后来在阿拉米亚人的打击下衰落下去。进入铁器时代以后，多山地区的开发有了有利条件，铁制武器也更利于亚述人的战争，同时近东的几个大国纷纷衰落下去，国际形势开始对亚述有利。

亚述大规模的扩张开始于亚述那西巴二世（公元前 883—前 859）在位时，那西巴二世不但征服了整个两河流域，而且将势力范围再度扩大到地中海，巴勒斯坦地区诸邦均向他称臣纳贡。公元前 745 年，梯格拉特帕拉沙尔三世通过政变取得王位后，进行政治军事改革，大大加强了亚述的实力。梯格拉特帕拉沙尔三世改革最重要的内容是：将征兵制改为募兵制；将军队分为多个兵种，由国家供给装备；缩小行省总督的权力；不再杀戮被征服地区的居民，而是将他们打乱迁居到其他地方。此后，亚述东征西伐，成为西亚地区的强权。埃萨哈顿（公元前 680—前 669）在位时，率兵攻入埃及，占领孟菲斯，将埃及降为行省。

在统治方法上，亚述原来在境内设有行省，各有省长统辖。在公元前 8 世纪时，将各行省分割为一些范围较小、较易控制的单位，赋予地方官直接向国王报告的权利，以牵制省长的行动。又在全国各地设立驿站，以便使信息的传递更加迅速、快捷。在附庸小国则派驻使节，监视其行动，抽取税金。对于新征服的小国，则将其臣民大量迁移，以便于控制。

亚述帝国以野蛮征服起家，被征服地区的反抗一直没有停止。公元前 672 年，米底争得独立；公元前 655 年，埃及获得独立；巴比伦地区的独立运动更加高涨，他们希望恢复古巴比伦文化的传统。公元前 626 年，迦勒底人建立了新巴比伦王国，并开始与米底结盟。公元前 612 年两国联合灭掉了亚述，瓜分了亚述帝国的疆土。

亚述帝国是靠征服周边地区的不同民族和国家建立起来的松散的庞大政治实体，语言、宗教、风俗、文化的不同，使亚述帝国具有天生的离心倾向，而缺少凝聚力。亚述帝国在扩大领土的同时，也扩大了潜在的敌人，一旦机会成熟，这种潜在的敌人就会变成公开的对手。亚述统治者南征北战，镇压一方，一方又起，使亚

亚述王宫浮雕，尼姆鲁德，公元前9世纪

述统治集团疲于征战。统治集团内部矛盾重重，最后的几位统治者能力有限，在风起云涌的反亚述的声浪中，亚述最终走向灭亡。

巴比伦恢复独立之后，文化上有一段辉煌的发展，后世称之为新巴比伦帝国。新巴比伦帝国最有作为的国王是尼布甲尼撒二世（公元前604—前562），他多次征战巴勒斯坦，与埃及争夺对那里的统治权；他率军攻破耶路撒冷，将大部分居民掳往巴比伦尼亚，史称"巴比伦之囚"。他还注重国内建设，公元前587年重新修建完成的巴比伦城是古代西亚世界中最大的城市。它的城墙有内外两层，外墙顶上可容两辆马车并驾驰骋。据说城内有一千多座神庙，约50万居民。为了取悦他的夫人——米底公主阿米蒂斯，他修建了著名的"空中花园"。这个花园今天没有任何遗迹，1994年，英国女学者戴丽（S.Dalley）提出它并不在巴比伦城，而在北方城市尼尼微。它也不是尼布甲尼撒二世所建，而是比他早一个世纪左右的亚述国王辛纳赫里布的杰作。从《旧约》开始，尼布甲尼撒（Nebukadnezzar）和辛纳赫里布（Sanherib）常被混淆。

新巴比伦国的最后一位国王是阿拉米亚人那波尼度斯（公元前555—前539）。此时的巴比伦，国内矛盾尖锐，对那波尼度斯的不满情绪强烈。公元前539年波斯王居鲁士率军入侵，竟然兵不血刃地轻取巴比伦城。为了收揽人心，居鲁士没有让军队如亚述人那样进行烧杀掳掠，他对巴比伦人的宗教信仰也采取宽容态度，他的儿子冈比西斯还借着马杜克神的旨意成为巴比伦的国王。两河流域的历史从此进入一个新阶段。

亚述的军事文化

在两河地区，亚述是各民族中经历了最充分的独立发展的民族，其文化有不同于其他民族的独特之处。在亚述与巴比伦尼亚之间有两个天然屏障，一个是哈姆林山脉，一个是地处其南的沙漠。这两个天然屏障使得两地的交往非常不便，所以早期亚述较少接受苏美尔文化的影响。此外，亚述自己的环境也有特殊之处，他们的土地资源有限，很早就开始了以贸易为目的的军事殖民，经常与周边民族为争夺商贸要地发生战争。所以亚述人形成了好战、好扩张、残暴等习性。古代文献说亚述人冬天躲在家里睡觉，天一暖和就出去打仗。[①]

亚述人的好战和残酷在无数的征伐中显露无遗。亚述军队所到之处，杀光、烧光、抢光，极尽破坏之能事，在古代民族中恶名远扬，许多地方一听说亚述人打来了，根本不敢抵抗。亚述那西巴甚至连无辜的百姓也随意杀戮，残暴无比，用他自己的话说："我在他的城门前立了一根柱子，我将所有反叛的首领剥皮，挂在柱子上，有些挂在柱子边，有些我钉在柱子上，其他的我包在柱子上。……我把反叛官员的手砍下，……我用火烧死了许多俘虏，有些则活捉，有些我割下他们的鼻子、耳朵、手指。有很多我挖出眼睛……我将他们的头挂在环绕城外的树上。"这些叙述都出自亚述人自己的记载，反映出亚述人穷兵黩武和残暴的本性。这种残酷的杀戮行为使得各被征服国人人自危，这也成了他们最后覆亡的原因。[②]

亚述整个国家就是一部庞大的战争机器，常备军的规模居近东各国之首。据亚述文献记载，辛那赫里布在位时（公元前7世纪）有90580个士兵。军事将领是国内最富有、最有权势的阶层。亚述的经济也是建立在掠夺战争的基础之上的，其繁荣不是因为对国内资源的开发，而是靠掠夺被征服地区的财富。一旦战争停止，帝国的经济支柱就会倒塌。而这些强取豪夺来的财富也大部分用来建筑富丽堂皇的宫殿，满足亚述权贵们奢侈糜烂的生活。贫富分化的加剧导致国内矛盾的激化，亚述帝国虽能迅速崛起，但走向灭亡的步伐更快。

亚述帝国将"流放"制度发展到极致，即把不容易驾驭的民族流放到其他地方。这种做法始于古巴比伦时期，至亚述那西巴二世（Ashurnasirpal II）统治时期达到顶峰，新巴比伦时期的"巴比伦之囚"是这种政策的延续。亚述帝国实行"异地混杂迁居"，即把不同民族的人混杂迁居到异地，改变了民族和语言的分布情况，打破了单一民族结构；开发荒地也促进了经济繁荣。同时亚述统治者也有意激化不同民族之间的利益冲突、宗教冲突和习俗冲突，转移对亚述人的仇恨情绪。从亚述那西巴二世到辛纳赫里布的200年间，被流放的人数高达132万人。最远流放距离可达1000公里。流放队伍每天平均走15—20公里，这样从地中海沿岸流放到扎格罗斯山至少要走50天。

▶ ▶ ▶ ────────────────────

① Stephanie Dalley, "Ancient Mesopotamian Military Organization", in *Civilizations of the ancient Near East*（《古代近东文明》）, Vol. I, p. 413.

② Ibid., p. 418.

铁器的使用对亚述军事力量的发展起到了关键的作用。亚述军队是古代历史上第一支用铁制武器武装起来的军队。仅在萨尔贡二世王宫就发现了200吨的铁制武器。公元前8世纪末期，战车已有8辐轮子，上面有4个士兵，两个驭手，一个弓箭手，一个盾牌手，此外还有起辅助作用的长矛手。公元前7世纪开始，战车用的马都是产于埃及和努比亚的高头大马，因为有大量需求，亚述国王专门在埃及边界设立市场与埃及交换。新笼头的发明使得驭手可以腾出手来打仗，而不必专司马匹的控制。亚述人还发明了攻城和围城的各种器械。面对这些铁制的器械，泥砖的建筑不堪一击。

自公元前9世纪开始，随着军队数量的不断增加，出现了一种专门的兵营，叫作"阅兵宫"。这种"阅兵宫"专门用于每年4月份战事开始前军队的集结和训练。现已在这类建筑的遗址发现了大量的武器装备和粮食。[①]

亚述人的尚武习俗在他们的艺术作品中有生动的体现。在帝国创建时期，艺术的主题是战争和狩猎，而帝国建立之后，艺术主题则变为被征服者的纳贡朝觐。艺术风格生动写实，特别善于表现战场上的厮杀和动物挣扎时的情景，作品栩栩如生，使观赏者仿佛置身于古战场之中。

两河地区的法律

考古学家在对美索不达米亚的城镇和居民点进行发掘时，发现了大量的楔形文字文献，它们对复原和理解古代近东的法律、社会和生活有不可估量的价值，为我们了解当时人的生活习俗提供了连续统一的证据。这些文献包括书信、契约、法律诉讼文书，以及法律汇编、学校文献和文学作品。这些资料在近东文明中是独一无二的；与此不同，在安纳托利亚发现的赫梯文明的资料虽然也有法律汇编、学校文献和文学作品，却没有实际的日常生活习俗方面的记载。在对古代以色列的考古发掘中也发现了书信和学校文献的残篇，但没有发现可以联系和补充希伯来圣经的证据。对于这批古代文献的创作时间等问题，学界目前还存在着争议。

因为美索不达米亚的出土文献具有全面的特点，因此在研究古代近东社会和法律制度上有重要作用，它可以使我们更多地了解有关近东社会、法律等方面的发展

▶ ▶ ▶ ─────────────────────────

① Stephanie Dalley, *op. cit.*, pp. 418-422.

变化情况。

居住在两河流域南部城镇中的居民更重视自己作为城市公民的身份，家族和宗法制度相对松散。而在两河北部的城镇及两河周围的半游牧民族居住地，部落和家族关系更为重要，这表现在"公民大会"的长期延续上。北部地区没有南部干燥，农业可以依靠降雨，对灌溉的依赖不是那么强，因此保持着更为单纯和传统的农村生活模式。这里的城市与非城市地区的差别也很小，有更严格的家长制和更牢固的家庭关系。

巴比伦尼亚的城镇在公元前2千纪后期和公元前1千纪时规模缩小。在加喜特王朝和新巴比伦王朝时期，城市衰落，大多数居民生活在村庄里。这种城市的衰落可能与南部土壤的衰竭，以及北部地区对南部下游地区灌溉系统的水源进行控制有关。①

古代美索不达米亚的君主将自己看作是为臣民谋求公正和正义的代表。正义和公正是他们神性特征的表现。太阳神沙马什就是正义的保护者，他的后代克图姆和米沙鲁姆的名字意为"真理"和"公正"。国王们宣称自己是神所指定的，所以就有义务维护和主持正义。在《汉谟拉比法典》的前言中有这样一段话："安努和恩利尔为了人民的利益呼唤我的名字：汉谟拉比，虔诚的、神所敬畏的王子，（任命我）令正义在大地上出现，摧毁罪恶，以便那些强者不能欺辱弱者，（正义）升起像太阳神照耀着黑暗笼罩下的人们，给大地带来光明。"

两河地区的统治者们以几种不同的方式表现他们的公正。一是发布"解负令"，通常是在即位之初或者即位若干年的纪念日，这类诏书的内容是解除负债者的负担，他们因为无力还债而被迫变卖家产、家庭成员，有的自己沦为债务奴隶。拖欠国王的税也一并解除。颁布"解负令"通常能缓解因贫富分化严重而变得更为尖锐的社会矛盾。

有些统治者通过编撰和颁布法典来体现自己的公正。公元前3千纪末至公元前1千纪之间的许多国王都曾致力于法典的汇编。最早的是约公元前2100年的《乌尔纳姆法典》和公元前1930年的《利皮特－伊什塔法典》，这两部法典都是用苏美尔语写成的；较晚些时候的《埃什鲁那法典》（公元前1800）和《汉谟拉比法典》（约

---

① Samuel Greengus, "Legal and Social Institutions of Ancient Mesopotamia", *Civilizations of the ancient Near East*, Vol. I, p. 469.

公元前 1750）则是用阿卡德语写成。在希帕尔和巴比伦都曾立过刻有《汉谟拉比法典》的石碑，此外，该法典还有许多写在泥板上的副本。亚述时期的法典多涉及家庭事务，新巴比伦时期也有一个法典的残篇保留了下来，但颁布上述这两个法典的国王的名字没有留存。新巴比伦王国时期的尼布甲尼撒二世曾扬言："写下法律和判决，取悦马尔都克神，为所有人民的利益制定（它）。"

这些古代的法律汇编常常被称作"法典"，但是这个当代术语可能引起误解。这些汇编并非现代意义上的"法典"，因为它们只是反映了当时所有实行中的法律的一个部分。《汉谟拉比法典》是鸿篇巨制，但是许多的案例都有很强的特殊性，缺乏普遍性，而且它也没有覆盖我们现在已经知道的当时巴比伦法律的所有方面，而它忽略的许多重要条文在《埃什鲁那法典》中却有所反映。现已发现的这些"法典"都没有完全体现当时的法律，对许多重要的方面如巫术、神庙事务等都没有规定。也许当时通晓文字的人毕竟有限，人们不能总是咨询"法典"，因此不得不依赖习俗和传统，以及他们的法官和地方行政官的经验和公正心。

上述种种法典的许多条例实际上是以前"颁布"的法律的摘抄，新任国王将这些旧的条文重新收集和"颁布"，目的是向天下臣民昭示自己是主持公正的。《汉谟拉比法典》的前言中称这些条文是"公正的法律裁判"，是国王"颁行的，要以此使国家得到公正的统治和合理的管理"。法典普遍采取案例汇编的形式，每一条都以假设句"如果……"开始。

也有学者认为，颁布法典的国王有可能是利用这样的机会来调整政策尺度或推行新政策。有些法典的规定反映出日用品价格和工匠及劳工报酬的调整，有人认为这是国王稳定经济的一种尝试。比较研究表明，较之苏美尔文的法典和其他阿卡德文法典，《汉谟拉比法典》在对盗贼进行身体处罚方面的规定更为严厉（6—7，9—13，21，25，253—256），此前的处罚通常是罚金的形式，而《汉谟拉比法典》中则规定了"同态复仇"的原则。从古巴比伦社会情况来看，商品经济的高度发达必然带来贫富矛盾加剧等相应的社会问题，所以汉谟拉比是根据实际情况调整惩罚力度。①

两河地区的法律在当时被看作传统知识的一部分，在许多个世纪里被不断抄录，并作为培训书吏的课本。在当时的学校里，法律是一个重要的课程，甚至法典

▶ ▶ ▶

① Samuel Greengus, *op. cit.*, pp. 470-473.

的编纂都可能是由书吏们完成的。有些条文有明显的习惯法的痕迹，如《汉谟拉比法典》第 249 条："如果一男子租一头牛，神使之罢工而且该牛死掉，那么租牛者可以神的名义发誓并且免去责任。"

虽然审判记录中并没有提及法官依据了法典的哪些条款，但法典在对法官的培训教育中起了潜移默化的作用，间接地影响到他们的判决。法典本身虽然不全面，但与保存下来的当时的各种法律文献如契约、审判记录等比较来看，二者并不矛盾。

地方性的审判由城市议会或长老会议组织，涉及刑事犯罪或严重危及村社利益的案件时，可能会邀请地方、王室，甚至神职人员来协助长老会议成员办案。这些外请之人常常是作为证人而非法官来出席审判。如果一个案子牵扯到军人，那么可能会邀请一个军事长官出席做证人，这与涉及家庭财产时请亲属和邻居作证的习惯不无两样。邀请协助者和案件诉讼双方关联之人听证是很普遍的做法。

法官是临时任命的，视具体案情而定，没有职业法官。通常有 3 至 6 人不等，多名法官一起办案有助于审判的公正性。担任法官的人，不管是村社长老或是各级官员，都要具备法律知识，德高望重，他们的审判都能为诉讼双方所尊重和接受。审判过程中诉讼双方都站在法官面前，没有职业的辩护者或"律师"。

地方法庭多数情况下解决各种经济上的纠纷，如田界之争、买卖、继承、盗窃等，商人间的纠纷通常由"城市商会"来解决。比较重大的案件如杀人、谋反、当场被抓的通奸等，通常由王室官员审判。但是地方法庭已经判决的案子通常不再送交王室复审，除非国王接到了投诉地方法官渎职的申冤书。

聆讯和审判的地点是神庙，没有专门的法庭。这是因为最早时神庙掌握着许多地方管理的权力。此外，神庙在审判中也有实际的作用：当法官面临矛盾的证词而缺乏证据时，要依靠宣誓来打破僵局和确定真相。诉讼的一方，通常是被告，要以某某神的名义起誓，设定如若撒谎则如何如何之类的自我诅咒，同时要触摸神像和武器，或者做一个掐自己喉咙的手势，表示如果撒谎愿神惩罚自己去死。对当时那些敬畏神明的人来说，在这种时刻撒谎并非易事，而一旦表现出心虚和犹豫，则被法官看作是伪证。重大案件的裁判有时会配合神裁法，最常见的是河神，被告以河神的名义起誓，然后被投入河中，如果能活下来就是无罪，如果溺死就是有罪。

在结束一宗案子时诉讼双方要发誓将来不对审判结果提出反驳。已经结案的双方若重新开庭要冒很大的风险，如果他们的上诉被法官驳回，则要接受惩罚，一次上诉者会被判以罚金，多次上诉者要受到体罚，轻则剃去半边头发或往身上泼焦油，重则残肢（如在鼻子、嘴或舌头上穿孔等）。

案件审理的过程都被记录下来，多数是用楔形文字写在泥板上。通过考古发掘，现在已经有许多这样的泥板被发现（公元前1千纪时也用阿拉米亚文写在羊皮纸卷上，但保存下来的很少）。记录案件的审理过程是为了防止误解和为以后的案件审理提供参考。如果后来出现争议，法官可以查阅记录，或者从当时在场的人那里取证。记录通常采取第三人称，以概括的手法叙述，对双方重要的宣言会采取第一人称的引文形式。然而，公元前1千纪时也有完全以第一人称叙述的方式进行记录的，如在努兹等地就发现过这样的文献。

从这些记录中可以看出，审判过程中有许多古老的仪式，如离婚时割掉女子外套的下摆，释放奴隶时清洗该奴隶的额头，等等。记录内容还包括日期、法官和证人的名字。审判结束后双方和证人将记录文件封起，并加盖印章。古巴比伦王国之后，没有印章的证人要用手指或衣服的下摆在自己的名字旁边留下印记。

巴比伦商人的书信，装在信封里

在新巴比伦王国时期，法律文书要复制两份，诉讼双方各执一份。而在此之前通常只有一份，保存在案件胜诉的一方或付钱的一方。为安全起见，这份唯一的记录放在一个泥板做的信封里，上面再刻写上里面封存的文书的全部内容或者内容摘要，里面的文书和外面的封套都要加盖记录者和证人的印章。

法官的助手有负责记录的书吏，有时有士兵充当法警，将不情愿聆讯的一方强行带来听讯，或者强制他们服从审判程序和判决。[①]

<h1>第四节</h1>

<h1>两河地区的社会生活</h1>

社会阶层、家庭与婚姻

古代两河地区的土地占有情况在各个时期有所不同，但基本上可分为王室土地、神庙土地、私人土地3种形式。国家需要收入来维持王室活动和管理，所以王室土地常常被授予政府官员或者职业军人，他们也可以再将这些土地出租出去以获利。职业军人都是集体共同拥有这种由王室授予的土地，这样总有一部分人可以脱产去服兵役。所有这些持有王室土地的人都要缴纳赋税，有的是以服役的方式，有的是交租金或土地收成的一部分，根据使用土地的不同情况，如个人耕种还是出租等，国家课以不同名目的税。此外，还有大批王室土地交给依附民耕种。

在美索不达米亚历史上的各个时期，多数美索不达米亚人，不管是否城市居民，都是自由民，他们要向家庭、村社和国家尽义务。自由民又分为贵族和依附民两种。在汉谟拉比时代贵族阶层的人叫作"阿维鲁"，可译为"男人，公民，或贵族"，他们都在王室或地方政府中任职，有的是世袭的，有的是国王任命的新贵。

▶ ▶ ▶ ──────────────────────────────

① Samuel Greengus, *op. cit.*, pp. 473-475.

这些人都拥有房屋、地产、牲畜,较富有的还有奴隶。但是"阿维鲁"这个词的含义后来发生了变化,它的使用范围越来越广,在新巴比伦王国时期,它有时甚至用来指奴隶,为了区别,这时就用一个新的术语"玛巴尼"来指称自由公民阶层。

也有很多自由民没有自己的财产和生产工具,可称作依附民,他们做工匠、雇工,或在富人的土地上做牧人或佃农。两河地区的农业和畜牧业并非是以奴隶劳动为主,在各个历史时期都更需要自由民身份的劳动者,他们更值得依赖,劳动效率更高,而且最终算起来也比使用没有劳动热情、消极怠工的奴隶劳动更便宜合算。

那些依附王室土地生存、将劳动产品的一部分交给王室的依附民叫作"穆什根努"。他们也要服役,有时还要紧急召集他们补充正规的战斗军,这时他们被称作"非正规者"。这些人可能深受欺压,文献中有关于他们叛乱的记载,但是历代国王也很注意保护这些人的利益,《汉谟拉比法典》第16条规定:"如果一男子在家里窝藏王室或穆什根努的逃亡的奴隶,不把他们带到地方官员那里去声明,那么该房屋的主人将被处死。"《埃什努那法典》第50条规定:"如果一个王室官员,一个运河专员,或者任何官员,抓住一个属于王室或穆什根努的逃亡的男奴、女奴、牛,或驴,没有将他们带到埃什努那,而是他藏在自己的家里,超过了一个月,那么王室将认为他犯有盗窃罪。"

穆什根努的社会地位比贵族阶层低下。在《汉谟拉比法典》关于人身伤害罪的规定中,伤害穆什根努的罪比伤害阿维鲁的要轻;在关于就医费用的规定中,也是阿维鲁最高,穆什根努次之,而奴隶最低。在后来的几个世纪中,穆什根努一直是作为"富人"或"重要人物"的反义词来使用,其他的闪米特语吸收这个词来表示"穷的""地位低的",现代法语中表示穷困、地位低下的词"mesquin"就是由此而来。

公元前2千纪和前1千纪的文献记载了另一种社会地位低下的人,叫作"户普苏",这些人似乎是被释放的奴隶,身份是自由的,但社会地位非常低下。

在新巴比伦王国和古波斯时期,依附于神庙或王室土地的依附民被称作"农民",他们在监督下集体编队劳作,缴纳年租,但不必服军役。而承担军事运输工作的依附民叫"苏萨努",他们也依赖王室土地生活,如果逃走要被强制遣回和受到管制。

两河地区社会中有奴隶存在,但比起希腊罗马社会来,他们的数量和他们在经济上的重要性都有限。从用以描绘奴隶的楔形文字符号看,他们最初是外族人,很可能是战争中的俘虏。奴隶的标志是剃光头发或者文身和被打上烙印。

奴隶通常是在贵族家里劳动。那些有技艺的可以为主人做工匠或被租出去挣钱。桀骜不驯的奴隶可能被戴上脚镣，但也有很多家奴得到主人的信任去管理作坊、钱庄，甚至经商，主人授权他们去借贷和投资，有些奴隶在这个过程中积累起自己的财富。

奴隶也经常被释放，与主人感情好的还可能被收养而成为主人家的家庭成员。女奴可以为自由人或奴隶生育子女，这些子女也是奴隶，但他们有可能获释或为主人收养，没有子女的奴隶主经常会收养奴隶。

有些奴隶被主人捐赠给神庙，奴隶要在捐赠人活着的时候服侍他们，捐赠人死后该奴隶就要完全听从神庙的支使。这种捐赠的动机是出于宗教情感。捐赠是神庙的一项收入，但主要还是靠神庙土地维持其运转，多数情况下神庙雇佣自由民耕种土地。

有相当数量的奴隶由因破产而无法偿还欠债、被迫沦为债务奴隶的自由民转来，先是欠债者的奴隶和家人去抵债，最后则是欠债者本人。各个王朝的统治者都以不同的方式来帮助这些不幸的人，比如可以采取用法律规定利率的方式进行帮助。在古巴比伦时期，贷出银"公正的"利率是20%，粮食和其他易腐烂的日用品是33.3%，然而，即使这样的利率有时也是难以承受的。在《汉谟拉比法典》中对债务奴隶做了限制，第117条规定："如果一个男子无力偿还债务，不得不出卖他的妻子、儿子或女儿为债务奴隶时，他们应在买者或所服役的人家中干3年活；到第4年应释放他们。"此外，王室经常颁布所谓的"公平法令"，宣布废除所有私人的、有利息的债务。

在两河地区的社会中，男子对妻子、儿女有绝对的权威。《汉谟拉比法典》中规定，如果儿子打他的父亲，应砍掉他的手（第195条）。而且没有关于成年年龄的规定，因此父亲只要活着，他的家长权威就存在。在债务方面，父亲无力偿还债务时，不仅可以将自己的奴隶，也可以将自己的家庭成员送给债主抵债，父亲有权力但没有义务去赎回这些家人。在苏美尔时期，长子继承所有家产，但他有责任抚养所有的兄弟姐妹。在此后的历史时期，则是兄弟平分家产，而长子得两份。多数地区女子没有继承权，除非家里没有儿子。

两河地区多数婚姻是一夫一妻制，在没有儿子的情况下，丈夫有权力娶第二个妻子，但第一个妻子的地位最高。不能生育或没有儿子的妻子可以为丈夫挑选一个女奴，或者与另一女子拜为姐妹，然后让她与丈夫结合。这种做法最常为女祭司们所采用，因为她们虽然可以结婚，但不允许她们生育。妻子有病不能履行婚姻职责时，丈夫也可以娶第二个妻子，但他仍有义务赡养原配，而原配如果愿意，也可以离开他的家。

两河地区的女子可以拥有自己名下的财产，其财产有两个来源：没有兄弟的可以继承家产；结婚时从娘家得到的嫁妆、从丈夫家得到的聘礼。丈夫可以使用和管理她的财产，但离婚时必须将妻子的全部嫁妆退还给她，除非她行为不端。如果丈夫去世，嫁妆归妻子支配，她要离开丈夫家或再婚时可以从家庭财产中取回嫁妆的部分。通常那些出身显贵的女祭司都有丰厚的嫁妆，包括房屋、土地、家奴等。如果妻子去世，嫁妆由她的子女继承，但丈夫与其他女子生育的后代无权继承。如果没有子女，则由她的兄弟继承。

离婚是允许的，但通常是由丈夫提出。丈夫可以任意离婚，但如果妻子没有品行不端，离婚时丈夫必须退还妻子的所有财产，有时还要付一些额外的罚金。《埃什努那法典》中规定，丈夫若要离弃已经为自己生了儿子的妻子，必须把自己的房屋和财产送给她。寡妇和被丈夫离弃的女子可以再婚。

妻子提出离婚的情况很少，要求离婚的女子要受到严格的盘查，看她是否出于不体面的原因而做此决定，即使最终获准，也很难保住自己的嫁妆。许多古巴比伦时期的婚约更是禁止妻子离弃丈夫，违者处死。[1]

两河地区的商业、贸易和外交

美索不达米亚的国王意识到了社会稳定和经济稳定之间的联系。例如，在乌尔第三王朝时，国王乌尔纳姆吹嘘自己统一了本国的度量衡。后来古巴比伦王国的国王更进一步，他们试图将本国的价格和工资固定下来。《埃什鲁纳法典》的开头就是一份日用品的价格表，之后的段落规定各种工人和雇工的工资。同样，《汉谟拉比法典》也多处提到价格和工资。然而，如果我们看看同时期的其他文献，便会发现，实际价格和工资与法典中规定的有所不同，有不同幅度的浮动，很明显，其中

▶ ▶ ▶

[1] Samuel Greengus, *op. cit.*, pp. 475-480.

有市场的作用在影响着价格和工资。例如，大麦的价格在一年的周期内浮动，刚收获时价格较低，晚些时候则高些。其他日用品的价格浮动则较小。政治和经济的变化也影响价格：在汉谟拉比和他的儿子沙姆苏伊努纳在位时期，价格较低，但是在此后的政治混乱时期则急剧涨高。

最早的商人代表神庙或王室经商。商人替神庙和王室将剩余的日用品卖掉，购进他们需要的产品。但是古巴比伦时期和其后的时期，商人成为独立的承包人，他们可以自己经商，也可以为政府经商，但他们的行为还要在王室官僚的监督之下。《汉谟拉比法典》中有专门的关于商人行为的规定。

商业投资有积极投资和被动投资两种。被动的投资者（或被称作"本金人"），出本金，但保证能获得本金和赢得的利润。这种类型的投资是被保护的。在巴比伦国王阿米沙杜卡颁布的"公平法令"中，用于商业投资的债务不能像其他债务一样被取消。积极投资是首先设立一笔共同基金，然后交由一个商业团体来经营，每位投资的商人都拥有股份，大家分享利润。除商人之外，王室官员和其他富有的人也都可以参与这种积极层面的投资。甚至有证据表明，在古巴比伦时期，女祭司也与人合伙经商。

商人要在经济上承担风险，由自己组织管理。运输业务由代理和职业商人负责，他们装载货物、照料运货的驴子。公元前2千纪的商业文献记载了亚述商人在安纳托利亚经商的许多重要细节。在亚述，合伙人为这些运输货物的人提供无息贷款，运输人所需的食物、住宿及其他花费都出自这笔贷款。从运输者一方来说，他们可以从亚述或沿途的任何地方随意购买和携带其他的商品，并进行转卖。商旅途经其他国家时有时要向当地官员交各种税或"礼物"。在到达目的地安纳托利亚时当地统治者要收取相当数量的手续费。这是以进口税的形式向所有来自国外的货物，特别是纺织品征收的。有时商人利用走私者来帮助他们安排"另外的"运输，这样能免去某些税，从而增加商贸活动的赢利总额。

美索不达米亚很早就与周边地区保持密切的政治和经济联系，公元前2千纪早期的文献中记载的神话《恩奇与世界秩序》，描述了创世神恩奇如何组织了苏美尔国家。其中有这样的描绘：装载着金、银和青金石的船只从遥远的美卢哈驶来，由幼发拉底河逆流而上到达尼普尔的港口。这些船沿着阿拉伯半岛和非洲海岸的港口一路驶来。苏美尔的史诗《恩梅卡和阿拉塔之主》对乌鲁克与伊朗高原的一个国家之间的贸易做了细致的描绘。恩梅卡是乌鲁克城的祭司兼统治者，他出口粮食，阿拉塔的统治者则用金、银、铜、锡、宝石及建筑石材与他交换。

这些古代文学作品中的记载，反映了国际贸易与政府和外国事务之间的密切关系。靠近和控制作为运输要道的河流以及便利的陆路交通要道能带来重要的经济和战略上的好处，而政治和军事上的影响又促进了对货物和市场的控制。公元前2千纪的阿卡德史诗《战斗中的国王》讲述了阿卡德的萨尔贡率领军队前往安纳托利亚保护他在普鲁汉达进行贸易的商队的故事。

各国之间通过条约来确立和平友好关系。最早的例子是公元前3千纪的埃布拉。古巴比伦时期有若干条约，这些条约分别是在马里、亚述和迪亚拉及哈布尔河流域诸国国王之间签署的。新亚述时期的国王经常利用条约来约束被帝国征服的小国国王。条约是国王之间非常正式的契约和协议，签约时要举行隆重的宣誓和象征性仪式。国王们以各自国家众多的神来起誓，宣称如若毁约则将受到这些神的恶毒诅咒。仪式包括杀牲献祭，以此来暗示或明示毁约者的下场。制定条约时所用词汇之丰富说明了它们的多面性：salimum 指统治者之间的友好关系；riksum、rikiltum、rikšātum 和 simdatum 指诺言的约束性；adu 和 mamitu 指誓言。在马里还发现了反映宣誓仪式本身的文献记载：tuppi nis ili，意为"（记载）神圣誓词（直译为'神的生命'）的泥板"；tuppi lipit napistim，意为"（记载）'触摸喉咙'的（象征性行为的）泥板"。

在描绘签约双方友好关系时，条约中有时会使用"父亲"和"儿子"这样的字眼，这是指大国与附属关系的小国之间的关系；平等国家国王之间互称"兄弟"。国王们要彼此忠诚，不能援助任何可能会危及双方的敌对国家。有时条约条款会规定遣返避难者和逃亡奴隶的事宜。商贸、运输在国王间的条约中都有条款规定。条约还规定了如何解决商人之间的纠纷及如何赔偿那些到国外经商而遭到抢劫甚至是谋杀的商人。叙利亚北部发现的公元前2千纪的阿卡德文献记载了对这类犯罪的审判。大约公元前1270年，在赫梯国王哈图谢利三世用阿卡德文写给巴比伦国王哈达什曼－恩利尔二世的一封信中，哈图谢利三世为巴比伦商人被杀一事向哈达什曼－恩利尔二世致歉，信中提到，他已经向死者家属进行了赔偿。而在赫梯国内，还从来没有为任何一位被谋杀者做过赔偿。

国外贸易有时采取国王之间互赠礼品的形式进行，这一点在公元前14世纪的阿玛尔纳书信中有充分的反映，巴比伦的加喜特国王反复致信埃及法老，要求法老送给自己黄金，作为他们给埃及送礼物的回报；公元前14世纪是巴比伦以黄金为货币基础的时代。信使在这种情况下扮演着商业代理以及外交使节的双重角色。

有时两国之间的关系又以外交联姻的方式来维持。在这种情况下，通常是举国欢庆，举办盛大的庆贺仪式，传统的赠送嫁妆和聘礼成为国王之间交换礼物的另一种形式。①

第五节
古代累范特地区

累范特这一地理概念包括现代以色列、黎巴嫩、约旦和叙利亚的幼发拉底河西岸部分，它北边是两河流域相继出现的帝国，南边是埃及，作为二者之间的纽带和交汇点，在西亚古代史上成为一个文化和政治上的缓冲区，并且是贸易和交通的枢纽，历来是各主要帝国争相控制之地。在这里活动的大多为游牧民族或者是小型的农耕聚落，其政治力量始终不强。

公元前1100—前900年期间，累范特、安纳托利亚南部、美索不达米亚南部出现众多小邦，它们是公元前1400—前1200年间控制该地区的各大帝国及迦南文化的后裔。这些小国在政治和经济体制上非常相似，但文化上如语言文字、艺术、宗教等方面则有很多的差异。北方多数小国深受赫梯的影响，而在美索不达米亚南部及叙利亚地区，阿拉米亚文化的影响占主导地位。黎巴嫩海岸的迦南城市发展为腓尼基国家，其影响辐射到塞浦路斯。巴勒斯坦海岸南部是腓力斯丁人，最初他们是作为埃及的守卫部队驻扎在那里的，逐渐控制了主要城市。而在内陆，公元前1000年以色列国家形成，同时出现的还有摩押（Moab）、亚扪（Ammon）、以东（Edom）等国。此时的累范特还没有大批的希腊移民出现。

在公元前1100—前900年累范特地区普遍经历的转型过渡中，以色列国家的形成只是其中的一环，以色列人是该地区众多族群中的一支。以色列早期历史与这

▶ ▶ ▶

① Samuel Greengus, *op. cit.*, pp. 481-483.

个近东背景之间的联系，已有丰富的考古资料证明，在《圣经》中也有所反映，尽管只是微弱的信息，如，雅各被称为"流浪的阿拉米亚人"《申命记》，26:5)。

对于累范特地区诸国的形成，在缺乏资料的情况下，很难复原一个完整的画面。但有一个特殊的例外，即以色列国家的形成，《旧约圣经》以生动而富有感染力的戏剧化手法叙述了以色列人国家的形成，它以历史记录的面目出现，又以古代以色列人与上帝之间的约定和互动关系来解释一系列的历史事件，把大量的故事和传说编织进来，为宗教主题服务，与很多古代的文学作品一样，它的创作动机不是批判性的历史研究，而只是集中反映了古代以色列人对自己早期历史的看法，以及这种看法与其信仰之间的密切关系。因此，很难把《圣经》当作直接的史料，在19世纪前，以考古发现证明《圣经》记录的做法已经成为过去，目前考古学家们关注的是《圣经》中反映的古代近东背景，而极少也很难验证《圣经》中提到的著名人物或者事件。

《圣经》中的以色列人早期历史

世界上唯一能够在亡国两千多年之后又重新建国的以色列人有着坎坷的历史。他们的国家并不强大，但是由他们所信仰的犹太教蜕变而成的基督教和伊斯兰教却是两千年来西方世界中最主要的两大宗教，对世界文化的发展具有决定性的影响。他们关于道德和政治理论的概念对现代民族的影响也非常深远。

《圣经》以创世纪、早期人类及大洪水的故事开篇，接着讲述以色列人祖先的故事，这些部落首领带领家族迁徙于近东各地，期间发生的故事把以色列先人与埃及、巴勒斯坦、巴比伦等地都联系起来。其中最著名的是《出埃及记》，雅各的12个儿子之间互相嫉妒，致使最受宠的小儿子约瑟被卖至埃及为奴，结果约瑟因善于解梦，得到法老赏识，官至显要，后迦南发生了饥荒，约瑟把雅各及其11个兄弟都接到埃及生活。后来新法老即位，不认识约瑟，而且担心以色列民族人口日益增多，开始是逼迫以色列人从事苦役，为他建造王城，后来又下令杀害以色列人的男婴，其中一个男婴被弃河中之后为法老之妹——埃及公主收养，这就是摩西。他后来在耶和华的指示下，率领以色列人逃离埃及。这个故事的历史真实性很难得到证明，埃及文献中没有任何相关的记录。这个"从被奴役走向自由"的拯救故事是以色列民族意识的重要核心，在后来的历次劫难中，这个奇迹故事不断唤起以色列人被拯救的希望。一个民族把自己的出身追溯为被压迫的奴隶，这本身就非同寻常。这些故事所蕴含的历史信息，目前是文化记忆研究的热门话题，埃及学家阿斯曼（Jan Assman）所做的研究尤其值得关注。

出埃及之后，以色列人在西奈沙漠流浪 40 年，这期间摩西与耶和华在西奈山上立约，接受"十诫"。40 年流浪期结束后，进入应许之地，此时新的领导者是约书亚。经过征服战争，以色列人定居下来，此间与邻近居民如阿摩利人、迦南人、腓力斯丁人不断发生冲突。在其后的士师时代，耶和华在各个危机时刻指定领导者带领众人渡过难关。此间的故事都遵循着一个叙事模式：以色列人因为拜迦南人的神而受到上帝的惩罚，遭受军事上的攻击，忏悔之后上帝会派一名士师来化解危机。

后来腓力斯丁人势力日增，他们在埃及人从迦南撤走之后，占据了南部沿海的 5 座城邦，结成强大的军事联盟，他们大败以色列人，抢走约柜，摧毁圣所，形势所迫，扫罗被指定为王，以色列人进入列王时代，先后被扫罗、大卫、所罗门统治。扫罗起初不负众望，但后来与女婿和大将大卫产生矛盾，大卫率军叛逃，扫罗孤军与腓力斯丁人作战，最后战败自杀。

扫罗死后，大卫为王（约公元前 1000—前 961），击败了腓力斯丁人，征服了整个巴勒斯坦，将 12 个部落统一为一个国家，并且将都城设在耶路撒冷。他虽然是一个非常有作为的国王，但是仍不能消除内部的许多矛盾，如一些坚持信仰的宗教领袖始终不愿承认大卫的权威，而认为只有耶和华神才是他们的王；大卫本人出身于犹太部族，其他部族人不愿服从他，等等。在他去世时，由于王位继承问题发生了内乱。最后，大卫的儿子所罗门（公元前 960—前 922）发动宫廷政变夺取王位。

在以色列人的传说中，所罗门被描绘成贤明而有作为的国王，对他的记述有不少溢美之词。但可以肯定的是所罗门是一个成功的外交家，也热衷发展贸易。他设法与埃及修好，并且娶法老之女为妻；又和黎巴嫩的推罗城联盟。他派船队到红海进行贸易活动，又派遣商队到阿拉伯半岛。在死海南部，他设立了当时西亚地区规模最大的冶铜厂，又经营马和马车的转手生意。在他的治理下，以色列的财富开始增加，经济走向繁荣。

　　但是所罗门仿效东方国王的奢侈生活，大兴土木，劳民伤财，引起民众强烈的不满。他在耶路撒冷修建豪华的宫殿和神庙，强迫人民服劳役，并为此加重税收。当时多数建筑材料都要依靠进口，为了抵偿外债，所罗门割让了 20 个城邑，每隔 3 个月，就有 3 万以色列人被送往推罗国服役。在他死后，以色列北方有 10 个部族不服其继承人的统治，分离了出去，于是南北分裂，北方王国仍称以色列，南方则以犹太为名。许多地中海沿岸的小城邦又纷纷独立，统一时期的繁荣局面一去不返。

　　以色列与犹太两国分立 200 多年后，北方的以色列于公元前 722 年为亚述所灭，其居民流散到各地，逐渐为周围的民族所同化，被称作"失踪的以色列 10 部落"。之所以会如此，是因为这些部落本身就在文化上与南方的犹太部落有很大的差别，北方部落地处贸易要冲，以城市生活为主，很早就深受其他国家文化影响；而南方部落主要是农民和游牧民，文化上更为保守和排外，这也是南北最终分裂的重要原因之一。

　　此后，犹太国又苟延残喘了 100 多年，其间不断经受亚述和后来的新巴比伦王国的洗劫。公元前 586 年，新巴比伦王国国王尼布甲尼撒二世再度攻陷耶路撒冷，犹太王和一批臣民被掳到巴比伦，这就是历史上的"巴比伦之囚"。后来波斯王居鲁士灭亡新巴比伦王国后，释放了这些犹太人，允许他们返回家园，开始了"第二

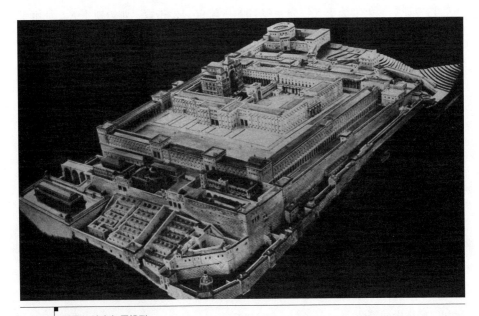

　　所罗门神庙复原模型

圣殿"时期，此后耶路撒冷也得到重建。公元前539至前332年期间，巴勒斯坦是波斯帝国的附属地；公元前332年为亚历山大征服，后为埃及托勒密王朝所统治；公元前63年成为罗马的附属国，后来以色列人发动反抗罗马人的起义，遭到残酷镇压，自公元70年起，以色列人的国家被合并为罗马的一个行省，耶路撒冷被罗马人摧毁，圣殿被摧毁，从此再没有重建。

古代犹太教

古代以色列人宗教思想的最特别之处在于其所经历的巨大转变过程，在古代近东多神论的基础上，发展出世界上最早的一神教，古代犹太教的发展与以色列民族饱经磨难的历史关系密切，犹太教重视实践甚于信条，认为生活方式决定着一个人的虔诚与否，这使得其信徒得以历经劫难仍保持自己的信仰和文化身份。

一般来说，信奉耶和华为唯一的神，信奉《塔纳赫》（即《圣经》）、《塔木德》（即《犹太教法典》），认为犹太人是上帝的选民，尊奉由摩西从耶和华那里传授来的教义及教规，行割礼，禁食不洁之物，反对拜偶像，过安息日、逾越节、赎罪日等等，便是犹太教，或者说，以上这些便是犹太教的本质特征。作为世界上最早的一神教之一，犹太教的精神品质通常被历代犹太教神学家和哲学家概括为己所不欲，勿施于人；爱己如人；上帝与人的关系远比人与人的关系亲密、基本；正直、怜悯、谦卑以及唯义人因信得生等等，而这些精神品质是深深地建立在犹太教对上帝、对人的基本肯定的基础上的。

从摩西率以色列人出埃及、走西奈，在西奈山授命传十戒和律法算起，古代犹太教的发展大致经历了创教、先知运动、第二圣殿以及拉比四个时期。

摩西以十戒和律法慑服了辗转西奈半岛40年而历尽艰辛的以色列人，不仅开创了一个彻底的一神教，而且统一了以色列人的思想，为回归迦南和日后的发展奠定了必要的基础。随着士师时代的结束，大卫统一了12部落，并定都耶路撒冷，建耶和华圣殿，安放约柜。[①] 接着所罗门建造第一圣殿，成为犹太人宗教信仰和精神寄托的中心。经过以上这一系列事件和历史的演变，犹太教创立了它雏形期的教

▶ ▶ ▶ ━━━━━━━━━━━━━━━

① 约柜（Ark of Covenant）：也叫"结构之柜"，《圣经》故事中古代犹太人存放上帝约法的圣柜。

义、教规和典章。

根据《旧约》的说法，以色列人只崇拜一个神，就是耶和华。他们虽然有不同的崇拜中心，但所崇拜的神是相同的。对任何其他神明的崇拜一概被禁止。以色列人相信他们的神耶和华曾经主动与他们立约，因此他们是耶和华的"选民"，是耶和华所特别要拯救的一群人。除了耶和华之外，他们并不承认世上的其他权威。这也是以色列王国立国时所确立的一个根本原则——国王的权威是世俗的，如果他的意见与代表神意的宗教领袖不同，就会产生冲突。以色列政权之所以不稳定，神权与政权之间的冲突是一个重要的原因。以色列人没有神像，这一点与其他的古代宗教很不相同。因为他们相信耶和华是没有形象的。所有外邦人崇拜的都是木泥雕塑的没有生命的偶像。这种极端的一神信仰使得以色列的宗教在古代世界宗教中独树一帜。

这种一神信仰思想是逐步确立的，在实际的历史发展过程中，并不是所有的以色列人都能保持这种严格的态度。例如以色列建国后，因为和迦南人杂居的关系，以色列国内充满了非耶和华信徒，这些人信的是迦南原有的神明如巴尔、亚什位等。以色列王亚哈甚至和信奉巴尔神的泰尔公主结婚，并且替她建造了巴尔神殿，因此招来了许多犹太教信徒的强烈反对。此后，以色列和犹太相继亡国，虔诚的耶和华信徒再度受到严重的打击。为了继续保持原有的信仰，耶和华信徒对以色列和犹太国的灭亡做了这样的解释：他们认为犹太之所以亡国，并不是巴比伦的神胜过了耶和华。相反，是由于以色列人背弃了耶和华的旨意，才使得耶和华借巴比伦人之手来惩罚以色列人。而既然外邦人也听从耶和华的命令，耶和华就不再只是以色列人的神，而是宇宙之间的唯一真神。以色列人的信念也就是因为有了这样的经历之后，才更为坚定。

"先知"一词，是当时对有能力感知上帝的旨意并向子民传达旨意的人的称谓（摩西是犹太教最大的先知）。自公元前8世纪至前5世纪，以色列人经历了所罗门死后以色列南北两个王国从分裂走向灭亡、第一圣殿被毁、巴比伦之囚、重返耶路撒冷和建第二圣殿一系列重大事件，显然，这是一个社会动荡时期。"先知运动"就是指这一时期出现的15位先知。他们针砭时弊、抨击腐败、痛斥暴政、鼓舞民众，为重建圣殿、民族复兴做出巨大贡献。他们以神的名义阐发的政治见解、宗教伦理，被后人收集在《圣经》和《先知书》里，极大地丰富了犹太民族的思想宝库，发展了这个民族的伦理学说以及政治观和社会观。正是在这个意义上，这些先知们才被认为是犹太教历史上的社会改革家、政治批评家、民众的精神导师。

第二圣殿时期是犹太教历史上的中兴时期。公元前 516 年建成的第二圣殿，使犹太人又有了从事宗教活动的场所，先知的地位被祭司和文士所取代，流散在外的犹太人陆续返回耶路撒冷，迦南又恢复了昔日的繁荣。不过，当犹太人被亚历山大大帝征服进入希腊化时期后，犹太教内部出现了分裂，形成了四个派别，即撒都该派（代表宗教贵族）、法利赛派（代表宗教中层文人墨客）、艾塞尼派（代表下层农牧民）以及卡纳因派（代表无产者）。由于各派所代表的集团利益和所处的社会地位不同，他们的政治态度各异，宗教观点分歧，相互之间的斗争不断，直到公元 70 年第二圣殿被罗马帝国付之一炬。又过了 20 年，大约在公元 90 年前后，《圣经》追录成典，犹太教正式形成，古代犹太教的发展阶段到此结束。

所谓的拉比时期，是指第二圣殿被毁之后的一个时期，这个时期发生了两件事，第一件事是建造了犹太教会堂。犹太教会堂的建造，不仅满足了流散在各地的犹太人行使宗教义务的需要，更为加强犹太民族的同一性、认同感和凝聚力发挥了不可替代的作用。另一件事是犹太人视法利赛派中德高望重的人为他们的精神领袖，将他们称为"拉比"（Rabbi，希伯来语，意为"吾师"）。拉比们所从事的工作主要是收集口传的律法并将其整理成文；注解《律法书》等宗教法规；向犹太教徒讲解教法，教导他们严守教义和法规。正是在这一时期，在拉比们的努力下，犹太教最重要的经典《圣经》正典得以审定。学者们也因此普遍认为，是拉比们的努力才使犹太教在艰难困苦中生存了下来。

犹太教经典包括《塔纳赫》和《塔木德》两部分。《塔纳赫》被认为是犹太教的"一部永恒的书"，由律法书、先知书、圣录三部经典共 24 卷组成。

律法书由《创世纪》《出埃及记》《利未记》《民数记》《申命记》5 卷组成，传说最早是上帝在西奈山向犹太教先知摩西口授的，后来由摩西整理成书，故又称《摩西五经》。律法书被视为犹太教的支柱，是经典中的经典，它阐述了犹太教三个最基本的问题：宇宙的产生和犹太民族的起源与形成；犹太教的教义、戒律与犹太民族的传统习俗和生活方式；犹太教的伦理道德。

先知书由《约书亚记》《士师记》《撒母耳记》《列王记》《以赛亚书》《耶利米书》《以西结书》8 卷加上《小先知书》《何西阿书》《约珥书》《阿摩司书》《俄巴底亚书》

哭墙：所罗门神庙的遗迹

《约拿书》《弥迦书》《那鸿书》《哈巴谷书》《西番雅书》《哈该书》《撒迦利亚书》《玛拉基书》组成，构成《圣经》的第二部分，其地位仅次于律法书，其中所记录的先知的言行成为犹太人效法的楷模，影响深远，是犹太民族的精神财富。

圣录实际上是一些资料汇编。这些资料大多出自历史文献，由犹太先贤们筛选整理而成，其内容相当丰富。有的记载宗教仪式，有的记录历史事件和节日风俗，有的记载哲理名言，有的记载好人好事，宣扬正义善良，赞美勤学勇敢、谦卑守信等传统美德。它由《诗篇》《箴言》《约伯记》《雅歌》《路得记》《耶利米哀歌》《传道书》《以斯帖记》《但以理书》《以斯拉记》《历代志》共 11 卷组成。

《塔木德》是犹太教的口传律法集，它是一部指导犹太人生活的百科全书。《塔木德》主张以发展和变化的眼光去看待教义和律法，并要求根据客观实际对教义和律法做出合乎逻辑的解释。

现存的希伯来圣经完成于公元前 2 世纪，但其中最晚的部分——《但以理书》《以斯帖记》尽管创作于公元前 2 世纪，却被设定于公元前 7 到 6 世纪，因此给人的总体印象是整部作品创作于波斯帝国时期，即犹太教的基础奠定和形成之时。希伯来圣经的语言是希伯来语，而《但以理书》《以斯帖记》的某些章节是阿拉米亚语写成的。

律法书传说是摩西所做，但几个世纪前就有人持怀疑态度，它有很多重复和前后矛盾的地方，如对同一个事件有两次甚至三次叙述，故事内容前后矛盾

（如有两个不同内容的创世故事），律法条文之间也有自相矛盾之处。甚至关于以色列人得知耶和华的时间也不一致，在《出埃及记》中，耶和华告诉摩西他的先人们"不知道我是耶和华"，只知道"全能之主"，而在创世纪中，夏娃是知道耶和华的名字的。更微妙的是，在前后两个创世故事中耶和华呈现出不同的特点，第一个创世故事强调他的至高尊严和力量，而在第二个创世故事中他则有着人类的情感。

总之，整个律法书贯穿着几种迥然不同的写作风格，《申命记》风格华丽，此种风格不见于别处，而《创世纪》和《民数记》中则至少有两种风格：一种是枯燥而正式的，一种是叙事风格的。早在18世纪，人们就注意到不同的文学风格是辨别律法书不同作者的关键。在作者不明的情况下，学者们尝试先确定文本的不同类型，再追溯其源文本，排出年代顺序，近代圣经历史评断学把律法书的源文本分为四个：

J典，自始至终以耶和华为上帝之名（J＝Yahwist），风格为朴实的叙事故事体，内容特别侧重南部以色列王国犹太国。

E典，以埃洛希姆（Elohim）为摩西受启之前的上帝之名（E＝Elohist），风格与J典相似，但内容更侧重北部以色列王国，E典文本并不始于亚伯拉罕和先祖传说。

D典，《申命记》（Deuteronomy），除风格华丽多修饰之外，内容上强调以色列人如保持信仰纯洁、忠于耶和华、遵守戒律，则会繁荣发达，否则灾难不可免。主张祭祀仪式只在一个合法圣殿举行，只能由利未族主持。

P典，祭司文本（Priestly Code），这部分风格枯燥刻板，内容是大量的祭祀仪式条规，在摩西受启之后才使用耶和华之名，从不描述摩西和亚伦之前的祭祀，指定只有亚伦的后人才能主持祭祀，其他利未族人只能承担祭祀中的低等杂役。此典被认为是一个祭司群体共同创作的文本。

J典和E典还有个共同点是不强调祭司在仪式中的作用，二者有时很难区别，因此也有学者主张合并二者为"JE"典。

对这四部分年代先后的断定，各派学者意见不一，最有影响的是"Graf-Wellhausen"假设，即认为四种源文本的先后顺序是JE典、D典、P典，此种说法也受到各种质疑，但目前尚未有令人普遍接受的新说。

对历史学家来说，作为复杂的宗教文学作品，希伯来圣经中的各种传统和传说更多地体现了以色列人如何认识自己的早期历史，并有意识地构建它以服务于自己的宗教信仰，对于这样一部突出意识形态的作品，很难也没有必要从中去发掘真实的历史事件。比如，关于早期部落及其领袖的故事和传说，到公元前 7 世纪时被编织成复杂的叙述体故事，与宗教领袖摩西的传奇结合到一起，但刻意合并的痕迹很明显。出埃及记故事的效果是把以色列人置于迦南之外，指出必须在耶和华的护佑之下通过神圣战争征服迦南，以此来证明耶和华兑现了自己的诺言，让以色列人定居下来繁衍生息。历史上也许从来没有发生过大规模以色列人逃离埃及的事件。确定的事实是，青铜时代的晚期，累范特的诸多城邦经历着巨变，公元前 1200—前 1050 年期间，人口骤增，从考古资料看，其居民是熟知迦南文化、经验丰富的农人。公元前 1000 年时，很多小城市成为以色列国的一部分。后来的以色列人叙述这段历史时，把以色列人的征服描述为从外部进入，大大增加了征服战争之艰巨和取得胜利之荣耀，与逃离埃及的戏剧化情节一样，对于他们提升民族自信心、强化文化身份认同、坚定信仰是至关重要的，而与真实的历史事件则未必相关。

关于古代以色列的考古发现中，铭文的内容非常少，如大卫和所罗门，没有发现《圣经》之外的同时代的历史记录。从考古发现展示的公元前 9—前 7 世纪累范特诸国的社会、经济、宗教状况来看，以色列和犹太绝非独一无二的国家，而是与其邻邦有着共同的发展经历和文化背景。《圣经》中的许多"外国神祇"也并非外来者带入的，而是部分以色列人原本的宗教信仰，绝对的一神主义在此时还在形成的过程之中。

自 19 世纪楔形文字被解读以来，随着两河流域大量泥板文献的出土和发表，学者们不断地发现圣经故事的"原型"，如"大洪水的故事"、创世故事等等，继而发现《圣经》的很多文学体裁如预言、教谕、法典等等，都扎根于古代近东的土壤之中，与之有着千丝万缕的联系。随着我们发现越来越多文化和文学上的相似性，我们更惊异于希伯来《圣经》的最后创作者如何巧妙地以诸多古老的文学形式表达出全新的世界观。犹太教对于后世的西方文明有着极其重要的影响，它萌芽于古代近东文明大家族之中，又革命性地与古代近东的传统宗教决裂，理解这个决裂的根源和过程，对于今人了解东西方文明的差异有着很大的帮助。

第六节
波斯帝国的崛起与古代文明的交流

波斯帝国的创建

波斯人是印欧语系的一支，其最早的发源地可能在高加索以北的山区，但学界目前尚无定论。"波斯"（Persia）一词来自于他们早期的居留地——帕萨（Parsa）。

"帕萨"大约在今乌米亚湖南方山区。约公元前 2000 年时，波斯人与同属印欧民族的米底人一起来到伊朗高原，波斯人生活在高原的西南部，曾经是米底的附庸国。据说波斯人有 10 个部落，6 个从事农业，4 个从事畜牧业。公元前 558 年，出身于阿黑门尼德氏族的居鲁士二世称王（在位时间为公元前 558—前 530），他在位期间波斯开始扩张领土，发展成一个庞大的帝国。

居鲁士二世先后征服了小亚细亚的强国吕底亚、东部伊朗和中亚，又灭亡了新巴比伦王国。他的继承人冈比西斯二世远征埃及和努比亚；冈比西斯二世以后的国王大流士在镇压国内的高墨达暴动后，征服了色雷斯地区，使马其顿向其称臣纳贡，最终建立起古代第一个地跨欧亚非的大帝国。希罗多德说波斯帝国有 20 个行

大流士一世，波斯波利斯王宫浮雕

省，范围东起印度，西至埃及，北达小亚细亚，甚至进入今日东欧一带。波斯帝国统治的中心在苏萨城，而波斯波利斯，即"波斯城"也有大流士华丽的宫殿。

大流士采取一系列措施巩固帝国的统治。首先是加强王权，确立君主专制的政体。他神化自己，控制行政权、军权、司法权，建立特务组织，即所谓的"国王的眼睛"，刺探各地情报以防止叛乱。大流士以行省制管理全国，行省行政长官叫总督，掌管省内的军事和民政。军事方面包括征兵、练兵、保安等，民政则有收税、司法、教育等。当时的税制，是由国王每年规定一个数目，总督则设法缴齐。总督之下是地方官员。由于帝国的范围广大，波斯王朝并没有直接统治所有的地区，有些被征服地区沿用当地的统治制度。

其次，大流士将全国划分为五大军区，每个军区下设若干省军区，军事长官和总督各司其事，互不相属，互相牵制。为保证政令传达，方便军队调动，保证境内的军队和物资流通，大流士采用并改进了亚述人所使用的驿站制度。他在全国修建驿道，最长的一条称为"御道"，起自小亚细亚西海岸的以弗所，东至伊朗高原的苏萨，全长2400公里，用快马送信，日夜不停，只要两星期就可以到达。

大流士还统一币制，使得境内的商业活动有一定的标准。他规定帝国中央铸造金币，行省铸造银币，自治市可造铜币。这种由王室发行以保证其纯度的钱币铸造起源于小亚细亚的吕底亚王国。

波斯在军事行动之后能继之以政治上的怀柔策略，是其庞大的帝国得以维系的原因之一。波斯帝王尊重被征服地区原有的宗教和文化习俗，在必要时还把自己当作是当地的神所指定的继承者，并为这些神重建神庙，表示自己统治的合法性。如大流士重建巴比伦神庙，冈比西斯自称为马杜克所派来统治巴比伦的人选。在巴勒斯坦，冈比西斯重建了耶和华神殿，指派以色列长老负责维持地方秩序。在埃及，他接受了传统法老的头衔，得到不少埃及祭司的支持。

波斯帝国向欧洲方面的扩张遭到希腊人的坚决抵抗，希波战争以波斯战败而告终，此后波斯人虽不再直接攻击希腊，但始终对希腊世界构成威胁。在帝国的最后150年间，各地叛乱和外族入侵不断，王室内部的流血斗争也不断发生。公元前4世纪下半叶，马其顿国王腓力普统一了希腊，他的儿子亚历山大最终征服了波斯，建立了一个更大的帝国。

除宗教以外，波斯的文化基本上没有自己的特色。波斯文化融合了古代近东各地区的成就和风格。在建筑方面，波斯人模仿两河地区的塔式建筑，但在柱子的装饰上，又具有埃及人和爱奥尼亚人的风格。波斯的浮雕和塑像艺术则受亚述的影响较深。此外，波斯的建筑和艺术具有以王室为中心的特点，有很强的世俗性。

波斯的影响

古代波斯人对后世影响最为深远的是他们的宗教，即琐罗亚斯德教。该教的创始人是琐罗亚斯德，他的生存年代无法确定，有可能是公元前 6 世纪早期。他是一个企图改革波斯古老宗教信仰的先知，极力反对一些古老的宗教仪式和信仰如多神教、牲畜献祭和巫术等，企图在更加超越人世和更有伦理意义的原则上建立新的信仰体系，但他也利用了许多传统信仰中的观念和思想。

琐罗亚斯德教的第一个特点是主张二元论。该教认为善与恶是宇宙初生之时就存在的双生儿，两者在人心之中不断冲突。善神是阿胡拉·马兹达（阿胡拉意为"主上"，马兹达意为"智能"），代表光明、忠诚和正直；恶神是阿里曼，代表黑暗和邪恶势力。二者几乎势均力敌，它们不断争斗，最终是善神取胜。

琐罗亚斯德教的第二个特点是救世主的概念，认为在世界末日到来时，救世主降临，所有的死者要接受审判，行善之人升入天堂，行恶之人被打入地狱，后者只有无尽的痛苦和黑暗。至于那些心意不定、行为得失参半的人，则将悬在一个不上不下的地方。由此看来，琐罗亚斯德教宣扬惩恶扬善的思想，强调伦理，认为人有自由的意志，可以选择自己的行为方式，但他们会在来世为今生的所作所为接受奖赏或惩罚。

公元前 539 年以后，琐罗亚斯德教对犹太教产生了重要的影响，其中来世说、死者复活、末日审判等思想使得人们从注重今生转而关注来世拯救。

波斯帝国的重要性还在于它促进了近东地区诸文化的融合。作为第一个地跨欧亚非的大帝国，波斯为各民族之间的经济文化交流提供了更多的机会。交通的便利，币制的统一等都是促进交流的有利条件。更重要的是，波斯统治者认为自己是整个文明世界的主宰，所以尽量不以残暴的方式控制被征服人民，而是采取宽容大度的姿态，这种政策有效地保护了古代文明的许多优秀成就，使得许多古老文明在失去其所依赖的国家和政体之后，还能将其精神遗产融入新生的文明之中，波斯帝国无形之中汇集了这一条条文明的溪流，将之引往未来的新世界。此外，波斯人那种建立"世界帝国"的思想对后来的亚历山大帝国和罗马帝国的产生有重要影响，可以说是后来的"罗马帝国统治下的和平"之理想的原型。

中国与安息和萨珊王朝的文化交流

亚历山大死后，他的帝国分为三部分，其中塞琉古王朝统治的范围最为广阔，包括了西亚和中亚的大片地区，都城在叙利亚境内的安条克。公元前 3 世纪中叶，中亚各地纷纷独立，其中帕提亚的部落首领阿尔萨息杀死塞琉古总督，于公元前 247 年称王，建立安息王国，此后不断开拓疆土，占领中亚、西亚的广大领土，成为一个强大的帝国。到公元前 1 世纪时，安息与同时代的罗马、印度、中国并立为当时的四大帝国。公元 224 年，安息王国为本国的波斯贵族所灭，新的王朝叫作萨珊王朝，也有人称之为新波斯王朝，它基本上承袭了安息王国的版图。

在世界文化史上，安息为开辟丝绸之路做出了重大的贡献，公元前 2 世纪丝绸之路正式开通时，安息是位于丝路西段的主要大国，同时又是连接中国和更西边的叙利亚、埃及、罗马的桥梁，在丝路的开拓上起了关键的作用。从历史渊源上看，中西交通与丝绸西运实际上早在数百年前就已开始，不过当时主要通过草原民族与各地商旅辗转传运，尚无国家支持保护的直接交往与贸易。正是由于这些草原民族的中介联络，波斯帝国时期丝绸已运到西亚，成为皇帝宫廷中的稀世珍宝，西方首先便是通过服务于波斯宫廷的希腊人而得知丝绸和称为丝国（"塞勒斯"）的中国的。这条经匈奴、斯基太人而辗转传递的路线也有人称为北方丝绸之路。

公元前 119 年（一说公元前 115），张骞率领 300 人的使团第二次出使西域，带着丝绸等珍贵物品和大批商旅随行，来到乌孙、大宛等国，他们的副使还到达了安息，拜见了安息国王。据说安息国王非常重视他们的来访，派两万骑兵迎中国使者于国界之外。以后又派遣使节回访汉朝，并献上鸵鸟蛋和杂技艺人。一般即以这次中国安息使节往来作为丝绸之路正式建立的标志。此后双方使节往来不绝，商旅交易日见通畅，中国对中亚、西亚的了解也达到了一个新阶段。《史记》中有关于安息的详细记载："安息在大月氏西可数千里。其俗土著，耕田，田稻麦，蒲陶酒。城邑如大宛。其属小大数百城，地方数千里，最为大国。临妫水，有市，民商贾用车及船，行旁国或数千里。以银为钱，钱如其王面，王死辄更钱，效王面焉。画革旁行以为书记。其西则条枝，北有奄蔡、黎轩。"其中如葡萄酒、最为大国、王面钱币、横行书写等简明扼要地指出了安息在中国人眼中的突出特点，也完全符合安息的实际情况。

开拓丝绸之路的第二次高潮则是在公元73—97年间班超出使西域时。在此之前由于西汉末年的混乱，西域交通受阻，经班超等人的努力之后，丝路又复畅通。当时班超想与丝绸之路最西边的罗马（中国称为大秦）建立联系，派副使甘英出安息而抵西海（地中海），只是由于安息商人的阻挠而未能启航，失去了与罗马直接联系的机会。这说明此时丝路贸易已主要为安息掌握。由于中国丝绸运销西亚、转运罗马已成大宗，安息居中转口，尽获其利，才出现了安息贸易界（我国史书中的"安息西界船人"）千方百计阻挠甘英西航之事。无独有偶，我国史书还提到，大秦王欲通使于汉，也受到安息多方阻挠，因此遮阂不得自达。这些事例可以说从反面揭示了安息在丝绸之路贸易上举足轻重的地位。丝绸之路既促进了安息的城市商业、对外贸易的发展，也把安息和西亚的特产如葡萄、苜蓿、阿月浑子、扁桃、甜菜、茴香等传入了我国。

萨珊也在丝绸之路的发展中起了重要作用。自安息与中国建交以来，丝路即使东西方各地区各民族往来不绝，经济文化交流皆日益密切，达到《后汉书》所赞赏的情景："驰命走驿，不绝于时月；商胡贩客，日款于塞下。"萨珊统治持续四百余年，结束时已在唐朝初期，正好和我国魏、晋至隋、唐间与西域交通高潮时期相当，史载北魏时波斯遣使来华达十余次。到中国的中亚和波斯商人人数也不断增加，据说北魏时洛阳城中葱岭以西的附化之民万有余家，则人数在二三万左右，其中多半来自中亚、波斯等地。隋唐时即把来华的中亚、西亚人士通称为胡人和波斯人，他们开设的商行称为胡店，在首都长安他们有四千余户，在广州上万人，在扬州亦有数千人。值得一提的是，在萨珊为阿拉伯灭亡时，其末王叶兹底格尔德三世之子卑路斯曾到长安请求中国援助，唐朝也一度支持卑路斯之子泥里斯西归复国，惜未成功，这说明萨珊波斯与唐朝的关系已非同一般。许多波斯人居留中国，逐渐汉化，他们的后代也取中国的姓氏，有的姓氏还跟他们在中亚的故乡和族名相关，例如康、安、石、米、曹、史诸姓，分别由撒马尔辛、布拉哈、塔什干、弥末、克布德、沙西萨布兹等城市名字而来，但也有姓李的，如唐末词人李询即为波斯后裔。[1]

波斯工艺品也沿丝绸之路大量流入中国。其中银币尤为引人注目，因为萨珊银币在当时具有国际货币的地位，流通于亚欧之间，在中亚、西亚尤为普遍，甚至还通用于我国河西地区。据统计，我国现已发现的萨珊银币共有49起，总数近1200枚，自萨波尔二世至叶兹底格尔德三世连绵三百余年。由于丝路贸易为商旅提供大量财源，来华波斯客商皆以巨富著称，民间把波斯商与富豪做等义词，因此李商隐在《杂纂》中以"穷波斯""瘦相扑"作为例子，指称那些最不相称的语句（相扑是肥胖的角斗士，今犹见于日本，故相扑中无瘦子，犹波斯商中无穷人）。

萨珊宗教传入中国的，除祆教外，还有摩尼教、景教。唐贞观九年（635），波斯僧阿罗本抵长安传布景教，是为景教在我国正式传播之始，但实际上聂斯托利亚派在中亚至新疆一带早有流传。刻写于781年的《大秦景教流行中国碑》是中外文化交流史上的一件重要文物，它于明天启五年（1625）重新发现，以中文和叙利亚文书写，历叙阿罗本来长安及在中国其他地方设立景教寺院等事。作者景净就是一个学识渊博的波斯人，他译述的基督教三位一体神学教义的《大秦景教三威蒙度赞》也在敦煌发现。

萨珊的拱顶建筑技术、波罗马球、波斯医药等也传入我国。波斯名药如没药香料、阿魏镇痉剂等在我国医药界早负盛名。同时，中国的文化科技成果也随丝路传入萨珊波斯，其中重要的有育蚕缲丝、造纸、地下水渠（坎儿井）、铸铁术等项。蚕丝工艺大约在5、6世纪已为萨珊有关行业掌握，后经拜占庭而传入欧洲，因此西方有拜占庭皇帝请波斯僧以空心竹杖偷运蚕卵的故事。纸由东汉蔡伦发明，萨珊时即已见于中亚波斯一带，后来造纸术又传入阿拉伯世界，最后及于欧洲。上述各项发明对西亚波斯最为有益的则是地下水渠灌溉技术，它在我国西北新疆一带发展起来，然后传于中亚、波斯直至叙利亚，使这些地区的沙漠边缘地带得到开发。例如黎巴嫩以罗马古迹巴尔贝克著名的贝卡谷地，即引黎巴嫩雪山之水以地下渠道方式组成灌溉网，使它成为沙漠绿洲，发展至今已1600余年之久。[2]

▶ ▶ ▶ ────────────────

① 朱龙华：《世界历史·上古部分》，北京大学出版社，1991，242—248页。
② 朱龙华：前引书，249—251页。

[推荐阅读书目]

1. 塞顿·劳埃德:《美索不达米亚考古》,杨建华译,文物出版社,1990。

2. James B. Pritchard, *Ancient Near East Texts Relating to the Old Testment* (《与圣经相关的古代近东铭文》), 2nd edition, Princeton: Princeton University Press, 1955.

3. James B. Pritchard, *Ancient Near East in Pictures* (《古代近东图册》), Princeton: Princeton University Press, 1954.

第二章
古代埃及文明

❋

法老的土地和人民

古代埃及的地理位置和居民

古代埃及文明发源于非洲北部一片广袤的沙漠地区。尼罗河自南向北从这里流过，留下一条狭长的河谷，这就是古代埃及人的家乡，他们称之为"凯麦特"，意即黑土地。与河谷形成鲜明对比的是东西两边红色的沙漠地带，古埃及人称之为"红土地"，由于气候干燥，不能居住，因此被认为是异域和危险之地。河谷与沙漠是古代埃及人生活环境的主要组成部分。

虽然地处欧、亚、非三大洲的联结点，古代埃及在地理位置上却有相对的孤立性。北边的地中海和东西两边的沙漠构成了河谷流域的天然屏障，使得对外联系相对困难。古代埃及人主要是向南与努比亚，向东北通过西奈半岛与叙利亚、巴勒斯坦和两河流域发生联系。

这种地理上的相对孤立性对古代埃及文明的发展产生了重要的影响。由于沙漠屏障对大规模的民族迁徙和入侵起着阻隔作用，使得古埃及社会有一个相对稳定的政局。在第二中间期之前，埃及一直保持着独立，这对经济发展和文化繁荣都有积极的促进作用，也使文化传统有着更大的延续性。但这并不意味着古埃及是闭塞的、其文化是千年不变的。相反，正是在与其他文明的相互交流中，古埃及文明不断吸取着新鲜的血液，维持着自己的活力。古埃及与努比亚、叙利亚、巴勒斯坦及两河流域一直有着密切的联系和交流，并对这些地区的文化发展产生了重要的影响。同时，古埃及文明也向地中海地区传播，爱琴文明就是在吸收埃及和西亚等地文明成果的基础上发展起来的；古埃及的遗物不断在塞浦路斯、提洛、铁拉等地发现。尼罗河谷周围的自然屏障并没有隔绝古埃及与外界的交往，而是起着"过滤器"的作用，对外来因素进行缓冲处理，然后再逐渐吸收进来，这正是古埃及文明的特色及其生命力之所在。

虽然少有大规模的民族迁徙，古埃及的居民却并非一个单纯的民族，而是北非土著和周边地区其他民族不断融合后形成的。从早王朝时代起，两河流域就与埃及发生联系；喜克索斯人（Hyksos）入侵埃及后，西亚移居埃及的人日渐增多；而进入帝国时代后，随着埃及在近东地区霸主地位的确立，争霸战争接连取得胜利，更使大量叙利亚、巴勒斯坦和两河地区的战俘流入埃及。除西亚之外，周围的游牧民族也与古埃及有着千丝万缕的联系。特别是西部沙漠中的利比亚人，在古代埃及发展史上起过非常重要的作用。利比亚人有五个部族，太赫农、太迈胡两支早在第五王朝时就居住在三角洲西部的绿洲中，臣服于古王国的统治，充当埃及人的猎手和雇佣兵；三角洲西北的黎部、迈什维什族在第19、20王朝时开始入侵埃及，但最后被击败。被击败的黎部、迈什维什族被安置在划定的居住圈内进行教化，然而，他们并没有完全被同化，而是仍然保持着自己的传统，并逐渐成为埃及军队的主要力量，势力日增，最终在埃及建立起自己的统治——第22王朝。南边努比亚的沙漠民族麦加（Medjay）从公元前3000年就开始出现在古埃及人的生活中，从第6王朝起，他们越来越多地受雇于军队和警察机构，并逐渐成为主力，以致后来麦加竟成了"警察"一词的代名词。根据考古学家的研究，古代埃及南方和北方的居民在外貌上有差别，南方居民的外貌更接近非洲土著。

尼罗河谷在北非气候转暖之后才逐步成为人们的定居地。史前时期，北非还是一个气候湿润、雨水充足的地方，后来成为沙漠的尼罗河西部地区在那时还是水草肥美的平原，早期人类就生活在这里。而那时的尼罗河谷却是蚊虫滋生，人迹罕至。从公元前5000—前4000年起，气候转暖，史前人生活的平原地区日渐干燥，成为无法居住的沙漠，而原来潮湿的河谷地带则成了人们理想的家园。从这时起，埃及逐步成为亚热带大陆性半干燥型气候，雨量少，昼夜温差大。一般来说，雨量在 50 到 100 毫升之间。南部地区平均温度是 51 到 8 摄氏度，北部是 41 到 11 摄氏度。在这种气候下，农业灌溉必须依靠河流提供水源。

尼罗河的赠礼

希罗多德曾说："埃及是尼罗河的赠礼。"这句话高度概括了尼罗河对古埃及文明的重要意义。可以说，在这片干燥少雨的北非沙漠地区，如果没有尼罗河，就不会有埃及这个农业发达的文明古国。

源于非洲中部维多利亚湖的白尼罗河是尼罗河的源头。它自南向北流经苏丹境内时，又接纳了两条源于埃塞俄比亚的支流：青尼罗河和阿特巴拉河。这三条河中白尼罗河的流量最稳，它在非泛滥期能提供 80% 的水量，而在泛滥期只提供 10%，另外的 90% 是由青尼罗河和阿特巴拉河提供的，因为每年夏季它们都吸收非洲中部的大量季雨，水量大增，可是在季雨过后的非泛滥期，它们就只能提供 20% 的水量。

尼罗河全长 6000 多公里，在埃及境内有 1200 多公里。流经开罗附近时分为五条支流，[①] 呈放射状流入地中海。古埃及人称这个扇形的三角洲为"下埃及"，它南北长 200 公里，最宽处达 250 公里，今日三角洲占埃及可耕地的 2/3。开罗以南的河谷地带直线长为 700 公里，地形狭窄，宽度从 10 公里到 20 公里不等，古埃及人称之为"上埃及"。实际上这个地区还可以阿什特为界分为南北两部分，因为尼罗河在阿什特附近又分出一个叫巴尔·约瑟夫的支流，它与尼罗河平行北流，流入法雍地区后成为摩里斯湖的水源。一般把阿什特以北、三角洲以南的地区称为"中埃及"。这个地区以法雍为中心，在史前时期曾有广袤的湖区和沼泽地，从后来当地人对鳄鱼的普遍崇拜来看，当时这里很可能有大量的鳄鱼。后来湖区逐渐缩小，并在南部出现狭窄的可耕地。中王国时期的国王们曾在这里组织大规模的沼泽排水工程，开垦了大量荒地，并安置居民。在托勒密时期，这儿的荒地得到进一步的开垦，成为人口稠密的经济发达地区。

古埃及的国王自称"上下埃及之王"，这个称号反映了河谷与三角洲在地理上的差别。至于是否真的存在过上埃及与下埃及两个独立的王国，以及它们如何完成

---

① 古时候是五条，现在只剩下两条：西边的罗塞达和东边的达米塔。

了统一，仍然是埃及学界有争议的问题。

尼罗河的定期泛滥为河谷带来了大量的沃土，使之成为古代农民的乐园。每年的 7 月，由于吸收了非洲中部丰富的季雨，尼罗河的水位逐渐升高，并溢出河床，流向河谷，到 9 月泛滥达到高潮时，整个河谷都淹没在水中，河水退后，留下一层淤泥，这些从上游冲积下来的淤泥富含磷酸盐和腐殖质，是农作物生长的沃土。由于河水在大多数的时候都定期泛滥，及时带来这种天然化肥，使得这个地区的农业发展有了得天独厚的条件。泛滥季结束后，农民只需将种子撒在潮湿、肥沃的土地上，就可以静等来年收获季节的到来。

尼罗河不仅为农业提供了良好的条件，而且保障了这种条件的持续，即避免了困扰两河地区的土壤盐碱化问题。收获之后，随之而来的是几个月的干旱，使水涝和土壤盐碱化得以避免。此外，由于淤泥的沉淀，河两岸地面增高，因此泛滥时河水不是冲出堤岸，而是缓缓地通过河渠蔓延出去，在这个过程中，在两岸的旧河道和低地形成许多大大小小的蓄水池塘。在进入减水期以后，池塘中的河水倒流出来，一方面使得土地更加充分地吸收水分，并且把周围土地中由于泛滥而产生的盐分冲掉；另一方面又可补充灌溉，在河谷逐渐干旱起来时及时提供灌溉水源。

古代埃及人将一年分为三个季节：泛滥季（7—10 月）、生长季（11—2 月）、干旱季（3—6 月），这充分说明尼罗河的自然变化与农业生产的节奏是互相协调的。由于很少有因水位低而引起的坏年景，古埃及的农业有很大的自然性，人们满足于"靠天吃饭"，因此农业技术长期落后于同时期的两河流域。埃及直到 18 王朝才出现一种很简单的灌溉工具——"沙杜夫"，而此前一直使用原始的"池塘灌溉法"。

如上所述，尼罗河赠给古埃及人的不仅是肥沃的农田，还有许多大大小小的沼泽地，这儿的野生动植物是古埃及人重要的食物来源。虽然农业是古埃及社会经济的基础，但自然采集的重要性也不可忽视，尤其是在公元前 1300 年之前。有的埃及学家甚至认为古埃及在某种程度上仍停留在食物采集的阶段。沼泽地中盛产纸草和芦苇，这两种植物有广泛的用途，尤其是纸草，不仅可用来作书写原料、织布、编席，还可以入食。尼罗河是候鸟过冬的好地方，因此沼泽地里栖息着各种各样的鸟类，与水中的鱼类相映成趣，而它们又是食肉动物如河马、鳄鱼等的佳肴。捕鱼、捉鸟、射杀河马是古埃及壁画中常见的主题。考古资料证明，鸟类和鱼类是当时中下层人民的重要食物来源。通常，人们把捕获的鸟和鱼用盐浸泡并储存起来，长年食用。此外，带着妻妾、仆从、宠物驾船捕猎也是上层贵族所喜爱的娱乐活动。在他们的墓室壁画中，泛舟射猎是理想生活的重要场景。而许多浪漫的情诗，也以沼泽中的风景为铺衬。

红土地的宝藏

虽然古埃及人将沙漠视为"异域""死亡之地"，但那儿丰富的宝藏却对他们有极大的诱惑力。沙漠有大量的野生动物，富产石材、矿产，吸引着埃及人不断前去狩猎和采矿。从古代采石队在岩石上留下的文字和他们使用过的井、泉的数量判断，其人数常达几千人，甚至更多。

东部沙漠（即尼罗河到红海之间的地区）与埃及人的生活较之西部沙漠更为密切。这里山脉绵延，沟壑纵横，有古代著名的采石场，富产石英岩、硬砂岩、灰花岗岩、斑岩、雪花石膏、紫石英等；这里还富藏各种矿石，如铜、铁、铅等。南部靠近努比亚的地区是重要的金矿所在地，而东北的西奈半岛是重要的绿松石、孔雀石及铜的产地。东部沙漠中还有三条通向红海的重要通道，是古埃及人到红海地区贸易和采矿的必经之地。

西部沙漠地势相对平坦，这儿分布着三个绿洲，自西北向东南分别为"利比亚绿洲"（由法拉夫拉绿洲、巴赫里亚绿洲、西瓦绿洲组成）"法雍绿洲""埃及绿洲"（由哈噶绿洲、达赫拉绿洲组成）。这里盛产各种矿石，如三角洲南部"泡碱干河谷"的泡碱，法雍绿洲的石膏，南部绿洲的明矾，努比亚附近的铜等。其中泡碱的作用尤其重要，它是制作木乃伊和玻璃器皿的重要材料。绿洲之外的山区也是许多宝石的产区，最常见的是水晶石。此外，这里也出产陶土。

然而，对古埃及历史产生最深远影响的，还是沙漠中丰富的金矿。据统计，新王国时期埃及黄金的年产量为1000磅。金矿的两大主要分布区，一是东部沙漠的山区和干河谷，一是新王国时期被埃及征服的努比亚。在小亚西部的金矿发现之前，埃及是古代世界最大的产金国，因此黄金对古埃及文化和历史发展的意义不可低估。在新王国末期以前的几千年中，黄金是埃及占主导地位的商贸资源，正如中世纪末期羊毛之于英格兰。古埃及人用黄金换取本国缺乏的资源，如木材、铜、铁、香料、象牙、油等等；此外，在新王国即帝国时期，黄金还是重要的"外交赠品"，法老们或者用黄金与当时的近东强国结好，或者用黄金收买、拉拢叙利亚、巴勒斯坦那些见风使舵的小国，以至于当时的外交书信中，凡致书埃及法老的，必提及黄金，有学者称之为"黄金外交"。而 18 王朝以后，黄金资源被逐渐开采殆尽，帝国的黄金时代也随之成为过去。后期埃及的对外贸易中，粮食逐渐代替黄金成为主要出口产品。

在沙漠中狩猎是古埃及人生活中重要的一部分。沙漠中的绿洲在当时是野兽出没的地方，常见的有狮子、羚羊、瞪羚、鬣狗等。不仅绿洲中有许多野生动物，沙漠和山区也是人们捕猎鸵鸟、野驴等的好去处。考古资料证明，在公元前 1300 年以前，古埃及人一直在大规模地捕猎这些野生动物，并把它们作为重要的食物来源之一。

对沙漠中各种矿产、石料的开采，是古埃及经济生活的重要环节。没有积极开发"异域之地"的愿望和勇气，也就不会有吉萨大金字塔、卡纳克神庙等建筑史上的奇迹，以及令后世人赞叹不已的其他艺术成就。

总之，河谷与沙漠共同构成了古埃及文明发展的摇篮，二者相辅相成，在古埃及独具特色的文明特征的形成过程中，起到了重要的作用。古埃及人的"二元对称""均衡""和谐""秩序"等观念的产生，与这种特殊的地理环境有着密切的关系。

第二节
古代埃及的历史

古埃及的历史始于公元前 3100 年，结束于公元前 332 年。生活在公元前 4—前 3 世纪的埃及祭司曼尼托把埃及历史分为 31 个王朝，现代学者沿用了这种分法，并根据古埃及政治和文化发展的主要线索将 31 个王朝分为若干历史时期，这些线索主要包括埃及的统一与分裂、新都的建立、物质文明的突破性发展（如大规模石制建筑的出现）等等。由于对这些线索的关注各有侧重，所以埃及学家们在分期问题上一直有分歧，目前普遍接受的一种分期是：

前王朝时期：公元前 4500 年—前 3100 年

早王朝时期：公元前 3100 年—前 2700 年（第 1—第 2 王朝）

古王国时期：公元前 2700 年—前 2160 年（第 3—第 8 王朝）

第一中间期：公元前 2160 年—前 2010 年（第 9—第 10 王朝）

中王国时期：公元前 2106 年—前 1786 年（第 11—第 12 王朝）

第二中间期：公元前 1786 年—前 1550 年（第 13、15、16、17 王朝）

新王国时期：公元前 1550 年—前 1069 年（第 18—第 20 王朝）

第三中间期：公元前 1069 年—前 656 年（第 21—第 25 王朝）

后期埃及：公元前 664 年—前 332 年（第 26—第 31 王朝）

托勒密埃及：公元前 305 年—前 30 年

罗马埃及：公元前 30 年—公元 395 年

前王朝时期

前王朝时期是古埃及文明的萌芽时期。象形文字的出现、[①]城市的发展、与其他地区交流的增加，都是早期文明的标志。

前王朝时期有两大特点，一是发展迅速，一是与后来的王朝缺乏一种连续性。古埃及文明尚处在起步阶段，成为其独特性质的各种因素，如强大的王权、保守、延续、相对封闭等等，在这个时期还没有表现出来。相反，无论从经济发展、政治变革，还是与其他地区的交流方面，前王朝时期都表现出了自身的活力。这一点从区域性文化的出现、发展及走向统一的过程中可以看到。

这个时期，在上下埃及分别出现了两个区域性文化群，二者之间没有延续性。分布在下埃及（北部）的遗址主要有梅里姆达（在三角洲西部）、法雍 A（在法雍地区）、马阿迪（在开罗南部）、布托（在三角洲西北部）。其特点是各文化之间没有连续性，较分散。其中马阿迪遗址中有冶铜的遗迹发现；法雍地区的居民当时还

▶ ▶ ▶ ─────────────────────

① 这时的象形文字是写在器物上，而不是纸草上的，数量也很少。

处在食物采集阶段；布托是与西亚交流的重要基地，也是延续最久的一个遗址。

上埃及的文化群中，各遗址既在时间上有延续性，又呈现出区域扩展的特点，为我们提供了更多的早期文明起源的信息。[①] 最早出现的是塔萨和巴达里文化，它们分布于阿什特以南，主要遗存是一些规模较小的墓地；涅伽达 I 期（也叫阿姆拉特）的典型遗址是一个小小的村落，从现有发现中还看不出其居民已有贫富分化，但同属这个考古分期的遗存分布范围很广，并且与涅伽达 II 期有承继关系。

这个时期的艺术主题和工具都反映出美索不达米亚的影响。如艺术作品中出现的"牛顶城墙""双狮图""长颈怪兽图"，建筑中的凹纹城墙，日常生活中使用的圆柱印章等等，都是典型的西亚风格。西亚楔形文字的传播，在某种程度上可能也刺激了古埃及文字的发明。此外，两个地区的农作物和驯养动物也非常相似。那么，当时的文化传播是如何发生的呢？学者们猜测其推动力是西亚人的和平移民或者暴力入侵，但至今没有发现确凿的证据。

在前王朝后期（即涅伽达 III 期），王权开始出现，区域性文化逐渐趋向统一。这个时期王权形成的主要标志是王名和王陵的出现。在上埃及、孟菲斯附近和三角洲发现了大量带有王名的纪念物，主要有调色板和权标头两种。最著名的是发现于赫拉康波里斯的纳尔迈调色板和蝎王权标头。

王陵规模的逐渐增大、同期考古遗址分布范围的扩大，反映着前王朝后期文化由区域性向统一性的发展。王陵既然早在涅伽达 I 期时就已出现，那么到 II 期时在赫拉康波里斯、涅伽达和阿巴第亚出现的较大规模的王陵便反映出区域性统一的特征；而涅伽达 III 期时分布在阿拜多斯、涅伽达和赫拉康波里斯的王陵，其规模和形制就已与早王朝的王陵基本一致了。从考古遗址的分布上看，涅伽达 II 期时，涅伽达文化已传播到了三角洲地区南部；到涅伽达 III 期时，在整个三角洲地区和河谷地区都有了涅伽达文化的出现。

因此，到了前王朝向早王朝过渡的阶段，埃及在文化发展上走向统一的趋势已经确定，政治上的统一已有了基础。

▶ ▶ ▶ ────────────────────────

① 这里我们应注意到由于地处沼泽地，北部埃及的遗址保存较少，但这点不说明这个地区比南部落后，文明的起源在上下埃及可能是同步的。

早王朝时期

早王朝时期是古埃及统一国家逐步形成、王权进一步发展的时期，但对统一的具体时间问题在学术界长期存在争论而没有一致结论。

尽管如此，早期国家制度的发展完善是这个时期总的趋势，其具体进程体现在文字的广泛使用、都城孟菲斯的确立、政府管理职能的逐渐完备、王权理论的形成及国家独立性的日益加强等等方面。这也是学者们把这个时期作为埃及历史开端的原因。

随着文字的广泛使用，到了第1王朝以后，前王朝时期那些调色板、权标一类的纪念物逐渐消失了，代之以记载重大事件的"王室年鉴"。"王室年鉴"最早以重大事件为年的名字，如"清查牲畜年"等，一年一块石板，石板右上方有一个圆洞，后来才逐步演化为按每个国王的统治纪年，如"某王第X年"等。

与此同步的，是国家管理机构的发展。以掌管财政的宰相、主持军事事务的长官为首，以负责具体管理工作如丈量土地、征收赋税等的大批书吏为最基层官员，这便是埃及国家官僚机构的雏形。这个机构支撑着国王的最高权威，统治着工匠、农民等普通劳动者，埃及社会阶层金字塔形状的结构形成了。

随着独立国家的形成，埃及与其他地区文化上的差别日渐明显。虽然与周边地区的贸易活动仍在继续，但后者对埃及文化的影响越来越少，前王朝时期那些典型西亚风格的艺术主题如长颈兽等逐渐消失。王陵的随葬品中开始出现大量精美的石制容器，这些容器所使用的石料各式各样，说明古埃及人已开始尝试利用自己丰富的石矿资源，这是极有意义的尝试，为古王国时期大规模石建筑群的出现做了技术上的准备。逐步发展起来的象形文字尤其独具特色，与西亚的楔形文字风格迥异。

总之，早王朝时期的发展，为古王国的繁荣做好了物质和文化上的准备。

金字塔时代：古王国时期的埃及

古王国即曼尼托纪年中的第3至第8王朝。这个时期虽然由早王朝发展而来，却代表着埃及国家发展过程中一个质的飞跃。在这期间，埃及最终完成和巩固了政治上的统一，专制王权发展到了顶峰。

吉萨哈夫拉金字塔及斯芬克斯

第 4 王朝的物质文明达到了古王国时期的顶峰，也是埃及历史上王权强盛的黄金时期。该王朝第一个国王斯涅弗鲁共建造了 3 个金字塔，他的后继者胡夫、哈夫拉和门卡拉在吉萨郊外留下了闻名世界的三大金字塔。

金字塔的修建使一个庞大的官僚机构发展起来。这个官僚机构的主要任务就是为王室工程筹措资金，征集材料，招募工匠和其他工程建设所需人员，安排工程进度，并负责管理这些资金、材料和建设人员。被称作"国王所有工程的监督者"的官员要负责这些建筑工作每个阶段的设计、劳力组织及监督。在第 4 王朝，这一职位主要由王子来担任。此外，有大批书吏负责具体的管理工作，如对建筑工程所使用的材料进行统计和登录，并进行大量的估算，如搬运一定量的建筑材料需要多少人，应付多少报酬，这些人每天应完成多少工作量，等等，以便支付报酬和监督工程的进展。

为保证对各地资源的征集，国家定期组织全国规模的财产清查，清查结果成为征收赋税的依据。清查对象包括黄金、牲畜等等。帕勒莫石碑记载了两年一次的清查牲畜的情况，这是古王国时期最重要的清查工作，"某王统治第 X 年"（regnal year）一词即由此而来。从古王国时期的免税法令可以看出，国家的赋税无所不在，如对某些地方的运河、湖、井、树和水袋等都要征收赋税。

通过对这个官僚机构的管理，中央加强了对地方政府的控制。统一之前各独立的州成为国家的基本管理单位。在古王国鼎盛期，州完全附属于中央。国王可以根据自己的意愿更换各州的长官。中央对各州的经济活动进行严密的控制。在第3、第4王朝，都城的上层贵族由国王的亲属组成。国王最重要的助手是宰相（t3ty），他以国王的名义管理全国的经济事务并且负责最高法院的审判。宰相有时还可以兼任一些其他高级职务，如都城的最高管理者等。然而，在古代埃及历史的大部分时间中，宰相没有军权，军队由另一个独立的职官——军队长官统领。以国家最高长官——宰相、军事长官和各级官吏、各大神庙的高级祭司为代表的统治阶层牢固地附属于王室，这个中央管理体系通过不断扩大的官僚队伍来运行。

金字塔的修建还导致了古埃及历史上一种重要的经济制度——"宗教捐赠"制度的形成。宗教捐赠是一种永久性捐赠，其目的是保证神庙日常仪式以及国王和贵族墓地上宗教仪式的运行。它有两种来源，一是直接的财产捐赠，二是以合同的方式确定从其他捐赠中分割出部分的财产。从理论上说，宗教捐赠是神圣不可侵犯的，也是永久性的，除非经过法律批准不得更改。宗教捐赠的收入分配给主持宗教仪式的祭司和其他参与神庙和陵墓管理的人，在法律允许的情况下，也可有其他用途。

在官僚机构完善和"宗教捐赠"制度形成的过程中，作为专制王权离心力的因素也随之产生。官僚机构的膨胀，使组织和使用各种资源的权力越来越集中到地方贵族的手中，原来王室专有的高超技术也扩散到地方，从而使地方贵族从中获取了更多的财富，这些地方贵族在当地的权势日益增强。在某种程度上，可以说古王国时期金字塔的建造导致了官僚机构的膨胀，产生了技术和权力的双重扩散。[1]

在经历了几次为争夺王位而发生的宫廷内乱之后，第5王朝的国王们改变了任用王室成员作最高行政官员的做法，开始任用地方贵族担任宰相等高级职位，从而更加速了地方势力的发展。他们中的一些人逐渐把持自己的职位并传给后代，形成了官位的世袭制。虽然国王也象征性地发布任职命令，但对他们已无实际的控制权。

第5王朝以后，宗教领域的重要变化是对太阳神和死神奥赛里斯的崇拜日渐

▶ ▶ ▶ ────────────

① B.Trigger, *Ancient Egypt: A Social History*（《古代埃及社会史》），Cambridge,1985, pp. 80-86.

兴盛。从国王拉杰代夫开始，"拉神之子"的称呼开始出现在国王个人名字的前面。在第 5 王朝的前 75 年间，金字塔建筑群增加了一个新的组成部分，即太阳神庙，它成为享殿的一部分。为此，建造金字塔的部分原料被挪用。金字塔的规模缩小，质量下降。与此同时，死后的国王与死神奥赛里斯的结合开始出现，其表现形式就是《金字塔铭文》，这是保佑国王通过冥世之路到达来世、获得永生的宗教咒语，最早出现于国王乌纳斯的金字塔与河谷享殿之间的通道墙壁上。从此，国王与拉神和奥赛里斯的双重结合在古代埃及的历史上一直延续下去，这种二元化的特性成为古埃及王权观念的核心：与奥赛里斯的结合，象征着王权的延续和国王在冥世的神圣地位；而作为拉神之子的形象则象征着国王在今生和将来的权威。这种双重性体现了宇宙和社会秩序的延续。

古王国的崩溃由多种原因造成，如尼罗河水位低引起的自然灾害，对外商贸的中断，地方势力的发展，王权的衰微，以及由于培比二世的长期统治引发的种种社会问题，等等。

古王国时期的对外关系以商贸和防御为主。利比亚人的多次入侵都被击退。南方的努比亚是埃及人通过贸易换取优质木材、油、香料、动物皮等等的重要原产地。国王胡尼把埃及的边境线向南推至阿斯旺，并在那儿修建了一个堡垒。第 4 王朝的国王斯尼弗鲁也对努比亚进行战争，并带回大量战俘和牲畜。埃及连续的征服战争对这个地区的发展产生了不利的影响。在第二瀑布区，埃及的一个冶铜点从第 4 王朝末期一直存在到第 5 王朝中期。而此后，埃及的远征队又由此向南进发。在迈伦拉和培比二世统治期间，大臣哈胡夫曾率远征队三次前往努比亚。在这个时期，一股被称作"C 部人"的人进入了努比亚地区定居。因此远征过程时有暴力冲突发生，据目前发现的考古记载，至少有一位埃及远征队的首领死于非命。在第 5 王朝，埃及商贸队也曾抵达蓬特。而从早王朝时代起，埃及就开始到东北方向的西奈半岛寻求铜、绿松石，并掠回当地的居民。根据第 6 王朝大臣乌尼自传的记载，他奉命率商贸队 5 次远征南部巴勒斯坦，并得到利比亚和努比亚商人的援助。

第一中间期

古王国结束后、中王国开始之前的历史时期叫第一中间期。这是国家分裂，社会动荡，以及为重建统一而展开激烈斗争的时期。正是这个过渡时期向我们展示了古王国与中王国之间的差异，以及产生这些差异的原因。

国家的分裂，各州政治经济上的独立倾向，各州之间的冲突和战争，频繁的自然灾害，对古王国的经济造成巨大的冲击，农业灌溉系统遭受严重破坏，古王国赖以存在的物质基础开始动摇。这个时期的历史文献反映了由此带来的严重后果：土地荒芜，饥馑流行，人口下降，社会动荡，等等。

分裂后的古王国，北部的赫拉克里奥波利斯和南部的底比斯成为两大势力中心，两大集团不断发生冲突和战争。公元前 22 世纪中叶，赫拉克里奥波利斯的第 10 王朝统一了埃及的部分地区，称霸一时。此后，南方的底比斯进一步崛起，建立第 11 王朝，与第 10 王朝并立。双方有一个短暂的和平共处时期，但随后不久，冲突和战争便频繁发生，阿拜多斯成为主要战场。在战争过程中，底比斯雇用了大批努比亚士兵。

统一埃及的大业最终由底比斯王朝的门图荷太普二世完成。门图荷太普二世的统一战争，经历了好几个不同的阶段，每经过一个阶段，他就把自己的名字改变一次，比如"把心奉献给两片土地的人"（统一上、下埃及的决心），"白冠之神"（已完成对上埃及的统一），"两片土地的统一者"（已完成全国的统一）等等。

除了普遍出现的经济萧条之外，第一中间期的艺术也呈现衰退的景象。这个时期涌现出大批平庸、甚至粗糙的艺术品，这些劣质艺术显然不是出自王室工匠之手，而是民间艺人为社会中层的平民而制造。原来占主导的王室艺术衰落下去，艺术领域出现地方主义的潮流。但另一方面，在艺术品的质量有所下降的同时，表现方式上的自由化和现实主义，又为沉闷的艺术界带来了一股新鲜的空气。

中王国时期埃及的新发展

经历了第一中间期的分裂与战乱，以地方贵族身份登上王位宝座的中王国国王，以积极进取的态度采取一系列有效的措施发展经济、巩固政权，使这个时期成为经济发达、文化繁荣的古典时代，呈现出与古王国时期不同的时代风貌。

在中王国时期，地方势力对国家经济和政治生活的影响不断增强。这一现象始于古王国末期王权衰微之时，并成为第一中间期国家分裂的重要原因之一，但这一现象并没有随着中间期的结束而消亡。直到中王国的后期，许多地方贵族还在以自己的年号来记事，仍然根据自己的意愿崇拜当地神祇，像国王一样称自己为神的儿子。这些地方贵族统领着实力可观的地方军队，拥有大批幕僚、卫士和仆从。即使是在王权较为强大的第 12 王朝，他们的势力也没有削弱，甚至还有所发展。他们的陵墓比当时的王陵还奢华。在中王国时期，地方贵族不再是单纯的、听命于国家的地方管理人员，而是具有相当独立权的新势力。他们的职位变为世袭，国王对新地方长官的任命已成为一种纯粹的形式。

因此，在整个中王国时期的历史中，始终贯穿着地方势力与中央政权的矛盾与斗争，这个时期的许多政策，都是围绕解决这个矛盾而实行的。其中最重要的一项是父子共治制的建立。这一制度由阿蒙涅姆赫特一世首创，目的是减轻政变带来的混乱和威胁，其内容是规定在位的国王与王子共同治理国家，前者在宫中主持国内政务，而作为他的继承人，王子要承担最高军事长官的职责，并统率军队驻守边境。一旦国王去世或在内乱中被谋杀，握有军权的王子可以马上即位，迅速稳定局面。阿蒙涅姆赫特一世似有先见之明，为自己日后遭遇不测做好了准备。父子共治制度一直为后来的国王所沿用，有效地减少了政变引起的混乱。

　　在对待地方势力的态度上，第 12 王朝的统治者采取软硬兼施的政策。塞索斯特里斯三世在位时，进行了一次大的行政改革，以进一步扼制地方势力的发展。他将全国划分为四个行政区，其长官直属中央。从现有的文物古迹来看，这个时期，大规模的贵族陵墓几乎没有，有学者认为这说明改革使贵族势力受到严重打击。也有人持不同见解，指出这一时期王陵的规模也在缩小，有可能是受当时经济状况的影响。无论持哪种意见，塞索斯特里斯改革的作用都不应忽视。

　　中王国时期的国王为维护自己的利益，扶植起一个新的官僚阶层——"涅杰斯"（Nds，原意为小人物）。他们通常出身低微，却得到国王的特别提拔和重用，担任王室和国家管理机构中的重要职务，再加上没有家族势力依仗，只有追随国王才能富贵腾达，故而对王室格外感恩效忠。因此，这批人是王室的忠实拥护者，也是加强王权的中坚力量。这个时期文学领域中"效忠文学"的出现和盛行，正是这一社会变化的反映。这一时期，中王国政府在法雍地区开展了前所未有的开垦荒地运动，其目的是为了扩大可耕地，以解决这一新兴阶层的土地分配问题。

　　加强王权的另一措施是进行国内建设，包括大规模的工程建筑和对矿产，尤其是石料的开采。中王国时期的埃及不仅恢复了对西奈山区的铜和绿松石的开采，而且在尼罗河和努比亚境内的红海之间不断开发新的矿源。除原有的上埃及东部沙漠以外，埃塞俄比亚北部的尼罗河谷成为新的金矿基地。

　　埃及与其他地区中断的贸易往来得到恢复，规模逐渐扩大。与地中海东部国家的商贸活动重新活跃起来。黎巴嫩的雪松自腓尼基城市拜布罗斯海运到埃及，同时商人们已开始进口锡。考古发现证明，中王国时期埃及与克里特有商贸往来。克里特的陶器在埃及出土，而埃及的工具也在克里特发现。此外，埃及的船队也开始远航红海南部的蓬特。

　　在巩固对全国的统治的基础上，中王国的国王们在尼罗河三角洲的西部和东部采取了一系列的军事行动。他们击败了时常骚扰埃及的利比亚和西部亚洲人部落，但更多的精力则花费在加强对努比亚的控制上。这个地区在古王国时就曾臣服于埃及的统治，长期以来是埃及所需金、铜、象牙及稀有木材的重要原产地。如前所述，从古王国末期一直到新王国开始，一些被称为"C 部人"的人在此地定居并传播自己的文化，他们的到来曾一度使埃及与这个地区的贸易关系中断（古王国末期和第一中间期）。从门图荷太普二世开始，中王国的国王为恢复在这个地区的商贸进行了不懈的努力。到第 12 王朝时，北部努比亚基本上处于埃及的控制之下。埃及政府两度在努比亚地区修筑堡垒。第一批堡垒建于阿蒙涅姆赫特一世和塞索斯特里斯共治时，堡垒兼有冶炼中心和商站的双重作用，控制着尼罗河的交通；第二批堡垒是塞索斯特里斯三世在稳定了第二瀑布区的南部边界线之后修筑的，他规定除非有埃及政府批准的商业文书，任何人都不能从堡垒所在地通过瀑布区。修筑这些堡垒的目的是垄断当地的商贸活动和金矿开采以获取更多的利益。

直到公元前 1720 年，埃及都没有衰落的迹象。从私人陵墓来看，甚至比以前更为富有。但由于公元前 1800 年后近东地区移民浪潮的推动，大批外族人移居埃及，他们中的绝大部分人融入了埃及社会的最底层，少数人位居显要，如一个叫罕杰尔的人竟然做了国王。到第 13 王朝的后期，东部三角洲地区已有大批的亚洲移民居住，一些地方如坎提尔（后来成为喜克索斯人的都城）等的居民几乎全都是亚洲人。此时的埃及仍然控制着北部努比亚地区，但派遣到那里的军队却越来越独立于中央政府。

中王国之后，国家重陷分裂，其主要原因是喜克索斯人的到来。

喜克索斯人的由来

喜克索斯一词是古埃及语"h k 3（w）h 3 s（w）t"（意为外族统治者）的希腊语形式，指的是在第二中间期前期建立第 15 王朝、统治尼罗河三角洲部分地区的外族人。它指的是一个统治政权而不是一个民族。[①]

公元前 4 至前 3 世纪的民间文献把喜克索斯人建立的王朝称作"牧人王朝"，这是一种错误的称呼，源自古埃及语中的 s3sw（即牧人）、h3k（即掠夺者）。实际上，新王国时期的文献从未出现过这种称呼，因此这可能是公元前 4 至前 3 世纪时基督教各派在发生争辩时所产生的一种说法。由于开始时，有人把曼尼托所说的"anthropvi to genos asemon"译成了"种族不明的人们"（men of obscure race），致使许多学者长期无效地进行对号入座的研究，先后把喜克索斯人当作阿拉伯人、印度－伊朗人、赫梯人、胡里安人、希伯来人，以及神秘的亚洲牧马贵族，

▶ ▶ ▶ ────────────────────────────

① D.B.Redford, *Egypt Canaan and Israel in Ancient Times*（《古代埃及，迦南和以色列》），Princeton, 1992, p. 98.

等等。事实上，曼尼托所用的世俗体埃及语"asemon"一词，在古埃及语中的对应词是 hsi，应译为"卑微的"(vile)，而不是"种族不明的"(obscure race)。[1]

从语言学的角度进行考察，可以肯定，喜克索斯人讲的是阿摩利语。目前我们只能对喜克索斯人的故乡有一个大致的推测，即最北部不会超过黎巴嫩边界，最南部不会超过约旦高地。[2]

喜克索斯人的遗址主要集中在三角洲地区，尤以尼罗河的古代支流培鲁萨克(Pelusiac)东部为多。代表性的遗址是太尔·艾尔·雅胡地亚、太尔·艾尔·马什胡塔及图米拉特干河谷沿岸的一些遗址如因斯哈斯、太尔·法拉莎，特别是太尔·艾德·达巴，它是这些遗址中唯一的一个城市居民区，是喜克索斯人的主要居住点，哈姆萨首次断定该遗址即是喜克索斯人的都城阿瓦里斯（即古埃及中的 Hwt w rt），也就是后来拉美西斯二世建立的新都培尔－拉美西斯。这个城市的废墟覆盖了约 2.5 万平方米的面积。该遗址从 1966 年开始发掘，作为喜克索斯人在埃及期间唯一一个在考古上有连续性的居住区，它对研究喜克索斯人的历史和文化有着重要的意义。

在三角洲以外的地区，到目前为止，很少发现刻有喜克索斯王名的纪念物。

喜克索斯人在埃及的统治

喜克索斯人如何征服埃及一直是一个争论的热点。曼尼托的叙述有着明显的倾向，他把喜克索斯人描绘成入侵者。处在他生活的那个时代，难免有一种把亚洲人当作外来入侵者的偏见，因为亚述人、巴比伦人、波斯人对埃及的连续入侵发生在喜克索斯人进入埃及之后不久。提起亚洲人，人们就联想到出现在埃及东北地平线上的一次次暴力入侵。因此，曼尼托在使用史料时带有某些主观性在所难免，他的观点可能有失偏颇。

另一个重要的观点是把喜克索斯人的到来看成是一个长期的"和平移民"过程。这一观点的主要根据是布鲁克林博物馆中以纸草为主的一批文献，这批文献证明，在第 12、第 13 王朝期间，有一大批亚洲战俘在埃及从事仆役劳动。尽管这些人只是集中在三角洲，但一旦中央政权衰微、边防松弛，大量外来移民便会乘虚而

▶ ▶ ▶ ─────────────────────

[1] Donald B. Redford, *op. cit.*, pp. 99-100.

[2] Ibid., p. 100.

人，与已在埃及定居的同族汇合。他们不仅在数量上超过当地的埃及人，而且在军队、政府机构中逐渐形成一股强大的势力，最终把持了最高统治权，建立起了异族的统治。持这种观点的人因此认为，喜克索斯人对埃及的征服是一种和平渗透，没有暴力入侵的成分。

都灵王表①是唯一一个记载喜克索斯人国王的埃及王表。在这个王表的第 12 王朝王表和喜克索斯人王表之间，有这样一句话："在塞赫太普伊伯拉（第 12 王朝的国王）之后的……"这句话的后面便是一串长长的名字，很明显是外族人名，但没有明确的说明，因此即使是埃及书吏也不清楚这些人的身份。而这些名字之后的一个词"h3swt"（意为外国的土地）经过长期的误传，最后在 1000 年之后的曼尼托时代，与"h3sww"（三角洲地区的一个地名，在希腊文中叫 Xois）一词相混淆。因此曼尼托在使用都灵纸草文献时，就把这串名字当成了一个王朝的王名，而把"h3sww"（Xois）当成了该王朝的都城。第 14 王朝由此而来。早在 20 世纪 80 年代，就有学者怀疑第 14 王朝的真实性，但直到 1986 年，美国学者瑞德福特（D.B.Redford）才彻底揭开了第 14 王朝的谜团。根据他的考证，被曼尼托当作第 14 王朝王名的这串名字，实际上只是喜克索斯人的祖先的名字，因为阿摩利人有祖先崇拜的传统，在王表前面列上该家族祖先的名字是证明王权合法性的必要程序（这也是其他西闪米特民族的传统）。而如上所述，"h3sww"在这里也不是 Xois，而只是"h3swt"（意为外国的土地）的误传。因此，第 14 王朝是一个根本不存在的王朝。②

曼尼托和都灵纸草都记载了 6 个第 15 王朝的国王，但关于该王朝统治的时间，两个文献的记载有很大的差异：在后人引用的曼尼托的《埃及史》中有三种不同的说法，欧西比乌斯的引文是 250 年；阿福瑞卡努斯是 284 年；约瑟夫的引文是 511 年。而都灵纸草的记载是 108 年或者平均每个国王 18 年。根据相对年代法和近东地区陶器的碳 14 法测定，喜克索斯人统治埃及的时间是一个世纪左右。③

阿波斐斯在位期间是喜克索斯人在统治埃及及周边地区的鼎盛期。阿波斐斯自称控制了赫摩波里斯到培尔－哈托尔和阿瓦里斯之间的广大地区，实际的统治范围

▶ ▶ ▶ ─────────────────────────

① 第 19 王朝的一个王表，记载了从中王国时期开始的 120—130 位国王。
② D.B.Redford, *op. cit.*, pp.106-107.
③ D.B.Redford, *op. cit.*, p.107.

要小得多。而喜克索斯人对亚洲地区的控制可以说只是名义上的，与其说他们在那儿建立起了帝国的统治，不如说他们在这些地区有着较大的政治影响。喜克索斯国王的名字在叙利亚、巴勒斯坦地区的历史文献中很少见到。

无论如何，阿波斐斯统治时期在文化上是一个繁荣的时期。喜克索斯的统治阶层开始接受埃及文化的熏陶，阿波斐斯甚至自称爱好文学并学习象形文字。在一个书吏的调色板上，他称自己是"拉神的书吏，受教于图特神……当他准确地读出所有艰涩的文字时，他的功绩如尼罗河一样滔滔……"[1] 我们有理由相信，阿波斐斯的确爱好文学，因为正是在他统治期间，瑞亨德数学纸草以及威斯特卡纸草得以重新抄录。这个时期的阿瓦里斯富庶、坚固，北边是繁忙的港口，周围是平坦的沃土，东边与沙漠接界处，是为王室种植葡萄的果园。然而好景不长，驱逐喜克索斯人的号角，已经吹响。

第 17 王朝的国王是打着驱逐喜克索斯人的旗帜登上历史舞台的。以《阿波斐斯与塞肯拉》这一第 19 王朝的文学作品而闻名于世的塞肯拉·泰奥二世，因英勇反击喜克索斯人而被同时代的人称作"勇士"。根据泰奥二世的故事，阿波斐斯曾派人给泰奥二世捎信，指责底比斯神庙池塘中的河马声音太吵，使 400 多里外的他不能安睡，他命令泰奥二世制止河马的叫声。这是明显的挑衅。虽然这个故事纯属虚构，但泰奥二世确实曾与喜克索斯人进行过艰苦、激烈的战斗，他的木乃伊显示出了重创而死的明显迹象：肋骨和脊椎骨被击碎，头盖骨也被击伤。

塞肯拉的长子卡莫斯即位后，继续进行与喜克索斯人的斗争。卡莫斯死后，他的弟弟阿赫摩斯即位，重新收复失地，并攻克了孟菲斯。有学者提出，在青铜中期第 3 期的末期和青铜晚期的第 1 期，南巴勒斯坦的许多城市被破坏或废弃，这与埃及军队的蹂躏有很大的关系，这一说法曾得到许多考古学家的赞同，但也有学者持反对意见。

帝国的建立

新王国时期的法老是以军人的角色登上历史舞台的，他们驱逐喜克索斯人之

▶ ▶ ▶ ────────────────

[1] D. B. Redfoud, op. cit., p.122.

后，随即走上了发展帝国的道路。此后 1000 年间埃及作为一个强大的帝国卷入近东世界的争霸斗争，先后与米坦尼、赫梯、亚述帝国争雄，将叙利亚、巴勒斯坦和努比亚都置于自己的势力范围之中。

第 18、第 19 王朝的法老致力于对外扩张、与近东诸强抗衡，最终确立了埃及作为一个军事强国的地位。[①] 扩张的两个主要目标是南方的努比亚和东北的叙利亚、巴勒斯坦，而对前者的征服更为迅速，控制也更为严密有效。努比亚有史以来就是埃及重要的商贸基地，是埃及获取黄金、象牙、乌木、油等

女王哈特谢普苏特头像

等的主要来源。进入帝国时代之后，将之变为附属地以得到永久的收益，成为法老们征服活动的最大推动力；加上这个时期努比亚地区居民减少，更利于埃及在此建立牢固的统治。早在图特摩斯一世时，埃及就在努比亚设立了"总督"，总督由法老直接任命、管理，由当地官员辅佐。这个固定管理机制的确立使得对该地区的统治具备了更多的殖民色彩。

相比之下，对叙利亚、巴勒斯坦的统治要松散和不稳定得多。这个地区有许多各自为政的小国，彼此之间争斗不息，在政治上更是善于见风使舵，在各大强国间周旋，随时准备背叛原来的宗主国，投靠势力强大者，毫无信用、立场可言。埃及没有在这个地区设立固定的管理机构，主要是靠定期的军事征服对它们进行威慑，迫使各小国的国王以油涂顶，向埃及法老行臣服礼，许诺向埃及交纳贡品；同时又以"教化"为名，把附属国的王子带到埃及作为人质。

在对叙利亚、巴勒斯坦地区进行征服的过程中，有决定意义的一次战役是图特

▶ ▶ ▶

① 一般把阿赫摩斯重新完成统一作为第 18 王朝的开始，实际上第 17、第 18 王朝是连续的。

摩斯三世在位时进行的麦吉多之战。早在图特摩斯一世时埃及军队就曾打到幼发拉底河并曾立碑纪念，但军队回师之后，当地小国又相继脱离埃及的控制。图特摩斯一世之后的图特摩斯二世，在位时间很短，而哈特谢普苏特女王是"和平爱好者"，终其一生没有进行过对外战争，使得埃及在近东地区处境被动。女王去世后，被她流放的图特摩斯三世重登王位，他立刻改变外交策略，积极备战，于公元前1483年率军迎击以卡叠什为首的多国联盟，围困其聚集点麦吉多达7个月之久，最终大败联盟军队，威震一时。此后，图特摩斯三世又多次率军远征，公元前1473年再次到达幼发拉底河，并立碑纪念。可以说，埃及在叙利亚、巴勒斯坦地区的帝国统治是图特摩斯三世奠定的。

奠定了军事大国的基础之后，埃及开始面临近东诸强的挑战，最早与埃及抗衡

杰胡特墓室壁画，底比斯，公元前1448—前1420年

的大国是米丹尼。麦吉多之战后，米丹尼深感自己在叙利亚、巴勒斯坦地区的霸权受到威胁，多次出兵与埃及较量，埃及法老阿蒙霍泰普二世、图特摩斯四世先后与之交锋。由于双方势均力敌，战争长期不分胜负。考虑到各自的实际利益，两国开始讲和，达成友好协议，划分了势力范围：在内陆地区，埃及的势力范围以埃及附属国卡叠什以北为界，在沿海地区，埃及的势力范围抵达黎巴嫩北部的阿姆鲁；而米丹尼则通过中立国乌格瑞特对沿海各地施加影响。两国的友好关系又通过"外交联姻"得以加强——图特摩斯四世迎娶米丹尼公主为王后。

与米丹尼的战火刚刚熄灭，位于今土耳其的赫梯悄然崛起，并迅速发展成为近东的一大强国，它与埃及的关系也由开始的友好相处转为兵戎相见。图特摩斯四世和阿蒙霍泰普三世时，赫梯羽翼未丰，因此埃及本着"拉弱打强"的原则与之交好。阿蒙霍泰普四世即后来的埃赫纳吞在位时，赫梯逐渐强大起来，但埃赫纳吞沉迷于宗教改革，疏于外交事务，赫梯趁机在叙利亚、巴勒斯坦地区发展自己的势力。年轻的法老图坦卡蒙去世后，由于没有后嗣，他的王后为避免朝臣篡夺王位，曾致书赫梯国王，请求派一个赫梯王子作自己的丈夫和埃及的法老，后来赫梯王子在去埃及的路上遇害，导致两国关系彻底恶化，一系列的交锋随即开始。随着埃及在军事上的失利，其附属国阿姆鲁投靠赫梯的附属国卡叠什，埃及帝国的疆界向南退缩。

埃及历史上最著名的法老之一，第19王朝的拉美西斯二世最终解决了埃及与赫梯的争端。这个过程历时16年，其间既有激烈的战争，也有复杂的外交活动。公元前1274年的卡叠什之战，是规模最大的一次交锋。由于听信了赫梯奸细的假情报，拉美西斯二世及其军团陷入赫梯军队的包围，幸而援军及时赶到，埃及军队才得以逃脱。这次战役可以说是未决胜负，但之后两国却都吹嘘自己是胜利者。此后的一段时间，双方意识到在势均力敌的形势下，继续进行战争只能是两败俱伤，而"海上民族"的崛起又使它们都面临新的威胁；加上赫梯后来的国王是位篡权者，而应该即位的王子却被逐逃到了埃及，埃及方面有了要挟赫梯的理由。因此，公元前1259年，埃及与赫梯最终缔结了和平条约，规定两国永久友好、互不侵犯、攻守同盟、相互引渡逃亡者等等，这是人类历史上第一个真正体现平等原则的和约。之后，拉美西斯二世至少迎娶了两位赫梯公主。与赫梯长达百年的争霸战争宣告结束。

在一系列的争霸战争中，埃及确立了近东大帝国的地位。新王国时期的法老还多次击败利比亚人和"海上民族"的侵袭；对叙利亚、巴勒斯坦地区的战争更是频繁，因为每位法老即位时，都要面对附属国的考验性挑战，这时法老必须表现出个人的军事才能和勇武果断的处事能力。

埃及能作为一个军事强国立足近东世界，也与其发达的经济有很大的关系，尤其是丰富的金矿，在当时的外交关系中起到了重要的作用。"阿玛尔纳书信"向我们展示了拥有黄金的埃及如何利用这一优势交好"兄弟"国（指与埃及平起平坐的大国），拉拢、收买其附属国的史实。

王权与神权之争

帝国的确立也给埃及的社会结构带来了重大的变化，其中最重要的是祭司阶层和军人阶层势力的不断加强，他们与王权的矛盾最终演化成冲突。王权与神权的结合是古埃及政治的基本内容，国王被赋予神性，而神权又是王权不可缺少的工具。在帝国时期，阿蒙神逐渐成为帝国的主神，它通过与太阳神拉的结合而凌驾于众神之上，获得至高无上的地位。每届法老都大力营造神庙建筑，使这个时期成为神庙建造的鼎盛期。每次征战回来，法老们都要向阿蒙神庙奉献丰厚的贡品，神庙成了"国家财富的储藏库"。[1] 随着帝国的发展，阿蒙神逐渐走出国门，成为宇宙之神。但是，如前所述，构成地方势力主体的祭司阶层早在古王国末期就已对王权构成了威胁，在整个中王国时期一直是国王们力图扼制的对象，为此王室还提拔了一批出身卑微的官员作为王权的支持者。到了新王国时期，由于扩张的需要，一批军事新贵加入了这一支持者的行列，使王权势力更为强大。埃及扩张过程中得到的丰厚物质财富，一部分被法老用来拉拢新贵，又有相当一部分被用来安抚旧贵族，以调和二者之间的矛盾，结果形成恶性循环，使祭司阶层的力量不断膨胀。

另一方面，帝国经济繁荣，军事集团开始崛起，官僚机构进一步完善，王权势力也在不断强化，这样，王权与祭司阶层的冲突不可避免。在建立帝国的过程中，形成了王者尚武的习俗，历代法老都以体魄强健、勇猛善战为荣，他们在神庙等大型纪念物上刻铭记功，戏剧化地夸张个人才能和功绩，这种模式甚至成为一种时尚。

▶ ▶ ▶ ————————————————————————

[1] Barry J. Kemp, *Ancient Egypt, Anatomy of A Civilization*（《古埃及文明剖析》）, London, 1989, p.185.

　　王权与神权的第一次正面冲突，就是埃赫纳吞的宗教改革。埃赫纳吞的新宗教有两个主要内容，一是禁止崇拜阿吞以外的神，甚至"神"这个词的复数形式都不能出现；二是建立一种崭新的、简化的崇拜仪式，废除传统宗教的一切繁文缛节。阿吞神的形象是一个太阳光轮，它是创造之神，宇宙之神，世间一切生命之源泉。阿吞神庙是一个露天的柱式大厅，人们在太阳下与它进行直接的交流，而不再像过去那样被阻隔在重重庙宇的外面。由此可见，埃赫纳吞改革的意义在于除旧而不是创新，他并没有创造新的宗教思想——阿吞在内涵上并没有超出阿蒙，他的独特之处就在于独一无二性和排他性。埃赫纳吞的所谓宗教改革实际上表达的是一种追求而不是一种思想，是帝国时期王权摆脱宗教重负的尝试。由于去掉了宗教礼仪的沉重包装，王权发展为个人崇拜——埃赫纳吞自称为阿吞唯一的儿子，他及王后尼弗尔提提是阿吞和人民之间的唯一传言人，因而同阿吞一起受到人们的崇拜。

　　由于挣脱了传统宗教的控制，文化领域出现了一种崭新的风格，史称"阿玛

来世审判，《亡灵书》，新王国时期

埃赫纳吞与家人——阿玛尔纳发现的浮雕，公元前1345年

尔纳风格"。它在建筑上表现为力求简化神庙结构，因为人们在露天的庭院可以更直接地感受到阿吞光芒的照射。在雕刻和绘画方面，表现为两个方面，一是描绘家庭生活的主题，二是与传统艺术迥异的"自然主义"的表现手法，即对人物瞬间表情和动作的捕捉以及一种特殊的形象模式——埃赫纳吞及其家人、臣民都被表现为长脸、宽额、厚唇、窄肩、大腹的样子。有人认为这是一种写实主义，是埃赫纳吞本人的写照。实际上这种风格有着更深层的含义：即神与人之间在形象上的彻底分离。传统的埃及艺术是将神的形象人格化，而将人的形象完美化，因此神与人的形象很难区别开来。埃赫纳吞在将神的形象简化为人人可以看得见的太阳光轮之后，又将国王及其家庭生活以一种全新的方式表现出来，将这些艺术作品作为臣民们朝拜的对象，这既是艺术上探索以具体形式表达抽象概念的新尝试，又是个人崇拜的毫无顾忌的表现——在温馨家庭生活的画面和国王及其个人化的形象之后，是"阿

吞之子"至高的权威。阿玛尔纳风格在文学中表现为倡导口语书面化的运动。因为传统的祭司阶层垄断了知识界，因此埃赫纳吞摈弃已臻成熟的语言形式，而提倡将方言、口语书面化。这就是当代学者所称的"新埃及语"的兴起。

埃赫纳吞的宗教改革以失败告终。他的后继者们很快恢复了旧的传统，阿蒙神又卷土重来，王权与神权的矛盾持续存在。在新王国的后期，以底比斯为中心的阿蒙神庙祭司甚至建立起了自己的王朝，与法老王朝分庭抗礼。

新王国的衰亡有内外两方面的原因。首先，是利比亚人和"海上民族"的入侵。早在第19王朝初期，埃及就已面临他们的威胁。拉美西斯二世曾多次击败这些外族人对边境的侵扰，他的后继者美内普塔也进行了大规模的抵制战争。但是，埃及法老对这些外族人的安置政策是失败的：由于外族人尤其是"海上民族"的侵入常常是携家带口的"移民"式入侵，所以埃及法老设立"定居圈"，让他们在圈中生活并对之进行"教化"。事实却证明，一方面，这些外族人尤其是利比亚人的传统习俗很难改变，相反，他们对埃及社会产生了反作用力：随着移民人数的增加，他们逐渐越出"定居圈"，渗入埃及人的社会。另一方面，在新王国后期，由于埃及军队兵源严重不足，政府以利比亚人补充，使得埃及军队中利比亚人的数量日渐增加，其中一些人由于战功显赫而位居显要，影响不断扩大，逐渐形成一个利比亚雇佣兵阶层，其势力发展到甚至可以左右政局。到第三中间期时，就出现了第22、第23两个利比亚人建立的王朝。

新王国衰亡的另一个重要原因，是其末期埃及经济实力的逐渐下降。一方面埃及在技术上更进一步落后于同时期近东其他国家。第19王朝以后，赫梯帝国灭亡，冶铁技术被垄断的局面也随即被打破，近东其他地区民族迁徙、人口流动、战争频繁，使得冶铁技术的传播在那里更加迅速；而埃及在地理和文化上相对封闭，虽然安全有一定保障，但负面的后果是接受新技术相对迟缓，因此，在近东地区，埃及是最晚进入铁器时代的国家。另一方面，曾经作为埃及帝国经济支柱的金矿在新王国后期已经被开采殆尽，使得法老们失去了一个重要的外交法宝，这也直接影响到他们在近东诸霸中的地位。这一点从埃及文学的经典之作《温纳蒙出使记》中可以很清楚地看到。第20王朝末年，大臣温纳蒙受命前往黎巴嫩换取建造底比斯神庙大船所需的木材。由于所带的用于换取木材的金银财物被船上的水手窃走，拜布罗斯的王子拒绝提供木材。尽管温纳蒙能言善辩，仍受到各种刁难，以至于在海滩上号啕大哭。当他说到以前拜布罗斯曾多次为埃及提供木材时，王子不耐烦地打断他，说那是因为过去的法老们带来了足够的金银。虽然故事的情节有虚构的成分，但埃及帝国此时经济匮乏、气数将尽的背景描绘却是真实的。

此外，新王国末年也是埃及历史上贫富分化最为严重的时期，因而社会矛盾极为尖锐。帝国的发展一方面带来了大量的财富，另一方面也更加加速了贫富两极分化。尤其是神庙经济势力的不断膨胀，加剧了土地集中，大批失去土地的农民被迫沦为债务奴隶。由政府直接支付报酬的工匠处境恶劣，盗窃陵墓财物更为盛行，社会动荡不安。

王室内部的纷争也一直不断。拉美西斯二世时期的一次宫廷内乱规模最大，政变阴谋泄露后，许多嫔妃和大臣被牵连进去，一时人人自危。

新王国灭亡的标志是底比斯的阿蒙神庙大祭司荷瑞赫尔自称法老，与位于三角洲地区的法老拉美西斯十一世分庭抗礼。埃及从此结束辉煌的帝国时代，进入第三中间期。

帝国的衰落

新王国结束后，埃及历史主要经历的是连续不断的外族入侵、政权的频繁转移、人群的逐渐混杂。在这个过程中，古埃及文明逐步地衰落，但其辉煌的成果却在与其他文明的融合中得到延续。古埃及的族群、国家成为过去，但其文明却永远存在。

从第三中间期到后期埃及，在埃及建立政权的外族人先是作为近邻的利比亚人、努比亚人，然后是近东的波斯人，最后是西方的希腊、罗马人。在这个过程中，定居埃及的外国人不断增加，从种族上呈现融合的趋势。此外，在丧失国家主权的情况下，传统文化失去了依附的主体；而随着强大的中央政府的解体，埃及人也以更加务实和客观的态度看待外来文化，"自我中心"的排他意识有所减弱，因而对外面的世界也有了更多的了解。这一切都加速了古埃及文明与其他文明的融合。

波斯人对埃及的统治基本上是"外在"的。他们维持了埃及原有的制度，基层管理机构甚至还任用原来的埃及官员。波斯帝国主要是把埃及当作帝国税收的来

木乃伊内脏瓮，CG 4059，新王国时期

源，采取高赋税政策，因而埃及人的反抗也很激烈。代表传统文化主体的祭司阶层在这些反抗活动中起到了领导作用。为巩固自己的统治，大流士采取拉拢神庙势力的措施，在某种程度上有助于传统文化的延续。他还完成了尼科二世时开始开凿的运河工程，使之成为连接埃及和波斯的重要通道。

法老埃及三千多年的历史结束于公元前332年亚历山大的东征。从亚历山大之死（公元前323）到罗马帝国诞生（公元前30）的三个世纪，古代世界经历了希腊文化与东方文化的第一次大规模交融，即"希腊化"时期。托勒密埃及作为当时的一个独立王国，在希腊世界占据着极其重要的位置，同时，埃及的传统文化也对这一时期的文化潮流产生了深刻的影响。

亚历山大及其后继者带给埃及的是一个变化和扩大了的世界。首先，由希腊人组成统治阶层标志着法老时代的结束。希腊语成为官方语言，埃及人要想跻身上层必须首先在语言、服饰上希腊化。从托勒密二世统治时期开始，政府就逐渐着手建立起一整套完备的、讲希腊语的官僚机构，以适应在全国征收赋税的需要。这个统治阶层以高度中央集权制和严密的税收制将埃及变成希腊世界的粮仓。其次，马其顿王朝统治的最初半个世纪，大批希腊人和其他各民族的人定居埃及，加速了埃及社会的多民族化。与波斯人不同的是，托勒密王朝采取让希腊人在埃及落户定居的政策，希腊军人退伍之后，可以在埃及获得土地，逐渐与埃及本地人融为一体。对埃及人来说，希腊人也并不陌生，他们长期以来一直作为埃及军队的雇佣士兵转战各地，希腊商人也一直活跃在各城镇、三角洲一带还有希腊人的居住区，如瑙克拉提斯，以及上埃及的托勒美斯等。亚历山大入侵后，大批希腊人来到埃及，加速了埃及社会经济的变化。最重要的是，商品经济在埃及这个自然经济主宰了几千年的农业国得到了很大的发展，大量的商业契约在这个时期产生，货币也第一次大规模地通行全国，进入流通渠道。

然而，希腊人的统治及随之而来的社会变革并不意味着埃及传统的终结。这一时期的社会变革在不同的领域有着不同的速度和内容，因而传统的延续也是多层次、多形式的。但最重要的是神庙祭司阶层在这一历史时期仍然是一个具有强大经济实力和政治影响力的集团，他们在社会生活的许多领域仍然起着举足轻重的作用。

托勒密时期的祭司阶层在社会上享有种种特权，比如为当地人提供避难所，部分或全部地垄断丧葬服务行业，经常可以免交赋税，甚至能在政府严格的垄断政策下靠纸草制造营利，等等。

祭司阶层在托勒密时期不仅是富有的政治集团，而且在公众事务中也占据着重要的位置。各地神庙仍然是当地公众活动的中心。许多神庙拥有各种手工业作坊，如公元前4世纪赫摩波里斯的图特神庙大祭司派特奥塞里斯的墓室铭文就描绘了该神庙从事农、牧经营和拥有作坊的情况：神庙除经营农业、畜牧业之外，还设有金银制造、铜器锻打、木器制作、香料加工等等作坊，并拥有自己的船只和众多房产。

在托勒密二世之后逐渐完备起来的官僚系统中，真正发挥作用的是那些充任基层官吏的埃及人，这些人多为祭司或神庙学校培养出来的书吏。托勒密政府的初衷是自上而下地建立起希腊人的管理机构，但是在具体实施管理时，只有熟知当地情况、受过良好训练的埃及人才更为胜任。虽然他们多数属于中下级地方官吏，极少有跻身上层的机会，但正是这些人的工作使政府的管理机构得以运转，而那些上层的希腊官员如同摆设，无法离开埃及官吏的辅助。

托勒密王朝培训讲希腊语的各级官员的学校，竟几乎全盘采纳了埃及神庙中书吏学校的教育传统和方式。如最重要的专业培训课所用的"细则"，与神庙书吏学校几千年来所使用的教谕从形式到内容几无二致，其内容仍然包括职业道德、行为准则、农业知识、测量技术等等。学生所要遵守的规章制度、授课方式，甚至每天到校后向图特神顶礼膜拜的仪式，都师承传统的书吏学校。

公元前 30 年后，埃及成为罗马帝国的一个行省。与托勒密王朝不同的是，罗马统治者在埃及之外统治埃及，并把她变成了整个帝国的"大粮仓"。埃及是一个比较特殊的行省，因为地理上的孤立和土地的富庶，她是政治家发展势力的理想基地。因此罗马统治者严禁高级官员涉足埃及，他们自己（包括王室成员）也很少临幸。虽然罗马总督常驻埃及，但重大的决定都在意大利做出。在管理上，罗马政府也实行严密的税收政策，与托勒密王朝不同之处，一是手段更为强硬，二是所征收的大量粮食和其他财富都源源不断地流入外省，而不是在本地消费。

在这种背景下，埃及神庙的政治经济地位日渐下降。统治者不仅停止资助神庙的修筑，而且还以各种方式缩减神庙土地，有时用钱粮交换的方式，有时则以减免新增的赋税为由，将部分神庙土地收归国有。政府定期对神庙进行巡视，并设立了"亚历山大和全埃及的大祭司"，由罗马官员担任，负责监督所有神庙及其祭司。祭司的特权日渐减少，他们不仅要交纳许多原来得到豁免的税如人头税等，还要负担政府专门针对神庙经营的手工业设立的各种税。

与托勒密王朝不同，罗马统治者保证税收的方法不是消极地惩罚，如将交不上税的人变为国有债务奴隶，而是积极地采取更为严密、强硬的手段，将农民牢固地束缚在土地上，如通过征收一种特殊的税来弥补这类逃亡造成的损失，即逼迫村里其他居民来填补这项空缺。有时由于赋税过重，某些地区的居民集体逃亡。公元 3 到 4 世纪，一些基督教徒或单独或结伙前往沙漠附近的河谷边缘居住，既是逃避政府，也是逃避世间罪恶的诱惑。

在罗马时期，"埃及人"的概念已有了很大的变化，它已包括本土埃及人和希腊移民两类。到这个时期，希腊移民已成为新的土著埃及人，他们多为城市居民、官僚和商人。他们对罗马人的高压统治政策强烈不满，公元 205 年亚历山大城发生了反抗罗马统治的暴动（最后惨遭镇压）。在反抗罗马统治的共同目标下，民族融合进一步加深。基督教在埃及的传播，又增加了希腊教徒和讲科普特语的埃及教徒之间信仰上的认同感。

公元 7 世纪伊斯兰教兴起，随后阿拉伯人入侵埃及。由于埃及人对罗马苛政强烈不满，阿拉伯人的入侵没有遭到什么抵抗，罗马帝国对埃及的统治就此结束。

在古代埃及历史舞台的最后一幕中，古埃及文明由尼罗河流域汇入地中海地区更为广阔的世界，在与其他文明的融合中得到永存。

第三节
语言与图画

古埃及的文字最早出现于公元前 3000 年，一直使用到公元 4 世纪，存在时间长达 3400 多年。后期埃及，在托勒密王朝和罗马帝国的统治下，埃及本土文化逐渐丧失，古埃及文字也逐渐被受希腊文影响的科普特语所代替；公元 3 世纪以后，随着基督教影响的逐步扩大，古埃及文字也渐渐被人们遗忘。到公元 7 世纪，阿拉伯人入侵埃及，将埃及纳入伊斯兰教文化圈中，从此埃及在文化上与欧洲有了更大的隔阂。

从古埃及文字失传到 19 世纪重新解读成功的十几个世纪里，人们对这种神秘的图画般的文字充满了好奇，曾有不少学者对它做过各种各样的解释。

古埃及文字的起源与结构

在埃及的神话传说中，文字是图特神创造的。图特神是一个长着朱鹭头、人身的神，他接受神的启示并教会人们书写、计算和历法。图特同时又掌管知识和魔法，其崇拜中心是上埃及的赫摩波里斯。有的学者据此认为，可能古埃及文字的发明，是由于人们看到河边沙地上鸟的足迹，得到了启发。目前这还只能是一种推测。

人们一般以为埃及人最早的文字更接近图画，其实不然，埃及人较早的文字资料，内容多涉及经济事务，有许多抽象的信息，经常提及产地、数量、质量，如我们今天的产品介绍一样；埃及人还特别注重把现世的功绩流传百世，因此文字中很早就有对人名、地名的记载。

古埃及文字最突出的特点是其实用性。这种文字不仅省略了烦琐的词尾和用以断词的音读符号，而且也常常省略动词，因为每句话都有对所描绘的事件的图像表达，即使没有动词，也不会影响别人对整句话的理解。另外，这种文字在书写上没有任何固定的模式限制，书写的方向、句子的长短、布局的排列，一切都没有定式，其目的是充分利用空间。因为许多情况下，这种文字（特别是圣书体）是与图画一起使用的，图画起到点缀和解释的作用，这与亚述人那种将楔形文字直接写在画面上方的做法截然不同。

当然，这并非说古埃及文字的书写没有任何规律。从整体结构来看，这种文字多以画面上人物所面对的方向作为书写的方向。如果人物面对面站立（如表现国王向神献祭时），则双方所说的话分别向各自面对的方向书写；如果没有人物，则以中轴线为中心自内向外书写：在右边，则自左向右；在左边，则自右向左。因此画面与铭文构成一个整体，充分体现了埃及人对均衡和结构的稳定性的重视。此外，在不同的历史时期，书写也有不同的习惯。如在古王国时期，用文字作为建筑物的点缀还远不如后来普遍，因为当时神庙的规模远不如王陵的规模大。直至第5王朝的最后一个国王在位时文字才出现在王陵中，而这个时期的文字一般是自右向左书写。

尽管早期铭文的表现形式还很有限，但已有了表音、表意和限定符号的区分：表意符号指对具体物体的直接描绘，表音符号表示单词的读音，而限定符号则本身不发音，放在词尾，表示单词的种类和性质，类似汉字的偏旁。有时一个符号可以同时具备上述三种功能。如符号▢，可以表示房子，做表意符号；也可以在动词"走出，出去"中做表音符号，表示 p–r 的读音；还可以做表示建筑一类的词的限定符号。

古埃及文字的发展与演变

文字也与古埃及人的来世生活密切相关。他们相信死者及他的名字会在另一个世界生存，这个名字既联系着他现世生活的一切，又关系着他第二次生命的延续，因而是至关重要的。在早王朝时期，就有了在墓前竖立石碑的习俗，最早的时候石碑上只刻死者的名字和头衔。人们选用石头做墓碑，就是因为石头是坚固耐久的材料，能满足他们留名百世的愿望。古埃及的文字有圣书体（Hieroglyph，即正规体）、僧侣体（Hieratic，即草书体）、世俗体（Demotic，比草书体更为潦草的字体）之分，其中圣书体的产生，就是迎合了人们喜欢在石建筑或牢固的泥砖墙上书写纪念性文字的需要，而僧侣体和世俗体则用来书写卷帙浩繁的宗教文献和烦琐的日常事务文书，较为快捷方便，主要写在纸草上或陶器上。

从形体上讲，圣书体、僧侣体、世俗体三者之间的关系，类似汉字的楷书、行书、草书。在其发展的最后阶段又出现科普特语。这几种形式虽然是按先后顺序出现的，但并不是一种后者代替前者的关系。也就是说，新字体出现后，旧的字体仍继续使用，只不过使用范围有所局限。尤其是希腊罗马时期，几种文字形式同时存在，各有分工。

圣书体 圣书体是最早的文字形式，书写正规，图画性强。它的使用时间是公元前 3000 年到公元 4 世纪。"圣书"一词来源于希腊语"神圣的雕刻"，这个词的使用反映了希腊人对古埃及文字的最初认识，即这种文字一般刻写在神庙和各种纪念性建筑物上，而且只有少数祭司通晓；而埃及人自己也称之为"神的文字"。

在早期，圣书体用于书写各种文献，出现在各种书写材料上，如纸草纸、石碑、陶片等等。随着新的书写体的出现，它的使用范围才逐渐局限于神庙和纪念性建筑物上，成为装饰性很强的一种字体。这种字体刻画精致，有时还被涂上亮丽的色彩，书写方向非常自由，[①]而且还可以根据画面空隙的大小安排行文，决定词语的繁简。相比之下，写在纸草纸上的圣书体文字要相对简单粗犷一些。

圣书体文字有固定的缩写词组，其中还有一些拼合文字。为达到美观、匀称或表示对神与国王的尊敬，词语位置有时会发生变化，如"国王""神"等词通常都

---

① 阅读时，以人或动物面朝的方向为起点。

在短语词组的最前边。

僧侣体　僧侣体是古埃及文字的草书阶段，最早出现于第 5 王朝，一直使用到新王国末期。"僧侣体"一词由希腊语"僧侣的"一词演变而来，由于希腊、罗马时期这种字体通常用来书写宗教文献，故而希腊人有此称呼。

僧侣体经历了由繁到简、使用范围逐渐限定的过程。它的出现，是为了适应书写量增加的要求，最初应用于各种世俗文献，书写于各种书写材料，与圣书体的区别并不很大；到中王国时期，开始与圣书体相区别；新王国时期，较为正规的僧侣体用来书写文学作品，潦草一些的用于写商业文书；第 21 王朝以后，僧侣体才开始用来书写宗教文献，这种情况一直持续到它停止使用。

僧侣体的书写风格形成以后（即第 12 王朝后），书写方向基本固定于从右向左，并使用连写形式，为后来更为潦草的世俗体的产生准备了必要的条件。

世俗体　世俗体是比僧侣体更为潦草的一种字体，产生于公元前 700 年，持续使用到公元 4 世纪。"世俗体"一词来源于希腊语"平民""民间"。它是从新王国后期书写商业文书的草体僧侣体演变而来的。因其连写形式简单方便，在希腊、罗马时期广泛应用于民间，契约、书信等等文献都采用这种字体，许多官方文献如政府公文、国王诏书等也使用它。著名的罗塞达石碑就是以圣书体、世俗体和希腊文刻写的。

古埃及文字，新王国时期王后 Amun-hir-Khopshef 墓中发现

世俗体主要写在纸草纸上，在其他书写材料上较少使用。

在世俗体阶段，书写方向固定为自右往左，字形更为简化，而且表音符号占多数，为字母文字的产生做好了准备。

科普特语　科普特语是古埃及文字发展的最后阶段，也是唯一的一种字母形式文字。它出现于公元 3 世纪，到公元 7 世纪以后逐渐被阿拉伯语代替，此后便成为少数信仰基督教的埃及人在教堂中使用的语言。"科普特"一词源于希腊语中的"Aegyptus"，意思是"埃及人"，后来去掉词头词尾，成为现代语言中的"Copt"，意为"埃及人的语言"。

科普特语是希腊人统治时期的产物。在托勒密王朝时期，希腊语成为官方语言，埃及人想跻身社会上层，首先必须学会希腊语。在这种情况下，古老的埃及语逐渐发生了变化，以 24 个希腊字母为主要组成部分、以 7 个世俗体符号为补充的科普特语产生了。这样就在古埃及语言史上第一次出现了字母文字，也是唯一一种写出元音的文字，其中包含着许多希腊外来语。

由于元音的存在，科普特语在破译象形文字的过程中起到了很大的作用，商博良[①]在破译古埃及文字时曾把它作为一种重要的工具。科普特语文献也是我们了解后期埃及的重要文献资料。

图画世界的解读

古埃及文字的独特之处，是"象形文字"形式的长期沿用。其他文字的最初阶段也曾有过这种形式，但随后便为抽象的符号或字母所代替，而古埃及文字从产生到最后消亡一直保持最初的形态。这并非偶然的现象，而是古埃及人特殊思维方式的体现。

古埃及文字除了能够传递信息外，还具有艺术品的作用。如上所述，圣书体通常是应用于神庙墙壁、纪念性建筑物上，与壁画共同构成一个整体。文字不仅可以解释和说明这些画面，同时它还有装饰作用；通过巧妙的装饰，进一步深化画面所

▶　▶　▶ ────────────────────────

[①] 商博良（Jean Francois Champollion,1790—1832），法国语言学家。1822 年 9 月 29 日，商博良宣布释读古埃及文字成功，这一天成为埃及学这门学科的创立之日。

要表达的意思，成为具有某种象征意义的符号。古埃及文字的符号大多取材于本土的动植物，因此与绘画有异曲同工之妙。古埃及人把象形文字作为描绘客观世界的一种尝试，赋予它们以超越词汇表达能力的含义。

古埃及文字的这种特性，只有通过解读，才能理解其潜在的意义。例如在新王国时期的神庙中，塔门内外的墙上到处是法老高举权杖打击敌人的形象，这些画面所要表达的意思，是要把罪恶的灵魂从神庙周围驱逐出去。正如太阳的运行象征上下埃及的统一一样，这类画面表现的是程式化的主题，而不是特定的事件，其内涵远比画面本身所表现的意思深远，它所揭示的是古埃及人认识到的某种规律性的东西。

阿玛尔纳时期以后（约公元前1400年后），这种概括的象征形式逐渐让位于多少有点现实意义的对具体战争的描绘，但这种具体描绘只不过是另一种程式。如拉美西斯二世在卡纳克神庙中反复地描绘卡叠什之战，突出自己作为战役胜利者的形象，对这次战役的描绘连同相关的铭文在阿拜多斯、阿布辛布、卢克索及底比斯的神庙中先后出现了10次，在纸草文献中也有记载。而实际的情况是，卡叠什之战，埃及和赫梯双方都不能算是胜利者。由于情报有误，埃及军队陷入包围，在援军及时赶到的情况下，才得以全身而退。这一类的伪造和夸张在神庙浮雕中比比皆是。

此外，古埃及文字的符号还被赋予某种魔力。一些吉祥的字符如"生命""永恒""健康"等等，以及能保佑人们、给人们带来福祉的神的名字，或他们身体的一部分，都成为人们的护身符。最常见的有拉神的名字、"荷鲁斯之眼"等等。古埃及人深信一个人的名字一旦用文字表达出来，就成为这个人的组成部分，甚至能代表人本身。毁掉这个名字，就是直接加害这个人。所以他们最忌讳雕刻或书写的名字被凿去或擦去。同理，为防范那些有危险的人和动物，他们就故意把这种人和动物画得残缺不全，或在其要害部位插上刀子。这种情形在墓室中最为常见。

古埃及文字的特殊形式，加深了它的封闭程度，使之为祭司阶层所垄断，成为"神的文字"。这种垄断一方面维持了"象形文字"形式在法老统治时期的长期存在，一方面也直接导致了它在埃及失去民族独立后的彻底消亡。在后期埃及，古埃及文字的封闭更为严重。当时外族统治者为安抚人心，对埃及祭司阶层采取拉拢政策，因此有大量神庙是在这个时期修建的。虽然尚有一席安身之地，但传统文化的政治依附——法老政权已成为过去，本土文化的式微是不可阻挡的大趋势。在这种形势下，祭司们为了保守古老的神圣知识和残存的民族自尊心，也是为了维护自己的社会地位，在原有的古埃及文字符号的基础上，大量扩充了同音异形和同形异音符号，并发展出更为艰深的密码符号系统，使古埃及文字更为神秘复杂，只有长期沉迷其中的祭司才能读懂。这样，维护传统文化，使"神圣文字"不至于流入外族人之手的初衷，导致了古埃及文字越来越成为极少数人掌握的绝学，最终走向了消亡。

古埃及文字的封闭性，使之在上述几种职能之外，更具备了一种作为传统文化标志的作用，体现了古埃及文明中王权与神权紧密结合的本质特征。虽然文字是社会发展到一定阶段，为了满足人们记录语言或传递信息的需求而产生，本应为社会大众所掌握，但在官僚与祭司结为一体的古埃及社会结构中，文字却为少数人所掌握，用文字来表述的文化和其他书本知识为祭司阶层所垄断。

古埃及人称自己的文字是"神的文字"，我们也只有从他们神话般的思维方式入手，才能解读这些神秘图像的真正含义。

第四节
仪式化的文学与史学

古埃及的文学呈现自下而上的发展趋势。根据埃及人的传说，为第 3 王朝国王乔塞尔设计梯形金字塔的伊蒙荷太普最早创作了格言箴语，他是埃及人心目中的圣贤，后来被奉为医药之神，但至今我们尚未发现这些传说中的作品。现已发现的年代最早的文学作品是古王国时期官员的自传体墓志铭或墓室铭文，正如埃及学家阿斯曼所说："坟墓是埃及文学的学前期。"

刻在墓碑上或墓室中的官员自传是古王国时期历史文献的主要形式。最初非常简短，只记载官员的姓名、官衔和简单生平，比较刻板；后来内容逐渐增多，开始记叙死者生前的业绩和美德，虽然篇幅不长，却不乏溢美之词。这个时期的主要作品有《温尼自传》《哈胡夫自传》等。

古埃及人刻写自传的目的是为死者的来世服务。他们笃信来世，并且以乐观和功利的态度对待死后的生活。这不仅表现在制作木乃伊、期望肉体永存的做法上，而且也表现在他们对身后的"永久居所"的积极准备上。除了在陵墓里放置随葬品之外，古埃及人更相信壁画和文字的魔力。因此他们在墓室墙壁上充分地展现理想生活的画面，认为这一切在来世中能成为现实。

这种对来世的态度决定了早期自传的内容和程式。在第 5 王朝以前，古埃及人的来世观是以国王为中心的，只有国王及其周围的人死后才能进入永恒世界，他们的灵魂升上天空，与不朽的神灵结合在一起。臣民获得来世必须依靠对神王的追随，因此，自传中效忠王室是最高的行为标准。为国王效忠和国王的奖赏是最主要的话题，是每个人一生业绩的辉煌之处。许多自传都有跟随国王南征北战、完成国王委托的行政事务的详细记载以及国王褒奖的夸张描述。

从第 5 王朝以后的自传大量增加"颂德"的套语（如"我给饥饿者面包，给裸露者衣服；我渡无船者过河，我埋葬那没有子嗣的亡人"）来看，当时的埃及人除了具有遵守社会等级秩序的理念之外，一般社会的一些基本道德标准在这个时期已经形成，如自制、谦虚、仁慈、慷慨、诚实、公正，等等。

古王国时期另一种重要的文学体裁——教谕也已开始产生、成长于民间。它以父亲训诫儿子的方式阐述做人的准则和处事方法。教谕和自传体作品最能反映古埃及社会理想的伦理观念。总地来说，古埃及人的思想很实际，教谕的内容多涉及实际生活中的各种问题，很少提到抽象的道德伦理准则。而这些实际的处事之道与行为规范，在后来的教谕中基本上一直保持不变。

与后期的教谕文学相比，古王国时期的教谕文学有两个重要特征，一是贵族性，即以古代圣贤训诫后代的形式出现，二是以乐观和进取为理想的人格。

文学进入王室是在第一中间期之后。第一中间期的分裂和中王国的重新统一，使埃及社会经历了从混乱到有序的过程，这一过程对古埃及文学产生了重要的影响。首先，源于民间的文学体裁开始为王室所用——在埃及历史上国王们第一次以叙述体形式记载自己的文治武功；教谕文学也以遗嘱的形式出现于王室作品中，这就是著名的《对马里卡拉王的教谕》。其次，民间文学中的个性化倾向也在王室文学中有所表露。在《阿门涅姆赫特一世对他的儿子塞索斯特里斯一世的教谕》中，我们听到一个过世国王满怀沧桑的感慨："我救济乞丐，抚育孤儿，我使贫穷者和富有者都获得成功；然而我所抚养的人起来反对我，我所信赖的人利用我的信任来谋反。那些穿着我给的华美衣服的人却心存非分，用着我赐予的没药的人竟暗怀不尊。"这位被谋杀的国王告诫他的儿子："小心那些身份低下的臣子，他们的阴谋不为人知。不要信任一个兄弟，不要认识一个朋友，不要结交知己，因为那是没用的。当你躺下时，要自己多加小心，因为人在危险的日子里是没有跟随者的。"①

此外，中王国时期还出现了大批的御用文学作品。第一中间期王权的崩溃和社会的分裂使人们对传统的社会秩序产生怀疑，在这种情况下，出身地方的新统治者为稳定社会，为满足自己正名的需要，鼓励一些维护统治秩序的御用文人进行文学创作。在众多的御用文学作品中，有一种是所谓的"社会现象文学"，最典型的代表是《伊浦味箴言》和《聂菲尔胡预言》。这两部作品的基本模式是相同的：一个古代圣贤以预言的形式描绘社会出现混乱时的局面，最终贤明的国王出现，秩序得到恢复："秩序将回到她的王位上去，而罪恶将被驱除。"②在这类作品中，与秩序相对立的混乱得到具体而夸张的描绘，混乱的标志是一切社会关系的颠倒，如国王和臣民，主人和奴仆，富人和穷人，等等。作品中没有任何具体历史事件的描述，充斥其中的尽是这类陈词滥调，创作这类作品的最终目的是证明神圣王权对社会秩序的必不可少。另一种御用文学作品叫作"效忠者教谕"，最初出现在官员塞荷太普依伯拉的碑铭中，随后风靡各地，成为时髦文学。这类作品的主要内容是宣传如何更好地效忠国王以及因此而能够获得的好处。可见这个时期埃及人的社会秩序观有了更加世俗的内容和表达方式。这类作品的政治宣传作用大大降低了他们的史料价值和文学品味。但对这种文学模式的了解有助于我们正确地使用这类文献资料。

中王国是埃及文学的古典时期。除上述几种体裁外，还产生了故事、诗歌等多种文学形式，语言文字结构也更为系统、完善，形成了古埃及文字的古典文体——"中埃及语"，现代人学习古埃及文字，首先要从中埃及语入手。

更为可贵的是，中王国时期的文学作品反映出人们思想领域中两种截然对立的思潮：一是个人主义倾向的发展及由此滋生的对传统道德观的怀疑和否定，二是以

---

① Miriam Lichtheim, *Ancient Egyptian Literature*（《古代埃及文学》），Berkeley, 1975, Vol. I, pp. 136-137.
② Miriam Lichtheim, *op. cit.*, pp. 143-144.

更高、更完美的道德标准来维持社会秩序。这两种思潮的出现标志着古埃及人自我意识的觉醒。

新王国时期的埃及进入了近东国际化的世界，文学也呈现出更为繁荣的景象。这个时期的王室文学，军事主题占据了主流，新的程式、新的套语大量出现，这将在下面对史学的讨论中论及。

在民间文学方面，最引人注目的是"情诗"这一体裁的出现。对现代人而言，这些情诗大量使用文字游戏、比喻和冷僻的词汇，比较难以理解。但这些情诗内容的独特、笔法的大胆，充分展现出古埃及人丰富的想象力和对爱情的执着追求。如"在你臂膀中的一天，胜过世上千万日"；"我妹妹的爱在水那边，我俩间横着一条河流，水势湍急，鳄鱼潜伏，我踏着水浪，我心坚忍无惧，我视鳄鱼如老鼠，而洪水如同陆地。她的爱给我力量，成为我的避水符。我看着心爱的人，她站在我的面前。当我看见我爱走来，我心欢喜，我张开双臂拥抱她，我心怦然而舞，好似池中的金鱼。啊！愿今晚永远属于我，因为我的女主人来了"；"七日不见我爱，疾病侵入我身。……只要对我说，她在这里！我就可以康复。……只要她说话，我就感觉强壮。只要拥抱她，我的病痛就消失，——但我已七日不见我爱！"[①]

在新王国时期的自传和教谕作品中，传统的道德内容出现微妙的变化。首先是这个时期作为"社会道德准则"的教谕文学作品由贵族阶层扩散到社会中层，增添了不少实际、朴素的处世经验；同时一改以往教谕中父亲谆谆教诲儿子、儿子洗耳恭听的模式，出现训诫者与被教者（即父亲和儿子）之间争论的例子，如在《安尼的教谕》中，安尼之子对安尼说："每个人都受其本性的驱使……不要讲太多的道德说教，否则人们会提出质疑。""不要利用你的权威逼迫我接受你的思想；你所说的一切都很好，但那需要具备美德才能做到……"[②]

除个性化和自我意识增强外，这个时期的文学作品更多地表现人内在的满足和反省，倡导自制、安详、安贫、谦卑这样的理想人格。

综上所述，古埃及的文学产生于民间，随着地方贵族进入王室而走进宫廷，在中王国时期进入"古典时代"；随着新王国时期帝国的强盛，文学的形式更加丰富

▶ ▶ ▶

① 蒲慕州：《尼罗河畔的文采》，台北，1993，194—198 页。
② Miriam Lichtheim, *op. cit*., Vol. II, pp. 144-145.

多彩。在其发展过程中，笃信来世的宗教思想、国家从统一到分裂的变迁、王权至上的观念等等都留下了深刻的印记，形成了一系列的程式化的表达方式，对文学的发展产生一定的限制。但在这些程式的背后，我们也能看到社会伦理观念的变化，对社会现象的反思，及人对自身的内省。

神话

尽管神话是古埃及宗教至关重要的方面，但却在很大程度上属于口头文学的范畴。特别是在古埃及历史的早期，似乎从来没有把神话书写下来，至少没有出现我们今天所说的神话的那种叙述体形式。或者即便曾存在过，也没有保存下来。在古埃及历史后期，神话有时在巫术咒语中有着实际的作用，因此在巫术手册中才开始有了成文的神话。但这些神话更多地反映了普通人的宗教生活，而不是作为古埃及文化主流的官方宗教。在拉美西斯四世奉献给死神奥赛里斯的赞美诗中，有这样一句话：当巫术出现后，神话开始"被写下来，而不是口头相传，"显然，古埃及的神话与其他形式的宗教文献有着很大的差别。

另一方面，古埃及神话常常在各种非叙述体文献中间接地出现，例如给神的赞美诗，或者仪式文献，而且它们也是新王国时期发展起来的造型艺术作品中常见的内容，如众多的随葬品——石棺、墓碑等，墓室的墙上，以及随葬的纸草文献中。

神话似乎是古埃及宗教一个极其隐秘的部分，像矿石一样，在表面只能看到一部分。最能证明这一点的是著名的奥赛里斯与伊西斯的神话，尽管这个神话肯定源自远古，但它在古埃及文献中从未以直接的叙述体形式出现。直到公元前2世纪，在希腊作家普鲁塔克的作品中，才出现这个神话的叙述体文本。

在古埃及文字中，没有专门表示"神话"的词。表示故事常用的词是sddt，意思是"那被讲述的"。这个词可以指人们当成故事讲述的任何事情，不管是否是以事实为基础。可以是异国见闻，可以是过去发生的事情，可以是国王的功绩，也可以是神的神迹。有时这个词最好是译成"传闻"或者"轶事"，或者类似的词。有一个例子中这个词的意思是"谣言"。很明显，sddt的基本含义中没有"真相"的意思。这个词也可以用来指那些先辈流传下来的故事或者是以往贤哲说过的箴言。神话也是一代一代传下来的，但是因为它涉及宗教教义，所以sddt从不用来指神话。这也是个很重要的现象，在许多文化中，神圣的神话与其他故事之间都有明确的区分，前者有时只有祭司才知晓，而后者是大家都知道的、娱乐性的。只有一个例子中 sddt 是指宗教知识。在第 18 王朝中期的一个自传中，自传的主人——一个高级官员吹嘘道："我多次目睹卡纳克阿蒙神庙的修建，如制作圣船以及为它镀金，使它看起来像升起的拉神，像关于太阳船的传说中所讲述（sddt）的那样。"这里把阿蒙的圣船比作神话中太阳神巡游天空所乘坐的船，从内容来看，关于太阳船的传说是口头流传的，而不是书写下来的；即便如此，这个故事也是对于事实的描述，而非有情节的神话叙述。

由于神话故事的相对罕见，有些学者得出结论说，在埃及历史的早期没有神话，神话是很晚才发展起来的，是"发明"出来给以往已经存在的仪式增加神圣色彩的。他们认为，最初古埃及的神祇数量不多，而且尽管从神学理论上讲一个神可能是另一个神的儿子或者兄弟，但他们彼此之间的关系是静态的，没有互动关系，因此也就没有关于他们的神话故事。结果，最初的神话在古埃及的仪式中没有特别的意义；只是在后来的阶段，随着宗教仪式逐渐走向神圣化，开始出现描述神明世界的种种事件的神话，借助它们增强仪式的效用。这种观点的危险性在于：现在只发现了后期阶段的文献记载，之前的阶段目前还没有文献证据，其实际情况只能是一种假设。此外，埃及最古老的宗教文献——《金字塔铭文》有多处线索表明，在古王国时期就已经有了关于奥赛里斯被谋杀的神话以及荷鲁斯和塞特之间的争斗的神话。

关于早期文献中没有神话的现象，更为可信的解释是：它们最早是口传的，也许是因为只有那些直接参与官方仪式的人（即国王和极少数后来发展成祭司的高级官员）才能掌握它们。这一点从 st 这个词的使用就可看出来，它的意思是"秘密的"，或者"神秘的"，在后期埃及的一份文献中，它特指拉神和奥赛里斯神结合的神话，下文会提到这个神话。在这篇文献中有这样的话："那个揭示它的人将会被处死，因为它是个伟大的秘密，它是拉神，是奥赛里斯神。"此外，st 这个词也用来描述放置在神庙最深处的神像，除了高级祭司之外没有任何人可以看到它。该铭文本身，以及它所提到的 st 一词，显然表明神话是一种神圣的知识，必须保持其神秘性，原则上只有国王和高级祭司才知道。考古发现也证明了这一点：我们现已发现的少数几个官方记载的神话文献确实都是在一般人不能接近的地方找到的，都是藏在神庙或者底比斯帝王谷王陵的最隐秘处。墓葬壁画也是一样，那些复杂的神话象征画面只有少数人理解，对大多数人而言，它们是神秘莫测的。

然而，在古埃及，宗教的教义主要以赞美诗、各种仪式以及墓葬铭文或墓葬壁画等来表达，而不以神话来体现。因此，就了解古埃及宗教而言，给神话一个太狭隘的定义可能是不太现实的。所以我们将采取一种很实际的做法，不考虑神话作为一种文学体裁应有的叙述的一面，给神话一个这样的定义：通过描述人类之外的世界、描述发生在人类历史之前的事件，它们赋予现实世界一定的意义、使之变得可以理解，并且表述了对未来的看法，试图以象征性的术语解释社会现实与人类存在。如果这样来定义神话，那么古埃及的各类文献中都有很多神话。

埃及历史上只有一个短暂的时期几乎完全没有神话。那是第18王朝的末年，法老埃赫纳吞倡导只信仰一个神——阿吞（太阳神，以日轮的形象出现）。一神教未必一定没有神话，但阿吞信仰却没有神话，甚至到了反对或者仇视神话的地步。不仅神之间没有互动，而且人类也没有神话式的前生和来世。世界是非常客观的物质存在：阿吞神用阳光赐予万物生命。

然而，在埃及历史的大部分时间，埃及人还是奉行多神崇拜的，而且很多神都是地方神，而关于这些神之间关系的神话叙述也很多。

古代埃及的历史文献

古埃及人留下了丰富的历史文献，从早期的年鉴，到后来的王表，以及大量刻在神庙上的记功文字等等。但审视这些文献，我们发现，一方面这些记载偏重于以王室为中心的社会上层，对大多数人的生活极少提及；另一方面所谓的历史记载与事实有很大的出入。这两种情况在其他地区的古代文献中也或多或少地存在，但在古埃及的史学文献中似乎更为突出。

古埃及人并没有故意歪曲历史，之所以出现上述情况，是由于古埃及人的记事目的与今人不同；为了达到记事目的，在事件的选择上就有了他们自己的标准。另外，受当时历史观的影响，历史事件的记述被程式化了。现在的问题是，必须认识古埃及人的历史观，搞清楚这种历史观形成的深层原因。

　　有两个因素决定了古埃及人历史观念的独特性，一是以"玛奥特"①为中心的自然和社会秩序观，二是循环的而非线性的时间观。而这两个因素的形成则与古埃及特殊的地理环境和历史发展进程有关。古埃及人有着相对优越的生存环境，物质文明很早就达到了较高的水平；由于很少受外族入侵和迁徙的影响，政局也相对稳定。在这种背景下，古埃及人认为自然和社会的和谐秩序是神定的，也是完美的，应极力加以维护。即使有了短暂的混乱，也会迅速恢复。历史发展的规律是秩序—混乱—秩序的循环；时间也是循环的，正如墓室壁画中所表现的那样，时间是一条咬住自己尾巴的蛇。

　　古埃及人很早就开始编写年鉴。最初不是逐年编写，而是按照重大的事件来编写，如按照"击败亚洲人之年""众神之星荷鲁斯之年""河马之年"等等来编写，这些年代的名称通常都被刻在容器的内壁。后来政府开始定期清查全国的财产以确定赋税的数额，因此逐渐开始以财产清查作为纪年的编写方式，如按"第 X 次牲畜大清查""第 X 次黄金大清查"等等来编年。

　　古王国之后，才改用按国王在位的年代来纪年，如按"某王第 X 年"等。使用这种方法，王朝的更替意味着纪年的重新开始，因此纪年是循环的而不是延续的，每个国王即位都标志着新纪年的开始。然而，即使是如此，国王们仍重复叙述以前发生的事，就像他们相信今生的生活在来世可以重复一样，这从另一个侧面证明了古埃及人不是按直线的时间观念进行思维。

　　循环的时间观在文献内容上表现为王权秩序的延续。每个法老的统治都被模式化，法老的个性和具体的历史事件被各种模式所掩盖。最突出的例子是在整个古王国时期没有出现传记体的王室文学。法老本身就是神，他的功业体现在国泰民安中，他的威严体现在高耸的金字塔上，他不需要为自己树碑立传，但他能流芳百世。第 3、第 4 和第 5 王朝早期的金字塔甚至无一字铭刻。直到第 5 王朝最后一个国王乌纳斯，他的金字塔才第一次出现有关来世的宗教文献《金字塔铭文》。这篇铭文对过去历史的记载是神话的而非历史的。比如在提到以前的法老时，只是笼统地说他们是"过去的神"，"与他们的'卡'结合的神"；现在的法老是"神的后

▶　▶　▶

① 玛奥特（maat）：是古埃及人世界观的核心概念。在社会伦理方面，可以理解为"秩序""正义""公理""真理"；在宇宙秩序方面，可以理解为"和谐""常道"。类似中国的"道"和希腊的"逻各斯"，是高度抽象的概念。

代"，出生于神的圣地赫里奥波利斯，出生时间是"当'拉'是九神会之主，'尼弗尔吐姆'是人类之主时"。① 在这里法老的个性和特殊性被完全抹杀了。

到古王国末期，几种王室管理文献如年鉴、王表等等，都走向了程式化。王表中所记载的事件大致有这么几个方面：制作雕像；建造神庙；庆祝节日；新王即位典礼；庆祝赛德节；战争和狩猎；尼罗河的水位、泛滥时间，② 等等。这些事件简单、有规律地被重复记载，有时偶尔会在事件的前面加上序列号，如"第一次击败东方""第二次太阳节"等，这样的记载更加具有循环的特征。著名的帕勒莫石碑，虽然列出了长长的王表，但除上述内容外，很少有对具体历史事件的记叙，更没有解释的文字。民间文学作品中也贯穿着这种延续不变的观念，如赞美国王统治有方时，最常见的句子是："看啊，他的统治和他父亲统治时一样。"③

受这种历史观的影响，在古埃及人的历史文献中充溢着雷同的记事。著名的纳尔迈调色板和其他一些纪念物上表现的主要人物虽有不同，但基本角色是一致的：即世界秩序的维护者，他是永远不可战胜的；他的臣民忠实地追随其后，时刻准备接受差遣，而敌人则匍匐在地，乞求他的宽恕。

由于恪守这样一种理想法老的模式，在记载史实时就不免有夸张和伪造之词。在新王国时期，法老们开始以军事英雄的形象出现，他的个人才能和战功都被戏剧化地夸大，这种模式甚至成为一种时尚。

新王国以后，伪造史实的文献更是大量出现。如在斯庇欧斯·阿提米多斯铭文中叙述了女王哈特谢普苏特驱逐喜克索斯人的经过，可是哈特谢普苏特统治的时代距喜克索斯人被逐已有半个世纪之久；拉美西斯家族各国王刻在神庙上的战绩看起来非常相似，因为父辈的武功可以直接抄在子孙后代的记功碑上。拉美西斯二世在位时，埃及与赫梯之间长期争霸的最后一次战役——卡叠什之战，由于情报有误，埃及军队陷入重围，幸有援军及时赶到，才免于全军覆没。但在埃及各大神庙中，拉美西斯二世却被描绘成大英雄，他大显神威，击退敌军，扭转战局。

又如对古埃及传统的王室仪式——赛德节的记载。这是从早王朝一直持续到托勒密时期的一种重要仪式，在每个国王执政30年后举行，目的是为王权注入新的

▶ ▶ ▶

① Donald B. Redford, *Pharaonic King-list, Annals and Day-books*（《法老的王表，年鉴和日志》），pp.136-137.
② 这决定着土地的肥力和每年国家应征收的赋税的数额。
③ Donald B. Redford, *op.cit.*, p.137.

生命活力。古埃及人相信通过这个仪式国王会永葆青春。许多国王都在建筑物上留下了庆祝赛德节的记录，但实际上只有极个别的国王在位时间超过 30 年，能有资格庆祝标准的赛德节。因此对大多数国王来说，庆祝赛德节的记载只是一种理想的寄托。

古埃及人的历史观

古埃及人对历史事实的夸张和伪造更多的是出于他们特殊的宇宙观和宗教信仰，因此有学者称古埃及人是"虔诚的伪造者"。在古埃及人眼里，过去、现在和未来都是一样的，也只有在这个意义上，过去才有价值。因此，古埃及的历史记载和艺术作品向我们展现的是一个神圣的、仪式化的世界，而不是真实历史的写照。在古埃及的文献中，历史就像许多人共同参与的宗教戏剧，历史事件是人们日常生活中宗教活动的强化，人物有固定的角色，事件也像宗教仪式那样有着固定的作用。

在这些宗教戏剧中，主角是法老和他的敌人。在古埃及人的信仰中，法老是神在人间的代理，为神行使在人间的职责，维护神创造的秩序。法老具有神性但他不是神，其神性通过"拉神之子"这个王衔和神与人结合的神话体现出来，哈特谢普苏特女王享殿中的壁画就具体地描绘了这个神话：太阳神阿蒙来到王后的宫中，与之媾合，女王诞生。古埃及人认为，法老代表的是创世之神——太阳神，正如太阳升起就能驱逐黑暗一样，法老的出现能使所有破坏秩序的敌人溃败。当他驾驶战车驰骋疆场时，他身上的光芒如离弦之箭射向他的敌人，从不迷失方向。这就是古埃及人记载的历史的主旋律。

不仅如此，古埃及的历史叙述还具有宗教功能。从最早的年鉴开始，大规模的宗教节日和国王的庆祝活动都被当作重大的历史事件记载下来；在神庙壁画、浮雕中，祭祀的场面常常与战争和狩猎的描绘同时出现。在神庙塔门上，法老把敌人踩在脚下，使他们远离神庙圣地；在神庙内的墙壁上，动物祭祀的画面象征着对神的敌对势力的镇压，而国王狩猎的情景则是作为战争场景的附属部分。总之，祭祀和史实、伪造的史实混淆在一起。在古埃及人眼里，对真实历史事件的描绘和对一个泛泛的象征性形象的描绘没有什么区别，它们都起到同一种作用，即驱逐一切可能危及圣地的邪恶势力。古埃及人相信，经过神圣的仪式之后，墓室、神庙中的文字和图画就具备了永久性和魔力，能永远地护佑法老及其子民，维护神所创立的秩序。

古埃及人的这种历史观反过来又影响着他们的历史行为。首先，为了追求完美的法老形象，国王们往往以创世者自诩，通过大规模兴建纪念性建筑物来证明自己的身份。因此许多国王在即位之初就开始大兴土木。如拉美西斯二世统治埃及66年，但他登基的第一年就完成了一批主要建筑物的筹建：阿拜多斯、阿布·辛布、拉美西斯鲁姆等地的神庙，卢克索神庙的塔门等。此外，他还完成了卡纳克神庙的立柱大厅，并开始动工建造国王谷的王陵。这种现象只能以古埃及人特有的观念来解释。正因为有理想法老的种种模式，才促使国王们不管在位时间长短，都争相在各地留下大批的建筑和纪念物。这些建筑物都以镀金装饰，壁画上那夺目的色彩，在晴空下焕发出太阳般的光泽。这种辉煌神秘的气氛正是法老们刻意营造出来的。他们自以为创造了一个完美的人间天堂，而自己就是这个世界的太阳。

其次，国王们在各地大力兴建纪念性建筑物的行为，也是为了证明他们有能力重复创世主在原始之初所进行的创造活动。对古埃及人来说，创世不是一次性的行为，它需要不断地重复和更新。每个新的王朝都标志着世界一次新的开始，在此之前则是黑暗、混乱的时期，因为那时原来的国王刚去世，国家处于无政府状态，直到新国王即位才会恢复原有的秩序。而这种认识常常与历史现实无关，因为在古埃及历史上，各朝代之间很少出现真正的分裂和混乱。即使出现这种局面，人们也相信新的王朝迟早会出现，会给大家带来繁荣和秩序。作为创世主的代理，国王的职责就是把无序变为有序，把混乱变成以他为中心的和谐。为了强调他的这种创造能力，即使是在和平的年代他也要不断地进行纪念性建筑物的建筑活动，以便让人们重新感受到创世的活力。

虽然古埃及人相信并一直套用秩序—混乱—秩序这种循环的历史模式，但他们也认识到循环的具体过程是不同的，循环并不意味着重复。尽管这种认识还处于萌芽状态，但却是一种真正的历史意识的觉醒。这首先体现为对个体的历史人物的认识。在早王朝时期，古埃及人就在纪念物上表现国王的名字，最著名的例子是纳尔迈调色板和蝎王权标。两个国王的名字写在王宫围墙形状的"王名圈"中，上面是鹰神荷鲁斯的形象。由于古埃及人的绘画传统是不讲透视原则的，所以荷鲁斯实际是在王宫内。王名的出现，使这两座纪念性建筑物从神话般的概况性描述中摆脱了出来，有了具体的历史信息，纳尔迈和蝎王也成了具体的历史人物。

古埃及人还认识到，历史人物只能存在一次。他们在文献中明确地表述道："一个国王在所有的永恒中不会重现。"在新王国时期的王室铭文中，国王为炫耀自己的功绩，更是喜欢强调自己做了前人没有做过的事。

但在众多烦琐、刻板的王室铭文中，也有偶尔的例外，极个别铭文很好地表现出了国王鲜明的个性。第6王朝大臣哈胡夫自传中，有一封年幼的培比二世写给哈胡夫的信，信中说道："你在这封信中说你从南方带回了一名侏儒，……你告诉我说从来没有人从雅姆带回像他这样的人。你真知道如何讨你的主人喜欢。你真是日夜计划行你的主上所爱、所赞赏、所命令的事。我将给你和你的子孙许多的荣耀。……立即北上来到王宫，带着这名你从南方运回来的侏儒，安全、健康地前来，好（让他）跳'神之舞'来娱乐国王的心。当他随你乘船前来时，让可靠的人围在他的四周，以防他落入水中。当晚上睡觉时，让可靠的人躺在他帐篷中围绕着他。每晚检查10次。朕想要见他，甚于见西奈和蓬特来的礼物。如你抵达王宫时，这名侏儒是安全、健康的，朕将重重地赏赐你……"在这封信中，年幼的国王对大臣为他找来侏儒一事表现出的欣喜之情溢于言表，对侏儒的关切和喜爱也没有丝毫的掩饰。这里我们看到的不是神性的法老，而是一个洋溢着童心的孩子。

然而，这种表现法老个性的记载毕竟是极少数，古埃及人的历史意识也被以玛奥特为中心的秩序观所钳制。由于相信神定的秩序是最完美、和谐的，以法老为中心的金字塔状的社会结构不可更改，所以在官方文献中，我们看不到古埃及人对法老之外的个人的详细记载。无论是金字塔状王陵的设计者，还是吉萨大金字塔的建筑师，都没有在王室文献中留下名字。民间文学中表现的群体，都以维护、遵守现有的社会秩序为个人价值的取向，因此为王室效忠尽职是最高的成就，法老所赐予的各种头衔是最大的荣耀。

此外，在尼罗河谷这样一个生存环境中，日月的无穷循环，自然界万物的荣枯，尼罗河的定期泛滥和消退，由地理环境相对封闭而形成的较为稳定的政局，加上以法老为中心的统治秩序的长期延续，使得古埃及人相信历史的发展也如自然界一般是无限循环的，并设想出这种循环过程中所有事件的发展定势。这种历史观在整个法老时期一直持续着。正如国王图坦卡蒙的"复兴石碑"中所说的，法老的终极目标是使"世界又恢复到它初创时的样子"。也就是说,人们现在和未来的努力就是为了达到远古之时、创世之初的那种和谐与完美。古埃及的历史文献所要展现的就是这样一个过程,所强调的就是这样一个主旋律。

总之,从古埃及人的文学和史学作品中,我们既可以看到古埃及文明的特殊历史进程,也了解到这种背景下所形成的独特的对自然、社会、历史的认识。古埃及文明有较大的延续性,但也绝不是停滞不前的,只是较早的文明成就和文明特质决定了其发展方向。这体现为循环的时间观、仪式化的文学与史学和下面将要论述的以来世为中心的宗教思想。

第五节
古埃及的宗教信仰

古埃及的宗教信仰有以下几个特点:多神崇拜;神祇没有鲜明的个性;神人关系和谐;王权与神权紧密结合。

虽然在新王国时期埃及也出现过阿蒙神这样的"国神",但各地的地方神崇拜一直延续着,而普通人更是从实际的需求出发,各有自己崇拜的神。比较重要的神就有200多个,存在时间较短或者影响不大的神则数不胜数。在信仰与生活的互动中,埃及人表现出明确的实用主义态度。

古埃及的众神各司其职,但并没有非常鲜明的个性,神的种种变形和谱系不定就说明了这一点。古埃及的众神大致可以分为这么几类:动物形象的神、人类形象的神、半人半动物的神、抽象概念拟人化的神。此外,古埃及的神还有一神多形和多神合一的特点。如太阳神在早晨叫作"hpr",在中午叫"re",在晚上叫"atum";有时候出于政治的需要把几个强大的神结合为一体,如阿蒙—拉神的结合;更多的则是成对的配偶神,以及加上他们的儿子或女儿之后组成的三神体,如阿蒙和穆特与他们的儿子洪苏(Khonsou)、奥赛里斯和伊西斯与他们的儿子荷鲁斯，等等。但是神祇家族的谱系却并不固定，如塞特有时是荷鲁斯的叔叔，有时又成了他的兄长；在底比斯，阿蒙的妻子是穆特；在赫摩波里斯则是阿蒙特。

神人关系的相对和谐是古埃及宗教的一大特色，这从真理女神玛奥特的信仰中可以得到证明。古埃及人认为宇宙和社会秩序是神创造的，是一种完美的状态，人为维持这个秩序所做的努力即是对神的最好报答。玛奥特的基本内容就是宇宙和社会秩序。"埃及人认识到一种秩序，它建立于创世之初……是一切存在的本质，不管我们是否能意识到它的存在。"玛奥特这一符号出现于古王国早期，根据赫尔克的解释，这个符号的最初含义是"基础"，因此玛奥特的最早抽象意义应为"世界和人类生活的基础"。第 5 王朝时，拟人化的形象玛奥特女神出现，从此在所有的王室文献中国王都自称"靠玛奥特生存的"，"享受着玛奥特的"，或"为玛奥特所拥抱的"；而几乎所有的神庙中，都有这样的描绘：国王双手捧着玛奥特女神，连同面包、啤酒等供品，一起敬献神前。这个简单的仪式包含着丰富的含义：玛奥特代表着神赐给人类的物质世界，它在国王管理下维持了初创时的和谐完美，在此时又由国王归还给神。这个给予和归还的过程象征着神与人之间的合作，即神创造世界，而人类以维持神创世界秩序的方式对神表示感激。这样神的创世行为就有了真实的意义，而神与人之间也就有了交流的渠道。通过这种合作神与人共同维持他们的存在，达到永恒的境界。正如哈特谢普苏特的斯庇欧斯·阿提米多斯铭文中所说："我已把阿蒙所喜爱的玛奥特给了他，因为我知道他依赖她而生存，同样她也是我的面包和甘露，我正是与她共存的人。"

虽然这种初创的完美不断受到扰乱，但总是暂时的，必能在人的努力和神的佑护下得到恢复。在提到秩序被打断时，古埃及人说"玛奥特被置于一边"（rdi.tw m3ct r rwty），却不说她被毁灭，而贤明的君主会使她重获荣耀和地位。

以这种认识为前提，古埃及人对神的理解可以概括为：神是完美的，主宰着人类的命运，人逃脱不了神的安排，也永远无法企及神的完美境界。正如新王国时期的《阿美涅姆普教谕》中所说："不要躺在那里担忧明天会怎样，人类无法了解明天的事；神永远是完美的，人永远是失败的。人说的话是一回事，神做的又是另一回事。神的面前没有完美，只有失败。如果人执意追求完美，那么就在那执着的一瞬间他就已经破坏了完美。"

王权思想的神话与理论

王权与神权的紧密结合是古埃及神人关系的另一重要特点。如上所述，在神与人的互动中，国王起着最关键的作用。他是神的化身，而不是占据神圣职位的凡人。在古埃及辞书的分类中，神属于天界，人属于地界，死者属于冥界，而国王同时属于这三个世界：作为祭司，他是神与人之间的中介，他同时又是人间的法官，还是死者的保护人。他们相信国王决定着国家的兴衰，自然界的秩序与社会的秩序是不可分的。当太阳升起，开始统治他所创造的宇宙时，君主的统治也开始了，因为他是太阳的嫡系后代；埃及的君主是与宇宙共存的。这与巴比伦人的观点不同，他们认为王权是在危难时候出现，取代之前神的统治。

通过主持神庙的重要仪式、宣布自己是所有神的祭司，国王扮演着神与人之间沟通的媒介的角色，以此提高自己的权威。同时，从第4王朝开始，国王们称自己为"神之子"，这个称呼不仅说明（像其他许多文化中那样）国王就像孩子依靠父母一样依靠神。更重要的是它表明国王是每个神在人间的短暂的化身，而神存在于永恒的世界里。国王为神举行祭拜仪式，就是在重复荷鲁斯为他的父亲奥赛里斯举行葬仪的活动，证明自己与神之间的特殊关系。这也说明神庙日常的仪式与墓葬仪式之间有着密切的联系。

神庙与国家的分离在埃及不如在美索不达米亚那么明显。尽管新王国时期的神庙规模浩大、装饰精美，但它们并非独立于王室控制之外。许多祭司都是部分时间在神庙服务，大多数祭司都在政府机构中任职。

为了理解这种关系，有必要了解古埃及神话和仪式的基本结构。古埃及宗教基本是关于人的出生、死亡与再生的循环，这个循环又进一步与自然界的循环联系在一起。其中的特别之处是男性的神总是靠一个既是自己母亲又是自己妻子的女性重新创造下一代的自己，如在荷鲁斯的神话中，荷鲁斯是在父亲死后才出生的，因此是父亲的化身（再生）。男性的神可以不断地"克隆"自己，而女性的神只能局限在母亲的角色中，起辅助的作用。进一步说，只有男性的神可以重新创造自己，而女神只能帮助男神创造新的生命，不能创造自己。这个模式本身可能就是对法老（男性的）的权力的赞美。

古埃及与美索不达米亚的宇宙观在两个方面有明显的差别：美索不达米亚的宇

宙论像许多其他古代地区一样，相信天是男性的，通过把他的精子（雨）浸透到女性的地神体内，而带来万物的生长。而在埃及的宇宙论中，滋润万物生长的雨水不是来自天上，而是来自大地，是尼罗河水。因此大地是男性的，不管是孟菲斯神学中的普塔，还是赫里奥波里斯神学中的盖伯，或者是盖伯之子、代表大地繁殖力的奥赛里斯，都是男性的。而天空则是女神的形象（努特）。她有时也现身为太阳神的母亲，每天给他新生。她与盖伯是奥赛里斯、塞特和他们的姐妹的父母。然而，在生出这些神之后，天空就升到了高处，不再与大地结合，因此造成了她的贫瘠。相反，大地的形象则是一个通过自我孕育而带来繁殖的神。这个主题在赫里奥波里斯创世神话中非常明确，其中提到太阳神在原始之山上以手淫的方式来创世。有的学者认为这个神话反映了古埃及干旱少雨，依靠尼罗河为灌溉之源，也可以解释为国王通过强调神而不是女神的重要性来抬高自己的地位。

其次，在古埃及神话中，宇宙只有一个创造者，尽管各宗教中心各有自己的创世者。

古埃及的神还有很强的地方性。原始之山有许多个，每个神庙都是一个这样的原始之山，不同的神学体系给它不同的位置，各地的神学体系都将本地的神与宇宙和世界起源联系到一起，强调他的重要性。多数神只是在自己所处的地方有影响力，离他的崇拜中心越远，势力越弱。在卡纳克神庙中地位显赫的神到了其他神庙中就只是"客人"身份的不太重要的神了。也就是在这一点上，法老的优越性体现了出来：如果说在众神面前他总是一个世俗的化身的形象的话，那么，他唯一可以比神优越的就是他的普世性：他在全国各地的综合权威是远远超过大部分神祇的，古埃及历史上只有极少数的神在全国范围内有影响，如拉神、阿蒙神、普塔神。

因此，古埃及的神学理论强调国王在神人关系和宇宙秩序中的关键角色。相反，神则成为地方权力和利益的化身。荣耀地方神祇是国王关心该地区经济和尊重当地权力的重要表现。他还要以行动来表达这一点，如向神庙供奉祭品、捐赠土地、修葺和扩建神庙等等。有人认为托勒密时期埃及各地大建神庙是当时的外族统治者取悦当地臣民的结果。

某些王室仪式也反映了国王是国家的象征而神是地方的象征。在加冕之前，国王要在全国各地巡游，拜访各大神庙；在赛德节时从四面八方把各地的神抬来都城，参加这个节日，并得到国王的赏赐。国王与神之间这种对立的平衡成为检验王权强弱的重要标准。而且这种平衡是属于伦理的而非政治的范畴。它是政治现实的一个理论上的暗示：对于中央政府来说，忽略合法的地方利益将会使国家的统一处于危险之中。因此国王在神学和宗教领域与在政治领域中扮演着同样的角色：他是统一与秩序的唯一维护者，而埃及人相信这个秩序是不变的，而且每个人都能从中获益，即使他们也表现出对于世界最终的毁灭的恐惧。法老的任务是确保宇宙秩序的正常运行，避免陷入毁灭的境地。在文学中他被称为"人们依赖他的行为而生存的神，是所有人的父亲和母亲，是独一无二的，无人媲美的"。

奥赛里斯与古埃及人的来世信仰

古埃及人来世观的形成是一个由上而下逐步扩散的过程。古王国早期，来世只对国王有意义，指引来世之路的《金字塔铭文》是王室的专利，普通人获得永生的唯一机会是对王室效忠，为此，能把自己的陵墓安置在王陵附近是最大的荣幸，哪怕只是在那儿立一块墓碑也是平生一大幸事。

古王国末期，以奥赛里斯为中心的来世观初步形成。奥赛里斯最初被当作土壤、植物和尼罗河水的化身而受到崇拜，他象征着强大的繁殖力和生命力。后来，奥赛里斯逐渐吸收其他神的职能成分，如传说中的贤王、布西里斯城的保护神安吉提，孟菲斯的代表冥世力量的神索卡里，阿拜多斯的墓地神罕提伊门提乌等等，他的影响不断扩大，成为冥世之王和国王的化身，主宰着人们的来世生活。

古王国衰亡后，王权的没落给人们的宗教思想带来了很大的影响，奥赛里斯崇拜的内容开始具有了伦理道德的因素，产生了"来世审判"的思想，信仰者日众。社会的动荡和原有秩序的破坏促使人们在宗教中寻找寄托，"来世审判"思想认为，人如果能在凡尘时行善积德，死后就能通过奥赛里斯的审判，获得永生，而那些作恶者则不能通过审判，将遭受"第2次死亡"，即永远的死亡。这种思想使得来世对普通人来说也有了意义，由此奥赛里斯的影响不断扩大，人们对他的崇拜更加虔诚，原来只有王室成员才能使用的宗教文献，到中王国时期也开始为贵族官员们所使用，被称作《石棺铭文》。

新王国时期是奥赛里斯崇拜的鼎盛期，其突出的表现是《亡灵书》盛行。《亡灵书》由《金字塔铭文》和《石棺铭文》发展而来。把原来写在金字塔墓室中或棺椁上的祈祷文、颂歌、咒语等改写在纸草纸上，作为死者的随葬品，这就是《亡灵书》。由于体积小、价格便宜，多数埃及人都能买得起。《亡灵书》的盛行对奥赛里斯神崇拜的发展起到了极大的推动作用。人们相信，借助《亡灵书》的指引，每个人死后都能成为奥赛里斯，享受永恒的来生。

新王国时期奥赛里斯神崇拜的盛行也与古埃及巫术的发展有密切的关系。古埃及人很早就把实用主义和功利主义的思想渗透到对奥赛里斯的崇拜中——人们只需将自己的一世功绩刻在墓碑上，立在奥赛里斯的圣地阿拜多斯，死后就能进入永生之境。这些墓碑和墓室铭文都只记叙生前的美德，而将过失略过不提。也就是说，人们只要通过为自己树碑立传，将一世美德和宗教仪式结合起来，就能达到一种魔力的效果。从《金字塔铭文》到《石棺铭文》，再到后来的《亡灵书》，都是来世咒语性质的"手册"，最典型的是《亡灵书》中的《反面忏悔》，这是死者在奥赛里斯面前的一种表白，内容是否认自己在世时可能犯有的一切罪过。《亡灵书》的纸草卷人人都可以买来放在墓中随葬，凭借咒文的魔力，人们很容易就能通过奥赛里斯的审判。因此，从理论上讲，通往来世的大门是向所有的人打开的。

"来世审判"的思想，反映了古埃及人自我意识的觉醒，但这种刚刚萌发的自省却又被与之并行发展的重实利的巫术思想所限制、所扼杀。巫术作为神赐给埃及人的武器，最终被用来满足人们实际的利益需求，被用作一种神的庇佑能力的补充，甚至成为攻击神的手段。比如《金字塔铭文》第1027条就这样写道："不把国王引入天国的神将不受尊敬，将得不到他的'巴'，将尝不到糕点……"

总之，奥赛里斯崇拜的发展，反映了古埃及人来世信仰大众化的过程，而这个过程同样渗透着巫术思想的种种因素。太阳神崇拜和奥赛里斯崇拜共同构成了古埃及多神崇拜的宗教信仰的核心，但前者随着王权的发展而趋向一神崇拜的高级阶段，后者却更多地反映了一种世俗化的倾向，并最终与巫术结合，导致宗教思想的庸俗，使古埃及的宗教始终未能发展到更高级的阶段。

新王国后期，随着王权的衰落，以太阳神和冥神为中心的官方宗教已不再能满足人们的心理需求，人们重又回到原始宗教中寻求解脱，动物崇拜大为盛行。人们在牛、猫、蛇等动物身上重新发现了超人的力量和旺盛的生命力。为这些"神圣"动物制作木乃伊也成为一时风尚。对于传统的来世观，人们也产生了深刻的怀疑："西方是长眠之地，黑暗笼罩其上，那儿的人们沉睡在木乃伊中，不能醒来探视他们的兄弟，看不见他们的父母，他们的心忘却了妻子、儿女。死亡，它的名字是'来吧！'所有被它呼唤的人都得立刻向它报到，他们的心惧怕它。不论是神或人，没人能注视它。但所有的人都在它的掌握之中，无人能使它的手指放松。它将儿子从母亲那儿夺走，却不先召唤走在身边的老人，他们都惧怕它而向它求情，它却不理会他们。它不答应那向它祈祷的人，它听不见那赞美它的人，它是无形的，人无法送给它任何礼物。"

但古埃及人对来世曾有的憧憬，却永远留在了金字塔、帝王谷等陵墓建筑里，留在了浩如烟海的宗教文献中。在这些关于来世的文献中，我们能看到他们对生与死、时间和空间的特殊感悟。

第六节
古埃及的造型艺术

古埃及人留下的建筑和其他艺术作品给我们两个最为深刻的印象，一是它们以来世为中心的宗教性，二是在选材上对石料的偏爱。正如一位西方学者所说："埃及人是在岩石上砍凿出他们的艺术的。"与现代造型艺术相比，古埃及建筑艺术作品的显著特点是墨守成规、没有个性、功利目的强，它们不是"为艺术而艺术"的结果，而是古埃及人宗教思想的具体表述，只有将其视为埃及宗教的一个组成部分，才能对它们有真正的理解。

金字塔

古埃及的建筑最能反映以来世为中心的宗教思想。在留存至今的建筑物中，大部分是墓葬建筑和宗教建筑，居宅建筑极少。即便有，从建筑选材到建造质量也都很难和墓葬建筑、宗教建筑相比。由于炎热的气候，居宅多用泥砖建成，取材方便、便宜，又有冬暖夏凉的优点，但因为尼罗河的泛滥，这些建筑很难保存下来。

古埃及人把更多的时间和精力花费在他们的"永久居所"——陵墓的修建上。为实现无限延长生命的愿望，他们选择了本土富产而且经久耐用的建材——石头。如同把死者尸体加工成木乃伊一样，古埃及人希望肉体的延续与居所的永久坚固结合起来，共筑一个永恒的来世。

对古代埃及人来说，死后的墓葬规格是生前社会地位的反映，而王陵则是王权强大与否的某种标志。因此，我们选择最具影响力的王陵形式——金字塔，作为研究陵墓建筑的透视点。金字塔也是古埃及建筑史前期成就最高的建筑形式，能充分体现早期建筑的体系和水平。

古王国时期是金字塔建造的鼎盛期。这一史无前例的大规模石料建筑活动既标志着王权的强盛，又是这一时期物质文明发展的最高体现。因此，古王国时期也被称作金字塔时代。

埃及史上第一个建造金字塔作为王陵的国王是第3王朝的乔赛尔。乔赛尔的金字塔及其附属建筑与后来的金字塔在建筑原则上有着明显的不同，其构造充分体现出早王朝时期王权观念的留传。其中有一处被发现可能是用于举行领土征服仪式的场地，或是用于"赛德"仪式的王座，表明那时的王权观念还未摆脱早王朝时期的范畴，即国王以领土征服者的形象出现，在王宫内举行的仪式内容非常具体化，突出的是国王的世俗行为。

到第4王朝时，王陵的形式发生了重大的变化，说明王权已被神化。在这个时期，锐角尖顶的锥形金字塔（也叫真正的金字塔，由斯尼弗鲁始创）代替了梯形金字塔，同时金字塔也不再居于群体建筑的中心，而是位于东西向的一组建筑的最西端。国王举行特别庆典仪式的场地和建筑都被取消，取而代之的是国王献祭的祭庙及一组雕像。国王开始作为神而接受人们的祭拜，祭庙的规模也逐渐扩大。同时，金字塔开始以大块石料建造，巍然耸立，给人以坚不可摧、高不可攀的印象，象征着神化了的国王至高无上的地位，也表达了他们死后与拉神结合的愿望。自斯尼弗鲁之后，胡夫、哈夫拉、门卡拉先后在吉萨建造了著名的三大金字塔，使第4王朝成为金字塔发展的鼎盛期。金字塔的周围是许多王室成员及贵族官员的陵墓，在这个时期，人们深信只有通过追随国王才能获得永恒的来生。

真正金字塔的出现和大规模建造活动的开展，标志着专制统治的确立。埃及经

拉美西斯二世

常被喻为"金字塔的土地"，这些巨大的王陵是古王国统治者权威的无声证明。古王国时期留存下来的建筑物多数是王室的纪念性建筑，其宏大的规模和高超的技艺至今令人赞叹。而同时期的神庙建筑无论在数量上，还是在规模上都与之相差甚远。这些浩大的工程，意味着要对全国的人力物力资源进行大规模的组织和调用，仅这一点就足以说明国王至高无上的权威和神性。至少有 10 万人参加了建造胡夫金字塔的工程，仅墓室的建造和拖拉石料道路的开通就用了 10 年，金字塔本身的修建则花费了 20 年的时间。

事实上，考古学家的研究证明，金字塔本身的修建只是庞大的整体工程中的一个环节，其他部分的劳动量、重要性一点也不次于它。如为拖运大块石料而修建的斜坡，据推算要占金字塔建造总工程的三分之二。关于石料拖运的具体方法，目前有多种假设，但从吉萨的考古现场来看，存在利用斜坡的可能。吉萨平原的地势呈西北—东南倾斜（三大金字塔呈东北—西南方向排列，就是为了能保持在同一地平线上），三大金字塔以此为建造基地，有利用倾斜地势建造斜坡的考虑。目前已在三大金字塔附近发现了采石场，说明部分石料可能是就地取材；而平原东南部的洼地很可能是当时的一个码头，它的用途是停泊运送建筑材料的外地船只（事实上，建造金字塔的石料主要是当地的石灰岩，这些石灰岩可以就地开采，只有那些用于墓室装饰和塔面表层的高质量石料才从河东运来）。依地势而建的斜坡距采石场和码头都很近，从位置上讲，是种方便、实用的设计。而在门卡拉金字塔东南方发现的大量碎石块和泥沙，是金字塔斜坡的建筑材料，当取自不远处的沙漠采石场。在这些碎石的下面，发现了许多当时劳动者居住的房屋。大多数的工房应在建筑工地以外，虽然至今没有发现（若深埋在冲积平原之下，则很难发掘），但在上述工房的东部和南部，却发现了大量的古王国时期的生活垃圾，证明大批参加金字塔建造的劳动者曾在附近居住。

除规模宏大之外，鼎盛期金字塔的另一个特点是呈群体建筑的形态。建筑群由地上建筑、地下建筑两部分组成，前者包括围墙、金字塔本身、"河谷享殿"（由金字塔旁边的"上庙"和尼罗河畔的"下庙"两部分组成）、祭庙、带顶通道、王室成员和官员的陵墓等，后者包括墓道、墓室、通风道等，结构常有变化。

第5王朝以后，金字塔的修建进入低谷期，规模缩小、质量下降，同时建筑群的组成成分发生了变化，太阳神庙作为新的成员一度与金字塔媲美。太阳神庙的基本结构是：长方形的围墙、方尖塔、祭坛、砖舫。

第一中间期之后，金字塔的建造中断了约半个多世纪，直到中王国重新统一后才又恢复修建，进入短暂的复兴期。这个时期的金字塔，形式上有了某些变化，如门图荷泰普在代尔－艾尔－巴哈利的王陵依山建了一个两层平台组成的享殿上面，每层平台都有三面柱廊环绕。[①] 从塞索斯特里斯二世时开始，墓室结构也有了改变，通道呈直角转折，直通墓室；金字塔的建造技术也更为简化，里面多以碎石泥砖填充，经过千百年的风雨侵蚀，今天只留下一堆堆的废墟，没有太大的研究价

▶ ▶ ▶ ───────────────────────

① 因该王陵的上层建筑已不存在，这只是一种假设，也有学者假设上面的建筑不是金字塔形状的。

值了。

新王国以后，王陵采取石窟墓的形式，不再建造金字塔。

从分布上来看，所有的金字塔都建在尼罗河的西岸，因为古埃及人认为，西方是死后世界所在，正如太阳从西边落下一样。根据王朝的演进，金字塔的分布又呈由北向南延伸的态势。第3王朝在萨卡拉，第4王朝在达淑尔、美杜姆、吉萨，第5王朝在阿布·古拉伯、阿布西尔，而中王国时期则主要在法雍附近。

神庙

如果说金字塔的建造代表了早期建筑史的最高成就，那么神庙建筑则是后期建筑的辉煌点。新王国是神庙建筑的黄金时代，在这个时期，神庙建筑的法则逐渐形成，神庙数量大增，规模也不断扩大。这是帝国扩张和繁荣的必然后果，也反映出古埃及宗教思想的进一步成熟。如上所述，古王国衰落之后，地方贵族的势力成为王权永久的威胁。为加强王权，中王国时期的国王扶持了一个中下层的新贵，但矛盾并没有得到解决。新王国的扩张，部分的原因是为把国内矛盾引向域外，战利品和掠夺来的财富有三个流向：王室、新贵族和旧贵族，体现了拉拢与安抚并重的政策。贵族阶层又是各地神庙祭司的主要成员，因此神庙在战争中暴富。

王权理论的成熟是神庙建筑发达的另一个推动力。在古埃及人的宇宙、社会观中，神定的秩序是最基本的概念，而国王作为神在人间的代理负责维持这种秩序，他的成功意味着人类对神最好的回报。神庙是神在人间的居所，也是以法老为首的人们向神供奉、与神交流的神圣之地，是神定秩序的运转中心。此外，历届法老都在即位之初大兴土木，也是对创世主原初创世活动的模仿，通过这种模仿，表达创世需要不断重复进行的思想，从而强调法老在人间的活动的神圣目的。

这种宗教理论决定了神庙的基本建筑法则。从结构上看，神庙具有极强的象征意义，它是微观的宇宙。神庙的围墙为一道道塔门所隔断，同时围墙的顶部起伏不平，呈波浪状，象征着原初之水，而高耸的神庙则是在这片混沌之中升起的原初之山，山顶是人类创造者的居所。进入神庙的人们犹如在混沌之水中经过了洗礼，带着纯净的灵魂来到神的面前。神庙的墙上布满了自然景物的描绘：上部和天花板上是繁星点点的天空，张开翅膀的鹰神护卫着神的国土；墙壁下部常常点缀着自然界的花草，象征大地的繁盛。当尼罗河泛滥时，浅浅的河水漫入庙中，在壁画的映衬下，神庙正如河谷的缩影。

典型的古埃及神庙一般有一条中轴线，沿中轴线，呈南北方向延伸，依次为塔门、立柱庭院、立柱大厅和祭祀殿。这种纵深的结构使得神庙可以无限地持续修建下去。塔门多时达十几道，因为法老们喜欢在前人修建的神庙的基础之上增增补补，而塔门又是最易完成的部分。其他部分也大多显示出累积完成的特点，如古埃及规模最大的神庙建筑群——卢克索和卡纳克神庙都历经漫长的修筑过程，许多重要的部分是在托勒密时期完成的。古埃及人这种建筑神庙的原则反映出他们"无限延续"的愿望，不仅人的肉体、灵魂永远不灭，神的居所也要不断地延伸下去。

塔门是古埃及神庙最具特色的部分之一。它由对称的东西两个门楼和连接它们的天桥组成，象征东西地平面，是太阳神每天必经之路。塔门上通常有国王高举权杖打击敌人的形象，象征着对一切邪恶势力的巨大威慑力，这种威力迫使邪恶远离神圣之地。紧靠塔门，通常有国王的巨像或者高耸的方尖碑。自哈特谢普苏特首创斯芬克斯大道以后，塔门前面铺设一条两侧摆满石像的通道便成为一种惯例。

进入塔门之后，神庙的屋顶逐渐降低，而地面却逐渐增高，到了最深处的祭祀殿中，光线已非常黯淡，气氛也愈加肃穆神秘。普通人只能进入立柱庭院，只有国王和大祭司才能到祭祀殿中，那里供奉着神像或国王的雕像，它们深居简出，只在盛大的宗教节日才被抬出神庙与公众见面。在审理重要的案件而难以裁决时，古埃及人便依赖神旨，根据神像是点头或是摇头进行断案。

神庙中高大的石柱给人留下深刻的印象。常见的柱头装饰有纸草花式、莲花式、棕榈叶式、哈托尔女神式等等。为了更好地采光，立柱大厅外围的柱子比中间的要低，这是成功地运用"自然采光法"的较早例子。柱子上布满文字和画面，那些保存较好的，还能看到些微最初的色彩。

神庙中的祭祀活动有两个主要内容，一是对神感恩，二是祈求神的帮助，这些都通过一系列烦琐的仪式来完成。日常仪式由大祭司完成，每天早晨他要沐浴净身，然后进入祭祀殿，捧出神像，为之焚香涂油，其用意是使神恢复生机和活力。在重大的宗教节日，国王亲自主持祭祀活动，以各种颂诗表达对神的感激，如阿蒙的颂诗中说：阿蒙神的恩德"比天高，比地宽，比海深"。

因此神庙有双重面孔：一是现世的神秘威严，二是节庆时的轻松祥和。神像巡行是古埃及神庙生活中最基本的一个部分。底比斯城中有宽阔的巡行大道，以石头铺成，两边是狮身人头或狮身羊头像。中间还有休憩站，叫作"神的帐殿"。最重要的节日是"奥彼特"节，在每年泛滥季的第2个月庆祝。第18王朝中叶时该节日有11天；第20王朝拉美西斯三世在位时增至27天。当时在麦地奈特·哈布庆贺该节日时消耗了11341条面包，85个饼和385罐啤酒，盛况空前。这个节日的核心节目是底比斯神祇家族在卡纳克和卢克索之间长达3公里的巡行。在哈特谢普苏特时期，出行是陆路，回程是水路。到第18王朝末期往返都是水路。每座神像由一条船载着，抬至岸边人群面前。这时人们可以上前向神或国王的"卡"的雕像请愿。宗教节日的神学意义是表现国王与他的"卡"的结合。每个人都有"卡"，它在人们出生时从无形的生命力延续中出现，并注定会永远存在。作为社会最上层的国王，他们的"卡"也是其神性的一部分，是由神及王室祖先共同拥有的。每个在位的国王的"卡"中都蕴含着下一任国王的"卡"，因此这个王室之卡可以一直追溯到最初神统治人间的年代。"卡"与国王的生命是并存的，也是国王合法性的标志。在"奥彼特"节日中，国王在大祭司的陪同下进入神庙最后面的"圣殿"——一个封闭的房间中。在那儿，香气氤氲中，在阿蒙神像前，国王和他的卡合为一体，有了本质的改变。当他再次出现时，他已成为神圣者，人群中的欢呼达到了顶点，欢乐的气氛表明，奇迹的发生已经为大家所感觉到了。正如文献中所记载的，卢克索神庙是它最早的建造者阿蒙荷太普三世"获得合法性之处，在那儿他得到再生；那是他在欢乐中现身的王宫，所有的人都看到了他的变化"。因此，卢克索神庙为国王提供了神性隐蔽和显现两方面相互作用的基本场所，而其他神庙只是神的偶像所在地。

国王与阿蒙神在节日盛会中现身的政治意义在于用神话装饰现实。王室继承中可能会充满暴力与血腥，例如拉美西斯三世就是被篡位者杀死的。但神话、节日和宏伟的宗教建筑形成一道保护层，将各种怪诞的史实都隐匿起来，淡化不正常的一切，甚至使篡权者成为合法继承人，如荷伦布篡权后即在卡纳克庆祝"奥彼特"节。这种宗教保护层保证了法老统治的延续，而这种延续性也是古埃及文明的重要特质之一。

古埃及人对神的崇拜有强烈的功利性，他们认为，神接受人类的供奉，就有责任保佑人们平安幸福，否则人类有权不敬奉他。这也说明了古埃及多神崇拜局面长期延续的原因：每个人都根据实际的需要选择自己崇拜的神，即使有一个高高在上的国神，也不能代替给他带来实际好处的小神，因此官方宗教与民间宗教是长期共存、互利的。神不仅享受优美的颂诗，也要倾听民间的疾苦，帮助穷人和受病痛折磨的人。由于有这种信念，人们逐渐把神庙拟人化，神庙里的每样东西都有神性和魔力，他们从神庙的石墙上抠下碎末，当作良药和圣物。也是出于这个原因，国王们喜欢在旧神庙的基础上扩建，以保留其神力。即使不得已要拆除它们，也要尽可能地把所有的原材料整理出来，用到新建筑中。学者们曾对古埃及法老大肆拆用旧建筑迷惑不解，以为那是一种偷工减料的做法，其实真正的答案应在这里。

壁画、浮雕与雕像——古埃及的艺术法则

古埃及人的艺术作品有两种功能，服务于宗教或为日常生活之用。因此陵墓和神庙墙上的壁画或者浮雕都有着仪式的作用，极力表现墓主超越时空的理想形象。虽然艺术家是以现实生活中的人物为摹本，但作品往往富有抽象和象征意义，具有明显的程式化倾向和僵硬呆板的特点。倒是在表现普通人和他们的生活时，更为生动，有更多的灵性。

埃及学家艾弗森曾说："埃及的造型艺术首先并非为了美和欢娱，巫术实质才是决定性的。"古埃及人用壁画、浮雕描绘理想的现世生活，以期在来世延续、完善今生的幸福。因此他们把种种理想的因素糅合到一起，提炼出系统化的艺术表达模式。

古埃及艺术作品最突出的一个特点是"散视法"的运用，这与我们熟悉的透视法是对立的。这种方法有两个具体的手段。一是用比例处理人物形象，大人物在作品中占大的比例，小人物则占小的比例。因此我们常常看到国王、墓主占据画面的中心位置，形象高大威严，而仆从、妻妾或敌人则作为陪衬，以较小的形象出现。表现儿童时也只是缩小他们的形象比例，而不注重突出其他的特征。如果局部地观察坐在王后膝盖上的幼年王子，他的形象和面部表情与成人毫无二致。

散视法的第二个手段是"假想透明"。比如画一个首饰盒，就把里面的各种首饰都画在盒子的盖上，给人以"琳琅满目"的具体、直观的感觉。画一个池塘，就把四面的树全部平铺直叙地展开在画面上。通过这种手法，达到一种"面面俱到"的效果。

散视法的最突出效果是"叠压"。在表现远处的或几排的人或物时，远近一致，

拉美西斯二世王后尼
弗尔塔丽墓室壁画

　　大小相同，上下叠压在一起，给人一种眼花缭乱的感觉，使人难以判断画面的层次和真实的序列。但这也绝不是因为技术水平不高。在表现普通劳动者时，远近呼应，错落有致，没有"叠压"之感，这说明工匠是在固守着某种为上层服务的、规范化的准则。此外，古埃及人相信图画和文字的魔力，因此他们竭力避免透视法给人物形象造成的形体残缺，群像中尽量避免互相遮挡，以保证形象的完整，否则意味着复活后躯体不全。

　　在诸多造型要素中，以下几种较有代表性。一是人物造型的静止状态。不论站立或端坐，多表现人物的正面。站立时通常左腿微微迈出，两臂直直垂下（或持权杖），目光直视前方，面部表情肃穆凝重。表现人物侧面形象时，眼睛和眉毛是用正面手法来画的，嘴却是侧面的角度；双肩和胸部是正面的，腋下到腰却又是侧面的，而双脚则是永远地不分左右。这样做也是为了画面的具体，使观者可以清楚地看到人物的面部和胸部，以及他们服饰的细节。此外，表现上层人物还有一些"法定"的姿势，如呈狮身匍匐于地的国王，盘腿而坐的书吏，手持权杖的贵族等等。表现夫妻的典型姿态是妻子站在丈夫身边或稍后一些，身高低于丈夫，一手揽着丈夫的腰，一手搭在丈夫胳膊上，表情温柔娴静。

从具体的技法上讲，也有一整套的规则。如关于人体比例的规则是这样规定的，从上到下共分成18格，从头发到鼻子占1格，再到脖子占2格，等等，人体的每一部分占多少比例有详细的规定。在画面的构成上，用"格层法"安排群体人像，用"中轴线分列""面对面""回首交谈"等姿势把同时活动的人物联系起来，使画面成为一个整体。为强调动作的连续性，又采用在同一层面上表现不同时态的多种动作的方法。

然而，不遵守这些法规的作品也比比皆是。这些"不规范"艺术作品的产生，有着许多不同的情况。有的是因为产生于正统王室风格衰落时期；有的则是由于工匠的技法不够纯熟；有的是由于表现的人物形象有别，比如表现小人物。这些倒为我们提供了关于古埃及日常生活的生动画面，因而更具研究价值，是古埃及的艺术宗旨不及之处。

由于艺术的宗教政治功能占了主导地位，古埃及没有著名的"艺术家"，只有各种水平的艺匠，他们共同创作，循规蹈矩，墨守成规，成为缺乏个性的群体。当然，其中也有经验丰富者，他们承担总体设计、修改等工作。然而，个别艺匠有时也会根据材料的不同，背景的不同，设计出一些"出格"的艺术品，因此，我们在众多无个性的作品中，偶尔也会发现一些令人惊喜的神来之笔。

与宗教领域的状况一样，古埃及艺术也自始至终存在一种与官方正统风格相左的民间风格，这是古埃及艺术的活力所在。传统的规则在古王国时已经形成，被称作"孟菲斯风格"。第一中间期的分裂导致地方主义的盛行，中王国时期虽力图恢复、遵循传统，但总感心有余而力不足。因此，在这个时期，王室雕像中首次出现了表现国王个性的作品，打破了过去那种完美、刻板、威严的模式。最典型的是塞索斯特里斯三世的头像，这个头像是一个年迈的、忧虑的君王形象，深陷的双眼、消瘦的面孔和嘴边两道深深的皱纹，使人看到一个成功的君主内心是如此的沉重。

新王国时期，由埃赫纳吞宗教改革引发的艺术领域的革命更体现了这种个性化潮流对传统艺术的反动。这些被称作"阿玛尔纳风格"的作品，倡导"写实主义"，从形式上突破传统模式，表现国王的丑陋、病态；从内容上大胆尝试，表现王室成员的家庭生活和天伦之乐，给沉闷的艺术带来了新鲜的空气。虽然埃赫纳吞的改革最终失败了，但"阿玛尔纳风格"却为新王国艺术注入了新的活力，使它能在第19王朝时呈现新的繁荣，从而为我们留下大批杰出的作品，这些作品充分反映出精巧、优雅的传统风格和真实、充满情感与动态的阿玛尔纳风格的完美结合。

总之，从解读古埃及特有的艺术模式入手，我们不再感到这些遥远年代的作品有着什么突兀和怪异，相反却多了一层理解的欣赏。在我们注意到这种主流风格变化的原因之后，我们也就认识到，古埃及文明绝不是僵化的、没有活力的，它只是在某些历史时段被一些特殊的结构限制了，没能走出那个玛奥特统治下的永恒、和谐的世界。

[推荐阅读书目]

1. 朱威烈、汉尼希等编：《人类文明的木乃伊——古埃及文化求实》，浙江人民出版社，1988。

2. 刘文鹏：《古代埃及史》，商务印书馆，2000。

3. John Baines & Jaromir Malek, *Atlas of Ancient Egypt*（《古代埃及地图集》），Oxford: Phaidon Press Ltd.,1980.

4. Ian Shaw and Paul Nicholson, *British Museum Dictionary of Ancient Egypt*（《大英博物馆古埃及辞典》），The American University in Cairo,1996.

5. Kathryn A. Bard, compiled and edited, *Encyclopedia of the Archaeology of Ancient Egypt*（《古埃及考古百科全书》），London and New York: Routledge,1999.

6. B. Trigger, *Ancient Egypt: A Social History*（《古代埃及社会史》），Cambridge,1985.

7. D. B. Redford, *Egypt, Canaan and Israel in Ancient Times*（《古代埃及、迦南与以色列》），Princeton,1992.

8. Miriam Lichtheim, *Ancient Egyptian Literature*（《古代埃及文学》），Berkeley,1975, Vol. I-III.

第三章
古代印度文明

中国古代曾称印度为身毒、天竺，唐代著名的翻译家玄奘校订正音，改称为印度。古代印度的地理区划，远较今天广泛，包括整个南亚次大陆。这块巨型板块，因为受印度洋板块与亚欧板块的挤压，被海洋与喜马拉雅山脉所包围，相对孤立，陆路对外交通主要通过西北部的山口进行。次大陆大致分成三块，北部山区，中部平原，以及南部高原地带。由于印度河—恒河平原的开发要早于其他地区，因此，这一地区称"中国"，而周围地区按照方位各属西、北、东、南四天竺，中国留学生合称之为五天竺。

印度河平原开发最早，是世界上最早的远古文明之一，也是外族向往的地方。印度河上游及以南地区，一直就是各个外来部族和各种文化的立足点，从那里他们站稳脚跟，然后向南渗透，逐鹿中原。因此，那里成为了种族、文化融合的大熔炉。

公元前9世纪，恒河中游开始得到迅猛发展，取代印度河，成为印度古代政治、经济、文化的重心。那里雨量充沛，光照时间长，树木参天，经冬不凋。自然界这种浓郁得过剩的生命力，启发了土著民对生命不死轮回问题的思考。公元4世纪后，北部雪山逐渐进入"中国人"的视野，对于雪山女神的崇拜空前兴盛，雪山女神成为印度教主神毗湿奴的妻子。雪山总是给人以清新的刺激，据说，佛教转向大乘阶段的动力，也来源于北部雪山。与此同时，南方由于其广阔的生存空间，也走上了发展的道路。那里不断有独立的王朝崛起，也曾多次饮马恒河。8世纪后，中亚的伊斯兰教兴盛，伊斯兰教徒四处侵扰，最终占据北部，给北方的印度教传统文化造成了毁灭性的破坏。而这时，南方仍保存着印度教和传统文化，抵抗伊斯兰教入侵，直到14世纪以后。

第一节
印度河文明

发现

伟大的印度河文明被发现之前，印度次大陆的上古历史为传说所笼罩。1921年，萨尼（Rai Bahadur Daya Ram Sahni,1879—1939）领导考古队对哈拉巴遗址进行了发掘，以真正的信史改变了人们对遥远古代的认识。长期以来，位于印度河上游的哈拉巴遗址废墟中，虽然不断有无法释读的印章铭文出现，但一直没有真正引起人们的注意。邻近的居民利用那里的残砖断瓦作为建筑材料，甚至铁路也用它做铺路石。至1919年，地面上的砖头已荡然无存。随后进行的发掘表明，除了最上面一层的佛教遗迹外，下面是一个陌生而辉煌的城市。一个新的文明——哈拉巴文明被发现了。

1922年，班纳吉（Rakhal Das Banerjee,1885—1930）主持了对印度河下游古代遗址摩亨左·达罗的考古。从此，哈拉巴遗址和摩亨左·达罗遗址成为新文明的典型遗址。1947年印度与巴基斯坦分治，业已发现的哈拉巴文明诸遗址，基本上集中于巴方，这一事实大大刺激了印度方面寻找类似遗址的热情，也导致用"印度河文明"的称呼取代"哈拉巴文明"。截至20世纪90年代，共探明大小遗址凡1400处，印度拥有900余处，巴基斯坦有500处左右，阿富汗也有少量遗址。这些遗址绵延分布于整个印度河流域，自东北部的奥克苏斯河谷、朱木拿河谷，南抵纳尔默达河三角洲。从时间上讲，这些遗址主要集中于公元前3000年至前1800年，典型遗址的盛期为公元前2500年到前2200年，约公元前1750年左右彻底衰落。

从典型遗址来看，印度河文明曾经十分繁盛。轮制陶器已经具有典型特征，黏土更细腻，更重，火候掌握得更好。大多数陶器呈浅红色，罐上用红色土壤绘饰。烧制时，饰纹变为深棕色间黑色，陶器很坚固。这里曾大量地使用铜器。在世界古代文明史中，只有印度河文明将铜器、青铜器不分等级贵贱地用作生产工具和装饰用品。出土的各种雕刻和艺术品中，不仅有反映生殖崇拜的大量女性小雕像出土，还包括头戴牛角的神和圣树的造型。这些小型器物出土虽众，但艺术品较少，形制也比较单一。遗址的建筑材料主要为烧制的砖头，大谷仓和大浴室等建筑最为显眼，城市的规划井井有条，分区明显而有秩序，有城墙的遗迹。

起源

印度河文明的起源何在？那里的居民又来自何方？这些问题依赖于对人种、语言等诸方面的研究。据学者推测，繁盛时期的哈拉巴和摩亨左·达罗分别有居民3万—4万人。目前业已发现人骨化石300多块，各种人种都有，更多的人具有土著达罗毗荼人的特征。摩亨左·达罗出土的人骨化石最为典型，但是由于发掘的草

祭司，哈拉巴文化时期

摩亨左·达罗出土的人像，约公元前2500年

率，无法确定出土地层的断代。哈拉巴遗址的人骨化石还没有被彻底地调查。

诸遗址出土各种带有铭刻的器物不下 3000 种，少者一个符号，多者达 20 多个符号，最长者为 26 个。除陶器上的涂抹外，大部分刻于印玺、铜牌之上。它们通常为方形，截自皂石，磨光后刻上动物图案。图案以野牛为主，另有符号文字，而背面一般为数字。符号第一行自右至左书写，第二行则自左至右书写，在总数约 400 个的符号中，基本符号约 50 余个。在哈拉巴遗址底层出土的 48 个印玺，仅有 3 种符号标识，其中一种出现了 32 次。对于这些符号，目前远没有取得一致的解读。饶宗颐教授指出，它们与汉、藏语的关系很密切，要求研究者重视。运用计算机来进行系统分析的尝试也在进行之中。

哈拉巴文明的年代虽然经过了碳素测定，但误差太大。是两河流域出土的印度器物最终给了印度古代文明以比较精确的年代坐标。印度河文明很早便与两河流域有商业上的往来，特别是海上交通。虽然最早明确提到两河流域的是公元前 500 年左右形成的佛教文献，但是对波斯湾口和印度河口遗址的发掘表明，双方一度存在相当密切的联系，以致有些学者根据文明传播理论提出"海上来源说"。他们认为，哈拉巴文明是外来文化与本土文化结合的产物。曾经有一批精英泛舟而来，从波斯湾带来了先进的苏美尔文明，在其英明领袖的领导下，经过一两代人的努力，使土著文明发生质的变化。这一理论可以解释两个主要考古现象：一是印度与两河流域存在的联系，二是早期发掘的遗址没有初始地层的现象，似乎非土生土长。但是也有许多漏洞。

如果印度河文明来自西方的两河流域，那么印度河西部的城市应该出现得更早一些，但考古学无法证实这点；其次，摩亨左·达罗出土了丰富的计量材料，可以考证其度量衡制度。较低级的计量为 2 倍制，1，2，4 一直到 64，下一个级别是 2.5 倍级，即 160，此后都是 160 的倍级，320……6400，也有 1600 的五倍级、八倍级。度量制度有两种，摩亨左·达罗制，以一足之长及其十分为标准；哈拉巴制，以手指头、手指、手掌及小臂为刻度。这里的度量衡制度与两河流域的系统有很大不同。

近年来，发现了许多更早的遗址，特别是对今阿富汗南部、巴基斯坦和印度拉贾斯坦地区的探钻，发现了以泥砖筑房的前金属时期文明。这些居民显然来自伊朗。因此有学者主张：印度河文明的创造者也是来自伊朗高原的游牧民族。

但是这些遗址与典型哈拉巴遗址之间时间上的关系和渊源仍无法确定。摩亨左·达罗的早期地层因为在海平面以下，无法探知，而哈拉巴文明的底层所展现的，是业已比较发达的文明。新发现的其他诸多遗址表明，它们有自己的独特初始阶段，虽然起源要早于哈拉巴、摩亨左·达罗，但却不是后者的前身，在风格上与之有明显的差异。到了哈拉巴文明盛期，它们都不同程度地主动或者被动地受到其影响，以致最终被纳入了哈拉巴文明的系统。可以说，二者具有共时性关系，而非继承性关系。

衰落

与起源同样陷入迷雾的是印度河文明为什么会衰落。摩亨左·达罗出土了几具散乱的布满伤痕的尸骨，城墙有被火烧过的迹象。针对这些考古现象，以实物证文献，学者们提出了"雅利安毁灭说"。中亚草原的原始雅利安人通过兴都库什山口进入"五河地区"（即今天的印度河上游地区），他们的到来伴随着烧杀和征服，最终毁灭了一度繁荣的印度河文明。但是考古断代结果表明，雅利安人进入印度河流域最早是在公元前 1500 年左右，也就是说，在哈拉巴文明彻底衰落之后 200 多年，雅利安人才来到新定居点。而摩亨左·达罗的那些尸骨，不仅分别属于不同的地层，而且还不属于最新的那一层。传统的"雅利安毁灭说"一度受到质疑。新近在巴基斯坦与伊朗交界处进行的考古发掘，揭示了山区游牧部族的存在，他们活跃在公元前 2000 年左右，不断地向山下冲击。因此，迷信"雅利安毁灭说"的学者旧话重提，认为是原始伊朗人一直在不断地迁往印度河地区，最终于公元前 1700 年左右彻底摧毁了印度河文明。

从今天的地图来看，哈拉巴文明诸遗址并不位于印度河边，这一现象使得许多学者相信，河流改道是导致该文明衰落的重要原因。印度河文明的居民以小麦、大麦为主食，也有水稻等作物。印度河文明的发达是建立在农业的基础之上的，摩亨左·达罗的大谷仓就是明证。或许印度河地区的对外输出品，除了小型贵重物品外，主要就是丰富的粮食，古印度人用它来与北方地区交换矿石、金属和木材等。而哈拉巴正是位于北方扇形区域的扇柄位置，乃南北交通之枢纽，它的财富很可能来自中介贸易。但是印度河流域出土的农具非常少，人们推测，那时主要还是停留在木制农具阶段，因为年代久远，农具朽烂，今日遂不可再见。至于劳动人手，奴隶可能是主体，因为出土了大量捆绑着膝盖的小型跪坐人像（哈拉巴博物馆便藏有 78 个），研究者倾向于认为，他们就是用于农作的奴隶。而大谷仓周围那些狭小的居室，可能就是这些奴隶们的居住之所。

小麦和大麦的种植需要水源，而那时的印度人并没有掌握高明的灌溉技术，因此，必须靠近河流定居，一旦河流改道，定居点就要随之迁移。由于著名的喜玛拉雅造山运动，印度河上游的两条大支流克格尔河－哈克拉河消失，原河水汇成一支，流向恒河，印度河居民也随之向东迁徙。河流改道的理论，可以解释印度河上游的遗址，但是不能解释所有的遗址，特别是下游和新发现的大量遗址，因为那里的河流并没有改道。

有学者也用"地力枯竭说"来解释印度河文明的衰落。这种理论认为，过度开发导致地力下降，从而迫使印度河居民抛弃定居点，这颇有"盛极而衰"的哲学味道。

洪水为患也是一种被广泛接受的解释。哈拉巴等遗址有防御洪水的遗迹。1964年，拉卡斯提出罕见的洪水是城市被遗弃的主要原因。公元前 1900 年左右，洛塔尔等地经历了几次漫长的洪水期，河谷低地成为一个宽广的湖泊。信风的北移、过度开发引起的水土流失、地下水位的上升都在发生作用，疲惫的印度河流域居民面对频繁的大水，终于迁徙。在洪水说的基础上，结合南方遗址摩亨左·达罗的一些考古现象，有些学者提出了"地壳运动说"。摩亨左·达罗的地层极度混乱，而且有数米深的黑土层，说明摩亨左·达罗遗址的沉积物不仅仅是洪水泛滥，可能还是数十年大湖作用的结果。近年来，地质学家证明，印度河口的海岸线曾经历过地质运动。河口上升，印度河成为湖泊，由于侵蚀作用，湖水最终夺路入海，谷地露出水面，于是又有定居者到来。如此循环不下五次，但是每次轮回的时间不能确定，似乎不超过百年。谷地南部因为这种天灾而不断贫困下去，而北部因受山贼袭击最终放弃定居点，哈拉巴文明衰落下去了。

1991年，生物学家保罗·爱德华在广泛分析哈拉巴遗址的基础上，提出了"污染瘟疫说"。印度河文明的明显特色是城市规划的整齐、给排水系统的完善，以及对卫生的追求。

摩亨左·达罗的水井，约公元前2500—前2200年

居民生活用水来自水井，排水沟由烧制砖建造，通达各个居室之下，修砌水平也很高。但是，哈拉巴人最终未能成功地将污水排放和饮用水分开，交叉污染随之发生，并导致水生疾病的传播，人口大批死亡。由于神秘观念作祟，人们逃往农村。因为不能从根本上解决问题，返回的努力每次都遭遇失败，加上洪水等天灾，城市最终被放弃。人们的生活质量下降，文明倒退，并最终衰落。

启示

哈拉巴文明衰落后，印度历史进入"黑暗时代"，文字消失，城市消失，生产倒退。曾经辉煌近500年的印度河文明遂默默无闻。20世纪的考古发掘，其成果不可谓不多，但是，对于这个文明的研究却进展不大，无法成功地释读其文字，不知其起源，也不知其为何消失。这些困难的存在主要是因为这个文明没有给后人留下更多的文献资料，以致我们无法追寻，也没有方向感，只能如盲人摸象一般地猜谜。而世界其他古代文明都或多或少地保留有文献记载，这些记载为考古学家们提供了思考的方向和大致轮廓，有利于对远古历史的探寻。

第二节
吠陀时代

吠陀

雅利安人对印度河流域的入侵从公元前1500年持续到公元前1100年左右。这些来自中亚草原的游牧部族，沿兴都库什山口不断南下，占据被称为"五河""七河"的地区，定居于今天的巴基斯坦、印度西北部。这些新来者不仅带来了破坏，也带来了伟大的文化，形成了以婆罗门祭司为社会核心、以祭祀为生活中心、以吠陀经为圣典的吠陀时代。

印度河印章，公元前2500—前1500年

真正的吠陀（意为"知"）有四部：《梨俱吠陀》《娑摩吠陀》《夜柔吠陀》和《阿达婆吠陀》。关于它们的形成年代，历代学者分歧较大。其集结成文，不会早于公元前6世纪，因为那时印度书写的历史才开始。传统意见认为，这些吠陀中最早的，属于公元前4000年的作品，甚至有些西方学者坚持认为，最为活跃的部分要上溯至公元前1.5万年。一般认为，最古老的《梨俱吠陀》成形于约公元前1200年至公元前800年之间。实际上，如同中国的《诗经》，它们都是不同时期诗歌的汇集。

《梨俱吠陀》诗集，包括颂扬各种神灵的诗篇，如天帝因陀罗、火神阿耆尼等；有的则赞颂祖先及祖灵界的头领阎摩；还有的用拟人化的手法，歌咏自然和各种自然现象，如雨云、风、森林、夜等等。《娑摩吠陀》是从《梨俱》中摘录出来用于歌唱的，《夜柔吠陀》则是用于祭祀的经文。《阿达婆吠陀》由祝福与咒语组成，既诅咒各种灾异和不祥，也祈祷各种吉祥和平安，甚至有诅咒他人及反诅咒的内容。看样子，是从民间采风而得成为经典的。

吠陀反映了雅利安人对印度河流域征服的历程和定居后勤劳的生活。最高神因陀罗是战神，他以雷电为武器，杀死了围困水的巨龙，解脱了水，摧毁了敌人的城堡，杀掉了黑皮肤、塌鼻子的对手。得胜的雅利安人逐渐由游牧生活转向定居生活。"系紧犁头架上轭，播撒种子在犁沟，倘若颂歌获应验，挥动镰刀迎丰收。"《苏摩酒》诗篇非常幽默地反映了一个家庭的生活状况："人的愿望各色各样，木匠等待车子坏，医生盼人跌断腿，婆罗门希望施主来。苏摩酒啊！快为因陀罗流出来。铁匠有木材在火边，有鸟羽煽火焰，有石砧和熊熊的炉火，专等着有金子的主顾走向前，苏摩酒啊……我是诗人，父亲是医生，妈妈忙推磨，大家都像牛一样，为幸福而辛勤，苏摩酒啊……马愿拉轻松的车辆，快活的人欢笑闹嚷嚷，男人想女人到身边，青蛙把大水来盼望，苏摩酒啊！快为因陀罗流出来。"[①]

四部吠陀之外，还有大量的"副吠陀"，如探讨医药学的《生命吠陀》等。《生命吠陀》的研究对象分为八类：内服药、外科、五官、毒物学、精神病、儿科、养生学以及性学（包括性药）。它认为，药物不仅用于治病，主要还在于疗养精、气、神。健康的标准有三个：躯体无病、精神愉悦和情绪饱满。人之所以生病，是因为

▶ ▶ ▶ ────────────────────────────────

① 金克木：《印度古诗选》，湖南人民出版社，1984，15—16 页。

构成人体的三种基本原质功能失衡。各种器官组织从属于两大功能系统——维生系统和平衡系统，维生系统主要通过新陈代谢达到功能平衡，因此排泄是关键，发生疾病，医治的着眼点也多在于此，而合理的饮食也非常重要。基于天人合一的理念，治疗药物来自自然界的植物、动物乃至矿物。因为药物各部分利毒兼备，因此，药物不宜分割使用，需要整体入药，各个部分互相调剂，毒效才能从整体上消失。

印度古医药学与宗教仪式关系密切，特别是《阿达婆吠陀》中的许多仪式和咒语，都可以用于治疗（约七百多首）。"让它们都蒸发，胃绞痛和黄热病，为了长寿我们将众红色一起蒸发，使此人免受伤害，黄热病不再。"（《阿达婆吠陀》I·22）正因为是天人合一式的治疗学思想，对于医师的素质要求就非常高，特别是对于医德的要求，要求他们甚至不追求解脱，而唯以治病救人为最高宗旨。印度医药学产生历史甚早，发展广泛，后来传入中国，我国医学也吸收了一些它的内容。时至今日，印度国医学还深受印度民众欢迎。

吠陀诗歌起初与日常生活需要息息相关，也与特定活动、特定仪式相对应，是家庭生活的指南。四部吠陀在祭仪中有相应的祭司主持，它们各有三个助手，因此，一般祭祀都会有祭司十六位。通过祭祀，吠陀被神圣化。"颂诗，即大梵也，……当敬想之为美，当敬想之为光荣。当敬想之为火焰。一切颂制中，此为至美者，至光荣者，至为辉赫者也。"[1]

可能是受到土著文化的影响，思辨性的静修日益发展，到公元前8世纪，息隐林间的修士们（印度称仙人，因为他们具有特异功能，如果苦行精深，甚至还会取代天帝的位置）还写作了《婆罗门书》和《奥义书》，特别是后者，成为印度哲学史上的经典，历代思想的不绝之源。所谓《奥义书》，字面上讲，是指坐近聆听大师教谕，实际上是诸大师围绕吠陀，进行哲学思辨的集结和传承。许多《奥义书》后，都附有师承表，不仅代表各种婆罗门教派别，也意味着吠陀经典的终结，因此又被称为"吠陀的末份"，标志着"吠陀时代"的终结。

《奥义书》现存有一百多部，其核心问题，是思考世界的本原、人的起源以及凡人如何能够皈依于这一本原，达到超越有限，归于永恒的境地。《奥义书》认为，

▶ ▶ ▶

[1] 徐梵澄译：《五十奥义书·考史多启奥义书》第二章·（六），中国社会科学出版社，1995。

一般来讲，世界是由梵天通过原人或通过原质，凭借思虑创造出来的，个体"我"也是梵天所化。至于梵天为何物，《奥义书》往往不作探讨，借用大师的话说，若再多问，小心断汝头！人生的真谛便在于通过静修实现梵我合一。

经文的传授是一件神圣的事情，限父子或师徒之间。学生拜师，负薪前往老师居所，帮助料理各种家务，严格遵守老师的命令，将老师奉若天神。学习分为两个方面，章句之学（下明之学）与自我之学（上明之学）。章句之学包括文法学、文字学、音韵学、礼仪、诗学、算法、天文学等，主要在于记诵各种经文。自我之学就是在这些学问的基础之上，沉思"不变灭者"，追求梵我合一的境界。学习主要靠口传，不依赖文献，即使在书面权威业已确立的时候，仍然如此。公元7世纪时，中国取经和尚义净在所著《南海寄归内法传》中说："（婆罗门习吠陀）咸悉口相传授，而不书之于纸叶……（一旦背诵四吠陀十万颂）旬月之间，思若泉涌，一闻便领，无假再谈，亲睹其人，固非虚耳。"[①]

婆罗门教

雅利安人在进入印度的时候，便形成了以祭祀为核心的原始宗教。据《吠陀》记载，雅利安人相信万物有神灵，而这些神灵都与人有着密切的关系。世界可以分为三界：凡人界、天神界及由阎摩主宰的祖灵界（死后灵魂安息之所），凡人通过祭祀和牺牲，联络三界。在吠陀时代，祭祀可以说是万能的，它被誉为"如意牛"。"远古，生主创造了众生和祭祀，而后便说出了如下言语：愿祭祀成为你们的如意牛，将来你们要靠它繁衍生育。你们要用祭祀供养众神，众神也要将你们抚育；神和人彼此互相滋养，你将获得最大神益。依靠祭祀维生的众神，将给你们所渴求的享受，只受神的恩施而不回报，这种人只能算作小偷。食祭祀余物的善人，免除了各种罪过。……因此，遍于一切之梵，永远处于祭祀之中。"[②]

祭祀分为家内祭、苏摩祭和祭坛祭三类。家主每天晨起，穿戴整齐，圣水漱口，朝阳礼拜和祈祷："汝为全灭者，其全灭我之罪恶，"这种祈祷就连中午、傍晚都要举行。此外，新月、圆月、雨季、秋季等等都要举行相应的祭仪。苏摩祭和祭

▶ ▶ ▶ ─────────────────────

① 王邦维校注：《南海寄归内法传校注》，中华书局，1995，206 页。
② 张保胜译：《薄伽梵歌》3·9 以下，中国社会科学出版社，1989。

坛祭都是更加正规的祭祀活动，需要较多祭司的合作。祭祀的象征是火，在祭祀时，随着唱诵，需要将酥油浇灌在火上，请天神品尝，或献给祖先。熊熊的祭火让人如愿以偿。

祭祀的重要性决定了司祭天神的崇高地位。火神阿耆尼在天神界的地位仅次于天帝因陀罗。"我歌颂阿耆尼，司祭者，在祭司中，是天神，是祭司。……愿你引送天神到这里。……阿耆尼啊！每天每天对着你，照明黑暗者啊！我们思想上，充满敬意接近你，你主宰各种祭祀，是秩序的光辉的保卫者，在自己的宅内不断增长，愿你对我们，如父如子，阿耆尼啊！容易亲近，愿你与我们同居，为我们造福。"①

一般的雅利安人是想通过祭祀，获得包括安享荣华富贵在内的各种利益：多财、广土、有车乘、有美女以及英雄儿子等，祭司的行为目的往往是更直接的物质报酬。到了《奥义书》时期，祭祀的最高目的发生了变化，大概是对于世界本原话题的浓厚兴趣对祭祀产生了影响。世界是梵天创造的，它也是自我，即精神。梵天凭借思维之力，创造洪洋、光明、死亡、诸水等，从水中取原始物质由思虑加以凝聚，先产生口，口生语言，语言生火；鼻子生气，由气生风；由眼生太阳；耳生闻，闻生诸方；皮生毛发，毛发生草木；心生意，意生月；由脐生下气，下气生死亡；肾生精，精生水，随后创造饥和渴、祭祀以及食物等等一切人类的需求和活动。②

随着雅利安人的东进，产生于恒河流域本土的生命轮回思想也渗入婆罗门教，婆罗门必须在关注现世的同时关心永生的问题。因此只有思虑梵天，追求梵天，崇拜梵天，以梵我合一为人生皈依，才能摆脱轮回，不生不灭，与梵天同在。要想达到这一目的，静思默想很关键，因为这是传统祭献仪式所不能提供的，因此，婆罗门教为了适应需要，扩大了牺牲的种类。除了祭献财物外，还可以祭献瑜珈、苦行、智慧和进行自我习诵、呼吸、调息、生息等等。这些新的祭物和祭祀方法都是修行的手段。

在追求永生的同时，祖先崇拜被原封不动地保存了下来。人与祖先的维系纽带

▶ ▶ ▶ ────────────────────────────

① 《梨俱吠陀》I·1，金克木，前引书，3—4页
② 参见徐梵澄译：《五十奥义书》，中国社会科学出版社，1981。

是祭献，因此，必须有祭献者，也就是说，必须传宗接代。"传宗接代是最高的德行——婆罗门都这样讲。"十车王便是因为无子而觉得不幸，因而举行盛大的祭祀活动求子，得到毗湿奴下凡投胎而生罗摩。而大仙人伽罗迦卢想通过独身修行，达到肉身升天的理想，结果他在一个洞穴里发现自己的祖先被倒吊着，而且系着他们的绳索还被老鼠所啮咬，祖先们说："你的那番苦修不能救度我们，我们的根才被砍断，坠下天来，连知觉也被死神剥夺殆尽。请看我们正陷入地狱，如同造下了罪孽一般。"[①] 于是伽罗迦卢只好结婚生子。

修行者无法养家糊口，因此，追求梵我合一，不仅没有淡化祭祀的物质回报，反而有所强化。那些最成功的大仙人，也是重大祭仪必须重金聘请的对象。祭祀也是一个大吃大喝的集体会餐，其过程是吃，其结束也是物质赏赐。《罗摩衍那》中十车王举行马祭的场面可以窥见一斑。"婆罗门不停地吃喝，无依无靠的人吃喝，那些苦行者们吃喝，那些沙门也在吃喝，年老的、有病的、妇女们、小孩子，他们都吃呀喝呀，永远也不停止。'要给人们食品，要给各种的衣服。'就这样反反复复地，他们受到了督促。成堆成堆的食品，堆得跟山一样高。每天来到的人们，都能按照规定得到。按照规定给的甜食，婆罗门首领都称赞：'啊！我们饱了，愿你有福。'"[②]

祭祀的形式各种各样，可以说，人们的需求有多少，祭仪的种类便有多少，其中最为重要，规模最大的是为国王举行的马祭。马祭的目的原初可能与军事出征有关，但是后来成了国王举行的一切重大祭祀的代名词，目的不同，具体的程式也会略有不同。一般说来，需要在一年前，选择一匹作为祭祀的马，敲定举行祭祀的场地。一年后，邀请十六个祭官，其中一般需要包括国中最有名气的仙人。然后修祭坛，行法令，婆罗门举行辩论，而最高潮是将祭马杀掉。马祭的颂诗为："维朝霞，祭马之首也。日，眼也。风，气息也。口，宇宙之火也。年，祭马之身也。天，背也。大气，腹部也。下腹，地也。方位，肋骨也。季节，肢体也。关节，月份和月半也。脚是昼夜，脊椎为星宿，肌肉为云。沙漠，腹中之食也，河流，脉络也。山岳，肝肺也。草木，毛也。晨，上身也，暮，下身也。长啸，闪电也；震动，雷也；

▶ ▶ ▶ ────────────────────────────────

① 金克木译：《摩诃婆罗多》四一。中国社会科学出版社，1993。
② 季羡林译：《罗摩衍那》I·13·8 以下，载《季羡林文集》，卷17，江西教育出版社，1995。

其溺也，则雨。语言，固其声也。"①这样，通过将祭马的不同部位等同于宇宙的相应元素，赋予其泛宇宙的意义。

自然，祭祀业已取得纯粹的存在意义。按照"一分为三"的思维模式，最高的祭祀是纯粹的祭祀。"按照规定举行祭祀，不期望获取功果，只认为应该祭祀，这是善性之人的祭祀。举行祭祀，企盼功果，满足虚荣，你要知道，这是忧性之人的祭祀。不按照规定进行祭祀，不供祭品，不念颂诗，不付酬金，缺乏信仰，这是暗性之人的祭祀。"②

苦行、布施也是如此。苦行分为身体的、言语的和思想的三种，旨在制服感官。"敬神、敬老师、敬智者、敬婆罗门，纯洁，正直，行梵行，不杀生，这是身体的苦行。言语不激愤，真实，动听而有益，经常诵习经典，这是言语的苦行。思想清净而安定，心地纯洁而温和，控制自己而沉默，这是思想的苦行。"不论按照哪种方式进行，都以纯粹的苦行——善性苦行为最高尚，忧性苦行和暗性苦行都有毛病。布施以纯粹的布施为善性布施，要求"在合适的地点时间，布施合适的人，不求回报，只为布施"。如果勉强布施则为忧性布施；如果态度傲慢，所施非人，就属于暗性布施。

就这样，祭祀、苦行和布施三者，联结成三位一体的宗教体系。它们是梵的三种标记，那些知晓梵的人，要按照经典的规定，从事祭祀、布施和苦行。坚信三者，才叫"真实"。这样，整个社会分成苦行者和施主，以祭祀为枢纽，合理地联结起来，形成婆罗门教的印度古代社会。这个社会的首要特征是种姓制度。

种姓制度

种姓制度是因不同种族、语言、宗教等而形成的内婚制的职业集团，是印度社会的一个特点，与它对等的两个梵语名词是瓦尔那和伽提。瓦尔那语源为颜色，引申为功能、职业，宽泛而言，就是四个种姓——婆罗门、刹帝利、吠舍和首陀罗。伽提泛指因为职业、宗教、部落以及血缘人群所组成的独特社团。在政治生活中，四种姓之间的区别不那么严密，社团的色彩更重一些，但是在婚姻等伦理身份上，种姓之

▶ ▶ ▶ ────────────────────

① 徐梵澄，前引书，《大林间奥义书·第一分·第一婆罗门书》。
② 毗耶娑：《摩诃婆罗多·毗湿摩篇》三九·11 以下，黄宝生译，译林出版社，1999。

间的差异是被严格保持的。

一般认为，雅利安人的入侵是该制度形成的直接动力。雅利安族种姓有三种，它们组成可再生族，而被征服者属于以农民为主体的首陀罗，只有一生，无法轮回。但是，这一时期的主要历史证据——语源学对于这一理论不利，因为中亚雅利安语中没有婆罗门（Brahmin）一词的辞源。可能哈拉巴文明所表现的经济的专业化及相互协作集团的共存局面是种姓制度的社会基础。其演变历程为：氏族村社——世系的特殊化——职业集团的增加——专业化世系的形成——集团之公共仪式和经济地位的形成——种姓形成。

《梨俱吠陀》中提到种姓起源的颂诗，公认很晚才出现。颂诗说到，众神享受原人牺牲后，将身体进行分割，"其嘴乃成婆罗门，二臂制成刹帝利，两股衍生是吠舍，双足产出首陀罗"。有《吠陀》作为依据，种姓制度被神圣化。

吠陀时代的种姓制度，由于资料的缺乏，我们无法全面把握。显然，各种姓之间的差距，还不是非常明显。它们很可能只是反映出分工的不同而已，国王的妻妾中，还有出身首陀罗的。前引十车王的祭仪里说："请皇后和国王的其他老婆，出身吠舍的和出身首陀罗的，都来抚摸祭马的尸体。"婆罗门、国王对待各个种姓，也还是一视同仁的。到了《奥义书》时期及更晚的时候，确实存在严格的等级界限。虽然首陀罗也可以实现梵我合一的理想，但这一提法本身，就说明低级种姓地位的下降。"即使出身卑贱的人，妇女、吠舍和首陀罗，只要向我寻求庇护，也能达到至高归宿。"

不管实际情况如何，律法对于诸种姓的责任与义务都有着明确的规定。婆罗门一般要离家拜师学艺 5—32 年，出师后的婆罗门返家，成为家主，他的本分职业是"研究、教育、主持自己和他人的祭祀、分发和接受布施、获得遗产和征收田地的收成"。[①] 理想的婆罗门"克制、纯洁、苦行、宽恕、正直、平静、有知识、有智慧、虔诚"。总体上讲，他们学识渊博，自律甚严，德高望重，受到人们的广泛尊重。他们是祭祀的化身，火神阿耆尼在人间的代表，伤害婆罗门与伤害自己的父母、兄弟姐妹同罪。因此，在尘世能成为婆罗门是人们最大的愿望。

居于第二等级的刹帝利，也有自己的本分职业，那就是"除研究、为他人祭祀

① 《乔答摩法经》，载林志纯主编：《世界通史资料选辑·上古部分》，商务印书馆，1962。

与接受布施外，还执掌政权、充当战士"。理想的国王具有"机智、指挥才能、勇武、雄壮、慷慨，不临阵脱逃、坚定"等品格。在《摩诃婆罗多》等文学作品中，有许多这样的国王典型。"摩德罗人中有一国王，信神信法，道德高尚，皈依婆罗门，护佑众生，真实不欺，制服了欲望，他笃行祭祀，乐善好施，行为高强，爱戴遍城乡。"

国王世袭继承，通过婆罗门举行的灌顶仪式，登基为王。在国王手下，有一批大臣负责日常工作。他们精通经典，有坚强意志，怎么说话就怎么行事，秉公执法，不杀害婆罗门和刹帝利。看来，国王受到这些大臣们的极大制约，当时还没有严格意义上集中的王权。为了维持王朝，稳定性的税收体系已初步建立。一般来讲，农民要缴纳收入的六分之一给国王。

吠舍组成稳定的中产阶级，是社会的支柱。他们除执掌政权、担任战士外，主要从事商业、手工业和农业，也负有学习、祭祀等责。至于首陀罗，据公元前1000年中期的《乔答摩法经》，他们的义务是服从，穿高等种姓不能再用的鞋子等，吃他们的残羹剩饭，负责处理尸体。但是根据稍晚于雅利安人来到印度的希腊人说，印度没有奴隶，农民很受重视。或许实际上首陀罗主要是一些自力更生的黎民百姓。

各种种姓，都应该以静修、达到梵我合一的境界为根本追求。当然，这种清净无为、舍弃俗务的理想境界会与奋斗的现实生活产生矛盾。为了解决这一难题，婆罗门教以"守法"作为协调手段。虽然静修是理想状态，但是作为某个种姓，完成其规定的义务和责任，遵守其达摩法规定，也是必需的。所谓"安于各自的天职，才能获得成功"。

从部落到国家

雅利安人进入印度河上游之后，曾经停留过比较长的时间，然后在公元前1100年左右，逐渐地、大规模地向东移动，到公元前500年左右，逐步占据了整个恒河的上中游地区，形成了考古学上独特的灰陶文化。东进的过程伴随着雅利安部落与土著部落之间、特别是雅利安部落之间的争斗，这些争斗的过程，便是雅利安人与土著居民融合的过程，是将种姓制度进一步加以推广的过程，也是部族体系瓦解、国家诞生的过程。雅利安人的这一东进过程在这一时期形成的两部大型史诗《罗摩衍那》和《摩诃婆罗多》中有所反映。

《罗摩衍那》和《摩诃婆罗多》是人类历史上最为宏大的两部史诗。《罗摩衍那》的作者据传是蚁蛭，各种版本的篇幅不尽相同，目前统一的本子为一万九千颂。全部采用输洛迦体诗歌，每颂四句，每句八个音节。严格来讲，第五个音节要短，第六个音节要长，第七个音节长短交替。运用输洛迦体的效果使得这部史诗以音律优美著称。作者自称，在《罗摩衍那》完成后，请了两位精通音乐、擅长发音、声音甜美洪亮的王子来吟唱，他们"进入了情绪，就合起来纵声高歌，甜蜜、激昂又优美，音调均匀又很柔和"。①

《罗摩衍那》史诗讲述以罗摩为首的四位王子的英雄故事。开篇描写罗摩的出身以及通过比武（拉断神弓），迎娶绝色美女悉多的经历。接着讲述罗摩将王位继承权让与同父异母弟弟婆罗多的过程。史诗重点刻画罗摩的守信孝顺和婆罗多对哥哥的尊敬。让出王位的罗摩进入森林，却被魔王以诡计劫走妻子。罗摩随后请来神通广大的猴王哈奴曼（孙悟空的印度原型），他们一起经过艰辛的战斗，战胜魔王，救出悉多。

史诗《摩诃婆罗多》（即大婆罗多），是在《婆罗多》的基础上创作出来的，由通俗的诗句组成，诸本长短不一，统一的本子凡八万余颂。《摩诃婆罗多》讲述婆罗多族的两支后裔俱卢族与般度族互相争斗的故事。般度有五个儿子，其兄弟持国有一百个儿子，般度和持国将国土一分为二。但是般度五子开疆拓土的辉煌功业引起持国长子难敌的嫉妒和仇视，难敌以掷骰子的方式不仅赢得了五子的全部财产，还将他们流放森林十二年。流放归来的般度五子为争取半壁江山而与俱卢族展开了惨烈的战斗。虽然般度族获胜，但是面对伤亡殆尽的双方将士，五子之首坚战勉力为王三十六年，最后肉身升天。与《罗摩衍那》相比，《摩诃婆罗多》明显地反映了世俗国家成长的经历。《摩诃婆罗多》的作者通过老族长向坚战传授国王治国之术的方式，总结了国王统治的理论和经验。

《罗摩衍那》和《摩诃婆罗多》后来都成了印度教的经典。据说婆罗门读了会辩论；刹帝利读了会统治；商人读了有功果；首陀罗读了会受优待；一般人读了可以长寿享福，死后可携家人升天。从《摩诃婆罗多》发展而来的插话《薄伽梵歌》，更成为印度教的首要经典之一。

▶ ▶ ▶ ▬▬▬▬▬▬▬▬▬▬▬▬▬▬▬▬▬

① 蚁蛭：《罗摩衍那·童年篇》，季羡林译，人民文学出版社，1980，35 页。

从史诗所反映的情况来看，部族的迁移，无疑是血与火的历史。不仅外来部族与本地部族之间出现仇杀，先来的部族与后来的部族之间、同一部族内部，也会发生争斗和战争，从而引发亲族互相仇杀，传统的部族面临瓦解的威胁。面对同样出自婆罗多族的厮杀对手，般度五子之一的阿周那，无心恋战，在他看来，"诛戮自己的宗亲却是为了贪求王权和享乐。在这个世界上，我宁愿行乞，也决不诛戮那些尊长。杀死了贪财好利的长者，就会将那染血的果实品尝。"其结果将是宗族毁灭，"宗族一旦毁灭，传统的宗法必废，宗法一废，邪恶将会把全族支配，由于邪恶泛滥，家族的女子便会失贞，女子一失贞，种姓的混乱便会产生。混乱会招致地狱之祸，降灾于毁族者和宗亲；因为无人举祭供奉饭水，祖先也会跟着倒运。导致种姓混乱的种种罪过，是由毁灭宗族者造成，他使传统的种姓之规丧失，他使传统的宗族之法崩溃"。[①]

然而，婆罗门贵族却为阿周那提供参与战争的理论根据。他们鼓励阿周那说，灵魂是不灭的，肉体不过是其寄宿之所。灵魂永恒长存，人体却有生有毁。灵魂不可能被诛灭，身体纵然毁灭，它也不受损害。正如脱掉旧衣服，换上新衣服一样，灵魂解脱了旧身，另入一个新体。重要的是每个人、每个等级都需要意识到自己的义务，即法和达摩。战争对于刹帝利来说，是最好不过的了。"偶然遇到的这场战争，便是敞开的通天之门，倘若你不参与这次大战，不打这场合乎达摩的战争，那就会播下罪恶的种子，就会丧失责任和盛名。要么你被杀升入天堂，要么你获胜而享有大地。"

如同解释、调和种姓制度一样，对于战争和社会冲突，婆罗门教通过梵天崇拜，在灵与肉、有为与无为等对立的概念范畴间寻找中道，使得各种事情可以得到合理的解释，从而为整个社会的整合，提供了理论基础。

除了婆罗门教的自我调整以外，其他的教派也提出了自己的一些新思想，其中最值得一提的是产生于恒河流域本土的沙门思潮。沙门思潮最大的特色便是生死轮回说。这一学说很可能源自战士阶层，因为他们整天在刀尖上过日子，对生命的流失自然十分敏感。因此，生死轮回学说最先为刹帝利种姓所习知。在《奥义书》中，对于这个问题，婆罗门还需要向国王请教。或许正是这一命题的刺激，印度古代思想史到此转了一个弯，从吠陀时代进入了以苦行静修为特色的新时代。

► ► ► ►————————————————————

① 张保胜，前引书，I·40 以下。

第三节
佛教与孔雀王朝

佛与佛教

伟大的佛释迦牟尼（即"释迦族的圣人"，佛来自梵语，意为"觉醒者"，指看见世界真相，并行其所必行的人）原名悉达多，姓乔答摩。早年历史不详，属于刹帝利种姓。传说他的母亲梦见一头大白象入怀而怀孕，在返回娘家的途中（兰毗尼的一个芭蕉园，今属尼泊尔）分娩。悉达多16岁时结婚生子，29岁出家。据服侍他有二十五年之久、涅槃时守候在身边的弟子阿难转述，悉达多自称出家修行是受沙门的影响。"路逢一沙门，法服持钵、视地而行"，就问沙门是怎么一回事。人家告诉他，"沙门者，舍离恩爱，出家修道，摄御诸根，不染外欲，慈心一切，无所伤害，逢苦不慼，遇乐不欣，能忍如地，故号称沙门"。听到回答，悉达多非常兴奋，他说："善哉！此道真正，永绝尘累，微妙清虚，惟是为快。"感叹之后，进一步打听，"剃除须发，法服持钵，何所志求？"沙门说："夫出家者，欲调伏心意，永离尘垢，慈育群生，无所侵扰，虚心静寞，惟道是务。"悉达多听完，感叹道："此道最真。"[①] 于是随同出家。

悉达多出家苦行六年，虽然急剧减少食物的摄入量，餐风露宿，和腐烂尸体为伍，极尽苦修之能事，以致生命力耗散殆尽，仍然得不到心灵的平静和解脱。这时，他决定改变方向，不再着意摆脱肉体的束缚，而是沉思有无的因缘关系，因此在一株菩提树下静坐沉思。传说他突然明白自己往世中的经历，天眼开了，可以看见古今的历程，可以看见想看见的事物，从而得道，决定称自己为"如来"。

据说，得道之后，释迦牟尼本来不想布道。因为他所悟到的道，非常微妙难解。所谓"熄灭静喧，智者所知，非是凡愚所能及也"。普通人的见识与佛不同，爱好也不一样，因此，对于这种心法不能了解接受。对于涅槃，他们更加无知，如

▶ ▶ ▶ ▬▬▬▬▬▬▬▬▬▬▬▬▬▬▬▬▬▬▬▬▬

① 《长阿含经·游行经》。

被画成树的佛，约公元前1世纪

果对他们进行布道说教，不仅对牛弹琴，或许还自惹麻烦。传说，这时大梵天下凡，对佛苦苦哀求，说如果佛得了正道而不传教，人世间便衰败不堪，群生也太可怜了。哀求再三，佛才应允。

佛陀布道的方式比较简单。他带着弟子，沿一定方向和目的地行进，在城镇和村外林间休息。白天大部分时间是静坐默想，回答弟子的问题，或者找人说法，也接待任何有兴趣者的问难。吃饭靠乞讨，如果有人想招待佛，一般提前一天提出请求，得到默许后，当天晚上回家准备，第二天，佛便带领众弟子前往。吃完饭后，一般要对施主说法，作为报酬。说法时，一般先浅后深，浅的方面主要与听众谈论利益与快乐、持戒、升天等，如果发现对象"心意柔软和悦，阴盖微薄，易可开化"，就赶紧抓住机会，向他们（她们）宣讲十二因缘，指示解脱之道，要求他们远离尘垢，具备法眼，把持正法，不堕恶道，成就无畏，不惧生死，进而暗示他们皈依佛，皈依法，皈依僧，出家修行。出家主要是守五戒：不杀，不盗，不淫，不欺和不饮酒，持戒的关键在于忍辱。修行主要是沉思默想，以静为锁匙。

佛要求弟子要有悟性，因此，阿难服侍他那么多年，虽然记忆力非凡，可称第一，但是，因为悟性不够，在师兄弟的眼中，直到佛涅槃，他仍然没有被认为已经证得罗汉果，不是罗汉。佛曾教导阿难："自当炽燃；炽燃于法，勿他炽燃，当自皈依，皈依于法，勿他皈依。观内身观外身，勤无懈怠，意念不忘，除世贪忧。"意思是说，自己管住自己，自得解脱。

公元前486年是佛涅槃之年。因为灾荒，集体乞食比较困难，于是佛将大多数弟子打发走，与阿难前往自己的出生地。行至中途，佛觉得背疼，经常需要休息，不能长途跋涉了。那一年佛八十岁，已布道近五十年。可能佛自己没有明显地察觉到身体状况会急剧恶化，患病后，尽管给弟子们送了信，但是，还没等到他们赶到，佛便在一个极为偏僻的小镇附近涅槃了。

部派佛教

佛去世后，各地弟子云集，大家觉得有必要整理佛的思想，于是由阿难等人口诵佛的教义和戒律。是为第一次大结集。在会上，阿难报告佛临终前的交代，主要意思是戒律可以放宽松一些，如一些细末的戒律，可以不再遵守，异教徒入教，本来规定的四个月考察期可以免除等等。但是大弟子迦叶不同意，他主张严格执行佛在生时所规定的一切。其实，他可能对阿难有些不满，他带领五百弟子苦行苦赶，还是没来得及见佛一面。大会后，众弟子还是按照原来的样子工作，各回自己的地域继续传教。

大约一百年后，西部来的长老耶舍在毗舍离看见当地的佛教徒在守戒方面不合法，因此请求东西方集会，进行讨论，这便是有名的第二次大结集。与会的教徒有七百人之多，史称七百人结集。在这次集会上，讨论的问题主要是如何遵守戒律，重点讨论饮食习惯。教徒们借此机会，重新诵读戒律，整理戒律。讨论中引起争论的问题是，吃喝次数是否随意，未发酵的酒可否饮用，吃不完的食物可否保留，椅子大小是否有统一规定，以及能否接受金钱布施等等十条。最终的结果不明，是否因此而引起派别分裂，也不得而知。一般认为，就在此前后，佛教开始大规模地分裂，形成长老部（又称上座部）和大众部两派。

长老部大致属于西部派，那里的教徒比较守旧，遵守戒律很严格，是迦叶和阿难的传人。而东部可能更多地承继了佛自己的传统，比较随意、自由，守戒不严，新思想也非常多。从此，佛教进入部派时期。

约公元前4世纪下半叶，佛教的分裂业已明显，以致需要国家政权出面进行干预。在阿育王统治时期，佛教徒举行了第三次大结集，有1000名僧徒赴会。可能正是这一次结集，奠定了佛教的基本教义和戒律，有四谛、八正道，十二因缘说。谛即真理，包括苦谛、集谛、灭谛、道谛。苦谛是一种以人生为苦的人生哲学，"苦的根源在于欲望太多"。集谛：明善恶因循报应之说，"善有善报、恶有恶报"。灭谛：灭尽烦恼，达到寂灭的境界，"色即是空，空即是色"，即所谓涅槃。道谛：即八正道，修行方式的规则。所谓八正道就是正见（信仰）、正思、正语、正业、正命（正当生活）、正方便（正精进）、正念（不忘谛）、正定。

十二因缘说分析了苦难和造成苦难的原因，包括无明、行、识、名色、六处、触、受、爱、取、有、生、老死十二部分，由无知（无明）引起了意志（行），由意志引起了精神统一体的识，由识引起精神（名）和肉体（色），有了名、色，就

祇园布施，公元前2世纪

有了眼、耳、鼻、舌、身、意（心）等六种感觉器官（六处），有了六处就和外界接触（触）。由触引起了感受（受），由感受引起了贪爱（爱），有了贪爱就追求不舍（取），由取就引起了生存的环境（有），有了有就引起了生，有了生也必有老死。其中心内容是说，人生的痛苦由无明引起，清除了无知，才可获得解脱。[①]

但是，正统的确立也催化了佛教内部的分裂。在第三次结集时，阿育王命令那些混入佛教的其他教徒，以及不守正统思想的教徒单独别居，这就是有名的"说一切有部"的由来。佛自己认为，业报过去有、现在有，但是一旦解脱、涅槃之后，业报不再。而"说一切有部"则认为业报在将来也还会有等等。或许佛教的广泛传播，也加剧了内部的分裂，那些异端可以很容易地在新的地点获得根据地。据说，到公元前后，佛教有部派十八个。

这一时期，佛教走出印度中部，传向四面八方。虽然现存石刻只能证明阿育王曾经派遣使者向中亚四国传教，但是，南传佛教相信，正是阿育王的儿子和女儿，将佛教带到了德干高原以南以及斯里兰卡。

大乘佛教与佛教的衰落

部派佛教之争到公元后便演变成为大小乘之争。乘就是船，大小乘的差别主要是利己与既利己又利人的区别。大乘兴起的具体情况并不是很清楚，但是它兴起后，以夸张的方式，表达了对原有的部派佛教的不满，将他们轻蔑地称为小乘。一个著名的大乘故事说，当一座房子着火的时候，三个小孩在屋子里玩小乘，任凭父亲怎么叫唤，就是沉迷其中，不肯出来，父亲只好亲自将他们拉出，并给他们三条大船玩。学者们一般认为，大乘与小乘的差异，可能被夸大了，他们之间不仅在教义上有继承关系，而且在戒律上一脉相承。据王邦维教授考证，大乘佛教甚至没有自己的律，而是借用小乘之律。"大小乘的问题与部派问题是两回事，两者之间有关联，但从根上讲更是有区别的。部派滥觞于律，而后逐渐在教义上与哲学上有新发展，各张其说，而大乘的起源则完全只与教义与信仰有关。"[②]

▶ ▶ ▶ ────────────────────────────

① 黄心川等：《世界三大宗教》，三联书店，1979，103 页。
② 王邦维，前引书，1995，84 页。部派源自律的观点，还可见船庵：《试述部派佛教》，载《部派佛教与阿毗达摩》，大乘文化出版社，1979。

爱侣雕像，约公元100年

　　大乘佛教很可能兴起于北方，至少是在北方得到了广泛的支持，这得益于一位国王和一位高僧。这位国王便是贵霜王朝的迦腻色伽（约公元1—2世纪在位）。贵霜源自中国西域的月氏族，受匈奴压迫而向西迁徙，后来称霸于印度西北部。他们的国王按照中国的习俗称天子。迦腻色伽是一位狂热的佛教徒，召集了由499名僧侣参加的第四次大结集。迦腻色伽王的统治，在印度佛教史上有重大转折意义。可能是他借希腊雕塑的方式，推动佛教走向偶像崇拜。在此以前，佛教造型艺术都是高度象征性的，以法轮、法座、脚印来代表佛陀，没有佛陀像。由于贵霜诸王的提倡，佛像开始出现，包括印有佛像的钱币、最早的佛苦行像，以及各种佛塔。它们成为印度本土艺术风格与希腊艺术风格融合的犍陀罗艺术的代表性作品。

　　对大乘佛教兴起起到重要作用的高僧便是马鸣菩萨。了解这位大乘思想体系创建者的经历，可以了解当时大乘教兴起的情况。马鸣本是一位出家修行的外道，博学多识，能言善辩，罕有对手，屡次发表攻击佛教的言论。据说有一次，一位北方来的长老向他挑战，两人展开辩论。长老立，马鸣破。长老提出一个命题："当令天下太平、大王长寿、国土丰乐、无诸灾患。"马鸣无言以对，只好拜服认输，执弟子礼，从此成为佛教最为有名的斗士之一。随后，在迦腻色伽的武力逼迫下，马鸣被当作国宝，献与贵霜。从这个传说来看，马鸣的师傅象征了大乘佛教，他问的问题是入世性的，甚至是治国平天下的。4世纪左右，龙树作《中论》，他的弟子提婆发挥了他的学说，树立起大乘体系的中观派，宣扬"因缘所生法，我说即是空"。从思想上讲，大乘的这一支更多地接受了大众部的传统。大乘在印度北部发展起来后，通过西域，传入中国，接着朝鲜、日本都受到影响。因此，中国一系的佛教是大乘，又称北传佛教。与此同时，虽然印度南方也兴起了无著、世亲兄弟创建的、与长老部传统关系密切的瑜珈行派，但是那里以及东南亚都以小乘佛教为主，史称南传佛教。

7世纪后，佛教在印度本土日益呈现衰落趋势，一方面佛教越来越多地受到印度教的影响，注重咒语、性爱以及神秘仪式，形成所谓密宗，成为藏传佛教的前身。另一方面，佛教的诸多卓越思想为印度教所吸收，佛教逐步丧失了自身特色。但是，导致佛教衰落的另一个重要原因，是8世纪以后阿拉伯人的入侵以及伊斯兰教的传入。伊斯兰教不拜偶像，其信徒将所到之处的寺庙劫掠一空，放火焚烧或者拆毁，用作清真寺的建筑材料，于是佛教便在它诞生的土地上衰落了下去。

轴心时代

佛教不过是当时印度诸多新兴宗教中的一种，其他宗教中生命力旺盛的还有耆那教。耆那教的创始人来自摩揭陀国，号大雄（大英雄之意）。大雄原名筏驮摩那（意为增益），得道后自称"耆那"（情欲的战胜者）。该教主张奉行三宝：正智（学习）、正信（信仰）、正行。因此被佛教徒认为不过是窃取佛教的遗意罢了。"他的信徒苦行，日夜精勤，没有功夫休息。本师所说之法，多半自佛经教义中窃取而来。随着不同的对象而拟定法教，建立教规，大的叫比丘，小的叫沙弥。行动规范，法服穿着，与佛教差不多，只是稍稍留一点头发，再加上裸体，间或有穿衣服的，其特点是白色。"[1]

▶ ▶ ▶ ─────────────────

[1] 法显：《佛国记·僧诃补罗国》，郭鹏注译，长春出版社，1995。

耆那教后来的主要根据地是西南部商业发达地区，主要信徒以富裕的商人为主，执行极其严格的不杀生主义。他们使用灯纱，防止飞虫扑火而亡，出行要戴口罩，携带扫帚，随行随扫。有的教派主张严格的裸体，而另外的一些教派则主张有限度的裸体，特别是对于女信徒而言。耆那教至今还拥有大量信徒。历史上的耆那教，借鉴婆罗门教的文学创作，根据自己的教义加以颠倒，创作了丰富的文学作品，他们对印度的算术做出过巨大贡献。

顺世论派，脱胎于吠陀，其创始人是阿耆多翅舍钦婆罗。阿耆多翅舍钦婆罗认为，宇宙并非某个创造者所创造，而是由地、火、水、风四大元素自然形成，因此世界唯有物质；一旦物质实体不再存在，灵魂也就归于烟灭，根本不存在所谓的业报轮回。从社会伦理上讲，人生难得，必须珍惜，因此要纵情声色，追求物欲的满足，及时行乐。后来顺世派受到各派思想家的围剿而消失。

各教派之间的竞争是很激烈的，但是，他们之间主要的方面还是互相借鉴，不断更新自己教派的思想。佛教徒中贡献大的理论家，除了早期弟子外，婆罗门出身的非常多，还有许多是异教徒。而婆罗门教也关注其他学派的发展，在吸收佛教教义的基础上，自我发展，逐步演变成为印度教。

公元前6至公元前5世纪，在整个亚欧大陆——希腊、中国、波斯和印度，思想异常活跃，群雄角逐，异说纷呈，产生了许多伟大的思想家、政治家、哲学家，他们为人类的认识水平的提高做出了重大的贡献。卡尔·雅斯贝斯曾将公元前8至公元前2世纪称为"第一轴心期"。对于轴心期概念的使用，历史学家没有异议，但是，在解释其出现的缘由时，他们之间的分歧却很大。有些从事自然科学史研究的西方学者甚至以数学概念的发生先后为根据，将这一时期其他文明的出现视作希腊文明传播的结果，这当然是片面的。

孔雀王朝

上述新兴宗教的产生与列国争雄的政治格局有关。据说当时印度有数百诸侯，十六大国。这些国家有的实行贵族共和制，如佛陀的母邦迦毗罗卫国；有的则向专制王权发展，如一度称霸的摩揭陀国。专制的王权统治能够集中大量的人力物力，采取统一持久的对外政策，以远交近攻的方式，进行对外扩张，为统一王朝的产生

2世纪的印度佛像

奠定基础。

公元前 327 年，希腊国王亚历山大统帅大军东进，在征服了波斯帝国之后，兵锋直指印度河流域。虽然他所遇到的对手，是各自为政的邦国，但是马其顿军队还是遇到了强有力的抵抗，进展缓慢。这一方面是因为印度气候地形的关系，这里河流纵横、温暖湿润，繁育着与希腊、波斯完全不同的细菌和病毒。另一方面，印度军队英勇顽强，进行了拼死抵抗。希腊人是这样描写自己的战争对手的："那些印度人，只要他们的头目还活着，就进行顽强的抵抗。"而那些头目以身作则，作战勇猛，一位国王坡拉斯因此赢得了亚历山大的尊重。"只要哪怕还有一部分军队仍然坚守阵地继续战斗，他本人也就继续英勇作战，但当他的右肩受伤后，他才把他骑的大象掉头撤退。"[①]面对不利的天时、地利，希腊军队军心不稳，亚历山大不得不沿印度河而下，在留下部将驻守后回师波斯。

不久，印度人逐走希腊军残部，建立起自己的统一王朝——孔雀王朝（公元前324—前187）。由于这一王朝曾占领北印度和阿富汗部分地区，南部直到今迈索尔一带，疆域广大，所以亦被称为孔雀帝国。

孔雀帝国的缔造者是旃陀罗笈多（约公元前323—前299在位）。这位伟大的民族英雄似乎出身低微。据说，在父亲被杀死、母亲逃走之后，他被牧牛人收养，接着被卖给猎人。因为在游戏中扮演国王出色，被贤人考底利耶买走，在其指导下接受了七八年的教育。长大后，他联络北部山区部族，在考底利耶等人的辅佐下，不仅对外战争进展顺利，对内也很快消灭取代了摩揭陀国的难陀王朝，建立起以孔雀为族徽的强大王朝。据耆那教文献记载，这位开国之君晚年改宗耆那教，逊位成为一名苦行僧，饿死于南印度。

旃陀罗笈多不仅创建了帝国，还与考底利耶等人一道规范了王朝的基本政治社会制度。在长期战乱之后，新国王鼓励老百姓定居，从事生产，开垦荒地，凡属新定居者，国王为其提供谷物、牲畜和资金方面的援助。村庄作为基层组织，一般有一百到五百个家庭，主要从事农业活动，可以有相应的手工业者、雇工、商人，但是不得有艺人、行吟诗人、歌手长期出没其间。村庄实行长老自治制，负责解决纠纷，照看儿童，管理神庙，监督土地买卖。村庄之上，是管辖五至十个村庄的官员高帕，他们主要负责管理国王的税收，并为此开展各项统计调查勘定工作。高帕们根据土地丰瘠程度，对谷物征收四分之一到六分之一的税，对谷物以外的其他农副产品征收六分之一的税。

土地供村民使用一生，种植亚麻、黍、芝麻、稻谷和小麦。一年两熟。另外，还种植被希腊人称作羊毛的棉花，被称作芦苇的甘蔗。出卖土地时，卖地者的亲属、邻居和债主依次拥有对出售土地的优先购买权。买卖时，应当由40位邻居公证，以拍卖方式进行，国王要征收相应的转让税。财产虽然均分继承，但是作为家

▶ ▶ ▶ ────────────

① 阿里安：《亚历山大远征记》第四卷·27；第五卷·18，李活译，商务印书馆，1979。

长，长子负有祭祀之责，应该得到最好的牲畜、土地和额外的财产。大型水利设施由国王领导进行，当地居民要提供人力，享用这种水资源灌溉的土地要征收四分之一到三分之一的谷物税。

对于城镇的管理，工商业的活动，各种税收，也有相当明确具体的规定。城市的管理者分为三类：市场委员、城市委员和军事委员。市场委员负责管理给排水系统、测量土地、修路、收税等。城市委员共同照料公共设施，管理价格、市场、港口和神庙。城市委员下设专门委员会，每五人一组，共有六组，分别监督手工业制造，接待外宾，统计人口，管理市场，以及征收商品销售什一税。军事委员也进行类似的分工，管理舰队、后勤、步兵、骑兵、战车以及象官。

根据现有的历史文献资料，我们可以比较全面、清楚地了解孔雀王朝时期的社会等级情况。据中亚塞琉古王国派驻该王朝的大使麦伽斯提尼说，印度居民分成七个等级：第一等级为婆罗门，由国王赐予免费的土地，负责祭祀。新年之始，国王召集婆罗门大会，让他们预测新年的收成。这一等级中还包括沙门和信仰佛的哲学家们。第二等级是首陀罗，人数最多，不服兵役，以农业为主业，缴纳四分之一的租税。第三等级为牧人，以游牧方式生存，但不得养马和象，因为这是国王的特权。第四等级是工商业者（吠舍），纳贡并服役，仅有甲胄制造者和船工例外，他们可以领取工钱和食物。第五等级是武士。第六等级为密探，他们以妓女做帮手。第七等级乃是王室大臣。

这些等级的划分，带有更多的职业色彩，但是等级分别还是被严格遵守。"不得从其他等级中娶妻，也不准变换自己的职业或工作，同一个人不能从事几种职业，婆罗门等级除外。"[①]

首都华氏城是当时世界上最宏伟的城市之一，它位于恒河岸边，有巨型木栅栏防卫，城外有又深又宽的护城河，共有城门64座，塔570座，街道宽敞整齐，大型宫殿巍峨壮观。

马上得天下的孔雀王朝，君臣上下对于边防尤为关心，边境堡垒等关乎王朝安全的边防设施是他们建设的重点；他们还派遣大批密探，进行侦缉消息的活动。

帝国的运作要依靠一套官僚班子来进行。考底利耶的《政事论》对此进行了详

▶ ▶ ▶ ─────────────────────────

① 阿里安，前引书，八·11-12。

细的讨论和阐述。王室成员、大臣以至仆役，都是拿薪水的王室服务人员，他们的等级依次是祭官、国师、大臣、王室祭司、军事统帅、王太子、王太后和王后；第二层次是宫门监、侍卫长、将官、政务大臣和库藏大臣；第三级是王子、王子母、军事长官、城市大法官、制造总监、大臣会议成员和要塞司令。以上三级组成一个薪水等差系列。第四级自军事首领、象官、马官、战车官等以下，直到各种工资低微的看守人、侍者、雇工等等是另一类薪水递减系列。

无论是一般希腊人还是考底利耶本人，都对密探予以高度重视。密探被广泛使用，他们分为固定的和非固定的两种，其成分包括狡黠的学生、破戒的僧人、伪装的家主、商贩、苦行僧及其帮手、暗杀者、投毒者、比丘尼等。他们主要考察国王的手下是否清白，是否心怀不满或图谋不轨。国王根据这些密探的汇报，对于那些怨恨者，以钱财和荣誉加以安抚，对于无端不满和敌视国王者，予以秘密惩罚。国王还派遣国家密探进入邻国，以便侦察出潜伏在自己国内的密探。

国王的主要日常活动，有严格的日程安排。第三代国王阿育王的一份敕令说："在以往的年代里，处理国家事务和进行情况汇报，都是有时间限制的。"[1] 而《政事论》的记载表明，国王日理万机、非常之辛苦。白天不同的时辰里要分别处理各项固定的事务，包括财经、民事、书信、军事、情报等，晚上还要接见密探，学习、温习经论等，正规的睡眠时间只有3—6个小时。

阿育王

旃陀罗笈多的继承人是儿子频头娑罗。他继承其父遗志，向南征服了德干高原地区。但是孔雀王朝最为著名的国王是阿育王（约前273—前231在位）。20世纪以前，这位君主的情况人们所知甚少，学者们只知道有一位天爱喜见王。天爱喜见王对于佛教非常礼敬，给后人留下了大量的石刻铭文。学者们通过对佛教文献与有关碑铭的考证，认为天爱喜见王和阿育王实际是同一个人，这才使得我们了解到阿育王的许多事迹。

根据铭文，这位国王在位的第八年，孔雀军队向南征服了羯陵伽国，在战斗

① 《阿育王铭文·石刻诏书第六号》，载崔连仲等选译《古印度帝国时代史料选辑》，商务印书馆，1989。以下关于阿育王的引文皆出自书中的铭文，不另注。

中，俘获了十五万人和大批牲畜，有十万人死于疆场，更有数倍于此数目的普通民众死于这场战争。面对血淋淋的事实，阿育王深感悔恨，他转而虔诚地追求正法，决定"我的儿子和后代们将不再把新的武力征服作为向往的目标；即使在征服时使用武力，也将采取忍让的政策和对失败者从轻处罚的政策；把通过正法取得的胜利当作真正的胜利"。所谓正法就是行功德，包括"少行不义，多做善事，慈悲、慷慨、真诚和纯洁，顺从父母，尊敬婆罗门和沙门，放弃屠杀生灵，少消费、多积累等等"。

为了弘扬正法，阿育王要求各地总督及地方官员定期巡行所辖区域（五年或三年一次），要求实行宗教宽容。他命令道："正法基本精神的发扬光大可以表现在很多方面，而其根本所在，则是出言谨慎，不在不适当的场合称扬自己的教派或者贬低别人的教派。每一个人在所有场合，以一切方式对别人的教派给予充分的尊重。"阿育王在位的第十三年，设立了"达摩摩诃马陀罗"的宗教事务官，他们要深入各教派进行工作，帮助臣民中热爱正法的人从束缚下解放出来。尽管晚年阿育王皈依了佛教，但是宗教宽容的政策却长期保留着。

阿育王提倡正法以及皈依佛教，在印度历史上树立了政教关系的典范。后来的国王虽然不一定，甚至多数不再是佛教信徒，但是基本上以承认教派、实现宗教宽容、鼓励虔敬、关注伦理建设、乐于施舍作为理想君主模式加以效法。

经过阿育王的建设，印度社会安定，交通便利，旅行安全，风气良好。在阿育王死前的铭文中，这位种下正法种子的国王自豪地说："我的一切善行已为人民所效法。人民正在比照这些善行而行动，由此获得进步。他们做到了服从母亲和父亲，服从长者，恭敬老人，尊重婆罗门和沙门、穷人和不幸的人，乃至奴隶和仆人。"时至今日，阿育王对于印度的影响还是很大。著名的阿育王石柱，顶端是四个巨型石狮，它们组成印度国徽的核心图案。

印度王朝史的一个特点，就是统一王朝在盛极一时后，会突然衰落。阿育王逝世后的孔雀王朝开创了这样的先例。两位继承者分割了帝国，地方诸侯也乘势而起。公元前184年，阿育王之孙大夏拉罗被婆罗门将领补沙弥多罗·巽伽杀害，孔雀王朝结束。在规模上和稳定性方面都逊色得多的巽伽王朝取代了孔雀王朝。巽伽王朝统治恒河中游地区100年。与巽伽王朝同时并存的，还有许多小邦，特别是印度西北部的希腊人国家大夏和德干地区的土邦。

第四节
印度教的兴起

笈多王朝

公元 318 年，恒河中游谷地的小邦国王旃陀罗笈多一世迎娶显贵的利契察毗公主鸠摩罗提毗，这位名不见经传的统治者开始脱颖而出，开创了笈多王朝 200 余年的基业，史称"古典时代"。

旃陀罗笈多的儿子、笈多君主三谟陀罗笈多（330—375 在位）继承王位登基后，举行了象征开疆拓土的马祭。马祭是婆罗门教最为重要的国家祭仪。所以，这一仪式是婆罗门教复兴的一个官方征兆。复兴的婆罗门教适应时代要求，进行了大量变革，发展成为印度教。

举行马祭后的三谟陀罗笈多四处征讨，所向披靡，三年之内征程四千多公里，向南止于讷尔默达河，文韬武略，冠绝一时。虽然有些传说认为这位国王收购作品，据为己有，但是他本人吟诗善歌，宫廷文化发达。

三谟陀罗笈多去世后，其子拉玛笈多曾短期执政。据说在反击西北游牧部族月氏人的战斗中不利，被迫献妻纳贡，其弟超日王乔装兄嫂，亲赴月氏营帐，杀死敌酋，得胜而返，随后，推翻哥哥的统治，自己即位为王，成为著名的旃陀罗笈多二世（380—415 在位）。

旃陀罗笈多二世也是一位能征善战的勇士，他在位时期的主要目标是获得出海口，因此征服对象直指东西两方。向东，征服孟加拉，发展对东南亚和中国的贸易。中国的取经僧人法显，能够从陆上丝绸之路去印度，而取道海路很快返回，可能得益于此。向西，旃陀罗笈多二世夺取了今天古吉拉特等印度河出海口，发展与西亚、埃及和地中海的贸易。

旃陀罗笈多二世被当作集人性管理、个人智慧、灿烂宫廷文化于一身的传奇国王。大概就在他的庇护之下，被誉为"印度莎士比亚"的大诗人迦梨陀娑创作了大量脍炙人口的诗篇和戏剧，包括抒情诗《云使》、叙事诗《鸠摩罗出世》《罗怙世系》，戏剧《沙恭达罗》《优哩婆湿》等。《云使》描绘男主人公发配南疆后，在归期还剩下四个月的时候，借助云彩，传达自己对妻子的思恋。全诗用词华丽，情深意切，至今读来，仍然夺人心魄。①《沙恭达罗》描写国王豆扇陀在林中遇见沙恭达罗，一见钟情，遂结为夫妻。国王回宫后，沙恭达罗沉浸于思念和回忆之中，以致怠慢了前来造访的大仙人，这一无礼行为导致了仙人的诅咒——除非有国王赠与的信物，沙恭达罗将永远被豆扇陀遗忘。由于作为信物的戒指遗失，国王果然丧失记忆，拒绝认妻，沙恭达罗悲愤而去。由于偶然的机会，戒指失而复得，豆扇陀恢复记忆，并为天神因陀罗建立功勋，最终得以与沙恭达罗团圆。迦梨陀娑之所以伟大，诚如季羡林先生所言，正在于"他能够利用古老的故事，平凡的主题，创造出万古长新的不平凡的诗篇"。②

　　415 年后的王位传承，再次经历了类似父辈的经历。在长子戈文达笈多的短期统治之后，弟弟鸠摩罗笈多（415—454 在位）登基，将笈多王朝推向极盛。但是不幸的是，中国东汉的军队成功地击败了长期威胁其北方的匈奴人，大批战败者离开故土，向西迁徙，逐渐对欧洲和南亚次大陆形成巨大的军事威胁，不仅引发了灭亡罗马帝国的蛮族大迁徙，还使得笈多王朝如同孔雀王朝一样，在极盛时突然崩溃。鸠摩罗笈多一世在抵抗匈奴人入侵的战斗中战败被杀。经过一番内部争夺，他的儿子塞健陀笈多（454—467 在位）即位。这位君王虽然暂时遏制了汹涌而来的匈奴人，但是，随着他的去世，笈多王朝四分五裂，仅仅能够控制摩揭陀地区。这个王朝的最后一位可以确定的君主是 550 年去世的维湿奴笈多。

　　笈多王朝向来被印度民族主义者视为历史上的黄金时代。从语言上讲，梵语在这个时期正式定型，产生了数量庞大的梵语文学和创作；印度教大发展，与国家权力机器配合和谐；国家版图虽然不及阿育王时代，但是也几乎囊括了大部分印度次大陆；国家制度健全，百姓生活安定。在印度平安旅行六年的中国东晋僧人法显，对此有深刻感受："从是以南，名为中国（笈多王朝），中国寒暑调和，无霜雪，人民殷乐，无户籍，官法惟耕王地者乃输地利，欲去便去，欲往便往。王治不用刑罔，有罪者但罚其钱，随事轻重，虽复谋逆，不过截其右手而已。王之侍卫、

① 金克木，前引书，《云使》篇。
②《沙恭达罗·译本序》，季羡林译，载《季羡林文集》，卷 15，江西教育出版社，1998。

左右，皆有供禄。举国人民，悉不杀生、不饮酒、不食葱蒜，惟除旃荼罗。……国中不养猪鸡、不卖牲口，市无屠沽及沽酒者，货易皆用贝齿，惟旃荼罗，猎师卖肉耳。"①

笈多王朝之后的政治形势

笈多王朝之后，印度再次陷入四分五裂的局面。如同中国唐朝崩溃之后的情况一样，此后的许多小王朝自称为笈多王朝。其中最为著名的一个是曲女城的戒日王朝廷。公元 605 年，婆罗帕羯罗伐弹那去世，接替王位的长子罗迦很快就被人谋杀，据说，他的弟弟正准备出家为僧，皈依佛门。王位的空缺，使得他在得到佛祖允许后登基，这就是著名的戒日王曷利沙·伐弹那（606—647 年在位）。新国王登基后，马上表现出自己的作战天才，经过六年征战，恢复了大部分笈多王朝版图。

关于戒日王本人和他治理国家的情况，可参看《戒日王传》和中国取经法师玄奘的游记。根据玄奘所记，戒日王本是吠舍种姓，他的兄长曷罗迦伐弹那以德治政，国势日益强盛，但被邻国国王设赏迦设计暗杀。在德高望重的大臣婆尼的鼎力扶持下，戒日王得以即位。在他的治理之下，笈多王朝达于极盛。据说在他即位之初，拥有象军五千、马军二万、步军五万，六年征服五印度，成为霸主，象军发展到六万，马军发展到十万。取得霸权后的戒日王推行类似阿育王的政策，以和平方式维持统治，推广佛教，成效显著。据玄奘的观感，"垂三十年，兵戈不起，政教和平，务修节俭，营福树善，忘寝与食。令五印度不得噉肉，若断生命，有诛无赦。……于五印度城邑、乡聚、达巷、交衢，建立精庐，储饮食，止医药，施诸羁贫，周给不殆"。②

戒日王之后，自 8 世纪起，印度北部不断遭到伊斯兰教信奉者的威胁，他们沿着当年雅利安人入侵的通道，入侵印度河与恒河流域，最终于 12 世纪控制了整个北部印度，至 14 世纪，完成了对南方的渗透。从此，印度的政权改由伊斯兰教信奉者执掌。

▶ ▶ ▶ ────────────────────────────

① 法显，前引书，《中天竺二十一·到中国》部。
② 季羡林等注:《大唐西域记校注》卷五"戒日王世系及即位治绩"条，中华书局，2000。

　　伊斯兰教统治初期保存下来的历史资料很少，在这些有限的资料中，铭文占绝大多数。根据这些铭文，我们可以整理出一个大致的王朝世系表，了解到一些当时社会的政治经济情况。从 4、5 世纪开始，保存下来的赐地铜板文书有千余件。这些文书，大部分是赐予婆罗门和寺院土地的凭证，这一情况恐怕与宗教人士喜爱文书有关，世俗捐赠肯定大量存在。受赐土地的主人，往往还同时得到土地上的司法行政权力，国家的官吏和军队不得入内。[①] 但是，不论土地所有权如何变化，农业的社会基础总是相对稳定的自治村社。

印度教

　　印度教的正统哲学派别是吠檀多派。从字面上讲，吠檀多指《奥义书》。从实质上说，吠檀多是在借鉴了佛教唯识论，特别是龙树的"中观"理论后，重新诠释《奥义书》而形成的一种思想体系。同婆罗门教时期不太一样，此时的吠檀多哲学，倾向于否定现世世界的真实性。7 世纪初的乔荼波陀以训疏《蛙氏奥义书》的方式，完成了吠檀多派哲学体系的创建，成为印度教的正统派。在乔荼波陀的著作中，作者将世界分成四个层次：物质世界、浅层认识、深层认识以及唯一。它们分别对应人的四种状态：醒、有梦的睡眠、无梦的熟睡以及梵我合一。[②]

　　乔荼波陀的再传弟子商羯罗网罗旧说，融会新知，注遍经典，成为吠檀多派哲学的一代宗师。在师祖的理论基础上，商羯罗注疏了《奥义书》《薄伽梵歌》和《梵经》，著有《示教千则》等，发展了"无分别不二论"，成为婆罗门教复兴的象征。所谓"不二论"，就是"梵、我、幻"的绝对同一。梵是世界的本原；我分"遍我"和"命我"，前者是可以与梵同一的存在，后者是暂时的肉体寄托；幻分三个层次，"幻体"来自于梵，"幻象"是幻体的暂时表现形式，"幻翳"是认识错觉。如果悟不透梵我合一，一切最后都在梵中，那么这种幻翳便会使人误以为现象世界是确实的存在。只有认识了梵，才能发现幻象非真，与梵同在。

　　吠檀多哲学是高度抽象的，但是，它所指导的实践是多层次的，可以满足各种需求。梵可以化为一切，一切又终归于梵。凭借这一理念，印度教容纳了所有的印

▶ ▶ ▶ ────────────────────────────

① 马克垚主编：《世界历史·中古部分》，北京大学出版社，1989。
② 巫白慧译注：《圣教论》，商务印书馆，1999。

梵天、毗湿奴和湿婆三神一体, 8世纪

度神祇, 学说学派, 最终恢复了婆罗门教一统的地位。

印度教与婆罗门教的重要区别在于新的主神崇拜, 除了梵天之外, 毗湿奴和湿婆分别象征创造和毁灭, 在重要性上超越了因陀罗等老神。毗湿奴的成长依托于《罗摩衍那》和《摩诃婆罗多》两大史诗, 集大成式地体现于《薄伽梵往世书》。薄伽梵是对毗湿奴的尊称, 往世书, 是一批神话传说作品的总称, 有其固定的写作套路, 一般从开天辟地、世界的漫长历史, 说到帝王谱系。现存往世书, 统称十八部大往世书和十八部小往世书, 其中以《薄伽梵往世书》最为有名。《薄伽梵往世书》讲述阿周那的孙子受验临死前寻求解脱之法的故事。歌手苏多在受验临死前给他讲述毗湿奴大神化身黑天下凡的经历, 其中包括宇宙经历的"十相": 一、微妙创造, 二、粗大创造, 三、由神确立的规律和秩序, 四、保护, 五、行动欲望, 六、各个摩奴时期, 七、神的事迹, 八、物质寂灭, 九、解脱, 十、最终依靠或最高真实。黑天下凡的经历讲完以后, 苏多向受验强调说: 聆听毗湿奴的事迹犹如登上渡过轮回之海的船, 沉思毗湿奴可以达到与至高精神同一。受验听完苏多的教诲, 感到不再惧怕死亡，而渴望与至高精神同一。于是他就进入了沉思入定状态。[①]

印度教通过主神化身下凡的故事形式，将其他教主纳入自己的体系之中。毗湿奴下凡二十余次，但最重要的只有十次。第九次是化为佛，他怂恿妖魔、恶人藐视吠陀，弃绝种姓，否定天神，引导他们自取灭亡。第十次，毗湿奴化身婆罗门，骑白马，持明剑，铲除恶人，重建"圆满时代"。

湿婆神的崇拜也是通过往世书来确立，有《湿婆往世书》等。湿婆源自南印度的战神楼陀罗，据说他有三只眼，四只手，既能毁灭，也能创造。他曾用火烧灭爱神的有形躯体，将头发盘成犄角状，接住从天而降的恒河水，让它们缓缓地流向大地，以免给人类带来灾难。

往世书将婆罗门及其所代表的印度教与刹帝利种姓紧密地结合在一起，刹帝利的世系都与这些神相关连，而且由印度教得到祈祷和保护，婆罗门也开始为帝王们服务。这或许就是佛教丧失固有社会基础的一个主要原因吧。

种姓制度的变化

印度教的社会理论基础是四个种姓论。将此时集结的、最为著名的印度教法经《摩奴法典》与吠陀经典进行比照，我们会发现，此时的印度教一方面努力纯洁种姓，将各种姓的责任与义务严格地确定下来，顽固地保持基本教理的稳定，另一方面对四个种姓的具体职事根据实际情况做了调整。

首陀罗与再生族之间的界限更加严格，特别是与婆罗门的区别。很多年前，首陀罗还被外来者视为这个社会"最受重视"的等级，后来，他们只能从事奴隶工作，侍奉再生族，而"侍奉懂吠陀、作为有名家主的婆罗门，这是向首陀罗规定的法，也就是他的最大幸福"。只要"清白、愿意侍奉上等人、言语温和，不自尊和一生依附婆罗门，首陀罗就能转生为高级伽提"。首陀罗与婆罗门女子所生之子，称"旃荼罗"，他们应该住在村外，使用其他种姓禁止使用的器皿，穿死者的衣服，用破碗盛饭，不得与守法的人来往，白天奉国王之命充当刽子手，搬运无亲属死者的尸体，享用他们的衣服、床榻和饰物。中国取经和尚法显在记叙印度旅程的《佛

▶ ▶ ▶ ————————————————————

① 季羡林主编：《印度古代文学史》第三编第二章，北京大学出版社，1991。

国记》中说："旃荼罗名为恶人，与人别居，若入城市，则击木以自异。人则识而避之，不相唐突。"

从事商业、畜牧业和农业的吠舍等级，现在已成为普通劳动者的主体，在结婚成家之后，要一辈子专心致志经营农业、商业和畜牧业。因为生主创造畜牲之后交给了吠舍，只要吠舍愿意，牧畜就不应交给他人看管。吠舍应该知道珠宝、珊瑚、金属、纺织品和香料的价格，知晓货物的优劣、各地商情、商品的盈亏，了解仆人的工资、各地方言、货物保存之法，要尽最大努力正当地增殖财货，为众生造食。

虽然在典籍中，刹帝利种姓的代表性人物——国王在履行战争职能的时候被当作神来看待。但是作为掌握军政大权的贵族集团，刹帝利的职责逐渐以治理邦国为主。婆罗门教主张，国王拥有权力，要习武、洞察民情、惩治罪人。国王们应该黎明即起，恭听婆罗门的讲道，然后与大臣们一起处理国政。刹帝利最为重要的日常职责，还是根据婆罗门教法典审理十八种诉讼案：债务、抵押、股份、馈赠、薪俸、契约、主仆纠纷、土地争端、虐待和诽谤、盗窃、抢劫、强奸、夫妻关系、遗产分配、赌博和斗殴等。

作为最高等级，婆罗门的职责是教授、学习、祭祀和接受施舍。同其他再生种姓一样，婆罗门的一生分为四个时期：第一时期为梵行期。梵行期向老师学习《吠陀》，期限规定为人生的四分之一，得到老师许可后方可毕业。第二时期为家居期。梵行期满后沐浴返归故里，娶妻生子，从事脑力劳动，替人出主意，结交上等人，安享各种天伦之乐。第三时期为林栖期。第四时期为苦行期。对于后两个时期，《摩奴法典》没有做出具体规定，似乎并非必须，也似乎并非人人都要经历。在当时的文学作品里，婆罗门往往主持祭祀，因此也是祭主的顾问和密友；他们接受祭祀的供品并享用，于是被视作贪求食物的典型，而民间将好吃的婆罗门当作最坏的婆罗门。由于富有学识，婆罗门也往往被设计为比较笨拙的书呆子形象。除了世俗生活，他们还构成林中隐修士的主体。

各种姓在法律身份上，虽然区分日益明显，但在实际生活中，尤其是在生死轮回的问题上，印度教为他们提供了希望。反映民间情状的著名寓言故事集《五卷书》讲到"一个渡过生死轮回的苦海的方法：一个首陀罗，或者一个其他低级种姓的人，或者一个旃荼罗，只要把头发分成绺，能念湿婆咒，身上涂满灰，就成为再生族。谁要哪怕是只拿一朵花，嘴里念诵六字真经，亲自把花放在'棱迦'（即生殖器）的顶上，他就再也不会降生"。[1]

祭祀的科学

祭祀是神圣的，也是日常生活的中心内容。围绕祭祀和宗教，印度发展起自己的简单而又系统化的科学知识。祭坛的造作，有特别的规定；祭日的选定，有特殊的安排。如果时日和选址不适宜，那么祭祀的效果便要大打折扣。镇群王替父报仇，举行蛇祭，试图消灭所有的蛇，由于选址不当，择日不宜，致使蛇王未能坠入祭坛。因此，围绕祭时和祭坛，兴起了婆罗门教的两门辅助知识：几何学和天文学。

在古代印度，天文学很大程度上属于星占术。早期的星占，以对太阳和月亮的观察为主。公元前后，开始观察肉眼能够见到的天体，设计了黄道十二宫，准确记录下太阳、月亮等在黄道上的运行位置，进行推算，能够预言日食、月食和星蚀。婆罗门祭祀以星球相会于黄道为最大的吉日，因此他们要计算出各重要星球的运行周期，求出他们的最小公倍数。可以想见，这些数据十分庞大。月亮与太阳会合的周期是 1830 天，即五年一见，而当白羊座处于黄经水平零度位置、太阳从那里开始升起，至下一个类似现象，是一个瑜珈时代，历时大约 432 万年。为了便于观察，确定方位的天文器械如浑天仪、转轮、星盘等等被首先发明出来，计时用的漏壶、晷针等也很早便出现了。

主要是为了建筑各式祭坛，同时也为了满足日常生活的需要，几何学发展得很快。为求得圆形祭坛与方形祭坛的和谐，推动了圆内四边形的研究，从而发现了面积对称原理和勾股定理，同时也学会了如何计算椭圆的面积和周长。祭坛各种形制的叠置，又促使科学家们去解决最大公约数问题。但是，印度数学对于世界最大的贡献，一般认为是十进位的发明和阿拉伯数字"0"的发明。而生于公元 476 年的阿利耶毗陀，被公认为古代印度最伟大的科学家，所著《阿利耶毗陀论》被奉为经典。

▶ ▶ ▶ ━━━━━━━━━━━━━━━━━━━━━━━━━━━━━━

[1]《五卷书》，季羡林译，载《季羡林文集》卷 16，186 页。

启示

　　笈多王朝向来被誉为印度历史上的黄金时代，但是有的历史学家对这个王朝却颇有异议。他们认为，笈多王朝对奴隶、妇女非常歧视。《摩奴法典》规定，"妇女孩提时须从父，青年时从夫，夫亡则从子，无子则从父系亲族，无父系亲族，则从国王，在任何时候都不得自立"。对于保守贞节的寡妇，婆罗门教诱之以升天堂。因此，他们认为，笈多王朝的社会繁荣只是少数贵族的繁荣。在《印度古代文化与文明史纲》中，高善必指责了婆罗门以及印度教。但是，我们应该看到，在整个古代世界，妇女地位低下是普遍现象，而且，在古印度的实际生活中，妻子的地位并非如此脆弱。据前引《五卷书》讲，"虐待妻子，要处死刑"。"婆罗门、孩子、妇女、苦行者、病人，这些都不能判处死刑。"[①] 在文学作品中，也提到法经的规定。另外，8 世纪以后，伊斯兰教大肆入侵，就连国家政权都由伊斯兰教信奉者执掌。面对这样一种严峻形势，正是扎根于民间与印度本土的婆罗门保存了印度传统的文化体系，保存了一个种族及其独特的精神财富，或许这就是印度教对人类历史的最大贡献。

[推荐阅读书目]

1.《摩奴法典》，蒋忠新译，中国社会科学出版社，1986。

2. 崔连仲：《古代印度吠陀和列国时代史料选辑》，商务印书馆，1998；《从佛陀到阿育王》，辽宁大学出版社，1991。

3. R. 塔帕尔：《印度古代文明》，浙江人民出版社，1989。

4. 马珊姆：《印度文化史》，商务印书馆，1997。

5. 沃尔德尔：《印度佛教史》，商务印书馆，1995。

6. D.D. 高善必：《古代印度文化与文明史纲》，商务印书馆，1998。

7. Burjor Avari, *India: The Ancient Past*, London: Roulledge, 2007.

8. R.S. Sharma, *India's Ancient Past*, New Delhi: Oxford University Press, 2005.

▶ ▶ ▶ ──────────────────────────────

[①]《五卷书》，载季羡林前引书，195 页。

第四章
古代中华文明

✿

古代中华的生产力状况

中华文明的起源

中国地处亚洲东部，东临大海，西濒高山，北边为广袤无垠的沙漠和草原，南边水草丰美，森林茂密，然在古代亦是瘴疠之乡，毒蛇猛兽出没之地。但地理环境并未造成中国与外界的完全阻隔。古代的中国先民即曾越过重重困难，向外发展，吸收其他文明的先进文化，同时传播我们自己的文化。《穆天子传》载周穆王（公元前976—前921）西游往会西王母，其路线大约是经甘肃、青海、新疆直抵帕米尔。另还有殷遗民箕子东游朝鲜，秦人徐福跨越大海到达日本诸说。这些记载和传说都反映了我国人民的开创精神和发展业绩。

我国地域广大，地形复杂，各地气候、地理条件多有不同。东北是寒温带森林区，亦有草原、沼泽分布；华北是黄土高原，土质肥沃，宜于农耕；长江流域气候温暖湿润，水源丰富，沼泽密布。西北则有干旱草原和内陆荒漠，灌木林和浅水池沼；西南青藏高原，冰川广布，而云贵高原则多河谷盆地和热带雨林。在这广大的地区内，有许多地方发现了古人类活动的踪迹。古代先民适应各地的环境，在新石器时代，即已创造出多种不同的文化。其中著名的有公元前6000—前5400年的裴李岗（河南新郑）、磁山（河北武安）文化，遍布于黄河中、上游的仰韶（初发现

北京人

于河南渑池，公元前 5000—前 3000）和龙山（初发现于山东章丘，公元前 2900—前 2000）文化，黄河下游的青莲岗（江苏淮安，公元前 5400—前 4400）、大汶口（山东泰安，公元前 4300—前 2500）文化，长江下游的河姆渡（浙江余姚，公元前 5000—前 4000）、良渚（浙江余杭，公元前 3300—前 2200）文化，北方地区的红山（内蒙古赤峰，公元前 3500）文化等。这些文化各有不同特点，但又互相渗透、互相影响，而且越到后来，各不同文化之间的相互影响越是强烈。

新石器时代的生产以磨制石器、制陶和纺织为主要特征。我国的新石器文化有许多创造发明，成就很大。如原始农业已取得长足发展，黄河流域主要种植耐旱作物黍和粟，长江流域则以稻作农业为主，生产工具和耕作方式不断进步。古代文献中所说的六畜，马、牛、羊、鸡、犬、猪，都已饲养，其中尤以猪和犬为大宗。制陶工艺甚为发达，由手制过渡到了轮制，烧窑温度可达 1000 摄氏度以上。山东龙山文化所出的黑陶，薄如蛋壳，质地细腻，造型精美，是水平极高的工艺品。制玉工艺在许多文化中都有，出现了很多精美的玉器。而在龙山文化的一些地区，已经出现了铜器，包括斧、刀、凿、锥等工具和镜、铃、环等装饰品。铜器多为红铜，用锻造法制成，也有铸造而成的。但铜器的制造还比较原始，使用也不普遍。绘画、雕刻、塑像等均有发展，在有些陶器上出现了刻画符号，可能是文字的萌芽。

新石器时代社会不平等已经产生，这可从公共墓地各个墓的随葬品之多寡和不同反映出来。尽管有的墓有大量珍贵的随葬品，大量的小型墓随葬品仍相当贫乏，甚至一无所有。不过他们仍都葬在共同的公共墓地里，说明氏族血缘共同体的纽带依然牢固。在辽宁西部属红山文化的牛河梁遗址，发现了一座"女神庙"和数处积石大冢，发掘出陶质妇女裸体塑像，以及和真人大小相当的女神彩绘头像、许多泥塑妇女裸体像残块，说明有的氏族可能是母系统治。到新石器时代晚期的龙山文化阶段，一些聚落遗址的外围出现了夯土版筑或石块垒砌的围墙，形成城堡，这表明战争的频繁和防御的必要，文明的出现已是指日可待了。

关于中华文明的起源，学术界存在着许多争论。早先有中华文明西来说，即认为中国的文明来自两河流域。现在已有确凿的考古材料证明中华文明是独立发展的。过去多以黄河流域为中华文明的起源地区，但近年来众多先进的新石器文化的发现使这一观念受到巨大的挑战。有的学者主张中国的长江流域一样是文明的摇篮，其进入文明的时间不晚于黄河流域。有的学者认为从考古发现来看，中国文明的起源应该有许多地方，遍布中华大地。有的学者以为，虽然中华文明的起源是多中心的，但仍不能否认黄河流域是其核心地区。现在我们仍采用有历史记载的夏代为中华文明的开始，时间约公元前 22—前 17 世纪。

中华文明所处地形复杂，族群众多，但它在历史上却发展出以汉族文化为主体、融合了许多其他族群文化的辉煌文明，长期保持了自己的文明特性，如精耕农业、统一帝国、儒家伦理等等，历经磨难而未曾中断，彪炳于世界，贡献于人类。这在世界文明史的发展上可以说是绝无仅有的。

农业的发展

在距今七八千年之前，中华大地上已发展出众多的农业文化。根据我们现在的认识，黄河流域是当时农业文化发展最快、最早进入文明阶段的地区。黄河流域有其特殊的地理环境，土质疏松而便于翻耕，有较多的腐殖质，利于植物生长，农作物收获量因而较高，这样便在黄河流域较早发展起以种植黍和粟为主的精耕农业。由于土地易于翻耕，所以那里的农业长期是一种锄耕农业，使用的农具一般认为是

仰韶文化船形彩陶壶

耒耜。耒和耜都是掘土、翻土工具，是依靠人力工作的，使用畜力较晚。中国的牛耕大约开始于春秋时期，到战国时期开始推广。从考古资料来看，农业生产工具当然不只是耒耜，还有铲、凿、锄、镰、斧、犁等，商、周时期的农具主要是石器、木器和蚌器，青铜农具已经出现，但只是使用在王室、贵族的田地上。春秋时青铜农具才大量使用，战国时由于冶铁业的发展和冶铸技术的进步，铁农具普遍使用。不过，《管子·轻重乙》仍然说："一农之事，必有一耜、一铫、一镰、一鎒、一椎、一铚，然后成为农"，还没有提到犁，可见这时牛耕不普遍，所以犁使用得少。考古发掘出的铁农具中，犁也很少见，大约直到汉代牛耕才逐渐推广。这其中的原因，部分可能是因为黄土地区土质疏松，人力已敷应用，不赖牛力。这也导致我国农业很早向园艺化、精耕细作的方向发展。

战国时期，我国农业已形成一整套细腻的技术，从选种、耕翻土壤、播种、中耕除草、灌溉施肥、防治病虫害到收获，都给予农作物以最好的生长环境，以获取最好的收成。大田农作物种类增多，出现了五谷的名称，菽（豆）、麦、稻的种植日趋普遍。由于农业技术的进步，秦汉时期在黄河中下游地区放弃了休耕制，大体上实行了一年一熟的连种制，有的地方还在冬麦收割后种禾豆，可达到二年三熟。为使粮食增产，汉代还发明了代田法和区种法。代田法是用耦犁，二牛三人，把耕地开出广一尺、深一尺的沟，开出的土堆在旁边成为垄，播种时把种子种在墒情较好的垄内，待苗长大中耕时即用垄上的土培在根部，盛暑时则垄尽而根深，既保持水分，又抗风不易倒伏。第二年则把种子种在今年的垄所处的部位，使土地得到轮换耕作。这是一种节约劳力，提高劳动生产率的耕作方法，但在推广时遇到了缺乏牛力的困难，所以只好以人力代替，靠大量人力来完成提高产量的任务。区田法则是大致以一亩的大小为单位将土地划分为若干个区，然后在每一区中划分出许多长条或小方块，只在这些长条或小方块中种植作物，把力量集中在小区内，施肥浇灌，可得高产，据说可亩收百石（或以为不可信）。区种法是一种不要牛力、只利用大量人力以获得高产的方法，所以后世如遇牛疫，政府一般都提倡这种耕作法。上述两种办法都没有长时期大面积推行过，但中国古代由投入大量劳力以达到精耕细作的农业，已取得高产量的结果。据推算汉代的亩产量为种子的30—50倍，这是产量一般为种子的4倍的西欧中古时代农业所无法相比的。

代田法和区田法所显示的农业，都是一种旱田农业。我国古代农业的一个突出特点是以旱地耕作为主，水利灌溉的兴起较晚，真正有一定规模的农田水利灌溉，是进入春秋战国时代方才开始的。著名的战国时期的水利工程有魏国的引漳工程和秦国的都江堰工程。魏国西门豹为邺（今河北临漳一带）令，当地土质低劣，收成很少。西门豹组织人力凿12渠，引漳河水以灌民田，邺县遂成魏国的富裕地区。成都平原古有岷江肆虐，夏秋洪水为灾。秦蜀郡太守李冰，修筑了有名的都江堰，先在岷江上游立堰，把岷江一分为二，然后凿开宝瓶口，分岷江部分水流入灌县。都江堰的建成消除了水患，并可引水灌田，从此成都平原沃野千里，号称天府。这一工程反映了我国古代水利技术的高度发达。

秦汉时期，农田水利工程以关中地区为中心，扩展到了西北、华南各地，形成了因地制宜发展水利事业的特点。关中、西北等地，主要是修筑渠系，引黄河或黄河支流水系灌溉农田，其中以关中的渠道修建最多，河套、河西走廊以及新疆，则因内地派兵屯田也修筑了许多灌渠。江淮、江汉之间，湖泊、沼泽很多，水利建设主要是修堤作堰，疏通水道，用以灌田。东南地区，地势低洼，水利工程主要在于修理陂塘，排除内潦，把沼泽改造成为良田。

中华古代农业走上了精耕细作的道路，较早实行连种制，不用休耕。这样和西欧相比，农民的耕地面积较小，家庭养畜业的活动空间也小，导致养畜业向存栏养畜为主的方向发展，猪逐渐成为六畜之首，是提供肉食的主备。而同时中国很早就发明了养蚕缫丝以制衣服的方法，不必仰赖皮毛，所以养畜业在中国古代农民经济中的地位也就比较低，和西欧中世纪时养畜业在农民经济中占有较大比重的情况不同。孟子所描绘的农民经济的图景是"五亩之宅，树之以桑，五十者可以衣帛矣；鸡豚狗彘之畜，无失其时，七十者可以食肉矣；百亩之田，勿夺其时，八口之家，可以无饥矣"。所以中国的种植业和畜牧业采取了分地区发展的模式，这一现象越到后来越加明显。

手工业技术

中国古代手工业在许多方面发展程度较高，这里选择其中最具中国特色的金属铸造、漆器制造和造纸来叙述。

新石器时代我国已有青铜器，但青铜器的大量出现则当商、周时期，商代晚期至西周是中国青铜器的鼎盛时期。这时青铜器物已深入到社会生活的各个方面，其中以兵器和礼器的制造最为发达。商周时期的青铜兵器有格斗兵器如戈、矛、戟、钺、殳、刀、剑等；远射兵器如弓箭和弩；防御装具如盾和甲胄等。这些兵器都制造精良，有的在地下埋藏两千多年，出土后仍然光泽如新。在兵器中最具特色的是弩。弩是一种远射兵器，由弓发展而来，分为弓、弩臂、弩机三部分。弩臂用以承弓、撑弦并供人把持，青铜弩机用以扣弦、发射。由于弩把张弦装箭和纵弦发射分解为两个动作，大大提高了射击的强度与精度。弩在春秋战国时代发展成熟，到汉代更为完善。有的弩强度很大，需用脚才可蹬开，强弩射程可达五六百米。青铜弩机十分精巧，上面还装有标明刻度的瞄准装置。弩机在历史上曾两次传入欧洲，在战争中发挥了巨大的作用。

青铜礼器大致包括酒器如爵、尊、壶、卣等，炊食器如鼎、鬲、簋、豆等，水器则有盘、盂、鉴、洗等。这些本是生活用具，但演化成具有政治、宗教意义的器物，因此做得特别精巧，花纹优美，雕饰奇特，成为重要的工艺美术制品，显示出了当时青铜铸造技术的高度发达。如商代的四羊尊，是现存商器中最大的方尊，高58.3厘米，器腹四角各饰一大卷角羊，羊腹与器腹自然地合而为一，器物肩部还有四龙缠绕，全器饰有长冠鸟、鳞片、云雷等花纹，造型雄浑瑰丽，是稀有的艺术珍品。商代后期的后母戊大鼎，通耳高133厘米，重达875公斤，造型庄严雄伟。据估计浇铸这样的大鼎，要有40多个大坩埚同时熔铜。假定每个坩埚有三四人工作，则需150人左右；如再加上制范、管理、运输等人员，大概不下三四百人。这样大规模的作坊可以证明当时生产组织的发达。由于这些礼器多用于祭祀、宴飨等场合，具有政治意义，所以逐渐流行在礼器上面铸造文字，以记述发生的政治事件，礼器铭文遂成为宝贵的历史资料。如著名的西周晚期青铜器虢季子白盘，腹内有铭文八行，111字，记载了虢国的子白北伐，立下战功，受到周王奖励的故事。除礼器外，还有大量的青铜乐器，制作工艺水平也很高。其中最著名的是出土于湖北随州市的曾侯乙墓的乐器，属战国早期的器物，共有编钟、编磬、鼓、瑟、琴、笙、排箫、笏等8种124件，既有管弦乐器，又有打击乐器，而以编钟最为珍贵，计有钮钟19件，甬钟45件，外加楚王赠送的一件镈钟，共65件。最大的一件通高153.4厘米，重203.6公斤；最小的一件通高20.4厘米，重2.4公斤。按形制之不同，全部编钟以大小和音量为序组成8组，悬挂在铜木结构的三层钟架上。钟上都有篆体铭文标出音阶，并记有乐律，其中许多乐律的名称是此前一直不知道的。这套编钟音色优美，音域很宽，至今仍能演奏各种曲调，说明当时的铸造工艺已能满足音响设计的高难度要求。

在古代中国另一个具有特色的金属手工业就是冶铁业。战国时我国进入了大批使用铁器的时代，铁农具如锄、犁、镰、刀、镢等在各地都大量使用。这些铁农具很多是在范中直接铸造而成的。我国铁器制造的一个特点，就是很早就发明了直接冶炼生铁的技术。人类最早生产出的铁，由于炉温很低，一般是块炼铁，不能成为液体流动，只能是含有大量杂质的疏松的团块，要经过反复锻打才能使用。这种制铁办法的缺点一是生产率低，二是质量低劣，所以我国古代称它为恶金。但从战国时代开始，我国已掌握了从铁矿直接炼出生铁铁水，用以铸造铁器的技术，这就要求有高达1100—1200度的高炉炉温。为此我国很早就对炼铁炉鼓风以提高炉温。当时鼓风的工具名叫囊，是一种人力推动的皮囊。在春秋时的炼铜炉上已经有了这种装置，战国时更用来炼铁，升高炉温，由此得到可化成铁水的生铁，铸造出各种

战国铁锄、镰范

各样的器具，十分方便。欧洲直到 1400 年左右才有这一技术，而我国比它要早两千多年。汉代的冶铁竖炉，推算高可达 6 米，有效容积可达 50 立方米，有 4 个风口鼓风，是一个庞然大物。用橐鼓风很费劳力，为此东汉杜诗发明了水排，这是一种水力鼓风装置，不但节省人力物力，而且提高了鼓风量。产铁地域十分广泛。汉代实行盐铁官营后，政府在全国 49 处设立了铁官。

生铁虽然可直接用来铸造，但它的质地脆而硬，极易断裂，使用不便。汉代已发明了多种技术使生铁柔化成熟铁，或者把生铁反复锻打，渗入碳而使之变成钢，增加韧性，用以制造农具和兵器，坚韧耐用而不易折断。

漆是人类发现的最早的塑性物质，采自漆树树皮，具有很好的保护性、坚固性和耐用性。它耐强酸强碱，不溶于水等多种溶剂，耐高温，且可防细菌侵袭。由于漆树是我国特产，所以我国很早就发明了从漆树采漆，涂敷在器物表面的方法，由此制成了漆器。河姆渡文化中已发现了漆碗，商周时漆器更多，但漆器的广泛使用还是在春秋战国时期。那时的漆器大部分是生活用品，主要是饮食器和妆奁器，如碗、盘、盒、壶、杯、勺、奁、耳杯、耳杯盒等。漆器的制造是先以木、竹等做胎，即做成模型，然后在上面涂漆，阴干而成漆器。涂漆不止一次，要涂好多次，甚至有多达上百次者。每次涂漆后都要等到干了才能再涂，十分费事。胎质起初主要是木、竹，后来发展到有金属、骨、角、皮革等。还有脱胎漆器，或称夹苎胎，即先用泥或木料做成模型（内胎），再在麻布或绸料上敷漆，然后脱去内胎，再经上漆、打磨装饰而成。脱胎漆器坚实轻便，不易走形和开裂，但制作不易。漆器的装饰也多种多样，上面可以施以彩绘，或者镶嵌螺钿、金银等。漆器成为我国古代相当普遍的生活日用品，其中许多是具有极高价值的艺术品。

汉代手工业的另一巨大成就是发明了造纸技术。西汉时期的纸几乎都是麻质纸。可能是古人在处理纺织用的麻纤维时，留下一些麻团乱絮，经摊平晾干，压成薄片，就成为初步的纸，用来包装物品。大约当时纸质粗糙，还没有用来写字。东汉时的纸许多上面写有字迹，纸面紧密，纤维细匀，纸很薄而仍具有一定强度和柔性，说明造纸技术已达到很高水平。世传东汉蔡伦造纸，他实际上是把造纸技术进行了改革和推广。蔡伦用麻头、破布、树皮、破鱼网等造纸，扩大了纸的原料来源，使造纸术在各地广为流布，天下都称蔡侯纸。纸的发明在文化的普及和传播上具有重要的意义，有利于人民知识水平的提高和社会的发展与进步。我国的造纸术于 12 世纪时经阿拉伯人之手传入欧洲，促进了世界文化的进步，这是中国对世界的一大贡献。

第二节
政治和经济结构

夏商周三代

一般认为自夏朝开始中国才有国家，夏、商、周三代是三个连续的朝代，时间大约为公元前 22 世纪至公元前 8 世纪（西周）。但另一方面，夏、商、周又是三个大体并行发展，同时存在的政权，是当时中华大地上并存的许多政治组织中较为强大的三个组织。夏的历史直到现在仍然不十分清楚，因为缺乏相关的确切文字记述。夏朝的开创者名禹，据说"禹会诸侯于涂山，执玉帛者万国"，即一方面他被诸侯尊奉为领袖，而另一方面当时存在的独立的国家有万国之多。考古资料也说明，和夏文化同时存在的，还有先商文化和其他各种文化。夏代的最后一个统治者是桀，他与商朝的开创者汤作战，败走灭亡。汤战胜桀可能是利用了正值收割季节、夏人准备不足而偷袭成功。

殷商的历史因有甲骨文和考古材料相印证，今人对它的了解较为准确。商的统治以河南为中心，包括今河北南部，山东西部，陕西西部。其统治区域可分为内服和外服，内服是商王直接管辖的地区，而外服则是"侯甸男卫邦伯"等诸侯管理的地区。在这之外，还存在众多的方国，北方有著名的鬼方、土方，是商的劲敌，经常和商作战，威胁其统治。西方是羌人，东方为东夷。商代晚年，纣王因为和东夷作战过久，虽然取胜但消耗太大，被西方的周乘机灭亡，所以"纣克东夷而殒其身"。周本是商人统治时的一个小邦，甲骨文中有不少伐周的记录，说明周和商一

商朝甲骨文

商朝后母戊青铜鼎

度为敌对关系。后来周被打败，臣服于商，但周借机养精蓄锐，积蓄力量，最终消灭了殷商。周实行封建制度，当时的天下有万邦并存，周也是这万邦中的一邦，其他各邦都有自己的传统政治结构和独立的统治权力。周天子是名义上的共主，实际上与许多邦是一种平等关系。《左传》僖公二十六年载："昔周公、大公股肱周室，夹辅成王。成王劳之，而赐之盟，曰：'世世子孙无相害也！'载在盟府，大师职之。"这说明在分封初期，周王和被分封的齐国就是平等关系，还要用盟誓来固定这一关系，以保持长久的和平。

　　夏、商、周的统治者，还不是后世所想象的那种统一国家的专制君主，而是带有许多原始部落残余痕迹的领袖。夏的统治者称后，一般我们说禹传子而家天下，建立了王位的世袭制，但东夷的领袖后羿一度夺取了夏的统治权，可见它的统治并不十分稳固。商的统治者称王，也称后。古时后、毓同为一字，像妇人产子之形，正是母系时代领袖的象征。而王在甲骨文中为斧、钺之形，说明商王由父权时代军事首领转化而来，具有统治的权威。不过我们知道，军事首领的权力往往要受氏族长、氏族议事会等的限制，是十分有限的。商人的组织仍是一些氏族或宗族，甲骨文中屡见王族、多子族、子族、三族、五族等名称，这些族奉王命去讨伐异族，戍守边防。这些族是一些政治实体，有自己的土地、邑居，其族长往往成为朝廷中的大臣，辅助商王。据说商代前期太甲在位时，暴虐不尊汤法，被其大臣伊尹流放三年，这期间由伊尹进行统治。后来太甲悔改，于是伊尹又让他回来重当国王。伊尹在中国历史上是一位有名的贤臣，他流放国王、摄行政事并没有被认为是坏事，这正是原始社会残余在王权观念上的反映。但是商王在统治过程中，也不断设法加强自己的权势和地位，这其中最为有效的办法就是利用神权来加强王权。商人尊神事鬼，宗教观念十分强烈，占卜、祭祀是国家最重要的活动。商人所崇拜的诸神中，帝或上帝是至上神，他支配自然界，主宰人类吉凶祸福，决定战争胜负、政权兴衰。此外，还有日、月、风、雨、山、川、土、地等神。商王对自己的祖先更是时常祭祀，不惜耗费大量物资，宰杀或沉埋牛、羊、马、鸡、豚等，有时多达上百头。因为商人相信其祖先的灵魂死后会回到上帝那里，通过他对活着的人降福降祸。商王依靠占卜，把自己的意志转化为神的意志，以利推行。到后来，商王的头衔上也有了帝的称号，反映商王想直接成为神以加强统治的企图。

周的统治者也称王。按照封建制度，周王是天下各诸侯的共主，各诸侯都有向他纳贡服役的义务，只是实际上许多诸侯国并不蕃屏王室，反而与之分庭抗礼。周王朝也有一套行政机构，有各种职官，这些职官往往由权贵之家世袭把持，形成世官制度。贵族的势力相当强大，对王权有一定限制。另外周代还保留了国人议事的制度，如遇国家大事，国君要征询国人的意见。但周代实行宗法制度，即按血缘来决定宗族内部的亲疏等级和世袭权利，用宗法把封建诸侯团结在周王周围，各诸侯按宗法所确立的原则，排成一种等级隶属关系，井然有序。把分封与宗法结合起来，是周代政治制度上的一大进步。另外，周朝在王权神化上，也和商代有所不同。周人逐渐把商人的至上神上帝，转换成为天，即把茫茫太空神化和抽象化，而周王自称为天子，各邦的君主都可以说是上帝的儿子，周王是各邦诸侯的领袖，是大宗，是天的元子，也就是嫡长子，所以是天子。周天子可以直接向天祈祷，可以祭天，而不必再通过自己的祖先，这就摆脱了鬼对人的控制，抬高了人的地位。周人还从殷商的失败中吸取教训，提出了"天命靡常"的思想，即如果统治者的行为不合天道，天可以不佑你，因而失去天命；而周正是因为其行为符合天道，所以取代商而得天下成为统治者。这既论证了周人统治的合法性，同时也警告其后人，治理国家要小心行事，不得妄为。

封建制度

　　周朝实行分封制度，史称封建制度，意谓封邦建国。后因西欧历史上也有一种封建制度（feudalism），所以史学界遂有封建制度是否普遍存在的讨论，这里有必要对中国的封建制度略加叙述。

　　现在的研究认为，周初所实行的封建，主要是周天子对其宗亲、功臣的封赏；所封的有珠宝、礼器，也有土地、人民；土地并无明确的疆界，大约是把征服的殷人，或者是当地的原住民，以及其他依附人口，连同土地一起封赏。周王朝对其官僚也有封赏，但土地、人口较少，所封的土地称之为田，可能是具体的小块土地。周初的封建是否实行了天子、诸侯、卿大夫等一级一级的分封，从而形成整齐的封建等级制，没有多少材料可以证明。大约周初的封建主要是在天子、诸侯之间进行的，诸侯对其卿大夫的分封也存在，可能并不太多，远未形成像西欧中古那样复杂的封建等级。当时天子对诸侯的分封，有册命礼的文书记载，册命礼文书所记的分封是天子的一种恩赏行为，由于某种原因而封某人任某职，司某事，并赐以土地、人民及财物等，而并不是要求受封者必须以完成某项任务为其得到封赐的条件。一般说的诸侯对天子的纳贡服役义务，即"蕃屏王室"，大约也是当时的习惯，而不是分封的条件。所以可以说，周初的封建，主要是一种国家行为，周天子和其诸侯

西周大盂鼎铭文

西周大盂鼎

的关系，是国家统治者和其下属的关系，而不是个人之间的关系。

不过应该注意到，周天子当时并没有真正的统治权，周初万邦并立，周不过只是其中之一邦。当时中原大地，人口稀少，空地很多，殷人与周人都以族群血缘关系，分成许多部落居住，还有许多其他的部族，也在这里生活居处。周人击败殷人向东发展要有一个过程。所谓分封者，就是周人的一个或数个血缘氏族部落，集体向新的土地迁居，与当地原来的殷人——可能还有其他土著居民——同居共处。所以有的研究者把周人的封建称为周人的武装殖民。这些新形成的邦和原来就存在的邦，都有自己的传统结构，有独立的政治权力。有的还名义上奉周天子为共主，有的连这种名义都不承认。天子与诸侯之间，诸侯相互之间，诸侯和卿大夫之间，往往用盟约维持关系。所以我们可以说，周代存在着主权分割现象，却没有形成个人之间的主从关系。

春秋时代（公元前 770—前 476）长达三百年，这时周王室实力衰微，各诸侯国互相兼并，形成一些大的诸侯国。与此同时国君对其卿大夫的控制加强了，出现了卿大夫要向国君效忠的观念；不久一些卿大夫的势力也膨胀起来，与其下属结成主从关系，威逼国君。于是出现了多层等级连锁，这就是所说的"王臣公，公臣大夫，大夫臣士，士臣舆……"在列国纷争、战乱不已的情况下，下级对上级的服务、效忠，就具有了较以前更为重要的意义。依靠这种关系，可以结成较稳固的封建团伙，使自己在斗争中发展壮大而不被消灭。再加上血缘氏族关系残余的存在，我们发现这时封建主之间的个人关系加强了。君臣被用来指称这种关系，上级都可以称为君，下级都可以称为臣，"天子诸侯卿大夫有地者皆曰君"。不过中国的封建终究不同于西欧的封建，个人之间的关系似乎并未达到支配的地步。当时的诸侯和卿大夫之间的关系主要还是一种公法关系，是国家的君主与其臣民的关系。只有在卿大夫和其下级家臣之间，个人之间关系的色彩才较为明显。这部分原因是因为当时充任家臣的多半为士这一阶层，士已经成为低级贵族的通称，有的士已经没落，生活无着，不得不投靠上级以求帮助。在投靠时要经过策名委质制度，策名是上级对下级的册封，而委质是下级对上级的进见。经过这一仪式，结成主从关系，臣要对主人效忠以至效死，所谓"委质为臣，无有二心"。不过对这种服役、效忠的内容，历史上缺乏明确的记载，不像西欧那样有具体的军役方面的规定；而且这种君臣关系是否由于他们之间有土地封赏作为纽带，也不十分清楚。我们所了解的文献大都强调下级对上级的服役、效忠，至于上级对下级的义务，则没有什么记载。

春秋时代各国政体，大都是城邦组织，保有原始民主平等的许多残余。其阶层有国君、卿大夫、士、国人（庶、众）的序列，下面还有各种依附居民和奴隶。政治组织则是国君、卿士、国人三者，这和西方的王政崩溃以后，形成执政官、贵族会议、人民大会的组织基本上是一样的。平日行政事务并不完全取决于国君，因为各国的贵族都是强大的家族，势力雄厚，往往操纵国家的行政，形成了"公卿执政"的局面。执政的公卿总管全国大事，大权在握，有时独断专行，甚至君命也可以不顾。如鲁国的季孙氏家族一直把持国政，公元前 609 年，莒国的太子仆杀死其父亲，以宝玉来投奔鲁国。鲁宣公命令赐给他邑，并且"今日必授"。可是执政的季文子却命令司寇把他驱逐出境，并且说"今日必达"。最后还是执政的季文子说了算，当然他解释说弑父的人是不吉的。①

一国的国君是最高军事指挥官，但在战役中不一定是总指挥。齐晋鞌之战，晋军的总指挥是郤克，而齐顷公却自己参加战斗，在车上为中，逢丑父在右（当时的

---

① 《左传·文公十八年》。

战车上有三人，左人持弓，右人持矛，中人御车，另有甲士十人，乃随车的步兵，保护战车），结果齐军大败，在逃跑时他的车被挂在树上，眼看就要被晋军俘虏。逢丑父假装命令齐君下车取水，乃得乘机逃走。[①] 晋楚城濮之战，楚成王根本没有来，派令尹子玉为统帅，将中军，而晋文公也只是远远地观战，结果楚军大败，后来子玉被迫自杀。[②] 甚至周天子也参加战斗。因为郑伯不朝，周天子率蔡、卫、陈伐郑，天子自将中军，结果周师大败，祝聃射王中肩。[③]

国君遇有大事，一定要召开贵族会议讨论，叫作朝大夫，问题解决不了，就再开国人会议，叫作朝国人。卫国因为在盟会上受到晋的屈辱，准备叛晋，于是在郊外召开贵族会议讨论。卫侯说因为这件事有辱于国家，准备退位，实际上是想激怒诸大夫，让他们同意叛晋。又说晋要以卫侯的儿子和诸大夫的儿子为质，甚至还要工商业者的儿子们为质，这些条件贵族仍然同意。于是卫君召开国人会议，这就是询国危，说如果晋国五次伐卫，那么办？国人说，"五伐我，犹可以能战"，和卫君的意见一致，而且同仇敌忾，不怕作战。于是卫君叛晋。[④] 世家大族对国君有废、立之权，齐宣王问孟子贵戚之卿是怎么样，孟子说，"君有大过则谏，反复之而不听，则易位"，齐宣王受不了，勃然变色。孟子说："王问臣，臣不敢不以正对"，可见孟子认为这是理所当然的事。[⑤] 不过时移世易，具有民本思想的孟子认为理所当然的事，在战国时代已经不能实行，所以齐宣王不接受孟子的想法。

当时国人在政治上十分活跃，和希腊罗马的平民差不多。《左传·僖公十八年》记，邢人、狄人伐卫，卫侯不敢抵抗，召开国人大会要把国君的位子让给别人，看来是推卸责任。国人不许，于是卫侯只好出兵，结果狄人退兵。看来国人的决定是正确的。国君的地位不怎么牢靠，国人一怒就可以把他们赶走，"出其君"，《左传·僖公二十八年》记"卫侯欲与楚，国人不欲，故出其君"，于是卫侯只好跑到另一个地方躲避。从封建的关系看，国君是一国之主，是受周天子册封的，当时已经形成了君位父死子继、兄终弟及的两种继承制度。可是"社稷无常奉，君臣无常

▶ ▶ ▶ _____

① 《左传·成公二年》。
② 《左传·僖公二十八年》。
③ 《左传·桓公五年》。
④ 《左传·定公八年》。
⑤ 《孟子·万章下》。

位，自古以然"，^①所以可以说，中国城邦时代的国君，绝对不是我们习以为常的那种掌握军政大权的一国之主，而是有点像罗马时代的执政官或者希腊的 basileus。只是中国的诸城邦上面，有封建制的层级，最上面有周天子名义上的统治，后来的大一统观念更加深了这一认识，遂使城邦概念湮没无闻。

战国时期（公元前 476—前 221），封建的君臣关系趋向瓦解，封建等级制日益败坏，各等级之间的流动日益加剧。礼崩乐坏，下克上，公室衰而私门强大，一些国家的卿大夫逐渐取得了国君的地位。出现这些现象的一个重要原因恐怕是旧贵族阶级的没落。原先，这些旧贵族无论是诸侯还是卿大夫，强大的原因之一是得到其同宗的支持。而这时宗族血缘关系已日趋瓦解，"公室将卑，其宗族枝叶先落"，旧贵族世家都已衰微，有的甚至"降在皂隶"，落到了奴隶的地位。失去了支持的各国公室，即各国的诸侯们自然也随之没落。强大起来的私门，即各国的卿大夫们夺取了国君的政权，他们依靠的不是宗族的支持，而是国人的支持，因为他们的宗族也在没落。他们取得胜利之后，大都实行变法，消灭旧贵族势力，拔擢出身卑微的才智之士管理国家。这说明旧的封建宗法关系已走到历史的尽头了。战国时也还有一些封君，但这些封君已远不是其封地内独立的主人，不过享衣食租税而已。有些封君还大批养士，可是这时的士已不再为主效死，而是"士无定主"，合则留，不合则去。君臣关系，主从关系，都变得十分自由，人的流动性加强，固定的封建纽带不再起作用。

战国时期，中国形成了几个管理完善的强大国家，如齐、楚、燕、赵、秦等国，但后来这些国家并未能保存下来。经过兼并战争，秦完成了全国的统一。此后历经二千余年，中华帝国基本上以统一为主流，而分裂割据的时间较短。

秦汉帝国

秦汉帝国延续四百余年（公元前 221—公元 220），其中秦代国运短促，秦始皇从公元前 221 年统一到公元前 210 年去世，在位不过十年。对如何管理一个刚刚统一的庞大帝国，秦始皇还缺乏经验。所以他拼命工作，四处巡察，事无大小，都要

▶ ▶ ▶

① 《左传·昭公三十二年》。

亲自处理。而且赋役苛重，严刑峻法，结果秦二世而亡。汉朝经过了相当长时期的斗争，方才把各种各样的割据势力消灭掉，把统一的局面巩固下来。

秦汉帝国的国家元首称为皇帝，这个称号是秦始皇开始采用的，以显示他的至尊至贵地位。但此时指导皇帝制度的思想仍是周人的天命观。天生民而立之君，君须代天保民，君不保民，则将失去天命，也就要失去天下。汉代的董仲舒把五行灾异说和天命观结合起来，提倡天人感应说，宣称人君的行为如不符合天道，天就要制造灾异以发出警告，如他还不改正，"则伤败乃至"。"且天之生民非为王也，而天立王以为民也，故其德足以安乐民者天予之，其恶足以贼害民者天夺之。"这种思想在汉代相当深入人心，遇有灾异或者皇帝倒行逆施，便有不怕死的人向皇帝上书要求刘家让位。所以后来王莽代汉时，有几十万人上书拥护，当时的全体知识分子包括最有名的学者刘歆都是支持王莽的。根据儒家学说，皇帝首先应是全民的道德楷模，他的一言一行，一举一动，都应符合经典，成为百姓效法的榜样；他还应爱护子民，体恤民情，为百姓谋利益；他应该有高度的睿智，知人善任，选贤任能，把国家管理好；他应该遇事能有正确判断，犯了错误能虚心听取意见，从谏如流；他还应该遵守先王成法，不任情使性，一切按规定办事。所以，从理论上说，皇帝的行为有很多要求，受到许多的限制，他统治国家的目的是为民谋福利，而不是其他。

皇帝管理国家，是行政、司法、军事、财政等事件的最终决定者。可是他并不能独断专行，有事要召集主要大臣商量，要按一定的规则、程序处置，要受到各派政治势力的左右，更要受到丞相的制约。皇帝为了不受大臣掣肘，有时另外依靠一些人办事，如自己的秘书班子（尚书）、外戚、宦官等。但外戚、宦官往往也对皇帝的权力构成威胁，使他更难以自由行动。

秦汉帝国实行中央集权制，建立起一套官僚机构，负责管理行政、军事、财政、司法、监察各方面的工作。地方上也设立各级行政机构，由中央委派有俸禄的官员主持。这一套官僚系统在当时世界上是最先进、最有效的系统。它对全国的农业生产、工商业活动，都要干预、督导；它负责全国道路交通的维持与修理；它对全国的人口、土地都要登记，逐级上报，以便为向百姓征收赋税提供根据；它征收全国的农业税、人头税、工商业交易税等来维持皇室、官僚机构和军队的开支；它还自己经营庞大的农业、工商业以补充开支；它保持着庞大的军队，以保卫国家、进行扩张、维持社会治安；它还关注公众的日常生活、伦理道德，以使整个社会和谐安定。但我们并不能像一些西方史学家那样，认为古代中国的国家权力是压倒一切的。事实上，在国家机器之外，人民依旧有广大的活动空间，而国家管理职能的施行，也是在社会组织的基础上实现的。

土地制度与农业经济

上古的土地制度，在《国语·周语》所记周襄王回答晋文公的时候，已说得很清楚。他说："昔我先王之有天下也，规方千里以为甸服，以供上帝山川百神之祀，以备百姓兆民之用，以待不庭不虞之患。其余以均分公侯伯子男，使各有宁宇，以顺及天地，无逢其灾害。"这就是说，在千里的方块内，是周天子所占有的土地，他可以获取收入，以供应国家和王室一应费用。在这千里之外，即他所均分给诸侯的地方，周天子只有名义上的管辖权，诸侯对他则有一定的贡纳义务。其余的诸侯在其封国之内，也各有其占有之地和管辖之地。当然，诸侯和天子都可以把他占有之地分封出去，只是由此他就失去了土地的占有权而只有管辖权了。这里说的是理论上的情况，实际上商、周时代，都是王邦与其他万邦并存，各有其占有的土地，而互不相属。

天子、诸侯等所占有的土地，当时是如何经营的呢？说法不一。我们知道，天子、诸侯等的都、邑所在，都有官僚、贵族、士兵、仆役、婢妾、手工业者等与之共同居住，所以需要有大量的食品、衣物及其他生活必需品供应。在上古交通不便的条件下，这些必需品很难从各地运输而来，所以他们必须有自己经营的地产。这些地产可能规模较大，集中众多的劳动者进行生产。如曾发掘出商代窖藏的几百把石镰，都有使用过的痕迹，肯定是为自营田庄的劳动者所使用过的。又如周代的农事诗中屡见"千耦其耘""十千维耦"等语，这也说的是集体劳动。我们不能按字面上理解，一定要说劳动者有上万人，但应该知道，当时生产力低下，耕地用的是木制耒耜，而且还是二人共发一耒，统治者驱使上百，甚至几百的奴隶、依附者、按族聚居的被征服者在一块土地上耕作，还是完全有可能的。至于一般的农民，即史书所记的众、庶人、野人等等，他们大约还是依族而居，组成公社，生产已逐渐过渡到按小家庭进行。问题是如果他们耕作的土地远离贵族居住的中心，那这些实物如何运输到那里就成为一个很大的问题，我们在史料中未见有这方面的记载。

商、周之际，血缘氏族关系、宗族关系还相当强烈，从氏族社会流传下来的土地公有习惯还在起作用，这时的土地往往由代表集体的王、诸侯、贵族、公社长老等掌握，土地的转移大约也主要是用封赐的方式进行。井田下的各户田地，也是分与的，故史称"田里不鬻"。春秋时随着血缘关系的淡化，争夺土地、买卖土地的情况逐渐产生。国家为适应新的情况，要对土地和人民加以控制，这就是春秋战国时国家机器日渐加强的原因。周宣王"料民"于太原，是后来国家对居民登记户口的先声。春秋战国之交各国的变法，实行初税亩、初为赋、初租禾等措施，就是因为统治者和人民开垦的私田日多，原来的公社土地制度日益崩坏，沟洫制度不起作用，已无法征收到足够的税以满足统治者的需要。所以各国改为履亩而税，向土地所有者（也许只是使用者），包括地主和一般农民收税。这一制度的推行，当然也是要以生产力的提高，交通运输的改善为条件的。

降及秦汉，我们就看到了多种土地制度的并存。皇室控制着大片的土地，有山林川泽、苑囿园池以及草地、荒地、未垦地等。据汉人统计，皇室所占土地为国土总面积的92%，而地主和农民所占田地只有8%。当时人是以皇帝等同于国家（天下）来看待这一问题的，但实际上这并不是一种所有权，而是一种统治权。这里面只有很小一部分土地，是皇室可以取得收益的，如开采矿藏，一些可供渔猎的山林陂塘，和某些可耕田地等，皇室可以收税。皇帝大约还有一些由奴隶、刑徒等耕种的自营地。更多的可能是把这些土地出租给农民收取实物租。皇室、政府、贵族、士兵以及许多手工业者、依附人口等需要的粮食，主要是靠向全国的编户收取田赋而取得。

官僚、贵族、庶族地主等占有大片土地，这些土地有的是皇帝封赐的，有的是巧取豪夺得来的，也有少数是买卖得来的。他们对自己的地产都有充分的支配权利。汉代特别是西汉时期，反对兼并农民土地的呼声不断，到东汉时逐渐减弱，说明汉初大地主较少，以后越来越多。国家对大地产一直采取限制的政策，甚至有时派官员到各地检查"田宅逾制"的问题，不过收效很小。大地产有些是自己经营的田庄，这往往是集农、林、牧、渔、园艺、手工业为一体的生产组织，其中的劳动者和田庄的主人许多还有血缘宗族关系，他们的生产和其他活动都被安排得井井有条，甚至年轻人还有受教育的机会。大田庄还从事频繁的商品贸易，买贱卖贵以从中取利。大田庄还建立了自己的武装，在东汉末年社会秩序混乱时更有所发展。更多的大地产是分配给佃农耕种的，地主只向农民收取地租，而不组织生产，地租率一般为产量的 50%。

汉代的农民主要可分为自耕农和佃农两类，自耕农的土地很可能是依据原来的公社习惯而领有的，即使存在着国家的授田制度，也是在公社的基础上进行。佃农的土地则是向地主领种的。不过无论是自耕农还是佃农，他们的经济组织同样都是一种以家庭为生产单位的小农经济。这种小农经济，战国时的孟子已做过描述，这就是五口之家（或八口之家），百亩之田，还有五亩之宅地可以种桑养蚕，可以饲养鸡豚犬羊之属，男耕女织，形成了自给自足的家庭经济。按照孟子的说法，如果政府不干扰农民的生产活动，这样的家庭经济可以达到"老者衣帛食肉，黎民不饥不寒"的境地。但《汉书》所引同时代人李悝的估算则是在正常情况下，一个农民家庭一年的费用还要缺四百五十钱（李悝估算一石粮合三十钱），如此农民的生活则十分困难。我想在正常情况下，一个国家的农民经济，总体上应该能做到不饥不寒，否则这个社会的存在也就成问题了。不过根据江陵凤凰山出土汉简材料看，当时的小农家庭土地都不足百亩。这批材料所记共 18 户，户均人口 4.72 人，户均土地 24 亩弱，最多的一户也只有土地 54 亩，离百亩之田还相差一半。这样看来我们对当时农民的生活状况不能估计得太好，大约在好年成下还是能维持正常的生活，不然西汉初年的经济繁荣，就成为无源之水了。

商品经济和城市

从春秋战国之交开始直到两汉，是中国历史上的一个商品经济繁荣的时期。这一繁荣的基础，应是铁器牛耕的推广所带来的农业的发展。同时也说明小农经济在适当的条件下，可以发展出发达的商品生产。所以这一时期我们看到全国工商业繁荣、城市兴盛的景象。

当时商品经济的基础，是农民和小手工业者所进行的生产。小农的生产主要是为了满足自己的需要，可是他也必须换取盐、铁等不可缺少的日用品，还要换取一定数量的货币交纳国家的赋税，为此他必须卖出一定的农产品、畜产品和纺织品，这就自然进入到商品经济的体系之中。此外，当时的小农还积极主动地进行商品经济的活动，所以社会上发生了背本趋末的现象，有了田也不种而贱卖以贾，上百万人到山林中去采铜铸钱以取利。凤凰山汉简还记有张伯等十人相约，每人出钱二百，从事贩运性商业的情况。全部资本总共不过二千钱，当时一匹马就值四千，可证所谓"末业贫者之资"的话有合理性。至于小手工业者，他们本来就是进行商品生产的，他们的活动在《盐铁论》中有清楚的描述："家人相一，父子戮力，各务为善器。器不善者不集。农事急，挽运衍之阡佰之间。民相与市买，得以财货五谷新弊易货，或时赁。"说的是小铁匠以家庭为单位，制成很好的铁器，运到田间地头去卖，农民可以用钱买，可以用物（谷物）换，还可以旧换新，更可以赊欠。这是多么灵活的经营方式。这种农村小市场是细小的，脆弱的，甚至是半封闭的，但又是全国商品流通的基础。在它的上面，是以郡、县为中心的地方市场。当时郡、县治所在地，多半集中了较多的人口和财富，有一些成功的工商业者，他们"力农畜工虞商贾，大者倾郡，中者倾县，小者倾乡里者，不可胜数"。再上面的一层，就是以全国的一些大都会为中心形成的区域性贸易网络。这些大都会有长安、洛阳、邯郸、温、邺、宛、成都、江陵等。当时中国大体上是四个经济贸易区，各以其特产而相互交易。这四个贸易区的情况是：西部地区，包括今山西西南部以西，陕西、甘肃、四川一带，盛产木材、穀栌、旄、玉石；今河北南部，山东江苏北部等地，产鱼、盐、漆、丝；长江以南产冉梓、姜、桂、金、锡、连、丹沙、玳瑁、珠玑、象牙等；今山西河北北部往北，则产马、牛、羊、丹裘。这些产品中有些是日用必需品，但不少是奢侈品。

工商业者的经营组织，我们知道得不多。小手工业者、小商人由国家登记入市籍，和农民区别开来，似乎人格减等，但他们的经营则是自由的。而且也还有许多没有市籍的工商业者在活动。大商人许多是实业家，如蜀卓氏、宛孔氏、东郭咸阳等经营盐铁，役使奴隶或雇佣贫民进行生产。由于冶铁、煮盐已有复杂的生产系统，也需要不少设备，作坊的规模不会很小，内部可能也存在某种分工，此外还有运输、销售等环节的组织，所以他们役使的劳动力相当多。如卓氏有奴隶千人；师氏有百余辆车搞运输，大概也进行销售；刁间役使奴隶经商，他自己组织指挥而致富；无盐氏靠放高利贷致富。小商业有合伙制（上述凤凰山汉简之例）以积聚资本的例子，但有没有大商业还不十分清楚。

中国古代还有相当规模的官营工业，主要是金银器皿、纺织业等，它们规模宏大，技术精良，但劳动力主要是无偿征发来的，产品专门供应皇室、贵族消费，并不投入流通。后来政府也经营工商业以谋利，实行盐铁官营。所谓"官营"，有点像是官民合营，大约资本是两方出的，由官家监督销售，如何分利则不清楚。另外国家还想控制商品流通，组织各地贡纳特产的运输和销售，平抑物价，也取得利息。这种办法限制了民间资本的运行，制造的器物不好，而且价格昂贵，不断有人要求废除它。但因为大有利于国家的财政收入，所以盐铁官营的办法一直被保留了下来。

　　中国古代很早就有城。城当时指的是国中建立的一个有围墙的据点，战时国中居民可以躲藏入内，能起防卫作用。所以城、国（城邦）是同义词。一般统治者也会住在城中，于是城成为权力中心。后来生产发展，商品经济发达，才逐渐产生了市。市就是在城中设立的一个工商业区域，那里居住有专门从事工商业的人，其他人也可定期到市中进行交易。所以，中国的城市，很早就是一个政治中心和工商业中心的集合体。国都、郡县治所在地，都是城市。战国两汉时期，中国的城市相当发达，许多城市中的农业人口已大为减少，变成了工商业者聚居的地方。后汉王符说当时的洛阳，"资末业者什于农夫，虚伪游手什于末业，天下百郡千县，市邑万数，类皆如此"。当然不一定有王符所说的这么多的城市变成了工商业中心，但有一些城市已是如此。城市的人口也大量增加，出现了不少大城市，如临淄就有十万户，那就是四五十万人口（是否真有这么多也值得怀疑）。中国古代的城市，从一开始就在政府的管辖之下，它和西欧的中古城市不一样，没有取得过自治的地位。但城市中的工商业者仍是一种社会力量，在历史上发生过作用。

第三节
社会各阶层状况

贵族[①]

　　西周春秋是贵族阶级鼎盛的时代。这时他们形成了极具特色的社会等级，是一个闭锁的集团，爵位、地产、权力世袭。贵族是一些血缘宗族集体，族人相互支

---

① 参看钱穆：《国史大纲》上，商务印书馆，1997，68—72 页。

持，组成强大的政治势力，成为和国君抗衡的力量。各邦的军国大事，没有贵族的参与，就不能得到解决。为了保持宗族的长久稳定，逐渐产生了宗法制度。宗法制度十分复杂，其本质在于既要维持嫡长子作为族长对爵位、地产的世袭，又要使其他诸子分享政治、经济权力，维持本族的团结一致。贵族还是军事上的垄断阶级。当时以车战为主，射、御（驾车）是车战的主要技能，只有贵族才能从小加以学习掌握，而一般民众只能作为步兵，在战争中起从属作用。贵族更是文化上的垄断阶级。当时学在官府，只有贵族才能学习文化知识。贵族学习的知识称六艺，即礼、乐、射、御、书、数，包括政治、军事、文化各方面的知识和技能。所以只有贵族才能在祭祀议政、朝聘会盟等场合，遵守礼仪，应对得当，成为合格的政治人才。

礼是贵族阶级首先要学好的课目。礼本是古代社会的习俗，用以调整社会生活的各个方面，规范人的行为。礼强调的是自觉的遵守，而缺乏强制性。史传周公制礼作乐，不过看来不大可能由一人制定全社会认可的行为规范，很有可能这是说在西周初年，殷礼变革而成为周礼。在西周春秋时代，礼在国家政治生活、社会生活中起的作用越来越大，在政治、外交、军事、战争、祭祀、丧葬、宴请、婚配、冠笄等等方面，都有许多具体的规定，要求人们加以遵守。在礼的基础上又发展出了十分繁琐的仪式，所谓"礼仪三百，威仪三千"。它的一些内容越来越失去全社会的性质，成为贵族阶级独特的规则。周代贵族希望通过礼和礼仪使整个社会、整个国家达到和谐有序，长治久安，因此特别加以强调。所谓"道德仁义，非礼不成；教训正俗，非礼不备；分争辩讼，非礼不决；君臣上下，父子兄弟，非礼不定；宦学事师，非礼不亲；班朝治军，莅官行法，非礼威严不行；祷祠祭祀，供给鬼神，非礼不诚不庄"。事实上礼当然不可能有这么大的功能，因为在当时已十分复杂、已发生分化的社会中，只强调自觉遵守行为规范，而不依靠强制执行的权力，是根本行不通的。西周春秋时的社会秩序，也不完全是靠礼来维持的，非礼之事所在多有。不过大体说来，礼仍是当时贵族阶级的行为准则，如果一个贵族违背了礼，便要受到舆论的讥刺。《左传》中有大量的"礼也""非礼也"的评论，便是这一情况的反映。

在礼的熏陶下，贵族阶级有了自己的意识形态。他们重人道，讲礼貌，守信义，战争中英勇无畏，平时风流儒雅，体格健壮，学识渊博，是一种全面发展的人。即使在生死攸关的战争中，他们也不失其彬彬有礼的风度。晋楚城濮之战中，楚贵族子玉派斗勃向晋文公请战，斗勃说："请与君之士戏，君冯轼而观之，得臣（即子玉）与寓目焉。"说得就像是请对方来看一场体育竞技一样。而战斗的结果是楚国大败，子玉被迫自杀。宋襄公与楚军战，宋军已成列，而楚军还未渡河，有人请他乘机进攻，不许；楚军已过河而未成列，再请他进攻，仍然不许。结果宋军大败，史讥宋襄公之仁，看起来他就像堂吉诃德先生一样。但宋襄公遵守的是当时贵族阶级的作战规则，不进攻未做好准备的对手，在战争状态下也不能失礼。

春秋时列国纷争，政治、外交斗争很多，贵族阶级折冲其间，有时仍不失其优雅风度，赋诗应对，机智幽默，化解不少矛盾，求得和平。齐晋鞍之战后，齐国被打败。齐侯派宾媚人为使，拿着宝物和土地到晋求和。晋国的条件是一定要齐侯之母为质，而且还要齐之封内尽东其亩（即要求齐国田地之垄沟都改为东西向，这样它的道路也就成为东西向，晋在齐之西，便于战争时向齐进攻）。宾媚人回答时说，要齐侯的母亲为人质，你岂不是要落一个以不孝号召天下的罪名吗？他引用《诗经》"孝子不匮，永锡尔类"来加强这个论点；至于尽东其亩的要求，他又引用"我疆我理，南东其亩"的诗，说明先王疆理天下是看地势之需要来定垄亩之方向的，你现在要齐国尽东其亩，完全是为了自己行军的便利，没有道理。如果谈和不成，齐国也只好收拾兵马，和晋国决一死战。宾媚人的谈判最终获得了成功。

随着礼崩乐坏，西周春秋的贵族阶级到战国就没落下去了。秦汉的贵族只是王室的附庸，除了有时因为争权夺利而起来造反外，并没有独立的阶级意识和行动，所以很快就被王室消灭。西周春秋的贵族虽然在我国历史上发生过重要的作用，他们的一些礼仪风尚也影响到广大的民众，但他们终究是高高在上的少数人，他们所习用的一些繁文缛节并不适用于劳动人民，所以后来发生了"礼不下庶人，刑不上大夫"的说法，这是我们应该知道的。

官僚阶级

战国秦汉时期是古代中国国家机器迅速发展的时期，到了汉代，仅丞相府就有吏员300余人，而当时一个县的吏员也有数百人，全国大小官员达十二三万人之多，这是一个不小的数目。从中央到地方，都设立有行政、军事、财政、监察、司法、人事等机构，这些机构有繁多的公文程式，有复杂的运行机制，掌握它自然也

秦始皇时期的虎符

就成为一种特殊技能，而掌握它的人当然也会成为一个特殊的等级。

要成为官僚阶级中的一员，首先是得要有相当的产业，汉初要有十万家产才可为官，后文帝减为四万。贡禹有田百三十亩，家赀还不满万钱，可见家产十万一定得是个地主。其次是得要有一定的学识，"太史试学童，能讽书九千字以上，乃得为吏"。另外还得对有关管理领域的特殊知识有所了解，选举官吏的条令就规定有"明达法令，足以决疑"的内容。这样官僚家庭出身的人就更有可能担任官吏，因为他从小耳濡目染，自然会熟悉为吏之道。史载张汤的父亲是一个法官，所以张汤自幼即懂得法令，把偷肉吃的老鼠捉来审判，完全像个老法官。当时也有任子之制，就是高级官吏可以保任其子弟为官。当然也有贫穷而有特殊才能、特殊贡献为官的人，如前面举出的贡禹。然而只要一升任官吏，马上便可成为有权势、有地位的富豪。贡禹被征辟为光禄大夫，秩二千石，月俸就有一万二千，"家日以益富，身日以益尊"。所以当时的官僚阶级是一个有权势、有地位、有知识、有财富，相对稳定的集团。

官僚集团以皇帝为首，他们的决定最后要得到皇帝的认可，才可实行。皇帝是世袭的，其德才均没有太大的保证，往往难以满足治理国家的要求。官僚机构的运行，必须遵循其固有的规章制度，按规定办事。但皇帝的裁决却具有随意性，有时会破坏已经形成的制度，使管理工作混乱，甚至危害国家。因此，皇帝和官僚集团之间时常会发生冲突，冲突往往集中在皇帝应否守法这一点上，所以汉代有"法者，天子所与天下公共也"的说法，就是要求皇帝必须遵守规章制度。可是根据古代的习惯，皇帝却有着不受规章制度约束的特权，因此冲突时起。一次汉文帝出行，有人惊了他的马，这个人被送交廷尉治罪，廷尉张释之只让他交纳罚金，文帝认为处罚太轻，张释之说："法者，天子所与天下公共也。今法如是，更重之，是法不信于民也。"他说假如你当时把这个人杀了也就算了，现在在我这里，那就得依法办事，最后文帝只好让步。当然，假如汉文帝硬要把这个人杀了，张释之也没有办法。不过官僚集团的抗衡，始终是限制皇权的一种力量。

由于皇帝往往厌于治国，或者不善治国，所以皇帝下面要有丞相。丞相位尊权大，几乎无所不管，成为事实上的百官首领。丞相只能按官僚机构的规定办事，因而也就不可避免地要与皇帝发生冲突。所以汉代皇权与相权时起纠纷，皇帝或者借故罢免丞相，或者把他杀掉。为此相权曾一度削弱，皇帝设立自己的办事机关，于是有了内朝外朝的区分。内朝决策，以丞相为首的外朝只能执行，但这种变化并不符合君主制国家的管理规定，这一矛盾要到后来才可调整。

工商业者

从战国时起，随着商品经济的发达，工商业者的势力日益发展，出现了一些掌握巨额财富的大商人。当时的商人可分几种类型，一种是手工业者兼商人，大都是经营盐、铁而致富的，如猗顿以制盐起家，邯郸郭纵以冶铁成业，他们都与王者等富。有一个卓氏，是赵国人，本来就是经营冶铁的富人，秦始皇时把他迁徙到蜀，他在那里又进行冶铁业，不久又致富，有奴婢千人，"田池射猎之乐，拟于人君"。其他如程郑、宛孔氏、刁间、曹邴氏等都是这一类人。还有如巴寡妇清，以开采丹砂致富，以财自卫，没有人敢侵犯她，所以秦始皇为她筑女怀清台，奖励她为贞妇。另一类商人是买贱卖贵，囤积居奇的中间商人，也有发财致富的，如三致千金的陶朱公，还有如白圭，他有市场预测的能力，人弃我取，人取我予，丰收时买谷物卖丝漆，蚕熟时买帛絮而卖粮食，也成了大富翁。另一人师史也搞中间贩运，转毂百数，贾郡国无所不至，结果可能有万钱。第三种商人是高利贷者，称子钱家。汉初有七国之乱，为平定叛乱，在长安的列侯要封君参军，这些人到处借钱，因为形势不明朗，好些子钱家不愿借，只有无盐氏一家借给他们，后来三个月七国就失败了，借的钱都连本带息收回，无盐氏因此发了大财。

秦始皇时期的铜权

以上说的还只是留下记载的大商人、大富豪，另外还有许多不知名的中、小商人和手工业者。现在的问题是，从全社会来看，商人的数目是不是很多呢？司马迁的估计是"大者倾郡，中者倾县，下者倾乡里者，不可胜数"。贡禹的估计是"民弃本逐末，耕者不能半"。东汉王符的估计是洛阳地方经商的人十倍于农民，而其他做工和游手好闲的人又十倍于商人，"天下百郡千县，市邑万数，类皆如此"。仲长统则认为"汉兴以来，相与同为编户齐民，而以财力相君长者，世无数焉"。这些估计无疑都有夸大，不过工商业者在当时的社会上已经形成一个阶层大概是不成问题的。

工商业者虽然形成为社会上的一个阶层，有其特定的经济活动和生活方式，但我们还没有发现他们有自己的组织。他们在经济上是强大的，往往是"封君皆低首仰给焉"，可是在政治上、社会上，似乎还没有发挥足够重要的作用。这提醒我们不可过分夸大商人的势力。当时的情况是工商业还未分化，大商人必定是大手工业者，而一般的规律是"以末致财，用本守之"，工商业者往往也兼为大地主。而地主、官僚兼营工商业的也不在少数，这就造成工商业者的独立性不明显，也说明社会分化有待发展；另外国家的政策对商人不利。秦朝以重农立国，急耕战之赏，后来果然统一全国，于是"上农除末"，对商人歧视压制。汉朝因袭这一政策，法律上、社会上都轻贱商人。可是经济活动的规律并不以国家的规定为转移，商人还是一天一天地富贵起来。后因国家财政困难，汉朝更采取了许多打击工商业的措施，盐铁专卖、均输平准、算缗告缗等，使"中家以上大抵破"，许多工商业者、富人破产，其财物也被没收。但汉武帝实行这一政策依靠的还是商人，他把许多商人都除为吏，所以商人也掌握了政策和权力，明里暗里和朝廷斗争。汉武帝曾向张汤抱怨说，我的行动商人往往先就知道了，他们更乘机囤积居奇，好像有人把我的计划告诉他们似的。因此，汉武帝抑商政策实行的结果，大概是使一部分工商业者破产，也有另一部分工商业者乘机发财，进一步形成官商结合的局面。这也影响了中国古代工商业者的独立性。

当然，汉代的工商业活动，在汉武帝之后依然十分活跃。王莽时，仍然任用商人，有一个大商人王孙卿，以财养士，与雄杰交，大约是地方上的一霸，王莽命他为京司市师，是汉东市令。另外洛阳张长叔、薛子仲家赀都有十千万，王莽任命他俩为纳言士。东汉初年，桓谭给光武帝上书，说富商大贾，到处放贷钱货，中家子弟，为之奔走，就像臣仆一样，而他们的收入和封君相等。一直到东汉末，控诉商人兼并农人，商人奢侈享乐的言论仍不绝于耳。这些言论出于儒生之口，大约有一定的夸大成分，不过也说明工商业者的势力并未减弱。只是他们受诸多因素的影响，和官僚地主的关系较为密切，自己的独立性较差，未能发挥更大的作用。

农民

古代中国的生产劳动者以农民为主体，全国大多数人口是农民。在古代历史的漫长时期内，农民有多种多样的身份和等级，不过大体说来，农民的主体是自由民，特别是在中国形成统一国家后，农民的构成主要是国家管理下的编户齐民，用今天的话来说就是公民。他们耕作小块土地，向政府交纳赋税，服兵役和劳役，但在法律上，他们的地位和官僚并无不同。他们可以通过爵位（即二十等级制的爵位）的升迁，或者政府的征辟而上升，以至封侯拜相。汉代农民有到京城当卫士的义务，一年期满可以更换。卫士初到京城，丞相一定要亲自到都亭迎接慰劳，一年期满后，要举行盛大的宴会欢送，皇帝亲自出席，百官聚会，赐酒食陈百戏，还要征求卫士对服役期间的待遇和时政的意见。这说明汉代农民的地位很高，当然这也和秦朝重耕战之赏，由军功可以拜爵以至王侯将相有关。

从很早的时候起，中国的农民就是以小家庭组织的形式存在的，他们的经济也就是一种小农经济。诗《豳风·七月》中所描写的西周初年的农民家庭，就是个体家庭；战国时说的农民，或为五口之家，或为八口之家，也都是个体家庭；秦汉时的农民，五口之家被认为是一种典型的形态。从当时全国的人口统计看，则一户亦为五人左右，所以小农经济的长期存在是不成问题的。在个体家庭之上，有农村公社的组织。公社的根在原始社会，最初是一种带有血缘关系的组织，后来逐渐转化为以地缘关系为主的组织，但血缘关系的残余依然存在，同公社的人往往有同宗关系。中国古代的井田制，应该就是农村公社的财产关系。当然它不一定要八家为一井，共耕公田。要把所有的土地都划分为"方里而井，井九百亩"这么规整的方块，实际上是不可能的。它大约是古代的公社，给公社成员各家划分一小块耕地，也许以百亩为单位，让他们自己耕作。在开始时生产力低下，大概还实行休耕制，所以有的是家二百亩，有的三百亩，三年要换土易居。这时公社的上层已不劳动，他们的耕地由各家耕作，这就是公田的由来，也就是劳役地租的由来。另外公社成员对其头领还有许多的实物捐纳和劳役义务，和西欧中古时农奴的负担差不多。但由于公社仍有同宗关系，所以逢年过节，全公社的成员都来庆祝一番，体现原始的平等和互助。不过这时的公社已然失去真正的平等。统治阶级借农村公社的形式，

东汉观伎画像砖

建立了自己的剥削组织，公社转化成为地主的庄园了。《汉书·食货志》中描写的农民到野外去劳动，还要有里胥的监督。回来时还要按照体力强弱，带回一定数量的柴火，妇女还得在夜间共同纺织，说的也许就是统治阶级强加给公社成员的负担。

劳役地租形态的农村公社在我国存在的时间并不长久，大约很快就消失了。但农村公社却长期保留下来。它的财产关系，组织结构等，可以因时因地而有所不同，可以有多种多样的形式，但作为农村公社，它们都有一些共同财产，互助风习，公共管理机关，有时还表现出一种原始平等民主的残余。公社的上面是国家机构，耸立着乡里制度、郡县制度，但国家所实行的授田、均田制，乡里制等，大约都有公社的影子。公社是小农的组织，它在我国古代社会下曾起过保护小农的作用。

战国秦汉时代，是我国小农经济繁荣的时期。小农经济的繁荣，带动了工商业的繁荣，从而把小农经济也卷入商品经济的潮流之中。李悝在他的《尽地力之教》中讨论小农的经济状况时，主要用货币来计算小农的收支，可能反映的不是全部小农的情形，但也说明当时一部分小农和商品经济的关系相当密切。这种密切关系，也给小农经济的稳定带来问题，这就是汉代许多儒生一直在大声疾呼商人兼并农人的问题。这一问题确实存在，汉代的小农，一直有贫困化、奴婢化、破产流亡的问题；但另一方面，破产的小农，也很容易通过国家的扶持和自己的努力，假公田，开垦荒地，佃租富人土地，重新得到安定。如果没有天灾人祸的巨大压力，在中国古代社会中，小农还是一个相对稳定的阶层，当时的商品经济还不可能使它的存在成为问题。

奴隶

中国古代社会有大量的奴隶，他们的名称各种各样，如隶臣妾、奴婢等，但我们可以把他们都叫作奴隶，因为当时的习惯和法律，都把他们当作物，当作"畜产"，几近会发声的工具。这和罗马法有相似之处，说明奴隶制在古代是普遍的存在，是社会发展到一定阶段就会出现的现象，是有规律可寻的。

中国古代奴隶的来源，最初可能主要是战俘。殷代的奴隶很多由异族战俘组成，当时的奴隶大批用来杀殉，这是人的劳动力还缺乏价值的表现。不过战俘作为奴隶的主要来源这一现象在中国很快就过时了。秦汉时期，奴隶的来源更多的是：一、通过买卖而来。因贫苦自卖为奴和被人掠卖为奴的人相当多，汉代有买卖奴隶的市场，有奴隶的人家把奴隶打扮起来到市场去出卖的事多有记载；二、家生奴隶。我国古代许多奴隶有家庭，所以家生奴隶特别多。奴产子时常会被提到。在紧急时期征发奴产子为兵的事也不少；三、犯罪被没入为奴。这在中国古代是常有的事，如王莽时民因盗铸钱而没入为官奴婢者以十万数，是一个相当大的数目。秦代还有一条模糊的法律，"事末利及怠而贫者，举以为收孥"，这样商人大都有变成奴隶的可能了。所以，大致可以说，我国的奴隶，主要由本族人组成，没有走奴役外族人的罗马式道路。

秦汉是我国奴隶制的发达时期，当时社会上呼吁制止破产小农沦落为奴婢的声音很多，说明奴隶劳动一度甚至排斥小农的劳动。奴隶劳动当时广泛应用于社会生活的各个方面。首先是农业上大量使用奴隶，如汉武帝采用剥夺大商人的"算缗""告缗"措施，商贾中家以上大抵破产，"得民财物以亿计，奴婢以千万数，田，大县数百顷，小县百余顷，宅亦如是"。我们不能说这里的奴婢都是农业奴隶，但可以肯定其中有许多是耕田奴隶。后来汉哀帝时关于限田的建议，也是把限制土地多少和限制奴婢的数目相提并论。此外奴隶还广泛应用在手工业、商业、采矿业、家庭劳动上，以及征发奴婢修筑宫殿、城池、陵墓和戍边从军等，无所不有。但是，当时奴隶的数目到底有多少，我们却没有可靠的材料，只有一些估计。汉哀帝时限制奴婢数目的建议，提到的数字是诸侯王奴婢二百人，列侯公主百人，关内侯吏民三十人。而根据出土汉简的零星材料看，一个普通家庭有奴婢三四人者也并不少见。所以有些人估计汉代奴隶数有几百万人，这可不是一个小数目。在肯定汉代的主要劳动者是小农的同时，我们不可低估当时奴隶在社会生产和生活中的作用。

中国的奴隶制有自己的特点，其中值得我们注意的一点就是奴隶所受的待遇较好。虽然从西方历史上来看，奴婢是财物，可以被主人役使、笞责、买卖、赠送以至处死，奴婢也没有财产，衣食由主人供应，他同时也没有家庭。但由于中国的奴隶多为本族人，所以认为奴隶是人的看法在法律上也得到表述和承认。王莽改制时说，奴隶制是"逆天心，悖人伦，谬于天地之性人为贵之义"，这就是说，奴隶是人，把人变成奴婢，违背了人最尊贵这一自然的原则，而且也违背了人的伦理和道德。汉光武帝的诏书也说，"天地之性人为贵，其杀奴婢不得减罪"，也承认奴婢是人。秦汉时主人要杀奴婢得先向政府报告，得到政府的允许，否则就要受到追究。擅自杀死奴婢，甚至要被处死。王莽的儿子就是因为擅自杀死奴婢，被王莽责令自杀。另外许多奴婢是有财产和家庭的，不然有那么多的奴产子就不可理解了。而奴婢被主人放免后，就可以成为庶人，和其他良人有同样的地位，不像罗马的奴隶放免后变成释奴，是低于自由民的一个等级。国家直接免官奴婢为庶人的记载就更多，这些人都不受歧视，像卫青原是平阳侯家奴隶，被释放后以军功升迁至大将军，成为汉朝有名的人物，这是大家都知道的例子。

第四节
文化的诸形态

知识分子的出现

中国古代学在官府，知识被贵族所垄断。春秋战国之际贵族的宗族崩溃，同时礼崩乐坏，有些贵族，特别是低级贵族的士，生活贫困，不得不以传授知识为生。而随着社会情况的复杂化，工商业的发达，对知识的需求也日益强烈，逐渐出现了独立的知识分子。

春秋晚期，邓析在郑国聚徒讲习法律和诉讼，孔子（公元前551—前479）在鲁国聚徒讲习六艺，他实行"有教无类"，从各阶层广收徒众，据说有弟子三千，通六艺者七十有二人。因为以六艺教人者叫儒，因而孔子的学派遂有儒的称号。比孔子稍迟，墨子（约公元前476—约前390）也聚徒讲学，跟随他的人也很多。儒家和墨家都成为显学。到了战国，有名的学者聚集学生讲学的很多，形成了私家办学的风气，知识逐渐普及到了民间。学者大的有徒弟千、百人，少者也有几人或几十人，他们评论当前的政治，针对社会上的各种问题，创立各种各样的学说，不治而议论，形成很大的势力。各国的君主、卿大夫为了争夺权力，战胜对手，都打破传统，从一般民众中选拔人才，礼贤下士，有能力的人得到国君的赏识，一夜之间，就可由布衣而成为卿相。如卫鞅本是魏相国的一个家臣，入秦后说动了秦孝公，便可成为秦的最高级官员，主持改革国政；张仪也是魏人，入秦后成了秦惠公的相。许多士人也到处游说，希望得到国君的认可，实现自己治国平天下的抱负；而国君和卿大夫也蓄养一批士人，以备不时之需。如齐国设立稷下学宫，广招天下著名学者，授以上卿、大夫等号，让他们带着徒弟，来此讲学，对前来学习的学生也给予优厚待遇，一时人才济济，发展到一千多人，成为一个官方教育机构。后来齐国的孟尝君、赵国平原君、魏国信陵君、楚国春申君和秦国的文信侯吕不韦等著名大臣，家中都有食客三千人。以士为中心形成的知识分子阶层，这时已成为一股很大的社会力量，发生着重要的作用。

士本是贵族中的一员，贵族解体，他们成为四民（士农工商）之首，失去了过去的爵禄，现在必须以自己的知识，服务于君主和卿相，求得生存和发展。这就是"吾岂匏瓜也哉，焉能系而不食"，所以"三月无君，则惶惶如也"，急切地要找到一个合适的君主，以施展自己的抱负。可是知识分子并不是简单地求生存，他们还有自己的原则，有自己的理想，不能为了生活而丧失原则，丧失人格，所以君子忧道不忧贫。而知识分子也确实有足以自傲的资本。他们有知识，有眼光，有治理国家的能力。在被人君录用之后，马上便可以发挥作用，进行变法、改革，帮助国君成就王霸之业。而且也可以翻手为云，覆手为雨，用阴谋诡计导致国破家亡。所以说公孙衍、张仪（当时的辩士）"一怒而诸侯惧，安居而天下熄"。这样，从战国时代起，中国的知识分子就形成了自己的行为准则，这就是"穷则独善其身，达则兼善天下"，"道不行，乘桴浮于海"，对当权者有一股傲气。孟子（约公元前372—前289）对这一点说得最为明确："居天下之广居，立天下之正位，行天下之大道，得志与民由之，不得志独行其道，富贵不能淫，贫贱不能移，威武不能屈，此之谓大丈夫。"这一种行为准则和思想意识，成为长期支配中国知识分子的行动指南。当然，不惜面谀主上以求富贵，曲学阿世的干禄之士还是很多的。不过我们不能因为这些人的存在，而否定了我国知识分子的优秀传统。

百家争鸣

从孔、墨开始，中国的学术思想空前活跃，思想文化异彩纷呈，群星璀璨，人才济济，史称百家争鸣的时代。这一时代和印度的佛陀时代，希腊的苏格拉底时代正好相当，有人把世界史上的这一时代称为"轴心时期"，是人类精神的大觉醒时期。也就是说，经过长期的进化，这时人类的思想意识发生了质的飞跃，其具体内容为：一、人类对自身与外界关系，也就是与自然的关系有了全新的认识；二、从而人在对自己的认识上，也有了全新的认识。但是，由于历史环境的不同，这三大文明对有关问题的回答却并不相同，因而也形成了不同文明的不同文化传统。我们只就中国的情况加以说明。[①]

一、在人类和外界，即自然的关系问题上，周人对天仍然敬畏，但因战胜了天邑商，所以有了"天命靡常"的思想。后来礼崩乐坏，天下大乱，逐渐对天的力量产生了怀疑，感到"天道远，人道迩"，天虽然具有超自然的力量，但它离人太远，所以并不能起什么作用。孔子则进一步提出"敬鬼神而远之"。孟子把天道和人道统一起来，他引用《尚书》"天视自我民视，天听自我民听"，来说明天和人是一致的，并认为天道要在人性中去寻求，"尽其心者，知其性也；知其性，则知天矣"。这就是说，天（自然）的道理、规律和人的道理、规律是一样的，只要知道了人性，也就懂得了天道。孟子把天从神还原为自然，有其积极的意义，但混同人道与天道，却是不可取的。在先秦诸子中，谈论人与自然的关系最多的是老子（约和孔子同时代）和庄子（约公元前369—前286），他们认为在人之外有一种道，道是万物的本原，"夫道，有情有信，无为无形……神鬼神帝，生天生地。在太极之先而不为高，在六极之下而不为深，先天地生而不为久，长于上古而不为老"。这个道产生天地万物，可是它本身不是物，它处在时空之外，凌驾于万物之上。可惜庄子对人的认识能力否定过多，他主张"齐死生，忘物我"，连自己的存在都表示怀疑，所以也不提倡去研究自然，研究道。荀子（约公元前325—前238）的思想中把天完全当作自然，脱去了天的神圣外衣，"大天而思之，孰与物蓄而制之？从天而颂之，孰与制天命而用之"。荀子虽然提倡人定胜天，不再畏天，可是他又提出"圣

① 参见刘家和：《论古代的人类精神觉醒》，《古代中国与世界》，武汉出版社，1995，571—599 页。

人不求知天"，人类对于天地万物，"不务说其所以然，而致善用其材"，即不求探索自然的规律，而只要对它加以利用就行了。在先秦诸子中，阴阳五行家是比较注意研究自然界的一派，五行说把世界上的万事万物，归纳为金、木、水、火、土五种物质，认为这五种物质是万物的本源。阴阳学说则是用阴阳二气的矛盾和变化，来解释世界上所有事物的矛盾和变化，所以这一派的学说和天文、历法、气象、医学、生物等自然科学的发展有着密切的关系，我国古代的科学大都采取这一学说的原理。但这一派到了战国的邹衍，就把五行相生相胜说用来解释朝代的兴亡更迭，不再从事对自然现象的研究了。总之，我国百家争鸣的时期，各家学说由于受到当时政治斗争激烈的影响，都把注意力用在治国平天下的问题上，而不用在探求大自然的奥秘上。所以司马谈总结说，"阴阳、儒、墨、名、法、道德，此务为治者也"。

二、当思想家认识到天道远、人道迩的时候，也就把天和人分离开来，达到了人类对自己的存在、对自己主宰自己命运的初步自觉。孔子提倡的仁学，就是以人为本位的。孔子对仁的解释很多，其核心内容是对人类的道德情操属性的归纳，如"刚毅木讷近仁"，"孝弟也者，其为仁之本矣"，所以仁是一种对自己的认识、对自己内心的修养的要求；另一方面，仁在人和人的关系方面，又是以爱人为其特征的。"己所不欲，勿施于人"，"己欲立而立人，己欲达而达人"，从思想上倡导推己及人，正确处理人和人的关系，这是对人类自身认识上的一种自觉，提倡从道德上律己来调整社会的矛盾。虽然孔子所说的克己复礼为仁是想恢复已逝去的理想的旧社会，是不切实际的幻想，是无法实现的，但他的仁学在我国发生了很大的影响，对我国传统伦理道德的形成起了巨大的作用。

孟子发展了孔子的思想，在对人性的认识上，他主张人性本善，人皆可以为尧舜，人人都可以成为圣人。人之所以为恶是因为受了外界事物的诱惑。那么，只要"不动心"，只要"养吾浩然之气"，就可以恢复性善的本性。孟子从性善论出发，提倡统治者行仁政，行王道，认为只有这样才能使天下太平，达到尧舜禹汤文武的盛世。孟子的仁政学说带有不少原始民主平等的内容，在当时被认为是"见以为迂远而阔于事情"，但应该是我国思想文化中的宝贵财富。荀子则和孟子截然相反，他认为人性本恶，如果任其自然发展，那必定要发生淫乱、残贼、争夺等罪恶行为，所以需要用礼义来加以教导。荀子也主张天下统一，但他知道只用礼义教化还不够，还得有法律的强制作用，他的学说是综合儒法两家思想的结果。作为法家代表的韩非子（约公元前 280—前 233），则可说是把人性本恶的论点发挥到了极致。他看到了"当今争于气力"的现实，认为即使是君臣父子，其间的关系也都充满了利己主义的打算。父母对子女，是用计算之心相待，君臣之间则不过是一种买卖关系，"臣尽死力以与君市，君重爵禄以与臣市"，所以韩非子真是把人与人之间的脉脉温情，置于利己主义的冰水之中，可以说是现代个人主义的先驱。他主张君主要把法（法律）、术（驾驭臣下的手段）、势（君主的权势地位）三者结合来达到自己的目的。法家这一派的学说有许多方面符合当时历史的需要，在国家统一的事业上曾经发挥过作用。

总起来说，先秦诸子的思想，大都把原来宗教性的天还原为自然的天，从天道远、人道迩的认识出发，重人事而轻天道，这样虽然脱却了宗教迷信的许多束缚，但却疏忽了对客观自然规律的探求。他们的世界观、认识论，其基本出发点是理性主义的。无论他们的历史观是循环论、复古论，还是进化论，他们对人类的前途、命运，都持乐观的态度，为实现他们理想的王道、霸道、统一、太平、大同、小康等而奋斗不息。无论主张人性本善或人性本恶，他们同时都倡导乐观进取的人生，要用各种手段使人类走向进步；而所谓"无为"的思想，实际也是倡导"无不为"的。这就是我国古代知识分子的精神觉醒和伟大思想创造，是对人类精神宝库的伟大贡献。

士族的出现

汉代我国的思想知识结构和知识分子的构成都发生了新的变化。西汉时期，上承战国百家争鸣之余绪，思想文化仍然活泼自由。秦朝的"以法为教，以吏为师"，实际上并未贯彻，秦亡其政亦息。所以汉初儒、墨、道、法、黄老、阴阳诸家之说依然兴盛，而且互争短长，各不相让。齐人辕固在汉景帝时为博士（政府设立的专门研究学问的官职），和黄生在皇帝面前辩论汤武革命。辕固说桀纣荒乱，失去民心，汤武顺天下民心而诛灭桀纣是应该的。黄生则认为作臣下的汤武不能放桀弑纣。辕固反驳说那么汉高祖刘邦代秦即天子位也是不对的了。这是何等直率的话，所以汉景帝只好和稀泥说，"食肉不食马肝，不为不知味；言学者毋言汤武受命，不为愚"。后来辕固又在好黄老术的窦太后面前诋毁老子之学，说那是奴隶的学问。

这一下惹了祸，窦太后罚他和野猪搏斗（这个处罚也够奇怪的），幸亏景帝给了他一把锋利的剑，一下就把野猪刺死了。另外还有著名的有关盐铁专卖的大辩论，民间的一些代表可以和总理这一政策的大臣桑弘羊公开辩论，相互问难，历数这一政策的坏处，这也是政治民主、言论自由的一种表现。

汉武帝采用董仲舒（公元前179—前104）的意见，罢黜百家，独尊儒术，也并不是禁止各家之说，它只是在中央设置儒家的五经（五经为诗、书、易、礼、春秋）博士，后又为之置弟子员，使之成为政府设立的最高学府，学习经学成为入仕的正式途径。其他各家虽然仍在传习流行，但因与仕途无缘，所以发展受到限制。儒学官化后，五经博士的主要注意力是解释经文，穿凿附会，烦琐不堪，有人用三万字解释"曰若稽古"四个字，用十万字解释"尧典"两个字，各家弟子只能守自己师傅的家法，皓首穷经而尚不可得，但因为是当官的门径，所以依然十分兴盛。流行在官方的经学是今文经，杂以阴阳五行，带有迷信成分。另外在民间有古文经学流传，古文经不讲迷信，注重训诂，按字义讲解经文，得到许多学者的欢迎。经学中的今古文两派不断斗争，古文经一度也曾立于学官，但势力终究不如今文经。今文经讲阴阳灾异，可是它也主张若天命更改，统治者就应该禅国让贤，而西汉时真还有一些固守家法的儒生感于时事而上书要求汉帝退位，有的为此不惜牺牲性命。到王莽代汉，受到那么多儒生的拥戴，可说是这一学说的具体实践。从这里也可以看出原始的民主思想还在起作用。

今文经学讲阴阳灾异，后逐渐和兴起的谶纬之学合流。谶是巫师、方士编造的预示吉凶祸福的隐语，如陈胜起义时有鱼腹丹书"陈胜王"之类，纬书则是后人混合神学附会儒家经义的书，与经学并行。有经就有纬，其实大都是迷信的内容。谶纬多以迷信神学来预言政治形势的变化，各种政治派别为了斗争的需要而假造和利用它。王莽代汉时就用许多谶语为他做宣传，后汉光武帝更以皇帝的名义宣告图谶于天下。于是谶纬之学大兴，使经学进一步神学化、庸俗化。不过古文经学中还有不少人仍遵守家法，使经学不致完全堕落。一些优秀的知识分子如桓谭、王充起而反对神学迷信，提倡朴素的唯物主义，发扬光大了我国理性主义的思想传统。

汉朝政府提倡儒学，公元前124年设立博士弟子员，一般认为是中央的教育机关的开始，称为太学。博士弟子员有太学生之称，数目日益增多，最多时达到三万人。地方上的学校也日渐设立，而私家讲学更在各郡县都有，许多著名的经师动辄有弟子数百人、上千人。知识分子的数目日多，在社会上的影响也日益扩大。掌握经学是入仕的正途，所以官僚阶层多为士人充任，其中有中央的太学生，也有通过地方上的察举和中央、地方官直接征召而来的。这里面当然也有一些家境贫寒，因才能卓越或特立独行而上升为官的，但大都是有权有势的世家，所以当时有累世经学，累世公卿的事实。西汉大儒伏生家族，世传经学，历两汉四百年；东汉太尉杨震家族四世三公，袁氏家族则四世五公。这就是说，在当时社会流动较小的情况下，知识分子大都是富豪家庭出身，他们形成了世代为士，也世代为官的格局，士人形成了门第，这是一些高门大族、地方豪强，族人众多，再加上门生故旧，于是成为强大的社会力量。如果在朝，则可以左右政治，即使退而在野，也出而议论朝政，臧否人物，形成清议，和皇帝的势力如宦官、外戚相抗衡，再有太学生与之遥相呼应，于是形成东汉的党派斗争。由于士族当时的力量还不够强大，所以在这一斗争中屡战屡败，到后来士族力量强大起来，形成了中国历史上的另一个贵族政权的时代——魏晋南北朝时期。

古代宗教

中国和其他许多国家、民族一样，从很古的时候起就有宗教观念。但中国人的宗教观念并不强烈，可以说在古代并未形成有严格教义、有明确组织的宗教，只可以说是具备了一些宗教观念而已。后来孔子的学说兴盛，"子不语怪力乱神"的传统更使宗教活动的空间大为缩小。

殷周时代，人们信仰的主要是自然崇拜和祖先崇拜，当时认为主宰自然的至上神是帝，天，也称上帝。不过这个至上神的地位并不牢固，由于五行说的影响，帝从原来的一个逐渐增多，秦始皇时已经有了青、白、黄、赤四帝，后来汉高祖说，我听说有五帝，怎么只有四帝呢？于是又加了一个黑帝。五帝虽然合于五行说，可是没有了至上神，于是汉武帝又建立了一个太一神，说是最高之神，而把五帝都降为太一的辅佐之神。可见中国人的神是由人来安排的，没有什么神圣不可侵犯性。官方除了祭祀太一、五帝外，也崇拜日月星辰、名山大川，至于对祖先的祭祀、崇拜，更是十分重要，有复杂的制度礼仪来执行。

中国古代还相信巫术，即有一些巫师，可以用象征性的手法或者符咒等给人带来灾祸。汉武帝末年，就是因为有谣言称有人行巫术陷害武帝，牵连好几万人丧生，包括丞相、公主和太子刘据等，可见巫术在当时的影响十分巨大。此外当时的人还相信有所谓方士，他们具有神奇的力量和方法，可以和死去的人来往，可以和神相通，或者求得长生不死之药。中国古代还有鬼神的观念，但这种观念也十分驳杂，神、鬼难以区分，和人杂处，为善也为恶，来自何处也不尽相同。所以很早就有画犬马难画鬼易的说法，因为犬马谁都见过，可是鬼谁也没有见过。以上所述只可以说是一些迷信思想，还完全构不成宗教。

中国古代自己产生的宗教是道教，道教思想的来源有神仙方术，有黄老思想，有儒家和阴阳五行思想，在东汉社会动荡、迷信流行的情况下，逐渐产生了道教。道教崇奉老子，以《道德经》为主要经书，东汉末年形成两个流派。张角创立太平道，画符水为人治病，宣传"苍天已死，黄天当立"，号召人民起来推翻腐朽的汉帝国，掀开了农民大起义的序幕。与此差不多同时，汉中一带又兴起了五斗米道，由张鲁为领袖，也是以符水治病，还让信徒学习道德经。他建立了政教合一组织，设立义舍为流亡农民提供米肉，推行道德教化，成为割据一方的势力。后来黄巾起义被镇压，张鲁归降曹操，五斗米道遂得合法流传。但太平道在民间仍然传播。道教经南北朝的寇谦之、陆静修、陶弘景等综合发展后，逐渐形成体系，出现了许多经典，在我国流传开来，至隋唐而大盛。

文学艺术

中国古代人民在精神文化方面有辉煌的创造，诸如诗歌、散文、乐府、史学、音乐、舞蹈、绘画、雕塑等等，都有十分伟大的成就。

中国古代的文化在许多领域还没有区分出精英文化和大众文化，如我国古代最伟大的诗歌总集《诗经》，就是采集民间歌谣而集成的。其中《国风》表现了下层人民的生活、劳动、困苦和对贵族统治者的讽刺和抨击，也有男女相思的痛苦、爱情的坚贞、失恋的愁怨等，无疑是由劳动人民所创造的。《雅》《颂》则更多地描写贵族生活、庙堂祭奠等，所以应是出自贵族之手。但后来《风》《雅》《颂》被汇集成册，成为主要供上层阶级学习、唱诵的作品，所谓"不学诗，无以言"。再如汉代有名的乐府诗歌，成就最高的还是那些无名氏的作品，其中《孔雀东南飞》为一首长篇叙事诗，描写一个完整的爱情悲剧故事。青年男女焦仲卿和刘兰芝不向专横顽固的礼教势力屈服，为争取爱情的自由，最终以生命进行抗争。此诗长期受到广大人民的喜爱，流传甚广，是我国文学宝库中的瑰宝。

《诗经》是北方的文学，而南方文学的代表则是楚辞。春秋战国时代的江、汉、沅、湘流域，也有民歌流行，其风格与基本是四言一句的《诗经》有所不同，当是楚辞的滥觞。现今的楚辞，很多是由伟大爱国诗人屈原（约公元前340—约前278）写成的。屈原是战国时期的楚国人，曾在朝中为官，后因受人诋毁而被放逐。他目睹楚国日益被秦国削弱，而自己又无法救助，忧心忡忡，于极度悲愤之中投江自杀。楚辞的代表作是《离骚》，全诗共370多句，分为前后两大部分，前一部分诗人自叙身世、理想和从政而被放逐的过程，抨击了楚国的黑暗现实；后一部分以幻想的形式叙述了诗人被逐之后的不懈追求。他对祖国充满了深沉的眷恋，面对邪恶势力的打击毫不妥协，最后不惜以死来表达自己的理想。《离骚》是《诗经》之后中国诗歌发展史上里程碑式的杰作，在世界诗歌史上也有其地位。

中国的史学传统源远流长，周朝以及春秋各国都设立了史官，专门记载国家发生的大事，国王的举动等。史官最初由卜、祝之类的神职人员兼任，他们负责将预言要发生的事和已发生的事相印证，后来日渐独立而专门化。《春秋》本为各国史书之统称，后来大约孔子曾经修订过鲁国的《春秋》，所以以《春秋》命名鲁国的史书。这是中国现存最早的编年体史书，带有早期编年体史书的特点，即记事过于简单。在《春秋》的基础上编成的《左传》，据说作者是和孔子同时代的左丘明，但更有可能是经多人修改而成。《左传》对编年体史书有很大的发展，能在编年的格局中，集中记一件事情的本末原委，或集中写一个人物的经历，大大地丰富了记事的内容；同时它还把春秋时许多国家的复杂历史分别轻重缓急，突出重点，照顾全面地叙述下来。《左传》还长于描写战争和外交斗争，把这些场面写得有声有色，使这本书也成为有名的文学作品。如果说《春秋》类似于西欧11世纪的盎格鲁－撒克逊编年史，那么《左传》便可以和13世纪巴黎的马太所写的英国史或15世纪傅华萨所写的西欧史相比了。

中国古代最伟大的史学著作是司马迁所写的《史记》。司马迁是汉武帝同时代人，出身于史官世家，父亲司马谈就是一位很有学问和思想的史官，任太史令。司马迁青年时期曾在中国各地游历，了解风土人情、地理历史；后来继承父业，遍读国家重要典籍，打下了写作史书的基础。后因同情李陵被汉武帝处以宫刑，蒙受了巨大的屈辱，发奋著述，写成《史记》。《史记》是我国的第一部纪传体通史。说它是通史，就是说它所写的时间范围起自远古黄帝，一直叙述到他自己所处的汉武帝统治时期；说它是纪传体，就是说它创立了以历代帝王本纪这种形式来对一部通史的大事做编年性的记载，成为全书的纲，然后以许多人物传记铺陈叙述，使历史的丰富内容得以再现。其实司马迁更大的创造还在于他设立了表和书这两种体例，对历史进行记载。表有世表、年表、月表，把头绪纷繁的史事编排在年月的下面，使人便于查找，一目了然。书则是把礼乐、历法、天文、地理、经济财政等社会生活的诸多方面分门别类地记录下来，开创了后来诸如经济史、社会史等写法的先河。司马迁的真正伟大之处在于他具有独到的史学眼光，他提出"究天人之际，通古今之变"作为写作目标，这在当时也并不奇怪，汉初的思想界就关心这些问题。但是司马迁在天人关系上，能摆脱经学的影响，强调天人相分，认为天道和人事不相干。他以伯夷、叔齐、颜渊为例，对"天道无亲，常与善人"的说法提出批评，以

东汉击鼓说唱陶俑

为善人大都不得好报。在古今之变的看法上，他提出"物盛则衰，时极而转"的历史循环论思想，和"天不变，道亦不变"的思想相对立。特别是他对社会经济的发展有很深入的了解，在他的书中写了《平准书》和《货殖列传》，专门论述社会经济。他认为农工商贾对于社会经济的发展都是重要的。"人各任其能，竭其力，以得所欲。故物贱之征贵，贵之征贱，各劝其业，乐其事，若水之就下，日夜无休止，不召而自来，不求而民出之，岂非道之所符，而自然之验也。"所以他反对当时实行的重农抑商、国家过多干预经济的政策，而主张任其发展，认为最下者就是与民争利。他对普通老百姓的生活、社会活动也予以关注，在书中为游侠、卜者、龟策、滑稽立传，这都是他具有独特见解的表现，所以司马迁的《史记》，确实如他自己所说，能成一家之言，在中国和世界的史学上，有其不可比拟的地位。

我国上古时代的音乐舞蹈也有着辉煌的成就。古人礼、乐并提，以为礼讲等差，是为异，乐讲和谐，是为同，"同则相亲，异则相敬"，所以二者是并重的。音乐舞蹈本是人民大众的创造，后来统治阶级加以改造，成为宫廷雅乐，形成了复杂的乐舞体系，但同时也逐渐僵化。后来礼崩乐坏，出现了郑、卫新声，乐舞得到了更大的发展。在音乐理论、声律学等方面都有许多创造，前面介绍的曾侯乙编钟就是其具体体现。汉代宫廷设立乐府机构，专司音乐舞蹈，最盛时有千人之众。当时雅乐大都失传，乐府从民间吸收养分，采摘赵、代、秦、楚之讴，创编曲调，组织盛大的宫廷音乐舞蹈演出。此外还有百戏，即杂技、魔术等的表演。贵族、王后、儒生中喜爱乐舞的也不乏其人，他们令乐工在自己的宅第中表演。民间有相和歌和鼓吹曲等，这时西域和西南越人的音乐舞蹈大量流入中原，使中华音乐舞蹈出现了历史上的第一个发展高潮，画像石上有许多当时的音乐舞蹈画面供我们欣赏。

[推荐阅读书目]

1. 范文澜：《中国通史简编》修订本，第一、二、三编，人民出版社，1965。

2. 钱穆：《国史大纲》（全两册），商务印书馆，1994。

3. 谢和耐：《中国社会史》，耿昇译，江苏人民出版社，1995。

4. 何兹全：《中国古代社会》，河南人民出版社，1991。

第五章
古代希腊文明

✿

第一节
古代希腊的地理环境

古希腊人的故乡既包括横卧在爱琴海怀抱里的巴尔干半岛，也包括海洋周围的其他许多地区。爱琴海上点缀着星罗棋布的岛屿，大小不一，它们就是古代希腊人向外拓展的踏脚石。这些勇敢的航海者们也在地中海西部和北非沿岸建立自己的家园，在意大利南部和西西里岛有许多富庶的希腊城邦，这个地区在拉丁语中叫作"Magna Graecia"，"希腊"（Greece）一词就由此而来，罗马人最早使用它。但是，同一读音的拉丁词也有"卑微低贱"的意思，因此现在的希腊人仍喜欢用他们最古老的名称"海拉斯"（Hellas）称呼自己的国家，并自称是"海伦人"（Hellene）。

希腊半岛的东部经济和文化都比西部更为发达，一个重要的原因是东部海岸线比西部曲折，航海条件更好，而且面朝东方的古代文明发达地区，有方便的条件汲取埃及、西亚文明的成果并与之进行各种交流。位于半岛东部的科林斯地峡延长了东部的海岸线，形成几个独立的岛屿，并将它们推向大海的怀抱，使得古代历史上重要的商贸中心都集中在东部。[①]

希腊半岛上多山，许多山脉呈西北—东南方向贯穿半岛，又有一系列崎岖的山地将希腊与巴尔干半岛的北部分割开来，在古代这个北部地区叫作马其顿。尽管希

▶ ▶ ▶ ————————————————————————

① J.B. Bury and Russell Meiggs, *A History of Greece*（《希腊史》）, St. Martin's Press, New York, 1978, pp. v-vi.

腊半岛上绵延的山脉最高没有超过 1 万英尺的，但由于山势陡峭，很难翻越，因此形成了一个个地理上相互隔绝的小单位，这对后来形成多城邦的政治格局有重要的影响。

希腊半岛上没有大平原，山地占 80%。在中部有帖萨利平原，西南有美塞尼亚平原，克里特和西西里岛上也有较大的平原。除此之外，其他地区多是狭小的小片耕地。半岛上也没有利于农业灌溉和商贸交通的大河。希腊半岛约有 20% 到 30% 的土地是可耕地。因为缺少平原，大部分地区不能大规模放牧牛马；常见的驯养动物是猪、羊等。公元前 7 世纪时从近东传入了驯养鸡的技术。最常见的农作物是大麦、谷类，以及葡萄、橄榄等。希腊人最常用的饮料是冲淡的葡萄酒。橄榄油是主要的食用油，同时橄榄也能用来制作洗涤用品和香水。

希腊半岛最丰富的自然资源是建造房屋和船只用的木材，但是早在古代就被希腊人采伐殆尽，后来他们只好从北方其他地区进口木材。半岛上也有各种矿产，最多的是适于制作陶器和雕像的陶土。此外还有大理石等石材。自然资源丰富的地区相对富庶一些，如雅典的银矿就对古典时期雅典的兴盛起着重要的作用。

希腊半岛的海岸线非常曲折，几乎所有城邦距离海洋的距离都不超过 40 公里。对当时的希腊人来说，半岛上唯一的交通途径是崎岖的泥路，陆路交通既缓慢又艰难，而且非常昂贵，多数希腊人很少远离家乡，那些为数不多的旅行者多走海路。希腊商人将地中海当作是与埃及、近东等地区联系的便利通道，但是海上航行有许多风险，如海盗、风暴等，而且整个冬季风暴不止。即使是在风平浪静的日子，水手们也会尽量停在港湾里过夜以求安全。公元前 8 世纪的诗人赫西阿德说，商人们需要靠航海来谋生，因为收入对贫穷的濒死者意味着生命，但在波浪中丧生也是一种可怕的命运。

希腊属地中海式气候，冬季潮湿多雨，夏季干燥。冬季只有高山地区有雪，大部分地区几乎不下雪，但是也会有大风和寒冷的天气。每年的降雨量很不一样，农业收成不稳定，时好时坏，干旱和洪涝经常造成农业歉收。希腊人自己认为除了偶尔的自然灾害之外，当地的气候是全世界最理想的。亚里士多德相信气候决定着人们的政治命运，希腊的气候不冷也不热，对希腊人的体力和智力的发展都很有好处，他们能保持自由，并创造出最好的政治制度；如果他们能在自己内部保持政治上的统一，他们就能够征服整个世界。

第二节
古代爱琴文明

古代爱琴文明由克里特文明和迈锡尼文明组成，其中克里特文明发生较早。在《荷马史诗》中，诗人称当时的希腊人为"阿卡亚人"，"爱琴文明"或"爱琴海"等称呼则可能来自提秀斯之父埃句斯（Aegeus）的传说。由于谢里曼等考古学家的大胆推测和孜孜不倦的追寻，爱琴文明在 19 世纪末才首次向世人展现，证明西方人代代阅读、字字珍爱的《荷马史诗》有一个真实的故事场景，爱琴文明把西方古典文明的源头上溯到公元前 3000 年。

克里特文明

公元前 6500 年开始，古代希腊地区已经有新石器时代的人类在活动，他们在文化上与小亚细亚和西亚各地的新石器时代文化相似，都崇拜类似的"地母神"等。公元前 2000 年，印欧民族的一支阿卡亚人经由巴尔干半岛进入希腊，他们后来以迈锡尼为中心发展起来。而在此之前，文明中心是爱琴海诸岛中最大的克里特岛。克里特岛人凭借地理位置的优越，逐渐发展成为一个海上贸易强国，其贸易的范围包括埃及和西亚的古文明地区，不过主要还是小亚细亚和叙利亚巴勒斯坦沿岸。《奥德赛》中描述克里特是一个美丽而富庶的岛，位于"酒绿色的海中央"，居民稠密，有 90 个城市。

克里特岛不仅地理位置优越，而且自然条件很好。岛东西长约 250 公里，南北宽约 12—60 公里，岛上土地肥沃，草木繁盛，适于发展农业和畜牧业。早在新石器时期这里就有了最早的居民，有学者认为他们可能来自小亚细亚。克里特文明分为早王宫时期（公元前 2000—前 1700）和晚王宫时期（公元前 1700—前 1400）两个阶段。在公元前 1700 年，岛上各处的王宫建筑全部被毁，原因可能是距此 60 公里的铁拉岛发生了火山喷发；但很快新的王宫又修建起来，规模更大，更为壮观。公元前 1400 年，各处王宫再次被破坏，有学者认为这一次是因为印欧语系的阿卡亚人入侵所致。如上所述，阿卡亚人是第一批来到希腊的印欧人，在希腊半岛上以迈锡尼为中心发展，开始与克里特人和平相处，强大起来之后逐渐取代克里特成为爱琴文明的中心。

对克里特岛发掘贡献最大的是英国考古学家伊文思，他在克里特岛的克诺索斯发掘出晚王宫时期的一座宏伟的宫殿。这座宫殿不但占地广阔，建筑技术也相当精良，宫中有陶制排水管、上釉窗户、巨大酒窖等。在希腊神话中，克里特岛之王米诺斯曾建了一座巨大的迷宫来幽禁一个半人半牛的怪物（是波赛东派一头牛与米诺斯的王后所生），伊文思即据此神话而称这座宫殿为米诺斯王宫，而克里特岛的文明也被称为米诺斯文明。由此宫殿的大小来判断，它应该是一个复杂的行政管理中心，说明当时克里特的君王能控制大规模的人力和物力，很可能已统一全岛及周边岛屿，建立起一个海上帝国。宫中的接待厅悬挂着象征王权的双斧，因此该王宫在希腊文中被称作"双斧之宫"（Labyrinthos），后来这个词的原意渐渐被人遗忘，Labyrinthos就成了迷宫的代名词。

宫殿中最引人注目的地方之一是彩绘壁画，画中有姿态优美的人物，彩画线条细致流畅，典型人物有"祭司""巴黎女"（因形象摩登，酷似20世纪初的巴黎女郎而得名）"宫女""持瓶行进者"等。除人物之外，壁画还大量表现花卉、动物，洋溢着海洋民族自由生活的和平气息和喜爱、亲近大自然的心态。他们的陶器上也经常以水产、海藻植物作为装饰花纹，成为其特有的标志。从壁画看，当时有一种戏牛的游戏非常流行，其过程是牛快速朝戏牛者冲来，而戏牛者迎着它跳起来，并且一个筋斗翻过牛背。这可能是一种以牛为崇拜对象的宗教仪式。

值得注意的是，克里特岛上的宫殿建筑都没有防御设施，没有围墙望楼。考古学家没有发现任何城堡的遗迹，也几乎看不到什么武器。这一点与同时代的其他地区，如希腊半岛、埃及、两河流域和小亚细亚等地大相径庭。至今学者们对此还没有很好的解释。我们知道克诺索斯的统治者拥有当时最强大的军队，而且以此征服了许多周边地区，包括文化发达的昔加拉第群岛。修昔底德说："自从米诺斯建立了海军之日，海上的交通便加强了，因为米诺斯肃清了诸岛的盗匪，然后把他们大部分移民到别处。此外，沿海居民已经有了许多财产，因此便安居乐业，有些新富便筑城以自卫。"

克里特人主要以海洋贸易为生，在克里特发现的大型遗址都靠近良港和海湾。在埃及新王国时期的一些墓室壁画中，有许多来自克里特岛的人，他们带着特有

克里特岛南部菲斯托斯发现的
线文A象形文字符号

的器皿，说明当时双方已经有了某种程度的商业往来。最有意思的是，埃及人把
希腊一些地方的名字用象形文字写出来，作为法老阿蒙荷太普三世的"臣属"，如
克里特岛上的阿姆尼索斯、菲斯托斯、克诺索斯等，希腊半岛上的迈锡尼、美塞尼
亚等，而阿蒙荷太普三世的名字在克里特也有发现。克里特的商品主要是香料、各
种手工艺品。他们以此从西亚换来青金石，从埃及和利比亚换来黄金、象牙、雪花
石、彩釉等，从塞浦路斯换来铜。从王宫壁画来看，克里特人的造船业高度发达，
他们使用的大商船已有龙骨结构，战船上已有上百名桨手。

克里特人的宗教信仰属于自然崇拜，崇拜鸟、鱼、兽，甚至树、花、石。为人
所熟知的神是一位身着露胸长衫、两手各执一条蛇的女神，可能是主生殖的神明。
比较重要的还有"地母"神和牛神，它们是丰收和力量的化身。

早王宫时期已出现文字，在菲斯托斯发现的圆盘上刻有象形文字形式的符号，
这类符号在多处发现，常刻在印章上或作为私有财物的标记。后来又发现刻在泥板
上的线文 A，这种文字出土于克里特岛上多处遗址，至今尚未解读出来。在米诺斯

文明的晚期形成了线文 B，现已发现 4000 多块刻有这种文字的泥板，其内容主要是商业往来的货品单据。这些晒干的泥板并不能长久保存。不过，大约在公元前 1400 年左右，克里特经受了一次大灾难，宫殿被焚毁，以至于那些原本易碎的泥板被烧硬了而保存下来。线文 B 在迈锡尼也大量发现，一些学者以此作为迈锡尼人入侵克里特、破坏这里的古文明的依据。目前对我们来说，米诺斯文明衰落的原因还是一个谜。可以确定的是那些高大的宫殿在这次衰落之后再也没有重建起来。[①]

迈锡尼文明

正如克里特文明的创造者究竟是哪个民族还不能确定一样，关于迈锡尼文明的创造者是谁，学术界也有争议。有人认为是当地居民，但从战车的使用及尚武的习俗来看，似乎更像是外来者，多数人相信迈锡尼文明的创造者是公元前 2000 年左右进入希腊的阿卡亚人。他们在经过了数百年的发展之后，在希腊各地建立起了许多小国，其中最强大的是迈锡尼。迈锡尼曾一度将特伦斯城邦作为附属国，此外还有派罗斯、忒拜、雅典等。多个城邦并存的局面很可能是由于希腊地区地形破碎所致。考古学家发现，公元前 1600 年左右的遗址普遍都有厚厚的城墙，而出土的器物中又有大量的武器，表明城邦之间常有战争。这一时期的文化最初在迈锡尼发现，故称迈锡尼文明。公元前 1400 年至公元前 1200 年是迈锡尼文明的鼎盛期，它深受克里特文明的影响。

迈锡尼时期的典型墓葬形式是蜂巢状的"圆顶墓"，这是地中海沿岸居民最古老的居所的复制，最有代表性的是迈锡尼的"阿伽门农墓冢"。在随葬品中有大量的武器，如大盾牌、矛、头盔、匕首、战车、投石器等。这些器物及墓室壁画表明，迈锡尼的国王及其属下主要从事以掠夺财产、人口、牲畜、土地为目的的战争。

出土最多的是金器、银器，如贵族女子佩戴的金冠，有饰带环绕颈部，又饰以螺旋和蔷薇状图案。迈锡尼人非常喜爱金银制品，连武器都镶嵌得极其奢华。这说明迈锡尼经济当时已发展到相当高水平，王室力量相当强大。

在迈锡尼文明的鼎盛时期，国王们修筑了雄伟的城墙，有的是用不加雕凿的

① J.B. Bury and Russell Meiggs, *op. cit.*, pp. 8-20.

巨石堆砌而成（如特伦斯的），有的是用规则的石块垒成，每块巨石都长 3 米以上，宽 1 米，看起来不像是人力所能为，因此希腊旅行家伯山尼亚斯称这是"独眼巨人的石块"。迈锡尼的城墙大门上方有著名的"狮子"浮雕装饰，号称"狮子门"，实际上上面的两个动物并非狮子，而是狮身鹫首的怪兽。

但是迈锡尼的艺术作品在品质上比克里特时期逊色一些，壁画的内容多表现狩猎、战争，充溢着北方游牧民族好勇斗狠的气息。

此时所使用的线文 B 中，"国王"一词已经出现，一些文献中提到国王所拥有的土地。追随国王的贵族叫作"侍从"，他们拥有可以买卖的奴隶，以女奴为主。这时的产业分工已经相当精细，如女工中有"磨面工"和"织布工"之别。此时农产品有大麦、小麦、葡萄、橄榄、无花果、蜂蜜、各种香料，基本上与古典时代的产品相同。

在技术方面，已经开始使用青铜器，虽然已有了货币，但铸造方法仍不成熟。由于希腊本地缺少铜矿，原料必须由塞浦路斯岛或小亚细亚等地输入。至于合成青铜所需的锡，希腊也不出产，可能来自今天的捷克、西班牙等地。

迈锡尼时代人们已经开始崇拜宙斯和他的妻子赫拉，以及赫尔墨斯等后来希腊宗教中的重要神祇。由此看来，迈锡尼文明和后来的希腊文明有相当密切的传承关系。

《荷马史诗》追述的是迈锡尼时期的英雄们的故事，而其背景描写多是此后的"黑暗时代"的史实。如史诗中对战争的描写，提到战车只是用来把士兵运到战场，作战时士兵们不用战车；又如史诗经常提到以铁为奖品，这也是"黑暗时代"才出现的，等等。因此，学者们通常认为史诗中的故事经过世代口述相传，于公元前 8 世纪时才形诸文字，由荷马最终完成。然而，史诗中提到的一些典型器物在迈锡尼考古过程中都有所发现，如黄金面具、大盾、酒杯等，证明史诗中的背景描写交织着迈锡尼时代与"黑暗时代"的史实，当然，还是以后者为主。

《荷马史诗》的故事围绕希腊各邦与位于小亚细亚的特洛伊城之间所发生的冲突展开，而这些冲突所发生的时代大约就是迈锡尼文明的晚期。根据古代作家的记述，特洛伊城约在公元前 1184 年被攻陷。考古学家也发现了特洛伊城的遗址，不过在遗址中，从属于这一时间段的那一层（第 7 层）来看，当时的特洛伊城只是一个人口稀少而不甚发达的小城，与荷马所描述的强大的特洛伊城不符；属于第 6 层的更早时候的特洛伊城在规模上与史诗所描述的相符，但这一层明显是毁于强烈的地震而不是人为的破坏。这个疑问至今仍没有解决。

从史诗中英雄们的经历，可以看到发生在迈锡尼时代的一些历史事件。宙斯假扮公牛把腓尼基公主欧罗巴带到了克里特，她在那里生下了克诺索斯的统治者米诺斯；她的哥哥卡达摩斯在寻找她的途中建立了底比斯城。雅典王子提秀斯也生活在特洛伊战争时期，他最著名的故事是远征克里特岛，杀死了幽禁在迷宫中的半人半牛怪兽。有人认为这反映了当时的阿提卡拒绝克里特的影响，而史诗对迷宫的描述也与考古发掘的结果相符合。提秀斯在归途中曾在提洛停留，这一点后来便成为雅典合法领有该地的一个理由。传说中提秀斯在阿提卡半岛进行了叫作"联合统一运动"的改革，将各村落联合为一个以雅典为中心的政治统一体，成立中央议事会。长期以来学者们都认为这是一种附会，改革实际发生在后来的"黑暗时代"，但现在考古发现证明阿提卡的统一运动很有可能发生在迈锡尼时代晚期，也就是说传说并非虚构。

迈锡尼文明的衰落不是一个孤立的现象，同时期西亚、北非的许多大帝国如埃

迈锡尼时期的金杯，发现于伯罗奔尼撒半岛南部的瓦费安

及、赫梯、亚述等都相继消亡。对此学术界有多种解释。19世纪晚期文化"颓废"论盛行时，许多人认为帝国发展到鼎盛期就会衰竭，失去生命力，在充满生命力的"野蛮民族"的入侵下消亡。后来的学者多接受"海洋民族侵扰说"，认为导致赫梯帝国崩溃、埃及帝国动摇的"海洋民族"，在公元前1200年左右不但侵扰了地中海的东岸，也很可能扰乱了爱琴海世界的秩序，代表迈锡尼文明的希腊各小国在此时相继遭到毁灭。此外，还有人提出"气候变化说"，认为由于气候变化而使得西亚的农业出现危机，由此引发邻近地区的"多米诺骨牌"式的危机。除这些大环境的原因外，多利亚人的入侵对迈锡尼文明的衰落也有影响。此外，最近的考古发现证明，迈锡尼文明的衰亡可能与地震有着更为密切的关系。德国考古学家证实了特伦斯城毁于地震，而这次强烈的地震对平原上的其他城邦如迈锡尼和阿尔戈斯也造成了极大的破坏。当然，这次自然灾害没有立刻结束该地区的文明，但却使之元气大伤。衰亡是一个漫长的过程，随之而来的是所谓的"黑暗时代"。[1]

第三节
希腊城邦的形成与发展

"黑暗时代"

从公元前1200年至公元前800年左右，是希腊史上一个文化衰退的时期。考古发现证明这个时期经济衰退，海外贸易中断，但是也有一些早期文明的成就延续下来，如公元前9到公元前8世纪的几何装饰陶器就深受迈锡尼风格的影响。总之，这个时期的许多问题至今还没有结论。有的学者根据与埃及西亚等地的同期比较研究，提出迈锡尼文明一直延续到公元前900年，但这个观点没有得到普遍的接受。

▶ ▶ ▶

[1] J.B.Bury and Russell Meiggs,*op.cit*.,pp.21-63.

除了考古发现之外，了解这个时期的主要资料是《荷马史诗》。

在"黑暗时代"，再没有迈锡尼时期那种巨石建筑出现，更不用说"独眼巨人石块"之类的奇迹了。象牙、青铜材料的手工艺品也都非常粗劣，有的甚至失传了。人们已不知文字为何物，因为随着以王宫为中心的中央集权制王国的消亡、城市的衰落，人们多散居在农村，没有使用文字的需要。直到公元前8世纪时文字才又重新出现，是在腓尼基字母基础上发展起来的，而不再是迈锡尼时期的线文B。战车也停止使用了，到很晚才重新引进。

许多考古学家认为这个时期人口数量锐减。但也有人说这是因为这个时期人们不再集中生活在城市，而是生活在农村，居所也不再使用石材建筑，而是用木头等不易保存下来的材料；甚至有人提出这时的人们过着游牧生活，不在一个地方定居。从《荷马史诗》来看，在迈锡尼文明衰落之后，小聚落形式的生活基本上是以畜牧业为主。当时人的生活形态基本上是半游牧的小部落，当时所谓的"战争"其实不过是一场场掠夺牲口的冲突。各地普遍存在着混乱和动荡，正如修昔底德所说："甚至在特洛伊战争之后，在全希腊还是经常发生居民的迁徙和新起的移民，因此国家不安宁，从而无法繁荣。希腊人从特洛伊城下回来的归程是十分迟滞的，这引起了无数的变故：有的国家内乱频起，导致被放逐的人们设法另立新城。只有经过了许多岁月，而且历尽许多困难，全希腊才得以持久地安定下来，再没有什么流动了，于是希腊人便开始移民海外。"

城邦的兴起

公元前800年左右，衰退的形势开始有了转机。考古学家根据各个遗址中墓葬数量的变化，发现希腊各地的人口开始增长，在一百年之间，人口增加了7倍以上，整个希腊地区又开始活跃起来。人口增加的基本条件是粮食生产的增加，此时希腊地区的人重新开始实施农耕。而《荷马史诗》的出现，正好说明希腊文明在公元前8世纪中期已经复兴。

从公元前750年到公元前550年，希腊地区有两个明显的发展趋势，一是城邦的兴起，一是大规模的移民运动。城邦最早兴起于地中海东岸的小亚细亚，由于周围都是外族人，所以人们集中生活在有城墙防御的城市内。在大部分希腊地区，由于地形破碎，岛屿繁多，间接促使许多独立的小城邦出现。这些城邦最重要的特征就是政治上的独立，形式上的标志就是神庙的建立。这个时候许多城邦相继建立了大规模的神庙，这些神庙不但是城邦的宗教中心，同时也是城邦的政治、社会和军事活动的中心。在许多城邦，人民凭着对土地的拥有权而获得公民权，可以参与城邦公共事务的讨论和执行。当然，并不是希腊的所有地区都实行所谓的城邦制，有些地区的人们仍然散居在广大的农村中，而宗教、习俗上的一致使他们结合为一个个类似部落的政体。这类政体在整个希腊古典时代一直存在，城邦政治末期，将整个希腊地区统一为一个大帝国的马其顿就是这样的一种部落式政体。

在《伯罗奔尼撒战争史》中，修昔底德借尼西阿斯之口说出了这样一句话："男人就是城邦。"从这句话我们读出两层意思，其一，城邦是全体公民的联合体，公民有一定的权利和责任，在政治上是一个牢固的集体。在这里，城邦这一概念所强调的是她作为公民精神上的联合体的一面，而不是城墙、军队等物质的因素。其二，尼西阿斯所谓的"男人"是指拥有雅典公民权的男子，也就是说，所有的雅典女性、外邦人都被排斥在城邦之外。

城邦的另一特点是其外部特征，一是"小国寡民"，多数城邦都是弹丸小邦，最大的城邦斯巴达其面积也仅 8400 平方公里，人口总计约 40 万。其次，城邦多以一个城市为中心，这些城市多设在高地，位于交通和商贸要道上。但是并非所有的城邦都有这样的城市中心，如斯巴达就是一个没有城市的城邦。每个城邦都有大片的农村地区，这是城邦的主要经济基础，农村与城市的关系不是对立的，而是共生的。

"城邦"一词来自英译"city-states"，这个词是希腊文中"polis"一词的不太准确的翻译，因为这种译法过分注重多数城邦有城市中心这个特点。其实，如上所述，"polis"最重要的含义是精神上而非物质上的，因此很难找到一个合适的中文对应词，"公民国家"应该是最接近其原意的。

在公元前 7 世纪，希腊各地的城邦政体普遍开始改变，其表现是王政的废除和贵族共和制的建立，引起改变的原因可能是贵族势力的崛起。这个时期的大部分城邦，政权的主要掌握者都是拥有土地的贵族。人们在推翻王政之后，逐步产生一种原始民主的意识，这种意识先是在一批贵族之间产生，而后又扩展到拥有土地，同时具有相当经济能力，并且能参加战斗的自耕农中。

由于各个城邦有不同的政治经济背景，其政体的发展也各有特色。有些城邦建立起由少数贵族掌握政权的"寡头政治",另外一些城邦则建立起相对民主的贵族统治。在这个过程中当社会矛盾无法调和时,就会出现僭主制,即出现独裁者。僭主本人通常是处于边缘的贵族,拥有大量财富,很自然地扮演着超贵族的角色。一般来说,僭主能够取得政权,是因为有许多贫穷公民不堪忍受现状,态度激进,寄希望于支持僭主上台以改变自己的经济地位。而僭主也很懂得利用这些下层群众的心理,把握时机建立独裁统治。

僭主刚上台时,通常会为平民做许多好事,打破贵族的特权,提高自己城邦的威信,促进其内部的繁荣。僭主的形式虽根源于王政,但他并不能真正成为一个为所欲为的专制君王,因为他的权力来自于人民的支持,假若他的行为超出了人们所能忍受的程度,就会很难再保其位。这一点,可以由当时许多城邦开始颁布成文法典看出。成文法的颁布,象征城邦中的政治秩序有了超乎于个人之上的规则和权威。尽管成文法最初可能是统治者为了维护其既有秩序和既得利益而设立的,但一旦着手来做,就不可避免地会成为讨论和批评的对象,迫使他所制定的成文法符合众人的要求。

僭主制一般来说存在的时间较短,最多延续到第3代,之后要么是建立起贵族寡头政治,要么是朝更为平等的民主制发展。[1]

殖民运动

公元前750年到公元前550年是希腊人向海外移民的高峰时期。人口增加所造成的土地压力、粮食紧张和政治动荡等都可能是移民的原因,但最主要的原因恐怕还是商贸的需求,当时希腊人最需要的是生矿,特别是金属。在马西利亚(今马赛)和伊特鲁立亚建立殖民地是为了开拓从北方运入锡的商道。在地中海西部殖民是为了运入金、银等贵金属,特别是西班牙的银。黑海沿岸的殖民是为了控制粮食运输要道,这一动机刺激了米利都和后来的麦加拉殖民城邦的建立。从这些殖民城邦获得粮食,并通过它们控制粮食运输通道,从来都是雅典最重要的事务。

▶ ▶ ▶

① Paul Cartledge,*Cambridge Illustrated History of Ancient Greece*(《插图剑桥古代希腊史》),Cambridge,1998,pp.76-80.

在受客观条件限制而无法建立殖民地的地方，如在波斯和腓尼基控制的地区，希腊人只建立商贸城市，最早的是叙利亚的阿尔－米那和埃及的诺克拉提斯。

殖民城邦的创建者仍可保留原来城邦的公民身份，但他们可以吸收外来人加入新城邦。殖民城邦与原城邦犹如子与母，在感情上有密切的关系，文化上也承袭母邦，但政治上基本是独立的。这些殖民城邦不仅是商贸中心和农业小国，也是非常重要的港口。殖民者刚到时不可避免地要与当地人发生冲突，与其他殖民大国如迦太基的冲突也时有发生。

到公元前 5 世纪时，希腊人的足迹已遍及地中海沿岸的所有地方，如意大利、法国南部、西班牙、北非等。但是希腊的殖民地仅限于地中海沿岸的一圈，还没有深入到各国的腹地。西塞罗曾说过，希腊人的海岸仿佛是一条密密地缝在"蛮邦原野"这一大片织锦上的花边。

殖民运动对希腊人的生活产生了重要的影响，它促进了海外贸易的发展，提高了各城邦手工业生产的水平，刺激了一些商品农业如葡萄种植业的发展，尤其是加强了希腊与外部世界的交流，使得希腊人能更深入地吸收古代东方文明的各种成就。希腊人不仅与其殖民城邦有商贸上的关系，而且通过它们，与其他地区和国家的商贸关系也随之发生了。不过商业活动本身在希腊的经济活动中所占的比例并不算很大。那时希腊人最重要的经济活动仍然是农业生产，而战争所获得的战利品和神庙所获得的贡品也在城邦的经济生活中占相当重要的地位。

移民运动促进了城邦经济的发展，也刺激起了人们对财富的贪欲。东方人奢华的生活方式被带到城邦，由此引起城邦内部贫富差别的加大。社会矛盾再次加剧，贵族和平民的矛盾成为社会动荡不安的主要因素。从古风时代早期的墓葬及神殿供奉情况就能看出明显的贫富差别，在奥林匹亚、德尔菲、阿提卡等城邦，富人的随葬中常有贵重的武器和陶器。但是许多城邦并没有这类的证据保存下来。所以还不能说每个城邦都有一个固定的贵族阶层，或者说每个城邦的情况都一样。各城邦贵族的标志也不一样。从早期的文学作品中可以看出，随着公民们城邦意识的增强，以及城邦疆域的逐步固定，富有的贵族家族对权力的垄断受到威胁。这些文献反映了当时人们对财富和权力问题的矛盾心理，有迹象表明，他们对这个问题曾发生过争论。从赫西阿德开始，我们从古风时期的诗歌中不断听到贫穷公民对贵族强取豪夺的抗争，以及要求参与政治的呼声。

斯巴达的途径："平等人公社"

到公元前 480 年，斯巴达和雅典成为最重要的希腊城邦，在解决城邦内部贵族与平民的矛盾问题上，它们截然不同的政治和经济发展背景使它们采取完全不同的方式。传说中，一个叫作莱库古的立法者根据德尔菲神谕的启示，在斯巴达进行一系列的改革，从而奠定了斯巴达的社会和国家制度。实际上，斯巴达独特的制度是在公元前 7 世纪早期到公元前 5 世纪早期这段时间中逐渐形成的。开始是征服拉格尼亚和美塞尼亚，并且把那里的大批希腊居民降为地位低下的"希洛人"，这使得斯巴达的全体公民拥有了大量的农田，并且将他们从农业劳动中解放了出来。但是这同时也使得他们要时刻提防人数远远多于他们的"希洛人"的仇恨和频频的反抗浪潮，这种紧张的戒备成为他们的重负。从公元前 5 世纪中开始，希洛人在数量上的优势更胜于前，于是，美塞尼亚的希洛人开始举行大规模的暴动。与此同时，富有的公民与贫穷的公民之间的矛盾开始加剧，原因是军队由原来的骑兵部队发展为重装步兵，更多的公民有机会成为军人，有更为重要的作用，不满贵族的特权。为了缓解贵族与平民的这种紧张关系，国家给予全体公民更大的权利，并且将美塞尼亚的土地重新分配，每个公民都得到一份数量相同的土地，由希洛人为他们耕种，从此斯巴达人开始自称"平等人"，称他们的国家是"平等人公社"。当然，在土地上的所谓平等实际上是相对的，因为平分的只是美塞尼亚的土地，一些贵族还是在其他地方拥有更多的土地，而且土地在继承的过程中由于各家子女的多寡不同，分出的份数不等，几代之后，每个公民拥有的土地不可能完全一样多。

在此后的两个世纪里，斯巴达人发展出一种平均化、军事化的集体生活模式，公民接受严格的体能、军事和音乐训练，全体男性公民都被编入"男营"，全体斯巴达妇女则在"女营"，丈夫和妻子定期见面、过夫妻生活，却不能生活在一起。所有的公民都在公共食堂就餐，这是公民身份的标志；所有人都吃同样的份饭，以示平等。主餐永远是"黑肉汤"，多年不变。为了生出健康的孩子，斯巴达妇女特别注意锻炼身体。儿童一出生就要接受严格的检查，不健康的或体质弱的立即被扔到"弃婴场"；到 8 岁时男童进入"儿童团"接受艰苦的训练，如缺吃少穿、经受烈日暴晒、露宿野外等等。成年后进入军营，除了打仗就是操练，直到 60 岁才能解甲归田。军营中同性恋的现象非常普遍，成熟的男性对少年人扮演保护人加"恋人"的角色，这在当时促进了军人之间的团结与合作。军事训练、狩猎及同性恋伙伴间的友谊是公民们唯一的生活乐趣。

由于斯巴达人这种特殊的军国主义传统，他们的武力相当强大，在希腊世界中以军事力量闻名。相对地，他们在文学艺术方面则可以说是交了白卷，因而有关斯巴达的历史记载都是外人所写的，其中难免有偏差之处。

在公元前 6 世纪末的时候，斯巴达成为伯罗奔尼撒半岛上最强大的城邦，并且联合各邦，成立了所谓的"伯罗奔尼撒同盟"。半岛上其他城邦各派代表组成议会，和斯巴达的议会同时议事，双方达成共识之后，由斯巴达王执行决议。由于斯巴达对友邦通常相当支持，因而其领导地位非常巩固。公元前 6 世纪末，希腊世界受到一次最严重的外侵，就是波斯的西进。在抵抗波斯的侵略中，斯巴达也尽了很大的努力，不过在战争的初期，斯巴达的态度是比较保守的，并不愿主动出击。

修昔底德说斯巴达人是最早提倡简朴穿着的人，而且斯巴达的贵族尽量过着平民般的生活。当时及后来的文献对这种"平等的生活"有大量的描述，特别是在普鲁塔克的《莱库古传》里。但是这些描述无疑有夸张的成分，其原因一是在怀旧的过程中不自觉地强调斯巴达与其他城邦特别是雅典的差异，二是想用丧失简朴美德、道德沦丧这个原因来解释斯巴达在公元前 371 年鲁克特拉之战中的失败及随后的衰落。其实，如上所述，从一开始，斯巴达富有公民和贫穷公民之间的差别就很大，前者在政治上地位更高，年老后几乎都可进入由 28 位"长老"组成的议事会，而后者拥有的土地很少，产量也不高。为了减少富人与穷人之间的差别，富有的公民有义务在共餐时为大家提供较好的肉食和面包，色诺芬的《斯巴达的政制》中有这样一段记载："他为他们规定了固定的食物分量，不多也不少。除此之外也有许多狩猎得来的食物；富人有时会提供白面包。因此在人们离开乱糟糟的营地前，桌子上总是有些吃的，虽然从来也不会太多。他还禁止过度饮酒，认为这样会导致身体衰弱，意志消沉，他规定所有的男人只能在口渴时才喝酒，相信这是害处最少、最快乐的饮酒方式。"

可能一直有一些斯巴达人不遵守这些规定，私自过着更为奢侈的生活；在伯罗奔尼撒战争及之后的公元前 404 年到公元前 371 年斯巴达称霸的这段时间里，随着财富和奢侈品的大量流入，以及斯巴达在整个希腊世界权力的膨胀，这种背离传统的行为更加普遍，也使得社会关系更为紧张。因此，斯巴达这种通过平均、克制和控制竞争与享乐来解决贫富矛盾的策略，到公元前 4 世纪以后就渐渐失去了效力，其实即使在"平等人公社"的神话产生的时候，情况也远远不是人们想象的那样。

作为伯罗奔尼撒多数城邦主要联盟的领导者，斯巴达在政治制度上倾向于贵族寡头制，在这种制度下，权力集中在少数富有的贵族手里。某些城邦在公元前 6 世纪至公元前 5 世纪的很长一段时间里维持着稳定的统治，科林斯、麦加拉和开俄斯就是很典型的例子。通过斯巴达方式也许能避免对城邦贫穷公民的过度剥削，然而，在伯罗奔尼撒战争开始时，当整个希腊地区都面临内乱和巨变之际，几乎所有城邦都经历了严重的停滞、内战和制度的改变。①

雅典的道路：民主制的建立

雅典走的是更为平等、更为复杂的改革道路，她做了许多变革制度的尝试，特别是在公元前 5 世纪雅典帝国时期。在雅典，自公元前 6 世纪到公元前 4 世纪，富有的贵族与大多数贫穷的公民之间的关系经历了一个变化的过程。保存至今的梭伦的诗歌残篇及后来的历史文献向我们展现了梭伦改革的情况。梭伦开始担任立法者时，传统贵族、经济上成为暴发户但没有政治特权的公民以及贫困的农民之间存在着多重而严峻的冲突。后者面临破产和沦为债务奴隶的危险，在阿提卡地区较为贫瘠的山地被开发成可耕地之前，许多贫困的农民只能租种大土地所有者的土地，因此心里有极大的不满。可以想象，境遇好一些的公民在军队中担任重装步兵，因此觉得自己应该有更多的参政权。无疑贫穷的步兵公民憎恨那些富人的极度奢侈和傲慢；富人们铺张的葬仪、奢侈的宴会，都令他们愤慨。在这些宴会上，有些穷人不得不跳舞或者扮演滑稽的角色来取悦富人，人格上受到极大的侮辱。

梭伦试图保护所有的公民和他们的财产。为防止他们破产，他取消了公民的债务，废止了债务奴隶制，他还通过继承法保护小户人家，使之避免破产的命运，从而维持经济秩序和保持政治上的稳定。

梭伦根据农业的收入把公民分为 4 个等级：第 1 等级是地产收入达到 500 斗（每斗约合 52.53 公升）的公民，称"500 斗级"；第 2 等级是收入达 300 斗、有养

▶ ▶ ▶ ▶ ─────────────────────────

① Paul Cartledge, *op.cit.*, pp.81-83.

梭伦

马能力者，叫"骑士级"；第3等级是收入达200斗、有牛耕田者，叫"牛轭级"；第4等级是收入在200斗以下的公民，他们土地很少，不得不为他人做雇工，称"雇工级"。根据公民所属的等级决定其所要承担的政治义务，等级越高，担任的公共职务越高；军事义务也按等级分配。梭伦还鼓励公民参加公民大会，参与公共事务的最后决策；新设立的民众法庭也对全体公民开放。这种将公民划分成等级，根据等级的高下承担一定的义务的做法，很好地确定了公民在城邦中的地位：每个公民都是城邦中一个独立的个体，各人都有自己的利益，拥有一定的权力，享有尊严，承担相应的义务。同时雅典的公民与非公民之间的界限也更加明确了。例如，移民的地位就低于雅典公民，但是最重要的区别是自由民与奴隶。梭伦改革最重要的后果，也可能是当时许多老贵族能接受它的原因，是从希腊以外的地区如黑海以北和以南的广大地区进口更多的奴隶。

梭伦的改革没有马上带来政治上的稳定。贵族与为他们服役者之间的矛盾，加上富人与穷人之间的矛盾都更加激烈，从而导致了公元前6世纪僭主制的建立。第一个僭主是庇西特拉图，其后是他的儿子，公元前510年僭主制被废止。后来的人们把这段历史看作是僭主制的黄金时代，其间梭伦改革的大部分措施都得以实施。这段僭主统治结束后，随着社会矛盾的再度激化，克里斯提尼在公民的推举下就任执政官，开始更为深入的民主制改革，使得所有的公民都有参政的机会。

克里斯提尼改革的内容之一是废除传统的4个血缘部落而代之以10个新的地区部落。克里斯提尼将平原、海岸、山地三大区各分为10区，每三种不同地区的小区又组成一个行政区，所以共有10个行政区。经过这样的调整，每个行政区中的人口数量、出身和职业就大体取得了平衡。然后再由每一行政区中的公民抽签选出30岁以上的公民50人，组成一个五百人的会议，掌管财政、军事、外交、民政。不过对于日常行政而言，五百人是太多了些，所以又规定每区的五十名代表成立一个委员会，负责监督日常行政，其中一人为主席，任期一天。而一个委员会的任期则为一年的十分之一，如此五百人在一年的任期中都有机会轮流成为政府中重要的行政人员。又由于有不连任的规定，城邦中的公民每个人都有很大的机会参加五百人会议。公民大会本身则是立法、宣战、缔结和约的最高权力机构。

至于原有的9名执政官，他们还继续工作，但其具体成员，已由贵族逐渐转移到平民阶级，并且在公元前487年之后由推选改为抽签。而政府中的各级行政官吏，除了必须要有专业知识才能胜任的将军和建筑师之外，也都是由抽签选出。此外，每一重要的行政任务都由10个人或更多人组成委员会来共同负责。这样的政治运作系统之所以能够成功，主要是因为当时的公共事务的范围不大，性质简单，因而一般公民凭着他们参加公民大会以及五百人会议的经验就大致可以胜任。更何况每一个人在某一职位上的意见只占十分之一，即使发生差错，影响也不会太大。此外，还有一种防止独裁者或危害公共安全者出现的办法，这就是在必要时公民大会可以投票选出最不受欢迎的人物，参加投票的总人数在6000以上才有效，得票最多的人将流放至国外10年，这种投票一年举行一次。由于当时的选票是碎陶片，因此这一制度就被称为"陶片放逐法"。

雅典的这种民主制度在克里斯提尼改革的基础上，于公元前5世纪中期逐步形成，成为希腊城邦世界中民主政体的模范。不过希腊城邦的一个特色就是各有自己独立的性格，各城邦的政治制度都不尽相同。

然而，克里斯提尼在推行民主制的同时，也更为注重公民权的限制，移民要想获得雅典的公民权更为困难，不管他们在阿提卡居住了多长时间。这些外来人当时的官方名称是迈提克，他们登记注册时要写明是生活在"庇护人"（即当地雅典公民）所在的区。从公元前5世纪后半期开始，他们还要缴纳"人头税"，男人每年12德拉克马，女人每年6德拉克马。虽然数额不算高，但在意识形态方面却有深意。虽然迈提克有可能获得某种特权，但他们要想得到公民权通常是很难的。只有那些对雅典做出突出贡献的迈提克，作为一种奖励，在经公民大会的特别投票通过后才能获得雅典公民权。总之，居住在雅典的大批外国人，在经济和其他方面也享受到了公元前5世纪中叶雅典扩张的好处，但要获得公民权却并不容易。理论上讲，只有父母都是雅典公民的人才有公民权，既然如此，那么作为雅典公民的男子就不能与外国女子结婚，不管她是出身于雅典盟国的贵族之家，还是居住在当地的迈提克。

在公元前6世纪时，雅典的贵族家庭还可以通过给死去的亲属建造纪念性建筑物来显示自己的富有和权势，特别是在家中有年轻男子战死疆场，或者年轻女子未婚而亡的情况下更是如此。但是在克里斯提尼时代及之后的时间里，富有的贵族在消费上却受到不断增加的限制和压力，他们在公共事业上的投入要远远多于个人消费。有一条法律规定说，如果墓葬纪念物的建造投入超过了"10个人3天的劳动"，就要遭到禁止。因此在这个时期奢华的墓葬纪念物几乎看不到，一直到公元前5世纪末才又重新出现（在其他城邦也有类似的情况，奢华之风一度被限制，后来又渐渐恢复）。上述立法公布之后，雅典人很快就普遍使用简单的柱形墓碑，城邦每年都要为阵亡者举行公共葬礼，由执政官发表充满爱国激情的悼词，将他们合葬在祭坛式的石头大墓中。修昔底德的著作对此有详细的描述，还记载了伯里克利在伯罗奔尼撒战争开始的第1年（公元前431）年底为阵亡将士所致的悼词。

雅典贵族的房屋和服饰似乎并不奢华，尽管有人说在公元前4世纪时贵族的房屋比其他人的稍微华丽一些，但至今还没有考古上的发现证实这一说法。总的说来，希腊的城市在布局上大体都是一个模式，平直的街道将城市分割成均匀的块状，房屋的排列整齐而密集，所有的房屋大小都差不多。

雅典并没有完全禁止富人进行奢侈的消费，他们也能吃些珍贵的食物，使用金银器皿，举办奢华的宴会，但是这样做时他们要承受极大的压力。因为当时的社会提倡平等和民主，提倡将奢侈消费降低到最低点，而将时间和金钱更多地投入到为所有公民谋利的事情上。从克里斯提尼时期开始，希腊发展出一种公共礼拜制度，根据这种制度，富有的人要为城邦的许多节日提供财政上的支持，并且要在战争期间提供赞助和负责统领军队。这种制度的重要性不在于对那些富有者施加舆论上的压力，而是要以"荣誉"和"官职"鼓励富人为城邦效力，同时也给他们以更多的政治特权、更多的参政机会，在民众法庭上有更多的获胜机会，等等。

从公元前5世纪初开始，随着雅典政治形势的不断好转和经济形势的不断发展，人们拥有财富的形式更趋多样化。然而，像希腊其他地区一样，不管是从经济角度，还是从当时人的观念上讲，土地仍然是最主要的财富。多数雅典公民拥有一定数量的土地。约在公元前400年，曾有人提议没有土地的人不能拥有雅典的公民权，这一提议虽然后来没有获得通过，但是只有雅典公民才有权拥有土地和房屋，这便进一步将雅典公民与迈提克区别开来。到公元前5世纪中叶，所有那些在政治上有显要地位的贵族都是大土地所有者，许多人都出身名门望族，如克里斯提尼所属的阿克美尼德家族。但是也开始出现新的富有者，主要是那些使用奴隶劳动制造武器、服装等获得财富的人。当新的富有者开始参政，并且在公元前420年后渐渐跻身高层职位时，许多老贵族特别是那些保守的农民公民都感到非常恐慌，他们不断攻击这些新贵。如这个时期阿里斯托芬的喜剧就常常嘲笑像客来翁这样靠制革业发财的暴发户。

公元前5世纪其他的财富来源有：出租房屋，特别是向迈提克；出租土地；放高利贷，主要是向船商。对城邦和公民个人来说最有经济价值的是阿提卡东南地区拉利温的银矿。有意思的是，采矿获得财富似乎比经商致富要好听一些。据我们所知，拥有采矿奴隶数量最多的是政治家尼西亚斯，但他也很忌讳别人拿他的致富之道开玩笑。

到公元前4世纪，传统的贵族家族已经消亡，

古希腊女子雕像，
公元前530年

唱票，古希腊瓶画，公元前470年

拥有多种形式的财富已经成为很普遍的事。某些富有者几乎没有土地。对这些新财富形式的种种偏见也明显减少了。有产阶级可分为两部分：有1000到1200个非常富有的公民，他们要定期为公共礼拜交纳金钱；其次是1000到4000个比较富有的雅典居民，包括迈提克，他们有义务交纳"捐助金"，这是一种向雅典居民征收的财产税，用于城邦的军事事务。这两类人都暗自经营高利贷。通过这种方法，他们在政治和经济上都维护了自己在城邦中的贵族地位。但是担任高级职务是有风险的事情：有可能招致死亡、流放或经济上的破产。有时富有者也会有突然的经济损失，如收成不好等。所以，在雅典社会，一个人随时有可能从社会顶层迅速跌落到底层。

在公民群体的底层，是2.5万到3万个普通公民，他们都是小土地所有者，也许可以称作"农民"——尽管他们的经济状况和政治上的自由使得他们不同于其他地区和其他时期的农民。文学艺术作品中也有他们的形象。农民步兵常常成为阿里斯托芬喜剧中的主角。在公共演讲如阵亡将士的悼词中，在公共艺术作品如帕特农神庙的雕塑中，理想的公民形象就是步兵。一些文献表明，伯罗奔尼撒战争的后果之一是这些农民的极度贫困，但证据还不够充分，而且公元前4世纪民主制度的平稳和经济上的保守主义都与这些文献的记载不符。近来一种新观点认为，可能有8%到10%的富有公民拥有约1/3的可耕地（通常以几种不同的方式占有），而多数步兵和一些在梭伦改革中被划分为第4等级公民的贫穷公民占有很少的土地，可能只有6公顷或者更少。而大多数的第4等级公民则主要是给大土地所有者当雇工，或者在城市中从事手工业、零售业。其他的公民则是与大批没有公民权的居民一样从事海外贸易。这种观点尚需寻找更多的证据。

雅典的民主制度允许公民参加民众法庭，担任陪审员。这种做法的确能对贵族的行为起到某种约束的作用，这恐怕是雅典民主制度最重要的一点。目前我们还不清楚最底层的公民对步兵及更高阶层的公民所拥有的特权是什么态度。这些最底层的公民也曾作为水手参加雅典军队，而且自公元前480年之后，随着雅典帝国军队中海军地位的提高，他们的重要性已超过步兵和骑兵。公共演讲和艺术作品中只强调步兵的价值，而忽略他们在战争中的贡献，这使他们非常不满。

然而，雅典的男性公民只有3万人，而阿提卡全体居民是20万，他们只占15%。公民自然会有一种比其他居民优越的感觉，他们拥有许多的特权：如在家庭中对妇女和子女，在外边对迈提克和奴隶。当然，并非所有阿提卡人都有奴隶。现在关于雅典人特别是雅典小农占有奴隶的数量，还有争议。但是所有的雅典公民在潜意识里都认为自己可以拥有奴隶，而且在经济状况好的时候，许多贫穷的农民或小业主都可能或有机会拥有奴隶。奴隶制的普遍存在有效地缓解了贫穷公民对自己境遇的不满情绪。雅典人认为所有的奴隶都是野蛮人，他们生来比希腊人低贱，他们在与希腊人的战争中被击败就是一个很好的证明。

对那些从来都没有能力拥有奴隶的贫穷公民来说，他们也有机会向迈提克出租房屋或作坊。总之，他们总是能有机会与这些比自己处境更差的人打交道，总是能感受到自己在法律和社会地位上的优越。当然，许多迈提克都在从事制造业、商贸活动、银行业的过程中积累了财富，一些人比如普罗塔格拉斯和亚里士多德还成了当时著名的思想家。不管怎样，雅典的普通公民一方面意识到自身与富有的贵族之间的巨大差别；另一方面也意识到自己与这些贵族之间的内在联系。他们深知自己是公民群体中的一分子，而这个群体具有社会上其他人所没有的特权。①

▶ ▶ ▶ ————————————————————

① Paul Cartledge, *op.cit.*, pp.85-100.

第四节
古典时代的希腊

从希波战争到希腊内战

雅典以 3 万左右公民为基础建立的这种民主制从来就没有得到过安定的环境。公元前 5 到公元前 4 世纪期间，每 4 年中有 3 年的时间雅典都处在战争状态中，先是回击波斯帝国的入侵，后是卷入与斯巴达为首的城邦联盟之间的内战，和平的局面从来没有持续一个世纪以上。

自公元前 6 世纪末由克里斯提尼奠定基础之后，雅典民主制度的成长和发展，大部分时间可说是在波斯帝国的威胁之下进行的。从公元前 512 年开始，波斯帝国在大流士的领导之下，积极向地中海东岸发展，首先征服了小亚细亚西岸的诸希腊城邦，然后沿爱琴海北岸向希腊本土逼进。公元前 499 年，小亚细亚地中海沿岸的希腊城邦要求希腊本土城邦帮助他们反抗波斯统治，但由于只有雅典和另一小国出兵，帮助行动没有成功。

经过几次小规模冲突之后，波斯王大流士改变了以往沿爱琴海北岸的进攻路线，派遣了一支船队直接越过爱琴海南部，出其不意地在马拉松登陆，这里距雅典只有 20 几英里的路程。雅典立即派了长跑健将去斯巴达求救，但斯巴达人正在节日庆典期间，不能发兵。雅典军队独立击败了人数比他们多一倍的波斯军队。

这次冲突对于波斯来说，只是在它遥远的边界上的一次小小的挫折，不影响其征服整个希腊的计划。对于雅典而言，马拉松的胜利却是对抗波斯侵略的一剂强心针。他们开始积极建设一支足以对抗波斯的海军。在数年之间，雅典建成了一支有 180 艘战船的海军。而波斯人也在新国王薛西斯的率领之下卷土重来，他们的大军可能包括 6 万陆军、600 艘战船，再度分两路沿爱琴海北岸进攻，于公元前 480 年攻入雅典，摧毁了雅典娜的神庙。不过雅典人在事先就已经有计划地撤出，将军队的主力转移到海上。波斯的海军实力本来很强大，但是中了希腊人的反间计，把船队开入萨拉米斯湾中。由于水面狭窄，大船转圜不便，反而被数量较少的雅典船队击败。

薛西斯在陆上见大势不好，赶紧退回小亚细亚，不过波斯军队仍然控制着希腊北部地区。次年，波斯人再度攻入雅典，在普拉提亚会战中被斯巴达为首的联军击败，自此希腊军队从防御转入进攻，最终于公元前449年取得了希波战争的最后胜利。

在希波战争期间，雅典的民主制不断深化。公元前461年，通过法案剥夺了贵族会议的参政职能，使得雅典的3个民主机构——公民大会、五百人议事会和民众法庭独立担负起管理国家的责任；从公元前457年开始，第3等级的公民也有权担任执政官。公元前443年伯里克利开始担任首席将军，进一步完善民主制。伯里克利在演说中说："我们的制度被称作民主制度……因为政权不是在少数人手里。就法律而言，一切人在解决他们私人纠纷方面都是平等的。就人的价值而言，无论何人以何种方式显露头角，优先于他人担任公职，不是因为他属于特殊的阶级，而是由于他个人的才能。"

对波斯战争的胜利极大地刺激了雅典的政治和文化。一方面，它证明了雅典的民主制度胜过波斯的独裁制度，雅典人更有信心了；另一方面，受战争胜利的鼓舞，雅典的思想文化蓬勃发展，进入了所谓的"古典时代"。

在希波战争中，一些希腊城邦以雅典为首组成了提洛联盟，展开与波斯的长期战争。到了公元前460年左右，波斯的势力已经退出了小亚细亚西岸。希腊不少城邦因此以为波斯的威胁已经解除，于是就不想再继续受雅典的指挥，要求完全的独立。雅典的执政者却认为波斯入侵的企图并没有打消，主张把提洛联盟的性质改变为帝国，也就是各城邦成为雅典的附庸，各邦原来所出的捐款成为固定的税款。雅典的这项建议表面上得到提洛联盟各城邦的支持，但实际上均有不满的情绪，尤其是斯巴达，不满情绪更大。希波战争后，斯巴达便独立于提洛联盟之外，这时更和雅典处于对立状态，暗中支持各城邦中的反雅典力量，希腊内战终于爆发了。希腊各城邦形成了以斯巴达和雅典为首的两大集团，两大集团的对抗从公元前431年一直持续到公元前404年。雅典有强大的船队和足够的资金，斯巴达则有强大的陆军，但没有海上优势，财力也不足。

伯里克利主张实行一种以防御为主的战略：雅典人尽量避免陆战，而以海军骚扰乃至封锁伯罗奔尼撒海岸；同时在雅典城与海港皮里埃乌斯之间修筑一条长垣夹道，让雅典城直通大海，成为实质上的海岛；他要求所有的雅典农民离开乡村，带着必需品与城市居民一起住在夹道中，使斯巴达失去陆上目标，而雅典则可以充分发挥海上的优势。

但是一场瘟疫破坏了伯里克利的战略,也夺去了他的生命。伯里克利去世后,雅典执政者之间发生了矛盾,雅典在战场上开始屡屡失利,曾一度与斯巴达媾和。公元前 415 年,雅典名将亚西比德率军大举进攻西西里岛上的叙拉古城邦,如果成功,则雅典可以控制西地中海,进而严重威胁斯巴达。但在出兵前夕,雅典内部反对他的人以叛国罪诬陷他,于是他只好逃到斯巴达以求庇护,并将雅典的进攻计划告诉了斯巴达,使斯巴达能有时间营救叙拉古,结果雅典全军覆没,耗尽所有的国力,从此一蹶不振。斯巴达终于在公元前 404 年击败雅典。

修昔底德认为,雅典人所面对的最危险的敌人既不是"蛮族的"波斯入侵者,也不是斯巴达及其盟国,而是雅典人自己。雅典最终的失败不是因为对手的强大,而是由于雅典人自己的战略错误和内部的党争。修昔底德对伯里克利之后的执政者存有偏见,实际上,雅典人的战略在伯里克利去世后并没有什么大的改变。但是他对雅典内部不团结的批评是有一定道理的。

伯罗奔尼撒战争既是雅典与斯巴达的争霸战争,也是希腊诸城邦民主派与寡头派矛盾激化的结果。公元前 415 年,雅典人派遣舰队远征西西里前夕,旅行者的保护神赫尔墨斯像被人捣毁,这很有可能是民主派的敌对者所为。经过长期调查,处

步兵对垒,希腊瓶画,公元前600年

死了约 50 名贵族，将他们的财产全部没收充公。而远征西西里的亚西比德则被控"亵渎神明"，要对他进行审判。这位巧舌如簧的政治投机家立刻叛逃到斯巴达，并表示对于像他这样的人来说民主制不过是得到承认的精神失常。这成了寡头派嘲笑民主派的一大谈资。公元前 411 年，寡头派发动血腥政变夺得雅典政权。此后，几经反复，寡头派终于于公元前 404 年在斯巴达的直接干预下开始了以残暴著称的所谓"30 僭主统治"。当雅典与斯巴达之间的战争爆发时，没有几个希腊人能预见到这场战争与他们以往所经历的战争有什么不同。27 年的战争使得成千上万的希腊人丧生，这给他们以深刻的教训。它将希腊社会丑陋的一面充分暴露出来，如互相倾轧、侵略性等。同时，也促使一批社会精英深入地思考当时的社会问题，修昔底德、索福克勒斯、欧里庇得斯等人的作品都有着深刻的时代烙印。战争的创伤为希腊社会的政治思想文化的变化注入了活力。

希腊的宗教与神话

宗教渗透在古希腊社会生活的各个方面。各种竞技比赛都是在祭神的宗教节日中举办，如著名的奥林匹克赛会就是为宙斯举办。城邦的许多大事，比如开战或媾和，也经常由神谕来决定。在关于神及神与人之间关系的神话中，我们能够了解到古希腊宗教的许多基本概念。

神话是关于遥远往事的陈述，其中现实与虚构交织在一起，它是古人解释事物起源的一种方式，其中有对某些现象的评判，有对正确行为的肯定。神话与故事的区别在于，后者是自觉的虚构，而前者则是先民们虔信的历史。从神话中我们能了解一些地方名称的由来，各地区文化的潜在内涵，以及神与人的关系等等。

古代希腊的神话对西方艺术和文学有深远的影响，而且曾经还是人们进行教育的主要内容，它们是古代希腊戏剧作家的创作源泉，也是历史学家们研究历史的一种宝贵资料，同时还是古希腊艺术作品的重要题材。现在保存下来的神话作品大多很晚才成形，有许多后来人添加、分析和解释的成分。但是故事的基本情节、人物与传播的目的还是很清楚的。

古希腊的神话之所以发达，是因为它们是以艺术的形式流传下来的，在其原始的核心内容上覆盖了许多后来的积层，后来的再创作增加了它的生命力。之所以如此，是因为古希腊没有一个发达的祭司阶层去统一古希腊人的思想，古希腊的祭司只负责掌管宗教仪式。

在地母神狄米特的神话中，狄米特的女儿波塞芬被哈迪斯诱拐到冥世。狄米特悲痛欲绝，到处寻觅，于是庄稼枯萎，饥荒盛行。故事的结局是波塞芬每年都有一半的时间在人间陪伴她的母亲，另外半年则在冥世陪伴她的丈夫哈迪斯，于是就有了四季的变迁。

另一则神话则反映了西亚文明对希腊的影响。欧罗巴是位于腓尼基海岸的推罗国王的女儿，宙斯贪恋她的美色，变成一头白牛，诱骗欧罗巴爬上牛背，然后跳入海中到了克里特，欧罗巴在那里生下了米诺斯。她的哥哥卡达摩斯在寻找她的途中建立了底比斯城。希罗多德认为，卡达摩斯将腓尼基文字传到了希腊，这个神话可能就是为了说明腓尼基文化对希腊的影响。就连卡达摩斯这个名字都有可能是来自闪米特语中的 qedem（意为"东方"），而欧罗巴则来自闪米特语中的"日落"（即"西方"）一词。

古希腊人与神的关系是互惠的，他们认为人敬奉神是为了得到神对人的护佑；作为回报，神应该满足人的要求。古希腊的神对人类没有爱，只是在神话传说中，有些神会在人间找一个情人，生下半人半神的后代。当人们敬奉神，不去冒犯神时，神就会支持和保护他们；相反，若冒犯了神，就会受到惩罚，如饥荒、地震、瘟疫、战争中的失败，等等。

古希腊人相信他们的神都过着舒适的生活，有时在彼此关系上略有不快，但基本上是无忧无虑的。以宙斯为首的 12 个最重要的神居住在奥林匹亚山顶。所有的神都与人同形同性，有男有女，有喜怒哀乐，会恋爱、会嫉妒，有人类的一切缺点。他们非常看重人类是否敬奉自己，稍有不周到，就会不满。比如忘记了给他们献祭，亵渎了神殿，或者违背对神发誓许下的诺言，等等。对于人类自身的罪行，神只对其中的一部分人做出惩罚，大部分要由人类用自己的律法去处置。如人类犯了谋杀罪，神就用恐吓的方法进行惩罚，令杀人者及周围的人都受到威胁，直到他们惩处凶手为止。如果人类触怒了神，神就会通过预言、占卜、梦境等等方式暗示惩罚即将到来。

希腊宗教中似乎缺乏一种道德的因素。从《荷马史诗》和一些早期文学作品中可以看出，国王和神明之间的关系就像一般人和国王之间的关系一样，下对上只有

古希腊民众法庭计时用
的水漏，公元前400年

遵命，而没有反对和怀疑的权利。神与国王一样，有合理宽大的一面，也有褊狭、愚昧的一面。国王要如何对待他的属下，很可能只是他一时的好恶，而不一定是出于理性的决定。同样，神要如何对待人，完全是神单方面决定，并不一定是由于神要维持世间的正义。

　　在荷马时代的希腊宗教中，神与凡人最大的不同，不是他们具有巨大的神力，也不是具有高尚的道德，而只是因为他们是不死的，而凡人是必死的，这是人和神之间不可跨越的界限。人应该认识自己生命的有限，不可妄想永生。

　　希腊人中也有人认为神应该是完美的。公元前6世纪的哲学家塞诺芬尼斯就认为已有的神话是虚妄的迷信，是人根据自己的经验创造出来的。他说，如果马和牛有宗教的话，它们一定会把它们的神想象成马和牛的形象。在他的想法中，如果神做了坏事，他就不是神，如果他有什么欲望，他也不是神，因为神应该是完美的。

　　希腊神话的重要性在于它们与神圣仪式之间的关系，它们诠释了这些仪式的寓意。祭祀神的仪式是神与人之间的主要沟通渠道。重要的仪式都列在城邦的日历中。例如，在雅典，每个月的头8天都是祭拜神的日子。其中第3天是雅典的诞生之日，第6天是祭拜阿尔忒弥斯女神的日子，第7天祭拜她的哥哥阿波罗，等等。雅典号称是全希腊宗教节庆最多的城邦，大小节日加起来占半年的时间。并非是所有人都参与所有节日，雇工签约时要注明他们能够参加哪些节庆。最重大的全国性节庆是泛雅典娜节。泛雅典娜节能吸引众多的民众，节庆期间不仅有祭祀活动，而且有音乐、歌舞、颂诗、竞技等表演，优胜者获得奖品。有些节日是专为已婚女子设立的，如祭祀女农神的节日，等等。

总之，仪式和神话是希腊宗教的两个方面，但没有创立者，没有经典，也没有教会组织。在城邦神庙中虽有祭司主持祭典，但只是执行与神庙主神有关的仪式。至于一般公民，则以家族为单位，每一个家长均可以在家中自行向神献祭祈祷。家中的保护神通常是宙斯和蛇神。

在古典时代的希腊社会中，由于《荷马史诗》具有极大的权威，其中所包含的宗教观念对一般人有相当重要的影响，因此也成为城邦中的"公共信仰"，是城邦维持团结的重要力量。但除此之外，希腊人的宗教生活其实也有其非理性的一面。包括他们对于来世的认识以及他们对一些神的崇拜。例如对于地母神狄米特的崇拜，主要是一种对于大地生殖能力的崇拜；而在狄米特崇拜之中心地的艾琉西斯，人们相信崇拜者经过一定的洁净和献祭仪式之后，可以经历一种神秘的体验，能使人得到永生。这种对于永生不死的向往，也表现在许多地方性的英雄崇拜之上。英雄本为凡人，但由于他们特别的能力和遭遇，使他们在死后受到人们的崇拜。此外，通过对于酒神狄奥尼索斯的崇拜，在近乎野蛮的狂欢庆典中，希腊人表达了另一种对于自然界中生殖力量的崇拜。

希腊的文学、哲学与史学

在希腊文学史上，荷马和赫西阿德代表着第一个高峰。《荷马史诗》中的神话故事影响而且塑造了此后希腊人宗教信仰的特质，而它的英雄主题也成为希腊文学作品不绝的源泉。不过，史诗作者在叙事的过程中始终是采取第三者的旁观态度，并且沉醉在对一个逝去的英雄时代的歌颂之中。而在赫西阿德所写的《神谱》中，个人对现实环境的感受有更直接的表现。作者将世界的发展分为五个阶段：金、银、铜、英雄、铁，他认为自己所处的是最堕落的铁的时代，人们不再生活在无忧无虑的世界中，而必须为生活奔走辛劳。在他的另一作品《工作与时日》中，他以农村中的各种生活遭遇为主题，对他所认为的"铁的时代"做了更详细的描述。

在公元前 6 世纪，希腊各地出了不少的诗人，如女诗人萨福以情诗闻名，诗人品达则因赞颂竞赛场中的胜利者而留名。从公元前 6 世纪末开始，配合酒神狄奥尼索斯庆典所举行的颂诗活动逐渐发展成为一种表演，称为"Tragodia"，原意为"山羊之歌"，因为山羊是狄奥尼索斯崇拜的象征。后来"Tragodia"一词之所以有"悲剧"的意义，主要是由于这类戏剧的主题通常比较严肃，关及人的意志和神的旨意的冲突，而人在这种冲突中最终总是逃不脱神所安排的命运。当然，并非所有的这种故事都是以"悲剧"收场。"喜剧"（Comedia）原意为"浪汉之歌"，以诙谐取笑为主，附在悲剧之后演出，以纾解观众的情绪。但其中也有一些寓意深长的对于时事、人物的品评，并不专以胡闹为能事。由于每年酒神祭典中剧作家必须以自己的作品参加表演比赛，因而产生了许多的戏剧作品，可惜流传至今的只有少数几人的作品。悲剧作家埃斯库罗斯（公元前 525—前 436）、索福克勒斯（公元前 496—前 406）和欧里庇得斯（公元前 483—前 406）等 3 人的作品，以及喜剧作家阿里斯托芬（公元前 444 年生）的作品，现已成为西方文学史上的瑰宝。

公元前 5 世纪中的希腊历史著作以希罗多德（约公元前 484—前 430）的《历史》和修昔底德（约公元前 460—前 400）的《伯罗奔尼撒战争史》最为有名。前者记述了波斯和希腊之间的冲突，旁及波斯帝国的兴起和西亚、埃及的历史，以及这些地方的风土人情，是研究公元前 6 世纪至公元前 5 世纪希腊和西亚地区历史的重要材料。后者则主要叙述公元前 5 世纪希腊黄金时代雅典和斯巴达之间的斗争。

哲学方面，早在公元前 6 世纪，小亚细亚的米利都就有一些人开始从自然现象来探究宇宙构成的原因，如泰勒斯（约公元前 636—前 546）主张万物的根本是水，阿那克西曼尼认为空气是一切的基本元素，火是活跃的空气，空气凝缩成水，再变成石头。另一位哲人赫拉克里特则主张火是物质的基本元素；而到了公元前 5 世纪，恩培多克勒主张一种调和的物质构成说，认为世界上有土、空气、火、水 4 种基本元素，万物都由此"四根"形成。恩培多克勒的说法基本上为此后的希腊科学家们所接受，一直到了中古时代伊斯兰教科学家在冶金术的发展中才对他有所突破。这些企图用自然现象来解释宇宙本质的人，可称为自然哲学家，不过他们并没有留下作品，其想法多半散见于后人的记载或引用。同样，其他哲学家，如强调以数字和数学来了解宇宙本质的毕达哥拉斯（约公元前 582—前 500），以及主张宇宙万物皆由原子组成的德谟克里特（约公元前 460—前 370），他们的思想虽对后世有很大的影响，但也没有作品保存下来。

另一方面，从公元前 5 世纪开始，有一批人对于政治、伦理和辩论术之间的关系产生了很大的兴趣，当时人称他们为"雄辩家"或"智者"。这些人以教授年轻人各种辩论的技巧谋生，其中以普罗塔哥拉斯最为著名。在一些后来的哲学家眼中，雄辩家常常为了追求辩论的胜利而不惜以诡论歪曲事实，他们在辩论的过程中常走向怀疑主义。如一个名叫高尔基亚（约公元 483—前 376）的人就说：没有什么是真实的存在；即使有，也是不可知的；即使有人知道，也无法向别人说明。希腊思想史上最著名的人物苏格拉底（约公元前 469—前 399）虽否认自己以教授辩论术谋生，但他的思想方式和言行无疑深受雄辩家的影响。由于他没有著作留下，他的思想和生平主要保存在他的弟子柏拉图（公元前 427—前 347）和色诺芬两人的著作中。不过由于这两人的记载有相当出入，而后人又不易分辨何者为苏格拉底本人的思想，何者为作者自己的思想，因而苏格拉底的思想究竟是什么已成为西方思想史上的一大悬案。尽管如此，从柏拉图和色诺芬两人作品中相一致的部分，还是可以大致了解苏格拉底的思想和人格。

伯罗奔尼撒战争后，雅典历史上最不光彩的事就是所谓的民主政府审判并处死哲学家苏格拉底。这个时期的社会和政治都很混乱，苏格拉底的死证明了雅典司法制度的脆弱。苏格拉底追求真理的热情将希腊哲学导向了一个新的方向：对内在道德的强调，他可以说是第一个将伦理道德作为关注中心的哲学家。

与智者们相比，苏格拉底生活贫困，家境窘迫。但他也还有能力作为一名步兵参加军队，而且有妻子和几个孩子。他不修边幅，衣衫褴褛，被当时的人看作是个怪人。他无论冬夏都穿着同一件衣服，打着赤脚，据说酒量过人。

苏格拉底最喜欢做的事情就是与人谈话和思考问题。据说他每天都站在雅典街头向各种人发问，他的目的是要对自己和别人的观念进行检讨，探索其正确与否，以此来追问宇宙和人生的真谛。他从来不直接驳斥对方，而是继续发问，让对方在回答的过程中自己否定自己最初的答案，这被称为是苏格拉底式的提问。如他会问什么是幸福，什么是勇敢，等等。

苏格拉底试图发现普遍而正确的道德，反对智者对道德价值的怀疑。他认为美德能带来幸福，而美德来自人们正确的认识；人的错误是因为无知，所有的人都希望自己的行为正确。许多人都误以为最好的生活是有能力得到自己想要的一切，实际上最理想的生活应该是关注道德，遵循理性的指引。幸福生活所需要的一切就是道德知识。

尽管苏格拉底从来不像"智者"那样教授学生以收取费用，但他的所作所为同样令人不快，他的特殊提问使得被问者尴尬窘迫，而且当时的许多年轻人通过学会他的提问方式，顶撞自己的父亲。这使得许多父亲怨恨苏格拉底，认为他颠覆了儿子应该听从父亲教诲的传统，破坏了社会的稳定。在阿里斯托芬的喜剧《云》中，可以看出当时的人感觉到了苏格拉底对社会的威胁。剧中，苏格拉底是一个教授诡辩术收取学费的人，剧中主人公的儿子从苏格拉底那里学会诡辩之后，跟父亲论辩，说儿子有权打父母，父亲一气之下放火烧了苏格拉底的"思想站"。

雅典人对苏格拉底的疑惧也是由于他的两个学生，一个是亚西比德，一个是克里提亚斯，特别是后者，他是30僭主之一，在公元前404—前403年的血腥事件中是领袖人物。诽谤苏格拉底的人故意无视他对30僭主与克里提亚斯的批评和指责，而将他牵连进去。诽谤者最后以"亵渎神灵"和"教坏青年"起诉苏格拉底。在审判中，苏格拉底非但不为自己辩护，反而慷慨陈词，激怒了民众法庭的500位陪审员。在判决时，起诉者提出判死刑，通常被告可以提出流放，然后由陪审团在二者之间做出选择，但苏格拉底却要求获得奖赏而非处罚，结果被盛怒的陪审团判处死刑。苏格拉底拒绝朋友帮他越狱的好意，从容就死。他的沉默赴死没有帮助雅典人恢复公元前5世纪的信心。有文献说，此后不久雅典人就悔恨对苏格拉底的判决，感到这是雅典民主制的永久污点。

苏格拉底之死对他的学生柏拉图有深刻的影响，柏拉图深信民主制下的公民没有能力超越自己的个人利益达到对真理的认知，他严厉抨击民主制是一种不合理的制度。柏拉图的兴趣非常广泛，著述涉及天文、数学、政治等等，在他去世之后的两个世纪里，他的思想几乎没有引起哲学家的注意，直到罗马时期才成为讨论的热点。

柏拉图不同意苏格拉底的观点，即基本的知识是以内省为基础的道德知识，他认为知识就是对独立于人类之外的真理的追求，而且是可以传授的。为此他建立了一个学院，就在雅典城墙外的一个绿荫覆盖之处。这并非现代意义上的学院，而是对哲学、数学等感兴趣的人在柏拉图的指导下交流知识的地方。它的影响越来越大，甚至在柏拉图去世后还活跃了900年，直到中世纪才逐渐沉寂下去。

柏拉图的著作并不是抽象的哲学论文，而是一种对话。这些对话录就像是短剧

苏格拉底

一样，有参与哲学讨论的对话者的姓名和进行对话的背景描写。读这些作品，不能把哲学内容从其文学形式中剥离出来，应该把它作为一个整体来看。对话录的创作目的是启发读者思考，而不是灌输教条。

柏拉图认为，现实世界中没有绝对的美德，如仁慈、公正、美、平等，等等。例如，借人东西要还是种美德，可是如果借了朋友一把剑，你还给他，他正想用这把剑去杀人，那么这种情况下还剑还是不是美德呢？总之，人们用感官体验到的一切美德和品质都是相对的，不完美的。绝对的美德是独立于人类之外的存在，只能用思想去理解。在某些作品中柏拉图称这些现实之外的纯粹的美德为"理念"，包括仁慈、公正、美、平等，等等。他说，"理念"是看不见的、永恒不变的实体，存在于另外一个高级的世界，超越了人类的感性世界；理念世界是真实而完美的存在，现实世界只是人类感官对这个完美世界的不完美的折射。

理念可以通过人类的灵魂去了解，因为灵魂是不朽的；它蛰居于必朽的躯壳中，怀恋着它一度栖息的终古如斯的理念世界，总是希望能摆脱躯体回到那里去。由此他发展出二元论的概念，即不朽的灵魂与物质的身体。柏拉图将二者进行区分的思想对后世的哲学和宗教思想有重大的影响。在晚年的一部作品中，柏拉图说理念的知识早先就已存在于人类的灵魂中，有一个神知道这个知识，他用物质去重新创造这个理念世界和它的秩序，因为材料的缺乏，重新创造的世界不可能完美。人类的正确目标就是在自己的灵魂中去发现完美的秩序和纯粹的理念，方法就是用理性的愿望去控制非理性的愿望，因为后者以不同的方式导致伤害。因为灵魂是不朽的，而肉体是短暂存在的，所以我们这个不完美的现世只是我们在宇宙中存在的一个过渡阶段而已。

柏拉图在他构想的理想国家中也使用他的理念论。在《理想国》（也许叫《论政治制度》更合适）中，柏拉图主要讨论正义的本质，以及行正义之事的理由。他认为理由就是这样做有好处。在理想的社会中，就像在一个好的灵魂中一样，每一部分都要遵循正确的等级，根据掌握理念真理的能力的大小，把社会中的人划分为3个等级，最上面的是有正义感和理性的"贤人"，第2等级是御国御侮的战士，第3等级是劳动者。

柏拉图认为，就认识理念的能力来说，女人和男人一样。这一点可能是受苏格拉底影响。在他的理想国中，统治阶层中也有妇女。柏拉图的这种认识比他同时代的其他人超前。在柏拉图的理想国中，为了减少娱乐，战士不能有财产和家庭。男女战士同吃同住，一起训练，儿童过集体生活，有专人照顾。虽然这种设想把女战士从照顾孩子的辛苦中解放了出来，而且使她们与男士兵有平等的地位，但柏拉图认为女战士实际上没有男子坚强，因为她们经常面临怀孕的问题和难产的危险。不过他认为，女子也可以成为统治阶层的一员。根据他的观点，一个战士，不管是男是女，只要具备了最高水平的知识，就可以成为国家的统治者。

柏拉图为他的理想国设想的严格的生活规则，反映了他对理性问题的重视。他认为在政治和伦理方面，可以用理性去发现客观真理。尽管他激烈谴责民主制，嘲笑其运作中诡辩术的盛行，他还是认识到了在现实中进行彻底变革的困难。他希望不管是民主派还是寡头派的政治家，只要掌握真理、能够为大众谋利，就可以做统治者。从这一点来讲，他深信学习哲学对人类生活是至关重要的。

柏拉图最优秀的弟子是亚里士多德（约公元前384—前322），他是个百科全书式的思想家，可以说是一个集希腊哲学思想大成的人，对后世学者特别是中世纪时期的学者影响非常大，是西方科学和哲学领域划时代的人物。他最大的贡献是开创了以科学调查的方式去研究自然界的方法，建立了严密的逻辑论证系统，提出了归纳和演绎两种方法；他还首次运用学科分类法，而且对生物学、医学、解剖学、心理学等各学科都有深入的研究。

亚里士多德认为宇宙万物的生成有4种最根本的原因：形式、质料、动力和目的。在这4种最根本的原因中有一个是第一原因或第一推动者，它出自理性，实际上是不断追寻的代名词。他对时间、空间、运动、变化这些概念的理解最有影响力。

亚里士多德的哲学思想深受柏拉图的影响，但他对老师的理论也有深刻的批判，如他否认柏拉图的"理念说"。认为形式与物质是彼此分不开的，是同一生命的自然过程中不同的两面。他的自然哲学的出发点是他对生理学的研究，他把自然界和社会生活都看成是有机的、发展的过程。他认为生命之所以有各自的发展过程，是因为有存在于它们自身的一定的目的。比如鸭子长蹼就是为了能在水中生存；人类存在的自然目的就是要在城邦社会中生存，而城邦的存在就是为了满足人们在一起生活的需要，因为人们如果孤立地生存就会不满足。另外，城邦的存在使得其公民有可能过一种有价值、有秩序的生活。这种目的原本就已存在于事物自身之中，它在发展中逐渐展现出来。所有的生命都是为了能够达到具备这种目的的形式而努力，但是，形式与内容的完美结合与其说是常规，不如说是例外，只能在艺术中实现，所以艺术是对现实世界的补充、扩大和完美化。

亚里士多德不同意苏格拉底的观点，即真与善是一个人行为正确所需的一切。他说人头脑中都有正确的知识，但是他们非理性的愿望会压倒这种知识，引导他们做错事。他强调人要培养自己控制本能和情绪的能力，这种自我控制并非是抹杀人的欲望，相反，它是极度的欲望与极度的克制之间的平衡。他认为理智应该能达到这种平衡，因为人类本质中最优秀的部分是其智慧，而理智是一个人最根本的、神性的部分。

亚里士多德相信人类的幸福不是简单地追求快乐，而是人自身潜力的完全实现。这些潜力可以由以下因素来确定：理性的选择，实际的判断，对"中庸"的价值的认识。主要的道德问题是几乎所有的人都有贪欲，一个人一旦有了权力就会将这种贪欲加以发展。教育的目的就是阻止这种欲望的无穷延伸。由此他谈到公民的政治生活，他说不管是在民主制还是在寡头制中公民的欲望增大都会导致混乱。民主制最大的威胁是"智者"所宣扬的"自由就是随心所欲地生活"。他强调说，真正的自由是根据城邦中大家公认的法律进行统治和接受统治。

亚里士多德认为科学和哲学不是孤立于现实生活之外的抽象主题，而是在生活的各个方面都追求知识的原则。这种追求将理性的人类行为概括出来，这些行为可以带来好的生活和真正的幸福。一些当代学者认为亚里士多德的著作缺少一个清晰的伦理内核，实际上亚里士多德是将正确与错误的标准放在了人类本质之中，而不是列出一个抽象的条目去说明哪些是对的，哪些是错的。在他看来，伦理制度与人们生活中所体验的道德状况密切相关。在伦理学方面，和在其他学科中一样，亚里士多德坚持在寻求人类存在价值的过程中，理性的认识与感性的体验是不可分割的两个部分。

亚里士多德认为奴隶制是自然的。他对妇女也有偏见。

亚里士多德之后，随着他的学生亚历山大所创建的大帝国的出现，希腊地区城邦式的政治单位逐渐被摧毁，人们关心城邦政治和公共道德的兴趣也随之消失，而代之以专注于个人内心平安的生命哲学，如伊壁鸠鲁和斯多噶学派等。

古希腊人在史学方面也有突出的成就，希罗多德、修昔底德、色诺芬是古希腊最著名的三个史学家。希罗多德所著《历史》一书，共九卷，主要叙述希波战争，但也有大量篇幅叙述波斯、腓尼基、埃及、巴比伦、印度、吕底亚、希腊的往事，他记下了大量珍贵的历史资料。希罗多德是欧洲第一个大历史家，所以在西方有"历史之父"的赞誉。

修昔底德所著《伯罗奔尼撒战争史》共八卷，与希罗多德相比，他的作品结构严谨，很少迷信成分，他在书中记录了各种人物的大量演说，借以表达有关各方面的思想和见解，当然这些并不都是演讲的实录，有些甚至是他本人的演绎。总之，他的书留下了大量的军事、政治斗争方面的史料，而关于社会经济、政治制度方面的材料却很少。

色诺芬著有《希腊史》《万人军远征记》《经济论》《雅典的收入》等著作，都具有一定的史学价值，其中《希腊史》尤为重要。这部《希腊史》包括希腊由盛而衰的过程，内容是很重要的，他以当时人、当事人写当时事，但明显偏向斯巴达，对他所追随的斯巴达王备加颂扬和夸张，而对斯巴达霸权衰落的原因却没有任何揭示，此外，他还相信神意和预言。

希腊的艺术

希腊的艺术成就也同样辉煌。公元前 10 世纪，希腊的瓶画还处在被艺术史家称为"前几何形图饰"阶段，瓶画只是一些简单的环状或波浪状条纹。公元前 9 至公元前 8 世纪，瓶画纹饰演变为带状的几何形状，如弓形、三角形、锯齿形等，圆环或半圆形的纹路明显减少。在这种"几何形图饰"阶段的后期，人物和动物的形象开始出现在瓶画中，但他们的视觉效果仍然是几何形的。随着人物形象的出现，瓶画开始表现一些在当时流传的英雄故事，或者某些社会活动。在公元前 6 至公元前 5 世纪的瓶画中，我们可以辨认出许多神话和英雄故事的片段。这种叙事兼装饰的瓶画风格从此成为希腊瓶画的主要特征。与此同时，口传的《荷马史诗》开始成形。这说明故事在当时一般人的日常生活和心态中占有重要地位。

早期的希腊雕像明显地受到埃及雕塑风格的影响，人物站姿僵硬，表情呆板，与埃及的雕像如出一辙。到了公元前 6 世纪中叶之后，石雕人像的技术逐渐成熟，线条和造型渐趋圆润活泼。

俄狄浦斯与斯芬克司

希波战争之后的 20 年是希腊艺术摆脱古风时期的影响、形成古典风格的时期，以雅典地区的作品保存最多、最好。其中一个转变是对东方艺术风格的有意识的排斥，这是仇视波斯人的表现之一。另外一个变化是艺术作品开始追求表达人物的动态，此时的石雕人像已经完全摆脱了早期那种僵硬的模式，能表现人物在生活中的各种不同面貌，同时对人体结构也有更多的了解。在雕像的材料上也有了新的尝试。

这个时期在艺术风格上有求新欲望的雕刻家还喜欢用铜来制作雕像。这个时期著名的雕刻家有雅典的菲迪亚斯（公元前 490—前 425）、米隆、阿尔戈斯的波力克里图斯等。菲迪亚斯是伯里克利的好朋友，他多才多艺，在建筑、雕塑、装饰艺术等方面

雅典娜女神

都有很高的造诣。自公元前 450 年起，他就负责雅典所有的装饰工程，雅典卫城的装饰就出自他的设计。他因塑造雅典娜雕像名扬世界，他的名作有卫城广场上的雅典娜铜像，帕特农神庙中的"处女雅典娜"等。"处女雅典娜"是木制雕像，以黄金和象牙镶嵌，高 12 公尺，女神左手倚盾，右手持矛而立，金衣直垂及地。他的另一个著名作品是奥林匹亚的宙斯像。这些作品的原作都没有被保存下来，我们只能根据历史文献的记载和后人的仿制才能对它有所了解。

米隆的《掷铁饼者》成功地表现出运动中的人体，一反古风时期那种轻松、平静和对称的表现风格，不仅人物的平衡姿势被打破，而且运动员那种一触即发的力度和动感被充分地表现了出来。波力克里图斯的《持矛者》也有同样的效果。

绘画艺术方面，以波力诺托斯和阿波罗多洛斯为佼佼者。波力诺托斯以雅典的

"画廊"和德尔斐的"会谈室"见称于世。阿波罗多洛斯则首创用着色明暗的不同来表现距离的近和远。普林尼曾说，阿波罗多洛斯用一支画笔扬名于全希腊。

整体而言，希腊的艺术作品在其成熟时期表现出一种既重整体均衡和谐（如神庙及其上面的雕像组合），又能兼顾个体活泼表情（如瓶画上的人物）的特点。值得注意的是，这些所谓的艺术作品其实都有它们的实用目的，不但各种画瓶是日常生活之中的用具，如酒瓶、杯子、油瓶等，许多雕像也都是城邦为了纪念某个英雄人物而塑造，有的则是作为献给神的礼物。古希腊雕塑家的报酬有时是政府支付，有时是私人支付，但是所有的雕塑作品都是在公共场所摆放，当时还没有用雕塑品装饰私人房屋的习惯。

希腊的建筑艺术到公元前 5 世纪时已达到了相当的高度。那时多里亚风格和爱奥尼亚风格都已形成，科林斯风格也开始出现。各种公共建筑如神庙、竞技场等争奇斗艳。这些建筑以匀称的结构、精巧的造型及辉煌的外观而赢得万世的称颂。雅典城的帕特农神庙（建于公元前447—前433）已经是希腊建筑艺术的代名词，它结构均匀、比例协调，是经过上百年的发展才达到的艺术精品。与雕塑作品一样，所有这些流芳百世的建筑杰作都是公共性的。希腊人的私人居所简陋而朴素，这也反映出当时人们以城邦的公共生活为中心的时尚。

古代奥林匹克赛会

几乎每一个希腊城邦都有自己的比赛项目，由本城邦的公民参加。然而，从公元前6世纪开始，产生了4种在全希腊范围定期举行的比赛项目。这些比赛只颁发象征性的奖励，没有奖金，但是在这种国际项目中获胜的选手可以在他的本国得到重要的奖金。奥林匹克赛会和德尔菲的比赛（皮提翁赛会）都是每4年举行一次，在尼米亚和科林斯地峡的赛会（皮提翁赛会），则是每2年举办一次。其中一次地峡赛会是在举办奥林匹克赛会和皮提翁赛会那一年的春天进行，因此在某种程度上是为更重要的4年一次的赛会做准备。而尼米亚赛会则在地峡赛会的后一年举行。因此，在4年的周期中，一个运动员能够参加6次赛会，1次奥林匹克赛会和皮提翁赛会，2次尼米亚赛会和地峡赛会。古希腊人称这个4年一轮的周期为periodos，运动员只要在这4种赛会上都获得过优胜，不一定是在一个周期内，就被称作"胜利者"。

这个周期的具体时间表如下：

第一年：地峡赛会，4 月－5 月

奥林匹克赛会，7 月末－8 月初

第二年：尼米亚赛会，夏季

第三年：地峡赛会，4 月－5 月

皮提翁赛会，8 月－9 月

第四年：尼米亚赛会，夏季

在罗马时期，每个周期又增加了 2 个 4 年进行一次的赛会，是由罗马皇帝组织的：一个是阿克兴赛会，阿克兴是后来的罗马皇帝奥古斯都战胜安东尼和克里奥帕特拉的地方，这个赛会开始于公元前 28 年；另一个是罗马的卡皮托赛会，是罗马皇帝图密善于公元 96 年首次举办的。这样在罗马时期每个周期中有 6 项国际性的比赛。

在周期的 6 个国际性比赛中最重要的当然是奥林匹克赛会。它重要到公元前 4 世纪以后的古希腊历史学家以奥林匹克运动会的次数来纪年，就是奥林匹克纪年。

这个赛会每 4 年举办一次，地点是半岛的奥林匹亚。传统上认为第一次赛会是公元前 776 年举办的。已发现的最古老的跑道地点的年代是公元前 770 年。赛会在夏至后第二个满月时举行，即 7 月末或 8 月初。

在古典时期这个赛会是为宙斯举办的，在奥林匹亚神庙中他的雕像是世界七大奇迹之一，但是早期的传统看法是把宙斯神庙中所表现的帕罗普斯的战车作为七大奇迹之一。帕罗普斯用计谋赢了赫帕达米亚，成为帕罗普尼索斯的国王，这个国家后来就以他的名字为名。

奥林匹克赛会获胜者的奖励是橄榄枝花环，但是他们回国后会受到热烈的欢迎，并从本国得到奖金。奥林匹克赛会的内容仅限于各类运动项目和赛马。从来没有音乐比赛如诗歌朗诵等；音乐家们去参加在阿尔戈斯举办的赫拉赛会。

在开始的 50 年间比赛内容只有田径。公元前 680 年后逐渐增加了搏击比赛和赛马。约公元前 520 年运动项目最终确定下来；赛马一直延续到希腊化时期，公元前 200 年，最后增加了男子拳击和摔跤比赛。

在公元前 5 世纪初，赛会延续 6 天，项目多多少少是固定的（公元前 472 年时间延长了 2 天）。赛会的高潮是第四天的宙斯献祭，那一天是满月。

赛会的日程安排是这样的：

春天：神圣预言者向全希腊宣布赛会开始

5 月末 – 7 月初：参赛者来到奥林匹亚

7 月末 – 8 月初：6 天的赛会

第一天：参赛者登记检录

　　　　按年龄分组

　　　　参赛者和裁判宣誓

第二天：男子组比赛

第三天：上午：赛马

　　　　下午：五项全能比赛

　　　　向神和帕罗普斯献祭、祈祷

第四天：满月

　　　　上午：宗教仪式，向宙斯献上 100 头牛作为祭品

　　　　傍晚：在 prytaneion 举行宗教宴会

第五天：上午：田径比赛

　　　　下午：摔跤和搏击比赛

第六天：颁奖：橄榄枝或橄榄花环

　　　　为获胜者举行庆典和宴会；向神供奉致谢

第五节
希腊化时期

亚历山大帝国的创立

在伯罗奔尼撒战争结束之后，希腊城邦陷入长期的争战之中，内耗不断。战争的胜利者斯巴达首先爆发了危机，财富的流入冲垮了斯巴达朴素的传统，土地买卖盛行，贫富分化加剧，公民人数锐减。此后，雅典有过短暂的复兴，底比斯也曾因为有个杰出的领导人而一度称霸，但希腊各城邦最终还是陷入一片混乱之中。民主

拳击比赛

制走向衰落，公民参加公共活动的津贴项目越来越多，金额越来越大，自觉的义务成了有偿的交换，而且公民开始雇人代替自己服兵役。公民的个人主义膨胀，爱国主义、集体主义观念日益淡薄。东方的波斯帝国在此时又重新控制了小亚细亚的希腊诸城邦，并且在幕后操纵希腊各城邦之间的关系。

此时，位于希腊北部的马其顿开始崛起，并最终改变了希腊的命运。马其顿原来只是一个版图大但实力弱的国家，公元前 359 年腓力取得王位之后，靠他的才能和马其顿的银矿和金矿资源，开始整顿军政，向外用兵。腓力创建了一支战斗力极强的常备军，创造了著名的"马其顿方阵"，由重装骑兵和步兵两部分组成；步兵装备长 6.3 米的长矛，所列阵形纵深最多可达 32 列；在战斗中步兵顶住对方的攻击，由骑兵负责两翼进攻，大大提高了骑兵的作用。

公元前 355 年，希腊中部各城邦发生混战，腓力借机南下，控制了希腊中北部地区，引起希腊人的恐慌。以雅典为首的各城邦组成反马其顿联盟。雅典的政论家德谟斯提尼以强而有力的演说极力鼓吹城邦意识，号召公民将观剧津贴用于军事开支，并让富人捐款造舰，一致对抗腓力。但是以修辞家伊索克拉特为代表的一部分雅典人则希望借腓力之手摆脱城邦危机，将战火引向波斯。当然，占主导的还是主张抵抗的一派。

公元前 338 年，马其顿军与希腊诸邦联军在中希腊决战，联军惨败，除斯巴达外，各邦都向马其顿俯首称臣。腓力在两年之后被谋杀。他 20 岁的儿子亚历山大于公元前 336 年即位为王，在此后的 13 年之中，他不但成为全希腊的领导者，更征服了波斯，建立了史无前例的大帝国。

亚历山大用两年的时间血腥镇压了希腊各城邦的反马其顿运动，然后，于公元前 334 年开始了著名的东征。次年在叙利亚北部的伊苏斯大败波斯王大流士三世，之后又挥军南下，征服了埃及，并且拜谒了三角洲西边西瓦绿洲中的阿蒙神庙。公元前 331 年，他再度北上，在高加美拉大败大流士，夺得波斯都城巴比伦和苏萨。在大流士于公元前 330 年，被部下谋杀之后，亚历山大可以说已成为波斯帝国的新统治者。他继续挥军东进，扫除残余的反抗势力，一直到达印度河流域，直到他的军队耗尽力气不肯再前进为止。公元前 324 年，他班师回到巴比伦，准备继续征服阿拉伯沙漠，但却于次年得热病去世。

亚历山大的胜利归功于他的军事才能，他特别善于激发士兵们对他的忠诚。亚历山大帝国包括希腊本土、马其顿、小亚细亚、叙利亚、巴勒斯坦、埃及、两河流域、波斯，东边和印度接壤。在这广大而文化差异极大的区域中，亚历山大能维持统治权威，除了靠个人的领导魅力之外，还因为他熟悉各地的传统并善于把它们为己所用。如在希腊本土，他主要是以科林斯联盟的身份进行统治，而在马其顿，他保持国王的身份，但同时也让臣民拥有一些传统的权利。不过到了埃及，他就成了有绝对权威的法老，是神的化身。在巴比伦，他也拥有绝对的王权，但他顺应当地的传统观念，不自认为神。对于比较顽强的腓尼基诸城邦，他只要求他们做附庸。

在财政方面，亚历山大设法在他的领土内统一币制，但是在一些原来就很重要的商业中心，如巴比伦、塞浦路斯、腓尼基城邦等，他仍然允许使用旧币。由于连年用兵，财力消耗极大，因而税收成为帝国极为重要的问题，在他去世时，国库其实已经所剩无多。

亚历山大也试图促进帝国内东西方文化的融合，但他任用外族官员和士兵引起马其顿人的怨恨，导致公元前 324 年的兵变；他鼓励马其顿人与波斯人通婚则更为成功。根据阿里安的记载，在公元前 324 年苏萨的大型婚礼上，亚历山大与他的一万名士兵同时与波斯女子们成婚。亚历山大接受波斯王室的礼仪引起了马其顿人复杂的反响，其中的跪拜大礼因遭到强烈的反对而被迫放弃，因为在希腊这是对神的礼仪。当代学者和当时的希腊人都认为亚历山大是在神化自己，实际上亚历山大统治着大片的东方领土，他只是利用了东方君主的统治方式，因此，以此断定亚历山大妄自尊大，性格中有"腐化"的一面是有失偏颇的。

亚历山大东征的一大特色是一路上建立希腊城市，这些希腊城市几乎都在底格里斯河以东，是希腊化世界东部的中枢。其中最大的是埃及的亚历山大城，它是地中海地区最重要的商业和文化城市。这些城市多位于商贸要道之上，也是重要的战略防御要地。最初这些城市只不过是军事要塞，但经过一个世纪后，它们多数都发展起来，有许多雄伟的建筑以及众多的居民。安置在这些城市中的马其顿人和希腊人并不安于在那里生活，亚历山大去世后，他们纷纷回到故乡。在亚历山大时代，也有人反对他的帝国计划。在亚历山大的统治过程中，其独裁的倾向不断增强。现在没有明确的证据证明亚历山大如何构想他未来的帝国政府，这一方面是因为他英年早逝，没有来得及设想，但这不是最重要的原因。亚历山大在年仅 32 岁时就征服了大片的领土，传说东征时，当他听说再向东边就是海洋时，失落万分，感慨自己的余生没有什么可做了。罗马元首奥古斯都听到这个传说后，非常吃惊地说：难道亚历山大不认为统治一个帝国比征服更困难吗？

此外，亚历山大的征服的确也有负面的影响。他摧毁了波斯帝国，由此结束了在古代西亚地区存在了近两个世纪的政治制度。他的征服帝国的建立，也标志着希腊城邦这种特殊的政治形态退出了地中海地区的政治舞台。

当代历史学家对亚历山大的看法大致有两种：一种认为他具有一种改变世界的伟大思想，要让希腊文化成为当时已知世界的主流文化。同时，他又主张各民族之间的地位应该是平等的，所以倡导一种在当时超乎一个国家或一种文化之上的普遍的文化，打破了传统的文化界限。这种新文化也就是"希腊化文化"。另一种看法基本上认为，亚历山大并没有什么崇高的理想，而只是一个精明善战的将军，一切作为都是随兴所至，事先并没有征服世界、创造新文化的野心。但是他在政治上把从前东西方之间的隔绝打破了，这是推动此后历史发展的一个关键。不论我们从哪一个角度来看亚历山大的成就，都可以说他的确是站在一个历史的分水岭之上，在他之前，希腊文化虽早已开始和东方接触，但不如他之后那样普遍地渗透西亚北非各地，希腊文化不再局限在希腊城邦之间，而成为地中海地区共享的文化。

亚历山大死时没有继承人，唯一的遗腹子无法和亚历山大那些强有力的部将对抗。在这些将领中，一位名叫托勒密的人取得了埃及的统治权，后来夺得了王位，建立了托勒密王朝。该王朝非常注重拉拢和利用埃及社会的上层，尊重埃及传统文化，统治者自称法老，并且开始在埃及各地重建、新修许多神庙。托勒密王朝直到公元前 30 年才为罗马所灭。

大约到了公元前 312 年，在经过数十年的战争之后，亚历山大的另一名将领塞琉古控制了帝国的中部，建立王朝，疆域包括小亚细亚、叙利亚、两河流域等地。此外，马其顿本身则为安条克所盘踞，另外还出现了一些较小的王国。但这样简单的描述还不足以呈现亚历山大死后数十年间希腊世界所经历的大动乱以及势力范围的变化。大致来说，一直到公元前 220 年，希腊和西亚、北非三大强权基本上保持均势状态。其间，希腊诸城邦虽然受到马其顿王国的威胁，但仍然形成了一些联盟，试图获得某种程度的独立。公元前 220 年以后，新的格局出现，在东方，安息王国崛起，并于公元前 170 年开始逐步控制波斯地区。而在西方则有罗马的兴起。在公元前 2 到公元前 1 世纪中，罗马不断扩张，最终成为整个地中海地区的统治者。

希腊化文明

19 世纪末期的牛津英语词典如此定义"希腊化"这个词："a. 希腊语的变体，有许多外国成分，应用于亚历山大大帝之后的埃及、叙利亚等国家。b. 或者指与这个时期的希腊人有关的，即真正的希腊特性被外国成分所改变的时期。"这反映了当时欧洲的一种传统观点：亚历山大之后的"堕落的"希腊世界不配被称作希腊的，应使用"希腊化的"(Hellenistic–Greekish)，而不是"希腊的"这个名称来称呼亚历山大之后到罗马人完全征服这个地区之间 3 个世纪地中海东部地区的文化。

到 20 世纪，学术界对于希腊化世界的观点有了重大的转变，正如罗斯托夫采夫所说：

对于古代世界历史多年的仔细研究使得我相信，希腊化时期，即亚历山大之后的 300 年，是世界发展的最重要的时代之一。我确信，如果我们希望理解希腊天才的特性和后来的文明史，这个时代是与希腊政治辉煌时期和罗马世界帝国时期同等重要的……雅典蕴育了美与思想的永久的种子。希腊化时期的希腊人，继续着雅典人的努力，使得这些种子繁衍至百万。他们将之传递给我们，并使得我们能够以此来确立先是欧洲现在是整个世界文化的基础。[①]

长期以来，人们认为从亚历山大远征（公元前331年）到屋大维将埃及变为罗马一个行省（公元30年）这300年间，定居在近东的希腊人后代不再是希腊人，而变成了希腊－叙利亚人，希腊－埃及人，以及其他的混杂人。这个观点的代表人物是古斯塔夫·德罗伊森（Johann Gustav Droysen），他也是第一个使用"希腊主义"这个词的人。他认为希腊化时期是为基督教时代做准备的时期，这个时期的主要特点是东方文化和西方文化融合成了一种新的文明，一种混合式的文化。这种观点的理论基础是黑格尔的历史哲学，即历史是正、反两面的综合。

现在学者们已经不再接受民族和文化大融合这样的观点了，以克莱尔·普鲁克斯（Claire Préaux）为代表，认为文化是不同的、分离的观点占据上风。她认为西方文化和东方文化是并存的关系，彼此之间没有真正的相互影响或渗透。克拉瑞斯（Willy Clarysse）则进一步提出托勒密埃及是一个"双面社会"，希腊文化和埃及文化以"一体两面"的形式共存且并行发展，一个人可能同时有两种文化身份，两种文化在长期共存中，互相影响难以完全避免，到罗马时期，终于融合成为社会文化发展的主流。

希腊文化影响的重要表现是希腊语的广泛使用。在希腊化世界中，由于统治者为希腊人，希腊文成为当时各地通用的官方语言。当地人若要在新政府中任职，或要与希腊人往来，都必须先学会希腊文，以至于各地原来的语言文字逐渐被弃而不用，如埃及的文字和西亚的楔形文字等，它们最后都成为死文字。生活在巴勒斯坦地区的犹太人也逐渐忘掉了他们原来的语言文字，就连他们自己民族的经典都需要先翻译成希腊文然后才能了解。

希腊化城市的发展是希腊文化传播的另一个重要途径。城市里的竞技场和剧场是希腊文化传播的中心。在几个希腊化王国之中，以塞琉古王国推行希腊文化最为有力。他们在小亚细亚和叙利亚各地广建希腊化的城市，其中以叙利亚的安条克以及巴比伦附近的塞琉西亚最为宏伟。相对而言，托勒密王朝在埃及所建的希腊化城市就比较有限，但亚历山大城也足以称为希腊化文化的中心。它是希腊化时代地中

▶ ▶ ▶ ————————————

① 转引自 N. Lewis, *Greeks in Ptolemaic Egypt: Case studies in the Social Histsry of the Hellenistic World*, Oxford, Clarendon Press, 1986, pp.1-2.

海东岸新兴城市的代表，这些新兴城市大部分是由于贸易圈的扩大和贸易路线的改变而发展起来的。希腊化时期海洋成为中心，控制海洋和岛屿，无论在经济上还是在政治上都有重要的意义。相比之下，原来希腊世界中的一些城邦则因新的经贸形势而失去了原有的重要性。

但是这些新兴的希腊化城市无论其数量或是分布的范围，相对于帝国的版图，终究是非常有限的。对希腊文化影响的范围也不应估计太高。更何况各地反抗希腊人统治的斗争一直没有间断。埃及人的几次叛乱，以及巴勒斯坦地区犹太人的不断反抗，都表明希腊统治者和当地人民之间的矛盾相当深刻。

希腊人将他们的文化带到东方，反过来，他们的文化不可避免也会受到东方文化的影响。这个时期，和城邦政治生活紧密结合的宗教信仰渐渐淡出，而一直存在于民间的一些神秘宗教，如地母狄米特信仰以及流行在小亚细亚诸城邦的奥菲斯信仰等，因为具有超越城邦限制和非政治的特性而兴盛起来。这些神秘宗教的共同特征在于它们对生命的再生的企盼，这些宗教以一种信徒之间秘密结社的方式存在，信徒相信他们的神会给予每个人以特别的照顾，因此信徒个人与神之间有一种亲密的关系，人向神的祈求也逐渐地从只重外在仪式而转向内心的告白。这些民间信仰本身就有东方宗教的背景，此时更与埃及和两河地区的宗教重新结合。伊西斯、奥

摔跤比赛

赛里斯等东方神祇经改造后成为各地区普遍崇拜的对象。伊西斯不再只是奥赛里斯忠实的妻子、国王的保护者，而结合了叙利亚女神阿塔堤（Astarte）和希腊女神阿芙洛狄特（Aphrodite）的性格，成了整个地中海地区共同崇拜的女神。托勒密一世命埃及祭司曼尼托和雅典的狄摩修斯共同创立一个新的神作为亚历山大城的保护神。这个新的神就是萨拉皮斯，他融合了埃及和希腊许多神祇的特质，将哈狄斯、奥赛里斯、狄奥尼索斯、宙斯等的特点集于一身。

希腊化文明中的个人主义和世界主义倾向在哲学领域有突出的表现。这个时期的哲学家普遍注重个人幸福的追求，强调个人的内心修养。同时他们已不再以某一城邦的公民自居，而认为自己是世界的公民。影响较大的有三个学派：斯多噶派、伊壁鸠鲁派和犬儒学派。

斯多噶学派的创始人是芝诺（约公元前335—前263），其主要观点是：在世界和宇宙理想面前，一切民族、国家和个人都是平等的；理性是人类追求幸福的重要基础，人类根据理性做事就是"善行"，通过理性和心灵才能理解宇宙的神性；人应该修身克己，只有当个人肉体的欲望和弱点被克服之后，人才能有清明的知觉。斯多噶学派注重现实和实践，关心政治，投身社会，该派学者多任国王或政府重要顾问，对当时的政治实践有很大影响。

伊壁鸠鲁（约公元前342—前270）因在雅典花园中讲学而被称作"花园哲学家"，以他为代表的学派其主要观点是：宇宙万物乃是由无数极为细小的原子所构成，原子以不同的方式组合，遂有各种不同的事物产生；人生至善为享乐，至恶为受苦；不过人在追求快乐的时候要避免造成痛苦的后果；要既得到快乐又摆脱痛苦后果，唯一的方法是追求内心恒久的平静和道德上的满足，这种满足是与肉体、感官、短暂的享受无关的，此即"不动心"。伊壁鸠鲁本人相信有神，但他认为神不会干扰人间世事，人也不用恐惧神的处罚。至于死亡，他认为既然人由原子组成，原子存在时，人们不会感觉到死亡；而当原子解散时，人的生命就会消失，根本不会有任何感觉，所以死亡毫不可畏。概括起来就是：神不足惧，死不足忧，祸苦易忍，福乐易求。这种信仰要求人们隐居、避世，不关心现实和政治，追求极端的个人主义。

在追求个人主义和摆脱社会生活羁绊方面，犬儒学派更进一步。该学派产生于大城市中的贫困知识分子中间，这些人极端反对社会，主张回到大自然和最简朴的生活中去，无所挂碍地去追求伦理和道德的自由。第欧根尼是该学派最知名的人物，他过着乞丐般的生活，晚上住在啤酒桶里，据说亚历山大一次访问他时问他：
"你难道不怕我吗？"他答道："为何？你为何物？是好的或是坏的？"亚历山大说：
"是好的。"他于是说："那么，谁会怕好的？"亚历山大问他有何请求，他却无动于
衷地说："走开，不要挡住我的阳光就行了。"

希腊化各国的统治者鼓励当地的知识分子编纂本国的历史。在埃及，一个叫
曼尼托的祭司利用埃及神庙图书馆中的资料，为国王托勒密二世编写了一部《埃及
史》（现只有王表和其他作品中引用的部分片段保存下来）。巴比伦的贝罗索斯则大
量利用楔形文字文献写作。在文学方面，各地文化的融合非常明显，有许多用古埃
及文字写的希腊神话，也有很多埃及故事的希腊文抄本，托勒密二世还召集耶路撒
冷的犹太学者将摩西五经译成希腊文。

托勒密一世创建的亚历山大图书馆有约 50 万卷原著手稿。学者们抄录、整理、
注释以前的著作，其中最重要的成果之一就是《伊利亚特》的重新汇编。该图书馆
也以注重科学研究而著称。后来帕伽玛城成为可与亚历山大城媲美的文化中心，那
里的图书馆规模也很大。雅典在文化上依然是中心。

在希腊化时期，神话和英雄传说的主题已成为历史，现实主义成为主流。以戏
剧为例，出现了"世态喜剧"或"新喜剧"。"世态喜剧"或"新喜剧"表现世俗人
物以及他们的喜怒哀乐。戏剧作者中，雅典的米南德（约公元前 349—前 291）最
为著名，他的作品主要是表现家庭琐事，虽然生动诙谐，但与古典时代阿里斯托芬
喜剧中那种关心城邦政治和公共道德的精神截然不同。诗歌类作品主要以田园生活
和都市百态为题材，古典时代那种对英雄、神和城邦的歌颂不复出现。这个时期广
为人知的是牧歌和"小说"的产生。这些小说有的是叙述离别恋人的故事，他们在
异国他乡历经坎坷后终成眷属；另一些描写乌托邦社会如"福人岛""太阳国"等。
亚历山大风格的诗人以卡利马库斯（公元前 280—前 240）为代表，其特点是浮
词虚饰，华而不实。他的作品的内容多是异国背景，有许多暗喻和性的描写。史学
方面，除历史学家波利比阿斯（约公元前 204—前 122）外，没有真正的大家出现。

希腊化时期文化的最大成就在文学和应用科学领域，许多作品在中世纪之前一
直是无法超越的。卡里马库斯与其他学者如哲学家泽诺多托斯和阿里斯塔尔库斯一
起共同开创了对希腊语言和文学的专门研究，他们整理的《荷马史诗》和其他一些
诗人的作品是今天人们所用版本的前身。在亚历山大之前，希腊的学者在数学和医

学方面已经有了相当的成就，而亚里士多德更为系统化的研究方法打下了基础。亚历山大本人鼓励科学研究，而在他的大帝国建立之后，希腊人又能直接接触巴比伦的天文学，他们从中获得了很大的启发。托勒密三世时期的天文学家阿里斯塔克提出太阳的体积比地球大，而且地球和其他行星是绕着太阳运行的。埃拉托色尼（公元前275—前195）是历史上第一个准确推测出地球周长和直径的人，他还通过观察太阳高度的变化测量出黄道倾角。

数学和几何学也有很高的成就。欧几里得（约公元前323—前285）编著的《几何原本》一直到19世纪时仍然是学校的课本。而另一学者阿基米德（约公元前287—前212）则算出了圆周率近似值，发明了许多精巧的机械。在罗马军队攻打叙拉古时，守城人员利用他发明的守城工具，全城抵抗罗马人达3年之久，成为一位传奇人物。

在医学方面，赫罗非鲁斯（约公元前3世纪）据说是第一个进行人体解剖的医生。他发现血管中输送的是血液而非空气，并且发现神经和脉搏的作用。其后伊拉西斯特拉图更进一步，发现动脉和静脉相通，同时他还发现了运动和感觉神经的不同。另外，医生开业、医科学生接受学位要作有关职业道德的誓言，这种仪式也是希腊化时期产生的。它宣称医生不得利用自己的技术伤害别人，医生必须保守病人的隐私，等等。

不过这些科学方面的成就大多是极少数人的创造。希腊化时代的王朝，如托勒密和塞琉古王朝虽然都相当提倡科学，但这并不表明当时人的生活已脱离了宗教和迷信的圈子。各种占星术、巫术极为流行，从著名的小说《金驴记》中，我们可以对当时的社会做更多一些的了解。

在希腊化时期，由于新兴城市的出现和各国君主大肆装饰帝都，建筑业得到极大的发展，装饰性和纪念性建筑尤为突出，反映了帝国的富庶繁华。亚历山大城的遗迹非常少，它被称作是希腊化时期的巴洛克，融合了希腊和埃及两种建筑风格，在约旦皮特拉城的石窟建筑上可隐约看到这种风格。亚历山大城法罗斯岛上的灯塔高120米，是当时最著名的建筑之一。亚历山大城可以说是罗马帝国东部各城市的原型，这些城市的街道分布非常规则，街的两边有柱廊为行人遮蔽阳光。这个时期的建筑风格由古典时代那种注重均衡和谐、线条简洁、比例匀称转变为豪华夸张，建筑的目的也由注重公共生活转变为炫耀个人财富，城市中最豪华的建筑不是属于王室，就是属于富有家族。

　　尽管希腊化时期的艺术是从古典艺术发展而来，但却有了很大的转变，以个性化和现实主义为其主要特征。雕像更注重表现个性化的个人，而不是古典时代那种理想公民的形象。这个时期的作品因精微细致地表现人物内心世界而充满永久的魅力。由于艺术品不再只是公共生活的象征，它已成为供私人欣赏用的装饰品，所以在表现方式上已倾向于写实，且注重刻画人物心理。许多著名的希腊雕像都产生于这个时期，如米诺岛的维纳斯、萨摩斯的胜利女神像、拉奥孔等。胜利女神像是罗德岛的居民为纪念他们战胜叙利亚的安条克三世（公元前 222—前 187）而制作的。他们把它立在萨摩斯，是因为那里是重要的宗教圣地，有许多拜谒者。女神立在船首，打湿的衣衫迎风紧贴在身上，展现出身体优美的线条。在她身后张开的衣裙充满动感，给人一种激动、不安宁和变化无穷的感觉，这不仅是希腊化时期艺术的一个重要特征，也是整个时代的特征。

［推荐阅读书目］

1. 希罗多德（Herodotus）：《历史》（上下卷），王以铸译，商务印书馆，1959。

2. 修昔底德（Thucydides）：《伯罗奔尼撒战争史》（上下卷），谢德风译，商务印书馆，1963。

3. Peter Levi, *Atlas of the Greek World*（《古希腊地图集》），Oxford: Phaidon Press, 1980.

4. Simon Hornblower and Antony Spawforth, edited, *The Oxford Companion to Classical Civilization*（《牛津古典文明手册》），Oxford, New York: Oxford University Press,1998.

5. J.B.Bury and Russell Meiggs, *A History of Greece*（《希腊史》），New York, 1978.

6. R.Osborne, *Classical Landscape with Figures*（《古典地理与人物》），London: George Philip, 1987.

7. J.Bremmer, *Greek Religion*（《希腊宗教》），Oxford: Oxford University Press,1994.

第六章

古代罗马文明

※

和希腊文明一样，罗马文明是古代地中海地区经济、政治和文化总体发展的一个有机组成部分。在这一地区，兴起于意大利中部城邦国家的罗马人后来以罗马帝国的形式在政治上占据主导地位。罗马文明的演进突出地以其制度为依托，而且诸种制度的成长又以改良和渐进为特点。古罗马的文学和艺术成绩斐然，但对其深入的考察仍可揭示出政治和经济制度不可磨灭的影响。基督教的起源和最终成为帝国的官方宗教在一定程度上冲击了传统的观念和制度，而基督教会本身也经历了和罗马政治与法律制度互相适应的过程。

第一节

罗马对地中海地区的征服

罗马的政治史以罗马征服意大利乃至整个地中海地区为其主导线索之一。在这一对外扩展的历程中，罗马从一个城邦发展为帝国，其政体由贵族共和国演化成专制君主制。罗马国家的法律和行政管理也有相应的变化。

地中海地区和意大利的地理环境

罗马坐落在意大利半岛中部的第伯河谷，意大利则居于地中海周边地区的中心。这一地理位置对罗马后来的扩张十分有利。

地中海盆地各地区的气候和植被差别不大,周围的欧、亚、非三大洲由海路连结;夏季的贸易风有力而不疯狂,便于船舶航行,而沿岸的岛屿是良好的导航标志。地中海被罗马人称为"我们的海",是罗马帝国重要的交通途径。充沛的日照和干燥的夏季有利于橄榄、无花果和葡萄这三种当地主要果树的生长;橄榄油是重要的食品和日用品。相对贫瘠的土地促成比较重视精耕细作的农业,但畜力、水力和风力都没有很好地利用起来,耕作基本上靠人力。

意大利是地中海地区自然环境比较优越的一部分。这里的夏季比其他地方要凉快湿润一些;亚平宁山脉穿越整个半岛,河谷和火山灰覆盖的地区土地肥沃;山间草场丰美,畜牧业发达。比起西欧较北地区的法国和英国,意大利的可耕地在国土总面积中的比例要小。铜和铁是主要的矿产资源,满足了工具和武器制造业的需要。多山的地势妨碍了陆路交通,也迫使罗马人后来重视修建道路。北部的阿尔卑斯山多隘口,迁徙的民族可以由此进入,但大规模的外族入侵要到罗马帝国晚期才发生。古代意大利无深水良港,但漫长的海岸线、居于地中海中部的位置和作为罗马帝国政治中心的地位仍然使之成为海上交通的枢纽。

罗马兴起以前的意大利

罗马兴起以前的意大利史现在只能凭借考古发掘得到大致的了解。人类的足迹在 20 万年前就出现在这里。公元前 5000 年,新石器时代的农耕者开始在此定居。在经历了铜器和青铜文化之后,意大利于公元前 1000 年以后进入了铁器时代,当时从北部来的印欧语系民族已经进入了中部的拉丁姆地区。公元前 7 世纪前半叶,在拉丁姆先后出现了 40 个左右的城邦。这些城邦以父权制的家族为基本单位,国王之外还有家族长组成的元老会议和公民大会。城邦之间有结盟关系和共同的宗教庆典。坐落在第伯河边的罗马城邦后来逐渐变成拉丁姆各城邦的领袖。

在很大程度上,罗马的成长得益于拉丁姆北边的埃特鲁里亚文化之影响。埃特鲁里亚人的起源不明。自希罗多德起就有关于他们是土著还是来自小亚细亚的争论。有的现代学者推测,埃特鲁里亚人的统治者可能是于公元前 7 世纪后期来自亚洲的武士,具有较高的文化和管理水平,与当地原来印欧语系的维兰诺微人杂居通

婚，形成一种新的文明。埃特鲁里亚大
致相当于今天的托斯坎尼，多森林和泥
沼；为自然屏障所隔绝的许多居民点后
来发展成各自独立的城邦，政治统一倾
向微弱。

埃特鲁里亚的宗教仪式基本上是
一种占卜术，也有类似中国看风水的内
容；所信的神灵多半阴暗残酷，和希腊
罗马明快欢愉的诸神大不相同。活人常
被当作供奉神灵的牺牲品，而且让他们
在决斗中互相残杀，是后来罗马观赏角
斗士表演风气之由来。各城邦的君主制
到公元前 6—前 5 世纪时被贵族寡头政
治所取代，中产阶级的地位也有所上
升。埃特鲁里亚城邦都有自治权，但相
互之间有一种松散的联盟关系。埃特鲁
里亚文字到目前为止仍未被解读，仅凭
考古材料很难对当时的社会经济关系有
详细的了解。贵族显然役使一些下层人
民为其劳作，过着奢侈的生活，但我们
不知道生产关系的细节。水利工程、铜
铁的冶炼和金属器物的制造为埃特鲁里
亚人所擅长，他们还与希腊和亚洲保持
活跃的贸易往来。

希腊人在公元前 8 世纪末叶已经开
始较大规模地移民到意大利南部。他们

埃特鲁里亚人雕像，公元前6世纪

带来了橄榄树和葡萄。希腊字母是拉丁字母的原型。希腊的青铜器、陶器、建筑风
格和雕塑都为古代意大利人所喜爱和模仿。希腊的军事战略和建城术也传到了意大
利。希腊城邦互相激烈争斗，他们在意大利的殖民地也没有形成一股强大的政治和

军事力量。埃特鲁里亚人在公元前 7 世纪前半期就在拉丁姆有很大的文化和政治影响，但他们自己缺乏统一的政治体制，所以无法在那里建立可以被称为帝国的统治形式。埃特鲁里亚人在公元前 524 年攻打希腊殖民地库美受挫，拉丁姆的各城邦乘机起事。罗马的兴起结束了埃特鲁里亚在拉丁姆的霸主地位。

罗马的起源和成长

罗马城位于第伯河的东岸，靠近拉丁姆和埃特鲁里亚的交界处；周围土地肥沃，足以支持较多的人口。第伯河通海，便于和外国贸易；罗马又处于该河流之渡口，所以也控制了意大利中部地区陆路交通的枢纽。

关于罗马的起源有许多传说，而真实的故事只能依靠考古学的证据来了解。根据当地的民间传说，"罗马"之名来自罗慕路斯。他和他的孪生兄弟勒摩斯与战神马尔斯有血缘关系。因为是私生子，罗慕路斯被扔进第伯河，神灵把他救起，还让一头母狼喂养他。长大后，罗慕路斯建立了罗马城。这一传说至迟在公元前 4 世纪已经存在了。公元前 5 世纪的希腊作家荷拉尼库斯提供了关于罗马起源的另一种说法，认为特洛伊王子伊尼阿斯是罗马的创立者。公元前 3 世纪时，罗马人也接受了特洛伊人建城的观点，把罗慕路斯和伊尼阿斯两个传说结合在一起。根据这一罗马化的希腊传说，伊尼阿斯在特洛伊陷落后漂泊到意大利，受到当地国王拉丁努斯的款待，并和拉丁努斯的女儿拉维尼亚结婚。他们的儿子阿斯卡尼亚斯之后有 12 王，其中最后一位国王努米托儿的两个外孙即为罗慕路斯和勒摩斯。近现代的考古发掘证明，罗马所在地方要到铁器时代（公元前 1000 年以后）才有稳定和比较密集的农牧居民点，而埃特鲁里亚文化到公元前 7 世纪前半期在当地已占主导地位，传说中统治罗马的第一个埃特鲁里亚国王塔克文据说也是在这一时期获得王位。公元前 1 世纪中叶的罗马作家瓦罗推算罗马城建立于公元前 753 年。这一年代为罗马人普遍接受。罗马人相信他们在建国之初受到 7 个国王的统治，其中最后的 3 个是埃特鲁里亚人。王政时期的第二个埃特鲁里亚国王塞维·图里乌斯所推行的改革（公元前 6 世纪中叶）被认为对后来的罗马政治和社会结构有重大意义。他的改革首先是重新组织罗马的军队。

最早的罗马军队由 3 个部落（特里布）各提供 1 个千人队的步兵；每个千人队

武士像，公元前550年

指挥官的手下有 1 队 100 人的骑兵。每个千人队由 10 个百人队组成，与每个部落的 10 个库里亚相对应。每个库里亚由 10 个氏族构成。当时罗马有许多从事商业和手工业的外来人，他们没有公民权，也没有服兵役的义务。塞维废除 3 个旧部落，以地域为基础建立了 21 个新特里布，把那些外来的居民也编纳在内。到公元前 241 年，罗马城市和乡村一共有 35 个特里布，其后新征服的领土都被划入已经存在的特里布。特里布取代库里亚成为行政单位。在这一时期前后，步兵也由使用方盾和投枪改为用圆盾和短剑，还装备有头盔和胸甲。改革后的罗马军队有 193 个百人队。公民按财产分为 5 个等级。富有的第一等级提供 80 个百人队。第一等级之上是骑士等级的 18 个百人队。新的一种公民大会以百人队为单位来组织：每个百人队首先得出自己的多数意见，然后在大会上投票，每队一票。骑士和第一等级有 98 票，在 193 票的总票数中占多数。富有者虽然享有政治特权，但确实承担了沉重的军事义务。另外，上述改革并不全是在塞维统治时完成的，但可能他做了主要的工作。

古罗马万神殿

公元前 510 年，最后一位国王"傲慢者"塔克文被罗马人民驱逐，城邦的君主制结束，共和国取而代之。这一社会转变的原因和细节不是很清楚。可以肯定的是，王政时代的国王地位原来就比较弱小，君主制本身是原始而且不发达的。罗马共和国由贵族所建立，其政治制度在很大程度上为他们服务。50 个贵族氏族只占自由民的十分之一弱，但其成员经济实力雄厚，相互之间婚姻和政治关系密切，控制着国家的主要权力机构。早期共和国的政体比较简单，真正掌握实权的是执政官和元老院。两位执政官任期一年，继承了原先国王的权力，坐象牙椅，在官服上有紫色镶边，在战争中像原先的国王一样担任指挥官，并保留了象征其强制权威的"法西斯"。[①] 原来国王的顾问会议变成了共和国的元老院。执政官负责任命元老院成员，召集他们开会，向他们提交议题。由于执政官任期很短，元老院逐渐由咨询机构变成监督机构，规定执政官的权力范围，对执政官的继任者

▶ ▶ ▶ ————————————————

① "法西斯"原指古罗马执政官出巡时所拿的表示权力的标志"束棒"，即一束细木棍。"束棒"由侍从携带，12 侍从一人一束。当执政官离开罗马城时每束木棍中间插有斧头，表示他现在拥有不受限制的军事权威。

的选择有重大影响。贵族垄断了执政官的职位和元老院。两位执政官理论上可以互相否决对方的决定，但实际上因为他们都是贵族利益的代表，关系十分融洽，并不经常发生冲突。

贵族等级以外的平民们不能容忍自己被排斥在统治权力之外。公元前5到公元前4世纪的罗马经历了贵族和平民争权夺利的阶段。关于罗马社会形成贵族和平民两大集团的过程，无可靠的记载流传下来。和贵族一样，平民也参加公民大会，在战时要服兵役。他们和贵族的矛盾涉及经济利益和政治权力两个方面。在经济方面，国有土地和债权法是平民积怨最多的两个问题。王政时期的国有土地有时被无偿地分配给公民，有时出售给他们，有时任由他们使用。而贵族所控制的共和国不再分配土地给平民，他们又无钱购买。通过征服而得来的国有土地一般离城较远，平民无财力和人力去占领和使用。贵族不仅享有大量国有土地的使用权，而且难得交纳本来就微不足道的地租，实际上把这些土地变为了他们的世袭财产。平民有义务服兵役，而他们和贵族一起流血所征服的土地却只有后者才能享用。兵役负担往往让平民负债；而依照罗马的债务法，负债的平民可以任由债主杀害或被债主出售为奴。在政治方面，执政官和神庙祭司的职位都由贵族垄断；平民自己的集会所通过的决议没有法律效力；平民与贵族的婚姻在法律上被认为是无效的，平民妇女和贵族男子所生的孩子只能是平民身份。平民无法通过联姻加入贵族集团。

平民和贵族冲突的历史有相当的一部分早已成为传说和神话。平民争取自身权益的斗争成果通过法律和政治制度巩固下来，并因此而为后人所知。平民的政治活动采取和平而有秩序的方式。他们先是选出5位保民官（后来增加到10位）作为代言人，并成功地要求元老院和执政官承认保民官人身不可侵犯的地位和否决执政官立法提案的权力。保民官因此不仅可以保护平民，而且能够对立法活动施加影响。《十二铜表法》（公元前450年最后编成）是平民较早的一个政治胜利。这部成文的法典对贵族无法无天的暴虐行为有所限制。公元前449年的卡努雷阿法案允许平民和贵族缔结合法的婚姻。公元前367年的李锡尼－赛克斯法案限制大地产，允许债务人把已支付的利息算成本金还债，但仍然没有废除债权法。李锡尼－赛克斯法案还规定执政官必须有一人是平民，祭司有一部分也必须由平民担任。古老而无情的债权法直到40年之后才被废除。根据公元前287年的霍腾西阿法案，平民大会所通过的决议和全体公民大会决议一样有效。实际上在公元前 339 年以前，平民会议决议就可能已经具有这样的性质。平民的上层因为上述的各种法案而取得和贵族相当的地位，二者逐渐融合成新贵族。

平民的胜利扩大了共和国的社会基础，增强了罗马的军事实力，帮助这一城邦国家通过战争在意大利和地中海地区建立了霸主地位。

罗马在意大利和地中海统治地位的确立

罗马共和国对外扩张史的第一阶段是对意大利的征服，第二阶段是对地中海西部和东部地区的征服。公元前 4 世纪后半期，高卢和意大利北部的凯尔特人南下攻击罗马，在破坏城市和索取赎金后离去。罗马人在这次灾难以后开始逐渐以武力和谈判两手并用的策略确立自己在意大利半岛的霸主地位。先是控制了第伯河南岸的拉丁城市，征服了中部的萨莫奈人，接着又把势力扩展到北部的埃特鲁里亚人城市和南部的希腊人城市。到公元前 3 世纪中叶，罗马以兼并和结盟的形式统一了波河以南的意大利，并在这些地区设立殖民地以巩固征服地区的控制。

在意大利半岛上，罗马和它最早的同盟者居于中部，隔断了南意和北意各城市之间的联系，战略地位十分优越。在政治和军事上，罗马也有一些有利条件。罗马是意大利人口最多的城市，兵员充足，能够承受比较大的伤亡，而且与之结盟的其他城市在战时也派军队襄助。罗马军人的素质比他们的许多对手要高。他们从小就进行严格的军事训练，养成了服从命令的习惯。放哨打瞌睡或打仗当逃兵都要被判处死刑；在某些情况下，整个分队会因为集体违反军纪而受到"十抽一法"的处罚（在每十个士兵中用抽签的办法挑出一人处死）。罗马贵族对军事战术和战略十分重视，注意研究敌人的动向和武器，并设法为自己的军队提供最新最好的装备。罗马人为了军事的目的而建设了许多质量上乘的道路，平坦的道路为军队的快速运动提供了方便。在野战的条件下，罗马军队每次宿营都要安营扎寨，防备敌人偷袭。罗马军队和整个共和国的应战能力在他们与迦太基人的三次"布匿战争"（罗马人称那些祖先来自腓尼基的迦太基人为"布匿人"）中经受了严峻的考验。这三次大战分别发生在公元前 264 年到公元前 241 年、公元前 218 年到公元前 201 年和公元前 149 年到公元前 146 年。到第三次布匿战争时，罗马的经济和军事实力已经大大超过迦太基。

迦太基位于北非地中海沿岸（现在的突尼斯），是来自提罗的腓尼基人在公元前8世纪初叶所建立的城市。从大约公元前600年开始，迦太基通过战争排挤了地中海西岸的其他商人和殖民者，到公元前3世纪控制了西班牙东南部、撒丁尼亚、科西嘉、北非沿岸和西西里岛的西部，把希腊人的势力限制在西西里东部。迦太基人拥有强大的陆军和海军，垄断了地中海很多地区的贸易，建立了财力雄厚的商业帝国。和罗马人对垒的迦太基军队主要由雇佣兵组成，斗志疲软，但其指挥官是专业军人，比经常更换的罗马执政官的经验丰富得多。迦太基的政府由商人贵族把持，有两位执政官，元老院由30名贵族组成，最高法院由104个法官构成；平民可以参与国家大事的讨论，但是没有真正的决策权。执政官和元老们不负责指挥军队，但专职的将军受到他们的严密控制。迦太基奉行谨慎的外交政策，对日益强大的罗马怀抱戒心，但为了捍卫自己的商业利益有时也不惜使用武力。罗马并没有蓄意策划挑起与迦太基的全面战争，然而它在地中海地区的扩张必然要导致和后者的冲突。布匿战争的直接诱因是公元前264年罗马和迦太基对西西里岛东部城市美塞那的争夺。在第一次布匿战争中，罗马损失了600多艘战舰，但迫使迦太基政府放弃了西西里，并支付巨额赔款。迦太基名将汉尼拔在第二次布匿战争时率领不到三万人的军队入侵意大利，在特来维尔（公元前218）、特拉西美诺（公元前217）和康奈（公元前216）三场有名的战役中以少胜多，击败罗马人和他们的盟军。可是罗马和它在意大利的盟友支配着65万人的大军，不会因为几次小的失败而伤了元气。罗马人一方面在意大利和汉尼拔周旋，另一方面派兵出征西班牙和迦太基本土，终于在公元前202年北非扎马一役击败汉尼拔，摧毁了迦太基的军事实力。罗马人对汉尼拔的恐惧并未因他的死亡和迦太基的臣服而消逝，50年之后罗马元老院的主战派利用这种恐惧心理煽动民众，发起了第三次布匿战争，彻底毁灭了迦太基城，迦太基城残存的5万居民全部被卖为奴隶。在三次布匿战争期间，罗马人征服了意大利北部波河流域（阿尔卑斯山内高卢）、西西里、西班牙、叙利亚、马其顿和希腊的大部分地区，成为地中海周边地区的霸主。埃及的托勒密王朝也臣服于罗马。

阿尔卑斯山以北的高卢大体上相当于今天的法国，凯尔特人在公元前500年以前就已经成为当地的主要居民，他们的农业比较发达，在公元前1世纪形成了一

恺撒像

些强大的部落联盟。公元前 6 世纪，希腊人在罗纳河谷建立了殖民地，促进了商业贸易活动。公元前 125 年到公元前 121 年，罗马征服了山北高卢罗纳河南岸地区，在河北岸也取得了一些立脚点，后来还设立了山北高卢行省。欧洲北部的日耳曼人在公元前 1 世纪开始向南移动，压迫罗纳河以北的凯尔特部落向对岸迁徙，威胁到那里的罗马人。从公元前 58 年到公元前 49 年担任高卢总督的恺撒击败了高卢的诸部落，把罗马的统治推进到了莱茵河，在以后的几个世纪里阻止了日耳曼人的南进。恺撒一度进军不列颠，但没有在那里建立罗马的据点。对不列颠的征服是在公元 1 世纪由罗马帝国的皇帝们完成的。在东部，罗马帝国的势力范围一直抵达底格里斯河。地理知识的贫乏使罗马人产生了再向东扩张一点便能进入中国的错觉。

共和国的式微

在征服西西里时，罗马的军事实力已经足够强大，他们不再觉得有增加新盟友的必要，所以将西西里以及后来被征服的其他一些地区划为行省，由罗马派总督统治。行省居民没有公民权，不需要服兵役，但有义务向罗马纳税。行省制度的创立使得与罗马结盟的城市不能再向被征服的地区移民、建立殖民地。这些城市参与罗马所进行的战争，但现在却不能分享这一战争的重要果实。罗马委托私人所办的税行在行省代收税款，弊端丛生，加重了那里民众的负担。许多罗马总督在行省收受贿赂，大发横财。战争的掳获大部为罗马及其将军们所得。罗马及其盟邦富有的贵族通过给军队提供装备和物资也获利匪浅。战争给罗马的自由小农所带来的却是贫穷和破产。在抵抗汉尼拔的战斗中，他们为保卫家国而自带武器参战，而他们自己的小农场却因战争被毁坏或因无人照料而荒芜。来自行省的廉价谷物和依靠大量战俘发展起来的大奴隶主经济的竞争使得小农的经济处境越发艰难。破产小农离开土地，加入罗马城日益庞大的无产者队伍。罗马元老院成员多为拥有大量地产的奴隶主，他们的家族垄断着执政官和行省总督等关键的官职，并注意保护行省的上层贵族，开始和他们融合。元老院成员对商业活动没有兴趣，以至于在公元前218年同意通过禁止他们拥有航海船舶的法令，并且允许让贸易和税收成为其他等级垄断的事业。罗马公民里的骑士等级通过参与行省的税收和因罗马的扩张而发展起来的商业活动大大增强了经济实力。他们要求取得和元老们相同的政治地位，而且希望加强对行省的榨取。骑士、元老贵族和破产的小农在罗马共和国晚期的政治中互相利用，斗争激烈，最终毁灭了共和政体。

罗马共和国的衰落是一部血腥的内战史。公元前2世纪30年代和20年代，提比略·格拉古和盖约·格拉古兄弟在骑士等级的支持下提出一系列改革方案，希望能够因此缓和各阶层之间的冲突。他们提议授予罗马的盟友们公民权，将国有土地分给无地的小农，重新开始在被征服地区的殖民，以低于市价的价格把谷物卖给罗马的贫民。格拉古兄弟在元老院内有一些同情者，但大部分元老和一部分骑士激烈反对他们的改革主张，卑鄙地谋杀了提比略·格拉古和盖约·格拉古两兄弟。然而，格拉古兄弟的被害并未消除保守派和改革派之间的矛盾。唯一没有被废除的改革成果是对贫民的救济。保守派和改革派的当权者后来将廉价谷物变为免费食品，争相讨好罗马的无产者。格拉古改革的失败说明罗马统治阶级无法通过改革来稳定和扩大贵族共和国政体的社会基础。既然如此，共和国的衰落也就难以避免了。

直接摧毁共和国力量的是罗马的下层平民和军队，二者其实来自同一个社会群体。自由小农原本构成罗马军队的主干，具有从军所要求的最低财产资格，能够携带自己的武器参战。小农的破产威胁到这一兵源，所以在公元前91年到公元前89年意大利盟邦起义争取公民权时，罗马比较痛快地让步了，原因是想借以扩大公民士兵的来源。但此举并没有扭转小农破产所造成的军队兵源短缺问题。罗马将军马略在公元前107年担任执政官时实行军事改革，取消了当兵的财产资格，从乡村的无产者中挑选壮士入伍，建立了一支专业化的军队。罗马元老院的墨守成规和贵族偏见把这支原本可为共和国所用的武装力量推入了将军们的掌握之中。首先，元

庞培像，帝国早期

老院不愿意付给士兵丰厚的军饷，仍然指望他们仅仅满足于和将军分享战利品。其次，罗马政府不允许平民士兵凭借战功升迁为军官；他们从军的好处主要是，他们的统帅在通过军事胜利获得政治影响之后，可以为他们争得经济利益和社会地位。这样，一批平民士兵对元老院没有忠诚感，只是追随他们的将领，既厮杀于对外征服战争的疆场，又热衷于争权夺利的内战。共和国晚期的政治充满了不同派别的将军互相残杀政敌的血腥味，失败的一方常常被宣布为"人民公敌"，其下场是被剥夺财产和处死。获胜的一方控制罗马城，以面包和公共娱乐收买那里丑态毕露的无产者，利用他们搜捕和追杀政治对头。

在公元前1世纪的多次残酷内战之中，倾向于改革派的恺撒连续在几次战役中击败了支持元老院贵族的庞培派部队。恺撒于公元前48年进军埃及，扶植妩媚的女王克里奥帕特拉七世主持托勒密王朝的朝政，利用当地的财富增加了自己的实力。他于公元前45年领兵回到罗马，次年2月份第五次担任执政官，并被任命为终身独裁官。共和政体是罗马的古老制度，许多人对之抱有深厚的感情。以手下26个军团为后盾的恺撒实际上拥有独断专行的君主权力，但他仍然保留了充满政敌的元老院，不敢流露出崇拜君主制的意向，以免触犯众怒。尽管如此，元老贵族还是在公元前 44 年 3 月设计谋杀了恺撒。这一阴谋并没有挽救共和国。恺撒手下的军官们和他的养子屋大维很快消灭了与他们作对的元老院成员。屋大维于公元前 31 年打败了他从前的盟友、当时以埃及为据点的安东尼，逼迫他和已经嫁给他的克里奥帕特拉双双自杀，并处死了克里奥帕特拉和恺撒所生之子。手握重兵的屋大维在罗马进行了一系列政治制度改革，一劳永逸地结束了共和政体。但是共和传统作为一种文化和政治思想在罗马帝国和中世纪西欧仍然存在，并有重大和深刻的影响。

共和国和帝国早期的经济

共和国晚期意大利农村经济的特点是大地产的增加。当时征服战争节节胜利，战利品在罗马上层统治者中造就了一批富有者，他们还通过担任行省总督或以私人身份包办税收和公共工程而巧取豪夺。这些富豪的收入有相当的一部分被用来购买土地或租赁国有土地。大地产的经营带有追求利润的目的。农业技术这时有一定的改进。为了恢复地力，谷物和豆类的种植交替进行。罗马人这时也学会了深耕和良种的选择。罗马城对粮食的大量需求主要靠从西西里和其他行省进口廉价谷物来满足。意大利各地所出产的谷物只供当地的居民消费，大地产的主人为了牟利，转向发展橄榄油和葡萄酒的生产，或者经营以养羊为主的大牧场，在有利可图的情况下向附近的城镇供应蔬菜、水果、肉类和羊毛。所谓大地产，其实就是大牧场，或是同一主人所拥有的多处中小农场、橄榄园和葡萄种植园。大地主广泛地使用奴隶，他们不会应召服兵役，而且比自由的雇工便宜；很多破产的自由小农流入罗马城去享受国家提供给无产者的福利，并不留在乡村任人雇佣。共和国末期的血腥内战并没有引起经济上的突然变化。马略的军事改革使小农摆脱了沉重的兵役负担，可能是公元 1 世纪农村经济和社会相对稳定的原因。马略和他以后的罗马将军都尽力帮助自己的老兵在各行省获得土地，结果这些意大利人大批地移民到西西里、高卢、希腊、北非和西班牙等地，促进了那些地区农牧业的发展。北非、西班牙的橄榄园和高卢的葡萄种植业都是这些移民建立起来的。奴隶仍然被大量地使用于乡村经济。这一时期所发生的奴隶反抗活动有著名的"斯巴达克起义"。有些奴隶主开始用自由佃农取代奴隶；奴隶主对奴隶的态度有所软化，当时流行的农书提出了奖励比鞭打更能控制奴隶的思想。

内陆交通的不便极大地妨碍了工商业的发展。罗马的对外征服战争和它对西班牙银矿的控制无疑刺激了外地物产流入意大利，但意大利对外的出口并没有相应地增长。海上贸易多由希腊人经营。罗马人所擅长的是金融业。共和国晚期的银行家可以为商人们提供信用担保。税行的组织类似现代的"股份公司"，一般百姓都可投资加入，股东们分担风险。具体负责税行运作的则是大股东。税行有法人资格，其利益和责任不因某一股东的死亡和退出而改变。为了收税和便于与政府签订有利可图的契约，税行设有广泛的情报网和传递情报的特快信使。这些代国家收税的商人也承包大批的公共工程和国有矿山的开发。罗马共和国经济管理制度的简单原始在一定程度上因为有私人参与税收而得到某种弥补。

罗马帝国早期大地产和小农经济并存，前者对后者不再有大规模的兼并。意大利的大地产主人在共和国晚期内战中受到一定的冲击，许多大地产不仅换了业主，而且被切割成中等大小的地产。屋大维给予自由农民无息贷款，减缓了小农的破产，稳定了小农经济。征服战争的停止意味着战俘这一奴隶的重要来源枯竭，奴隶的价格也随之而上涨，更多的奴隶主试图把自己的部分土地租给佃农或者雇佣自由帮工以补充奴隶之不足。奴隶的来源逐渐转向家生奴，奴隶与主人的关系也有进一步的改善。农牧业技术这时有一些进步，人工种植的草场得到一定程度的推广。罗马贵族享用的高品质橄榄油和葡萄酒仍然来自意大利，但西班牙和高卢的产品也开始向这里大量输入；西西里一些农场被改成养羊的牧场，北非和埃及取代西西里成为供应罗马粮食的主要地区。罗马帝国对整个地中海地区的稳固统治和较长时期的和平无疑有利于贸易的发展，罗马的上层统治者对工商业的态度也由冷漠变为积极，元老院贵族开始涉足制造业和商业。一项比较突出的工业是以吹管为工具的玻璃制造，这是古代中国所没有的。东方各行省有繁盛的手工业，尤其擅长玻璃和丝绸（有的和亚麻混纺）的生产。西部各行省矿业发达，还出产陶器和纺织品。

不少新的商路得到开拓。罗马的船队开辟了从莱茵河下游经过北海到日耳曼和斯堪的纳维亚的航路。欧洲与东亚的陆路交通受到敌对的帕提亚王国的阻挠，但从蒙古出土的希腊织物表明，传统的"丝绸之路"可能偶尔还在使用；罗马帝国商人一般经过海路到达印度，然后从那里取得中国的货物以及印度的香料和珠宝。罗马人为获得乳香也航行到东非的赞比亚和桑给巴尔，但从未对非洲内陆进行过探索。

塞涅卡曾经预言说，西班牙海岸对面的大陆可以通过跨海航行到达。远方的商路引起人们的神思遐想，不过罗马帝国的大宗贸易还是在各行省之间进行。除了奢侈品之外，商人们也频繁交易日用百货，如陶器、玻璃制品、花砖和青铜的厨房用具。在工商业中，奴隶在行省和罗马以外的意大利并不是主要的劳动力。除了自由人之外，大量释奴也加入了手工业和贸易活动。罗马帝国早期的经济发展不仅维持了意大利的繁荣，而且也大大增加了行省人所拥有的财富。

工商业在意大利或帝国的其他地区都不是占主导地位的经济活动，拥有地产被各阶层的人看成是最能提高和维持社会地位的手段。罗马帝国统治阶级的核心是大地主，不是富有的工商业者，后者往往设法通过联姻、从政、购置地产和改变生活方式进入以前者为主体的大贵族圈子。当然，并不是所有的大地主都能进入元老院成为国家的政治精英。

在罗马帝国最初的二百年里，罗马城的人口保持在一百万左右。对罗马城、罗马帝国中央政府和军队的物资供应是罗马帝国经济的一个特殊而又重要的方面。罗马城寄生于整个帝国的经济资源之上。当时罗马每年进口 20 万到 40 万吨的小麦，前一个数字据学者估计是防止饥饿发生的最低限额。这些谷物主要来自行省向罗马政府交纳的赋税。大量的谷物被免费地提供给罗马成群的流氓无产者，后来国家还向他们发放橄榄油、肉类和葡萄酒。从公元 1 世纪初到 2 世纪末，罗马军队从大约 30 万人增加到 40 万人。罗马军队分布在帝国的广阔地区，其供应的方式因地方条件的不同而有所不同。在和平时期，军队所需物资大多由所在的行省供应，部分物资就近购买。驻扎在偏远和荒凉地区的罗马军队往往有自己的手工业作坊和农牧场，生产所需的生活用具、装备和食品。战时的罗马军队经常从行省居民那里无偿征集军需品。3 世纪以后战争频仍，这种索求成为百姓的沉重负担。不同的行省对帝国所承担的经济义务有所不同。北非、西西里、撒丁尼亚和埃及主要向罗马提供谷物；大批罗马军队在北部和西北部的行省驻防，那里的居民的主要负担是军队的物资供应；罗马士兵和官吏的一部分收入是以货币的形式发放的，而向政府交纳现金赋税的主要是西班牙、高卢南部以及小亚细亚行省。以罗马帝国的疆域和人口而言，其政府和军队都不能算庞大，国家的赋税对臣民来说一般不构成难以承受的负担。后来西罗马帝国衰落是因为政府太弱太小，而不是因为政府的索求压垮了臣民。

第二节
从城邦共和制到帝国君主制

古罗马政治制度和法律制度的演进可以大致分为共和国阶段和帝国阶段。到罗马帝国时期，不仅君主制取代了贵族寡头的共和制，而且社会的经济、政治和文化以整个地中海周边地区为活动舞台。罗马帝国史不是罗马一城的历史，也不是意大利的历史，而是当时的地中海地区史。

共和制宪法和行政管理

罗马共和国的政制可以从以下三个方面去认识：首先是各种公民大会，其次是元老院，再次是各级行政长官。

罗马有四种公民大会，即库里亚大会，百人队大会，特里布大会和平民大会。在平民和贵族的斗争结束后，后三种大会在形式上虽然有不同的组织原则，但具有相等的立法权威，与会的成员也大致相同。库里亚大会是最早的公民大会，不过它在王政时代的作用比较模糊。共和国的执政官在被选举出来后须由库里亚大会确认，但这一程序并没有实际的政治意义，只是走过场。富有者在百人队大会中长期占有优势，但在公元前 3 世纪中叶，罗马重新组织了百人队，在 193 个百人队中骑士和第一等级只拥有 88 队。特里布大会至迟在公元前 450 年前后就已经存在。平民大会也以特里布为单位来召开。在平民和贵族的斗争取得胜利之后，平民大会决议具有和其他公民大会一样的法律效力，加上平民也加入到了新的贵族集团中，平民大会和原有的特里布大会在宪法上仍然是两种不同的会议，但二者的界线对许多人来说并不十分清楚。在共和国晚期，百人队大会和特里布大会的参加者其实是同样的人；共和国早期的旧贵族这时在人数上微不足道，平民大会的组成和前两种大会也相差无几。公民大会的职能是通过法律和选举行政官员，但最重要的官员由百人队大会选举；平民大会的主席是保民官，百人队大会的主席是执政官，后者常常忙于军事事务，无暇开会，所以很多立法工作都由平民大会承担。罗马公民大会没有提出官员候选人和修改法案的权力，这一局限性严重削弱了群众的民主权利。这个问题的存在与罗马元老院和罗马的行政制度有关。

元老院在形式上只是执政官的咨询机构，既无立法权也无行政权。共和国晚期的执政官必须在所有重大事务上征得元老院的同意，后者变成了实际上的行政机构，体现了贵族寡头统治的性质。元老院成员为 300 人，后来在公元前 1 世纪被扩大为 600 人。平民代表在王政时代结束后就已进入了元老院，但一开始只是那里的少数派。元老原先由执政官指定，在平民和贵族斗争期间改由监察官任命。习惯上元老院成员必须是卸任的执政官、行政长官和高级营造官，但到共和国晚期卸任的平民营造官和财务官也可以成为元老院成员。这些官员都由公民大会选举产生，但往往只有贵族才能当选。

在实际政治中，元老院的职能涉及宗教、立法、财政、外交和行政官员任免诸方面。元老院开会的第一个议程总是听取执政官关于宗教事务的报告。祭司们在举行宗教活动前必须得到元老院的批准，所需费用也得由后者责令财务官发放。行政官员在向公民大会递交等待投票通过的法案之前，必须先请元老院讨论法案的草稿，并根据讨论的结果进行修改。在共和国晚期，有权提交法案的行政官员在人数上有所增

古罗马引水道

加，元老院很容易找到一位听话的官员，让他提出合乎他们心意的法案。不过元老院的决议在法律上只是对执政官的建议，建议一旦成为后者的决定，就只有保民官才有权对它进行否决。因此，如果法案不讨某些元老们的喜欢，他们可以轻易找到一位保民官，请他加以否决。作为高级行政官吏的咨询机构，元老院一般要在接到执政官的提议后才召开。后来保民官也获得了召集元老院会议的权力。为元老们所信任的一些保民官因此成为元老们与执政官较量的一支力量。元老院还有权给予某些个人某种特权，让他们不受特定法律的约束。比如说，行省的总督一般由卸任的行政官员担任，而罗马宪法规定他们在现任官职期满后不能马上接受公职；元老院对这些和自己同属一个统治集团的人网开一面，让他们不受这一规定的限制。[①]

在财政和外交事务上，元老院拥有重大的权力。古代罗马人长期以来没有意识到国家应该通过逐年调整的税收来获得所需要的财政收入。正常的国家收入主要是公有土地的固定租金。拥有土地的妇女和孤儿自己不能服兵役，但必须为骑兵提供马匹和饲料。如果在战争期间发生财政危机，国家可以要求公民按照所拥有财产的多少提供协助金。但在公元前168年以后的罗马共和国时期，由于国力强盛，战争也胜多败少，这种协助金一直没有征收过。罗马的高级官吏除了收受贿赂外没有与公职有关的收入，低级官吏很多是高级官吏的奴隶和释奴。执政官手下的监察官和财务官负责财政预算，但他们却在元老院的严密掌控之中。监察官在财政方面的工作一是登记公民的财产，以便征收战时协助金；二是管理出租的国有土地、矿山和渔场；三是和私人的税行签订协议。换言之，监察官负责征收国家来自上述三个方面的收入。战利品这一当时非常重要的收入不在监察官的征收范围，它由财务官负责售卖和纳入国库。财务官管理国库，向执政官和其他官员提供他们所需要的经费。位于罗马的中央国库由两位"城市财务官"负责。他们在理论上只是执政官的助手，但因为后者常常外出指挥罗马军队，元老院逐渐变成他们真正的上司，他们在支出款项时必须得到元老院的同意，应元老院的要求有时也向他们报告整个国家的财政状况。到了共和国晚期，就连执政官本人支取经费都得事先得到元老院的同意。无论是监察官还是财务官都不是专业的经济官员。他们由选举产生，任期较短；

▶ ▶ ▶ ────────────────

① H. F. Jolowicz, *Historical Introduction to the Study of Roman Law* (《罗马法研究历史导论》), Cambridge: The University Press, 1954, pp. 30-32, 40-41.

他们所记录的财政档案由于不大准确，所以经常和当时的国家的实际收支数据不尽吻合。元老院有权对他们进行监督，但在这方面并没有专业人员的支持，不可能仔细地审核国家的预算和支出。在财政上，罗马政府没有长远的计划，只是根据手头现有的资金进行安排。财政方面的粗放管理是罗马共和国和后来的罗马帝国体制上的一个重大缺陷。[1]

对外国宣战和缔结和约的权力只属于"元老院和罗马人民"，但从共和国早期开始，公民大会的同意就已流于形式。执政官无权在战场上和敌人讲和；如果他迫于形势真的这样做了，元老院可以将他和他手下参加谈判的人剥光衣服捆绑起来，送还给敌人，同时也就撕毁了他们缔结的和约。所有的对外条约都必须由元老院派人去商谈和签订；对被征服领土的接收和初始的管理也由元老院选派特使去主持。元老院任命和监督行省的总督。共和国时期的行省居民大多没有罗马公民权，被看成是"外国人"，所以行省的管理作为"外交事务"理所当然地构成元老院权威的一部分。[2]

各级官吏由公民大会选举产生，元老院对这些选举在法律上没有任何干预的权力。当然，元老们有时会凭借权贵的地位通过贿赂和恫吓等非法手段影响选举。在两位执政官同时突然死亡的情况下，元老院里的贵族成员（相对于平民出身者而言）有权任命一位摄政，摄政的任期为5天；这位摄政任命自己的继承人，任期也是5天。如此延续摄政的统治，直到新的执政官被选举出来。元老院在国家面临危机的时刻有权向执政官建议任命独裁官，并向他提出独裁官的人选。公元前202年以后，独裁官这一制度被废止。共和国晚期的元老院往往在政治动乱时期通过所谓的"元老院非常决议"，授予执政官不经公民大会同意即可处死罗马公民的权力。但这一非常措施只是为元老院中的保守派所用，所以其合法性从来未被改革派所承认。公元前63年，西塞罗依据"元老院非常决议"处死和喀提林一起阴谋反对保守派的四位罗马公民。他的这一举动在许多人看来是非法的，并导致了他后来被流放。在两位执政官上任后，他们的分工由元老院决定。对自己所不喜欢的执政官，元老们会设法给他吃力不讨好的工作，并在他卸任后把他分派到贫穷和边远的行省

▶ ▶ ▶ ────────────────────────────

[1] H. F. Jolowicz, *op. cit.*, pp. 34-38.

[2] Ibid., pp. 39-40.

去当总督。元老们的这种权力使执政官不得不对他们有所忌惮。

共和国时期的罗马行政制度有很多好的地方，也有不完善的地方。从官制上讲罗马行政制度有下面一些特点：（1）执政官是最高行政长官，负责政府的各个部门，拥有军事统帅权和司法权，还负责召集公民大会。宗教事务不归执政官管辖，而是由祭司们在元老院的监督下处理。在共和国时期，执政官原有的庞大权力在元老院日益增长的权威面前逐渐萎缩。民事案件的司法权改归城市行政官所有，元老院成员的选择改由监察官负责。行省制度建立以后，驻扎在那里的军队不再由现任的执政官统帅，而归当地的总督（一般是卸任的执政官或行政官）指挥。现任的执政官不再离开意大利，他们在理论上拥有的军事指挥权实际上已经被剥夺了。（2）行政官的级别较执政官为低，也由百人队大会选举产生，拥有行政、军事和司法各种权力。但他的决定可以被执政官否决，而且只有6个携带"法西斯"的侍从。公元前242年以后，行政官由一人增加到两人，一位叫"城市行政官"，负责罗马公民之间的诉讼，另一位叫"外国人行政官"，① 负责罗马人与外国人、外国人与外国人之间的诉讼。后来又为西西里、撒丁尼亚（公元前227年前后）和西班牙的两个行省（公元前197）分别设立了一位行政官为总督，使行政官的总数达到了6人。此后未再设行省行政官，新的行省改由卸任的执政官或行政官担任总督。罗马的行政官后来增加到6人，其中4人负责刑事诉讼。在罗马法的发展过程中，这些行政官起了重要的作用。（3）营造官原是保民官的助手。公元前367年以后的营造官其实是罗马的市政官，主管城市的卫生、道路、饮水和其他公共设施。他们也负责管理罗马的市场，他们所发布的法令对罗马商法的形成有重大影响。（4）财务官原为执政官自己任命的助手，但后来改由特里布大会选举产生，最初只有2人，逐步增加到20人，协助执政官处理意大利的行政事务。对重大刑事犯罪的处罚，公民大会有权过问，并可推翻官员的决定。财务官除了上面提到的财政职责外，还代表执政官审理刑事案件。万一他的判决被公民大会否定，执政官的尊严不至于受到直接的损害。作为执政官的代表，财务官还参与军事、行政和司法方面的多种工作。（5）监察官每4到5年由百人队大会选举产生，每次选举两名，只有卸任执政官才

▶ ▶ ▶ ————————————————————————————

① *Praetor qui inter peregrinos ius dicit.* "外国人"指没有罗马公民权的任何人，可能是外国的臣民，也可能是罗马统治地区的居民。

有资格当选，其主要职责是为征税而进行人口统计和财产登记，在完成这一任务后就卸任，任期最长不超过 18 个月，未尽的工作，由执政官等分别负责完成。监察官的另一重要职责是督察罗马社会的风纪。生活奢侈腐化者、随意离弃配偶者、临阵脱逃者、偷窃或伤害邻人者都可能被监察官公布于众，并将从乡村的特里布成员降格为城市特里布的成员，后者被认为没有前者那么尊贵。这些被公布和被降格的人同时也就丧失了进入元老院的资格。可见监察官的权威可以严重影响一个罗马公民的社会地位。罗马公民后来都被免去土地税，所以国家不必为征税而统计财产和人口，公民人数的大量增加也使统计十分困难。元老院对有能力威胁他们地位的监察官历来不甚喜欢。公元前 22 年以后，罗马不再设监察官。(6) 保民官对法案的否决权往往使他们成为政治斗争中各派争取的对象。保民官的重大权力还体现在他能在执政官卸任后对之提出起诉，并依法惩处。(7) 独裁官由执政官任命，在共和国面临危机时独裁官独自负责全部的国家政务，地位高于另一位执政官和所有其他官吏；他有 24 位携带"法西斯"的侍从（执政官只有 12 位），而且即使在罗马城内，这些"法西斯"也插有斧头。危机过后，独裁官必须立即下台，在任何情况下他的任期都不得超过 6 个月。元老院不能容忍权力过大的独裁官。公元前 202 年以后不再有人被任命为独裁官。

综上所述，罗马共和国的行政制度具有相当的稳定性和灵活性。个人独断专行的可能性受到一系列制度的制约。罗马没有古代中国所有的那种文官制度。由于官员没有薪俸，所以穷人难以为官；显贵家庭的子弟从经验、门路和财力等各个方面都在取得官职和执行公务上享有极大优势。这些人对官职的垄断虽然没有法律条文的保证，但实际上成为罗马政治生活的特征。罗马元老院的成员是贵族寡头共和国的真正统治者，然而他们在罗马军队常备军化以后没有注意将军队置于国家的控制之下，仍然让它成为将领个人的政治资本，最终发展成为一个极大的不安定因素。元老院的构成虽然屡经变迁，但从未被改造成真正的民主政治机构，从未广泛吸收各地区和各阶层的人参加。元老院的这种特性使共和国的社会基础相当薄弱。

罗马对意大利和行省的统治方式是在很长时期中逐渐形成的，没有整齐划一的制度，从原则上讲所有这些地方的居民都以不同的形式在不同的程度上臣服于罗马。他们同罗马的关系可以分三个阶段描述：罗马与拉丁同盟的关系，罗马对意大利的征服，罗马在意大利以外地区的扩张。王政时代以后的拉丁同盟并不包括罗马。这一同盟臣服于罗马，与罗马在军事上联合，战利品一半归罗马，另一半由同盟各城市分享。罗马和该同盟的各城市一起建立殖民地，控制所征服的地区。这些殖民地里的罗马人或拉丁人不再有原居住城市的公民权，但享有拉丁同盟城市居民所拥有的一些特殊私法权利，即所谓的"拉丁权利"：他们可以与罗马或其他拉丁城市通商和发生别的经济关系，可以与罗马人或其他拉丁城市居民通婚，可以通过移居罗马和放弃原住地公民权获得罗马公民权。在公元前 338 年拉丁同盟叛乱之后，罗马解散了拉丁同盟，取消了一些城市的自治权，给那里的居民以没有选举权的罗马公民权；取消了部分城市的外交权和宣战权，但保留了他们的自治权；所有拉丁城市之间的通商和通婚都被禁止，但拉丁人仍然可以和罗马人通商和通婚。在此之后，共和国时期的殖民地仍然有"拉丁权利"，虽然那里的居民不一定是拉丁人。公元前 89 年，波河以北的意大利人被授予"拉丁权利"。帝国时期的一些行省居民也有这一权利；有的释奴在没有得到公民权之前被看成是"拉丁人"，享有"拉丁权利"。

对拉丁同盟之外的意大利，罗马采取多样化的政策。有的地区被罗马所吞并，其居民拥有充分的罗马公民权利，并承担相应的义务，其身份和某些殖民地里被保留罗马公民权的罗马人相似。对自己所不信任的城市居民，罗马往往给予没有选举权的罗马公民权；这些城市中的部分城市甚至没有任何自治权，他们受罗马行政官及其代表的管理，另一部分城市在罗马官员的监督下享有有限的自治权。还有一些城市享有所谓的"盟友"地位，在很大程度上是自治城市，有独立的司法、财政和行政体制，不必向罗马交纳赋税，但没有外交权和宣战权，也没有铸币权。罗马军队一般不在这些地区驻扎，但在必要时这些城市有义务向过往军队提供给养。布匿战争所带来的危机迫使罗马对不忠于自己的意大利人进行严酷的报复，而取得布匿战争胜利后的罗马实力大增，无所顾忌，对从前的盟友们日益傲慢无礼。公元前 2 世纪中叶以后，罗马同意大利各城市的关系明显恶化。罗马不仅要求他们承担更多的军事义务、分享很少的战利品，而且越来越不愿意给予他们公民权。公元前 91 年到公元前 88 年，意大利许多地方的人民都起来造罗马的反，发生所谓的"同盟战争"。在这之后，意大利的所有居民才获得了罗马公民权。

行省居民在政治上有各种不同的身份。罗马共和国对行省的统治具有如下特点：罗马并没有试图在各地建立整齐划一的行政管理制度，一般不给予行省居民罗马公民权。行省总督是罗马国家的全权代表，拥有军事、司法和行政权力。总督的手下有一名财政官，由一到三名无官职的元老院成员担任幕僚，有数名贵族青年为副官。行省中的一部分城市具有"自由和与罗马结盟"的地位。这些城市与罗马所签订的条约保证他们有高度的自治权，但没有外交权。另一些是"自由"城市，罗马承认他们有自治权，但可以在任何时候单方面予以取消。其他的行省城市是所谓的"盟邦"，其实那里的居民只是罗马的臣民而已，不过仍然有一定程度的地方自治权。广大的乡村居民不享有城市市民的权利，但在政治上受附近城市的统治，经济上往往是城市居民的佃农或依附农。元老院和第一任总督会就一个行省的管理制定一部成文的宪章，但总督日常所发布的法令没有任何机构和官员可以否决。共和国时期的行省总督独断专行，唯一可以控制他的手段是在他卸任之后以勒索罪对他提出控告。行省居民必须向罗马军队提供给养和帮助，但没有服兵役的义务。罗马共和国把行省看成是重要的收入来源，以赋税压榨那里的民众，但在政治上承认许多地方城市的自治权。行

穿祭司服的奥古斯都，1世纪

省总督的权力在理论上几乎是无限制的，但他缺乏有力的行政手段和足够的人员，没有能力照顾细节。

帝国君主制宪法和行政管理

罗马帝国政体的发展可以划分为元首制和君主制两个阶段，前一阶段始于屋大维（公元前27—公元14在位），后一阶段始于戴克里先（284—305在位）。元首制是实际上的君主制，但在形式上保留了共和国的一些重要制度。屋大维的政治改革体现了高超的统治艺术。公元前27年，屋大维宣布将内战期间自己享有的一系列非常权力退还给"元老院和罗马人民"，但保留了实际上的军事和政治统治权。所以这一年通常被看成是罗马帝国的开始。在形式上，公民大会、元老院和行政官员的权威并没有受到侵犯。屋大维的实权来自下述的许多方面。一直到公元前23年，屋大维都担任着罗马执政官一职。在此之后，他在罗马的地位主要以保民官的身份来维持。作为保民官，他可以召开元老院会议，可以否决其他行政官员的决定。在驻有重兵的边疆各行省，他还拥有总督的权威，因此掌握着帝国的军权。宣战和缔结和约的权力不再归公民大会所有，而由作为元首的屋大维垄断。行政官员在卸任后进入元老院；屋大维负责向元老院推举行政官员的人选，所以能够间接地影响元老院的构成。后来，在元首制下皇帝一般都有监察官的权力，能够直接任命自己所信赖的人为元老院成员，他们和屋大维一样都是罗马的最高祭司。屋大维被元老院授予"奥古斯都"称号，这意味着他被看成是宗教礼拜的对象。

元老院的许多权力转移到了皇帝手中。元老院过去有宣布某些人可以不受特定法令约束的权力，这一权力后来被图密善（81—96在位）以及他以后的皇帝所篡夺，以至于后来成为只有皇帝才拥有这种特权。帝国时期的罗马法学家所谓皇帝"在法之外"的理论，说的就是皇帝可以凭借这一权力认为自己不受特定法令的约束，而不是说皇帝在原则上可以不守法。在元首制时期，不少元老院成员是皇帝在帝国范围内直接或间接挑选和任命的，这一方面表明皇帝权威的加强，另一方面也使得元老院在一定程度上成为整个帝国统治阶级的代表机构。元老院完全丧失了外交权和原来就极为有限的军权。皇帝自己的金库成为国家的主要财政机构，元老院的收入有很大一部分也必须由皇帝支配。共和国原有的执政官、行政官、财政官和保民官等制度并没有被取消，这些官员继续行使他们在民事法庭和低级刑事法庭上的司法权，但他们在其他方面的职权却逐渐由新的帝国官吏来行使。

元首制下的罗马行政体制较共和国时期有所发展，专职的以俸禄为生的官吏开始出现。"元首"在名义上只是共和国的一名高级行政官员，他的属下在身份上自然不能是皇帝的大臣，而只是他的助手，有许多是他的家奴和仆人。这些人的任命完全由皇帝个人决定。早期的元首制皇帝经常任用自己的释奴担任帝国官吏。克劳狄（41—54 在位）统治时期有不少释奴成为高官显贵。后来，帝国官吏逐渐被看成是国家职员而非皇帝私人的仆从，地位日益提升，释奴不再出任高级官员。元老院实权丧失殆尽，但仍然保持较高的声誉，被看成是独立于皇帝的机构。在这种残存的共和国意识影响下，元老院成员不愿轻易地接受帝国官职，皇帝也不愿任命他们。罗马的帝国长官原来只是皇帝离开城市时的摄政官，后来变成永久的官职，负责罗马的治安。为了让有较强共和国传统意识的罗马居民能够接受这位向皇帝负责的官吏，皇帝便只委任元老院成员担任此职。其他的重要官职一般由骑士等级出身的人担任。近卫军长官为最显要的帝国长官，其实是皇帝的宰相，一般有两到三人同时担任此职。他们不仅统领近卫军的上万人马，担当皇帝手下最高级的军事长官，而且还是皇帝在行政、司法和立法方面的首要顾问和大臣。埃及的帝国长官地位仅次于近卫军长官，负责管理这一富饶的皇帝私人领地。帝国财政官最初只是皇帝私产的管理人，后来负责整个国家的财政。

为管理相当的地域和人口，罗马帝国所雇佣的官吏大约只是同一时期中国的二十分之一。帝国的各级官吏负责国防和审理重大的刑事案件，以及为这两项有限的国家职能征收赋税，其余的政务由各城市自己处理。帝国以行省和城市为基本的行政单位。当时的行省受到皇帝比较严密的监控。共和国时期总督有很大自决权的情况一去不复返了。未得皇帝的许可，任何总督不得动用军队，而军队的直接指挥权也转移到了皇帝亲自任命的亲信将领手中。总督的司法权被皇帝削弱，犯有死罪的罗马公民和社会地位重要的非公民都必须由皇帝或由他所指定的官员来审判。总督在审理其他案件时也必须经常聆听皇帝的意见。作为行省下一级的地方行政单位，城市还包括周围的乡村地区和小城镇，一般拥有市议会、市政官以及学校、广场和公共水源等设施。城市财政的主要任务是向国家交纳赋税和供应过往的罗马军队。没有皇帝的同意，城市不得征收新税或兴建公共设施；皇帝有时派人去审核整顿他认为管理不善的城市财政。各城市的制度并不统一，皇帝对城市市政的干预主要出于财政的目的，没有强求建立整齐划一的地方行政体制，城市在很大的程度上有自治权，罗马帝国因而得以使用比较少的官吏来统治广大的疆域。[①]

从屋大维开始，授予行省居民公民权成为罗马帝国的一项政策。罗马人移居到行省的殖民地后保留原有的公民权。有些行省城市被罗马皇帝直接授予公民权，有些行省居民个人因为加入罗马军队而获得公民权。212年，皇帝卡拉卡拉宣布帝国所有的自由居民都享有罗马公民权。这一法令的确切内容并不是很清楚。可能有一些特殊的下层社会成员没有得到公民权；有的古代学者认为卡拉卡拉的动机是为了增加税收，其实他完全可以用别的方法来达到这一财政上的目的。公民权的扩大是行省居民的罗马化，同时也是罗马和意大利贵族同行省上流社会融合的一种必然，更何况在卡拉卡拉即位之前很多行省人已经是罗马公民了。罗马公民权在帝国时期已相当普及，获得罗马公民权不再意味着政治上得到了什么特权，也不意味着可以免税的地位。作为罗马公民，一方面在法律上享有罗马法所赋予的权利，但同时也受罗马法的约束，必须履行罗马公民的义务。公民权的普及也导致了地方政府的罗马化。殖民地和其他类型城市的界线逐渐消失，越来越多的城市仿效罗马的宪政制度，建立类似罗马公民大会、元老院的机构，也就是特里布大会和市议会，并选举任期为一年的行政官员。帝国时期的各地市议会主要掌管地方财政和民事法庭，刑事案件由帝国官员审理。地方政府的罗马化在很多情况下是帝国政府为整顿地方财政对之进行直接干预的结果。有时帝国官吏会被皇帝任命为市议员，以便监督市政。各地城市原来享有的自治权不复存在，城市政权成为帝国的地方政府。虽然公民与非公民的差别在元首制时期不再是重要的社会问题，但新的等级制度却在这一时期开始形成。罗马元老和骑士阶层日益向世袭等级过渡。地方市议员职位的世袭性得到加强，但他们的财政负担也越来越重，为国家服务慢慢从特权变成强制性的义务。统治阶级在政治上和法律上享有一系列特权。平民，特别是广大的农民，受到沉重劳役和赋税的压迫。手工业者和其他一些低贱职业开始被皇帝硬性地规

▶ ▶ ▶ ────────────

① P. Gaensey and R. Saller, *The Roman Empire: Economy, Society and Culture*（《罗马帝国史：经济，社会和文化》）. Berkeley: University of California Press, 1987, pp. 20-40.

定为世袭，以保证他们为国家服务。社会的这种等级制度化到了罗马帝国晚期越来越严重。

元首制不是一种完美的君主政体，其重大的缺陷是名不副实。共和国制度和共和国意识的残余妨碍君主政体在制度和文化上的成熟和发展。皇帝的继承问题一直没有得到很好的解决。有关的宪法原则未能确立，血统、皇帝本人的选择、军队的要求，以及元老院的意向这四个因素在不同的时间和不同的情况下对新皇帝的产生起着或大或小的作用。尽管如此，皇帝个人的权力在元首制时期越来越大，并在此基础上最终发展成为赤裸裸的君主制。[①]

第三节

奴隶制和罗马文化

罗马奴隶制可以从社会经济、法律和文化等不同的角度去研究，单纯地把奴隶制看成是一种经济制度是片面的。奴隶制对罗马社会有重大影响，但奴隶经济并不是古罗马唯一的经济成分。复杂多样的罗马文化也不是一个简单的奴隶社会所能解释得了的。

奴隶制与罗马社会

奴隶在罗马社会的境况是非常多样化的。有的被主人割去舌头，有的被随意地买卖，有的在生病时得到主人的问候，有的被主人释放、给予财产、成为自由人。但作为一种社会制度，奴隶制意味着残酷的压迫和奴役。西塞罗曾经说，对奴

▶ ▶ ▶ ─────────────────────────────

[①] W. Kunkel, *An Introduction to Roman Legal and Constitutional History*（《罗马法律和宪法导论》），Oxford: The Clarendon Press, 1973, pp. 48, 55.

隶施加暴力是天经地义的。在共和国和帝国时期，在意大利和各个行省都存在奴隶制。屋大维统治时，意大利人口大约有35%是奴隶。自由民的各阶层都对奴隶进行剥削。中小奴隶主拥有几名到几十名奴隶，大奴隶主所拥有的奴隶有时达成百上千人。贵族大地主主要依靠奴隶经营他们的地产。从奴隶制经济的重要性来看，这时的意大利无疑是奴隶社会。战俘始终是罗马奴隶的重要来源。公元前3世纪以前，罗马尚未进行大规模的对外扩张，并没有太多的奴隶。到了罗马帝国晚期，奴隶不再是大地产上的主要劳动力。在意大利和西西里以外的各行省，奴隶制在社会经济中的作用一直比较微弱。

拉丁语中的"权威"（potestas）和"奴隶所有权"（dominium）是同义词。罗马奴隶制鲜明地以奴隶主对奴隶的绝对支配和统治为特征。拥有奴隶在罗马社会始终是地位和权势的象征。奴隶这样一个毫无人权、备受凌辱的阶级的存在毒化了罗马文化，在自由人中间培育了一种否认和剥夺社会中一部分人人性的丑恶心态。在使奴隶遭受非人待遇的同时，奴隶主阶级自己也非人化了。在罗马举行的凯旋式中，一般都陈列将要被处死或将要成为奴隶的战俘。奴隶之身份在罗马社会被认为等同于"社会死亡"。死亡和沦为奴隶对自由人来说并无多大的差别。在与罗马的战争中，常有战败者为避免成为奴隶而集体自杀的惨状发生。在罗马的学校里，儿童语文训练的一部分是学习如何对奴隶发号施令。罗马讲演术非常强调演说者要避免缩头耸肩等奴隶常有的姿态，指出这些姿态已经被公众看成是下贱和不诚实的表

角斗士头盔，公元1世纪

现。从奴隶制对罗马文化有深刻影响这一角度来看，罗马帝国的很多地区在很长时期内都具有奴隶社会的特征。

古代罗马人对奴隶制的看法是多种多样的，但从来没有提倡过废奴主义。在罗马帝国时期确实有善待奴隶的主张，全社会对奴隶的态度有温和化的趋势。西塞罗等罗马作家从希腊哲学家柏拉图那里，接受了奴隶没有能力运用理性的说法。古希腊有关于奴隶制是否违反自然的争论。罗马法对此也有所反映，把奴隶制看成是万民法之下的一种制度，认为按照自然法所有的人都是生来自由的。斯多噶派的罗马哲学家承认奴隶的人性，塞涅卡甚至指出奴隶在人格上并不比任何其他人低下。然而他们同时又相信，奴隶制这样丑恶的外在现实只有通过个人内在的修身养性来超越："宙斯解放了我，他怎么会让他的儿子被奴役呢？如果你想做我躯壳的主人，那你就拿去吧！"奴隶和自由人都可以达到道德上的完美这一人生最高境界，所以在政治上反对奴隶制是毫无意义的。哲学家的这些高谈阔论并没为奴隶们所知晓，没有实际的社会意义。罗马奴隶的地位很不相同。最悲惨的是角斗士和国家所有的矿山奴，后者往往是私人奴隶主廉价卖给国家的老弱病残，这些奴隶被当成一次性使用的劳动力，生活和劳动条件极其恶劣，一般在矿山短期劳作后即死亡。农业奴隶和家奴的状况相比之下要好一些。管家奴以及从事商业、教育和文牍工作的奴隶经常有机会积累一些财产赎买自己的自由。奴隶地位的多样性不利于奴隶组织大规模的反抗活动。除去斯巴达克起义等少数事件外，奴隶通常采取怠工等消极反抗方式。在共和国晚期动荡的政治生活中，不少奴隶出卖自己的主人，充当告密者和打手，引起上流社会的恐惧和反感。

古典拉丁语和拉丁文化

公元前 2000 年前后，从南亚次大陆到大西洋、从北欧到地中海这一广阔地区内所通行的多种语言在起源上都可以被看成是由更古远时期的一种语言分化而来的，它们构成所谓的"印欧语系"。拉丁语可划入印欧语系古老的四大分支之一的意大利克语，其余的三个分支分别为赫梯语、印度－雅利安语和希腊语。拉丁语原为罗马所在的意大利中部拉丁姆地区的方言，随着罗马势力的扩张而成为罗马帝国境内通行的语言。后来从拉丁语分化出罗曼语族下面所列的各语言：意大利

角斗士护胫，公元1世纪

语、法语、西班牙语、葡萄牙语、卡达伦语、撒丁语、罗马尼亚语和瑞士东部的罗曼茨语。

拉丁语是屈折语的一种，具有极丰富的词尾变化，即名词、介词和形容词的变格、动词的变位。现代语言中仍然有许多是屈折语，如法语、德语和俄语，但词尾变化在这些语言中的重要性已经有所减弱，词序的重要性增加。拉丁语则高度依赖词尾的变化来构造句子，从而具有精练、准确和典雅的特点。但复杂的词尾变化给学习和应用这一语言带来比较多的麻烦。词序的随意性令拉丁语具有很大的灵活性和表现力，同时又使某些长句的阅读非常艰难。拉丁语的古代发音已经失传。现有的罗马发音规则是后人重新构造的，只是近似地复制古典拉丁语的发音。

古典拉丁语是罗马共和国和帝国时期的书面语言，与拉丁口语有所不同。拉丁文学最早能追溯到公元前 240 年前后对希腊史诗《奥德赛》的翻译。在这一时期，模仿希腊传统的拉丁喜剧开始兴起。拉丁文学的鼎盛时期是共和国晚期到帝国早期这一阶段，产生了诸如西塞罗、恺撒、维吉尔、贺拉斯和奥维德等著名作者。拉丁文学史可以更细致地划分为 7 个阶段：（1）公元前 3 世纪晚期到公元前 2 世纪早期，戏剧家时代。在希腊戏剧的影响下，罗马产生了两位杰出的戏剧作家普罗塔斯和特雷斯。不过当时戏剧的创作主要还是奴隶和释奴的行当，所以内容比较粗俗，为许多上层人士所不齿。普罗塔斯本人是罗马贫民，他所创作的戏剧种类繁多，风格各异，号称"西方戏剧之父"。(2) 公元前 1 世纪中叶，西塞罗时代。罗马的政治家在这一动乱时期有不少是出色的作家，演讲术在西塞罗手中达到了完美的境界，卢克莱修写了著名的长诗《物性论》，阐述伊壁鸠鲁派哲学思想，但他对物质世界和感性的重视预示了某些很久以后才出现的近代科学思想。他的诗歌因用词华美而得到当时一些人的赞赏，但他却认为自己首先是一个哲学家。(3) 公元前 1 世纪晚期到公元 1 世纪初，奥古斯都时代（传统上被称为"黄金时代"）。这一时期的作品在人情描写之细腻和语言表达之优美上都高出于前一时期，产生了维吉尔、贺拉斯和奥维德三大诗人。同时历史学家李维也很有名。他们生活在和平安定的环境，受到屋大维及其手下官员的鼓励和经济赞助；虽然他们的一些作品直接歌颂罗马的统治，但在创作的整体上仍然保持相当的独立性。(4) 公元 1 世纪，后奥古斯都时代（"白银时代"）。拉丁语教育此时有了进一步的发展，斯多噶学派的哲学影响日盛。小塞涅卡是有代表性的作家，擅长写作道德伦理文章，受到基督教教父的尊敬。(5) 公元 2 世纪早期（"白银时代"的盛期）。历史学家塔西佗和讽刺诗人尤维那尔是当时的两位文学天才，对时政有尖锐的批判，但文笔深受修辞学的影响，与拉丁口语的距离非常大。(6) 公元 2 世纪晚期和公元 3 世纪，拉丁语言风格变化时期。这时期拉丁书面语受到口语的一定冲击，吸收了口语中一些古旧的惯用法，增强了语言的表现能力。罗马法学家的作品成为这个时期拉丁文学的重要组成部分。(7) 公元 4—5 世纪，教父时代。哲罗姆是基督教教父，奥古斯丁是教父哲学的主要代表，他们的作品内容深刻，与所选用的形式完美结合，体现出新的风貌，不同于前几个时期的罗马作家。传统的西方古典学一般把他们的作品归入后古典时期的拉丁文学，但实际上他们和基督教诗人普鲁丹提乌斯一样，是罗马文学不可或缺的一部分。

西塞罗等人在文学作品中所使用的拉丁语与日常口语差别很大。拉丁口语通常是指百姓们平时所说的话，是士兵、商人和农民的语言。西塞罗这样的文化人对家人和朋友是否也用他在元老院讲演时的语言说话呢？当然不是。但他的口语也不同于市井俚语，比书面语则要简约平易一些。可见拉丁口语本身包含了不同的层次。由于口语和书面语逐步分离，所以在公元 5 世纪到 9 世纪这一时期，书面拉丁语与西欧未受教育民众平时所用语言之间的距离越来越远，一般民众所使用的语言后来发展成罗马语族的多种语言。所以语言学家称拉丁口语为"原始罗曼语"。

希腊文学是罗马文学之母。罗马作家学习希腊文学的方法是学习它的精神和风格，并不是简单模仿。罗马人独特的道德观念和重视现实的生活态度给予拉丁文学以鲜明的个性。讲演术在古罗马是一门极受人重视的口头表达艺术，是当时能力教育的主要内容之一。讲演术的某些形式和表达技巧被用于文学创作，发展成一种拉丁文学形式散文。

西塞罗在拉丁文化中占有重要地位，他是一位最伟大的讲演艺术家，被罗马人称为"国父"。他出生在离罗马城 100 多公里远的乡村，家境中等富裕，属于骑士等级，其祖先从未在罗马担任过官职和元老院成员。西塞罗在罗马受过良好教育，成为一名成功的律师。他在 43 岁时被选为执政官，在政治上一贯支持以骑士等级为核心的中产阶级。在共和国晚期的政治动乱中，他试图维护共和政体，但有时也卷入混乱的党派之争，最后被屋大维的党羽处死。西塞罗的演讲词有些是政治演说，另一些是法庭上的辩护词，一共有 58 篇流传下来，这些讲演辞以雄健豪放、富有煽动性和感染力著称。这种语言技巧和语言风格一方面是西塞罗潜心研究希腊修辞学、刻意推敲雕琢的结果，另一方面也是法庭和政治演讲的需要。西塞罗作为执政官在元老院的发言可以决定一个人的生死、一个政治派别的存亡，也可能危及他本人的人身安全。所以他必须抓住听众，必须说服尚在犹豫彷徨的公民。凭借自己的语言能力，西塞罗做到了这一点。但对政局的长远发展，他常常感到无能为力。他为挽救共和国所做的巨大努力最后还是落空了。西塞罗促成了斯多噶派哲学在罗马社会的流传。斯多噶派的自然法概念对罗马法有深远的影响，其普天之下皆兄弟的思想促进了万民法的产生。西塞罗用拉丁语宣传这些观点，他的名著《论法律》为后来的古罗马法学家所推崇，影响深远。西塞罗和塞涅卡倡导哲学与法学的结合，把罗马法推向了一个新的发展阶段。

为艺术而艺术通常不是罗马人的风格。罗马的建筑和其他艺术带有露骨的宣传目的和鲜明的政治内涵。凯旋门、纪念堂（兼做法庭和商业谈判的场所）、广场、露天剧院、神庙、陵墓、庆功圆柱等的建造要么是为了夸耀对外战争的胜利，要么是为了抬高政治领袖的地位。帝国时期宏伟凯旋门上的浮雕展现了很高的艺术水准，上面的人物栩栩如生、呼之欲出，但作品吹嘘罗马皇帝军事功业的意图也昭然若揭。皇帝经常被刻画成武士、和平缔造人、主持宗教献祭的神职人员、仁慈的统治者，俨然集各种美德于一身。奥古斯都的和平祭坛建造于公元前 9 年，是这种政治宣传建筑和艺术的典型代表。祭坛围墙上的浮雕大致说来有三方面的内容：一是表现罗马的起源，二是表现大地母亲和罗马女保护神，三是表现奥古斯都家族参加祭坛的落成典礼。这一祭坛具有明显的希腊艺术的风格，很可能在建造时使用了来自东方行省的匠人。帝国早期的纪念碑用非常现实主义的手法表现皇帝出征和向士兵讲话的场面；到了帝国后期，专制君主制得到进一步的发展，皇帝形象正面像身材高大，超乎常人，而士兵形象则渺小模糊。罗马雕塑的成就说明政治和艺术在某种条件下可以完美结合。

罗马法的内容和影响

罗马法的分期和罗马史的分期有所不同。罗马法的历史发展可以大体划分为6个阶段。（1）《十二铜表法》之前：公元前5世纪中叶以前的罗马法目前只能从间接的材料去了解。《十二铜表法》的内容有相当一部分是过去的习惯法。（2）从《十二铜表法》到共和国的终结：这一时期的法学著作为后来的罗马法发展奠定了基础。（3）帝国的最初100年：罗马法在这一时期没有大的变化，不过法学家的著述开始有所增加。（4）古典时期：这是指公元2世纪和3世纪的前50年。这个阶段是罗马法历史上最为生机勃勃的发展阶段。现存的罗马法著作有九成以上属于这个时代，其中最可靠、最系统的是盖尤斯的《法学阶梯》。（5）后古典时期：从公元3世纪中叶到查士丁尼即位这一时期。这个时期法学的原创性著作大大减少，流行法学著作摘要和选集，而皇帝的立法活动却日益加强。（6）查士丁尼在位时期：著名的《民法大全》在这时编定，包括《查士丁尼法典》《法理汇要》《法学总纲》和《新编》4个部分。查士丁尼在编成《民法大全》后禁止使用其他的法学著作，结果使得其中的绝大部分都湮灭了。他还命令《法学大全》的编纂者修改早先那些与当时通行的法律相左的法学家的意见，以致所引用的许多法学家著作片断都不忠实于原著。所幸的是盖尤斯的《法学阶梯》未遭这种噩运，使后人得以窥见古典时期罗马法的真貌。《民法大全》是在希腊文化弥漫的君士坦丁堡编纂的，但其精神实质是拉丁的而非希腊的。查士丁尼是最后一位以拉丁语为母语的东罗马帝国皇帝。

罗马法最初从习惯法发展而来，但更重要的是成文法，它可以分为3部分：其一是公民大会、元老院和皇帝的立法活动，其二是罗马城市行政官在执法过程中所做的决定，其三是律师和法学家对法律条文的解释。行政官并没有立法权，但他可以根据每一个别案例的情况做出裁量，而不必僵硬地按照有关法律条文的字面含义进行判决。他的这种决定成为事实上的判例法。罗马私人法学家的意见在案件的裁决中起重要作用，因为担任法官的官员一般都不是专业的法学家，不熟悉法律，而早期的古代罗马法又以简略晦涩为特点。私人法学家起初多是元老院的贵族，但后来为受过专门训练的法学家所代替。法学家可以有多种形式表达他们的主张，有时是回答具体的法律问题，有时写成法学教材或专著。罗马法的重要特点之一就是这些私人见解被国家法官所引用采纳，其中有很大一部分后来还被收入《民法大全》。行政官的司法裁量权和私人法学家解释法律的权威给予罗马法相当的灵活性，而这种法律的灵活性与古罗马人的法律"衡平"观念有关。古罗马人已意识到抽象的普遍的法律在应用于具体的案例时必须考虑具体的情况，只有如此才能保证法律的公正。罗马人从斯多噶派那里接受了自然法概念，认为每一个国家都有适用于自己公民的法律，即所谓的"公民法"，但也存在适用于全人类的法律，即所谓的"万民法"。从其根源上讲，万民法是以人类共有的自然理性为基础的，所以也就是自然法。必须指出的是，罗马人认识到自然法是最高的法，永恒不变、具有普遍适用性，但他们并没有由此明确地引申出自然法可以否定人们所制定的实在法这一革命性的结论。

无论是对中世纪和近现代的西方法学还是对许多亚非拉国家的现行法律体制，罗马法都有不可磨灭的贡献。罗马法对近代法学的影响主要在民法方面，比如家庭和私有财产的观念，契约的神圣性。但古代罗马法其实包括重要的宪法和刑法内容，其中有一些是至今依然通行的法学公理，比如法律不能针对个人而制订的原则和区别故意伤害和无意伤害原则。罗马法是罗马文明留给后人最持久的遗产。它不仅是博大精深的法律和司法体系，而且具有高度的灵活性和实用性。在实际的操作中，法律制度本身虽然不足以保证司法的公正，但却是伸张正义的必要条件。

基督教的起源和传播

罗马帝国的衰落以及最后在西欧和北非的崩溃是其内部和外部多种政治和经济因素综合作用的结果，基督教的兴起和发展并未构成对帝国的威胁。事实上，基督教的思想逐渐为罗马上流社会所接受，基督教的组织在经过演变后与帝国的政治和法律制度相适应。基督教的革命性在于强调在上帝面前人人平等。这一理想虽然成为教会所主张的社会思想，但并没有被教会官方作为占主导地位的政治信条来推行。

公元后最初两个世纪的罗马帝国处于相当稳定和平的状态。在经济繁荣、文化昌盛的情形下，英雄主义和冒险精神为人们所厌倦，社会心态趋于保守。基督教开始的时候完全不是作为罗马官方传统宗教的对立面而产生的。基督教起源于帝国东部的巴勒斯坦，其文化内涵是犹太教人文主义和希腊哲学的理性主义，后来这一宗教成为帝国的国教，是罗马文明的一个重要组成部分。

"犹太"原为希伯来人一部落的名字，后来被用来指称古代巴勒斯坦南部的希伯来人王国，再后来泛指所有的希伯来人。"犹太教"和"古典希伯来宗教"是两个不同的概念。前者是指公元前586年新巴比伦国王尼布甲尼撒二世攻占耶路撒冷、流放当地居民于巴比伦以后希伯来人的宗教，以《律法书》的研读和犹太人会堂组织为中心；后者是指从摩西（公元前1290年前后）到"巴比伦之囚"这一时期希伯来人的宗教，以耶路撒冷的神庙和祭司为中心。有的犹太学者为了强调上述两个时期的连续性，只使用"犹太教"这一个名词。犹太教比其他两大一神论宗教基督教和伊斯兰教都要古老，对后两种宗教有深刻影响。犹太教一神论被称为历史的和道德的一神论。上帝（雅赫维）是唯一的神。在线性的历史发展中，从摩西带领人民出埃及到世界之末日，上帝不仅左右着各民族的兴衰，而且通过神秘的启示向他的"选民"希伯来人展现了他对他们的善意和道德要求。"巴比伦之囚"以后，犹太教逐渐形成抽象的一般的一神论，而且有一种明确的世界主义观念，认为上帝的意志控制着整个世界历史，主宰着全人类的命运。上帝与人的上述种种关系构成了犹太教人文主义的本质。

犹太人不食猪肉，施行割礼，历来不礼拜罗马诸神。他们因为这一独特的宗教地位而为帝国政府和其他臣民所鄙视。罗马皇帝并不迫害犹太人，只是禁止他们传教，也不把他们排斥在国家的官僚体系之外。犹太教内部十分多样化，有的人信仰雅赫维，但不行割礼，也不严格遵守律法。这些人后来有不少成为基督徒。初始的基督教其实是犹太教内部的一个宗教运动，其追随者信奉耶稣为基督（希伯来文"救世主"一语的希腊文译名），接纳大批非犹太人，而且允许他们忽视犹太教律法。这一运动在公元1世纪末已经演变成独具特色的新宗教，确定希腊语为宗教语言，吸收了希腊哲学某些流派的思想。

耶稣的生平和基督教的起源都记录在《新约》的四部《福音书》里，即《马太福音》《马可福音》《路加福音》和《约翰福音》。前三部《福音书》被称为"对观福音"，因为它们所讲述的耶稣故事大体上一致，然而行文的风格和许多细节有差异，可以比照着读。这三部《福音书》的共同出处是一部最早记录耶稣事迹的文献，圣经学者称之为"Q"（源自德语 Quelle["来源"]）。《马可福音》是这三部《福音书》中最古老的，编成于公元 75 年前后。《马太福音》和《路加福音》编成于公元 95 年前后，二者的作者都使用了《马可福音》和"Q"文献。《约翰福音》（并非为使徒约翰所作）编成于公元 100 年前后，其内容和风格与上述三部《福音书》迥然不同，有希腊哲学的深刻痕迹，把耶稣说成是"逻各斯"或"上帝之道"的化身。

耶稣的宗教思想以"上帝之国"为核心。当时的犹太教徒祈望上帝派遣一位救世主来拯救多灾多难的民族，并且相信得救的日子很快就会到来。耶稣所谓的"上帝之国"是对犹太教救世观的重新解释。在基督教看来，不仅犹太人，世界上其他任何民族的人都可以成为这一天国的公民。在上帝面前人人平等。进入上帝之国的资格是道德的而非种族的，与社会经济政治地位也没有关系。上帝是唯一的神，是万物的创造者和统治者。这一点，耶稣认为是毋庸置疑的。他的教导主要是说明上帝与人的关系。他认为人的存在是为了实践上帝的旨意。耶稣用简朴的语言表达了基督教信仰里最根本的内容：爱。基督教之爱含义丰富，很难用汉语的"爱"字或其他现代语言进行直截了当地表达。这种爱首先是人与上帝关系的特性。上帝出于对人无条件的爱，帮助人克服以自我为中心的罪恶状态，而人通过爱自己的邻人来吸引他们爱上帝。基督教之爱还是一种道德观念，所以不能简单地理解成仁慈。不服从上帝、不爱邻人的自私自利是罪恶的状态。爱在基督教里包含正义感和道德价值的判断。正义应该受到仁慈的制约，否则对基督教正义感和道德观念的夸大和滥用往往导致不宽容精神。

使徒保罗对基督教教义的阐述被比较完整地保存在他的书信里。保罗被称为基督教神学之父，他有 14 封书信被收在《新约》中。按照保罗的意见，信仰是一种内在的谦卑。只有当人们从内心中摒除了傲慢（也就是对自我的盲目依赖）、把全身心托付给上帝时，他们对上帝的信仰才牢固。凭借着上帝的恩宠和对上帝的信赖，人们方能行善。信仰和道德是不可分离的，但善行是信仰的果，而不是相反。上帝的恩宠把人们从犹太教律法的束缚中解救出来，给他们力量去爱神和爱邻人。保罗的这一思想肯定了非犹太人背景的基督徒在教会里的地位，为基督教的广泛传播和大规模发展奠定了基础。

《约翰福音》使用了希腊哲学的一些术语，特别是诺斯替派所用的"逻各斯"概念。在希腊文里，"诺斯"为"知识"的意思；"逻各斯"指"语词"。诺斯替派的哲学家称呼神与人的中介为"逻各斯"。这一学派代表当时一种流行的思潮，认为世界分为物与灵两个层次，人类要想得救必须通过某种神秘的知识把自己从物中解脱出来，进入灵的境界。《约翰福音》的思路正好与之相反，指出耶稣是"逻各斯"化成的肉身，他来到世间拯救人类。这种人文主义的倾向和前三部《福音书》的精神是完全一致的。基督教人文主义意味着这一宗教并不贬低或否定上帝所创造的世界万物和人类社会，而是称颂人间一切美好事物，从真善美的心灵到鸟语花香的大自然。在这个层次上，基督教的爱与其他宗教和文化所提倡的仁慈人情是相通的。

基督教在罗马帝国的发展和这一新宗教的上述特点有密切关系。在其历史的最初三百年里，教会有时的确受到酷烈的迫害，但罗马皇帝对基督教的镇压来得太晚，而且时断时续，也未能覆盖所有的地区。基督教包含有教会应独立于国家的观念，但绝不是反社会的宗教，所谓"恺撒的物当归给恺撒，神的物当归给神"。罗马帝国对基督徒的迫害由一偶然事件触发。公元 64 年，罗马发生大火灾，烧掉了大半个城市。当时的皇帝尼禄很不得人心，指责他放火的流言四起。尼禄为了平息事端，找了基督徒做替罪羊，处决了许多人，从而为后人开了一个极不好的先例，即谁要是信仰基督教谁就将被判为死罪。和犹太教一样，基督教是彻底的一神教，与罗马帝国境内各民族所信奉的多神教格格不入。犹太教以不公开和停止无限制的传教为代价得到了帝国政府的宽容，基督教却没有因为遭受迫害和歧视而走这条路。民众对新宗教往往有抵触，反基督教情绪在许多地方存在。罗马皇帝根据自己的政治需要不时利用这种情绪发起对基督教的迫害运动。

公元 112 年前后，比锡尼亚总督小普林尼写信向皇帝图拉真请示，问他基督徒这一身份在法律上是否足以构成死罪。图拉真在答复中指出，被指控为基督徒者应依法审讯，不放弃信仰者可处以死刑，但政府无必要主动去探查谁是基督徒，也不必理会匿名者的揭发。图拉真对基督徒的政策虽然比较温和，但在原则上肯定了信仰基督教为死罪。250 年以前，罗马帝国对基督徒的迫害不仅历时短暂，而且只发生在局部地区。皇帝戴克乌斯在 250 年发布敕令，开始大规模有系统地镇压基督徒。教堂和教会财产被没收，教徒集会被禁止，大批教会领袖被流放或处死。皇帝戴克里先（284—305 在位）也多次下令迫害基督徒。戴克乌斯和戴克里先所面对的教会已有二百多年的历史，人数众多，组织也比较完善，不是轻易可以消灭的。而且各地方当局执行皇帝敕令的积极程度不一，有的采取无所作为的态度。大迫害造就了一大批殉教烈士，扩大了基督教的影响，也促使逆境之中的教徒们更努力于传教，结果反而增强了教会的地位。公元 313 年，皇帝君士坦丁（306—337 在位）发布著名的"米兰敕令"，承认基督教的合法地位。到 4 世纪末叶，基督教成为罗马帝国的国教，其他宗教被宣布为非法的信仰。

爱德华·吉本在《罗马帝国衰亡史》里提出古代基督教成长的五个原因：基督徒的执着和热情、来世说、早期教会的神秘性、纯洁坚忍的道德风尚、教会的组织和纪律。当时人们皈依基督教的动机是多种多样的，不少人在基督教中找到了追求真实幸福的一种新途径。他们认为幸福不再来自单纯的自我完善，而是来自上帝的恩宠，来自人对上帝和邻人的爱。基督教的爱通过信徒的道德和社会生活表现出来。教会的慈善活动是有效的传教工作。邻人之爱有多种表现方式，可以是对贫苦者的关怀，可以是探望监狱里的犯人，可以是款待劳顿的路人，也可以是协助办理丧事。有不少穷人、奴隶和妇女信仰基督教，因为教会对他们采取与富贵者一视同仁的态度。

君士坦丁头像，4世纪初

基督教把婚姻看成是一种神圣的事情，承认奴隶与自由人的婚姻是有效而且不可解除的。教会谴责和处罚通奸的男子，而不仅仅要求妇女守贞，得到很多妇女的拥护。早期教会影响罗马上流社会的途径之一是吸收贵夫人为信徒。当然，基督教的社会思想并不提倡直接废除奴隶制或给予妇女政治和经济的平等地位，但它所包含的人道主义精神却鲜明动人、富有吸引力。

古代教会的神学家们，即通常所说的"教父"，对基督教的成长有很大的贡献。除了解释和阐发信仰之外，他们还必须说清楚基督教与其他宗教的关系。他们把希腊哲学和基督教教义融会贯通，一劳永逸地赋予基督教理性主义的特性。以下是几位早期教父的情况。查斯丁（约100—165）曾是希腊哲学教师，皈依基督教之后特别注意阐发上帝的正义性，认为模糊善与恶的界线是极端错误的。犹太教本就强调严格遵守律法的意义。而查斯丁指出，耶稣的教导比律法更准确地再现了《旧约》提倡的上帝之爱和邻人之爱。耶稣是"逻各斯"的化身，他把人类从无知和罪恶中解救出来，赋予他们自由、理性和责任感。克雷芒（150—220）和奥略金（185—251）是亚历山大城神学学派的代表人物。克雷芒将信徒分为两类，一类靠简朴的信仰得救，另一类是智者，把自己的信仰提升为对上帝的正确认知并因此得救。克雷芒的另一贡献是他的"创世说"。奥略金是一位爱争论、有争议的人物。他提出，耶稣为上帝所"生"，而非上帝所"造"，所以"与父一体"。这一提法成为后来"基督论"大争鸣中的主要难题之一。特尔图良（150—222）原是律师，熟悉罗马法，是用拉丁语写作大部头神学著作的第一人，号称"拉丁神学之父"。哲罗姆（约345—419）是另一位重要的拉丁教父，是中世纪西欧所通用的拉丁文《圣经》的翻译者。但他的译本也包括许多其他译者的劳动，因为他的翻译在许多情况下只是修订他人已经译出的章节。哲罗姆对修道院理想的阐述和宣传是他在中世纪享有盛誉的另一原因。他在赞扬修女时对世俗妇女的攻讦则引起近现代女权主义者的不满。

奥古斯丁（约354—430）在诸教父中对西欧中世纪和西方文化影响最大。公元410年西哥特人在阿拉里克的率领下洗劫了罗马城。异教徒们声称，这一灾难的原因是罗马帝国的基督教化。奥古斯丁为驳斥他们而写了《上帝之城》，但他不仅仅以护教士的心态来展开自己的思路。他利用写作这一巨著的机会系统地阐述了基督教的历史哲学。他指出，"基督因为我们的罪恶永远地死了"。从上帝创造万物到末日的审判，人类的历史不是在轮回地重复，而是有始有终的。基督教历史哲学的出发点和犹太教的历史观一致，与古代希腊哲学的轮回说有别。奥古斯丁把历史看成是上帝所安排的拯救史，但并没有否认人的自由和选择。他认为，人类历史的动力是人追求幸福的冲动，而永恒和真实的幸福只有在人对上帝完全的信赖中才能找到。人的存在是美丽的又是可悲的：是美丽的，因为上帝按照自己的形象创造了人，而且在历史的终点人能够在上帝的指引下发现永恒的幸福；是可悲的，因为人可能利用上帝赋予的自由来思考和实践罪恶。"原罪"是人性的一大缺陷，所以人常常困惑、常常失误，常常在善与恶之间徘徊，作恶而又不愿作恶，意欲行善而又不能行善。"世俗社会的精神是人溺爱自己以至于藐视上帝，而神圣社会的精神是人热爱上帝以至于忘我。"换言之，人应该、必须、也可以选择善或是恶，不能回避历史责任，不能以命运和肉欲为借口放纵自己。在奥古斯丁看来，上帝不仅主宰着世界历史，而且给予人自由，要求人参与历史的创造。基督教的这种历史观认为，信仰和人文主义可以是一致的。人可能因为信仰完善自己的人性，而不是压抑或丢失它。后来托马斯·阿奎那说："神的恩典不是破坏自然而是令自然完美。"在基督徒看来，信仰和理性、信仰和道德、信仰和历史都体现了神的恩典和自然的这种关系。

人类历史（也就是人的发展）是奥古斯丁所关怀的，但他并不在乎世俗国家的兴衰；他当然为罗马帝国的崩溃担忧，他承认基督教会需要有一个相对稳定的外部环境。同时他又坚信，教会的存在和发展超越于国家命运之上，基督教既不为罗马帝国的衰落负责，也不会因为帝国的解体而消逝。上帝之城岂能为人间之城所拖累！何谓"上帝之城"？何谓"人间之城"？人类是同一的。上帝让世界上所有的人都有共同的祖先，外貌、语言和种族的差别不能掩盖共同的人性。然而善良（人全身心地爱上帝）和邪恶（人自私地爱自己）却把人们划分成属于两个"城市"的居民。"城市"只是形象的说法，实质是历史上（空间和时间上都具有世界性的）两种不同的爱、两种不同的人。奥古斯丁有时候甚至诉诸于"双重先定"说来解释为什么有的人属于上帝之城，有的人属于人间之城。

罗马帝国的衰落

公元 3 世纪后半叶的罗马帝国，在东方受到新兴的萨珊波斯的严重威胁，在西北部则面临日耳曼蛮族迁徙和入侵的沉重压力。此时，贵族化的元老院和平民化的军队之间矛盾日益激化，皇帝因为君主世袭制的不确定而地位不稳，无力在二者之间扮演仲裁者的角色，反而成为军队的玩物。军队官兵随意谋杀、推举皇帝，元老院在政治阴谋中也十分活跃。戴克里先和君士坦丁进行了一系列政治、军事和财政改革，其中最关键的是建立了精锐的禁卫步骑兵军团，受皇帝直接控制。这些军人的出身不一定显贵，但有较高的薪俸，可以因为军功和军事指挥才干得到提升，担任一方主帅。由他们组成的新军事贵族对国家和上层社会有认同感，使罗马军队成了一个社会稳定因素，可以有效地抵御外敌、平息内乱，给 4 世纪的帝国创造了一个相对安定的环境。戴克里先和君士坦丁还强化了对皇帝的神化和个人崇拜，在意识形态上完成了向专制君主制的过渡。这一专制君主制的出现在一定程度上是平民对狭隘、势利和保守的罗马元老院贵族的报复。皇帝一般改由平民出身的职业军人出任。皇帝的官僚体系全盘地接管了罗马元老院原有的职能，但是以元老院为核心的贵族们仍然是皇帝所不可忽视的政治力量。在这个意义上，罗马的专制君主从来没有达到中国古代皇帝那种独尊的地位。自君士坦丁以来，绝大多数皇帝信仰基督教，而罗马元老院长期以来一直是罗马传统宗教的堡垒。皇帝对教会的支持也包含了企图控制教会的意图，从此以后，教会与国家的关系开始变得复杂起来。

爱德华·吉本认为，罗马帝国在其兴盛时期不仅统治着西半球最大的国家、最文明的社会，而且拥有强大的军队、良好的风俗和有效的法律。民众过着富有的生活，敬畏并且遵守自由的政治宪章。这种对公元最初两个世纪罗马帝国形势的估计显然过分乐观。罗马的军队没有在其专业化的发展中被置于国家的控制之下，而是成了将军个人的政治资本，拥兵自重的将领往往被推举为皇帝。君主制的发展长期受到共和国残余意识的阻碍，稳固的世袭制未能形成，从而导致政局的动荡。罗马的行政体制简陋原始，税收制度不仅效率低下，而且非常不公平，富人借助种种特权得以免税。在经济上，罗马帝国是一个技术落后、劳动生产力很低的社会，连畜力都未得到有效和大规模的使用，更不用说水力和风力的开发了。奴隶制的存在也在一定程度上妨碍了技术的进步。商品经济在这种条件下很难发展起来，奢侈品和稀缺产品的交换一直是贸易的主要部分。有些时候某个地方刚刚学会生产某种产品，便立即停止从外地购买这种商品。各地之间并没有建立起有效而稳定的经济联系。文化上的罗马化主要局限在城市，广大的乡村仍然保留了原有的语言和风俗,那里的人民对帝国的认同感十分微弱。这种政治、经济和文化态势在蛮族大规模入侵的压力下难以在财政和军事上应付裕如,导致帝国西部全面崩溃,而东罗马帝国为了适应当地的政治和经济环境走上了和中世纪西欧完全不同的发展道路。

罗马文明的遗产是多方面的,其中以罗马法的影响最为深刻而久远。法律可以协调人际关系。当我们回想罗马人的诸多成就时,千万不能忘记西塞罗曾经说过的话:"如果人们之间的协调性能得以维护,那么人类便可以过像神一样的生活。"①

[推荐阅读书目]

1. E.S. Edwards et al., *Cambridge Ancient History*(《剑桥古代史》), 3rd. ed., 14 vols.

   London: Cambridge University Press, 1970— . 其中有关古罗马历史的章节。

2. 巴里・尼古拉斯:《罗马法概论》,黄风译,法律出版社,2000。

3. 西塞罗:《论共和国 论法律》,王焕生译,中国政法大学出版社,1997。

4. 爱德华・吉本:《罗马帝国衰亡史》,黄宜思、黄雨石译,商务印书馆,1997。

5. 罗斯托夫采夫:《罗马帝国社会经济史》(上、下),马雍、厉以宁译,商务印书馆,1985。

6. 科瓦略夫:《古代罗马史》,王以铸译,三联书店,1957。

▶ ▶ ▶ ————————————————

① 西塞罗:《论共和国 论法律》,王焕生译,中国政法大学出版社,1997,281 页。

第七章

发达的中华农业文明——唐宋时期

✵

唐宋时期中华文明的开放与进步

唐宋文明的特性

发达的农业文明比起初级农业文明，无论是物质还是精神文化方面，在世界各地都取得了长足的进步和发展，而中国唐宋时期的文明可以说代表了这一发达阶段的最高峰，达到了当时世界上其他文明所无可比拟的高度。

魏晋南北朝（220—589）三百余年，中国处于分裂战乱状态。这时期中华文明发生了独特的变化：一是大量北方少数民族迁入内地，胡汉文化相互交流、影响、吸收、融合；二是北方人口大量渡江南下，长江以南地区的经济得到进一步的发展，汉人与南方的少数民族居民相互交流，促进彼此的进步。中华文明的范围比过去扩大了，也进步了。降及隋唐帝国（581—907），中华文明进入了空前繁荣的时代。经济进步，国力强盛，政治和社会组织合理发展，科学文化昌明发达。唐代文化最鲜明的特征，就是它具有巨大的开放性和包容性，对于外来的文化能平等对待，吸收其有益的成分。唐太宗（627—649）说："自古皆贵中华，贱夷狄，朕独爱之如一。"唐公主与吐蕃、回纥王室结婚者不少，虽然这有政治原因，但也说明歧视少数民族的观念不强。在唐王朝担任重要官职、将领的少数民族人士，更有百余人之多。也有不少汉人进入少数民族地区，为当地统治者和人民服务。大量朝鲜

南朝贵妇出游画像砖

人、日本人、印度人、西域人来到中国，学习中国的先进文化，也传播他们自己的文化。唐代僧人不畏艰险，赴印度学习佛教，求取真经者络绎不绝。而唐代的知识分子学习外来的佛教、梵文者，更是比比皆是，成为一时风尚。思想上儒佛道三家争胜，文化艺术上则多元交汇，辉煌灿烂。社会风气也相当开放自由，尚武任侠，昂扬激越，呈现出积极进取、恢弘博大的气象。

宋代（960—1279）在我国历史上号称"积贫积弱"，这主要是从汉族政权的角度说的。如果从整个中华民族的文化发展考察，这一时期应该说是汉文化进一步扩展以及和其他少数民族文化融合的重要时期。先后和宋对峙的辽（916—1124）、西夏（1038—1227）和金（1114—1234）王朝，都是中国的少数民族在汉文化的强烈影响下建立的政权，中华文明的影响进一步扩大，特别是辽灭亡后其余部建立的西辽政权（1134—1217），完全是按照中国文化、中国模式进行统治的，其疆域往西一直到达花剌子模（今阿姆河流域），是中亚的大国。

宋代经济远较唐代发达，城市繁荣，商业兴盛，生产力更有了前所未有的发展，一些日本和西方学者都认为中国在宋代已接近现代化，只是由于种种不利因素的影响，使这一发展势头未能继续下去。由于经济繁荣，宋代的科学技术也十分发达，中国的许多重大科学发明都出现于宋代，产生了像沈括这样的百科全书式的大科学家。宋代重视教育，建立了全国的教育系统，并有国家的财政支持，使学习知识的人数大为增加。哲学上出现了不少派别，相互问难辩论。在政治上，由于问题很多，内忧外患连续不断，不少知识分子奋起寻求改革，同时也有不少人反对改革，形成了改革与反改革派的长期党派斗争，这是宋代的一大特点。但总的说来，宋代的思想状况逐渐改变唐代生动活泼的局面，转向保守。宋儒吸收佛、道的一些思想，把儒家思想发展成为以伦理学为主体的、无所不包的宇宙观体系——理学。理学家主张存天理，灭人欲，用纲常名教建立起森严的封建等级，从思想上和行动上对人进行全面的压制，扼杀对自由思想的追求，盲从、僵化逐渐成为一种思想定势，这大约也是阻碍社会前进的一个重要因素。

科学技术的进步

　　唐宋时期我国的科学技术有很大的发展，尤以宋代为高峰。宋代农学有突出成绩，今人统计的宋代农书达 105 种，比此前各朝的总和还多出 70%，其中以《陈旉农书》最为重要。该书对农业技术和生产管理都很重视，有意识地追求完整的农学

北齐陶骆驼

体系，对天时、地利、人力这三者的关系，在前人认识的基础上，做了更辩证的论述。作者特别强调人力的作用，针对当时已发现的地力减退的情况，他说："若能时加新沃之土壤，以粪治之，则益精熟肥美，其力常新壮矣。"这和八百多年后西方的土壤肥力递减说完全不同，说明中国农学和农业技术的进步。

我国的四大发明，造纸、指南针、火药、印刷术，到宋代已全面成熟，并广泛应用。唐代出现竹纸，到宋时竹纸制作更加精美，成为书写、印刷的上好材料。并且还能利用麦秆、稻草造纸，进一步扩大了纸的原料来源。造纸技术提高很多，制出的纸可长达五丈，而且厚薄如一。唐代发明了雕版印刷术，用来印刷佛经、书籍。宋时雕版印刷已十分精致，流传至今的许多精美的宋版书都是雕版印制的。宋代印刷术上的更大成就是毕升发明了活字印刷。这种印刷技术用胶泥刻字，火烧令坚，然后把许多字固定在一铁板上，用来印刷，可反复使用，简便易行。活字印刷术是人类技术进步的一场革命，使文明的传播更加快捷，极大地推动了人类的进步。火药在宋代得到广泛应用，主要是在战争中用作杀伤性武器，如喷气式火器、爆炸和延烧性火器，以及后来枪炮的雏形——管形火器等。指南针在北宋时已用于航海，到南宋则把罗盘和指南针都用在航海上，并逐渐向全世界传播，为人类扩大活动范围，征服海洋做出了贡献。

唐宋时期天文学也有发展，唐时僧一行对天体进行过详细观测，制定了大衍历，这是中国古代的一部著名历法。他还在世界上首次实测子午线的长度，虽然还不够精确，但有开创之功。宋代进行了多次大规模的天文观测，在此基础上绘制成详细的星图，同时还作刻石记录，这就是世界闻名的苏州石刻天文图。石刻天文图绘有星辰 1431 颗，全部根据当时天文观察得来，位置相当准确，符合实际天象，是 12 世纪世界上独一无二的科学星图。在天文观察仪器的制作上，宋代的贡献也十分突出，其中最重要的应是苏颂等人所制成的水运仪象台。这是一个超过 12 米高的建筑，共分三层，以水力为原动力，经变速和传动装置使三层仪器联合转动。既可自动跟踪天体运行，又可观察天象，同时还能报时。这一仪器的制作成功，说明中国宋代已在天文、数学、机械制造等方面达到了相当高的水平，特别是为了控制整个仪器的运转速度，使用了擒纵器，而擒纵器是钟表制造的灵魂，中国这方面的成就比西欧至少要早 300 多年。

数学的成就在唐宋时也处于世界前列。唐代数学教育相当普及，编写了不少数学课本，王孝通的《缉古算经》即为其中之一。该书系统研究了三次方程的数值解法，其他国家的同类工作至少要晚 600 年以上。宋朝科学家沈括提出隙积术，即从一些大小、形状相同的离散物体堆积成的规则形体积，求解这些物体的个数。这是我国垛积术研究的开端，后来得到发展，创造出一批优秀成果。沈括还研究过会圆术，即给出了弓形的弦、矢和弧长之间的近似关系。另一数学家秦九韶，提出高次方程的数值解法，比欧美科学家的成果早 500 多年。他还得出了名为大衍求一术的数学理论，即对一次同余式问题给出了解法，设计出极为精巧的演算程序。18、19世纪，欧洲著名数学家欧拉、高斯等经过 60 年的研究，方才达到了和秦九韶相同的水平。大衍求一术理论在 19 世纪由英国传教士伟列亚力介绍到西方，博得西方学者的热烈赞叹，秦九韶被公认为世界上最伟大的数学家之一。

　　医药学在唐宋也有很高的成就，唐朝大医学家孙思邈，总结毕生的研究经验，写成《千金要方》30 卷和《千金翼方》30 卷，可称为我国第一部临床医学百科全书。该书先对医生的医学水平、道德修养、行为举止等提出了要求，然后论述各科病症及处方。孙思邈主张养小以为大，所以论病症由妇科和儿科为先，对妇科疾病尤有详细的论述。他对药物学也颇有研究，在书中详细讲述了药物的栽种、制造、保存等。他还十分重视针灸，认为针、灸、药应该并重，绘制了人体的针灸穴位图（已佚）。他在书中还讲述了许多养生保健方法，提倡运动、锻炼。宋朝的医药学更为发展和普及，国家设立医药局，出售各种成药，方便百姓治病。有大量医药书籍印刷发行各地，还有国家统一颁行的药典和药物图谱。特别值得指出的是宋代的解剖学，能够根据解剖结果，绘制出人体图谱，虽然不够精细，但脏腑的位置和形态基本上是正确的，这不能不说是一项重要的科学成就。为了使针灸穴位正确，便于临床应用，宋朝还用精铜铸造出人体模型两具，据说该模型内置脏腑，外刻经络穴位，每穴均与体内相通。体内灌有水或水银，封以黄蜡。如针刺入则有液体溢出，如稍差则针不能入。这一供医生学习针灸的先进教具，产生在距今一千年的宋代，充分表明了我国医学的伟大创造。

农业的状况

　　唐宋时期的经济区仍然主要在黄河和长江流域。但黄河流域由于多年开垦，人口拥挤，生态环境逐渐受到破坏，地力下降，粮食产量开始难以供应当地所需，需要从南方转运粮食。唐朝仍都长安，但从东部转运粮食到西部的道路不畅，往往不能抵达京师，而积聚于洛阳，所以唐代东都洛阳的地位显得重要。长江流域从南北朝时起已得到垦辟，当时大量北方人民避乱江南，土地日益开发，优越的地理条件使这里很快成为经济发达地区。北方每有战乱，便有大批百姓流入。当然，有唐一代，人口分布的重心仍然是在黄河流域，说明那里仍是全国政治、经济中心。到了宋代，情况就发生了根本性的变化。北宋虽都开封，但每年都要从南方运输数百万石粮食和大批布帛等物资前来，以供皇室、官吏和军队之需。宋辽金长年在北方的战争，进一步加剧了黄河流域的衰落。降及南宋，长江流域的经济发展远胜北方，成为中国经济此后长期不可逆转的趋势。

　　唐宋两代长达600余年，一般认为经济在不断发展，而当时的经济发展当以农业经济为基础。如何估量这一发展呢？从人口数与垦田数的增加就可见一斑。唐代人口以天宝年间最高，达900余万户，当有5000万到6000万人口。据学者推算，唐时垦田应有800—850万顷（按唐地积计）左右，合现在的460万顷。宋代人口比唐代有所增加，官方统计仁宗天圣年间（1023—1032）户逾千万，到徽宗时（12世纪初）更达到2000万户，据推算人口已达到1亿，即使在南宋时期，也是南方有6000万人，北方金朝有4000万人，大约仍合一亿之数。垦田数则根据推算，当为7亿多亩，也就是合现在的700多万顷，比唐代有提高。人口的增加，使土地不断得到开垦，而新垦地的增加又使粮食产量不断上升，这就是经济发展的基础。

　　农业的发展还可以从单位面积产量的增加来估计，这比耕地面积的增加更为重要，因为经济发展的动力最根本的还是生产率的提高，而农业生产率的提高主要就表现在单位面积产量的增加上。不过要做出准确的数字估算比较困难，因为我们缺乏可靠的材料。在唐宋之际，农业技术的重大改进有曲辕犁的推广，复种指数的增加，以及良种稻（占城稻）的推广等，特别是南方水田的大量种植，肯定比北方的旱田产量要高，这些因素都有利于单位面积产量的提高。从生产关系方面来看，北魏到隋唐，均田制绵延了300多年，保存了大量的国有小农，但这一制度到唐中叶已经崩溃。宋代不立田制，国家不再干涉土地财产关系的变化，结果是租佃关系盛行，成为主导的土地经营形式。宋代佃户人身自由，法律上也和主人有基本的平等地位，只要和地主结算清楚，就可自由流动，另找主人。地租形式主要是分成租和定额租。分成租随整个产量的多少而波动，所以地主还对土地的经营加以干预。而定额租则使佃农可完全自主经营，提高了生产的积极性。租佃关系的盛行，生产积极性的提高，也是促成这一时期单位面积产量提高的一个因素。有人估计，宋代的亩产量比唐代要提高 1.5 倍，也许就是这些因素的综合结果。

工商业和城市

唐宋时工商业高度发达，尤其是宋代，工商业的发展已经引起社会的一系列变化。宋代手工业生产在唐代的基础上有了突飞猛进的发展，特别是在重要的矿冶业上。唐朝有国家控制的金、银、铜、铁、锡诸矿共计 168 所，而北宋初年各种矿产即达 172 所，后来更增加至 271 所。国家所收上来的铁，唐元和年间（9 世纪初）为 207 万斤，而宋至道末年（997）猛增至 574 万斤，到皇祐年间（11 世纪中叶）更增加到 724 万斤。这还只是国家管理的铁矿所统计的数字，民营铁矿的产量可能要远超于此。所以对宋代铁矿的产量有各种不同的估计，有人甚至认为高达 15 万吨，接近于 18 世纪整个欧洲的年产量，这当然估计过高。不过铁产量的巨大是不可否认的。铁矿从开采到冶炼出成品有一套复杂的技术，需要许多人的协作。一个铁矿冶作坊要有不少工人同时进行劳动，实行内部分工，才能完成生产。据记载，当时已有 100 余人规模的作坊存在。

宋代是我国历史上大量铸造、使用铜钱的时期，铜、铅、锡的开采和冶炼，都大大地超过前代，甚至元、明、清时期也未能赶上，这也说明了宋代商业的繁荣。唐宣宗大中年间（9 世纪中叶），政府年收铜 65 万余斤，宋代至道末年为 412 万余斤，皇祐年间为 510 万斤，而在元丰元年（1078）更猛增到 1460 万斤。铅和锡的产量，相应也有增加。宋代还有新的采矿业兴起，这就是煤矿的开采。煤矿在唐代已经发现，到宋代则大为兴盛，今河北、山东、山西等地，都有煤矿开采。有些地方的煤已用来炼铁，如山西等地在宋仁宗（1023—1063 在位）时用当地出产的煤和铁铸造铁钱，本小利大，家家为之，结果铁钱泛滥成灾。许多煤更广泛地应用于人民的日常生活，北宋都城开封的居民，几乎家家户户以煤为燃料，所以以东京汴梁城内外的官营石炭（煤）场即有 20 多处。宋代煤炭开采已由地面深入到地下，有一套复杂的设备和工作流程，这在世界上明显处于领先地位。

唐宋时期发达的手工业还有纺织业、制瓷业、造纸业、造船业、制盐业等，可以说是异彩纷呈，在当时的世界上处于先进地位。如造船，因宋代每年要通过漕运运送大批粮食、物资供应开封，带动了造船业的发展。不但造出了各种内河航行的船只，而且因为商业的发达，也制造出不少出海航行的大船。唐代船舶的载重量都是万石以下的，而宋代的海船则可达万石以上。为了便于在海上乘风破浪，海船还造成了尖底。宋代造船已普遍使用了水密舱技术，即把船舱分割成几个，密封使之不渗水，即使一舱破损，全船也还可保全。另外还有车船技术，即在船上装车轮，多人鼓蹈而进，速度较快，机动灵活，所以多用作战船。宋代船只种类繁多，有分别适于在江河和海上航行的大、中、小各类船，有客运和货运船、游览船，还有各种战船，有的战船装有铁甲，是名副其实的军舰。

农业、手工业发展是商业发展的基础，唐宋时我国的商业更发展到一个新水平。唐代一大批商业都市脱颖而出，走向繁荣，在全国构成了一个都市群，并由这些都市群形成了一个四通八达的商业网。可是唐代的城市格局却不能适应这种发展。我国唐代以前，城市布局是一种方格状的坊市结构，中心是皇宫或官署，其次是民居、兵营等，也有相当的空地、农田，民居都划分为方形之坊，各坊都用墙垣圈围起来，四面设门，定时启闭。各坊之间的墙垣组成街道，只供通行，并无店

宋张择端所绘清明上河图

铺。市场被局限在城市的数坊之内,这是特定的交易场所,店铺作坊按行业集居,定时营业,一般居民也可进市场买卖,过时退出。商家只能在官方设立的市场内活动,不能到坊外开设店铺,并处在官方的监督之下。这种在初级农业文明状态下建立的坊市结构,到唐代已经过时。城市的扩大,居民的众多,工商业的繁荣,都要求突破这种限制。所以出现了"侵街打墙,接檐造舍"的情况。一些手工业者也在居民的坊内居住营业,坊门不按时启闭,市场则更不按时经营,而出现了早市和夜市。到了宋代,商业的发展遂导致坊市制崩溃。商业活动不再局限在官方设立的市内进行,而是随时随地都可进行。人们在城内任何地方都可建立商店,开设作坊店铺,还可以推车挑担沿街叫卖,当然更不存在时间上的限制了。一些大都市还形成了一条又一条的商业街,有的同行业集中经营,有的则是众多不同行业错杂相邻。

唐宋时期城市的另一大变化,就是新的工商业城市的出现。唐代在一些城郊附近、交通要道、驿站渡口,形成了大的农村市场,一些货肆店铺也设立于其中,成为固定的交易场所,这被称为草市。另外还有定期举行的墟市、集市,或三五日一会,或隔日一会,是定期的初级农贸市场。宋代草市进一步发展,国家在那里设立镇这一行政单位,以进行管理,在镇的下面,还设立了市这一行政单位。镇市都是新兴的工商业城市,在宋代广泛出现,有的镇在人口、商业税收等方面,都超过了管辖它的州军的治所城市,它们不是政治中心,而是完全意义上的工商业中心城市,所以有些学者把这一现象称为中国的城市革命。宋代的集市贸易也有发展,有些集市发展成为专业性的市场,专门买卖某一种商品,所以有专门的菜市、果市、花市、书市等。在都市中,也出现了定期集市,但这种集市就不是农村集贸市场,而是地区性的、全国性的,甚至还是国际性的定期商品交易会,规模庞大,商品众多,各地各国商贾云集,十分热闹。

唐宋时期的对外贸易也十分发达。唐代和西域的贸易相当兴盛,大批西域贾商络绎东来,而内地商人也纷纷西去,丝绸古道成为联系东西方的大路,在商品流通、文化传播上,都起了重要作用。输出的主要是丝绸和茶叶,而输入的主要是牛和马。唐代的海上贸易也很发达,和日本、新罗、南海诸国、印度、斯里兰卡、波斯、大食(阿拉伯)等,都有往来。南方的交、广、泉、扬诸州,都是对外贸易的繁盛口岸,那些外商众多的地方,已形成了他们的特殊居留区。宋代的海上贸易更为发达，进出口商品见于记载者达数百种，出口以丝绸、瓷器、茶叶、粮食、药品为大宗，进口则以香料、象牙、硫黄、木材为大宗。为了统一管理海外贸易，宋代在唐代的基础上，设立了市舶司，外出船只需提出申请，由官方出具证明，出口商品还需经过检验，依例纳税，然后放行。外商船只来到中国也要申报，请市舶司官员上船检查人员和货物，收取税款，同时还得让他们优先购买商品，然后才能允许与其他人进行交易。宋代市舶司的税款收入是国家的一项重要财政收入，在北宋时每年达到50万贯左右，南宋每年更增加到200万贯左右。

商业的兴盛，导致货币需求的增加。唐代仍沿袭前朝习惯，由国家统一铸造货币供应流通。但由于铜贵，铸钱往往不敷成本，政府不愿铸钱。而人们当时仍把铜钱当作储藏手段，使大量铜钱退出流通领域，致使货币严重短缺。唐朝一直有钱荒的问题，即货币紧缩，流通手段不足，我国古代称这一现象为钱重物轻。铜币不足，于是以绢帛为货币。绢帛在流通中有许多缺点，虽然政府竭力提倡，可人民不愿使用，钱荒的问题未能解决。宋代的铸钱量比唐代大为增加，唐代铸钱每年一般十几万贯，多时达二三十万贯，而宋代铸钱一般每年在一百万贯以上，多时曾达到每年六百万贯。可是因为商业发达，流通量大增，货币仍感不足，于是又在一些地区发行铁币。铁币价轻体重，每千文重达25斤，携带十分不便。纸币在唐代称飞钱，大约起源于民间，类似于现代的汇票，可在一地交钱后，持飞钱到另一地取钱，而免中途运输的麻烦和危险。后来这一业务由政府垄断，商人可持券到政府有关部门兑换现钱，交纳一定汇费。唐代的飞钱到宋代称为便钱，仍由官方经营，并发行一定面额的便钱券。在宋代真正具有纸币性质的货币是交子。因四川使用铁币不便，当地大商人就联合发行一种纸币，称作交子，也是在一地交钱后到另一地取钱。不久交子改由政府发行，并设立机构管理，交子遂成为世界上最早的流通纸币。南宋时又在湖广地区发行会子，与交子共同使用。最初交子、会子发行量受到控制，币值稳定而有信用，可以随时兑换成铜币，所以起了很好的作用。但后来政府因财政困难，大量发行纸币以弥补亏空，于是纸币严重贬值，导致南宋经济混乱，加速了它的灭亡。

唐宋时期的金融业也得到发展。唐代原有一种邸店，经营商旅住宿、货栈等业务，它联系着贩运商和零售商，兼做批发、销售，营业额巨大，有大量货币需要收储拨兑，于是金融业也成为它的兼营项目，各大商人纷纷在大都市设立邸店，以便从中牟利。唐代城市中还有纯粹的金融机构——柜坊，它一方面吸收存款，另一方面进行放贷，成为现代银行的雏形。和现代银行不同的是，银行对存款者要支付利息，而当时的柜坊并不支付。它收取货币，然后凭一定信物支付款项，还要向取款者收取柜租，即似乎只起代客保管货币的作用。宋代的汇兑业务比唐代有更大的发展，除了沿袭唐代使用飞钱（宋代称便钱）外，国家还发行一种钞引，可以持钞引到各地换取需要的货币或实物。为便于便钱、钞引、金属货币等之间的兑换，宋代出现了许多金银钞引铺，进行货币兑换、汇款等业务。

第二节
政治和社会情况

政治体制

唐宋时期我国的政治制度取得了很大的进步，建立了合理完善的行政体制，使国家的政令在幅员广大的疆域内基本上得到执行，保证了人民生产、生活的安定。唐宋政治制度可以说是当时世界上最先进的政治制度。

唐宋时期的国家政治体制可称为中央集权的君主制，政治、军事、财政、人事等权力，都由中央掌握。地方按命令办事，有一定的因地制宜权力。全国的最高决策权归君主——皇帝。皇帝是世袭的，所以不能保证每个皇帝都精明强干；皇帝又是一个人，天下之广，四海之众，千头万绪，自不可包办一切。任何君主都不可能做到"天下事无大小皆决于上"，更不可能做到决策万无一失。所以中央有政府机构，帮助皇帝决策并执行政务。中央政府的首脑为宰相，宰相有很大的权力，和皇帝讨论军国大事、人事任免，甚至皇位继承等问题，并做出决定。但宰相不是一个人，而是许多人，一般由中书、尚书、门下三省的长官以及一些近侍官员担任。中书省掌机要，负责草拟诏、敕等各项政令。门下省审查诏令，如认为有不合礼法、习惯等处，可以封还另议，这就是封驳之权。所有诏令，必须经过中书门下通过，并加盖"中书门下之印"后，才能颁行。尚书省下辖礼、户、吏、兵、工、刑六部，负责执行诏令。这样君权与相权互相制衡，避免了皇帝的独断专行。皇帝作为最高领导，看问题不免带有很大个人色彩；宰相代表政府官僚机构，一般强调要按制度办事，要遵循官僚机构的运转规律。所以双方的冲突仍时有发生。宋代为了削弱相权，中央设枢密院管军事，三司（户部、盐铁、度支）管财政，形成三权鼎立的局面，但后来一度宰相兼管财政、军事，以使政府运转方便。君权与相权的合作和冲突一直存在。

唐代的地方行政机构有州、县两级。州的人口、面积远小于汉代的郡，其长官为刺史。县的长官为县令，其下还有掌管户口、赋税、刑法、教育等的官员。唐代地方官吏的权力小于汉代，如汉的郡守可自行辟除下级官员，引用私人，形成割据势力，而唐代州的下属官员一般由中央任命，不由刺史选派。中央为了防止地方势力膨胀，还时常派按察使等巡视。可是后来唐代为了边境的安定，防止当时的少数民族如吐蕃、突厥、回纥等的入侵，不得不在沿边设立节度使。节度使一般由武人担任，总揽一镇（含数州）的军政大权，割据称雄，父子相袭，结果酿成了藩镇之祸。宋代吸取教训，进一步削弱地方，分设路、州、县三级。路是中央的派遣机构，设转运使主管财政税收，设提点刑狱负责审查刑法的执行，设安抚使主管军事，另外还有提举常平司，这几个长官的职权相互重叠，而又各不相属，互为牵制，他们对地方的州有监督的作用。州的长官也直属中央管辖。地方的基层组织为县，其下级机关十分复杂，显示出对广大乡村控制、管理的加强。这样改革的结果之一是州、县权力过分弱小，无兵无钱，一旦有事，不能应变。看来如何解决集权与分权、统一与自治的矛盾，还不是很容易。

有了复杂的官僚机构，如何选拔人才，充任各级官吏，就是一个重要问题。随着魏晋门阀制度的崩溃，唐代开始，确立了科举考试制度，以后实行了上千年之久。科举制在当时是世界上最优秀、最先进的选拔人才制度，它原则上不问门第出身，只看成绩，即使农民子弟，成绩优秀就可入选，直至上升为宰辅等要职（历史上确也有此事例），体现出公平竞争的机制；它层层选拔，逐级淘汰，有利于把最优秀的人才选拔到最重要的岗位上；它考试的科目注重考察政治、文化素质，如唐代时的进士科考帖经、诗赋、策论三场，第一场要求对儒家经典（当时认为是治国安邦的要道）十分熟悉，第二场要求文学、文化素养高，第三场要求能对现实的重大政治、经济问题提出自己的见解，这样的考核还是十分全面的。科举制在其实行过程中也出现种种流弊，发生各种不良副作用，这在封建政治的条件下是必然的，但并不能因此否定这一制度在选拔人才上所起的巨大作用。除了科举以外，入仕的途径还有门荫（高官的子孙可以直接做官），胥吏出职（一般小吏靠年代久远升任官员）以及富人通过交纳钱粮买官等，特别是门荫为官的数目往往十分巨大，说明当时世袭制度还是能给予统治阶级一些特权。

宋代在科举考试合格后就可直接入仕，唐代则考试合格只是取得了任职资格，还需经过吏部官员对身（体貌）、言（口才）、书（书法）、判四种能力的测试。这四者尤以判为重要，因为这是考察他临政治民、解决具体问题的能力。必须熟悉民情，通晓法律，明辨是非，方才能够胜任。最后，政府根据考察结果，分等授职。对任职官员的常年绩效仍然有考课制度，成绩好的可予晋升，如有劣迹即予处罚、黜退。这种激励机制可以使行政机关中的工作人员努力工作，保持良好的效率。

为了保证政府机构中的官员办事认真负责，不营私舞弊，又设有监察机构。其成员为御史，负责纠察百官的德才，考察他们是否遵守法律、廉洁奉公，以及工作的质量和效率等，如发现问题，可以向皇帝直接揭发，进行弹劾。御史被称为耳目之任，历来受到皇帝的重视。为使他们能自由揭发，不受干扰，御史不系职司，即没有任何具体职务，不受具体工作的牵连；同时他们可以风闻言事，即使是道听途说，也可以揭发，不必非要查证落实不可。所以御史权力很大，当朝宰相有的也因举止不当而受到弹劾，也有因此罢官的。御史的监察只涉及百官，而皇帝如行为发生问题，则另有谏诤机构，设有谏议大夫、拾遗、补阙等职，专门对皇帝进行规谏。中国历来的传统鼓励皇帝勇于接受意见，不怕被臣下指出缺点和错误。

总起来说，唐宋时期的政治体制，从决策与执行、中央和地方关系，到官员的选拔与任用、考核和黜陟、监察和谏诤等各方面，都形成了一套合理完善的制度，互相协作，互相制约，使之正常运转。当然，这些制度不可能尽善尽美，在运转中会出现各种问题，这是后人政治学和历史学不断研究的课题。

法律体系

唐代集前朝发展之大成，制定出了一套完备的法典——《唐律疏议》。《唐律疏议》在法律思想、法律内容、诉讼程序等方面都有详细的表述，奠定了后世我国封建法律的模式，形成了世界上独特的中华法系，和西方法系、伊斯兰法系鼎足而立，对当时东亚许多国家的法律体系的发展产生了深远的影响。

唐代的法律有律、令、格、式、敕、例等多种形式，一般认为律、令、格、式是最主要的，其中律大体上是指刑事法典，格是对律的补充和修订，令和式基本上是行政法规，敕和例则是对原有法规的补充。唐代对法律的制定十分重视，历代皇帝在位时大都主持修订法律，而且法律的制定都有一定的程式。首先要求法学家根据实际需要和情况的变更进行讨论，制定出相关的律、令、格、式等，然后呈报皇帝，经批准颁行。律文之外，还要制定疏义，这也是由法学家集体完成的。并非如一般人所理解的"法自君出"，即可由皇帝随意决定，随意更改。唐律继承了中国法律体系的指导思想，仍以礼为指导，"德礼为政教之本，刑罚为政教之用"。中国的礼大约起源于习惯，原本是古老的行为规范，它依靠自觉遵守，而不用强制的力量。后来阶级社会中人们把礼另外做了解释，削弱了它的平等因素而强调它的分亲疏、别贵贱的内容，但还保留了它的自觉原则。对法也把它从宽泛的行为规范狭义化为刑罚，强调它的强制性。这就是所谓"礼者禁于将然之前，法者禁于将然之后"，"礼之所去，刑之所取，失礼则入刑，相为表里者也"。中国一贯认为礼的地位很崇高，与天地共存，是自然以至人类等一切事物的准则，所以也可以同意李约瑟说的它是中国的自然法，任何人包括皇帝，对它必须遵守。它更是一切法律的指导原则，所有的法规都应该符合它的原则，不得违反。礼法结合，以礼入法，赋予法律一种神圣的地位，使之具有一种威慑的作用。

唐代的法律内容十分广泛，包括刑事、民事、行政、经济、诉讼、婚姻等等。当然，唐律也反映中华法系的特点，从《唐律疏议》这一法典的内容看，"它的刑法内容较多"，这正如同罗马法"民法内容较多"一样，是不同法系的不同特征。但并不能由之就得出中国自古无民法的结论，更不能说中国古代的法制不健全。唐代的民法立法很多，诸如对物权、债权、婚姻与继承等等，都有详细的规定。经济立法更是内容广泛，如土地立法方面的均田令，赋税中的租庸调法，手工业和商业法规更是十分细密，对物价、市场、度量衡都有一系列规章制度。唐代的刑法更是十分先进，它继承前代的成果，实行罪刑法定主义，即严格按照法律规定定罪量刑，不能由法官个人随意做出裁断。如果违反了规定，法官要受到处罚。而西欧直到拿破仑法典以前，刑法一直缺乏明确规定，大都由法官随意擅断。当然唐律也反映了时代的特点，它还是民法和刑法未作严格区分、实体法和程序法杂糅、行政和司法混同的一种结构。古代各国的法律大体上都是如此。

　　作为农业文明时代的法律，唐律对人的权利能力和行为能力等未作明确的探讨，也还未形成权利、义务的明确概念。但它继承了中国法律的优秀传统，仍然提倡法律面前人人平等的精神，提倡人有所犯，一断于律，从上到下都要守法。本来，法家提倡"刑无等级""法不阿贵"，是为了反对旧贵族，但在礼法分家的前提下，法家理解的法只是刑，他们把法律降为统治者进行统治的工具，应该说是中国法律发展史上的一大缺点，因为他们所说的法律面前的平等，是把最高统治者排除在外的。法成为进行统治的主要根据。宋代政治家叶适就说，"吾祖宗之治天下也，

唐三彩骆驼载乐俑

事无大小，一听于法"，要严格依法办事。所以汉唐时不断有皇帝也要依法办事的意见，即所谓"法者，天子所与天下公共也"，这虽然有时不一定可行，但反映了法治发展的一种必然逻辑。当然，我们不可忘记，唐宋时代是一个等级社会，等级社会下不可能真正做到法律面前人人平等。唐律明确规定有八议、官当等，贵族、官僚犯法后受到保护，所以唐律仍然是一种特权法，而最高统治者也仍然有不受法律限制、法外用刑的特权。

唐律所反映的中华法系，还有一个特点，就是提倡明法慎刑、德主刑辅的原则，认为法律只是一种不得已的手段，是第二位的，而由礼所体现的伦理道德规范，才是齐家、治国、平天下的根本良方。所以对法律的使用要十分谨慎，而且要尽量地宽容。更重要的是提倡人人自觉遵守礼的一套行为道德，即处理好君臣、父子、夫妇、兄弟等各方面的关系，不以强制手段要人人服从，而更寄希望于大家的自觉遵守。这种思想蕴涵着对法律的辩证看法，即法律不是万能的，不能用来解决一切的矛盾。"法令滋彰，盗贼多有。"这是我国法律思想中的重要内容，值得我们好好研究。

国家的经济政策

中国自古以来国家机器发达，所以国家对经济的控制、管理相应也比较坚强有力，形成了一套管理体制和经济政策，这可能也是中国国家组织的一个特点。

中国古代经济政策的一大特点是对土地的管理十分重视，甚至如《周礼》所说的，国家对全国的土地面积、地形、动植物分布、居民状况，均有明确了解，并制定城市、村庄、道路、耕地的用地规划，然后进行分配，甚至对农田水利建设、耕作制度、税收办法，都有详细规定，并加以实行。实际上这只是一些人（可能是法家的后代）的臆想，不仅在不发达的古代做不到，就是在现代也是做不到的。其实古代中国的国家与其说是注重对土地的控制，毋宁说是更注重对人的控制，因为当时地广人稀，土地易得，人力反而是不容易有的，而没有劳动力的土地是没有任何生产效用的，所以当时人就知道"有人此有土，有土此有财"。国家控制的重点在于户口，从而把人固定在土地上，这样才可能取得收益。同时，上古时代土地不属于任何私人，属于部落、集体的影响一直存在，再加上村社土地共有的遗留，所以在中国古代有"普天之下，莫非王土"，"天下之田，无不在官，民未尝得私有之"等等的议论，有井田制、课田制、均田制等等政策的施行。不过究其实在，国家控制的土地是不多的。从汉到唐中叶两税法实行之前，国家的税收一直是以人丁、人户为主的，而且还是以力役为主。汉代的田租（即土地税）很少，十五税一，三十税一，往往还全部免除。可是算赋、口赋以及力役（包括兵役、徭役）却是很重的，而且不予免除。北魏隋唐一直实行均田制，经过历代史学家的研究，可以肯定，均田制中所说的永业田就是对农民原有土地的登记，而口分田则是指定一些荒闲无主土地让农民去开垦，并不是对全国土地的重新分配。所以实行均田制的目的在于向农民收取租庸调，而租庸调的收取是以户为单位的，仍是以丁身为本。也就是说，虽然存在着土地国有的想象与虚构，可是国家对土地管理的权力还是很有限的，当时着重的是对人身的管理。这反映了不发达的农业文明阶段的国家机器的特征。

从杨炎主张实行两税法开始，国家对土地的管理就放松了，虽然儒家的知识分子不时仍有限田、均田之议，但大多数人已了解到这只是不可实现的空想。从宋代起田制不立，任其自由转移。两税法的征收是由以人丁为主转为以资产为主，"户无主客，以现居为簿；人无丁中，以贫富为差"，占有土地多的，纳地税多，拥有资产多的，纳户税多。资产及收入成为纳税的基础，说明国家对税收有了明确的概念，从此以后中国的租和税有了严格的区分，这就是"官田曰租，私田曰税"的由来。以后国家虽然仍然十分注重户籍的管理，但不再据人身为本分配土地，这是农业社会中劳动者人身自由的反映。所以可以说，从两税法起，中国的土地制度逐渐形成了自由的租佃制。

杨炎两税法的另外一个重要的内容，就是征收商业税。中国古代是"关市讥而不征"，即只稽查是否有违法行为，而并不收税。汉代虽宣称对商人要"重租税以困辱之"，其实主要是实行国营工商业以取利。杨炎行两税法，才正式收取商业税，对坐商按户征收资产税，对无居处而行商者，向所在州县税三十之一，并且要"度所取与居者均，使无侥利"，这就是说要使行商与农民、坐商、手工业者都一样向国家纳税，不许他们有侥利，即有多余的利润。但这也说明他们和农民一样可以有正常的利润。从国家的规定上看，重农抑商的色彩减轻了。到了宋代，由于工商业的繁荣，国家的商税收入越来越重要，另外禁榷制度下收入的盐、茶等的税收也是一项重要收入，商税和禁榷制度下的收入形态多表现为货币，所以宋代的财政收入大部分是货币收入，这也反映了宋代社会的发展。

中国从战国时代起，逐渐形成了重农抑商的思想，即认为农业是本业，是国家的根本，而工商业是末业，它的发展会对农业以及国计民生产生消极影响。这是社会生产不发达状态下的产物，但后来因为商鞅变法成功，秦因此富强，汉代遂也继承这一思想，并逐渐发展为重农抑商的国家政策，加以推行。重农抑商政策的主要内容，就是国家对有关国计民生的工商业加以管制，或则全部国营，或则官商合营，或则通过国家允许民营而收取税收，这就是所谓的禁榷制度。禁榷制度在汉武帝时得到全面实行，但从东汉到唐前期一直处于消歇状态，中唐以后又复盛行，到宋代而大盛。禁榷制度的实行虽然有它的理论依据，但其目的却主要是为国家聚敛财富，是为了解除国家的财政困难。禁榷制度的推行有赖于工商业的发展，可是它推行的结果却妨害了工商业的进一步发达，这就造成了一种矛盾状态。所以宋代出现了许多反对禁榷制度的言论，认为它起于霸政，并非王道，应予废除，"一切通商，官勿买卖"。统治者知道禁榷制度废除不得，因为它是国家财政的根本保证，只好对有关言论不加制止，并且表示如果财政状况好转，就取消禁榷。另外也有人提出应该使禁榷制度合理运行，国家出让一部分垄断利润给商人，使商人也能得到

至元通行宝钞及铜版

相当的利润，官商分利，这样商人有了经商的积极性，商业进一步繁荣，国家的禁榷收入也会增加。与此同时，社会上对商人的看法也有了变化，认为工商皆是本业，不应歧视他们。而国家对商人的政策也有了明显的变化，许多立法保护商人的合法经营和合法收入，商人的子弟若品行、才能出众，可以参加科举考试，商人的地位已经得到提高。

从中国古代国家对土地的管理政策和工商业政策来看，国家对它们的控制其实是有限的，社会经济的运行有它本身的规律，国家的政策并不能改变它的实质。夸大中国历史上的土地管理政策和重农抑商政策所起的作用，是不合适的。

社会阶层的变化

唐宋时期中国社会有了大的发展，社会各阶层也起了不少变化，这里只就工商业者和知识分子的状况略加叙述。

汉代中国的工商业一度曾得到发展，工商业者也相当活跃，不过当时他们大都还受国家市籍制度的管理，缺少独立性。唐宋时工商业有了更大的发展，其规模远远超过汉代，唐代末年市籍制逐渐败坏，于853年被正式取消。工商业者取得了更大的自由，开始有了自己的组织，这就是行会。中国的行会约始于唐，当时在市中按行业组织成行，有行头管理，负责向政府纳税，同时也取得对外来客商货物的优先收购权。宋代工商业比唐代更为发达，在城市中组织起众多的行会，被称为"行""团""作"等，如杭州就有四百余行。这是一种反映工商人户利益的共同组织。工商人户入行称为"投行"，入行后被称为"行户"，入行之人被称为"行人""行商"，而行会的首领则称为"行头""行老""行者"等。行户之间相互帮助，并供奉本行的保护神祇，有定时的祭祀活动等。行头代表本行利益，有事与官府交涉。王安石变法前，京师工商业者要按行向官府供应百货，官府上下勒索，各行苦不堪言。另外，官府所需的各种物品，需派人购买或购买原料后雇人制造，这些要通过行会找到有专业技术的人为之操办，担负这种劳役的称为"当行"。当行的行户常常受到官府的无理盘剥和贪官污吏的压榨，也是一项沉重负担。后来有肉行行头徐中正，提出要求"免行役钱"，停止以肉供应官府，代表本行与官府进行交涉。王安石变法时，乃规定行户不再当行，改纳免行钱，官府以此钱雇人充役。

宋代的行会也是一种垄断性的组织，如不是本行中人，即不得在当地营业。有的行会为本行划分了经营地段。为了防止本行内部的竞争，行会评定物价，规定了行户不得离开这一规定而"违众独减"，不得由此造成贱市而为自己牟利。另外，官府所需物品，用较低的价格向各行购买，称为和买。各行行头每旬都要评定一次价格，呈报官府，以便进行交易。这也可能有保护本行利益，不使官府过分压价的作用。各行对自己的产品质量，也有要求，如所做的产品不合规定，便被拒绝投行，不得为本行成员。

唐宋时期的行会已不是平等组织，内部出现了等级。唐代的行中有行首和行侣的区别，各行侣的铺户和作坊内，又有"师""都料"（行东）—博士（帮工）—弟子（学徒）的等级。宋代的商行内有大户与下户的区别。

总之，唐宋时期的行会大体上已是工商业者的独立组织，其组织的目的一方面在于保护本行业的利益，同时也在于使行业内部保持平等，防止因为激烈竞争而分化，所以形成了它的独占性和维护本行业利益的特点，这些和西欧中古时期的行会十分相似，没有很大的不同。不同点在于西欧行会所处的政治社会环境和中国不一样，所以它的独立性更强，而中国的行会则更多地体现为官府的工具，用以实行对工商业者的管制和压榨。但如果只看到中国行会的这一方面，那也是极其片面的。

唐宋时期的大商人见于记载的也不少。富商大贾，出入宫廷，结交官府者，比比皆是。商人在社会上的影响日益巨大，所以许多知识分子出来为他们呼吁，主张工商皆本，反对抑商，商人的社会地位和法律地位也有所提高。不过，独立的工商业者的政治作用，在古代中国，还未能很好地发挥出来。

魏晋门阀制度在唐代逐渐崩溃，政府开始采取科举考试制度选拔官吏，这开辟了一条普通百姓依靠才能入仕的途径，激励人们学习知识。科举的地位随着录取人数的不断增加和科举出身者担任高级官吏的比重不断增大而日益重要。但唐代科举录取的人数很少，一般进士科是百人取一，每年录取的总人数不过三四十人。唐初四十年间，一共才录取了290人。然而通过科举最后担任高级官吏和宰相的人数却不断增加，所以科举制的重要性日益显著。到了宋代，教育大为普及，中、小地主甚至普通农民子弟也都有了读书求学的机会，知识分子的数目比过去有很大的增加，科举取士的数额也大为提高，一次考试取士多达千人者不少，有时高达三千多人。

两宋三百余年，科举录取人数总计达到 11 万人，不但远远超过了唐代，而且也超过了后来的元、明、清诸朝，这当然是宋代实行的优容士大夫的政策造成的，但也说明宋代的知识分子人数众多。

宋代知识分子人数众多，在社会上形成势力，他们作为政治上的一支独立力量有十分明显的表现，这里可以政治上的改革运动和政治思想上的王霸义利之辩作为代表。宋代由于积贫积弱，社会问题很多，一部分知识分子有感于形势严重，以天下为己任，奋起而挽救危亡。所以范仲淹能提出传唱千古的口号"先天下之忧而忧，后天下之乐而乐"，而王安石变法更以"天变不足畏，祖宗不足法，流言不足恤"的大无畏精神，力求把变法革新进行到底。围绕着王安石变法，改革派和反改革派进行了激烈的斗争，这其中有许多无谓的党同伐异，争权夺利，但也反映了在当时的政治舞台上由知识分子组成的政治家力量的强大。王安石变法的目的，是为了解决国家的财政困难，他希望能做到"民不益赋而国用饶"，希望用增加生产和夺兼并之利来改善国家财政状况。他的变法手段中有一个值得注意的问题，就是更多地重视商品货币的作用。如均输法变封建上供的物品为市场买卖的商品，国家可用税款采购，这有利于商人扩大商品经营的范围。国家还拨款调节物资流通，使均输法更具有商业性质。市易法是通过当时已经相当完备的商行组织，进行商品买卖活动；市易务更是承担货币借贷业务，具有了金融机构的职能。其他如青苗法也是国家直接向农民借贷货币，扩大了商品货币关系在农村的流通范围等。所以王安石变法是想尽量用经济的办法管理国家财政，反映了宋代商品货币在社会生活中的活跃，也证明王安石的变法思想和变法举措有很大的前瞻性，不愧是一个伟大的政治家，他的变法思想可说是我国先进的知识分子对中国走向近代的朦胧探索。这样我们也就可以理解为什么宋代有的知识分子反对重农抑商，重本抑末，这正是时代的先知先觉者的呼唤。可惜实行变法的条件还不成熟，许多知识分子对这一办法的合理性也缺乏正确的认识，所以新法累行累废，最后以失败告终。

王霸义利之辩出于孟子，而后成为中国古代思想界长期争论不休的老问题。我们习惯上认为在宋代这是义理派和事功派的争论，而对理学家空谈义理、性命不表赞同。不过应该注意的是，道学家们提出了"三代以道治天下，汉唐以智力把持天下"，"三代专以天理行，汉唐专以人欲行，其间有与天理暗合者"。他们从尊三代

唐阎立本画步辇图

而卑汉唐的思想出发，进一步对汉唐的君主制提出批评。朱熹就认为汉高祖、唐太宗都是假仁义以遂其私欲，"若高帝，则私意分数犹未甚炽，然已不可谓之无；太宗之心，则吾恐其无一念不出于人欲也"，所以朱熹虽然被认为是尊君卑臣的思想家，可是他却反对君主独裁，说君主"虽以制命为职，然必谋之大臣（宰相），参之给（给事中）舍（中书舍人），使之熟议，以求公议之所在……此古今之常理，亦祖宗之家法也"。

事功派的思想家陈亮更认为，生民之初，君主是人民推选出来的，应该为人民办事，如果君主腐化变质，人民就应该抛弃他们，而另推选贤者，所以"天生一世之人，必有出乎一世之上者以主之。岂得以世次而长有天下哉"。后来虽然有了皇帝，但是也应该是贤者才能担任。叶适主张，君主本来没有特权，君臣地位相差不大，"盖春秋以前，据君利势者，与战国秦汗以后不同，君臣之间，差不甚远，无隆尊绝卑之异"。而后世君主不关心臣民的实际利益，完全依靠暴力进行统治，实与桀纣相差无几，"汉之文宣，唐之太宗，虽号贤君，其实去桀纣尚无几也"。对君主独裁的批判反映了知识分子思想的觉醒，是一种以天下为己任的思想表现。

第三节
思想文化

哲学与宗教

魏晋南北朝时期，社会动乱，朝代更迭，两汉的统一秩序瓦解，门阀贵族也时常受到政治斗争的威胁，广大人民群众则更是啼饥号寒，水深火热。那个时代被认为是一个充满危机、茫无头绪的乱世，人们经受着巨大的痛苦与磨难，悲观厌世、逃避现实成为社会思想的主流。原来独尊的经学逐渐式微，它所宣传的纲常名教也受到挑战。一些知识分子追求放任旷达，不拘礼法的生活，表现出思想解放的潮流，玄学因而兴起。玄学出自老庄，主要研究老子、庄子和《易经》，讨论的问题为"有"，"无"，即一派以为天地万物都以无为本，无能生有；另一派则认为有是自生的，不需要再有一个无来作为本源。所以他们讨论的是哲学的本体论。另外他们也注重名教与自然的关系问题，也就是儒家和道家的关系，其中许多人调和儒道，认为名教是末，自然是本，名教是自然的表现，甚至说名教和自然是一致的，即"圣人虽在庙堂之上，然其心无异于山林之中"，也有人激烈反儒，提出"越名教而任自然"的主张。玄学抛弃了支离破碎的章句之学，否定阴阳灾异和谶纬迷信，重视辨析名理，逻辑思维，因此有助于学术思辨的发展。玄学家往往手执麈尾，口若悬河，互相辩难，注而不竭，不但义理明晰，而且辞藻精妙，虽然后来有清谈误国之讥，但这一时期是中国哲学发展史上的一个重要阶段。

魏晋南北朝时期佛教和道教也得到很大发展，社会生活的苦难和悲观厌世思想的流行为宗教的传播提供了丰厚的土壤。佛教向普通群众提供观世音菩萨、阿弥陀佛等救苦救难的救世者，又向知识分子提供了精妙的思辨哲学，所以流布很快。南北朝的统治者也大都迷信佛教，如梁武帝舍身到寺院，再让群臣用重金把他赎回来，如是数次，把大量金钱花在寺院上。各地都广造寺院，有的还开凿石窟。众多的僧尼过着不劳而获的生活。道教是中国土生土长的宗教，鼓吹长生不老，修习成仙，满足大多数人追求生命永恒的心理。原来它只在下层群众中流行，和农民起义相结合，招致统治者的不满。后来道教经北方的寇谦之和南方的陆修静加以整顿，逐渐制度化、完善化，更适合统治阶级的需要，所以也大规模地发展起来。道教的经籍书文大量涌现，形成了一些相关的理论。

佛教和道教的流行和中国传统的儒家思想发生了冲突，特别是西来的佛教不拜帝王父母的做法和中国的习惯大为不同，引起了长久复杂的论争。其中最著名的有在梁武帝崇佛的高潮中，范缜针对佛教宣传因果报应的神不灭论，提出了人身死而神灭的神灭论。梁武帝组织了大批高僧、名士和范缜辩论，却难不倒他，最后只能用行政手段把他流放。一般说来，南朝的儒家和佛道斗争还采取理论辩论或最多是行政命令的手段。北朝则激烈得多，发生过两次大规模的灭佛事件。一次是北魏太武帝（424—451 在位）于 446 年命令诛天下沙门，幸得有人救助，许多和尚逃亡免死，可是寺院等则毁坏殆尽。第二次是北周武帝（561—578 在位）于 574 年下令灭佛并兼毁道，勒令近三百万僧尼道士还俗，四万所寺观被分赐王公，无数财宝散给臣下，这对发展中的佛教是一个沉重打击。不过行政手段并不能解决人的思想问题，宗教的流行有其深刻的根源，打击过后，佛道依然盛行。在斗争中，儒、佛、道三家也互相吸取有关的思想理论，逐渐融合。

唐代实行三教并重政策，主要从政治需要出发。统治者利用儒家君臣父子之义来巩固统治，也要用佛道来安定社会，缓和矛盾。虽有时也会因统治者个人好恶而有所偏离，但总的说来这一政策比较稳定。唐初大力提倡儒学，唐太宗先后令颜师古、孔颖达考定五经文字和义疏，孔颖达率领一批儒学专家，对前人所有解释经义的成果进行研究，博采众长，穷十余年之功，成《五经正义》180 卷，于唐高宗永徽四年（653）颁行全国，从此结束了经学内部长期的纷争，便于学习考试，达到统一，有助于儒学地位的提高。但儒学一直是敬鬼神而远之，不能成为一种宗教信仰。虽然唐代统治者多次修订礼乐典制，使祭奠天地祖先的制度得以规范化，以维系中华民族敬天法祖、忠孝仁爱的传统，但终不能和有统一教义教规、统一信仰的宗教相匹敌，所以佛道依然有广大的活动空间。另外儒学虽然统一，免却纷争，可是统一也带来了停滞，使其哲学思想长期未能向前发展。

佛教在唐代得到很大发展，广为流布。武则天想当女皇，利用佛徒造作经书，说有天女当王国土，因此大兴佛事，大修寺院；后来唐宪宗（806—820 在位）更崇佛媚佛，于元和十四年（819）从法门寺迎佛骨到宫中供奉，掀起了崇佛的狂潮，王公、贵族、百姓，竞相施舍，有破产施财者，也有烧顶、灼臂以求供奉者。唐代还有大批僧人到印度求取真经，最为有名的是唐太宗时的玄奘，他留驻印度17年，遍游天竺各地，精通梵文，研习佛教各派学说，成为通晓佛学的大师。归国后主持佛经的翻译工作，在中印文化交流史上做出了不可磨灭的贡献。其他西行求法高僧和翻译佛经者更所在多有，佛教思想和经义的介绍很多，因此各派佛教也都在流行，可说是达到极盛时期。

佛教传入中国后，既和儒道相斗争，也和儒道相互影响、互相融合。佛教作为一种外来的宗教，如果它要普及，必须和中国的实际相结合，必须本土化。所以许多适合印度的佛教流派，包括玄奘所宣传的唯识宗，都先后衰落，但一种中国化的、适合中国传统的佛教——禅宗却大大流行起来。禅宗是玄学化的佛教，甚至包括了许多儒学的内容。玄学谈无，佛教说空，空无本来就可以合流。禅宗宣传"直指人心，见性成佛，不立文字"，意思是只要安心潜修，觉悟到本无烦恼，即可做到此心即佛。禅宗反对大量念诵佛经，更反对出家苦修、西行求法，提倡抛弃一切烦琐的宗教修养仪式，顿悟成佛。佛性只在心中，只要反省觉悟就可。这就是俗语所说的"苦海无边，回头是岸"，"放下屠刀，立地成佛"。所以人人可以成佛，降低了佛国原来高不可攀的门槛，有利于大量吸收信徒。禅宗又强调，觉悟是一个因人而异的过程，没有统一的模式。由此，禅宗逐渐创造出各种启发门徒觉悟的办法，其中最流行的一种便是斗"机锋"。这是法师与弟子相互问答，传授师法的一种方式。但法师往往不直接回答弟子的提问，而是用一些模棱两可、意义不明、答非所问的语言来启发弟子的思考，使之觉悟。这种回答有时十分巧妙，启人智慧，有时纯粹是莫名其妙。回答问题的要领是"出语尽双，皆取对法"，即一定不能落在一边，而要作既是又否的答复，这样才不至于被人问倒。如有人问万法归一，一归何处，答曰我在青州做一领布衫重七斤。有时这种回答会变成拳打脚踢，当头棒喝，以冀其顿然醒悟，当然也可能是回答不出来的推托。禅宗有一个老问题，即什么是祖师（达摩）西来意，所得到的答复往往是棒打，因为这个问题不能直接回答，不是一个可以用逻辑推理来讨论的问题。宋代禅宗势力越来越大，许多门徒把"机锋""禅语"等记下来，便于传习，于是出现大量著作，名"语录"或"灯录"，多达数千万言，这和它最初说的不立文字可谓相去甚远了。

唐代皇室特别尊重道教，因为传说的道教始祖老子姓李，李唐皇室自称为其后裔，以抬高自己的地位。唐朝封老子为太上玄元皇帝，又把一些有关的人如庄子、列子等封为真人，令天下遍立道观，修习老子道德经，道教因而大盛。也出现了一些有学问的道教徒，吸收儒家和佛教哲学，著书立说，发展了道教的理论。但道教的主要目标和佛教不同，佛教是今生修持以求来生免去轮回之苦，而道教则在于求得长生不老，变成神仙，所以很难兑现。成仙的办法有两种，一种是服食丹药，即用硫黄、汞、铅、朱砂以及其他一些矿物进行烧炼，据说可以得到让人服食成仙的丹药。由于许多烧炼成的丹药大都有毒，所以服食后往往致病甚或导致死亡。唐代有不少皇帝大约都是服食丹药毙命的。唐武宗（841—846 在位）笃信道教，他在位时受道教徒的影响，发动了中国历史上最大的灭佛运动，于会昌五年灭佛，毁佛教寺院 4600 余所，令僧尼 26 万余人还俗，没收大量土地、财物、金银等，使佛教受到沉重打击。具有讽刺意味的是灭佛次年，他就因为服食丹药而亡。当然烧炼外丹也有一个意外效果，那就是推动了我国化学的发展，火药的发明与此有很大关系。道教的另一派为内丹派，就是吐纳养生之术，类似今天的气功，到宋代由陈抟将它系统化，提倡通过性命双修，炼精炼气，达到与道合一，超出生死，成为神仙。这一派的好处就是发展出了许多强身健体的锻炼方法，有助于我国体育运动的发展。至于画符念咒、装神弄鬼的道士，只在民间起迷信作用，那便是道家的末流了。

佛道的流行对中国传统的儒家学说构成了威胁，儒家奋起反击。唐代韩愈（768—824）在唐宪宗迎佛骨的高潮中上了《谏迎佛骨表》，用历史事实证明敬佛的皇帝不是国破就是寿夭，要求把佛骨"投诸水火，永绝根本"，结果被贬到潮州。韩愈并不退缩，继续写文章驳斥佛老。他创立道统说，认为有一个以仁义为中心的道统存在，这一道统由尧、舜、禹、汤、文、武、周公、孔子、孟子一直传下来，孟子死后道统中断，而韩愈以继承孟子维系道统的人自命，努力发扬儒家思想，提高儒家的地位。

韩愈的思想比较粗糙，还不足以与佛老相抗衡。到了宋代，理学兴起，儒家思想发展到了一个新阶段，佛道的影响也就随之减弱。理学家提出"理"作为宇宙万物的本源，它以儒家的礼法、伦理思想为核心，吸收佛道思想中的精粹，形成了析理精微、论证明确的哲学体系，这是两汉的粗糙儒学所无法比拟的。理学家以儒家"圣人"为最高境界，充分肯定人的现实生活、道德精神的意义；它摈弃佛道所宣

扬的彼岸世界，不相信灵魂不灭、轮回转世之说，而力求在现实世界中实现崇高的
理想，所以它是一种理性主义的哲学。在本体论即世界万物的本原问题上，他们以
为理是本原，认为合天地万物而言，只是一个理，有此理始有此天地，理不依赖事
物而独立存在。但理学家更进一步主张，天理还是一切道德规范的本原，理规定了
君臣父子兄弟夫妇之间的行为准则。理学家朱熹提出了"理一分殊"的学说，即天
理存在于万事万物之中，但万理同出一源，它不可能被分割，这万事万物中的理和
唯一的理只是个别与一般的关系而已。理学家主张要继承发扬孔孟的道统。本来孔
孟之道中有内圣外王的两个方面，外王是指在政治实践上实现圣人的治国平天下的
理想，而内圣则是指对个人心灵的净化，如何真心诚意以达到圣人的水平。由于中
国历来缺乏宗教上拯救灵魂的学说，所以宋代理学发展了这一方面，内圣之学成为
理学的精华。朱熹所说的格物致知，物包括一切客观事物和主观世界在内，所以格
物也要对一切客观事物进行研究，以求其理。后来陆九渊提倡心即是理，把对客观
世界的认识都变成对内心世界的诉求，以为致良知即可达到人的最高境界。为了自
我修养，理学家主张人需要存天理、灭人欲，因为人的欲望带有许多恶，所以要用
礼义道德来遏制它。他们把天理和人欲视为对立的不可并存的两极，认为天理存则
人欲亡，人欲胜则天理灭。这虽有树立理想人格、浩然正气的积极精神，但理学发
展的结果则是引导许多知识分子低头拱手，空谈性命，鄙视事功，脱离现实。宋明
理学在我国历史上的消极影响，也是不可低估的。

文学与史学

唐宋时期是我国文学史上的辉煌灿烂时期，唐诗宋词的成就，空前绝后，达到
了后人无法逾越的高度。唐代推行科举制度，使一批中下层知识分子得到表现才华
的机会。他们受过一定的生活磨炼，具有积极入世的热情和昂扬奋发的精神，成为
文学创作的主要力量。唐代思想开放，文化交流频繁，许多知识分子学习梵文，研
究佛老，见识广博，而又有良好的各方面的艺术修养，这使他们有深厚的学术功
底，成为不尽的创作源泉。唐代文学以诗歌为最优秀，因为它一度成为科举考试的
重要内容，使大批知识分子竞相从事诗歌创作。文人以诗会友，酬赠唱和的情形十
分普遍，促进了诗歌写作的发展。唐代诗歌佳作如林，名家辈出，出现了像李白、

杜甫、白居易这样的影响远及世界的大诗人。唐代诗歌体裁多样，有古体诗、近体诗、乐府等，其中近体诗中的五言、七言律诗是唐代新兴的诗歌体裁，具有格律严整、音韵协调、技巧精美等特点。唐代诗歌流派纷呈，有山水田园诗派、边塞诗派、新乐府派等，各派中都有传诵千古的名篇。山水田园派诗人以孟浩然和王维为代表，能写出宁静和畅，明媚秀丽的田园风光，特别是王维的诗被称为"诗中有画"，他对情景观察细腻，构思精巧，写出的诗音韵和谐，融诗情画意于一体，有很高的艺术成就。边塞派诗人以高适、岑参为代表，他们熟悉边疆"轮台九月风夜吼，一川碎石大如斗"的风光，参加过开疆拓土、抵抗入侵的战役，所以能写出雄浑有力，壮阔豪迈的诗篇，而不是一味充满闺怨边愁的低调作品。

唐代大诗人当以李白、杜甫、白居易为代表。李白（701—762）的诗气象豪迈，感情奔放，雄奇飘逸，充满浪漫主义色彩。他本来以为自己能"大鹏一日同风起，扶摇直上九万里"，可是事与愿违，他的政治抱负并不能变成现实，于是高歌"人生得意须尽欢，莫使金樽空对月，天生我才必有用，千金散尽还复来"。李白的诗想象神奇，变化万端，许多名篇、名句如"蜀道之难难于上青天"，"君不见黄河之水天上来，奔流到海不复回"，"举杯邀明月，对影成三人"都是充满浪漫激情的绝妙佳句，具有令人惊叹不已的艺术魅力。但李白也并非完全不食人间烟火，他在怒吼"安能摧眉折腰事权贵，使我不得开心颜"的同时，对老百姓寄予无限的同情，唱出了"田家秋作苦，邻女夜春寒"，"令人惭漂母，三谢不能餐"的肺腑之言。

杜甫（712—770）是伟大的现实主义诗人，他一生坎坷，经历了安史之乱前后的社会，对民间情况有深入的了解，所以他的诗沉郁悲凉，反映现实。他把个人的命运和国家、人民的命运紧密联系在一起，创作了大量忧国忧民、感时讽事的作品，展现出唐代由盛转衰时期社会生活的广阔画卷，号称诗史。他对普通人民充满了同情和热爱，时常"穷年忧黎元，叹息肠内热"。他对统治阶级的穷奢极欲奋起鞭挞，用"朱门酒肉臭，路有冻死骨"的强烈反差描绘了当时的不平等。在《丽人行》中，他揭露杨氏兄妹这些皇亲国戚奢侈荒淫的生活，描画出他们"炙手可热势绝伦"的嘴脸。安史之乱期间杜甫写了最有名的"三吏"（《石壕吏》《潼关吏》《新安吏》）"三别"（《新婚别》《垂老别》《无家别》），通过对典型人物的不幸遭遇的描述，反映出在战乱时期兵役给广大人民带来的苦难，根据诗中的描绘，不管是已过役龄的老汉，还是不到役龄的中男，甚至连根本没有兵役义务的老妇，都得被迫参军，至于正当壮年的新婚夫妇，那更只能是"暮婚晨告别，无乃太匆忙"了。杜甫一生命途多舛，颠沛流离，写了不少自述诗，他的苦难成为社会苦难的缩影。不过杜甫仍保持着博大的胸怀，在《茅屋为秋风所破歌》中，能说出"安得广厦千万间，大庇天下寒士俱欢颜，风雨不动安如山。呜呼何时眼前突兀见此屋，吾庐独破受冻死亦足"的豪言壮语来。杜甫诗的艺术性很高，他自称"语不惊人死不休"，所以遣词造句，反复推敲，咏物言情，技巧娴熟，有许多名句传诵千古。他被推崇为诗圣，并被列为世界文化名人。

韩愈曾说"李杜文章在，光焰万丈长"，李白和杜甫同时出现在唐代，是我国文学史上的伟大诗人，也是世界文学史上的伟大诗人，值得我们永远为之骄傲。

白居易（772—846）是在李、杜之后唐代的又一位大诗人，他是新乐府运动的创立者，他提出的口号是"文章合为时而著，歌诗合为事而作"，即提倡写作要有明确的社会政治目的。为此他写作新乐府组诗五十首，如《卖炭翁》，揭露朝廷以宫市方式强行劫夺百姓的资财；《杜陵叟》，指斥官吏对农民的横征暴敛。他还写有长诗《琵琶行》《长恨歌》等，前者述长安娼女少小欢乐，老大嫁作商人妇的坎坷经历和凄凉心境，后者描述唐明皇和杨贵妃的恋爱故事。白居易的诗平易浅近，通俗流畅，所以流传很广，不仅知识分子，连老百姓也都喜欢，在当时已经流传到新罗、日本等国。他的新乐府诗影响很大，当时还有一些以讽谏时政为宗旨的诗人，写作了类似的诗歌，遂使这一流派传播开来。

晚唐的著名诗人有杜牧和李商隐，人称小李杜。杜牧写过一些非常出色的咏史诗和抒情写景七绝，像"停车坐爱枫林晚，霜叶红于二月花"，为人传唱不绝。李商隐最有名的是他的无题诗，其中大部分是爱情诗，写得情感真挚，意象朦胧，充满爱恋、期待、失望、悲伤、无可奈何而又欲罢不能，许多句子千百年来脍炙人口，如"春蚕到死丝方尽，蜡炬成灰泪始干"，"身无彩凤双飞翼，心有灵犀一点通"等。

词是一种讲究格律、长短句形式的抒情体诗歌，出现于晚唐五代，到宋空前繁荣，所以词以宋称。当然并不是说宋代的诗不行，宋代一样有许多著名的诗人和诗篇。词一开始就主要用来抒发个人情感，晚唐五代的词婉约艳丽，描述爱情者居多，宋词起初仍然如此。如晏殊的名句"无可奈何花落去，似曾相识燕归来，小园香径独徘徊",表现了春归花落,词人无可奈何的淡淡愁绪。晏殊的儿子晏几道的"落花人独立,微雨燕双飞"则寓情于景,写出了梦后酒醒,去年春恨来时的孤寂惆怅。北宋词坛名家之一是柳永,他科场失意,遂"忍把浮名,换了浅斟低唱",流连于教坊青楼,描写歌女的爱情和悲苦,他用词浅近,口语化的程度很高,所作词深受乐工、歌伎的喜爱,号称天下有井水处,皆歌柳词。但柳永的一些高质量的词还是写景抒情之作,像《望海潮》写当时杭州的繁荣景象,"烟柳画桥,风帘翠幕,参差十万人家","市列珠玑,户盈罗绮,竞豪奢"。据说金主完颜亮读这首词到"有三秋桂子,十里荷花"句时,遂慨然有投鞭渡江之志,这当然是不大可靠的传说,但说明了柳永这首词的巨大感染力。他的另一首著名的词是《雨霖铃》,写一对恋人的离愁别绪,上半阕写秋日离别的悲愁气氛,"执手相看泪眼,竟无语凝咽",下半阕渲染离别后的孤寂和痛苦,"今宵酒醒何处?杨柳岸、晓风残月。此去经年,应是良辰好景虚设"。也是传诵一时的名作。

苏轼(1037—1101)是北宋的大文豪,他的诗、词、文章都是很有成就的,也许他的诗和文章比他的词更为重要,不过我们只论及他的词。苏轼的词一扫五代的浮艳,也不同于柳永的市井文学,而以豪放著称。他不把词只当作抒发个人情感的文学作品,而是感旧怀古,发表议论,抒情咏物,记游记事,无所不可,大大开拓了词的写作范围,因而使词风为之一变。苏词的名作有《念奴娇·赤壁怀古》,其"大江东去,浪淘尽,千古风流人物"一句在中国几乎人人皆知,面对古战场,咏怀古代周瑜、诸葛亮等英雄人物,气势奔放,感情深沉。另一首是《水调歌头》,在中秋之夜,词人对月光发出询问,表达了他对人生道路的思索和理解,认识到"人有悲欢离合,月有阴晴圆缺,此事古难全",是一派旷达乐观的情绪。所以传说他问他的词和柳七(柳永)的词如何相比,人家回答说,柳郎中词只合十七八女郎,执红牙板,歌"杨柳岸晓风残月",你的词须关西大汉,铜琵琶,铁绰板,唱"大江东去"。其实当时并无关西大汉唱词的习惯,这一传说不过反映两人风格的迥然不同而已。

南宋时的著名词人有辛弃疾(1140—1207),他青年时期率领起义军,斩杀叛徒后驰驱南归,真是"金戈铁马,气吞万里如虎"。可惜南宋小朝廷苟且偏安,文恬武嬉,使词人壮志难酬,报国无路,所以他的词不乏感愤之作:"把吴钩看了,栏干拍遍,无人会,登临意","却将万字平戎策,换得东家种树书"。同时,由于他时时不忘杀敌报国，为词仍充满英雄豪迈气概，如在镇江时写的"千古江山，英雄无觅，孙仲谋处"即是这样的作品。"四十三年，望中犹记，灯火扬州路"，对过去的战斗生活无限留恋，而对现在也仍然是"凭谁问，廉颇老矣，尚能饭否"，希望自己还能有所作为。辛词的一大特点是爱用典故，以诗文经籍入词，往往还能不显痕迹，如他的《南乡子·登京口北固亭有怀》，"天下英雄谁敌手，曹刘，生子当如孙仲谋"，末句直接用《三国志》注入词，读来仍十分生动。

南宋的李清照（1084—1157）是我国历史上少有的女文学家，女词人。她早年过着美满幸福的家庭生活，多写伤春怨别，表现妇女特有的细腻感情，如为人所熟知的"东篱把酒黄昏后，有暗香盈袖。莫道不消魂，帘卷西风，人比黄花瘦"。中年经靖康之变，经历了国破、家亡、夫死的悲痛，在凄苦孤寂中流落于江南各地，所写的词充满了浓重的感伤色彩，表现了对故国、旧事的眷恋，如有名的《声声慢》所说的"冷冷清清，凄凄惨惨戚戚"，"梧桐更兼细雨，到黄昏，点点滴滴，这次第，怎一个愁字了得"。不过李清照还并不只是多愁善感，她不仅冲破了封建礼教的束缚，敢于用文学表现自己的真实感情，而且忧国忧民，写出了"生当作人杰，死亦为鬼雄，至今思项羽，不肯过江东"的诗句，鞭挞了投降卖国的统治者。她在文学上独树一帜，对后世有很大的影响。

陆游（1125—1210）是南宋的著名爱国诗人，他一生写作的诗、词、文章很多，且都有佳作，但可以说以诗为最著。他自称"六十年间万首诗"，其最大的特点是充满了马上杀贼，报国雪耻的英雄气概："早岁哪知世事艰，中原北望气如山；楼船夜雪瓜洲渡，铁马秋风大散关。"但诗人的凌云壮志无法实现，虽然有时不免愤懑、失望，可仍然没有灰心。到老时还说："僵卧孤村不自哀，尚思为国戍轮台。夜阑卧听风吹雨，铁马冰河入梦来。"一直到临终，仍写下了传诵千古的《示儿》："死去原知万事空，但悲不见九州同。王师北定中原日，家祭无忘告乃翁。"陆放翁的诗歌大部分是这种充满爱国激情的作品，气势豪迈，境界壮阔，对后世有很大的影响力，特别是当民族危亡之际，更起了别的诗人起不到的作用。梁任公有诗曰："诗家千年靡靡风，兵魂销尽国魂空。集中十九从军乐，亘古男儿一放翁。"不过陆游也有许多描写日常生活，闲适恬淡，富有理趣的诗作。其名句如"山重水复疑无路，柳暗花明又一村"，"小楼一夜听春雨，深巷明朝卖杏花"等，都广为人知。他和原配夫人唐婉的爱情悲剧，以及他为此写作的诗句"伤心桥下春波绿，曾见惊鸿

照影来"，及所填《钗头凤》词，也引起后人对他的无限同情和怀念，反映陆游是
一个有真性情的诗人。

唐宋散文最大的成就是出现了古文运动。魏晋六朝以骈文盛，公私文章均用骈
文写作，辞藻华丽，内容空洞。唐代从韩愈起，提出要继承先秦两汉散文的传统，
是一种复古的风气，所以称之为古文运动。韩愈提倡古文，从思想上说是为了攘斥
佛老，张皇儒家道统，这也就是宋代所说的"文以载道"说。从艺术上说，古文写
作要求言之有物，反对骈文的那种以辞害意，无病呻吟。这一运动由韩愈倡之于
前，而柳宗元和之于后，在唐代逐渐蔚为风气。到了宋代，欧阳修（1007—1072）
更使古文运动发扬光大。他也提倡作文章要明道致用，为现实政治服务，另外也注
意到文章要和现实生活联系。欧阳修利用他担任进士主考官的机会，力矫科场为文
之弊，凡险怪奇涩之文，一概不取，虽受到许多人的反对，也不为所动，终于在他
周围形成了写作古文的文学群体，出现了王安石、曾巩、苏轼、苏辙等大家，写出
了许多不朽的名篇。由于古文作家许多人都是政治家，所以太过于重视文章的社会
政治功能，经世致用成了写作的唯一目的。到苏轼等人开始有所改变，不把文章只
当作道的宣传工具，而开始强调文艺的独立性，认为作文之要，首贵立意，立意是
要通万物之理，即通过自己的观察分析，得出事物的规律性认识。然后还要求辞
达，即能把意明确地表达出来，所以仍然要讲究文采。唐宋的古文运动到明、清仍
然继之，在我国文坛流行一千多年，叙事、写景、抒情、议论，都能发而成文，成
为中国文学史上的一个重要形式。

唐宋时期史学也有很大发展。隋代禁止私家修史，开始了国家对史书编写的垄
断。唐代正式设立史馆，有人专职修史，而以宰相负责监修，后代大多袭用此制，
我国正史的编修遂经久不断。唐代所修各代正史仍沿用纪传体旧例，成绩不是太
大。值得一提的是有两种开创性的著作，一是刘知几所撰《史通》，另一是杜佑著
《通典》。《史通》是一部史学批评著作，它对前人所修史书的编纂体例、史料选择、
人物评价、史事叙述和语言运用等方面，都提出了自己的看法。它认为史家要严肃
地审查和采集文献材料，摒弃违理不实之说；而且要敢于秉笔直书，无所阿容，这
样的史书才能产生良好的社会效果。刘知几还主张，一个史学家要有才、学、识三
方面的素养，才指才能，学指各种学问的掌握，而识则指史学家要有自己的见解和
胆识，直书其事，不掩其瑕。可是他又主张史书要理合名教，这就为史书成为直书

的实录打了一个大折扣。杜佑一生主要从事政治活动，曾历任三朝宰相，所以对社会情况有相当透彻的了解。他在从政余暇，历时 36 年，写成《通典》。《通典》是一部制度通史，全书分食货、选举、职官、礼、乐、兵、刑、州郡、边防九门，各门之内，再叙述历朝历代的有关制度演变。杜佑对经济特别重视，所以在制度史中把食货放在第一，认为这是教化（即治理国家）之本，足衣食然后才可以谈荣辱。接着就是选举、职官，是关于教化的人才问题。礼乐兵刑是教化的手段，礼乐强调人的自觉，兵刑则是不得已而用的方法。州郡边防，关系国家的地区划分以及与少数民族和外国的关系等等。杜佑对制度史有这样的认识，是很了不起的，只是他在叙述中，特别注重礼乐，占据了全书几乎一半的篇幅，是个缺点。

由司马光主编，许多学者参与合作编成的《资治通鉴》，代表了宋代史学的最高成就。《资治通鉴》是一部编年体通史，上起战国时期，下讫五代之末，记载了一千三百余年间的史事。司马光编《通鉴》的目的是为了资治，即为了使统治者对

宋水运仪象台

前朝的政治得失、行为善恶有所了解，以帮助他巩固统治，所以这部书记录的大都是政治史，而对历代的典章制度、学术文化等则记得很少。但此书对千余年间头绪纷繁的史事做了归纳，对矛盾复杂的史料进行了考订，根据资治的目的编成一部材料准确、叙事周详的通史，仍然具有巨大的价值。《通鉴》对史学著作的影响很大，在宋代就有《资治通鉴纲目》和《通鉴纪事本末》出现，特别是《通鉴纪事本末》把《通鉴》以编年为中心的记载改变成以记事为中心，每一件事叙述其始末原委，成为另外一种史学体裁。此外宋代还有多种仿《通鉴》的当代史著作，如《续资治通鉴长编》，是李焘一人穷40年精力编成的大部头北宋编年史；《三朝北盟会编》是徐梦莘编写的宋徽宗、钦宗、高宗三代和金人的和战事，全书引用图书达200多种，记载极为详备，具有很高的史料价值。李心传编成《建炎以来系年要录》，记载宋高宗一朝36年的史事，大约这书是要续《续资治通鉴长编》的，所以也是一部大书，其中记有岳飞遇害，以及韩世忠愤然说出的"莫须有三字何以服天下"的话，在中国已是尽人皆知的典故。

艺术

艺术的内容广泛，这里只简单叙述绘画、书法、雕塑三种。

我国绘画源远流长，作画多用毛笔画于帛、绢等丝织品上或纸上，所用多为墨或矿物质颜料，它和西方的油画不同，是世界上的一大画派，是人类文明史中的一大宝藏。但它的缺点是不易保存，唐代以前的画，除少数壁画和新近考古发现的帛画外，几乎没有保存下来的。东晋画家顾恺之，画人物最重画眼睛，以表现人物神情，故有"传神写照，尽在阿堵（眼睛）中"的话。他闭门月余，在寺院内壁上画维摩诘（佛教菩萨名）像，据说有"清赢示病之容，隐几忘言之状"，光彩耀目，观者如堵，几天便为寺院募钱数百万。他的画没有保存下来，传世的《女史箴图》是后人的摹本。唐代绘画较前有大发展，有名有姓的画家有400多人，山水、人物、花鸟禽兽等画派都已形成。人物画家有阎立本，曾应诏为唐太宗画多种图画，传世的《步辇图》，为宋人摹本，描绘唐太宗接见吐蕃使者禄东赞的情景，注重对人物神情的刻画。唐代大画家吴道子，人称画圣，他在长安、洛阳等地画过许多寺院宗教壁画，创造出各种不同的人物，所画天女"窈眇欲语"，菩萨"转目视人"，都充满活跃的生命和力量。传说他每作画前必酣饮，而作画时能"立笔挥扫，势若风旋"，在寺院作画时往往观者如堵，看到他的画则高声喧呼，惊动坊邑。吴道子在世时他的画已一再被辗转摹写，流传至今的《朝元仙仗图》《送子天王图》等一定程度上可以反映他的风格。此外还有韩干画马知名，王维善画山水等等。

宋代注重文化事业，在翰林院下特设有画、书、琴、棋等院，为有关的创作、研究和教育机构，其中以画院体制最为完备，所以绘画比唐代更为辉煌。著名画家有李公麟，所画佛像、人物、山水皆精。还有米芾，他能诗善画，酷爱怪石成癖，甚至被人称为米颠。为了表现长江两岸云气弥漫，岗岭出没的烟雨之景，他首创用阔笔浓墨皴法描绘江南山川景象，人称米点皴，其画已无真迹留存。宋代大文豪苏轼也是画家，而且他确立了文人画的概念，以为文人画高于工匠画，提倡绘画时要表现出画家对艺术形象的主观感受，不追求形似，而是要象外有意，才能达到神似的境界。

南宋著名画家有马远，善画山水，作画多取半景，人称残山剩水，号马一角，他曾画十几种水图，表现各种不同状态的水。另一画家夏圭，与马远齐名，构图也多取半边、一角，人称夏半边。南宋还出现了一些风俗画家，其中最著名的是张择端，他画的《清明上河图》，以全景式的构图，严谨细腻的笔墨，画出了都城汴京汴河沿岸的风貌和城门内外的景致，商店鳞次栉比，车水马龙，熙来攘往，充分反映出宋代工商业发达的景象。宋徽宗虽然政治上昏庸无能，但却是一个大艺术家，他擅长花鸟画，所画雀鸟用生漆点睛，使之高出纸面，几欲活动。他还派人编成《宣和画谱》，是我国重要的画史论著。

书法是汉字独有的艺术，它和汉字是一种象形文字有关，而且和中国汉字独特的书写工具毛笔、纸、墨、砚台有关。最早的书法家一般都推崇晋朝的王羲之，他集前代书法之大成，并从而变化，其书成而汉魏之风尽，后人称赞他写的字"如龙跳天门，虎卧凤阁"。唐太宗特别喜欢王羲之的字，曾广为搜求，得到三千六百纸之多，可见流传中有不少赝品。王羲之写的《兰亭序》最为著名，以至于唐太宗命令死后用它随葬。唐朝的前几任皇帝都喜好书法，而且本人也是书法家，经他们的提倡，书法因而大盛。出名的书法家有欧阳询，他的字字迹修长，笔势见方，凝练整秀。颜真卿的字则结构宽博，浑厚圆劲，气度恢弘，一改初唐瘦劲书风而为雄强。苏轼对他的书法特别赞美，说是"诗至于杜子美，文至于韩退之，书至于颜鲁公，画至于吴道子，而古今之变，天下之能事毕矣"。柳公权也是著名书法家，他的字尚骨法，较颜字瘦硬，比欧字雄厚。草书大家则是张旭，他发展出一种狂草，传说是因观看公孙大娘舞剑，得其神而有所感悟，能通过书法把心灵体验表现出来，当时被人称为草圣。

宋代书法四大家是苏、黄、米、蔡。蔡襄书体端庄持重，笔风平和婉丽。米芾则笔态纵横不羁，雄毅高迈，表现出直率豪放的个性。苏轼笔形丰满，笔势翻澜，多用卧笔偏锋，所以有攲倾狂怪之势。黄庭坚作书以险为胜，崎岖不平，内紧外松，笔势伸张洒脱，自成一格。宋代也是书法广为流传的时期，皇家和书法名家，都对先贤书法多方搜求，然后刻帖，对保存和倡导书法艺术起了很大作用。

中国的雕塑艺术和佛教有很大的关系，可以说其主要部分是佛教艺术。佛教传入中国后，其在印度开凿石窟、雕造佛像的习惯亦随之传来，在新疆、甘肃、山西、河南、四川、山东等地，先后开凿石窟，营造佛像，历魏、晋、隋、唐、宋诸朝，留下了大量的宝贵艺术作品。这种石窟可分两类，如云冈、龙门等石窟，因石质坚硬，主要艺术作品是石雕。在石质比较松脆的地区，如敦煌千佛洞，麦积山石窟寺等地，主要的艺术作品就是壁画和泥塑。其中尤以敦煌、云冈、龙门最为著名，是中华文化的瑰宝。

敦煌石窟在县城东南 25 公里处鸣沙山的断崖上，经 4—13 世纪近千年的不断修筑，成为巨大的石窟群。南区近千米的崖壁上，洞窟鳞次栉比，最集中处上下共达五层，总计有洞窟 500 余座，壁画四五万平方米，彩塑 2400 余身，其中以隋唐时期的洞窟最多，达 60% 以上。绘画雕塑的内容有佛、菩萨像、佛教故事、佛本生故事、供养人像等；泥塑有浮面塑和立体塑两种，唐以后则只有立体塑，有的石窟中，泥塑像和绘画相互配合，融为一体。从题材来看，这些壁画和泥塑都是宣扬佛教信仰的，但当时艺人们用现实世界中人的各种活动和性格来塑造佛教中的人物和故事，使它们都具有了现实性。唐代社会生产、生活的各种场面，在这里得到了栩栩如生的反映。特别是到了晚唐，直接在洞窟中画上了归义军节度使张义潮出行图，仪仗护卫浩浩荡荡，成为为个人歌功颂德的作品。敦煌石窟内容丰富，具有极高的研究价值，特别是 20 世纪初藏经洞被发现，洞内藏有写经、文书、文物四万多件，更成为震惊世界的历史文物。可惜的是敦煌石窟历经外国人盗窃和破坏，大量写本、壁画和塑像被劫掠。早在 20 年代陈垣先生编《敦煌劫余录》时，我国学人已发出"敦煌者，吾国学术之伤心史也"的慨叹。幸喜今日敦煌石窟已得到很好的保护，敦煌学也已经在我国取得了丰硕的成果。

云冈石窟在山西大同市西的武周山，主要是北魏时期开凿的。这里有洞窟 50 余个，石龛 1100 多个，共有雕像五万余尊，但其中主要被日本帝国主义分子盗走和破坏的即达 1400 多尊。云冈石窟中时期较早的是所谓昙耀五窟，佛像躯干高大，雄伟庄严，一般唇厚、鼻高、目长、肩宽，不大像汉族人，也不像印度人，大约是按照当时北魏人的形象雕造的，有明显的外来文化影响的痕迹。从云冈石窟第二期开始，佛像的中国化逐渐显现，后来的佛像面容清癯，长颈，削肩。除佛像造型外，还有菩萨、飞天、侏儒、供养人像等。云冈石窟在我国艺术史上有重要价值。

龙门石窟在河南洛阳城南夹伊水两岸的东、西山上，现存窟龛 2100 多个，其中北魏的约占 1/3，唐代的约占 2/3。有造像 10 万余尊，其他还有许多碑刻、建筑等。北朝的石窟主要在古阳洞和宾阳洞内，造型已明显地中国化，人物大都宽衣大袖，一派儒雅风度。其中宾阳中洞的浮雕《帝后礼佛图》最为有名，有皇帝和皇后出行以及侍从和宫女的形象，画面人物密集，前后相互照应。可惜这一稀世珍品已被帝国主义分子盗去。唐代的石窟中，以奉先寺最为有名，它是高宗时开凿的，由皇后武则天施舍脂粉钱二万贯，历时三年多建成，主佛卢舍那大佛高 17 米多，庄严、慈祥、睿智，显示出宽广无比的胸怀，其他菩萨、天王、力士诸像，也都体现了各自的精神面貌，栩栩如生。

宋代雕塑可以大足石窟为代表，北山 125 龛所雕观音柔媚娇丽，有媚态观音之称。山西晋祠圣母殿所塑圣母和其侍从、女官等，形貌、年龄、体态、神情各不相同，生动地表现了宋代的宫廷生活。

[推荐阅读书目]

1. 唐长孺：《魏晋南北朝隋唐史三论》，武汉大学出版社，1992。

2. 邓广铭：《宋史十讲》，中华书局，2008。

3. M. Elvin, *The Pattern of Chinese Past*, London: Eyre Methuen Limited, 1973.

4. 斯波义信：《宋代商业史》，庄景辉译，台北：稻禾出版社，1997。

5. 刘光临：《宋明间国民收入长期变动之蠡测》，《清华大学学报（哲学社会科学版）》，2009 年 3 月。

第八章

中古伊斯兰文明

✼

在讲述"伊斯兰文明"之前，首先要解释两个概念，一是"伊斯兰"，一是"穆斯林"。"伊斯兰"一词是服从的意思，意指服从安拉和他的使者穆罕默德；"穆斯林"则是伊斯兰教信徒的称谓，意思是信仰安拉的人。从这个意义上讲，穆斯林的含义就是信仰伊斯兰教并跟从穆罕默德的人。运用这样的概念来称谓一个文明，是为了说明起源于阿拉伯半岛、遍布全世界的伊斯兰教是如何屹立于世界文明之林的。此外，伊斯兰文明也是一个对世界历史的发展进程产生过重大影响的文明。探索伊斯兰文明的起源和特征，对理解世界文明的发展进程，具有重要意义。

第一节

早期伊斯兰教国家

伊斯兰文明的发源地是世界上最大的半岛之一阿拉伯半岛。阿拉伯半岛最长处约有 2255 公里，最宽处约有 2012 公里，面积约相当于现代美国领土的三分之一。从地理上看，这是撒哈拉沙漠的延长，是经过波斯到达戈壁沙漠带上的一部分。半岛地处几个古老文明的中间，非常有利于文化交流和融合。半岛的西边跨过红海和西奈半岛与非洲的大国埃及相邻，北部与巴勒斯坦和叙利亚接近。从半岛的东北方向延伸过去，就是古老的两河流域；跨过东边的海洋，是亚洲的大国印度。

阿拉伯属于高原地区，位于地中海边缘，高出海平面 1200 公尺。岗峦起伏，东向蜿蜒，直达波斯湾。因为众多山脉和丘陵与海岸线平行，阻隔了海风带来的降雨云带，导致半岛的大部分地区极为炎热干燥。半岛上几无森林，河流在夏天常常断流，只有在沙漠的绿洲区域可以从事农业生产。总的来说，尽管阿拉伯半岛土地广阔，战略位置重要，却因为干旱、贫瘠而人口不多。绿洲主要分布在半岛的中部，那里有稀疏的棕榈树围绕的村落，人们利用浅水井解决饮水问题。半岛的大部分区域，除了草地外并无植物，但它南部的土壤却比较肥沃。半岛西部的沿岸是希贾兹地区，因建有麦加和麦地那两城而闻名天下，其主要居民是贝都因人。半岛的西南一带是也门地区，那里气候温和，因土地比较肥沃而被称为"阿拉伯福地"。这里在公元前就出现了城邦国家。在半岛炎热缺水的丘陵地带，人口非常稀少；希贾兹地区多为熔岩和沙漠，少数绿洲点缀其间。

阿拉伯半岛地处欧、亚、非三大洲间的交通要冲，战略地位十分重要。沿红海海岸的希贾兹地区，自古以来就是东西方贸易的要道。然而，半岛也有一些不利于贸易的因素。例如，大多数商道只是经过阿拉伯半岛边缘而不是直接穿过阿拉伯半岛：在北部，商旅们主要是沿半岛沙漠的边缘而行，在西部和东部，人们沿着险恶的海岸线在海上航行。只是随着过境贸易的发展和灌溉农业的形成，才逐渐形成了一些固定的经济中心。其次，阿拉伯地区因为气候干燥，可以用来与外界交换的商品很少（主要是南阿拉伯地区出产的乳香），导致阿拉伯人经营贸易却很少有自己的商品介入贸易的状况。一条从也门经汉志通向叙利亚的商道把各地串联了起来，东西间的贸易因之发达。商品从海路被运到也门，然后就由骆驼组成的运输队把它们运至巴勒斯坦和叙利亚，再转运到地中海世界。骆驼队的叮咚铃声使卷着热沙的沙漠变得极有生气，当人们断水之时，就用棍子直捣骆驼的嘴，迫使骆驼把胃里的水吐出来，人们就能生存。可见当时人们的生活和生产活动都是极其艰苦的。在有水的绿洲地区，种植了枣椰树，那是阿拉伯人喜爱的食品，人们用它来制作枣椰糕。这种枣椰树现在也仍在种植，枣椰被制成闻名四海的"阿拉伯蜜枣"，在世界各地都能见到。

商道的建设带来了许多贸易点，在此基础上逐渐形成了一些城镇，其中麦加和麦地那是两颗镶嵌在商道宝链上最灿烂的明珠。麦加城地处商道的正中，在汉志境内，距红海约 75 公里。全城坐落在不到两公里的狭长区域内，周围则是荒凉的山谷。相传，阿拉伯人的始祖先知伊卜拉欣曾与他的妻儿来到麦加，伊卜拉欣因事离去，他的妻儿在荒凉的幽谷中因缺乏水源而忍受干渴的折磨。这时，安拉命天使为母子俩开出一捧清水，形成了赛母桑泉。麦加虽然气候干燥炎热，却因城内有赛母桑泉，成了商旅必经的给养补充地。5 世纪时，麦加已有 2 万多人，主要的居民来自一个名为古来西的部落，这个部落以经营商业、服务业而闻名。麦加的商队冬天去也门，夏天则去叙利亚转运货物。商队在长途跋涉中，也把各地的文化和宗教带到了麦加，使其逐渐成为文化宗教中心。麦加城中常常举行庙会，庙会期间，禁止一切武装冲突，到处都是一片繁荣景象。距麦加北部 360 公里处是麦地那城。麦地那全城长不到两公里，分旧城和新城两个部分。麦地那也是一个繁华的商贸城市。

阿拉伯半岛上的居民属于闪米特人种，与犹太人、叙利亚人、巴比伦人在人种上比较接近。在穆罕默德时代，大多数阿拉伯人是贝都因人，他们多是在干旱地区逐水草而居、从事牧业的游牧民。住在南部和红海沿岸谷地（希贾兹［汉志］，也门）的则是从事农业和贸易、多半定居的居民。麦加和麦地那两城镇的商业比较发达，在文化上曾受到希腊文化和犹太文化的影响。阿拉伯人是非常富有想象力和热爱诗歌的民族，他们对于宗教事务非常虔诚。

尽管公社制度已在逐步解体，国家和阶级社会正在形成，但此时的阿拉伯人尚未完全脱离部落习俗。富裕之人往往娶好几个妻子，但贫穷者往往只有短暂的婚姻。由于经济不够发达，弱小和多余的婴儿往往被丢弃，寡妇和孤儿常常会沦为奴隶。为了争夺水草和牲口，部落之间经常发生战争。同时，血族间的复仇也非常普遍，遭到伤害的家族往往寻找复仇之道，报复的力度通常要高过受伤害的程度。部落习俗也使得阿拉伯人拥有几百个被供奉的神。在半岛海岸线沿岸和半岛的北部，出现过一些缺乏严密组织的王国。王国里并没有完善的中央政府，各地之间的联系也不是很紧密。在和平时期，各个家族照管自己的事务，只是在战争时期，部落的首领才担当起真正的领袖职责，负责调解各部落的冲突以及协调阿拉伯人与波斯人、犹太人的关系。阿拉伯人经常遭受来自外界的压迫，居住在叙利亚的阿拉伯人遭受东罗马帝国的奴役，而居住在靠近伊拉克边境的阿拉伯人则受到波斯帝国的压迫。也门地区被阿比西尼亚人占领后，接着又被波斯人占领。波斯湾西岸的沿海区也被波斯人占领着，这导致阿拉伯人与波斯及埃塞俄比亚人之间的长期战争。6 世纪末，拜占庭和波斯两个大国为了争夺也门至叙利亚的商道，进行了大规模的战争。结果，阿拉伯半岛的西南部地区遭受了严重的破坏。在波斯帝国统治也门时期，商队改走从波斯湾经两河流域到地中海的东西商道。也门城市的破坏，商道的改变，致使麦加等地过境贸易迅速减少，加剧了阿拉伯地区的经济危机和社会矛盾。

为了增进各地间的联系，缓和内部的矛盾及抵制外来威胁，阿拉伯人盼望有一个安定、统一的社会环境。贝都因人迫于贫困，也渴望到部落以外的地方去谋生。如何把松散的部落联盟转变为真正的国家，如何通过政府制止家族、部落间的内争，如何维护社会秩序及发展生产，已经成为当时阿拉伯人迫切需要解决的问题。氏族贵族和商业贵族也在考虑着手建立统一的国家。信奉唯一真神的伊斯兰教适时而起，成为联合阿拉伯人、建立统一国家的思想基础。

在阿拉伯人的历史上，穆罕默德（570—632）创立伊斯兰教是一件大事。因为阿拉伯人的国家是在伊斯兰教的影响下形成的，因此，伊斯兰教的诞生就成为政治上的分界线，在此之前，阿拉伯人处于游牧部落状态；在此之后，具有文化凝聚力的政教合一的阿拉伯国家诞生了。穆罕默德是麦加哈希姆族人阿卜杜拉的遗腹子，他6岁丧母，由祖父阿卜德·穆塔利卜和伯父阿布·塔利卜抚养成人。他从小就受到本地文化和外来文化的熏陶。在穆罕默德的故乡，文化和宗教比较多样化：有的信奉多神的部落宗教，也有的信仰原始图腾，其教义受到犹太教和基督教的某些影响。在麦加有克尔白神庙，原是一个供奉部落神的场所。克尔白原指一正方形建筑，据说曾重建过十次。克尔白矗立于神圣寺院长廊的中心处，长12.5米，宽10.67米，高15.24米。在其东南角离地1.52米处，镶嵌着一块直径约21.35厘米的暗红色椭圆形的"神圣黑石"，许多膜拜者认为，这是一块来自天上的圣石。从伊卜拉欣时代起，它就是克尔白建筑的一部分。伊斯兰教兴起后，圣石成为伊斯兰教的圣物。

从一些记载来看，穆罕默德幼时家境贫寒。他曾为人放牧，

早期伊斯兰教书法

12 岁时随伯父去叙利亚经商。后来，他成为商队中的商人，为麦加女商人海底彻经商，并在 25 岁时同她结婚。穆罕默德具有极高的智慧和敏锐的观察力，自小就养成了独立思考的习惯。在各地的周游中，他接触了基督教，也受到当时流行于阿拉伯半岛上的其他文化、宗教影响，逐渐形成自己的宗教思想，约在 610—612 年开始他的先知事业：宣讲真主是唯一的、末日审判、施舍、祈祷和服从真主等教义。

据说，610 年穆罕默德正式成为一位先知。根据《布里哈圣训实录精华》记载：穆民之母阿依莎说："默示降于圣人之初，始于真梦，圣人所梦犹如黎明时分的光辉。梦后，圣人喜欢独静。在希拉山洞，他独自静悟，日夜均不回家，直到想家和需要干粮时才返回海底彻处，为再次前往做准备。在希拉山洞默示终于降临他，并一直连绵不断。天仙降临圣人，说道：'你诵念！'圣人说：'我不会诵念。'圣人说：天仙抱住我，紧紧地搂住我。然后，松开我说：'你诵念！'圣人说：'我不会诵念。'于是第二次抱我，紧紧地搂住我，又松开我，说：'你诵念！'我说：'我不会诵念。'天仙又把我抱住，第三次紧紧地搂住我，并在松开后说：'奉那养主之名你诵念吧！他自凝血造化了人类。你诵念吧！你的养主是至为高贵的。'"圣人因惧悸而返回胡外力德女儿海底彻（穆民之母）跟前，说："你们快给我盖上，快给我盖上。"接着他又向海底彻说："我很为自己担忧。"海底彻就把他带到他的亲属那里，穆罕默德向他们讲述了事情的经过，有人就说："啊，这是真主在降给我们教义啊。"于是穆罕默德就开始传教。从这些记载中，我们知道穆罕默德曾经在一个山洞里经过一段静修，自认为得到真主的启示，领悟了人生与宇宙的真谛，于是开始向周围的人宣传他的领悟和信仰。

最初，伊斯兰教只是一个很小的秘密教派，主要由先知和他的亲友们组成。后来，这个教派在麦加传教的过程中逐渐公开并壮大。穆罕默德宣称自己只是一个先知，是真主的一个使者，否认自己具有超自然的力量，也没有要求人们对他进行个人崇拜。终其一生，他都表示自己身上不会出现奇迹。不久，穆罕默德拥有了不少信徒，但也遭到一些不信教之人的拒绝和迫害。穆罕默德在规劝乡民们终止偶像崇拜、改宗伊斯兰教时同麦加的贵族发生了冲突。因为麦加是一个供人朝圣的地方，反对部落神和多神教就会减少麦加贵族的收入。贵族们恐吓、迫害伊斯兰教信徒，包括威胁穆罕默德本人。于是，穆罕默德与他的追随者在 622 年 7 月不得不离开他们的出生地麦加，逃往麦地那。622 年 7 月 16 日，是穆罕默德出亡（"徙志"或

"希志来")的日子。这一年被看作穆斯林纪元的开始。

在麦地那，穆罕默德把麦加的逃亡者和麦地那城内外的部族（阿乌斯人和哈兹拉杰人）联合起来，逐出犹太部族，从而形成了一个以真主意志为法律基础的社会，国家由此建立。在麦地那期间，穆罕默德显示出杰出的政治家素质，他维持了信徒间的团结，协调了从麦加来的信徒与麦地那本地居民的关系，很好地处理了伊斯兰教同其他宗教之间的关系。这个时期穆罕默德的生活非常朴素，他几乎不吃蜂蜜，穿的是自己缝补过的、但又非常干净的旧衣服。他特别爱孩子，常同孩子们一起玩耍。在他的家门口，总是放着桌子和凳子，供过客休息或与他们分享食物。更为重要的是，他制定出了一系列后来被载入《古兰经》的规章制度，成为阿拉伯人的生活准则。这样，伊斯兰教就在麦地那得到蓬勃发展。623 年，穆罕默德带领人们袭击了从麦加经麦地那去叙利亚的商队。624 年，伊斯兰教徒在巴德尔击溃麦加人，接着又袭击麦地那附近的犹太人部落，但次年却在乌候德受挫。627 年，麦加贵族的军队进攻麦地那，穆罕默德掘壕据守，麦加被迫退兵。次年，双方举行谈判，穆罕默德获得去麦加朝圣的许可。不久，麦加贵族及其同盟者背弃了协议，于是战事又起。公元 630 年，穆罕默德率军进入麦加并成功地使当地居民改宗了伊斯兰教。在 632 年穆罕默德逝世时，阿拉伯半岛在伊斯兰教的旗帜下已经大体统一起来了。

穆罕默德逝世后，阿拉伯就进入了早期四哈里发时代。哈里发是继承人的意思，意指穆罕默德的继承人。哈里发为伊斯兰的宗教领袖和政治领袖，他将按照《古兰经》的教导来治理国家。早期的哈里发是穆斯林通过选举产生的，从 632 年至 661 年，出现过四个哈里发，他们是：1．阿布·伯克尔（632—634 在位），他是先知的岳父和密友；2．奥马尔（634—644 在位），他是早期的信徒，很有组织才能；3．奥斯曼（644—656 在位），他是麦加倭马亚家族的成员，在穆罕默德创教时期，这一族一度反对过先知；4．阿里（656—661 在位），他是先知的女婿。这些哈里发都住在麦地那，他们以麦地那为中心，对内弘扬伊斯兰教和穆斯林精神，对外进行扩张，夺取商道，掠夺周边国家。他们的远征到达过叙利亚、伊拉克、埃及等地。

穆罕默德生前未曾指定过继承人，但是他曾委托阿布·伯克尔（573—634）主持过麦地那的朝觐祈祷仪式，因此，在穆罕默德之后，阿布·伯克尔被穆斯林拥戴为第一位哈里发。阿布·伯克尔被推选为哈里发时已 59 岁，他生活简朴节制，态度慈祥而有决断力。他亲自主持朝政，并亲自处理重要案件，过问审判的细节，直到案件公正了结为止。他率部征服了背叛的部族，赢得了阿拉伯半岛的统一。公元633年，哈利德·伊本·瓦利德率领军队首次侵入了伊拉克。穆斯林军队继续进攻叙利亚，634年，更在加沙和耶路撒冷之间的阿吉纳代因打败了皇帝希拉克利厄斯的兄弟西奥多。这一年，阿布·伯克尔去世，由他指定的奥马尔成为第二任哈里发。

奥马尔最先采用"埃米尔·穆明宁"的称号，在纳税臣民中确立了阿拉伯人的统治地位。在奥马尔统治的十年期间，穆斯林继续向外扩张，先后征服了叙利亚、波斯和埃及。当时，叙利亚为拜占庭帝国的属地。635年，阿拉伯军队在哈利德的率领下，在大马士革附近的马尔杰·萨法尔击败由贝恩尼斯率领的拜占庭军队，攻克大马士革。然而，在拜占庭调动大军反攻后，这两个城市又被拜占庭的军队收回。636年，阿拉伯军队在太巴列湖以南的雅穆克河畔给了拜占庭军队毁灭性的打击，终于重新占领了大马士革。阿拉伯军队向北挺进，征服了叙利亚的北部，占领了阿勒颇和安条克。公元638年，阿拉伯军队夺取了耶路撒冷，并在640年攻占了恺撒城。阿拉伯人控制了沿海地区，其占领区的北部边境到达了陶鲁斯山。639—641年，阿拉伯军队占领了美索不达米亚。

要想征服波斯远非易事。阿拉伯人曾在大桥战役中遭到惨败，但在奥马尔统治初期又发起对波斯的战争。经过635—637年两年的战争，阿拉伯军队攻克了伊拉克。这个成果主要是通过两次战斗取得的：其一是635年的布瓦伊卜战役，由穆桑纳率领的阿拉伯军队击败由赫兰率领的波斯军队。其二是637年，萨德·伊本·阿比·瓦卡斯在卡迪西亚击败了由波斯大臣鲁斯塔姆率领的波斯军。637年，阿拉伯军队占领了泰西封，并在泰西封以北五十英里的贾卢拉再次打败波斯人。638—650年间，阿拉伯人入侵并占领了波斯中部，642年，阿拉伯军队在内哈万德对波斯人的战斗中，取得了决定性的胜利。

阿拉伯人之所以能够取得胜利，与拜占庭帝国和波斯帝国的衰弱很有关系。阿拉伯人大举进攻之时，正是这两个帝国内乱不已的时期。连年的内乱削弱了两个帝国的军事和财政力量。另外，斯拉夫人也在此时进攻拜占庭，使拜占庭的皇帝不得不在君士坦丁堡附近抵御斯拉夫人的入侵。当阿拉伯人攻占拜占庭边远的东南省份时，拜占庭人就无力阻挡了。

　　639 年，阿拉伯人在阿姆尔·伊本·阿斯率领下侵入埃及，次年，夺取了皮卢希恩，并在赫利奥波利斯把拜占庭的军队打得大败。641 年拜占庭皇帝希拉克利厄斯逝世，642 年阿拉伯人占领了巴比伦堡。埃及无力抵抗阿拉伯人，向阿拉伯人投降，条件是埃及的居民在向阿拉伯人缴纳贡金后能保持自己的人身财产安全和宗教信仰自由。埃及从此被阿拉伯人占领。

　　644 年，哈里发奥马尔遭到暗杀，由选举团选举产生了继承人。麦加倭马亚家族的一个成员奥斯曼成为新的哈里发。在他的统治之下，阿拉伯加强了对埃及的控制。由于他宠任族人，遭到了伊拉克和埃及的阿拉伯人的不满。奥斯曼统治时期，埃及在拜占庭舰队的支持下发生了叛乱，这促使埃及的穆斯林总督阿卜达拉·伊本·萨德建立了阿拉伯舰队。这支舰队曾远征君士坦丁堡，并在 655 年重创了拜占庭的舰队。穆斯林在埃及的统治得到了巩固。但是，哈里发奥斯曼本人却遭到暗杀。他死后，先知的堂弟和女婿阿里继位为哈里发。

　　阿里的继位引起了阿拉伯统治集团内部的争斗。在阿里不到 5 年的统治时间里，先是出现伊拉克的叛变，接着又发生叙利亚总督的叛变。伊拉克的叛变由先知的爱妻阿依莎和先知的两个朋友领导，但是被阿里的军队镇压了下去。叙利亚总督穆阿维叶起兵叛变，要求为被暗杀的奥斯曼报仇。两者的争端导致了战争，由于阿里接受为终止战争而进行的裁决，原来追随他的部分成员背弃了他。阿里镇压了那些背弃者，却无法解决纷争。661 年，阿里被谋杀，早期哈里发时代由此结束。

　　早期伊斯兰教国家的社会性质是奴隶制还是封建制社会一直是一个有争议的问题。我们认为：阿拉伯国家的发展确实具有自己的特殊性。在阿拉伯半岛上，原先存在着一些家长制的部落国家，后来在伊斯兰教的基础上建成了统一的阿拉伯国家。再后来，在对外扩张的过程中，受到周边先进国家生产力和社会制度的影响，逐渐发展为封建帝国。因此，在分析阿拉伯国家性质时，我们既要承认作为主要生产者的大部分穆斯林是自由民而不是奴隶，也要注意其中存在着奴隶买卖和使用奴隶的现象，这正好反映出阿拉伯国家从部落制社会向封建社会的演变。

第二节
伊斯兰教教义

阿拉伯半岛统一后，麦加成为全世界穆斯林朝觐的最重要的场所。伊斯兰教规定，凡身体健康、有经济能力的穆斯林，一生要去圣地麦加朝觐一次。这通常是在回历十二月上旬进行，主要内容是巡游克尔白神庙，亲吻黑石，增进与各地的联系。世界各地的穆斯林在祈祷时都要从各处向麦加方向站立。凡到过麦加朝圣的穆斯林，都可在自己的名字上冠以哈吉两字，意为朝拜过天房的人。麦地那也是伊斯兰教的圣地，穆罕默德死后，他的陵墓在麦地那，现在每年都有千百万人到麦加、麦地那这两座城市朝拜。

伊斯兰教的内容极其丰富，其中最重要的有下面几点：

首先，主张最严格的一神教。神只有一位（安拉），不是多个，也不是三位一体。这唯一的神具有宇宙间全部的权力、所有的智慧和所有的慈悲心。他是犹太人的耶和华，基督徒的上帝和穆斯林的安拉。他所凭借启示人的，最初是犹太人的先知，后来是耶稣，最后就是穆罕默德。按照穆罕默德所言，耶稣确实是一位先知，只是从没被钉在十字架上，也从未复活升天。穆罕默德还规定伊斯兰教不崇拜偶像，从而更加体现了伊斯兰教的精神性。

其次，从伦理上看，伊斯兰教确定人的灵魂不死，并且拥有来世的观念。凡不信神的人和作恶事的人，一定会沦入永劫，受到剧烈的痛苦。反之，真正虔诚的人将在天国享受无穷无尽的幸福。《古兰经》和《圣训》曾论及天堂和地狱的区别。天堂中有葱绿的溪水，茂盛的葡萄树和美貌的仙女。穆罕默德曾说："首批进天园者的形象犹如十五的圆月。他们进入天园后，不吐痰，不流鼻涕，不解便。他们使用的器皿是金的，梳子是金的和银的，香炉中烧的是沉香，他们的汗是麝香的香气，他们每人有两个妻子，美貌动人，可以从肌肤外看清小腿的骨髓。他们之间无纷争，成天赞美真主。"至于地狱，先知这样描述："场上传来挣扎叫喊的声音，那儿全是赤身裸体的男女，在他们脚下，火焰直往上蹿。火焰蹿来他们就叫喊不已"，又说："那儿有条河，河里的水像血一样鲜红，人们就在腥臭的血河里游泳。"伊斯兰教的天堂地狱实际上是沙漠地理气象的某种反映。

第三，从伊斯兰教有关道德的各种训示中可以看出穆斯林崇尚洁净、热爱文化的生活方式。在《古兰经》中，这些道德训示占有很大篇幅。大致的内容一是改革各种传统的氏族陋习，二是立下新的规矩。从这些道德训示中，我们可以认识当时的各种社会风貌。例如：要求禁止饮酒，禁止杀害妇女，反对吃利息。伊斯兰教反对部落间的格斗，因为众穆斯林皆兄弟。《古兰经》《圣训》中有的规定非常细致，例如"当食器被狗舔过，要洗涤七次"，"真主禁止忤逆母亲、活埋女儿"，"禁止父亲、儿媳、乳母间的通婚"。在伊斯兰教的经典中，还有诅咒为人体刺纹的女人、修面的女人、拔汗毛的女人、修锉牙齿的女人的条文，即诅咒那些为了美观而随意变更真主所造器官的女人。

穆斯林的宗教功修要求人们在生活中保持虔诚的宗教情感，它分念、拜、斋、课、朝五功。念功就是要诵念"除安拉之外别无真神，穆罕默德是他的使者"这句经文，这是伊斯兰教最主要的信条。另外还要时常诵念《古兰经》以增加对真主和使者的信仰。拜功是指在规定的时间每个穆斯林必须朝麦加的方向行拜礼。每日要礼拜 5 次，即晨礼、晌礼、晡礼、昏礼和霄礼。每周要举行一次聚礼，称"主麻"

大马士革大清真寺，7世纪晚期

拜。每年要有两次会礼，常在开斋节和宰牲节（古尔邦节）举行。在斋月期间，穆斯林每个夜晚都要进行礼拜。在礼拜之前，穆斯林要沐浴净身，以示涤罪。这又分为大净和小净。大、小净都要先从右边的器官开始。小净时应洗涤双手三次，然后用右手取水漱口呛鼻，再洗脸三次，然后再洗手臂，摸头及洗脚三次。妇女在大净时允许使用一块香皂。大、小净的目的是洗涤掉罪恶。洗好之后就可以礼拜。礼拜时应七个器官触地。圣人说："我曾令除额头外七个器官触地叩拜。七个器官指鼻子、双手、双膝、双脚脚趾尖等"，又说："礼拜时不可抚弄衣服，也不抚弄头发。"

所谓斋功，是指凡穆斯林，除病人、旅客、怀孕的妇女外，都必须在斋日期间（回历九月）封斋一个月。斋日期间每天从黎明至落日间戒除一切饮食和房事。伊斯兰教认为封斋是行善和涤罪的表现，圣人说："封斋是盾牌。一件善行，十倍回偿。如有罪过，可以因他礼拜、封斋和施舍而恕罪。"封斋也有降低欲望的功能，因为"有婚娶能力者应当结婚，结婚可以使他保持纯洁；没有能力结婚的应封斋，因为封斋会断其欲望"。

此外，纳天课也是一种善功。每个穆斯林应当遵守天命进行纳税。根据《圣训》的规定，缴纳天课的物品主要有金银、首饰、货物、农副产品、矿产品、驼、牛、羊等。其中，金银首饰纳课税 2.5%；商品、货物按时价折现金计算纳课；农产品根据土地灌溉的不同情况分别课税 5% 和 10%；驼、牛、羊各有具体的规定税率。这在以后发展为国家的赋税制度。纳天课是穆斯林需要奉行的义务，因为"真主赐其钱财，而他不纳天课，那么在他的后边，财产会变成一条大毒蛇缠住其身。然后，它张开血口说，我就是你的财产，这人就要受伤害"。由此可见，在伊斯兰教国家，政府是同社会的主流经济密切结合的。

伊斯兰教把为安拉而战称为圣战，以为这是一种光荣无比的事业。《圣训》说道："圣战本身等于笃诚的朝觐。"又说："你们要知道，天园处在宝剑的荫蔽之下"，"凡是出征负伤者，在其末日时，伤处的颜色虽然是血的颜色，但全是麝香气味。"又说："在天国中部有一珍贵的帐篷，宽为六十海里，在它的每个角落都有陪伴穆民的美女，她们不见其他人，只与穆民亲热。还有四座天园，里面的东西都是金银。"据说这些都是为征战者殉教后安排的住处。

很明显，伊斯兰教通过宣传精神信仰，使其文明具有了显著的开放色彩。在伊斯兰教的经典《古兰经》开篇就有这样的话："东方和西方，都是真主的，他把他所意欲的人引上正路。"这种开放性的世界视野包含着一种高深的神学洞见，即穆斯林文明只有向世界开放，合理吸收世界各地的优秀文化养分，才能发展壮大。这种阿拉伯的丰富智慧，造就了穆斯林文明惊人的综合能力，能够尽量吸收世界上各种优秀的文化和科学，并在此基础上结出鲜艳的硕果。

经济方面的成就也是这样。世界多数国家在古代中世纪时都是独立发展自己的经济，其经济形态的转变相当缓慢。但阿拉伯人却是在征服过程中通过与被征服地区经济结构相融合的办法，使自己脱离游牧和简单的贸易经济，迅速转变为封建制经济形态。在早期哈里发时代和以后的阿拉伯帝国时代，阿拉伯国家形成了以封建国家土地所有制为主，农业、牧业和商业全面发展的多样化的经济形态。这种被后来学者誉为"错综复杂的中世纪穆斯林经济制度"，实际上是穆斯林文明得以迅速发展的重要原因。各种不同的经济制度在伊斯兰世界中形成了一种世界性的合奏，却又从不失去它的基本旋律。这种文化和经济的开放性，使穆斯林文明有了巨大的发展空间。

伊斯兰教教义非常重视现实世界的完善，认为真主安拉关心穆斯林生活的每一部分，并且要把他们引向幸福。注重现实世界的发展，对于任何一个穆斯林来说，都是必不可少的。伊斯兰教从开创之初就成为现实世界中人们需要遵守的法规，由此形成了伊斯兰穆斯林文明的治国方略。对于皈依伊斯兰教的穆斯林，《古兰经》的经文经常深入到他们的生活细节之中，因为经文对婚姻、嫁娶、施舍、礼拜、饮食、夫妻关系、供养父母等都有明确的规定。正如《古兰经》上所说："蒙我赏赐经典的人，认识他，犹如认识自己的儿女一样。亏折自身的人，是不信他的。"注重现世生活、经文为世人生活立法成为穆斯林文明的显著特点。

在伊斯兰穆斯林文明中，忠诚待人是一个非常重要的原则。然而这种忠诚又是在平等的原则下实行的。按照伊斯兰教的说法，众穆斯林都是兄弟，他们之间的关系，是通过共同信奉伊斯兰教而结成一体的平等关系。在穆斯林皆兄弟的原则下，要求消除阶层、门第的差别，也要求用行动来维护现实生活中的平等信仰。对于被征服地区的人们也是一样，谁信仰伊斯兰教，谁就取得了与其他穆斯林一样的权利。在"穆斯林皆兄弟"的感召下，通过掌握各种政治、法律、社会、科学等文明技艺，推进尘世的幸福，是在伊斯兰教创教时代就已经确立的原则。

伊斯兰教在创教之初就强有力地参与政治，改变了阿拉伯人的历史进程，政教合一由此成为伊斯兰国家的显著特点。伊斯兰教所确立的一些原则，每一种都是穆斯林花费几个世纪甚至更长的时间、通过无数次实践加以验证的宝贵经验。这些原则将宗教和政治、宗教和法律、宗教和穆斯林的生活习惯融合在一起。可以这样说，穆斯林文明是作为一个整体而出现的，其发展过程中充满了各种变故，却从来没有离开过它在发展时的整体性。就是说，政教合一这个原则，不能仅就政治学的角度去解释，必须放在穆斯林文明发展的历史过程中去考察。而且，它也不仅仅是一种政治的类型，而是穆斯林整体文明发展的一种必然结果。

在伊斯兰教教义中，没有类似基督教的人的原罪观念，这反映了穆斯林客观、乐观的天性，他们对自己所从事的事业充满自信。穆斯林认为，他们所创造的业绩，是在真主的指引下完成的，因此类似穆斯林和真主的关系是一种以道义为指导的关系。《古兰经》经文上说："信托真主，且为真主而虔诚奉教的人，是与信士们同等的；真主将以重大的报酬赏赐信士们。如果你们感恩而且信道，真主何必惩罚你们呢？真主是博施的，全知的。"这段经文表明，穆斯林与真主之间的关系是一种一体关系。对于一个穆斯林来说，起始点不是原罪和赎罪的问题，而是一个如何按照真主指定的方向前进的问题。宗教的神学与人类道义生活的原则构成一种理念和行动的统一体，而所有的事件和社会结构，都是这个统一体的精妙综合。记住伊斯兰教的这个特点非常重要：首先它摆脱了古代中世纪宗教文明中常有的悲观和出世情绪；其次，因为尘世的建设也是伊斯兰教所考虑的重要目标，这就使得穆斯林文明有机会进行各式各样的创造，并且根据伊斯兰教的教义将那些不合适的样式加以改造或完善。

第三节
倭马亚王朝和阿拔斯王朝

公元661年至750年，是穆斯林历史上的倭马亚王朝时期。这个王朝的奠基者是原来的叙利亚总督穆阿维叶，他是倭马亚派的领袖。王朝其他著名的统治者有马立克、瓦里德一世等。因为穆阿维叶的势力逐渐强大，所以阿里的儿子哈桑在穆阿维叶向伊拉克进军时主动逊位，而埃及在阿姆尔（埃及的第一个征服者）的鼓动下，也归顺了穆阿维叶。这样，穆阿维叶就成为倭马亚王朝的开创者。他有非凡的政治、组织才能，在他的统治下，倭马亚王朝不断得到巩固与发展。

穆阿维叶运用政治和军事手段维持了王朝初期的秩序，带来了一定程度的社会繁荣。公元7世纪末，阿拉伯国家又大举进行对外扩张。阿拉伯人在711年组织远征队，渡过直布罗陀海峡，推翻了西哥特人的王国。伊斯兰教徒在整个西班牙半岛建立了统治。接着，他们又越过比利牛斯山，进入了南法兰西。732年，也就是穆

位于叙利亚的倭马亚王朝王宫建筑细部。约720年

罕默德逝世100周年时，法兰克王国的宫相查理·马特在普瓦提埃战役中击退了阿拉伯人的进攻。于是，阿拉伯向西的扩张到此为止，比利牛斯山成为阿拉伯人西边的疆界。至732年时，阿拉伯帝国西起比利牛斯山，领地包括西班牙、北非、叙利亚、亚美尼亚、美索不达米亚、波斯等处，然后折入中亚细亚，一直向东扩张到中国和印度的疆界。在武力扩张的基础上，一个疆域广阔的阿拉伯帝国形成了。

阿拉伯人在短时间内从原来的小国发展成为规模极大的帝国，而且那些被征服地域的经济和文化一般都要高于阿拉伯，这种特殊的情况导致政治中心的转移，帝国的中心已从麦地那转移到了叙利亚。穆阿维叶是660年在耶路撒冷被立为哈里发的，为了适应飞速发展的政治形势，他把政府所在地迁到了大马士革。在穆阿维叶统治期间，叙利亚成为王朝统治的中心，大马士革取代麦地那，成为帝国的都城和政治文化的中心。

在倭马亚王朝的中晚期，阿拉伯人受被征服地区的影响，逐渐过渡到了封建的土地所有制。土地的归属有三种类型：一是国有土地。穆斯林从伊斯兰教教义出发，认为土地是属于安拉的，所以只有哈里发才有权支配土地。因此，在叙利亚、埃及和伊拉克，政府把大量土地收归国有。二是清真寺院的土地。这主要是把原属拜占庭贵族和伊朗王公的一部分土地，分配给了伊斯兰教寺院，各地的清真寺得到许多土地。另外，倭马亚王朝的贵族得到了叙利亚的许多土地，而在伊拉克，出现了阿里家族拥有的大庄园。穆斯林政府规定，清真寺院的土地不得买卖，贵族私人占有的土地则可以自由处理。三是私人占有的土地。国家保护一般穆斯林所拥有的土地，那些改宗者的土地也受保护，他们的土地不被没收。

国家、寺院和贵族的土地都租给农民耕种，农民要向封建主缴纳很重的租税。同时，还存在比较严重的农奴制度的痕迹。例如在 7 世纪时，政府强迫农民在身上挂牌，写明住址，以防止农民逃离。当时，还存在着把战俘直接变成奴隶的现象，而且奴隶买卖的现象一度十分普遍。

倭马亚王朝后期，教派纷争，各地叛乱和人民起义接连不断。阿拉伯人的对外征服加深了内部的阶级矛盾、民族矛盾和统治集团之间的派系矛盾。因为哈里发的国家是政教合一的政权，政治上的反对派必然表现为宗教上的派别之争，同时，宗教上的分歧也不可避免地发展成为政治上的对抗。这些对抗具体反映在什叶派、哈瓦立及派和逊尼派之间的斗争中。什叶派是先知宗室继承权的支持者，实际上就是拥戴哈里发阿里和先知女儿法蒂玛的后裔的派别。因为倭马亚王朝改变了民主选举产生哈里发的做法，改为世袭，从而引起了一些穆斯林的不满。穆罕默德的女婿阿里为首的一派，利用群众的不满，反对奥斯曼的统治。后来，阿里成为掌权的哈里发，他的组织就发展成为什叶派。什叶派后来发展出了伊马姆（教长）职位的教义，认为伊马姆是神的化身，是兼具宗教和世俗权威的唯一职位。当时的叙利亚总督穆阿维叶拒绝承认阿里派，终于爆发战争。阿里感到惧怕，便想同穆阿维叶妥协，这引起了什叶派内部的分裂。一些下层人民于是脱离什叶派，另外组织了哈瓦立及派。哈瓦立及派主张公众选举产生哈里发，认为任何优秀穆斯林都可以成为哈里发。并要求平分一切战利品。哈瓦立及派还认为善功是宗教的主要部分，犯有终身罪行者是不奉教的人。什叶派和哈瓦立及派在政治上都坚决反对倭马亚王朝和阿拔斯王朝。逊尼派即代表倭马亚家族的正统派，这一派是同什叶派和哈瓦立及派相对立的。逊尼派编写了一部《圣训》，并把它放到与《古兰经》相同的崇高地位，却不为什叶派所认可。什叶派主要在伊拉克和埃及等地活动，一定程度上反映出被征服地区人们的不满。

另外一种情况是，创自穆罕默德而被哈里发所继承的阿拉伯国家，对于家族和部落概念的理解要比对民族概念深一些。所以，即使在帝国建立后，也经常会有家族的纷争和派别的争斗。然而，现在的阿拉伯人只是很稀疏地分布在广阔的被征服土地上，因此这种内部争斗很容易为被征服地区人民的反抗运动提供机会。例如：尽管阿拉伯人在叙利亚、美索不达米亚等地人数很多，但在非洲，和埃及人、柏柏人相比，他们的人数就很少，在西班牙也不过是柏柏人和沿用变体拉丁语的西班牙人中的一小部分，在波斯仅为大量波斯人口中的统治阶层。尤其是波斯人，虽然在表面上改宗伊斯兰教，但从未真正地服从过阿拉伯人的统治。

8 世纪中期，伊拉克的封建主阿拔斯家族出面反对倭马亚王朝。阿拔斯家族自称穆罕默德叔父阿拔斯的后裔，指责倭马亚的哈里发是非法继承者。公元 747 年，在呼罗珊爆发了奴隶出身的波斯人阿布·穆苏里姆领导的起义。起义者提出减轻税收、取消劳役等主张，得到农民、奴隶、手工业者以及什叶派、哈瓦立及派群众的支持，势力强大。起义军占领了木鹿城、尼沙普尔等城市。同年，阿拔斯家族的阿布·阿拔斯·萨法赫也举起家族的黑色徽章在呼罗珊反对倭马亚政权。750 年，起义军在底格拉斯河右岸击溃哈里发军队的主力，哈里发逃到了埃及。与起义军保持

狩猎图，7世纪穆斯林的织品

联系的阿拔斯家族乘机窃取斗争成果，残酷镇压了倭马亚家族，在叙利亚等地大肆屠杀倭马亚王朝的王公，逃脱者极少。部分倭马亚家族成员逃到了西班牙，并在西班牙建立起了后倭马亚王朝（756—1031）。此后，阿拔斯家族的军队到处镇压人民起义军，并且杀害了起义军领袖穆苏里姆。阿拔斯王朝就这样从血腥中建立起了自己的统治。

从 750 年至 1258 年，是阿拉伯历史上的阿拔斯王朝时期。这个王朝因为崇尚阿拔斯家族的家族黑徽，在我国的史书中被称为黑衣大食。尽管阿布·阿拔斯·萨法赫是阿拔斯王朝的第一位哈里发（750—754 在位），但是直到他的兄弟曼苏尔在 754 年继承王位后，王朝才得以巩固。曼苏尔（754—775 在位）、马赫迪（775—785 在位）、哈伦·拉希德（786—809 在位）、马蒙（813—833 在位）等都是这个王朝有名的君主。

曼苏尔统治的主要内容之一是镇压各种派别的叛乱。曼苏尔的统治遭到他的叔父、叙利亚总督阿卜杜拉的反对，阿卜杜拉被阿布·穆苏里姆镇压。后来，阿布·穆苏里姆又因叛乱被曼苏尔下令处死，其在呼罗珊的部众也被镇压。758 年，曼苏尔重建马拉提亚（梅利滕）、莫普瑟埃斯奇亚等城市，构筑要塞，以防范拜占庭的进攻。762 年，在哈桑家族穆罕默德和易卜拉欣的领导下，什叶派在伊拉克和麦地那叛乱。同年，曼苏尔建成巴格达城。在曼苏尔统治的后期，王朝得到了巩固。

775 年，曼苏尔的儿子马赫迪继承了王位。马赫迪有他父亲奠定的基础，所以能够改进帝国的交通，加强重要中心的防御，并且鼓励文学和艺术的发展。在他统治期间，印度的科学著作包括历数全书《悉檀多》、医书《苏斯特拉塔》等被译成阿拉伯文。776 年左右，出现了一位享有盛名的化学家杰伯，他记载和描述了化学仪器、炼金术以及提炼金属、蒸馏酒精和制造玻璃的方法。

在马赫迪的儿子哈伦·拉希德统治期间，王朝和拜占庭的关系非常紧张。从 791 年至 809 年，两国间战争不断。哈里发曾亲率大军进入到小亚细亚。穆斯林的军队夺取了泰恩纳，进军安赛勒。同时穆斯林的舰队在 805 年和 807 年先后攻占了塞浦路斯和罗得岛。

在《天方夜谭》中，有对哈伦的大段描写。据说，他是一位快乐而有教养的君主，偶尔专制残暴，但却乐于助人，并且慷慨好施。他是一位虔诚的穆斯林，遵守伊斯兰教的各种教规。此外，他格外热心学术，特别是诗歌。他所在的巴格达是诗人、法学家、医生、文法学家、声韵学家、音乐家聚会的宝地。他经常接济他们，对于推动阿拉伯的文化和艺术发展，起到了非常重要的作用。哈伦认为每个人的精神都是自由的，因此他用非常平等的态度对待穆斯林，他提倡简单和朴素，最卑微的丑老妇人都可以与哈伦平起平坐。哈伦以父执之礼对待他的教师雅耶，在登基之后委任雅耶为行政管理者。公元809年哈伦逝世，他的儿子马蒙不久继位为哈里发，继续哈伦鼓励学术的政策，把阿拉伯帝国的隆盛推向了最高峰。

在哈里发穆塔米德统治时期（870—892），哈里发失去了东方诸省。亚库卜·伊本·莱斯创建了萨法尔王朝。这个王朝存在于870年至903年间，疆域范围大致是近代的波斯全境。萨法尔王朝后为萨曼王朝（874—999）所灭，萨曼王朝的势力扩张至从印度边界到巴格达以及波斯湾的广大地区。公元999年，土耳其斯坦的艾拉克诸汗击溃了萨曼尼德族的统治者。在萨曼尼德人统治期间，布哈拉成为伊斯兰教文化的中心。

阿拉伯帝国到公元10世纪时开始出现衰弱迹象。由于阿拉伯贵族进入东方之后，逐渐追求安逸舒适的生活，再加上各地的民族反叛、各地贵族家族的叛乱，还有入侵的塞尔柱人和蒙古人的侵犯、伊斯兰教各教派的争斗，这些都导致了阿拉伯帝国的衰败。10世纪后，阿拉伯帝国主要的势力范围仅限于以巴格达为中心的两河流域。在哈里发穆克塔迪尔时期（908—932），法蒂玛王朝的乌拜杜拉·马赫迪征服北非，把那里的统治者齐亚达图拉族驱逐出了埃及。但齐亚里德族在塔巴里斯坦、朱尔詹、伊斯法罕、哈马丹建立了独立的统治（928—1024）。在它的庇护之下，白益王朝（932—1055）兴起，征服并瓜分了波斯和伊拉克。这样，哈里发的统治形同虚设，阿拔斯王朝走向衰弱。到1258年，蒙古军攻下巴格达，杀害了哈里发，阿拔斯王朝灭亡。

在帝国时期，阿拉伯人的政治经历了从民主共和政体向君主政体的转变。穆罕默德之后的几十年中，实行的是古代意义上的民主共和政体，凡成年的自由男性，均享有选择统治者和决定政策的权利。但是，国家机构日益完善后，政府实际上已经被少数贵族家族所控制。随着对外扩张战争的推进，民主共和政体逐步让位于君主政体，并且在倭马亚王朝时期完成了这种转变，哈里发不再由选举产生，改成了通过世袭来继承。同时，发生了依靠武力争夺哈里发职位的情况。哈里发既是宗教领袖，又是政府首脑，因此享有无限的权力。他根据《古兰经》的旨意来行使职权，建立神权政权合一的政府。阿拉伯人根据《古兰经》的规定，除了双亲均为奴隶出身者外，任何穆斯林均有出任政府官职的机会。

阿拔斯王朝统治时期，建立了中央、行省和地方的多级政府。中央设御前大臣，他负责典礼仪式，并协助哈里发管理国家。又设行政长官宰相一职，负责官吏的任命、全国性政策的运作。主要的政府部门有税收局、主计处、通讯社、警政署、邮政局和冤情陈述司。冤情陈述司后来发展为行政和司法的上诉法院。税收局掌管全国的税收，在哈里发哈龙时代，国家每年的税收收入为 5.3 亿第尔汗。到 786 年，国库尚有盈余 9 亿第尔汗。公共邮政局在阿拉伯帝国中非常重要，政府和各地的重要人物，都要靠它来传递消息和发布命令，同时它还是中央对地方官员政绩考察的情报网络。

哈里发时代的法律主要是根据《古兰经》的条文制定的，具有宗教和法律合二为一的特点。然而《古兰经》作为法律是需要解释的，而有些法律条款是《古兰经》中所没有的，因此就要根据法理学家的解释来加以补充。这些法学家们的权力很大，他们是法律实际上的解释者和制定者。在公元八九世纪阿拉伯帝国的全盛时期，法学分成了许多学派，主要形成了两种意见：一是要求根据帝国发展的实际需要因地制宜地修改原有的法律，另一种意见则坚决要求维持阿拉伯的法律传统，不作大的修改。赞成前一种意见的有以阿布·哈尼发·伊本·塔比特为代表的学派。由于阿拉伯的原有法律是根据沙漠社群的需要而制定的，不适用于文明较高的地区，帝国应根据实际情况进行类比性的解释，不宜原封不动地照搬套用。阿布·哈尼发·伊本·塔比特认为："法律的原理与文法及逻辑规则并不一样。它表达了一般习俗，当产生此习俗的环境变化时，应随之而变化。"在巴格达和开罗，沙斐仪（767—820）认为原有的法律传统正确与否，应当以整个阿拉伯社会的一致见解为准则，而非按照麦地那地方的意见。另一学派不赞成这种因地制宜的法律变化，主张以麦地那的一致见解作为解释《古兰经》及《圣训》的标准。这一法律学派被称为麦地那派，其代表人物是马立克·伊本·阿那斯（715—795）。马立克·伊本·阿那斯曾精心研究过 1700 多条法学"圣传"，认为这些圣传大多出自麦地那。麦地那学派的真正主张，是不赞成根据帝国的发展而随意改变古代的传统。[①]

同样令人关注的还有阿拉伯独特的经济结构。首先，阿拉伯人的经济是多样化

▶ ▶ ▶ ▪

① Arnold Sir T. W. and Guillaume,A.,*The Legacy of Islam*（《伊斯兰遗产》），转引自威尔·杜兰：《世界文明史》第 4 卷（上），东方出版社，1999，322 页。

的，牧业、农业、商业、手工业都非常齐全。牧业主要畜养牛、马、羊、骆驼等动物，并且盛产蜂蜜、鲜奶和奶制品。农业除生产粮食（主要是谷类）之外，还种植蔬菜、棉花、水果和花卉。阿拉伯人种植甘蔗，因而盛产食糖。阿拉伯政府重视农业和水利建设，哈里发曾组织人力在巴格达附近开过一条大运河，从而把流向美索不达米亚的幼发拉底河与流向波斯湾的底格里斯河连接起来。早期阿拔斯王朝政府还鼓励人民整治沼泽地，从而把许多荒地建设成富饶的乡村。

哈里发政府鼓励和扶植商业，鼓励自由贸易。首先，他们在伊斯兰教世界以巴格达为中心修建许多重要商道，形成了一个交通网络。主要商道有下面几条。一条从巴格达出发向东经过拉依、内沙布尔、木鹿、布哈拉、撒马尔罕到喀什噶尔，这条商道可直通中国边界；另一条是东南方向，经过巴士拉至设拉子；再一条往南经过库法抵达麦地那、麦加和亚丁；西北方向的一条是经过摩苏尔或大马士革直抵叙利亚海边。陆上的运输主要依靠骆驼、马、骡及人力，水上主要依靠河流和运河。其次，阿拉伯人有重视商业的传统，所以从来不蔑视商人，商人的社会地位相对要高于中世纪的西欧。第三，阿拉伯人主张完全的自由贸易，专卖是被禁止的。在阿拉伯的伊斯兰世界中，关税相对较少，这就保证了商业渠道的畅通。最后，阿拉伯政府建立了相当可靠的货币流通体制。为贸易方便，早期的哈里发政府允许使用波斯和拜占庭的货币，但在公元695年，开始用贵金属铸造自己的金币第纳尔（dinar，约含65克黄金）和银币第尔汗（dirham，约含43克纯银），并且发行可以在各地通用的期票。这样，商道、自由贸易、靠得住的货币和金融管理，就使得阿拉伯人的商业闻名于世界。从中国、印度到波斯、叙利亚和埃及，到处都有阿拉伯人在做生意：埃塞俄比亚控制了整个红海的贸易，叙利亚、埃及是东边的中心，突尼斯、西西里、摩洛哥和西班牙则为西边的中心。重要的港口有巴格达、巴士拉、亚丁、开罗、亚历山大里亚等。此外，直至十字军东征为止，穆斯林还控制了整个地中海的商业。

随着阿拉伯人的征服战争，伊斯兰教也在各地传播开来。这种传播强调的是皈依，而不是生硬的强迫。阿拉伯人对于自己的精神信仰非常有信心，伊斯兰的统治者一般不迫害非伊斯兰教徒。他们并不强迫基督徒改宗伊斯兰教，任何人只要缴纳一笔人头税，就可以保留自己的宗教。与此同时，阿拉伯政府又规定，伊斯兰教徒交租的份额较少，在任用官员方面也将优先考虑伊斯兰教徒。对于被征服的城市，也有不同的政策。凡是立刻降顺的城市，可以只贡纳它们产业的十分之一，至于被攻克的各城市，就得贡纳它们产业的五分之一。这些政策都非常有效，在被阿拉伯人征服的地区有大量的人改宗伊斯兰教。

第四节
阿拉伯的科学和文化

中世纪的伊斯兰国家，重视科学文化，对科学文化的限制要比西方基督教国家少得多。他们对于古典科学文化具有很高的评价，尤其注意吸收希腊科学文化的营养。阿拉伯帝国地域辽阔，幅员广大，经济多元，特别适合各种文化的传播与融合，因此，早在中世纪，阿拉伯的文化和科学就放射出耀眼的光芒，被称为阿拉伯的文艺复兴。

阿拉伯帝国在政治上经常分裂，但在文化上却建立了一个非常广阔的阿拉伯文化区。这个文化区，既有古代东方文化的韵味，又有西方文化的气质，阿拉伯文化是东西方文化的综合和创新。埃及、叙利亚、美索不达米亚、波斯、希腊诸地的文化，都在阿拉伯帝国时代得到了广泛的接触和交流，在保留各自特点的基础上带上了浓厚的伊斯兰教色彩。阿拉伯的建筑艺术别具一格。圆顶的清真寺，还有正方形或长方形的院落，四周带有拱门的回廊，都非常的宏伟庄重。从 9 世纪中叶的萨马拉清真寺主楼窗上有繁叶饰弓架的结构来看，阿拉伯建筑受到过印度建筑艺术的影响。在阿拉伯文化区，笼罩在伊斯兰宗教气氛中的清真寺、独特的穆斯林服饰、精美的地毯和瓷器、装饰精美但又锋利实用的宝剑宝刀，都突出地表现了一种宗教性的抽象和世俗生活的典雅结合。

伊斯兰教非常重视精神的作用，因此，阿拉伯人注重各地之间文化的传播。在哈龙时代，就已有了研究和翻译亚里士多德著作的学者，他们保存和发扬希腊爱琴海地区的文化，使阿拉伯人的文化比起同时期的西方查理大帝王朝的文化，还要略为先进些。巴格达的手工业品是世界闻名的，作为一个文化中心，它在中世纪起着举足轻重的作用。东方文化对于阿拉伯人的影响非常大，中国的造纸术、指南针、火药，印度的数字、十进位法，都是通过阿拉伯人传播至世界的。

阿拔斯王朝期间，巴格达城是一个著名的科学文化中心。波斯人、希腊人、犹太人、叙利亚人和阿拉伯人都在这里相遇，他们中的许多人热心文化交流，对不同时期、不同国度、不同文本的文献书籍进行整理，翻译成阿拉伯文，他们的工作得到了阿拉伯君主和贵族的支持。哈里发马蒙统治时期（813—833 在位）也许是哈里发历史上最光荣的时代。马蒙不仅移都巴格达，而且还在城里成立一个学府，专门翻译希腊文、叙利亚文、波斯文和梵文的哲学、文学和其他科学著作。译文相当精审，其中对于亚里士多德的著作不仅进行了翻译，而且还进行了译注。在这里，胡奈因·伊本·伊沙克（约 809—877）翻译了盖伦的著作以及托勒密和希波克拉底的著作；塔比特·伊本·库阿拉（约 826—901）翻译了希腊的数学和物理学文本（阿波罗尼戊斯的、托勒密的和欧几里得的）。他们还翻译了许多波斯和印度的书籍，但这些书籍不曾再译成拉丁文，因此没有传到西方。

阿拉伯帝国时期是阿拉伯科学得到大发展的时期。阿拉伯科学的主要成就表现在数学、天文学、地理学、医学和光学等实用科学方面。在数学方面，最突出的贡献是引用印度已有数字，推广使用，被欧洲人称为"阿拉伯数字"并广泛进行代数学、几何学、测量学的研究和运算，使阿拉伯的数学在中世纪数学研究中处于世界前沿。在医学方面，拉齐（即西方所称的雷齐斯，死于 924 年）做出了医学分类，在妇科、产科、眼科和外科方面都有新的建树。伊本·西纳（阿维森纳，980—1037）写了一部非常著名的综合性医书，直到 17 世纪仍然是欧洲使用的教本。[①]

在史学方面，塔巴里（838—923）的编年史，从远古一直叙述到 915 年，保存了大量的关于阿拉伯发展的史料。公元 10 世纪，马苏第著《黄金草原》，为分类纪传体的代表作。马苏第是一位经过实地考察的历史学家，他的足迹遍布埃及、东非、叙利亚、伊朗、印度及东南亚。《黄金草原》共三十卷，记事一直到 947 年，讲述了阿拉伯人的历史和各地的风土人情。

这一时期出现的文学巨著《天方夜谭》，代表了文学的最高成就。相传古时候

▶ ▶ ▶ ────────────────────

① 参见贝尔纳：《历史上的科学》，科学出版社，1983，161 页。

开罗的清真寺，建于公元8世纪

有个国王生性嫉妒，他每天要娶一个妃子，第二天早晨即将她杀害。后来，悲惨的命运落到了宰相的女儿身上。为了不被国王杀害，这位聪明的姑娘想出了讲故事以分散国王注意力的方法，终于制止了这种残酷的行为。当然这种说法只是一种传说，因为故事的真正来源是印度、希腊、希伯来和埃及的神话。《天方夜谭》成书的年代大约在公元 10 世纪左右，到 14 世纪才有最后的定本。著名的故事有辛伯达航海、神灯、乌木马、阿里巴巴和四十大盗等等。这些故事宣扬善良，揭示黑暗，反映了阿拉伯世界的社会风貌和阶级压迫情景。譬如，有个故事说，有个樵夫上山砍柴，无意之中斧头碰到了一个铜环，这使他发现了一个洞口。他走了下去，发现了一位像珍珠般美丽的女郎，原来这是一位公主，却被魔鬼掠来受尽凌辱。樵夫与公主产生了爱情，一心要救公主，但却惊动了魔鬼，魔鬼要他杀死公主作为释放他的条件。他坚决抵抗，结果魔鬼自己杀死了公主，并把那位樵夫变成了一只猴子。后来，这只猴子被国王买去，历尽艰辛，被弄得瞎眼跛脚，经过努力，最后恢复了人形。这个故事反映出了当时抢掠人口和买卖奴隶的情况，也歌颂了纯洁的爱情。在《天方夜谭》中还有直接描写奴隶买卖的，例如有个故事中说道：有一位盲人带了一个绝色美人到市场上叫卖，一到市场，就听到突厥、埃塞俄比亚、希腊、迦太基的许多少女都在被当作奴隶出卖，十分热闹。当有买家经过时，那个盲人就大声喊道："各位商家，富人们！大凡圆的不一定是胡桃，大凡大的未必是香蕉，大凡红的不一定是肉，大凡白的也不一定是脂肪。各位富人们，我这里有一颗独特的珠子，它为无价之宝。我应该叫多少钱？"结果，他以 4500 金币把那个姑娘卖了出去。这在某种程度上反映了当时奴隶市场的真实情况。

《天方夜谭》具有很高的文学价值。它用美丽的散文写故事，其中还夹杂着大量的诗和韵文。那些诗歌和韵文大多包含着深刻的人生哲理。有一首诗歌这么说道："黑夜之中在死亡线上奔波的人们，你别过分地辛苦。因为衣食不是专靠劳力换来的。渔夫直立在汹涌的海上，大鱼却被那些通宵不遭受风寒的人买去。"书中也有不少情诗："我百般渴望的心上人啊，可是一见面，却痴然控制不住自己的眼睛和舌头。""我认识清楚了。她们讲的是光辉灿烂的明灯，她的光辉，好像是火把中燃烧的火焰。""她启唇微笑时，像一个透明的冰盘，也像那芬芳的甘菊。她的头发，仿佛是漆黑的夜，她的容颜竟然羞退了晨曦。"这些甜蜜的诗歌要比欧洲文艺复兴时期的抒情诗早了好几百年。

[推荐阅读书目]

1.《古兰经》。

2.哈全安：《阿拉伯封建形态研究》，天津人民出版社，2000。

3.艾哈迈德·爱敏：《阿拉伯－伊斯兰文化史》，纳忠等译，商务印书馆，1982。

第九章
中古西欧的基督教文明

我们所知道的西方中古文明不是一个地区概念而是一个文化概念。从 476 年西罗马帝国崩溃，一直到 14—15 世纪的文艺复兴时代，一场深刻的变革一直在欧洲持续不断地进行着，直至把它变得同以前大不一样。新的欧洲文明因其带有显著的宗教特色而被称为基督教文明。信仰时代开始了，连同它所孕育出来的全部产品，都不再重复希腊罗马文化的古典风格。尽管这样，文化上整合的痕迹仍然是掩盖不住的，在基督教精神的笼罩下，这里仍然有由大海与田野风光孕育出来的古希腊式的浓郁诗情和古罗马帝国的制度，只不过日耳曼人的生命活力和基督教的神秘主义成了时代最强的声音。蛮族部落文化与基督教结合的后果是创造了一种骑士尚武精神与基督教受难、赎罪观念的奇怪混合，暗示出原始活力如何同禁欲精神相抗衡的悲剧主题。正像人文主义者笔下与风车作战的堂·吉诃德，在整整一千年中，西欧人一直无法摆脱精神和肉体的深刻矛盾，他们既痛苦又无奈地同包括自己在内的周围一切事物进行永无休止的战斗。

尽管这是一个基督教信仰时代，我们却总能透过布满城堡和教堂的中古景色，看到一种很不精致的封建制度和一种非常特殊的生活方式在欧洲兴起：政治是分散割据的，社会几无安全和秩序可言；通过采邑的层层分封骑士们结成了领主和附庸的关系，但基督教会却宣称它高于世俗权威，从而构成了教会对于世俗政府的限制；罗马帝国的崩溃和蛮族的入侵使欧洲的生产力遭受严重破坏，经济长期停滞不前，发展非常缓慢；常年的战争使得地方领主成为地方上的保护者和剥削者；因战争需要而建立起来的采邑、庄园等制度正在把带有军事性质的组织变成人们进行农业生产的基本单位。在这样的环境里，中世纪的欧洲人长期生活在贫困的社会里，精神不免走向悲观和虚无，这正好为宗教的盛行铺平了道路。不久，社会结构、绘画、音乐、建筑、民族性格以及生活方式的各个细节都带上了基督教的色彩。随着教堂和修道院的修建，追求知识转变为研究彼岸的学问，这其实不过是缺乏秩序的社会现实在价值和思维方式上的反映。与其说中世纪的西方人在张扬一种庄严肃穆的宗教精神，还不如说他们是在痛苦的灾变面前，期望通过生活的宗教化来为自己找到一条脱离苦海的精神出路。

第一节

文明整合和宗教社会的兴起

　　信仰时代始于罗马时代，但只是到罗马帝国崩溃以后才真正发展起来。从世界的范围看，欧洲这块不算很大的土地，似乎一直在经历鲜明的文化突变。例如：古希腊的文化是充满诗意的，它一直企图保持极大的诱惑和极大的克制之间的动态平衡。是罗马的军团、法律、秩序以及那些具有雄浑风格的帝国建筑，这都是古代的希腊人所短缺的。罗马帝国崩溃后，击溃罗马的日耳曼人不仅给欧洲注入了活力，也给欧洲带来了原始的部落习惯和野蛮的军事制度。而基督教的兴起可以说是带来了另外一种景象：它大胆宣布禁欲主义是合理的，并要世人都承认自己有罪，因为希望和光明只能存在于彼岸的天国。之后的发展仍然是色彩分明的，如新教和天主教，人文精神和经院

金福音书封面，603年，教皇格里高利将它送给伦巴第国王作为和平的礼物

哲学，理性主义和浪漫主义，现代主义与后现代主义。尽管西方学者一直在寻找其文明发展的延续性，我们却惊叹西方文明发展中的断裂特点，因为这种通过断裂来推进文明的方式，在其他地区并不多见。从这些情况我们得知，用来储存西方文明之液的酒瓶在构造上一直显得非常脆弱。

构建中古西方文明的第一种元素是古典的希腊文化。希腊人爱美，爱文化，爱科学，也爱奥林匹克运动会那样的高尚竞争。尽管希腊人对于精神和肉体的问题极其敏感，但希腊人所崇尚的主要还是个性和理想主义。柏拉图认为，现世是需要加以改善的，他写《理想国》，目的是要改善社会。在亚里士多德那里，浪漫的哲学已经变为实用的理念。他在方法论上是中庸的，但他培养出马其顿的亚历山大，并使后者成了一位狂热推进希腊文化的君主。在亚历山大的战车周围，总有一大批学者在搜集各种珍品，并且建造图书馆。这种世俗的文化理念，仍然不断地在中世纪基督教会的框架内发展着，成为一种影响西欧政治、艺术、制度、伦理的文化力量。

第二种基本成分是罗马的文化。罗马文化是剑的文化，它强调理性、功利和实用，因此制度和法律在罗马帝国时表现得很充分。罗马文化强调制度化，却不能理解希腊人的理想和精神之爱。当然，罗马帝国的灭亡不完全是出于它的文化特性，更重要的是它缺乏一种内在的凝聚力，一旦势力衰退，瓦解就是不可避免的了。在帝国崩溃后的废墟上，人们建立了一种与生活比较接近的体制。尽管这样，中古欧洲的兴起意味着罗马帝国时代地中海文明的结束，也意味着同罗马时代的城市文明告别。

第三种基本的成分是基督教。它融古代的伦理和教理于一身，逐步发展成为一种超个人、超家庭甚至超越国家的普遍的精神纽带，并且期望通过传教把强调个性的希腊文化，强调国家、军团和法律的罗马文化和强调血缘、家庭的日耳曼文化结合起来，形成基督教文明的时代特征。当然，社会的基督教化只是从整体上来说的，教会在最初并不是一个非常严密的组织。但是，因为宗教的超越性，以及教会不断在发展的同时补充自己，善于吸收希腊、罗马文化精髓，终于使自己成为占主导地位的文化，从而把中古欧洲推进到了基督教文明。

第四种是日耳曼文化，它虽然具有强大的生命力，但它的野蛮、地方主义和强调血缘的传统，对中古欧洲封建制度的形成，起到了非常关键的作用。

　　这四种文化元素在公元 800 年时出现了奇妙的融合现象。查理大帝在教堂祈祷时，教皇把一顶王冠戴在他的头上，并称他为罗马人的皇帝。这个日子被认为是欧洲文明的诞生日。历史学家对查理加冕一事给予特别的注意，原因在于这意味着它完成了欧洲历史上的一次大的文化整合。其中，希腊放大了的个人精神被缩小了，同时，罗马过于扩张了的强大体制也受到了遏制。相反，本来不显眼的日耳曼人的家族和血亲原则却得到了加强，同时基督教成为一条纽带，把以上三者都联系了起来。这次文明大整合，从罗马帝国后期算起，一共经历了三四百年的时间。我们注意到，通过这次大整合，欧洲内部的结构得到了改善，希腊、罗马、日耳曼和基督教四种文化因素在比例上得到了调整，这就为欧洲新的发展提供了一个基础。

　　此时，三个社会集团出现了。第一个是带有军事性质的领主附庸集团，它是在日耳曼人的家族血缘制度、亲兵制度和罗马的军事体制中逐渐产生出来的，与同样带有军事色彩的领主、农奴制度相结合，就形成一种特殊的贵族等级制度，形成了政治军事封建主义的框架。第二个是从日耳曼人的部落习俗中发展而来的集团，它提倡合作、选举和家族自治，这使后来欧洲不少的城镇和农村获得了独立。第三个就是教会，它开始拥有精神方面的领导权，掌管世俗世界的伦理和信仰。主教、神甫、修道院的僧侣，以及一大批长于神学和逻辑研究的学者，成为教会的重要支柱。

　　更为重要的是，基督教这个词代表着人对上帝的信仰和皈依，即一种普遍的至高理念，构成一种上帝、世界和人类之间的相互关系，人、神分别在其中确立自己的位置。基督教的组织即是教会，它自成体系，在宗教、政治、司法、道德、文化方面，都具有重要影响。

　　在古代和中世纪基督教的历史上，人们所称的教义一般是指尼西亚会议以来正式表述的学说和规定，同时也指传统和共同精神中包含的公认的教条。在这个基础上产生了教义学，它集强烈宗教色彩的历史观、强有力的宗教理念和古典希腊罗马哲学于一身，具有丰富和深刻的思想内涵。在古代和中世纪，通过宗教会议来决定、解决宗教理论的问题是一种比较常用的方式。三位一体和道成肉身以及各种圣事的规定，都是这样决定的。还有一些学说，虽然是公认的却没有通过任何形式的权威性裁定，就被称为二级教义。教义和教义学构成了中古欧洲基督教会的体系，因而使教会得以建立在严密、牢固的基础之上。

　　基督教理论的核心之一是拯救理念，这一理念相信上帝之国必将来临，而基督徒最后会获得终极解救。教会通过教士制度和神圣仪式具有了神圣的特质，拯救的观念表现为上帝的公正和上帝的爱的统一，拯救的观念、在世界中受苦的观念和人有原罪的观念相联系，从而唤醒人的负罪意识和行善意识。这样，通过对于拯救的体验，基督徒产生了一种新的生命力量和生命情绪，使自己摆脱本能的私欲而进入对一切神性的善良的维护。从根本上说，拯救是要人通过苦难和负罪意识，认识上帝的恩典，以便让上帝引导自己，最终回归上帝，脱离苦难和罪恶。

基督教的组织就是教会，教会的首领是罗马的教皇。为了管理教会的地方事务，教会设有省区、主教区和教区。省区是一个很大的区域，常以一个重要的城市为中心，设立大主教来进行管理。主教区系省区的一个组成部分，包括城市、城镇及相关农村，设一名主教进行管理。在主教区下设多个教区，一个教区里有一位神甫，主持弥撒等宗教圣礼。大主教、主教和神甫合在一起形成世俗教士团体，从而区别于那些住在修道院中的修道士、托钵僧或女修道士。修士们脱离尘世，尊奉教会的教规生活，常被称为清修教士。男女修道士住隐修院，隐修院通常拥有很大的地产，修道士们耕种土地，研究神学。在修道院中设修道院长，按教规管理修道院众僧人。托钵僧主要是指没有定居或经常游动的传教人士，他们依赖人们的周济生活。在中世纪，著名的托钵僧团体有兴起于十二三世纪的方济各会和多明我会。中世纪教会的主要任务是引导人们的宗教生活，指导宗教仪式，执行各种圣职，并且努力维持信仰和道德。在需要的时候，教会也履行一些政治和司法的事务。

在中古西欧，基督教和教会组织曾经起过非常巨大的作用，为中古欧洲的发展做出了积极的贡献。首先，基督教在中古欧洲的普通社会生活和经济生活中做过贡献。例如，教会经常开展对穷人的施济工作，并且利用自己的影响力创办医院；教会主张世俗人士实行一夫一妻制，反对随便离婚，革除了杀害婴孩的陋习。在形成于6世纪的本笃修道院教规中，要求修道士进行劳动。对于农业和有用的工艺中世纪的教会也加以提倡。

基督教在中古欧洲的政治生活中也有过重要影响。从积极的方面讲，教会的存在促进了欧洲的政治统一，如教会曾影响和支持查理大帝统一欧洲。由于在各个城市都设有教堂，在大城市设主教，促进了城市的发展。在司法制度上，基督教会主张废除落后的神判法，反对刑讯逼供，并且限制私战和复仇。教会曾创立上帝和平运动以限制战争。这些，都有利于社会的发展。

教会卷入政治生活也带来了消极影响。长期以来，教会拥有的广大地产引起了贵族的妒忌。贵族的亲戚充任各级教职，一些完全不配做教吏的人被滥授教职，这引起了教会的世俗化和教士的渎职行为。例如，12 世纪时，西欧十字军对于异教徒的讨伐曾被教会广泛宣传，为教会赢得了许多荣誉。但是到了 13、14 世纪，对穆斯林的战争节节失败，巴勒斯坦的基督教圣地降服于穆斯林。教皇呼吁各国君主重新组织十字军，但都没有成功。事实上，十字军已经变质，如第四次十字军主要不是攻击叙利亚和埃及的伊斯兰教徒，而是攻击拜占庭帝国的东正教徒。十字军一般都由世俗的君主来领导，并得到意大利商人的支持，目的不仅是增加上帝的光荣、扩张基督教的势力，而且还要发展国家的权力，促进各城市的贸易。

十字军的这种变质，还表现在十字军被用来攻击在欧洲的基督教异端。十字军曾被用来镇压法国南部的阿尔比教派，又屡次用来攻击神圣罗马帝国的皇帝和其他基督教的君主，这使许多基督徒都觉得教皇在利用十字军为自己谋取利益和世俗权力，因而他们不愿再服从教会的命令。人们十分惊奇为什么教皇要鼓动基督徒杀戮基督徒，并且给杀戮者以报酬。

教廷驻地罗马城的修建可以说明教会世俗化的程度。罗马本身虽然也有一些农业生产，但不是商业和制造业的中心，而是一个消费中心。教皇治下的罗马城只是教皇的统治中心，教会行政体系在这里特别发达。各种机构从各国征收金钱，形成教廷收入的主要来源。这些钱财常被教皇用来修建罗马城。在阿维农时期和教会大分裂时期，城市迅速衰败。当教皇回到罗马时，发现罗马几乎不成其为一个城市，房屋歪斜，寺院被毁坏，街道上常常空无一人。教皇于是制定计划修复罗马。教皇把从各地征得的钱财用于罗马再造上，并且发明了种种新的搜刮钱财的办法。他们在罗马建造各种雕塑，以此来恢复罗马的光荣。教皇支持人文主义者的学术和艺术活动。这些活动在以后爆发的宗教改革运动中，被改革家们视为经济剥削和世俗主义而加以批判。各种建筑和宫廷的装饰华丽无比，一些艺术家的地位也因此在不断上升。在 12 世纪，完成一件艺术品的报酬只有 38 弗罗林金币，而到文艺复兴时期，艺术家提香的作品开价已经到了 2000 弗罗林。

教皇的世俗化也体现在政治方面。教皇亚历山大六世（1492—1503 在位）花费巨资帮助其子博尔吉亚公爵装备军队，而公爵希望建立起博尔吉亚家族的统治，并控制教皇国。教皇尤利乌斯二世（1503—1513 在位）曾亲自率领军队同威尼斯和法国人打仗。出身于美第奇家族的教皇们如利奥十世（1513—1522 在位）和克雷芒七世（1523—1534 在位），把教会的钱财用于自己家族在佛罗伦萨的利益斗争之中。在司法问题上，通过公证人和教会法庭，教会进一步干预世俗社会的司法事务。如在斯特拉斯堡，教会法庭可以不通过世俗司法机构直接传讯人民。教会的所作所为同世俗君主们发生了尖锐矛盾，中世纪后期起，英国、法国、德国、波希米亚爆发了反对教皇的运动，反对教皇的专横，要求建立民族化的教会。

世俗化的教会同世俗贵族经常处在激烈的竞争之中，他们之间矛盾尖锐。14 世

圣福瓦的遗骨箱，11世纪

纪时，教皇卜尼法斯八世曾与法王菲利普四世在征税和财政方面发生争执，法王最终获胜。自卜尼法斯八世以后，教皇的"教皇帝国"梦被打破，基督徒和各国君主联合起来，反对高于国家主权之上的"教皇帝国"的存在。一些著名思想家如意大利诗人但丁、帕多瓦大学教授马西利奥等提出教会应该是纯粹精神和道德的宗教组织，教皇和教会的官吏，都无权干预世俗政治，也无权干预纯属其他政治领域和民间的各种事项。这种思想在基督徒和普通民众中一天天深入，虽然没有削弱教会在宗教方面的势力，但削弱了它在政治方面的势力。各国的君主们都竭力支持这种新的理论。

从神学角度看，灵魂得救是基督教的一个最为核心的问题。中世纪的教会，用圣·奥古斯丁的非原

罪论解释它的内涵。奥古斯丁宣扬：在亚当离开伊甸园之前，人是没有原罪的，推而论之，在人类始祖尚未犯罪以前，人不带有原罪。亚当的纯洁之身是神赋予的。他的沉沦导致人类的堕落。耶稣基督降临后，给人们指出了一条自新之路：人可以参加教会，通过宗教的圣仪来洗净原罪，宗教的教仪为此而设。这种理论的基本点是强调通过人的努力和行善清除自身的原罪，参加教会履行教仪就是根本性的行善，使人可以像沉沦前的亚当一样重新皈依上帝进入天堂，从而使人的灵魂真正得救。

　　根据这一学说，宗教的圣仪在中世纪成为基督徒灵魂得救的根本途径。圣仪又是如何运行的？根据托马斯·阿奎那的解释，由于宗教仪式直接来自于上帝，所以通过圣仪就能接受上帝的仁慈。

　　经院哲学家约翰·邓斯·司各脱和奥卡姆的威廉反对这种说法。司各脱虽然承认宗教仪式的作用，却更强调上帝的意志的作用。奥卡姆的威廉走得更远，他认为仪式只在神的旨意下才起作用。所以，灵魂得救主要依靠的是信仰而不是仪式。每个人都不能确切知道他的灵魂是否能够得救，因为人无法明了上帝的安排。只有依靠对上帝的信仰，相信上帝会拯救他，才是唯一可行的道路。奥古斯丁和阿奎那强调的灵魂得救方式，照奥卡姆看来，经不起理性的和逻辑的推理。依靠信仰灵魂得救的学说，后来在路德那里发展成为宗教改革的理论体系。

　　强调宗教仪式在灵魂得救中的作用，也就是强调教会的作用。因为人会重复性地犯罪，所以赎罪也必须重复。仪式在一生中举行许多次，表明它们虽然具有改善人们道德的作用，却不是一次性的或一劳永逸的。仪式对灵魂得救是否真的有效，要在人死以后才能回答。但仪式的施行，

圣母与圣子，象牙雕刻，13世纪

需要教会神职人员的参与，这样，教会成为上帝向人类传播仁慈的中介，因此成为灵魂得救必不可少的一环。

这种体系要求教会首先必须是纯洁的，具有神性的。为了神化教会，教会曾经竭力推行禁欲主义和修道院生活方式。然而，14—15世纪间，由于整个教会的世俗化，罗马教会本身已经不再符合基督教道德传统。如果教会本身是不纯洁的，人们怎么能够相信它可以承担让别人灵魂得救的任务？教士传教能力下降、蓄妾、收取财物等腐败行为，特别是教会出卖赎罪券，激发了人们反对教会的情绪。上帝对人类的慈悲如果成为教会装满自己钱袋的借口，不仅是对人的欺骗，也是对上帝的亵渎。人们感到让不纯洁的教会来帮助自己实现灵魂得救是不可想象的，这样，一部分基督徒就开始在教会之外寻找灵魂得救的新途径。

第二节
封建制度

欧洲类型封建主义的落后性使其不可能得到充分发展。如果与中国的封建体制相比较的话，它的幼稚和不发达显得尤其明显。首先，欧洲的封建社会是分裂并且地方割据的，长期以来没有强有力的、能完全代表国家主权和公共利益的中央政府。第二，欧洲的封建制度在结构上显得粗糙，因为它实际上只是一种领主和附庸间的私人关系，难以体现作为政治核心所必须具有的公共权威。第三，欧洲中古社会长期以来是武人执政，知识分子的力量弱小。他们大都是教会人士，在教会的体系中工作。第四，在欧洲的封建制度下，物质资源没有归属于中央政府，而是被大小领主私下瓜分，导致国家根本没有力量来建立必要的机构，也无能力来充分履行它的公共职能。第五，欧洲的封建国家不具备常备军，不具备数量充分的官僚，因此往往是因人而治，无法实现制度上的政治保障。第六，欧洲缺乏文化上的凝聚力，各种势力如教会、王国、贵族领地和城市都各自为政，相互争斗，缺乏统一的、可以聚合民众的政治核心。这样一些状况表明，欧洲的中古封建体制是比较原始的，无法保证生产力、生产关系的长足进步，因此在相当长的时期内欧洲实际上落后于中国，也落后于比它后起的阿拉伯国家。

欧洲封建主义的起源可以追溯到公元三四世纪的帝国后期。当日耳曼族的国王们在罗马帝国西部边界上推进时，每个国王都有自己的亲兵。这些亲兵的地位要高于其他的士兵。法兰克王国时，这些亲兵是国王的贴身护卫，被称为"国王的孩子"。"附庸"原初的含义也是年轻的侍卫，所以，当这些"国王的孩子"最后发展成为贵族的时候，尚武的

查理大帝头像形的圣骨匣，14世纪

传统就一直保留了下来，直到 15 世纪战争开始依靠雇佣军来进行，贵族才开始向绅士和朝臣转化，大贵族不再亲自上战场打仗。

从一份公元 1002—1023 年的有关诺曼底征服前的英国社会的史料中，我们可以知道，在当时，财产和军事才能是进入贵族圈的主要依据。当时贵族和平民之间并无十分难以跨越的鸿沟。换言之，平民可以因为自己的财产和成就跃升为贵族。文献指出：如果一个平民发展顺利，拥有属于自己的足足五海得土地，一座钟楼和一座城堡，在国王会堂里有他的席位和专职，那么，他以后就有资格获得一个骑士的各种权利。如果这位骑士发展顺利，他将侍候国王，任职骑兵队，如果他自己有一个侍候他的骑士，此骑士拥有五海得土地，并奉主人的差遣，三次去国王处，那么，他此后就被允许预先发誓后，代表他的主人合法地得到他的权利，去履行他在任何地方需要履行的职责……如果一个骑士发展顺利，成为伯爵，那么，此后他就有资格得到伯爵的各种权利。值得注意的是商人也有晋升为骑士的权利。文献规定："如果一个商人发展顺利，三次自费渡过汪洋大海，那么，此后他就有资格得到一个骑士的各种权利。"文献在讨论骑士晋升制度时，把学者同骑士的升迁做了完全

不同的处理。学者如果发展顺利，主要是获得圣职、侍奉基督，也有资格得到该圣职所应有的荣誉，但他不能成为骑士。从这里我们可以知道，贵族的圈子主要是由骑士组成的。一般的文学之士的出路主要是进入宗教界担任圣职，而不能由平民晋升为世俗贵族。

11至13世纪，西欧封建主之间普遍结成封君、封臣（亦称领主、附庸）关系。贵族由于效忠王室而领受土地和管辖采邑。这些封臣们要对上级封君宣誓效忠并承担军事义务。采邑分封是一种至上而下进行层层分封的土地封受制度。通过封建契约和分封仪式，如臣服礼、授职礼，领主和附庸形成依附关系。这种关系的实质在最初的时候是一种土地和兵役之间的交换。举行臣服礼时，附庸一般要亲自跪在领主的面前，两手交叉置于领主的手中，宣誓说"我立誓效忠和依附于你，正如一个仆人须效忠于主人"。授职礼主要是领主方面的行为，他交给附庸一柄旗子、一根手杖和一张约书，或其他的标志，表示给附庸财产并保护他。

通过上述仪式，臣下从领主手里得到一块采邑，这是领主分封给附庸的土地，同时他须为领主服兵役和履行其他种种附庸应当履行的义务。采邑在刚开始分封时是有条件的，如果附庸死了或者不能履行义务，领主有权力收回。不久，采邑中出现了世袭继承制，变成了可以继承的采邑，亦称封土。采邑的大小相差很大，大的采邑通常又分为许多较小的封土。查理大帝的帝国和其他几个独立的王国都分裂成大的采邑，得到采邑的大贵族和大地主称为公爵、伯爵、侯爵、男爵和子爵，都是皇帝或国王的臣下。这些人又把自己的采邑分封给小贵族，如男爵、骑士、乡间的绅士。这些采邑的面积大至一个郡，小至一个村，围绕着采邑，组成了各级贵族的领主附庸网络。采邑的面积也不是一成不变的，有些大的贵族会衰弱下去，而有的中、小贵族通过战争、联姻，也可能成为拥有许多采邑土地的大贵族。

领主和附庸之间的相互义务受到封建契约的约束。领主对于他的附庸需要奉行公正原则，并且尽力"维护""保护"附庸。一个附庸如果没有得到合理的对待，他可以废止契约，离开他的采邑，或者上诉国王。如果这样还不能解决问题，那么就会发生贵族之间的私战。封君负有保护和维系封臣之责，不得伤害后者的荣誉、财产和生命。封臣如果受到他人攻打，封君有义务不惜用武力保护他。"维护"就是封君要提供条件保证封臣能承担军役，或是直接提供封臣及其家庭食物，或是给他一块封土。10世纪后封土制十分盛行。

另一方面，附庸也受契约的约束。11 世纪的封建法学家把封臣对封君的义务归为三项：其一是"效忠"。即封臣不能做危害封君之事，包括不得损伤封君的肢体、不得泄露他的秘密或出卖他的城堡以致危及他的安全等。其二，"帮助"。这是封臣最主要、最重要的义务。在封臣对领主的"帮助"义务中，最主要的是服兵役的义务。以骑士而论，一般每年要为领主服务 40 天，一切费用要由骑士自己来准备。有时也可以用钱来代替服役，领主就用附庸缴纳的钱来寻找兵士代替附庸服役。除了服兵役之外，附庸还要在领主的法庭协助从事司法审理或管理产业。在一些特殊场合，附庸有义务向领主缴纳协助金，领主被俘时附庸须付赎金，领主的长女结婚之时，须帮助领主置办嫁妆，在领主的儿子受职为骑士时或在领主参加十字军时，附庸都要缴纳协助金。如果附庸不能履行这些义务，就被视为不忠诚，领主有理由夺回他的采邑，反之，只要他忠诚不渝，领主就应当保障他的封土，防卫他的敌人。其三，是"劝告"。封臣有义务出席封君召集的会议，提出意见来帮助封君，这种会议兼具封君法庭和封建主议事会的性质，审理的案件主要是调解封臣之间或封臣与封君之间发生的纠纷。[①]

贵族制度的一个结果就是贵族之间的私战。由于没有正常的国家制度，贵族之间的纠纷往往靠战争来解决。大小贵族经常进行各种战争。他们的兵器主要是短阔刀、剑和尖端包铁的木枪。每个贵族都有自己的武器、马匹和铠甲，没有这些基本的兵器，骑士是不能成为骑士的。战争的主要目的是扩大自己的领地或势力范围。一个大贵族进行战争，也许是为了得到更大的领地。一个城市也许为了摆脱自己的领主而同领主进行战争。一个君主也渴望通过战争把自己的领地连成一片，因而迫使其他贵族或城市臣服于他。这些事项，有时可以通过领主法庭来加以解决，有时就要动用武力来解决问题。所以，在整个封建时代，战争是免不了的。不过参加战争的人数也不是很多，通常都是小规模的私斗。尽管人数不多，但私战在整个欧洲都非常普遍，各地都在为了争夺而进行战争。这样，私战所造成的总的毁伤合计起来就不小了，常成为发展工商业和进行通商的严重障碍。对于工商业的发展和人民的和平生活，都有直接的危害。

战争技艺的发展使得骑兵成为最有威慑力量的兵种。这样，武装到牙齿的重骑

---

① 参见马克垚主编：《世界历史·中古部分》，北京大学出版社，1989，91 页。

兵就成为欧洲军队中占支配地位的角色。封建贵族所受的训练，以使用兵器为主。他们在幼年时就学习如何打仗，有的高级贵族也从教士那里学习读书写字，但他们长大以后，最喜欢干的就是击剑和射箭，还有就是骑马、打猎和比武。比武通常在妇女和大众面前举行，是贵族传播他们名气的大好机会。

在十字军东侵以后，西欧社会的封建贵族逐渐形成了骑士制度。贵族从小学会骑马作战的各种技巧之后，长大经过比武合格后，方才能受封为骑士。骑士应该遵守一定的道德准则，有一定的行为规范，如忠于封君，济困扶弱，英勇无畏，服从教会，尊敬妇女。随着西欧社会文化的提高，更出现了骑士文学，有一些诗人和歌手歌唱想象中的骑士冒险生活，其中掺杂着各种各样的爱情传奇、怪异故事等。

12-13 世纪是骑士文学的繁荣时期，骑士文学可分为骑士抒情诗和骑士传奇两种。骑士抒情诗一般歌唱骑士对贵妇人的爱慕和崇拜，他们崇拜的都是有夫之妇，但骑士却为之神魂颠倒。其中有名的是"破晓歌"，描述某骑士和贵妇人幽会后在破晓离别时的难舍难分，以法国南部普罗旺斯诗人的创作、吟唱最为著名。骑士传奇可举亚瑟王的故事为例。亚瑟王据说是不列颠的国王，但关于不列颠历史上有无其人一直争论不休。12 世纪，亚瑟王的故事大致形成，关于他和他的圆桌骑士的冒险经历在英、法、德等国社会上四处流传。其中一个传奇是"兰斯洛特和桂纳维尔"，说的是亚瑟王的一个英勇的骑士兰斯洛特爱上了王后桂纳维尔，为了追寻被劫走的王后，他历经千辛万苦，不惜牺牲骑士的荣誉坐上了拉着囚徒的小车，又爬过由锋利的剑所筑成的桥，被割得鲜血淋漓。后来兰斯洛特的行为被亚瑟王知晓，亚瑟王大怒，下令讨伐兰斯洛特，双方发生战争，经过教皇调解而休战。后来亚瑟王在和入侵的敌人作战时牺牲，王后出家当了修女。兰斯洛特在得知王后死去后也悲伤而死。还有一个故事名为"特瑞斯坦和伊萨特"，说的是亚瑟王的圆桌骑士特瑞斯坦和马克王后伊萨特由于误喝了一种药酒，疯狂相爱而不能实现的悲剧。

从亲兵制到采邑分封制，虽然明确了采邑和兵役交换等封建原则，但是，正如美国史学家斯特耶所指出的那样：军事的发展并不是封建主义发展的全部。作为国王，他们的军队也不是完全依靠附庸。封建贵族制度得以在欧洲发展，更重要的还在于它是一种基本的政治制度和社会秩序。

日耳曼诸王国取代罗马帝国后并无完善的政治制度。当然，说罗马法或罗马中央集权制度被日耳曼人遗忘是不可信的，因为罗马的传统在西欧一直没有消失，况且日耳曼族的首领曾经当过罗马帝国的军事长官，而东罗马帝国更一直延续到 1453 年。日耳曼人没有采用罗马的政治体制，而采用了贵族领主制度，是同他们特定的传统和国土的狭小分不开的。日耳曼人建立各个蛮族国家后，国王和他的随从处理各种随时发生的事情，没有什么行政部门、专业化的官吏和完善的中央地方政府。

这样松散的政治在国家尚小的时候还可以对付，但当国家强大后就明显显示出弱点。如果按照罗马的帝国形式来建立国家，蛮族国王对此经验不足，也缺乏金钱和受过训练的官吏来辅助他们建立这样的政府。因此，一种不同于罗马帝国的简单的政体建立起来了，这就是把全国分割为若干区域，国王派自己的代表去管理这些地区。这些国王的代表被称为伯爵。我们知道在蛮族国家中伯爵制度起源很早，在公元 6 世纪克洛维时代编定的《萨利克法典》中，就有"凡杀害伯爵者，应罚二万四千银币，折合六百金币"的规定。伯爵之下有男爵和副伯爵，这些人往往是国王的奴仆，当然也可能是自由人，因此身价有很大区别。"凡杀害男爵或副伯爵——国王的奴仆者，应罚款一万二千银币，折合三百金币"；而"凡杀害男爵——自由人者，应罚款二万四千银币，折合六百金币"。可见，伯爵和自由人出身的男爵的身价是一样的，而国王的奴仆虽然也可以当男爵，身价却只是自由人出身的男爵的一半。

伯爵们对地区的统治与国王对全国的统治非常类似，他们具有完整的军事权、司法权和财政大权。他们通过自己的家族和地区上的地主来进行管理。这样，行政上的难题就这么解决：把全国分割为许多小的领地，这样可以用原来的办法加以管理。只要伯爵忠于国王，国家就不至于分裂。例如：查理曼帝国时期，为了巩固国内的统治，查理大帝把帝国划分为伯爵领地，其最高行政长官是郡伯爵。他们以国王的名义掌握审判权，负责管理国王的财产和征收上缴给国王的实物税，战时则负责招募士兵。在帝国的边界地区，负责保卫帝国边区的伯爵领地要比郡伯爵领地大得多。边区伯爵的统治也比伯爵更有独立性，他在危急的时候可以自行征集军队。查理的巡按使到各伯爵领地巡游，检查伯爵的收入和审理案件的情况，接受上诉和公布帝国法律。他们作为中央政权的代表维护着帝国的统一。查理曼帝国崩溃以后，这些郡伯爵和边远地区的伯爵就开始独立，成为割地称雄的地方诸侯，开了贵族执掌地方行政、军事大权的先例。

采邑制度和蛮族传统中由国王诸子瓜分国家的传统加剧了贵族地方势力的发

哀悼基督（乔托画），14世纪

展。早在公元 9 世纪，采邑就可以世袭，因此封建贵族的权力和影响加强了。查理
大帝死后，继位人都是无能之辈，他们不仅把统治权瓜分了，而且再也没有能力保
卫边界使帝国免遭阿拉伯人、诺曼人、斯拉夫人和马扎尔人的入侵，所以，如果与
中央势力的发展速度相比较的话，地方势力大大地加强了。

　　这种体制的危险性是显而易见的。伯爵们很可能成为完全独立的小君主。这
些伯爵都是从大贵族家族中挑选出来的，这些家族势力很大，国王无法真正控制它
们。许多伯爵在同一地区度过一生，在地方上建立起自己强大的势力。国王有时也
派使者去调查伯爵管理的情况，但只有像查理曼这样伟大的国王才对地方具有约束
力。一般的情况是，伯爵渐渐成为割据一方的大贵族，具有军事、司法和财政大
权。国王无法撤换他们。伯爵的世袭化，形成了政权归贵族私人所有的格局。

　　中央政府对伯爵的管理不是十分有效的。国王可以在每个伯爵领地建立起与
之竞争的权威。在很早的时候，许多宗教的组织如修道院和主教区，都是从国王
那里得到任命的，这些具有特权的特区因此受国王的保护。伯爵和他们的附庸们
被禁止进入这些拥有豁免特权的特区，不能向这些特区征收税金、施行法律。主
教和修道院长因此在特区内具有和伯爵同样的地方权力，他们统治自己的领地，
很少受到国王的干涉。公元 800 年前不久，特区的制度也推及到了俗人，一些贵
族从国王那里得到特许，从而成为地方上某一区域的独立统治者。这些人不受伯
爵的管辖。伯爵所能做的就是希望与这些拥有特权和特区的人士合作，但不能强
迫他们服从自己的统治。

　　与伯爵相对立的另一种势力是国王的附庸。在公元 800 年时，国王把他们宠爱
的附庸们分派到全国各地。这些国王的附庸按理说要支持伯爵，但是他们却只忠于
国王，伯爵不能让他们完全服从自己。这样在地方上，除了伯爵之外，就存在着好
几种独立的势力：国王的附庸、修道院长、主教、俗人特区贵族。这些人都拥有直
接向国王申诉的权力，他们可以直接到国王的法庭上去要求国王的裁决。这些人常
常与伯爵的权力发生冲突，造成地方上谁也不服从谁的局面。

　　中央既然管不到地方，而伯爵也不能控制地方政治，这样，就给贵族的崛起提
供了机会。一种习惯法便渐渐兴起，谁是土地的主人，谁就是土地的当然管理者。
这样，领主权和土地权就合而为一了。只要贵族拥有采邑，他就可以在自己的领土
上作威作福，谁也无法控制他。贵族只忠于自己的领主，对于其他人可以置之不

理，成了领地上的直接管理者。

贵族管理地方行政的办公之处就是他自己的家。他们在家里解决贵族之间的纠纷，也办理地方上的案件。贵族在行政管理和司法方面的本领并不高，但是他们凭借自己的领主身份来发号施令。如果贵族的法庭不能解决问题，就用私战来解决，也可能告到国王或上级贵族那里去解决。贵族为了管理地方事务，也雇佣一些职员和秘书为他们服务。

封建时代的法律比较混乱，教会有教会的法律，地方有自己的习惯法，而贵族有自己的贵族法典、封建契约和领主法庭。这些分散的、各自为政的司法机构是互相影响渗透的，法庭之间有着各种联系。这样，欧洲法庭的贪污和腐败就是不可避免的，各个法庭的效率十分低下。如果是一个重大的案件，往往会在许多法庭上听证，有时一些小的案子如土地纠纷，也会经过 7 个以上的法庭的裁审。法官们其实都没有受过专门的训练，他们是在胡乱审判，如果自己不能确定，有时会去问有学问的教士。反正在乡村中就有教堂和神父，问起来很方便。贵族法庭虽然混乱，但一般也是有许可状的，许可状通常来自国王或大的诸侯。许多贵族之间的纠纷往往不愿在法庭上公审，所以贵族之间的私了也十分常见。这种时候，大贵族往往作为调解人或仲裁人，而被调解的贵族当然也忘不了给大贵族好处。所以，贵族之间实行的法律，目的并不是为了实现公正，而是为了息事宁人。只要任何事情可以满意地解决，公正不公正是无所谓的。

贵族法庭也是十分重要的，因为如果事情不能私了，或者不能在法庭上解决，就会诉诸武力，其他许多贵族也会卷入危险的武斗中。这样，地方的安全就难以得到保障。由于贵族之间的许多纠纷是无法讲清楚的，法律又不是很健全，所以结果总是公说公有理，婆说婆有理。怎么解决这个难题呢？那就是从以往的事例中去寻找一种说服人的办法，根据习惯来裁决。如果碰到了新问题，那么事情就十分麻烦。这时一般需要上级贵族来表态，作一个高级的裁决者。有时候被裁决的双方都寻找有利于自己的庇护人，甚至把事情闹到国王那里去。这些都说明贵族的司法是极不健全的。许多学者把贵族称为业余法官。

由于执掌司法可以获得许多权威和经济上的好处，贵族一般都愿意成为法官。凭借法官的地位可以调解自己与附庸间的关系，又可以抵制其他贵族向自己领地的渗透，更可以抵制中央权力对自己的威胁。因此，大小贵族的法庭就有了保护自己利益、增加自己政治和经济实力以及控制附庸的手段。从经济上来说，法庭也可以给贵族带来很多收入。如果被裁决的是下级贵族，那么他们都是些有钱人，必须支付罚金和审判费。从某种意义上来说，法庭的存在是贵族维护地方行政的主要手段之一。

中世纪贵族司法并不像今天那么正规，具有各种法律程序。贵族总是说自己学过法律，或者说自己懂得司法，但是真正钻研过法律的贵族是很少的。因此，他们是凭借自己的权威来进行审判，而不是根据法律来进行裁决的。当然贵族也知道一些法律条文，但更多的是凭借经验。正如布洛赫正确指出的那样，一切都是靠习惯和记忆来审判的。有的时候誓言也极为重要，裁判的证据却不重要。对于证人所说的话的调查极为马虎，有时候就是当堂审问，如果被告承认，案子就解决了。这种马马虎虎的审判当然不能给地方带来稳定的秩序。所以在贵族的领地上，真正依靠的不是行政而是武力。业余的法官和业余的审判，造成了过多的冤假错案，那是贵族无力顾及的。

贵族司法制度这么简单，自然给教会提供了控制司法的机会。教会的法律比较有系统，审判也比较严格，所以教会渐渐把本来只管教士的司法制度扩展到民法审理，涉及道德、婚姻的事项教会都可以插手查办。这样，教会的法庭和贵族的法庭就互相弥补、争斗，形成封建社会的一大奇观。

贵族的法庭分为公共法庭和私立法庭两种。公共法庭审理自由人的一般案件，私立法庭审理领主自己管理下的农奴和依附民的事务。按照欧洲的传统，自由民的案件要由公共法庭来审理，一般由法官和陪审员来进行裁决。比较重要的案件，特别是杀人案件，或者是罪犯要判死刑的案件，那是必须由公共法庭来审理的，称之为高级司法，一般要由伯爵和主教一级的法庭才能审判。虽然何谓高级审判的界线是清楚的，但是由谁来进行高级审判的界线却并非十分明确。随着采邑制度的发展，许多贵族在自己的法庭中审理属于高级司法的案件。

私立法庭是贵族自己的地方法庭，专门处理贵族庄园中的事情，以及处理农奴的案件。按照惯例，领主可以自由处理他自己的农奴，可以对农奴判以死刑。农奴和自由民的律法是不同的，自由民有上诉的权力，而农奴的案件一般主人说了就可以裁决。这种私立法庭为领主在庄园实行超经济强制提供了方便。领主虽然可以处死农奴，但这样的事情不经常发生，因为农奴是有用的劳动力，而且贵族一般通过收取罚金的办法，也可以增加自己的收入。私立法庭和私法的存在，使得领主可以

根特祭坛画（杨·凡·艾克画），1432年

在采邑中作威作福，谁也无法制止他的专横。

贵族执掌地方行政大权虽然不能说是完全意义的地方割据，但却为欧洲长时期政治不统一埋下了伏笔。1400 年时，欧洲仍然是一个群雄称霸的局面。世俗统治者无法建立起一个强有力的政治基础来实行社会各阶层的合作。民族主义和对王朝政治的忠诚还没有得到人们首肯，只是在国家危急之时才能唤起人民保卫祖国的热情，如圣女贞德在百年战争时的杰出表现。这些状况，导致 14 世纪末期欧洲政治秩序的涣散和封建主义危机的到来。

第三节
农村和城市

法国历史学家布洛赫指出，尽管贵族一般住在农村，他们却从来不是农民。即便有时他们与耕种的农民对话，或者在收获的日子里在田野中巡视，他们也不是田庄的真正管理者。那是他们的管家做的事情。[1] 许多庄园都有管理手册，规则是管家们协同乡村的长老商定的。贵族不一定过问许多细小的事情，除非他的收入受到了威胁。庄园的主人对庄园的管理采取这种放任的态度，实在是封建社会的奇事。如果我们比较一下领主作风和 15 世纪英国乡绅的精明管理，就会发现两者大相径庭。

在乡村中，贵族首先是富人和有权有势的领主。与中国的地主相比，欧洲的贵族具有身份性地主的特点。也就是说，他们的财富、土地主要不是购买来的，而是他们的身份所决定的。如果贵族失去了自己的贵族身份，他们的财产和权势都会遭受巨大损失。

封建关系自然派生出等级关系，社会上每个人的地位、身价、名望都有明确的划分。这种等级关系不完全建立在公、侯、伯、子、男的爵位上，而是建立在实力

▶ ▶ ▶ ─────────────────────────

① Marc Bloch, *Feudal Society*（《封建社会》），Routledge: London and New York, 1962, p. 302.

的基础上。中世纪欧洲的等级制度既是关系型的，又是利益型、职业型的。等级制度下，要讲门第，讲身份，讲每个人与国王或大封建主的亲疏。由此，可以划分出中世纪三个职业集团的基础，这三个职业集团是：做工者、打仗者、祈祷者。统治者和被统治者被严格地划分出来了。

贵族要处处满足自己的贵族身份，就要不惜一切表现自己的奢侈。为了维持过于庞大的消费，贵族尽自己所能来增加收入。贵族的收入主要来自以下几种渠道：一是领主的地主权使领主获得了土地封建所有权，据此他可以把领地变成一个个庄园，使用农奴来进行耕种，获得丰厚的收入。二是在领地内行使行政权和司法权，这同样可以成为一种经济来源，例如收取罚金和司法审判费。

领主控制下的庄园是一种特殊的经济政治单位。庄园的土地所有权并不明确，农民认为土地是属于乡村所有的，因为乡村的公社对土地有一定权利。领主也觉得土地是自己的，因为这是他的采邑。领主把土地分为两部分，一是出租的土地和给农奴维持生活的份地，一是自营地，后者需要农奴来进行耕种。农奴的劳役各地不一样，一般为每星期3天。农民还要向领主缴纳各种农产品，有时要为领主干计划外的杂役。在领主的长女结婚、儿子分封骑士时，农民都要送礼。有时在领主打仗的时候，农民也要跟着领主外出打仗，或者做他的仆人。

庄园中的农民们仍然以村为单位，一个村居住15至上百户的人家。在气候干燥、土地肥力不足的地方，推行的是两地制，即把耕地一分为二，一部分耕种，另一部分休耕以养肥力。在气候湿润、土地肥沃的地方采用了三地制，把土地分成三份，耕种其中的两份，让另外的一份地休耕以养肥力。土地常被犁成狭长条型，一家的农民能耕种几条这种长田。可耕地中含有教堂神甫的供养田，收入归教会所有，有的地方还存在一些领主的自主地，以农奴为耕种者。各家的牲口常在休耕地和荒地中放养，或在收割后的农田中放养。

贵族住在与乡村相隔一段距离的地方。如果他仅仅是一个骑士，他的房子往往只是一间大屋子，用作起居室、饭厅、厨房和卧室。如果他是一个重要贵族，那他有可能拥有许多个庄园，或许还有一座用石头建在山上或高地上的城堡。这样，水沟或山丘可以提供一种地理上的保护。贵族的家具只是些用当地的木材制造的粗制家具，但这些领主吃得较好。他们不干体力活，但负有保护庄园的责任。

庄园制度的特点是它的自给自足性。对它的基本特征，科学史家贝尔纳归纳得极好。贝尔纳说："它的经济基础是土地。封建制度的标志是它靠当地农业生产（这种生产品大都是就地消费掉的），又依靠分散的手工业。封建制度的经济单位是农村，在农村里，男女数十人，大都是亲戚，分摊土地而工作，共同占有大多数东西。在情感上，有时甚至在血统上，他们还未远离旧氏族集团。他们进行简单轮种法，在北方通常把土地分作三部分，即个别的狭长条地，还有树林和牧场。加在农民之上的是贵族等级集团，或者是世俗领主，或者是主教、修道院长，或者是诸侯和国王，以及名义最高的皇帝和教皇。一个领主可拥有一个或较多的乡村，或分在几处乡村里的土地。正是封建制下这样的当差义务，也就是说，这种强制性或习惯性背后仍靠强力撑腰的工作，才区别了封建主义的剥削制度和资本主义的工资劳动制。农民虽然有稳定的佃地权去耕种他们自己的田地，但是在他们身上加上了前述的义务，这才区别了封建剥削和古典时代把人当牲畜的奴隶制。"[1]

贵族从庄园中，或从租地农民那里得到他所需要的物品。庄园中的土地被分割为领主的自营地和农民、农奴的份地两部分。典型的庄园采用劳役地租的剥削方式。领主自营地主要是由农奴或服劳役的依附农民耕种的，封建主常派管家来监督农奴耕种，并在庄园中修建仓库、马厩等生产设备，备有耕畜和一些农具，自营地上的收入全归领主，农奴靠耕种自己的份地来维持生活。农奴份地的所有权归领主，不归农奴，农奴子弟继承份地要缴纳继承金。农奴在身份上是不自由的，他们依附于土地，不能随意流动。农奴在法律上也没有结婚的自由，与所在庄园以外的人结婚要交结婚税。封建法律规定农奴的人身属于领主，农奴要世代为奴，只有被主人释放才能免除农奴的身份。领主可以进行农奴买卖。

除了在领主自营地中无偿劳动外，农民还需要承担领主要他承担的其他义务。即使是那些租佃农民，负担也相当沉重。一份公元1050年的文献记载了英国赫思堡恩修道院的地租状况。"在秋分之时，他们必须为每海得土地缴纳40便士6教堂密坦（一种量具，容纳两阿贝尔）的麦酒，三塞斯特用来制面包的小麦。他们要用自己的时间犁耕三英亩土地，用自己的种子种上，用自己的时间把它收获入仓。要缴纳三磅大麦租，用自己的时间割半英亩草，作为地租缴纳，并要垛成堆，供应四夫塞尔（一满车的装货量）劈好的木柴作为地租，同样用自己的时间码成堆，供应

▶ ▶ ▶ ▬▬▬▬▬▬▬▬▬▬▬▬▬▬▬▬▬▬▬▬

① 贝尔纳：《历史上的科学》，科学出版社，1983，174页。

十六根栅栏的木桩租。在复活节，他们应缴纳二只母羊二只羊羔，他们必须用自己的时间给这些羊洗刷、修剪。除了冬至、复活节和祈祷节三天外，他们每周都要按照吩咐劳动。"[1]

除了地产上的收入外，领主还依靠他掌管的司法大权，收取各种罚金和诉讼费。此外，贵族也从他控制的城市中得到各种收入，有时他们自己也进行一些商业活动。11世纪后西欧商品经济的发展对农民影响很大，农民要向领主缴纳货币地租，数目也越来越大。

庄园制、农奴制、封闭的自然经济和农民的农村公社管理体系，14世纪后在西欧走向衰退。导致旧式农业制度衰退的原因是多方面的，根本性的原因是旧式农业体制的效率太差，只能维持简单的再生产，而不能扩大生产能力。14世纪以后，人口的增加使解决吃饭问题变得迫切。这也导致了农业制度上的转型。当时有90%的人口住在农村（英国约88%），但耕种的方法如此落后，以至于谷物的收成与种子之比仅在4:1和5:1之间。由于缺乏营养和粮食，牲口的重量只是今天的一半。通常9人干农活才能养活1个城里人，而今天1个农民却可以养活9个人。

庄园制度瓦解造成的一个变化，是小农阶层取代备受束缚的农奴阶层，成为农民的主体。对于这些小农来说，生活仍然是艰苦的。劳役制度在一些地方仍然保留着，地租的上涨幅度往往因地区不同而不同，取决于地主的需要和各地的习惯。除了这些小农以外，无地少地的雇工阶层也出现了。农民的富裕程度往往不是视其身份，而是视其占有多少土地。有些农民通过几代的积累居然有了100英亩的土地。

中世纪晚期，地主也发生明显变化：从身份性地主转向非身份性的经济型地主。这些地主因为不是采邑主，所以没有服兵役的义务。他们的土地完全是他们自己的。有些地主没有贵族头衔，通过土地出租，他们得以过着富裕的生活。地主、骑士自己都不耕地，所以如果他们还保留自营地的话，往往雇工耕种。

中世纪晚期发生的另一种变化是市场的发展，它破坏了农村的自给自足的经济，发展起了商品经济。这种发展是不平衡的，因为14世纪欧洲出现了新的市场，也失去了一些旧的市场。这种矛盾表明只要农业占主导地位，手工业商品的市场只能为少部分贵族、市民和中等阶级服务。城里的工人只能买得起一些食物，占人口

▶ ▶ ▶ ────────────────────────────

[1] 北京师范大学历史系编：《世界古代及中古史资料选集》，北京师范大学出版社，1991，333—334页。

三大博士到伯利恒朝圣（戈佐利画），
约1459-1463年

90%的农民的购买力十分有限。到了工业的发展导致生产价格低廉，而生产者本身有了更大消费欲望和购买力的时候，欧洲的市场才能有大发展，否则会出现停滞。不过市场的发展对于农业生产有刺激作用。虽然农民们不是积极的商品购买者，他们的农产品却流入市场，所以他们的生活状况也就随着市场粮食价格的波动而波动。中世纪晚期货币地租已经占支配地位，农民要把收获的粮食出卖才能向地主交租。尽管有些人仍然交的是实物租，但却以市场的粮价来加以折算。无论是直接的、还是间接的出售，粮食现在已经是商品的一种。尽管这给部分富裕的农民提供了机会，但却造成更大部分的农民的压力。在1400年至1500年这一个世纪中，我们看到欧洲农民间的两极分化趋向激烈。这种贫富分化最后以占有土地多寡的方式表现出来。

中世纪晚期农业制度最大的变化是庄园制度瓦解和租佃制度的发展。庄园制度向租地制度的转变，在黑死病灾变之前就已存在。在货币经济的影响下，部分领主认为变庄园制的直接经营为租地制的间接经营是有利可图的。领主可以得到两项收益：一是把农奴的劳役折合为货币，从中获利。二是将土地出租，获得地租。黑死病加快了变直接经营为间接经营的过程，因为农奴的死亡使自营地的耕作变得困难，而雇佣劳力的价格又很高。劳动力价格高涨的情况是领主们不愿看到的，所以就企图通过权力来限定工资额度。明显的例子是1351年英国贵族影响国会通过"劳动法规"，把工资冻结在黑死病以前的水平。然而却于事无补，因为劳动力价格仍然上涨。领主又企图把剩下的农奴束缚在土地上，但在高工资的吸引下，农奴纷纷逃跑。这种情况迫使领主继续加快土地出租过程，以便把危机转嫁给农民。那时土地较多，人口较少，粮食价格比较低廉，所以地租不可能提得很高，欧洲形成了一种地租相对不变的局面。但是，地租虽然不高，农奴劳役折合为货币的量却不低。在庄园制向租佃制的过渡中，不存在什么领主对农民的让步。

由庄园制度向租佃制度转变的过程中，发生了五件重要的事情：一、土地资源成为真正的私产，不再是所有权不明确的封建财产。二、土地的耕种者获得了自由，从而解放了生产力，提高了劳动者的生产积极性。三、农业生产不再以满足庄园主和庄园成员需要为目的，加入了商品流动大潮。四、农民获得了向城市移民的权力，农村人口开始急剧涌向城市。五、农民摆脱了受封建主保护的桎梏，转由国家的法律制度保护，开始向近代公民转变。上述变化使土地资源成为真正的私产。

庄园的瓦解对于欧洲社会结构的变化具有重要影响。真正的私产出现了，土地买卖日益流行。贵族则成为真正的地主，而资产阶级也能够成为地主。这样就开始了身份性贵族领主向一般地主过渡的过程，等级贵族向权贵贵族转变的前提进一步形成了。农奴阶层现在也获得了身份上的自由，他们不再被束缚在土地上，结婚不再需要得到领主同意，也不再无偿为领主干活。但是，农奴和自由农民或自由的租地者还是有区别的，因为他要向领主缴纳一笔代替农奴劳役的封建税。他们死后，继承人需要付出一大笔费用才能继承所住的屋子和所耕种的田。其他的居民是佃户和自由农民，他们可以自由流动，很少有强制性的劳动，不必缴纳封建税。这样，就引出了两项新的不合理的剥削：一是所有的土地全部由农民来经营，领主不再进行农业生产投资；二是乡村所需的道路修建和农田建设，加上领主所需的一些家庭性劳役，都需要全体农民来无偿承担。此外，农民使用领主的磨坊和制酒场要支付使用费。在一个乡村中，只有少数完全自由的农民具有一些反对领主的法律上的权力，其他人都需要服从领主制定的习俗和规矩。这些习惯或规矩规定了农民的权利和义务，如果农民之间有了纠纷，一般要到领主的法庭中去由领主裁决，领主不在时则由领主的管家来裁决。

这一变化也引起了某些消极的后果。主要表现在领主不再对土地进行投资和管理，把一切农业生产的负担都转嫁到了农民头上。另外，领主也不再对庄园中农奴的生活和社区的安全负责，加之农村社区制度瓦解，农民中的穷人几无立足之地。农民一方面需要建立比较强大的社区制度，以便维持乡村基本的秩序。另一方面，由于村社内部的分化，建立农村公社的基础不复存在。这些都导致了农民对国家的依靠和国家、诸侯领地政府对农村的政治渗透。15、16世纪成为政府和农民社区产生冲突的时期，为以后政府、领主、农民社区三者之间的剧烈冲突埋下了伏笔。

庄园制度转为租地制把所有的农民都卷入了商品经济的漩涡。由于地租和封建税都是以货币形式征收的，又呈相对固定状态，农民必须时时关心物价，关心种什么作物效益比较好。货币地租渗入农村和庄园的瓦解几乎是同时发生的，两者之间具有联系，但不能说庄园的瓦解完全是由货币关系渗入农村造成的。庄园的瓦解使农村经济同货币的关系进一步加强。从此，每个农民都受到城市的剥削，因为手工业品的价格要高于农产品的价格。农村开始受城市剥削，形成城市剥夺农村的新格局。

西欧进入封建社会的初期，罗马时代的城市已经衰落。作为工商业中心的城市，是在 10—11 世纪时手工业与农业分离后才重新兴起的。

关于西欧城市兴起的具体材料我们知道得很少，以致有的历史学家这样评论："我们发现我们所得到的材料是短缺不全的。欧洲的广阔的地面上，在长久时间内曾笼罩着一块帷幕。当这块幕布揭开时，城市已经形成。"

像任何其他巨大而又复杂的现象一样，城市的根源深植于过去的历史里，而所有的城市的兴起也不是出于同一根源。有人主张，欧洲城市萌芽于古代罗马城市的废墟中，撇开这种旧理论，历史学界还有种种其他解释，而每一种假设都具有不同程度的真实性。

首先是"公社"起源说。中世纪城市是从古代日耳曼自由农村公社即"马克"发展出来的。这种说法特别得到德国历史学家的拥护。但是"公社"这个概念过于模糊，因为几乎没有人能讲清楚马克究竟经由怎样的一条途径转变为城市。其次是庄园起源说，认为中世纪的城市是从庄园制度发展而来。据称，依附于庄园的小行政官吏和工匠，成了后来城市的核心。第三种解释是市场起源说，认为在 9—10 世纪，欧洲各地每年都有多次的集市，城市就是在这些集市贸易的基础上形成的。最后是卫戍说，认为城市是从为抵抗外族而修建的城堡基础上发展起来的。例如在德国有抵御匈牙利人入侵而建的许多城堡，在英国也有为抵御丹麦人而建的城堡，在法国，秃头查理为抵御北欧人兴建过城堡。

实际上所有的这些解释恰恰都离开了当时欧洲生产力的发展水平，忽略了农业和手工业分离带来的影响。西欧封建化完成的 10 世纪同时也是城市出现的时代，这当然不是偶然的巧合，而是经济发展的必然结果。封建生产关系促进生产力发展，生产在经过了 400 年的徘徊后又开始上升。生产发展表现为剩余粮食的出现，农业的发展使一部分农民脱离出来，为城市的兴起奠定了物质基础。从另一个角度来说，手工业已发展到了一定的程度，同时农业也要求手工业集中发展，手工业与农业的分离造就了城市，而这个城市必然又是工商业的城市。手工业是城市的基础，大部分居民是手工业主，这说明城市不是奴隶主的政治中心。封建主的政治中心在农村。但从经济上讲，城市又剥削农村。商品买卖，原料买进，城市都要占农村许多便宜。

11 世纪的阶级对抗对西欧城市的产生有重大的影响。农奴反抗封建主的形式很多，主要的手段是逃跑。农奴有自己的经济，可以为逃跑做充分的准备。由于西欧政治上的割据，各地庄园相对封闭，农奴即使逃跑了也无法捉回来，而且各个封建主都希望有别处的农奴逃到自己庄园来为自己干活。西欧城市兴起后，农奴又大量逃往城市，因为城市的空气使人自由，按规定凡在城市住满一年零一天的，就可为城市居民，这事实上成了解放农奴的途径。

大部分城市都是新生的，但也有的是从旧城市复兴而来。一般说来，城市在政治上隶属农村，但在经济上剥削农村。当然，城市的基础是手工业，但也带有农业的痕迹。中古西欧的城市远不是我们脑中的现代化城市，甚至也没有中国古代的京城整齐繁荣。街道大部分是弯弯曲曲的，又很狭窄。路一般是石子路或干脆是烂泥路。街道的两边都是木头房屋，住房有的是三层有的是四层，也有少数是五层楼。房子一般很暗，夜间点蜡烛。房子既是商店，又是住房，工匠、店主和他们的家族，都住在这些房子里。

在城市中，水的供应经常是不充分的。有的旧城市依靠古代罗马的蓄水池，而大量的城市不过是在城中挖些井，用吊桶或简易机械抽水。像农村一样，这儿有蚊子、老鼠，当然还有各种传染病和火灾。

大部分中古城市的周边都有城墙，这是为了防卫，但这实际上不起什么作用。强盗很多，经常发生拐骗、偷窃、暗杀事件，当然还有娼妓之类。在晚上，楼上都挂出些灯笼，给街道照明。灯光很昏暗，而大部分弄堂小街是漆黑的，没有人敢在夜间行走。中世纪城市里的娱乐要比农村有趣味，城里有各种赌博游戏，也有戏班子在街头说唱。

在城市里，一般都有一所富丽堂皇的大礼拜堂。同时有一些虽小但不失大雅的教堂，还有一些商会、市政府之类的公共建筑。一些城市的贵人房屋很华丽，还有一些花园和草地，供人们游玩。城里有市场，白天是一个五光十色的地方，而到了夜里，则有饮食店和啤酒店。有些节日会有游行等庆祝活动。在一些贵族家里，有时还举行舞会，那些贵夫人和小姐，穿着有鲸鱼骨支撑起的裙子跳舞。那时城里还没有警察，有市民轮流巡逻。

西欧城市的状况取决于当时的生产水平。11 世纪时，城市还具有浓厚的封建性质，它主要是为满足封建主的需要而存在。9—11 世纪，城乡差别不大。11 世纪以后出现了真正的城市。手工业是城市的基础，手工业品往往由买主定做，手工业者既是生产者又是商人。订货者是封建主，订货也把城市经济限制在一个很小的范围里。后来，随着生产的发展，城市内部开始分化，手工业和商业分离，出现了专门买卖原料和商品的商人，他们控制生产，与银行家、行头等一起构成城市贵族。帮工、店员、市民则构成城里的平民阶层。

城市里有各种市政组织和行会组织，这些组织基本上是封建性的。城市大体上是按农村公社的形式来组织，手工业组成行会。行会是一种手工业同行组织，每个行业都有自己的行会。它的产生，首先是为了抵制封建主的剥削，其次是为了防止同行竞争。行会带有很强的封建性，学徒的技术是行东教的，行东剥削学徒，但学徒又似行东的家庭成员，行东供应他的饮食，负责他的教育，阶级关系隐蔽在家长制的外壳中。行会规定物品的价格、质量，这对保证质量，防止竞争，发展生产是有利的。但到生产发展后，行会反而成了束缚生产的桎梏。

除了行会之外还有商会。它是商人们的组织，主要控制原料和商品的生产，在城市里地位很重要。商会一方面剥削手工业者，另一方面，又起一个生产组织者的作用。城市中行会的首领，加上一些市民代表、医生、教师等，共同组成城市政府。城市政府大多实行民主政治，遇到事情协商解决。但在威尼斯等少数城市里，也有大权被一个家族掌握的。

城市兴起后，一直存在着自治和争取独立的问题。11—12世纪是城市争取独立的阶段，为了摆脱封建主的束缚和盘剥，城市要争取独立。这种斗争一般有两种方式，一是用钱向封建主、国王、主教赎买，二是武装斗争。通过斗争，城市大多获得了国王、主教或诸侯的特许状，成了自由城市。但城市要向封建主缴纳一定的租税。在对外争权独立的同时，城市内部各阶层之间也存在矛盾和斗争。

13—15世纪，城市中有行会同城市贵族（大商人、大土地所有者）的斗争。城市贵族垄断城市，小行业就没有生路，所以他们要斗争，史称"行会革命"。14—15世纪，发生了小手工业者与行东的斗争以及帮工、雇工同雇主的斗争。那时城市中已有资本主义萌芽。另外，市民阶级同整个控制城市的贵族以及高利贷者的斗争也在加剧。莎士比亚在其剧本《威尼斯商人》中，描绘了人与人的金钱关系及市民阶级反对金融家的斗争。当时，城市贵族、高利贷者和金融家对城市其他下层居民的剥削很厉害，如果有人还不起债，债主可以任意处置。市政法律也保护这些城市上层人物的利益。《威尼斯商人》虽然是一部文学作品，但它可以说明许多问题。其中，夏洛克是个典型的金融资本家形象，安东尼可说是市民阶级的代表人物。他们的斗争，反映出城市大变动的面貌。

城市的兴起对西欧政治的发展有很大影响。首先，西欧城市是王权的重要支持力量。第二，城市培育了资本主义萌芽。城市中的手工业有可能向工场手工业发展。最早在意大利，出现了分散和集中的手工工场，手工劳动。意大利是资产阶级文化的发源地，那里的资本主义势力最为集中，所以文艺复兴先从意大利开始。第三，城市的兴起对农村的自然经济是一种破坏，它使城乡间的联系加强，商品流入农村，农村开始出现货币地租。货币地租使劳动力的自由程度增加，农村出现雇工制，劳动力也自然涌向城市。这样在农村便出现了资本主义萌芽。第四，城市政府基本上是由各阶层的代表来决定大事，城里有市民大会，法庭有陪审团，个人决定一切的成分少了。所以，西欧后来出现的那些自由民主空气，应该说有城市的功劳。

第四节
中古时代的西欧社会文化

中古西欧文化的特征

中古欧洲在文化上表现出两大特征：宗教的禁欲文化和世俗的贵族文化，它们形成中古欧洲封建意识形态的两个方面。

在宗教的旋律中，最明朗的基调是禁欲主义。在中古欧洲，禁欲作为一种宗教原则在理论上是不受性别局限、同时适用于男女两性的。但在具体应用上，男女实际上处于不平等地位。女性被认为是性欲的挑逗者，男性则是被动的受害者。社会意识表现出对广大妇女的污蔑，如16世纪德国的一句谚语声称："娶个妻子就是引魔鬼入身。"又说："如果你的日子太舒服了，去娶个妻子。"

禁欲的观点把人的性欲和性生活当作精神信仰和灵魂得救的对立物。排斥性爱和婚姻生活被视为一种精神和信仰的发展，因此成为进入上帝纯洁天国的必要条件。用 15 世纪欧洲著名神学家杰尔森的话说就是，"世界上没有比独身更令上帝欢喜，没有比处女与童身更让上帝喜爱"。禁欲在这一层次上与上帝、精神完美、真理、纯洁等宗教价值结合为一体，因而成为基督教修道者必须奉行的普遍原则。

禁欲理想的实现依赖于修道院的发达和僧侣教士的独身制度。要使世界不受女性的引诱，最好的办法就是把妇女送到与世隔绝的修道院去。教会视妇女为原罪化身，没有对妇女的灵魂得救抱多大希望。当时欧洲的女修道院各地都有，在德国女修道院的数量甚至超过了男修道院。在斯特拉斯堡 15 世纪有男修道院 1 座，女修道院却有 8 座。14 世纪的科隆约有 100 多个修女之家，每处住 10 至 12 个修女，修女数量占这座人口约一万多的城市适龄女性的四分之一到三分之一。上文提到的杰尔森教士也许是当时欧洲最热烈提倡禁欲的神学家。他不仅自己当了教士，还积极鼓励他的 3 个兄弟 6 个姊妹奉行独身主义。他特别为 4 个年轻妹妹担忧，说她们正处在"最危险的魔鬼肉欲时期"，积极鼓励她们奉行独身主义。

禁欲主义如果实行于男性僧侣身上，则意味着身处世俗世界的僧侣获得了一种神性，成为神在人间的代理人，具有至高无上的权利。神性是通过奇怪的神婚制度取得的，专职神职人员如修道院的僧侣、教区中的主教、教士均要宣誓同上帝结合，佩戴代表结婚的戒指，才能取得代神行事的宗教圣职。公元 604 年教皇格里高利颁布第一个教士禁婚法令，规定教士禁婚，已婚者必须放弃婚姻才能接受圣职。神婚制度把人分为僧俗两界：前者是具有神性，可以代神行事（如举行施洗、布道、听人忏悔等宗教仪式）的僧侣，后者是没有神性的、只能通过僧侣才能同神交往的芸芸众生。

中世纪中期，推行禁欲主义和独身主义的做法已经制度化，成为罗马教会公开标榜的一种政策。教会的婚姻立法即是根据这种信念而设立：在僧侣中推行独身主义；在妇女中推行女修道院制度；在俗人中提倡不结婚，即使结婚也只是为了避免肉欲泛滥危及社会而进行的不得已的做法。教会认为如果把性欲限制在婚姻范围内，当可以预防人的欲念的随意发泄。上述政策的理论基础是《圣经》中圣保罗的话："我说男的不近女倒好。但要避免淫乱的事，男子当各有自己的妻子；女子也当各有自己的丈夫。与其欲火攻心，倒不如嫁娶为妙。"这段话把婚姻看成隔离性

《爱恋之心》的插页，13世纪

欲的樊篱，又引出神圣婚誓和永恒婚姻两项制度，意为男女两人对神起誓即为永恒婚姻的缔结（教会法系的另一派认为除了婚誓外还须有性关系才完成正式婚姻），不得随意离婚，否则被视为欺神行为。教会法系规定除非婚姻的一方有了婚外性生活，被害的一方才有权申请离婚。离婚只是"床和房间的分开"，无法改变永恒婚誓的内容。因此，如果没有教会的特许，无论是违法的还是被害的一方，再婚都是不被许可的欺神行为。

教会推行的禁欲主义最后导致严重的社会病态。宗教改革前夕，许多欧洲妇女过着单身的生活。适龄妇女的独身主义加剧了男女婚姻比例的失调，有的男子往往娶比他大十几岁的寡妇为初婚妻子。妇女结婚后不断怀孕生育，但有三分之一至二分之一的儿童在 5 岁前夭折。妇女卫生和妇产科医学被视为禁区，例如 1522 年汉堡法庭处死一名医生，因为他想观察生育过程。此外还存在大量修女和女巫。1400 年至 1700 年在欧洲至少有 8 万名妇女以巫女罪被判处死刑。在这样的情况下根本谈不上稳定的家庭关系。

禁欲主义政策不仅没有达到净化社会的目的，反而激起更多的社会腐败。一位名叫安德拉斯·奥赛德的新教改革家在 1537 年向纽伦堡市政府报告，至少存在 19 种不法婚姻，包括公公娶儿媳妇为妻和儿辈娶母亲的姐妹为妻。非法婚姻和非婚性关系相当普遍，因为没有在教士面前交换过婚誓，这类两性关系不受到法律保护。

在中国封建社会，也存在过禁欲主义，然而却是一种建立在"亲和"的原则之下的禁欲主义。其亲和的原则，就是讲究门当户对，也是为了某种功利的目的。在这种亲和原则基础上建立起来的禁欲主义，置妇女于极不平等的位置。如男子可以随意休妻、提倡"女子无才便是德"，有种种诸如"指腹为婚""包办婚姻"等陋习。男性在这种婚姻中处于优越地位，女性则处于被虐待的地位。由于中国的封建意识，家长和家族完全控制了男女的婚姻，这使得人们对爱情的兴趣降至最低点，使得男女双方建立不起真正的爱情关系，美妙的爱情成为人生中一种僵化了的关系和负担。在此基础上建立起来的家庭也成为社会的畸形细胞，处处体现了政权、族权、夫权对女性的压迫。

中世纪西方的爱情观是建立在"崇拜"的基础上的禁欲主义。禁欲并不禁止爱，而是在挑起男女性欲的基础上，再进行制度化的禁欲。这种禁欲主义并不像东方那样把性别抹杀，而是充分展开，体现男女之间的不同。男性要求具有男性的魅力，骑士既要有侠义武功，又要有翩翩风度。他们不但肩负保卫妇女、儿童、教会、领主的责任，而且为了爱情，可以置生死于不顾，甚至为心爱者进行生死决斗。这样，男性就成为一种崇拜的对象，就是所谓的"白马王子"。而中世纪欧洲的女性追求的目标是一种淑女形象。她们通过衣着打扮、声音、举止，尽量使自己显得优雅、温柔、富有女性味。这种男女两极距离的拉开产生出差距和对立。这样，一方面因为距离产生的崇拜使爱情变成刺激生命火花的强烈情感，另一方面，两性间的美感对立又使得爱情变得富有魔力和刺激性。

世俗的贵族文化构成了中古欧洲的第二种基调，并深刻地影响了社会。这种精神集中表现在贵族的骑士文化中。封建社会是一种按等级顺序排列的社会，在这种排列顺序中，君主、贵族、绅士、法官、农民、武士，都具有自己的位置，形成了欧洲封建社会的机体。

贵族文化通过骑士的浪漫英雄主义得以表现，这就是所谓的骑士精神。中世纪的骑士为了证明自己不只是一介武夫，要有一些文化和精神的东西。骑士精神的核心是忠诚，这保证了下级封臣对上级封君的服从。骑士担负保卫教会、保卫妇女儿童的责任，认为自己是跨国家的，世界性的。由于中世纪落后的生产关系和社会关系，骑士的精神其实是很压抑的，但他们却要装成无所不能，这就是"骑士风度"。骑士风度充分表达了骑士们的大男子主义英雄气概，他们要有侠客的精神，忠贞不贰的品质，关键时刻，又要能奋不顾身地献身。其实，骑士只是一些下级贵族，他们的精神世界充满着矛盾和对抗，这就造成骑士内心的扭曲。骑士的浪漫爱情（骑士之爱）和对功名的追逐，无一不反映出骑士们既自尊又自卑的扭曲心理。

大部分贵族并不是人文主义者，但是他们的生活方式和生活态度逐渐有所改变，表现出了对文学、古代哲学和宫廷文化的爱好。贵族们觉得自己在生活方式上应具有一种气质，于是发展出集忠诚、勇气、奢侈、慷慨为一体的骑士风度。骑士风度是一种宫廷文化，这使骑士们有别于只会打仗的一般武夫。具有骑士风度的贵族同以前的武夫不同，他们要学习体育、骑马、宫廷礼节、赞美妇女、写诗或至少能讨论诗歌。骑士风度也指一种复杂的生活态度，并没有形成统一的模式。

骑士风度的发展是同贵族宫廷文化的发展分不开的。在大贵族的宫廷里，也有骑士和小贵族当差。骑士们发展了各种击剑之外的游戏，如歌唱、舞蹈、讲故事、念诗歌，尤其是一切可以取悦于贵族妇女的事情，骑士们都争着学习。12世纪是十字军盛行的时期，这又给骑士们增加了一项品质，他们是上帝的士兵，为上帝的光荣而扬善除恶。从 12 世纪开始，教会开始为骑士举行授封仪式，更使骑士头上透出神圣之光，意味着谁成为骑士，谁就得到了进入上层社会的通行证。哪个人一旦被封为骑士，他自己就有了一种神圣之感，以后终身都无法摆脱"骑士风度"的规范束缚。

15 世纪以前的西欧文化

有相当长一段时间，西欧中世纪被人称为文化上的黑暗时期。这样说有两个依据，一是蛮族入侵西欧后，其文化大大落后于古代罗马希腊，经过很长一段时间才得以复兴；二是中世纪是教会控制下的时代，文学、艺术、哲学，甚至技艺无不成了宗教的婢女，这大大限制了西欧的文化发展。虽然如此，从现在的研究情况来看，称西欧中世纪为黑暗时代是不合适的。因为这时古典文化并未完全泯灭，同时在中世纪也有许多新的发明创造。

在中世纪，拉丁文是充满活力的文字。一个人如要当僧侣、修道士、教师，或担任别种有学问的职业如医生、律师，那他就要学拉丁文。这些人能熟练地用拉丁文交谈、写作，大部分文学作品都是用拉丁文写的。拉丁文在中世纪产生的作用和古代类似，中古拉丁文作品颇多。古代异教徒的典籍里有很著名的作品，如维吉尔的著作，是极为珍贵的。教会里的拉丁文祈祷文和拉丁文译成的《圣经》，都是前期的东西。除此之外，中世纪也有许多用拉丁文写成的神学和哲学著作，有《圣经》和法律的注释，有天文学、物理学、医学、史学作品等。当时每一个修道院都有编史者，几乎每一个圣徒和政治家都有传记，并有许多中世纪学者试用拉丁文来写世界史。中世纪有两位著名的拉丁史家。一是苏格（1081—1151），他是巴黎附近圣·德尼修道院的住持，同时做法王的重要顾问，他写了一篇自己修道院的记事，同时对路易六世与七世两朝的重要史籍进行了整理。另一位是弗来新的奥托（1114—1158），他是日耳曼国的一个主教，出身于神圣罗马帝国的皇族，著有《世界史》和享有盛名的《腓特烈·巴巴洛萨皇帝传》。

中世纪的拉丁文作者除了用拉丁文写大部头著作外，还写拉丁文圣诗。这些圣诗是有韵脚的，内容大多歌颂上帝，用词都很华美。

君士坦丁大帝之梦（皮耶罗·德拉·弗
兰切斯卡画），约1460年

　　西欧的学者还用拉丁文翻译古代希腊学术方面的经典著作。中世纪有好些学者通过接触君士坦丁堡和拜占庭帝国而获得希腊文知识。有的在西班牙通过同伊斯兰教徒及犹太人接触，通晓了一些阿拉伯文。古代希腊哲学家亚里士多德的名著一半是由原来的希腊文直接译出的，另一部分则是从阿拉伯文的译本间接译出，以供中世纪西欧受过教育的人阅读。一直到 14、15 世纪，研究希腊的学问才开始成为欧洲中部和西部文人学士的爱好，但那时各国本地的语言和文学已经开始兴起，拉丁文渐渐衰败了。

　　从中世纪开始到 1400 年，在大致 1000 年的时间里，差不多欧洲中部和西部的所有文学都是用拉丁语来写作的。到 15 世纪时，地方文学和民族语言兴起，英语、法语、日耳曼语已经形成，同时民族文学也形成了。欧洲形成了四大语言区，一是欧洲南部的拉丁语变种系，包括意大利语、法兰西语、普罗旺斯语、葡萄牙语等。二是在欧洲北部形成的条顿语系或称日耳曼语系，包括（1）高日耳曼语；（2）低日耳曼语（分为尼德兰境内的荷兰语和佛兰德斯语诸派）；（3）斯堪的那维亚语系（丹麦语、挪威语、瑞典语三支）。在英格兰境内兴起了一种新语言——英语，为条顿和拉丁变语的混合体。在欧洲中东部形成了斯拉夫语系，主要有：（1）俄罗斯语（用于基辅、莫斯科）；（2）波兰语；（3）捷克语（在波希米亚）；（4）南斯拉夫语（在塞尔维亚和罗西亚）；（5）立陶宛语。在极西的地方有克勒特语系，包括盖特语（用于爱尔兰、苏格兰）和威尔士语（在威尔士）。

　　起先人们并不重视民族语言，认为这只是农奴、工匠和一般平民的用语，后来情况发生了变化。传教士为了传教方便，改用地方语言进行传教。各地也用地方语言来制定法律。这个时期用地方语写的诗歌也出现了。诗歌可分为两种：一种是描写花草、女子和爱情的抒情诗，另一种是叙述武士的行为和决斗的史诗。中世纪留下的抒情诗里，以普罗旺斯的抒情诗人和日耳曼抒情诗人的著作最早，最有名。法国南部的抒情诗人尤其著名，他们漫游乡村和城市，在贵族的堡垒和农民的乡村中编写他们的歌曲，然后和着竖琴的音调唱出来。在日耳曼境内，名气最大的抒情诗人是福吉尔瓦尔德，他以宫廷和民间的爱情、宗教信仰和爱国题材，写出了令人心旷神怡的歌曲。而在中古史诗中，我们应当指出用法语写的《罗兰之歌》和用斯堪的那维亚文写的《古事记》。这些史诗被人们用吟诵的方式传诵着，在各地有不同的文本。那个时候，戏剧也已兴起了。戏剧多半带有宗教的性质和目的，由教会排

耶稣初生．奥格斯堡大教堂的宗教壁
画，1493年

练和写出。在英国出现了故事、短歌等。值得注意的是，这个时期一切书籍都是手抄的，因为那时没有打字机，也没有印刷手段。抄书工作大多是由修道士和专门的书记来担任。书很少，自然也很贵，常要靠借阅，因此许多事情都要靠背诵来记忆，中世纪学者们的背功显然要比现代人好得多。

欧洲中世纪兴办了很多学校，每一个主教管辖一所附属于大教堂的学校，而且几乎每一个修道院都办有一所修道院学校。兴办这些学校的目的在于培养未来的神甫。

初等学校主要是那些市镇学校，大多用地方语言教学。一些女子在附属于女修道院的学校里受到特种教育，她们大多来自上层社会，学习诵读、书写、记账、针线、宗教和医学基础知识。还有为贵族子弟而设的特种教育，他们学习诵读、书写、算术、礼貌、武士精神、荣誉概念、下棋、弹奏。

初等教育的内容共有七项，称为"七艺"。其中的"三学"包括文法、逻辑和修辞；其余四种包含几何、算术、音乐和天文学。文法学包括拉丁语，也包括一些难解的命题讨论；修辞学涉及法学的基本知识和散文、韵文的写作；几何学在研究欧几里得原理之外，还研究现在属于地理学和博物学的东西；算术讨论罗马数字和历法推算；音乐包括了学写教会曲式、音乐原理及和声学；天文探讨天体运行，同时涉及物理学和化学的粗浅概念。课程使用课本来教授，大部分课本编写于古代罗马时代，只有少部分编写于中世纪。然而中世纪编写的关于七艺的课本，应用广泛，为人重视。

中古时期也有大学。近代大学的基本模式如研究院、院长和学位，都是从中世纪创建的大学模式中继承来的。中世纪大学兴起于 12 世纪，它不是由哪一个君主有意建立的，而是由愿意学习的人们自己组织的。后来，教会主管各大学的事务，发特许证给已经建立的大学如意大利、法兰西、英格兰的大学，又与倡导办学的王公贵族合作。意大利的撒勒诺大学以医科著名，波伦亚大学以编订教会法典和罗马法著名。中古时最大的大学是巴黎大学，为哲学和神学的中心。它是中古后期的大学如牛津、剑桥、布拉格、维也纳等诸所大学效法的榜样。

巴黎大学设立文学院，教授七艺，有一监督管理校务。学生按出生地点分组，每一组有自己的领袖、食堂、宿舍、小礼拜堂以及特殊的住校教导员。学生学完七艺后，能获得文学学士学位。那些继续求学，准备日后自己教授七艺的，也可以攻读硕士学位。这样，他就可以成为有资格的教师了。神学、哲学、法学、医学均设立研究院，都是专科，附属于文学院。每院有一院长。学生都是已获学士学位的人。毕业于各研究院的学生，可以得到相当的学位，如神学、哲学、医学硕士和博士。

大学的人数很多，巴黎大学号称有学生 5 万人，而牛津大学有学生 1 万人。中世纪学生很自由，可以中途转学。所有的大学生，无论他今后是否真做神甫，都称作"执事"或"教吏"。这样一来，他们就享有实际的特权：他们不再受到国王法律的管束，没有纳税或当兵的义务，只受教会法庭的审判。

中世纪大学生的生活既艰苦又愉快。有些人很富裕，用父母或自己的钱，住比较宽畅的房子，并且时常有仆人相随。然而大多数的学生却是穷苦的，有些靠教会提供的奖学金生活，有时还靠勤工俭学。教室里光线很暗，学生和教师都感到不舒服。只有少数学生买得起书，大部分学生是靠记笔记和背笔记。他们全懂拉丁文，因为在大学中只用拉丁文教学。学生有特殊的校服，例如古典式的帽子和长袍。学校里有老同学欺侮新同学的传统，对他们做各种恶作剧。学习空下来时学生也有娱乐活动，如跳舞、游戏、宴会、击剑、打球、赌博等。当年的许多学生唱的校园歌曲曲谱保存至今，这些歌曲生气蓬勃，在中世纪的校园中，无疑是一道亮丽的风景。

中世纪大学中教授的神学，主要是托马斯·阿奎那的《神学大全》。基督教神学的奠基人是拉丁教父的主要代表奥古斯丁，他的思想被教会广泛宣扬。他费时 13 年写了《上帝之城》，认为神是万物之源，是最神圣的爱、最完美的美，神一开始就不能被人凭借认识和理性来捕捉，提倡人们"为信仰而认识"。他的另一主题是神国和俗国的对立。神国是仰赖神的恩慈结合的共同体，俗国是被神驱逐的罪人的集合体；形象化俗国就是不信神的异教国家。神国是千年王国，高于俗国。这种思想为教会的存在准备了极好的舆论，即使是神圣罗马帝国，也是以"神国"理论为基础的。神圣者，就是要超凡入圣，变俗国为神国。

中世纪神学政治法律思想的集大成者是托马斯·阿奎那（1225—1274），他出生在那不勒斯的一个贵族之家，就学于那不勒斯大学和巴黎大学，在巴黎、罗马、那不勒斯诸地任大学教授。还在巴黎大学做研究生时，他就发现了用亚里士多德观点理解基督教信仰的根据。《神学大全》是他在生命的最后十年里写成的。

阿奎那生活在欧洲文艺复兴运动的前夜，他的神学深受亚里士多德的影响。他认为，整个宇宙从顶点的神到最低的生物构成一种地位阶梯。社会是上帝特意安排的组织，低级的应该服从高级的。在国家政体上，他反对专制，原因是他反对过于强大的世俗权力，因此主张神权至上。他不反对君主政治，只要君主不过于专制就行。他还有一个著名的秩序论，认为整个宇宙是神、理性和政治权威这三重秩序组成的，因此他认为法律也应该分为四类：一、永恒的法——由神的理性所规定；二、自然法——它反映神人关系，是永恒法对人类世界具体适用的规范；三、人定法——国家法律，这应该按自然法精神制定；四、神法——就是上帝通过《圣经》和教会给予人的启示，他认为《圣经》可以补充人定法的不足和纠正人定法的错误。托马斯是一个教权主义者，在黑夜漫漫的中世纪，托马斯·阿奎那呕心沥血地构筑了封建阶级的思想理论体系，从古至今，统治者及其文人对托马斯顶礼膜拜，他是中世纪的"圣徒"，而托马斯主义则是中世纪教会的意识形态。

中世纪神学家所做的工作，大半和大学神学院相连。因此，他们用以推论和研究神学的方法就叫作"经院哲学"。它有两个基本派别：唯名论和唯实论。唯实论的观点是：观念比具体更真实，例如"椅子"这个词最先表达的是一把永远存在的理想的椅子，而其他所有的椅子只不过是对这把理想的椅子的模仿。唯名论则与此相反，认为椅子并不是一个永久概念，它仅是一个名称，用以指明某些物品中含有的共同性足以使大众认定其为椅子。唯名论和唯实论经常争论，他们争论的许多问题其实是无法论证的。这些争论锻炼了人的智力和抽象思维能力。唯实论很显然是唯心主义的。

中古时代的欧洲人一般是迷信的。例如：到一个医生那里看眼病，他会开出一个药方，叫人用一些水、酒和在树皮、树干中间所找到的多脚毛虫"一齐吞下去"。有时，还规定病人在吃药时要祈祷。炼金术和占星术是术士的发明，术士们虽然迷信，却有实验室。他们对矿物、植物、毒物进行了分类。他们寻找长生药，但也发现了一些化学的规律。后来科学逐渐兴起，13世纪的培根就很重视科学实验，他预言未来会出现没有马拉的车，没有桨的船，看到了近代科学的曙光。中世纪的建筑是很有特色的，哥特式建筑是一种美的发明，另外，那时还有其他一些极有用的发明：如铅锤、玻璃、管风琴、自鸣钟，体现了机械学的发展。

[推荐阅读书目]

1. 马克垚：《西欧封建社会形态研究》，人民出版社，1985。

2. A. 古列维奇：《中世纪文化范畴》，庞玉洁、李学智译，浙江人民出版社，1992。

3. 雅克·勒高夫：《中世纪的知识分子》，张弘译，商务印书馆，1996。

第十章
农业文明的相互交流

✿

第一节
初级农业文明阶段文明的交流

在初级农业文明阶段，亚欧大陆上的人类诸文明还只是散布在一些大河流域，彼此相距遥远，阻隔着崇山峻岭、沼泽沙漠，互不相连。由于生产力低下，交通运输能力有限，克服这种障碍有相当大的困难，所以各文明之间很少往来，相互的影响也比较小。但即使在这样的年代，文明的交流依然有着十分重要的意义，这时文明的交流大约有两个内容，一个是文明向半文明或野蛮地区的传播，使这些地区较快地进入文明；另一个就是各文明之间的技术、文化的交流，这使得人类文明的发展进程大为加快。

那时的文明交流许多是通过商业往来进行的。人类各群体之间的商业交往在野蛮时代就开始了。那时各部落之间因为地区的不同，所出产的物质资料往往不同，因而需要相互交换，以有易无。进入文明社会之后，商业交换更成为各社区、团体、民族、国家之间长期的活动。这种交换有私人进行的，也有以国家、统治者的名义进行的。由于旅途艰险，商人往往集体活动，并且在各贸易地点建立居留地，以保证安全，所以那时的贸易往往是和殖民活动一起进行的。商人集体进入前所未知的半文明或与自身相异的文明地区，建立起自己的集居地，同时也就把新的技术、文化、风俗、习惯带去，促成了文明的交流。除了商业活动的文明交流形式之外，文明的扩张和各文明之间的碰撞也是一种重要的交流形式，这一时期我们看到的，主要有波斯大帝国的扩张，有希腊亚历山大帝国的扩张，还有罗马帝国的扩张，这些帝国的扩张在当时曾盛极一时。不过有时文明的扩张也并没有我们想象的那样伟大的意义。例如亚历山大帝国远及中东、中亚，直到印度河岸，帝国瓦解之后还经历了为人所称道的希腊化时代，可是在中东和西亚，希腊文明并没有留下多少影响，大约只有一些残缺的犍陀罗艺术品，供后人凭吊而已。希腊文化的西传则发生了重要的作用。首先是希腊人向地中海西部的殖民，为后来罗马文明的兴起奠定了基础，而后罗马征服了希腊，更直接地接受了它的文明，在西方历史上形成了辉煌灿烂的古典文明。

商业殖民促使文明传播的例子可以腓尼基人作为典型。腓尼基人系闪米特人种，居住于地中海东岸，活跃于公元前 2000 年代，形成了许多独立的城邦。它是一个海上商业民族，主要从事地中海东部的商业贸易，在小亚、巴比伦、埃及等地往来，贩运木材、染料、油、酒、织物、金属等物。腓尼基在地中海上普遍建立了商业殖民地，在包括今突尼斯、阿尔及利亚、西西里岛、法国和西班牙的沿海地区，它都建立了殖民城邦，其中最有名的是迦太基，后来发展成地中海东部的强国，成为罗马的劲敌。腓尼基人因为从事国际商业活动，已经熟悉当时各国的文字，如埃及的象形文字和巴比伦的楔形文字，但这些文字构造复杂，书写不便，不适合腓尼基人快速传递商业信息、记录账簿之用。腓尼基人在象形文字和楔形文字已使用音符的基础上，进一步创造出一套拼音符号，共 22 个字母，用以表示辅音，虽然没有元音，但比象形文字等已大为简化，成为书写的有力工具。这一套字母随着腓尼基人商业活动的开展又向四处传播。向西它演化为希腊、罗马文字，向东演化为希伯来文字和阿拉伯文字等，可以说它是世界上字母文字的祖先，为人类文明的进步做出了重要贡献。

希腊文明的兴起，大概和埃及文明的传播有很大关系。古代埃及很早即在底比斯和雅典殖民，目前仍存在于底比斯北面的土质砖顶梯形金字塔，系埃及 21 王朝时期的建筑。灌溉技术、战车、剑等，均由埃及传入。而希腊人崇拜的许多神祇，希腊人的哲学、文化等，也都受到埃及的影响，所以古代希腊才较快地发展出辉煌的文化。后来这一点被西方学者故意抹杀，最近才逐渐被发掘出来。

公元前 1000 年代直到公元后 500 年，在世界史上往往被称为古典时代，这时欧亚大陆上人类文明进步的格局有了很大的改变。冶铁技术的推广使农业生产力急剧提高，剩余产品大量增加。城市的发展，贸易的兴盛，都是前所未有的。政治组织也和前一时期大为不同，出现了波斯帝国、汉帝国和罗马帝国这样地域辽阔、组织严密、结构复杂的大帝国。中东地区的埃及文明和两河流域文明的发展渐趋缓慢，而中华文明、印度文明、希腊罗马文明鼎足而立，呈现出新的辉煌。在社会、经济、政治发展变化的同时，人类所面临的问题也日益繁多复杂，灾害与苦难与日俱增，迫使人类中的智者开始思考宇宙的问题、社会发展规律的问题和人类本身的命运问题。差不多同时，在中国、印度和希腊，都出现了许多哲学家、思想家，对上述问题给出了自己的回答，形成了百家争鸣的局面。文明之间的交流也大大加速了。随着各地区政治、军事、贸易接触的频繁，思想文化的交流也更为容易，这其中最为显著的是宗教的传播，特别是佛教和基督教的传播，它绵延于整个农业文明时代，对人类产生了巨大的影响。

第二节
发达的农业文明阶段诸文明的交流

民族大迁徙与文明的交流

人类发展到初级农业文明阶段的晚期，亚欧大陆上的诸文明地区，已由最初围绕大河流域出现的一些孤立据点，变为连成一片的广阔地带。这一地带东起我国黄海、东海之滨，经西亚、中亚、南亚、地中海文明区，直抵直布罗陀海峡。这里有发达的农业和工商业、完备的国家和各种精致的意识形态，体现了人类文明的成就。在这一地带的南部沙漠区域，有游牧的闪米特人，在北部的亚欧大草原上，更分布着许多游牧民族，主要有西部的印欧人和东部的突厥－蒙古人。这些游牧民族人种复杂，发展程度也不一样，有在沙漠地带完全逐水草而居的牧人，也有半农半牧或开始定居的部落。但总的说来，他们的发展落后于南部的农耕地区，还未进入文明阶段。

游牧经济的特点是经营粗放，在广大的牧场内放牧畜群，随地区不同有马、牛、羊、骆驼等，由于季节变化，人和畜群往往逐水草而共同转移。恶劣的环境，艰苦的生活，培养并锻炼了游牧民族吃苦耐劳的性格和勇武精神。当时用来放牧牲畜的都是天然草场，资源有限，抗御自然灾害的能力也低下，因此草地上往往养活不了太多的牲畜和人口。如遇人口过多增长，或受自然灾害严重侵袭，某些游牧部落便难以按照原来的方式生活下去，随着内部斗争的加剧，一些部落便只好向外扩张，寻找新的生活资源，这大约就是历史上游牧民族不断向外侵袭的一个原因。而侵袭的对象，自然就是和他们比邻而居的繁荣富饶的农业文明的各个国家和民族。由于游牧民族居无定所，所以在扩张过程中有时也会发生整个民族的大转移。在我们关注的这个时期，亚欧大草原上北部游牧诸民族多次的南下西进，对人类文明的传播和交流发生了深远的影响。

从主要方面看，当然是农业文明地区先进的生产技术、先进的产品、先进的精神文明源源不断地输入到各游牧民族中去，有些游牧民族吸收了先进的文明，再加上自己的创造，进入了文明的阶段，扩大了人类文明的成就。但落后的游牧民族也并非对先进的农业文明一无贡献。在上古时期，据信是游牧民族改良了马的品种，把马拉战车的技术传入农业文明地区，使战争的形式起了根本性的变化，也促进了生产、运输的发展。后来的骑射战术，也是先开始于游牧民族，后来被农业文明诸地区所学习和利用。另一方面，游牧部落对广大农业文明地区的攻略也造成了很大的破坏，使一些长期积累起来的先进文明也许毁于一旦。不过在游牧民族辗转迁徙的过程中，引起了各文明的更广泛的接触和交流，这也是我们应该注意到的。

公元后的几个世纪，亚欧大陆北部的诸游牧民族，曾掀起过一个长期的、大范围的迁徙浪潮，向西向南发动侵袭，使世界农耕地区的政治地理发生了很大的变化，也使人类文明的进程发生了变化。当时在中国的北部，居住着匈奴、东胡、乌桓、鲜卑、丁零、月氏、乌孙等少数民族，其中以匈奴、鲜卑、月氏在历史上的影响最大。匈奴势力在西汉初年时十分强大，征服并控制了许多部落，势力范围南起阴山，北抵贝加尔湖，东尽辽河，西逾葱岭。他们过着游牧生活，牲畜是他们的主要财产，包括马、牛、羊、骆驼等。在和汉族的长期交往中，某些部落也发展了农业和手工业，但主要的手工业产品仍靠汉族供应，匈奴对汉族则输入马匹和其他牲畜，促进了内地的畜牧业。匈奴对内地不断侵袭，西汉王朝无力抵抗，只好采取和亲政策，出嫁汉公主给匈奴单于为妻，每年送给他们大量的酒、米、帛、絮等物。汉武帝（公元前140—前87）时，经过数十年的发展，汉朝力量强大，数次用兵击败匈奴。公元48年，由于内部争夺单于位置的斗争，匈奴正式分裂为南、北二部。南匈奴得到允许入居塞内，分布于今山西、陕西北部和内蒙古呼和浩特至包头一带，与汉人杂居，大量吸收汉文化，转向农耕定居生活。北匈奴的力量减弱，不断受到其他游牧部落的袭击，东汉王朝的军队又和南匈奴联合发起攻击，迫使北匈奴无法在漠北立足，于是西迁乌孙、康居之地，经若干世代进入西欧。

鲜卑原来服属匈奴，后与东汉王朝联合，共同进攻北匈奴。北匈奴西迁后，鲜卑代之而起，日益强盛。公元2世纪中叶，鲜卑在其首领檀石槐领导下，建立了空前强大的部落联盟，东起辽东，西至敦煌，有精兵十万，不断进攻内地。东汉王朝这时已届末世，实力衰微，很难与之抗衡。檀石槐死后鲜卑部落联盟瓦解，但仍是后来入居中国北部的一个主要力量。

从西汉末年开始，中国北方各少数民族即不断向内地迁徙，其中最大的有匈奴、鲜卑等，其次还有羯、氐、羌等。这些游牧的少数民族进入内地后，起初还保留着自己的部落组织、风俗习惯，有自己的首领统帅，和汉族之间存在着矛盾，发生过多次战争。不久他们便接受了汉族的文化，并仿效汉族建立了自己的王朝。在长江以北广大地区有十几个这样的地方性政权，互相攻伐，带来了很大的破坏。一些有见识的少数民族统治者深知学习先进汉族文化、实行汉族式统治的重要性。如原来十分落后的鲜卑拓拔族建立北魏政权后，孝文帝（471—499在位）实行改革，革除鲜卑旧俗，推行汉化措施，使政权巩固，为后来中国北方的统一奠定了基础。总之，社会发展水平较低的中国北方各少数民族进入中原后，日益汉化，当然原来的汉民族也从少数民族那里学习了许多有益的文化，双方逐渐接近、融合，以汉文化为主的中华文明，其主体仍然保留不动，而且日益丰富多彩。

在匈奴的西部，原来居住着月氏人，亦称大月氏，在河西走廊、敦煌、祁连之间游牧，有控弦之士十万人，起初匈奴都要服属于它。后来它被匈奴击败，其王又被杀，于是匆匆向西迁徙。先到伊犁河流域，赶走了居住在那里的塞种人，不久又从伊犁河西迁至阿姆河流域。那里原是希腊人影响下的大夏王国，在塞种人来到之前已呈衰微之势。月氏人赶走塞种人，占领大夏故地，建立起有名的贵霜王国，其领土范围北起阿姆河流域直到今阿富汗、巴基斯坦及北印度各地。月氏人本是游牧民族，建立贵霜帝国后与当地的农耕民族相融合。在其王迦腻色迦（约78—102在位）时，崇信佛法，国力强盛，是和我国东汉、安息、罗马并驾齐驱的当时世界上的四大帝国。贵霜帝国横跨历史上著名的丝绸之路，和我国的汉朝以及罗马帝国都有往来，成为文化交流的重要通道。它本身的文化更体现了多种文化的交融，各种宗教如印度教、佛教、祆教、希腊罗马的多神崇拜，在这里都曾流行；还有各种不同风格的建筑物，艺术品方面则有融合了希腊和印度文化的犍陀罗雕像等。贵霜的例子说明各文明之间的交流能为人类创造出更为辉煌灿烂的新文化。

分布在南俄草原以至中亚一带的游牧人，希腊称其为斯基泰人，古波斯称其为萨迦人，而中国史书上则称他们为塞种人。塞种人的西面，在欧洲大陆北部与罗马帝国相连，是印欧人中的日耳曼部落和斯拉夫部落。公元后的最初几个世纪，日耳曼人已逐渐开始了农耕定居的生活，不过畜牧业还起很重要的作用，财产多寡仍以畜群多少为准。他们所处的社会发展阶段是原始社会晚期，政治组织为军事民主制，掌握实权的是氏族贵族议事会。氏族贵族已逐渐凌驾于一般成员之上，在他们的周围，集合起一群族内的青年，不事生产，唯以战争为业，这些人被称为亲兵，由首领供给他们马匹和武器以及平日的生活所需，而他们也有对首领服役和效忠的义务。这些军事首领和亲兵发展成为和人民对立的力量，预示着古代人民自由衰落的开始。至于斯拉夫人，则居住在东欧平原的原始森林中，社会发展程度比日耳曼人还要落后，他们的一部分后来和东罗马帝国的关系较为密切。

中国北部的北匈奴自被击败后，辗转西迁，渡过乌拉尔河、伏尔加河、顿河，于4世纪时出现在黑海北岸，打败当时居住在这里的西哥特人，占领了黑海以至多瑙河以北的土地。西哥特人无力抵抗，得到罗马帝国的允许而迁居罗马境内，不久又因不堪忍受罗马帝国的压迫而起兵造反，打败了前来镇压的罗马军队，并且击毙了罗马皇帝。此后日耳曼人中的东、西哥特人，苏维汇人，阿兰人，汪达尔人，法兰克人等，大举进入已经衰弱不堪的罗马帝国，纵横驰骋，占领土地，掠夺财物。西罗马帝国的最后一个皇帝于476年被废，西罗马遂告灭亡，在它的废墟上，建立起新兴的日耳曼人的封建国家。

落后的日耳曼人并未被先进的罗马文明所同化，此后古典文明在西欧大陆上一度湮没无闻，而日耳曼人发展起来的是以基督教为中心的西欧封建文明，这和当时亚欧大陆东端中华文明传承不堕的情况是很不相同的。

阿拉伯人对文化交流的贡献

阿拉伯半岛绝大部分为沙漠和草原覆盖，气候恶劣，雨量稀少，只有少数边缘地带适于农耕。在这里生活的多是游牧的阿拉伯人，长期处于氏族、部落阶段。公元6—7世纪，阿拉伯人创造了伊斯兰教，完成统一，闯入亚、非、欧文明昌盛的旧世界，建立了横跨三洲的大帝国，用自己的宗教和语言统一当地居民，形成阿拉伯文明区，培育出辉煌的阿拉伯文化，为人类历史做出了独特的贡献。

阿拉伯文明的形成，特别能说明诸文明的交流对促进人类发展与进步的作用。阿拉伯文化的特征，主要是以伊斯兰教为指导思想，以阿拉伯语为其表现形式。但是，这种文化就其渊源、基本结构、本质特征来说，都不能说仅只是半岛上的阿拉伯人的创造。它是古代埃及、两河流域、印度、波斯等古典诸文化综合而又发扬成长起来的一种文化，是多种文明相互交流、相互作用的结果。其中，阿拉伯人的贡献，主要是在教义学、教律学、语言等方面，而在哲学、科学、医学方面做出贡献的，大都是波斯人、叙利亚人和犹太人等。然而，阿拉伯人长于学习，重视文化，提倡文化，在历史上起了巨大作用。

阿拉伯文化对中世纪西欧的文化，起了承先启后、继往开来的作用。当阿拉伯文化昌盛之时，西欧正处于文化低落的"黑暗时代"，古典文明这时已大半不为人所知，只有教会还保留着一些有关亚里士多德的知识。阿拉伯人读了大量的古典哲学、文学作品，并在学习过程中把它们翻译成为阿拉伯文，特别是翻译了许多中世纪西欧几乎已无人通晓的希腊文著作，另外阿拉伯人也创造出了自己的文化，这些在后来都陆续传回西欧，使西欧的基督教文明从落后中逐渐苏醒过来。

当时向西欧传播先进的阿拉伯文化的地方，主要有西班牙和西西里以及南意大利。西班牙于8世纪建立起穆斯林的统治，10世纪时是欧洲最繁华富庶的地方。阿拉伯人引入了西亚的耕作方法，开凿运河，施行灌溉，引种水稻、葡萄等作物和水果。同时手工业、商业也都十分兴盛，塞维利亚是西班牙最大的港口，这里和欧洲各地、埃及、巴格达、君士坦丁堡都有着贸易往来。首都科尔多瓦是欧洲文化最发达的地方，这里的哲学、医学、自然科学、文学艺术、教义学都很发达，有很多清真寺、图书馆和书店，许多学者在这里活动，并远游埃及、叙利亚、伊拉克、波斯等地。其中伊本·鲁世德（拉丁名称是阿维罗伊，1126—1198）是著名的哲学家和医学家，以注释亚里士多德的著作而闻名，对西欧的学术发展产生了重大的影响。12 世纪在托莱多成立了正规的翻译学校，培养了大批的翻译人才，把许多欧洲人不懂的亚里士多德的著作、欧几里得的著作以及阿拉伯人的科学、哲学著作，从阿拉伯文翻译成拉丁文，供英、法、德等国人士学习。

阿拉伯人于 10 世纪占领西西里，在西西里巩固住阵地后，向南意大利各地进攻，一度曾威胁到罗马，连教皇也要向他们交纳贡金。到 11 世纪末，诺曼人进攻西西里和南意大利，建立了诺曼王国，这个国家是伊斯兰文化和基督教文化的奇妙的混合物，统治者是基督教徒，可是其行政系统、主要的官吏、许多文化内容，却都是伊斯兰的。特别是在罗吉尔二世（1130—1154 在位）和弗雷德里克二世（1215—1250 在位）统治时期，文化事业空前繁荣。许多重要学术著作被翻译成拉丁文本，传向西欧。弗雷德里克时还建立了那不勒斯大学，该大学成为西欧著名的大学，基督教著名神学家托马斯·阿奎那就是该学校的毕业生。

阿拉伯文明在历史上所发挥的另一重要作用，就是沟通东、西方文化，促进各不同文明、文化之间的交流。印度的数字（有时也叫阿拉伯数字），特别是印度所发明的 0 这个具有巨大意义的数字，中国的三大发明，大约都经由阿拉伯人传播到欧洲，而后推行于全世界，为人类的进步做出了无与伦比的贡献。

草原牧民与丝绸之路

亚欧大陆北部的草原沙漠地带，虽然环境条件恶劣，只有少数游牧民族活动，但长期以来就是古代连接东、西方的重要商路，也是东西方文化交流的大动脉。由于它是中国古代特产丝绸输往西方的通道，所以历史上以丝绸之路著称，可是它的作用绝不只是这一名称可以概括的。

丝绸之路的开通，可能起源很早。在新疆发现的丝织品，有春秋、战国之际的，这大约是中国内地外销的产品，而这时希腊的许多雕像，衣着柔软，通体透明，连人身上的乳房和脐眼都可以看得出来，大约是丝绸制成的衣服。汉武帝

（公元前140—前87）时，张骞打通了西去的道路，中国人的足迹远达地中海东岸，丝绸之路在汉代遂大为畅通，沿塔里木盆地的南北边沿形成了通往西方的两条大道。在这些大道上奔走的，有各国的使团，他们人数往往多达数百人，少的也有数十人，携带大批财货。中国的使团带往西方的多为丝绸、黄金、铜币，而西方各国使臣带来的则是良马、珠玑、各类珍宝和各种珍禽异兽。这些使团不但进行政治磋商、外交活动，而且更是商业流通的主要担当者。中国的丝绸、缯彩，以赏赐之名，源源流向西方。除了这种官方的商业使团外，在丝绸之路上奔走的，当然更多的是私家商人。他们亦组成团队，贩运奇珍异宝以牟利。丝绸在罗马日益流行，这种轻薄柔软、光鲜亮丽的衣料成为罗马人艳羡的商品。4世纪时的马塞林努斯说，用丝绸做衣服，以前只限于贵族，而今已经推广到不分贵贱甚至最低的各阶层。[①]马氏的描述肯定有所夸大，但也证明了中国丝绸在罗马的畅销。而随着使臣、商人的往来，不仅东西方的商品贸易，文化交流也广泛进行，中国的先进农业、水利、冶金技术传向西方，而域外的乐舞、服饰、饮食、家具等纷纷传进中原。丝绸之路在古代也不是完全的和平之路，不同国家的军队时常沿此路行进，相互杀伐攻略，不过这不能说是文明的冲突，而只是各个国家政治行为的延续而已。

丝绸之路自开通以来，长期成为东西方文化交流的重要通道。魏晋南北朝时期虽然战乱频仍，但依然商货不断。北魏时洛阳是各国商人荟萃之地，"自葱岭以西，至于大秦，百国千城，莫不欢附，商胡贩客，日奔塞下"。唐代声威远播，开疆拓土直至中亚，与阿拉伯帝国相连接，丝路的畅通有了更可靠的保证，唐代长安成了著名的国际大都会，也成了吸收世界各地先进文明，融会贯通，创造、发展中华文明的大城市。所以唐代在我国和世界历史上都具有特别的意义，有唐这一代是中华文明"海纳百川，有容乃大"的最好见证。9世纪后唐代衰微，阿拉伯世界也战乱不已，丝绸之路的交通受到影响，这时东西方的文明交流更多通过海上来进行。13世纪蒙元崛起漠北，不久通过西征，实现了对中亚、西亚的直接统治，使东西方驿路更为通畅，大量的使臣、教士、商人和各种货物，从东到西和从西到东直接往来，这一时期可说是丝绸之路的辉煌时代。明清之后，海上交通日益发达，丝绸之

---

① 赫德逊：《欧洲与中国》，王遵仲等译，中华书局，1995，50页。

路的意义逐渐减弱，到近代更淹没不用了。

　　丝绸之路在古代文化交流上的意义十分重大。当时由于路途遥远，运输困难，所以贸易多采取分段进行的方式。大抵在最西部活动的是叙利亚、犹太、希腊等地的商人，他们往来于罗马和叙利亚之间；活跃在从叙利亚到粟特、波斯，乃至帕米尔的是波斯商人；从波斯、印度各地穿过中亚到中国的是粟特商人。所以在这条道路上，形成了多种文化交汇的格局。从我国河西走廊出玉门，直到帕米尔高原，是第一区域，属我国汉民族和许多少数民族文化交流的地方。当时沿天山南北路，分布着许多城市国家，如于阗、疏勒、龟兹、焉耆等，他们多为印欧语系伊朗语族人，一度称雄于天山南北，唐代这些国家被征服，唐朝于此设安西四镇，所以它们既深受汉文化的影响，也创造出自己的独特文化。这里原来流行佛教，开凿了著名的佛教洞窟，雕像壁画带有犍陀罗艺术的风格。后来伊斯兰教传来，又有伊斯兰的建筑等。当时使用的文字，有汉文、梵文、回鹘文以及当地的佉卢文、于阗文等，流传下来的有关资料成为我国文化中的宝贵财富。从帕米尔往西，在今阿姆河与锡尔河之间的泽拉夫善河流域一带，居住着讲伊朗语的粟特人，那里土地肥沃，物产丰盛，以各种瓜果和葡萄酒闻名。唐代这里形成康、安、石、米、史、何、曹等国，都是一些小城邦，据说这些人原居我国祁连山以北昭武城，被匈奴击败后迁居于粟特地区，故其王皆以昭武为姓，示不忘本也，所以中国史书上称它们为昭武九姓国。粟特人在中世纪的特点是善于经商，就如西方的犹太人一样。从汉代起，他们就在丝绸之路上从事中间贸易活动，到唐代尤为活跃，并且还充当各国的使臣，进行外交说项。中亚的文化、宗教等传入中原和他们有很大的关系。他们对游牧民族的影响也很大，把各种先进的政治、经济、文化带入了游牧部落。粟特文字对回鹘文、蒙古文、满文都有影响。而他们也受到中原文化的强烈影响。粟特钱币方孔圆环，与开元通宝形制无异，即为一例。

　　宋代北方辽、夏、金互争雄长，在辽被金灭亡前夕，辽国大将耶律大石率部出走，辗转西进，到达河中地区，击败了当地强大的花剌子模国，1131 年正式即帝位，建元延庆，上尊号为天祐皇帝，中国史书称它为西辽，阿拉伯史家则称它为哈拉契丹（哈拉意为黑色）。耶律大石于 1134 年派大军 7 万东征，企图灭金复辽，结果行军万余里，牛马多死，一无所得，于是打消了东进的念头，决定在中亚发展，打败塞尔柱突厥人，取得了中亚细亚的统治权，到 1143 年耶律大石死时，西辽已经成为一个地跨葱岭，东起阿尔泰山，西至咸海以北，北起巴尔喀什湖，南达阿姆河的大国。

西辽在中亚统治一个多世纪，沿用辽国的制度，受汉族文化影响很深，官制等名称多与中国诸王朝所用相似，官方文书也多用汉文，钱币则有外圆内方的中国式铜币，有"感天元宝""康国通宝"等。境内多种经济成分并存，有发达的农业、工商业者聚居的城镇，也有广大的牧区。居民民族成分众多，语言多样，有操伊朗语的塔吉克人，操突厥语的民族，更有从中国内地迁去的汉人、契丹人和其他民族，还有从西亚等地迁去的阿拉伯人、波斯人、叙利亚人、犹太人等。宗教信仰更多种多样，有佛教、基督教、伊斯兰教、摩尼教、道教、祆教、萨满教等，耶律大石本人信仰佛教，但他允许基督教、伊斯兰教这些宗教同时存在。他熟悉汉文化，倡导中原的文物典章制度，不过也不拘泥而排斥其他，有助于在国内形成多种文化融会贯通的局面。成吉思汗灭西辽后，道士长春真人丘处机到达当时的撒马尔汗，其弟子李志常著《西游记》，记载下他们见到的一些情况，说自灭亡以来，当地人"田园不能自主，须附汉人及契丹、河西（指西夏）等。其官长亦以诸色人等为之。汉人工匠杂处城中"。西辽的例子说明文明的相互学习、相互交流是一种常态，是促进人类进步的强大力量。西辽曾声名远播当时的东西方，可惜后来毁于蒙古的野蛮暴力，未能长期存在下去。

13 世纪蒙古崛起漠北，其军事征略扰动了当时整个文明世界，有许多人类文化财富在其野蛮暴力破坏下毁于一旦。但另一方面，暴力也把原来因地理、政治、经济条件不同而互相阻隔的地区连成一片，丝绸之路一度畅通无阻，便于人口迁徙、文化交流和经济往来，有大批的军队、商贩以及使臣、旅行家等在这条道路上奔走，可以由远东的中国向西直达罗马，实现了人类文明的大交流。

成吉思汗和其后代的西征深入欧洲，大批欧俄部族，如钦察人、俄罗斯人被掳掠东来，和林出现了日耳曼、巴黎和贝尔格莱德的俘虏。蒙古军中有不少钦察人、俄罗斯人服役，有些人还成为名将，建立过功勋。另外，蒙古的征服震动了欧洲，1245 年，在里昂宗教会议上，教皇决定派遣使节到蒙古以了解情况。于是，方济各派教士普兰诺·迦宾等人带着教皇写给蒙古大汗劝其勿攻基督教民的书信，经波希米亚、基辅，于 1246 年 4 月左右抵达伏尔加河边拔都大帐处，拔都又把他们派往大汗所在地，当时的贵由汗只勒令西欧统治者投降纳贡，所以交

涉没有结果。但普兰诺·迦宾回去写了《蒙古历史》一书，向西方介绍了蒙古帝
国的一些真实情况。1253 年，又有卢布鲁克前来，此行大约属私人性质，意欲在
蒙古人中传播基督教，但带有法王路易九世的介绍信。他也是先到拔都处，后来
又到了蒙哥汗大帐所在地。蒙哥汗仍遵守成吉思汗时的习惯，即对一切宗教宽容，
所有宗教平等，而不承认基督教的独尊。卢布鲁克逗留一段时间后，带着大汗给
法王的促降书返回，没有达到宣传基督教的目的。他回来后也写有行记，介绍蒙
古和东西方交通的状况等。

忽必烈时，意大利人马可波罗辗转来华。马可波罗出身于威尼斯富商家庭，他
的父亲曾到撒莱经商，约于 1266 年到达上都，受到忽必烈接见，后又西归向教皇
传递了蒙古的国书。1271 年，他的父亲、叔父携马可波罗再次前来中国，于 1275
年到达上都。马可波罗在中国留居 17 年，据他自己说很得忽必烈赏识和信任，曾
出使外国和到各地视察，到过云南、江南各地以及占城、印度等，还在扬州做官 3
年。1291 年，他陪伴出嫁的公主，经海路到达伊儿汗国，然后继续西行，于 1295
年返抵威尼斯。根据他的口述而记下的《马可波罗游记》一书，记载了他的旅途见
闻以及元朝时中国的情况，对东方的富庶繁华备加赞扬。中世纪晚期此书风靡欧
洲，对促进西欧人了解东方，前来东方寻求财富起了很大的作用。今天，关于此书
记载的真实性以及马可波罗本人存在与否都还有争论，但马可波罗已成为东西方文
化交流的象征而为亿万人所纪念。

海上的文化交流

亚欧大陆四周被海洋所包围，因为人类最初活动在陆地上，所以往往认为海
上风涛险恶，是阻遏交往的障碍。其实海上的交通具有许多陆地上无法比拟的优
点，它运输量大，费用低廉，在技术有一定发展后，航行也较陆上安全。对于亚欧
大陆上诸文明的交往来说，海路一直是一条重要通道。从远古时起，沿海居民即采
用各种办法，跨海远征，寻求商货、财富、土地以及友谊等等，传播了所属地域的
文明，也带回了许多先进的文化。当时西太平洋主要是中国人的活动范围，印度洋
是阿拉伯人、印度人的活动范围，而欧洲人的活动范围则是地中海和北海、波罗的
海。这一格局在西欧人的远洋航行实现以后很久，直至蒸汽机轮船发明以前，基本

上没有多大改变。无论哪一个国家，哪一个民族，近海居民都首先是航海居民，有一种论调说有海洋性的民族和大陆性的民族之分；有属于海洋性的蔚蓝色的文明、属于大陆性的黄色的文明，并由此推导出一系列的所谓理论，这是一种错误的认识，甚至是带有歧视性的认识。

早在秦汉时代甚或更早，我国先民即已浮海远航，到达日本、朝鲜、东南亚、印度各地。唐宋时期，我国的航海事业得到辉煌的发展。造船技术很高，可以造载重达五千料（一料合一石，为 60 公斤）、载五六百人的大船，一般海船载重一千料，容二三百人。甚至还有更大的船。海船用坚固的龙骨增加其纵向强度，船底和船舷则用两层或三层木板叠合，木板之间榫合或用铁钉连接，并用桐油、石灰、麻丝嵌缝，可防止渗漏和锈蚀，所以船体极为强固。船舱用十几个水密舱隔开，即使有两三个船舱破损，也无倾覆之虞。另外这种海船"上平如衡，下侧如刃"，可破浪而行，稳定性大为增加。11 世纪下半叶，指南针即被用于导航，更有历代积累下的许多航海地理知识，使我国成为当时世界上最先进的航海国家。

唐宋时，特别是宋代，我国对外贸易有很大发展，南宋时外贸收入成为政府收入大宗，所以外贸受到国家的积极鼓励，在许多港口设立市舶司管理。海外客商大量来华，中国商船更频繁出洋，有的在外国数年不归，称为"住蕃"。北起朝鲜、日本，南抵爪哇、苏门答腊，西至印度、阿拉伯、东非各地，都有中国商船往来。当时前往印度以西的船只，一般要在马拉巴尔的奎隆（古称故临）过冬，等候下年西南季候风返航，航行一次需 18 个月。所运的货物，首先是丝绸，所以有海上丝绸之路的名称。另外一种是瓷器，东起日本，南到东南亚各地和印尼诸岛，西至埃及和东非各口岸，都是中国唐代陶瓷的广大市场。中国瓷器以色彩鲜艳、品种多样而深得各国人民喜爱，而且长期以来是中国的垄断产品，宋、元、明、清时期，瓷器外销势头一直不减，市场遍及全世界。所以海上陶瓷之路比丝绸之路还更为重要。还有一种外销的货物是铜钱，日本、朝鲜和东南亚各地，长期使用中国铸造的铜钱为货币，导致我国铜钱大量外流，虽然宋代因为钱荒而严禁铜币出口，可是商人为牟取暴利仍多方挟带出去。所以可以说我国的铜币长期以来一直是一种国际货币。至于输入的产品，则主要是香料，来自印度、东南亚等地的香料源源不断流入我国，竟使其由奢侈品变成市井日常消费品。此外输入的还有玻璃、纺织品、药物、金银等。海上贸易的往来，造成了物质文明的交流，更促进了精神文明的交流。

明代郑和下西洋，从 1405 年到 1433 年七次出海远航，到达亚、非 30 多个国家，远至波斯湾、东非各地，被称为中国航海史和远洋贸易史的盛举。郑和的航行后因开支浩繁而被放弃，论者一般都以为此后中国即从海洋退缩，说明中国文明不易在海洋上发展。其实这是只看政府行为所导致的错误认识。实际上，明代中国的航海事业，海外贸易，海外殖民，都有了进一步的发展，非前朝可比。虽然国家严申海禁，可是因为东南地区生产发达，人口众多，土地负担过重，所以沿海居民大批私自造船出海，交接番商，西太平洋海域、东南亚各地以及印度洋，都有中国商人的活动。明代海外事业发展的特点有以下几点：一、海外殖民达到高潮，东南沿海居民移居吕宋、爪哇、苏门答腊、日本者非常多，许多地方组织起殖民社区，成立了自己的管理机关、自治组织，为发展当地的经济、文化，做出了巨大的贡献；二、从事海外贸易的私人资本有了巨大的积累，一些私人的海外贸易船只比官方的要大，装备也更为精良。为了对抗政府的海禁政策，他们成为亦商亦盗的走私集团（古代海商往往兼作海盗，全世界皆然），组成数百甚至上千只的船队，聚众数万人，在海外建立基地。著名的有以日本为基地的"倭寇"首领王直，闽广的林道乾、林凤以及后来的郑芝龙、郑成功父子等；三、海外贸易成为朝野关注的重要问题，在政府内部引起激烈的斗争。嘉靖时，朱纨巡抚浙江兼管福建海道，严禁海外贸易，于是闽浙的豪势之家和朝中具有共同利益的官僚相互呼应，对朱纨发起弹劾，朱纨被迫自杀。明朝政府终于认识到海禁的结果是把大批衣食无着的人民逼为寇盗，于是于隆庆元年（1567）重开海禁，允许私人到海外自由贸易，这一措施一直维持到明末，这一时期成为我国海外贸易的黄金时代。

阿拉伯帝国建立后，地中海东部、南部和西部海岸，红海和波斯湾的整个海岸以及阿拉伯海的北部沿海地区，全都掌握在阿拉伯人手中。他们很快学会了航海技术，波斯人也加入其中，成为海上大国。在埃及、叙利亚、西班牙等地，以及波斯湾的港口西拉夫和阿曼，都有阿拉伯的造船基地。据说阿拉伯人造船不用铁钉，用椰树皮造成的绳索捆绑船板而成，不过根据中国水手的观察，这种船只有渗漏的缺点。[1]其船桅装三角帆，便于在多种风向下航行。12 世纪末 13 世纪初，中国的罗盘传到阿拉伯，从此阿拉伯人的航海更得到迅速的发展。8 世纪时，他们占领了印度

▶ ▶ ▶ ────────────────────────────

[1] 刘迎胜：《丝路文化·海上卷》，浙江人民出版社，1996，97 页。

洋西部海域的科摩罗群岛，9 世纪时航行到马达加斯加岛，与当地的马来居民建立起贸易关系。然后越过宽阔的莫桑比克海峡，在非洲东海岸建立起许多商业据点，不少阿拉伯人移居于此，与当地居民融合，到 12 世纪形成了著名的商业城邦，分布北起摩加迪沙，南至基尔瓦，其商路可通印度洋、波斯湾、印度和中国各地。当然在这片海域活动的还有印度的商人和他们的船只，贩运印度生产的珍珠、宝石、象牙、香料等到有关各地。与此同时，阿拉伯人的商业船只也航行在地中海上，联系着西班牙、亚历山大里亚、君士坦丁堡以及地中海东岸诸港口，和意大利商人争夺地中海上的商业控制权。可以说，在中古时代，横跨印度洋的海上贸易主要由阿拉伯人掌握，他们联系着东非海岸和印度洋西海岸，在两边都设立有商站。他们到亚洲的航线，则多以红海的吉达港，或波斯湾的西拉夫、巴士拉为起点，从那里到印度后，过锡兰，抵孟加拉湾，南下达安达曼群岛，穿越马六甲海峡，再北上或到中国，或到越南。他们成为欧、亚、非中古贸易的主要中介商，在推进世界经济交流，文化发展方面，起了很大的作用。

中古欧洲人的海上贸易区主要有两个，一个是波罗的海、北海贸易区，一个是地中海贸易区。波罗的海、北海贸易区连接着英格兰、北欧诸国，法、德北部，以及波兰和俄国等，运输的多是粗重的物品，如粮食、木材、鱼、盐、铁、皮毛、蜂蜜等。地中海贸易区则连接着亚洲和欧洲的商道，所运输的多是奢侈品，如丝绸、锦缎、香料、棉布、宝石、象牙、珍珠等，经长途运输到开罗、亚历山大里亚、君士坦丁堡等港口，由此再转运西欧各地。为争夺地中海贸易的控制权、意大利的城市和阿拉伯人展开角逐，而意大利的城市威尼斯和热那亚之间也展开了激烈的斗争。到 14 世纪，威尼斯最终击败热那亚，取得地中海上贸易的独占权。它在巴尔干、小亚细亚、叙利亚、巴勒斯坦、埃及等地也都建立起商站，有庞大的商船队，并且有相当强大的海军舰队，以保护它的贸易。不过长期以来，意大利的商船主要只在地中海内部活动，东方来的商品由船只运抵法国马赛港，然后从陆路运到香槟集市，再发往欧洲各处。只是 14 世纪后，它们方才出直布罗陀海峡，把货物直接运到英国和荷兰的各港口。这一贸易区也是人类文明，特别是东西方文明交流的通道之一。

［推荐阅读书目］

1. 周一良主编：《中外文化交流史》，河南人民出版社，1987。

2. 何芳川主编：《中外文化交流史》（上、下），国际文化出版公司，2008。

3. 王小甫等编著：《古代中外文化交流史》，高等教育出版社，2006。

4. 贝尔纳：《黑色雅典娜：古典文明的亚非之根》，第一卷，郝田虎等译，吉林出版集团，2011。

5. 霍布森：《西方文明的东方起源》，孙建党译，山东画报出版社，2009。

第二编　工业文明的兴起

第十一章
原工业化时期亚欧诸农业文明的嬗变

第一节
明清时期中华文明的新变化

生产的新变化

明清是中华人口急剧增长的时期。明代人口官方记录最高为6000万，但估算实际应该已达1亿，明末可能已达1.5亿。明清之际，战乱频仍，人口有所耗减。到清代升平日久，人口又迅猛上升，康熙末年（18世纪20年代）又达1.5亿，18世纪末，人口增至3亿，而到1840年，人口已到了4亿。人口如此迅速增长，说明当时经济发展，社会生活条件改善，另一方面，清代实行“摊丁入亩”，“滋生人丁永不加赋”等政策，使人民不再因为逃避赋役而隐匿人口，人口统计数字比较确实，也是人口数目增加的重要原因。

人口的增加对资源形成了压力。在清代反映为地少人多，粮价飞升，使乾隆皇帝（1711—1799）也为之忧虑，而且他还注意到，粮价本应随着年成丰歉而涨落，可是现在却一直上升，有涨无落。人口学家如洪亮吉（1746—1809）也指出，物质资料的增长赶不上人口的增长，必然导致人民生活水平下降，社会出现大量失业人口（游手好闲者），教育普及程度下降，成为产生社会动乱的根源。要解决这种矛盾，洪亮吉认为或者是水旱疾疫之灾使人口减少，或者是发展生产、增加社会财富，但他并没有找到解决人口与资源矛盾的根本办法。[①]

明清时代发生了人口对土地的压力，但是否形成了过剩人口，出现了所谓马尔萨斯危机，还是一个值得探讨的问题。在当时生产力水平下，要供应人口增长的需求，首先是扩大耕地面积以增加粮食、棉花等的生产。当时全国的垦田数有缓慢的增加，不过不十分明显，而且开垦的多是贫瘠的土地，产量不高。所以，只能在提高农业劳动生产率方面下功夫。那时采用了几种应对办法，首先是新的农作物的引进与推广。美洲所培育的玉米、番薯、花生、烟草等，在明代引进后被迅速推广，玉米、番薯都是高产作物，而且适宜在山区、瘠地种植，对缓解粮食供应短缺起了很大作用。其次是农业种植技术的提高。从农具方面看，明清时较之宋元时并无多少进步，可是在农艺方面则大为不同。农作物复种、套种技术推行，江南地区多为双季稻，福建、广东则可一年三季。北方也多实行轮作套种，割麦后种豆，秋收后仍种麦，可一年两熟或两年三熟。这些都等于增加了耕地面积。还有就是对土地投入更多的人工和肥料等，实行精耕细作，使产量增加。特别是肥料的增加，成为这时江南农业生产的显著特征，这就使得直到清末，中国的农业生产潜力仍有可以提高的余地。

明清时期中国的手工业也有很大进步。棉纺织业和丝织业尤为突出。棉花种植在宋元时推广开来，到明代几乎已遍及全国，棉纺织业作为家庭副业而大兴，取代了过去的蚕桑丝织之业，而纺织技术在普及的基础上有了新的发展。如去棉籽的搅车，采取脚踏式，一人即可操作（元代需 3 人）。木棉弹弓，以木为弓，蜡丝为弦，弹花时把弓挂在一个竿上，减轻了劳动强度。纺车基本上仍是手摇纺车，明代可能出现多锭纺车，不过并未推广。到清代时上海等地有脚踏纺车，可以一车三锭。织机的进步则主要表现在丝织方面，已经发明了十分复杂的织机，可以织出多种花色品种的丝织品。

冶铁技术也有不少改进。明代遵化炼铁高炉，高可达 1 丈 2 尺，是一种前宽后窄的矩形炉，用石砌成，日可出铁 4 次，连续使用 90 日。清代广东的高炉已呈瓶状，用机车装铁矿石和炭，用活塞式风箱鼓风，在出铁口装有水石（耐火材料），每一时辰可出铁一版，重一钧（100 斤），使用时间从秋到春，看来超过了 90 日。由于炼铁的燃料使用了焦炭，所以炉温很高，可直接炼出熟铁，大大节省了原料和劳动力。

▶ ▶ ▶ ————————————————————————————————

[①] 李伯重：《明清时期江南水稻生产集约程度的提高》，《中国农史》，1984 年第 1 期。

明清时期最为惊人的技术成就是凿井技术。四川开采井盐，先制成凿井的铁锥，极其刚利，向岩石舂凿成井，深入后以竹相接，直达岩石下的卤水，然后引出卤水熬煮成盐。这项技术不断完善，当时的人发明了多种多样的钻头，对付不同的岩石，并能提取出岩心。如遇钻头脱落或被卡住，也有办法挽救。井深延长后，发生井壁渗漏或崩塌事故，也能修补。由是井深不断延长，可达四五百米，清代甚至打出了深达 1000 米的井，可说已达到今天的钻井技术水平。此外还开凿了天然气井，引天然气煮盐，降低了成本，提高了效率，这在世界历史上可说是独一无二的成就。

其他在制糖、制瓷等各方面，技术也有很大的进步。总起来可以说，明清时期我国的生产力仍在不断发展，并没有沦为"停滞的帝国"。

商品经济的发达

明清时期我国的商品经济得到了很大的发展，全国性的统一市场已经趋于形成，粮食、棉花、棉布、丝绸、瓷器等日常消费品成为大宗商品，被长途贩运而广泛流通。由于市场竞争的作用，各种农作物和手工业品的地区性生产基地出现，生产出成本低、产量高、品质好的产品，因而也提高了生产力。例如稻米的主要输出地为湖北、湖南、四川、江西、安徽以及广西等地，而小麦的主要供给基地则为北方的山东和河南，后来台湾、东北、河套等地也成为商品粮供应地。棉花生产则集中在江南、华北、湖北三大产区，由于棉布生产华北不及江南，所以曾出现北棉南运、南布北上的局面。清代江南的棉布市场有所缩小，但优质棉布仍然畅销全国，而华北棉布则在当地及西北占优势，并且扩及东北市场，而四川、湖北的棉布则占领了西南市场。丝绸和瓷器的变化更为明显。蚕桑丝织业本是我国传统产业，全国各地普遍存在，但明清时华北蚕丝业已基本上退出商品生产领域，四川的丝绸业也有所衰落，只有江南的丝绸业以其优良的地理条件和精湛的制造技术而独霸中国市场，尤其集中于湖州、嘉兴、杭州地区。后来虽有珠江三角洲成为新兴的蚕丝业基地，但其质量也不及湖丝。制瓷本来也是全国各地都有名窑，到了明清则全国其他地方的瓷窑均告衰落，只有景德镇的瓷器最为繁荣，垄断了全国的市场。此外，麻、糖、铁器、造纸等，也形成了一些集中生产的地方，通过流通而供应全国各地。许多商品可以从地方上的乡村市场，通过城镇市场、地方中心市场、区域市场而流通于全国，市场网络已经形成。[①]

由于商品经济的发达，明清时期出现了巨大的商业资本，富商大贾中以徽商和晋商最为著名。徽商称新安大贾，以今安徽歙县人为多。所贩运的首先是盐，盐是专卖产品，获利甚厚，经营它必须结交官府。其次是典当，这是一种盘剥小民的行当。再次才是茶、木、布匹、粮食等民生日用品。山西商人，最大的也是盐商，他们往往为边防需要贩运粮食、布匹到西北，然后得到政府颁发的盐引到两淮、河东贩盐牟利。大商人的组织，当时还多是同族子弟共同经营，在一个大商人下面工作的往往是本族人，也有本族若干人凑集资本而共同经营者，还有本族贫民向富户贷款而经商者，都带有明显的宗族色彩。这些商人的资本，已有数十万两，甚至百万两的，势力可说是相当巨大。

商品经济的发展，货币大量流通，相应地出现了金融业务机构。明代已有钱庄，最初主要是从事银、钱兑换业务，后来发展成为经营储蓄和放贷，并发行自己的票据，称钱票，可以流通到异地兑现。与之相似的机构是银号，业务与钱庄近似，发行的票据称银票。明清时钱庄、银号在大城市中所在多有，发行的钱票、银票流通全国各地，许多大宗交易即以票据支付。到18世纪末年，又出现了以经营汇兑业务为主的票号，这主要由山西商人设立，有日升昌、蔚泰厚、合盛元等家。日升昌的分号遍及全国各大城市，甚至远到俄国，经营汇兑、放款、贷款等业务，这是中国银行的兴起阶段。

商品经济发达的一大标志，就是在明清时白银成为主要货币。明代本沿用前朝成例，钱钞并行，但钞易为政府滥用，而大量的商品流通需要有一种稳定的货币，于是民间渐弃钞不用，改用贵金属金、银作为一般等价物，特别是用银子作为主要通货。而明代白银之所以能成为主要货币，是因为白银有大量的增加，这并不是由于中国的银产量增加了很多，而是有大量白银从国外流入。明代直至清代前期，中国无疑仍是世界上的先进国家，在中国和西方的贸易中，中国是出超国，中国的丝绸、茶叶、瓷器等，每年有大量出口，西方只能以美洲白银支付。另外，日本从16世纪起也大量生产白银，主要出口到了中国。据估算，十六七世纪明朝白银流入量约为1亿两[②]，合3000吨许；而外国人的估算要多得多，认为这一时期美洲、日本

▶ ▶ ▶ ────────────────

① 龙登高：《中国传统市场发展史》，人民出版社，1997，第四篇，第七章。
② 吴承明：《市场·近代化·经济史论》，云南大学出版社，1997，273页。

生产的白银为 3.8 万吨，其中流入中国的有 7000 或 1 万吨。[①]另外一种估算是十七八世纪时，中国从国外输入 6 万吨白银，约占世界总产量的一半。[②]大量白银在市场上流通，便利了经济的发展。可惜由于政府的政策保守，没有出现用银铸造的货币，锭银或散碎银两使用起来不够便利。

资本主义因素的产生

明清时期，我国已经出现了资本主义生产关系的萌芽。资本主义生产关系的产生，其前提是生产力的发

景泰款掐丝珐琅出戟仿古方尊

达，商品经济的成长，这在明清时都已具备。经过许多学者多年的研究，证明当时在丝织业、矿冶业、暑袜业、瓷器业以及其他一些手工业行业、农业中，都已有资本主义生产关系的产生和逐步的发展。不过在我国的初期资本主义关系中，工场手工业的形式不很发达，缺乏内部分工完备的大型工场手工业。其中最发达的工场手工业当数四川的井盐业，产生了雇工千余人、五百人这样的大工场。[③]

这一看法近年来受到许多学者的质疑或反对，其所持的理由主要是萌芽三四百年而还未能发展起来，证明中国不可能独立发展出资本主义。这主要是夸大了西欧资本主义的成长而导致的结果。其实，如果仔细考察，16 世纪开始的西欧资本主义的萌芽，也只是萌芽而已。它一样也经历了三四百年的发展过程。这期间有的地方萌芽衰落以至消失，有的停滞不前。直到 18 世纪工业革命之前，西欧大地上占主导地位的还是封建农业、封建特权，和中国的情况差不多。工业革命带来生产力的

▶ ▶ ▶ ────────────────────────────

① 弗兰克：《白银资本》，刘北成译，中央编译出版社，2000，210 页。
② 同上书，208 页。
③ 详情可参看许涤新、吴承明主编：《中国资本主义发展史》第 1 卷，人民出版社，1985。

大发展，方才使资本主义的生产关系加速发展起来。下面的问题自然就是，过去科学发达的中国，为什么没有首先实现工业革命，这就是所谓的李约瑟难题。这一问题也有种种不同的答案，需要进行深入的研究。不过我们也可以反问，为什么中国唐宋时期科学技术发达而西欧不发达呢？这同样是很难回答的问题。

专制主义的统治

明清时期中国的政权建立了中央集权的专制主义统治，其显著特征就是君权摆脱了相权的纠葛，罢免了官僚机构之首的宰相。朱元璋即帝位（1368—1398），从伸张君权出发，取消宰相职务，由皇帝直接统管六部，他不仅是最高决策者，也是最高执行者，大权独揽。但皇帝日理万机，事实上十分困难，一是忙不过来，二是许多事情他不了解，总要有人商量。所以不久就有了内阁制度，即召集一些文人学士备咨询，讨论大事以便皇帝决策。后来内阁大学士取得了票拟权，即可以对下级的奏章提出批答草稿，代皇帝起草诏令，由皇帝采纳，以减轻皇帝的劳动。内阁只是皇帝的秘书班子，不过遇有懒惰的皇帝阁臣也可擅权，处理政务。清朝以少数民族入主中原，继承明朝遗制，仍大力加强皇权，依然不设宰相。而且鉴于明代内阁权威日重，虽有内阁，但使阁臣位尊权轻，徒具虚名而已。为了便于处理军国大事，另设军机处，它本是办理西北军务的机构，后来发展成参与决策的机关。但军机处有似皇帝的办公厅，其人员只承旨办事，缺乏实权。

朱元璋厉行专制，打击功臣、官吏、富豪，死者无数，亲自制定大诰，用严刑峻法和特务管制一切，对臣下随意折辱。明代形成"廷杖"制度，大臣往往被当朝答责，重者致死，或者投入"诏狱"，酷刑折磨而死，完全破坏了中国古代"君使臣以礼，臣事君以忠"的相互尊重关系。清代继承明代，又有满汉之分，汉人一般只能担任副职，虽有功不得封王。清人因为有奴隶制残余，满官对皇帝自称"奴才"，而汉官连"奴才"也不能称。清代还大兴文字狱，诛杀知识分子无数，查禁书籍，诱导文人从事脱离实际的考据，从思想上极尽钳制之能事。

在对人民的统治方面，明清时期也建立了严格的管理制度，朱元璋以农民当了皇帝，他像管理一个大农村一样管理全中国，把人民分成民户、军户、匠户（手工业者），子孙世袭，不得变易。军户实行屯田制，自耕自养，平时训练，战时服役，不需另外供应。民户设里甲制（后改保甲），有里长、甲首管民政、教化、赋役等事项。明代严格统计人口土地，编制户籍，登记丁口、籍贯、姓名、年龄、田宅、资产等项目，称赋役黄册。又丈量土地，画出各户田地的位置，注明土质、四至、丈尺、主人姓名等，编成一册，称鱼鳞图册。黄册与鱼鳞图册把全国人口和土地牢牢控制起来，以便征收赋役，实际上是在商品经济发达，人口、资产流动加剧的情况下，又倒退回两税法以前的水平。里甲还须供应当地政府的一切需求，甚至纸墨笔砚、桌椅板凳，还有驿站交通工具和人员食宿，即一切都是按照自给自足的自然经济办理，不再需要商品流通，所以不可能持久。后来改征白银，银钞兼行，导致财政紊乱。于是逐渐推行一条鞭法，把名目繁多的赋役合并为一，除秋粮外，均改征货币。到清代先是实行"盛世滋丁永不加赋"，后更"摊丁入亩"，主要按地亩征收赋税，对人口的控制实际上有所放松。

在对外政策上，朱元璋"固守"内地，不许向外，宣称对外永不征伐的国家有十五个，倭寇来犯，令沿海居民后撤以避之，对北边的蒙古，则修筑长城加以防止。后来虽然有郑和下西洋的海外发展，但遭到全体臣下的反对，甚至连所有航海资料悉数焚毁。清代更严申海禁，片板不许卜海，后来海禁虽开，但通商口岸长期只限于广州一地。由于放弃向外开拓进取的机会，不知中国以外的世界，养成了故步自封、自我中心的思想，又继承了原来汉人王朝君临天下、四夷宾服的观点，陷入保守落后、无法自拔的处境。其实从明代开始，西欧已经不断和中国发生接触，介绍进来外部世界的情况和先进的科学技术，但因为介绍者的目的是为了传教和侵略，而接受者只是一时好奇，所以没有产生大的影响。[①]

总之，明清时期的许多政策，是导致我国由先进变落后的重大原因，不过经济、社会向前发展的力量是不可抗拒的，否则我们也就难以见到那时经济繁荣、思想变化的现象了。

知识分子的新动向

明清时期人口大增，于是地权日益细碎化，从地主方面说，就是大地主日益

---

① 张国刚等：《中西文化关系史》下编，高等教育出版社，2006，第四章。

减少，而中、小地主日益增加。虽然我们也可以看到像明代的王庄、清代满洲地主这样的大地主的例子，但那只是少数，而中、小地主却是一个不断发展，不断壮大的力量。伴随着中、小地主的增加，社会的进步，明清时期的教育事业也有了大的发展，除各级各类的官学外，私家书院也大为兴盛，所以知识分子的数目也增加了不少。书院的自由讲学，逐渐打破了专制主义的压制，并由学术批判向政治批判转变，出现了党、社运动。

明代后期，由专制所导致的政治腐败已相当严重，一些不满当权派的知识分子借书院讲学的名义，进行政治活动，其中以东林书院为首，世称东林党。东林书院在江苏无锡，宋代已经存在，元代废为僧寺。明万历三十二年（1604），无锡人顾宪成被罢官家居时将其重新修复，并与弟顾允成及其他志同道合的知识分子高攀龙等于此讲学，他们订立"东林会约"，广泛联络同志，宣传政治主张，评论朝政得失和人物是非，影响巨大。东林党人主张宽赋于民，减轻剥削，反对当时皇帝的矿税使四出掠夺；主张开放言论，澄清吏治，反对宦官横行，希望稳定社会秩序。他

东林书院

们的主张仍是儒家的传统思想，但行动坚决勇敢，为实现自己的理想进行了长期的斗争，许多人为之付出了生命的代价。他们中曾有人两次进入朝廷执政，不久又被罢黜。他们的斗争在社会上反响强烈，许多正直的官僚、知识分子都起来响应，引起当权派的恐惧，最终将他们杀戮禁锢，直至禁毁书院，但斗争仍然继续发展。明代末年，又有张溥（1602—1641）、张采领导的复社运动。当时明朝危亡已在旦夕。1629年，张溥在江苏吴江成立复社，提倡要致君泽民，以天下为己任，深受知识分子的拥戴。他们联络各地社团，合成复社一个大社，立社规，制社词，定课程，以振兴学术，培养人才。在组织上则于各地立社长，详细登录社友姓名、籍贯等，于是党羽遍天下。据统计，复社成员有姓名可考者达三千余人，遍及现在的18个省、市，成为一大政治势力，对朝廷的政策发生了许多影响，所以有人甚至说它是近代政党的先身。明亡后许多复社同志以抗清复明为宗旨，组织义军，开展武装斗争，数百人为之付出了生命。复社后被清政府取缔。

城市居民的运动

明清时期，继宋代之后，城市仍有很大发展。虽然城市人口在全部人口中仍占少数，但城市的性质有了不小的变化。许多工商业城市兴起，许多原来的政治性城市也转变为工商业城市。城市人口中，工商业者占了相当大的比重，城市居民中出现了中、小商人，小手工业者，受雇的工人以至流民、粗工等等阶层。他们和城市中的官僚、士兵等不同，有自己的独特要求和独特利益，因而逐渐形成一种政治势力，开展了自己的运动和斗争。中国的城市不同于西欧中古的城市，缺乏那种独立自主的自治传统，所以城市居民的运动没有出现西欧那样的自治要求，而是以另外的形式表现出来。

明代末年统治十分腐败，万历皇帝（1563—1620）在位时，30余年不上朝主持政务，但却贪婪异常，为了向民间榨取钱财，派大批太监充任矿监开采矿产，充任税使到各地征收商税。矿税使往往一身而二任，作为皇帝的全权代表，带领大队人马，到处作威作福，凌驾于当地政府之上。当时全国南北各地都派有矿税使，可说是无地不开矿，无地不征税，不管有无矿产，有无商业，都要交纳矿税、商税，结果终于激起了广大人民，特别是城市居民的反抗斗争。万历二十七年（1599），派太监马堂到山东临清征税。临清是运河沿岸的重镇，商贾云集，店铺林立，商贸活动十分发达。马堂到达后，征敛无度，店铺纷纷倒闭，居民大批失业。负贩为业的王朝佐挺身而出，率群众万余人往见马堂，马堂命令兵丁射伤数人，群众大怒，纵火焚烧衙署，打死马堂的随员 37 人，后来运动遭到镇压。王朝佐被捕后，坦然承认自己是首领，慷慨就义。大小商人纷纷纪念他，为之立祠祭祀，并且多方照顾他的后人。

同时，湖广人民也展开了反对矿税使的斗争。矿税使陈丰在湖广恣行威虐，剽劫商旅，无恶不作，为人民所痛恨。万历二十七年，陈丰到荆州收店税，荆州民鼓噪者数千人，飞砖击石，吓得陈丰逃走。后来他到沙市、黄州征税，也被驱逐。他的驻地武昌的人民也数次奋起斗争，围攻巡抚衙门，陈丰手下 16 人被投入江中淹死。万历二十九年，苏州人民也开展了反对太监孙隆的斗争。苏州是著名的纺织业中心，机户、织工甚多，孙隆在苏州肆行暴敛，加重对机户的盘剥，每机一张，税银 3 分，机户不堪负担，杜门罢市，织工、染工大批失业。于是织工葛成集众起义，立约不杀税棍，不逐孙隆，誓不罢休。他们拟定要惩办的人的名单，按名单先焚其家屋，然后把这些人捉住在街头击毙，如此打死多人，孙隆吓得逃到杭州。经过三天的斗争，可恶的税官大多被杀，第四天张贴榜文，告诉大家为民除害，事已大定，群众要各安生理，不得生乱。可见这是一场有组织有计划的斗争。在遭到镇压时，葛成挺身自投官府，要求承担责任以免连累别人。苏州人民尊他为葛将军，为之立像奉祀。

反对矿税使的斗争绵延达 20 余年，共计 30 余起，发生在许多重要城市，终于迫使明朝廷取消了这一苛政。此后城市居民的运动由经济斗争转向了政治斗争，反对宦官横行，支持东林党人等反对宦官，一直延续到明朝灭亡。虽然这些运动组织比较原始，形式也比较单一，但它是中国历史上最早的城市居民运动，说明城市居民已经走上了政治舞台，成为一支重要的政治力量。

清代城市居民的斗争继续发展，主要有要求平抑米价、开仓救济而和官府发生的抗争，还有初期工人的罢工斗争等。工人罢工斗争在明代已经发生多次，到了清代继续发展，最有名的是苏州纺织工人的罢工斗争。苏州织布行中有一种踹匠，在布织好后用脚踹石头加工，把布研光，工作简单，没有很高的技术要求，但是强度很大，非有强壮体力不能胜任。担任这种工作的多是外地流落到苏州的贫苦人，他们受雇于商人，受商业资本和包工头的双重剥削，生活困苦。清代时在苏州已经有端匠1万余人，他们非常团结，患难与共。经常集体索要工银，而且"传单约会，众匠停端"，展开罢工斗争。例如康熙九年（1670），端匠窦桂甫倡言年荒米贵，集众罢工索要工银；康熙三十二年也发生过一起类似的罢工；后来在康熙三十九年（1700），为了反对包工头克扣工资，苏州端匠全体罢工，这次斗争持续一年，为了把斗争继续下去，他们还在罢工中募集资金，团结互助。清政府站在资本家一边，制定约束条款，限制工人的行动，但之后的斗争仍然此起彼伏。

新思想的出现

中国封建的主导思想是儒家思想，宋儒把儒学发展成为理学，提倡"存天理，灭人欲"，已走向极端，背离了"天人合一"的古训。于是一些明儒高扬人欲，并认为人欲即是天理，这是当时工商业发达，私有财产观念日益深入人心的反映，是社会进步的表现。

首先提出这一问题的思想家是李贽（1527—1602），他和主张道即天理的道学家相反，主张"人即道，道即人"，就如水无不在地下一样，人无不载道，这是自然之本性，所以"穿衣吃饭，即是人伦物理，除却穿衣吃饭，无伦物矣。世间种种，皆衣与饭类耳"。他揭露那些要存天理、灭人欲的道学家"阳为道学，阴为富贵，被服儒雅，行若狗彘"，是一些两面派。他提出趋利避害是民情之所欲，也就是至善。他说，"如好货，如好色，如勤学，如进取，如多积金宝，如多买田宅为子孙谋"，这些都是老百姓共同的追求，是老百姓天天要讨论的，所以是"有德之言"。他进而提出"人必有私"，"私者，人之心也"的观点，就是圣人也必有势利之心，没有不计较功利的人，应该使人人都能遂其所欲，人人都能平等地争取自己的物质利益，这样就是理想的社会。李贽的思想反映了当时社会的要求，他对儒家圣人的批判，对儒家经典的批判，激起了很大的反响，有成千上万的人来听他的讲学，以至"一境如狂"。他的著作多次遭到统治者禁毁，可是又多次印行，在社会上广泛流传。他70多岁时被逮捕下狱，最后愤而自杀，为自己的理想付出了生命的代价。

在李贽之后，明代的其他思想家也认识到人的私欲的重要性。东林党人伸张衣食代表的生存欲，田土、货财代表的物质欲、所有欲，肯定私的正当要求。明末大思想家黄宗羲（1609—1695）就说，"有生之初，人各自私也，人各自利也……

向使无君，人各得自私也，人各得自利也"，而皇帝把自己的私假装为大公，却妨碍了每个人的私的伸张。另一位大思想家顾炎武（1613—1682）也说："人之有私，固情之所不能免……世之君子必曰，'有公而无私'，此后代之美言，非先王之圣训。"他更认为，先王不但不反对人的私欲，而且要满足人的私欲，"先王弗为之禁，非惟弗禁，且从而恤之。建国亲侯，胙土命氏，画井分田，合天下之私以成天下之公，此所以为王政也"。这也就是说，王政应该保护人的私有财产。

在肯定人的私欲的基础上，当时的思想家对能使人迅速发财致富的工商业也有了更积极的认识，工商皆本的思想有所深化。李贽就说："商贾亦何鄙之有？挟数万之资，经风涛之险，受辱于关吏，忍垢于市易，辛勤万状，所挟者重，所得者末。"黄宗羲更明确提出了工商皆本业的观念。唐甄（1630—1704）主张人民富裕才可以算是国富，所以政府的任务就是要使人民富裕，"立国之道无他，惟在于富……夫富在编户，不在府库。若编户空虚，虽府库之财积如丘山，实为贫困，不可以为国矣"。而要使人民致富，其主要的办法就是农业和商业，"为政之道，必先田市，农不安田，贾不安市，其国必贫"。随着社会思潮的变化，在商业发达的地区，民众对商业有了更积极的认识。如徽州商业世家汪道昆指出，"古者右儒而左贾，吾郡或右贾而左儒，盖诎者力不足于贾，去而为儒；赢者才不足于儒，则反而归贾"。就是说有钱的人是不学儒学的，没有钱经商的人才去学儒学。不过他还承认儒的才比商人要高。而一般民间的看法还有所不同。"徽俗，商在外率数岁一归，其妻孥宗党全视所获多少为贤不肖，而爱憎焉。"当然我们也不可以把这些新思想夸大，它并不能成为社会思想的主流，占主流的仍然是儒家的思想。

除了经济方面的新思想外，明清时期在政治思想方面也有了大的突破，这就是对封建专制制度进行了深刻的批判，并提出了新的政治制度方案，带有探索中国式民主政治的特征。中国儒家有一种民本思想，即认为在国家内人民是比君主更重要的，君主的统治必须为人民谋福利，所以说"天下者乃天下人之天下，非一人之天下也"。也就是说，君主不能专制独裁，否则人民有权起来推翻他的统治。明清时期取消了宰相，君主的统治走向专制，因而思想上反对专制独裁的斗争也就发展起来，达到了前所未有的高度。

东林党人在自己的政治斗争中，提出了民本思想，重申人民在国家管理中的重要地位。如吕坤赞成荀子所说："天之生民，非为君也；天之立君，以为民也。"缪昌期说："惟夫国之有是，出于群心之自然……匹夫匹妇之所是，主与臣不得矫之以为非；匹夫匹妇之所非，主与臣不得矫之以为是。"只有群众的意见是唯一正确的。皇帝和大臣都不能违背群众的意见。他们还认为应该像唐朝那样，宰相、大臣有和皇帝共同商议天下大事，决定国家大事的权力，而不应该由皇帝独断。所以徐如珂说："相臣者，君所与共天下者也。"到了黄宗羲、顾炎武、唐甄时，无论是对君主专制的批判，还是对未来政治制度的设想，都达到了高峰。黄激烈批判君主专制，说"古者以天下为主，君为客……今也以君为主，天下为客。屠毒天下之肝脑……为博我一人之产业"。"敲剥天下之骨髓，离散天下之子女，以奉我一人之淫乐。然则为天下之大害者，君而已矣。"唐甄说："自秦以来，凡为帝王者皆贼也。""乱天下者唯君"，"君之无道也多矣，民之不乐其生也久矣"。

对于合理的政治制度，黄宗羲谈得最多。他谈到法律和君主的关系，反对君在法上，君在法外，而要建立一种君民共同遵守的法。过去的法，是一家之法，而非天下之法，现在是要建立天下之法，"有治法而后有治人"。有了这种法，"其人是也，则可以无不行之意；其人非也，亦不至深刻罗网，反害天下"。他认为天下不能由君主一人治理，古来不传子而传贤，其视天子之位，去留犹夫宰相也。后来天子传子，宰相不传子，所以如果天子不贤，则宰相还可以补救，如果没有了宰相，那就没有了和皇帝商议国家大事的人。他主张要和唐朝时一样，让宰相和天子共同商议和决定国家大事。关于官吏的职责，黄提出他们不是为君主服务的，而是为万民服务的，所以如果君主的命令违背了人民的利益，那官吏就不能服从。他还主张扩大学校的权力，使之成为一种议政机构。三代以下，天下之是非一出于朝廷是不正确的。应该是"天子之所是未必是，天子之所非未必非，天子亦遂不敢自以为是，而公其是非于学校"。在中央和地方，都由学校的老师（当代大儒）来议论政治的得失，提出批评，实行监督，这是中国民主政治的先声。

明清之际中国在经济和政治方面出现的新思想是很重要的，如果按照这种思路发展下去，则可以有助于中国走向现代化的目标。可惜统治中国的满族人以落后的少数民族入主政权，把大量的精力用来防止汉人反抗，在政治思想领域实行了空前的镇压与控制，学界遂转向乾嘉考据，知识分子走上了纯学术的道路，而事功之学未能发展。

第二节
伊斯兰文明的扩展

强势文明的扩展

在原工业化时期，西亚和南亚的伊斯兰文明仍处于强势文明的地位，仍是一种在持续扩展的很有生命力的文明。伊斯兰文明在扩展过程中，免不了要同当地（土著）文明或文化发生碰撞。当它同比较原始的游牧文化发生碰撞时，很自然地向后者输入了一些先进的文化要素，促使其中一部分（如中亚）逐渐向农业文明转化。除此以外，它还给一些地区已经相当发达的农业文明（如印度次大陆）注入了新血液，促使其发生了某些积极的变化。

伊斯兰文明凭借悬殊的文化落差形成巨大冲击力和吸引力，不强迫人们在皈依

伊朗萨非王朝王宫

伊斯兰教或死亡之间做出选择。总的来说，它没有也不需要以武力强迫被征服民族接受伊斯兰教。伊斯兰统治者善于使用一种辅助动力——制定一套行政管理和纳税制度，让被征服地区臣民选择皈依或保持自己的宗教信仰[①]。当内涵极为丰富的伊斯兰文明在其发源地及周边地区似乎已失去了发展势头时，却在遥远的西非、中亚、南亚、东南亚地区处于方兴未艾之势。

伊斯兰文明的扩展与作为其载体的伊斯兰教的传播分不开。随着居民对伊斯兰教的皈依，伊斯兰文明便逐渐渗透到居民生活和社会的各个方面而成为一种主体文化。由于伊斯兰教施行政教合一制度，凡是在征服后建立了牢固政权的地区，伊斯兰教的传播都如虎添翼，反之，如果新建政权未臻巩固或遽行撤退，则不仅会发生宗教上的倒退现象，而且整个伊斯兰文明的色彩也随之淡化甚至消褪。所以，一个地区或一个民族的伊斯兰化往往经历几个世纪时间。此类事例繁多，不胜枚举。

中亚地区的伊斯兰化经历了几个世纪的反复征战，其中还经历了蒙古人西征的大反复。表面上看，伊斯兰教的传播完全是武力征服的结果，但实际上是强势文明对弱势文明的征服。这在突厥人的伊斯兰化中表现得尤为明显。突厥人分散的游牧部落几百年来一直游荡在中亚广袤的草原上，由于身手矫健、为人忠诚，突厥男子不仅是伊斯兰世界的最佳兵源，而且成为历代哈里发帝国宫廷和部队的奴隶侍卫和奴隶兵的首选对象。萨曼王朝（875—999）常派遣商人到中亚草原贩运或掳掠突厥奴隶。而那些缺乏凝聚力、常因内讧而消耗实力的突厥部落正需要一面聚集力量的旗帜，伊斯兰的一神教正好能满足这一需要。勇猛的突厥人皈依伊斯兰教时间不长便成为狂热的穆斯林。他们把伊斯兰教圣战与游牧民族的劫掠习惯相得益彰地结合起来，在一些地区形成一股可怕的破坏力量。十四五世纪之交的帖木儿帝国（Timur，1379—1406）便是这样的一种力量。然而，即使是帖木儿帝国这样一股"破坏力量"，在比它更先进的文明的影响下最终也有所建树。帖木儿的铁骑到处摧毁古老文明，但最终还是把他们所掳掠的财物和各地的能工巧匠、艺术家、学者带到帝国中心的河中地区[②]，让他们指导当地工匠修筑起规模宏大的城垣、水利和道路工程，在首都撒马尔罕修建宏伟的清真寺和壮丽的宫殿，从而在相邻地区的一片断壁残垣中，建立了一个伊斯兰的文化艺术中心。

▶　▶　▶ ─────────────────────────────

① 参阅 T. W. Lippman, *An Introduction to the Moslem World*（《穆斯林世界导言》），New York, 1982, Chap. 5。
② 中国古代史书称乌浒水（阿姆河）和药杀水（锡尔河）流域为河中地区。

帖木儿骑马像

伊斯兰教在印度次大陆的扩展，历经几个世纪，获得了人数最多，而且较稳定的信徒。佛教和印度教的衰落给伊斯兰教的扩展腾出了很大的空间，从中亚、西亚、波斯南下的大批伊斯兰传教士、学者在克什米尔等地设立道堂，发展教徒。信德地区商人从商业利益出发，为维持和加强同阿拉伯商人的有利关系而皈依伊斯兰教。孟加拉地区的印度教封建主为维护既得利益，在德里苏丹王朝时期（1206—1526）即纷纷改宗伊斯兰教。广大居民特别是低级种姓的居民——首陀罗、不可接触者等因不堪印度教的婆罗门、刹帝利等贵族种姓的歧视和迫害，欢迎伊斯兰教的传教活动，纷纷改宗皈依。

伊斯兰文明与印度教文明的融合是两种强势文明的融合。由于感受到印度教根深蒂固的巨大力量，伊斯兰传教士采取巧妙的传教策略，获得了较为顺利的进展。他们基本上不使用对抗而采取认同的方式，宣传伊斯兰教与印度教的一致性，例如在信德传教的沙德尔丁向印度教徒介绍一部"新经"，宣称伊斯兰的穆罕默德就是印度教的婆罗门，阿里就是毗湿奴的化身，阿丹即湿婆。这种融合了印度教义和礼仪习俗的伊斯兰新教义，既迎合了印度商业种姓的需要，也适应下层种姓的心理，因而得以迅速在印度次大陆北部流传。当伊斯兰强势文明遇到另一个强势文明——印度教文明的猛烈抵抗时，伊斯兰文明就利用经济利益和政治利害关系为自己开辟道路。人丁税就是一个强有力的杠杆。异教徒居民曾为避免缴纳高额人丁税而改宗；德里苏丹王朝为了削弱印度封建主的经济实力，征收高额实物地租和畜产品以代替人丁税。莫卧儿帝国（1526—1858）的阿克巴大帝实施融合两大强势文明的政策最为成功，他对信奉各种宗教的居民施行一视同仁的政策，废除了伊斯兰教至上和对异教徒居民征收人丁税的传统政策，开启了印度次大陆两大文明大交融的时期。

奥斯曼帝国——西亚伊斯兰文明的主要承载者

土耳其人在吸收异族文明中崛起　奥斯曼文明既是伊斯兰文明的中心又是它的一个主要分支，它与东南亚的诸伊斯兰素丹岛国以及印度次大陆的莫卧儿帝国的伊斯兰文明有很大的差异。

土耳其人在其勃兴时期颇善于"博采众长"。奥斯曼帝国虽然扎根于伊斯兰文明（并不只宗奉一派），但对于拓疆扩土所及地区的基督教文明并不一概采取排斥、敌视的态度；对于崇信喇嘛教的蒙古人所承袭的东亚佛教文明乃至儒家文明，也颇有择善吸收和借用的气度，如造纸术、火药和罗盘等东亚文明的瑰宝便是通过不同的渠道辗转传入奥斯曼帝国的，而且大部分"转运者"是谁至今不明。与此同时，土耳其人自己也充当了东欧巴尔干地区东亚文明的传播者。[1]

有的西方学者如汤因比认为奥斯曼文明是一种停滞的文明[2]，其实，在奥斯曼帝国存在的五个世纪的漫长岁月中，它的文明一直在发展。奥斯曼文明在与其他文明的碰撞和融合中，形成了一种相当稳定的国家体制和社会结构。在地中海地区伊斯兰教和基督教这两大相邻文明的对立中，奥斯曼帝国的这种稳定结构起到了一种十分特殊的胶合作用。

▶ ▶ ▶ ────────────────────────────────

[1] 暂且不说大的发明，仅举一种中国妇女的尖角形头饰为例，这种头饰从唐代中国传入塞浦路斯岛，又经过同样漫长的时间传到奥斯曼帝国的东欧地带。

[2] 汤因比：《历史研究》，上册，上海人民出版社，1966，223 页。

阿拉伯史学家伊本·赫勒敦曾有过一个流传甚广的断言，说由游牧民族建立起来的帝国的寿命不会超过三代或120年。然而，承载着伊斯兰文明的幅员辽阔的奥斯曼帝国却维持了五百年，而且是15世纪之后地球上诸帝国中存在时间最长的一个帝国。[①]奥斯曼帝国得以长期维持的秘密是历史学家聚讼纷纭的研究题目。实际上，这也是涉及奥斯曼文明本身的性质和特点。奥斯曼文明源远流长，主要源流来自三个方面：(1)伊斯兰源流，赋予它伟大的宗教内容，而且是以极彻底的形式实现的，以至西方人常常将"土耳其人"作为伊斯兰的代用语；(2)土耳其源流，铸定其语言系统；(3)地方性源流，较为复杂，既有安纳托利亚的源流，又有巴尔干的源流，二者主要表现在国家体制和社会结构方面。

伊斯兰化的土耳其人在向安纳托利亚持续进行大规模移民的几个世纪中，吸收了当地居民的农业文化（播种、收割和农业季节的交替耕作等）。而海峡对岸的鲁梅利亚地区文化对土耳其人特别是奥斯曼统治阶级也产生了极大的影响。存在于所有这些地区的封建制度则塑造了奥斯曼的国家体制和社会结构。

军事文明的优先地位　奥斯曼原是小亚细亚地区一个400多户人家的不大的部落，它是在向四邻的征战中，特别是在与日渐衰落的拜占庭帝国的战争中，逐渐强大起来的。在拓疆扩土过程中奥斯曼之所以能够力挫群雄，依靠的是一支多成分、多兵种的强大军队。为了供养这支军队，他们还建立了一套稳定的税收体系。奥斯曼历代统治阶级都深知，作为一个很小的游牧民族之所以能够维持庞大的帝国，统治众多农业民族，关键就在于它拥有一支强大的、有战斗力的军队。"用马刀取得的，也只有用马刀才能维持"是他们崇信的格言。在奥尔汗统治时期（1326—1359）奥斯曼人即开始建军，最初有四个营，都是领薪饷的精锐部队——基干骑兵，人数开始只有2400人，后增至1.6万人。帝国的军旗由这支部队保存。奥斯曼军队的主要部分由步兵组成，款项由国库开支。随着奥斯曼国土向东扩展[②]，军队、军人阶级数目剧增，军费开支庞大，难以维持。怎样才能既维持一支强大的、能征善战的军队，又使国家财政负担得起，这是令历代奥斯曼素丹伤透脑筋的难题。到了武功显赫的苏莱曼大帝（1520—1566在位）时期，用兵最为频繁，这一缠绕历代素丹的难题更显尖锐。

▶ ▶ ▶ ────────────────────────

① 超过明帝国的276年，清帝国的267年。
② 早期奥斯曼不称"帝国"，而称"美玛利基马鲁萨"（"真主保护的国土"）。

雄才大略的苏莱曼着手解决这一难题。历代奥斯曼素丹不同程度地都仿效拜占庭的文明制度，以类似后期拜占庭的封建制度作为国家基础。有的历史学家认为拜占庭制度也有仿效古波斯制度的地方。其特点是中央强大，不搞层层分封。这显然不同于欧洲封建制度。为了军事目的，土地分给担负军事义务的臣属。苏莱曼曾将有关军事条款编为《法典》，建立系统的军事采邑制度。这种制度以封地一年能提供多少收入（赋税）为标准，一般分为三级，分给立有军功的军人。(1) 凡能提供 0.3 万—2 万阿斯波[1]赋税收入的封地，称蒂马尔 (Timar)[2]，领有者称蒂马利奥 (Timariot)，他们均需向素丹提供 2—4 名骑兵或 4 名海军水兵服兵役（平均 5 千阿斯波负担一个兵）。(2) 凡能提供 2 万—10 万阿斯波赋税收入的封地称齐亚美特 (Ziamet，也译扎美)，领有者称扎伊姆 (Zaim)，需向素丹提供 4—20 名骑兵服兵役；以上二者统称"西帕希" (Sipahi)。(3) 凡领有 10 万阿斯波收入的封地称哈斯 (Has)，只与职务挂钩，不赏赐给个人，一般用作县以上的行政费用。例如，1432 年阿尔巴尼亚的阿吉利卡斯里县拥有一个哈斯和 52 个蒂马尔，需要提供 134 名战士、7 顶行军帐篷、两副锁子铠甲和一间战地厨房。蒂马尔土地上原来的农民必须以拉亚 (Raia，素丹臣民) 的身份继续耕种土地，从有关史料看，拉亚与蒂马利奥并无人身隶属关系，经济生活也不受其干预，只是定期缴纳实物赋税。蒂马尔制度为历代素丹提供 3 万—13 万名高质量骑兵（蒂马利奥）[3]，形成一支召之即来、来之能战、战之能胜，而又不花费国库开销的军队。这支非正规骑兵通称阿坎札。

随着奥斯曼帝国征服疆域的扩大，特别是在东欧和中亚地区，蒂马尔制推广的范围也愈加扩大，但这一制度的实物赋税实际上是一种实物地租，因为奥斯曼帝国新征服的地区几乎都是已具有较高文明的地区，整个社会已处于较高的发展阶段，是直接生产者。然而，这种实物赋税或实物地租，无论是否完全以"真正的土地产品"如谷物来缴纳，都是以农村家庭手工业和小农业相结合为前提的，农民一般能勉强维持生活，因而具有很大的稳定性，且不容易促成商品经济的迅速发展。这是半封闭的奥斯曼帝国得以维持五百年的奥秘之一。蒂马尔制本身也是稳定因素。蒂马尔土地的产权归素丹，不是蒂马利奥的私产，其子可以继续享用，但必须

▶ ▶ ▶ ▬▬▬▬▬▬▬▬▬▬▬▬▬▬▬▬▬▬▬▬

① 阿斯波，亦称阿克查，1 阿斯波约等于 1/40 杜卡特金币。

② Timar 是希腊文 Pronoiade 的波斯译名。

③ 苏莱曼一世时期欧洲军事封地提供 8 万骑兵，亚洲提供 5 万骑兵。

奥斯曼帝国军队攻打维也纳城 (1529年)

子承父业，作为蒂马利奥骑兵，为素丹出征。蒂马尔制又是一种军政合一制度。省长（亦有译总督）是哈斯的领有者，管理一省之内的蒂马尔事务，负责征收税款，按比例解交中央国库。蒂马利奥在非出征时期，作为村一级官吏，协助县长及其助手负责收税，维持治安，剿匪，追捕擅自离土的农民勒令其回乡耕作。另一方面，蒂马利奥与农民的关系也不是一般的地主与农奴的关系，而是所谓"共生关系"，在地方法规中对此种关系有明确规定。根据该规定，农民可以把滥用权力的蒂马利奥告上法庭甚至素丹朝廷。不少史学家认为这种制度是奥斯曼帝国得以长期维持的重要因素。战时，阿坎札骑兵由贝勒贝（司令官）

率领和指挥。战争结束则还返采邑。可见，正是军事封地制度成为奥斯曼封建主经济力量的基础和帝国军事力量的主要源泉。然而，这种制度的保守性也是显而易见的，这很可能是造成后来帝国骤然衰落的一个重要原因。

近卫军团（Janissaries，雅内察里）是奥斯曼文明的一项很特别的制度，影响深远。奥斯曼帝国的中央集权制度和长年累月的征战，需要建立既能征善战又能拱卫京师的精锐常备军。帝国要求这支军队必须至少名义上是由素丹的奴隶组成，绝对忠于素丹并经受严格训练。在奥尔汗时期曾建立四个领薪饷的骑兵营（雇佣军性质），但这支雇佣军迅速腐败了，难以承担重任。于是"戴夫沙梅"（Devshirme）制迅速发展起来。这种兵员的征召仿效穆斯林哈里发9世纪开始盛行的"古兰姆"（Ghulam，奴隶）制，从中亚、高加索一带劫掠异教儿童，从小严格训练，为西亚历代穆斯林统治者所效法。奥斯曼人则从鲁姆·塞尔柱人那里直接学习并继承了

这项制度。从异教徒家庭征募儿童
（作为童奴）从小训练当兵，颇能满
足皇室对近卫军的各项严格要求。
最初他们从巴尔干半岛上劫掠、购
买或征募兵源，后来扩大到希腊和
匈牙利。17 世纪时征募对象为 15—
20 岁的少年，后来只征收 8—18 岁
之间的少年儿童。只从基督教家庭
征募这一规定始终未变，被征募或
劫掠的儿童首先要皈依伊斯兰教并
施割礼，然后送到集中地实行封闭
训练。按要求，既需要把他们培养
成别克塔希派式的苦修士，又需要
锻炼成所谓"男子汉"。所有人按相
貌和才智分为几级，第一级杰出人
才，每期约 600—700 人，留在宫
廷范围使用，封闭训练后继续放在
托卡皮宫少年院进一步训练，学习

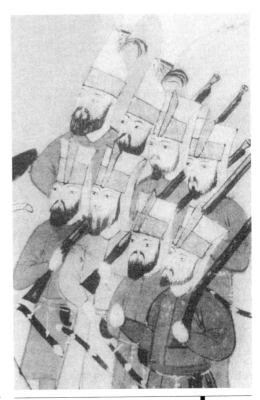

奥斯曼帝国近卫军团（16世纪）

伊斯兰宗教课程、阿拉伯语、波斯语、土耳其语、音乐、书法、数学以及骑术、射
箭、摔跤等课程。四年学习期满后，按奇克马制（Chikma）规定，最优秀的侍童
约 25—30 人被选入侍从院，充当素丹侍从，贴身侍从日后往往有机会被提拔为高
官大臣。奥斯曼历代宰相不少是从这些贴身侍从中选拔出来的，故侍从院常被称为
"宰相摇篮"。苏莱曼一世的著名宰相鲁蒂帕夏就是由御前侍从逐级提拔后位居宰辅
的。奥斯曼帝国鼎盛时期的 1453—1623 年间，48 名宰相（大维齐）中只有 5 个属
土耳其血统，1 个属高加索血统，有 31 个均为皈依伊斯兰教的欧裔基督徒，其中 6
名希腊人，11 名阿尔巴尼亚人，11 名斯拉夫人，1 名意大利人，另有 2 名是亚美
尼亚和格鲁吉亚的基督徒。除杰出人才外，大部分青少年被划分在第二级，进入宫
外各部门服务，这些部门多与军事有关：有的在近卫军（步兵）、王室骑兵、炮兵、
宫廷卫队当兵；有的在军事总部、军械制造、养鹰苑、养马院、制剑坊等工艺部门

服务。离开宫外部门后，得到提升的大多外放为各省总督或县长。戴夫沙梅制度实行数百年，掠夺了被征服的东欧地区的男性青少年中的佼佼者，把数量颇大的脱离了家庭、皈依伊斯兰教的欧裔青少年送进奥斯曼帝国各个重要部门，特别是军事部门，形成了盘根错节的雅内察里近卫军派系的庞大势力集团。[1]这些集团成为既得利益者后，依靠数百年中形成的权力关系和裙缘上升的途径，形成一支极端保守的力量，往往操纵遴选素丹继位人的权力，对奥斯曼近代历史影响甚巨。近卫军人数历代不一，初期不超过 1.5 万人，1660 年最多时曾扩充到 54222 人。奥斯曼军队（包括近卫军及其以外的军队）以军纪严明闻名于欧洲，军内不许喝酒、赌博、嫖妓，而这几项"嗜好"正是欧洲雇佣军的恶习。因此，前者的充沛战斗力是后者无法比拟的，这也是 17 世纪末以前，土耳其军队所向披靡，直捣奥地利首都维也纳城下的一个原因。依靠这几支军事力量，奥斯曼成为"中世纪的唯一的一个真正的军事强国"。[2]

奥斯曼文明的衰落 奥斯曼帝国军事制度内部存在一些难以克服的矛盾：

（1）近卫军是素丹专制权力的基础，但近卫军又同这种专制权力构成矛盾。雅内察里的军事胜利提高了它的身价，而它在政治上专横程度的增长，也很自然地威胁到素丹权力的稳固。雅内察里的基础制度——"戴夫沙梅"制本是一种对被征服民族的强制同化制度，但"历史的嘲弄"使它很快变质，异化为奥斯曼帝国的一个心腹大患。

（2）海军人力资源与陆军人力资源的矛盾。奥斯曼优秀兵源多集中于陆军，这和巴尔干地区"以人顶税"现象的盛行有关。由于想入伍的人极多，竞争激烈，故奥斯曼陆军兵员素质长期保持较高水平。奥斯曼海军人事管理制度则与陆军相反。来自草原的土耳其人不谙海事，多雇佣威尼斯人为他们造船，以高额奖金引诱意大利和希腊的亡命徒充当船员，使用戴着手铐脚镣的奴隶充当划桨手。[3]1592 年海军名册上有 460 个船长，大部分为吃（薪饷）空额者，真正做事的船长不到 150 人。由于海军腐败不堪，实行征兵制后，被征居民多出钱找人顶替，船长则以廉价奴隶来顶替空额，这种顶替制形成了奥斯曼臭名昭著的"海军税"，于是整个海军被腐

▶ ▶ ▶ ────────────────────

[1] "雅内察里"有人译作新军，这容易与 19 世纪改革时期的新式军队混淆，故应译作"近卫军"。
[2] 马克思：《历史学笔记》，第 2 册，红旗出版社，1992，114 页。
[3] 1575 年建造的奥斯曼最大战舰需 576 个奴隶划桨手。

蚀殆尽。

（3）行政人员与军事人员某种程度的合一，使行政质量过分依赖"戴夫沙梅"制。"戴夫沙梅"制培养出来的人员，如汤因比所言具有"牧羊犬"的性质。超常的管理机能使他们替素丹去"牧放"（管理）所谓"人类畜群"——被征服的巴尔干、中东农业文明地区的数以百万计的居民。这些健壮的"古兰姆"从小受到极严格训练，被灌输以奥斯曼的法律、伦理观念和宗教观念，无家室之累，充满报效素丹的精神，以高举新月标志的旗帜打倒十字架为人生最大幸福，以虐待异教徒为乐。就是这样一部由"戴夫沙梅"人员组成、由素丹操作运转的国家机器，维持着奥斯曼帝国的强大和稳定，支撑着奥斯曼文明达数百年之久。汤因比曾强调指出，只要这个近卫军集团体系完整无缺，只要"戴夫沙梅"制能够一直把帝国中有才能的、基督教家庭出身的少年儿童吸收到自己的体系之中，并保持特权集团稳定，特权不被分享，那么，奥斯曼帝国就有可能维持下去。然而，从 17 世纪中叶开始，所有自由身份的穆斯林都能加入近卫军集团。从此，这个集团"人数增加了，纪律和效率却削弱了"。[①] "牧羊犬"变成到处破坏的"狼群"，奥斯曼统治下的和平消失了。于是奥斯曼制度的瓦解开始了。汤因比认为，一种过于机械、过于严格的制度，一旦脱节，就很难修理，无法还原。近卫军制度终于陷入了汤因比所指出的这一逻辑怪圈。此后，近卫军制度变成帝国的一大累赘。18 世纪末以后，曾经有过自己灿烂的军事文明的奥斯曼帝国不得不去模仿敌人的军事制度。

除此之外，奥斯曼帝国衰落有着更深刻的原因。近卫军只是它的一部分军事力量，尽管是精锐部分。实际上，军事采邑土地制度的逐渐崩溃是帝国的根基发生动摇的深刻原因。

奥斯曼军事土地制度瓦解的特点是，在历史发展过程中，这种制度在形式上、法律上看似纹丝未动，然而，在历史烟尘的覆盖下实际内容已逐渐发生重大变化，它的历史作用逐渐从以往的巩固整个帝国及其统治阶级的地位、大力增加财富，变成使帝国及其社会支柱日益削弱的根源。这种制度的关键是采邑大小须与军事义务成正比。在奥斯曼帝国军功鼎盛时期，西帕希（军事采邑主）的主要收入来自战争的战利品，采邑的赋税收入只占较小比例。随着奥斯曼对外扩张战争愈益趋向败多

---

① 汤因比，前引书，222 页。

胜少，战利品减少，而军事耗费却有增无减，采邑税赋收入越来越成为西帕希的主要收入。通常情况是，采邑越大，数量越多，实际收入就越多。于是以往规定的一个西帕希不得占有一处以上采邑的禁令形同虚文。更有甚者，越来越多的西帕希力图成为封建土地占有者，摆脱对国家服兵役的义务。而更多的蒂马利奥和札伊姆失去了采邑，濒于破产，土地转入不负军役的封建土地占有者手中。西帕希出征人数逐渐减少，到 17 世纪末仅有 2 万余人。帝国政府靠不断增加近卫军人数来维持其出征的军事力量，这便产生两个严重后果。第一，许多自由民身份的穆斯林涌入近卫军队伍，使之纪律荡然无存，军事结构松弛，军队日趋腐败。第二，近卫军靠国家赋税养活，一切开支来自国库。而帝国的财政和国库从 17 世纪开始由于战争频繁，败仗增多，出多进少，军费开支过大，且地方侵吞、扣压赋税不上交的现象日益严重，已到了寅吃卯粮、捉襟见肘的地步了。1683 年 9 月 12 日奥斯曼军队在维也纳城下溃败，正是帝国军队采邑制度渐趋瓦解的结果。奥地利史学家哈麦尔在《奥斯曼帝国史》一书中根据档案研究，证明奥斯曼帝国组织在 17 世纪末已经处于瓦解状态。[1] 实际情况是，当安纳托利亚原野响彻出征的号角时，西帕希们已经不再威严地备鞍挎刀，跃马扬鞭，而是躲在自家庄园中向贝勒贝（司令官）行贿，以求豁免出征。只有贫穷潦倒的西帕希孑然一身前去报到，他们的简陋装备只是筐子和锄锹，只能用以铲土运石，挖壕拖炮，昔日策马奔腾之雄姿已荡然无存。

奥斯曼帝国的衰落还有意识形态方面的原因。虽然我们不能如同汤因比所主张，将奥斯曼文明列入"停滞的文明"之列，但土耳其的伊斯兰文明确有自己的独特之处。

巨变中的莫卧儿帝国

阿克巴时期印度次大陆诸文明的交融　莫卧儿帝国是蒙古人和突厥人后裔于 1526 年在印度次大陆北部建立的。这些游牧民族统治者早已伊斯兰化了，他们进入次大陆进一步加强了伊斯兰文明在印度次大陆的力量。到阿克巴大帝在位时期

▶ ▶ ▶ ─────────────────────────

[1] 费希尔在《中东史》中提出一个肤浅的怀疑：如果精明强干的谢里姆二世（Selim Ⅱ, 1566—1574）未因酒醉而在浴室中摔倒致死，那么"奥斯曼帝国的衰落是否会这样明显，很难断言"。见西·内·费希尔：《中东史》上册，姚梓良译，商务印书馆，1979，300 页。

（1556—1605），这位出生于信德，13 岁就担任旁遮普总督的穆斯林，深知印度次大陆是佛教和印度教的发祥地，是历史上多种宗教汇聚之地，因而他一即位就废除了伊斯兰教至上的原则，不再坚持以伊斯兰教为国教，停止对非穆斯林征收人丁税，而对各教居民一视同仁。他兼容不同宗教文明的开明政策取得了很大的成功。他对宗教和文明的宽容态度和他的这样一些生活经历有密切关系：（1）童年时期他的国家就因王朝执行宗教偏执政策而饱受战乱之苦，其父胡马雍甚至因此被赶出印度达 15 年之久。（2）他娶信仰印度教的拉其普特女人为妻，并任命多名印度教徒为大臣，使他能够理解伊斯兰文明以外的其他卓越文明的世界。（3）受苏菲教派的影响，他同伊斯兰教派中的自由观点有过亲密接触。

阿克巴还在法特普尔－西克里建立了一座皇家道堂，从 1578 年起邀请各种宗教派别的有识之士，包括穆斯林、印度教徒、基督教徒、袄教徒、耆那教徒、犹太教徒等等，来这里举行一系列的辩论会。这些宗教辩论使他对各种宗教及其代表的文明有了更为深刻的理解，他看到"一切宗教里都有光，而光总带有或多或少的阴影"。出于一种对普世文明的追求，阿克巴企图综合各种宗教的优点而创造一种新宗教。他把这种新宗教称为"丁·伊·伊拉希"（Din-I-Ilahi），意为"神圣的信仰"。耶稣会教士巴托利认为这是一种新的宗教，是"由各种成分混合而成的，部分取之于穆罕默德的《古兰经》，部分取之于婆罗门的经典，在某种程度上还尽量从基督的《福音》中吸取适合其宗旨的成分"。几百年来印度次大陆各种宗教派别、不同文明之间的冲突震撼了阿克巴的心灵，使他感到有必要创立一种新的宗教、一种普世文明，把以往相互对立的各种宗教或文明的精华综合在一起。当然，他这样做的实际目的，还是为了促进莫卧儿帝国的和谐统一。

阿克巴施行一系列改革促使印度次大陆的农业文明继续发展，维持繁荣昌盛。阿克巴不仅停止对非穆斯林（主要为印度教徒）征收人丁税，而且通过丈量土地对全国土地按产量划分等级，制定征收地租的标准，一般征收土地收获量的 1/3，并折成货币缴纳。这一改革使税率固定下来，弊端骤减，减轻了印度农民的负担。阿克巴也颇为重视农业生产和水利灌溉，使社会生产力获得一定发展。阿克巴根据他对"神圣的信仰"的理解，对印度社会的陋习，如寡妇自焚殉葬、童婚（主要为印度教）、杀婴、神灵裁判等均加禁止，并承认寡妇再嫁的合法性。这些社会改革对促进印度次大陆文明的健康发展有重要意义。

莫卧儿帝国文明在阿克巴及其子孙统治时期在建筑艺术、手工艺、文学等方面也有十分灿烂的成就。总的来说，这是穆斯林文明和印度教文明的艺术传统和艺术成分的巧妙结合，另外又吸收了犹太教文明、波斯文明的许多因素。阿克巴时期几项巨大建筑都是不同文明融合的见证：乔德·巴伊宫殿、勤政殿和迪万伊卡斯枢密殿在设计、建筑和装饰上都具有明显的印度教文明的特点，其阳台屋顶伸出于柱廊之外更是印度教文明的独特设计。枢密殿内部结构尤为独特，居中一根巨大的石柱，周围由托架支撑起一座石质的御座平台，从平台辐射出四座装有栏杆的阳台。阿克巴的父亲胡马雍陵墓据说是王妃波斯公主哈琪思构思的，具有浓郁的波斯文明的色彩，并开拓了一种将建筑物置于园囿围场中心的特有风格。始建于阿克巴时代的亚格拉城堡则具有拉其普特风格，围墙高达 70 英尺，全长 2.5 公里，以雕琢的石块为壁面，主城门——德里门以白色大理石嵌在浅红色沙石上，极为美观，成为印度最宏伟壮观的城门。从此以后，匠心独具的入口大门构成莫卧儿建筑艺术的突出

印度教文明的雕塑

特征和标志。潘奇·马哈勒的金字塔形的五层建筑物，表明发源于印度的佛教文明的寺院设计仍在莫卧儿继续使用。阿克巴陵墓的五层平台构造和中央圆拱，显然也受到了佛教文明乃至柬埔寨吴哥建筑的启发。

后阿克巴时期的文明交融　阿克巴的孙子沙·贾汉以4000万卢比巨资为其妻泰吉·马哈尔修建的泰姬陵被后世视为世界奇观之一。这是印度文明鼎盛时期最蔚为壮观的建筑物。陵墓由一个工程设计组精心设计，成员来自印度和中亚各地（有人认为意大利和法国建筑师也参加了设计和建筑），由土耳其人（或说波斯人）乌斯塔德·伊萨负责总设计。在17.7万平方米的面积上，殿堂、钟楼、尖塔、庭园等建筑配合和谐，内外均有雕镂和镶嵌。清真寺和答辩厅的圆顶和框缘都用大理石砌成，在色调和结构上，与洁白的马克拉那大理石砌成的陵墓形成鲜明对比，又与澄碧的水池上下辉映。陵墓主体建在高7米的大理石基础上，四周各有33米高的巨大拱门。屋顶呈重叠的球状，构成以天空为背景的优美轮廓。泰姬陵是莫卧儿时期建筑、雕刻和园林艺术的结晶，同时又是伊斯兰文明、波斯文明、印度教文明和西方文明交融的伟大产物。

莫卧儿时期的绘画、手工艺、文学发展成就是吸收其他文明精华的结果。绘画如同建筑一样，是印度文明以外的因素同印度文明的巧妙结合。13世纪，中国艺术的一种乡土形式[①]曾被蒙古骑兵传到波斯，由帖木儿的继承者保存下来，16世纪又由他们传入印度。这些画派作为早期印度教、佛教、耆那教风格的一种复兴，在印度不同地区出现，形成一种新的绘画风格。从《帖木儿王朝》和《帕德沙本纪》的摹本中可以看出蒙古因素渐减而印度因素已占支配地位。跟随胡马雍返回莫卧儿宫廷的有几位波斯的著名画家，但到其子阿克巴时期，印度教画家数量便远居优势，新首都宫廷墙壁和城墙上的壁画不乏杰作，显示出印度教风格与中国－波斯风格的巧妙融合。保存至今的阿克巴时代的200幅细密画（原作共1400幅），画面很大（56厘米×71厘米），内容显示出画家对周围事物的周详观察，表现出一种颇有生气的写实主义风格。莫卧儿地毯，作为一种手工铺地用品，与绘画一样除采用波斯图案外，还发展出一系列具有印度色彩的图案，同时也有意大利建筑花饰格子的图案，反映出在16—17世纪，由于印度与地中海往来，欧洲艺术的某些因素也对印

▶ ▶ ▶ ▶ ─────────────────────

① 它本身是受印度佛教，波斯、大夏、蒙古艺术影响的一种混合物。

泰吉·马哈尔陵

度艺术发生了影响。另外，16—17世纪莫卧儿王朝早期几位皇帝都是文学的热心赞助者，他们大大促进了文学各分支的发展。由此印度语系文学进入全盛时期。在皇室赞助下，产生了一批负有盛名的学者和重要著作。印地语、孟加拉语、乌尔都语文学都出现繁荣景象。更值得注意的是，波斯语文学在印度次大陆得到很大发展，许多梵文和印度语言的著作都被译成波斯文，其中包括名著《摩诃婆罗多》《罗摩衍那》等。这一时期波斯文明与印度文明的交融达到了前所未有的高水平。蒙古裔和突厥裔的阿克巴大帝在印度次大陆诸文明的融合中所作的伟大贡献使他及其子孙被次大陆的广大居民所接受，人们称他为"同宇宙之主一样的德里统治者"。

西欧基督教文明的进步

资本主义的兴起

15世纪以后，欧洲比过去更加富裕，原因是出现了资本主义。长期以来困扰欧洲的人口压力、技术发展缓慢等难题，也因为资本主义的兴起而找到了解决办法。

资本主义的概念来自于资本，它是一种财富积累的方式，也指通过运用特殊商品资本进行财富增值的方法。作为一种经济制度，它的基础是生产资料私有制。业主采用雇佣劳动的办法进行商品生产和商品交换，通过剥削工人所创造的剩余劳动价值，获得高额利润。资本主义是同商品生产和市场经济紧密相连的，如果拥有巨大财富但从不进行商品的生产和交换，那还不是真正的资本主义。

资本主义的发展要求消除小规模生产、教会干涉和行会限制三大障碍。中世纪手工业生产的规模很小，生产的目的主要是为了生存，而不是为了获取丰厚的利润。作坊主往往拥有自己的作坊和商店，自备工具和原料，生产出来的产品直接卖给顾客。有些日用品如鞋、铁器等也供应附近的农村，然而从总体上看，市场是既狭小又地方主义的，生产量和需求额常常能划等号。例如：需要多少件衣服，就只生产和卖出多少件衣服。那时顾客的消费也是非常有限的，消费品往往是用旧了后人们才会考虑添置新的。在这种情况下，作坊主是难以获取高额利润的。

行会通过制定各种规章制度垄断了价格和原料供应，生产的规模、原料的尺寸、价格的高低行会都加以限定。行会还规定了工资的额度，规定只有师傅才能在城市及附近地区出卖商品，帮工和学徒必须经过长期工作后才能晋升为师傅。这样，行会限制了经济的发展。资本主义发展要求自由投资和获取利润，这就同行会产生了尖锐的矛盾。

教会阻碍商品经济的发展主要表现在其独特的经济观上：教会宣扬经济活动的目的不是为了挣钱，而是为了灵魂得救。这样，它就视追求高额利润为一种犯罪。教会要求根据道德的原则而不是按照商品的价值来制定价格，在公道和美德的名义下把商品的价格压得很低。这种做法压制了业主和生产者的积极性，与资本主义水火不容。

尽管这样，资本主义还是发展了起来。意大利商人总是走在最前面。早在12世纪，意大利的商人就有了明确的资本概念，依凭丰富的经商知识和地理上的便利，他们成了近东奢侈品贸易的中间商和西北欧洲原料的经营商。地中海贸易给他们提供了机会，他们就组织起来，用合股办公司的办法来扩大贸易。有的商人因为财力不足而雇佣船只。不久，价格也放开了，这是因为统一的价格并不适合远距离的商品贸易。如果股份公司经营得好，许多合同就容易续订下去。

其他地区的资本主义一半是靠独立发展，另一半是从意大利模仿而来。像意大利一样，资本家控制了进出口的贸易。低地国家和英国的呢绒商人付给工匠工资，作为把羊毛织成呢绒的报酬。北部欧洲的商人们也组成合股公司，还派自己的儿子们去意大利学习最新的簿记方法和经商技能。资本家还借钱给国王和王公贵族，以此来换取他们对自己的保护。13世纪后，意大利银行家在欧洲享有盛誉，15世纪时，法国和德国也出现了大金融家。德国奥格斯堡的富格尔家族因为经营金融业和商业享誉欧洲，这个家族在蒂罗尔和波希米亚拥有矿业，甚至还控制了其他多个工业部门。当然，富格尔家族的支柱产业还是银行业和金融贷款业务。

值得一提的是尼德兰。这是一个小国，先后受到勃艮第公爵和德国皇帝查理五世的控制，资源和人力都有限。但是，尼德兰靠先进的经济制度使自己在经济上迅速发展起来。15 世纪时，庄园制和农奴制已经消亡，农奴成为自由小农或租佃小农。体制改革使得粮食出现了剩余，这又促进了农产品与手工产品的交换。荷兰北部的 7 个省是欧洲最早摆脱粮食短缺的地区。尼德兰还是当时欧洲少数几个投资于运输业并对道路加以改造的国家，政府鼓励人们经商，对来尼德兰经商或工作的外国商人和技术工匠给予种种优惠。这样，尼德兰在自由贸易、发展经济方面，就走到了前头。

市场经济也同样在法国兴起。不过，在法国，只有少数的几个大城市和贸易中心建成了真正意义上的市场。在 30 个互相隔离的市场区中，只有巴黎能够从各地运进商品，其他地区都还只能从邻近地区进货。法国的城市，大的有巴黎，其他重要城市有里昂、马赛等。尽管有里昂这样的对外贸易城市，但在法国占主要地位的仍然是国内市场，对外贸易的收入在整个经济构成中只占很小部分，如法国是出产酒的国家，但有百分之九十的酒是供国内消费的。国内贸易也受到许多限制，主要是法国政府为了提高收入实行专卖制度。这样，许多商品、农产品，都因为实行了专卖而被控制在垄断商、行会和少数拥有专卖许可证的商人手里。在这种政策下，尽管政府的财政收入暂时提高了，但整个市场经济的发展却遭到了限制。从这个角度看，法国的市场经济仍然是很有缺陷的。

商品经济发展了，如何解决货币的缺少就成了一个关键问题。用金银等贵金属铸造的货币在当时是主要的流通手段。十五六世纪欧洲各国大量铸造金银币。起先，铸造权归国王所有，后来一些贵族（必须要有大的领地）和城市、甚至政府官员也开始铸造货币。亨利七世留给自己的儿子许多金银币。教皇、德国诸侯和意大利的城市也用自己铸造的货币来支付利息，以此来显示自己的硬通货的坚挺。1500年，在欧洲流行的货币主要有金、银、铜币三种。1543 年，哈布斯堡王朝控制的尼德兰才首次使用完全用铜铸造的货币。货币价值取决于它的重量、贵金属的含量和交换率三个方面。硬币的实际价值要高于它所含的金属成本，因为还要加上铸造时的火耗等费用。货币可以在欧洲范围流通，各国政府也同意让质量较好的外国货币在本国流通。例如英国的货币英镑，就是当时较为流行的一种货币。英镑的最小货币单位是银便士，12 便士等于 1 个先令，20 先令等于 1 英镑。英镑的起源可以追溯到中世纪，当时一英镑就是指一磅重的银币，正好是 240 银便士的重量。货币中贵金属含量的减少，就意味着货币的贬值。

商业发展势必要求银行提高业务效率。佛罗伦萨的美第奇银行开始采用近代经营方式：银行不再是钱庄，它是国际性的，在佛罗伦萨、威尼斯、罗马和伦敦等地都设有分行。金融机构的这种发展使远距离的贸易成为可能。另一个发展是银行资本和客户的储蓄额之间拉开了距离。中世纪的银行主要是通过用自己的资本进行贷款来获取利润的，近代的银行却通过客户储蓄的资金来实施贷款，这说明银行本身的性质有了很大的变化。以德国富格尔家族银行为例：在1527年时它自己的资本为二百万古尔盾，客户储蓄的资金仅为二十九万古尔盾。到了1536年，它自己的资本降为一百五十万古尔盾，而客户的储蓄金高达九十万古尔盾。1577年时，更出现了资本一百三十万古尔盾、客户资金四百万古尔盾的新比例。拥有了大量的资本后，银行的资本就流向了各个企业。

国际贸易在这个基础上发展起来了。当时，阿拉伯人是垄断东方贸易的大商人，垄断了几乎所有的从中国到地中海的中转贸易，还控制了香料和其他东方商品在西方的贸易源。东方物品如胡椒、生姜、珠宝等很容易运输，给商人们带来了巨额利润。南印度是远东贸易的入口，15世纪中叶货物通过两条道路抵达西欧。威尼斯建立了它对地中海东部诸国和对东方贸易的垄断权，香料及其他奢侈品等来自东方的物品，主要是通过威尼斯商人和德国商人在欧洲销售。此外，北意大利的城邦和佛兰德斯是欧洲最发达的都市和工业中心，也是欧洲呢绒衣服的供应者。意大利生产丝绸和其他贵重衣料，佛兰德斯生产亚麻布、饰带和花色毛毯。这两个地区也都拥有先进的造船业和金属加工业。意大利和佛兰德斯靠海陆两路进行远距离贸易。一条路线从意大利到佛兰德斯，从西南开始延伸到法国和西班牙，再折向东北到德国和波罗的海。另一条从意大利和佛兰德斯出发到西北方向的英国，主要是把英国呢绒半成品运送到佛兰德斯和布拉班特进行加工。15世纪后期，西班牙取代英国，渐渐成为高级羊毛的主要出口国。

国际贸易的路线主要有两条。第一条路线始于波斯湾的霍尔木兹，在那里把货物装上船，运到阿拉伯河，再经巴士拉改用车马队来运载。巴士拉车马队的运输路线分为两条，一条通过沙漠到达大马士革或阿勒颇，然后到达地中海；另一条从北边走，到达黑海的特瑞比宗德。在这些运输中，威尼斯人和其他意大利人建立了贸易据点，他们把从阿拉伯中间人那儿得来的货物，运到更远的地方。进行黑海贸易的不仅有意大利人，还有俄国和北欧、中欧国家的代表，他们把货物贩到欧洲北部的商业点。

第二条路线是通过红海进入欧洲。这条路线比较复杂，从南印度起航的船只先抵达吉达或亚丁，然后用小船把货物经红海运到苏伊士。这里卸下的货物，要再用车马运到开罗，在那里用小船经尼罗河运到亚历山大里亚，最后运到威尼斯。

新航路发现后，西班牙和葡萄牙的国王企图垄断欧洲和亚洲的贸易。尽管财富增长使得国王的权力有了依靠，但西班牙和葡萄牙仍然无法获得经济上的领导权。原因是：低地国家早已建成欧洲最发达的经济中心。低地国家从中世纪起就是意大利同汉萨同盟商品的交汇之地。在佛兰芒人的城市中，安特卫普取代了布鲁日和根特成为商业中心，它的胜出，是因为它没有其他城市在商业上的许多限制。低地国家是中世纪南北贸易的中间人，安特卫普渐渐发展成了西班牙、葡萄牙帝王家和德国资本家的贸易中心。

近代的公司组织在16世纪的英国和荷兰得到加强。商人们为了远距离经商，结成股份公司。这种组织与家庭企业相比有好几方面的优点：首先，公司为法人代表，可以签订契约、拥有财产。公司以资本为基础，利润和风险都根据投资的多少来进行均摊，这就减少了投资的风险。有的公司还发行股票以利于公司吸收大量资金，使总额大增，远远超过由几个投资者合股所筹集的资金。采用新集资方法的企业常拥有优势。例如：1500年时德国奥格斯堡的霍赫斯代公司吸收了10弗罗林左右的小投资。矿业、冶金等大企业的大股东牢牢控制投资，如富格尔家族、威尔塞家族和霍赫斯代家族都是如此行事。股份制还把商业活动的风险摊到了每个股东身上，价格、利润和风险都因公司的良好结构而要低于其他的组织。因为资本是靠集资的，所以贸易活动不会因为某个企业主的去世而终止。这种公司制度后来被证明是有发展前途的。现代的欧美，最大的和最重要的私有企业都是公司制。

另一个特点是公司的所有者与管理者相分离，这种发展导致公司内部管理机制的变化。股份的拥有者称董事，除了一些大的股东外，一般股东对公司的事务没有发言权，公司的日常管理权在经理手中。公司开始雇佣专业人员来管理，出现了专业化的管理阶层。公司的领导人还开始参与政治活动，许多经济问题要通过国家的立法来进行控制。结果，公司制度成为发展经济的杠杆，保证了商业和工业发展的连续性，这种情况，一直延续到工业革命。

欧洲贸易的发展促进了商品生产的发展。在佛兰德斯和意大利的纺织业中，在威尼斯的造船业中，在英国的呢绒业中，都已产生了资本主义化的生产。例如，在佛兰德斯和意大利，商人把原料发给居家的工人，然后计量付给工资。大企业在15—16世纪得到发展。老的纺织业保持着发展势头，印刷业则属于新兴企业。印刷厂需要大量投资，需要金属、纸张，企业要比中世纪的规模大，企业实行车间工作制度，不同工种的工人分别进行印刷、复读和装订工作。威尼斯和塞维利亚的印刷厂主必须关注每年春天在莱比锡举行的书会，两地的距离有半个欧洲之遥。资本的投资、生产的组织、生产的标准化、与市场的密切关系，这些都使图书业成为资本主义化生产的典范。

丝绸业也发展起来了。意大利城邦在12世纪后就成为丝绸的主要市场，意大利的卢卡、威尼斯、佛罗伦萨和热那亚都因垄断丝绸贸易而著名。15世纪时，其他地区的一些君主也想发展丝绸业，企图与意大利瓜分高额利润。法国君主路易十一出于个人兴趣，在法国发展了丝绸业。但因为里昂的市民要为此支付一项特别税，他们就沟通外国商人和教会来对国王施加压力，使得国王左右为难。1470年，国王放弃了在里昂兴办丝绸业的努力，把设备和工人迁到了图尔，以便在那里进行直接的控制。图尔的丝绸业后来果然发展得很兴旺。至16世纪初，以16个工人起家的法国丝绸业已经发展到了800个师傅、4000个工人的规模，到了16世纪中叶，人数又增加了几乎一倍。从这个例子看，资本主义在欧洲兴起后，各个行业的发展是很迅猛的。

新君主制和民族国家

15—16世纪，欧洲各国政治上有了很大发展，主要特征就是产生了新君主制和民族国家。1400年后，国王和大贵族之间的平衡关系被打破，拥有国家主权的君主出现了。新君主制仍然沿袭着世袭君主的原则，不过，它的出现，可以说是结束了政治分裂割据的政治模式，拥有主权的、统一的民族国家诞生了。在英国和法国，君主成为国家主权和公共利益的代表。各国人民变得愿意谈论君主和宫廷中的事情，因为这些事情涉及自己的切身利益。人们逐渐视政府中的官僚为国家的管理者了。

新君主制的重要性，在于它是一种市民阶级和王权结盟的产物。最初，国王仅考虑要适当照顾一些市民在商业上的利益，但因为市民阶层源源不断地向政府输入资本和专业人员，市民出身的官僚们开始在政治、外交、财政等核心部门执掌权力，因此产生了重要影响。例如：宗教改革时，英国君主亨利八世的离婚案，就是通过大学的学者们公议而合法化的。通过与王权的结盟，英国的市民们参与了政治，被赋予了一定的发言权，在此之前，他们是被完全排斥在政府之外的。市民官僚们很快设法掌握了政府核心部门，制定出有利于自己发展的政策，从而为自己赢得了发展的空间。新君主制政治模式在德国是另一种命运，因为德国是一个要不断参与整个欧洲事务的帝国，皇帝乃是国王的国王，实际上距离人民很远。德国的诸侯势力也非常强大，如七大选帝侯完全操纵了皇帝的选举事项。结果，中央化政府仅仅出现在大的诸侯领地，并无可能扩展到整个德国的范围。相比之下，英国的君主成功展示了自己的主权：国际上没有高过自己王权的干涉势力，国内也不存在能同自己抗衡的割据力量。不过，民众力量增强后，英国建立了教士、贵族和城市平民的代表大会——国会，各等级人士能通过国会表达自己的意愿，甚至能迫使君主接受自己的一些请求。国王的税收要得到国会的批准，后者经常威胁说要撤销对君主的支持。从社会发展实际效果看，像英国、法国那样的新君主制政府，是需要加以肯定的。例如：在女王伊丽莎白一世统治时期，英国由衰转兴，人口从 1558 年的 200 多万提高到 1603 年的 400 多万。英国的综合国力增强，曾经打败西班牙的无敌舰队。

新君主政治模式增强了民族的凝聚力。特别是在英国，民族感情成为一种文化凝聚力；从宗教上看，宗教改革促使宗教适应社会，凌驾于民族国家之上的国际干涉势力被削弱了。再往下看，就能看到支撑这种新君主制度的乃是一种新的经济结构，其中农民、市民生产的物资通过税收源源不断地流向宫廷，这样政府就同社会的主流经济紧密结合。在英国和法国，中央政府通过官僚机构向全国征收赋税。在君主和市民之间，是一大批新型官僚和一支服从于国家的常备军，他们起着维持社会秩序，管理行政、司法及保卫祖国的任务。我们再稍微左右环顾一下，就会发现，培养管理和技术人才的大学在各地兴起，在政府领导下，科学和文化在各地复兴。国家原则直接表现为国民意识的增强。社会有了秩序，其发展的路线是与政府的领导密切联系的。

新君主制与封建制度下的王权有着十分明显的区别，表现在财政和税收两个方面。由于地位关系，国王比贵族更加容易得到财政方面的保障。财政问题是欧洲各国政府所面临的最紧迫的问题，支出主要用于军队、官僚、城市建设、军事据点的修整。这样，国家就建立了相当严密的税收制度。国王、大臣都讨论财政问题。欧洲各国的君主抓住了人们要求建立社会秩序的机遇，向各个富裕阶层征得了赋税，壮大了财政方面的力量。结果，国王在封建制度体系之外，建立了非封建性的收税系统，促进了国家的发展。法国设置了盐税，英国增设了名目繁多的各种税项。意大利城市的收税单特别长，包括对寡妇和妓女征税。在财政压力下，政府征税有时不顾道德和社会的谴责。财政收入方面最重要的改革是健全征税制度。包括开辟新的税源（盐税、人头税、户税）。如果君主征税，需要得到臣民的同意，即得到等级会议的批准。在这些会议上，君主和人民的利益发生尖锐冲突。僧侣、贵族、城市和诸侯用传统的特权和自治权利来反对国王的中央化的政策。关键就是国王要钱，臣民不愿付钱。最后，国王势力的强大使他能够迫使对方支付钱财。

法国的税收主要有人头税和财产税、盐税和贸易税等。国王权力很大，甚至不需要等级会议的批准就能征税。人头税主要用于军事防务方面。贵族和僧侣申请免缴这种税，因为僧侣通过国家和地方会议给予国王赞助。以后，所有的最富的人、高级官员和专业人员都可以申请豁免。有的乡村、区和城市，用钱购买了豁免权。结果，法国的有产阶级都豁免了人头税，使得农民和穷人承担了这项主要的税收。对于不能豁免的人们来说，税收负担十分沉重。1542年，威尼斯大使一度报告说农民因不能负担沉重赋税而逃离土地。

法国的收税过程如下：农民把土地税缴纳给收税人，收税人是由乡村负责人选定的，负责地方上的税收。每个人还需要付间接税，如盐税和关税，这些税由包税人收取，包税人可从中得到一些好处，由他向国王缴纳税钱。法国共分出85个财政小区，从属于4个大区。地方收税人和包税人在小区中把税交给王家财政官，他们再把税转交给大区的财政官。大区财政官留下部分税款交地方政府，剩余部分则缴纳到巴黎。这种制度使得一般的百姓一生中都难得见到国王的财政官一两次。而国王真正的财务官吏是一个由五六人组成的小委员会，这些人是国王的财务顾问，国王向他们咨询任何财政上的难题。

在西班牙，国王的征税需要得到臣民的同意。在议会中，贵族、城市、市民和各省都提出自己的传统特权，以抵制国王的征税。但是，君主为了自己的利益常常不顾议会的决定。特别是在查理五世任西班牙国王时，常常对西班牙人民征税，用于帝国的战争。在15、16世纪，战争的花销非常大。新式武器的使用需要有一支训练有素的军队，而火药的引进又导致战争费用十分高昂。传统的、非专业的、不支付费用的封建军队被经过专业训练的常备军或雇佣军所取代，因为只有这种新式军队才能在战争中取胜。这样，要取得战争的胜利，就必须先要有充足的钱财。

新君主制度对行政官僚制度进行了改革。15世纪后，各国均将原来的王家内阁转变为好几个不同功能的政府部门，这些部门的官僚们取代了传统意义上的王室管家和侍从。管家、管事的作用被削弱了，只限于安排王室的仪式等事项。西班牙建立了国家委员会（决定重要事情）、财政委员会、军事部、裁判所、领地管理部、卡斯提尔部（决定许多国家要事）、印第安部、阿拉贡部（管理阿拉贡事务）和意大利部。这些既是政府部门，又是司法部门。在法国，国王于15世纪末建立了大政务院，主要就是管理司法，后来又从中分出了财政部。在国王弗朗索瓦一世时，重要的决策都由一个小型的御前会议做出，史称小政务院或事务会议。法国国王的官吏不是很多：在每一个省，设一个国王的私人代表为总督，负责地方的军队，在战时负保卫地方之责。当然，国王的司法和财政机构远不完善。在农村，庄园主的管家经常逮捕农民，领主法庭可以对农民进行审判。城市里的情况稍好，因为没有特权的市民能够向选举产生的法官起诉。如果不服从审判，他可以到地方上的国王法庭乃至高等法院上诉。如果他是一个特权者，他还可以向国王的内阁上诉。除非上诉，否则他是无法见到国王的法官的。英王亨利八世时，托马斯·克伦威尔筹建了专管决策和行政的枢密院，它由御前会议中国王的近臣组成。枢密院协调政府各部门官吏的工作，为国王财政做出预算。枢密院成为中央政府的核心部门，尽管许多重要的决策仍然是由国王自己来裁定。

文艺复兴和人文主义新文化

在欧洲历史刚刚进入近代的黎明期，在佛罗伦萨和威尼斯诸城升起的一片灿烂星云，成了中世纪和近代的分水岭。但丁、彼特拉克、薄伽丘等人把形形色色的思想汇聚起来，从而产生了崭新的近代文化。最朴素的政治情怀，最自然的家乡之爱，最真挚的艺术、文学追慕，成为托起近代欧洲的力量。在五彩斑斓、瞬息万变的景色之中，诗歌、音乐、绘画、雕刻和建筑杰作层出不穷，一个多元的近代欧洲文化体系浮现出来了。谁又能够猜想得到，这一切，竟发生在黑死病（1347—1374）之后、整个欧洲都深陷于瘫痪之中的危机时刻？

我们不妨把文艺复兴运动看作是中世纪晚期悲观、死亡、灾变、迷信和冷漠心情的结束。那场夺去欧洲五分之二以上人口的瘟疫，显示出欧洲封建主义已经走到尽头的事实。从那时起，危机和制服危机就成为人们探讨的话题。知识分子深感不安，特别敏感的诗人，天才的艺术家们，都深刻感受到秩序紊乱和经济崩溃所带来的压力。围绕着如何振兴欧洲的问题，他们无与伦比的创造力被激发了出来。

文艺复兴的含义为"复兴""再生"和"新生"，得名于伟大诗人但丁（1265—1321）一部书的书名，成为呼唤新时代到来的旗帜。新生的号召否定了中世纪的禁欲主义，意味着文化的近代转向。但丁之后，彼特拉克（1304—1374）、薄伽丘（1313—1375）等人不负众望，承担起重建文化的任务。诗人彼特拉克无疑是其中最为敏锐的一个，他把历史划分为古代、中世纪和近代，视中世纪为一个混乱的中间期，以此来区分黑暗和光明、愚昧和理性。另一个才情并茂的文坛领袖薄伽丘，在黑死病肆虐时期写出《十日谈》。书中叙述七个年轻女子和三个年轻男子在菲耶索莱的乡间别墅闭门不出，躲避佛罗伦萨的鼠疫的经历。作者歌颂的主题是爱和理性，同时尽情讽刺了中世纪的迷信、落后和愚昧。

文艺复兴于中古文化死亡的喧嚣之中孕育出希望的种子。运动的真正性质，在"知识就是力量"的口号中得到充分显示。中世纪的愚昧、悲观和禁欲主义，是人类蒙遭羞辱的来源。人，是因为文化而成为万物之灵，又因为创造而着迷地工作。"知识就是力量"这句口号，显示出人们要用文化来扫除迷信、悲观、愚昧和无知的决心。

这种关于世界的新理解有助于构建与空间相联系的新美学。建筑师布鲁内莱斯基（1377—1446）于1420—1436年间为佛罗伦萨大教堂建造了一个有41米宽、106米高的穹顶，再现了人在天宇下重聚在一起的精神。大圆顶不再盖住封闭的空间，开有窗洞的穹顶让阳光射了进来，反映出人类摆脱束缚、奔向自由的精神，也象征着近代欧洲文明的结构。从文化上看，人文主义新文化呼之欲出；从宗教上看，宗教改革使教会适应社会发展的需要。在新文化的培育下，欧洲逐渐发展成为比较和谐的整体。这个既多面又互相协调的结构是相当年轻而新鲜的，同以前中古欧洲的结构很不相同，它具有许许多多的创新成分。例如哥伦布的地理大发现、伽利略对于天体的新理解，以及人类通过知识获得拯救的全新思维方式。

这种情况同文艺复兴时期绘画中的鲜明色彩相吻合。提香、达·芬奇留下了大

草原上的圣母（拉斐尔画），1506年

量的彩色杰作，他们大胆使用金色、红色、蓝色和绿色颜料。与中世纪画家经常使用的黑色、灰色不同，新的艺术家取消了圣母头上的光环，却赋予了她人间最为美丽的色彩。在文学作品中，伊拉斯谟把自己所生活的时代称为黄金时代。任何一件艺术品都是具有色彩的，它或是低沉，或是高昂；或是阴暗，或是明亮。在文艺复兴时期的绘画中，人们感受到的是有血有肉的近代人、富有弹性和诱惑力的女性，以及热烈向往田野风景的诗人。色彩的变化与社会心态相联系。例如：意大利画家乔托（1267—1337）的作品《哀悼基督》《犹太之吻》《逃出埃及》等，尽管也是宗教题材，但却体现出近代个人主义的精神。现实主义大师马萨乔（1401—1428）画出了《失乐园》《纳税钱》。在意大利还相继出现了达·芬奇（1452—1519）、米开朗基罗（1475—1564）和拉斐尔（1483—1520）三位艺术家。达·芬奇不仅是伟大作品《蒙娜丽莎》《最后的晚餐》的作者，还是一位富有天才的科学家。米开朗基罗主要是一位雕刻家，也作画和研究建筑。他的《大卫》《摩西》《创世记》《末日审判》等作品，让人们似乎能够听到作品中人物发出的呼吸声。同样，拉斐尔的《草地上的圣母》《花园中的圣母》和《西斯廷的圣母》等作品，充满了人间的爱。这位仅活了 37 岁的艺术家竟留给了我们将近 300 多幅绘画，包括他 25 岁时在梵蒂冈宫廷中所作的壁画《雅典学院》，其中苏格拉底、柏拉图、亚里士多德等人物形象非常鲜明逼真，突出了"知识就是力量"的主题。

另一个大城市伦敦也接受了新文化的洗礼。16 世纪的戏剧家莎士比亚和 17 世纪的诗人弥尔顿，是英国历史上最为灿烂的两颗明星。莎士比亚刻画的许多人物，如罗密欧和朱丽叶、威尼斯商人等，直到今日，仍然具有强大的艺术魅力。那个时期，英国戏剧以其所具有的现实主义风格，掩盖了意大利的华丽与俏皮，尽管歌剧在意大利照样走红。可以肯定，那时明快鲜艳的色彩已经遍布欧洲，体现悲观情调的灰色和黑色，让位给了代表尊贵的金色、代表热情和爱情的红色、代表优雅和风度的黄色、代表希望和勤奋的绿色，以及代表清醒的海蓝色。我们在这里似乎看到人们的心态：优雅代替了唐突，热情取代了冷漠，高贵替换了卑微，清醒代替了混沌，总之，亮丽的生命取代了忧郁的生命。新文化到处冲击和涤荡着被动、冷漠、消极和墨守成规的情绪。

人们对自身力量的觉醒很快体现在文学作品之中。无论是法国著名作家弗朗索瓦·拉伯雷（1494—1553）的《巨人传》，还是西班牙作家塞万提斯（1547—1616）

文艺复兴时期的人体解剖课

的《堂吉诃德》，都充满了对未来世界的殷切期望和对现实问题的深切关怀。威廉·莎士比亚（1564—1616）无疑是英国文艺复兴时期最伟大的旗手，无论是他的历史剧如《亨利三世》《理查三世》《约翰王》《亨利四世》和《亨利五世》，还是他的悲、喜剧如《仲夏夜之梦》《皆大欢喜》《第十二夜》《威尼斯商人》等，都激发了人们对相关社会问题的思考。更为可喜的是，艺术和文学的创作活动，造就了一大批经世人才在各地出现。这样的人大概有几百个，几乎都是行动者和多面手，他们的基本思想，也许可以用人文主义一词来概括。

"人文主义"主要是研究人的学问。因为崇尚美德，人文主义者也视其为一种新的道德标准。人文主义者认为：道德就是人性，它应当既不低于人性，也不高于人性。例如：彼特拉克认为做学问应当以研究人本身为主，他反对把飞禽走兽当作研究的主要对象。他认为，既然人们已经知道了有关鱼类的很多事情，也知道了飞禽、走兽、鱼蛇的特性，那么，真正应当研究的就是人的本性。因为人对此非常无知，并不知道人究竟是从何处来，要到何处去，以及为什么生活等等。彼特拉克觉得：人们忽视了他们本身所具有的高贵的东西，而迷失在许多外部的事物里，为外部世界的表面现象弄得晕头转向是不对的。他要求人们热爱尘世的生活，因为人的任务就是要在大地上建起城市和社会。另一个人文主义者萨卢塔蒂认为：世界上最美好的东西是祖国和朋友，人应该关心、爱护家庭、孩子、亲戚、朋友，以及包容一切的祖国，并为他们效劳。人文主义者宣扬只有世俗生活才是幸福的，例如布鲁尼指出：但丁不仅娶过妻，还有过儿女。他指责薄伽丘认为娶妻与学习相矛盾的观点，说他忘记了苏格拉底不仅有妻子儿女，并且还担任过共和国公职这一事实。同样，为了塑造完整的人，人文主义者反对孤独隐居的文人。以但丁为榜样，他们主张只有建立起文明的社会，居于其中的人们才能够获得完善。反对禁欲主义也是人文主义的口号，因为禁欲主义的错误在于把身体和灵魂处于对立之中。人文主义者还大谈爱和美德，认为爱是联系一切的纽带：一种是由欲望产生的爱，这种爱是不完全的，往往会导致爱的盲目。另一种爱是产生希望的，要求人们不仅保全自己，还要尽量为别人做出奉献，这堪称"特殊理智的爱"。人文主义者还强调男女平等，许多作家甚至认为女性比男性更美、更加精神化。例如菲伦佐拉指出：女性的美来自于她们比较透明和比较精神化，因为肉体越美就越能服务于心灵。另一个人文主义者莱伦佐拉说：这里有两个透明度不一样的灯笼（指男女两性），而同样的烛光在透明度高的那一方（在女性那里）就显得更加明亮。

在"美德"范畴里，我们可以看到人文主义者的大致主张。他们认为，人类的本性不允许自私的行为泛滥。站在这个立场上，人需要区分愚昧和美德。人文主义者提倡爱情，也愿意享受家庭的快乐，但决不以牺牲别人的快乐为前提。例如：彼特拉克可以写无数抒情诗给所爱之人，却不卷入任何不道德的行为，也不破坏别人的家庭幸福。又如达·芬奇一直有着强烈的艺术冲动，却一生不娶。人文主义者对自己的限制是：只能给予，不能夺取。这是伟大的天才艺术家的爱情，当然，这也是最动人的爱情。

宗教改革和信仰体系的革命

中世纪晚期，统治西欧的国际组织——天主教会日益专横腐败，对广大人民群众的剥削日甚，和新兴的各国王权的矛盾也日益加剧，这些矛盾冲突最后导致宗教改革运动的兴起。

宗教改革的首倡者是德国人马丁·路德（1483—1546）。他出身于市民，曾在爱尔富特大学学习。1512 年，路德出任德国萨克森维滕贝格大学的神学教授，在对《圣经》的研究中，逐渐形成了自己的宗教改革思想。1517 年，为反对罗马教廷出售赎罪券，路德写成了著名的《九十五条论纲》，把它公布在维滕贝格教堂门口，从而引发了宗教改革运动。赎罪券是罗马教廷搜刮钱财的一种手段，它宣称人无论犯有多大的罪过，只要按照相关价格购买教廷的赎罪券，即可获得上帝的赦免。刚开始的时候，赎罪券的买卖都有特殊的背景，如十字军、建设教堂等。后来这种腐败加剧，因为主教等也开始出卖赎罪券。教会本来是纯洁和精神的象征，现在却误入歧途。路德认为这是基督教本身出现了重大错误，这不仅是一种不道德的行为，还是一个对神学本身的理解问题。路德认为，赎罪券实际上涉及究竟什么是基督教的问题。如果赎罪券存在的基础是功德可以转让，那么教会显然就具有神性，并且似乎具有了转换功德的功能。路德是一个十分敏感并喜欢争辩的人，他为自己灵魂得救的问题深深担忧。他从根本上怀疑人的行为在灵魂得救中的意义，于是转向保罗和奥古斯丁，特别是《圣经》中关于"信仰是唯一标准"的说法。他认为在上帝和个人之间不存在人为隔离，他怀疑教会是否可以代神行牧，在人的得救问题上起作用。这样，路德提出了"所有的信徒都是牧师"的新理论，旨在消除教会的中介作用。

路德的号召得到许多人的响应，宗教改革迅速在德国形成燎原大火，教廷的权威大受威胁，于是对路德施加压力。但在包括商人、贵族诸侯（包括萨克森选帝侯）在内的广大人民的支持下，路德坚持自己的观点，并于 1520 年当众烧毁了教皇斥责其论点为邪说的赦令，以示决裂。路德宗教改革的思想强调人对上帝的信仰，信仰是一种上帝的恩惠，不需要代价，只是通过纯粹的信仰，人才能建立起与神的关系。然而，人具有信仰这件事本身却不是一种善功，它只不过是上帝的无偿恩赐。得救不是由人决定而是由神决定，所以这只是神的工作。人的自由意志在于他是接受还是不接受神恩。这样，路德就创造了一个非常不同于以往的神学新基础。

得救的条件，就是因信称义——这同罗马教会提倡的"行为称义"具有明显不同的含义。罗马教会似乎是在提倡一种合作论。即人需要自己努力，积累功德，然后上帝再帮助人。这种说法就是行为称义。路德则认为人不能够为自己争取什么，一切依赖于上帝的拯救。根据这种理解，路德否定了善功在得救中的作用，也否定了赎罪券的作用。路德认为，基督教的本质是爱，信仰是衡量的标准。好的行为如祈祷、仪式等不能导致灵魂得救。"因信称义"要求重新摆正人和神的位置。由于原罪的结果，人类变得傲慢自私，把自己当作偶像进行崇拜，相信自己的善功可以为自己挣得灵魂得救的通道。这样，就背离了上帝而成为"撒旦"的信徒。路德认为：由于人类的堕落，人类甚至不能明白上帝的意志，也不服从上帝的意志。灵魂得救，不是人的功德所致，因为人所自认为的功德在上帝的眼里也许并不是功德。路德由此发现了基督教福音的一面，即上帝恩爱世人，拯救世人。人只有信仰上帝，接受上帝的恩赐，灵魂才能得救。

1521年，皇帝查理五世（1519—1556在位）在沃姆斯召开帝国会议，要路德前来辩护或撤回自己的论点。路德仍然坚持自己的意见，皇帝不敢逮捕他，只是在他离开后宣布他不受法律保护。路德受到萨克森选帝侯的保护，住在瓦特堡，以后他把《圣经》译成德文，为德语的统一做出了贡献。

沃姆斯会议后，宗教改革运动发展更快。天主教堂遭到冲击，财宝被抢劫，绘画被破坏，一些修士、修女自动还俗。乡下的农民更酝酿起义。但路德不赞成剧烈的群众运动，公开反对闵采尔领导的农民战争。认为社会应由国王、诸侯、贵族来统治。他说："人与人是不能平等的，一些是自由的，一些是被人奴役的，一些是领主，另一些是臣民。"他竭力维护现存政治秩序，主张人应该服从世俗政权。

路德的思想和路德的教会成了自由的旗帜——凡是愿意同罗马教廷脱离关系的国家或地区，都可以仿效路德，把神圣的组织变成世俗世界中的组织。因为路德的原则是每个人都是自己的牧师，他将直接与上帝沟通，个人的信仰和世俗的教会将给予人们实实在在的宗教生活。新教之中存在着各种对福音的解释，而这些福音的观念，正好是每个人内心所向往的理念，现在它们登堂入室，成为建立在牢固基础上的教会原则。自然，这种开放的、可以按照自己心愿与神对话的信仰方式，关心人们生活中的事情，特别容易在德国和整个欧洲流行开来。

新教和天主教的主要区别，在于教会的独立和多样化，拒绝了罗马教廷为基督教会当然领袖的传统，也否认了罗马教会有独一无二的解释《圣经》的权力。新教并且通过建立人和上帝之间的直接关系，使基督徒获得了自由。更为重要的是，通过宗教改革运动所产生的新教，置宗教和教会于政府行政和国家法律的掌管之下，从而消除了教会对于世俗权威的威胁。基督教的依据是《圣经》，新教不承认罗马教会拥有与《圣经》同样的权威，凡《圣经》中没有提到的宗教仪式都应该废除，而《圣经》中提到过的仪式，例如洗礼和圣餐则需要保留。宗教改革后，新教神职人员被允许结婚，修道院也被撤销了。这样，社会又恢复了它的秩序，国家的主权和社会的稳定得到了增强。

宗教改革导致了基督教世界中信仰体系的大分化和大组合。这一时期的世界宗教变化的特征，虽然各地、各个宗教派别有所不同，但总的说来，是世界性的宗教帝国让位于地方化、民族化的宗教组织；有形的宗教仪式崇拜让位于无形的精神信仰崇拜；世俗化的、政治化的教会结构让位于文化上的、思想上的教会结构。这样，中世纪的基督教和十六七世纪的基督教就有了很大的差别。由于这些变化，中世纪的宗教也开始向近代过渡。

宗教改革后基督教的情况如下：从 16 世纪下半叶起，天主教和新教的阵营已经明确，而基督教新教内部又出现三个主要派别：路德宗（信义宗）、加尔文宗（归正宗）和安立甘宗（英国圣公会）。这些教会已经从天主教会中完全独立出来。改革后的新教开始同近代社会的政治、文化融为一体，许多英国的新教徒是英国资产阶级革命的发动者，许多城市中的资产阶级和中下层的市民也都是新教的虔诚信徒。

新教思想改变了中世纪人们的许多想法。宗教改革家一再向世人宣示，世俗的工作是为上帝服务。路德认为所有的工作皆是一种真正的基督教的天职，同神父和其他神职人员一样。这就与中世纪把工作当作一种罪行、认为工作有失绅士身份的传统封建观念有所不同。路德和加尔文都支持商人和手工工匠努力干自己的工作。新教还通过反对奇迹来提倡理性。新教徒强调过有计划的生活，反对得过且过。有些新教徒不主张在世俗世界中行乐，他们身体力行提倡勤俭节约，这对资本的积累不无好处。明显地，这种勤奋工作、理性、节俭的生活方式同中世纪的生活方式有了许多差异。中世纪教会所主张的禁欲、虚无，都与强调积极进取的新教原则很不一致。这样，宗教改革运动就在一定程度上影响了人们的生活习惯。特别是加尔文教，主要的信徒是商人，这些商人本来就不是从农村出来的，并不属于农业社会。在工商业发达的地区有很多加尔文教的信徒，如伦敦、安特卫普、阿姆斯特丹和日内瓦。

新教人生观对经济的发展起到了促进作用。因为鼓励人们阅读《圣经》，就是鼓励人们学习和阅读。在瑞典，路德教会把识字当作入会的条件，成为推动人们扫盲的强大动力。这种推动力是宗教性的，但商人们很快就把它当作了一种改进自己经营的手段。商人们识字的热情是最高的，有的地方，商人中识字的人数达到商人总人数的百分之九十。更多的文化人的存在，意味着将出现更多的发明创造，这对欧洲社会的发展起了重要的作用。

近代早期的天主教会也发生了许多变化。但从历史角度看，罗马教会的黄金时代已随着整个封建制度的没落而一去不复返了。新教的独立使许多国家同罗马教会隔断了联系，即使在天主教盛行的国家中，教会的权力实际上也被君主所接管。罗马教会在天主教的世界中越来越成为"精神的领袖"，它所直接掌握的地方和部门日益减少，最后只局限于罗马教皇国的范围。通过这样的变革，教会和世俗社会的矛盾得到了缓解，天主教通过这种痛苦的变革，变得可以为近代社会所接受，继续在近代社会体系中发挥它的作用。

近代早期基督教也发展成为世界性的宗教。在欧洲的范围内，信仰新教的主要地区是德国、挪威、瑞士、瑞典、芬兰、荷兰、英国，信仰天主教的地区主要是西班牙、葡萄牙、法国、比利时、意大利、波兰等地。保加利亚、南斯拉夫、希腊、俄国等地的人们主要信仰希腊正教。近代早期基督教在从欧洲向亚洲的传播方面取得了进展。耶稣会和新教传教士都做出了努力，使得基督教文化在亚洲占有一席之地。这虽然是一种宗教的传播，但同样也带来了文化和科学的传播，带来了不同文明之间的交融，因而具有一定的意义。耶稣会在中国传教的著名人物有利马窦等。最先在菲律宾传教的主要是奥古斯丁派的传教士。1611 年多明我派创建了马尼拉大学。葡萄牙人在非洲进行了传教活动。随着新航路的开辟，耶稣会、多明我派布道团、方济各派传教士的足迹还到达了美洲。

新教的传教士把新教带到了全世界。英国和荷兰把新教传到了它们的殖民地。德国的虔诚派曾经派人到印度进行传教活动。英国于 1698 年成立了基督教知识传播会，在英国本土和国外进行福音布道，但英国的东印度公司对传教士似乎持不欢迎态度。1701 年，福音对外传播会首次在美国殖民地传教，这对美国后来成为以信仰新教为主的国家不无关系。

[推荐阅读书目]

1. 龙登高：《中国传统市场发展史》，人民出版社，1997。

2. 吴承明：《中国资本主义发展史》第1卷，人民出版社，1985。

3. 彭慕兰：《大分流：欧洲、中国与现代世界经济的发展》，史建云译，江苏人民出版社，2003。

4. T. W. Lippman, *An Introduction to the Moslem World*, New York, 1982.

5. 伯纳德·刘易斯：《现代土耳其的兴起》，范中廉译，商务印书馆，1982。

6. N. Itzkowittz, *Ottoman Empire and Islamic Tradition*, Chicago, 1980.

7. 西·内·费希尔：《中东史》（上册），姚梓良译，商务印书馆，1979。

8. 詹姆斯·W. 汤普逊：《中世纪晚期欧洲经济社会史》，徐家玲等译，商务印书馆，1992。

9. 卡洛·M. 奇波拉主编：《欧洲经济史》第1卷，徐璇译，商务印书馆，1988。

10. 卡洛·M. 奇波拉主编：《欧洲经济史》第2卷，贝昱、张菁译，商务印书馆，1988。

第十二章
科学革命与科学思维传统的确立

�֍

由意大利文艺复兴促成的"人的理性"的真正彰显，无疑是工业文明兴起最重要的前提之一。不过理性觉醒的直接后果还并不就是工业文明的问世，而是人们对于"科学"亦即"自然科学"的日益浓厚的研究兴趣，是一场史无前例的科学革命。随着文艺复兴而解放了思想的西方人就这样率先步入现代科学的伟大殿堂，并由此启动了一个世界性的科学化或理性化运动，这个运动后来又伴随着部分地也是由其自身衍生出来的工业化和民主化诸运动一起，经过一系列发展阶段，最后才促成了工业文明的成功。

科学，并非西方的特产。广大的东方世界在很早以前就已存在这种东西。然而毋庸讳言，科学的革命，即在一个相对短暂的时期内集中完成一系列对人类社会发展具有划时代意义的重大科学发现，却终究是西方人的功绩。其最根本的原因，大概是西方文明更富于"理性"的精神。这里所说的"理性"，是马克斯·韦伯意义上的，指的是这样一种心理取向，它强调考虑问题要有"系统严密的思想形式"，要讲逻辑，讲实证。[①] 西方人传统上就特别重视这种理性。他们在文艺复兴时代要倡扬的，实际上也就是这种理性。

西方人凭借其较强的理性精神，在人类历史上首创科学革命，为未来工业文

▶ ▶ ▶ ────────────────────────────────

① 韦伯这样说："具有高度精确性的知识和观测在其他地方也都存在，尤其是在印度、中国、巴比伦和埃及；但是，在埃及以及其他地方，天文学缺乏古希腊人最早获得的那种数学基础（这当然使得这些地方天文学的发达更加令人赞叹）；印度的几何学则根本没有合乎理性的证明，而这恰恰是希腊才智的另一产物，也是力学和物理学之母，印度的自然科学尽管在观察方面非常发达，却缺乏实验的方法，而这种实验方法，若撇开其远古的起始不谈，那就像近代的实验室一样，基本上是文艺复兴时期的产物；因此医学（尤其是在印度）尽管在经验的技术方面高度发达，却没有生物学特别是生化学的基础。一种合乎理性的化学，在西方之外的任何地方都一直付诸阙如。"韦伯还以东西方在史学、政治学、艺术、建筑、社会组织系统、经济行为等等方面的差异为例，论证了西方人比东方人更富于这种理性精神的特性。参见韦伯：《新教伦理和资本主义精神》，于晓、陈维刚等译，三联书店，1987，4—8页。

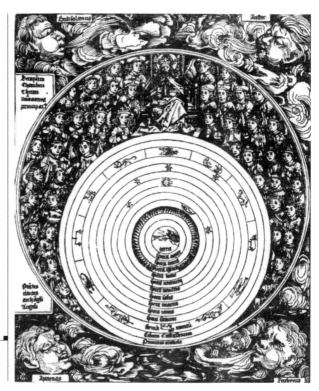

前哥白尼时代的宇宙全景图，宇宙被描绘为一系列球体的组合，并为天界的神圣们所佑护

明的昌盛奠定了第一块、也是最重要的一块基石，实属功德无量。这场科学革命对于人类文明进步的促进意义，恐怕是无论怎么强调也不会过分的。近代东方曾有一些人鼠目寸光，只看到科学革命的"形而下"的意义，似乎其重要性仅在于促进了工艺技术的发展，给人类带来的无非是"电光石火""船坚炮利"之类物质的东西。他们进而认为只须掌握一些新兴科技，即可实现民族的振兴。所谓"和魂洋才""东道西器""中体西用"，所谓"师夷之长技以制夷"，此类的论点都与这种对科学革命的片面理解有关。其实科学革命显然还有其"形而上"的一面，就是说它凸显了理性的价值，昭示了一种科学主义的世界观，其核心就是要破除迷信、解放思想，克服一切传统偏见，以科学的精神来重塑人类的整个生活方式。应该说正是这种"形而上"的方面，才是科学革命最根本的意义所在。

　　科学革命的确是西方人的独特贡献，但它却并不全是西方人的功劳：因为这一伟大成就，归根结底是在人类当时已有的科技文明的深厚基础上实现的，而在这一基础之中，又蕴涵了多少东方人的智慧！尤其是，许多对现代科技发展具有根本意义的重大发现和发明，最初都出自东方人之手。所以我们在讨论科学革命的问题时切不可妄自菲薄，不可忘记东方人对其做出的许多基础性的伟大贡献。

科学与科学革命：概念的探讨

何谓"科学"？

我们所熟悉的"科学"一词本是个西文词汇，但西方人对于这个词的意思也有不同的理解。英国科学史家丹皮尔这样探讨过这个词的实际含义：

> 拉丁语词Scientia（Scire,学或知）就其最广泛的意义来说，是学问或知识的意思。但英语词"science"却是natural science（自然科学）的简称，虽然最接近的德语对应词Wissenschaft仍然包括一切有系统的学问，不但包括我们所谓的science（科学），而且包括历史、语言及哲学。所以，在我们看来，科学可以说是关于自然现象的有条理的知识，可以说是对于表达自然现象的各种概念之间的关系的理性研究。[①]

丹皮尔的定义看来是符合我们对"科学"这个词的通常理解的。也就是说，"科学"这个词有广狭义之分：广义的指人类关于自然、社会和思维的整个知识体系，狭义的则仅指自然科学或精确科学。但在讲到与"科学技术"或"科学革命"有关的"科学"时，我们指的就基本上只是狭义的科学了，不包括社会科学和思维科学，尽管它们和自然科学有许多关联（一般说来自然科学的发展还是社会科学和

----

① W.C.丹皮尔：《科学史及其与哲学和宗教的关系》，李珩译，商务印书馆，1979，9页。

思维科学发展的动力源)。

同时需要指出的是，自然科学中还有一个"一般科学"和"特殊科学"的分野问题：前者指的是关于物质世界的一般理论体系，具有科学哲学或自然哲学的意义（以后我们将看到，它和"特殊科学"中包括天文学在内的大物理学的关系甚为密切），后者指的则是不同门类的科学"学科"，如数学、物理学、化学、生物学等等，它们共同构成科学的具体内容——为方便起见，我们不妨将前者称为带一般意义的"科学"，而将后者称为带个别意义的"学科"。这种分野实际上也是一种层次的分野，一般科学即"科学"在上，特殊科学即"学科"在下，两者相辅相成：前者为后者提供分析的理论框架，后者则为前者提供经验事实方面的依据。显然，这两个层次之间的矛盾运动，是科学演进极其重要的内在动力源。

何谓"科学革命"？

何谓科学革命？或者说科学能否发生革命？这个问题也不是一下子就能说清楚的。

我们所熟悉的"革命"一词主要是一个政治术语，指的是引起社会结构迅猛革新或进步的政治上的剧烈转变，通常带有褒义（当然许多保守主义者并不这样看）。而这个政治词汇的流行，多半还是由于法国大革命的影响。然而西语的"革命"（如法语中用的 la Révolution）一词本来并不是一个政治术语，而是一个科技术语，其涵义也不是什么剧烈变动或飞速发展，而是某种周而复始的循环运动（如行星运行、潮水涨落等等）。后来这个词受到了历史学家的偏爱，被借用来指称历史上的政治变动，其涵义也经历了一个由贬到褒——由灾难性的"动乱"到幸运性的"突发革新"——的演变过程。[①] 也就是在这个过程中，这个内涵已经发生了变化的"革命"概念，又被一些科学家拿回到科学领域，用来指称一些重大的科学发现和发明。[②] 应该说，18 世纪西方史学界和科学界对"革命"这个术语的交互转用，

▶ ▶ ▶ ————————————————————————

① 参见 Keith M. Baker, "Revolution", in Colin Lucas, ed., *The Political Culture of the French Revolution*（《法国大革命的政治文化》）Volume 2 of *The French Revolution and the Creation of Modern Political Culture*（《法国大革命和现代政治文化的创造》）, Pergamon, 1988, pp.41-62.

② 参见 I. 伯纳德·科恩：《科学革命史》，杨爱华等译，军事科学出版社，1992，6 页。科恩还发现，在法国大革命出现恐怖统治之前，科学家们都还愿意用"革命"一词来称谓重大科学创造，但在此之后，一些科学家就不愿意这样做了——激进的政治革命损害了"革命"一词在他们心目中的形象（参见同上书，6—7 页）。

实际上创造了一个全新的词汇，而这一新词的创造也绝非偶然：在一个崭新的文明就要问世的时候，社会上难免会有一种躁动不安的气氛，一切过程似乎都前所未有地加快了节奏，这种"速变现象"需要有一个适当的词汇来标识，人们找来找去，最后就选中了"革命"这么个语言符号。

然而这种意义上的"革命"能够和"科学"联系起来吗？直到 20 世纪上半叶，人们还觉得这样做有些勉为其难，流行的看法是即使这两个概念能够联系起来，这种"科学革命"的现象也是很罕见的：科学进步的基本方式从来就是逐步地积累、渐进地发展。但是自 1962 年托马斯·库恩《科学革命的结构》一书出版之后，人们的看法迅即发生了变化。库恩在他的这部名著中提出了这样一个命题：科学是通过"范式"的转换来演进的。所谓"范式"，即一种所有人都遵循的方法、标准、解释模式或理论。库恩理论的要义是：从一种范式到另一种范式的转换意味着一次科学革命；科学家在已为人们普遍接受的范式内的活动是一种"常规科学"，其内容通常是"难题的解决"，亦即增加已得到普遍接受的知识的材料；这种活动一直继续到"反常"的出现，最终引起常规科学的危机，于是便有革命的发生，从中产生一种新的范式。[①] 总之在库恩看来，科学的发展是一个革命接着一个革命地跳跃前进的。争论虽然远没有结束，但库恩的这一观点毕竟已十分盛行了。至少布罗代尔就是完全赞同库恩的——在他于 1963 年首次发表的一部文明史作品中，我们可以读到这样一段几乎是库恩思想转述的文字：

> 各门科学的（或整个科学的）历史若从一定的距离来看，就像从一种普遍的理性解释向另一种普遍解释的缓慢过渡。其中每一种解释都被看作是一种根据当时所能掌握的全部科学资料制定出的理论，直至这种包罗万象的理论因新的资料强烈地与之抵触而突然被推翻。于是另一种假说便会被提出，这种假说又会成为进一步发展的出发点。[②]

综上所述，我们已经可以大致断定：所谓科学革命，一般说来指的就是通行的科学理论体系的急剧转变。

▶ ▶ ▶ ▬─────────────

① 参见 I. 伯纳德·科恩：《科学革命史》，1922，22—23、26 页。
② F. Braudel, *A History of Civilizations*（《文明的历史》），Now York: Penguin, 1994, p. 365.

这种科学革命无疑会有很多种，因为科学可以划分为许多不同的门类，而同一门类的科学中也可能存在着一些不同的层次，因而科学的范式相应地也必然是非常多样的。那么，怎样才能从这众多的科学革命中理出一个头绪来呢？

我们认为，为了更好地说明科学革命的内在运行机制，很有必要在所有那些科学革命中，将一般意义上的"科学革命"和个别意义上的"学科革命"区分开来。我们已经知道，科学可以分为一般意义上的"科学"和个别意义上的"学科"这相辅相成的两大层次。既然如此，众多的科学革命中无疑也应存在这种层次分野，即可以分为一般意义上的"科学革命"和个别意义上的"学科革命"，而这两个层次的革命之间的关系也必定是相辅相成的。不仅如此，历史还清楚地告诉我们，在这两个层次的科学革命中，一般意义上的"科学革命"由于能够起到更新人类世界观的作用，故而对于整个科学领域的发展，乃至对于整个人类文明的发展，更具普遍的促进意义。在历史发展的某些关键时刻，往往就是要观念先行。而在科学史上，这种情况似乎就更为突出——比如在科学革命时代，若没有牛顿力学理论的推动，个别学科领域的全面革命就不可设想。一个时期的特殊科学的发展状况，往往是由该时期的一般科学的发展状况决定着的，任何科学创造、任何有意义的科学假设，都离不开一定的世界观背景，所以一般科学（也就是人们常说的纯科学）实际上已非常接近哲学，真正的科学家同时也都是哲学家、思想家。

由此看来，在所有的科学革命中，最关键的就是那种一般意义上的"科学革命"，它在理论上具有无所不包的涵盖性，是一切"学科革命"的思想根源，因而也是我们在讨论科学革命问题时需要特别关注的方面。细检起来，一般意义上的科学革命在历史上虽然不能说罕见，却也的确为数不多。迄今为止，科学史上有据可查的关于物质世界的一般理论总共不过三种，分别以亚里士多德、牛顿和爱因斯坦的名字命名。而古老的亚里士多德体系的建立还很难说是一次科学革命，因为它并没有推翻任何成形的并占据了统治地位的一般科学理论，亚里士多德体系可以说是关于古代各种散在的科学思想的一种批判性综合。所以说真正的科学革命，实际上只发生过两次，即牛顿的革命和爱因斯坦的革命。

而我们这里讨论的科学革命，也将局限于作为科学革命首例的牛顿革命，以及与之相关的一些科学领域中的重大革新。

同时，正由于牛顿革命是人类历史上的第一次科学革命，因而要充分认识它的性质和意义，就不能只孤立地研究它本身，甚至也不能只考察其近期的时代背景和历史原因，而必须对此前人类的整个科学发展史有一个大致的了解。所以，我们关于牛顿革命的讨论，不得不从科学的起源说起。

第二节
科学的出现与早期发展

科学的太阳从东方升起

归纳起来，科学应当有三个起源：人类对自然现象的观察，人类日常生活的需要以及为满足这种需要而从事的生产活动，人类的原始宗教。而人类最早的科学成果，都是较早进入文明时代的东方各民族创造的。

最早引起人类关注的自然现象大约是天象。在古代世界，最先进行天文观测而且成就最为辉煌的地方当属巴比伦。巴比伦的祭师们自公元前两千多年起就夜夜观察天空的景象，并在泥板上记录观察结果。渐渐地他们发现了天文现象的周期性，能够事先计算出太阳和月亮的相对位置，从而准确地预测日食和月食。这种天文观测活动的起因有二：首先是当地的农业生产需要有关于历法、节令的知识，其次是以交感巫术为主要特征的原始宗教相信天象和人类命运有关（大约是一些偶然的巧合使巴比伦的祭师们认定，星宿能够决定并预示人事的进程，因而根据天象的变化可以预测世界的未来）。在前一个方面，巴比伦人很早就确定了冬至、夏至、春分及秋分，还将太阳在空中的历程划分为12宫，依此将一年划分为12个月；到公元前2000年左右，巴比伦的一年已被定为360天，一天被分为12个小时，一小时分60分，一分钟分60秒（当今世界通行的时制即由此而来）。有的巴比伦人甚至已经意识到他们脚下的大地是一个球体了。在后一个方面，巴比伦的祭师们依据他们长期积累的天文知识制作了整个天体图，并由此建立起了一套占星术体系。公元前

540 年左右迦勒底人征服巴比伦之后，占星术在那里达到了极盛。这种占星术两百年后传到希腊和其他地方，渐渐摆脱宗教的羁绊而成为科学的天文学的源泉。[①]

古巴比伦人能取得如此巨大的天文学成就，还和他们有高水平的数学知识有关。而数学水平高，又源于当时商业的发达：是商业对计算的需要促成了数学的产生。公元前 2500 年的巴比伦国王就颁布过关于长度、重量和容量标准的敕令。在当时的巴比伦碑石上已刻有乘法表、平方表和立方表。古巴比伦人已经能把圆周分为 360 度，采用了十二进位制和十进位制相结合的双重计算法。此外，在古巴比伦人的土地测量、地图绘制等活动中，还出现了几何学的端倪。[②]

但数学方面最杰出的古代民族还是印度人。早在神秘的哈拉帕文化时代（约公元前 3 千纪—前 2 千纪），印度就有了十进位制。[③] 但促成古代印度数学发达的主要动力，据说还是来自天文学研究，而这种天文学研究的主要动力则是来自晚些时候的印度教。印度教僧侣关注于对天体的运行规律的观察研究，主要是为了编制历法以规定举行祭祀活动的时间。印度的天文学源于希腊的星象学，其中继承了希腊以及巴比伦的许多天文学知识，也做出了许多新的发展，比如相当精确地计算了月球的直径、日月食、两极的位置，以及主要星辰的位置与运行规律，甚至初步解释了地球引力的问题。印度的数学便是在进行这些复杂的天文学计算时发展起来的，在许多方面都超过了希腊人，只是在几何学方面略逊一筹。最值得印度人骄傲的，当是他们发明的十进位法和被误称为"阿拉伯数字"的从 0 到 9 的十个计数符号（这在公元前 256 年的阿育王《岩石垂谕》上就有了记载，比其见于阿拉伯典籍早了 1000 年）。这些"阿拉伯数字"，尤其是其中那个似乎什么都不是、但其实内涵丰富的"0"，对后来科学发展的意义简直无法估量。丹皮尔这样概述印度学术西传的历程：

很可能，印度的思想影响了小亚细亚的各学派，又通过它们影响了希腊的各学派；可以肯定，后来阿拉伯人统治东地中海各地的期间，印度数学和医学的痕迹就和得自希腊和罗马的学术混合起来，然后取道西班牙和君士坦丁堡，

① F. Braudel, *op.cit.*, pp. 32-34；威尔·杜兰：《世界文明史》（第一卷）：《东方的遗产》，上册，幼狮文化公司译，东方出版社，北京，1998，308—310 页。
② 参见 W.C. 丹皮尔，前引书，31—32 页。
③ 参见丹皮尔，前引书，38—39 页。

重新进入西欧各学派中。这可以说明，为什么在印度数码代替笨拙的罗马数码之后，人们会把这种数码的发祥地忘得一干二净，反而称之为阿拉伯数字。[1]

法国大数学家拉普拉斯也曾这样赞叹："印度给予我们用 10 个符号表示出一切数目的巧妙办法"，以其特有的简单性、方便性，"使得我们的算术成为所有发明中之最者"……"以古代两位伟人阿基米德和阿波罗留斯的天才都不能够作此发现！"[2] 实际上，由"阿拉伯数字"的发明而成为可能的，又何止牛顿、莱布尼茨、拉普拉斯等等数学巨匠的成就。如果没有这简单而奇妙的"阿拉伯数字"，当今世界整个日新月异的信息技术，乃至整个神话般的"数字化时代"，都是不可想象的。

古代埃及最值得称道的科学成就主要在人体生理知识和医学方面，这与他们制作木乃伊的风俗有很大关系。早在 3000 多年前，埃及人对人体的主要骨骼、内脏的位置以及心脏的机能就有了相当的了解，还初步掌握了血液由心脏出发流经全身的道理，并能根据这个道理切脉诊病。尽管埃及人也使用咒语给病人治病，但他们却是世界上最早的规范化和专门化的医学的创造者。有证据表明，埃及医生至少在公元前 2500 年左右就会给病人实施外科手术。古埃及有专门的眼科医生和骨科医生，还有非常高超的配制药物的技术，因此埃及的药物很早即闻名全世界。古埃及的医学知识后来传到希腊，对被誉为"医学之父"的希波克拉底产生了很大的影响。此外，古埃及在天文历法方面也贡献卓著。和古巴比伦一样，古埃及的每一座神庙都是天文观测站，僧侣也多是天文学专家，在他们的观测记录中甚至有关于"五等星"（一种肉眼近乎不可见的星）的资料。他们创造的历法是现今世界通用的格里高利历的渊源。[3]

古代中国在经验的基础上也取得过许多早期的科学成就，只是由于地域遥远和交通不便，这些科学成就对西方现代科学的发生没有什么直接影响。比如有甲骨文史料

▶ ▶ ▶ ────────────────────────

① 参见丹皮尔，前引书，40 页。
② 参见威尔·杜兰，前引书，下册，636—638 页。
③ 参见丹皮尔，前引书，37—38 页，杜兰，前引书，上册，216—219 页。埃及人把一年分为 3 季，每季 4 个月，每月 30 天。为了凑足一年之数，使太阳运行和尼罗河泛滥吻合，他们在第 12 月末加上 5 天。这种一年 365 天的历法每 4 年就有一天之差，后来在公元前 46 年，希腊天文学家依恺撒之命校正之，即在每 4 年后加上一天，从而产生了儒略（Julia，系恺撒之名）历；到公元 1582 年，教皇格里高利十三世再行校正，即逢以 400 不能除尽之世纪年代内，令二月减少一天，由此诞生了现今世界通行之格里高利历（参见杜兰，前引书，上册，216—217 页）。

显示，商代中国的天文历法知识就已经相当惊人了：当时的历法不仅有平、闰年之分（平年 12 月，闰年 13 月），而且有大、小月之分，此外还有许多关于日食、月食的天象记载。到春秋战国时期，中国的天文观测水平就更高了。公元前 776 年（周幽王六年）的一次日食记录，乃是世界上最早的有明确时间的日食记载。从公元前 720 年（鲁隐公三年）至公元前 481 年（鲁哀公十四年）的 230 多年间，中国天文学家共记录了 37 次日蚀，其中 30 次被证明是可靠的。还有，西方人在公元 1682 年发现的"哈雷"彗星，中国人早在 2000 多年前即公元前 613 年（鲁文公十四年）就已观测到了，并做了可靠的记录。中国发达的早期天文学也是有着深厚的数学知识基础的。相传在伏羲时代中国就有了九九乘法口诀和十进制数字，有了"规""矩"等应用数学工具。战国时期则已有数学理论著作《周髀算经》问世，其中提到了著名的"商高定理"（亦即"勾股定理"）。在物理学方面，据史料记载，中国早在周成王时代（前 1115—前 1078）即发明了指南针，而西方典籍中关于指南针最早的记载是到公元 1190 年才出现的。此外，战国时期还出现了关于用原始玻璃制作的凸透镜的记载。在医学方面，古代中国的成就其实也不在埃及人之下。商代的甲骨文中就有关于各种疾病名称的记载，并且实行医、巫分设，即除了有所谓沟通神人的巫觋（男巫）之外，还设立了医官，说明人们已经越来越多地依靠医药来治病了。到战国时期，中国的医药水平已达到很高的水准，奠定了中医发展的坚实基础。[①]

　　中国的医学，还有其他地区的一些传统医学，因为迥异于在西方科学革命之后产生的现代医学，常常被认为是非科学的。现在人们开始认识到这是一种偏见。美国《洛杉矶时报》1987 年 12 月 29 日的一篇文章写道：越来越多的证据表明，"即使按照我们的标准，其他社会中的一些科学和医疗方法的成果也是令人叹服的"。文章列举了涉及医学、农业、畜牧业、林业和土地管理等方面的大量例证，以证明许多东方学问同样具有科学性，并指出这些非传统科学方法之所以常常被视为非科学，主要是因为它们不是在现代实验室中按系统化的试错法研究出来的，而是"经过千百年缓慢而稳步的试错实验提炼出来的"（意思是说，两种方法其实只有形式上的差异而无本质上的不同）。文章最后的结论是：科学有很多种，科学家也有很多类——他们并非都穿白大褂。[②] 由此我们不难看到这样一个事实：具有理性精神是

▶▶▶———————————————————————

① 参见中国青年出版社编：《中国古代史常识·先秦部分》，中国青年出版社，1978。
② 参见《参考消息》，1998 年 1 月 14 日。

全人类的共同属性，但同时我们还应看到另一个事实，即东方人的理性精神较西方人还是略输一筹（或者是别有一种取向？），这样就解释了为什么东方人迟迟不能用精确的理论把自己源远流长的自然科学知识转化为现代科学，而西方人虽比东方人起步晚却能率先发动科学革命从而夺得现代科学的"话语霸权"。

现代科学的曙光在古希腊罗马显现

西方人善于把各种自然科学知识系统化（或者说进一步"理性化"）的才能，在古典古代的初期即有杰出的表现：当时，是聪慧的希腊人对源自东方的许多知识元素进行了第一次伟大的综合。

具体说来，希腊智慧的过人之处主要在于它很早就表现出了一种理性主义的科学精神，并由此发展出一种摆脱了神话传统的自然哲学。这种自然哲学提出了许多重大的科学问题，甚至还提出了许多解决这些问题的方法，尽管这些问题的真正解决还有待于后来的现代科学。要解释这种自然哲学的产生，我们不得不回顾一下古希腊的宗教文化。

人们熟知一个事实，即希腊文明曾受到埃及文明的深刻影响。因为希腊文明源于克里特－迈锡尼文明，而克里特－迈锡尼文明曾与比它先进的埃及文明有相当密切的交往关系。埃及文明对希腊文明的影响，不仅体现在克里特工匠对埃及工艺品和图画文字的模仿这一类现象上，更重要的是它给希腊人带去了一种埃及文明特有的人文关怀。我们知道，在对原始宗教中各种神祇的态度上，古埃及人和巴比伦人有很大的差异，表现在前者认为大部分神祇对人是友善的，他们关注人类，随时准备帮助和保护人类；而后者则相反，认为神祇对人类一般都是仇视的。[①] 很可能就是在埃及文明的这一特点的影响下，古希腊宗教中的神祇也多带有浓厚的人情味。希腊神话中巨人神的旧神界即已有不仅创造了人类而且为人类偷来火种的普罗米修斯，而后来的新神界即奥林匹斯众神也都是一些有七情六欲的人，只是因为他们具有长生不老、法力无边等特异功能而有别于凡人而已。而且他们"始终对人类感兴趣，有强烈的党同伐异之见"，也与希腊人保持着友好关系，"参加了这个

▶ ▶ ▶ ▬▬▬▬▬▬▬▬▬▬▬▬▬▬▬▬▬▬▬▬▬▬▬▬▬▬▬▬

① 参见丹皮尔，前引书，34—35 页。丹皮尔还指出，这两种不同的宗教态度的形成，可能和尼罗河流域及两河流域自然环境条件的优劣有很大关系。

民族的生活、战争、苦难和胜利"；就像在埃及一样，希腊神话也把艺术和科学的
发明归功于神和半神，"这些神和半神总是随时在人们中间出现，帮助他们建筑城
市，留下英雄的儿子开基立国，并且靠计谋战败那些在幕后隐隐作怪的古来的黑暗
势力"。① "神人同形同性"是希腊宗教的显著特色，这种可贵的人本主义源于东方，
但又显然高出了东方——因为它比古代东方的宗教大大缩短了神人之间的距离。诚
如朱龙华先生所言：在古代东方，天神

> 被奉为至高无上的宇宙主宰。神性与人性有天渊之隔：神性高逾九霄，
> 人性贱同草芥；希腊则把神拉到人的中间，神性与人性不仅没有不可逾越的界
> 限，并且是互为辉映的，神是人的最高典型，在神的形象中可以想见人的智慧
> 和美质可能达到的最高境界。这样一来，希腊宗教中神的形象和神话故事都变
> 得美丽动人，且具有生活气息，有助于表现宗教神话的文艺作品走向现实主
> 义，……也有助于使整个希腊文明都带有人本主义的色彩，即以人作为衡量一
> 切的尺度和出发点。②

不难想见，这种讲"神人同形同性"的希腊宗教和严格意义上的宗教是有很大
距离的，因为它不仅缺乏足够的道德关怀，同时也没有什么神圣、崇高的情感。这
里的神祇除了长生不死和拥有超人的威力之外，其他方面均和凡人没什么两样，尤
其是他们从来没有被奉为道德上的楷模。神因过于近人而难以成为万物的主宰，相
反，他们也和人一样必须接受某种"必然性"的摆布——这一情况，据说和古希
腊人科学理性精神的成长大有关联。英国哲学家罗素指出："在荷马诗歌中所能发
现与真正宗教感情有关的，并不是奥林匹斯的神祇们，而是连宙斯也要服从的'运
命'、'必然'与'定数'这些冥冥的存在。运命对于整个希腊的思想起了极大的影
响，而且这也许就是科学之所以能得出对于自然律的信仰的渊源之一。"③
以奥林匹斯神话为代表的希腊宗教富于想象力而贫于理智，因而在哲学上是比
较虚弱的：它经不起理性的持续推考。渐渐地，一股与之相对立的神秘主义思潮趁

▶ ▶ ▶ ─────────────────────────────

① 参见丹皮尔，前引书，42 页。
② 朱龙华：《世界历史（上古部分）》，北京大学出版社，1991 年，393—394 页。
③ 罗素：《西方哲学史》，上卷，何兆武、李约瑟译，商务印书馆，1980，33—34 页。

隙而起。这便是所谓的奥菲士教（Orphism，又译俄尔甫斯教）。该宗教和更为原始野蛮的巫术体系，特别是和来自色雷斯的狄奥尼索斯（Dionysus，又译酒神）崇拜，有很深的渊源关系（如以活动物代表神，认为信徒撕吃之可以取得神性），是它们的"精神化了的形式"——主要是通过加入禁欲主义，即主张节制肉食、饮酒和性行为，用精神满足代替了狄奥尼索斯崇拜的肉体沉醉；而奥菲士教的东方渊源也很引人注目，如它鼓吹死后果报、灵魂转生等等，认为灵魂将根据生前的善恶而向高一级或低一级转生，第一次把这些东方的宗教观念引入了希腊。希罗多德就明确认定该宗教是从埃及传来的。[①]

由此看来，在东方文化的影响下，希腊宗教具有变动不居、难以定于一尊的特点。这一情况意义深远：它说明神学在古希腊尚不足以构成一种思想束缚，说明当时的希腊人在学术上还享有相当广阔的自由空间。产生于小亚细亚爱奥尼亚地方的希腊自然哲学，便是这种优越的学术环境创造的第一个硕果。

这种自然哲学的最伟大之处，就在于它首次清除了鬼神的观念，对宇宙做出了一个唯物主义的假定，即主张宇宙是自然的，是可以通过理性的探讨来加以解释的。显然，正是因为有了这一假定，关于整个宇宙的系统的科学的解释才有了可能性。此外，希腊自然哲学还首次尝试着对古代埃及和巴比伦的科学知识进行理性的考察与综合。该学派传说中的创始人、米利都的泰勒斯（Thales of Miletus，公元前580年左右）据说曾去过埃及，并将那里作为土地丈量经验规则的几何学介绍到了希腊（后来经过毕达哥拉斯和欧几里得的努力，终于形成了一门演绎科学——几何学）。自然哲学家学派还试图发现作为世界本原的单一"元素"，尽管他们的各种假定（水、空气或火）远非真实，但这一努力毕竟极富天才而且意义非凡：它是稍晚些时候以留基伯（Leusippus，前500—前440）和德谟克利特（Democritus，前460—前370）为代表的"原子论"思潮的滥觞，而那种原子论，实际上直到一千多年之后还代表着希腊科学哲学的最高成就。[②]

由爱奥尼亚哲学家们所开启的这一具有现代精神的科学思潮，后来在相当长的一段历史时期里为一种唯心主义的反科学思潮所阻遏。这种反科学思潮的源头是奥

▶ ▶ ▶ ────────────────────

① 参见罗素，前引书，40页，丹皮尔，前引书，44页。
② 按丹皮尔的说法，德谟克利特的原子说要比它以前或以后的任何学说都更接近于现代观点。参见丹皮尔，前引书，62页。

菲士教义,其主要精神则是由毕达哥拉斯学派以及苏格拉底、柏拉图和亚里士多德等人的学说因袭着表达出来的。但是话得说回来:如果没有毕达哥拉斯主义,近代欧洲的科学革命却也无从设想——这事情看起来有些悖理,然而却符合辩证法。

萨摩斯的毕达哥拉斯(Pythagoras of Samos, 前584? — 前497/496?,前530年左右移居意大利南部)一般被认为是古希腊与科学倾向相对立的神秘主义传统的代表:如果说奥菲士教是狄奥尼索斯崇拜中的改良运动,则毕达哥拉斯主义便是奥菲士教中的改良运动。[①] 毕达哥拉斯对奥菲士神秘主义的改良,主要表现在

毕达哥拉斯

他在神学中引入了数学,从而开创了欧洲神学理性化的传统(以后我们将看到,这件事情的意义绝非一般)。而他所以能这样做,则是因为他首先是一位数学家。但他仍是一个神秘主义者,相信天人感通、灵魂轮回,甚至莫名其妙地以吃豆子为头号禁忌,只是由于他仍相信人的理性能有所作为,并且也愿意做一些观察和实验,他的神秘主义显得不那么彻底罢了。既遵奉神秘主义又在一定程度上承认人的理性能力,这便是毕达哥拉斯学派的全部复杂性,同时也是该学派得以在科学史上有许多重大建树的最终秘密。

毕达哥拉斯热衷于数学研究,这一个性特点源于他对"理论"的迷恋。而这种迷恋本身就带有神秘主义的色彩,因为"理论"这个词本是奥菲士教的一个概念,意思据说是"热情的动人的沉思",这种沉思状态可以使"观察者与受苦难的上帝合而为一,在他的死亡中死去,又在他的新生中复活"。不过奥菲士教的这个"理

① 参见罗素,前引书,58页。

论"概念在毕达哥拉斯那里发生了一个重大变化，即似乎被理解为一种可以给人带来顿悟狂喜的理智（抽象思维）活动，其结果是得出了有关数学的知识和"万物皆数"的著名命题。[①] 想到要从理论上对数的观念进行深入探讨并勉力以为，毕达哥拉斯大概是第一人。他的工作的直接成果，就是极大地凸显了数学的价值，并通过关于直角三角形的毕达哥拉斯定理的发现而有力地推动了数学的发展——仅凭此两点，毕达哥拉斯的名字在科学史上就已经可以彪炳千秋了，何况毕达哥拉斯及其学派还有更重大的贡献，这就是通过神学与数学的结合，使欧洲的神学告别了原始野蛮的奥菲士神秘主义，并在欧洲哲学史上开启了一个道德追求与逻辑崇拜携手共进的传统，该传统经由柏拉图、奥古斯丁、阿奎那一直延续到笛卡儿、斯宾诺沙和康德，客观上将为欧洲近代科学的发展提供巨大的精神动力。

尽管毕达哥拉斯学派否认自然哲学学派关于物质世界的单一元素观，而主张物质由土、水、气、火四元素组成，但他们在天体演化学说方面却又比自然哲学家们进步了很多：后者认为地球是一只位于宇宙中心的扁平的圆盘，而毕达哥拉斯学派则不仅承认地球是一个球体，不仅天才地认识到如果假定地球在运动，就可以解释并可以更简单地解释天体的视运动（这已是哥白尼的先声），而且还提出了地球在围绕一团作为宇宙祭坛的中央火运转的大胆设想——尽管这还算不上太阳中心说（因为他们声称那团中央火是人永远见不着的），但该设想在这方面的启迪意义仍是显而易见的。

后来的苏格拉底（Socrates，前 469—前 399）及其弟子柏拉图（Plato，前 428/427?—前 348/347?）尽管在哲学上贡献卓著，但他们在科学史上的作用却基本上是消极的，实际上是在继续着由毕达哥拉斯开始的对实验科学的反动。尤其是提出"认识你自己！"这一口号的苏格拉底，他在当时希腊思想界具有权威性影响，将人们的注意力由自然界拉向了人的内心世界。柏拉图略有不同，他多少还受到毕达哥拉斯学派某些积极因素的影响，在知识界进一步巩固了关于数学重要性的认识。而且，据说晚年的柏拉图还倾向于承认"地球运动"这一毕达哥拉斯派观点。不过柏拉图的理念学说（唯理念实在，客观世界的一切个别的东西都是虚幻不真的，只是理念的影子——这在哲学史上被称为唯实论）仍在科学发展的道路上设下了一个严重障碍。

柏拉图的学生亚里士多德（Aristotle，前 384—前 332）作为古代地中海世界科学

▶ ▶ ▶ ————————————————————

① 参见罗素，前引书，60 页。

知识的集大成者，在科学史上享有崇高地位。他在生物学方面比较注重实际，做了大量的观察甚至解剖研究，因而有过不少重要的发现。在其他学术领域他也颇有建树，比如他是归纳法的创始人之一，是进行有组织的研究的首倡者，同时还对科学知识首次进行了分类。但在物理学和天文学方面，亚里士多德则没能摆脱柏拉图思想的影响，结果仍然落后于自然哲学家学派和原子论者，留下了许多远离真理的谬见。例如，他不承认有真空存在，不承认一切物体都由同一终极物质（即原子）组成而主张物体的轻重源自其本质特性，虽承认大地是球体但坚持地球中心说，等等。和他的老师一样，亚里士多德的主要兴

亚里士多德

趣仍然局限于哲学方面，这种兴趣后来使他成为形式逻辑及其三段论法的创始人。

　　但亚里士多德对柏拉图的学说也提出了至少两点重要修正。其一，针对柏拉图关于唯有一般的"理念"才具有充分实在性的极端唯实论观点，亚里士多德提出"个体"（即具体感官对象）不仅也是充分的实在，而且还是第一性的实在的看法。[①] 后来哲学史上对现代实验科学的发生起着重大推动作用的"唯名论"思想（即认为个体是唯一的实在，而所谓"理念"或"共相"只不过是名称或心理概念），就是在这个基础上发展起来的。其二，柏拉图认为天体的不断运动是无须任何原动力的，而亚里士多德则主张需要有一个不断的原动者，并且实际上也假定了这样一个原动者的存在。[②] 正是在亚里士多德这个理论的影响下，古希腊的一些天文学家臆想出了各天体搭乘一些透明球体在空中运行这样一幅宇宙图景，而后来长期独霸天文学界的"托勒密体系"（地球中心说）就是在此基础上发展起来的。所以这后一点修正，又不免令人扼腕。

　　古希腊科学成就中相当辉煌的一部分是医学方面的，当然其中有很多东西都直接或间接地源自东方的埃及，这已是不争之事实。位居希腊医学最高峰的是希波克

▶ ▶ ▶

① 参见丹皮尔，前引书，74 页。
② 参见丹皮尔，前引书，69、89 页。

拉底（Hippocratie，前 420 年左右）的学派，其主要特点是注重观察和实验，包括对人体的解剖研究，在此基础上对许多疾病做了准确的描述，并指出了适当的医疗方法，从而为现代临床医学的发展奠定了基础。

从公元前 323 年亚历山大大帝去世到公元前 31 年奥古斯都建立罗马帝国为止，是历时 300 年的希腊化时代。由古希腊智者们开始的人类知识的早期综合工作在这个时期又获得了长足的进展。进步主要表现在三个方面。首先，百科全书式的知识综述渐渐为专门化的科学分析所取代，而这一演变，据说和中世纪后期经院哲学向近代科学的转变十分相似；第二，叙拉古的阿基米德（Archimedes of Syracuse，前 287—前 212）极富现代精神的科学研究及其辉煌成果，主要是更加注意数学和实验的结合，以及发现了浮力定律和杠杆定律等，这都深刻地体现了希腊人特有的那种对于"抽象推理"（理性）的热爱；第三，天文学方面的伟大成就——就这一点而言，值得一提的至少有三位人物：一是萨摩斯的阿利斯塔克（Aristarchus of Samos，前 310—前 230），他继公元前 2 世纪的巴比伦人塞鲁克斯（Seleucus）之后，在毕达哥拉斯学说的启发下，再次提出了大胆的"日心论"假说，只是这看法在当时过于超前，故曲高和寡；二是希帕克（Hipparchus，前 161?—前 126?），他在继承和发展巴比伦天文知识方面有杰出的贡献，如把天文仪器上的圆周划分为 360 度、发明了平面三角和球面三角并用以测量地球上各点的经纬度等等，并首次制定了"地心论"的理论体系；第三位便是古代天文知识的集大成者、亚历山大里亚的托勒密（Claudius Ptolemy，90—168），他虽然对"地心论"谬种后来得以流传数百年负有不可推卸的罪责，但他充满希腊式理性精神的研究原则——即坚持以数学（算术和几何学）作为工作的基础，主张解释现象的方法应越简单越好，却将最终颠覆地心论，从而打开近代科学革命的大门。

由此看来，西方文明在它的童年时代就开创了两个思想传统：一是源于奥林匹斯宗教文化的唯物主义传统，它相信宇宙是自然的，是人的理智可以理解的，引导人们积极地去观察与解释其周围的物质世界；二是源于奥菲士教的唯心主义传统，它极端重视人的理智的力量，以至于相信仅凭人的理智就能发现宇宙的根本奥秘。这两条思路貌似对立，却有一本质上的共通之处，即承认人的理性能力。这就是一种理性主义的精神，它几乎是西方人特有的、与生俱来的智慧，是哪怕最糟糕的西方唯心主义者也会常常表现出来的智慧，也是西方历史上自古希腊以来所有科学成就的一个极重要的精神动力源。

第三节
伊斯兰文明对科学的贡献

早期基督教对西方科学发展的阻滞

在罗马帝国后期，犹太教的一个支派——基督教迅速崛起，并在 4 世纪被立为帝国的国教，也是帝国内唯一合法的宗教。后来，古代世界秩序的崩溃又进一步强化了该宗教的统治地位，以致原罗马帝国统治下的欧洲在整个中世纪都在精神上处于基督教的统一之下。

基督教后来从许多方面推动过近代欧洲的科学进步，然而在其早期发展阶段，这个宗教却扮演着相反的角色，处处扼制科学，致使欧洲的科学发展在中世纪经历了一个漫长的停滞期。

早期基督教神学坚决拒绝科学。《保罗书信》和《福音书》中就有大量藐视世俗智慧、推崇愚昧无知的言论。如耶稣在《福音书》中要人们都变得像小孩一样（《马太福音》第 18 章第 3 节），《保罗书信》要人们对教义盲信盲从（《罗马书》第 4 章第 5 节、第 10 章第 17 节）。护教派也断然否弃古希腊罗马的文化与哲学，差不多所有的"教父"都把古希腊罗马的哲学视为异端邪说。[①]

早期基督教神学何以拒绝科学？这是因为它的非理性主义或曰"超理性主义"倾向过于沉重的缘故。基督教及其母体犹太教源出东方世界，本身即不乏东方神秘主义，如奥义传授、牺牲献祭及通神之类的神秘观念就在基督教教义及其礼拜仪式中留下了浓重的印记；另一方面，早期基督教神学形成于罗马帝国的亚历山大里亚，而那里同时也正在兴起"新柏拉图主义"——一种把柏拉图的神秘主义进一步推向极端的哲学思潮，它与早期基督教神学之间有一种积极的互渗关系，结果使基督教教义增添了更多野蛮迷信的成分。由于带有强烈的超理性主义倾向，早期基督教神学家们只关心一个问题，那便是如何使有罪的灵魂获救，至于一切世俗的学

▶ ▶ ▶ _____

① 参见约·阿·克雷维列夫：《宗教史》，上卷，乐峰、沈翼鹏等译，中国社会科学出版社，1981，155 页。

术，不仅丝毫引不起他们的研究兴趣，相反却被他们视为大逆不道的异端邪说，必欲除之而后快。早在公元 390 年，就发生了德奥菲罗斯主教毁灭亚历山大里亚图书馆的一个分馆的事件；415 年，亚历山大里亚的最后一位数学家希帕西亚又被基督教暴徒残杀，西欧的科学由此开始坠入黑暗的谷底。[1]

就在早期基督教神学导致西方科学衰落的同时，一些东方民族却挺身而出，扛起被大多数西欧人遗弃了的科学大旗。最初的贡献是波斯人做出的，他们的文化中心荣迪沙帕尔（Jundishapur）在 5—7 世纪负有盛名：这里的波斯学校翻译了许多希腊书籍，其中多为柏拉图和亚里士多德的著作，使希腊哲学和印度、叙利亚、波斯的哲学得到了初步的融会。[2] 及至阿拉伯人征服中东和大片地中海地区、建立起庞大的阿拉伯帝国，保存和传递科学薪火的工作则主要由他们承担了起来。

阿拉伯人成为科学"义父"

在伊斯兰教兴起之前，作为阿拉伯－伊斯兰文化发祥地的阿拉伯半岛尚处原始社会末期，文明水平甚低。当时的阿拉伯人除少数定居者外，大多是游牧人，虽然有了自己的文字，但能识文断字的人寥若晨星。不过这个民族也有个重大特点，即自古重商，海内外贸易一直十分发达——这大概是阿拉伯半岛特殊的地理环境使然（半岛内外各地区经济的多样性以及由此而来的互通有无的需要，平静的印度洋为海上贸易提供的便利等等）。据古代地理学家说，阿拉伯人不是掮客，就是商人。[3] 或许正是这种活动范围广大的经商生活，使阿拉伯民族很早即接触到了东西方文明的许多优秀遗产，拥有了一种特殊宽阔的文化视野，同时也不免对知识多了一份特殊强烈的渴求。后来阿拉伯人之所以能在世界科学史的舞台上有非同凡响的表现，这种经验无疑是一个根本的前提。

随后阿拉伯人又有了伊斯兰教。这个宗教的教义中有许多奇特的东西，其中之一便是特别鼓励信徒求学。如伊斯兰教有许多这样的圣训："哲理是穆民失去的骆驼，不管在哪里寻到，都应该属于自己"；"你们求学吧！哪怕是在中国，因为求

▶ ▶ ▶ ─────────────────────────────

① 参见丹皮尔，前引书，114—115 页。
② 同上书，121—122 页。
③ 参见纳忠等：《传承与交融：阿拉伯文化》，浙江人民出版社，1993，5 页。

学对每一个穆斯林都是天命"；"求学比礼拜更善"；"学者的墨汁等于殉教者的鲜血"；"守财者死，有学者生"；凡此种种，比比皆是。[①] 先知穆罕默德本人在尊知重学方面也曾身体力行，比如他在迁往麦地那建立伊斯兰政权后，马上就派人到叙利亚学习外语和各种学问；在麦地那保卫战中打败犹太人后，随即命犹太俘虏教阿拉伯穆斯林读书写字，以此作为赎身的代价。阿拉伯-伊斯兰文化延绵久远的"重知"传统，即由此滥觞。伊斯兰文化为何如此重视求知，是一个非常有趣的问题，其中必有一系列经济的、政治的、社会的乃至文化的和宗教的缘由，但无论如何，伊斯兰教迅速而辉煌的成功，终究是后来阿拉伯人求知热忱长盛不衰的一个直接因素。也正是这种求知热忱，推动阿拉伯人无意中完成了挽救、保存和发展在中世纪初期濒临灭绝的古典古代科学成果的壮举，并由此为阿拉伯民族赢得了科学"义父"的美誉。[②]

在阿拉伯帝国早期的伍麦叶时代（661—750），阿拉伯人就十分重视对包括希腊哲学在内的古代学术的研究。特别令他们感兴趣的是亚里士多德的逻辑学，原因是他们发展伊斯兰教神学的工作需要理论工具。许多希腊学术典籍开始被译成阿拉伯文。一些精通希腊哲学的基督教徒在皈依伊斯兰教后，积极参与了翻译工作。其他科学知识也没有被忽视，如伍麦叶王朝的创立者穆阿维叶的孙子叶齐德曾向拜占庭的基督教士请教化学知识，哈里发奥马尔二世曾命人将叙利亚文的医学典籍译成阿拉伯文，等等。[③] 进入阿拔斯时代（750—1258）后，随着国力的日益强盛，这些原本是由个人从事的、零星的翻译活动渐渐演变成一种国家行为，终于酿成了著名的"百年翻译运动"。

阿拔斯王朝的第七代哈里发麦蒙（813—833在位）因发起了这场翻译运动而名垂千古。他本人即是一个大学者，学识非常渊博，尤其对希腊哲学迷恋至深。在他的鼓励与支持下，大批穆斯林和非穆斯林学者争赴君士坦丁堡、塞浦路斯等地搜求古籍。为提高"取经"的效率，麦蒙还通过外交渠道，派遣了一支又一支的学者代表团前往拜占庭。830年，麦蒙又斥巨资在原巴格达图书馆的基础上，兴建了一

▶ ▶ ▶ ───────────────────────────────

① 参见纳忠等，前引书，2—3页。
② 美国文豪G.韦尔斯写道："如果说希腊人是科学方法之父的话，那么阿拉伯人就是它的义父"。见韦尔斯：《世界史纲》，吴文藻、谢冰心等译，人民出版社，1982，676页。
③ 参见纳忠等，前引书，79—80页。

座大型综合性学术机构，名为"智慧宫"，用以存放各种从欧洲搜集来的古代学术文献，同时高薪延聘大批学者前来研习和翻译。除了巴格达外，当时阿拉伯帝国还有其他许多传播希腊文化的学术中心，如军迪沙浦尔、亚历山大里亚、哈兰、安条克、鲁哈、奈绥宾等等，翻译运动在这些城市也开展得如火如荼。许多精通多种语言的叙利亚基督教徒，尤其是聂斯托利派的基督教徒（又叫景教徒），投身其中并发挥了骨干的作用。这场规模恢宏的翻译运动实际上延续了约一个半世纪，成就极其辉煌：古希腊科学典籍中的全部重要著作和大部分较次要的著作均被译为阿拉伯文。[①]

西班牙伍麦叶王朝（756—1031）也在研究和翻译希腊古籍方面有重大贡献。尽管当时欧洲在学术上一片蛮荒，西班牙穆斯林找书极费劲，但他们仍克服重重困难，搜罗了大批图书，建立了十余所公共图书馆，其中科尔多瓦图书馆藏书最为宏富。西班牙伍麦叶王朝第九代君主哈卡姆二世（961—976 在位）是和阿拔斯的麦蒙齐名的学术迷，常遣人携重金去各地搜购孤本。他的皇宫图书馆藏书多达 60 余万册，常有大批学者在这里举行学术讨论会，系当时最著名的学术中心。宫廷的学术热还广泛流播于民间，收集图书、抄录古籍成为社会时尚。哈卡姆二世之子、希沙木二世时代早期的摄政王曼苏尔首相在发展学术方面也立有奇功：在他的倡导下，全国的清真寺都变成了研习学问的场所，人们在此可以听到哲学、天文学、数学等课程。曼苏尔本人还常常亲临这些穆斯林学校视察、听课、参加讨论并督教奖学。到 10 世纪中叶，当欧洲人还大多是文盲的时候，西班牙各大城市都出现了这种穆斯林大学。[②]这种以宗教的方式传播学术的做法，在科学史上意义极为深远：它使宗教与含有大量科学内容的哲学第一次发生了积极的融合，同时还首创了"大学"这种综合性学术研习机构的形式，而这些都将对中世纪后期的欧洲学术界产生重大影响。后来西欧的基督教经院哲学通过吸收亚里士多德哲学而走向具有进步意义的新唯名论，12 世纪后西欧原先只讲授神学的教堂学校终于开始讲授一些初浅的科学常识，显然就是在西班牙穆斯林学风的启发下发生的变化。巴黎索邦神学院后来还直接采纳了穆斯林大学的教学制度，设立了神学、医学、文学等学科。

埃及法蒂玛王朝（909—1171）在文化学术方面同样有骄人的成就。到 11 世纪

▶ ▶ ▶

① 参见纳忠等，前引书，91—92、185 页。
② 参见纳忠等，前引书，99—101 页。

时，开罗的艾资哈尔大清真寺也发展成为一所穆斯林大学，内设许多学院，并有一座大图书馆，其藏书大多也搜罗自国外，内容涉及古典哲学、艺术及自然科学等许多领域。艾资哈尔大学在当时的伊斯兰世界极负盛名，吸引了大批来自北非、西班牙、叙利亚、伊拉克及阿拉伯半岛的莘莘学子，他们在这里享受着极为优越的学习条件：宿舍宽敞舒适，食宿及图书均免费提供，任课教授多是著名学者。当时埃及的学术事业极其繁荣，在文学、历史、哲学、数学、天文学、医学等许多方面都留下了大量著作。[①]

伊斯兰文明的科学成就

中世纪阿拉伯人对世界科学史的贡献，首先表现在他们通过翻译希腊古典学术文献而保存了人类科学的理性综合传统，使之不致因早期基督教的野蛮破坏而泯灭。但阿拉伯人并未满足于仅仅充当这种"守夜人"的角色。在吸收和消化古代科学文明的基础上，他们还做出了大量创新的努力，以发展人类的科学事业。他们的努力是卓有成效的，人类科学知识的宝库因此又增添了许多财富。

阿拉伯人的科学成就主要可以归纳为以下几个方面。

数学 阿拉伯人在数学方面的首要贡献便是介绍和推广了印度的数字。在此之前，除古印度人的数字之外，古代各民族的数字都很繁杂，如中国人使用方块数字，阿拉伯人使用阿拉伯语的字母数字，欧洲人使用罗马数字等等。这些数字不仅认读和运算起来不方便（特别是数额比较大的时候），而且难于通行，必须通过翻译来相互交流，因而既不利于各民族间的交往，也妨碍了数学科学的发展。古印度人的数字体系虽然优越，但流传面一直很窄。公元 774 年，一位印度学者将早期的印度数字和十进位法介绍到巴格达学术界后，情况开始发生变化。阿拉伯人麦蒙时代的大数学家花拉子密（780—849）写了一部关于印度运算法的书，首次向阿拉伯世界介绍了印度数字体系，并对其优越性进行了全面论证。大约是阿拉伯人频繁的商业活动特别需要这种方便的印度数字，故其很快在阿拉伯世界得到了普遍的使用，并在使用中渐渐演变为比较接近于现今通行形态的古巴尔（Ghubar）字体。又

▶ ▶ ▶ ──────────────────────────

① 参见纳忠等，前引书，110 页。

由于阿拉伯商人的到处奔走，这种数字渐渐以"阿拉伯数字"的名称传遍当时的东西方世界。公元 976 年间在西班牙问世的一部拉丁文手稿已经在使用这个新数字体系。① 花拉子密那部论印度数字的书的拉丁文译本于 1202 年刊行于意大利，这一年于是被认为是欧洲近代数学的开端。② 差不多与此同时，大约自 13 世纪 40 年代起，中国也开始使用"阿拉伯数字"和"0"这个数字了。③

阿拉伯数学家还将古已有之的代数学发展成一门独立的数学分支。公元 820 年左右，花拉子密用阿拉伯文写了《还原与对消的科学》，其中"还原"（aljabr）一词音译为拉丁文的"algebra"，即现代西文中通用的"代数学"一词。书名中的"还原"与"对消"两个概念，实际上就是指移项和合并同类项这两种解方程的基本方法，花拉子密因此被誉为"代数之父"。此书于 12 世纪被译成拉丁文，到 16 世纪为止，一直是欧洲各大学的主要教科书。花拉子密以后的一些阿拉伯数学家，如埃及人艾布·卡米尔（约 850—930）、阿拉伯帝国呼罗珊省的欧麦尔（约 1048—1131）等，也为代数学的发展做出了重大贡献。④

除代数学之外，阿拉伯数学家还在算术、三角、几何学等方面有许多重大创新。在算术方面，他们利用古代数学方法解决了一系列计算问题，特别是天文计算问题。在三角学方面，他们发现了正弦、余弦、正切、余切，以及正切与余切、正割与余割、正弦与余弦之间的函数关系，建立了若干三角公式，制定了很多三角函数表，使三角学开始脱离天文学而成为一门独立的学科。在几何学方面，他们研究了面积、体积，并把多边形与代数方程式联系了起来。他们还算出了 π 的 17 位数值，打破了中国数学家祖冲之保持了一千年的记录。⑤

天文学 阿拉伯学者对世界天文学的贡献也非常引人注目。阿拔斯王朝麦蒙时代曾在帝国境内建立了一系列著名的天文台，制作了许多精密的天文仪器如浑天仪、天象仪、象限仪、天球仪、地球仪、六分仪、四分仪、日晷仪、量角器、星盘等，对天体运动进行了长期而系统的观察和研究，作了详细的记录，取得了许多重要成就，如发现了太阳系各行星的运行、太阳黑子及日食和月食的规律，论证了月

▶ ▶ ▶ ─────────────────────

① 参见丹皮尔，前引书，125 页。
② 参见纳忠等，前引书，280 页。
③ 参见同上书，300 页。
④ 参见纳忠等，前引书，282 页。
⑤ 参见同上书，282 页。

球的纬度，测定了地球的体积和圆周长等等，还矫正了托勒密体系在黄道斜角、二分点的岁差和岁实方面的谬误。他们测出的地球圆周长为 48001 公里，已相当准确。他们制定的太阳历和回归年相比，每 5000 年才误差一天，而现今通行的格里高利历却每 3330 年就有一天的误差。阿拉伯天文学对欧洲后来天文学的发展影响极大，这从西文中的大多数星宿的名称和大量天文术语都来自阿拉伯语这一事实即可略见一斑。

有两位阿拉伯天文学家的工作对近代科学革命具有关键意义。一位是白塔尼（858—929），他在天文计算方面纠正了托勒密的许多错误，编制了在当时极负盛名的《萨比天文历表》，该历表曾被译成拉丁文传到欧洲，其中的许多天文观测数据曾为哥白尼的《天体运行论》所引用。另一位是比鲁尼（973—1050），他精通天文学发展史，著书对当时的天文学成就进行了全面的总结，首次论证了地球自转的理论和地球绕太阳运转的学说，并对地球的经纬度做出了精确的测定。[①]

医学　　中世纪阿拉伯人的医学在很多方面几乎达到了现代水平。比如在门诊时，阿拉伯医生首先要了解病史、病状、病因以及遗传或传染的因素，并记录到病历上，然后验尿、切脉，并根据情况对病人做局部或全身的体检。在治疗方面，阿拉伯医生首创了用酒精消毒、用鸦片和颠茄液麻醉等技术。他们能治疗被当时欧洲人视为绝症的伤寒、霍乱等传染病，还能够在多人合作的情况下做一些相当复杂的外科手术。此外，阿拉伯医生还初步了解了心理因素在治疗中的作用，知道运用音乐等手段调节病人的情绪来治疗某些病症。在医院建设和医学教育方面，当时的阿拉伯人也积累了丰富的经验。阿拔斯王朝曾在帝国内建立了 34 所医院，其内部都有细致而合理的分科，一般分外科、内科、骨科、眼科、神经科和妇科，并有自己的药房，有些大医院还有急救中心。医院选址十分慎重，一般均选择环境优美、空气清新的地方，院内清洁整齐，除医疗设施外，还有娱乐室、浴室、图书馆、讲演厅等。临床医学和医学教育结合密切，学生们一边在课堂上学理论，一边在病房里作临床实习，同时听老师的讲解和指导。

当时的欧洲医学远远落在阿拉伯人的后面。比如阿拉伯人已经知道瘟疫可以通过人体接触和血液传染，而欧洲人还相信那是由天体相遇或上帝发怒造成的。阿拔

---

① 参见纳忠等，前引书，283—285 页。

斯王朝已经为传染病或不治之症建立了专门的医院，而欧洲人当时只会将传染病人简单地隔离开来，任其自生自灭。阿拉伯人的临床技术和人体生理知识往往比欧洲人领先数百年：如在关节炎和脊椎结核的诊断方面领先了 700 年，在绑扎大动脉止血的技术上领先了 600 年等等；一位名叫伊本·纳非斯（1210—？）的阿拉伯人实际上在哈维 300 年以前就已经发现了血液循环的道理。因此欧洲曾在医学上长期师从阿拉伯：许多阿拉伯名医的大量医学著作，如拉齐（865—925）的 24 卷《医学集成》，伊本·西那（其拉丁文姓名为阿维森纳，980—1037）的 5 卷《医典》，宰赫拉维（936—1013）的《医学宝鉴》等等，都曾被译成多种欧洲文字并多次再版，在欧洲医学界作过 400 至 600 余年的教科书。[①]

物理学和化学 阿拉伯物理学的成就主要集中在光学和物体比重的研究方面。最杰出的阿拉伯光学家是伊本·海赛姆（965—1038），他发明了一种专门研究光的反射的器械，从而大大改进了实验方法；他对球面像差、透镜的放大率，以及月晕、虹、日食、月食等现象，都有精湛的研究。海赛姆还研究了人眼的构造，提出了视觉源于被视物体上的光线对人眼的反射的论断，纠正了希腊人关于眼睛射出光线而产生视觉的传统观点。他的著作的拉丁文译本，后来通过罗吉尔·培根、达·芬奇、开普勒等人，对西方科学的发展产生过深刻的影响。阿拉伯物理学家们对物体比重问题也有深入的研究，他们测出的许多数据都和现代知识相差无几。[②]

古代炼金术得以发展为现代化学也是阿拉伯人的功劳。丹皮尔指出："古典古代，希腊人关于物质本性的见解，以及关于原子和基本元素的观点，离开观察和实验太远，无法归入化学之中。1 世纪亚历山大里亚的炼金家可以说是最早认识到和探讨化学问题的人。但那时以后，工作就陷入停顿，六百年后阿拉伯人才重新拾起他们的工作。"[③] 阿拉伯炼金术有七百年的历史，其工作中心先是在伊拉克，后来转到西班牙，而最后将炼金术发展为化学的工作，主要由西班牙的穆斯林完成。阿拉伯炼金及化学家突破古希腊的模糊思辨方法，大力开展科学实验，并改良了许多试验器具，运用蒸馏、过滤、升华、溶解、结晶等方法，试验各种碱与酸的差别和化合力，制造出酒精、苏打以及硝酸、硫酸、盐酸、硝酸银、氧化汞等化合物，并运

▶ ▶ ▶ ──────────────

① 参见纳忠等，前引书，285—289 页；丹皮尔，前引书，126—127 页。

② 参见同上书，289—290 页；丹皮尔，前引书，126—127 页。

③ 丹皮尔，前引书，123 页。

用它们发展了药品和玻璃的制造工艺以及印染技术。西语中许多沿用至今的化学用品的名称及化学术语，如苏打、酒精等等，都来自阿拉伯语，足见中世纪阿拉伯化学对西方现代化学的影响。[①]

最负盛名的中世纪阿拉伯化学家当推贾比尔（卒于 815 年）。他论证了燃烧和还原两种化学过程，改良了蒸馏、结晶、升华等实验手段，记录了硫酸、硝酸和王水的制作工艺，还修改了亚里士多德的金属成分理论。他的许多著述被译成拉丁文后，有力地促进了欧洲近代化学的发展。被誉为中世纪全世界最伟大的医生的阿拉伯医学家拉齐也是著名的化学家，他首先将化学应用到医学上，并著有一部专论炼金术的《秘典》，其拉丁文译本也是中世纪欧洲化学知识的主要来源之一，西方实验科学的先驱罗吉尔·培根就从此书中受益匪浅。[②]

最后，阿拉伯人还在哲学上，通过率先倡导真理的二元性理论，为现代科学的兴起开辟了道路。这首先是多才多艺、被誉为"科学泰斗"的伊本·西那的功劳。他提出了科学与宗教的"双重真理论"，认为物质世界是无始无终的，物质不是真主创造的，真主不过是第一存在，由真主产生理智、灵魂和肉体，再产生万物。这意味着自然科学的研究和神学的研究是可以分离的。后来的西班牙科尔多瓦的穆斯林哲学家伊本－拉西德（其拉丁文姓名为阿维罗伊，1126—1198）即循着他的思路，通过全面阐释亚里士多德的唯物论思想，系统地提出了"真理二元论"，主张哲学通过逻辑推理得到的真理与宗教通过天启和经传得到的真理"都是真理"，两者矛盾时应以哲学的判断为准。阿维罗伊的学说传入欧洲后，在基督教神学界引起了不少非议，但却也以其富于感染力的语言赢得了广大的信众，从而有力地促成了西欧经院哲学的衰落；到 13 世纪，他就成了意大利南部、巴黎、牛津等大学公认的权威，罗吉尔·培根和邓斯·司各脱还把他誉为可以和亚里士多德并列的实证主义大师。[③]

阿拉伯－伊斯兰世界的科学文明虽然起步晚，但发展极快，时间不长就在当时的世界遥遥领先了。到 10—11 世纪时，"阿拉伯语已经公认为学术研究的经典语言，所以凡是用阿拉伯语写成的东西都是权威的，正如早期（和后来）时代的希腊

① 参见纳忠等，前引书，290 页。
② 参见同上书，290、318 页。
③ 参见丹皮尔，前引书，129 页。

语著作一样"。[①] 这显然是因为穆斯林善于学习并有效地吸收了当时东西方科学成果的精华。除了宗教、经济、政治等方面的因素之外，他们的好学特性是他们得以迅速抢占当时世界科学制高点的极重要缘由之一。在这一点上，他们颇似后来因文明起点较低而特别虚心善学的日本人。然而和其他许多东方民族一样，阿拉伯人仍缺乏一种深刻的理性综合能力，即不能真正通观全局、洞察一切从而发现物质世界的一般规律，或者说建立一个新的宇宙解释框架。结果他们的科学成就还只是属于一种"量的积累"，呈零星、分散状态，不成系统。也就是说，他们虽然能够完成一系列重大科学发现，却终究没有能力发动一场科学的革命。但尽管如此，阿拉伯人仍有充分的资格为他们对人类科学事业的贡献而感到骄傲——即使将其辉煌的科学成就忽略不计，仅仅为着他们保存呵护古典科学遗产的善举，为着他们一贯表现出的对科学无限崇尚的虔诚，科学都将永远感戴他们。

第四节
科学革命的酝酿

从唯实论到唯名论：经院哲学的嬗变

在 10 世纪早期，阿拉伯学术就已经传到西欧的列日、洛林等城市，并从那里传到法国、德国和英国，欧洲的科学研究由此开始缓慢复兴。但在这时，欧洲科学的发展仍面临着一个严重障碍，这就是以伊里吉纳（Erigena）为主要代表的早期基督教经院哲学。

伊里吉纳的学说是中古时代基督教信仰与希腊哲学（这里基本上仅限于新柏拉图派的哲学）的第一次大综合，其核心论点是主张上帝是唯一的实在。因而早期经

----

① 参见丹皮尔，前引书，127 页。

院哲学的主导倾向是唯实论，唯名论的声音虽然时有出现，但一直处于弱势，并常常受唯实论派的围剿。后来经安瑟伦（Anselm）等人进一步强化，伊里吉纳的唯实论更成为经院哲学流行数百年的正统观念。[①]

在1200—1225年间，欧洲人通过阿拉伯人的引介重新发现亚里士多德的主要著作之后，情况开始发生变化。亚里士多德的学说至少有三个重要的特点：一是它具有很突出的唯名论的倾向，因而比较注重客观实际；二是它拥有形式逻辑这一无与伦比的理论利器，可用以阐释世间一切事物之间的内在关联；三是其知识领域（无论在哲学方面还是在自然科学方面）宽广，远远超过了当时欧洲的眼界。尽管这一体系在解释宗教问题的时候有种种困难，但由于它较好地解释了外部世界，因而大受当时西欧的基督教大思想家、多明我会修士大阿尔伯特（Albertus Magnus of Cologne，1206—1280）和托马斯·阿奎那（Thomas Aquinas，1225？—1274）的青睐，并经阿奎那的巧手同基督教教义结合了起来。这样，亚里士多德哲学的介入便实现了对经院哲学的重大改造，产生了相当重视人的理性的"后期经院哲学"。

阿奎那认为人的理性是上帝赋予人类的一种特殊本领，是人类据以了解、检验上帝和自然的唯一认识工具——这应当说是一种相当彻底的"理性主义"。然而很可惜，当时这种理性主义一直在"戴着镣铐跳舞"，即它时时刻刻必须为基督教神学服务，其最终目的是为了证明基督教义的正确。所以这种理性主义就十分缺乏"理性"的精神，因为它并不尊重客观实际。说得稍微具体一些，阿奎那的体系是按照亚里士多德的逻辑学和科学理论建立起来的，而他在运用逻辑学的三段论法进行论证的时候，一般只是以直觉的公理或教会的权威作为公认的前提，似乎这就是一切真知的源泉——自然，"这个方法很不适于引导人们或指导人们用实验的方法研究自然"。[②] 似乎可以这样说：经院哲学虽有理性主义，却没有"理性精神"，理性主义在这里被一种非理性主义的信仰重重包裹起来了，以对客观实际的充分尊重为特征的"理性精神"因而被窒息了。

由此看来，无论前期的经院哲学还是后期的经院哲学，都有一个共同的基本倾向，这就是力图把"哲学"（这个词在这里主要指的是探索世间一切因果关系的理论方法，如形式逻辑及其三段论法之类）同神学紧紧地捆绑在一起（这一过程其实

▶ ▶ ▶ ─────────────────────────────────

① 参见丹皮尔，前引书，132—133页。
② 参见丹皮尔，前引书，141页。

正是由阿奎那最后完成的），其根本目的，则是用哲学伸张神学，让哲学作"神学的婢女"。这也就是为什么托马斯主义尽管比较重视人的理性，却终究不能使现代科学得以产生的根本原因所在：因为现代科学的产生，必须以哲学和实验的自由结合为前提，而只要哲学还没有摆脱神学的束缚，只要哲学讨论还必须达到神学预定的结论，则哲学与实验的自由结合就根本无从谈起。

于是有科学精神的西欧人必须继续战斗。第一位试图冲破经院哲学的牢笼、实现哲学与实验结合的勇敢战士，便是博学的英国人罗吉尔·培根（Roger Bacon，1214？—1294）。他痛斥经院哲学家出于无知和偏见而曲解和篡改亚里士多德经典的行为，反对一味迷信权威，大力提倡实验科学，认为证明前人的自然科学理论的唯一方法就是观察和实验。尽管他对经院哲学的批判在当时并未产生什么实际影响，但却标志着西欧人"心理态度的一次革命性的改变"。[①] 到 13 世纪末 14 世纪初，又有邓斯·司各脱（Duns Scotus，约 1265—1308）和威廉·奥卡姆（William of Occam，1300？—1349？）两位英国经院哲学大家相继发难，最终结束了经院哲学在学术界的独占统治。

司各脱的主张是把神的独断意志与人的自由意志分开，认为前者是基督教义的基础，后者是人的基本属性，其地位远在理性之上，能使人凭借理性自由地探讨哲学问题。照此看来，真理是具有"双重性"的，即神学的真理和哲学的真理都是客观存在着的。所以司各脱理论的重要意义就在于，它首次突破了中世纪西欧学术界占统治地位的神学一元论，复活了古代思想中的神学与哲学分立的二元论，从而迈出了使哲学摆脱神学的束缚的第一步。奥卡姆在司各脱开辟的道路上继续前进。他著书立说，极力否认神学与哲学的兼容性，否认可以用理性来证明基督教义，并进而攻击教皇的至高无上的地位。奥卡姆的工作直接促成了古代唯名论的复活。经院哲学遵从唯实论，力图从普遍导出个别，因而总是在一个又一个抽象观念中绕圈子，把简单的问题弄得异常复杂。奥卡姆则针锋相对地提出："不要增加超过需要的实体！"——这句话后来被称为"奥卡姆剃刀"，奥卡姆即以此剃去了经院哲学玩弄的许多无用的概念，从而有力地揭露了经院哲学的烦琐性和不合理性，同时也在思想界复兴了重视个别经验的唯名论思潮。这就为现代科学的兴起创造了一个十分有利的思想氛围："由于唯名论的复活，人们就对直接感官知觉的对象重视起来，这种精神打破了人们对抽象观念

▶ ▶ ▶ ─────────────────────────

① 参见丹皮尔，前引书，146 页。

的信仰，因而最后也就促进了直接的观察与实验，促进了归纳研究。"① 尽管这股新唯名论思潮曾一再遭到教会的禁止（巴黎大学直到 1473 年还企图强迫推行唯实论），但唯名论的传播已势不可挡，很快就发展成欧洲知识界的主流思潮。

文艺复兴与实践之风大盛

中世纪后期唯名论思潮的发生和盛行，反映了西欧学人长期受基督教神学压抑、钳制的理性精神的初步觉醒。唯名论是反对唯实论的，同时也是反对中世纪经院哲学的唯理论（神学理性主义）的，它引导人们关注客观的事物而非抽象的事物，实际上是进一步在神学的范围之外肯定了人的理性能力，从而体现了一种世俗的、人文主义的、也是真正的理性精神。无疑，这一思潮和当时正在意大利兴起的文艺复兴运动具有一定程度的一致性。

另一方面，唯名论的复活虽然为哲学与实验的结合开辟了可能性，然而这种可能性还并不就是现实性。实际上，由于在当时的西欧仍盛行着一种重理论轻实践的传统习惯，因而要把这种可能性转化为现实性绝非易事。轻视实践的传统观念源自古代奴隶制社会轻视体力劳动的偏见。斯塔夫里阿诺斯曾这样指出："在古代，存在着一种反对创造性的研究与体力劳动相结合的强烈偏见。这种偏见大概起因于古代的体力劳动与奴隶制度相联系；它甚至在奴隶制度几乎消失之后仍存留于中世纪欧洲。中世纪经院哲学家在'自由'艺术与'奴隶'艺术之间、在仅仅靠头脑完成的工作和改变了物质形态的工作之间划界限。例如，诗人、逻辑学家和数学家属于第一类别，雕刻家、釉工及铁器工人属于第二类别。内科医生的工作没有改变物质形态，所以被认为是'自由的'，而外科医生的工作按照同一标准则被看作是'奴隶的'，因此，实验受到轻视，活体解剖被认为是非法的、令人厌恶的。"② 这一看不起实际操作的心态，是中世纪西欧除经院哲学之外阻碍现代实验科学产生的另一重要原因。

具体说来，这种轻视实践的心态主要起源于古希腊的雅典学派。本来，在雅典学派之前的爱奥尼亚自然哲学家还是比较注重实践经验的。他们对古埃及和巴比伦

▶ ▶ ▶ ────────────────────────

① 参见丹皮尔，前引书，151 页。
② 斯塔夫里阿诺斯：《全球通史——1500 年以来的世界》，吴象婴、梁赤明译，上海社会科学院出版社，1992，248 页。

文献中的各种经验知识，如度量的单位和规则、简单的算术、年历、对天象的周期性的认识，以及对日食和月食的认识等等，加以理性考察，探索其各部分之间的因果关系，从而创立了最初的几何学和天文学。然而自苏格拉底和柏拉图的雅典学派兴起之后，爱奥尼亚的自然哲学就被形而上学所取代了。在这方面，苏格拉底"认识你自己！"的口号影响最大，希腊人即由此开始专注于探讨心灵的作用，把目光转向自身，不再去研究自然了。后来的亚里士多德虽然在生物学上重新回到观察和实验，但在物理学和天文学上仍忠实遵循其师柏拉图的内省方法。

这一状况直到文艺复兴时期才最终被打破。如果说后期经院哲学只是在某种程度上折射了当时欧洲精神生活的世俗化倾向，那么意大利文艺复兴则是这种倾向的最彻底的体现。事实上，文艺复兴对于整个中世纪神权，乃至对于整个经院哲学的精神统治，都是一次强力反动。其所以发生的头一个重要缘由，就是世俗民族权力的兴起。这些新兴的权力中心越来越不愿听命于罗马教会，传统的神圣权威由此开始受到严重挑战。其次便是意大利北部商业贸易的发展带来的城市生活的繁荣，而市民们一般都是追求世俗物质利益的，对神学的那一套持鄙夷的甚至仇视的态度，因为那些东西妨碍着他们的经济成功。人们开始关注如何摆脱教会和神学的束缚、赢取思想和行动自由这个大问题，并渐渐从没有受过基督教神学"污染"的希腊罗马古典文化中，发现了无穷的灵感之源。也正是在古典文化的启发下，一些先进的意大利人深刻地感悟到了人的伟大，并由对人的能力的充分肯定发展到对"个人的完美化"——即个人的充分发展——的有意识的追求。当然，要追求个人的充分发展，人的活动就绝不可能仅限于思辨的狭隘范围，而势必进入行动的广阔领域，从而实现理论与实践的联姻。尽管在文艺复兴时期成就的真正的"全才"并不很多，但由这种"全才"意识促成的思辨与行动并重、理论与实践结合的学风，却是那个时代的一个显著特征。如布克哈特就清楚地看到，在文艺复兴时期的意大利，"从人文主义者本身来说，他是不能不具备多方面的造诣的，因为事实上，他的学问不仅限于研究古代经典的理论知识，而是还要为日常生活的实际需要服务"。[1]

意大利人文主义者的最典型的代表，当推列奥纳多·达·芬奇（Leonardo da Vinci, 1452—1519）。事实上他也是当时意大利为数不多的巨人式的"全才"之一：

▶ ▶ ▶ ─────────────

[1] 布克哈特：《意大利文艺复兴时期的文化》，何新译，商务印书馆，1983，132 页。

"他对各种知识无不研究，对于各种艺术无不擅长。他是画家、雕刻家、工程师、建筑师、物理学家、生物学家、哲学家，而且在每一学科里他都登峰造极。"[1] 作为哲学家，达·芬奇最突出的过人之处，就在于他非常注重思想自由，能够撇开一切传统偏见，坚持特立独行。他既不是经院哲学家，也不做古典作家的盲目信徒。他承认《圣经》是"最高真理"，但在做理论思考时却能够丝毫不为《圣经》教条所羁束。古希腊思想家轻视实践的传统观念也丝毫不能妨碍他的行动：只要他觉得对技艺发展有必要，他就会毫不犹豫地去从事各种实验。正是为了提高自己在绘画、雕塑方面的艺术造诣，他孜孜不倦地实验、解剖、观察，深入研究了光学的定律、眼睛的构造、人体的结构和鸟类的飞翔等等。到了晚年，他对各种实际知识的渴求甚至超过了他对艺术的爱好。也正是这种坚持观察和实验的治学方法，使达·芬奇卓然成为文艺复兴时代意大利首屈一指的科学巨匠。

当时意大利具有类似达·芬奇那样的科学精神的人还有很多。丹皮尔告诉我们："从列奥纳多的札记和别的记载中可以看出，在伽利略出生以前一个世纪，在意大利已经有一小批志同道合的人。他们对事物比对书本的兴趣大，对实验的研究比对亚里士多德的意见看得更重。"[2] 对于现代科学的诞生具有先决意义的哲学和实验的自由结合，就是通过这群人的辛勤劳动完成的。当然，这些人之所以能够冲破轻视劳动的传统观念而大力从事科学实验，除了追求个人充分发展这种人文主义的动因之外，还和斯塔夫里阿诺斯所强调的当时体力劳动者的地位已今非昔比（即不再是奴隶而是自由民）这一事实有很大关系。[3]

文艺复兴时期在孕育现代科学方面贡献最大的学科，首先是以达·芬奇为代表的艺术专业，其次便是医学。医生是替人看病的，观察本来就是这个职业不可或缺的工作。而且，虽然当时的医生们已熟知古希腊医学家盖伦（Galien）、希波克拉底等人的权威著作，但在实际临床实践中这些理论用处并不大，原因是当时正值人类历史上前所未有的地方病大普及的时代，这是由 16 世纪异常频繁的军队流动和航海活动带来的，而这些疾病都是古代医学家所不曾领教过的。由于没有现成的理论，当时的医学家们不得不自己去观察和发现，结果他们很多都成了极富自由精神

▶ ▶ ▶ ────────────────────────

① 丹皮尔，前引书，163 页。
② 丹皮尔，前引书，164 页。
③ 参见斯塔夫里阿诺斯，前引书，248 页。

的学问家，而他们的专业也就成了当时人人钦羡的热门，吸引了许多希望在科学方面一展才华的学者。事实上当时所有的著名学者，如天文学家哥白尼、数学家卡尔丹、地质学家阿格里帕、化学家帕拉塞尔斯，甚至还有伽利略等人，都做过医生。随着医学的长足进步，一些崭新的相关学科如微生物学、解剖学、生理学、胚胎学、植物学等等也在文艺复兴时期开始涌现。[①]

文艺复兴时期的这种早期现代科学有一个普遍的弱点，就是只关注现象背后的各种运动的机制或规律，而缺乏关于这些道理的数学关系的探讨。当时的科学主要还是纯粹的定性研究。而真正的科学是需要定量分析的，因为只有弄清规律的数学关系，才能提供精确的解释和精密的预见。不过也有一个重要的例外，那就是包括天体物理学在内的天文学。

16 世纪天文学和物理学的发展

文艺复兴时期的天文学成就主要是以尼古拉·哥白尼（Nicolaus Koppernigk，1473—1543，其姓氏后以拉丁文形式的 Copernicus 闻名于世）的名字为标志的。哥白尼祖籍波兰科拉科夫，曾先后在波兰和意大利读大学，他的天文学知识则主要是在意大利的波伦亚大学获得的，导师是数学和天文学教授、毕达哥拉斯主义复兴的倡导者诺瓦拉（Domenico di Novara）。

当时意大利天文学界极重视关于宇宙的数学解释。若细究其原因，人们会发现这竟与唯实论的传统密切相关。意大利曾是新柏拉图主义和唯实论思潮的大本营，后来又成为亚里士多德主义经院哲学的重镇。当"奥卡姆剃刀"在欧洲学术界促发唯名论复兴的时候，意大利虽然也受到了这种新思潮的冲击，但其影响程度仍较阿尔卑斯山以北为轻。由是文艺复兴在意大利引起的后果就相当复杂：一方面有观察与实验风气的勃兴，另一方面也发生了新柏拉图主义的复活。而新柏拉图主义中一个很重要的思想成分，便是毕达哥拉斯主义，其特征是喜欢用数的神秘谐和或单位空间的几何学安排来解释宇宙，总是要在自然界中寻找数学关系，而关系愈简洁，从数学上看来就愈完美。这种毕达哥拉斯主义在当时的意大利天文学界十分盛行，首先哥白尼的导师

▶ ▶ ▶ ────────────────────────────

① 参见 Maurice Crouzet, éd., *Histoire générale des civilisations*（《文明通史》），Presses Universitaires de France, Paris 1958, t. 4, pp. 38, 42-44.

诺瓦拉就对其推崇备至。诺瓦拉本人就曾依据数学谐和的原理批评过托勒密体系，说它过于繁复。[①]值得注意的是，毕达哥拉斯也是地动说派，他认为地球是围绕一团"中央火"运行的，尽管这团火在他看来并不是太阳，但他的追随者要把它想象成太阳，已非常容易了（实际上古代的阿利斯塔克就已经做到了这一点）。

作为天文学家，哥白尼最重要的特点在于：他始终是柏拉图和毕达哥拉斯的忠实信徒，而且在学术上始终遵循着古希腊宇宙观的唯美主义原则。他的成功看来是与他的这一特点分不开的。

行星运动的几何学定律问题是古希腊以来天文学界的一个老大难问题，曾先后出现过两类理论。头一个是柏拉图的学生欧多克索（Eudoxus）的理论，它认为众行星是镶嵌在无数个同心天球的赤道上的，这些同心天球以地球为中心匀速旋转。此说符合亚里士多德的物理学思想，实际上也构成了这个体系的基础。但此说实际上与许多天体运动现象不合，而且那些同心球的组合也太过繁复，从中根本无法得出一套数值定量的理论以便制作实用天文表。于是后来托勒密就提出了另一套理论：地球是宇宙中心，但一个个载有行星的透明天球各有自己任意选取的中心。托勒密的体系使关于实用天文表的计算成为可能，但它和亚里士多德物理学的主要原则不符。哥白尼对这两类理论都不满意，于是重新思考这一问题。作为毕达哥拉斯派和柏拉图派，他极为关注数学关系的表述和理论形式的完美，而这两者又是密切相关的：最简洁的数学表述就是最完美的理论。哥白尼的基本思路是：圆球体从几何学上说是最完美的形式，所以一切物体无不追求这种形式，地球亦因此而圆；球体自然就要运动，而且这运动自然会是圆周运动，因为圆周运动是最完美的运动形式，故地球和其他天体一样也在作圆周运动。哥白尼这样写道：

> 以此为契机，我也开始思考地球运动的能力。虽然这种思想看起来荒诞不经，但是我知道，有人在我之前已自由地想象他们要用哪些圆圈以便解释天文现象。因此我想，我不也可以尝试一下，假定地球具有某种运动，看看能不能为天球的转动找到比别人更加有效的论证。

这样，在假定了这些运动（我在本书后面还将把它们归因于地球）以后，我

▶ ▶ ▶ ──────────────────────

① 参见丹皮尔，前引书，171 页。

经过大量持久的观察，终于发现，如果把其余行星的运动归因于地球的转动，并按每个行星的周期计算这些运动，那么，不仅将得知这些行星现象是一种结果，而且，这些行星和所有天球依次相继的顺序和大小乃至天穹本身都彼此密切相联，以致任何部分如果调换位置，便将导致其余部分乃至整个宇宙发生混乱。①

经过长期的思索和计算，哥白尼终于构筑起他那套著名的体系：宇宙是一个完美的、以无数恒星为外壁的、不动的大天球；太阳位于其中心起照明作用，其周围有一些透明的同心天球，行星和地球分别由这些同心天球运载着作匀速圆周运动。②

哥白尼叙述这套体系的著作《天体运行论》出版于他逝世的那一年即 1543 年。该理论的提出被后来的哲学家和历史学家誉为"哥白尼革命"，但这种赞誉近来颇受非议。事实上，该书起初并未产生革命性的影响，它在伽利略之前一直声望不高，只有少数几个数学家接受了这个学说。而且哥氏的体系其实也和托勒密的一样不太符合天体的运行，在天文计算上哥氏也并不比托勒密高明——有人说哥氏体系比托氏体系更简单、更完善，但更多的人则发现哥氏体系还要稍微复杂一些。哥氏作为观察家和评论家也很平庸，只是引用前人的观察记录，既没有增添任何新内容，也没有很好地给予证实。科恩甚至认为：只是在恢复过去思想的旧意义上，即在向希腊圆周性和匀速性准则复归的意义上，存在一场哥白尼革命，而在与过去根本决裂的新意义上，这还不能算是一场革命。③

然而哥白尼的发现在科学史上潜在的革命意义，终究是不可否认的。这种革命意义其实是极其巨大而深远的，尽管它直到 17 世纪上半叶才开始显露出来。一开始就意识到这一点的人似乎只有一个名叫梅兰希东（Mélanchthon）的路德派牧师，他曾在 1552 年发表的《物理学》一书中率先驳斥哥白尼。渐渐地人们终于认识到，哥氏给经院哲学所崇奉的地心说和人类中心说带来的是决定性的一击，他对他试图挽救的亚里士多德体系带来的是致命的损害，他的书标志了旧世界的崩溃和新世界

▶ ▶ ▶ ──────────────────

① 哥白尼：《天体运行论·序》，转引自亚·沃尔夫：《十六、十七世纪科学、技术和哲学史》，上册，周昌忠、苗以顺等译，商务印书馆，1995，20—21 页。

② 哥白尼星图上的一系列圆圈，许多人都以为是行星轨道，但实际上仍是传统的天球——对此，科恩在他的《科学革命史》中专门作了考证（参阅 107—111 页）。天球概念是由欧多克索引入宇宙学的，后由于亚里士多德的推广而成为权威的天文学观点。所谓行星天球，据认为是一种水晶般的、透明而不可穿透的、赤道上镶嵌有一颗行星的球体，行星的运行就是由它的旋转带动的。

③ 参阅前引 I. 伯纳德·科恩：《科学革命史》，第 7 章。

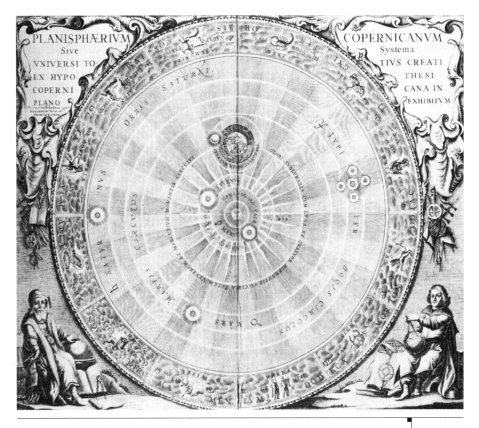

哥白尼的天体运行图

的诞生。《天体运行论》终于在 1616 年被罗马教廷封禁。尽管缺陷严重、错谬百出，但此书在为求科学真知而大胆转换视角、更新固有思维模式方面，对 17 世纪真正的天文学革命还是有某种启迪之功的。后来开普勒以《哥白尼天文学简论》作其科学巨著的书名，多少可以说明这一点。

不过，哥白尼作为人文主义者有明显的片面性。如果说他对托勒密的批判多少反映了人文主义者的思想自由品性，那么他对观察活动的忽视就显然与人文主义者的一般特征不符了。哥白尼基本上只是一个沉湎于抽象思维的数学家。正是由于缺乏系统的观察，哥氏的星图才没能很好地说明天体的实际运动。但不久之后就有丹麦天文学家第谷·布拉埃（Tycho Brahé，1546—1601）在一定程度上替他做了这个工作。布拉埃没有完全采纳哥白尼的假说，他认为太阳还是围绕地球运行的，但其他行星则是在围绕太阳运行。他在乌拉尼堡的丹麦皇家天文台、布拉格的帝国天

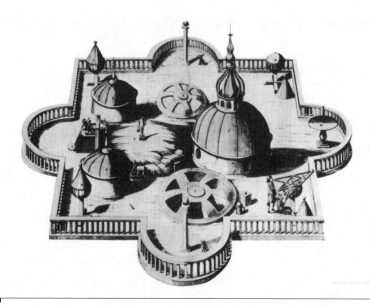

第谷·布拉埃的天文观测站

文台工作多年，获得了大量珍贵的新观测资料。但他的理论综合能力不行，无法在自己观察结果的基础上建立一套数字化的天体理论，最后只好在临终前把这项工作托付给了他年轻的助手开普勒。

约翰内斯·开普勒（Johannes Kepler，1571—1630）是德国人，他的神秘主义倾向似乎比哥白尼更严重。他实际上是一位占星术的信徒（有人说他是最后一位堪称占星术家的天文学家），并以编辑当时流行的占星历书为正式职业。当然他也是一位优秀的数学家，并深信上帝是按照完美的数的原则创造世界的，而他在天文学上的全部努力，都是为了发现宇宙中这种美妙绝伦的"数学谐和"。他信服哥白尼体系，也正是因为他感到这个体系比托勒密体系更简单更谐和——或者说，更美。然而他并不盲信哥白尼，事实上最终除了两个最一般的哥白尼公理（即太阳静止、地球有自转和公转）之外，他几乎抛弃了哥氏的全部理论。这也是因为他幸运地拥有布拉埃的大量最新观察资料的缘故。他把自己卓越的数学才华和这些观察资料结合起来，终于产生了三条名垂千古的"开普勒定律"：

（1）行星运行的轨道是椭圆，太阳在其一个焦点处；

（2）太阳中心与行星中心间的连线在轨道上所扫过的面积与时间成正比；

（3）行星在轨道上运行一周的时间的平方与其至太阳的平均距离的立方成正比。

这三条行星运动定律的发现，实际上为牛顿天文学奠定了基础，功德无量。应该说这也是文艺复兴时期哲学与实验或理论与实践之间最富有成果的一次结合了。不过值得注意的是，开普勒在这里所运用的哲学，不仅不是唯物主义的，而且还带有浓厚的神秘主义的迷信色彩，同时非理性主义的信仰因素在他的研究活动中也起着重要作用。比如，按亚里士多德的原则，每个行星的运动都有一个"常在的神圣因"，故而都是匀速的。然而观察到的事实却表明并不存在这种匀速性。于是开普勒就挖空心思地来维护亚

开普勒

里士多德的权威，最后终于在第二个定律中，通过把线段的均匀改为面积的均匀达到了这一目的。丹皮尔评述道：

> 回到数的神秘学说，竟然会使哥白尼和开普勒建立这样一个体系，它通过伽利略和牛顿，把我们直接送到18世纪法国百科全书派和19世纪德国唯物主义者的机械哲学那里去，这真可以算是历史的揶揄之一。[①]

——其实这件事所反映的，仍是对立事物间那种相辅相成的辩证联系。

不过这种对亚里士多德的维护也只是开普勒思想倾向的一个方面。开普勒天文学最具革命性的特点，是他企图从某种"天体力"来探讨行星运动的原因，即创立一种天体动力学。这在当时是一种全新的尝试。科恩指出："在开普勒之前，天文学的目标纯粹是电影摄影式的，即：去产生一种天体几何学（基于圆中套圆的东西），使得行星位置与观察相一致，开普勒的目的是寻找运动的真实物理原因，即运动的缘由，而不仅仅是去发明和修缮几何框架。"[②] 开普勒的想法大致是这样的：行星，或行星的卫星，或一个像石头那样的物体，是没有生命的，它本身没有任何

① 丹皮尔，前引书，194页。
② 科恩，前引书，128页。

内在的、能引导它运动的力，其运动完全是被动的，是受某种外来的推动力作用的结果，因此无论何时何地，一旦推动力不存在或停止作用，物体必定达到静止状态。这一思想实际上已包含了作为牛顿物理学基础的关于惯性、力和运动的原理，而那绝对是有悖于亚里士多德物理学的。亚里士多德有一个物体的"自然位置"说，该学说认为宇宙中有一种统一的秩序，这秩序就在于空间是有等级的，如天体运动的空间就"高于"地球上物体运动的空间，具有永恒性和一致性特征的天体运动方式制约着地面物体的运动方式（地面物体总是趋于静止就证明了这一点，那是地面物体总要恢复它们的本来的、和天体运动相一致的运动状态所致）；而且每个物体都有其不可变更的"自然位置"，亦即有其本质上的重轻之分；地球上重物下落和轻物上飘，皆因它们都在找寻自己的自然位置之故，而每个物体也只有在达到了它的自然位置后才会静止不动。哥白尼的"日心说"自然是对这种学说的一个挑战，然而哥氏只是提出了宇宙间存在某种统一的物理学原理的猜想，而开普勒天体动力学则是实实在在地把这些原理描绘出来了。按开氏的理论，空间在各个方向上都是一样的东西，不存在森严的等级，也没有所谓"自然位置"，物质呈无活力的惰性状态。因此，开普勒在这里实际上已根本否定了亚里士多德的宇宙学，尽管他坚持认为他在方法上始终没有背离这位传统的权威。[1]

　　事实上，早在 14 世纪，亚里士多德物理学的运动理论就已在巴黎遭到了奥卡姆学派的批判。该学派凭日常经验认为，一切运动的传递都需接触——或推或拉，所谓远距离制动是不可能的。那么怎么解释一个和施动者分离了的运动体，亦即抛射体，比如一块石头、一只球、一支箭等在抛射出去之后的运动持续现象呢？他们认为这只能是因为由运动在其周围引起了一股旋风，这旋风裹住了运动体并挤之拉之。所以真空是不存在的，大自然不喜欢真空。而且倘若真有真空，速度就没有限度了，可实际上它总是有限的。为了解释抛射体运动的维持，他们提出了"动能"说，而所谓"动能"，就是一种施加在抛射体上的效能，其特征是在离开推动者后，仍能在一段时间里自行运动。到 16 世纪末，关于运动的讨论在欧洲重趋火爆。这时人们怀疑的已不仅是亚里士多德，因为奥卡姆派的"动能"说也已陷入困境：按理，若动能浸透了抛射体，那些抛射体就应以恒常的并与其重量成比例的速度下落，然而

▶ ▶ ▶ ————————————————————

[1] 科恩，前引书，128—130 页。

人们却发现事实并非如此。从 1590 年起，一些学者（其中伽利略并非最早的）就证明了轻重两物同时坠落就能同时落地。于是必须另辟蹊径。结果人们重新发现了叙拉古的阿基米德，并把这位极重视数学与实验结合的古代学问家奉为首席精神楷模，亚里士多德只好退居其次。正是在阿基米德的启示下，另一种高度抽象的、数学化的物理学概念产生了，它将为现代物理学的创建提供至关重要的理论基础。[①]

与这种思想变化的同时，建设现代物理学所必不可少的数学工具也得到了改进。意大利人塔尔塔格利亚（Taltaglia，1510—1537）发现了立体方程的解法（此解法后于 1545 年由意大利数学家卡尔丹公布），并改善了商业算术。卡尔丹（Cardan，1501—1576）建立了方程理论，并有了概率论的思想。荷兰人斯特凡（Stevin，1548—1620）发现了力的分解和力的平行四边形原理。法国人维埃特（Viète，1540—1603）创立了使用国际语言（字母）的代数，并将代数运用于三角学。微积分学的思想也初见端倪。[②]

总之，在 16 世纪，由于包括哥白尼和开普勒在内的众多学者的辛勤劳动，亚里士多德体系这个统治了西方学术界达两千年之久的宇宙观从根本上被动摇了。为文艺复兴运动解放了思想的人们，都在积极探寻这个世界的真正的物理学原理，并在努力锻造这种原理的阐释工具。到 17 世纪初叶，一个崭新的宇宙观已呼之欲出。

第五节
牛顿革命及其哲学意义

革命的最后准备——吉尔伯特和伽利略的贡献

开普勒创立天体动力学的尝试虽然充满了智慧，但对当时的天文学界并未立即产生显著的影响——他的主要理论，在直到牛顿革命以前的大半个世纪里，都不能

▶ ▶ ▶ ──────────

[①] 参见 Maurice Crouzet, éd., *op. cit.*, p. 48.
[②] 参见 Maurice Crouzet, éd., *op. cit.*, p. 48.

为大多数天文学家（其中包括伽利略）所接受。比如太阳力可以在空中延伸亿万英里这一想法，对他们来说就很有点匪夷所思。他们不能想象运动或力可以不通过接触来传递。虽然椭圆形轨道定律（开普勒第一定律）一般还能为实践天文学家所接受，但第二个或"空"焦点的作用仍令人困惑。面积定律（开普勒第二定律）实际上也不能用来对行星位置作精确的计算，而近似的计算完全可以采用其他更简便的办法。至于第三定律即行星周期定律，尽管十分有趣，在理论上也有重大意义，但在实践上，即在行星位置计算和行星轨道确定上，却毫无用处。[①]

开普勒学说的最大问题，大约还是它对于力的空间传递只作了数学的演绎，而没有给予经验事实上的证明。然而实际上，当时已经有人在相关的研究领域取得了突破性的进展，尽管这种进展还没有和开普勒的天文学发生有机的连接，但它毕竟为开普勒猜想的证实开辟了辉煌的前景。

这就是英国人威廉·吉尔伯特（William Gilbert，1540—1603）在磁学和电学研究方面的杰出贡献。吉尔伯特是一位极重视实验价值的科学家。他根据有关磁针方向的实验，发现了一个重大事实：地球是一个巨大的磁体，有南北两个磁极（在这方面，还是源自中国的指南针给了他最初的灵感）。关于磁石的研究使他首次得出了一种和"重量"有别的"质量"概念（他发现，一个均匀磁石的磁力强度和磁场与其质量成正比），而这个"质量"概念很可能即由此传给了开普勒和伽利略，并由他们传给了牛顿。[②]他还从实验上证明了一个具有两极的天然球形磁石会围绕它的轴转动，由此接受了地球自转的见解，只是他仍不同意哥白尼的日心说。此外，他还研究了有些物体如琥珀摩擦时产生的力，并根据希腊词"琥珀"的发音创造了 electricity（电）这个英文词来称呼这种力。对于磁与电的原因，吉尔伯特的解释颇有些神秘色彩：他认为磁力是磁石的灵魂，是类似希腊哲学家所说的"以太"那样的东西，是一种非物质的影响，它由带磁或电的物质作为"磁素"散布出来，能包罗周围的物体并把它拖向自身。他还把"磁素"的观念扩大运用到有关"重力"（即地面上引起重物下坠的力）以及太阳和行星运行的解释上，认为每个星球里都有一种特殊的精神，它会向四周扩散弥漫，行星的轨道和宇宙的秩序即取决于这些精神的彼此作用——显然，这已经是关于万有引力的天才猜测了。和开普勒

① 参见科恩，前引书，131—132 页。
② 参见丹皮尔，前引书，190 页。

不同的是，吉尔伯特的"引力论"是建
立在有关磁与电的大量实验资料的基础
之上的，因而其说服力也就大得多了。

但吉尔伯特学说对当时物理学界的
影响也很不起眼，电学并未随之产生。
吉氏的缺陷似乎是在研究中过于拘泥
于实验和归纳，而忽视了数学的演绎
方法。

意大利人伽利略·伽利莱（Galileo
Galilei，1564—1642）则比开普勒和吉
尔伯特都要高明：他既重视吉氏的实验
归纳之法，也重视开氏的数学演绎之
术，并善于将两者紧密结合起来。正是
这一长处，使他成功地创立了现代物理
学的研究方法，并以自己卓越的科学建
树，在哥白尼、开普勒的发现和牛顿的
科学革命之间架起了一座桥梁。

伽利略

伽利略的学术成就主要集中在天文学和物理学这两个方面。在天文学方面，他
最为人称道的贡献就是在天文观测中首次利用了望远镜，由此对仅根据数学的简单
性原则建立起来的哥白尼天文学做了实际的检验。1609 年，他听说荷兰人发明了
望远镜，就立刻利用自己杰出的光学知识，亲自制作了一台能把远处物体放大近千
倍、把距离缩短到三十分之一的天文望远镜[1]，由此发现了大量以往不为人知的太空
奥秘。他首先发现了木星的 4 个卫星，这不仅为哥白尼的日心说提供了新的证据，
同时又破除了关于行星轨道是不可穿透的水晶球体的传统观点。接着他又把望远镜
指向了月球，发现月球的表面像地球表面一样坑坑洼洼，远不像以往哲学家们所断
定的那样平滑无痕。然后他又观察了自古以来一直为人类迷惑不解的银河，发现那
不过是由大簇大簇的星团联结而成的。随着伽利略的这些发现，哥白尼学说终于开

① 参见亚·沃尔夫，前引书，上册，91 页。

始显露其石破天惊的科学价值。

在物理学方面，伽利略成功地奠定了动力学（即运动物体的科学）的基础——这也是他最具独创性的贡献。这个工作是以数学演绎和实验归纳的结合为途径完成的。而这个工作的起点，就是关于"落体"的研究。在他以前，就有荷兰的史特芬等人通过落体试验，推翻了亚里士多德的等级空间理论，昭示了宇宙间统一的物理学原理的存在。伽利略本人似乎也在比萨斜塔上证明过轻重不同的物体同时坠落就可以同时落地的道理。[①] 但是这个实验并没有说明物体坠落的定律，尽管凭直观都可以看出，物体坠落时速度会随时间而变化，但始终得不到确切的证据。哥白尼和开普勒的学说启发了伽利略：既然宇宙间的物理学原理是统一的，既然地球与其他行星的运动可以用数学方式来表达，那么为什么不能用数学方式来表达地面上的物体运动呢？于是他开始钻研物体按什么样的数学关系降落的问题。他发现，物体的运动除了人们熟知的"匀速度"现象外，还有个"匀加速度"的现象，就是在相等的时间内速度的增加也相等。此外他又发现，惯性的原理不仅适用于静止的物体，而且也适用于运动的物体。惯性的概念原也是伽利略首先提出的。尽管在他以前很久，人们就已知道一个静止的物体只有在受到某个力的作用时才能运动（此即惯性原理），但人们怎么也没有想到这个原理可以推广到运动物体。通常以为，除非有某个力一直在使它保持运动，否则一个运动物体最后必然要停止运动，即使在没有阻力的情况下也是如此。而现在伽利略则提出，一个物体一旦运动起来，就会一直用同样的速度沿同样的方向不断运动下去，除非有某个力作用于它。他把物体运动的这一特性也列为惯性原理的一部分。他还认为，当一个力作用于物体时，不管该物体是静止的还是在运动，其效应完全一样。有了这些概念，就有可能正确地描述一个物体自由坠落时所发生的情形了。在这种情况下，有一个力（即重力）一直作用于该物体，其效应累积（因按照惯性定律，效应每时每刻都在产生）的结果，便是该落体的速度均匀增加。因此，如果让一个静止物体坠落，落下时间为 t，其末速度为 v，那么它的速度就会从开始时的 0 均匀地增加到终止时的 v；因此，物体在坠落期间经过的距离 s 就会与其始终以均匀速度 $v/2$ 坠落即 $vt/2$ 相等。伽利略在论证这一点时采用了图解法即几何法，这个论证过程成为他的物理学的数学方法的

▶ ▶ ▶ ————————————————————————————————

[①] 丹皮尔怀疑此说，他认为伽利略可能是以其他方式做类似试验的。参见丹皮尔，前引书，197 页。

一个著名范例。[①]

在 $s=vt/2$ 的基础上，伽利略又导出了许多其他定律，其中最重要的便是 $s=t^2 \times g/2$，即：从静止开始坠落的物体所经过的距离随坠落时间的平方而变化。后来伽利略又通过对物体沿斜面降落以及钟摆的振动等研究，一再证实了这些落体定律。落体定律的发现，使人们终于明白了一个道理：运动不必有连续不断的力去维持（以往仅有古希腊原子论者和达·芬奇等少数人认识到这一点），运动并不需要外力，只是运动的产生、停止和改变方向需要外力。由此推论，行星运行的维持也无须亚里士多德的"不动的原动者"或开普勒的"太阳力"作用。物质既然有惯性，行星系一旦开始运动，这个运动就再无须其他力去维持了。它会自动地不停地自己转下去，只是它为什么要转而不是沿直线前进的问题，还有待解决。

落体定律的发现，还使伽利略得以解决动力学上的另一个老问题，即抛射体的路径问题。伽利略悟出抛射体的运动可以分解为两个部分：一个在水平向，速度恒定不变，一个在垂直向，遵循落体定律。最后，他在综合这两个分量的基础上，得出了抛射体的路径是抛物线这一重要结论。

伽利略创立数学动力学的努力在科学史上具有重大革命意义。他像开普勒一样力图发现自然现象间的数学关系，但和开普勒不同的是，他要寻找的不是神秘的原因，而是支配自然变化的永恒规律。这实际上是对经院哲学传统思维模式的重大突破。亚里士多德和经院哲学家的主要兴趣就是探索运动的最后因，总是借助作用、动因、目的、自然位置等含糊观念，从本质和性质的角度去分析运动，也就是对运动作定性研究。而在伽利略看来，纠缠这些形而上学的问题毫无实际意义，运动为什么发生其实并不重要，弄清运动怎样发生才是关键。于是他坚决地抛弃了经院哲学关于运动问题的目的论研究，转而关注运动在时间和空间上的数学关系，从而"在数学的动力学方面迈出了最初的、也是最难的一步"。[②] 伽利略在他的主要代表作《关于托勒密和哥白尼两大世界体系的对话》（1632）中系统阐述了他的新思想，同时清算了亚里士多德和经院派的种种谬说。由于第一个实现了对经院哲学传统的决裂，伽利略当之无愧地成了现代科学的开山祖师。当然，他也因此受到了教会反动势力的迫害。

▶ ▶ ▶ ────────────────────────────

① 参见沃尔夫，前引书，47—49 页。
② 参见丹皮尔，前引书，199—200 页。

作为现代科学的先驱，伽利略的建树是多方面的，比如他还提出了虚速度原理，推动了碰撞动力学、流体静力学、气体力学、声学、光学和磁学等学科的发展，鼓励创建了最早的科学社团，促进了许多新型科学仪器的发明等等。但他最大的贡献还是在天文学和数学动力学方面——作为人类历史上第一次科学革命的牛顿革命，就是在这个基础上发生的。

牛顿革命的发生

牛顿接过了伽利略传过来的接力棒，并最终完成了科学史上的一次划时代的巨大飞跃。两位巨人的生卒时间也衔接得非常巧：就在伽利略去世的同年，牛顿诞生了。艾萨克·牛顿（Isaac Newton，1642—1727）出生于英国林肯郡沃尔斯索普村的一个小地主家庭，自幼身体孱弱，然天资聪颖。他在剑桥大学基本上靠自修学完了当时的数学和光学知识，此后不久（1665—1666年间，当时他从剑桥退隐到家乡沃尔斯索普以躲避瘟疫）就卓然有成——发现了二项式定理，发明了流数法。也就是在此期间，他开始了对行星运动问题的思索。

在伽利略之后，天文学界需要解释的一个主要问题，就是行星为什么总是围绕太阳旋转而不做直线运动飞向外部空间。有资料证明，牛顿在1666年就猜想到，地球上的重力有可能延伸到月球使之维持在其轨道上。据说牛顿是因在他家果园中看到苹果坠地而顿生灵感的。苹果坠落是因为地球有引力（即重力），这种引力无所不在，为什么就不能远及月球呢？月球不沿直线飞走而沿曲线围绕地球运行，是否正因为受地球引力作用而有一种不断向地球坠落的倾向呢？按伽利略的抛射定律，牛顿曾一度认为月球（或任何行星）的轨道运动同抛射体的运动相似，或者说是后者的一种极限的情形。他这样写道：

> 如果考虑到抛射体的运动，我们就很容易理解，行星借助向心力的作用可以保持在一定的轨道上；因为一块被抛射出去的石头由于其自身重量而不得不偏离直线路径（若只有抛射的作用，它应当继续直线前进）在空中划出一条曲线；石块沿这弯曲路径最后落到地面。抛射的初速度越大，石块落地之前行经的路程就越远。因此，我们可以设想，这初速度如此增加，以致落到地面之

前石块在空中划出1、2、5、10、100、1000英里的弧，直到最后越出地球的界限，它就可以完全不接触地球在空中飞翔。

但是如果我们现在设想，若在5、10、100、1000英里或更高的高度上，亦即在多倍于地球半径的高度上，将物体沿与地平线平行的方向抛射出去，那么，根据它们的不同速度和在不同高度上的不同重力，它们将划出与地球同心的弧，或者各种偏心率的弧，在天空中沿这些弹道一直运动下去，恰似行星沿各自的轨道运行那样。①

这一设想昭示人们，要证明月球或行星的轨道运动，就必须弄清楚维持月球或行星在其轨道上运行的加速度与它们的向心运动的加速度之间的关系，如两者相当，则可以认为它们是由于同一种力（即引力）的作用所致。但在当时，要发现这种关系绝非易事，牛顿曾一再被迫中断这方面的研究，只是在过了差不多20年之后才开始找到解决问题的办法。1685年，他做出了一个出色的证明：一个具有引力的物质组成的球在吸引其他物体时，其全部质量都可以认为集中在它的中心。这样一来，太阳、行星、地球、月球都可以被简单地当作一个质点看待了，问题大大简化，而计算的精密度却达到了极致。有了这个重大突破，其他问题迎刃而解。牛顿首先解决了重力与月球的关系这一老问题。地球引力现在就在地球的中心，因而验证他过去的假设就不难了。当时人们已知与月球的距离约为地球半径的60倍，而地球的半径是4000英里，根据由物体圆周运动向心加速度公式（惠更斯公式，但牛顿在1666年独立发现）$f=v^2/r$ 和开普勒第三定律等等导出的平方反比定律 $f=1/r^2$，月球离开直线路径向地球坠落的速度约为每秒0.0044英尺。若彼平方反比定律是正确的，则此力量在地球表面应该比在月球强 60^2 即3600倍，所以在地面物体坠落的速度为3600×0.0044，或每秒约16英尺。这正好与当代观测的事实相合，于是牛顿最初的假设（即地球重力可以一直延伸到月球并决定月球的轨道运动）便获得了有力的证明。

在此过程中，牛顿同时也证明了按平方反比定律运动的星球的轨道是一个椭圆，这样开普勒定律就得到了合理的解释，而牛顿在月球方面所得的结果也就可以推广到

▶ ▶ ▶ ───────────────

① Newton, *De Systemate Mundi*, 转引自沃尔夫, 前引书, 165页。

所有行星的运动上去了。于是便诞生了著名的万有引力定律：每一质点对于另一质点的引力，与两点的质量的乘积成正比并与其间的距离的平方成反比（$F = G m_1 m_2 / r^2$，其中引力常数 $G = 6.6720 \times 10^{-8}$ 厘米^2／克·秒^2）。丹皮尔激动地写道：

> 亚里士多德以为天体是神圣而不腐坏的，和我们有缺陷的世界是不同类的，而今人们却这样把天体纳入研究范围之内，并且证明天体也遭循伽利略和牛顿根据地面上的实验和归纳所得到的力学原理，处在这个巨大的数学和谐之内。[1]

这也就是人们通常所说的"牛顿革命"，它通过对亚里士多德宇宙观的证伪，使人类关于客观世界的知识获得了一次全面的、重大的更新。

万有引力定律虽然只是短短的一句话，然其涉及的知识范围却极其广阔，实际上是对哥白尼甚至达·芬奇以来西方天文学和物理学全部优秀成果的一次批判性的综合。系统地体现了这一知识综合的历史文献，便是牛顿于 1687 年首次发表的《自然哲学的数学原理》一书。书首是一篇导论，综述力学各基本概念和牛顿三大定律；其后内容共分三篇，分别讨论三个方面的问题：首先是质点和物体受关于力的各条特定定律的支配的无阻力运动，其次是阻尼介质中的运动和一般的流体力学，其三便是应用所获得的结果来阐明太阳系中的各个主要现象。该书的导论概括了牛顿力学的全部重要思想，是牛顿新宇宙观的精髓，因而最值得重视。

在牛顿阐述的种种力学概念中，"质量"的概念最具关键意义。前面谈到，是吉尔伯特首先发现了一种和"重量"有别的"质量"概念，而牛顿可能是通过开普勒和伽利略认识到这个问题的。也许牛顿还受到过别人（比如热那亚的弓箭队长、物理学家巴利安尼）的影响。但第一个精确地使用这个概念的人毕竟还是牛顿。根据牛顿的实际理解，质量是一种量度物体惯性大小的物理量，其值一般用物体受到的外力和由此得到的加速度之比来表示，也就是说，在同样的外力作用下，惯性较大的物体得到的加速度较小，这时就可以说它的质量较大。物体的质量与速度有关

▶ ▶ ▶ ─────────────────────────────

[1] 丹皮尔，前引书，227 页。文字图有改动。

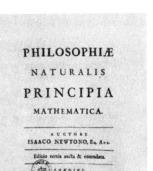

牛顿的《自然哲学的数学原理》

系，此关系就是质量会随着速度的增加而增加，不过这种情况只有在速度特别大时才显著，一般情况下可以近似地将质量看作一个不变的量，经过一切运动之后仍保持其原有的值——这一"质量不变"的原理，正是全部牛顿力学的基石。

牛顿三大定律是：

（1）在外力作用时，每一物体都保持其静止或匀速直线运动状态（惯性定律）。

（2）运动的改变（即运动量的改变率 ma），与其所受外力成正比，且方向相同；或者说，物体的加速度与所受外力成正比，与物体的质量成反比，加速度的方向与外力方向相同。

（3）作用与反作用大小相等而方向相反。

寥寥数语，已将全部动力学的基本原理概括无余。其中，第一、二定律是直接从伽利略的研究成果中推导出来的，第三定律则是牛顿自己的首创。

关于牛顿这部著作的价值，沃尔夫在 1935 年说的这段话至今看来还是贴切的：

> 牛顿的《原理》公认是科学史上最伟大的著作。在对当代和后代思想的影响上，无疑没有什么别的杰作可以同《原理》相媲美。二百多年来，它一直是全部天文学和宇宙学思想的基础。详细地阐明这万有引力原理和这些运动定律如何应用于地球物质的最小微粒和最大天体、明显有规律的现象以及海水的潮汐运动和彗星的急疾行进等似乎没有规律的事件，委实是个了不起的成就。无怪乎牛顿力学的非凡成功甚至给诸如心理学、经济学和社会学等各个不同领

域的工作者也留下了极其深刻的印象，以致他们都试图在解决各种问题时以力学或准力学为楷模。但是，随着爱因斯坦和相对论的崛起，牛顿力学显然受到考验。科学中是没有终极的东西的。但是另一方面，如果说伟大的科学成就绝不是终极的，那么它们也绝不是徒然的。按照某些最有资格作评判的人士的意见，这些新方法不是导致破坏，而是导致补充和完善牛顿所达到的伟大物理学综合。[1]

牛顿革命的哲学意义

牛顿革命的影响远远超出了自然科学的范畴，事实上极大地改变了整个欧洲思想界的精神气候。

首先，启蒙运动的兴起就和它密切相关。由于牛顿证明了地上的力学也能应用于天上的星球，从而昭示了一种简单而统一的自然规律的存在，整个思想界不禁为之亢奋。人们由此发现，原来整个错综复杂、扑朔迷离的自然界，不过是一个按某种法则运转的巨大的机械装置，而其中并没有上帝的地盘。于是传统的宗教信仰被动摇了，唯物主义思潮开始盛行。到 18 世纪后半期，欧洲的知识精英大多已对基督教持怀疑态度，此情况在法国尤其突出。极富玄想天分的法国人还很自然地由自然界联想到人类社会。既然自然界有一个统一的规律，那么人类社会也决不会例外。伏尔泰写道："如果全部自然界，一切行星，都要服从永恒的定律，而有一个小动物，五尺来高，却可以不把这些定律放在眼中，完全任意地为所欲为，那就太奇怪了。"[2]孟德斯鸠研究"法"的精神，其主旨也是希图确定支配人类社会的一般规律（规律和法，在包括法文在内的主要西方语言中本来就是同一个词）。启蒙思想家们在牛顿革命启发、激励下所进行的种种思考，在历史上曾起过非常积极的作用，有力地推动了现代文明的发展和人类社会的进步，但由于牛顿学说本身的机械决定论性质，充满机械唯物论精神的启蒙思想也不可避免地带有形而上学的武断（主要是忽视了人的心灵的复杂性），因而在起正面作用的同时往往也会造成种种负面后果。

其次，牛顿革命通过在自然科学中排除经院哲学的成见，确立了充分尊重经

---

① 参见沃尔夫，前引书，179 页。
② 转引自丹皮尔，前引书，280 页。

验事实的理性化或科学化的思维传统。我们知道，后期的经院哲学家和囿于经院哲学成见的科学家们也是讲人的理性的，但他们的理性观难于贯彻到底，往往在对事物稍作一番客观研究之后便进入梦幻的境界，凌空蹈虚地提出种种假说，对事物的"神秘的最后因"做种种谬妄的猜度，实际上还是在按经院哲学的逻辑证明上帝的神圣与伟大。牛顿则以他的科学实践昭示人们：探寻事物的根本原因是应该的，但决不可把未经经验证明的东西当作原理！提出假说也是可以的，但只能把它当作真实性还有待检验的问题。牛顿革命还告诉人们，科学研究最好的方法有综合与分析两种，比如，可以先用分析的方法，从一些选择出来的现象中推出自然界里力以及力的简单定律，然后再用综合的方法由此及彼地推证其他的结构[①]——这些在我们今天看来是再简单不过的道理，可在当时能明白的人却寥若晨星。正是牛顿，以他的巨大成功为动力，推动了这种科学思维方式在知识界的迅速普及，并使之作为现代文明的一个基础部分，对后来的整个人类社会产生了既深且广的影响。

当然，这种科学思维的普及的最初效应，还是一系列学科领域的飞跃发展，也正是这众多的"学科革命"，汇同牛顿革命一起，构成了人类历史上第一个气势恢宏的科学革命时代。

第六节
牛顿革命时代的学科革命

数学与天文学

牛顿革命直接带动了数学与天文学的迅速发展。

就数学而言，牛顿革命后最重要的成就是微积分学的引入，它导致了一场影响

---

① 概括自牛顿弟子科茨（Roger Cotes）为牛顿的《原理》第二版所写的序言，参见丹皮尔，前引书，244—245 页。

深远的数学革命——"数学能力和深奥的新发现,由此踏着17世纪的两位大革命家笛卡儿和牛顿的脚步不断涌现出来"。[①]

一些法国学者在发展完善牛顿体系方面做出了重要贡献。首先是拉格朗日(1736—1813)在数学方面的贡献。拉格朗日被认为是18世纪最伟大的数学家。他的主要成就是创立了变分学,并把微分方程式问题系统化了。拉格朗日微分方程式的伟大之处在于,它使微积分理论变得更普遍、更完备,力学的全部理论都被它简化成普遍的公式,解决任何一个问题的特殊方程式,都可以从这些公式推导出来。另外,在天体引力的计算方面(这在当时是很困难的,牛顿一直没能解决好),拉格朗日也找到了处理的办法。

但牛顿最伟大的法国继承者还是拉普拉斯(1749—1827)。他对拉格朗日的数学公式做了一些重要的改进,并对牛顿的天文学做了一个重要的推展:牛顿曾担心行星之间的"慑动"(指一天体绕另一天体运动的正常状态因受其他天体的引力或其他因素的影响而产生的偏差)现象,久而久之会使太阳系陷入紊乱。拉普拉斯则通过观察和实验,证明了行星的运动是稳定的,行星之间的相互影响和彗星等外来物体所造成的慑动,只是暂时的、偶然的现象,故无须杞人忧天。1796年,拉普拉斯发表《宇宙体系论》,内容包括天文学史、牛顿体系的一般叙述及星云假说。按照星云假说,太阳系是一堆旋转着的白热气体演化而来的,也有人(如布丰)认为是彗星同太阳相撞而产生的。此说尽管尚无法证实,但却向启蒙时代的科学家们提供了一个关于宇宙起源的假设,这在当时具有相当重要的意义,是对牛顿学说的一种革命性的突破——因为它从牛顿的学说中取消了上帝的位置。拉普拉斯的学说在冲破神学藩篱方面,的确比牛顿要彻底得多。他的主要著作——多卷本的《天体力学》(1799—1805,1825),用微分学诠释了牛顿的《自然哲学的数学原理》(1687),并补充了许多细节,但通书不提上帝的名字。

生物学与进化论

生物学在17世纪就有了长足的发展。到18世纪初,欧洲兴起了一股博物学

---

① 科恩,前引书,218—219页。

热，生物学的发展更为迅猛。博物学当时又叫自然史，因此这股博物学热反映的实际上是一种流行性的自然崇拜之风。"自然界几乎被视作神"，是人们心目中的美德导师。[①]这一情况，与启蒙时代盛行的社会批判倾向密切相关。启蒙哲人由不满于现实社会的道德败坏，而热衷于从精神上追寻人类早已逝去的"自然状态"，并进而移情于实际存在的自然界，感到只有那里还有一片净土，富含净化社会的道德资源。在这场研究自然的热潮中，人们到处收集动物和植物标本，并对它们进行编目，由此为生物学的大发展奠定了坚实的基础。

生物学最早的先驱是英国的约翰·雷（John Ray, 1627—1705），他是科学史上第一批包括《植物史》《昆虫史》在内的生物学专著的作者。他的工作的继承者是 18 世纪瑞典的林耐（1707—1778），其主要贡献是创造了最早的植物分类法，并将动物初步分为哺乳动物、鸟、鱼、昆虫几个大纲，从此使关于动物和植物的系统研究成为可能。同时法国也出了一位杰出的生物学家——布丰（1707—1788），他自 1739 年开始主管巴黎的王家花园，将此园变成了一个巨大的植物研究院，在这里培养了许多学者，并写出了一部 36 卷的《自然史》巨作——当时的生物学百科全书。他曾提出一个重要猜想：马和驴、猴子和人类也许有着共同的祖先。这个猜想在当时极富革命性，但由于证据不足，而且也容易引起麻烦（因为冒犯了《圣经》信条），后来布丰又把这句话收回了。布丰之后法国又产生了一位伟大的生物学家——拉马克（1744—1829）。他写过一部《动物哲学》（1809），其中提出了三个重要论点：一、环境可以影响生物体，环境的多样性是生物多样性的原因；二、生物器官用进废退，并且能够引起获得性遗传——也就是说，动物体的器官经常使用就发达，长期不使用就会退化直至消失，而且这种变化可以遗传；三、生物按等级向上发展，自然界的动植物依其结构的复杂程度排成若干梯级，而高级动植物是由低级动植物演化而来的。正由于提出了这套理论，拉马克成为人们公认的生物进化论的鼻祖（实际上"生物进化论"这个词本身就是拉马克首先提出来的）。但拉马克学说很多尚只是假设，缺乏观察证据，而且有些内容如获得性遗传的问题，不仅当时根据不足，就是现在也还不能做出定论。所以这种理论尚需要证明，有些幼稚、不足之处还需要加以克服和完善。这些工作的很大一部分是由后来的达

▶ ▶ ▶ ──────────────────────

① 参见斯塔夫里阿诺斯，前引书，259 页。

尔文完成的。

化学

被誉为"现代化学之父"的拉瓦锡（1743—1794）也是法国人。他的贡献主要在于推翻了当时流行的"燃素说"。18世纪初化学家面临的最大困难就是不知如何正确地解释火与燃烧的问题。物体在燃烧的时候似乎有什么东西逃走了，那是什么呢？长期以来人们认为是硫。有个叫斯塔尔的人称之"燃素"，意即火的元素。"燃素说"差不多支配了整个18世纪的化学界。可是人们也发现，金属燃烧后固体物反而有所增加。难道"燃素"的重量是呈负值的（物体的燃素越多物体便越轻）？拉瓦锡不相信有这种物质，他觉得这种情况很可能是因为物体在燃烧时吸收了空气的缘故。后来随着化学工业的发展，人们发现了二氧化碳和氧气。氧气是英国学者普利斯特勒发现的。他在1774年告诉拉瓦锡说，他在加热氧化汞后发现了一种能助燃又能助呼吸的气体——他称之为"脱燃素气"。拉瓦锡也试了一下，发现果然如此。但他不愿称这种新发现的气体为"脱燃素气"，便试图为这种气体找一个合适的名称，后来决定称之为"氧"。普利斯特勒这一发现大大启发了他，使他认识到：原来在燃烧时吸收的东西就是氧！1777年他发表《燃烧概论》一书，系统地提出了"燃烧即氧化"的理论。数年后，他又发现：物质虽然在化学反应中改变了形态，但参与反应的物质的总量在反应前后是相等的——这样，他又提出了"质量守恒定律"。就是这两大发现（氧化作用和质量守恒定律），奠定了现代化学的基础。[①]化学在19世纪又获得了一些巨大的进展，如道尔顿提出了原子论，贝采利乌斯通过电解化合物分离出许多新元素，还有有机化学的诞生等等，但那都是沿着拉瓦锡指明的道路继续前进的结果。拉瓦锡的研究还有更深的意义，这就是在化学方面证实了作为牛顿力学基础的"质量不变"的假设，使伽利略和牛顿在力学领域里建立的原则也在化学中得到了确立。于是，启蒙时代流行的自然规律是简单而统一的观念，也就由此得到了进一步的强化。

▶ ▶ ▶ ─────────────────────────────────

① 关于质量守恒的观念，我国明清之际（17世纪）的思想家王夫之就曾提出过，1746年俄国著名学者罗蒙诺索夫也曾提出并用实验加以证实，但获得公认还是在1777年拉瓦锡推翻燃素说之后。

心理学

现代心理学创始于 17 世纪，法国的
笛卡儿和英国的洛克是其开山祖师。

笛卡儿是唯理主义哲学之父，也是卓
越的数学家、物理学家、生理学家和心理
学家。他在心理学方面的贡献主要表现在
三个方面。第一是发现了反射和反射弧。
所谓反射，即动物通过神经系统对刺激作
出的有规律的反应；而反射弧，则是反射
活动的解剖学基础，指的是从刺激到反应
的整个过程，包括感受器、传入神经、神
经中枢、传出神经和效应器五个环节。在
当时尚无神经生理方面的实验证据的情况

笛卡尔

下，笛卡儿按古代的"动物精气"说和哈维的血液循环模式，这样设想了神经运动的
方式：血液最灵活、最迅速的粒子沿直通心脏的动脉流入大脑后，便形成了一种好像
非常稀薄的气——即"动物精气"，它扩大了脑子，给脑子创造了接受来自外界和心
灵的印象的条件，使脑子成为一般感觉的器官或容器，或者说成为想象和记忆的器官
和容器；在感官和脑内的某些孔道口的活塞之间有一些细线，外物刺激感官，便拉
动这些细线，从而拉开了那些活塞，让灵活精气带动体内其他流动物质从脑内流入
肌肉，达到相当的程度时就使肌肉膨胀起来。这种机械动作，正像水和光的反射波
动一样，也是一种"反射的波动"——由此可见，反射概念是笛卡儿把光学和力学
的原理运用于生理学得出来的。在他看来，动物和人都是一种机器，这种机器按一
定的规律运动，动物和人的神经与肌肉的反应，都是由感觉器官的刺激所引起，有
着内导和外导的特殊机制。这实际上就是反射和反射弧的概念，故巴甫洛夫认为笛
卡儿是反射学说的奠基人之一。第二，笛卡儿提出了"心身交感论"。笛卡儿是二元
论者，他认为世界上除了物质实体之外还有一种精神实体，而精神实体的本性只是
思维，不占任何空间（物质的本性则相反，只占空间不能思维）；动物不能思维，只
有人能思维，因此人兼有两种实体——表现为肉体的物质实体和表现为心灵的精神

洛克

实体；心灵和肉体虽根本不同，但又是互相影响、互为因果的，两者高度地搅合在一起，组成了一个单一的整体——比如身体受伤时心灵感到痛苦等等。第三，笛卡儿阐述了情绪的本质、种类和机制等问题，反映了他对人类心理现象的许多细致入微的观察与思考，虽不乏幼稚误谬之处，但也有不少闪光的思想。[①] 总起来说，笛卡儿心理学带有突出的二元论色彩，而这种二元论在当时对科学发展的意义是巨大的，因为它实际上是一种双重真理论，主张神学和科学各有各的道理，故而笛卡儿是以二元论的形式使科学摆脱了神学的束缚，把人们的注意力从对灵魂的玄学论争转移到对人体的机器功能的理性思维和具体研究上来，这就为决定论的思想（即认为任何事物的发展都是有规律的、自然规律统摄一切）在心理学中的胜利开辟了道路。

英国大哲学家约翰·洛克熟谙笛卡儿的著作，也对心理学做出了开拓性的贡献，主要表现为他提出的心理学"三论"。首先是"经验论"，该理论主张一切观念都是从直接经验发源的，先于经验的"天赋观念"是不存在的——这是洛克全部心理学思想的基础。由此，洛克提出"白板说"，意思是人的心灵好比一块白板，上面没有任何记号、任何观念，只是由于后天的经验，才在这白板上留下了印记。人的全部观念都是凭借感官得来的，归根到底都是导源于经验的。在他看来，构成知识的观念来源于两类经验：一类是外部经验，即感觉，它是由外界对象刺激我们的感官引起的，如关于颜色、声音、大小、形状、运动等等观念，这是大部分观念的源泉；另一类是内部经验，即反省，它是通过对人的心灵的内部活动的体验而得来的，如知觉、思维、怀疑、信仰、推论、认识、意欲以及人心的一切作用。洛克认为，反省虽然不同于感

① 参见高觉敷主编：《近代西方心理学史》，人民教育出版社，1982，20—25 页。

官，但很相似，也可以说是内部感官。其次是"观念论"。洛克虽然承认一切感觉观念都是由外物刺激所引起的，但他并不认为一切感觉观念都是外物的真正映象。他把感觉观念分为两类：一类是关于物体的体积、广延、形状、运动、静止等等的观念，一类是关于事物的颜色、声音、滋味、气味等等的观念，前者同自己的原型是吻合的，后者则没有原型，是随主体变化而变化的。洛克还认为，观念是人所意识到的一切心理现象，它也可以分为两种：一种是简单观念，特点是不可再分，如一朵百合花的气味和颜色就是这样的观念，它不是心灵创造的，而是通过感觉和反省得到的；另一种是复杂观念，是由简单观念经过结合、联系及分离所组成的观念，如"朋友"这个复杂观念，就是由"人""友爱""同情""幸福"等简单观念的结合而产生的。洛克断定，简单观念是消极被动的、由外面强加的，可以作为知识的原始材料；复杂观念则要求理智的能动作用，简单观念组成复杂观念的过程就是靠这种能动过程来完成的。其三是"联想论"。洛克认为，观念的联想有"自然的联合"与"习得的联合"两种，并尤其重视后者，认为习惯是使观念联合的一种力量，而且任何简单观念都可以通过联想组合成复杂观念。洛克的心理学思想通过他的《人类理智论》，对18世纪法国的心理学思想产生了极为广泛而深刻的影响。

孔狄亚克（1715—1780）是洛克心理学最优秀的法国追随者，但他也把洛克学说唯物主义的一面推到了极端，表现在他不同意洛克关于"反省"是观念的第二来源的看法，而坚持认为感觉是观念的唯一来源，理由有二：一是因为反省在原则上只不过是感觉本身，二是因为它与其说是观念的来源，不如说是观念借以从感觉中导出的途径。这样，在全部心理过程中，孔狄亚克除了感觉或变相的感觉之外就什么也看不到了，结果感觉和思想成了一回事，毫无区别。但这种对感觉的根本性和重要性的过分强调，似乎连带地引出了一种夸大感性、漠视理性的倾向，当时兴盛于欧陆尤其是法国的一种"善感性崇拜"（le culte de la Sensibilité）即由此而起，而人的感觉又常常是模糊不清、虚幻不真的，容易导致非理性行为——号称"理性时代"的18世纪之所以经常泛滥着非理性现象，或许与此有密切关系。

孔氏是18世纪法国感觉主义心理学最主要的代表。而被认为是笛卡儿心理学在18世纪法国的主要继承人的拉美特利（1709—1751），其实也是一位感觉主义心理学家。他特别欣赏笛卡儿"动物是机器"的思想，并进一步做出了"人也不过是一种机器"的论断。此外，他断定心理是一定物质的属性，就像思维是大脑的属性一样——

心理是由身体决定着的，体制的好坏，年龄的大小，都影响着人的心理活动。最后，像孔狄亚克一样，他也断定感觉是认识的唯一源泉——在他看来，人的全部心理活动都是由外界的客观环境所决定的。他还把感觉奉为人们唯一可以依赖的向导。

另一位18世纪法国唯物主义哲学家爱尔维修（1715—1771），也从洛克的经验论出发，提出了类似的感觉主义心理学思想。爱尔维修断言，人身上的"一切都可以归结为感觉"；人具有感知外界和记忆两种能力，而记忆无非是一种持久的、被削弱的感觉，思维则是感觉互相作用的结果。爱尔维修还认为情绪也是一种感觉，认为人由自身的需要而产生欲望，人对欲望满足与否的体验，则产生各种情绪，而情绪又是产生精神的种子，是促使人们做出伟大行为的强大动力。这种对感觉、情绪等非理性因素的强调，似乎也能产生削弱理性主义精神的后果。

狄德罗（1713—1784）和霍尔巴赫（1723—1789）的心理学思想，较前面三位法国学者似乎又前进了一大步。如狄德罗肯定感受性是物质普遍具有的特性，无机物有"迟钝的感受性"，有机物有"活跃的感受性"，前者经过发展演化可以过渡到后者——这一说法虽然不科学，但也包含了一种生物进化的合理思想：即只要具备了一定的条件，物质可以通过发展来获得思维的能力。此外，他在坚持感觉是知识的唯一源泉的同时，也看到了感觉和思维的区别和联系，把人的认识过程看作是"从感觉到思考、又从思考回到感觉"的过程，这又比孔狄亚克等人的看法深入了一步。应该说，狄德罗的这些思想已经离辩证唯物论不远了，但由于感觉和思维之间的差别在他那里还只是量的差别，而不是质的不同，所以他实际上还是机械的感觉主义者。被认为是18世纪法国唯物主义心理学思想集大成者的霍尔巴赫则认为，感觉虽然是我们认识的来源，但是如果没有外部对象作用于我们的感官，我们就不会产生感觉，所以，客观外界的认识对象才是第一性的、最重要的，一切心理现象都只能是"对象的映象"。他还指出，这些对象的映象可以被记忆在人的脑子里，而且人脑可以将它们再现出来，并将它们重新组合，造成一些新的对象（如半人半马的神怪），并形成一些抽象的概念（如天神、魔鬼等等）。这样，尽管他也重视感觉在整个心理活动中的重要作用，但由于他看到了人脑（思维活动）的抽象功能，实际上也就是看到了感性认识和理性认识之间的差别，没有简单地把理性认识归结为感性认识，所以较孔狄亚克等感觉主义心理学家，显见是高出了一筹。

上述诸项学科革命，清除了各学科领域以往流行的种种谬见，极大地丰富了人类的自然科学知识，也必将促成人类生存形态的巨大变化。与此同时，它们还以各自的巨大成功，一再证实由牛顿革命所凸显的那种科学思维方式的正确性，从而在现代工业文明中牢固地确立了"科学化"这一基本原则。

[推荐阅读书目]

1. W.C.丹皮尔：《科学史及其与哲学和宗教的关系》，李珩译，张今校，商务印书馆，1979。

2. 罗素：《西方哲学史》（上），何兆武、李约瑟译，商务印书馆，1980。

3. 约·阿·克雷维列夫：《宗教史》（上），乐峰、沈翼鹏等译，乐峰校，中国社会科学出版社，1981。

4. I.伯纳德·科恩：《科学革命史》，杨爱华等译，黄顺基等校，军事科学出版社，1992。

第十三章
现代民主政治的兴起

✷

现代工业文明在政治上以"民主"作为自己的旗帜。但这时的民主，已不再是古希腊时代的那种幼稚的"古典民主"了。

在古典民主和现代民主之间有一些显见的区别：前者是小国寡民型的城邦政治，后者是大国众民型的民族国家政治；前者动乱频仍而且都很短命，很容易蜕化为各种形式的专制政体，后者则比较稳定、健康而持久；前者一贯地只在能充任战士的本邦成年男子之间讲平等的参政权，不仅承担体力劳动的奴隶（因为他们根本就不被看作人），所有的妇女和外邦移民也均不得涉足政坛，后者则只是在早期有一些类似的排斥性，后来就逐步地承认了包括体力劳动者和妇女在内的所有成年人的参政权；前者拘泥于民主一词的字面意义，实行的是单纯的、纯粹的民主（亦即直接民主），全体公民大会是不受制约的最高权力机关，少数异议分子（通常都是真正的社会精英）处于被排斥的地位，而后者则一般不诉诸全体公民意愿的直接表达，强调包括与大众意愿相左的少数人在内的所有人都有权参政并争取自己的合法权益，实行代议制度（亦即间接民主）、政党政治和分权制衡，总之这早已不是纯粹意义上的民主政体，而是一种力求在大众意愿和精英意愿之间维持某种平衡的"混合政体"；前者仅把"自由"定义为个人参与政治活动的自由，似乎人只应为公共政治而生活（如亚里士多德称"人是政治的动物"，实际上使一切追求个人利益的活动失去了合法性），个人在公共权力面前也没有任何自我保护能力，后者赋予个人的自由则广泛得多，个人既有权参与政治活动，也有权不受非议地放弃公共政治而从事一切私人的合法活动，而政府的主旨也正是保护这种个人自由权利不受任何势力侵犯。如此等等。

现代民主无疑较古典民主要优越得多。但现代民主来之不易，它的创建花费了人类大约 2400 多年的光阴，而其中绝大部分时间又都花在了理论的探索和准备上。许多民族的无数仁人志士为之做出过自己的贡献——或以卓越的智慧，或以毕生的精力，甚或以宝贵的生命。但说到最初的突破之功，那还得归于古希腊的贤哲们。

第一节
改良古典民主政体的最初思考

从苏格拉底到亚里士多德：混合政体理论体系的萌生

苏格拉底（约前 469—前 399）是最早批评古典民主的贤哲之一。他出生于雅典的一个平民（手工业者）家庭，对雅典的民主政体怀有很深的感情。但他生活的时代正是雅典城邦贵族与平民矛盾日益激化、民主政治陷入深刻危机的时期，雅典民主制的种种弊端也在清晰地显露出来。苏格拉底为之痛心，但并未因此对民主制的活力丧失信心，于是开始运用自己的博学来展开对民主制的批评，企图予以改良。在他看来，雅典民主制最大的弊端，就是"外行治国"，即听任国家的命运由丝毫不懂政治知识的普通民众去摆布。他特别反对城邦官员的"抽签选举法"，认为此法愚不可及："没有人愿意用抽签的方法去雇用一位舵手和建筑师、吹笛手或其他行业的人，而这类事若出错的话，危害还比在管理国家事务上出错轻得多。"他还发现，由于民众缺乏管理国家事务的政治知识，他们极容易受一些同样没有政治知识、但擅长说服技术的蛊惑家的影响和控制，从而在一种盲目的激情引导下作出种种错误的决策。[1] 苏格拉底实际上已经发现了直接民主制的一个重大的片面性，即这种制度不懂得掌握在人民大众手里的权力也需要接受某种制约，以致把它变成

▶ ▶ ▶

[1] 参见施治生、郭方主编：《古代民主与共和制度》，中国社会科学出版社，1998，291 页。

苏格拉底之死

了某种天然合理、至高无上的绝对权力。

苏格拉底批评雅典民主制本来是为了替它治病，然而他的一片苦心却没有得到人们的理解，最后终于被乱哄哄的公民法庭以"贵族派"的罪名判处了死刑。不过雅典人很快就发现这是一桩大冤案，并为误杀这位雅典"最聪明的人"而悔恨不迭。其实苏格拉底本来是可以越狱逃走的，但他还是坦然选择了死亡——似乎是要以自己最后的殉难再一次证实直接民主制的谬妄。

苏格拉底之死对雅典的思想界产生了某种振聋发聩的效果。苏氏的优秀弟子柏拉图（前 427—前 347）即在震惊之余获得了某种"顿悟"，由此萌发了他那著名的由哲学家当国王的"理想国"主张。这种主张基本否定了民主制，但它反对的并非自由平等原则本身，而只是这些原则的滥用。后来，当终于认识到他的理想国方案难以通行于世之后，柏拉图又在他晚年的著作《政治家》和《法律篇》中开始赋予民主和法治以更多的积极意义。也正是在法治的基础上，他构想了另一种理想的国家形态，其基本规则是把公民分为 4 个财产等级并确定其相应的权利，设置公民大会、议事会和法庭等一套国家机构，选举 37 名"法律监护人"组成政府。柏拉图认为，这是一种既有别于单纯君主制、又有别于单纯民主制，但综合地吸取了两者优点的"第三种形式"的国家制度。

这实际上已是一套相当完整的混合政体理论假说了。它的提出，意味着古典民主的模式终于开始被突破。

柏拉图并非是古希腊倡导混合政体的第一人。在他之前，就已有希波达莫斯（一位城市设计家）详细讨论过君主制、贵族制和民主制相结合的益处。修昔底德（约前460—前400）在《伯罗奔尼撒战争史》中也提到，公元前411年雅典政变后由特拉米尼斯创造的宪政属于混合政体，是寡头制与民主制的合流。当时的斯巴达政制（其特点是双国王、元老院和公民大会三大机构分享政权）实际上也具有某种混合政体的色彩，因而很为一些人所称道，如毕达哥拉斯学派的阿尔绪塔斯就曾以斯巴达为例证，宣扬过他关于"优良的国家制度应由其他一切政治形式结合而成"的观点。总之，推崇混合政体的思潮在公元前5世纪的希腊世界已相当流行。[①] 但这一情况似乎并不足以降低柏拉图相关思想的里程碑意义，因为比较起来，其他人在思想界的地位都远不如柏拉图突出，所以从对后世的影响来看，恐怕还是柏拉图的混合政体学说更为重要。

柏拉图的弟子亚里士多德（前383—前322）紧接着又对其师的这一学说做了进一步的完善和发展。这主要表现在两个方面。首先，柏拉图的混合政体论基本上只涉及君主制（在亚里士多德看来这实际上是寡头制）和民主制的结合或中和，亚里士多德则认为多种政体、多种要素都是可以相互混合的，而包含有较多要素的政体总是较完善的政体。另一方面，亚里士多德克服了柏拉图重君主轻民主的偏颇，强调民众的集体智慧有不可替代的价值和作用，提出了只有达成各要素之间的均势才能建立优良而稳定的混合政体这一重要思想。也正是以这个思想为基础，亚里士多德在《政治学》一书中系统地阐发了他的共和政体学说。

亚氏提倡的共和政体仍是一种由寡头政体和民主政体结合而成的混合政体，这主要是因为在当时的希腊这两种政体最流行的缘故。亚里士多德认为，民主政体的特征是多数穷人掌权，寡头政体的特征是少数富人掌权，两种政体都会使一部分人受压迫而导致社会动荡，因而只有把两者结合起来，建立一种能使穷人和富人的利

▶ ▶ ▶ ────────────────────

① 参见施治生、郭方主编：前引书，319—320页。

益得到兼顾的共和政体，才能实现长治久安。为论证这种共和政体的合理性，亚氏还对"平等"的意义做了一个重要的限定。他看到，民主政体是以自由身份论平等的，认为既然大家同为生而平等的自由人，那就应在一切方面都绝对平等，包括平等地享有政治权利；寡头政体则是以财产数额论平等的，富人和穷人拥有的财产数额不同，他们之间就不应存在什么平等，富人的政治权利自然也应比穷人更多一些。而这两种平等观在他看来都不对。他认为，为了让城邦内的所有公民都能过上"优良的生活"（这是城邦政治的根本宗旨），应贯彻另一种平等观即所谓"比例平等"的原则，其意思是说，出身、财富、才德和自由身份对于城邦来说都是不可或缺的，应按照分别拥有这些要素的不同公民对城邦贡献的大小来分配政治权利（似乎可以概括为"各尽所能、按绩分权"），唯有如此，才能让所有的人都感到公平，都心情舒畅。亚氏的这一论点，作为为"平等"这个极其重要但又极其抽象的概念赋予某种实际含义的一次较早的尝试，在混合政体型民主政治理论发展史上无疑具有奠基的意义。

至于这种共和政体究竟应以什么样的方式来运转，亚里士多德经过严密的论证，提出了以下几条原则[1]：

第一，应该由中产阶级执掌政权；

第二，实行产业私有和财物公用的经济制度，杜绝大贫大富；

第三，法律是最优良的统治者，必须以法治国；

第四，公民人人参政，轮番为治；

第五，城邦的疆域和人口必须适中，不可过量；

第六，重视公民教育，启导理性，培养公而忘私的美德。

从民主政治发展的角度来看，亚氏提出的这些原则的第一条即中产阶级掌权最为重要。所谓中产阶级，即那些既不太穷也不太富的人，在古希腊主要体现为来自小康人家的"重装步兵"群体。在亚氏看来，这些人有一个极大的长处，就是不会像富人那样只会统治而不会服从，也不会像穷人那样只会服从而不懂统治，所以他们本身就体现了贫富两类人优点的混合，他们的执政最易于保障社会稳定。由中产阶级的这种良善品性，亚氏还进一步做出了"唯中产阶级处于强势的城邦有可能组

▶ ▶ ▶ ─────────────────────────────

① 参见马啸原：《西方政治思想史纲》，高等教育出版社，1997，57 页。

成优良政体"的推论，从而提出了扶植中产阶级势力的必要性的问题，上述六条原则的第二条即由此而来。亚氏的这一思想的确是睿智的，而且在某种程度上已经为现代民主政治的实践所证实。另外，从反对大贫大富、主张公民轮番执政和限制城邦规模、强调公民道德教化这类原则中，我们也不难看出亚氏理论仍带有很强的古典民主主义的色彩。他的思考实际上始终也没有摆脱"人是政治的动物"这一先定框架，所以他为超越古典民主模式所做的贡献仍然十分有限。

从波里比乌斯到西塞罗：古典后期的混合政体思想

亚里士多德之后，晚期希腊的一些思想家循着他的思路继续前进，为混合政体理论的发展和传播做出了新的贡献。其中对后世影响最大者，当推著名历史学家波里比乌斯（前200—前120）。

波里比乌斯的贡献，主要是在他的《通史》一书中，通过对罗马政制的分析，初步提出了在国家权力机构中实行分权与制衡的重要性。他认为，只有混合政体才能保证国家的强盛和长治久安，这是一条颠扑不破的真理。在这方面，斯巴达、迦太基和罗马都是成功的典范，但最完美的典范还是罗马。罗马政体的混合性表现在有执政官、元老院和人民（大会）三大权力机构并存，它们各有自己的职权范围（执政官是国家最高行政首脑、军队的总司令；元老院掌管国家财政、外交事务和审理重大案件；人民大会在名义上拥有国家最高主权，有权通过或否决所提交的议案，决定战争与和平，批准条约的签订，选举高级行政长官，对被判重刑的公民上诉案件进行终审判决，审查高级行政长官的述职报告等），但相互之间存在着彼此协作和互相制约的关系。波里比乌斯对罗马的这一套政治机制赞赏备至，认为它是国家稳定强盛的重要保障，特别是由于各国家权力机构相互牵制，可以杜绝任何滥用职权的现象，防止任何权力机构凌驾于其他机构之上，从而保证了权力结构的均衡，抑制了政体的衰败。[①] 波氏实际上已经初步揭示了混合政体强大稳定的秘密——那就是那里存在着某种分权制衡机制。

如果说波里比乌斯主要是从分权制衡机制方面论证了混合政体的合理性，那么

▶ ▶ ▶ ────────────────────────────

① 参见施治生、郭方主编，前引书，333—337页。

他的罗马追随者西塞罗（公元前 106—前 43）则主要是从"实现权利平等"的角度宣传了混合政体的优越性。西塞罗对于平等的概念也有一种近似于亚里士多德的思考。他认为，民主制讲的平等是公民之间的绝对平等，其实这种平等是根本不存在的；在财产和能力方面，公民不应当也不可能完全平等，通常所说的"权利平等"只能限于法律上的平等权利。但是，要真正实现权利平等，还必须考虑到公民之间实际存在着的等级差别，并根据这些差别为各等级分配相应的权利。也就是说，即使是法律上的平等权利，落实到每个公民头上时，还必须同各个公民实际的等级身份挂起钩来，结果还是应该有所差异。所以，西塞罗所主张的平等远非公民个人之间的平等，而是各个社会等级之间的一种"等级平等"，是一种各等级的成员都能根据自己的能力和义务参与某一部分国家政治事务的平等权利。那么各等级分别参与的政治事务又是怎样的呢？或者说，它们的权利能够平等吗？西塞罗的回答是否定的。他认为，共和国有一条必须永远恪守的原则，那就是"最大多数的人不应拥有最大的权力"。所谓"最大多数的人"，当然也就是人民大众。西塞罗是坚决维护人民大众的参政权的，但他却反对把实际的决策权交给人民大众，用他自己的话来说就是："最高权力赋予人民，实际权力握在元老院手中"。平等的口号下，仍然是实际的不平等。而在他看来，混合政体稳定性的秘密也就在这里。

西塞罗的混合政体理论是保守的、缺乏创见的。它带有浓厚的柏拉图"精英治国"论的印记，拥护的实际上是一种贵族共和制，而它始终看不到自由的"个人"，只看到和一个个等级密切联系在一起的"公民"，也说明西塞罗（实际上是整个古罗马时期的政治学界）仍和亚里士多德一样，远没有摆脱和现代民主观念格格不入的有关个人的"身份意识"。然而西塞罗为超越古典民主所做的贡献却不容小觑。西塞罗最主要的政治学著作《论国家》（又译《论共和国》）主要讨论的就是混合政体及其优越性等问题，其中反映了自柏拉图、亚里士多德以来希腊思想家在这些问题上的所有重要思考，对后世影响极大。因此，作为西方政治学的一部极其重要的原典，该书至少在宣传混合政体优越性方面是功勋卓著的。此外，西塞罗对于古典民主平等观的批判，认为这种"平等本身就是不平等，因为它否认任何等级差异的存在"，似乎也不失为一种有价值的思考，至少它展示了平等问题的极端复杂性，为民主政治思想的进一步发展准备了一份学术资源。

第二节
现代民主政治两大前提的形成

从古典民主没落到现代民主开始萌生，中间经过了一个长达千余年的历史时期，它包括了西欧历史上的整个中世纪和早期现代阶段。

这个时期的西欧在国家政治方面基本上是没有民主可言的，但在一些较次级的社会生活层面上，来自古罗马文明和日耳曼原始文化的许多民主因素仍保持着活力，人民内心中的民主渴求并没有泯灭；更重要的是，在这段历史时期里，西欧静悄悄地发生了一些意义深远的事变，现代民主政治的两大观念前提——个人和民族两个层面上的自由意识的觉醒（其中个人层面上的自由意识的觉醒更具基础的意义），就是由这些事变促成的。

个人自由意识的觉醒

基督教的突破之功　说到西方个人自由意识的觉醒，人们往往首先想到的是意大利文艺复兴的贡献，而在中世纪西欧的精神世界稳居主导地位的天主教或一般意义上的基督教，在这个过程中基本上是个备受谴责的反面角色，似乎以往西欧个人自由意识的缺乏全是由基督教的精神统治所造成的。这个看法其实并不公平。

实际上，基督教的产生和发展对于西欧个人自由意识的萌生很可能起过相当重要的作用。这个问题需要从希伯来文明和希腊文明的差异以及两者的合流现象谈起。

这两个文明基本上同时兴起于东地中海地区，一南一北隔海相望。虽然相隔距离并不遥远，但它们在精神取向上却天差地别：希伯来文明有强烈的宗教意识，它仰望苍天，渴望灵魂的救赎，以"他世"取向为特征；希腊文明则没有真正的宗教意识，它俯瞰大地，热衷于探索人生的奥秘，带有深切的"此世"关怀。在基督教兴起之前，希伯来文明主要体现为犹太教，该宗教专司一神，礼仪简朴，严守律法，处世有道，但教义中也含有浓厚的神秘主义色彩，世俗理性的东西比较贫乏；

而希腊文明则主要体现为一种包罗万象的哲学，西方人在自然科学和包括政治学在内的社会科学诸学科里获得的全部最初的、但异常辉煌的成就尽在其中，世俗理性的色彩因而极浓，宗教虔敬、道德关怀这一类对社会健康发展同样重要的非理性要素则显得过淡。总之，两者各偏一端，都有片面发展的缺陷。这种缺陷是危险的，两希文明各自后来的历史遭遇便说明了这种危险性。

很显然，这种片面发展的缺陷只能通过这两个伟大文明之间的交流和互补来克服。实际上历史后来也为两者的互补提供了一次十分重要的机遇，那就是那段从公元前4世纪到前30年长达300年左右的希腊化时代，它为两希文明之间的全面接触和融合搭建了一座宏阔的历史舞台。只是很可惜，无论是犹太民族还是希腊民族，两者都没有能够抓住这个机遇，没有能够厉行革新发愤图强。然而值得注意甚或庆幸的是，这个历史机遇也没有被白白浪费掉。由于它客观上为两希文明的汇合创造了一个便利的环境，这就不免要引发一些文明交往通常都会引发的后果，这种后果或多或少会在人们传统的生活方式中注入一些新的因素，从而将在或大或小的程度上影响人类文明的发展进程。两希文明的这次合流的确引发了一些这样的后果，而其中很重要的一个，便是基督教的兴起。

人们熟知，基督教由犹太教的一个分支发展而来，根子是深深地扎在希伯来文明之中的，同时它又带有太多希腊文明的元素，以至于如撤去这些希腊元素，则基督教本身能否自立将大成问题。这就是说，基督教实际上是两希文明的一个混合物，或者说是犹太教在希腊化过程中的一个变种。

变种常常具有自己的特殊优势，基督教的特殊优势就在于它从希腊文明中获得了一种讲理性、重思辨的特性。希腊哲学对晚期的犹太教就已产生过重大影响，这在埃及的犹太教那里表现得尤为显著。早在公元前3世纪，亚历山大里亚就出现了《旧约》的希腊文译本（即所谓"七十子译本"），而犹太教的这部圣典也只是在此之后才得到广泛阅读和理解，因为以前的文本用的是一种很难懂的语言，能读的人十分有限。而且，希腊文《旧约》的流传反过来又对希腊化时代的哲学发展产生了影响：在当时的亚历山大里亚，就盛行一种混入了《旧约》中的宗教思想的哲学思想，其主要阐释者是大哲学家斐洛（约公元前20—公元42），他运用隐喻解经法仔细研究了《旧约》，发现此书充满智慧，而这些智慧和柏拉图主义及斯多噶主义的精华是和谐一致的。这种相信《旧约》和希腊哲学存在精神上的一致性的观点，据说对后来基督教神学发展的影响甚是深远，斐洛本人也由此成为促成希腊思想和希伯来思想联姻的最早的典范。[1] 当然，真正能够和犹太教教义"和谐一致"的希腊哲学只是其中的一些带神秘主义倾向的东西，这在柏拉图那里主要是他的"理念说"，在斯多噶派那里则主要是一种关于"有活力的热"的神秘理论。但实际上，希腊哲学中的这些神秘的东西是很有限的，而且是被层层叠叠逻辑谨严、富于智慧的思辨包裹着的——它们神秘，但似乎并非无法解释；即使是迷信，在这里也并不野蛮，反而倒有一圈智慧的光环、一种理性的魅力。应该说，基督教神学从总体上看是深深地服膺于希腊哲学的这种理性精神的，尽管它在早期曾把希腊哲学当作异教盲目地否弃过。美国教会史家沃尔克似乎对此深信不疑。他指出："基督教产生时的世界，特别受到希腊化思想的极大影响。希腊化思想控制了罗马帝国的知识界，但其广泛影响主要在有教养的那部分人中。希腊哲学首先关心的是如何解释物质世界。以弗所的赫拉克利特认为，虽然万物在某种意义上都可以被看作是物质的，但处于流变状态的宇宙被看作是由一种像火那样的元素所构成。这种元素就是贯穿一切的理性，人的灵魂也是它的一部分。这可能就是逻各斯概念的起源。逻各斯在以后的希腊哲学及基督教神学中都占有重要地位。"[2]

总之，基督教从希腊哲学那里学会了对理性的尊重，表现在它主张通过运用理性来理解上帝可以增进对上帝的信仰。尽管基督教神学所讲的理性和希腊哲学所讲的理性有很大的距离（后者主要是一种世俗的理性、人的理性，而前者则被涂上了很强的神秘色彩，本质上是属于上帝的，人的理性只不过是从中流溢出来的极有限的一部分），但无论如何，它毕竟还是在一定的程度上，或以某种曲折的方式，表达了对人的理性能力的信任。而有无这一点信任，结果是大不一样的。

除了理性精神之外，基督教还从希腊哲学乃至广义的希腊文化中吸取了大量的思想要素，其中就包括了民主主义的政治文化。所有这一切，对于基督教后来在希腊化的罗马帝国获得成功无疑都是不可或缺的。我们知道，原始基督教是犹太教中主张弥赛亚降临说和世界末日论的一个教派，是一种面向社会下层的宗教运动，其目标是在不久的将来为全人类彻底改变现存秩序。它这时对希腊哲学之类的高级文

---

[1] 参见威利斯顿·沃尔克：《基督教会史》，孙善玲、段琦、朱代强译，中国社会科学出版社，1991，19—20 页。

[2] 同上书，3—4 页。

化持否弃态度也是很自然的，因为那在它看来纯粹是"富人的游戏"。然而，由于战无不胜的弥赛亚终于没有现身（耶稣终究不是人们原来期待的那种弥赛亚）、世界末日看来也遥遥无期，基督徒们慢慢也就只好转而对现存秩序采取了迁就的态度，开始面向现实求生存，同时把眼光投向遥远的彼岸，开始希冀个人在身后的得救——也就是说，"共同的、集体的末世论让位于个人的末世论"了。[①] 于是有关灵魂不死和来世生活的教义开始发展，教徒中的上层社会分子也开始增多，基督教变成了一种面向社会所有阶层的宗教。接着，基督教便开始争取在罗马帝国精神领域中的统治地位，经过百年奋斗（3世纪—4世纪初），终于如愿以偿。成功得来并不容易，因为基督教当时不仅面临着众多其他宗教的竞争，而且面临着罗马帝国内因多民族混居、阶级矛盾尖锐而造成的异常复杂的社会政治形势，同时还经常面临因统治者的个人好恶或统治集团的内部矛盾而导致的官方迫害。因此，必须具备一系列非凡的素质，包括海纳百川的世界主义胸怀、兼顾贫富的共和主义倾向、灵活务实的现实主义态度，才能立于不败之地。事实证明，在罗马帝国当时的众多教派中，唯有基督教全面具备了这些重要素质：它的上帝和犹太教的上帝一样，不仅对自己的子民充满关爱，同时也希望他们相互关爱——普天下皆兄弟，"你们愿意人怎样待你们，你们也要怎样待人，因为这就是律法和先知的道理"[②]；但和犹太教不同的是，基督教更重视信仰的实质性，它抛弃了犹太教律法烦琐刻板的形式主义苛求，强调信仰须以发自内心的爱为基础，而不应为律法所强制。基督教告诉人们，上帝虽然无所不能，但从不剥夺人们的自由，因为他要人们作他的孩子而不是奴仆。应当说，基督教这种非希伯来特性的获得，是和希腊文化为它提供的世俗理性的营养分不开的。也正是这种非希伯来特性，不仅极大地强化了基督教对广大民众的亲和力，同时也在基督教神学内部为哲学家的理性开辟了广阔的活动空间。

如果说希伯来文明在透过基督教分享罗马帝国精神霸权的过程中从希腊文明得益甚多的话，那么反过来，希腊文明，或者说希腊化的罗马世界，同时也在通过接受来自希伯来文明的积极影响而悄悄地发生着深刻的变革。这种变革最根本的特

▶ ▶ ▶ ────────────────────────

① 参见约·阿·克雷维列夫：《宗教史》上卷，乐峰、沈翼鹏等译，中国社会科学出版社，1984，119页。
② 《马太福音》第7章，第12节。

点，恐怕就是多了一点"他世"的取向，或者说多了一份盼望"个人得救"的宗教关怀。而这一情况的意义就很不寻常。希腊文明原来基本上是纯粹"此世"取向的，它真正关心的，只是尘世的生活。这种"此世"取向的文明有一个显著特点，那就是缺乏对个人的真正关心和尊重——换言之，亦即缺乏个人自由意识。古希腊人真正关心的，从来就是城邦的自由而不是个人的自由。而城邦的重要性之所以远远高于个人的重要性，本也不难理解：那是因为在当时希腊所处的社会历史条件下，唯有强大的城邦才能保障人们尘世生活的安定和幸福，一旦城邦陷落，等待大家的便只能是沦为奴隶的悲惨命运。所以，在这里，个人的价值主要取决于他对集体的贡献，每个个人都必须以城邦公民作为自己的第一身份（其实也是唯一的身份），都必须无条件地服从城邦的利益，随时准备为城邦牺牲自己的一切。在这种个人被完全政治化的情况下，当然不会有真正的个人自由可言。

古希腊民主政治及其理论的发达，实际上也反映了希腊文化对城邦生活的这种重视态度。人们支持民主政体，无不以这种政体有可能最大限度地调动公民的爱国热诚为由。后来混合政体理论的兴起，主要也是他们从实践中认识到单纯的民主政体易于腐败蜕化、不足以保障城邦安全的缘故。然而历代贤哲们改良古典民主的苦心一一落空，既符合社会公义又能保证持续繁荣的优良政治体制终究不可得。这倒并不是因为他们始终没有发现真正合理的民主政治必须以充分的个人自由为前提这个道理（当然，即使他们发现了这个道理，甚或即使他们实现了这一前提条件，也不可想象他们能在古希腊罗马建成现代民主政治），实际的原因只能是实现这种理想的时代还远远没有到来。但无论如何，这一道理还是必须弄明白的，否则，即使将来时代条件成熟了，人们还会因为缺乏这一必要的理论准备而误入歧途，无法真正实现对古典民主模式的超越。

当然，我们说古希腊，也包括古罗马的历代贤哲囿于他们的文化眼界而无法认识到个人自由的重要性，绝不是在暗指新兴的基督教及其文化老根——希伯来文明已经达到了、或者说至少有可能达到这样的认识。不，无论是希伯来文明本身，还是该文明和希腊文明联姻的产儿基督教，都绝无这一神通。但是另一方面，我们也不可不注意到，希伯来文明对希腊罗马文明潜移默化的影响，基督教作为罗马帝国国教的地位的确立，毕竟为这块土地上的人们走向这样的认识开辟了一条通道，而这种通道以前是不存在的。因为很显然，基督教的成功传播至少能使他们逐渐产生这样一些疑虑：此世未必真实，他世未必虚幻；尘世也许只是瞬间，而彼岸才是永恒；城邦的安危固然重要，但个人身后灵魂的居所呢？如果信仰可使灵魂得救，那又何必将此身仅与城邦捆在一起，当一辈子"政治动物"？！从罗马帝国各阶层群众大批大批地皈依基督教的情况来看，这些思考显然是的确发生过的。个人就这样多了一重基督徒的身份，而不再只是"城邦公民"了。这说明，在基督教的影响下，古希腊罗马原来一直是一元化（亦即政治化）的社会生活终于开始走向二元化了，即开始呈现一种此世关怀与他世关怀并存的局面。而个人与政治之间关系的松动，在这里实际上也是个人自由意识开始萌生的标志：人们第一次朦胧地意识到，一辈子只为城邦这个集体活着未免太亏，个人多少还应该有一点自己的生活。

这无疑是一个破天荒的事变，而基督教的拓荒之举功不可没。古希腊罗马的历代贤哲东奔西突了几百年也没有找到的出路，却让基督教下意识地开拓出来了。

意大利文艺复兴的贡献　　基督教在推动个性解放方面虽有突破之功，但我们也很清楚，它并不是有意去这样做的。这个宗教在很长的一段历史时期里实际上是极力压制人的个性自由的，至少是很不愿意让人们充分发扬自己的个性。它在古希腊罗马世界促成的、由"城邦公民"身份的淡化所体现的个性自由，充其量不过是它的传教活动引出的一个客观后果而已。这一事实，不仅极大地限制了这一初始突破事变的规模，使它显得那么不起眼、那么容易被忽略，而且极大地限制了它对传统观念的冲击力，以致长期地延滞了续发突破的出现——当然，续发突破的长期迟滞，更重要的原因还是后来天主教（基督教的西欧形态）对中世纪西欧的长期而严酷的精神统治。

这一延宕就是一千多年。直到意大利文艺复兴时期，西欧才盼来了个性解放的第二次突破，由此开始了个人自由意识的真正觉醒。

同初始突破不同，第二次突破要解决的主要问题已不再是"城邦公民"身份对个性的压抑，而是天主教所代表的上帝神性对人类人性的束缚了。看起来，事情好像正好倒了个个儿：这次是基督教赋予人们的基督徒的身份发生了过度的膨胀，以致严重压抑了人们追求世俗幸福的天性，从而也严重窒息了个人自然理性的正常功能，因而不得不来一次"否定之否定"了。

当然，由于初始突破的不彻底性，对于个性自由的一些源自希腊文明传统的束缚仍不同程度地存在着。意大利文艺复兴的权威学者布克哈特认为，在中世纪"人

16世纪初期欧洲的印刷出版业

类只是作为一个种族、民族、党派、家族或社团的一员——只是通过某些一般的范畴，而意识到自己"[1]，说的就是这个情况。所以，要真正实现个性的解放，还必须继续冲破这一类束缚。

意大利文艺复兴最根本的起因，是工商业的发展带来的城市世俗生活的繁荣。但这时人们对世俗生活的关注并不是对古代的简单的回归，关键的不同是人们的公民身份意识大大淡化了，其首要表征是大多数意大利城市共和国的法典都不再注意市民的公民身份问题，人们对于有无公民权、对于能否参与城邦的政治生活也不再有特别的兴趣。同时，正如布克哈特所看到的，意大利独特的政治情势——如群雄割据，没有统一的政治权威，不禁止财富和文化上的夸耀和竞争，市民虽政治上软弱但却享有一

▶ ▶ ▶ ────────────────────

① 参见雅各布·布克哈特：《意大利文艺复兴时期的文化》，何新译，商务印书馆，1983，125页。

定程度的自由，不存在政教合一的教会等等——也有利于个人自由意识的萌生。于是，人们的主要兴趣很自然地转到了世俗生活的众多其他有可能使人充分发挥创造潜能领域，许多有才华、有抱负的个人也正是在这些领域里，通过发现和借鉴充满世俗人性精神的古希腊罗马文化，找到了实现自身价值的机会，于是人类历史才有了意大利文艺复兴时代的辉煌。后来，意大利文艺复兴的思想文化又借助源于中国的印刷术的威力，在15世纪后期迅速越过阿尔卑斯山传向整个西欧，引发了所谓"北方文艺复兴"，从而使个性解放的第二次突破真正具有了全西欧的意义。

文艺复兴是一个巨人辈出的时代，它对世界文明的巨大贡献也是多方面的，但归结到根本点，应该说文艺复兴对世界文明最伟大的贡献，还是它通过自己各方面的重大成就，昭示了一种个人主义的伦理观。

这种个人主义伦理观，根据布克哈特的有关描述，大致包含三个方面的内容：一是对个人自主自立的强调，二是对私人生活的尊重，三是对个人全面发展的追求。①显然，这些也就是我们通常所说的"个人自由"或"个性解放"的基本含义。而这种个人主义伦理观之所以"正当"，是因为唯有它有可能充分调动每个人的主观能动性，促使他们通过个人奋斗来实现自身的价值，同时以自己的创造性活动为社会造福。当然，和"自由""平等"之类观念一样，个人主义也是一柄双刃剑——既有可能造福于社会，也有可能为害于社会，关键是要有一定的限度，并应协调以一定程度的集体主义。但是，就当时西欧的社会历史条件而言，个人主义的危害性问题显然还没有踪影，而最迫切需要解决的却是个人主义的合法性（或正当性）问题，因为只有解决了这个问题，一切阻碍个性自由发展的传统束缚——包括古代的城邦伦理、基督教蔑视人性的神学教条、中世纪行会的平均主义、封建贵族的等级门第观念等等才有可能统统被冲破，以往一直受到严重抑制的个人创造潜能才有可能得到充分发挥，社会才有可能开启由传统向现代的转变进程。

也正是这种个人主义伦理观在经济、社会和思想文化等领域引起的种种变化，为人类开辟了通往现代民主政治的现实道路。从经济领域看，个人主义的兴起无疑是资本主义长足发展最重要的观念前提，它将通过催发宗教改革而以"新教伦理"的形式流行于西欧，推动那里资本主义经济的繁荣并由此实现中产阶级—市民阶级

---

① 参见雅各布·布克哈特：《意大利文艺复兴时期的文化》，第二篇，第一、二、三章。

整体力量的提升，从而为现代民主政治的发生发展打下坚实的社会基础。从社会领域看，由于个人主义伦理观强调一切个人价值的评判只能以个人自己的才智和业绩为标准，这种观念的流行势必意味着人与人之间由出身门第的差异而形成的传统的不平等关系将变得越来越不合时宜，社会流动的渠道将由此大大拓宽，封建时代贵族等级的社会优势也将由此趋于崩解。在思想文化领域，个人主义伦理观带来的最显著、意义也最为深远的变化便是现代科学的勃兴。现代科学在西方的发生，灵感的源泉来自古希腊罗马文明，但实际的推动力却是由文艺复兴时代倡导的观察和实验之风。古希腊罗马科学有理论脱离实际的缺陷，它只注重思辨而轻视实际操作——应当说这在很大程度上是受了城邦伦理束缚的结果，因为这种伦理鄙视体力劳动，认为那是奴隶的工作，自由的城邦公民应尽可能避而远之。文艺复兴时代的个人伦理追求个人的全面发展，当然也就顾不得这种偏见了，于是理论家同时做起了实干家，思辨与实验、理论与实际开始结合，也正是这种结合后来敲开了科学革命的大门，而科学革命的成果又将进一步确认人的理性的伟大，从而推动启蒙时代的到来。

由此看来，意大利文艺复兴时代个人自由意识的觉醒和现代民主政治的确有着不可分割的因果关联。但是，如果认为意大利文艺复兴的全部意义就在于个人自由意识的觉醒，那也不免有些片面。因为现代民主政治的另一个重要的观念前提——现代民族自由意识的觉醒，也是在意大利文艺复兴时代开始发生的，也是人文主义思潮冲击天主教神权统治的一个结果。尽管这两个觉醒相互间有密切的关联，实际上是同一个问题的两个不可或缺的方面或层面（个人的自由和民族的自由），但两者对现代民主政治的发生所起的作用毕竟各有特色：如果说个人自由意识的觉醒决定了现代民主政治的个人本位特征，那么民族自由意识的觉醒则是现代民主政治"大国众民"特征的最初缘由，而这两种特征的获得，无疑都意味着对古典民主模式的超越。

下面我们就来看看民族自由意识觉醒及其历史后果方面的大致情况。

现代主权国家观念的发生

在中世纪西欧，现代意义上的民族观念——亦即民众分属不同的民族、各民族应当忠于自己的政治体系即国家这种观念，实际上是不存在的。其所以如此，主要是因为各民族都缺乏一个有自己民族特色的认同中心。在个人自由意识尚未普遍觉醒的历史条件下，这种认同中心本来应该是各封建君主国的王权，因为唯有它能够充当本民族集体利益的保护者。但实际的历史情形是，在中世纪的很长一段时间里，这种权威总也树不起来。其原因主要有两个方面。首先是罗马天主教会在全西欧的精神统治，它把西欧变成了一个没有民族界限的宗教统一体，所有的基督徒都以罗马天主教会为首要效忠对象，所有受过教育的人都以教廷用的拉丁语为共同语言，这种情况下各民族世俗统治者的权威当然只能是一个附属性的存在，它实际上也处处受罗马教廷的干涉和控制，在包括教职任命、王室婚姻等等在内的许多内部事务上不能自主。第二方面的原因便是中世纪西欧普遍的封建割据状态，大大小小不计其数的贵族领主实际上各自为政并频繁地相互争战，根本不听中央的号令。[①]而这一情况的主要根源之一，其实还是罗马天主教会对世俗王权的严重约束，因为这种约束从根本上削弱了王权的权威。

由此看来，中世纪西欧民族观念的阙如，很大程度上就是由各民族的世俗代言人——即各国的国君——缺乏自主权所致。应该说这种情况也有两个方面的意义。首先，它说明西欧历史上缺乏君主专制主义的强劲传统，因为有罗马教廷、神圣罗马帝国、各封建君主国以及无数各自为政的封建领地的存在，统治权威在这里一贯地呈多中心分裂状态，这意味着各国的王权一开始就为各种势力所掣肘，难以形成无所顾忌的专制统治——这一政治文化特点，对于现代民主政治的发生发展来说，显然是有相当的积极意义的。但另一方面，王权的长期屡弱也会产生一些消极的后果，因为它不仅意味着民族的苦难（人们随时都有可能成为封建贵族争强斗勇的牺牲品），而且还将阻碍作为现代民主政治的必要背景的统一民族国家的诞生，从而滞缓社会转型的进程。因此，尽管强大的王权将来注定要成为政治民主化的对立物，但为了政治民主化的最后成功，首先还必须肯定它的正当性——也就是说，为

▶ ▶ ▶ ──────────────────────

① 细说起来，中世纪西欧还有一个对各国君主的权威起侵蚀作用的因素，那就是公元962年建立、并在名义上一直延续到1806年的"神圣罗马帝国"的存在。这个帝国自称继承了古罗马帝国经由查理曼帝国传下来的遗产，它和罗马教廷一起分别代表着上帝的世俗权威和神圣权威，其疆土在理论上也囊括了整个天主教欧洲，因而所有的小君主国都应该是它的附属。这种情况很可能也在某种程度上削弱了西欧各国王权的独立地位（尤其是在西欧的东部和南部地区）。但神圣罗马帝国一贯有名无实，其实际影响多半只是观念上的，而且还有较大的地区局限性，故而这里暂且忽略不计。

了最终实现民族的自由，首先必须实现王权的自由；而认识到王权自由的正当性和必要性，实际上也就是民族自由意识觉醒的开始。

导致民族意识觉醒的根本动因仍是中世纪末期西欧工商业的发展。这种不以人的意志为转移的经济变动所造成的最初后果，是西欧封君封臣关系的松动和庄园制的衰微，同时促成了战争技术的进步（表现为步兵武器和战术的改进），从而极大地削弱了旧贵族的军事功能。渐渐地，市民阶级的势力也壮大起来，并在政治上日益走向成熟，其眼界开始突破狭隘的本城利益的范域而日益关注整个国家的局势。作为工商业的主要从业者，市民一般都希望拥有一个和平安宁的国内市场，也希望有一个强大的国家作为他们进行国际商业竞争的坚强后盾。因此他们很自然地充当了各国国王强化王权、实现国家统一事业的同盟者。

最先成长起来的意大利市民阶级，在这方面也享有开西欧风气之先的光荣。意大利文艺复兴在政治思想领域取得的许多重要成果，即体现了他们在那个时代对如何争取民族自由这一问题的深切关注。

最早开始思考这方面问题的是著名人文主义者但丁（1265—1321）。他生于意大利佛罗伦萨共和国的一个没落贵族家庭，在青年时代就曾积极参与该共和国的市民阶级反对封建贵族的政治斗争，做过佛罗伦萨的行政官。当时的意大利是欧洲封建割据状态最严重的地区之一，成长中的市民阶级对这种状态深恶痛绝。但丁则最先清楚地认识到这一局面的根本原因在于教权的干预破坏，并尽力予以抵御，结果受到教会势力的迫害，在 1302 年被判处终身流放。这些经历使他特别关注王权摆脱教权控制的问题，强烈主张通过政教分离来实现意大利的统一。这便是他的政治学名著《论君主制》（*De Monarchia*）的中心论点。他认为，实现人的尘世幸福的前提是和平，但没有国家统一做保障和平是不可设想的，而要实现国家统一，权力就必须集中到君主手里。这样，他就从人的尘世幸福这一人文主义的理想出发，首次明确地提出了国家必须统一、王权必须强化这个时代的重大命题。

继但丁之后，帕多瓦的马尔西略（约1275—1342）就世俗政权对于教权的独立性问题做出了更系统的论证。他在《和平的保卫者》（*Defensor pacis*，1324）一书中断言：教会统治者认定教会组织即是一种能够行使任何"强制性权力"的机构，是对教会性质的误解，是对基督教教义的背弃。在他看来，教会不仅丝毫没有对任何人实施强制的权力，而且理应"在财产方面受尘世统治者的支配"。他还认

马基雅维里

为，管理基督教社会的任何权力都应由"虔诚的人间立法者"单独行使，非但教权不能干预俗权，恰恰相反，教会内部人事的任免，包括教皇本人职务的任免，乃至教徒大会的组织和召开这类事务，也必须由俗权定夺。就这样，马尔西略通过把世俗统治者对教会的权威抬到无与伦比的高度，对教权至上论做出了毁灭性的批判。[①]

特别值得注意的是，马尔西略在以俗权至上取代教权至上的同时，还明确宣布了他的"人民主权"思想。在他看来，国家的权威含立法权和执行权两个部分，而立法权高于执行权，是国家的最高权威，执行权（即政府）只是立法者的代理人和执行者。那么谁是立法者呢？马尔西略认为只能是人民或全体公民，他们永远是最高的立法者。这种主张，既反映了意大利当时城市共和制度的某种实际情形，也是和西方社会源远流长的民主传统一脉相承的。马尔西略的国家理论，实际上是现代民族国家理论的先导。

在意大利文艺复兴时代后期，马基雅维里（1469—1527）又把有关的思考大大推进了一步。他的功绩在于首次摈弃了传统的宗教道德观，从"人性恶"的基点出发提出了一套功利主义的国家理论，其要点有：第一，人天生自私并有无限的贪欲，为保证社会安宁必须建立国家，通过强有力的政府和法制限制人的贪欲——所以国家的目的就是保障人民生命财产的安全；第二，国家政体自古以来不是共和制就是君主制；尽管共和制比较理想，能够给公民较多的自由，但究竟应选择哪一种政体，还须考虑到具体的国情——在像意大利这样充满内忧外患的国家，还是以实行君主制为好，也就是说应该由一个铁腕人物来一统天下，建立秩序；第三，为了实现国家的政治统一和长治久安，统治者必须兼有狮子的残暴和狐狸的狡狯这两种品性，可以采取一切手段来达到自己的目的，而无须有任何道德上的顾虑。这种世俗化的政治观已经是一种真正现代的政治观了。

马基雅维里实际上是一个民主派，他始终认为理想的政体是"混合型"的共和

① 参见昆廷·斯金纳：《现代政治思想的基础》，段胜武、张云秋等译，求是出版社，1989，22页。

政体，理由是它更适于保护公民的利益。然而在当时的特殊情势下，他还是选择了强有力的君主制，并满腔热情地替它充当理论"谋士"。这说明在民族自由的问题上，马基雅维里的确已经达到了高度的觉悟。

意大利文艺复兴时代觉醒了的民族自由意识在宗教改革运动中又有了进一步的提升。马丁·路德的政治思想就既烙有文艺复兴的印记，又体现了对文艺复兴的深化。他提出的"唯信称义""平信徒皆为教士"等信条，强调每个教徒的灵魂无须任何中介都可以和上帝直接交流，就明显地带有一种承认个性自由的人文主义倾向；而他鼓吹俗权至上，主张各国教会应与罗马切断联系而由各国的政府来管理，则鲜明地反映了他对民族自由含义的一种更深刻的理解。循着这一逻辑，他还进一步提出了"君权神授因而必须得到无条件的服从"的思想，从而从理论上为西欧绝对君主制的诞生铺平了道路——无怪乎有人感叹："假如没有路德，就根本不会有路易十四。"[①]

然而，在另一方面，源自马尔西略的"人民主权"的思想也在宗教改革时代获得了重大发展，这主要体现为一种"人民有权反抗暴君"的观念开始在一些比路德派更激进的新教教派中流行。其实在路德派较晚一些时候的思想中就已经有了这种观念的萌芽，只是它始终没有发展成路德教义的主流，也正是这种保守性导致一些激进派与之分道扬镳。最激进的是再洗礼派（福音派），他们迷恋原始基督教教义中的平等主义，强调贯彻这种教义是世俗统治者的天职，并认为如果统治者不大力推行"福音真理"，则至上的主和正直的人民将"夺走他们的宝剑"。这实际上是当时下层民众的一种变革社会的革命要求。另一个激进的新教教派便是加尔文派，其特点是把作为路德教义非主流成分的反抗思想继承了过来并加以充分发展。他们宣称：如果我们的统治者是暴君或压迫者，那"他们就不是上帝命定的"，因此"我们在拒绝服从并反抗这样的统治者时，并不是在反抗上帝的意志"。[②]后来，加尔文教就演变成了一种反对专制王权的革命意识形态，成为西欧早期资产阶级革命的旗帜。

但是，包括加尔文教运动在内的整个宗教改革运动在社会政治理论方面都带有一个突出的缺陷，就是它始终也没有悟出这样一个基本的道理，即现代国家必须

---

① 参见昆廷·斯金纳，前引书，386页。
② 参见昆廷·斯金纳，前引书，482—491页。

是世俗化的国家，政治社会必须只为世俗政治的目的而存在。在宗教改革者的心目中，世俗统治者的首要目的永远都是维护"真正的宗教"和基督教会，而在这一点上，他们和他们的天主教对手毫无二致。所以，宗教改革运动在推进欧洲统一的专制王权国家的产生和巩固方面尽管有一定的贡献，但作用毕竟有限。太强的宗教非理性精神使之无法透彻地理解世俗社会历史进程的真实需求，因而也不可能贴切而长久地予以满足。总之，历史需要更完善的主权国家观念。

这种理论，终于在16世纪后半叶由法国的让·博丹（1530—1596）提出来了。而促使他进行这种理论思考的直接动因，则是一场由宗教改革引起的长达36年的宗教战争——胡格诺战争（1562—1598）在法国造成的巨大破坏。这场宗教大动乱引起了博丹等一些有识之士的忧虑和深思。他们认识到，麻烦完全是由狂热的宗教情感带来的，而让国家成为宗教纷争的牺牲品是荒谬的，因此，为了民族的利益、国家的强盛，必须坚决淡化在国家问题上的宗教情感，以世俗王权为中心实现国家的统一。博丹学识渊博，也有从政的经验，早年曾热衷于鼓吹立宪主义，但就在胡格诺战争把法国撕得粉碎的时候，他便改变了立场，转而大力宣扬王权的绝对性，号召各派无条件服从国王，结束内战，重建国家。他的代表作《共和国》（*La République*，共六卷，1576年出版）就是他在此期间关于王权问题重新思考的结果。他在这部著作中提出了这样一个核心观点，即由于国家事务固有的世俗性质，一国之君可以而且必须摆脱任何保持特定宗教信仰的义务，决不应"为宗教事务进行战争"。在中世纪以来的西欧历史上，这是第一次用明确的语言表达出来的"国家权力世俗化"主张，博丹的国家理论也由此成为首次出现的真正的关于现代国家的理论。[①]

王权既然可以不受宗教信仰的束缚，那在当时自然就是一种绝对的权力了。博丹的全部主权国家学说，实际上就是为论证王权的这种绝对性而发的。博丹首先给主权下了这样一个定义，即"国家中最高的、绝对的、永远位于公民和臣民之上的权力"，继而指出：君主之所以是绝对的、不可反抗的，就是因为他是主权的拥有者，而"拥有主权的人除了不朽的上帝之外，是无需向任何人负责的"。[②]此外，博丹还首次对主权的各个方面作了全面系统的论述，指出主权不仅具有九大标志或权限，即有权立法、决定外交政策（包括宣战、媾和与缔结国际盟约等）、任命官吏、

▶ ▶ ▶ ────────────────

① 参见昆廷·斯金纳，前引书，629页。
② 参见昆廷·斯金纳，前引书，562页。

要求国民效忠、行使最高司法裁判、赦免罪犯、铸币、规定度量衡和征税等，而且还具有不可分割、不可转让、不受时效限制等特征。

在某种意义上，博丹继承了马基雅维里的事业，因为他也像马基雅维里那样是用人的眼光而不是用神的眼光来观察国家的，克服了宗教改革时期流行政治理论特有的宗教意识。然而博丹的学说无疑又比马基雅维里要深刻、丰富和系统得多，因为马氏主要只是从"国家利益"的角度论证了君主非道德统治权术的正当性，从而把政治学等同于权术学，而博丹却认为政治学应当是法学，应当建立在法律的严格与公正的基础之上。实际上他的国家主权学说就是从法理的角度论证了绝对王权的极端重要性。这一理论极其贴切地反映了正在成长的资产阶级社会对秩序的普遍渴求，故而它一出现就在当时欧洲的政治学界引起了强烈的反响，获得了广泛的认同。[①] 可以毫不夸张地说，全部现代国家学说的理论基础就是由博丹这本书奠定的，在西欧绝对君主制和民族国家的发展史上，博丹理论的推动作用也是不可磨灭的。

第三节
现代民主政治创制试验的开始

从上面的叙述中，我们看到了这样一个历史事实：尽管个人自由是现代民主政治的拱顶石，但创建现代民主政治的努力却是从争取民族自由的斗争开始的。

从 15 世纪到 18 世纪这四百多年是西欧绝对君主制的成长期，欧洲的主权民族国家群也就是在这个时期里逐渐形成的。最初的民族国家主要有欧洲西部的英格兰、法兰西、尼德兰、西班牙、葡萄牙等，均诞生于 16—17 世纪之间。后来，主要是在英、法榜样的影响下，北欧的丹麦、瑞典，中欧的普鲁士、奥地利，以及南欧的撒丁尼亚，也都出现了类似的发展趋势，大致在 18 世纪初叶演变成主权民族

▶ ▶ ▶ ————————————————————————

[①] 加布里埃尔·哈维语，转引自昆廷·斯金纳，前引书，575 页。

国家（从这些国家都有天主教文化基础来看，它们也都可以在广义上被称作西欧国家）。与此同时，欧洲东边信奉东正教的俄罗斯也在试图效法先进的西欧国家模式，但由于经济基础和社会文化上差异过大，总不免给人以画虎类犬的感觉。

这个主权民族国家群的出现，实际上意味着现代国际社会的诞生，同时也为现代民主政治的发生发展搭建了一个广阔的历史舞台。这无疑是一个巨大的历史进步，而各国的绝对王权在其中的推动之功也是显而易见的（仅尼德兰是个例外）。

随着绝对君主制的普遍建立和西欧各国民族自由的初步实现，现代民主政治的创制试验即将进入它的实质性阶段。虽然现代民主政治的发生是一种国际性的现象，但具体的试验却还是在民族国家的框架内进行的，而且事实上主要是在西欧的两个最先进的民族国家——英国和法国——进行的（美国发生的试验作为英国试验的一种发展，也非常重要，我们将在后面以专节叙述）。

现代自然法理论的出现

我们已经知道，建立绝对君主制和民族国家的努力实际上是创建现代民主政治的第一步。这是一场伟大而复杂的斗争，它面临着很多敌人：开始的时候，敌人主要是罗马教廷和贵族割据势力；但随着一些民族国家的出现，不免就会发生某些民族国家本身成为其他民族争取自由的斗争对象的情况。这一点也不奇怪，因为统治民族国家的绝对王权本身并无民族自由意识，它主要还是贵族社会的代言人，而贵族天生就是好战的、富于侵略性的。这也就意味着，创建现代民主政治的斗争从一开始就不会局限于民族国家的疆域之内，而将在一个交织着各种外部冲突（包括各民族与罗马教廷之间、民族与民族之间的冲突）的国际背景下展开。

我们认为，就现代民主政治本身的发生学而言，民族与民族之间的矛盾最具首要意义，因为绝对君主制的固有弊端就是通过这种矛盾最先暴露出来的，由此引发了限制和反对绝对王权的一些最初的改制思考和革命实践，而后来的各种现代民主政治的创制试验只是这些思考和实践的逻辑发展。

几乎所有民族国家的产生和发展都与封建王朝扩张领土的野心紧密相关：民族国家的形成是王朝领土扩张运动的阶段性成果，同时又是更大规模领土扩张企图的起点。当然，由于有了中产阶级的兴起及其对王权的支持这一新的时代背景，这种领土扩张和中世纪司空见惯的封建主土地兼并战争已不能同日而语，然而也不可否认，封建王朝攫取权力和荣誉的传统野心仍在其中起着相当突出的作用。事实上这种传统的因素往往还会因某些专制君主的特殊个性而急剧膨胀，导致违背中产阶级愿望和需要的战争行为以致严重损害其切身利益。总而言之，绝对王权民族国家的建立并没有结束曾蹂躏了封建欧洲许多世纪的普遍战争状态，正相反，它意味着一系列规模更大、也更加血腥残酷的王朝战争。

正是在这里，我们看到了绝对王权的一个重大的历史局限：它本质上是封建贵族阶级的政治代表并和这个阶级血脉相连，带有这个阶级的好战天性，因而它不可能真正认同民族自由，相反却时刻倾向于践踏民族自由——也许首先是践踏其他民族的自由，但其结果必将损及本民族的自由，实际上是在压迫别的民族的同时也给本民族戴上了奴役的枷锁。

17—18 世纪是各绝对王权国家之间战争最频繁的年代。在所有这些战争中，最为重要的是三十年战争（1618—1648），因为这场战争以其特殊的惨烈性，激发了有关自然法问题的一些创造性的思考，这种思考不仅产生了一套旨在限制国际战争破坏性的现代国际法体系，同时为后来创建现代民主政治的实践奠定了一块极重要的理论基石。

这一伟大的工作主要是由荷兰法学家雨果·格劳秀斯（1583—1645）完成的，其结果便是第一部具有完整体系的现代国际法著作《战争与和平法》（1625）的诞生。

一般说来，新兴资产阶级不到万不得已都不愿看到战争，即便一定要有战争，他们也希望能将战争可能导致的破坏降到最低限度。如马斯泰罗内所言："大企业的负责人都更喜欢享有长期的和平，以图平安地进行买卖，开辟新市场，开展长期商业谈判。直至 16 世纪，'战争'一直被视为是有利于贵族的事情，军队由于其封建结构一直为贵族所指挥，而且贵族一直是从胜利的战争中得利最多的人。相反，战争的延绵不断对于农业生产和商业运输来说却是最不堪忍受的。欧洲各国如达成协议，将会有利于生产和贸易，改善各国人民之间的关系。"[1] 显然，通过协议来解决国际争端，是避免战争或将战争的破坏性影响降到最低限度的根本途径，国际法

①马萨沃·马斯泰罗内，前引书，103 页。

的必要性由此凸显。具体说来，现代国际法体系之所以能在 1625 年得以初创，主要就是因为 1618 年爆发的三十年战争以其空前巨大的破坏性深深震撼了格劳秀斯。他在《战争与和平法》导言中说：我看见现在奉行基督教的各国，在进行战争时的那种肆无忌惮，连野蛮国都不如；只要有所借口就开始战争，而战端一开，便置神法和人法于不顾，好像人人都有任意犯罪的权利。的确，三十年战争中交战各方所犯下的反人类的暴行，是前所未闻、令人发指的：被害人被用种种方法肢解，教堂洒满非战斗人员的鲜血，妇女被奸淫，幼童当着其父母的面被砍碎，甚至全家老小被捆在一起烧死……在当时的德意志，三分之二的人被杀害，六分之五的村庄被夷平，商业落入法国人和荷兰人手中——这实在是一个人性泯灭、天理不存的世界。看到这一切，富有正义感的格劳秀斯受不了了，他感到必须做点什么，必须寻找出某种具有无上权威的东西，某种普遍适用的伦理法则，来对这个充满战乱的世界加以约束和规范。[①]

这种普遍适用的伦理法则，在格劳秀斯看来只能是人类的理性和良知，或者说只能是体现了人类理性和良知的、发源于古希腊斯多噶学派的自然法理论。这也很自然：自从博丹于 1576 年发表《共和国》以来，国家主权者在除神法和自然法（这两者在中世纪其实是一体两面的关系）之外不受任何权力制约的观念这时早已深入人心，因此要约束各独立的主权国家，要预防和限制他们的战争暴行，除了以在人类社会普遍有效的自然法为理论依据外，别无他途。但是，由于时代已经变迁，中世纪以来的旧自然法理论已不能满足现实社会生活的需要，必须加以相应的变革。于是，格劳秀斯首先对传统的自然法理论做了系统的整理，主要是对中世纪基督教神学的一系列自然法法则（包括尊重神圣的法则、人类自爱自重的法则、家庭法则、社会道德法则、承认自由平等法则等等）进行了世俗化改造，由此恢复了古希腊文明的自然法思想，并借助现代唯物主义的世界观和自然科学的研究方法，更新了它的内容，从而既实现了自然法理论的现代化，又强化了它的神圣性和权威性。格劳秀斯认为，自然法乃人类理性或本性的体现，其法则万世不易，既是人们必须遵守的道德准则，又是国家与法律理论的基础。他指出：自然法是真正理性的命令，是判断社会是非曲直的标准。他将自然法的原则归纳为五条：第一，不得侵

---

① 参见王哲：《西方政治法律学说史》，北京大学出版社，1988，130—131 页。

犯他人的财产；第二，不属于自己的财物应归还原主；第三，应当赔偿由自己的过错所造成的损失；第四，应当守信守约；第五，违法犯罪应当受惩。

格劳秀斯的国际法理论就是建立在这一崭新的现代自然法理论基础之上的。但这种自然法理论却并非仅以国际关系领域为适用范围，因为格劳秀斯循着同一逻辑，还提出了其他一些重要概念如"自然秩序""自然权利""社会契约"等等，并且系统地论述过宗教宽容的思想，认为不存在任何把一种宗教信仰强加于人的正当理由。正是这一套现代自然法理论，不久之后便对欧洲的启蒙运动发生了强有力的影响，并通过启蒙运动的宣传，成为现代民主政治最重要的理论基石之一。

加尔文派立宪主义的理论与实践

格劳秀斯的《战争与和平法》因集中反映了新兴资产阶级社会对国际和平和正常法律秩序的渴望，故而一问世即受到了社会的普遍欢迎，短期内连续再版了数次。然而好景不长，两年后此书就被封禁了，而且一禁就禁了差不多三百年，直到1900 年才得以重新出版。

这件事昭示了一个简单的事实，即资产阶级当时还远没有成为社会的主宰。当时欧洲的各民族国家基本上还都是绝对王权国家，而绝对王权的统治本质上也就是贵族的统治，贵族天生好战，格劳秀斯富于和平精神的国际法理论自然无法见容于这些国度。

然而，贵族的好战性及其对国际和平的威胁，还远不是绝对王权历史局限性的全部。其实，对于各国新兴资产阶级来说，绝对王权最大的弊害，恐怕还是它对个人自由的蔑视。绝对王权虽然能在一定的历史条件下对本民族的自由起一定的保障作用，但它却从不承认个人的自由，而正由于这个原因，它也不可能长期有效地保障本民族的自由。绝对王权无视个人自由的品性在那个时代最突出的表征，就是各国政府普遍实行的宗教迫害政策。该政策的打击对象，在英国和法国主要是加尔文宗的新教教徒，在西班牙和葡萄牙则主要是穆斯林和犹太人。结果，大批大批的"异教徒"或逃亡国外，或干脆被驱逐。由于这些异教徒大多是经济上的成功人士，或各行业的能工巧匠，所以他们的去国必然会大伤本国的经济元气，而增强收留这些逃亡者的国际竞争对手的实力（比如普鲁士经济的崛起就与它接纳了好几万从法国逃出的胡格诺教徒有密切关系）。显然，这种宗教迫害政策说明绝对王权并没有认真贯彻博丹所倡导的国家权力世俗化思想，而是仍拘泥于传统的宗教偏见，并不惜为之牺牲民族的利益。

此外，绝对王权对个人自由的蔑视还有许多其他方面的表现。比如，在英国，王权通过"公簿持有制"和"骑士领有制"侵害个人的财产所有权，通过专卖特许制限制贸易自由，并通过宫廷采买优先制和强制借债等等手段肆意盘剥民众，乃至不经审判任意剥夺个人的人身自由；在法国，对个人自由的压抑主要通过特权等级和第三等级之间严重的不平等关系表现出来，出身门第的差异仍决定着社会地位的高低，同时书报检查机构控制着人们的言论，遍布全国的警察密探监视着人们的行动，政府通过"密札"随便抓人并无限期监禁，等等。

显而易见，绝对王权的这些行径不仅扼制了新兴资产阶级发展自身经济利益的渴求，而且也是和西欧民间早已觉醒了的个人自由意识严重抵牾的。随着自身经济实力的增长，资产阶级对此自然越来越不能容忍，以立宪君主制取代绝对君主制的时代要求于是应运而生。

早期现代比较成形的立宪主义思想，是由加尔文派的、主要是法国胡格诺派的新教徒们在16世纪提出来的。包括萨拉莫尼奥、奥特芒、贝札、莫耐等人在内的一大批胡格诺派理论家们依据传统的自然法，同时也系统地借鉴和运用经院学派和罗马法学派的一些立宪主义论点，首次阐述了这样一些观点：第一，如果说人民同意建立国家，从而结束他们天生的自由状态，这只是因为他们希望这样做可以给他们带来许多益处，因此从根本上说，国家的终极目的是人民的幸福，政府的合法性在于其能够保卫人民的自然权利，尤其是他们不受限制地享有生命、自由和财产的权利；第二，对于企图奴役人民的政府，人民永远拥有反抗的权利；第三，建立国家唯一可能有效的途径，是人民普遍的赞同，即所有有关公民自由表达的同意；第四，在像法国这样人口众多的大国，人民应将自己选择和监督最高统治者的权威委托给一个由低级官员专门为此目的组成的团体，而不应由大众直接参与统治；第五，国家的实际建立过程须采取人民的代表同未来的统治者达成契约的方式。很显然，胡格诺派这一套国家理论的核心，实际上就是一种人民主权的理论。这一点莫耐在他的《论反抗暴君的自由》一书中有极清晰的表达。他认为，由于人民最初是不受统治而自由的，由于他们只是为了自身的目的才建立政府的，因此必须时刻将人民看成是国家"真正的主人",就像领主对领地拥有绝对权力一样掌握着国家的"最高统治权",尽管他们可以决定把这种权力的实际行使委托给其他人。①

胡格诺派政论家们提出的这一套加尔文教立宪主义理论,后来通过被马克思称作"自由主义鼻祖"的约翰·洛克(1632—1704)深刻地影响过欧洲启蒙运动,因而也是现代民主政治创制试验的一份不容忽视的思想资源。但它在当时产生的直接历史后果却有两面性。一方面,它发生过一些消极作用,这不仅是因为它裹有浓厚的宗教非理性色彩,而且还因为它有些超前——尤其是在欧洲大陆,那里强化王权的必要过程尚未结束,过早地反对绝对王权势必扰乱历史的正常进程。事实上当时法国发生的影响很糟糕的胡格诺战争(也就是那场推动博丹提出主权国家学说的宗教战争),在一定程度上就应归咎于它,而且博丹的绝对王权思想也正是通过对胡格诺派"反抗理论"的系统清理和批判阐发出来的。但另一方面,它也产生过非常积极的历史影响,这就是促发了尼德兰和英国的资产阶级革命,由此拉开了现代民主政治创制试验的序幕。

尼德兰革命(1566—1609)是西欧资产阶级反抗绝对王权统治的第一次成功的战斗。然而,从现代民主政治发生学的角度来看,这场斗争的实际成果却并不大。它本质上只是一场由商业贵族领导的民族独立战争,因而也没有对一个完整的绝对王权实施民主化改造的任务。虽然说起来它在1588年建立了欧洲第一个资产阶级共和国,但这个共和国究竟有没有最低限度的现代性都很可疑。可以肯定的是,胜利后的尼德兰革命者基本上没有为政治体制的民主化改造作过任何努力。联省共和国的最高权力机关还是老式的"三级会议",它从1593年起基本常设化,但关注的只是对外政策、陆海军的最高指挥权、乌特勒支同盟的财政、殖民地和教会事务,而根本没有想到去设计一套能够保障个人自由的政治制度。教会势力太强而且缺乏宽容意识,阿明尼乌派和戈马尔派之间的宗派纷争还在扰乱政治秩序。共和国初期的领导人奥登巴讷福(寡头势力的代表)似乎有点民主倾向,他重用过格劳秀斯,但格劳秀斯在那里似乎也一事无成;他还曾试图削弱教权以强化俗权,并反对奥兰治家族的集权企图,但终至落败而以叛国罪被处死(1619),格劳秀斯也只得仓皇出逃,最后在荷兰确立的是一种混合着君主制和寡头制两种因素的政治体制,民主

---

① 参见昆廷·斯金纳,前引书,595—614页。

处决英王查理一世

制被完全抛诸脑后了。不过，也不能说尼德兰革命对欧洲现代民主政治的发展毫无贡献。它毕竟沉重地打击过当时西欧最落后保守但又极端强大的封建政权——西班牙的绝对王权，这个政权具有极强的民族压迫性——它不仅实际统治着欧洲的大片区域，是当时欧陆的超级大国，而且还拥有广阔的美洲殖民地，控制着欧美之间的海洋贸易，因而实际上是整个欧洲资本主义发展和社会进步的障碍。

比较起来，应该说英国革命（1640—1688）这场反抗绝对王权的战斗更具有典型性，事实上也更加成功一些——因为它第一次在一个民族国家内部完成了对绝对王权的民主化改造，尽管这种改造还非常之初步、民主化的程度还非常之浅。

英国革命的典型性首先表现在它经历了一个完整的周期——由开始时的立宪君主制依次走过了共和制、军事独裁、旧王朝复辟等阶段，最后又回到立宪君主制这一起点上。差不多晚了一个半世纪的法国大革命实际上又把这个过程重新走了一遍。后来人们发现，几乎所有的国内政治革命大体上都要经历这么一个周期，尽管具体表现形式可能有很大差异。由温和开始，继而是一个不断激进化的阶段，过了一个临界点之后便开始退潮并进入反动时期，其间将发生激进与保守之间的反复较量，最后回到起点，并实现最初成果的巩固——这似乎就是革命的一般规律。对于这个规律，法国自由主义思想家邦雅曼·贡斯当在 18 世纪末年就有所领悟[①]，后来恩格斯也做过部分的概括，即我们所熟知的这段话："在这种过分的革命活动之后，必然接着到来一个不可避免的反动，这个反动又超出了它能继续下去的那个限度。经过多次动荡以后，新的重心终于确立了，并且成了新的出发点。"[②] 不过在这一点上，还是革命家列宁看得更清楚。他告诉人们：在进行资产阶级革命的时候，"必须使革命远远超过当前直接的、已经完全成熟了的资产阶级革命的目的，才能真正实现这些目的，才能坚定不移地巩固资产阶级最起码的成果。"[③] 了解一点革命的规律，自是有益于争取政治民主化的革命实践的，而英国革命为革命规律的探索提供了一个经典的首例，这应该说就已经是一个不小的贡献了。

英国革命的最大成果，也是它在现代民主政治创制试验方面的最大成就，是创造了一种全新的政体——立宪君主制，并以此淘汰了已成为社会发展桎梏的绝对君主制。新政体兼有民主制（议会下院）、贵族（或寡头）制（议会上院）和君主制（国王）三大要素，其灵感的源头自然还是古希腊罗马的混合政体思想，形式也还是 13 世纪末以来英国政府的传统形式，但其实质内容却已发生了根本性的变化。

这个变化，主要就表现在新体制通过大幅度提高议会的权威实现了对王权的有效限制，并在议会内部实施了某种程度的权力分割和制衡，同时还对个人的自由权利表示了相当程度的承认和尊重。这就为未来国家民主化的发展打下了一个坚实的基础。

英国革命主要是通过这样一些立法行为来实现议会对王权的约束的：

首先是"权利法案"（1689），规定非经议会同意，国王不能停止实施任何法律和征收任何新税；今后不允许任何天主教徒成为英国国王，英国国王也不得和罗马天主教徒结婚。

▶ ▶ ▶ ────────────────────────

① 参见 Benjamin Constant, "Des réactions politiques", in B. Constant: *Ecrits et discours politiques*（《政治论说集》）, Paris, 1964, t. 1, pp. 27-28.
②《马克思恩格斯选集》第 3 卷，人民出版社，1972，392 页。
③《列宁全集》第 15 卷，人民出版社，1988，40 页。

其次是"叛乱法案"（1689），规定国王在和平时期征集和维持军队必须经过议会的同意，并至多只能维持一年的时间。

第三是"三年法案"（1694），规定每三年必须召开一次议会，每届议会的任期不得超过 3 年。

第四是"王位继承法"（1701），规定"光荣革命"中上台的威廉三世死后，其王位须由在此次革命中下台的国王詹姆斯二世的第二个女儿安娜继承；如安娜没有子嗣，则她的王位未来将传给其家族在德意志的远亲汉诺威选帝侯。并规定：英国国王的王位不得传给天主教徒，英国国王必须加入英国国教会，直接依附于国王者不可担任下院议员，国王所做的一切决定都须由同意该项决定的大臣签署后才能生效，法官的任免应由议会决定，被议会定了罪的人国王不得任意赦免等。

——英国的王权还从来没有被套上这么多的"紧箍咒"。这个以往一直自以为只受制于上帝的权威，如今已完全受制于议会了，其神圣的光环已荡然无存。至此，国王的专权在英国已了无可能。后来随着"内阁制"的形成，王权又被进一步架空，化作一种由主要大臣组成的内阁会议的集体领导权，其负责对象也由原来的国王转变为议会。[①]

但随之就会产生另一种危险——那就是议会的专权。我们知道，英国的议会这时还远不是真正的"人民代表大会"，而且即使是真正能反映民意的机构，如果它不受任何限制而成为某种"绝对的权力"，结果对于个人自由也将是非常危险的——这是苏格拉底在两千多年前就发现了的一条真理。应该说，由于当时还没有出现完备的分权制衡理论，议会专权的危险在英国还是具有某种现实性的。所幸，英国议会在其发展过程中形成的两个重要的传统特质，却也在一定程度上限制了这种危险倾向的发展。这两个特质，一个是它的两院制，另一个就是它的两党制。

▶ ▶ ▶

① 内阁对议会的负责关系是由两个重要的先例确定下来的。第一个先例发生于 1742 年，当时的内阁首席大臣——首相罗伯特·沃尔波因失去了下院多数的信任而被迫率内阁集体辞职，此后"内阁失去下院多数信任必须辞职"就成了一种不成文的制度。第二个先例发生于 1784 年，当时小威廉·庇特出任内阁首相后，试图通过改革内阁来抑制国王（乔治三世）专权倾向的抬头，但因不少议员已被国王收买，庇特的意图在下院受挫，于是便解散下院重新选举，后来他的政策在新议会获得了大力支持，小庇特遂得以主持内阁达 17 年之久——由此便形成了这一惯例：若内阁在下院失去多数议员信任，可以解散下院重新选举，新议会如支持该内阁，它就可以继续执政，否则就必须辞职，而由下院多数派去组阁。

两院制是英国议会的一个老传统。英国议会在 14 世纪就分为上下两院：上院代表是大贵族，由国王任命，可以否决下院通过的法律；下院代表是骑士和市民，由各地选举产生，握有国王征收新税计划的最终批准权。这种制度后来便一直维持了下来。两院的分裂无疑带有反平等的意识，但它也暗含着某种分权制衡的意味，具有防止民主"无限化"（亦即"纯粹化"）的功能，有助于避免鲁莽轻率的决策行为。虽然《代议制政府》的作者约翰·斯图亚特·密尔对此不以为然，他认为这只是个"次要的问题"，不过我们仍须注意他为自己的这个看法设定了一个前提条件，那就是"如果所有其他的宪法问题都正确地解决了"，或者"代议制议会很不完善"，或者尚未达到"真正民主的社会状态"——而这样一来，他实际上简直就是在强调两院制的必要性了：因为他说的那种理想的民主状态一般说来是很难达到、起码是在短期内不可能达到的。实际上，密尔反对的只是英国上院的反民主性质（非由选举产生），他对同样由民选产生的美国参议院这样的第二院还是很欣赏的。而美国设立两院也没有贵贱分野的意思，而只是出于对"无法完全信任的立法权力"实施某种分割的需要。[①] 总之，从政治学的角度看，两院的分裂也体现了对立法权力的一种分割、削势或限制，这对于防止议会专权是有一定的积极意义的。

两党制是英国对现代民主政治创制事业的另一个重大贡献。这一创制虽然发生在复辟时期，但仍与英国革命的精神密切相关。事情的直接起因是在 1679—1681 年的那届议会期间，议员们对信奉天主教的詹姆斯公爵（即后来的詹姆斯二世）能否继承王位的问题发生了意见分歧。持否定态度的议员们代表着主张限制王权的革命倾向，反映的是富裕的资产者和在革命中得到了好处的新贵族的政治愿望；持赞成态度的议员们则代表着主张加强王权的保守倾向，反映的是在革命中利益受到一定侵害的贵族和英国国教高级僧侣的政治愿望。两派互相攻讦，前者被用苏格兰盖尔语斥为"辉格"（"马贼"的意思），后者则被用爱尔兰语反讥为"托利"（"歹徒"的意思）。从此英国的议会中"辉格派"和"托利派"之间的两元对立就开始了，在此基础上后来又发展出谁在议会下院中占多数谁就有权组阁执政的制度。英美政治文化的两党制传统亦由此滥觞。这种两党制传统的基本特点可以大致概括为"和

---

① 参见戈登·伍德：《民主与美国革命》，载约翰·邓恩编：《民主的历程》，林猛等译，吉林人民出版社，1999，115 页。

平竞争、轮流坐庄"。一般说来，一个党派能否取得政治上的统治权，关键在于它能否在选举中获得多数选民的支持，而它在政治上（包括在议会中）的实际作为如何又将是它能否取信于民的关键，所以，这种两党制传统的存在对于议会政治的理性化或非专权化显然是有一定的保障作用的。

此外，英国革命派还在 1695 年永久性地废除了书报检查制度，由此从法律上保障了言论出版自由，这个伟大的创举不仅有力地伸张了个人的自由权利，而且自然也会通过舆论监督的力量大幅度地促进议会政治的理性化。

英国革命对个人自由权利的维护还有一个很重要的表征，那就是议会在复辟时代通过的"人身保护法"（1679）。该法案是针对复辟王朝肆意抓人、侵害反对派议员人身自由的行径提出来的，规定在逮捕人之前应先公布他的罪状，被捕者有权要求立刻依法审讯。议会上院曾力图阻挠这项立法，但下院不屈不挠，终于三度通过。其实类似的法规英国自 13 世纪以来就有过，而法国后来的《人权宣言》第七条讲的也是同样的意思，这说明在西欧中世纪人身自由得不到保障是一个普遍的现象。复辟时期的英国下院议员能够顶着反动势力的强大压力，坚持以成文法的形式把这个习惯法正式固定下来，这无疑是他们的人权意识已有了相当程度觉醒的一个表现。

英国革命的成就是伟大的。它创造的这一套法律制度，实际上已初步搭好了现代民主政治的大体框架。但是，这个框架的严重缺陷也是明显的，那就是真正的"人民"受财产资格限制还没有获得参政权。它太缺乏对"平等"价值的关怀，它试图保障的个人自由权利是极其狭隘的，只照顾到了占人口极少数的富裕资产阶级和新贵族的利益，而广大劳动群众包括中等资产阶级的利益被严重忽略甚至被牺牲了。在英国革命中，下层人民不仅以革命主力的身份积极参与了对封建反动势力的战斗，而且在斗争中通过自己的政治代表——"平等派"和"掘地派"提出了更深刻的民主要求，主要是普选权和平分土地（在掘地派那里更有关于实行土地公有制的明确表达）。他们的斗争具有非常关键的意义，实际上是革命成功的保障，但他们的政治主张却没有被革命接受。英国革命有别于后来的法国大革命的一个重要特点就是平等派从来没有取得政治上的主导地位——这多少和英国传统政治文化重自由轻平等的特点有一定关系，而自称"真正的平等派"的掘地派在那里能产生的实际影响也就更有限了。他们一直就是在革命政治舞台边缘活动的配角，一旦形势稳定，他们就被资产阶级和新贵族的联合势力无情地赶了下去。结果，英国革命显示出强烈的保守性色彩：一方面，它只是片面地解决了在资产阶级革命中最具关键地位的土地问题，即只废除了"骑士领有制"（新贵族对国王的封建义务）而原封不动地保留了"公簿持有制"（小农对地主的封建义务），最后还通过更大规模的"议会圈地运动"夺走了广大小农的土地；另一方面，它继续把人民大众排除在国家政治生活之外。因此，英国革命建立的政治体制实际上还只是一种贵族民主制，或者说是一种贵族共和国。

英国革命的这种保守性，甚至严重损害了混合政体理论的清誉。在18世纪，曾备受孟德斯鸠等人称颂的英国"混合政体"受到了越来越多的抨击。最尖锐的抨击来自边沁，他认为英国的政体实际上是把君主制中"十足的软弱"、贵族制中"十足的愚蠢"和民主制中"十足的无赖"这三种最糟糕的成分结合在了一起。后来又经过卢梭的批判，混合政体的理论终于趋于衰落。[①]

不过不管怎样，革命后的英国毕竟已经不是那种古罗马式的贵族共和国，因为英国当时的贵族多半都已经是资产阶级。是资产阶级就自然要讲人权、讲个人自由，因为那是它的生存之本、发展之本。而只要承认人权或个人的自由权利，一切压抑、侵害这种权利的制度就会从逻辑上受到质疑，人们就会越来越觉悟，进步势力也将随时代发展而持续壮大，其结果则必然是人民参政权的逐步扩展和社会民主化程度的不断提高——我们知道，这正是在革命后的英国实际发生过的历史进程。

除了对现代世界民主化运动具有某种榜样的意义之外，英国革命还因产生了它的一个伟大的辩护士——约翰·洛克而另有一层深意。我们知道，就在英国发生革命的同时，开始于意大利文艺复兴时期的科学革命也在英国达到了它的高潮阶段。科学革命的集大成者艾萨克·牛顿（1642—1727）的划时代的伟大工作主要就是在英国革命期间完成的（他的代表作《自然哲学的数学原理》发表于1687年）。这两大革命由此构成了一幅17世纪的"双元革命"奇观，与18世纪的"双

---

① 参见莫里斯·维尔：《混合政府》，见邓正来主编：《布莱克维尔政治学百科全书》，中国政法大学出版社，1992，480页。不过维尔随后又正确地指出："尽管如此，这一理论的核心思想，即需要以权力来制约权力的思想，为19世纪中叶英国议会制政府理论的形成奠定了基础，最重要的是，它构成了制衡理论的基础，这种理论在美国宪法中得到了体现。事实上，在多元论者的民主理论中，混合政府的思想一直保持着生命力。"（见同页）

元革命"（霍布斯鲍姆首倡此说）——英国工业革命和法国大革命——交相辉映。如果说 18 世纪的双元革命的综合效果是启动了整个欧洲乃至全球的现代化进程的话，那么 17 世纪双元革命的综合效果则主要是启动了启蒙运动———一场为现代社会勾画蓝图的思想运动，而现代民主政治的一些标准价值观的锻造也正是在这个运动中完成的。

启蒙运动的业绩

上一章我们曾谈到科学革命对欧洲启蒙运动，尤其是 18 世纪法国启蒙运动的启动作用，这主要表现在牛顿以他对支配天地万物的寥寥数条规律的精美绝伦的概括，彰显了人的理性的伟大，暴露了宗教非理性主义的荒谬，推动了机械唯物论世界观的流行，并促使人们由对牛顿和自然规律的崇拜发展出一种探询人类社会客观规律的热忱。也就是说，科学革命是通过牛顿来影响启蒙运动的，牛顿可谓是启蒙学人的第一位精神导师。

那么英国革命对启蒙运动的启动作用又是怎样发生的呢？那主要是通过哲学家及政治思想家约翰·洛克这个中介来完成的。不过在谈论洛克的贡献之前，还有必要先补述一下英国的另一位政治学大师——托马斯·霍布斯（1588—1679）的业绩。霍布斯作为著名的绝对王权论者，其政治理论在主导倾向上是和立宪主义背道而驰的，应当说只是博丹思想的进一步发展。然而值得注意的是，霍布斯不仅发展了博丹的绝对主义理论，同时也大大发展了格劳秀斯的自然法理论，使之真正系统化、完备化了。而在后一方面，霍氏最重要的贡献就是批驳了亚里士多德关于人生而不平等的论点，第一次提出了"人人生而平等"这一具有现代意义的平等观，并将它列为自然法的一项原则。霍布斯这样雄辩地表达了这一观点："自然使人在身心两方面的能力都十分相等，以致有时某人的体力虽则比另一人强，或是脑力比另一人敏捷；但是这一切总和加在一起，也不会使人与人之间的差别大致使人能要求获得人家不能像他一样要求的任何利益，因为就体力而论，最弱的人运用密谋或者与其他处在同一危险下的人联合起来，就能具有足够的力量来杀死最强的人。"[①] 这

▶ ▶ ▶ ─────────────────────────

① 霍布斯：《利维坦》，商务印书馆，1985，92 页。

种自然平等的理论，将对洛克和卢梭产生直接的影响，从而在客观上为现代民主政治的创制提供了一个极其重要的理论依据。此外，霍布斯还第一个全面阐述了国家起源的社会契约说，只是他的结论是所有社会成员应相互约定把自己的全部权利交给一个人亦即君主，以建立能保障人们的安全与幸福的国家，而且契约一旦成立就不可推翻，人民应无条件服从君主。

洛克同意霍布斯关于人生而自由平等、国家起源于社会契约的论点，但他不同意霍氏关于人们在订约建国时放弃了自己的全部自然权利的看法。他认为人们这时放弃的只是其中的一部分，也就是个人依据自然法惩罚罪犯的权利，而且这一部分权利也没有交给某个个人，而是交给了整个社会。也就是说，人们在成立国家的时候，把立法、司法和执法的权力授予了政府，自己仍保留了生命、自由和财产的自然权利，而政府的职责就是保卫这些权利，如果政府不能履行这些职责，人们就有权推翻它，重订社会契约。这说明，洛克极其重视人们的"同意"在建立政治社会时的作用，把这种"同意"看作一切政府的唯一合法性源泉。也正因为如此，洛克否认征服是国家的起源的说法，认为征服是以武力胁迫别人同意，这样订立的契约是没有任何约束力的，而人们也完全可以随时解除由于强力胁迫而承担的义务。由此可见，洛克虽然也讲国家起源于社会契约，他却是反霍布斯之意而用之，论证了国家主权应当属于人民的道理。此外，洛克还提出了"多数原则"，认为社会大多数人的同意即可被视为全体人民的同意，政府可以根据大多数人的意见管理国家——正是这一看法，奠定了现代民主代议制度的基础。总之，洛克针对霍布斯的君主主权论，响亮地提出了他的"人民主权"的主张。

洛克理论最大的特点似乎就是既强调"平等"，又强调"自由"。实际上洛克主要还是个自由主义者，他把个人的自由看得比什么都重要。这就导出了他那著名的"主权有限论"。他认为，国家主权虽然属于人民，但为了保障个人的各项自由权利，这种主权应当受到一些必要的限制。如何限制？首先，人民的"革命权"，即人民在政府不能保障其自由的时候可以起来推翻它，就是一种限制的方式。其次，必须对主权进行分割，将它划分为立法权、执行权和对外权（联盟权）三个部分，让三者互相牵制，以杜绝权利的滥用和专制现象的发生。这种"三权分立"的思想，后来经孟德斯鸠进一步发展（主要是把对外权换作司法权），成为现代民主政治的又一块极其重要的基石。

伏尔泰

洛克的这些思想是他在"光荣革命"的酝酿时期写成的《政府论》下篇中表达出来的，而洛克的全部政治理论都具有为清教徒发动的英国革命作辩护的性质。这就决定了他的思想和胡格诺派反抗理论之间有一定的亲缘关系。事实上，洛克的人民主权和革命权利理论这时听来已不很"新鲜"，因为其"大部分早在一个多世纪以前就在萨拉莫尼奥等激进法学家的法学著作中，在阿尔曼和梅尔等奥卡姆主义者的神学著作中，以及在加尔文派革命分子更著名然而是派生出的著作中得到阐述和发展了"。[1] 然而洛克仍具有非凡的革命性：因为他"不仅完全从权利和自然权利的角度来为反抗的合法性辩护，而且进一步把反抗的权利赋予'全体人民'，甚至将其赋予'任何单独的个人'，如果他的权利被剥夺的话。与此形成对照的是，贝札、莫耐及其门徒仍然是不仅从道义上的权利角度，而且也从宗教责任的角度来考虑反抗的问题，并且将反抗权利的行使局限在下级长官和其他民选代表手中，小心翼翼地排除个别公民乃至全体人民采取任何政治上主动行动的可能性"。[2] 所以，洛克的理论是首次提出的、完全抛弃了宗教外衣的、真正现代意义的人民主权论，也较以往更加激进。

在欧洲大陆，洛克的政治思想通过《政府论》下篇的法文译本（发表于1691年）而广为传播，从而"为欧洲的立宪语言创造了前提条件"。[3] 洛克无疑是18世纪欧洲启蒙运动最重要的先驱之一。

法国是欧洲启蒙运动的主战场。其中有三位斗士最引人瞩目，那就是伏尔泰、孟德斯鸠和卢梭。伏尔泰（1694—1778）主张开明专制主义，认为应由服膺理性的开明君主掌握统一不可分割的国家主权。孟德斯鸠（1689—1755）主张自由立宪主

---

① 参见昆廷·斯金纳，前引书，624页。
② 参见同上书，615页。
③ 参见马萨沃·马斯泰罗内，前引书，128页。

义，要求按洛克的原则对主权加以分割，实行立法、行政和司法三权分立，互相制约，以防止国家中的任何一个权威变成专制权力。卢梭（1712—1778）则主张民主共和主义，该理论强调"主权在民"，因而和伏尔泰的"主权在君"截然对立；同时它又强调主权"统一不可分割"，这又多少有了点伏尔泰的味道，而大异于主张主权分割的孟德斯鸠。

在我们看来，这三种理论貌似相互抵牾，其实只有保守或激进程度的差异，而在崇尚平等自由这一基本点上却是相当一致的——伏尔泰、孟德斯鸠和卢梭一同被认为是当时法国思想界自然法学派的代表，就说明了这一点。三人中最保守的似乎是狂热崇拜科技文明的伏尔泰，然而他所鼓吹的"君主专制"，却也明确地带有"开明"这个前提。而这个"开明"，意思就非常丰富——那决不仅仅意味着这个握有全权的君主必须是一位科技文明的热心赞助者，而且还意味着他必须是自然法亦即人民所有的自然权利的忠实守护人。而且，伏尔泰显然还认为君主立宪比开明专制更为优越，因为他特别推崇革命后的英国政治制度，称赞英国"是世界上抵抗国王达到节制君权的唯一国家，它通过不断的努力，终于建立了合理的政府；在这个政府里，君主有无限的权力去做好事，如果想做坏事，那就双手被缚了"；他还说英国有最完美的法律，审判公正而没有专断，人人可以自由发表意见，两个政党互相监督并争取捍卫社会自由的权利等等。特别是到了 18 世纪 60 年代，伏尔泰还明显地表现出共和制的倾向，认为共和制更适合自然的原则，蕴涵着人人自然平等的精神，是一切政体中最宽容的政体，在此制度下，人们对自己的财产和各种权利更加充满信心，因而也就更加热爱自己的祖国。[①] 总之，根据自然法在伏尔泰学说中的那种至高无上的地位，说开明专制主义实际上只是他的"人民主权"理想的一种早期的、曲折的表达，大约是不为过的。

孟德斯鸠和卢梭都以"人民主权"反对"国王主权"，两人似乎有较多的共同语言，但实际上他们之间的共性却并不见得大于伏、孟两人之间的共性。这主要是因为卢梭比伏、孟二氏更珍视"平等"这个价值，而他那一整套特立独行的民主政治理论——反对分权、反对代议制、反对党派政治、主张政治生活要绝对公开透明、主张通过"公意"的专政来保障公民的"自由"等等，全都是以此为逻辑起点

▶ ▶ ▶ ────────────────────────────────

① 伏尔泰这些思想表达在他的《哲学通信》和《哲学辞典》等著作中。参见王哲，前引书，266—267 页。

孟德斯鸠

的。卢梭学说显然比伏、孟学说更少英国气味而更富于法国本土的思维特征。此外，我们还知道，伏、孟代表着法国启蒙运动的主流，卢梭则以其惊世骇俗的反文明论调，厕身于非主流派。主流和非主流之间的差异，主要就在于受英国影响强弱的不同。

不过，尽管属于非主流派，卢梭对世界思想史和政治史的影响却非同小可，首先它对法国大革命进程的影响就极为突出。命运最会捉弄人：这位日内瓦钟表匠的儿子孤独凄惶了一生，到处受排挤、受迫害，然而一旦去世（他和伏尔泰都卒于1778年），他在法国思想界的地位却直线飙升。在大革命发生之前的10年里，读卢梭、谈卢梭的人迅速增多，很快超过了伏尔泰等主流派。到大革命爆发，卢梭更是被激进派奉为祖师，罗伯斯庇尔把他的《社会契约论》当作圣经天天诵读。而伏尔泰、狄德罗等主流派不是被冷落，就是受抨击。何故？

应该说，卢梭的那种法国本土的、笛卡儿式的思维方式和法国人的思维习惯最为契合是第一位的重要原因。主流派的基本观念和思想方法都是从英国舶来的，虽一时新鲜，但毕竟不大对法国人的口味，所以到后来还是卢梭的天才作品最终征服了法国的读者。

第二个重要原因，应该说是旧制度法国的贵族特权过于嚣张因而特别招人怨恨，以及这种怨恨在革命前夕的迅速激化。随着资产阶级经济实力的增长，他们对政治权利平等的要求也愈益强烈，同时启蒙运动所营造的思想氛围也是极其崇尚自由平等的，这无疑也强化了人们对权利平等的认同。然而法国当时的社会现实中并没有自由平等，而最令人感到可恨的是没有平等，因为贵族传统势力强盛，特权显赫，资产阶级受到鄙视，哪怕再有钱、官再大，都比贵族低一头。已经拥有强大经济实力的资产阶级社会在心态上越来越感到不平衡，越来越愤愤不平，对平等的要求越来越强烈。而卢梭不同于伏尔泰们的一个重要特点，就是他不仅出身平民，平常也更贴近平民社会，而且一贯地特别珍视平等的价值。相比起来，伏尔泰们宣扬的英国式的自由就显得很空洞了。自由虽然是市民社会的发展不可或缺的东西，但毕竟解决不了法国时下最紧迫的问题。最切中时弊的还是卢梭的思想，故主流与非主流的时运倒转就在所难免了。

卢梭

　　最后，卢梭思想强大的征服力还与卢梭文章浓郁的感性风格有很大关系。卢梭是一个伟大天才。他受的教育是很不完备的，远远比不上启蒙主流派：除了普鲁塔克、塔西佗、塞内卡和一点儿柏拉图之外，他没有更多的古典学知识。但他有的是凭直觉进行推测的天才，而且特别善于师法自然，从自然中汲取了大量的灵感。他的语言情感极其丰富，最少学究气，最易于感染读者。著名百科全书派学者、法兰西学院院士达朗贝尔曾公开说，他真有点怕同这位仅有着"日内瓦公民"头衔的无名小卒交锋。他在给卢梭的一封信中说："同你的这支笔作战实在太危险了……你懂得如何取悦公众！"在18世纪这个"理性时代"，卢梭却公然反理性的逻辑而行，成为后来流行于19世纪的、反理性主义的浪漫主义艺术思潮的开山祖师。

　　由此看来，法国大革命浪漫激进、痛快淋漓的风格也就和卢梭有了极大的关系。完全可以肯定：没有卢梭，法国大革命就不可能具有那种形式、那种力度，它对世界历史的影响自然也要大打折扣——正是这场法国大革命，最终树立起一种影响深广的"政治民主崇拜"，开启了一股延续至今仍方兴未艾的政治民主化的世界潮流。

中华文明对法国启蒙运动的意义

法国启蒙运动在世界文明史上引起的震动具有显著的超文化差异的特征。伏尔泰、卢梭、孟德斯鸠的学说后来一直在世界的各个角落、为具有各种文化背景的人所传诵，鼓舞着种种争取社会进步的斗争。从现代民主政治发生学的角度来看，法国启蒙运动的主要贡献是直接促发和指导了两次伟大的革命事件——美国革命和法国革命。正是这两次革命把由英国革命正式开始的现代民主政治创制试验大幅度地推向了深广，并最终完成了现代民主政治基本形态的构筑。

然而，学术界对这场伟大的法国启蒙运动的认识迄今还有欠全面。因为人们在评述这场运动的时候，常常有意无意地忽略了一个重大的事实，那就是由中华文明所代表的东方文明曾在其中起过非常积极的推动作用。结果，启蒙运动一般被公认为纯粹基督教文明的产物，没有利用过也无须利用任何来自其他文明的精神资源。按此逻辑，启蒙运动所构想出的包括现代民主政治在内的全部现代性，乃至建筑在启蒙原则基础之上的整个现代文明，也都被看成了纯粹的西方性和西方文明。现代化即"西化"的偏见，其实也就是这么来的。

可是，从启蒙运动的实际发展进程来看，基督教文明在锻造现代性的时候远不是这样"自足"的。至少，启蒙运动的两大核心信条——自由和平等（它们同时也是现代民主政治赖以成立的基石）的奠立，就曾得到过来自远东的中华儒家文明的支持。

在启蒙时代开始深入人心的自由、平等观念，的确有其欧洲本土的历史渊源，具体说来主要源自盎格鲁－萨克逊的和法兰西的政治文化传统，其最重要的阐释者分别为洛克和卢梭。我们知道，尽管法国启蒙运动的主流派极崇拜英国，但他们的眼中也绝非只有英国。西欧二百多年来的海外探险、殖民、贸易和传教活动，在大大加强各传统区域文明之间的联系交往的同时，也极大地开阔了法国启蒙哲人的学术视野。翻开启蒙旗手伏尔泰的《风俗论》（这部巨著使他荣膺"世界文化史之父"的称号），我们会不由自主地惊叹当时西欧人人类文明史知识的广博。当时世界各大传统区域文明——中国儒家文明、南亚印度文明、中东伊斯兰文明及欧洲基督教文明，已全在他们的视域之中。这时的西欧人对域外文明的考察了解不仅极为广泛，而且相当精细，表现出一种非同寻常的世界性文化研究兴趣。同时，他们对人类文明的探讨也不是没有重点的。他们有一个重中之重的关注中心，这就是中国的儒家文明。历史学家们甚至发现，在 18 世纪法国，启蒙哲人们对中国似乎比对英国更感兴趣。如法国学者维吉尔·比诺称："当人们翻阅 18 世纪法国思想家、经济学家撰写的作品、游记或报刊文章时，会惊讶地发现中国的名字是如此频繁地出现，激起了那么多的赞誉之词。仅以此而论，中国似乎就比英国更受欢迎。"[①]

那么，18 世纪法国何以会发生这么一场"中国热"？

这件事似乎和法国启蒙主流崇尚"开明专制主义"的倾向有关。人们知道，"开明专制主义"的主要鼓吹者伏尔泰就是一个典型的中国迷。这位睥睨一切传统权威的批判家，对于中国的传统权威孔子却非但不敢小觑，反而推崇至极。他把孔子的画像挂在家中的礼拜堂里朝夕膜拜，并以儒家思想文化为武器，抨击欧洲基督教的一神教专制。在他心目中，奉行儒学的中国是开明专制君主制的典范，那里有真正的信仰自由，佛教、道教、喇嘛教都可以自由传道，大家相安无事，政府只管社会风化，从不规定国民的宗教信仰。他还说中国人是"所有人中最有理性的人"。显然，伏尔泰推崇中国的儒学文化，主要就是看到其中有一种他在当时欧陆现实中难得见到的"自由"精神（其具体表现就是宗教宽容）。重农学派的重要代表人物魁奈则是另一位有名的中国迷。他几乎言必称孔子，对奉行儒学的中国文化和政治体制颂扬备至，认为中国是符合自然秩序的完美楷模。他于 1767 年写就了《中国专制制度》一书，由此为自己赢得了"欧洲孔夫子"的雅号。重农学派为何推崇中国儒学？关于这个问题，有学者作过比较深入的研究，但重点是研究儒家思想对西方近代自由主义经济思想的影响，强调了它对法国重农学派理论的滋养，并由法国重农学派和亚当·斯密学说的关联，进一步凸显了儒家思想对整个西方近代经济思想的奠基意义。[②]这其实是儒家学说对整个欧洲启蒙运动（包括别具一格的苏格兰启蒙运动）的影响的一个很重要的方面。但如果是从政治文化的角度来分析，那么更值得我们重视的，还是托克维尔的有关看法。托克维尔认为，重农学派之所以推崇儒学，是因为他们从中发现了他们所特别珍视的"平等"价值。在托克维尔看来，重农学派的著作最能体现法国大革命的那种革命民主气质，因为"他们不仅憎

▶ ▶ ▶ ————————————————————————————————

① Virgil Pinot, *La Chine et la formation de la pensée philosophique en France*, 1660-1704. 转引自孟华：《1740 年前的法国对儒家思想的接受》，《学人》第四辑，江苏文艺出版社，1993，320 页。

② 参见谈敏：《法国重农学派学说的中国渊源》，上海人民出版社，1992。

恨某些特权,分等级也令他们厌恶:他们热爱平等,哪怕是奴役中的平等"[1];由于这种平等在四周无法找到,他们便把眼光投向了遥远的中国,结果发现那里早已有了这样的东西,表现在:中国的"专制君主不持偏见,一年一度举行亲耕礼,以奖掖有用之术;一切官职均经科举获得;只把哲学作为宗教,把文人奉为贵族。看到这样的国家,他们叹为观止,心驰神往"。[2]

此外,按照法国文学批评家居斯塔夫·朗松的看法,中国儒学之所以在18世纪法国广受欢迎,主要是其道德观迎合了当时法国人的精神需要——那是一种既非宗教教条强加于人、又非由超验原则演绎而成的道德观,它与客观实际、现实生活相联,能让一般人较容易做到;此外,中国的政治体制又是和儒家道德原则结为一体的,这种政治与道德的统一,也为对现实不满的法国人提供了一种榜样。[3] 换言之,中国的儒学和政治体制之所以受法国启蒙哲人青睐,是因为它富含一种人本主义的伦理学。在伏尔泰看来,这种伦理学"跟爱比克泰德(古罗马的一位斯多噶派哲学家——引者)的伦理学一样纯粹,一样严格,同时也一样合乎人情"。[4] 伏尔泰还看到,孔子和西方古代贤哲一样有"己所不欲,勿施于人"或"己欲立而立人,己欲达而达人"的信条,并"提倡不念旧恶、不忘善行、友爱、谦恭","他的弟子们彼此亲如手足"。[5] 显然,这就是"博爱"的本义,因而也就和"自由"与"平等"的信条息息相通了。

当然我们也知道,伏尔泰和魁奈等启蒙学者所了解的儒家文化并非真正的儒家文化,至少不是儒学的全部。事实上儒家文化在他们那里,很大程度上是被不切实际地理想化了。此外,也并不是所有的启蒙思想家都像他们那样迷恋中国,比如孟德斯鸠和卢梭就曾毫不客气地批判过中华文明带有专制、愚昧特征的某些方面,而且相形之下,他们的看法要显得客观、准确得多。然而,如果就此认为西传的中华文明对于启蒙运动实际上毫无积极意义,却也有失公道。实际上伏尔泰等人对儒家文化的"误读"产生过某种"郢书燕说"的积极效果——也就是说,儒学当中本来比较含糊、隐晦,而且在实践中又长期被扭曲、遮蔽了的一些普遍适用价值,破天

▶ ▶ ▶ ─────────────────────────

① 参见托克维尔:《旧制度与大革命》,冯棠译,桂裕芳校,商务印书馆,1992,194页。
② 参见托克维尔,前引书,198页。
③ 参见孟华:前引文,《学人》第四辑,321页。
④ 参见伏尔泰:《论风俗》上卷,梁守锵译,商务印书馆,1995,219页。
⑤ 同上。

荒头一遭被明晰化、被提升、被凸显了出来，而且被当作代表东方文化的一个重要参照系，堂而皇之地参与了西欧人锻造现代文明的伟大实践。此外还有一个积极效果也不应被忽视，那就是儒学中内含的"自由""平等"精神的被发现，似乎也极大地鼓舞过法国的启蒙学者：试想，那群正东奔西突上下求索、要把自由平等一类信条确立为万世不易的普遍适用价值的法国人，忽然发现中国人这个东方的代表性民族一直就在奉行这类信条，这时他们感受到的该是何等强烈的兴奋！

应当说，自由与平等这一对价值不仅具有普遍适用性，而且对于现代文明或现代性而言还具有某种根本性的意义。表面上看，它们好像只与政治有关，好像只涉及政治民主化的问题，实则不然。说到底，工业化和科学化不讲自由与平等同样也是不行的。比如，真正的工业化不能没有市场经济的支撑，而市场经济的健康发展就离不开自由与平等价值的贯彻；搞科学如不贯彻学术自由、贯彻真理面前人人平等的原则，也不可能有真正伟大的发明创造，等等。总之，对于现代性来说，自由与平等的原则和"理性"的原则几乎具有同等重要的意义，而在这些原则的奠立过程中，东方文明客观上是做出了重要贡献的。

第四节
美国早期民主化的成就

作为现代民主政治的创制试验的一部分，美国革命最令人诧异的特点也许是它的外在表现形式或者说开始的方式：那是一场反对英国、旨在摆脱英国殖民统治的独立战争，而英国恰恰是当时世界最富有现代性（尽管这种现代性当时还只是一种萌芽状态的东西）的国家，是整个现代民主化运动的发祥地。也就是说，美国革命的任务是很特别的，因为它既不像尼德兰革命那样以推翻异族绝对主义统治为目标，也不像已经发生过的英国革命和即将发生的法国革命那样，承担着改造本族绝对王权政治统治的历史使命——总之它的斗争对象不是带有封建性质的绝对王权，而是一个新兴的、已经具有了民主化的取向和发展趋势的资产阶级国家。从这个意义上看，美国革命实际上是现代民主政治创制运动内部的一场冲突。

同时，这场冲突也是现代民主政治的一次具有突破意义的提升或深化。美国革命的发生，本来就是胚胎状态的英国民主政治体制本身所固有的一种非民主性的、甚至是反民主性的缺陷引起的一个后果。这个缺陷，就是革命后的英国政府长期奉行的民族压迫或族群压迫政策——在这个方面，英国政制和古代雅典政制颇为类似。它在草创时期就曾极不公正地对待过爱尔兰人和苏格兰人，到 1763 年英法"七年战争"结束后，这种不公正便集中落在了英属北美殖民地人民的头上。英国虽然打赢了七年战争，从而基本上从美洲排除了法国的势力，但也因浩大的军费开支而陷入了严重的财政困境，于是便打起了向它的北美殖民地转嫁困难的算盘，通过开征一系列新税和限制外贸自由来加强对殖民地的盘剥。然而，在 18 世纪后期这个时候，在英属北美殖民地这个地方，这种民族压迫政策已是绝对行不通的了，它很快就激起了强烈的反抗，而由于英国政府冥顽不化、一意孤行，这种反抗终于演变成了一场同仇敌忾的独立战争，并进而引发了一场层次更高的现代民主政治创制试验。结果，英国在不得不忍痛失去那一大片殖民地领土之后，还不得不眼睁睁地看着自己的"儿子"后来居上，在现代民主化改革方面遮蔽了作为首创者的母国的光荣。

新英格兰的乡镇——美国民主的摇篮

美国的民主大约起源于三个要素：一是英国特有的地方自治传统，二是富含民主精神的清教教义，三是新英格兰地区特殊的环境条件。

在托克维尔看来，英国的地方自治传统是在英国特有的一种长期的宗教纷争中形成的。他这样指出：英裔美国人"出生在一个许多世纪以来一直鼓吹教派斗争的国家。在这个国家，各个教派不得不轮番把自己置于法律的保护之下，它们的教徒在这种激烈的宗派斗争中接受了政治教育，他们比当时的大部分欧洲人更熟悉权利观念和真正自由的原则。在移民初期，自由制度的茁壮萌芽即地方自治，已经深深扎根于英国人的习惯之中，而人民主权原则的学说也随着地方自治被带进了都铎王朝的核心"；英国人在宗教纷争"这一智力竞赛中大大增加了知识，头脑受到了深刻的训练。在争论宗教问题期间，他们的民情变得更加好了"。①

宗教纷争也许的确让英国人在政治民主化方面得到了许多基础性的教育和锻炼，但仅以宗教纷争来解释英国地方自治传统的形成却似乎还不很充分。更深层的原因恐怕还在于英国人那种私有权意识相对比较淡薄的民族性。这种民族性衍生出了英国人讲究"公事公议"的自由主义传统，而这种传统既在国家政治的层面上培育了英国的议会制度，同时也在广阔的社会层面上培育了一种团体自治性很强的政治生活习俗。英国的地方管理制度素以富有自治色彩著称。早在11世纪末的地产调查报告《末日审判书》（1086）中就已显示，当时英国十分之九的居民仍住在纯粹的乡村社区中，而其余的居民也不一定就是"城市"居民。尽管英国的商业在12和13世纪有了长足发展，但决定这个时期的生活速度的还是乡村的节奏而不是城市的节奏。中世纪英国乡村生活最显著的特征便是具有很强的公共性和自治性："在任何一个村庄，个人利益在某些方面必须从属于群体利益被视为理所当然。……保养道路与桥梁之类的公共事业被认为是应尽的义务，而法律制度的实施也离不开村民参与陪审，陪审团调查诸如死亡之类案件的事实真相。在13世纪亨利三世与其子爱德华一世在位期间，要求村庄派出巡夜人以保护生命和财产安全，以后又要求每一村庄提供一名兵役，由村庄支付佣金。村民可以根据当地习俗就进入或使用草地等公用土地问题达成协议，而无须承担任何来自官方的压力。村民也可以集资兴建教堂。有人据此提出，在英格兰的一些地区，村庄日常生活充满活力的因素常常是村民群体，而不是领主。"②在英国社会学家勃里格斯的这些简略的描述中，我们已经清楚地看到了未来北美新英格兰地区乡镇生活的基本轮廓。

根据托克维尔的观察，早期到北美来开发殖民地的英国人有两种，分别定居在北美东海岸的南方和北方，而美国南北社会之间的许多重大差异也就是由此发展起来的。到南方（最早的落脚点为弗吉尼亚，1607年）来的英国人素质比较差，大都出身于有劣迹的家庭，最先是一些脾气暴躁、喜好闹事的流氓淘金者，后来也来了一些比较讲究道德、性情温和的工农业者，但他们仍属于英国的下层阶级，在建立新制度方面既无高尚的观点，也无深思熟虑的设想。再后来又不幸引进了蓄奴制，结果造成

▶ ▶ ▶ ▶

① 托克维尔：《论美国的民主》，上卷，董果良译，商务印书馆，1993，32页。
② 参见阿萨·勃里格斯：《英国社会史》，陈叔平译，中国人民大学出版社，1991，80—81页。

五月花号

了普遍的好逸恶劳，以及无知、高傲、浮夸和奢侈的泛滥。而到北方（新英格兰诸州）来落户的英国人则全然不同：他们多是受过良好教育讲道德守秩序的清教徒，社会经济境况近似，不贵不贱不贫不富，是一群基本上完全平等的自由人，而且都是将妻携子举家而迁；最重要的是，这些人到新大陆来，根本不是为了淘金发财，而是为了实现一种他们极为珍视的、不惜为之牺牲一切的宗教理想。[①]当然，他们的宗教理想，实际上就是清教理想，而这种清教理想，我们知道，它既是宗教学说，也是一种立宪主义的政治理论（以法国胡格诺派理论家们为其最早的表述人）——它之所以不能为当时英国本土的绝对王权所容，主要也正是因为它有这种世俗的民主政治倾向。很显然，新英格兰能够成为美国民主的摇篮，这是首屈一指的重要因素。

著名的《五月花号公约》便是这些清教徒民主理想的生动写照。那是 1620 年抵达新英格兰的首批清教徒家庭（共约 150 人）订立的一份社会契约，其中写道：

我们，下面的签名人，为了使上帝增光，发扬基督教的信仰和我们祖国

---

① 参见托克维尔，前引书，35—36 页。

的荣誉，特着手在这片新开拓的海岸建立第一个殖民地。我们谨在上帝面前，对着在场的这些妇女，通过彼此庄严表示的同意，现约定将我们全体组成政治社会，以管理我们自己和致力于实现我们的目的。我们将根据这项契约颁布法律、法令和命令，并视需要而任命我们的应当服从的行政官员。

这是一个意义重大的开端。随后，在英王查理一世在位期间，又有大批大批同样的清教徒逃出英国投奔到这一带，并按类似的社会契约建立起一些英国殖民地，由此形成了北美的新英格兰地区。

除了广大清教徒移民具有一种自然的民主政治倾向之外，新英格兰还有一个独特的优势，这就是那里的居民拥有其他英国殖民地都没有的高度的自治权。当然这在很大程度上也是新英格兰各殖民地的移民自己奋斗的结果——一如托克维尔所看到的，除了马萨诸塞早早就在 1628 年得到了查理一世的自治特许状之外，新英格兰的其他殖民地（包括普利茅斯、普罗维登斯、纽黑文、康涅狄克州和罗得岛州）都是在没有得到母国的援助和几乎没有让母国知道的情况下建立起来的，"那里的移民虽然并不否认宗主国的无上权威，但他们并没有去宗主国寻找权力的根源，而是自己建立政权；只是三四十年之后，在查理二世在位时期，这些殖民地的存在才根据皇家的特许状而合法化了"，结果，"我们看到这些移民每时每刻都在独立地行使主权。他们自己任命行政官员，自行缔结和约和宣战，自己制定公安条例，自己立法，好像他们只臣服于上帝"。[1]

托克维尔还惊讶地看到，这些清教徒移民在 17 世纪制定的政治方面的法律，就已在自由精神方面远远地先进于 19 世纪的欧洲：

> 作为现代宪法的基础的一些普遍原则，即那些为17世纪的大部分欧洲人难于理解和在当时的大不列颠尚未获得全胜的原则，已在新英格兰的法律上得到了全部承认，并被订于法律的条款之内。这些原则是：人民参与公务，自由投票决定赋税，为行政官员规定责任，个人自由，陪审团参加审判。所有这些，都未经讨论而在事实上确定下来[2]。

▶ ▶ ▶ ─────────────────────

① 参见托克维尔，前引书，40—41 页。
② 参见同上书，44 页。

新英格兰的民主政治，看上去就像古典民主政治在英属北美殖民地基层单位的一种简单的"复制"，又像是英国传统地方自治生活的一种自然的"再版"：它首先发生在"乡镇"（Township）这种清教徒移民的自然聚居点之中。

这种乡镇一般有人口两三千人，规模不大不小，正好可以实施类似于古希腊的直接民主政治。因此，乡镇的一切立法和行政管理工作都是全体乡镇成年居民一起或当着他们的面完成的。乡镇的公务活动分得很琐细，但大部分行政权还由几个每年一选的"行政委员"行使。这些行政委员可以不必经由本乡镇人民的认可来执行公务，但必须为其行动的一切后果承担责任。每遇他们不能擅自决定的重大事务（如更改某项既定的计划，或创办一项新的事业），他们就必须召集全体成年居民开会共同商议解决。一般来说只有乡镇的行政委员会有权召开这种居民大会，但如有 10 名以上的成年居民联名申请召开居民大会，行政委员会就得遵命执行。除了每年改选行政委员会之外，乡镇居民大会还选举产生乡镇的其他重要官员，如财产估价员、税收员、治安员、文书、司库、济贫视察员、校董、道路管理员等（总数为 19 名）。此外还有许多较次要的官员，包括教区管理员和负责组织消防、看青护秋、森林测量、监察度量衡等工作的视察员等。这些职务是每个居民都有义务承担的，不履行此义务者将被课以罚款。

新英格兰的这种乡镇被公认是美国民主的摇篮。而乡镇这种移民定居形式，在北美早期殖民地时代也只是新英格兰地区特有的现象，它和当时南部大种植园主的散居形式形成了鲜明的对照。至于乡镇何以只在新英格兰地区发生，原由甚多，但最主要的因素还是清教徒移民虔诚的宗教信仰及新英格兰地区的自然地理环境这两点。由于虔信宗教，清教徒们不能不相对集中地聚居在一起，以便频繁地开展宗教活动；同时，聚居对于他们以相互监督或激励来维持宗教情感和道德的纯洁性也是必要的。从地理环境上看，新英格兰的气候和土壤等自然条件比南方严酷得多，地广人稀的特点也更为突出，因而也难以发展类似于南方的那种散居式的大庄园制度。而一旦有了乡镇这种较大规模的人口聚居，就不能没有相应的社会管理机构，于是英国地方自治传统和清教教义中的民主思想便开始自然地发生作用了。

到 1650 年，这种乡镇民主就已在新英格兰的各殖民地得到了普遍的确立，并对未来美国的国家原则产生了巨大的、决定性的影响。由于英属北美殖民地的行政建制是由最基层的乡镇一级级向上发展起来的，乡镇政治生活的民主原则也在这个过程中一步步渗入了各殖民地（即后来美国的各州）的政治生活。这一情况主要体现在那里特有的殖民地议会制度中。这种议会制度在形式上遵循着宗主国的两院制传统，但实质上却有极大的不同，主要表现在其下院议员的名额分配直接以乡镇作为区划基础，而且全都是由乡镇的最高权力机构——人民大会——直接选举（亦即普选）产生的；同时该议院的由总督及其助手们组成的上院也基本上没有什么贵族色彩。事实上，这种议会体制已经预示了后来美国议会民主的基本模式。

由此看来，早在美国革命之前，英属北美殖民地的新英格兰地区就已经孕育出了一种极富现代精神的民主政治文化。这种政治文化显然导源于英国传统的自由主义政治文化，然而青出于蓝而胜于蓝，贵族的民主在这里已赫然蜕变为平民的或人民的民主了。

原则与程序——美国民主的缔造

独立革命时代美国共和派所创造的美国民主政治带有一种可贵的特色，那就是"原则民主"与"程序民主"的并重。

所谓"原则民主"，指的是一种把民主当作自由和平等这两大人类核心价值的体现而加以赞美的态度。而"程序民主"，指的则是一种把民主当作治理人类社会的最好手段来予以认同的态度。两者的基本差异在于：前者关心的主要是一般意义上的保障社会公正的必要性问题，比较抽象，带有"务虚"的意味，也带有较强的理想化色彩；后者则更多地关注于如何实现人民大众对政治决策过程的实际参与，富于"务实"的精神，也更善于接受客观现实的限制。两者之间不免会发生一些矛盾，但实际上是同一个问题的两个相辅相成、不可偏废的层面。美国开国元勋们的主要功绩，就在于他们不仅深知这个道理，而且还以过人的才智把两者巧妙地联系了起来并双双落到了实处，由此在现代民主政治创制史上留下了一块不朽的丰碑。

我们看到，在这块丰碑的两面分别镂刻着两份伟大的历史文献：《独立宣言》和《联邦宪法》。

由杰斐逊执笔起草、1776年7月6日第二届大陆会议通过的《独立宣言》，集中体现了美国革命者对"原则民主"的认同。宣言的核心思想就是这段举世闻名的文字：

> 我们认为这一真理是不言自明的：人人生而平等，并为造物主赋有某些不

可转让的权利，其中包括生命、自由和追求幸福的权利，为了保障这些权利，才在人们当中设立政府，而政府的合法权力必来自被统治者的同意；无论何种形式的政府，如若无视这个目的，则人民就有权改变它或废除它以建立新的政府。新政府应建立在最能保障人民的安全与幸福的原则之上，并应按照符合这种原则的形式组织它的权力。

应该说这些思想的主体部分并非美国革命者首创，因为自约翰·洛克和启蒙运动发生以来，它早已为人们耳熟能详了。但美国革命者的首创性在于，他们在人类历史上第一次以政府文件的形式肯定了它的正当性，从而把这些以往只是写在学者著作中的思想第一次贯彻到了建立国家的具体实践之中。此外，宣言中对"追求幸福的权利"的强调也别有深意。我们知道，它实际上取代的是英国自然法学派（如洛克）对于"财产权"的传统强调。由于"幸福"的观念在 18 世纪往往是和平等（包括财产平等）的观念密切相关的，暗含着对经济剥削的否定（如后来法国大革命中圣茹斯特提出"幸福是欧洲的一个新观念"，就旨在反对大贫大富）。因而宣言以"追求幸福权"取代"财产权"，显然反映了一种比英国人更强烈的对于平等原则的关注，而这一情况似乎也与卢梭思想对宣言执笔人杰斐逊的巨大影响，以及杰斐逊 80 年代游历法国期间对由财产分配严重不均造成的社会弊端的亲身感受，有一定的关系。同时人们也知道，杰斐逊在宣言的原稿中还严厉谴责过奴隶制度，称英国发动了一场"反人性"的战争，侵犯了黑人"最神圣的生命权和自由权"。尽管由于大陆会议中奴隶主代表的反对，这些文字后来被删掉了，但宣言对于一般天赋人权的抽象的肯定，毕竟已为美国奴隶制度的最终废除确立了逻辑基础。

1787 年费城制宪会议通过的《联邦宪法》则主要体现了美国革命者为确保自由平等一类价值而作出的一些最基本同时也是最实用的制度安排，它在许多方面都为后世的民主化进程留下了宝贵的经验。

我们知道，美国革命者制定《联邦宪法》的根本目的，就是要为《独立宣言》所宣布的各项政治民主原则提供一个有效的保障。由于独立后的美国采取的是一种松散的邦联制体制，缺乏一个有效能的中央政府，新生的共和国一度处境十分不妙：不仅在外部受到英国、法国和西班牙殖民扩张势力的三面包围，而且随着独立战争的胜利，国内各州之间也开始发生裂隙和冲突，同时各州内部的阶级矛盾也在迅速发展（1786 年发生的谢司起义便是阶级战争行将爆发的危险征兆）。国家实际上已出现了分崩离析和被颠覆的可能，而一旦这种可能成为现实，革命者所向往的自由平等的民主化原则当然也将化作南柯一梦。所以革命者感到，必须大力加强各州之间的团结统一，建立一个强大的中央政府，并设计一套社会矛盾的调节机制，以确保人民的各项天赋权利。美国革命伟大的制宪活动——人类历史上最早也是最杰出的政治民主化创制试验，就是在这种历史背景下开始的。

通过《联邦宪法》建立中央集权、确保民族的独立与统一，这实际上还是在完成争取民族自由的传统任务——一种类似于欧洲民族国家兴起时代的历史使命。但不同的是，美国人要建立的已不再是绝对君主制的民族国家，而是一个共和国。而且更重要的是，18 世纪 80 年代的美国在政治上具有特别得天独厚的优势：那里既有继承自英国的自由主义传统，又从法国启蒙运动中吸收了许多英国所没有的有关现代民主政治的重要理念——在后一方面，美国人在殖民地时代和宗主国之间的矛盾显然起过重大作用，它为美国在现代民主创制试验方面实现对英国的重大超越提供了可能。

《联邦宪法》的高超之处，主要就在于它成功地综合了英法政治文化中的民主性精华；也正是由于有了这种综合，现代民主政治才第一次获得了自己的坚实基础。

具体说来，参加费城制宪会议的代表们当时只认同"共和"而不认同"民主"的态度，基本上就是源于对英国自由主义传统的承袭。在 18 世纪的英美思想界，人们一般都还是局限于从字面意义上理解"民主"这个词，即把它看作古希腊的那种只适用于城邦政治的直接民主，并常常把它等同于动荡、混乱甚至"暴民专政"。但同时人们也相信，在国家管理中也必须有人民的存在——否则任何政府都会发展成暴政，而体现人民参政的最好形式便是英国人发明的代议制，也就是说人民不必亲自管理国家，只需选派代表去组织政府——这也就是当时人们对于"共和"的一般理解。①

然而和革命后英国的情况显著不同的是，独立战争后美国的代议制在民主性方面已有了大幅度的提高——按詹姆斯·伯恩斯等人的说法，"尽管同过去的决裂不像几年后（1789）的法国大革命或 20 世纪（1917）的俄国革命那样引人注目，各

▶ ▶ ▶

① 直到 19 世纪初，人们的观念才开始发生变化，愿意把美国政治制度称作"民主制"的美国人越来越多，民主的词义在泛化的同时被积极化了。参见戈登·伍德，前引文，110—127 页。

《独立宣言》

州新政府仍是不同于它们所取代的原来的那些政府"，主要表现在"各州新宪法都写进了权利法案，废除了大多数宗教限制，放宽了投票权的财产和纳税条件"。① 这些富含平等精神的变革，显然和法国启蒙运动中卢梭主义思潮的传播有很大关系。英国革命中的平等派梦寐以求而终不可得的东西，美国人轻而易举地就得到了——我们看到，尽管男性公民普选权只是在 50 年后才确立，但独立革命后不久便有九个州降低了选民的财产资格，佛蒙特州实现了成年白人男子普选制，宾夕法尼亚则

① 参见詹姆斯·伯恩斯等著：《美国式民主》，谭君久等译，中国社会科学出版社，1993，16 页。

一切纳税人都有权投票；州议会也提高了民主程度，有些州还实现了比例代表制，改变了以往小农在政治上没有发言权的状况。同时奴隶制度也开始受到扼制，一些州政府相继通过了禁止输入奴隶的法律，原有的奴隶也在逐步获得解放。

正是这种"民主共和主义"的发展趋势，使费城制宪会议不得不郑重考虑政治权利的平等问题。当时，这个问题主要包括普通民众的投票权和小州的国会代表权这两个方面。在民众投票权方面，以富兰克林为代表的激进派主张所有男性公民包括无财产者都应享有平等的投票权，但大多数与会代表不同意，担心这样做会损害有财产者的正当权利。然而，考虑到国内存在着强大的民主共和主义势力，而《联邦宪法》将来还需得到各州选民的批准，会议最终还是没有硬性规定民众投票权的财产资格。结果，民众参加国会众议院议员选举（这是民众直接参与全国政治的唯一场合）的财产资格问题被留给各州去自行决定（《联邦宪法》第一条第二项），而由于各州此时正在放宽投票资格的限制，这一条款实际上已经在全国政治的层面上完成了对英国自由主义传统的突破。

小州在参议院中获得了平等的代表权，是民主共和主义在费城制宪会议上取得的另一个重大胜利。起先，"弗吉尼亚方案"一度占上风，它试图让人口比较多而且也比较富裕的三个大州——弗吉尼亚、马萨诸塞和宾夕法尼亚——取得对立法机关的控制权。但不久便有一些小州针锋相对地提出了"新泽西方案"，主张成立一院制国会，各州无论大小在国会中有同等的表决权。也是考虑到将来宪法还得争取获得各州的批准，最后达成了一个"康涅狄格妥协案"，通过设立一个各州享有平等投票权的参议院和一个按人口数确定代表名额的众议院的方法，解决了这个问题。

也正是在这种民主共和主义政治文化的引导下，《联邦宪法》的制定者们在热切希望建立强有力的中央政府的同时，一刻也没有放松对于一切形式的专制政治的警惕。正是在这里，孟德斯鸠"以权力制约权力"的学说第一次在政府体制的设计方面得到了较好的贯彻，现代民主政治的一些行之有效的制度性要素应运而生。

这些制度性要素主要就是一套"地域和体制的双向平衡机制"（麦迪逊语），亦即通过各州与联邦政府的分权以及联邦政府内部的分权，来实现各种政治权力之间的全面制衡，以防止任何一个政治势力单独控制全国的政治生活。这种机制实际上是由以下三个层面的分权制衡关系组成的：

首先是各州和联邦政府之间的分权制衡。国会拥有国家意义上的最高权力，这种权力可以制裁以州为基础的派别活动，防止州与州之间的恶性竞争，并将为各州的民主政体提供有力的保障。同时宪法也让各州以种种方式保留了自己的主权，这不仅表现在各州有直接管理本州居民的自治权，而且表现在各州可以按自己的方式直接选举自己的众议院议员，而众议院在立法动议权方面享有较大的权力，同时又由于总统由各州的选举团选举，参议员也由各州议会选举，故各州的主权在联邦政府中实际上享有很重要的影响力，可以有效地防止中央权力的专制化。

其次是联邦政府内部立法、行政、司法三大权力部门之间的分权制衡。这显然是对孟德斯鸠"三权分立"理论的直接应用，美国人由此辉煌地创造出了一个全新的政府权力机构，那里国会、总统、最高法院三足鼎立，互相制约：国会制定法律，但总统可以否决之；最高法院可以宣布经国会通过并经总统签署的法律违宪，但总统经参议院批准任命最高法院的法官；总统执行法律，但必须由国会给予财政支持。道理还是波里比乌斯的那一套混合政体的道理，然而实质内容已经发生了根本性的变化。

第三层次的分权制衡关系则是由对立法权的再度分割（即分成参议院和众议院两个院）体现出来的。由于任何法案必须经两院批准才能生效，故参院和众院在制定法律过程中互有对于另一方的绝对否决权。美国革命者把国会分成参众两院，这根源还是英国的议会制传统，也反映了当时美国有产者阶层对于"民主"（其实是直接民主）的不放心。但和英国传统不同的是，两院制在当时美国人的心目中已不再是贵族政治的体现（因为在美国，每一个人都必须劳动，以劳动求生存，基本上没有寄生性的贵族阶层），而只是"人民的一种双重代表制"；参议院（上院）也不再有任何"贵族院"的色彩，而只是"人民的另一种代表方式"；之所以还必须实行两院制，纯粹是因为人们对于立法权"无法完全相信"的缘故。[①]

在美国历史学家戈登·伍德看来，美国人对于两院制的这种独特的理解，"隐藏着无穷的含义"——因为它实际上意味着当时美国人那源自英国传统的"代表制"观念也发生了重大变化。也就是说，按英国传统的代表制观念，代表和选举之间并没有必然的关联：一个没有参加选举投票的英国人，事实上可以在下院找到自己的代表；而一个选举产生的政府官员（或参议员），也并不一定就是他的选民的

▶ ▶ ▶ ━━━━━━━━━━━━━━━━━━━━━━━━━━

① 参见戈登·伍德，前引文，115页。

代言人。然而，美国人依据自己在新世界的经历，已得出了另一种代表制观念，即每个个人和为自己在政府中说话的代表之间，必须有非常密切的利益关系，否则个人的权益就无法得到保障——独立革命前"无代表不纳税"的著名口号，就是依照这个逻辑提出来的。

在这里，我们已经接触到了美国民主的一个最具根本性的特征，那就是对于"选举"问题的极端重视。由于选举被认为是人民大众参与政治决策过程的必由之路，故而选举的问题实际上也就是我们前面谈到的"程序民主"的问题。在美国人看来，民主政体的关键机制就是一种"自由的、公平的和公开的选举制度"。他们还认为，尽管民主政体可以采取多种不同的形式，但民主选举却必须具备至少四个基本要素，这就是：1．一切公民享有平等的投票权；2．投票人享有了解事实真相和所有候选人观点的权利；3．公民享有为政治目标结社建党的权利；4．获多数票者当选。[①]

也正是在这种"程序民主"的早期实践过程中，美国逐渐形成了自己的两党制政治格局。美国的两党制显然有其英国政治文化的渊源，但值得注意的是，其中多少也有一些来自法国启蒙运动的卢梭思想的影响，而且也正是这一点，使美国的两党制多了不少现代民主的特色。本来，强烈主张人民主权统一不可分割的卢梭是极端反对政党政治的，而这一思想在独立革命时代的美国也有不少忠实的追随者，杰斐逊便是其中之一。不过，杰斐逊政治上的灵活性就在于，当他发现党派活动在现实社会中实际上无法避免，而且如果不以党派的方式进行政治斗争人民的利益就得不到保障的时候，他便毅然决然地承认了政党政治的正当性，并立即采取了相应的行动。18世纪90年代中期，在第二届华盛顿政府中担任国务卿的杰斐逊开始暗中支持其同道麦迪逊组织民主共和党人的政治活动，以对抗财政部长汉密尔顿所领导的联邦党人，美国的两党制政治格局即由此滥觞。尽管这两党之间的矛盾实际上反映的是汉密尔顿"工业立国"路线和杰斐逊"农业立国"路线之间的对立，而更符合历史潮流的显然还是汉密尔顿的政策，但由于杰斐逊刻意维护州权和小农利益的政策更富于卢梭式的平等主义色彩，因而这种两党制政治格局从整体上看还是英法政治文化中民主性精华的一种综合。

▶ ▶ ▶ ————————————————————————

① 参见詹姆斯·伯恩斯等著，前引书，13—14页。

　　总的说来，美国的民主之所以能够做到"原则民主"与"程序民主"并重，主要就是因为它产生于对英法政治文化民主性精华的综合。这种综合并不容易：它是人们通过许许多多的"妥协"来完成的，而任何成功的妥协，都既需要足够的气度，也需要高超的技巧。学者们一般以"三大妥协"来概括费城制宪会议，这就是大州与小州就国会代表权达成的妥协，北部与南部就税收和代表权上如何计算奴隶人数达成的妥协，以及北部与南部就管理对外贸易和征税达成的妥协。其实，制宪会议上意义重大的妥协还有不少，至少应包括两院制和总统选举法等问题上的妥协。然而这还仅仅只是美国民主实践过程中无数重大妥协行动的开始！事实上，整个现代民主政治都是妥协的产物。因此也可以说，一个民族不善于妥协，就不可能走向真正的民主。

　　美国的民主直到今天也不能说是真正的民主，更不用说在两百多年之前了。不过，当时的美国民主制尽管还存在着无数的局限性（其中最主要的是仍保留着种植园奴隶制和没有平均地权，这些问题将只能在 19 世纪 60 年代通过一次继发性的革命突破——南北战争——来解决），但由于实现了对英法民主政治文化的兼收并蓄，它无疑是 18 世纪末世界上最先进、最现代并且最有前途的政治制度：它不仅已经远远地超越了英国的民主制，而且还比当时正在法国大革命中发生的民主制更富于生命力，尽管革命法国的现代民主创制试验另有其一番深远的历史意义。

第五节
法国革命民主的成就与教训

　　18 世纪末的法国大革命从许多方面来看都是美国独立革命的一个直接后果，但它要解决的问题却不同于美国革命，而和一个半世纪以前爆发的英国革命如出一辙——这就是要在一个绝对君主制国度内部通过对政治的民主化改造来实现社会的现代化转型。应当说，英国革命和法国革命无疑比美国革命更具经典意义，因为它们都必须实实在在地革除一些封建因素以建设资本主义社会，而美国革命很大程度上只不过是在一个没有什么封建因素的资本主义社会进行的政治上的改良。然而和英国革命比较起来，法国革命又显得更经典一些，因为它对封建因素的革除最为彻底——实际上唯有法国革命才真正实现了对封建社会的革命性改造，因而唯有法国革命才能算得上是真正意义上的"革命"。法国革命之所以常常被称作"大革命"，也许就是因为需要突出它和英国革命及美国革命的这种差异的缘故。

由于法国革命具有这种特殊的经典性，它在现代民主政治创制方面的贡献自然也非同一般。事实上它历来被认为是世界政治发展史上的一块划时代的里程碑，是全球性的政治民主化潮流开启的标志。应该说，法国大革命时代的政治经验，不论是正面的还是反面的，对于人类社会的政治民主化事业都是一笔巨大的精神财富。

使民主成为普遍适用价值的革命

虽然 17 世纪的英国革命和 18 世纪的美国革命都是对于现代民主政治的创生具有重大意义的"革命"事件，但它们却都不是严格意义上的"革命"。事实上，它们的实际参与者也根本没有把这两件事当成"革命"（前者被称作"清教运动"或"内战"，后者则被称作"独立战争"），原因主要是"革命"这个词在当时是个很不好的词，相当于我们常说的"动乱"。这也就是说，这两个历史事件的"革命"之名是由后来的历史学家授予的，而历史学家这时使用的"革命"一词，通常都带有某种褒奖的意味。

那么，究竟是什么变故，使"革命"这个词发生了这种由贬义变为褒义的变化？

这就要归因于法国大革命了。正是在法国大革命中，"革命"不仅由可咒的"动乱"一变而成为普天之下最正当、最神圣的事物，而且获得了自己的一个流传极广的经典词义——"一个阶级推翻另一个阶级的暴烈的行动"（毛泽东语）。而法国革命的参与者也就成了历史上第一批敢于公开把自己所从事的斗争称作"革命"的人，同时"革命者""反革命"之类的派生词也随之应运而生。更重要的是，伴随着法国大革命还兴起了一种"革命崇拜"，或者说一种"革命文化"，它对后世产生了巨大的影响。

"革命"词义的这种变化，意味深长。在我们看来，它实际上反映的是当时人类社会政治观的一种历史性的巨变。具体说来，就是人们这时终于开始普遍地觉悟到：王公贵族的政治统治是非法的，人民大众才是国家政权的真正主人。法国大革命的根本目的，无非就是要打破王公贵族的政治垄断，要在"人民主权"的基础上重建政治统治的合法性。也正因为这一斗争实践顺应了时代的潮流，"革命"这种行为才在人类历史上第一次获得了自己的正当性乃至神圣性。

我们已经知道，真正具有现代意义的、完全抛却了宗教外衣的人民主权学说出自英国的洛克，但人民主权观念在西方被确立为一种占主导地位的意识形态，却是法国启蒙运动的功劳——而且主要是卢梭的功劳。这里应当指出的是，法国启蒙运动对人民主权观念主导地位的确立，是通过把"人民主权"这个本来很具体的概念抽象化、纯粹化来实现的，而其最突出的表征便是卢梭对人民主权"统一不可分割"的强调。然而，卢梭的这种人民主权观也不可避免地带有一种"绝对主义"的特性，因为主张主权"统一不可分割"本来就是一种绝对主义的政治理论，其首倡者是让·博丹，只是由于他认为"主权在君"，故而此理论的实际效用是奠定了欧洲绝对王权统治的合法性基础。卢梭主权理论无疑是对博丹主权理论的一种革命性改造，只是异曲而同工，卢梭的这种改造只简单地完成了对博丹理论中国家主权所有者的置换，即以"主权在民"取代了博丹的"主权在君"，而丝毫没有改变博丹关于主权"统一不可分割"的思想，所以卢梭的人民主权观纯粹是作为博丹君主主权观的对立物或否定物提出来的，是要以人民主权的绝对性取代君主主权的绝对性，要在绝对王权的废墟之上建立以全体人民的同意为合法性基础的"人民民主"制度。不容否认，卢梭的这种人民主权观的提出，对于结束以往普通人民政治上的无权状态无疑是必要的，而在像法国这样严重忽视人民政治权利的国度，这种必要性也许尤为突出——其实也只有在王权绝对主义最纯粹、最发达的法国，才能产生卢梭这种激进的人民主权观。但同样不容否认的是，这种人民主权观也只是在破坏旧的不民主制度的时候有用，而不足以用于新的民主制度的建设——因为很显然，以为只要以绝对的人民统治取代绝对的君主统治就能建立一个理想的公正社会，这种思想未免太过古朴，也太过简单。

由此看来，法国大革命的激进性很大程度上是和卢梭人民主权理论的激进性联系在一起的。事实上，也正是由于尽可能忠实地贯彻了卢梭的人民主权理论，法国革命才走了一条与英国革命和美国革命迥异的道路而成为人类历史上第一次真正的

"革命"。

　　不过，和革命时代法国所处的客观社会历史条件比较起来，卢梭学说对于法国革命激进性的形成还只能算是第二位的因素。我们知道，法国革命并非从一开始就是激进的：它并不要求贯彻卢梭的人民主权原则，而只满足于建立一种英国式的君主立宪政体。但是，即使是这样一种有限的改革纲领，在当时的法国都难以得到真正的贯彻，原因就是来自封建统治阶级方面的阻力太强。这种阻力有国内和国际两个方面，其直接后果便是促成了革命的一步步激进化。很显然，如果不是特权等级和王权极力反对第三等级关于权利平等的要求，并为此不惜调动军队准备动武，1789 年 6 月 17 日"国民议会"的成立、6 月 20 日的"网球场宣誓"、7 月 14 日攻克巴士底狱的民众起义、10 月 5—6 日王室由凡尔赛被迁至巴黎置于民众监控之下等等一系列事件就不可能发生，对大革命进程影响极巨的"与过去彻底决裂"(faire table rase du passé) 的观念可能就流行不起来，而人民群众的政治参与也就不至于出现无限扩大的态势；在国际方面，如果没有普鲁士、奥地利以及后来的英国、俄国对革命法国的外部武装干涉，加上由贵族分子发动的国内大规模叛乱使法国面临民族危亡的严重威胁（这是英国革命和美国革命都根本不曾遇到过的复杂情况），1792 年的"9 月屠杀"和宣布共和、1793 年的雅各宾专政和恐怖统治、全民战争总动员和大规模征兵等等激烈举措也不可能出台，人民群众在决定国家命运方面的伟大能量也就不能得到充分的显现。这些事实告诉我们，法国革命由一种相对温和的维新运动变成真正的"革命"，原来在很大程度上是迫不得已的，人民主权的绝对化原是君主主权的绝对性使然。

　　革命时代法国的社会矛盾极其复杂，但最基本的矛盾仍然很简单，那就是资产阶级和封建贵族之间的阶级矛盾。当时法国贵族成员之中虽有不少自由派分子，但其核心部分仍然是保守的，而且当改革危及其传统的特权地位的时候，这部分保守的贵族分子是注定要为维护整个贵族等级的利益起而抗争的。作为一个封建等级的贵族虽然和王权时有龃龉，但两者之间的根本利益却是一致的，都希望在家族血统的基础之上永久维护它们的封建特权。而当资产阶级势力的发展对这些特权构成威胁的时候，它们就会自然地联合起来，作为一个统一的贵族阶级来和资产阶级拼死一搏。这就是大革命时代法兰西阶级斗争的本质内涵，有关法国大革命的传统史学也正是建立在这一基本的历史事实基础之上的。我们知道，这种传统史学自 20 世纪 50 年代中期起，具体说来就是在英国历史学家阿尔弗雷德·考本于 1954 年在伦敦大学开出"法国大革命的神话"课程之后，就受到了"修正派"的持续挑战。后者的观点主要是：大量事实表明，革命前法国的土地贵族和地产资产阶级已经相互融合，而由于贵族和资产阶级之间已经不存在社会经济上的对立，故而说法国大革命是贵族和资产阶级之间的阶级斗争纯属虚构，甚至是出于某种意识形态的目的而有意编造出来的一套"神话"。这种观点曾在西方史学界风靡一时，至今仍有相当的市场。然而在我们看来，像"修正派"这种把阶级仅仅归结为一种社会经济事实的做法，未免过于老套。阶级必须有社会经济基础这一点固然不假，但忽视文化观念在确定阶级关系方面的作用却也不合历史实际。事实上，阶级作为一种人类群体，自然地带有经济和文化两个方面的内涵。也就是说，阶级之间的斗争，既缘于经济利益的矛盾，也与文化观念上的差异有关。就法国贵族阶级和资产阶级之间的斗争而言，也许在大革命前夕，这两大阶级在经济利益方面很大程度上的确已趋于一致了，但在文化观念方面却远没有发生这样的情况：贵族由血统高贵而产生的优越感似乎丝毫没变，因而仍坚决不肯舍弃其传统的特权，而资产阶级从中世纪以来一直怀有的那种对贵族特权的强烈怨愤，也只能随着其经济实力的大幅度扩张而变得更加强烈。这意味着两者之间还将不可避免地发生一场战争，而且这场战争的结果直接关系到未来法国社会的发展方向——是继续维持其传统社会的特性，还是走向现代？这场战争，当然也还是一种阶级斗争。

也正是大革命时代法兰西阶级斗争的这种不可调和性，使卢梭主义的人民主权观念在法国革命中得到了最大限度的弘扬。这可以从以下三个方面来看：

首先，通过 1789 年 8 月 26 日的《人权与公民权宣言》（通称《人权宣言》）的颁布，卢梭主义的人民主权观念被赋予了放之四海而皆准的普遍适用性。表面上看，《人权宣言》中关于"人民主权"的思想在精神上和美国革命的《独立宣言》并无二致，差异只是表述方式的不同[①]，但前者所表现出的卢梭主义特质仍鲜明得多。例如，美国《独立宣言》虽提到人权和与之相关的人民主权思想，但其主旨却是要借此说明美国独立的理由，而并不在于对人权和人民主权作刻意的宣扬；而法

▶ ▶ ▶ ────────────────────────────

① 如：《独立宣言》称"政府的合法权力必来自被统治者的同意"，《人权宣言》则称"整个主权的本原主要是寄托于国民，任何团体、任何个人都不得行使主权所未明白授予的权力"。参见周一良、吴于廑主编：《世界通史资料选辑》（近代部分上册），蒋相泽主编，商务印书馆，1972，93、123 页。

国《人权宣言》的立意则根本不同，它的主旨是要以"宣言"的形式，通过综述几个世纪以来有关自然法哲学的反思成果，来阐明个人作为"人"所天然拥有的一切基本权利，其中包括人身自由、政治平等、财产安全、法律保护和思想自由等等。当然，美国革命者也没有忽略这些基本人权，但他们是通过被称作《权利法案》的十条宪法修正案来阐述这些权利的，而且阐述的内容相当具体，实际上谈的只是美国人特有的权利，这就和法国《人权宣言》所宣布的那些全人类共有的自然权利不能同日而语了。而且，法国《人权宣言》用"宣言"而不是"法案"或"宪章"一类词来作为这个人权文件的名称，似乎也别有深意：按历史学家丰塔纳的解释，这是在"有意模仿国王诏书中的神圣程式"，企图通过"诉诸普遍原则，诉诸神授，而赋予人民主权以以往君主行为才有的神圣色彩"。[1] 说到底，《人权宣言》的颁布，就是要用一种普遍适用的、神圣的话语来道出人民主权的绝对性，就是要以绝对的人民主权来取代绝对的君主主权。

其次，本着卢梭人民主权统一不可分割的思想，法国革命者极为关注人民政治意愿的直接表达，极力提倡人民整体的政治参与。尽管人们也很明白，在像法国这样的大国不可能按卢梭的理想实施直接民主，唯一可行的还是代议制民主，但他们仍力图在其他一切可能的方面贯彻卢梭主义的精神，实际上是力图把代议制的实际同直接民主制的原则结合起来。早在 1789 年 6 月 17 日宣布的"国民议会"决议中，就出现了"代议制是统一不可分割的"[2] 这样一种含糊不清的提法，深刻地反映了革命者对卢梭主义的迷恋和从权采纳代议制时的无奈。但"代议制统一不可分割"，似乎也反映了这样一种心态：既然法国人民的意志只能通过他们在议会中的代表来表达，那么也就只好以代议制作为实践人民主权的变通办法；但是，一旦人民的代表齐聚议会，则该议会作为人民主权的体现，就再不允许被以任何形式加以分割了，至少应该在这个层面上切实贯彻卢梭主义的人民主权原则。果然，国民议会坚决反对两院制和政党政治：议员穆尼埃关于按美国方式建立两院制议会的提案被以压倒多数否决，而在当时革命派中享有极大威望的米拉波再三表露的建立"大

▶ ▶ ▶ ────────────────────────────

[1] 参见比安卡玛丽亚·丰塔纳：《民主与法国大革命》，载约翰·邓恩编：《民主的历程》，林猛等译，吉林人民出版社，1999，137 页。

[2] Buchez et Roux, *L'histoire parlementaire de la Révolution française*（《法国革命议会史》）, Paris, 1834-1838, t. 1, p.470.

立宪党"的意图，也始终得不到人们的附议，连他在议会中的一些最忠诚的崇拜者都不敢苟同。事实上，法国革命议会的一院制一直维持到"热月反动"一年多以后的1795年10月，而政党政治的合法性则直到大革命结束（1814）也没有建立起来。应该说，法国革命者对政党政治的强烈抵制，也和大革命时代流行的对"贵族阴谋"的深刻担忧有很大关系，因为任何党派行为都将削弱政治的公开性和透明度，从而为贵族的反革命阴谋活动提供便利。如山岳党人夏博宣称"只存在一个政党，即阴谋家党"，就反映了这一心理。但无论如何，法国革命者反政党政治的理论基础，总还是卢梭的人民主权学说——圣茹斯特关于"任何乱党都是罪恶的，因为它企图分裂公民"的断言，即剖明了这一点。当然，我们也知道，法国革命中实际上党派林立并充斥着激烈的党争，这也是多种社会利益集团的客观存在使然，但离奇的是，竟没有任何党派敢于声称自己是一个党派（因为这意味着自认是一个游离于人民整体之外的小集团），而且事实上也没有一个党派试图把自己发展成一个组织完备、纪律严明的现代政党。这一情况显然也是和卢梭主义对人们的思想"钳制"分不开的。也许，卢梭人民主权思想对于大革命政治最实在的影响，就是通过这种异常强烈的反党派意识体现出来的。

第三，通过对"平等"价值的执着追求，革命彻底捣毁了法国的封建制度，为人民主权的充分实现开辟了广阔的通道。由于人人权利平等是实践人民主权的首要前提，而这种平等又恰恰是旧制度法国最缺乏的东西，故而"争取平等"很自然地成了法国革命最根本的任务。当然，这也是一项最艰巨的任务，革命者必须为此付出超常的努力。首先必须对平等这一价值做出超常的强调，赋予它一种道义上的绝对性——《人权宣言》第一条（"在权利方面人人生来是而且始终是自由平等的"），似乎就反映了这种意向。比之只提"人人生而平等"的美国《独立宣言》，《人权宣言》的"始终平等"的提法暗含反阶级分化之意，不免有不切实际之嫌，但却也不失为一种合理的矫枉过正。由于"平等"的价值实际上被提到了首位，就连《人权宣言》关于"自由"的定义（见第四条）都渗透着对于平等的关怀："自由就是指有权从事一切无害于他人的行为。因此，各人自然权利的行使，只以保证社会上其他成员能享有同样权利为限。"——这里的"同样权利"，自然就是平等，可见不以牺牲平等为代价，是"自由"的题中应有之义。《宣言》还郑重宣布："由于法律面前人人平等，故所有公民都能平等地按其能力担任一切官职、公共职位和职务，除德行和才能上的差别外不得有其他差别"（第六条），这是一个英国革命不愿提、美国革命没有必要提因而也想不到去提的问题，同时却是欲图成功的法国革命不能不提的问题。由于看到财富的不平等会使政治权利的平等徒有虚名，法国革命还不惜以牺牲一部分自由权（财产权）来保障平等权：雅各宾专政时期干预财产权的一系列法令，包括 1793 年 6—7 月间的三项著名的土地法令、1793 年 10 月和 1794 年 1 月有关平均分配遗产的法令、1794 年 2—3 月间以嫌疑犯财产补助贫穷爱国者的法令，以及若干建立对穷人和老幼的救济制度的法令等，都具有这种性质。[①] 雅各宾派的目标是建立一个没有大贫大富、人人都能独立自主生活的社会，这一点和美国革命者杰斐逊的理想毫无二致，而根据当时的政治学，这也正是实行人民主权的民主共和制度必不可少的社会条件。尽管这种理想在当时毫无实现的可能性，但法国革命者为实现这种平等乌托邦而付出的巨大努力却产生了深远的历史影响——法国的封建土地制度就是在这期间被彻底消灭的，同时人民大众也被最大限度地动员起来参与了国家政治生活，人民主权的观念由此全面普及并深入人心，而法国现代民主政治的发展也随着自由小农社会的出现而有了根本的保障。

在我们看来，法国大革命之所以在现代世界民主政治发展史上具有开先河的典范意义，主要就是因为它从实质上贯彻了卢梭主义的人民主权观念，而这种民主实践最核心的部分，便是对"平等"原则的落实。正由于"平等"的价值在法国大革命中得到了前所未有的凸显，以往一直默默无闻的人民大众才第一次显示了他们在政治上的极端重要性，事实上成为一切政府的合法性源泉，以至于到后来连反民主的独裁者都不得不通过公民投票之类的程序来攫取权力，似乎不披上"民主"的外衣就无法实现稳定的专制统治——这种以"全民批准的个人独裁"为核心特征的统治形式，实际上也是在法国大革命造成的历史情境中产生的，因其始作俑者是拿破仑·波拿巴，故而常被称作"波拿巴主义"。"波拿巴主义"无疑是对法国大革命的核心理念即人民主权的反动，但却也以独特的方式肯定了"主权在民"的时代潮流，因而实际上只具有某种过渡的意义，是某些绝对主义或专制主义传统较深的民族在民主化进程中常常绕不开的一个阶段。此外，法国革命者追求"平等"的超常努力，还使法国大革命成为许多现代政治思潮的总源头。在这些思潮中，主要有欧

▶ ▶ ▶ ────────────────────────────

① 关于这些法令的具体内容，参见索布尔：《法国大革命史》，马胜利等译，中国社会科学出版社，1989，311—312 页。

处死路易十六

陆自由主义、民族主义、社会民主主义、马克思主义等等，甚至还包括了女权主义，它们以承认人民主权为共同特征，并将从不同的侧面对现代世界民主化运动产生积极的影响。

法国大革命的历史教训

由上述情况可知，法国大革命的主要历史贡献，实际上就是解决了英国革命和美国革命所没有解决的现代民主政治的普遍适用性问题，从而开启了政治民主化的世界潮流。但同时我们也看到，法国大革命是通过大力弘扬卢梭主义的人民主权观念来完成这一历史使命的，这就不免要引起一些问题。

我们知道，卢梭心目中最理想的政治制度是只有在像日内瓦那样的城邦国家才能够实行的直接民主制。他关于"人民主权统一不可分割"的推断，也只有在这种小国寡民的条件下才能真正得到落实。而这样一来，卢梭的民主实际上也就和我们所熟知的"古典民主"相去不远了。法国大革命既已奉卢梭为其精神导师，在很多情况下自然要勉为其难地模仿这种古典民主。固然，在革命时代的法国，也许只有通过尽可能地贯彻古典民主的原则，亦即把"民主"的价值绝对化或纯粹化，才能有效地摧毁旧制度，但由于古典民主的一些固有的弊端——主要是缺乏对民众权力的制约和个人自由意识，法国革命最终也付出了沉重的代价。

代价之一，便是这场革命一贯地带有某种和现代民主格格不入的"专制"气质。

这种"专制"气质，首先表现为"议会专制"或曰"立法中心主义"在革命中大行其道。在大革命一开始，被认为是"法兰西民族的化身"的国民议会就获得了一种绝对的权力，而且其绝对性比往日的王权实有过之而无不及：它既有权制订国家法律，也有权制订政府法规（即有权解释法令并规定执行法令的具体办法，实际上控制了执行权）；国王虽然能够对议会决议行使"延缓否决权"，但这种否决权是有限的，对于议会提出的一些重大法律如税收法、弹劾令和宣言书等无效；国王手下的大臣都必须向议会负责，国王也没有解散议会的权力；以往王权还常常受高等法院掣肘，如今革命已废除了高等法院，而新司法机构的权限又受到了严格的限制，即只能依法判案，不能对议会的立法提出任何异议，故司法权对立法权的制约也完全被忽略了。后来，随着革命的深入发展，议会专制的倾向还呈现出步步强化的趋势：1792 年 3 月，迪穆里埃奉命组阁，行政权实际上落入了把持立法议会的吉伦特派之手，由此进一步丧失了自己对于议会的独立性。及至 8 月 10 日王权垮台，行政权已形同虚设。雅各宾专政时期制定的《1793 年宪法》更规定：立法机关确定的 24 名部长必须在相互隔离的状态下工作，并必须严格地隶属于议会。该宪法虽因战争形势紧张而始终未能生效，但议会对行政部门的控制却仍在不停地加强：1793 年 12 月 4 日关于革命政府组织的法令规定，各行政部门统统必须接受国民公会的救国委员会管辖；1794 年 4 月 1 日的法令则干脆取消了行政会议，以直属救国委员会的 12 个行政委员会取而代之。而且，当救国委员会权重一时、似乎可以支配议会的时候，国民公会也能够不失时机地通过发动"热月政变"来削弱之，结果自共和 2 年果月 7 日（1794 年 8 月 24 日）起，救国委员会便失去了它对所有行政部门的统辖权，而只被赋予处理战争和外交事务的权限，代行各部职权的 12 个执行机构则分别被置于议会的 12 个委员会管辖之下——至此，法国革命的议会专制可谓已达到了极致。此外，法国革命长期坚持一院制，反对两院制和政党政治，拒绝对议会作任何形式的分割，实际上也是议会专制倾向的一种表现。

另一方面，由于深受卢梭理论中反代议制倾向的影响，法国革命者的内心深处总活跃着一种偏好纯粹民主的情感，以至于他们始终都不能充分信任自己的议会——这一点最突出的表现，就是他们从一开始就强调议会的会议必须公开举行，即允许百姓旁听，似乎唯有设立了公民旁听席，才能保证议会的合法性。而议会自身似乎也总感到自己的合法性不足，因而十分在意通过各种方式，包括承认公民的旁听权、请愿权，实行快节奏的改选换届制度（两年换届一次），尽可能广泛而经常地保持同社会之间的接触与对话等等，来向社会、向人民群众汲取更多的合法性资源。应当说，法国革命时代人民政治参与的出现很大程度上就是这种心态促成的，但由于缺乏必要的制约机制，这种群众性的政治参与常常很容易走极端，从而演变成另一种"专制"——群众专政。

维克多·雨果曾感叹：法国革命时代"群众走进议会的景象是历史上最令人惊奇的景象之一"（《九三年》）。亲临过国民议会现场的英国考察家阿瑟·扬也曾对这一景象惊诧不已。他评论道："旁听席上的群众被允许以鼓掌和其他表示赞许的声音来干预辩论，这样做太欠雅观，也很危险，因为他们既然可以表示赞许，也就可以表示反对，既然可以鼓掌，也就可以发出嘘声。据说他们已经这样做了，而这样是会压制辩论、影响议事的。"（《1787—1789年法国游记》）然而同旁听席上那些无组织的群众比较起来，对议会活动更严重的威胁还是来自民众社团及其议会请愿团——一种以直接民主制方式组织起来的群众。从革命一开始，巴黎和法国各地就涌现出了大量的民众政治社团，其中影响最大的便是后来发展出全国性组织网络的雅各宾俱乐部（宪法之友社）、带有强烈民主共和倾向的哥德利埃俱乐部（人权之友社）和带有原始共产主义倾向的社会俱乐部。这些政治团体宛如一个个人民大会，它们在一些下层民众思想家的组织下定期讨论政治时事，并不时采取直接的革命行动干预国家政治生活，其中最经常的活动就是派代表团到议会来请愿，而这种请愿实际上就是以人民的名义向议会施加压力。议会为之惊恐，曾多次试图限制这些民众社团的活动，但总是力不从心。例如，1791—1792年间，立法议会曾一再颁布法令禁止以集体名义举行请愿活动，只承认个人的请愿权，但事实上这些法令都形同废纸，集体请愿浪潮仍然一浪高过一浪。从1791年2月起，议会中就不断有人呼吁禁止一切政治俱乐部，可也就在1791年间，雅各宾俱乐部的外省支部发展到了406个，形成了一张可以与政府权威分庭抗礼的全国组织网。1792年6月的一天，身为雅各宾俱乐部成员的议员戴尔福在议会对民众社团影响的扩张表示了自己的忧虑，认为民众社团"即使还没有成为国家中的另一个政府，至少也已成了一个要把国家引向绝路的行会"，主张坚决予以取缔——可是结果呢？民众社团毫发未损，倒是戴尔福自己当天就被开除出了雅各宾俱乐部。

大革命时代最突出的群众专政现象集中发生在 1792 年夏季到 1793 年秋季这个时段中，那也是革命法国的内忧外患最严重的年头。[①] 这个时期，议会在群众集体请愿的压力面前往往不得不随波逐流，而其所以如此，按议员夏博的解释，是"因为议会所有的法令都不得窒息公众的意见——我们只是公众意见的喉舌，而不是它的主人"。

群众专政现象在法国革命中并非没有积极意义。实际上它是革命上升发展的根本动力，不仅推动革命完成了它的主要业绩，而且还在好几次危急关头拯救过革命。但不可否认的是，这种群众专政的大规模实践难免会在一定程度上削弱社会对代议制政府合法性的认同，从而在政治文化方面对现代民主政治的建设产生消极作用。

代价之二，则是个人自由在法国革命时代受到了严重压抑，这主要是在法国革命最激进的年头——共和 2 年发生的情况。

由于怀有对古代纯粹民主的深切向往，法国革命者像古代共和主义者一样，极其关注"公民美德"的培养。熟谙启蒙哲学的他们深知，所谓"公民美德"，实际上也就是"爱国"，就是"大公无私"，而这种品质之所以重要，那是因为它是共和政体的原则或前提。

法国革命实际上就是在高扬"爱国主义"价值的气氛中开始的。在三级会议代表选举期间，卡米耶·德穆兰就在他的小册子《自由法兰西》中呼吁建立一个没有特权和政治腐败的新法国，并认为这将是"哲学、自由和爱国主义的崇高结果"。当时政界特权等级的反对派也以"爱国派"的美名而著称于世，后来所有的革命者也都被称作"爱国者"。然而，随着共和 2 年的到来，这种"爱国主义"终于成为个人自由的一具枷锁。

▶ ▶ ▶

① 此后随着恐怖统治的建立，由于雅各宾派革命政府能够较及时地满足多数群众的要求，群众专政开始受到有效的遏制——但并没有被消灭，实际上是被"内化"到以"雅各宾专政"为表现形态的国民公会统治之中去了。

罗伯斯庇尔

共和 2 年的法国革命有一个显著特点，就是远远超出了政治和社会的范畴而进入了文化的领域，亦即进入了人们的灵魂深处，而演变成了一场实实在在的"文化大革命"。其目标就是要实现"民族再生"，亦即对所有的法国人进行一次脱胎换骨的改造，把他们变成一种"新人"——即具有"公民美德"的人。为实现这一目标，革命者们动用了许多史无前例的手段，包括更改历法、地名、人名，创立新型学校，制定和组织各种革命节庆，乃至规定人人必须佩戴三色徽（一种革命象征物）和革除旧式称呼及服饰习惯等等。其结果，便是革命作为一种新的宗教渗透到了社会的方方面面，公共领域和私人领域已无法区分，一切都成了政治。于是我们看到，在法国革命的恐怖统治时期，私人道德品质及个性气质同公共政治行为被彻底混淆了起来：简朴勤劳成了爱国主义的表现，贪图享乐是缺乏公民责任心，不戴三色徽的人被认为有反革命倾向，甚至在政治上持不冷不热的逍遥态度也会招致可怕的猜忌。

这场文化革命的领袖便是著名的"不可腐蚀者"罗伯斯庇尔。此公不仅自己德行高尚，而且要求所有的人都要像他一样注意德行，一样公而忘私，把公共利益置于个人利益之上。同时罗氏还有个特点，就是特别憎恶腐败——即一切无视德行的言论和行为，而且还要求人人都能这样疾恶如仇："谁不憎恨罪恶谁就不会热爱美德。"正因为此，罗氏提出了以恐怖扶持美德的主张："没有道德的恐怖是有害的，没有恐怖的美德是无力的。"他还宣称："在法国革命的体制下，谁不讲道德谁就是拙劣的，谁腐败谁就是反革命。"而谁当了反革命，在当时情况下就只能是死路一条。

我们还知道，罗伯斯庇尔及其领导的雅各宾派都是卢梭最忠实的信徒，他们既崇尚纯粹民主，也力图为实现这种民主而建立一种斯巴达式的没有大贫大富的平等社会。而按照"美德＝爱国＝爱平等"这一启蒙哲学的著名逻辑，当时正在蓬勃发展的资本主义剥削活动自然也属于反美德的腐败行为之列，故而罗氏恐怖统治的扩大化便在所难免了。

最典型地反映了这种扩大化了的恐怖的荒谬性事例，当推丹东之死。罗伯斯庇尔认定其前战友、功勋卓著的革命家丹东罪不可赦，有一个十分重要的道义上的理由，这就是丹东曾发表过两个侮辱"美德"的言论：其一，丹东曾当面嘲弄罗氏的"美德论"，说什么"没有任何美德比每天夜里我和我老婆的情谊更牢靠"；其二，丹东根本不把罗氏极其看重的涉及个人名誉的舆论放在眼里，竟然如此嬉笑怒骂（也是当着罗氏的面）："舆论是个婊子，而它生养的都是一些傻瓜。"罗伯斯庇尔为之震怒："一个毫无道德的人，怎么可能是自由事业的捍卫者？"终于，当丹东坚决地表明了自己反对恐怖扩大化的立场之后，尽管没有任何实际犯罪证据，罗伯斯庇尔们还是用捏造罪名、不许申辩的专横手段，把他送上了断头台。

尽管各自的时代条件已大不一样，丹东之死和公元前5世纪的苏格拉底之死却有着相同的意味——诉说的都是纯粹民主政治文化之下个人命运的多舛。而丹东之死更有其特殊的现代启蒙意义：它道出了在现代社会经济条件下搞纯粹民主的极端荒谬性和危险性。

马克思主义经典作家关于雅各宾专政失败原因的这段著名分析，说明他们对这一问题很早就有了某种深刻的感悟：

丹东

> 罗伯斯庇尔、圣茹斯特和他们的党之所以灭亡，是因为他们混淆了以真正的奴隶制为基础的古代实在论民主共和国和以被解放了的奴隶制即资产阶级社会为基础的现代唯灵论民主代议制国家。一方面，不得不以人权的形式承认和批准现代资产阶级社会，即工业的、笼罩着普遍竞争的、

以自由追求私人利益为目的的、无政府的、塞满了自我异化的自然的和精神的

个性的社会，另一方面又想在事后通过单个的人来取缔这个社会的各种生命表现，同时还想仿照古代的形式来建立这个社会的政治首脑，这是多么巨大的错误！[①]

在我们看来，法国大革命最重要的历史意义之一，就是通过其由于对古典民主的迷恋所导致的种种失误，从反面证实了英国革命所彰显的代议制原则和美国革命所实践的分权制衡原则的价值，尽管这种迷恋也使法国革命在凸显民主或平等的价值方面做出了英美革命所不能企及的贡献。综观这三大对于现代民主政治的创制具有关键意义的革命事件，我们似乎可以对它们各自的特点做出这样的认定：英国革命突出了自由而忽略了平等，法国革命突出了平等却忽略了自由，而美国革命的经验，则显示了把这两个价值中和、结合起来的重要性。

[推荐阅读书目]

1. 施治生、郭方主编：《古代民主与共和制度》，中国社会科学出版社，1998。

2. 昆廷·斯金纳：《现代政治思想的基础》，段胜武、张云秋、修海涛等译，求是出版社，1989。

3. 约翰·邓恩编：《民主的历程》，林猛等译，吉林人民出版社，1999。

4. 托克维尔：《旧制度与大革命》，冯棠译，桂裕芳、张芝联校，商务印书馆，1992。

5. 托克维尔：《论美国的民主》，董果良译，商务印书馆，1993。

▶ ▶ ▶ ─────────────────────

[①] 马克思、恩格斯：《神圣家族》(1844)，《马克思恩格斯全集》第2卷，人民出版社，1995，156—157页。

第十四章

工业革命——"第二个创世纪"

借用一个形象的比喻，"如果人们把整个人类社会的演进用 12 个小时来表示，那么现代工业时代只代表最后 5 分钟，而不是更多。"[1] 英国是最先发生这"5 分钟"事件的地方，工业革命可能是最初的关键几秒钟。正是这个革命使现代文明降临人间，人类开始从农业文明向工业文明过渡。实际上，欧洲领先于世界的不是它的基督教信仰，也不是它的政治制度，而是它那辉煌的工业文明。

第一节

工业革命的概念

何谓"工业革命"，学术界对此历来意见纷纭。要认识"工业革命"，必须从理解过它的人们那里开始。因为它既是一个伟大的历史事件，也是一个被人们加以表述的历史概念。从语源学角度来看，"革命"（revolution）一词借自人类最早的科学之一——天文学。原型是晚期拉丁词汇"revolutio"（1180），指星体运行回到出发点，循环运动是其主要特点。17 世纪，"革命"逐渐被引申为"现存社会的动荡与破坏"，并且在有关的文献中这种用法的次数在不断增加。[2]18 世纪是"革命"一

▶ ▶ ▶ ───────────────────────────

[1] *The New Encyclopaedia Britannica*（《新不列颠百科全书》），1997，Macropaedia 15th ed., Vol. 24, p. 280.

[2] Vernon F. Snow, "The Concept of Revolution in Seventeenth-Century England", in *The Historical Journal*（《历史杂志》），1962, Vol.2, pp. 167-174.

词使用频率增加的关键时期，正好对应了这个世纪剧烈的历史变迁。这样，由于"革命"一词的使用从浩瀚宇宙降临到人类社会，打破了长期盛行的循环史观，帮助人类看到了进步的希望，成为人类社会发展的一种动力。

工业本不太容易发生"革命"，尤其是在以保守氛围著称的英国。然而正是英国人掀起了这场革命，有了对"革命"的直觉意识。他们一开始是对工业发生的变革进行描述。诸如把纺纱机、焦炭铁、瓦特蒸汽机和韦奇伍德陶瓷制品描绘为"伟大的和非凡的""最奇妙的"，效果"超乎人们的想象"。阿瑟·扬在1788年看到纺织机从棉纺织业扩展到呢绒业时说：蒸汽机将"对文明世界的面貌带来巨大变化"，"一场革命正在发生"。[①]罗伯特·欧文在1817年写道："我国某工厂安装了机器生产，辅助的工人不超过2500人，而生产的产品则相当于苏格兰现在人口用五十年以前通行的生产方式所生产的总量！大不列颠现在拥有若干个这样的工厂！"[②]

然而，"工业革命"这个概念却是法国人首先提出来的。有学者明确指出，把"工业革命"这个术语当作新的社会秩序的建立，而不是作为技术变革来使用，应该追溯到30年代的拉马丁。经济学家J.A.布朗基在1837年出版的《欧洲从古到今的政治经济学史》中写道："由于瓦特和阿克莱特这两位天才人物头脑的努力，工业革命开始在英国占支配地位。"他认为英格兰经过"革命"后，工业条件发生了自社会生活发端以来最深刻的变化。恩格斯在《英国工人阶级状况》（1845）中使用这个词，成为马克思主义的经典术语。马克思的《资本论》是研究这个题目的集大成之作。1852年英国律师M.A.加维发表名叫《静悄悄的革命》的小册子，讨论蒸汽运输和电报对"人类条件的影响"。此外，英国历史学家麦考利勋爵、经济学家约翰·密尔和威廉·杰文斯也论述过"工业革命"。综合起来，可以肯定的是，法国知识界在19世纪初最先使用"工业革命"这个术语。他们可能是借用法国政治革命，来比喻海峡对岸工业发生的巨变。此后"工业革命"一词在英法两个国家逐渐传播开来，扩大了对文化知识界人士的影响。

西方学术界一般认为，把"工业革命"发展为经典概念的，是英国经济学家阿诺德·汤因比（1852—1883）。他在一系列论文、讲座、演讲中，从政治经济学

▶ ▶ ▶ ─────────────────────────────

① R.M. Hartwell ed.,*The Causes of the Industrial Revolution in England*（《英国工业革命诸原因》），London and New York, Methuen,1967, p.31.

② 罗伯特·欧文：《欧文选集》第1卷，北京，商务印书馆，1979，179页。

角度探讨工业革命问题。他去世后，有关文稿由他的夫人和学生整理出版，这就是 1884 年出版的《18 世纪英国工业革命演讲集》。汤因比认为，"工业革命的实质就是用竞争取代从前控制财富生产和分配的中世纪规章"。[①] 这是一个"静悄悄的世界"，其"运动几乎难以察觉出来"，但它是"暴风雨黎明到来前的宁静"，"引发革命贡献最多的两个人是亚当·斯密和詹姆斯·瓦特"，在其他发明家的帮助下，"他们摧毁了旧世界并建设了一个新世界"。汤因比从现实的社会经济问题出发，从政治经济学理论的角度，隐约意识到了工业革命的社会意义和历史含义，将工业革命看成是一个历史阶段。从这个意义上说，他的确可以称得上是"工业革命研究之父"，是这项研究的奠基人。英国人在总结工业革命研究成果时，也把此书的出版作为起点。[②]

"工业革命"这个词在英吉利海峡两边发酵后，传播的确很快，然而其传播的速度却不如事实上的工业革命快。连当时最著名的经济学家，如亚当·斯密、大卫·李嘉图和 J-B．萨伊等人，都没有怎么看出其影响。但是无论怎样，工业革命比农业革命扩散的速度还是快得多，农业革命的传播用了几千年，据说在欧洲的推广速度每年平均只有 1 公里左右。从中东发展到斯堪的纳维亚用了 5000 多年，从墨西哥传播到俄亥俄河源头用了约 2500 年。至于人们使用"农业革命"一词，已经是很晚的事情了，恐怕是在"工业革命"这个术语形成之后。总之工业文明从诞生的那一天起，就表现出惊人的传播能力，毕竟这是用知识、特别是科学技术武装起来的现代文明。

工业革命经典概念的形成，推动了经济史、尤其是工业革命史的研究，打破了政治史研究的一统天下。早在 1901 年，C．A．比尔德就出版了名为《工业革命》的著作。1906 年法国史学家保尔·芒图出版《18 世纪工业革命》一书，在汤因比的基础上，推进对英国工业革命的研究，受到英国人的高度赞扬。直到 1965 年，哈特威尔仍然称它为"迄今为止关于工业革命的最详尽的研究"。最早探讨工业革命原因的重要论著，是 T.S. 阿什顿 1948 年发表的《工业革命》第一章和 R.M. 哈特

① Arnold Toynbee, *Lectures on the Industrial Revolution of the 18th Century in England*（《18 世纪英国工业革命演讲集》）, London, New York, and Bombay, Longmans, Green and Co.,1896, p.85.
② David Cannadine, "The Present and the Past in the English Industrial Revolution, 1880-1980", in *Past & Present*（《过去与现在》）,1984, No.103, p.132.

威尔《工业革命诸原因：关于方法论问题》的文章。此外还有很多优秀学者做出过贡献，比如 W.W.罗斯托 1956 年发表的《从起飞进入自主增长》一文和 1960 年出版的《经济增长的阶段》一书，提出的"起飞"概念和经济增长"阶段"理论，深刻影响了工业革命史的研究。

在工业革命史学发展过程中，学者们对工业革命的理解也在变化。基本趋势是从突变论转向渐进论，从强调变革的非连续性（断裂）转变为渐进性（连续）。强调"革命"和"断裂"是一种传统观点，如 H.B.吉本斯在 1896 年写道："变化……是突然和猛烈的。这些伟大的发明都是在相对短的时间内进行的……在 20 年多一点的时间，瓦特、阿克莱特和博尔顿的所有伟大发明都已完成……现代工厂制度已经正式开始。"[1] 几乎同时，历史学家们的观点逐渐从"革命的"（revolutionary）转变为"演进的"（evolutionary），从"突变论"转化为"渐进论"，否定"工业革命"概念的存在。

渐进论始作俑者是剑桥学派创始人阿尔弗雷德·马歇尔。他在《经济学原理》(1890) 中用"自然界没有飞跃"作为全书题词。在他看来，用"进化"（evolution）来描绘经济变化比用"革命"更可取。对经典工业革命概念提出具体挑战的人，是马歇尔的学生、被誉为"历史学家中的历史学家"的克拉潘。克拉潘在他的三卷本巨著《现代英国经济史》中，只在有限的几个地方使用"工业革命"一词，而他关于"在 1830 年以前英国没有一种工业渡过了全面的技术革命"的论断[2]，几乎被认为是他否定工业革命的标志。

种种说法不胜枚举。乔治·昂温教授说："当我们回首过去的时候，就会发现，这产业革命持续了 200 年，而在这以前还准备了 200 年。""'工业革命'一词常常令人困窘，因为被称为革命的经济变化是渐进的，你不可能找到这个变化的开始和结尾"。[3] 阿什顿认为："工业革命"一词大有争议，它除了"工业"的革命外，还包括社会和思想方面的革命，同时"革命"意味着变化的突然性，而这事实上并不是经济过程的特点。而且，被称为"资本主义"的人类关系体系在 1760 年之前很久就出现了，只是在 1830 年以来获得了充分发展。"工业革命"的说法存在着忽视

▶ ▶ ▶

[1] R.M. Hartwell ed., op.cit., p.11.
[2] 克拉潘：《现代英国经济史》上卷，商务印书馆，1974, 188 页；R. M. Hartwell, p.35。
[3] 王章辉、孙娴主编：《工业社会的勃兴》，人民出版社，1995, 4 页。

连续性基本事实的危险。"但是'工业革命'这个术语已经为众多历史学家所使用，已经在大众用语中牢牢扎下了根，以致将它取代会显得学究气。"①

布罗代尔对此作了一个总结性评论："工业革命至少具有双重意义。它是普通意义上的革命，包括肉眼可见的一系列短时段变革。它也是一个渐进的、不露声色的、往往难以辨认的长时段过程。""18 世纪 50—60 年代在英国发端或崛起的工业革命是个极其复杂的过程。工业革命可以说是若干世纪以前早就开始的'工业化'进程的终点。但它不断获得新生，至今还始终在我们周围徘徊。它可被认为是一个新纪元的开端，未来的时代仍将长期属于它。"②

工业革命既是"革命"的结果，又是"进化"的结果，对工业革命的理解也应该从两方面进行考虑。"'革命'一词含义甚多，它令人想到迅速的、甚至是残酷的或暴力的变化。它也可以意味着根本的或深层的转变。"③ 的确，"革命"一方面可以理解为突然的断裂，也可以解读为在人类社会历程中的巨大变革，它本身如一个照相镜头，可以拉长，也可以缩短，照出来的事物轮廓不变，只是艺术效果不同。所以，理解工业革命，既要把它理解为像政治革命那样的"革命"，又要将它看成是对人类历史做出的重大贡献。

对工业革命的渐进主义解释，并不否认它的历史贡献。E.B.熊彼特一针见血地指出，革命说和渐进说，两种论点都是正确的，因为这只是对问题作微观和宏观的不同说明而已。这可能也是目前学术界渐进主义占上风的原因。20 世纪 70 年代以来轰动西方学术界的"原始工业化"理论，实际上是工业革命渐进观的表现。总之，否定工业革命的历史贡献是徒劳的，因为"'工业革命'只是一个比喻，因而有其局限性，但事实已经做出了回答。"④ 无论怎样，"工业革命"这个术语还是被保留了下来，继续为多数历史学家所使用。

▶ ▶ ▶ ─────────────────────────────

① T. S. Ashton, *The Industrial Revolution, 1760-1830*（《1760—1830 年工业革命》），New York: Oxford University Press, 1997, ed., p. 2.

② F. 布罗代尔：《15—18 世纪的物质、经济和资本主义》第 3 卷，三联书店，1993，620—623 页。

③ D. S. 兰德斯：《国富国穷》，新华出版社，2001，256 页。

④ F. 布罗代尔：《资本主义论丛》，中央编译局出版社，1997，46 页。

第二节
英国的工业革命

工业革命之前的"革命"

内夫教授说:"竟然在 72 年的英国经济史中, 找到了理解现代工业社会的钥匙。"世界上大多数国家的工业革命可以不要前提, 但是英国例外。英国工业革命本身是一系列革命性变革的结果。

首先是农业革命。普鲁士国王腓特烈二世把农业称为"第一艺术"。哲学家斯宾格勒指出:"一切高级的经济生活都是以农民为基础并在农民头上发展起来的。农民本身并不要以任何基础为前提, 它自身就是基础。"① 经济史家克鲁泽把工业化的过程描述为"第二产业化", 肯普把它描述为"非农化"。工业革命前的英国, 是一个正在发生重大变化的农业国, 是近代初期以来西北欧农业大变革的组成部分, 较早摆脱了"马尔萨斯周期", 促进了工业革命的发生, 并与工业社会一同成长。

在工业革命发生前后的英国, 的确发生过农业的革命性变革。具体说来, 它开始于 15 世纪末叶圈地运动的发生, 结束于 19 世纪中叶集约化农业的建立。这一农业革命带来了英国农业收成的大幅度增长。据研究显示, 英国小麦产量在 1650—1800 年间提高了 77% (其中 1650—1750 年 36%、1750—1800 年 30%)、19 世纪上半叶提高了 79% (1800—1830 年 22%、1830—1850 年 46%)。每英亩产量, 1650—1690 年平均为 18 蒲式耳、1770—1780 年为 24 蒲式耳、1830—1860 年为 27 蒲式耳。英国粮食总产量从 1700 年的 3.175 百万夸特, 增加到 1845 年的 18.665 百万夸特, 增加大约 6 倍, 到 1870 年, 英国农场主比 1700 年多生产 300% 的食物, 尽管耕种土地的人只增加了 14%。1710 年, 史密斯费尔德市场上出售的牛平均重量是 370 磅, 小牛 50 磅, 羊 30 磅, 经过改良后, 到 1795 年分别上升到 800 磅、150 磅和 80 磅。劳动生产率提高较快, 1600—1800 年间英格兰人均农业

① 奥斯瓦尔德·斯宾格勒:《西方的没落》, 下册, 商务印书馆, 2001, 732 页。

工人产量增加 73%，法国只有 17%。谷物出口增加是农业变革的重要标志，17 世纪英国很少输出谷物，18 世纪急剧增加。18 世纪初，连英国殖民地也从母国进口小麦。1697—1765 年平均每年出口谷物 50 万夸特，英国谷物出口到俄国、荷兰和美洲，进口谷物非常少。1750 年，英国输出谷物 20 万吨，相当于平均每个英国人输出谷物 30 公斤，按每人每天消耗热量 2500 卡计算，占全国粮食总需求量的 13%，而 1700—1750 年间人口增加大约 5%—7%，一时间英国被誉为"欧洲粮仓"。[①]

　　总之，英国农业革命开始于工业革命之前，和工业革命并行发展，对工业革命的发生和发展起了重要作用。这种作用体现在农业产量提高，农业在国民经济中的地位却逐渐下降。1811 年英国有 1/3 的劳动力从事农业、林业和渔业，1831 年这个数字下降到 1/4，1851 年再降为 1/5 以下。所以，英国农业革命所导致的实际上是农业在国民经济中的大规模"退却"，但这种退却并不是退隐，农业并不是消失了，只是把自己过去拥有的社会财富主要创造者的地位，逐渐让给了工业。

　　其次是商业革命。大西洋取代地中海成为欧洲贸易通道，贸易性质发生重要变化，从东西方奢侈品贩运变为欧美间的大众贸易。英国是这个大转变的受益者，其成绩在工业革命前诸部门中显得异常突出。英国从 17 世纪中叶开始，通过一系列航海条例和商业战争，排挤了商业强国荷兰和法国，建立了世界上最大的殖民和贸易体系，加速了资本积累。有学者认为英国外贸在工业革命前的作用微不足道，甚至认为国家放弃外贸不仅没有太大损失，反而可能有利于国内市场工业品销量的增加。但也有学者认为，英国外贸在 1780 年以后有突出表现，可以支持罗斯托的"起飞"理论。

　　戴维斯认为英国在 1660—1770 年代发生了以外贸增长为主要特点的"商业革命"。他强调产品"再出口"在英国经济增长中的作用，1660—1700 年产品再出口贸易年均增长 2.4%，1700—1750 年为 1.9%；国内产品出口相应分别为 0.6% 和 2.7%；进口分别为 1.5% 和 1.2%。[②]可见再出口产品在初期外贸增长中作用突出，本国产品的出口日益增长，进口产品呈下降趋势。18 世纪 70 年代初，英国出口到美洲、非洲、印度及远东等"新市场"的产品，比世纪初增加了近 8 倍。18 世纪不列颠工业出口增长近 450%，而供应国内消费产品仅增长 52%。从出口结构看，

▶　▶　▶　────────────────────────

① 卡洛·M.齐波拉：《欧洲经济史》第 3 卷，商务印书馆，1989，367—368 页。
② J.A.Chartres, ed., *Pre-Indusrial Britain*（《工业革命前的英国》），Oxford: Blackwell, 1994, p. XVII.

1701 年毛制品出口 200 万英镑，占出口总额的 1/4 以上，1770 年达到 400 万英镑，占出口总额的 1/4—1/3；棉制品的出口 1701 年 23253 英镑，1751 年 45986 英镑，1764 年增加到 20 多万英镑，相当于毛制品出口额的 1/20。出口占国民生产总值的份额提高，1700 年为 8.4%，1760 年 14.6%，1780 年 9.4%，1801 年 15.7%，1831 年 14.3%，1851 年 19.6%。出口增长占国民生产总值增长中的份额，1700—1760 年为 30.4%，1760—1780 年 25.1%，1780—1801 年 21.0%，1801—1831 年 11.3%，1831—1851 年 29.4%。

外贸在工业革命前对英国经济发展做出了重要贡献。首先是国外市场扩大，促进了工业的劳动分工。分工受市场影响是亚当·斯密的重要观点，可能也是对英国经验的理论概括。原料来源多样化，日益增长的热带和殖民地货物供应，如蔗糖、烟草和稻米等，促进了加工业的发展。其次是奴隶市场的扩大。1600—1700 年间到达美洲的奴隶，有 30% 是英国人运送的，英国资本积累获得重要发展。第三，外贸发展涉及了非常广泛的国内制造业，区域化趋势增强。沿海地区如布里斯托尔、格拉斯哥、利物浦、怀特黑文获得显著发展。最后，留下了重商主义的丰硕成果：建立了世界性多边贸易体系，培育了国际商业文化，为国内市场狭小的英国工业开辟了广阔的发展空间。

以伦敦为中心的国内市场发展，也有利于工业革命。内需的发展在刺激农业、工业生产和在投资方面"起着关键作用"。① 伦敦是国内市场中心，在培育全国市场过程中起着突出作用。伦敦人口增长迅速，1600 年有居民 20 万人，1650 年 40 万人，17 世纪末 57.5 万人（巴黎接近 50 万人），1750 年 67.5 万人，1800 年 90 万人。伦敦居民占全国人口比例 1650 年为 7%，1750 年 11%；而巴黎 1650 年为 2.25%，1750 年维持不变。在 17 世纪末，伦敦超过巴黎成为欧洲最大城市，到 1750 年大都市作用更加突出，因为英国不像欧洲其他主要国家拥有中等省会城市。伦敦定期货运服务在 16 世纪 20 年代以后获得较大发展，公共马车系统建立于 1660—1750 年间。伦敦还是全国的水陆交通枢纽，英格兰内河航运里程在 1660—1750 年间增加了 1 倍，这在运河时代到来之前，对内陆交通具有决定意义。18 世

▶ ▶ ▶ ───────────────────────────

① Maurice Aymard, "problèmes et méthodes d'une étude de croissance: l'économie Anglaise (1688-1959)", in Annales, Économies-Sociétés-Civilisations（《经济·社会·文明年鉴》），1966, Vol. 21, No. 5, p. 1088.

纪 50 年代，人工运河时代开始。1730—1750 年间，伦敦全国干线公路枢纽地位形成，除了交通便利外，伦敦还是全国信贷网的中心，促进了国内贸易的发展。18 世纪 90 年代拿破仑侵占阿姆斯特丹后，伦敦又开始代替它的位置，发展成为世界金融市场的中心。

在当时，建立发达国内外贸易体系的国家不多，英国较早建立了这样的体系，把商业革命和工业革命结合起来，推动传统经济的转型，是一个比较成功的例子。

第三个革命性变革是人口增长。人口活动是农业文明时代经济发展的晴雨表，也影响工业文明的兴起。1801 年前英国没有官方人口统计，因为在当时，进行人口统计遭到人们的反对，被认为可能构成"对英国自由最后残余的颠覆"。有一种观点当时非常流行，即认为 18 世纪的英国人口在不断减少。实际情况并不那么悲观。英国人口增长在经历了 17 世纪的停顿后，在 18 世纪前期得到了恢复并有所发展。汤因比认为国债办公室精算师芬利森的数字比较可靠：1700 年英格兰和威尔士人口为 5 134 516 人，1750 年 6 039 684 人，增长不到 100 万人，而 1801 年则为 9 187 176 人，就是说在 18 世纪的后半期增加了 300 万人。[1] 迪安认为，英格兰和威尔士人口在 1700 到 1741 年间，停留在 580 万至 600 万人之间，从 1741—1751 年可能比前一个十年增长 3.5%，1751—1761 年可能增长 7%，1761—1771 年可能维持这个增长率，到 18 世纪 80 年代加速为 10%，18 世纪 90 年代 11%，到 19 世纪 20 年代达到高峰 16%。[2]

这些数据表明，英国人口在 16 世纪增长较快，17 世纪陷于停顿，18 世纪上半叶恢复并超过 16 世纪，18 世纪下半叶工业革命开始后加快，到 19 世纪初达到高峰。因此，英国真正的"人口革命"出现在工业革命开始以后，但是此前的恢复性增长对工业革命仍然有重要作用。

第四，手工业的发展。大卫·休谟在 1752 年写道："所有欧洲国家目前的版图和两百年前几乎一样，可是这些国家的繁华景象却有天壤之别！这不能不归之于百工的技艺日进，克尽厥职。"[3] 工场手工业是现代大工业的出发点，更难能可贵

▶ ▶ ▶ ────────────────────

① Arnold Toynbee, *op. cit.*, pp. 33-34.
② Phyllis Deane, *The First Industrial Revolution*（《第一次工业革命》）, Cambridge: Cambridge University Press, 1979, 2nd ed., p. 33.
③ 大卫·休谟：《休谟经济论文选》，商务印书馆，1997，21 页。

的是，英国手工业在发展过程中，还孕育出发达的"原始工业"，催生了现代大工业。要知道从 1972 年富兰克林·门德尔斯发表第一篇关于原始工业化的文章以来，关于工业化渊源研究的大多数著作，都和"原始工业化"这个比较新的概念有关。[①]

工业革命前，英国手工业有了显著发展，突出表现在毛纺织业、炼铁业和煤炭业的发展上。毛纺织业是西欧一个国际性产业，在英国被誉为"民族工业"。1224年的一个法律文件中第一次提到这个行业，受到国王的保护。在后来的发展过程中上升到神圣位置，直到 18 世纪末对其他工业行使着领导权，是"工业中的工业"。阿瑟·扬在 1767 年写道："羊毛早已被视为是神圣的东西，是我们全部财富的基础，以致要是发表一种无助于它的单独发展的意见，那就有点危险了。"[②]议会通过的关于这个产业的法令和条例，以及关于这个产业的印刷品之多、争论之激烈，没有其他产业可以相比。可以说它有自己的史学家、自己的诗人，就连上议院议长的坐垫也是一个羊毛囊。

英国毛纺织业是现代工业敲开农业社会坚冰的第一个产业，它以其独特的魅力，把整个民族的注意力从农业转移到了非农产业上。毛纺织业最初出现在威尔特郡的莫尔伯勒和索尔兹伯里等乡镇，随着用于缩绒的水力磨坊在乡间溪流的扩展，这个产业开始向农村转移。莫尔伯勒附近的肯内特流域、索尔兹伯里附近的怀利和纳德尔河流域，即是这样的地区。同时，商业资本积极介入这个工业部门，出现了分散的手工工场，加速了这一工业的发展。尽管这个部门没有直接成为工业革命的先导部门，却在资本积累、企业集中、产业分工、技术进步、批量生产、产品市场化、劳资关系诸多方面，培养了棉纺织业，为工业革命做出了间接贡献。

炼铁和金属加工业是和工业革命密切相关的另一部门，代表着第一次工业革命的更高成就。英国炼铁业集中在南部森林丰富地区，因为在 18 世纪维持一个大型高炉运转需要大约 7000 英亩森林。1737 年英国共有 59 个高炉，分布在 18 个郡，年产 17350 吨铁。金属加工业集中程度更高，分工更细，出现了设菲尔德、伯明翰、布里斯托尔、纽卡斯尔等著名工业中心。《国富论》举出的扣针生产工序说明，英国金属加工业的分工已经达到很高水平。15 世纪开始使用水力风箱，16 世纪末发明水力锤。轧铁机、切铁机等设备也开始使用。金属加工业的突出发展，使英国

① 参见王加丰：《原始工业化：一个被否定但又被长谈不衰的理论》，载《史学理论研究》，2002 年第 4 期。
② 保尔·芒图：《18 世纪产业革命》，商务印书馆，1983，30 页。

不得不从瑞典和俄国进口大量铁，这反过来促进了英国炼铁业的技术革新。

英国使用煤炭的纪录，可以追溯到公元 9 世纪中叶。1612 年西门·斯图尔特范特和约翰·罗文宗发表论著，预言高炉将使用煤炭。[①] 不过到 1709 年，亚伯拉罕·达比发明焦炭炼铁法，才迎来了真正的日出。

《共产党宣言》指出："市场总是在扩大，需求总是在增加，甚至工场手工业也不再能满足需求了。于是，蒸汽和机器引起了工业生产的革命。"当然，工业革命发生在英国，除了这些条件之外，还有其他种种条件，诸如丰富的煤铁资源、稳定的国际环境和政局、流动的社会结构、尊重市场价值的政府决策、健全的财政金融体制、便利的交通运输、浓厚的科学技术传统、科学的簿记制度、进取上进的新教精神、健全的专利制度等。就某一方面条件，或某些条件而言，在欧洲大陆也有比英国更好的国家——如荷兰和法国，但是没有哪个国家具有英国这样好的综合条件。正如一个学者所指出的："在英国工业化之初，能够压倒潜在对手的有利条件之中，没有一个条件是绝对突出的，但是这些有利条件合在一起，却形成了光辉灿烂的星座。"[②]

从飞梭到火车：工业革命的进程

工具发展史比人类文明史还长，在历史上经历过几次重大变化，工业革命时期尤为突出。所谓工业革命，在某种意义上就是把散在的工具汇集成机器，并把它装配到现代工厂之中从事大生产的过程。机器是工业革命的"王后"，诞生于 18 世纪后期到 19 世纪初的一系列技术革新。形象言之，是一个从飞梭到火车的发明过程。这些革新至少符合这样三个原则："机器——快速、规则、精确、不知疲倦地——取代人类的技能和努力；非生命动力来源取代有生命的动力来源，特别是采用蒸汽机把热转化为功，从而为人类开辟出一种新的、几乎是无限的能量供给；使用新的和丰富得多的原料，特别是用矿物物质取代植物或者动物物质。"[③]"如果说，在中世

▶ ▶ ▶ ────────────────────────────

① Pierre Léon et al, eds., *L'Industrialisation en Europe au XIXᵉ Siècle* (《19 世纪欧洲工业化》), Paris: CNRS, 1972, p. 281.

② C. W. 克劳利等编：《新编剑桥世界近代史》，第 9 卷，中国社会科学出版社，1999，57 页。

③ D. S. Landes, "The Technological Change and Industrial Development in Western Europe, 1750-1914", cited in Julian Hoppit & E. A. Wrigley, eds., *The Industrial Revolution in Britain* (《英国工业革命》), Oxford: Blackwell, 1994, Vol. II, p. 108.

纪的漫长黑夜之后,科学以梦想不到的力量一下子重新兴起,并且以神奇的速度发展起来,那么我们也得把这个奇迹归功于生产。"[①]

"经纬世界"大智慧:棉纺织业的革命

棉纺织机械的发明　在史前时代,用野草或稿秆编织成有用物品,可能是纺织工业的最初形式。后来,纺织业成为农业文明的重要象征,世界几大农业文明都有堪称发达的纺织业。亚里士多德已经把织布梭子的自动化看作奴隶获得解放的条件之一。[②]英国在工业革命开始前,是欧洲举足轻重的毛制品生产和出口大国,1700年毛纺织品占国内出口品的70%,1770年仍然超过50%。1770年棉纺织品占纺织品的5%,毛纺织品占整个工业生产的1/3。但工业革命没有从毛纺织业开始,而是从棉纺织业开始。原因主要有以下几点:

首先,农业文明从吃开始,工业文明从穿开始。工业革命是从农业文明中长出来的,作为棉纺织业的轻工业率先发生变革,正好把现代大工业和古老的农业连接了起来。其次,作为新兴工业部门的棉纺织业,比传统工业部门容易实现变革。在和庞大的"民族产业"毛纺织业和高质量的印度棉纺织品的竞争中,弱小的棉纺织业只有实行生产技术的变革才能生存。第三,和毛制品相比,棉纺织产品有优越性。棉花弹性不如羊毛,但是具有不带油脂、黏合性强、易于拉长、种植范围广、产品价格低廉、资本积累快速等优点。第四,技术借鉴比较容易,企业家群体具有非凡的首创精神。这个部门的生产技术和毛麻、丝绸纺织业非常接近,尽管它的技术一时间赶不上这些部门,但是把它们的技术优势转化为自己的技术优势并不困难。最后,棉纺织品市场前景广大。棉纺织品和毛纺织品相比有不同的舒适度,更轻巧、鲜艳、吸汗性强,朝野上下都喜欢穿戴,加上印度高品质棉纺织品供不应求,生产这种产品有利可图。18世纪60年代早期,棉纺织品年销售额只有60万英镑,年均出口20万英镑,毛纺织产品的出口额是550万英镑。就是说,棉纺织品的出口额不到毛纺织品的1/27,具有卓越商业头脑的企业家,不会对如此庞大的市场无动于衷。凡此种种因素,都可能是导致棉纺织业技术革命的原因。

▶　▶　▶　────────────────────

① 《马克思、恩格斯、列宁论技术革命》,人民出版社,1958,3页。
② 亚里士多德:《政治学》,商务印书馆,1983,12页。

哈格里夫斯的"珍妮纺纱机"

棉纺织业的一系列技术革新从约翰·凯伊1733年发明飞梭开始。需求是发明之母。为了织造宽幅布匹，节省人力，织工兼技工出身的凯伊开始设法解决这个问题。按照传统方法织造这种布匹，需要两个人传递梭子。凯伊使梭子机械化，在梭子上装上轮子，固定在滑动槽中，再用一简单机械装置控制梭子，一个人操作就可以使梭子在织机上来回穿梭飞行，加快了织布速度，并由此打破了"原始工业"的平衡，也即纺纱和织布之间的平衡，棉纱供不应求，发明家开始关注纺纱问题。

纺纱方面的技术革新要复杂得多，家庭中女人纺纱男人织布说明了这一点。1738年，约翰·怀亚特和刘易斯·保罗发明第一架纺纱机。前者是木匠出身的天才发明家，后者是富有的法国流亡者之子，才智和金钱在工业革命中第一次携手。尽管专利发明人是保罗，但是一般都认为怀亚特是发明人。这架纺纱机的美妙之处是，借鉴了传统手摇纺车的原理，又加以改进，用梳理机和纺纱机滚筒旋转拉长原料，捻制纱线，代替人的手工劳动。它的缺陷也在这里，机械装置要取代妇女在并条、捻转、粗细、速度控制中表现出来"手艺"并不容易，有待发明家改进。难能可贵的是，怀亚特可能还设想了驱动这种机器的动力，诸如水车之类的装置。他还天才般预见到了工厂制度的作用,指出采用机器将节约劳动力,扩大生产规模,从而对工场主、工人和国家有利。

詹姆斯·哈格里夫斯在 1765 年发明多轴纺纱机,1770 年获得专利。早在 1762 年,哈格里夫斯参照怀亚特的机器模型,为皮尔工业家族的创始人制造一台梳棉机,开始了发明生涯。1765 年又根据原始纺车、怀亚特纺纱机,以及他妻子的启发,发明了多轴纺纱机。当时英国纺织业中"纱荒"严重,特别是在纺织工业中心兰开夏郡。据说哈格里夫斯老是抱怨妻子纺纱速度不够快,妻子反驳说自己没有偷懒,而是纺车每次只能纺一根纱线。她一气之下踢翻纺车,奇迹发生了。哈格里夫斯发现翻倒在地上的纺车,原来平置的纺锤挂在空中,仍在转动。于是,安装多个纺锤、纺制多根棉纱的多轴纺纱机诞生了,哈格里夫斯以妻子的名字把它命名为"珍妮纺纱机"。珍妮机最初只能纺制 8 根纱线,却完成了从传统手摇纺车到现代纺纱机的根本转变:把水平纺锤改变为垂直纺锤,增加了纺锤数量。当动力增强,增加纺纱根数易如反掌。哈格里夫斯 1778 年去世时,锭子已经增加到 80 个。10 年后,全国拥有这种纺纱机不下 20 万架,连最小的机器也能做 6—7 人的工作。在兰开夏,几年之内就取代了传统纺车,把毛纺业远远抛在后面。当时有人惊呼:"呢绒线消失了,亚麻线也消失了,到处是棉纱、棉纱、棉纱!"

接着出现了水力纺纱机。1768 年理查德·阿克莱特发明机械纺纱机,次年获得专利。这台纺纱机的优点是:解决了珍妮纺纱机因纱锭增多、动力不足的问题,采用水力驱动,所以又叫水力纺纱机;所纺的棉纱因为要经得起筒子强有力的拉动,更加紧密结实,用作经线纬线均可,改变了旧纺纱机棉纱松软易断,只能用作纬线、经线还需用亚麻纱线的状况;所纺的棉纱数量更多;这种机器体积庞大,不适合家庭生产,只能在有水磨的地方使用,适合建立纺纱厂。水力自古以来就是人类加以利用的动力之一,但只有到工业革命时代,通过比较复杂的机器,才能更好地为人类服务。除水力纺纱机外,阿克莱特还发明了梳棉机、曲柄梳棉机、粗纺机、进料器等附属机械装置。

随后,塞缪尔·克隆普顿在吸收珍妮纺纱机和水力纺纱机优点的基础上,于1779 年发明了"精锭纺机"。这种机器综合了现有两种机器的优点,性能比原来的机器都好,故又称为"骡机":它仍然是一种水力纺纱机,但功能更强大,一次可以带动 300—400 个纱锭,经改进后甚至可以带动 2000 个纱锭;综合了水力纺纱机棉纱结实和珍妮纺纱机棉纱纤细的优点，克服了原来纺纱机棉纱粗大和易断的缺点，纺制出更纤细、结实、均匀的优质棉纱。用这种棉纱织出的白棉布，在质量上第一次超过印度细棉布。到 1812 年，这种机器在几百个工厂使用，取代多轴纺纱机，成为各纱厂主要设备，纱锭总数达 400—500 万枚。英国学者 S.D. 查普曼做了一个计算：纺制 45 公斤棉花，使用印度纺纱车为代表的"旧式"纺车，需要 5 万小时，到 18 世纪最后十年，使用阿克莱特纺纱机和"骡机"，需要 300 小时，而使用自动"骡机"则为 135 小时。[①]

纺纱技术的革新，自然引起了织布技术的革新。古代埃及人在公元前 12 世纪已发明织机，公元 4 世纪传入欧洲，沿用到 18 世纪初，不久迎来了革命。1785 年埃德蒙·卡特莱特发明水力织布机，提高工作效率 10 倍。这种机器到 19 世纪 20 年代经过威廉·霍罗克斯和理查德·罗伯茨改进后，提高效率 40 倍，可以用来织造各种布匹。同时，由于蒸汽机和铁在机器制造中的广泛使用，改进这种机器有了可能。1813 年英国有这种机器 2400 台，1820 年 14150 台，1833 年超过 10 万台。

水力织布机的发明，基本完成了棉纺织业技术革新的一个周期，最终解决了纺纱与织布的矛盾。棉纺织工业中机器大生产的建立，促进了生产的大发展。英国棉纺业 18 世纪初到 18 世纪 40 年代年均增长 1.4%，40 年代到 70 年代增加 1 倍，达到 2.8%，1780 年后到 19 世纪初达到 8.5%。英国棉花进口量激增，1771—1781 年增长 75% 以上，此后 10 年增长近 320%，1791—1801 年又增长 67.5%。恩格斯指出："由于这些发明（这些发明后来年年都有改进），机器劳动在英国工业的各主要部门中战胜了手工劳动，而英国工业后来的全部历史所叙述的，只是手工劳动如何把自己的阵地一个一个地让给机器。"[②]

必须指出，这些发明只是棉纺织业中最重大的发明，并不是发明的全部。其他发明和改进还很多，涉及纺织业各个领域，各道工序。有些发明还是其他国家发明家（包括新兴的美国）的贡献，他们的发明和改进，同样是工业文明大厦中不可或缺的组成部分。

企业家精神与现代工厂制度的建立　约翰·希克斯说："工业革命是现代（着

▶ ▶ ▶

① Paul Bairoch e Eric J. Hobsbawm (a cura di), *Storia d'Europa V: L'Età Contemporanea* (《欧洲史》，第 5 卷)，Torino, Einaudi, 1996, p. 294.

②《马克思恩格斯全集》第 2 卷，人民出版社，1957，286—287 页。

重号为笔者所加）工业的兴起而不是工业本身的兴起。"[1] 重大的技术发明，没有合理的生产组织形式和企业家的创造精神，不足以形成现实生产力，东西方历史都证明了这一点。英国多元的政治、社会结构和新教精神文化，孕育出了优秀的企业家，建立了现代工厂制度，为人类文明做出了贡献。实际上，西方经济学至今仍然继承了关注工业组织和企业家精神的优良传统。

工厂制度的建立者、现代大工业的创始人是理查德·阿克莱特。1771 年阿克莱特与人合作，在德文特河上的克罗姆福德建立了现代第一家水力纺纱厂，此后一发不可收拾。他相继在德比郡、兰开夏郡、诺丁汉郡、苏格兰开设纱厂和织布厂。其中，苏格兰的新拉纳克纱厂，就是后来欧文进行社会主义实验的地方。阿克莱特一生创建了 10 来个工厂，经营非常成功。尽管汤因比从工业动力的角度认为，博尔顿和瓦特在 1785 年制造用于棉纺厂的蒸汽机以及阿克莱特专利到期，是工厂制度建立的标志[2]，但阿克莱特创办企业成功的影响很大，此后纱厂如雨后春笋般出现，亦不可忽视。1788 年英国有 142 个安装了自动设备的纱厂，1797 年增加到 900 个。阿克莱特是一个精明的企业家，除了建立新工厂外，还对已经建立的工厂进行技术改造。1786 年，他在诺丁汉首次使用蒸汽机，提高了生产力。此外，他还用出售自己发明的机器的方式来赚钱，这和当时不少发明家的做法不同，他们往往满足于获得奖金。阿克莱特在企业经营上获得成功，1786 年被封为爵士，1787 年担任德比郡郡长。1792 年他去世时，留下的资金达 55 万英镑，这在当时是一笔天文数字般的财产。

阿克莱特具有同时代发明家少有的企业家精神：工业革命时代的发明家大多是手工业者和商人。阿克莱特出身贫寒，发财欲望强烈。他生于一个人口众多的贫穷家庭，做过剃须匠，文化水平不高，据说他在 50 岁时还在学习语法和拼写法，但他有强烈的发财欲望，不遗余力地追求财富，采用一切手段聚集财富。他热衷打官司，看重其中隐藏的财富。为了自己的经济利益，不惜在议会中进行申述和辩论。他具有把握技术发明商机的杰出才能。他可能并不是第一流的发明家，一生都和专利权官司纠缠不清，并最终输掉官司，但他能够把技术发明及时运用到工厂，转变为财富。他具有组织企业的坚韧毅力，能够在逆境中克服艰难险阻，勇往直前地扩

① 约翰·希克斯：《经济史理论》，商务印书馆，1987，128 页。
② Arnold Toynbee, *op. cit*., p.90.

张自己的企业,从不气馁。怀亚特、克隆普顿、卡特莱特、瓦特等优秀发明家都不具有这方面的才能。总之,为了财富他能够付出一切。

可以说,阿克莱特是工业时代开始时期一个不可多得的传奇人物,为现代工业资本主义制度的确立做出了杰出贡献,代表着真正的资本主义精神。阿克莱特的种种素质,更像一个世纪以后的企业家,预示了工厂时代的来临。18 世纪末和 19 世纪初,兰开夏和德比郡的所有工厂都是按照他开创的模式建造的。难怪 1830 年他就成为政治经济学的主人翁;英国作家卡莱尔喜欢描绘这位"兰开夏农民"的肖像;罗伯特·皮尔爵士说:"我们的所有眼睛都盯在他身上。"有人甚至把他比作牛顿和拿破仑。这些赞誉,不无过誉之处,因为工厂制度的确立需要一批企业家,除了阿克莱特外还有其他人做出了贡献,如乔赛亚·韦奇伍德就为工厂纪律的确立做出过重大贡献。[1] 但是,阿克莱特无疑是其中的先行者,理应得到充分的肯定。

蒸汽机从历史中走来

历史上的蒸汽机 人类很早就开始寻找解放自己的动力,水磨长期扮演了"解放者"的重要角色,相当于欧洲古代和中世纪的"蒸汽机"。这种源于东方的装置,在欧洲受到热情的赞扬。罗马人改进了这种装置,维特鲁威的《建筑十书》中有描述。法国阿尔勒城附近的巴尔贝加尔建造了罗马时代最大的水磨建筑群,有 16 架水车,每小时磨面 2400—3200 公斤,在 10 小时内可达 28 吨。在中世纪,水磨的使用更广泛。水磨在缩绒方面起了革命作用,"中世纪缩绒业的机械化是一个决定性事件,正如 18 世纪纺织业的机械化一样"。[2] 这一事例被有的学者描绘成"13 世纪的工业革命",这革命"给某些旧工业中心带来了贫穷、失业和不满,但整体而言给国家带来了财富、机会和繁荣,并注定要改变中世纪英格兰的面貌"。[3]

马克思说:"罗马帝国以水磨的形式把一切机器的原始形式流传下来。"[4] 在

▶ ▶ ▶ ────────────────────────────────

① Neil McKendrick, "Josiah Wedgwood and Factory Discipline", in *The Historical Journal*(《历史杂志》),1961,Vol. IV, No.1, pp. 30-55.

② E. M. Carus-Wilson, "The Woollen Industry", in *The Cambridge Economic History of Europe*(《剑桥欧洲经济史》),Cambridge: Cambridge University Press, 1987, 2nd ed., Vol. II, p. 669.

③ E. M. Carus-Wilson, "An Industrial Revolution of the Thirteenth Century", in *Economic History Review*(《经济史评论》),1941, Vol. XI, No.1, p. 39.

④ 《马克思恩格斯全集》第 44 卷,人民出版社,2001,403 页。

19世纪20年代初英国的一家棉纺厂

"factory"一词被广泛接受之前，"mill"成为工厂、水磨坊和机器的同义词。在18世纪最后几年中，mill和factory几乎被人们无区别地使用。随着欧洲生产力的发展，水磨已不能满足人们对动力的需要，蒸汽机逐渐浮现出来。蒸汽机的确是和水有关的机器，但动力主要来自地下矿物质。

1768年瓦特蒸汽机的出现是一个标志性事件，它的发明是人类几千年知识和经验积累的裂变。

"气"曾经被希腊哲学家奉为组成世界的元素，人们也试图开发其潜在价值，把它的能量用于机器上。公元1世纪希腊数学家亚历山大的希罗（Heron d'Alexandrie）已注意到蒸汽的力量。他设计制造了蒸汽推动的空心球，可以说是人类历史上最早的"蒸汽机"。他还利用蒸汽来推动女神雕像转动、开启沉重的神殿大门，以增加神秘感，并写有这方面的专著，在文艺复兴时期被发掘出来。在中世纪，关于蒸汽动力和机器的知识没有失传。哲学家罗吉尔·培根在1260年展开了大胆的想象："人们能够建造如同在江河和海洋上航行的巨型船舶那样的机器，没有桨手，只有一人操纵，但其速度比满载桨手还快。也能够建造没有牵引动物而飞速行驶的车辆……还能够建造飞行的机器，一个人坐在机器中，转动某种装置，以便让人工建造的翅膀像鸟在飞翔时那样拍打空气。也能够制造一种可以升降几乎是庞大无比的重物的小机器——一种极为有用的机器……也能够制造使人潜入大海或江河底部，而又没有生命危险的机器……还可以制造其他数不清的东西，诸如横跨江河、没有桥墩或者任何此类支撑物的桥梁……"[①]这段话，可以说就是为 500 年后设计的工业发展蓝图。

　　到了近代，探讨和研究蒸汽动力的人急剧增加。列奥纳多·达·芬奇描述过一种蒸汽炮，把水滴洒到一个发热面，通过水蒸气产生的骤然膨胀发射炮弹。1557 年意大利数学家 G·卡丹提到蒸汽动力和用冷凝气体产生蒸汽的方法（《论大自然》）。1578 年法国数学家、工程师雅克·贝松论述过蒸汽动力问题（《仪器概观》）。1588 年意大利机械发明家和工程师阿戈斯蒂诺·拉梅利发表了一部论述机器的书（《人造机器种种》）。如果说 16 世纪的人文主义和文艺复兴继承了古代的技术成就，那么 17 世纪已超越了这些成就。1601 年意大利物理学家、博物学家和作家詹巴蒂斯塔·博塔描述了利用蒸汽压力提升水柱的机器（《神灵三书》）。1680 年荷兰数学家、物理学家和天文学家克里斯蒂安·惠更斯设计了一种有火药膨胀力、带汽缸和活塞的煤气机。1615 年法国工程师萨洛门·德·高斯阐述蒸汽膨胀和收缩理论，描绘了根据这些原理制造的机器（《关于既适用又有趣的各种机器的动力原因》）。1663 年英国伍斯特第二侯爵发表《我实践过的百年来发明之名称和样品》，描述了一种蒸汽提水装置（控水机）。他改进高斯的装置，在 1699 年获得专利。这种机器能够将水提升到 40 英尺的高度。侯爵还在怀特霍尔把水提升到水箱里，建造了第一个蒸汽喷泉，1669 年托斯卡纳大公参观这个喷泉后，大加赞赏。伍斯特侯爵发明的"控水机"，是我们所知企图实际应用一项发明的最早的尝试，但他并没有建立一个公司来应用自己的发明，因而影响不大。1685 年，英国查理二世国王的机械事务官员塞缪尔·莫兰在巴黎出版的书中，给出了水和蒸汽比较准确的体积比。1670 年，比利时耶稣会士南怀仁在中国研制了第一台蒸汽车模型。

　　法国物理学家德尼·帕潘在欧洲蒸汽机发明史上占有重要地位。1682 年他开始研究带安全阀的"蒸煮器"，1690 年在德国第一份科学杂志《博物志》上发表论述蒸汽机的科学论文——《花钱少而能获得最大动力的新方法》，建议将这种机器用于矿山抽水、发射炸弹、开动船只等。1707 年用他发明的蒸汽机开动了一艘模型船。

---

① S. Lilly, Man, *Machines and History*（《人、机器与历史》），London: Cobbett Press, 1948, p. 49.

另外，他还通过莱布尼茨获得一张萨弗里蒸汽机示意图，并加以改进。只可惜，由于制造大型气缸的难度和没有筹集到足够资金，帕潘的蒸汽机没有制造出来。为此他在 1708 年写信给英国皇家学会秘书长，请求资助 15 英镑。后者回信表示拒绝，除非他保证试验一定成功。1712 年帕潘在穷困潦倒中去世。

对蒸汽原理真正加以实际应用的，是英国军事工程师托马斯·萨弗里。他的家乡康沃尔是著名铜矿区，矿井开采越来越深，排水日益困难，于是他发明了一种蒸汽机——利用蒸汽的抽水机。1698 年申请蒸汽机专利。这是第一种可以付诸实用的蒸汽机。机器除用于矿山抽水外，还可用于疏浚沼泽、给城市居民供水、扑灭火灾、推动石磨等。然而这种机器功能存在严重缺陷：提升积水高度有限，最多只能到 100 英尺，遇到深井就需要安装几台蒸汽机，只要一台出了问题，就会影响整个抽水工作；煤炭消耗量大，又没有安全阀，压力增大会导致蒸汽锅爆炸；此外，机器的造价高，不便于商业化，矿主们还是喜欢用传统马拉法，抽取矿坑积水。

1705 年，五金商和铁匠托马斯·纽可门在综合帕潘和萨弗里蒸汽机优点基础上，发明了"火力引擎"，实际上就是气压机。在发明过程中他得到管子工和玻璃工约翰·卡利的帮助。在改进过程中，还得到汉弗莱·波特、亨利·贝汤、罗伯特·胡克等人的帮助。在商业化方面，也比萨弗里蒸汽机成功得多。1711 年，纽可门建立了蒸汽机生产公司，1712 年成功安装了第一台蒸汽机。欧洲大陆国家也开始制造纽可门机。这种机器一直使用到 19 世纪，才被瓦特蒸汽机取代，淡出历史舞台。因此，在一定意义上说，瓦特蒸汽机是纽可门机的换代产品。

瓦特蒸汽机的发明和传播　瓦特对纽可门机的改进是革命性的，因为它真正有效地利用蒸汽来做功，被称为"蒸汽机"，随即在生产上广泛应用，带来了人类生产力的一次飞跃。

瓦特发明蒸汽机的成功是科学家天才的展露，也是一曲科学家与企业家联姻的颂歌。

首先，生产需要是发明之母。瓦特机发明前，英国工业生产动力主要是水力和森林，其缺陷是明显的：受到地点、季节、气候、运输、劳力、数量等不利条件限制，需要发明一种"万能"动力机。英国第一批纱厂集中在奔宁山脉附近，冶金工业集中于苏格兰和威尔士，都是在水力资源丰富的地方，但英国的平原地区也需要动力。

其次，书香熏陶出发明家。在关于瓦特发明蒸汽机的美丽传说中，不是说小瓦特看到水壶喷出蒸汽产生灵感，就是大讲特讲他在格拉斯哥大学校园散步时的茅塞顿开。这些可能多是后人对发明家的附会。不过，瓦特的确出生在一个飘着书香的家庭，有利于培养创造性思维。祖父是数学教师。父亲是建筑师和造船师，制造、出售航海仪器，担任过镇司库和市政官。母亲出身苏格兰名门，注意孩子独立观察、思考和动手能力的培养。家内墙壁上悬挂着两个伟人——艾萨克·牛顿和对数发明家约翰·纳皮耶的画像。

纽可门的蒸汽泵

第三，自己的好学深思。瓦特从小身体虚弱，11岁才上学，但他对学习有兴趣，特别是数学和机械学知识，13岁就在父亲的作坊里制作了一架航海仪模型。他自学了天文学、化学、物理学、解剖学和希腊语、拉丁语、法语、德语和意大利语等外语。父亲经营的仪器厂倒闭，他失去上大学的机会，便选择了仪器修理这个便于谋生的手艺，来到格拉斯哥一家钟表店当学徒，认识了格拉斯哥大学学生约翰·罗比森。由于老板没有什么本事，瓦特转往伦敦学艺，学会了制作直尺、方位罗盘、经纬仪、四分仪、望远镜等仪器。后来为了维持生计，他重返格拉斯哥，并准备开一个仪器修理店，但遭到城市行会拒绝。

第四，知识界的支持。在通向成功的路上，瓦特每到关键时刻都会遇到知识界友人的帮助。罗比森帮助他进入格拉斯哥大学仪器修理厂，他不仅有了研究这里各种先进仪器的机会，还结识了大学的一些教授。其中就有对他发明蒸汽机影响巨大的著名物理学家约瑟夫·布莱克教授。他旁听过教授的课程，教授的"潜热理论"——解决燃料充分发挥作用问题——正好是发明蒸汽机的关键理论问题之一。后来把瓦特蒸汽机推荐给工业家约翰·罗巴克先生的人，正是布莱克教授。瓦特对教授怀着尊敬和感激之情："我之所以能够有今天，多亏布莱克的巨大帮助，是他

正在进行蒸汽机改良试验的瓦特

教给我物理学的理论和实验，他始终是我真正的朋友和顾问。"据说，瓦特亲自制作了一架小风琴送给教授。就这样，瓦特虽没有上过大学，却获得了利用大学优越条件的机会。

最后，企业家的支持。瓦特蒸汽机的成功在于它的广泛应用。他的发明受到了有眼光的企业家赏识，是发明家和企业家共同缔造了伟大的"蒸汽时代"。相比之下，瓦特同时代的科学家和发明家大多债务缠身，穷困潦倒，不知有多少发明被埋没。瓦特在格拉斯哥大学的研究曾经屡遭失败，负债累累，被迫来到运河搞勘探工作，养家糊口，放弃了蒸汽机研究工作。企业家罗巴克给他偿还了1000英镑债务，承担了专利申请费和机器试制费用，允许他使用自己的工厂设备。虽然罗巴克占有未来利润的2/3，但瓦特终究得以重操旧业，继续蒸汽机研制工作。他们于1768年试制冷凝器成功，但蒸汽机还是没有制造出来。由于罗巴克无法解决煤矿排水问题，遇到经济危机破产，瓦特再次中断研究工作，重新从事运河测量工作。

山穷水尽之际，优秀企业家马修·博尔顿闯入蒸汽机的研制工作。他是一位比罗巴克更富有、立志"要为全世界生产动力"的企业家。他曾经为解决自己产业上的问题两次请教美国科学家富兰克林，没有回音，有人向他推荐瓦特。1775年，博尔顿和瓦特签订合同，约定支付直到发明获利为止的一切费用，瓦特年薪330镑，成立博尔顿-瓦特公司制造蒸汽机。结果博尔顿花了四五万英镑，专利还没有给他带来效益，但他没有放弃，甚至变卖他父亲和妻子的财产，支持他们的事业。

在蒸汽机研制过程中，瓦特在材料上得到了"铁疯子"约翰·威尔金森和优秀技术工人威廉·默多克的大力帮助。前者发明了一种钻孔机，为瓦特提供了精致、密封的金属气缸。蒸汽机研制成功后，是他订购了第一台机器，用来给高炉鼓风，首次把瓦特蒸汽机用于矿山抽水以外的领域。他本人成了瓦特蒸汽机气缸的长期供应商，而瓦特蒸汽机则从根本上改造了他工厂的动力系统。默多克也是一个发明家，对蒸汽机的推广和运用做出了重要贡献。

我们在强调瓦特革命性贡献的同时，要注意"发明"天才和"改进"天才之间的关系。有人用"蒸汽机的决定性改进"来描述他的伟大贡献，不过这个"决定性的改进"实乃真正的革命。瓦特在人类动力技术史上的地位，相当于巴斯德在生物学、牛顿在物理学、贝多芬在音乐界的地位，不会动摇。[1]

1800年瓦特蒸汽机专利权到期后，机器制造业在各地发展起来。恩格斯指出："蒸汽和新的工具机把工场手工业变成了现代的大工业，从而把资产阶级社会的整个基础革命化了。工场手工业时代的迟缓的发展进程转变成了生产中的真正的狂飙时期。"[2]工业生产的各个部门都开始获得蒸汽动力，如曼彻斯特地区，在18世纪80

瓦特的蒸汽机设计图

▶ ▶ ▶

① Paul Bairoch e Eric J. Hobsbawm (a cura di), *op. cit.*, p. 284.
② 《马克思恩格斯选集》第3卷，人民出版社，1995，61页。

年代初只有棉纺厂两家，但后来由于有了蒸汽机这种动力装制，棉纺厂发展很快，1802 年有 52 家，1809 年 64 家，1830 年 99 家。

人们往往用符号来纪念心中的英雄，为了彰显瓦特在人类动力技术史上的贡献，人们便用他的名字"瓦特"命名功率这种计量单位。正如人们用"天火"来记住普罗米修斯一样。瓦特发明蒸汽机的年代（1768），被称为"奇迹之年"（annus mirabilis）。

煤炭和冶铁业的技术革新

棉纺织业的技术革命是"软"的革命，钢铁业的技术革命是"硬"的革命。前者是为了节省劳动力的机械发明，后者是为了提高产品数量和质量的化学创造。因此，齐波拉认为，铁与煤炭才是引起工业革命的关键因素，而不是棉花。

煤炭是英国工业革命的主要动力来源。经济学家 J.R. 麦克库洛赫写道："大不列颠的矿产资源，如果不超过其他国家，至少不比它们差。我们确实不能吹嘘拥有金子和银子，但我们拥有对一个正在发展制造业的民族更重要的东西，就是供应不会枯竭的优质煤炭。"[1] 由于技术的进步、炼铁工业的发展、运河和铁路的修建，英国成为西欧煤炭生产大国。煤炭产量从 1660 年的 22 万吨增加到 1700 年的 250 万吨、1800 年的 1000 万吨和 1850 年的 5000 万吨。煤炭产量在 18 世纪增长 4 倍，在 19 世纪增长 20 倍。[2]

铁是现代大工业、交通运输业和建筑业的重要材料，代表着人类取代木头和石块的革命。这场革命主要表现在大规模用煤炭和焦炭炼铁、炼钢技术发展、蒸汽机使用、铁材料广泛应用上。科尔布鲁克戴尔的达比家族是英国采用煤炭和焦炭炼铁的先驱。亚伯拉罕·达比一世在 1709 年发明焦炭炼铁法，其子亚伯拉罕·达比二世加以改进，实现了炼铁燃料从木炭到煤炭的实质性转变。不过由于焦炭价格高昂，这种炼铁法的普及遇到困难，到 18 世纪中叶以后才广泛使用。[3]

▶ ▶ ▶ ──────────────────────────

[1] Richard Brown, *Society and Economy in Modern Britain, 1700-1850* (《1700—1850 年现代英国的社会和经济》), London & New York: Routledge, 1991, p. 98.

[2] N. F. R. Crafts, *British Economic Growth during the Industrial Revolution* (《工业革命期间英国的经济增长》), Oxford: Clarendon Press, 1985, p. 23.

[3] Charles K. Hyde, "The Adoption of Coke-Smelting by the British Iron Industry, 1709-1790", in *The Exploration in Economic History* (《经济史探索》), 1973, Vol. 10, No. 4, pp. 397-418.

焦炭炼铁技术发明后，英国发明家加紧研究熟铁生产工艺。1784 年亨利·科特发明搅拌炼铁法。由于用这种方法可以把生铁转化为熟铁，他被誉为"英国铁工业之父"。1722 年有人开始进行生铁和熟铁混合炼钢实验，到 1750 年左右本杰明·亨茨曼获得成功，诞生了现代世界第一个炼钢厂。理查德·雷诺兹从 1767 年起开始在科尔布鲁克戴尔使用铁轨，取代矿山与高炉之间的木轨。作为"钢铁大王"崛起的约翰·威尔金森，可以视为英国工业革命中此行业技术革命的代表。1776 年，威尔金森在什罗普郡自己的工厂中首次使用瓦特蒸汽机给炼铁炉鼓风。这项革新对炼铁部门影响极为深远，不仅解决了燃料和动力不足的问题，改变了炼铁业的地理布局，而且大大降低了生产成本，有利于产业的发展，这项技术在 19 世纪初得到广泛利用。木炭高炉最高能达到 6 米左右，而采用蒸汽机后可达 12—15 米，1820 年威尔士个别高炉竟高达 18 米。1788—1806 年平均每个鼓风炉产量从 800 吨增加到 1130 吨，20 年内增加了 40%，1839 年再增加到 3366 吨，50 年内提高 4 倍。[①]1779 年威尔金森和达比在塞汶河上建造第一座铁桥（第一座钢桥出现于 1890 年），1782 年他首先使用蒸汽锤，1787 年建造第一艘铁船，1788 年为巴黎制造了 40 英里长的生铁水管。1802 年威尔金森去世，去世前立下遗嘱，将他的遗体装在铁棺材中。如同纺织业中的阿克莱特一样，英国炼铁业也诞生了一个"疯子"。人类历史的进步由形形色色的"疯子"推动，似乎不无道理。

英国炼铁业的进步，加大了能源优势，为工业发展提供了新材料，培养了一批优秀企业家，加快了走向钢铁时代的步伐。

交通运输的革命

人类最初的运输活动是把物品或小孩从一个地方运送到另一个地方，最初的运输工具就是自己的背或头部。后来有了动物的驯化和车船的发明，运输工具增加了。但长期以来，陆上运输落后于水上运输。"铁器时代"的到来，为铁路和蒸汽机车的发明创造了条件，首次大规模变革了陆上运输，取代了毛驴和马车，也为汽车时代的到来做了准备。

▶ ▶ ▶ ─────────────────────────────

① P. Deane & W. A. Cole, *British Economic Growth, 1688-1959: Trends and Structure*（《1688—1959 年英国经济增长：趋势与结构》），Cambridge: Cambridge University Press, 1962, p.109.

铁路运输的技术革新包括铁轨和蒸汽机车的发明两方面。轨道运输最先出现在矿山,这是运输史上的常识。德国哈尔茨煤矿在 16 世纪出现运煤手推车,在两块平行木板上行驶。英国轨道运输出现在 17 世纪初。纽卡斯尔煤矿用四轮马车运煤,在纵向木轨上行走,下面横向铺垫着木质枕木,后在纵向木轨上增加保护性金属板。到 1700 年,许多矿山都铺设了煤炭运输专用轨道。1768—1771 年,科尔布鲁克戴尔铁厂的理查德·雷诺兹,把凯特利的木轨更换成带内凹轮缘的铸铁轨道,后来改换成替换方便、更有韧性的成段熟铁铁轨,为了不被车上掉下的煤炭卡住,凹轮缘也从铁轨换到车轮上。当然,现代铁路不是一朝一夕形成的,19 世纪初修建斯托克顿—达林顿铁路时,还使用铸铁轨道,至于钢轨则在 1862 年出现。

在第一次工业革命中,蒸汽机的发明为蒸汽机车的发明提供了必要条件。欧美各国科学家都在研究机车。1763 年,法国工程师尼古拉-约瑟夫·屈尼奥发明第一台高压模型蒸汽车,1769 年按此模型建造了第一台三轮蒸汽机车,时速 2.25 英里,用来装载大炮。这是人类历史上第一台自动运输工具。在这个领域中做出更大贡献的是英国人。在蒸汽机上装上车轮牵引更多、更重车辆的想法,在蒸汽机发明之初就有了。1759 年,瓦特的朋友罗比森已经力促瓦特把蒸汽机改装为轮式机车。1765 年理查德·达尔文的祖父伊拉斯莫·达尔文,对博尔顿提出了同样的要求。瓦特在 1784 年的蒸汽机专利中,已包含有一项关于机车的计划。在制造蒸汽机的索霍工厂,威廉·默多克利用业余时间在 1784 年发明了一台模型蒸汽机车,瓦特因担心会影响主要研究工作,劝他放弃了这项工作。康沃尔的矿山工程师理查德·特雷维希克在 18 世纪末和 19 世纪初研制了多辆蒸汽机车。1801 年,他制造了一台模型蒸汽机车,但后来被火烧毁。1804 年又试制"纽卡斯尔号"机车,有的学者认为这是首次将蒸汽动力应用到铁路交通上。[1] 1808 年,特雷维希克在伦敦欧斯顿广场上展示了另一辆蒸汽机车——"追赶我"号。该车配有一个车厢,可运乘客,时速 19 公里。这是历史上第一辆载人火车。但他的演示因轨道沉入软泥,车身翻倒而告失败。由于没有受到足够重视,这位发明家后来的研究兴趣转向其他方面。实际上,特雷维希克已经走到成功的边缘,后退一步等于失败。此后,约翰·布伦金索普在 1812 年建成第一台实用的蒸汽机车,威廉·赫德利 1813 年设计制造"喷气比

▶ ▶ ▶ ────────────────────────

[1] W. O. Henderson, *La Révolution industrielle, 1780-1914*(《1780—1914 年欧洲的工业化》),Paris: Flammarion, 1970, p. 44.

史蒂芬森的"火箭"号机车

利"号机车，用于在一条长 5 英里的铁路上牵引运煤车厢。

　　贡献最大的是史蒂芬森父子。他们在吸取前人和时贤经验教训基础上发明的蒸汽机车，比当时其他同类发明更先进——和瓦特发明蒸汽机时的情形相像。乔治·史蒂芬森的经历和瓦特非常相似，在自学基础上，从技术领域走进科学殿堂，立志要改变世界。他后来获得"蒸汽机车之父"和"现代铁路之父"两项桂冠。1813 年，史蒂芬森参观布伦金索普的蒸汽机车，确信自己能够加以改进，制造出更好的机车。1814 年，他制造了第一台机车——"布吕歇尔"号，可以牵引 30 吨货物，时速 4 英里。但由于铁轨质量太差和速度太慢，没有获得实际应用。1825 年，他为 25 英里长的斯托克顿—达林顿铁路设计"旅行者"号机车获得成功，这台机车可以牵引 1 节客车和 6 节货车，载重 90 吨，时速 6.4 公里。不过在这条铁路上，马拉客车还持续了好几年。为了降低机车放出蒸汽时的尖叫声，他把蒸汽先引入烟囱，再引回锅炉，因而意外获得成功，锅炉也因此而增加了温度。1829 年，他和儿子罗伯特·史蒂芬森一起，为第二条铁路即利物浦—曼彻斯特铁路建造"火箭号"机车。这是所有现代机车的原型。和以前的单烟道锅炉不同，在这台机车上采用了亨利·布斯的建议，改进了锅炉技术，用多管锅炉取代单管锅炉，从而增加了锅炉里水的受热面积，缩短了受热时间，增加了机车牵引力。由于技术上的改进，"火箭"号在机车比赛中获得成功，每小时可行走 30 英里。史蒂芬森还主持修建了英国第一条铁路，建立了第一座机车制造厂。在科学史上，人们似乎认为史蒂

1825年9月27日世界上第一条铁路线（斯托克顿—达林顿线）通车

芬森在铁路建设上的成就更加光彩照人，更具创造性。1836—1837 年英国增加了上千英里铁路，1843 年有 2000 英里，1848 年达到 5000 英里。1850 年英国干线铁路网基本形成。铁路的发明是继车轮发明以来，陆上运输最伟大的革命。在短短的半个世纪里，把运输费用减少到马车时代的 1/6。

瓦特蒸汽机的发明还引起远洋运输革命。将蒸汽运用到水上运输的设想始于1707 年，法国发明家德尼·帕潘最先提出了有关设想。以后欧洲国家陆续有一些试验，但直到瓦特蒸汽机诞生前，不可能有大的进展。大约在 18 世纪 80 年代，法国、美国和苏格兰都开始研制和试验蒸汽船。英国工程师威廉·赛明顿在 1801 年前已建造"戴尔斯明顿"号船的气压引擎，随即为"夏洛特·邓达斯"号船设计引擎，并在克莱德－福斯运河上航行。英国第一艘定期蒸汽客船"彗星"号在 1812年下水，航行于格拉斯哥和格里诺克之间，船壳和明轮均为木制。第一艘铁壳蒸汽船"阿隆·曼利"号，1820 年在泰晤士河下水。第一艘铁壳帆船于 1838 年穿越大西洋。1845 年 I.K. 布鲁内尔设计的"不列颠"号，是第一艘采用蒸汽动力穿越大西洋的铁壳客船。1842 年第一艘铁制军舰"多佛尔"号下水。到 1870 年，英国皇家海军有铁船 130 万吨，木船 36.8 万吨，木铁混制船 1 万吨。第一艘全钢制船于1875 年下水。当然，这个领域的发明，法国人和美国人的贡献更加突出。蒸汽船的发明，证明人类更加有效地征服了海洋，等于在世界大洋上开通了"直达火车"，使欧洲人的活动从江河、内海迈向了远洋，开始了真正的全球时代。

英国工业革命被誉为"被解放了的普罗米修斯"，在人类历史上首次创造了一幅烟囱多于教堂尖顶的图景。它在不过三代人的时间里，改变了整个英格兰的面貌：从家庭手工业过渡到大工厂生产，从手工劳动过渡到机器劳动，从乡村社会过渡到都市化社会，从经验社会向科学技术社会过渡。哈特维尔指出：工业革命明显的和本质的特征是：总产值和人均产值增长率的持续增长，这种增长和以前的增长相比是革命性的。[①]

第三节
法国的工业革命

法国是欧洲大陆率先开始工业革命的大国，代表着工业文明对拉丁文明的洗礼。然而，当工业文明在大西洋两岸日耳曼文化圈乘风破浪时，高卢雄鸡步履蹒跚，相形见绌。

旧制度末期：被忽略的工业成就

人们必然关心，当英国开始工业革命时，法国的情况到底怎样。旧制度末期的法国仍然是一个农业国。18 世纪初到大革命前，全国人口从 2100 万或 2200 万人增加到 2800 万人。城市人口所占比例从 1740 年的 18% 增加到 1790 年的 20.5%。居民识字率从 17 世纪末 5 个居民中有 1 个识字，发展到旧制度末期 3 个居民中有 1 个识字。全国土地占有情况是：贵族 20%—25%，教会 10%—15%，资产者约

▶ ▶ ▶

① R. M. Hartwell, *op. cit.*, p.8.

20%，其余不到一半的土地为农民所有。农民占总人口80%，供养自己和20%的特权阶层、资产者和手工业者。农业在经济生活中的地位如此突出，以致重农主义者希望把国家的经济基础建立在农业经济之上。他们厌倦了重商主义者的说教，主张按照英国模式发展法国农业，摆脱长期以来的农业困境。农学著作数量也显著增加，15世纪46部，16世纪108部，17世纪130部，18世纪达到了1214部。重农主义者并不落后，他们是想通过发动"农业革命"的方式来发展法国经济，而不是保守"传统"农业。虽然农业革命不曾实现，但法国农业在18世纪前半叶的年均增长率为0.3%，在旧制度最后30年间上升为1.4%。

重农主义可能是法国工业发展的一个折射，18世纪的法国工业经历了重大变化。计量研究表明，1701—1710年和1781—1790年间，法国大工业和手工业总产量增加3.5倍，英国在1700—1780年间的工业产量仅增加2.9倍。1700—1780年法国工业年均增长率是1.9%，英国只有1%，不过英国在这个世纪的最后20年增长迅猛。这些数字不免有些危言耸听，有高估法国低估英国工业发展水平之嫌。但从产量上看，18世纪大部分时间里法国工业并不弱于英国工业。就是说，旧制度时期的法国和法国革命期间的英国，工业增长都很突出，然而法国大革命导致两个国家工业发展态势逆转。一个学者写道："法国革命和拿破仑战争帮助英国在工业发展方面大大领先于大陆国家，正像16世纪后期和17世纪初的宗教战争和三十年战争，曾经帮助英格兰成为欧洲重工业发展最先进国家一样。"[1]

法国现代企业核心形成于纺纱、冶金和采矿三个工业部门，英国工业新技术的传入，是这些部门获得发展的重要原因。纺织业是旧制度末期法国最大的工业部门，产值达11亿锂，其次是冶金工业8800万锂，再次是煤炭工业1000万锂。[2]棉纺织业在18世纪前90年年均增长3.8%，发展速度和英国不相上下。革命前的法国已经知道英国纺织业的各项技术发明，积极引进。1751年，英国天主教徒约翰·霍尔克把新机器图纸和技术工人带到法国，在法国政府帮助下在鲁昂建立平绒厂。1759年，德国工业家C.P.奥伯坎普夫在诺萨河畔的茹依建立第一家使用机械

▶ ▶ ▶

① John U. Nef, "The Industrial Revolution Reconsidered", in *The Journal of Economic History*（《经济史杂志》），Vol. III, 1943, No.1, p. 24.

② Lucien Bély, *La France moderne, 1498-1789*（《近代法国：1498—1789年》），Paris: PUF, 1999, réd., p.576.

滚筒的印花布厂。1787年，曼彻斯特人詹姆斯·米尔恩用行李包把阿克莱特纺纱机运进法国。1790年前后，法国已开设了几家大型纺纱厂，每家都拥有约1万纺锭。诺曼底是法国率先实现纺纱机械化的地区。革命前夕，法国纺织业中的技术革命还远未完成，即使比较先进的棉纺业也是如此，手工劳动还占绝对优势。丝纺织业是开始机械化的第二个纺织部门。毛纺织业、麻纺织业仍然是传统生产技术占统治地位，但毛纺织业产量不低，产品占工业品出口值的第二位，拥有像纪尧姆·泰尔诺等著名企业家，以及埃尔伯夫、卢维耶和色当等重要毛纺中心。其中色当26个毛纺厂共雇用1.4万工人。

冶金工业是一个新兴部门，受到政府特别关注，注重引进英国新技术。1764年政府派一个考察团到英国，了解焦炭炼铁工艺。1775年，英国企业家威廉·威尔金森和法国企业家伊尼亚斯·弗朗索瓦·德·文德尔在卢瓦尔建立一座王家铸炮厂。1782年，文德尔在勒克勒佐建立庞大企业，成为法国冶金工业发展史上的重要事件。这个家族是法国有名的工业家族，18世纪初就在摩泽尔的阿扬日建立炼铁厂。1737年已拥有5个炼铁厂。勒克勒佐工厂采用股份制形式，筹集资金1千万锂，划分为4千股，其中国王占333股。这是一个规模很大的工厂，拥有4座13米高的高炉、4座反射炉、5台蒸汽机、无数车间、1张完整的铁路网、2500辆4牛牵引的牛车、1500名住宿工人，设计年产生铁489万公斤。工厂在1785年最先生产焦炭铁，后在1880年率先采用托马斯炼钢法，对法国冶金工业的支配地位持续到20世纪70年代。法国企业和英国之间的技术联系也逐渐摆脱经济间谍方式，进入正规技术交流轨道。英国的人员和机器更自由地进入法国，1786年贸易条约进一步保证了这种已经开始的交流势头。当时法国生铁产量是英国的两倍，但技术落后。勒克勒佐生铁产量中只有2%的焦炭铁。当它于1785年首次采用焦炭炼铁技术时，比英国晚了3/4个世纪，而且直到1815年仍然没有什么改进。①

采煤业可能是当时最先进的工业。1756年建立的昂赞煤矿，规模大，技术先进。在革命爆发前夕有3000工人，采用蒸汽机抽取煤井积水和提运煤炭，用地质学知识确定矿层分布，矿井深度达300多米。但是1789年法国煤炭产量只有75万吨，相当于英国产量的1/10。

▶ ▶ ▶ ─────────────────────────────────────

① Fernand Braudel & Ernest Labrousse, dirigée, *Historire économique et sociale de la France*（《法国经济社会史》）, Paris: PUF, 1976, Tome III, Vol. II, pp. 447-448.

新式动力工业也发展起来。法国人对蒸汽机有浓厚兴趣，非常关注英国蒸汽机的发展情况。早在 1778 年和 1779 年，就曾有两个法国人访问过英国制造蒸汽机的索霍工厂，成为最先访问该厂的外国人。1779 年 J．C．佩里耶兄弟与博尔顿和瓦特签订协议，把蒸汽机引入他们位于沙约的工厂，并获得在法国制造蒸汽机的 15年特许权。但是工厂蒸汽机生产量有限，最新式的机器仍然来自英国。总之，大革命前法国应用和生产蒸汽机，都属于一种例外情况。1787—1788 年，法国政府在亚眠和鲁昂设立特别管理局，管理和分配英国机器。

可见，大革命前旧制度末期的法国，现代工业的一些因素已经在农业社会中萌动，但法国工业革命的正式启动，还是在法国大革命后期的拿破仑时代。

拿破仑时代：工业革命的萌芽

旧制度末期法国工业发展的情况表明，一些工业部门已经开始技术革新，但并没有开始工业革命。法国引进先进技术建立现代企业，在某些领域领先于英国，但总体技术水平不及英国，大约落后 15 年左右。1789 年法国有 900 台珍妮机、8 个水力纺纱厂，英国分别为 2 万台和 143 个。18 世纪 90 年代，法国瓦特蒸汽机数量可能不超过 25 台，1800 年有 60—70 台，1810 年 200 台，1833 年 946 台——759 台国产，144 台进口，其余 43 台产地不明。[1] 法国焦炭生铁占 2%，英国已经达到 30%—34%。在人均产值的占有、城市化（法国 15%，英国 20%）、工业人口比率（法国20%—25%，英国 40%—45%）方面法国也落后于英国。在专利证书颁发方面，英国比法国多得多，1730 年、1770 年、1790 年和 1797 年均颁发专利证书，英国分别是5、23、63 和 69 件，法国为 7、8、22 和 8 件。[2] 因此，革命前夕的法国仍然是一个农业和农村国家，农村是经济活动的中心，城市化相对有限。工业发展呈现明显的两极现象——要么是粗放型的一般产品，要么是生产奢侈品，而不是工业革命所需要的价廉物美、批量生产的产品，法国工业革命还没有启动。

拿破仑时代法国工业有了较大的发展。首先是恢复被革命和战争破坏了的工业

▶ ▶ ▶ ────────────────────────────

① Jennifer Tann & M.J.Brecklin, "The International Diffusion of the Watt Engine, 1775-1825", in *The Economic History Review*（《经济史评论》），1978, 2 series, Vol. XXXI, No. 4, pp.558-559.

② Jean-Charles Asselain, *Histoire économique de la France du XVIIIe siécleànos jours*（《18 世纪以来法国经济史》），Tome 1, Paris: Seuil, p. 98.

生产，然后根据战争的需要发展工业，在某些地方、某些工业部门继续进行技术革新，引导整个工业的发展，开始工业革命的努力。但大部分工业仍然是传统工业，将和现代工业长期共存，成为法国工业革命中的独特景观。

革命打断了法国工业的发展，直到1796年督政府时期才开始恢复，但是步伐缓慢，到1800年才恢复到革命前的60%左右。只有棉纺工业恢复最佳，似乎达到了革命前的水平。到拿破仑帝国时期，才出现较快发展势头，1802—1810年超过革命前50%。革命、战争和大陆封锁对工业发展造成很大影响，导致大西洋港口地带的工业衰落。1802年波尔多衰落倒退到旧制度末年的水平，1808年3月美国驻波尔多领事在信中这样描述城市的衰败情况：码头和街道长出野草，城市居民减少1/3，1789年时的40家糖厂，到1809年只剩下8家。马赛在1789—1813年间工业产值减少3/4[1]，1807年有长途邮船330艘，1811年减少到9艘，制造业产值从1789年5000万法郎跌落到1811年的1200万法郎，同期人口从12万人减少到9万人。[2]法国原棉价格比英国贵4倍，英国先进技术来源受阻。但和南方情况相反，北方巴黎、里尔和斯特拉斯堡等内陆大城市，经济却出现了发展势头，从诺曼底到阿尔萨斯工业发展迅速。至于农业，受到的影响没有工业和贸易大，但也不小。1781—1790年和1803—1812年农业年均增长0.3%，而这个时期年均人口增长是0.5%，人均农产品占有量呈下降趋势，以18世纪初为100，1775—1812年间从124减少到120。[3]

有人说大革命和帝国对法国经济是一场"民族灾难"，但革命也带来一些有利于工业发展的变化。如农民封建义务的废除、工业行会的解散、国内市场的统一、周边土地的兼并（如米卢斯、阿尔萨斯、比利时、莱茵河左岸地区、意大利等）、财政制度的重组、法兰西银行的建立、拿破仑法典的颁布、大陆封锁令的实行、企业家精神的培养等。现代工业发展的条件较为复杂，不是一个简单的经济现象。大革命和战争带来社会动荡，经济出现倒退，但同时也创造了一些条件，出现了"革命经济"和"战争经济"，使法国工业形成了自己的特色，乃至决定法国现代化的精神气质。因此，当我们看到法国革命推迟了工业革命的负面作用时，不要忘记它的解放作用。当时大革命也得到企业界人士支持，况且，革命的发生说明旧制度的

▶ ▶ ▶ ───────────────────────────────

① Jean-Charles Asselain, *op. cit.*, p. 122.
② Fernand Braudel & Ernest Labrousse, *op. cit.*, Tome III, Vol. I, p. 104.
③ Jean-Charles Asselain, *op. cit.*, p. 125.

确有问题，不解决这些问题，法国工业革命不可能发生。英国的例子从反面说明，如果没有合理的政治和社会结构，工业革命同样难以发生。后来工业化的世界历程表明，政治因素始终伴随和影响着工业的发展。

法国对瓦特蒸汽机的需求量是大陆国家中最高的，但在1792年战争前只订购了5台（其中1台取消），此后直到1822年才增加1台。即使加上非正常渠道获得的机器，这个时期法国的蒸汽机仍然很少，无法和英国相比。因此，技术进步集中在纺织、冶金、化学、印花布等有限的几个行业。

纺织业是法国工厂、工人最多，技术革新最突出的工业部门。其中棉纺工业是这个时期工业革命起步最快的部门，因为直接得益于大陆封锁令提供的保护，英国产品暂时退出了欧洲大陆市场。技术进步的主要标志是纺纱技术的机械化，由于骡机—珍妮机的推广，手工生产在所有大型棉纺工业中心受到排挤。织布业除采用飞梭外，由于广大农村廉价织工的存在，技术进步缓慢。法国纺织工业以水力驱动为主，工厂主要建在诺曼底的河流和孚日山脉的斜坡上。蒸汽机价格昂贵，使用不多。帝国末期法国有纱锭100万枚，其他欧洲大陆国家总共才50万枚，但无法和英国相比，英国在1811年就达到490万枚。法国棉纺织业比上不足，比下有余。法国工业新技术普及的特点是"慢""迟"和"不平衡"。

埃尔伯夫、卢维耶和色当是法国最大的毛纺织业中心。兰斯和巴黎也有这种工业。兰斯为富人生产豪华、小巧的呢绒制品、法兰绒和格子呢，但巴黎是引导呢绒产品潮流的中心。毛纺业从1804—1805年开始部分机械化。丝织业总体上没有重大技术进步，但J.-M.雅卡尔在1804年间发明的提花织机是一个例外，不过在1810年后才慢慢推广，到1819年有1200台，还向其他国家出口。

麻纺织业曾经是法国首屈一指的纺织部门，但是除了菲利普·德·吉拉尔在1810年发明麻纺机外，技术进步缓慢。麻纺织业分散在广大农村，面临棉纺织业的竞争之时，仍然是一个传统的纺织部门，且发展前景不佳。

冶金工业的发展速度仅次于纺织工业，采用的技术基本上仍然是传统的，只有勒克勒佐等少数几个工厂例外。其企业规模普遍较小，和国外先进技术隔绝，如果没有政府的保护，根本无法和英国产品竞争。不过法国还是初步形成了三个冶金工业中心：勒克勒佐工厂拥有全国仅有的3座焦炭高炉；阿尔萨斯在纺织工业之外崛起了冶金工业；弗朗什孔泰地区的蒙贝利亚尔－贝尔福成为第一个钟表业和小型机械产品制造基地。[1] 巴黎地区从 18 世纪以来就是传统的机械工业基地，拥有优秀的冶金工人和英国工程师，制造五金制品、精密设备、纺织机械、大型采煤设备、铸件和薄板等。由于需求增加，军事工业发展较快，主要集中在比利时和法国的边疆省份，列日的大炮铸造厂誉满欧洲。1807 年法国产煤 500 万吨，比利时煤矿贡献最大。1788—1813 年间法国最高年铁产量为 17.5 万吨，而英国从 8.6 万吨上升到 37.5 万吨。

F. 克鲁泽认为，拿破仑时期的工业连恢复旧制度末期的目标都没有实现，1800 年法国工业生产只有 1789 年的 60%，1810 年才超过 18 世纪 80 年代 50%，但"起飞"被 1810—1811 年危机打断。J. 马尔泽夫斯基估计 1796—1812 年间年均工业增长率大约是 3%。E. 拉布鲁斯认为，1803—1810 年法国工业比 1781—1790 年间增长 1/4 左右。种种数据表明，法国工业在 1796 年后实现了一种恢复性增长，特别是在拿破仑帝国时期，一些工业部门获得了快速发展，虽然离人们想象中的工业"起飞"还有相当距离，但是可以认为是工业革命的萌芽。无论怎样，战争和封锁未能完全抑制技术革新的浪潮和真正的企业精神，为法国工业的未来发展奠定了基础。

复辟王朝和七月王朝时期工业革命的发展

欧洲"伟大的 19 世纪"指 1815 年到 1914 年，和前后两个世纪相比，这是一个少有的和平世纪。这个世纪又被称为"不列颠的和平"世纪，英国的影响很大。法国从拿破仑战争的硝烟中走出来，进入了另一场没有硝烟的战争——工业革命，企图弥补大革命以来和英国拉开的经济差距。拿破仑退出大陆，英国人接着"征服"欧洲。法国淡出欧洲政治舞台，构筑经济大厦，翻开了历史的新篇章。

复辟王朝和七月王朝在经济上有连续性，是工业革命的重要阶段。T.-J. 马尔科维奇认为，法国工业年均增长率 1815—1830 年为 2.7%，1830—1845 年为 2.5%。M. 勒维－勒布瓦耶认为 1815—1845 年为 2.98%。[2] 不少史学家认为，法国工业在 1815—1848 年间获得快速发展，增长率是 19 世纪最高的。不管怎样，1820—1870 年的工业年均增长率肯定超过 2%。这个时期工业革命表现为机械化、

▶ ▶ ▶ ────────────────

① Fernand Braudel & Ernest Labrousse, *op. cit*., Tome III, Vol. I, p. 109.

② François Caron, *Histoire économique de la France, XIXᵉ-XXᵉ siècles*（《19—20 世纪法国经济史》），Paris, Colin, 1981, p. 30.

自动化向各工业部门发展，替代人的劳动，提高了生产率。在这个过程中，有法国人的发明创造，也有英国人的重要贡献，他们共同推动了两个国家的工业化进程。

纺织业仍然是技术进步最全面的工业部门，是一个新兴的、非常国际化的产业。首先是纺纱准备机的成套发明。1825 年里斯莱尔和迪克逊发明打棉和破棉机。1829 年安德烈·克什兰发明卷筒机。多博和菲利普·德·吉拉尔发明梳毛机，完善了英国人的机器。精加工机增多，其中精梳机的发明凝聚着多人的心血。由约翰·科利耶在 1840 年提出设想，亨茨曼在 1845 年研制成功，尼古拉·施伦贝格尔和许贝纳在 1851 年加以完善。其次是对现有机器的精度和效率进行改进。走锭精纺机很快采用蒸汽动力，用金属材料制造。机器驱动的纱锭数，1806 年 80 枚，1827 年 216 枚，1850 年 450 枚，1870 年代 500—600 枚。纱锭转速提高很快，1836 年每分钟不到 3000 转，1856 年 6000 转，1876 年达到 7000 转。[①] 阿克莱特纺纱机也不断得到改进，确保纱线不致经常中断。棉纺业的这些技术革新，也带动了麻纺、毛纺、丝纺等部门的技术发明和革新。

织布业多年没有解决的关键问题是自动化，在这个时期得到最后解决。根据 1785 年阿克莱特的理论研究成果，1830 年理查德·罗伯茨在曼彻斯特制造了一台机械织机，机器各部分均采用蒸汽动力，从而实现了整个织布过程的自动化。经过英法两国工程师的不断改进，到 60 年代，这种机器已经非常先进，能够用于各种纺织纤维。使针织业发生革命的，是经线机和滚筒织网机。特别是 1830 年巴泰尔米·蒂莫尼耶发明的缝纫机，在 1857 年得到决定性应用，极大地丰富了人类的服饰文化，提高了生活质量。

这些机器只是纺织业革命的一部分。无论是对旧机器的改进还是发明新机器，不论是法国人的创造还是其他国家科学家的贡献，都推动了纺织业的机械化和自动化，极大地提高了生产力。诺曼底仍然是纺织业的中心，但是从技术的角度看，到 1850 年纺纱业仍然以水力为主，织布业仍以手工劳动为主。真正的革命发生在阿尔萨斯的棉纺织业中。由于较早采用机器织布，使用蒸汽机动力，工厂集中程度高，积极引进和完善先进设备，加上燃料和原料便宜，阿尔萨斯棉纺织业进步很快，产品质量迅速提高。

► ► ► ─────────────────────

① Fernand Braudel & Ernest Labrousse, *op. cit.*, Tome III, Vol. II, p. 484 .

法国冶金业在 1815 年后按英国模式发展，把科学和技术紧密结合起来。随着焦炭炼铁法的逐渐普及，高炉高度和形式发生了变化。平均高度 1815 年 6 米，1838 年 15 米，1860 年代达到 18 米。内部结构也在改进，适当增加了曲线，以便减少炉料，充分进行化学反应，炼铁能力却没有下降。用蒸汽风箱取代古老的木制风箱，增加了鼓风量，也促进了炉内的化学反应。一些冶炼厂建立自己的实验室，合理计算炉料，对矿石、燃料和石灰石进行科学配置，深入研究化学机理反应，生产出理想的产品。

这个时期还开始了"钢革命"。钢比铁具有更好的抗力、弹性、硬度和轻度。炼钢业其实很古老，但到 19 世纪才真正发生革命，成长为大工业。机器制造特别是铁路建设成为这个产业技术革新的动力。铁路建设需要新材料，也是一个庞大市场。传统的木炭"自然钢"耗时长、成本高、产量低，不可能满足这一需求。法国在 1815—1825 年开始引进两种新炼钢技术：一是德国炼钢法，即采用把铁重新碳化的工艺生产有渗碳性的钢。金融家米勒雷和工程师博尼耶，首先把这种技术引进到圣埃蒂安地区的贝拉尔迪耶尔炼铁厂；二是英国的搅拌炼钢法，在该地区的特拉布莱内和阿萨依炼钢厂最先采用。

法国冶金业从 20 年代的低起点起步，呈现出先进与落后长期共存的特点。1812 年法国生产 10 万吨生铁，1812—1828 年产量增加 1 倍多，1828—1847 年又增加 1 倍以上。1821 年 22.1 万吨，1847 年 59.1 万吨，英国的相应数字是 40 万吨和 200 万吨。炼铁炉主要是木炭炉，大约有几百个，分散在全国森林丰富地区。木炭生铁和焦炭生铁同时增长，1830 年木炭炼铁炉 379 座，1839 年达到 445 座高峰，1846 年下降到 364 座。焦炭炼铁炉从 1830 年的 29 座上升到 1846 年的 106 座，但木炭生铁仍占 3/5。[1] 法国缺乏优质煤炭，北部和中部煤矿产的煤，均不能炼制焦炭。加上法国森林资源丰富，铁矿资源贫乏、冶炼技术落后，严重影响了 19 世纪上半期冶金工业的发展。动力机方面法国也比较落后，1815 年法国只有 15 个企业有蒸汽机，1830 年 625 台，1848 年 5200 台。冶金业的黄金时代，需要机械制造业，特别是铁路建设的推动才能到来。机械制造业的高潮出现在第二帝国时期。1830 年革命后，一群圣西门主义者首先提出了法国的铁路网发展计划，但在第二

---

[1] J.H. 克拉潘：《1815—1914 年法国和德国的经济发展》，商务印书馆，1965，77、78 页。

帝国以前进展缓慢。虽然冶金工业技术革新有声有色，但采矿业技术进步却如骆驼在沙漠中行走，步履艰辛。不过由于燃料需求不断扩大，从 19 世纪 40—50 年代开始，这个行业开始发生明显变化。和冶金工业一样，最突出的表现是科学和技术的结合日益紧密，地质学和矿物学在矿脉勘探、矿井开凿、通风设备方面，日益起着导航作用。

总之，这个时期法国工业革命的特点，表现在新动力、新材料、机械化、自动化几个方面的技术革新上，工业开始与科学密切结合，逐渐告别依靠经验和手工技术的时代。

第二帝国时期：工业革命的完成

第二帝国是法国经济史上的独特年代，出现了农业上的黄金时期，建立了现代银行制度，城市化取得突破性成就，同时完成了工业革命。

代表新技术革命成果的冶金工业发展迅速，成为法国经济的支柱产业。生铁和钢产量大幅度增加，1840 年分别是 35 万吨和 24 万吨，1860 年增加到 90 万吨和 50 万吨。其业绩仅次于英国，居世界第二位。[1] 技术进步惊人，焦炭高炉取代木炭高炉取得决定性胜利。1830 年有焦炭高炉 29 座，在 408 座高炉中微不足道，1846 年其比例增加到 46%，1864 年 90%，1880 年 97%。一个木炭高炉的年产量 1820 年为 400—500 吨，焦炭高炉 1830 年 900 吨，1856 年 3300 吨，1869 年 8500 吨。第二帝国及时跟踪引进了国际上的先进技术。1856 年贝西默发明转炉炼钢法，两年后被引进到法国。以后出现的西门子－马丁交换炉炼钢法和托马斯－吉尔希里斯特平炉炼钢法，法国也及时引进，大大提高了钢产量，降低了钢的成本价格。安菲炼铁厂采用贝西默炼钢法后，1869 年 1 吨钢的成本价格是 202 法郎，采用搅拌法炼钢是 250 法郎，木炭炼钢是 450 法郎，坩埚钢是 500 法郎。在 1860—1890 年间，由于新技术的采用，钢的成本价格降低了 80%—90%。销售价格也跟着下降，60 年代每吨钢轨 600 法郎，1867 年跌落到 315 法郎，法国开始进入廉价钢的时代。

蒸汽机在工业生产中的使用增长迅速。1840—1842 年为 3.7 万马力，年均增

① 郭华榕：《法兰西第二帝国史》，北京大学出版社，1991，93—95 页。

长 6.9%；1850—1852 年为 7.1 万马力，增长 11.1%；1858—1860 年为 16.6 万马力，增长 7.0%。[①] 这个时期蒸汽机的增长集中在北部地区、卢瓦尔地区和上莱茵地区，即三个工业发达地区。水力仍然是重要动力，如诺曼底 1847 年仍然提供工业所需动力的 58%，1856 年 734 家棉纺厂中，使用水力者有 478 家。水电时代的到来使这种动力焕发了青春，但这是 19 世纪 80 年代以后的事。1850—1860 年间法国工业使用蒸汽机的增长速度，是整个 19 世纪中最快的。法国工业开始摆脱对外国技术的依赖，技术革新的自主性大大增强，专利申请数量的上升说明了这一点。

工业革命的第二个部门棉纺织业，实际上是以前技术革新的继续。阿尔萨斯地区照样走在前列，动力纺纱机迅速取代骡机—珍妮机，劳动生产率大大提高，工厂平均拥有的纱锭数量 1827 年为 9517 枚，1856 年 17969 枚，1869 年 24400 枚。一个工人照看的纱锭数 1806 年为 20 枚，1828 年 45 枚，1862 年 85 枚，1890 年 110 枚。1865 年操作一台有一千枚纱锭的骡机—珍妮机，需要 10—12 人，自动纺纱机只需 8 人。当时有记载说，一个有一万枚纱锭的车间，过去一般需要 200 人，现在只要 50—60 人，而且产量至少提高一倍。

铁路建设和机械制造业是第三个发生革命的部门。第二帝国的工业革命和铁路建设高潮同步，铁路建设的发展是工业革命的条件，也是结果。实行中央集权制度的法国在 18 世纪已经初步建成一个全国交通网，有公路 8047 公里，桥梁 400 座和运河 1000 公里（1789）。19 世纪上半叶交通运输获得长足发展。这一交通网络在铁路时代到来之前发挥了巨大作用，但主要用于运送奢侈品。要快速运输大宗产品，增加客运数量和舒适程度，连接大工业中心，非铁路莫属。如果以 1908—1912 年的交通指数为 100，1847—1851 年则为 33，工业则为 35，农业为 69。可见，第二帝国前交通落后于农业和工业发展。但是第二帝国时期铁路的大发展，改变了这种状况。以商品运输的几种方式为例（吨公里），1851—1869 年公路从 52.7% 下降到 27.6%，内河航运从 36.7% 降到 18.7%，而铁路从 10.6% 上升到 53.7%。[②] 铁路替代了公路运输的位置，还抢走了部分水路运输业务。

铁路在英国发明后发展迅速，但在法国进展较缓慢。1840 年法国只有 400 公里铁路，而英国有 2000 公里，1848 年法国有 1931 公里，英国已达 4000 公里，当然

▶ ▶ ▶ ────────────────

① Jean-Charles Asselain, *op. cit.*, p. 147.

② François Caron, *op. cit.*, p. 32.

更不能和美国相比。法国铁路建设的决定性阶段出现在第二帝国时期，拿破仑三世被圣伯夫称为"马背上的圣西门"，热衷铁路建设。铁路投资大幅度增加，铁路修建速度 1852—1855 年为 593 公里，1856—1861 年 781 公里，1861—1865 年 826 公里，1866—1869 年 844 公里。法国还实现了和西欧国家间的铁路联网计划，扩大了经济活动空间。铁路产品增长很快，40 年代初，大部分机车需要进口，到 1860 年法国主要企业生产的机车，近 40% 供出口。1881 年，在全国大企业排位中，最大的冶金工业公司排第 19 位，铁路公司则排行老大。

总之，法国从拿破仑帝国时期开始工业革命，到第二帝国时期基本完成。通过纺织、冶金、煤炭、铁路等关键工业部门的技术革命，建立起了和旧制度时期完全不同的现代工业基础，成为法国经济现代化的支柱。1870 年法国工业产值超过了农业产值。经过拿破仑三世和奥斯曼男爵 17 年的精心建设，巴黎成为欧洲最现代化、最漂亮的首都。毫无疑问，法国经济还不是完全的工业经济，工业化远没有完成，即使到 1875—1884 年间，工业和手工业也只占国民总收入的 34%，和农业所占的份额差不多。但是工业革命已经完成，法国经济已经走上工业经济的大道。当然如果进行横向比较，法国在工业技术上与英国的差距仍然很大，并且正在被后起之秀德国超过。

法国工业革命"迟缓"的原因

法国从 18 世纪 70—80 年代开始受到工业革命的影响，从而开始了一场马拉松式的工业革命，直到 19 世纪 70 年代才完成。造成法国工业革命进程迟缓的原因主要有如下几点：

首先，旧制度缺乏现代性制度弹性，由此导致的大革命和长期战争状态严重阻碍了正在起步的工业革命。作为欧洲最强大的封建国家，旧制度法国的政治和社会结构，上下两头发达，中产阶级弱小，社会各等级之间、地区之间流动困难，容忍度小，容易激化矛盾，引发革命。法国在 18 世纪的大多数时间，是世界上人头税最高的国家之一。政府税收大约 3/4 来自直接税，军费开支几乎占政府预算的一半，即国民收入 5% 以上。革命前夕的法国关卡林立，如罗讷河从阿尔勒到里昂设有 30 道关卡。法国第一个内河航运枢纽——巴黎—鲁昂间的塞纳河段，每年航行船只不到 400 艘，往来都要在茫特缴纳通行税。[1] 在这种制度条件下，资产阶级为实现自身的发展，唯有动员广大民众进行大规模的革命。大革命的确为法国工业的发展创造了制度条件，但却影响了它的近期发展。革命和战争首先给外贸带来致命影响。1789 年，海外贸易是法国经济中最有活力的部门之一，外贸总额是 1715 年的 4 倍，在世界贸易中的比重 1720 年为 8%，英国为 15%，1780 年两国各自为 12%。[2] 然而大革命开始以后，大多数沿海港口工业开始衰落，从国际性城市降格到地区性城市，出现了"非工业化"和"农业化"现象。这些城市正好是法国和世界经济的结合部，为法国外向型工业最发达的地方。法国对外贸易直到 1825 年才恢复到 1789 年水平——当时接近英国的水平，而这时英国外贸已经超过法国 50%—60%。这样，法国对外贸易的高峰时期提前到来，没有与工业革命相配合，这是法国工业革命的一大损失，而英国对外贸易在工业革命中扮演了重要角色。革命和长期战争还打断了法国革命前的工业发展势头，影响了英国先进工业技术的传入。在 1793 年 2 月宣战和 1815 年和平之间，英国只收到法国两次订购蒸汽机的请求，但是没有收到正式订单。[3] 法国工业技术日益落后于英国，1815 年法国的所谓"现代部门"纺织业所使用的设备，仍然是英国在 18 世纪 80—90 年代已淘汰的产品。

第二，煤铁资源的缺乏制约了工业发展。19 世纪的法国是工业大国中进口煤炭最多的国家之一。法国煤炭储量小、埋藏深、煤层薄、质量低、分布不合理、运输费用高昂。即使到 1913 年，美国煤炭产量为 5 亿吨，英国 2.9 亿吨，德国 2.79 亿吨，法国只有 4100 万吨。据估计，以这个开采速度，各国煤炭储量可开采时间为，美国 4000 年，德国 2200 年，英国 650 年，法国只有 400 年。法国煤炭进口量占消费量的比例，1830 年为 25%，1857 年 45%，1870—1914 年才确定在比较正常的 1/3 左右，直到 1912 年还需要进口近 50% 的工业焦炭。法国铁矿质量不高，多位于边境地区。在普法战争中又丧失约 50% 的铁矿，直到 20 世纪初才缓解这一损失。这样，由煤铁使用为主要内容的第一次工业革命，在法国的表现就只能逊色一筹了。

▶ ▶ ▶ ────────────────────────────

① Jean-Charles Asselain, *op. cit.*, p. 66.
② Jean-Charles Asselain, *op. cit.*, p. 56.
③ Jennifer Tann & M. J. Brecklin, *op. cit.*, p. 555.

第三，小农体制的长期存在和人口增长缓慢影响工业发展。法国农民问题本来主要是一个政治和社会问题，但却带来了严重的经济后果。大革命导致土地所有权碎化，革命后百年间农村土地所有者数量增加了 1 倍，而法国总人口增加不到 50%，年均增长率只有 0.5%，农村人口实际上保持不变，农民对工业化的阻碍作用却增加了。这种人口趋势和工业化格格不入，和其他正在开展工业革命的国家形成鲜明的反差。这个情况也不利于城市化，阻碍了工业发展所需要素的流动，影响了工业发展。

法国的工业化进程是一种独特现象，它有很多有利于工业发展的条件，也有一些不利于工业发展的限制。法国工业革命的成绩在欧洲不算最佳，但绝不是最差，法国工业革命采取了一种平稳发展的方式，在追求质量和品味上取得突出成就。理查德·科布登在评价 1851 年伦敦水晶宫工业博览会的成果时说："英格兰在用大型生产设备制造那些优质产品方面无与伦比，美国人将机械天赋大胆应用于普通用途的各种努力更胜一筹；但有一个国家在其产品最灵巧的操纵、最纯正的品味、最熟练地应用化学定律和艺术规则等方面，被公认为举世第一流的国家，这个国家就是法国。"[1]

第四节
德国的工业革命

德国工业革命起点低、起步晚，发展却极其迅速，成果引人注目。在这场工业革命的基础上，德国人创造了落后国家实现现代经济增长的第一个模式，建立了一个带有鲜明日耳曼文化特点的工业资本主义经济体系。

▶ ▶ ▶ ────────────────

[1] Richard Cobden, *Political Writings*, Vol. I, p. 466, cited in Siam Lieberman ed., *op. cit.*, p. 442.

19 世纪前的德国工业

18 世纪的德国是一个落后的农业国，工业发展水平远不如法国和英国，但无论是政府工业、原始工业，还是外国企业家建立的企业，都有一定程度的发展。政府在工业发展中的作用已经显露出来。政府取代英国和美国私人资本通过市场规律发挥作用的角色，成为工业革命的"蒸汽机"，担当工业发展推动者、组织者、管理者、参与者的角色。政府还利用自己的权威，全方位干预经济活动，扮演了三方面的角色：首先，政府作为立法者，制定和颁布专利法、贸易法和关税法；其次，政府作为管理者，制定财政政策、一般经济政策，特别是工业促进政策，建立基础设施；再次，政府作为企业家，拥有土地所有权（包括森林）、矿山和工业、银行、保险以及形成资本的机构。[①]

富国强兵的传统观念，开明君主制在中东欧的发展，重商主义的时代潮流，英国、法国、比利时、瑞士等国工业主义的兴起，都促使德国各邦国政府积极关注工业发展。1740 年普鲁士成立工业、商业和交通部。18 世纪后期，全德国约有 1000 家大型工厂，完全为国家所有的工厂为 60 家。政府工业主要是和军事有关的采矿和冶金工业。1740—1780 年，普鲁士财政开支中有 70%—80% 用于军事目的。普鲁士国王每年给工业拨款 6 万塔勒，给军队拨款 1200—1300 万塔勒，建造波茨坦行宫耗费 2200 万塔勒。给工业的拨款 2/3 用于丝织业，而众所周知这个产业没有前途，在任何国家的工业革命中都不占主要地位。政府还通过占有资源、颁发特许状和专利证、豁免税收、提供补贴、派遣留学人员、举办工业展览等多种手段，影响和控制私人企业。受到国家扶植的企业只是一些前工业经济中的现代性"飞地"，彼此间没有联系[②]，对整个经济发展的影响不大，当然也不能漠然置之，特别是在像德国这样工业发展的后进国家。

德国工业中也出现了一些新的因素。分布于乡间的原始工业，不仅占德国工业生产的 43%，而且有更多的资本主义性质。德国现代工业资本主义发展的动力，则是从英国引进的。18 世纪后期英国开始的工业革命，几乎像电流一样，立即触动

---

① Wolfram Fischer, "Government Activity and Industrialization in Germany, 1815-1870", in Sima Lieberman ed., *op. cit.*, p. 448.

② Patrick Verley, La *Révolution industrielle*（《工业革命》）, Paris, Gallimard, 1997. p. 288.

了德国官僚的神经。他们迅速投师英国，充当最优秀的"学生"。一些邦国政府积极帮助引进英国技术和人才，建立新式工厂。普鲁士官员在重商主义传统中接受教育，受过良好的技术培训，对新技术和先进机器非常感兴趣。在瓦特发明蒸汽机之前，他们已经开始引进英国机器。在引进蒸汽机和新式炼铁技术方面，更是一马当先。18世纪70年代，普鲁士官员格海姆拉特·甘绍格尔率先在马格德堡附近的煤矿使用英国气压机。腓特烈大帝闻讯后，在1779年派遣一个高级官员到英国收集有关信息，企业家C.F.比克林陪同前往。他们来到索霍工厂参观，瓦特向他们介绍了气压机改进和工厂的情况。事后他们再次回到工厂秘密打探，采用今天"工业间谍"（当时叫"海盗"）的手段，顺利完成使命，获取了气压机的秘密。值得注意的是，他们几乎和法国人同时来到这里"朝圣"，说明日耳曼人的工业直觉不亚于法国人的艺术灵感。新式工业技术在欧洲的传播速度超乎人们的想象。其实，中世纪手工业行会已经教会人们同时对技术进行垄断和"盗窃"。比克林回到柏林后，根据所获信息制造了气压机模型。1783年生产出德国第一台气压机，1785年投入使用。1786年比克林再次前往英国，企图打探仍处于秘密研制状态的瓦特蒸汽机，没有成功。但他绕过英国法律禁令，成功劝诱一个名叫威廉·理查德的工人来到德国，成为后来直到19世纪中叶涌往德国工作的大批英格兰人和威尔士人的先驱之一。[①]1769年，普鲁士建立采矿和冶金部，1781年在拉廷根安装了德国第一台纺纱机。1791年巴伐利亚从英国订购第一台瓦特蒸汽机，1795年萨克森建立德国第一座搅炼炉，1796年在上西里西亚的格莱维茨（现波兰境内）建立了德国第一座炼焦炉。

18世纪末，德国有80%的人依靠土地为生，农业投资占国家总投资的70%，工业只有2%。但这时候德国工业发展的意义不在于数字的大小，而在于它所代表的发展趋势，出现了新式企业和积极引进英国先进工业技术的热潮。可以说，尽管18世纪的德国仍然是一个农业国，工业和先进国家相比落后很多，但是现代工业的溪流已经汩汩做声，正在汇向19世纪的滔滔江河。同时，国家也正在和工业联姻，为领导后来的工业革命做好了准备。

▶ ▶ ▶ ────────────────────────────

① Fritz Redlich, "The Leaders of the German Steam-Engine Industry during the First Hundred Years", in *The Journal of Economic History*（《经济史杂志》），1944, Vol. IV, No. 2, pp. 121-123.

德意志的关税同盟

18 世纪末 19 世纪初德国的经济地位，如同 19 世纪末 20 世纪初伊比里亚半岛国家一样，辉煌的过去和无法预测的未来并存。法国大革命和拿破仑帝国在 1800 年前后的两个十年中，打破了德国的传统平衡，为工业革命创造了一些条件，尤其给纺织工业的发展带来了机遇。法国人把德国 300 多个邦国减少到 38 个，为德国人制定统一法典，教会他们进行高效管理，改善德国基础设施，提供先进信息，输送民族主义精神，达官贵人以使用法语为荣。

在地域上，下莱茵地区、威斯特法里亚、萨克森和西里西亚获得了发展机遇。莱茵河左岸合并后，工业发展受到法国很大影响。当时法国工业发展水平不如英国和比利时，但已经在局部工业部门开始了工业革命，比德国先进。这个地区和法国东北部正在兴起的现代工业区，以及正在进行工业革命的比利时连成一片。由于莱茵河右岸地区关卡重重，左岸地区宽松得多，德国企业家竞相到左岸创办企业。加上大陆封锁体系的保护，工业发展较快。左岸地区在 1799—1815 年从农业地区转变为工业地区，1815 年拥有工人 6.5 万人。1815 年这个地区恢复独立，合并到普鲁士，虽然仍然保留了拿破仑经济、政治和社会改革的成果，但至少扫荡了农奴制和封建行会，其他阻碍工商业发展的封建残余也被废除。

决定德国工业革命命运的是普鲁士。这里的容克地主很早就在经济上和西欧先进国家联系在一起，有了积极的市场意识。他们为了避免统治危机，也能够深刻认识法国革命和拿破仑带来的冲击，积极进行政治、法律、经济、教育方面的改革，适应工业社会的需要，成为推动德国工业革命的积极力量。

在一系列的改革中，关税同盟和铁路网的建立影响至为深远。在这方面，政治经济学的历史学派先驱弗里德里希·李斯特做出了杰出贡献。当来自先进的西方国家的价廉物美的商品穿着古典经济学自由贸易主义的时装，大举涌向工业落后、政治分裂的德国，威胁德国的经济安全时，他警告说：如果没有关税保护，德国很快就会沦为专为英国生产农产品的殖民地，成为"英国的砍柴工和挑水夫"。[1] 为此他提出国民经济学，对抗英法自由主义经济理论，呼吁德国建立自己的民族市场。

▶ ▶ ▶ ▶ ────────────────────

[1] Philip G. Dwyer ed., *Modern Prussian History, 1830-1947*（《1830—1947 年普鲁士现代史》），Essex, Eng.: Pearson Education Limited, 2001, p.110.

1818 年，普鲁士废除国内关税，为德意志关税同盟的成立打下了基础。1819年，李斯特以德意志所有地区五千多名商人和厂主的名义起草了《致德意志同盟议会请愿书》，建议废除国内关税，成立德国工商关税联盟，对外国产品实行报复性关税。"北德关税同盟""南德关税同盟"和"中德关税同盟"先后成立，1828 年开始酝酿建立全国关税同盟。1834 年实现的关税同盟，把 4 个邦国、2300 万人统一起来，随后不断扩大，到 30 年代末，有 88% 的德国人口生活在关税同盟国家之中。随着 1888 年不莱梅和汉堡的加入，全国关税统一才最后完成。

李斯特本人在德国命运坎坷，但他创造性地设计了德国工业革命的蓝图，为欧洲工业化进程提供了一种国家积极参与的新模式，是推动德国工业化的一位功臣。

德国工业革命的起步

1815 年拿破仑帝国灭亡后，德国突然失去了庞大的法国市场，而国内市场分裂，中产阶级力量弱小，加上英国产品再次涌入，对基础薄弱的德国工业冲击很大，德国工业进入一个衰退时期，大约 10 年后才恢复过来。煤炭、冶金、机器制造业和纺织业，在危机中加速技术改造和市场重组。关税同盟的建立、铁路建设的开始、英国工业技术的引进、人口增长的加快以及自然资源的优势，都有助于促进这种发展趋势。德国是西欧大陆国家中煤铁资源最丰富的国家，加上政府的高度重视，具有发展冶金工业的有利条件。1820—1850 年煤炭产量增加 6 倍，固定资产年均增长 6%，但消费资料生产受到忽视，只有大约 2%。莱茵鲁尔、亚琛罗尔和西里西亚三大煤田得到大规模开发，股份制广泛采用。德国冶金工业仍然很落后。冶金工业主要分布在煤铁矿、森林和水力资源丰富的地区，燃料以木炭为主，动力以水力为主。但是上西里西亚和萨尔地区的冶金工业发展较快。德国高炉的年均产量1800 年为 600 吨，1835 年 2000 吨。机械制造业也起步了。1837 年奥古斯特·博西格创办了一家有 50 个工人的机器制造厂，10 年后发展到 1200 人。后来名闻遐迩的克鲁伯工厂，在 1846 年雇用 122 个工人。尽管有了这些发展，德国的煤炭和冶铁工业仍然非常落后，不能和先进国家相比。总之，19 世纪 20—40 年代德国煤炭、冶金和机械工业的发展水平不高，但是度过了拿破仑帝国垮台后的危机时期，便开始向 50—60 年代的工业高涨时期转变。这个转变实际上就是工业革命的起步，是德国工业化进程中的宝贵经历。难怪英国经济学家 J.M.凯恩斯说:"更确切地说,德意志帝国的建筑材料是煤和铁,而不是血和铁。"[1]

纺织工业也有了显著的发展。和其他国家工业革命的情形一样,德国纺织工业革命的特点也是纺纱领先于织布。棉纺业度过了大陆封锁体系结束后的危机,从 19 世纪 30 年代开始发展起来。1846 年柏林有 4 个毛纺厂,每个工厂雇用 25—30 个工人,使用手工珍妮纺纱机。克雷费尔德附近有 10 台棉纺机,其中用手工操作的 6 台,用马力和蒸汽驱动的各 2 台。1835—1873 年德国棉纱产量从 5 千吨增加到 9.5 万吨,棉纱消耗量从 1.6 万吨增加到 11 万吨,棉纱净进口量从 1.1 万吨增加到 1.5 万吨,工人从 1.1 万人增加到 6.5 万人,人均年产量从 0.45 吨增加到 1.46 吨。但是德国 1835 年棉纺水平只相当于英国 1788 年的水平,英国 1850 年的原棉加工水平,德国到 1900 年才达到。棉花织布业也是如此,1835 年英国已经有机械织布机 11.6 万台,德国直到 19 世纪中叶才有 4000—5000 台机械织机。[2] 棉织业分布在萨克森以及中南部各邦,几乎还没有开始机械化进程。麻纺织业是德国纺织工业中最庞大的部门,1831 年普鲁士有 25.2 万架麻布织机,其中 3.55 万架属于专业织匠所有,集中在西里西亚地区。1837 年德国拥有纱锭 1.03 万枚,1851 年 6.5 万枚,1861 年 13.6 万枚。1850 年能够生产国内生产所需机器棉纱的 5%,1861 年上升到 10%。这个部门还有一个特点,它通过包买商和市场联系紧密,因此竞争和分化比较充分。

毛纺织业专业化程度高,但是机械化发展缓慢。1831 年普鲁士拥有 2.2 万架毛织机,属于专业织匠的有 1.55 万架,其余的归身兼织匠和农民的农户。到 19 世纪中叶,毛织业中采用机器生产的只有 6%,手工生产占 94%。直到 1875 年,德国的手工织机还有 46091 台,机械化织机只有 30447 台。[3] 丝纺织业的情况有所不同,农户不能生产原料,需要从国外进口,专业化水平较高。1831 年普鲁士有丝织机 9 千架。丝织业主要分布在普鲁士的莱茵地区。

德国纺织部门的技术革新取得了一定的成就,产量增加很快。1800—1835 年

▶ ▶ ▶ ───────────────────────────────

[1] Gustave Aubin, "Les Origines de la Grande Industrie Allemande, A Propos d'un Ouvrage Récent", in *Revue Historique*(《历史杂志》), 1934, T.CLXXIV, N.II, p.239.

[2] F.-W. Henning, *Die Industrialisierung in Deutschland 1800 bis 1914*(《1800—1914 年的德国工业化》), Paderborn, Verlag Ferdinand Schöningh, pp.139-140.

[3] F.-W. Henning, *op.cit.*, s.141-142.

增加 40%，1835—1873 年增加 250%，1873—1913 年增加 185%，1800—1913 年增加 1300%；工人增加缓慢，相应分别增加 36%、30%、32% 和 130%；生产效率提高非常快，分别提高 3%、170%、115% 和 520%。[1] 可以看出，产量和效率大大增加，工人人数却增加不多，显示出工业革命带来的巨大变革。然而德国纺织业的技术革新不能和英国相比，没有成长为罗斯托所说的那种"引导部门"。

1816—1865 年德国人口增长 59%，1815—1850 年德国工业增长 7 倍，1845 年关税同盟区国家有蒸汽机（除铁路和航运外）1318 台，普鲁士有 608 台。到 19 世纪中叶，在关税同盟区就业的人口中，从事农业者占 60%、从事工商业者占 25%、从事服务业者占 15%，萨克森农业人口占就业人口的 25.5% (1849)，工业化程度最高。[2]19 世纪 20—40 年代蹒跚起步的德国工业革命，为以后大规模工业化打下了坚实基础。

铁路建设：工业革命的发动机

李斯特认为，铁路和关税同盟是德国的"连体双胎"(Siamese twins)。[3] 关税同盟对德国工业革命的"神秘"作用还有争论，铁路的作用却是公认的。铁路建设可能扮演了德国工业革命的"引导部门"角色，这一特点比其他邻国更加突出。

德国铁路建设议论早起步晚，采用美国发展模式。由于铁路建设有巨大的经济利益和战略意义，在建立统一国家和移风易俗方面有很大作用，因此为德国企业家、学者、官员和君主所重视。在英国第一条铁路通车的 1825 年，威斯特法里亚企业家弗里德里希·哈尔科特力排众议，强行提出了一个 400 英里的铁路建设计划。普鲁士财政部长、1828 年关税同盟的主持人弗里德里希·冯·莫茨还计划建设一条连接莱茵河和威悉河的铁路，以避免荷兰人在莱茵河下游征收通行税。鲁尔和萨尔地区的矿主和官员，希望尽快将当地的资源和城市联系起来，热衷讨论铁路计划。但技术专家怀疑蒸汽机在恶劣气候中的牵引能力，经济学家担心无法承担庞

▶ ▶ ▶ ────────────────────────────────

[1] F. -W. Henning, *op. cit.*, s. 146-147.

[2] 李工真：《德意志道路——现代化进程研究》，武汉大学出版社，1997，86 页。

[3] Eric Dorn Brose, *German History, 1789-1871: from the Holy Roman Empire to the Bismarkian Reich*（《1789—1871 年德国史：从神圣罗马帝国到俾斯麦帝国》），Providence & Oxford: Berghahn Books, 1997, p. 187.

大的建设费用。因此，直到 19 世纪 20 年代结束，德国仍然只有一些马匹牵引的矿山铁路。[1] 李斯特在 1833 年发表的小册子《论作为德国铁路总系统基础的萨克森铁路系统》，设想了德国未来的铁路网。后来德国的铁路建设，正是按照这个规划进行的。李斯特不是普鲁士人，但他预见到了德国大多数铁路都要从柏林出发。他设想了 6 条铁路，20 年后建成的铁路干线也是 6 条。他还创建了一个铁路公司，建设从莱比锡到德累斯顿的铁路。1839 年该铁路通车，当年就运送 41.2 万名旅客。为了实现他的铁路计划，李斯特创办了一份杂志，身体力行奔走各地，成为伟大的铁路宣传家。巴伐利亚国王路德维希在 30 年代派人前往英国、法国和比利时，考察铁路问题。1826 年在埃尔伯费尔德铺设过一条试验性铁路，1835 年德国第一条铁路在巴伐利亚的纽伦堡—菲尔特之间建成通车——当时美国已经有 1767 公里铁路在运行。尽管这条铁路只有 6 公里，蒸汽机车行驶需要 15 分钟，马匹牵引需要 25 分钟，但意义非常巨大，象征着中欧大地从此跨上了现代经济的列车。

对铁路建设最热心的国家是普鲁士。它在关税同盟的支持下，掀起了私人和国家联合建设铁路的热潮。1843 年建成科隆至亚琛的铁路，1846 年建成了柏林至汉堡的铁路，1847 年建成科隆至明登的铁路。普鲁士 1841 年有 375 公里铁路，1847年增加到 2325 公里。1847 年普鲁士占有德意志邦联铁路总长度的 56%，超过奥地利居第一位。西部和南德各邦的铁路建设与其说模仿普鲁士，不如说效法比利时。这些邦国在政府的支持下，从 40 年代开始掀起铁路建设运动，取得不小的成绩。1840 年建成慕尼黑至奥格斯堡的铁路，1844 年建成纽伦堡到班贝格的铁路。1850年德国铁路长度超过法国，其中普鲁士 2967 公里；1860 年上升为 11175 公里，普鲁士为 5762 公里。1850—1875 年间，德国建成铁路 8000 公里。这个速度不仅在当时，就是在 20 世纪，也是非常快的。

德国铁路建设启动较晚，但是建设速度快，造价低廉，布局合理，直达线多，有力地支持了工业革命，改变了落后面貌。德国铁路造价只相当于比利时的 1/2，英国的 1/3，法国的 1/5。和法国铁路主要以行政中心为铁路枢纽不同，德国铁路更注重沟通工矿区。新建铁路把下莱茵、威斯特法里亚工业区和卢森堡、阿尔萨斯矿业区，以及莱茵河水路沟通起来，使下莱茵和威斯特法里亚成为德国乃至欧洲最

[1] Eric Dorn Brose, *op. cit.*, p. 185.

重要的工业中心。第二个工业中心萨克森和西里西亚之间，也由铁路连接起来。对德国工业革命做出重要贡献的还有其他交通设施。德国公路 1835 年大约有 2500 公里，1850 年有 5 万公里，1873 年增加到 11.5 万公里。1816—1870 年，德国修建 3.14 万公里运河。河流与运河交通成为大宗工业品运输的重要手段。比如 1914 年，从鹿特丹到曼海姆的 480 公里航路，成为德国最便宜的运输体系，运费比其他任何水路都便宜，只有铁路运费的一半。

铁路建设促进了德国工业的发展，带动了煤炭—炼铁—炼钢—机械工业的发展与统合，成为德国第一次工业革命的标志性事件。铁路建设首先带动了一些重要产品的进口替代过程。1835—1845 年间，普鲁士大多数铁轨是进口的，但是在 40 年代初已经开始进口替代工作。新建了许多使用英国技术的铁加工厂，原有工厂扩大生产规模。到 50 年代，大多数铁轨都是德国制造的，在不到 20 年时间就完成了替代过程。德国关税政策也配合了这一过程。进口生铁可以免除关税，主要被作为加工原料对待，而对进口成品铁（包括铁轨）则征收重税。1839 年德国制造了第一台机车。1853 年，普鲁士购买机车总数为 105 台，国产 99 台。1853 年，德国结束了机车进口历史，开始出口机车。到 19 世纪中叶，德国大多数邦国都发展了机车制造业。铁路建设的发展加速了炼铁工业的技术进步，受到关税导向的影响，焦炭铁替代木炭铁速度加快。普鲁士生铁产量 1851 年为 14.8 万公吨，1860 年 39.5 万公吨，1866 年 80.4 万公吨。可见，没有铁路建设的巨大作用，德国的工业革命就无法实现。

德国工业革命的高潮发生在 19 世纪 50—60 年代，表现为重化工业的迅速发展。重工业的发展以鲁尔地区为代表。这个地区在 30 年代还是纯粹的乡村，但是经过 50—60 年代的快速发展，崛起为工业革命的象征地区。19 世纪中叶，德国化学工业雇佣 3 万多人，规模上仅次于英国和法国的化学工业。经过 60—70 年代的发展，德国日益成长为世界上最大的化学工业基地。

总之，通过半个世纪的努力，德国完成了工业革命，从一个落后的农业国家跃居为比较先进的工业国家。1870—1874 年德国工业、采矿业和运输业占国内净产值的 33.8%，农业占 37.9%，第三产业占 8.15%。就业结构发生了重要变化，第一产业从 1780 年的 65% 下降到 1875 年的 49%，第二产业从 1780 年的 19% 上升为 1875 年的 30%，第三产业从 1780 年的 16% 上升为 1875 年的 21%。但是，条顿骑士并不满足，刚刚完成第一次工业革命，就驱动他们的战车继续前进，马不停蹄地进入了第二次工业革命。

德国工业革命的特点

与英国和法国工业革命相比，德国工业革命具有这样一些特点：

首先，德国工业革命的指导思想具有创造性。这是工业革命已经取得重要成就的英国、比利时和法国逼迫的结果，同时也是德国政治家、企业家和学者创造性思维的结晶。他们认识到工业革命对德国的意义，也觉察到这场革命会给德国带来的危险。因此，他们达成共识，摒弃已经进入工业化国家的发展模式及其自由经济理论，从历史主义和国家主义中找到灵感，勇敢地保护自己的工业革命道路和模式。如果德国人没有思维方式上的创新，不可能获得工业革命的成功。

其次，具有工业意识的国家官僚起了重要作用。普鲁士是德国工业革命的领头羊，也是欧洲首屈一指的官僚国家。1852 年，除 13.4 万名军人外，有 6.3 万名公务员，几乎占全国劳动力的 1%。1890 年左右德国政府雇员是英国的两倍。1910 年前后德意志帝国有 120 万公务员（包括军人），占全部劳动力的 4%。[1] 在德国各种力量中，除了国家还是国家，除了官僚还是官僚。作为国家组成部分的官僚从 18 世纪就推行重商主义，推崇开明君主专制，分享西欧工业革命成果，19 世纪的工业革命只是他们的盛宴。因此，在欧洲文化大背景中的德国君主和官僚，虽不能简单地和现代工业划等号，但绝不互相排斥。实际上，许多官员既是政治家又是企业家，不少企业家也身兼一官半职。这是政治制度史上的奇迹。官僚和资本主义在德国的奇妙结合，是欧洲工业革命运动中的独特现象，马克斯·韦伯甚至把官僚主义和资本主义作为分析西方文明的两个关键概念。它的突出特点是建立在"理性"基础上的准确性、稳定性、纪律性和可靠性，但又没有完全拒绝英法自由主义的经济思想和民主政治的理念，而是在保持自己特点的同时去适应它，彰显出自己的创造性。

再次，关税同盟、铁路建设、新式银行和教育改革是推动工业革命的四大支柱。

▶ ▶ ▶ ▶ ────────────────────────────────

[1] Patrick K. O'Brien ed., *The Industrial Revolutions: The Industrial Revolution in Europe*（《欧洲工业革命》）, Oxford, Blackwell, 1994, Vol. II, p.455.

关税同盟是还没有完成政治统一的德国对西欧工业革命冲击的一种被动回应，也是促进德国政治统一的孵化器。在经济思想上，对同盟国家关系表现为自由主义，对西欧工业发达国家表现为保护主义。但是它对国外先进技术也实行自由主义，大量引进英国先进工业技术，以致忘记培育自己的专利市场。德国专利法的颁布是欧美主要国家中最晚的，英国是 1623 年，美国是 1790 年，法国是 1791 年，奥匈是 1820 年，而德国到 1873 年大多数人还认为专利不利于职业自由，直到 1887 年才颁布了第一个真正起作用的专利法。[①] 铁路是实现关税同盟的重要手段，疏通了工业发展的血脉，铁路建设本身也是工业革命的重要内容，它的发展促进了钢铁、煤炭工业的发展，带动了化学、电力、机械制造等新兴工业的出现。传统银行放下官僚架子，新的银行相继创立，纷纷到工业聚宝盆探宝，引导欧洲银行变革新潮流。但对于德国工业革命推动作用最大的，恐怕还是德国人对教育事业的非同寻常的重视。

早在 18 世纪末 19 世纪初，普鲁士就在启蒙运动等因素的影响下发生了一场影响深远的教育改革。这场改革最大的贡献，是为现代世界提出了一些全新的大学理念，包括大学的自由、纯粹的科学、学科的整体性、人的全面发展、办学的非功利性、大学以创新为要务等等。其中，大学的自由是实现其他目标的基础，而首要的自由是大学独立于政府的自由，其要旨是政府有义务为大学提供物资、资金和法律上的保证，大学最终为国家服务，不能受国家短期利益的影响。1810 年洪堡奉国王之命创建集研究与教学为一体的柏林大学，依据的就是这些理念。当时普鲁士国王在战败、赔款和国家极端贫困的情况下，拨出 15 万塔勒巨款并腾出金碧辉煌的王子宫，作为创建新大学的物质基础。柏林大学强调兼容并包，聘请当时一流的教师，迅速成为现代大学的楷模。同时政府对中小学也进行了改革，目的是为大学提供优秀生源。普鲁士的这场教育改革，把日耳曼森林中的自由和理性精神带入工业化时代的教育领域，有力地推动了德国工业革命，对整个人类心智的发展也裨益无穷。

▶ ▶ ▶ ────────────────

① F.-W. Henning, *op. cit.*, s.114.

第五节

美国的工业革命

关于美国工业革命开始的时间，国际史学界意见很不一致。大致有 18 世纪 90 年代、19 世纪 20 年代、19 世纪 30 年代、19 世纪 40 年代、19 世纪 50 年代、内战以后等说法。[①] 笔者认为美国工业革命主要在 19 世纪上半叶进行，但是开始于 18 世纪 90 年代，和英国工业革命高潮相衔接，初步结束于内战前夕。通常，我们把这次工业革命叫作第一次工业革命，而把内战后的大规模工业化称作第二次工业革命。

现代工厂制度的诞生

美国技术革命最早发生在新英格兰的呢绒和棉布厂，这是英国纺织技术跨大西洋传播的结果。[②] 18 世纪 80 年代中叶，英格兰北部地区的纺织业率先发生工业革命。这些工厂生产廉价的棉布，在美国独立战争后大举进入美国市场，威胁美国纺织工厂主和商人的利益。美国工业家决心采用英国先进技术捍卫国内市场，而在英国严密封锁技术的情况下，要做到这一点，唯一的办法就是偷窃。最先充当美国工业间谍的是一些英国技工。在美国高工资或企业入股的诱惑下，他们从 90 年代初开始进入美国，把美国企业家和商人需要的先进技术和设备走私运入美国，估计这样的英国技工有数千名。1812 年，单在费城地区工作的英国技工就有 300 多人。

最著名的技工是英国人塞缪尔·斯莱特。由于他为建立美国棉纺织工业做出了卓越贡献，被尊称为"美国棉纺织业之父"。法国大革命爆发那年，他从家乡也是英国最重要的工业区之一德比郡移居美国。他当过杰迪代亚·斯特拉特的学徒，后者是当时最先进棉纺机发明人、杰出企业家理查德·阿克莱特的合伙人。受到美国

---

① 参见张友伦主编：《美国通史——美国的独立和初步繁荣》第 2 卷，人民出版社，2002，194 页。

② 参见 David J. Jeremy, *Transatlantic Industrial Revolution: The Diffusion of Textile Technologies between Britain and America, 1790-1830s*（《大西洋两边的工业革命：1790—1830 年代英国和美国之间纺织技术的传播》），Massachusetts: The MIT Press, 1981。

市场的吸引，斯莱特把阿克莱特机器的奥秘记在脑子里，装扮成农民，连母亲都没有告诉就漂洋过海来到纽约。在普罗维登斯认识了富商摩西·布朗，此人当时正在为自己的棉纺厂如何复制英国纺纱机而绞尽脑汁。他很快和斯莱特签订合同，生产出 3 台"美国制造"的纺纱机，带动纱锭 72 枚。1790 年，他们在罗得岛的波塔基特建立了第一家棉纺厂，用水力驱动（阿克莱特已在自己工厂采用瓦特蒸汽机）。这家工厂迅速成为美国技术最先进的纺纱厂，尽管还不是一家完全意义上的现代工厂，但它创办的年份——1790 年，还是被认为是美国工业革命的开端。[①]

纺纱机的革命要由织布机的革命传递出去。美国第一台机械织机是波士顿商人弗朗西斯·卡波特·洛厄尔发明的。1810—1812 年洛厄尔去英国旅行，此行成为影响美国工业发展的重要事件。他认识到工业对国民财富的意义，密切关注兰开夏纺织机器的最新信息，努力获取卡特莱特织布机的秘密。1812 年归国后，在机械设计天才保罗·穆迪帮助下，他设计制造了一台实用且性能优越的水力织布机。1814年他在自己家族和其他商人的支持下，筹集 40 万美元，在马萨诸塞州查尔斯河畔的沃尔塞姆（波士顿西）开办了一个纺织厂，纱锭从 1816 年的 2000 枚，增加到1818 年的 3500 枚。

这是美国历史上——可能也是世界历史上——第一家把棉纺织工业中两种基本工序结合在一个厂房中的工厂，被称为"垂直联合"型工厂，和英国"横向联合"型为主的工厂模式有所不同。这是一种新的工厂模式，被称为"沃尔塞姆模式"，它的诞生，极大地推进了纺织工厂的现代化。经过穆迪的改进，工厂安装的动力织布机的工作速度，比洛厄尔在英国见到的同类机器还要快，需要的工人更少。工厂主要生产边疆居民和南方奴隶穿的粗棉布，注重耐穿而不是美观，赢得了广大的国内市场。这家工厂的规模比斯莱特的小型棉纺厂大得多，在新英格兰地区许多小型纺织厂纷纷破产之际，它却渡过了难关。1817 年，年仅 42 岁的洛厄尔去世，公司为了发展的需要，在 1823 年搬到波士顿西北以他的姓氏命名的城镇。该城镇 1826年有 2500 居民，10 年后增加到 1.7 万人。1842 年狄更斯参观这个城镇的时候，它"已经是一个人口众多、各业繁盛的大城市了"。[②] 这个城市发展为一个纺织工业的

---

① Jonathan Hughes & Louis P. Cain, *American Economic History*（《美国经济史》）, Massachusetts: Addison Wesley, Longman, 1998, 5 ed., p. 70.
② 狄更斯：《游美札记》，上海文艺出版社，1963，93 页。

专业化城市，有"美国的曼彻斯特"之誉。

这个工厂最具美国特色的地方，是它独特的管理体制。工厂有奖惩措施，委派监督人员执行。为了不让父母担心，避免英格兰工厂的弊病，工厂提供住宿，安排夜校培训课程和音乐会，在厂区实行宵禁，禁止工人喝酒，要求工人到教堂做礼拜，高度重视卫生。由于工厂的这些特点，有工人甚至说：与其说是工厂，不如说是"职业慈善学校"。所以，这是一个有吸引力的新式工厂，工人们都把进入这里工作看成是难得的"机会"，"通往自由生活的窗户"。狄更斯访问后，对工厂管理方式大加赞赏："如果非要把这儿的工厂和英国的工厂比较一下不可，那就得说，二者的不同是很强烈的，因为它们那种不同就和善与恶不同一样，就和辉煌的光明与杳冥的黑暗不同一样。"①

新英格兰的这种纺织厂直接为市场生产，突破了自给自足的自然经济模式；组织形式上改变了家庭手工作坊的模式，传统的学徒制逐渐消失；管理方式上采用全日制机器生产，有严格的作息时间，改变了手工作坊季节性、随意性的特点；新技术和廉价劳动力的结合，大大提高了生产效率。洛厄尔点燃的纺织工业星星之火，照亮了新英格兰大地，终结了美国思想界一度盛行的"农业共和国"理想，为美国经济指明了未来发展方向。到1815年美国已经开设了213家纺纱厂，有纺锭13万枚，而1810年只有8.7万枚，1807年8000枚，1805年4500枚。②1816—1830年代中期，美国棉纺织业发展极为迅速，平均年增长率为16.3%，此后长期稳定在5%—8%。

在纺织技术方面，美国人并非全盘模仿英国，也有自己的重要贡献。1793年，出现了一项深刻影响棉纺业甚至美国南方命运的重大发明，即伊莱·怀特尼发明的轧棉机。怀特尼是一个具有强烈商业欲望的人，14岁时就敦促父亲在自家农场上建立铸造厂，生产铁钉和刀片卖钱。1792年耶鲁学院毕业后，他来到佐治亚州，在年轻寡妇凯瑟琳·格林家中任家庭教师。在此期间，他发明了轧棉机。次年回到纽黑文，批量生产这种机器。1794年申请专利，希望垄断自己的发明。他发明的这种新机器，提高脱棉工效数十倍。后来设计的水力轧棉机，更是提高效率上百倍。他写

▶ ▶ ▶ ▬▬▬▬▬▬▬▬▬▬▬▬▬▬▬▬▬▬▬▬▬▬▬▬▬▬▬

① 狄更斯，同前书，100页。
② Curtis P. Nettels, *The Emergence of A National Economy, 1775-1815*（《1775—1815年民族经济的兴起》），New York and London: M. E. Sharpe, 1962, p. 275.

信给父亲骄傲地说："一个纽黑文最受尊敬的绅士认为，他宁愿成为这项发明的始祖，而不愿成为英国首相。"尽管有专利保护，轧棉机还是遭到仿冒，怀特尼因此陷入债务危机，希望生产有市场保障的产品。

美国对纺织业的另一贡献是发明缝纫机。1846 年，埃利亚斯·豪发明了缝纫机[①]，1852 年 I.M. 辛格对其进行改进。这种机器可以用于家庭和工厂生产，不仅催生了一个重要的机械制造部门，而且扩大了棉纺织工业革命的成果，使服装和鞋类生产发生革命，同时解放了成千上万的妇女，具有重要的社会意义，在妇女解放史上占有重要的地位。

总之，美国通过斯莱特纺纱机、洛厄尔织布机、怀特尼轧棉机和豪缝纫机四大机器的发明和使用，奏响了棉纺织工业技术革命的交响曲，奠定了世界第二棉纺织大国工业革命的基础。

标准化——美国制造业的灵魂

标准化生产工业产品和各种部件的想法，起源于 18 世纪初的瑞典。1800 年之前，法国、瑞士和英格兰也尝试过。[②]不过这颗想象的种子飘过大西洋后，在美利坚大地上发芽、开花、结果，给工业革命插上了翅膀，使美国鹰飞得更远。

1798 年，怀特尼找到了从事"有保障"发明工作的机会。他在耶鲁校友、财政部长奥利维尔·沃尔科特帮助下，获得联邦政府合同，在 28 个月内生产 1 万支滑膛枪，每支 13 美元多，这在当时是一个令人目眩的价格。由于时间紧，数量大，用传统手工生产显然无法完成任务，只能改进生产方法。他想到了标准化可以替换部件生产技术。奥利维尔写信给他："窃以为，对武器制造的机器的切实改进，是合众国一项伟大的收获。"法国人也在进行同样的试验，引起当时在法国的杰斐逊的关注，他劝说法国发明家移居美国，并支持怀特尼的研究工作。虽然怀特尼的想法正确，但实行起来却是另一回事。他用了 10 年时间才履行了合同，而且也不是完全做到了标准化生产。幸好另外两个同胞也在研究同样的问题。西梅翁·诺斯和

① 欧洲学者一般认为，法国人巴泰勒米·蒂莫尼耶在 1830 年发明了第一台缝纫机。

② Gary M. Walton & Hugh Rockoff, *History of the American Economy*（《美国经济史》），San Diego etc., Harcourt Brace Jovanovich, 1990, 6 ed., p. 200.

约翰·霍尔分别在 1816 年和 1824 年完成标准化生产，实现了怀特尼的夙愿。诺斯手枪是人类历史上第一支标准件枪支，其工艺很快在政府兵工厂中采用。1840年，军事工程师霍尔进一步完善了标准化生产武器工艺，解决了机床磨损问题，创办了世界上第一家现代机床企业，最终实现了高速度、大批量生产复杂机器的梦想。

美国学者认为，这项发明是美利坚民族值得骄傲的大事。枪炮制造商塞缪尔·科尔特这样说："没有什么东西不能被机器制造出来。"这项发明引发了一场广泛而深刻的技术革命，影响可谓无远弗届，似乎只有瓦特发明的蒸汽机可以比拟：此后大批量快速生产工业部件成为可能，价格降低，精确性增加，机器和用具的维修更方便，从而扩大了机器销售市场。对于劳动力缺乏的美国而言，这项发明的意义更是不可小觑。

在 1851 年的伦敦世界博览会上，美国工业产品引起广泛注意。美国工业产品不以精美著称，而以实用、廉价和功能享誉业界，充分体现了标准化可替换部件生产技术的基本精神。这种技术在军工企业出现后，先在轻工消费品生产中占上风，再扩展到重工业、机器制造工业乃至整个经济活动中。英国经济学家阿尔弗雷德·马歇尔举了一个生动的例子：美国西北部的农民的居住地离优良的机械商店也许有几百里之遥，但能放心使用复杂的机械，因为他们知道，用电报告知机械的号码和所损坏的机械上任何部件的号码，下一班火车就可能带来一件新的机械部件，他自己就能够将它安装上。[1] 大约到 19 世纪 50 年代，美国的武器、钟表、缝纫机和农用机械等都不同程度地实现了可替换部件生产，建立了生产流水线。1855 年，英国开始从美国进口大炮生产设备。英国议会派人去美国，专门考察被他们称作"制造业美国制度"的奥秘。这项技术几乎从一诞生就被应用到农具的制造，1819 年杰思罗·伍德采用可替换部件生产耕犁，30 年后被运用于麦考密克收割机的生产，诞生了另一项非常美国化的工业——联合收割机制造业。19 世纪末以后，这种生产方法在自行车、打字机、汽车、飞机生产中广泛应用，使美国的有关产业成为世界上最先进的工业。出生在葛底斯堡战役发生之年（1863）的亨利·福特，1913—1914 年在一个只有 11 年历史的工厂生产了 24.83 万辆汽车，每天生产近 800 辆，平均每 36 秒生

---

① 马歇尔：《经济学原理》上卷，商务印书馆，1997，271 页。

产 1 辆汽车，10 年之后达到了每 15 秒生产 1 辆，"制造业的美国制度"在这里达到了顶点。福特的奇迹是美国奇迹：一个人出生之时，他的祖国还是一个存在奴隶制的国家，他居然在一生中度过了国家工业化的黄金时代，坐上了自己生产的汽车和飞机。

为普通人大规模生产高质量产品，是美国区别于欧洲国家的基本工业精神，也是美国平等政治理想的体现。经济学家马歇尔把美国工业技术和法国工业技术作为两个极端来进行比较：他认为法国人的天才在于他们的手和眼睛，他们使用他们的手和眼睛在形状和色彩中做出微妙的区别和无穷的变化，满足中等以上阶层人的想象力和艺术品味。相反，"美国的方法则强调标准模式中的无穷变化，以便可以生产装备资料和消费资料"。① 美国历史学家大卫·波特说："欧洲激进思想倾向要求剥夺有产者的马车和漂亮衣服，相反，美国的激进思想可能主张给普通人大批量生产复制品，这些复制品和原件几乎没有什么区别。"② "昔时王谢堂前燕，飞入寻常百姓家"，这就是美国企业的基本精神，也是美国立国精神之一。

综合上述评论可以看出：法国重品位，强调艺术内涵，产品为中上层服务；美国崇尚标准化，强调实用价值，为大众着想。从中不难发现两种产品哲学之间的矛盾。作为大陆理性主义哲学的大本营，法国在工业设计中关注人的价值，同时又违背人的价值。作为实用主义哲学堡垒的美国，在满足了人的要求的同时又远离人的要求。当然也可以简化为，法国人关注的是人的精神需求，美国人考虑更多的是人的物质需要，同时两者也都有不能满足人类需求的地方。其实，把两者结合起来，可能是最理想的工业发展理念。

美国工业革命经过 19 世纪前半期的缓慢发展后，在 19 世纪的五六十年代达到高潮。期间，棉纺织业增长 77%，毛纺织业增长 42%，针织业增长 608%，靴鞋业增长 70%，煤炭业增长 182%，制铁业增长 54%，蒸汽机和装备制造业增长 66%。③ 美国完成了第一次工业革命，奠定了崛起为世界强国的经济基础。

▶ ▶ ▶ ─────────────────────────

① M. Niveau et Y. Crozet, *Histoire faits économiques contemporains*（《当代经济事实史》），Paris: PUF, 2000, p. 114.

② John M. Faragher et. al., *Out of Many, A History of the American People*（《合众为一：美利坚民族史》），New Jersey: Prentice Hall, 1997, 2 ed., p. 355.

③ D. D. North, "Industrialization in the United States, 1815-1860" in W. W. Rostow ed., *The Economics of Take-off into Sustained Growth*（《从起飞到持续增长的经济学》），London: Macmillan, 1963, p. 45.

层出不穷的技术革新

工业革命时代美国人的发明极其丰富，涉及工业化部门的各个领域。

富尔顿的蒸汽船是一项著名的美国式发明。美国有广阔的水域，蒸汽船的发明有特殊意义。1807 年罗伯特·富尔顿建成"克莱蒙"号蒸汽船，可从纽约出发，沿着哈得逊河航行 364 英里、经过 62 小时到达奥尔巴尼。这艘船采用瓦特蒸汽机作为动力，驱动两个明轮带动船体前进。当然，富尔顿并不是蒸汽船的最先发明者，他曾经在英国和法国呆了 20 年，吸取了两个国家的优秀成果。但富尔顿蒸汽船是美国第一艘有实用价值的蒸汽船，到他去世之前共设计了 21 艘。许多人失败的地方正是富尔顿成功的地方：如采用瓦特－博尔顿蒸汽机、雇用技术精湛的造船木工、改进菲齐的明轮设计、争取足够的政治和金融支持、发掘成果的市场价值等。

美国在动力和钢铁工业的技术革新方面也有突出成就。美国工业长期靠天吃饭，主要依靠自然界提供的水力，蒸汽动力的使用比较迟缓且不占主导地位。蒸汽机可能最先在新泽西和罗得岛的矿山中被加以使用，时间是 18 世纪末。1803 年纽约的一个锯木厂使用蒸汽机，这是美国工厂使用蒸汽机的开始。1800 年前后，奥利维尔·埃文斯发明高压蒸汽机，这项发明和英国人理查德·特雷维希克的发明同时，但却是独立完成的。此外埃文斯还有多项发明，因此有人称他为"美国的瓦特"。1846 年，乔治·科尔利斯改进了埃文斯高压蒸汽机，发明了往复式蒸汽机，大大提高了效率。1876 年，在费城举行的美国建国百周年工业展展出了这种机器，引起了世人惊叹。单是它的飞轮直径就达 30 英尺，能够驱动机械展厅所有设备。不过这种机器很快就在 80 年代被蒸汽涡轮机所取代，从而为发电机的出现打下了基础。

由于水利资源丰富和蒸汽机价格昂贵，美国工业革命中长期使用水车作为动力来源。1840 年，新英格兰和中部大西洋各州工厂使用的蒸汽动力，大约每马力费用是水力的 5—6 倍。此后 20 年间，随着金属加工技术的改进，蒸汽机的费用有所降低，机器的效力和可靠性有所提高，水车开始被机器取代。水量不太稳定的俄亥俄河流域，是首先将蒸汽机大规模运用到制造业的地区。在新英格兰，正是由于便于使用水力资源的地方减少，蒸汽机才开始受到青睐。然而直到 1860 年，水力仍是美国工业动力的主要来源（占 56%），不过水车已好景不长，因为电力时代的大门已经微微开启。

　　和纺织业、交通运输业相比，美国钢铁工业的技术革新在第一次工业革命中并不突出，这个部门和英国的技术差距大约是半个世纪。美国钢铁工业起步于19世纪上半期，内战后快速发展，到19世纪末成为世界头号钢铁大国。美国炼铁工业起步于传统技术，使用木炭炼铁，丰富的森林资源保证了这一点。英国用煤炭和焦炭炼铁的技术在18世纪尚未越过大西洋，美国直到19世纪30年代才加以采用。当然美国很早就知道这项技术，但是苦于找不到合适的煤炭。美国东部的煤炭主要是无烟煤，不适合烧制焦炭和炼铁，适合铺设街道。直到"热风炉"发明后，才派上了用场。英国在19世纪初几乎全部采用焦炭炼铁，而美国直到内战前才开始采用，到19世纪下半叶才推广开来。

　　但是，内战前美国炼铁工业也获得了一定程度的发展，有一些不俗的成绩。半个世纪中人均铁产量增加5倍。1830年，弗雷德里克·W.盖森海纳采用无烟煤炼铁成功，到1855年，使用该法生产的生铁产量超过木炭铁。美国铁产量增加较快，1830年生铁产量16万吨，1850年63万吨，1870年167万吨。

　　美国的炼钢工业走在世界前列。1851年威廉·克利发明贝西默炼钢工艺，他是

贝西默转炉炼钢法

莱特兄弟的飞机（1903年）

独立完成这项发明的，时间在贝西默之前。这项技术发明和1868年亚伯拉罕·赫维特引进的平炉炼钢法一起，引起了美国炼钢工业革命。钢铁工业的兴起，推动了铁路、机械制造、建筑、造船等工业的迅猛发展，从根本上改变了美国的工业面貌，推动了经济发展。

美国人是一个喜欢和善于发明的民族，工业革命时代专利项目的激增，说明了他们的创新能力。美国专利制度起源于宪法第1条第8款规定，即国会拥有的第8项权利：拥有"通过保证作者和发明者有限时间对他们各自著作和发现享有专有权利，来促进科学和有用艺术之进步"的权利。这个思想在1790和1793年的相关法律中得到落实和完善，促进了专利申请的快速增长。1790—1811年平均每年有发明专利77件，1820年前后200件，1850年1000件，1860年超过4000件；1841—1850年6460件，1851—1860年25250件。

专利申请的增长和经济增长有密切的关系。内战前专利增长最快的时期是1820—1835年和1850—1860年，刚好也是美国经济快速增长的时期。1810年前增长也很快，主要是刚实行这种制度，起点较低所致。内战后，1867年是一个爆发点，然后是19世纪80年代和20世纪初出现的两个快速增长时期，而这两个时期同样也是制造业快速发展时期。[1]

▶ ▶ ▶ ─────────────────────────────

[1] Stanley L. Engerman & Robert E. Gallman, *The Cambridge Economic History of the United States*（《剑桥美国经济史》），Cambridge University Press, UK., 2000, Vol. II, p. 398.

美国工业革命的意义

工业革命是美国工业化的起点，也是现代美国文明的重要内容。它巩固了新生的美利坚合众国，把一个农业共和国转变为一个商业发达的农业工业国，为当今世界上最强大的工业化国家的成长奠定了基础。

首先，工业革命迅速提高了工业生产力。经济形态从传统的农业经济快速过渡到现代工业经济，创造了一个奇迹。学术界认为，1840—1860年是美国经济的加速发展时期，到这个时期末，美国已成为世界上仅次于英国的第二大工业国。经过内战后另一个20年的发展，美国成为世界上第二大工业强国。再经过20年到世纪之交，美国已经成为世界第一大工业强国。20世纪"美国世纪"的基础是在19世纪奠定的。

其次，工业革命（尤其是第一次工业革命）使北方的力量得到了决定性的加强，保证了美国内战中民主力量对南方种植园奴隶制度的胜利。黑人奴隶制的彻底废除，是美国资产阶级民主革命最后胜利的标志，而美国工业革命在其中的巨大促进作用显而易见。正像在19世纪英国和法国发生的情况一样，同期美国的历史发

福特汽车公司早期的一条组装线（1913年）

展也证明，现代工业社会的最后实现有赖于民主革命和工业革命的相互配合，霍布斯鲍姆所说的"双元革命"中的任何一元，都是不可或缺的。

第三，美国的工业化进程有其特殊性，虽然美国有很多方面，诸如技术革命、制度创新、政经互动、注重农工商平衡发展等，值得发展中国家学习，但也有其特殊性和不可模仿性。它发生在新大陆的一个移民国家，几乎没有任何前现代社会的限制因素，人人享有平等权利而且极富于进取创新精神，尤其是地理环境得天独厚，自然资源应有尽有。因此，美国工业化模式中的某些条件，是其他许多国家不具备的，在学习时应注意取舍。

[推荐阅读书目]

1. 保尔·芒图：《18世纪产业革命》，商务印书馆，1983。

2. 王章辉、孙娴主编：《工业社会的勃兴》，人民出版社，1995。

3. 丁建弘主编：《发达国家的现代化道路——一种历史社会学的研究》，北京大学出版社，1999。

4. 戴维·S.兰德斯：《国富国穷》，门洪华等译，新华出版社，2010。

5. 亚当·斯密：《国民财富的性质和原因研究》，郭大力等译，商务印书馆，1974。

6. 马克斯·韦伯：《新教伦理与资本主义精神》，商务印书馆，2010。

7. M.M波斯坦主编：《剑桥欧洲经济史》，6、7卷，王春法等译，经济科学出版社，2002—2004。

8. 乔纳森·休斯等：《美国经济史》，邱晓燕等译，北京大学出版社，2011。

9. E.P.汤普森：《英国工人阶级的形成》，钱乘旦等译，译林出版社，2013。

10. 张卫良：《现代工业的起源：英国原工业与工业化》，光明日报出版社，2009。

11. 沈坚：《近代法国工业化新论》，中国社会科学出版社，1999。

12. 李工真：《德意志道路——现代化进程研究》，武汉大学出版社，2005。

13. 张友伦：《美国工业革命》，天津人民出版社，1981。

14. 布雷恩·威廉·克拉普：《工业革命以来的英国环境史》，王黎译，中国环境科学出版社，2011。

第十五章
早期工业化时期西欧的文化

✹

早期工业化时期，西欧不仅在物质生产和物质生活方面取得了长足的进步，生产力和社会经济的发展也呈现出加速增长的态势，人们在驾驭自然和改造自然方面逐渐由被动和劣势转变为主动和优势；在文化生活和精神生活方面也取得了辉煌的成就，文化领域出现了空前的繁荣景象，在哲学、文学和艺术诸方面都结出了丰硕的果实。

早期工业化是一个呈阶段性发展的过程；西欧的文化也随工业化的进程而发生形式与内容的更新。18世纪末19世纪初是西欧社会的大变革时期：工业化进程已经开始，法国爆发了规模宏大的资产阶级革命，自然科学的成就也愈来愈深刻地揭示自然界的辩证关系。工业化进程和政治革命不仅改变了英、法两国的面貌，而且动摇了整个欧洲封建统治的基础，同时也推动英、法知识分子和西欧其他国家正在形成中的资产阶级对法国革命的大动荡进行探索和反思。在哲学领域，德国的资产阶级由于资本主义经济的不发达和阶级力量的弱小，不可能像在法国那样，直接、公开地提出自己的政治要求，而只能通过他们的哲学家们，用"哲学革命"的方式，用晦涩的言辞和枯燥的语句来表达自己的愿望。在文学、史学和音乐方面，浪漫主义逐渐取代古典主义，成为在西欧各国居主导地位的文化思潮。

19世纪30年代以后，工业化进程的社会后果开始充分表露出来。工业革命为西欧资本主义的生产注入了巨大的推动力，但资本主义固有的生产社会化与生产资料个人占有的矛盾、单个企业生产的高度计划性与整个社会生产的无政府状态的矛盾随着生产的发展而逐步激化，周期性的经济危机不断发生。经济危机加速了社会内部的阶级分化，无产阶级与资产阶级之间的对立日益尖锐。政治、经济和社会的动荡和变化，也导致文化思潮的变化。在哲学领域，马克思、恩格斯站在无产阶级的立场上，对上述变化进行了科学的概括，创立了马克思主义哲学；孔德则站在资产阶级的立场上，对上述变化做了歪曲的概括，创立了唯心主义的实证主义哲学。在文学领域，批判现实主义先是与浪漫主义齐头并进，以后则逐渐取而代之，成为主流。在史学领域，实证主义成为法、英最主要的学术流派。

第一节
哲 学

早期工业化时期，代表各阶级利益的哲学流派和学说充斥西欧哲学领域，其中影响最大的是德国古典哲学、马克思主义哲学、实证主义哲学和唯意志主义哲学。

德国古典哲学

德国古典哲学是 18 世纪末 19 世纪初德国新兴资产阶级哲学，是启蒙哲学理性主义的发展，是西欧早期工业化和资产阶级革命时代的产物，也是马克思主义哲学的理论渊源。

德国的哲学革命从康德开始，经过费希特和谢林的发展，最后由黑格尔完成。德国古典哲学家们以"理性"为旗帜，把矛头直指宗教神学和封建制度；以"批判"为武器，推翻了统治欧洲哲学几百年之久的形而上学；在唯心主义基础上，把辩证法确立为普遍的真理。19 世纪 40 年代后，费尔巴哈从德国资产阶级激进派要求政治变革的立场出发，对黑格尔的唯心主义展开批判，结束了唯心主义在德国的独占地位，创立了人本学唯物主义。

康德（1724—1804）是德国古典哲学的创立者。他知识渊博，不仅是一个著名

康德

的哲学家，而且是一位伟大的自然科学家。康德的学术生涯可以以1770年为界，分为"前批判时期"和"批判时期"两个阶段。在前批判时期，康德特别注重自然科学的研究，他的哲学思想具有明显的唯物主义和辩证法因素，认为人类可以认识自然界。在他的主要著作《对地球从生成的最初起在自转中是否发生过某种变化的问题的研究》和《宇宙发展史论》中，他把辩证法的观点引入天文学的研究，提出了关于潮汐延缓地球自转的假说和关于太阳系起源的原始星云假说。这两个假说虽有不科学和不完善之处，但它不仅沉重地打击了宗教神学观点，而且批判了牛顿形而上学的机械论，对以后自然科学的发展起到了极大的推动作用。

1770年以后，康德转向哲学特别是认识论问题的研究，他的哲学思想也明显转向唯心主义。他先后发表了三部重要的哲学著作：《纯粹理性批判》《实践理性批判》和《判断力批判》，提出了完整的先验唯心主义、二元论和不可知论的哲学观点，构成了他的"批判哲学"体系。

在《纯粹理性批判》中，康德第一次将研究关于人类知识来源及认识发展过程的"认识论"与关于存在的学说"本体论"区别开来。他认为近代哲学唯理论的"独断"和经验论的"怀疑"都是片面的，都不能正确解决认识问题，只有二者的结合才能获得真正的知识，他试图将二者调和。他贬低经验论，也没有批判和反对唯理论的唯心主义，却主张哲学研究应对理性的认识能力进行"批判"的考察。因此，他的认识论是一个矛盾的体系，既闪烁着唯物主义因素和辩证法思想的光辉，又包含有唯心主义的先验论的主导倾向，夸大意识的能动性，体现出调和主义、折中主义的特征。他将统一的世界划分为独立于感觉和意识之外的"自在之物"和自在之物的"现象"；认为"自在之物"不可能成为人的认识对象，认识的唯一对象只能是自在之物的"现象"。他认为构成科学知识的根本条件应该是先天的概念范畴——"先天综合判断"——和后天的感觉经验相结合。他把人的认识能力区分为"感性""知性"和"理性"，认为感性是通过被认识对象的刺激来接受表现的能力；知性是按一定的规则对感性知识进行综合统一的能力；而理性是对知性知识进一步加工的能力，是人类认识的最高能力。康德的认识论奠定了先验唯心主义哲学、二元论和不可知论的基础，它否定了自启蒙运动以来的自然神论，是认识发展史上的重要转折点。

在《实践理性批判》中，康德提出了先验的道德形式和经验的道德行为的关系问题，从而建立了他的伦理道德哲学。他认为道德是一种先天的、不依赖于经验的意识，即"实践理性"。他反对法国唯物主义经验论的"趋乐避苦"的幸福主义伦理观；他用先验唯心主义去研究人的道德行为原则，认为伦理道德原则应该有着普遍的意义，道德的最高原则是"绝对命令"；他继承了文艺复兴以来的人本主义思想，认为"意志自由"，即个人意志所遵循的原则必须符合最高原则，以人为目的，以及个人意志自律这三条定律是实现最高原则的必要条件。

《判断力批判》集中阐述了康德的美学哲学。康德认为自己在知识理论中论述了"知"即"真"，在道德理论中论述了"意"即"善"，这两个领域是彼此对立的两个世界；判断力是关于"情"的认识能力，这种心理活动达到的结果就是"美"。因此，审美判断力是沟通割裂了的两个世界的中介。他排除美的客观基础，将审美判断力或美的特征概括为四个方面：不以利害关系判断美，不是凭概念而是由普遍性判断美，没有目的的合目的性以及美的必然存在性。

费希特（1762—1814）是继康德之后德国唯心主义哲学的著名代表。他曾是正统的康德哲学的追随者，后来成为康德哲学的批判者。他的主要哲学著作是《知识学的基础》《知识学导言》；此外还有《论学者的使命》《人的使命》和《对德意志民族的演讲》等。

费希特否认了康德哲学对世界的"自在之物"和"现象"的二元论划分，将德国古典哲学推向以"自我"为中心的主观唯心主义。他认为，唯心主义与唯物主义是不可调和、根本对立的；物质与精神是两个独立的本原，它们之间是不能互相过渡的，人只能承认一个本原。他批判了康德哲学中"自在之物"学说的唯物主义因素，发展了康德哲学的唯心主义。他认为康德的"自在之物"只是一种没有实在

费希特

性的虚构；只有唯心主义才是"唯一真正的科学"。他提出了"自我"和"非我"两个概念，认为自我是认识的主体，非我是认识的客体，非我因自我的存在而存在。

费希特在批判康德的同时，也发展了康德的辩证法思想和主观能动性原则。但他片面地强调主观能动性，把意志说成是决定一切的基础，并且把能动性仅仅看作是人的意志活动。

谢林（1775—1854）的哲学以1804年为界，可分为"同一哲学"和"天启哲学"两个阶段，他也由此从一个客观唯心主义者转变为一个宗教神秘主义者。他主要的哲学著作有《世界灵魂》《自然哲学体系初稿》《自然哲学体系初稿导言》《先验唯心主义体系》《布鲁诺事物之自然的和神圣的原理》《关于学说研究的方法的演讲》等。

谢林不仅批判康德的二元论哲学，也批判了费希特的主观唯心主义，从而将德国古典哲学导向客观唯心主义。谢林认为，"自我"和"非我"、思维和存在、主体和客体是绝对的同一体，都来源于一种不自觉的精神力量——"绝对的同一性"。谢林把自己的客观唯心主义称为"同一哲学"，它包括自然哲学和先验哲学两个方面，二者既是互相对立的体系，又以"绝对同一"为基础结合在一起。自然哲学的任务是从自然界追溯到精神。这一说法虽是唯心主义的，但包含许多辩证的思想，是谢林哲学思想中最有价值的部分；先验哲学的任务，是从精神引申出无意识的自然界，是属于自我意识的发展过程，"自我"认识自己的中介是"理智直观"。谢林的"理智直观"是非理性主义最初的表现形式。

黑格尔（1770—1831）是德国唯心主义古典哲学的集大成者，他把唯心主义辩证法发展到登峰造极的地步。大学毕业后，他开始逐渐形成客观唯心主义体系；1816 年起，他先后任海德堡大学教授和柏林大学教授、校长。黑格尔著述丰富，主要的哲学著作有《精神现象学》《逻辑学》（即《大逻辑》2 卷）《哲学全书》（包括逻辑学即小逻辑、自然哲学和精神哲学三个部分）《哲学原理》以及由他的学生整理出版的遗著《哲学史讲演录》《历史哲学》《美学讲演录》等。

黑格尔

黑格尔哲学是在批判、改造康德、费希特和谢林哲学的唯心主义和形而上学基础上建立起来的一个客观唯心主义的庞大体系。他把整个宇宙称为"绝对精神"，他的哲学就是阐述"绝对精神"的自我展开和自我发展过程的理论体系。他认为"绝对精神"是自然、社会和人类思维的内在的本质和基础，是第一性的；整个世界不过是绝对观念的表现和发展，是第二性的。它的哲学体系包括逻辑学、自然哲学和精神哲学三个方面：逻辑哲学分为"存在论""本质论"和"概念论"三个部分，研究的是万事万物的本质、核心和灵魂；他提出了"质""量""度"的范畴，以纯概念的逻辑形式描绘了"绝对精神"的辩证发展过程。自然哲学分为"机械性""物理性"和"有机性"三个部分，研究的是绝对精神的表现形式；他提出了空间和时间、物质和运动等概念，以及关于物质和运动的统一、事物的可变性和可转化性等合理思想；精神哲学分为"主观精神""客观精神"和"绝对精神"三个阶段，研究的是人的意识和认识发展的"主观""客观"和"绝对"三个环节；他认为"精神哲学"是最高的学问，体现了人类社会历史，而人是哲学的目的。

黑格尔哲学最重要的成果是他的辩证法。他在前人唯心主义的基础上，第一个全面、深刻地阐述了辩证法的一般运动形式，把整个世界描绘成一个有机联系的统一的整体，一个不断运动、不断发展变化的过程。他认为事物发展的原因在于其内部的矛盾，提出了质量互变、事物内在联系和矛盾发展、否定之否定等三个辩证法的规律；并集中阐述了本质与现象、内容与形式、可能与现实、必然与偶然、原因与结果、必然与自由等范畴的对立统一关系，企图从不同侧面揭示世界的内在联系。黑格尔唯心主义哲学中辩证法的"合理内核"，是马克思主义哲学的理论来源之一。

费尔巴哈（1804—1872）在海德堡大学学习时因对神学失望而改学哲学，后慕名转学至黑格尔执教的柏林大学，曾是黑格尔的信徒。大学毕业后，他任教于爱尔兰根大学，因发表论文与基督教教义相抵触，被迫结束讲学生活。此后，他开始转向唯物主义，1839 年他发表了《黑格尔哲学批判》，这标志着他同唯心主义哲学的决裂，成为德国古典哲学中唯物主义哲学最重要的代表。他主要的哲学著作有《基督教的本质》、《关于哲学改造的临时纲要》《未来哲学原理》《宗教的本质》《宗教本质讲演录》和《幸福论》等。

费尔巴哈哲学理论中的一个重要内容是将批判宗教与批判唯心主义结合起来。他把对宗教的批判作为反封建主义的前提之一；他认为宗教是"天上的唯心主义，亦即想象的唯心主义"；他分析宗教产生的根源、揭露宗教的本质、批判神学的谬论，建立了无神论的学说。费尔巴哈批判了以黑格尔为代表的唯心主义思辨哲学，认为思辨哲学是"地上的唯心主义，亦即理性的唯心主义"，是"真实的、彻底的、理性的神学"；他揭露了黑格尔哲学唯心主义把精神作为独立存在的实质，分析了唯心主义认识论的根源。费尔巴哈以唯物主义为旗帜，打破宗教神学和黑格尔唯心主义的哲学体系，对当时人们的思想解放具有重大的意义。

费尔巴哈哲学的精华，是他的唯物主义。他在批判宗教神学和黑格尔哲学的过程中，第一次较明确地提出了哲学的根本问题，建立了人本主义哲学。虽然他拒绝唯物主义的称号，但人本主义在本质上是属于唯物主义的。他肯定自然离开意识而独立存在；时间、空间和机械运动是物质存在的形式；人是自然的产物，是自然界的一部分，是思维和存在的统一的基础和主体。他批判康德以来的不可知论，肯定人能够认识世界，并且肯定人已经具备了足够的器官去认识客观世界和客观规律。他坚持唯物主义的反映论，既承认感觉在认识中的源泉作用，又强调认识过程中思维的必要性，认为感性认识和理性认识是紧密联系、不可分离的。费尔巴哈人本主义哲学的唯物主义"基本内核"，以后被马克思、恩格斯批判地吸取，成为马克思主义哲学理论的又一个来源。

马克思主义哲学

马克思主义哲学产生于 19 世纪 40 年代，这一时期是早期工业化在西欧主要国家趋于完成、经济危机周期性地爆发、社会阶级矛盾逐步激化的时期。尤其是独立的工人运动兴起后，代表无产阶级立场的社会主义思潮在西欧哲学领域内成为最主要的哲学体系，是马克思主义的理论基础和重要的组成部分。

马克思主义哲学的创立者是马克思和恩格斯。卡尔·马克思（1818—1883）出生于普鲁士的特里尔城；青年时期他先后在波恩大学和柏林大学学习法律，但他却用大量的时间学习哲学和历史，受到黑格尔学派的影响，参加了"青年黑格尔学派"的组织"博士俱乐部"。1841 年大学毕业后，马克思投身于反对普鲁士专制主义和争取民主的斗争，并开始在哲学观点上突破黑格尔唯心主义学说，迈向唯物主义。弗里德里希·恩格斯（1820—1895）出生于普鲁士莱茵省巴门市的一个工厂主家庭；他没有完成中学学业，就被父亲送到营业所当办事员。他坚持自修，阅读了大量关于宗教、哲学和政治方面的书籍。1841 年服兵役期间，在柏林大学旁听哲学课程，也积极参加"青年黑格尔派"的活动；在受到费尔巴哈唯物主义哲学思想的影响后，他开始与青年黑格尔派分道扬镳，转向唯物主义。马克思主义哲学是马克思和恩格斯结合无产阶级反对资产阶级斗争的时代需要，是在吸收国际工人运动的经验，概括 19 世纪自然科学的成果和批判继承人类以往哲学、尤其是德国古典哲学中合理成分的基础上，对人类优秀文化遗产的总结。

马克思和恩格斯的哲学著作甚丰，其中最重要的有：马克思的《黑格尔法哲学批判导言》，合著的《神圣家族》，马克思的《关于费尔巴哈的提纲》，合著的《德意志意识形态》，马克思的《哲学的贫困》，恩格斯的《反杜林论》和《路德维希·费尔巴哈和德国古典哲学的终结》等。

马克思主义哲学包括辩证唯物主义和历史唯物主义两个不可分割的部分：批判了黑格尔哲学中的唯心主义，吸收了其辩证法的"合理内核"；批判了费尔巴

马克思

哈哲学中的形而上学,继承了其唯物主义的"基本内核";从而创立了辩证唯物主义哲学。马克思、恩格斯还将他们的哲学理论科学地运用于解释社会发展和社会形态的更替,创立了历史唯物主义哲学,从而实现了哲学主题的转换和哲学对象的变革,并使马克思主义哲学体系具有了鲜明的阶级性。

辩证唯物主义批判了旧唯物主义无视物质世界由内在矛盾引起的发展变化和辩证运动,而仅仅对物质世界做出机械的解释的形而上学倾向。辩证唯物主义认为:"世界的统一性在于它的物质性",物质是不以人的主观意识为转移的,但又能为人的感觉所反映的客观存在。物质是运动的载体,而运动是物质的根本属性;时间、空间是运动着的物质的存在形式。任何形态的物质实体都有一定的持续性和广延性;时间是物质运动的持续性,空间是物质运动的广延性。意识是物质世界发展到一定阶段的产物,是人脑的机能和对客观世界的主观映象。历史唯物主义批判了旧唯物主义将自然和历史绝对对立,无视二者之间的辩证关系和辩证统一的唯心主义社会历史观。历史唯物主义认为:人类社会是自然界长期发展的产物,自然界物质形态的演变和发展,是人类社会产生的物质前提。物质生产是人类社会存在和发展的基础;社会基本矛盾运动,即生产力和生产关系、经济基础和上层建筑的矛盾运动是社会发展的基本动力;阶级斗争是阶级社会发展的直接动力。马克思主义哲学批判了唯心主义的先验论和不可知论,将认识发生的自然史因素和社会因素辩证地结合起来,指出劳动实践活动在认识发生中起着决定的作用。马克思主义哲学首要的和最基本的观点是实践的观点。马克思把实践作为人类认识的基础、标准和目的,辩证地揭示了主体与客体、实践与认识、人与环境的相互关系;论证了存在决定意识,社会存在决定社会意识,以及意识对存在的反作用的关系;并且强调实践是社会生活的本质。因此,马克思主义哲学是实践的唯物主义，它不像以往的哲学那样只是用不同的方式解释世界，而是为了改造世界。

在伦理道德学说方面，马克思主义哲学揭示了道德的本质、道德的阶级性和历史性，以及道德观念的相对独立性和道德的能动作用。强调人们的道德归根结底受他们的社会经济关系所制约，同时也承认道德对于社会经济关系以至于整个社会生活的反作用。马克思主义哲学把集体主义作为与资产阶级的个人主义、利己主义相对立的基本道德原则。在宗教观方面，马克思主义哲学批判了唯心主义的宗教史观，认为宗教是人类社会发展到一定阶段的产物，是"人民的鸦片"；在承认宗教在社会历史的发展过程中起过很大作用的同时，深入地分析了宗教的本质、作用，宗教产生和发展的历史根源和最终消灭宗教的条件和途径。

马克思主义哲学是世界观和方法论的统一。马克思和恩格斯运用辩证唯物主义和历史唯物主义分析资本主义经济发展的规律，发现了剩余价值的秘密，从而使政治经济学变成一门严密的科学；同时，他们也用辩证唯物主义和历史唯物主义揭露资本主义社会内部的深刻矛盾，指明了社会主义取代资本主义的必然趋势，以及通向社会主义的正确道路，从而为无产阶级革命和无产阶级政党提供了分析客观形势，制定战略和策略的观点和方法。

实证主义哲学

实证主义哲学思潮产生于 19 世纪 30 年代。其主要特征是：标榜自己超出唯物主义和唯心主义的对立之外；哲学只应研究实证的事实和知识，只应研究世界"是什么"，而不应去探究"为什么"；强调人类的知识力量，特别是运用实证科学改造自然的可能性；承认自然界和社会的运动变化，但反对唯物辩证法。由于法、英两国的社会政治、经济发展道路不同，实证主义的社会政治思想观点在法、英也表现出明显的差异。在法国，它表现为对大革命反思的保守主义倾向；而在英国，则表现为作为国家政策加以推行的自由主义思潮。实证主义哲学不仅是19 世纪法、英两国最重要的哲学流派，而且对以后整个西方哲学产生了巨大的影响。

实证主义哲学的创始人是法国哲学家孔德。约翰·密尔和斯宾塞是实证主义流

孔德

派在英国的重要代表人物。

孔德（1798—1857）年轻时求学于巴黎综合工科学校。1818年起任法国著名空想社会主义者圣西门的秘书，受到圣西门的影响。但他抛弃了圣西门学说的进步内容，发挥圣西门学说的唯心主义，最终于1824年与圣西门分道扬镳。此后，他在巴黎自设讲座，建立并宣扬实证哲学。孔德实证哲学的思想体系包括实证主义哲学、政治学、社会学等多个方面，集中体现在他的《实证哲学教程》（6卷）、《实证哲学概要》、《实证政治体系》、《实证宗教教义问答》、《主观的综合》等主要哲学著作中。

孔德实证主义哲学主要是在英国经验主义哲学——贝克莱主观唯心主义和休谟不可知论的基础上发展起来的。孔德宣称唯物主义和唯心主义都是以感觉之外的东西作为研究对象，因此都是不科学的；只有实证主义才是超乎唯物主义和唯心主义之外的"科学的"哲学。与"思辨"的德国古典哲学不同，实证主义哲学主张以直接经验作为检验真理的标准，以主观经验之内的东西作为研究对象。其基本观点是：认为"一切本质的属性都概括在实证这个词中"。孔德赋予"实证"以实在、有用、确定、精确、有机、相对等意义，认为它们是人类智慧"最高的属性"。孔德相信主观经验是认识能力和科学知识的界限，人的知识无法超越这个界限，科学知识也只能被禁锢在这个界限之内。因此，科学所讨论的只是主观经验范围以内的东西，哲学就只应该研究主观经验所认识的世界"是什么"，而不应该去研究世界的"为什么"。

孔德一方面承认"所有的现象都服从不可改变的自然规律"，并表示要发现"外部世界不变的必然性"。另一方面又认为科学所寻求的规律是主观经验的东西，而不是主观经验之外的客观规律。因此，他所谓的规律、必然性不是指在任何社会事物的客观规律和必然性，而只是指现象之间的外部联系。他认为规律是属于人的经验现象中的东西，只是经验或感觉中的某种不变的先后关系和相似关系。科学的首要任务是发现这种并非经验之外物质的相互联系，其次是简化这种联系，并用最简要的文字来表达。

孔德把思想本身当作思想发展的根本原因。孔德引以为自豪的，是文艺复兴以来的科学家们发现了许多自然规律，却无人发现过社会规律，只有他才发现了"一条伟大的根本规律"——人类智力发展规律。他认为，智力发展是社会发展的根本，因此智力发展规律也就是社会发展的根本的、普遍的规律。它表明，人类智力发展先后经历了三个不同的理论阶段，即三种性质根本不同的、甚至相反的哲学方法，任何个人的智力、所有的科学学科知识，甚至整个人类社会的发展毫无例外地都必然经历这三个阶段。1300年以前，为神学阶段，也叫虚构阶段。在这个阶段，人们的思想具有自由、幻想的特征，人们试图探究事物内在的本质属性，探究现象的根源和引起现象的最终的原因，即企求获得绝对的知识。但因人类认识能力还不能达到这一步，于是就求助于超自然的力量，求助于神来解释一切，以致宗教神学观念在各种思想体系中占据统治地位。1300—1800年，为形而上学阶段，也叫抽象阶段，是神学阶段的变相阶段。在这个阶段，人们的思想具有抽象的特征，人们开始以形而上学来代替超自然的神力，用抽象的概念来解释事物的现象，并用抽象的力量去探索事物的本质。这些抽象的概念就是契约论、自由、平等、人民主权、民族独立等等信条，它们被当作绝对的知识和唯一正确的认识。1800年以来，为实证阶段，也叫科学阶段，这是人类智力发展的最高阶段，也是实证主义居于统治地位的阶段。在这个阶段，人们的思想具有实证的特征，一切知识、一切科学都以"实证"的事实为依据，人们不再求助于神，也不再用抽象的概念解释一切。甚至放弃了对事物的内在本性的无为探索，追求的是建立在实证的、科学的事实基础上的关于现象的、相对的知识。

在社会历史领域，孔德用实证主义来研究和解释社会历史现象。他在实证主义中引入进化论的理论，使二者结合起来，建立了一套相应的社会学理论，即社会物理学。孔德的社会学分为社会静力学和社会动力学两个部分。社会静力学主要是静态地研究一般的社会关系及其性质。孔德认为，社会生活源于人的个人本能（利己心）和社会本能（利他心）的调和，应该以"爱情为原则、秩序为基础、进步为目的"，因此"普遍的爱""普遍的同情心"是社会关系的基本原则。社会动力学则主要是动态地研究社会发展的动力。孔德认为，社会的基础是道德原则和思想，它决定了社会的发展，因此社会发展的动力是人们的道德和智力。他根据人类智力发展的三个阶段理论，把社会发展也划分为军事阶段、过渡阶段和工业阶段。工业阶段则是社会发展的顶点，应该由工业家和学者来领导社会。

孔德的实证主义哲学本质上属于唯心主义，并且许多思想——例如某些社会主义的成分——都有剽窃圣西门著作的嫌疑。但他相信社会的不断进步，相信科学技术的决定作用，谴责侵略战争和殖民主义等等，都是其思想中的精华。孔德的实证主义哲学对后世产生了深远的影响。

约翰·密尔（1806—1873）是著名经济学家、心理学家和哲学家詹姆士·密尔（1773—1836）之子。约翰·密尔在父亲的指导下自学成才，在哲学上受到父亲的哲学和心理学以及父亲的挚友边沁的功利主义学说、以休谟为代表的英国经验派哲学和孔德的实证主义哲学的影响。他长期与孔德保持书信联系，赞同孔德的基本哲学观点，认为实证主义是"时代的共同财产"。他是英国19世纪中叶最有代表性的自由主义思想家，也是第一个把孔德的实证主义哲学由欧洲大陆传播到英国，并与英国的经验主义传统相结合的英国哲学家，是英国实证主义哲学的最早代表。约翰·密尔的著作甚多，哲学方面的主要著作有《逻辑体系》《论自由》《功利主义》《孔德与实证主义》和《论宗教》等。

在认识论方面，密尔的哲学学说继承和发展了孔德的实证主义哲学和英国经验主义哲学。他否认因果关系和规律的客观性，只承认经验在获得知识中的唯一的重要性。他强调人类的一切知识均起源于经验，否定外部世界不以人类经验为转移的独立存在。但是他的认识论与休谟的怀疑论不同，他把物质的存在定义为"感觉的恒久可能性"，而这种可能性是借助于人的记忆、期待及心理联想等途径形成的。这样，他既弥补了贝克莱关于"物是感觉的复合"的经验主义命题的明显漏洞，又修正和发展了科学只能讨论感觉经验中的"物"，而不能讨论感觉经验之外是否有物的存在的实证主义原则。

在逻辑学方面，密尔在肯定并片面夸大经验归纳法的作用的同时，贬低演绎法；他虽承认演绎推理具有解释一般命题的作用，但这种作用从属于归纳推理。他认为，任何新知识都来自对经验事实的归纳；没有归纳法，就不可能有新的知识。为了解决归纳逻辑的可靠性问题，密尔创立了经验"归纳四法"：契合法、差异法、剩余法和共变法。这些对归纳的分类发展了归纳逻辑，是对自培根以来的科学家们所运用的归纳方法成果的总结；但由于排斥了演绎法，这些分类并不能从根本上解决逻辑的可靠性问题。

在社会伦理学方面，密尔不仅发展了边沁的功利主义，而且更多地体现出实证主义的倾向。密尔将功利主义与实证主义结合起来，形成了自己的社会伦理学说。一方面，他企盼像发现自然科学的规律一样，发现人类行为的规律。他认为，社会的目的是争取大多数人的幸福，而实现这种幸福的途径是尽量寻求社会发展中的共同点，即所谓的"齐一规律"，社会的齐一规律就是人的性格和行为的趋同性的集合，而这种趋同性是可以用仿照自然科学研究的方法去发现的。他相信，建立起一门新的学科——人性学，人们就不仅能寻求到这种趋同性，而且能推导出社会的规律。另一方面，密尔承袭了边沁的功利主义，在认为行为的道德意义由行为对人的直接利益所决定的同时，又极力避免局限于边沁功利主义的狭隘性。他对功利主义做了新的解释：不能只从量的方面看待功利，还应从质的方面来看待；不能只追求感官的满足，还应追求精神上的满足；不应把功利主义当作单纯的利己主义，还应该接受利他主义，个人应该具有自我牺牲的精神。密尔企盼用这种利己与利他相统一的学说，调和早期工业化时期尖锐的社会矛盾。

斯宾塞（1820—1903）曾在英国铁路公司任土木工程技术员，后来他的兴趣开始转向哲学和社会科学。1848 年起任著名的《经济学家》杂志副主编，此后便逐渐地形成了他的哲学和社会学观点，发表了许多著述，并与孔德相识。斯宾塞是19 世纪下半叶英国实证主义哲学最主要的代表，他把自己的哲学称为"综合哲学"，从力学、生物学、社会学等各个方面系统地论述了实证主义的观点。他主要的哲学著作有《社会静力学》、《进化的假说》、《心理学原理》、《第一原理》、《生物学原理》（2 卷）、《社会学研究》、《社会学原理》（3 卷）、《伦理学原理》（2 卷）等。

斯宾塞自称是"不可知的实在论者"。他发展了孔德的不可知论，认为人的知识不能超出经验的范围之外，知识和科学的对象应局限于现象的领域，认识的作用也仅仅局限于整理现象领域内的材料。他虽然承认在现象的背后存在一种"力"的"实在"——"力的恒久性"，但这个实在是绝对不可知的。因此，人们的研究应该寻求现象是什么，而不应该探讨为什么会有这些现象。

与孔德一样，斯宾塞也认为进化论的原理可以用来解释社会的发展。一方面，他认为一切现象的基础是不可知的"力"，正是这种"力"推动着事物处于不停的变化之中。斯宾塞把事物的出现称为"进化",把事物的消失称为"消亡",进化和消亡是交替的。这样,事物的运动变化的过程就被斯宾塞解释为在"力"的作用下,经过"进化""均衡"和"消亡"三个阶段的机械运动过程。另一方面,由于"力"是恒久的,进化律也必然是恒久的、普遍的,进化律不仅适用于自然领域,也同样适用于人类社会。他将达尔文生物学中的"生存竞争"理论应用到社会历史领域,形成了"社会达尔文主义"。认为个人与个人之间、民族与民族之间、国家与国家之间都必须进行生存竞争,使适者得到生存,不适者被淘汰。他把人类分为劣等民族和优等民族,劣等民族应遭淘汰,而天然优等的盎格鲁-萨克逊民族应成为世界当然的主宰。总之,斯宾塞的普遍进化说是英国殖民主义政策的辩护词,"社会达尔文主义"后来竟成为列强极力倡导的强盗逻辑,直至第二次世界大战人们才真正认识到其巨大的社会危害性。从另一个方面看,斯宾塞的普遍进化说相对于事物永恒不变的形而上学观点而言,仍不失具有进步的因素。

在社会学说方面,斯宾塞还提出了"社会有机体"的理论。他认为社会如同生物界一样,是一个有机体。生物机体中包括了营养、循环和调节三个系统;社会的劳动分工也如同生物机体的分工一样,社会组织有机体中也必然相应地存在着生产、分配和循环(商业、交通、银行)、调节(管理和统治机构)三个系统,社会的成员也就必然要分化为三个不同的群体。他认为社会的秩序需要这三个不同群体的成员相互合作,各司其职,否则就会破坏社会有机体的平衡。

唯意志主义哲学

唯意志主义是一种把人的主观意志和感情夸大为宇宙本原和世界本质的唯心主义的、非理性主义的哲学流派。唯意志主义哲学的主要特征是把人的意志和欲望无限制地膨胀和扩大,它第一次把人的意志和理性完全对立起来,把人的意志视为世界万物的本原;反对、攻击十七八世纪的唯物主义哲学和黑格尔的理性辩证法,否定人的理性,否定事实和经验。作为一种哲学思想,唯意志主义在中世纪初期奥古斯丁的哲学中就已经出现;德国古典哲学家的哲学中也都多少包含某些唯意志主义成分。作为一种哲学思潮或哲学流派,他的首创者是19世纪上半叶的德国哲学家叔本华;19世纪中期以后,才得以广泛流行,其主要代表人物是尼采。

唯意志主义哲学的产生和流行，除了深刻的社会历史根源之外，还有深刻的思想文化根源。其一是在精神生活领域，反理性的浪漫主义文学已风靡西欧；在德国古典哲学中，非理性的因素也已经出现。康德的"实践理性"高于"理论理性"观点、谢林"理智直观"的决定性意义等，都对非理性主义产生了巨大影响。其二是理性主义在德国古典哲学中的过度膨胀，到黑格尔时甚至走向极端，从而引起非理性主义的反弹，因为理性主义没有解决、也不能解决人类社会和历史的一切问题。西欧资产阶级把社会中

尼采

的一切危机、矛盾、弊端和灾祸都归罪于理性，从而使非理性的唯意志主义得以抬头。

叔本华（1788—1860）早年在哥廷根大学学习医学和哲学，1814 年获耶拿大学哲学博士学位。1822 年起任柏林大学哲学副教授，因敌视黑格尔理性派哲学学说愤然辞职。此后他闭门从事著述，又遭学术界冷遇，著作出版后往往无人问津。他的经历对他的悲观主义有重大的影响。直到 1848 年德国革命失败后，叔本华的学说由于迎合了德国资产阶级灰心失望的情绪才受到欢迎和追捧。他主要的哲学著作有《世界之为意志和表象》《论自然意志》《伦理学的两个根本问题》等。

叔本华的哲学观点是主观唯心主义。他把人的欲望、人的意志作为本体论、认识论和人生哲学的基础和核心，对一切肯定客观对象存在于人的主观意识之外的观点都加以攻击。他认为自在事物就是生存意志，生存意志就是宇宙的本质；理性只是生存意志的奴仆和工具，为人的生存意志服务。

在人生观方面，叔本华是一个极端的悲观主义者。他认为所有的人都是利己的，而人的欲求又是无穷无尽的；但人们利己的"生存意志"在现实生活中无法满

足，因而人生充满痛苦；人要从苦难中解脱出来，就必须否定生存意志，以从事哲学创造、艺术创造和信仰宗教等方式实现"意志转向"。

尼采（1844—1900）先后在波恩大学和莱比锡大学学习神学、古典语言和哲学，获哲学博士学位。1869 年起在巴塞尔大学教授古典语言学达十年之久；因病辞职后从事著述，直至 1888 年患精神病。尼采哲学形成于西欧国家从自由资本主义向帝国主义过渡时期，他的哲学深深地打上了时代的烙印。他是叔本华唯意志主义的主要继承者和批判者，他在接受叔本华非理性学说的同时，批判了叔本华否定人生的悲观主义，引入了达尔文生存竞争的学说，把生存意志发展成权力意志。他的主要哲学著作有《悲剧的起源》（1872）、《人性的、太人性的》、《查拉图斯特拉如是说》、《超出善恶》以及《权力意志》（未完成）等。

尼采断言，生存意志不是单纯的求生存，而是表现、扩张自我，发挥权力的意志，因此，"权力意志"是世界的本质。他否认理性思维，认为理性只是权力意志为了达到预定目的、可以任意使用的工具；权力增长到什么程度，知识就能相应地达到什么程度，由此得出"有用的就是真理""强权就是真理"的结论。他否认真理的客观性，认为真理只是满足权力意志需要的一种虚构。他相信"人性本恶"，公开承认权力意志的实质就是个人利己主义，宣扬非道德主义。

尼采的社会政治理论的核心是建立在"社会不平等原则"基础上的"超人哲学"。他认为生物具有动物、人和"超人"三种生存形式；"超人"是生物进化的顶点，是最高的生存形式，是人类天生的统治者；其他的人只是"超人"达到自己目的的工具。从"超人哲学"出发，尼采宣扬种族之间、性别之间的不平等；颂扬暴力、鼓吹侵略战争。尼采的社会政治理论是 20 世纪法西斯主义理论的一个重要的基础。

第二节
文学与史学

　　早期工业化初期是西欧文学和史学思潮新旧交替的时代。在文学领域，古典主义仍然存在，以"狂飙突进运动"为标志的德国启蒙文学，尤其是以歌德（1749—1832）和席勒（1759—1805）为代表的德国"古典"文学和以现实主义为标志的英国文学成就斐然。在史学领域，以伏尔泰（1694—1778）为代表的法国启蒙史学和以吉本（1737—1794）为代表的英国理性主义史学交相辉映。在这样的文化背景下，浪漫主义也开始在西欧的文学和史学中诞生。

　　浪漫主义是早期工业化时期在西欧影响最大的文化潮流，是早期工业化进程和以资产阶级政治革命引起的社会变革在文化领域内的反映。工业革命、法国资产阶级革命震撼了西欧社会的各个方面，以"理性"为旗帜，相信理性可以造福于人类、为人类带来理想社会的启蒙学说也不可避免地受到冲击。对"理性"的社会功能持有异议的启蒙大师卢梭在他的散文、小说中首开浪漫主义之先河，被称为"浪漫主义之父"；随后，浪漫主义作为反法国启蒙文化的一种思潮在德国应运而生。浪漫主义首先出现在德国的文学、史学领域，继而在英、法发展并逐渐取代启蒙文化成为主流。

文学

　　西欧各国的浪漫主义文学　　浪漫主义在西欧各国都存在着积极与消极两个派别。积极浪漫主义从保守立场批评启蒙运动、揭露资本主义社会的黑暗、抨击专制统治和教会，但他们大多数脱离民众，作品中流露出个人主义、悲观主义和虚无主义；消极浪漫主义虽也批评启蒙思想和资本主义，但反对资产阶级民主革命，迷恋古代宗法式社会，拥护封建复辟，幻想历史倒转。西欧各国最早产生的基本上都是消极浪漫主义，后来随着资产阶级民主运动的发展，积极浪漫主义才取代消极浪漫主义而居主导地位。

浪漫主义作家们生活在不同的国度、不同的时期，政治倾向和艺术风格也千差万别，但他们的文学作品都具有以下一些主要特征：浪漫主义作家或通过对现实社会的批判，或通过强烈的怀古意识表现对现实社会的强烈不满；强调主观的作用、个人的影响，以抒发个人的情感、表达个人的理想为主题；描绘自然景物，抒发作家对大自然的美好感受。浪漫主义作家对现实生活表现出一定的冷漠，但对大自然充满激情，尤其着力描绘自然界中那些不平凡的现象；在表现手法上以尽可能的夸张与强烈的对比为主，追求强烈的艺术效果。这些特征与歌颂"贤明君主"、模仿古代文学的古典主义形成了鲜明的对比。

由于西欧各国社会经济发展的不平衡和文化历史传统的差异，浪漫主义在各国的表现形式很不相同。德国浪漫主义文学与史学及德国古典哲学有着紧密的内在联系。正在形成的资产阶级一方面对德国落后的现状表示不满，另一方面又对革命感到失望和恐惧；他们要求个人的解放，但又缺乏变革的手段和能力。德国的现状决定了德国浪漫主义消极和保守的倾向。

为德国浪漫主义文学奠定理论基础的是怀古诗人施雷格尔兄弟。奥古斯特·施雷格尔（1767—1845）系统地阐述了浪漫主义的文艺观点，划分了古典主义与浪漫主义的界限。弗里德里希·施雷格尔（1772—1829）把浪漫主义视为"是一种前进的综合文艺"；认为演变是诗的本质，诗人的"为所欲为、不能忍受任何约束"是诗的第一条法则。施雷格尔兄弟的理论强调诗人主观性的绝对作用，使在该理论指导下创作的德国浪漫主义作品大都成为作家主观臆想的产物。

德国浪漫主义文学的早期代表是诺瓦利斯和蒂克。诺瓦利斯（1772—1801）的创作时间很短，他的代表作是《夜的颂歌》六章，这部作品否定人生，把黑夜视为一切的源泉而加以歌颂。他的未完成作品长篇小说《亨利希·冯·奥夫特尔丁根》把13世纪的德国社会描绘成一个理想的牧歌式世界。蒂克（1773—1853）的代表作是未完成的长篇小说《弗朗茨·斯特恩巴尔特的游历》，这部小说将16世纪的社会理想化，认为行会制度有利于艺术的繁荣。

19世纪初，"海德堡派"登上德国文坛。海德堡派的中心人物是阿尔尼姆（1781—1831）和布伦塔诺（1778—1842），他们抛弃了早期浪漫主义的无为，努力搜集德国民间文学作品，合编成了民歌集《儿童的神奇号角》，收录了德国近三百年来的部分民歌，雅各布·格林（1785—1863）和威廉·格林（1786—1859）是两兄弟，他们编有《儿童与家庭童话集》。

19世纪初期德国浪漫主义文学的重要代表是恩斯特·霍夫曼（1776—1822）。他的作品小说《金罐》和童话《侏儒查赫斯，绰号朱砂》，反映了社会庸俗丑陋的生活，描述了诗人的幻想世界，同时也尖锐地讽刺了不劳而获的剥削者。他的代表作是《雄猫穆尔的生活观感及乐队指挥约翰内斯·克莱斯勒尔的传记片断》，这部作品既嘲讽了社会的丑陋现象，也表现了现实和理想矛盾的痛苦。霍夫曼善于用荒诞离奇的情节反映现实，这种神秘怪诞的风格对法国的大仲马、巴尔扎克，英国的狄更斯等著名作家都产生了重要的影响。

著名的诗人海涅（1797—1856）是后期德国积极浪漫主义的中心人物，也是浪漫主义向现实主义转变的重要代表，他为德国的批判现实主义文学的兴起打下了基础。海涅早期的主要作品《歌集》和《旅行札记》是浪漫主义的杰作。《歌集》是他早年陆续发表的《青春的苦恼》《抒情插曲》《还乡集》和《北海集》等组诗的汇编，这些诗多以个人的爱情苦恼为主题，流露出忧伤的情调，也表达出对生活的热爱。《旅行札记》是海涅的散文作品集，包括《哈尔茨山游记》《观念——勒格朗特文集》《从慕尼黑到热那亚的旅行》和《璐珈浴场》《英国片段》等四部分。它广泛地涉及了整个西欧的社会现实，流露出对下层人民的同情和对社会的批判。

英国浪漫主义文学开始于18世纪末、19世纪初。英国是进步势力与保守势力最早达成妥协的国家，土地贵族和金融寡头独占着政权而排斥其他阶层。英国也是早期工业化的策源地，资本主义的发展对社会的冲击在英国表现得最为明显。在法国革命的影响下，英国的反奴役、争民主的斗争蓬勃兴起，英国的浪漫主义文学因而也表现出注重社会问题、厌恶城市文明的倾向。

英国浪漫主义文学的主要成就是诗歌。最早的一批消极浪漫主义文学作家被称为"湖畔诗人"，主要代表是华兹华斯（1770—1850）、柯尔律芝（1772—1834）和骚塞（1774—1843）。他们既对英国的现实社会强烈不满，又逃避现实，歌颂大自然，美化中世纪宗法式的农村生活。华兹华斯和柯尔律芝的主要作品是两人共同出版的《抒情歌谣集》，其中华兹华斯的《丁登寺》、柯尔律芝的《古舟子咏》都是英国文学的不朽之作。诗集再版时，华兹华斯在序言中肯定诗歌应该是强烈感情的自然流露；强调作家的主观想象力，否定文学反映现实的社会作用，被称为"美学宣言"。

19 世纪初，积极浪漫主义文学思潮开始在英国出现，主要代表人物有诗人拜伦、雪莱、济慈和小说作家瓦尔特·司各特。三位诗人虽然都人生短暂，但留下了大量充满激情的诗篇，为英国浪漫主义文学增添了无限光彩；司各特则开创了西欧历史小说文学的先河。

拜伦（1788—1824）是举世闻名的浪漫主义诗人，他早期的代表作是诗歌体游记《恰尔德·哈罗德游记》的第一、第二章和《东方叙事诗》。《恰尔德·哈罗德游记》记录了他游历欧洲各国的印象，表达了对封建暴政和外族统治的不满以及对被奴役民族的同情。《东方叙事诗》是一部包括六篇以东方故事为题材的诗歌名作。拜伦塑造了一个个独立傲世、宁死不屈的"英雄"，但他们脱离群众、回避社会，最后都以失败而告终。拜伦后期的作品都创作于欧洲"神圣同盟"猖獗的时代。他的诗剧《曼弗雷德》以主人公的叛逆性格，反映出对理性和知识的失望；《恰尔德·哈罗德游记》的第三、第四章追忆法国大革命，认为只有争取自由的战争才是光荣的；诗剧《该隐》则把"圣经"人物该隐描写成反对专制神权的第一个叛逆者。拜伦未能完成的另一部代表作是《唐璜》。西班牙传说中的唐·璜本是一个卑劣的好色之徒，在欧洲各国舞台上都是以恶棍的面目出现；拜伦在《唐璜》中则赋予他经历爱情悲剧和风流冒险，见义勇为并最后投身法国革命的一个崭新形象。

雪莱（1792—1822）是与拜伦齐名的诗人，他的诗歌洋溢着乐观主义的气氛，他的理论著作《诗辩》是英国积极浪漫主义文学的纲领。雪莱早期的主要作品《麦布女王》以梦幻和寓言的形式，控诉私有制社会的罪恶，歌颂幸福和科学统治大地的美好未来。《伊斯兰的起义》暗示法国革命，在它的序言中，雪莱说明写作的目的在于唤起人们。后期，雪莱在创作《裘利安和麦代洛》《西风颂》《钱契》《致云雀》等著名抒情诗篇的同时，还关注英国国内的政治斗争和欧洲民族解放运动。他为英国资产阶级激进运动、尤其是彼得卢大屠杀写下了《致英国人之歌》《写于卡瑟尔累执政时期》《十四行诗：一八一九年的英国》和《专制暴君的化妆舞剧》等政治诗；为西班牙、意大利和希腊民族运动写下了《自由颂》《那不勒斯颂》《给意大利》和《希腊》等政治抒情诗。雪莱的代表作《被缚的普罗米修斯》把普罗米修斯塑造成一个与代表邪恶势力的天神朱庇特进行不屈斗争而最后获胜的英雄。

济慈（1795—1821）早年学医，从事文学创作的时间只有三四年，但留下不少传世佳作，在诗坛上享有盛名。他的作品包括抒情叙事诗歌、颂歌和十四行诗。他的诗作取材广泛，既流露出对社会的不满，也着力于描写自然景物。他的主要作品有《安狄米恩》《圣埃格尼斯之夜》《伊莎贝拉》《秋日颂》《希腊古瓷颂》和未完成的《海比里安》等。

瓦尔特·司各特（1771—1832）出生于苏格兰，喜爱苏格兰的民间歌谣和故事。在他一生的文学创作中，12 世纪后的历史题材和苏格兰的生活是两个重要的主题。他一生完成了以历史事件和民间传说为题材的作品约三十部，主要包括反映苏格兰生活的《清教徒》《罗伯·罗埃》和《罗沁中区的心脏》，反映英、法历史题材的《艾凡赫》《坎尼尔华斯》和《昆丁·杜华德》等。其中《艾凡赫》是他的代表作。司各特的作品对批判现实主义文学有着巨大的影响。

法国浪漫主义文学思潮产生于 19 世纪初。法国是启蒙运动的中心，受到过百科全书派的巨大影响；法国又是西欧大陆政治革命的发生地，有着民主自由和个性解放的思想传统。法国浪漫主义自产生之日起，就一直以鲜明的笔调颂扬改革精神，他们的作品具有强烈的政治色彩。

消极浪漫主义和积极浪漫主义在法国几乎是同时出现的，其倡导人分别是夏多布里昂和斯塔尔夫人。夏多布里昂（1768—1848）的作品文体娇柔、词藻华丽，对法国浪漫主义产生了巨大的影响。中篇小说《阿达拉》是他的代表作，它歌颂基督教的圣洁和献身天主的精神，小说中的主人公在宗教中都找到了自己的归宿。斯塔尔夫人（1766—1817）是法国著名财政大臣内克的女儿，早年接受启蒙思想，因此一生的文学创作都带有民主、自由的倾向。她的文学理论的影响大于她的小说的影响。在文学理论著作《论文学》和《德意志论》中，她阐述了文学与社会的关系，从而奠定了法国积极浪漫主义文学的理论基础。她的文学作品的代表作是《黛菲妮》和《珂莉娜》，这两部作品着力描写和刻画发生在法国和意大利的两个爱情悲剧，从而控诉了宗教对人性的迫害，并第一次在法国文学领域提出了妇女自由权利与社会习俗之间的矛盾问题。

20 年代，法国文坛逐渐涌现出一大批诗人和小说作家，他们之中重要的代表有拉马丁（1790—1869）和维尼（1797—1863）等。拉马丁赞美上帝，力图使基督教与社会主义调和起来。他的主要作品有《沉思集》和《诗与宗教的谐音集》，代表作是史诗《若瑟兰》。维尼的作品谴责资本主义社会的罪恶，同时又对贵族阶级的必然灭亡感到绝望。他的主要作品有中篇小说《军人的屈辱与荣誉》、剧本《却特顿》和遗著《命运集》。

法国浪漫主义文学最杰出的代表是维克多·雨果（1802—1885）。雨果的一生经历了法国经济上由手工劳作到工业化的重大转变，政治上则经历了由共和到帝制、又由王政到共和的几番更迭，文化上经历了由浪漫主义向批判现实主义的递嬗演进。他一生从事文学创作长达六十多年，作品包括诗歌26卷、小说20卷、剧本12卷、哲理论著21卷，这些作品和论著不仅是法国文化宝库中的明珠，同时也是整个人类文化宝库中的珍贵遗产。

1827年，雨果发表的《克伦威尔序言》，是浪漫主义运动的重要宣言。《序言》论述了浪漫主义文学的起源与特点，抨击古典主义的清规戒律，主张扩大艺术的表现范围。1830年上演的《欧那尼》从内容到形式都实践了《克伦威尔序言》中提出的把艺术从古典主义中解放出来的思想。雨果积极浪漫主义的代表作是长篇历史小说《巴黎圣母院》，他以丰富的想象力和离奇的情节，通过真与假、善与恶、美与丑、光明与黑暗的鲜明对照，揭露专制制度和教会的罪恶与黑暗。此后，雨果相继发表的剧本《逍遥王》《玛丽·都铎》和《安日多》，中篇小说《克洛德·格》，诗集《微明歌集》《心声集》等，都表现了强烈的反教会、反封建精神。第二帝国建立后，雨果被迫流亡国外19年，他重新拿起笔杆，开始了创作的新阶段。他以文学为武器，发表了《小拿破仑》和《惩罚集》等政治讽刺作品。他后期的主要作品有小说《悲惨世界》《海上劳工》《笑面人》和《九三年》。《悲惨世界》是他后期创作的代表作，小说展现了拿破仑帝国后期到七月王朝初期法国的社会生活，通过冉阿让、芳汀和珂赛特的不幸遭遇，控诉了资本主义社会的罪恶。《九三年》是雨果晚年的重要作品，描写了大革命时期共和国军队镇压旺代反革命叛乱的斗争。

30年代后，法国浪漫主义与批判现实主义齐头并进。女作家乔治·桑（1804—1876）的《安吉堡的磨工》、大仲马（1803—1870）的《基度山伯爵》《三个火枪手》等作品，都是法国浪漫主义文学的杰作。

意大利浪漫主义文学产生于19世纪初，是法国革命、拿破仑战争的影响和意大利民族复兴运动在文学上的反映。意大利浪漫主义作家强调文学与时代精神、社会生活的联系，讴歌爱国主义，维护民族尊严，抒发渴望独立和自由的崇高理想；

但有着较明显的回避社会问题的倾向。

乌戈·福斯科罗（1778—1827）和乔万尼·白尔谢（1783—1851）为意大利浪漫主义的兴起做出了重大贡献。福斯科罗是意大利浪漫主义文学的首倡者，他的作品深刻地反映了与他同龄的意大利先进青年为找不到出路而茫然的情绪。他的代表作是长篇小说《雅科波·奥尔蒂斯的最后书简》。白尔谢是意大利浪漫主义的理论家、诗人，他的《格利佐斯多莫给儿子亦庄亦谐的信》提出了浪漫主义诗歌的创作原则，被称为意大利浪漫主义的宣言。他的主要作品长诗《帕尔加的逃亡者》、组诗《谣曲集》和《拿起武器》都描写祖国的悲惨命运，讴歌祖国的解放事业，表达了资产阶级民主复兴的政治要求。

意大利浪漫主义的早期代表是亚历山德罗·曼佐尼（1785—1873）和贾科莫·莱奥帕尔迪（1798—1837）。曼佐尼的作品反映了民族复兴运动的精神。在《科米尼宣言》中，他喊出了"团结就是自由"的口号，激励爱国者为争取祖国的独立和自由而斗争。他的代表作是以普通劳动人民为主人公的小说《约婚夫妇》，这部小说对意大利历史小说的发展产生了重大的影响。小说认为，造成意大利长期封建割据、经济凋敝落后的根源在于外族的侵略和统治。莱奥帕尔迪早期的诗歌作品与意大利民族复兴运动紧密相联，他的《致意大利》《但丁纪念碑》《致安杰罗·玛伊》和《致球赛优胜者》缅怀意大利昔日的光荣，哀悼它现实的屈辱；呼吁把意大利古代的文化精华作为民族复兴的精神武器。

意大利民族复兴文学的重要代表是拉法埃洛·乔万里奥尼（1838—1905），他的作品洋溢着浪漫主义激情。他是意大利以历史题材进行创作的巨匠，代表作是著名的长篇小说《斯巴达克斯》。他以浪漫主义的手法塑造奴隶英雄斯巴达克斯的形象，使19世纪意大利民族复兴运动与古罗马的奴隶起义遥相呼应，抒发了资产阶级民主派的社会政治理想。

西欧各国的批判现实主义文学　30年代以后，浪漫主义在西欧逐渐走向衰落，批判现实主义首先在先进的资本主义国家法国、英国产生，并迅速发展成为全欧洲性的文学潮流。批判现实主义是资产阶级政权确立和巩固后，社会矛盾充分暴露，人们对现存社会秩序的幻想破灭，不得不重新研究现实以图改造社会的产物。它是早期工业化后一阶段的主要文学思潮，这股思潮一直延续到20世纪初。

批判现实主义的作家尽管有着不同的政治态度，但他们继承和发扬西欧文学的优良传统，以资产阶级人道主义作为创作的思想基础，运用典型化的方法概括环境、描写事例、塑造人物，以文学活动作为社会斗争的武器，对资本主义社会的罪恶和黑暗进行了深刻的揭露和批判。由于西欧各国社会发展的水平不同，批判现实主义在各国的发展也呈现出差异。德国和意大利两国是在法国和英国的影响下才产生批判现实主义的，批判的对象也与法、英不同；在意大利，它甚至以"真实主义"的形式出现。就法、英而言，批判现实主义的发展经历了两个阶段。30至60年代是法、英批判现实主义的繁盛时期；70年代以后，作家们虽然创作了一些进步作品，但批判的力量已明显减弱。

法国是批判现实主义的发源地，早期著名作家有梅里美、司汤达和巴尔扎克。梅里美（1803—1870）被认为是莫泊桑以前西欧最著名的短篇小说作家，他的作品批判贵族阶级、否定资本主义文明，尤其偏爱未受资本主义影响的异国题材。他的代表作是中篇小说《高龙巴》和《卡门》。《卡门》塑造了女主人公卡门以恶的方式对抗社会的叛逆者的形象，以后被改编为歌剧，成为举世闻名的经典之作。司汤达（1783—1842）是把法国文学从浪漫主义引入到批判现实主义的最重要的代表人物。1823年，他发表的文艺论著《拉辛和莎士比亚》是法国批判现实主义的第一部理论文献，强调文学要反映现实，被称为法国批判现实主义的宣言。司汤达著作齐身，主要有《阿尔芒斯》《红与黑》《红与白》和《帕尔马修道院》。长篇小说《红与黑》是他的代表作，通过描绘青年于连期望通过个人奋斗跻身上流社会却最终失败的经历，对波旁王朝复辟后重新得势的法国贵族阶级进行了无情的批判。

巴尔扎克（1799—1850）是法国批判现实主义的文学大师。他身强体壮，精力充沛；但一生处于贫困中，为生活所迫而终日写作。从写作第一部长篇小说《朱安党人》起，在近20年的时间里共完成小说96部，构成他的巨著《人间喜剧》。他的作品深入刻画和批判金钱万能、尔虞我诈的现实社会，所谓"人间喜剧"实际上都是由一个个悲剧组成。巴尔扎克描绘了资产阶级罪恶的发家史；抨击个人野心家的道德堕落；嘲笑投机商人的冷酷、吝啬；同情劳动大众的贫苦生活。他的《高利贷者》《夏倍上校》《欧也妮·葛朗台》《高老头》《老处女》《幻灭》《农民》《邦斯舅舅》和《贝姨》已成为家喻户晓的文学名篇。

法国后期批判现实主义的著名作家有福楼拜（1821—1880）、左拉（1841—1902）、莫泊桑（1850—1893）和都德（1840—1897）。福楼拜写作的显著特点是强调社会环境对人物性格的作用，无情地揭露现实。他的作品有长篇小说《萨朗波》《情感教育》和代表作《包法利夫人》。左拉的创作受浪漫主义、自然主义的影响，他批判现实社会，又对社会抱有幻想。他受巴尔扎克《人间喜剧》的启示，写成巨著《鲁贡－马卡尔家族史》，该书由20部长篇小说构成，反映法国第二帝国的社会状况。他的代表作是《萌芽》，名称来源于大革命时期共和历的"芽月"（公历3—4月），作品取材于矿工的斗争；左拉以大地回春、种子发芽来象征无产阶级的觉醒，歌颂矿工团结奋斗、不怕牺牲的无畏精神。莫泊桑一生创作三百多篇中、短篇小说和《一生》《漂亮朋友》等六部长篇小说。他的短篇小说有讽刺小资产阶级的虚荣心和拜金主义的《项链》《我的叔叔于勒》，有描写劳动大众悲惨遭遇的《归来》，有以普法战争为背景，反映人民爱国热情的《羊脂球》《蜚蜚小姐》和《米龙老爹》。他因这些作品而获得了世界短篇小说大师的荣誉。都德终身主要从事小说创作，作品有自传体小说《小东西》等13部长篇，近百部短篇和一部诗集。他以普法战争为背景创作的《最后一课》《柏林之围》和《保卫达拉斯贡》等都是世界短篇小说的名篇。

英国最早完成工业革命，资本主义社会的矛盾在英国也暴露得最充分，这一社会背景为英国批判现实主义作家们提供了丰富的创作素材。英国前期批判现实主义的著名作家有狄更斯、萨克雷和勃朗特姐妹。狄更斯（1812—1870）是英国批判现实主义最突出的代表，他一生中创作了14部长篇小说和许多中、短篇小说。狄更斯早期的作品《匹克威克外传》《老古玩店》等触及和批判了一些重大的社会问题，但欠深刻。40年代后狄更斯的作品主要表现了英国完成工业革命的时代变迁时期的社会。这期间他的主要作品是长篇小说《董贝父子》，描写了工业资本主义发展后英国社会不可克服的矛盾。五六十年代是狄更斯文学创作的高峰期和繁荣期，他先后发表《大卫·科波菲尔》《凄凉院》《艰难时世》和《双城记》等著名的长篇小说。《大卫·科波菲尔》是狄更斯的自传体小说，他以人道主义的理想塑造了一个独立谋生、最终成名的孤儿的形象，揭露了现实社会对童工的残酷剥削。《双城记》是狄更斯的代表作。双城指巴黎和伦敦，狄更斯借法国大革命的历史来比喻英国19世纪50年代的现实。他认为，法国革命的起因在于贵族的残酷统治，他写此书的目的在于警告英国政府吸取法国的教训，避免人民的"疯狂"报复。

威廉·萨克雷（1811—1863）作品的批判锋芒不仅直指资产阶级，也针对封建残余。他的主要作品有《势利者集》《潘登尼斯的历史》《亨利·艾斯芒德的历史》和《纽克姆一家》等。代表作是长篇小说《名利场》，该书通过塑造一个典型的小资产阶级冒险家的形象，抨击了社会中的金钱统治和门第权势。夏绿蒂·勃朗特（1816—1855）和爱米丽·勃朗特（1818—1848）姐妹是著名的英国批判现实主义女作家。夏绿蒂·勃朗特的代表作是小说《简·爱》，该书以自传体的形式塑造了一个争取平等、幸福的叛逆女性的形象。爱米丽·勃朗特的代表作是小说《呼啸山庄》，该书通过主人公为爱情而复仇的经历，抨击资本主义社会的虚伪和残酷。这两部作品在英国文学中都占有重要的地位。

哈代（1840—1928）是英国后期批判现实主义的著名作家，他的主要作品《绿荫下》《远离尘嚣》等都以工业资本主义入侵前后的偏僻农村作为创作背景，反映农民遭受的灾难和必然的悲惨命运。他的代表作是小说《德伯家的苔丝》和《无名的裘德》，两书分别描写了农村姑娘苔丝和青年石匠裘德一生的悲惨遭遇，无情地抨击了资本主义社会法律、道德、宗教、教育和婚姻制度的虚伪性；但他把苔丝、裘德的遭遇归结为命运的捉弄，流露出浓厚的悲观情绪，削弱了作品的批判力量。

在德国批判现实主义的兴起过程中，海涅有着极其重要的积极作用。他在理论著作《论浪漫派》和《论德国的宗教和哲学的历史》中，猛烈批判德国的浪漫主义，揭露其在社会、政治上的消极作用，提出了文学必须与生活相结合的现实主义文学主张。此后，他的创作进入一个新阶段。40年代是海涅创作的高峰期，他写下了《等着吧》《西里西亚纺织工人》等现实主义作品，歌颂无产阶级的斗争，期待革命的爆发。他最重要的政治长诗《德国——一个冬天的童话》以冬天比喻死气沉沉的德国，无情地揭露和抨击了德国的书报检查制度、骑士制度以及政治上的专制、分裂等现状，预言德国的现存制度必然灭亡。海涅的创作手法和作品形式对格奥尔格·维尔特（1822—1856）的诗歌创作产生了很大的影响。

德国后期批判现实主义的重要作家是台奥尔多·冯达诺（1819—1898）。他的早期作品《勃兰登堡漫游记》描写的是普鲁士贵族的荒淫生活和勃兰登堡的风土人情。70年代后期起他转向批判现实主义，连续发表长篇小说《暴风雨前》《沙赫·冯·乌特诺夫》《燕妮·特莱勃尔夫人》和《艾菲·卜利斯特》。《艾菲·卜利斯特》是他的代表作，作品通过一位贵族小姐在婚姻和爱情上的悲剧，揭露了社会的丑恶，抨击了普鲁士贵族道德的虚伪和残酷。

19世纪70年代意大利统一的实现，标志着意大利民族复兴运动的结束，反映民族复兴运动的浪漫主义文学也日益失去现实意义而趋向衰落。取而代之的是接近于批判现实主义文学潮流的真实主义。意大利真实主义的主要作家有理论家路易吉·卡普安那（1839—1915）、女作家玛蒂尔德·塞拉欧（1856—1927）和格拉齐娅·黛莱达（1875—1936），他们的早期作品反映了封建社会的崩溃，抨击资本主义的罪恶，并流露出对中小资产阶级和破产农民的同情。

意大利真实主义早期的重要作家是乔万尼·维尔加（1840—1922），他的创作打破了民族复兴运动后资产阶级粉饰现实而制造的太平景象，揭露了资产阶级革命的不彻底性。他的前期作品《山地的烧炭党人》《滨海湖》贯穿着民族复兴运动的精神，《一个女罪人》和《夏娃》具有浓厚的浪漫主义色彩。他的真实主义作品有中篇小说《奈达》、短篇小说集《田野生活》和《乡村故事》，这些作品以深切的同情描写了社会下层人民的不幸。他的代表作是长篇小说《玛拉沃里拉一家》和《堂·杰苏阿多师傅》。《玛拉沃里拉一家》反映了资本主义的发展对农村宗法制和社会生活的巨大冲击，揭露了资本主义社会赤裸裸的金钱关系对人的腐蚀作用。《堂·杰苏阿多师傅》描述了资本主义入侵后农村剧烈的阶级分化给劳动人民带来的新的灾难。维尔加在作品中流露出的悲观情绪，代表了真实主义作家们无法找到解决社会问题的方案时的苦恼和失望。

史学

早期工业化时期，西欧史学潮流的领导者是德、法、英三国，在众多史学专家的努力下，史学及史学研究取得了很大成绩，这些成绩主要表现在以下四个方面：第一，"历史哲学"作为交叉学科在西欧出现，而且朝着完善、严密的方向发展；19世纪中期实证主义哲学产生后，实现了文、史、哲的有机结合。第二，史学完成了专业化的进程，由哲学和神学的附庸逐渐发展成为一门独立的学科。第三，埃及象形文字的发现、西亚楔形文字的解读和迈锡尼文明的出土等考古学的重大成果，对史学发展起了极大的推动作用。第四，史学研究的范围扩大，史学著述数量成倍增长，展示了经济史、政治史和思想文化史的广阔研究领域。

与早期工业化时期西欧文学发展进程中学术流派区分明显、阶段性强的情况相反，西欧各国的史学在早期工业化时期的发展进程、研究方法、研究对象等很不相同。从史学思潮来看，在工业化早期影响最大的是浪漫主义，后期是实证主义。浪漫主义史学的特征是：反对理性主义者的非历史主义；研究重点是封建时代，消极浪漫主义的研究目的是缅怀过去，积极浪漫主义的研究目的是揭露社会和颂扬反抗；强调个人在社会中的作用，并在著述中抒发作者的个人感情。浪漫主义史学思潮主要流行于德、法两国。实证主义史学是孔德实证主义哲学的产物，其特征是把自然科学的研究方法运用于对社会历史的研究；把复杂的社会现象等同于自然现象；注重史料的收集、鉴别、考订和整理。实证主义史学思潮主要流行于法、英两国。从史学流派来看，最有影响的是德国的兰克学派、普鲁士学派和经济史学派，法国的浪漫学派和政治学派，法国和英国的实证主义学派和制度史学派，英国的牛津学派和剑桥学派等。

德国史学　早期工业化时期西欧史学的发展和进步，是从德国开始的，其主要标志是跨史学和哲学的历史哲学的发展形成了对历史的宏观研究；而专业化纯史学的发展则形成了对历史的微观研究。这种发展和进步，首先表现为浪漫主义史学和哥廷根学派专业史学的出现。德国浪漫主义史学的主要作家有赫尔德、米勒、斯腾策尔、施罗塞和劳麦。

赫尔德（1744—1803）是康德的学生，是德国最早的浪漫主义学者，也是西欧文化本位历史主义的划时代人物。康德认为历史学家的职责是在多变的事实中发现统一，并通过变化找出发展变化的规律。赫尔德对德国史学乃至西欧史学的贡献就在于他发展了康德的这一思想。赫尔德第一次从严格的意义上使用了"历史哲学"这一概念。虽然意大利史学家维科（1668—1744）在其代表作《新科学》中提出了"历史哲学"的内容，法国启蒙大师伏尔泰发明了"历史哲学"的术语，但历史哲学形式与内容的有机统一则是由赫尔德完成的。他反对启蒙学者对进步过程的片面解释，反对理性主义轻视过去、忽略历史的论调。他认为人类的起源和发展是大自然起源和发展的一部分；他十分重视民族文化，注意挖掘民族文化的价值，并以历史的态度去看待这种价值。他的历史主义、特殊性与统一性相结合的观点，以及他对历史主体的认识，推进了历史哲学前进的步伐。

米勒（1752—1809）的史学观点具有强烈的反启蒙文化的倾向，他反对蔑视中世纪，而把欧洲中世纪的道德和成就理想化；为了唤起深受法国文化影响的同胞的共鸣，缅怀过去的辉煌，他的著述吸取了卢梭的"情感主义"。他的主要著作有《瑞士联邦史》和《欧洲各族通史》。考斯道夫·斯腾策尔（1792—1854）的史学研究以占有历史资料而著称，他的研究专长是德意志中世纪史。他的主要著作有《法兰克尼亚王朝诸帝统治下的德国史》（2卷）和《普鲁士史》（5卷），他的著述观点中立、态度超然，对兰克的史学研究风格有较大的影响。施罗塞（1776—1861）是"海德堡学派"的代表，他的著作因具有较强的趣味性和知识性，在德国有较大的读者群体。他向有文化、有教养的中产阶级介绍了大量的古代知识，也扩大了浪漫主义史学在德国乃至西欧的影响。业余史学家腓特列·劳麦（1781—1873）也是德国浪漫主义史学的重要人物，他的主要著作《霍亨斯陶芬王族及其时代的历史》资料丰富且珍贵、内容广博，是研究德意志和意大利文化史的最早一部著作。劳麦对德国史学发展的另一重大贡献是创办了德意志第一个历史期刊《历史杂记》，该刊物连续出版了62年（1830—1892）。

哥廷根学派是指在哥廷根大学开设历史讲座的教授们所形成的学派。哥廷根大学历史讲座的开设始于1757年，这一学派注重教授学生研究和撰写历史，强调史学基本功的训练。其主要代表有加特罗（1735—1799）、施罗策尔（1735—1809）等史学家。哥廷根学派的最大功绩是将古典史学提倡的史料批判方法、专业化的史料考据方法和历史的写作有机地结合起来，从而使史学研究成为一种需要受到严格专业训练的人才能从事的工作。

1810年柏林大学的创立，不仅是德国同时也是欧洲学术界的一个重大事件，它对德国史学的崛起和发展具有决定性的意义。柏林大学集中了当时最优秀的一批学者，著名的学者有尼布尔、博克、米列、伯次，他们的学术活动为德国专业化史学的发展起到了极大的推动作用。尼布尔（1776—1831）虽然不是专业的史学家，但却以博学而著名。他懂得21种语言，研究范围几乎涉及各个学科。他的名著《罗马史》（3卷）被认为是一部最富有批判力、最善于分析的著作。他为了写作《罗马史》进行了大量的史料考据工作，写作中运用历史比较的方法，正确地勾画了古代罗马早期的历史发展线索。尼布尔的研究奠定了史料批判方法论的基础，是史学摆脱哲学和神学的束缚、成为独立学科的一个重要标志。博克（1785—1867）是碑铭学的创始人。他利用铭文史料研究古代雅典，写下了名著《雅典国家经济》和

《雅典海军史》。博克对史学的最大贡献是他利用群体力量，编辑出版了篇幅巨大的《希腊铭文集成》（4卷），这一鸿篇巨制直至今日仍为研究古代希腊历史的基本史料。米列（1797—1840）人生短暂，但他留下的著作却表明，他是一位伟大的史学家。他是第一个深入研究古希腊城邦的学者，写下了《多利亚人的历史和遗迹》《神话学的科学体系导言》和《希腊文学史》等名著。伯次（1795—1876）是著名史料汇编《德意志史料集成》的首任主编，他为这部著作献出了毕生的精力。

利奥波德·兰克（1795—1886）是19世纪最重要的史学家，也是德国专业化史学发展进程中最重要的代表，他的史学学术成就是专业化史学最杰出的标志。从他的第一部史学杰作《拉丁和条顿民族史》（1824）开始，他几乎为欧洲的每个民族都写下了一部历史。这位长寿的史学家一生中著述多达60卷，其中包括《十六、十七世纪南欧各民族史》《塞尔维亚革命史》《宗教改革时期的德意志史》《十六、十七世纪法国史》《十六、十七世纪英国史》《普鲁士史》以及《教皇史》《腓特列大帝传》等名著。他对史学发展最主要的贡献在于他的史学理论和治史方法。他在柏林大学首创开设研究班，作为培养史学工作者的重要基地；他提出了史料考证与辨伪的理论，确立了"如实直书"的治史原则，以追求"过去的真实"。他身体力行这些理论和原则，特别强调原始资料的重要性，注重第一手资料的收集和对第二手资料的批判吸取；他把治史的重心放在提取和分析史料的工作上。在著述中，他摒弃个人的情感和偏见，对欧洲历史中的许多重要人物、重大事件采取客观主义的态度。兰克的学术活动对德国乃至整个欧洲都产生了巨大的影响。

兰克的史学学术活动长达60余年，他所创办的研究班直接和间接地培养出了一百多个卓越的学者，这些学者大多成为德、法、英、美的史学大家，兰克的史学思想和治学方法也随之传播；兰克的这些弟子以及他的二传、三传弟子多恪守兰克的治史原则和方法，形成了颇具规模的兰克学派。兰克学派的影响从19世纪中期开始一直延续到20世纪，其中成就最大的有瓦腾巴哈、魏茨、吉泽布雷希特等人。瓦腾巴哈（1819—1897）为中世纪历史资料的整理和编纂做出了巨大贡献。他曾为《德意志史料集成》担任过十年的编辑工作，主要著作有《中世纪通信汇编》《中世纪史资料汇编》。魏茨（1813—1886）是兰克最重要的弟子，大学毕业后即参加《德意志史料集成》的编纂工作，并在1876年任主编。他仿效兰克创办研究班，取得了比兰克的研究班更大的成就。他的《德意志宪政史》（8卷）是研究早期德意志制度史不可忽视的名著。吉泽布雷希特（1814—1889）是兰克最早的弟子，他继承了兰克的认真考据的治学态度，但却不赞同导师的史学客观性原则。他注重史学的社会功能，他未完成的名著《德国皇帝史》是一部中世纪德意志帝国的颂歌。

普鲁士学派是与兰克学派客观主义史学几乎同时出现的另一专业史学派别，它的主要创始人几乎都是兰克的学生。普鲁士学派的精神基础是黑格尔的唯心主义哲学，普鲁士学派的史学思想适应了德国对内统一的民族主义和对外扩张的沙文主义的政治要求，把爱国主义推向极端，因而深得普鲁士统治者的赏识和支持。普鲁士学派的代表人物有达尔曼、济伯尔、特雷森、特雷奇克等。

达尔曼（1785—1860）不是一流的历史学家，但却是一位不遗余力地鼓吹德国统一的第一流的宣传家、演说家。他认为学术必须与政治相结合，写下了《英国革命史》和《法国革命史》两本小册子，用爱国主义激励德国青年。他的宣传在德国造成了很大的影响，也决定了普鲁士学派基本的学术趋向。济伯尔（1817—1895）是兰克的学生，但因不满兰克的客观史学思想而与兰克分道扬镳。济伯尔一切活动的目的都是力图使普鲁士强大，他为了防止所谓的"过激主义"在德国传播而写作了《革命时期史》，诬蔑法国大革命。特雷森（1808—1884）是普鲁士学派的主要代表之一，也是一位政治性学者，为普鲁士统一德国服务，是他治学的目的。他的著作《希腊化时代史》首创了"希腊化"这一术语，强调马其顿军国主义的重大作用；他的《论解放战争演讲集》把普鲁士的统一视为德国的出路。他的代表作是《普鲁士政治史》（14 卷），特雷森在写作这部政治史时引用了大量的档案文献论证普鲁士是德意志民族的象征，统一德国是历史发展的必然。特雷奇克（1834—1896）是普鲁士学派最后一个主要代表。他的一生都在为普鲁士统一德国而奔走呼号，他把史学的社会功能推向了极端。他的主要著作有《德国奋斗的十年——议会政治的文献》《论文集》和代表作《十九世纪德国史》。特雷奇克的著述浸透了偏激的党派性，鼓吹和歌颂战争，充斥着民族沙文主义的观点。

继尼布尔、兰克之后，早期工业化后期德国最伟大的历史学家、世界闻名的博学多才的大学者是蒙森（1817—1903）。他在古罗马史的研究领域取得了惊人的成就，除先后写成、编成著作《关于罗马社会的拉丁文研究》、《罗马特里布研究》、《年代学》、《罗马货币史》、《罗马公法》（3 卷）、《罗马刑法》、《拉丁铭文集成》和代表作《罗马史》（5 卷，第四卷未完成）之外，还有 1500 余篇学术论文。他的著述以政治史为中心，辅之以社会经济史、文化史，他的著述史料充实、条理清晰，是实证叙述史的典范。由于蒙森在史学方面的伟大成就，1902年瑞典文学院决定将第二届诺贝尔文学奖授予这位"在世的最伟大的历史写作艺术大师"，他成为获得诺贝尔文学奖的第一位历史学家。

德国史学在取得上述成就的同时，在经济史、英国史的研究和考古研究等方面也取得了突破。德国经济学派产生于19世纪中期，是资本主义经济在德国社会生活中占主导地位的产物，也是德国党派斗争中，论证现状合理性的重要政治工具。经济学派的创始人威廉·罗瑟（1817—1894）也是兰克的学生，他的《用历史方法研究的经济学基础》是经济学派学术运动的纲领和宣言。罗瑟认为，经济学需要历史学作为支持。他的主要著作有《国民经济的体系》和《德国国民经济史》。罗瑟试图通过对不同时期经济类型与国家关系的分析，描画出经济发展的轨迹。德国经济学派的主要代表考斯道夫·施莫勒尔（1838—1917）是罗瑟的学生，他在实证主义史学影响下，把实证主义史学广泛收集和考证资料的方法成功地引入到经济史的研究当中。他的代表作《斯特拉斯堡织工基尔特的研究》是使用史学方法研究经济史的杰作。

德国学者学术活动的范围除了研究本国历史之外，另一个重点是对英国史的研究。从第一个认真研究英国史的德国学者约翰·拉平堡（1794—1865）的《英国史》开始，研究英国史的学者不仅在人数上，而且在著作出版的时间、出版量以及著作的影响上，都领先于英国甚至整个西欧，以致几乎包揽了整个英国史研究。在这些学者和著作中，著名的有莱因侯特·保利（1823—1882）的《英国史》和《1815—1852年间的英国近代史》、菲利克斯·李贝曼（1851—1926）的《盎格鲁－萨克逊法典》、翁诺·克洛普（1822—1904）的《斯图亚特王朝的衰落》、卢多尔夫·格奈斯特（1816—1895）的《英国过去和现在的政法制度》《当代英国宪法和行政法》和《英国宪法史》等。

早期工业化时期德国史学在考古方面的最重大发现，是由业余考古学家亨利希·施里曼（1822—1890）完成的。他根据《荷马史诗》提供的线索，经过三年艰苦的努力，于1874年发掘出特洛耶古城遗址。之后，他又先后发掘了迈锡尼城堡和提林斯古城等遗址。施里曼的考古发现在全世界引起轰动，欧洲文明的时间由此向前推进了五六百年。

法国史学　　早期工业化时期法国
史学的最初发展开始于启蒙大师伏尔
泰（1694—1778）。尽管伏尔泰与其
他的启蒙学者一样轻视过去，没有连
续的历史概念，并认为历史是借古寓
今的工具，但他的史学思想仍然对法
国史学的发展产生了多方面的积极影
响。他是进步史观的宣传者，创造了
"历史哲学"这一术语，将历史理解
为人类各方面活动的记录，并从历史
学科中开辟出了社会文化史研究的新
领域，他把历史作为一个整体来观察，
将视线扩展到欧洲以外的整个世界，

基佐

并写出了《路易十四时代》《风俗论》等不朽名著。

　　但是，法国社会的急剧变化打断了由伏尔泰开启的这一发展进程。从大革命的
爆发到第一帝国的倒台，整个法国都在经历着革命和战争的洗礼，社会各个阶层都
主动或被动地投入到了社会变革之中，法国史学除了考古方面编辑出版了巨型资料
集《埃及志》以外，其他方面的研究在这一时期都不可避免地处于停滞状态。这种
局面一直持续到波旁王朝复辟，强烈的法兰西民族主义兴起，法国的史学研究才重
新开始，并由此进入浪漫主义史学研究的新时代。

　　法国浪漫主义史学的显著特点是，史学家们的研究范围主要集中于法国大革
命，他们以史学为武器反对封建复辟王朝。他们依照理性主义的平等、自由思想分
析法国社会，论证资产阶级执掌政权的必然性。法国浪漫主义史学家的代表人物有
提埃里、米什莱、米涅、梯也尔和基佐。

　　提埃里（1795—1856）曾是圣西门的秘书和养子。他对法国史学最大的贡献，
是以阶级和阶级斗争的理论来解释历史，并将阶级关系归结为财产关系。他的史学
著作有《乡巴佬雅克的真实史》《诺曼人征服英国史》《第三等级的形成和发展史》
等。提埃里认为，封建制度、封建贵族和第三等级都产生于武力征服，资产阶级反
对封建统治的革命具有正义性；法国大革命是占人口绝大多数的并受压迫的第三等

级反对僧侣和贵族两个特权等级的阶级斗争。提埃里的阶级斗争史学理论在法国史学家中有很大影响，形成了著名的"政治学派"，他也被称为法国的"阶级斗争说之父"。米什莱（1798—1874）是一位富有情感的史学家，他认为人民群众是历史的主人，历史就是人类争取自由解放的斗争史。他的主要著作《法兰西史》（17 卷）和《法国革命史》（7 卷）都是站在人民"内部"这样一个立场上写成的，因此被称为"法国的第一个人民史学家"。米涅（1796—1884）的主要著作《法国革命史》从社会各阶级的利益冲突角度说明各政治集团和各派别的斗争，强调了法国大革命的必然性，并预见到资产阶级政权将取代波旁复辟王朝。梯也尔（1797—1877）是第一个把法国大革命作为一个整体来论述的史学家。他的著作有很浓的文学味，《法国革命史》（10 卷）详尽地描述了第三等级与特权等级的搏斗。他与米涅一样用历史必然性来解释法国大革命，认为革命中的党派斗争源于阶级利益的冲突。《法国革命史》和他的另一部名著《执政府和帝国史》（20 卷）使他享有一流史学家的声望。

基佐（1787—1874）是法国浪漫主义的"天才历史学家"，他善于从政治与社会整体角度分析历史事件。1820 年他发表《论复辟以来的法国政府和当今内阁》，第一次用第三等级反对特权等级的斗争来解释法国历史，分析法国革命发生的原因、动力和所取得的成就。他的《法国历史研究》《英国革命史》《欧洲文明史》和《法国文明史》等著作，不仅从政治、经济的角度说明发生在欧洲历史上的那些重大事件，而且还从社会文化史的角度进行解释。他肯定财产关系是政治制度的基础，承认阶级和阶级斗争的存在。基佐对法国史学的另一贡献是他在从政期间创立了法国历史学会，出版原始资料 350 余卷，组织有关学者整理编辑史料集《法兰西史料汇编》290 余卷。

在法国众多的政治史家中，托克维尔占有极其重要的地位，他是第一位获得社会认同的法国贵族史学家。他的著作《旧制度与大革命》是研究法国旧制度及大革命起源的杰作，他以阶级分析的方法论述了大革命与旧制度的关系，大革命爆发的起因和历史地位。托克维尔认为，大革命是旧制度的继续，大革命的集权是路易十四以来中央集权制的完成；旧制度并不像人们叙述的那样可憎。托克维尔的著作在法国引发了为旧制度恢复原貌的史学研究热潮。他的研究成果还有著名的《论美国的民主》。

19 世纪中期以后，随着法国社会矛盾的发展，法国史学发生了重大变化：政治史学家们先后修正了阶级斗争的观点，认为阶级斗争观点不适用于无产阶级反对资产阶级的斗争；孔德的实证主义哲学在法国广泛流行，成为法国史学的主导思想，其影响一直延续到 20 世纪。在法国，将实证主义原则引入史学界的是泰纳、库朗日和莫洛。

泰纳（1828—1893）赞赏英国保守主义政治体制，力求运用实证主义的方法来研究哲学、文学和历史。他的史学巨著《现代法国的起源》（12 卷）内容广博，从政治、经济、军事、文化和社会生活各个方面对法国大革命进行了恶意的攻击和全盘的否定。他谴责保皇党，也抨击共和党、拿破仑，认为大革命只是一场以暴易暴、破坏自由的动乱。库朗日（1830—1889）是以实证主义方法治史并取得卓越成就的专业史学家，被称为"法国历史的真正奠基人"。他认为历史不是艺术，而是一种纯粹的科学。他否定历史哲学，也反对德国普鲁士学派把学术活动作为政治斗争的工具。他的史学著作《古代城市》立论新颖、史料丰富，认为人的信念的产生是由许多制度决定的，在古代对人的信念影响最大的力量是宗教信仰。莫洛（1844—1912）于 1876 年创办史学刊物《历史评论》，并任主编达 36 年之久。他发表了许多论文，出版了好几部著作，批评法国史学与文学之间的学术冲突，公开表示要用实证主义思想改造历史学，认为历史学家应抛弃一切哲学和政治的论争而专注于史实的研究。

在浪漫主义史学和实证主义史学的研究取得重大成果的同时，法国史学家在断代史、法国史和东方学的研究方面都取得了不少新的成果。这方面最有代表性的人物和著作有：古代史研究方面，杜律伊（1811—1894）的《罗马史》（7 卷）、勒南（1828—1892）的《基督教起源史》和《耶稣传》；中世纪史研究方面，德利尔（1826—1910）的《中世纪诺曼底农民生活与农业状况》、拉维斯（1842—1922）的《通史》（10 卷）；法国史研究方面，索列尔（1842—1906）的《欧洲与法国革命》和《普法战争外交史》、奥拉尔（1848—1928）的《法国革命政治史》等。在东方学研究方面，法国学者商博良（1790—1832）于 1821 年释读罗塞塔碑的象形文字获得成功，从而打破了历史学科中的欧洲中心论。商博良的研究推动了欧洲人对整个东方史的研究，同时还为埃及学这一新兴学科的研究奠定了基础。

英国史学　在休谟和吉本的史学成就对欧洲史学界产生巨大影响以后，早期工

业化初期的英国史学明显地落后于德、法两国。从 18 世纪末开始，出于对法国革
命自由运动的恐惧，加上劳资矛盾日益尖锐和教会对精神生活与大学教育的干预，
英国资产阶级逐渐趋于保守，在这样的背景下，英国的史学研究也随之走向衰落。
英国没有产生像德、法那样大部头的历史资料汇编，有影响的历史学家和内容详实
的史学著作更是凤毛麟角。早期工业化初期英国史学界稍有一点名气的人物有特
纳、托普、肯布尔、帕尔格雷夫、哈兰和格罗特。

关注本国史研究是英国史学进步的标志。早期工业化初期英国史学的一个特
点，是对本国早期历史的无知。特纳（1768—1847）是英国盎格鲁－萨克逊史学研
究的开拓者，他的著作《盎格鲁－萨克逊史》无论是在选题方面，还是在资料的运
用上都是一个重大的突破。他收集和利用前人遗忘的史料，很好地描述了英国早期
的历史。在特纳的影响下，托普（1782—1870）写下了《英国的古老法律和制度》，
同时翻译出版了许多德国史学家的英国史名著，如卡德蒙的《贝奥乌尔夫》、拉平
堡的《盎格鲁－萨克逊诸王统治下的英国史》和保利的《阿尔弗雷德大王传》等。
德国学者著作的介绍和出版有力地推动了英国史学界对英国古代史的研究。肯布尔
（1807—1857）是英国古代史"日耳曼派"的代表，他的主要著作《贝奥尔乌夫》
和《英格兰的萨克逊人》认为，日耳曼人的征服是英国古代生活和制度最强有力的
因素。帕尔格雷夫（1788—1861）是英国古代史"罗马派"的代表。他认为，罗马
文化对英国社会的影响一直延续到日耳曼人征服之后，他写有《英国史》《英格兰
共和国的兴起和发展》和《诺曼底和英格兰的历史》。

哈兰（1777—1859）是英国史学界中世纪史研究的奠基人。他的《中世纪欧洲史
要》是英国第一部研究中世纪欧洲的史学著作，这部《中世纪欧洲史要》涉及了西欧
主要国家的社会文化和政治制度。他的代表作《亨利七世到乔治二世的英国宪政史》
从国王与国会的关系论证英国政治体制的沿革，说明英国革命发生的原因和结果。

19 世纪上半期英国史学对自己国家历史的研究落后于德国，但对希腊史的研究
却成果丰硕。格罗特（1794—1871）是英国史学界研究古希腊史的主要代表，他的
名著《希腊史》对希腊文明作了新的解释。他不使用希腊铭文资料，也不承认希腊
神话的证据作用，但他强调雅典古代的民主制度，认为其带有自由主义的倾向。

19 世纪中叶，英国学者吸收了兰克的客观主义史学思想和实证主义的史学精
神，产生了学院派专业史学，直到这时英国史学的落后面貌才得以改观。英国实证

主义史学的主要代表是巴克尔（1821—1862），他的代表作是《英国文明史》。巴克尔不是简单地复述文明的发生和发展过程，他认为人类社会的历史如同自然界一样，是有规律可循的，人类的活动受精神规律和自然规律两个方面的支配，历史学家应像自然科学家一样，运用实证的方法，注重史料的收集，注意对社会历史发生影响的诸多因素的关系，从精神规律和自然规律两个方面进行具体分析，只有这样才能发现制约人类历史发展的因果律。他把人类文明分为"欧洲文明"和"非欧洲文明"两大类，带有明显的"欧洲中心论"史观的偏见。巴克尔认为，"欧洲文明"是人支配自然的产物，属于知识规律的范畴，而"非欧洲文明"则是自然支配人类，属于自然规律的范畴。巴克尔的实证主义对伯里（1861—1927）的史学有着巨大的影响。

英国学院派——牛津学派和剑桥学派史学属于广义的实证主义史学，是英国史学受兰克影响并取得进步的标志。学院派史学注重广泛收集并严密考证资料，注重具体的历史事件的研究并力图使史学客观中立，他们的研究取得了举世瞩目的成就。牛津学派的主要代表有斯塔布斯、弗里曼和格林；剑桥学派的主要代表是阿克顿爵士。

斯塔布斯（1825—1901）是牛津学派的创始人，他对英国史学的贡献是把专业化的客观主义治史方法引入英国。他的代表作《英国宪政史》史料充实、线索清晰、文字精练、结论公允，为英国史学家树立了实证的榜样，在史学界获得好评。弗里曼（1823—1892）是英国历史地理学方面的开拓者，他强调历史过程的连续性和统一性，反对史学研究中对历史的人为的断代分期。他的代表作《诺曼人征服英国史》力图不带种族偏见，在推崇英雄的同时对征服者做出客观评价。格林（1837—1883）的史学成就赋予了英国史学以新的内容，他将视线扩展到传统的政治、军事史之外，走上历来不被人重视的人民史的研究道路。他的代表作《英国人民简史》是英语世界第一部以"人民"为主角的通史。虽然他缺乏法国史学家们的阶级分析观念，但却比较客观地评价了"人民"——艺术家、资本家、科学家和劳动群体对社会进步的推动作用。

19世纪是史学家平民化的世纪，而英国剑桥学派的真正奠基人阿克顿爵士（1834—1902）却出身名门望族。他学识渊深，但著述不多，被认为是欧洲史学家中写作最少而学术声望最高的学者。他推崇德国的实证史学，反对在历史研究中探求普遍规律，反对史学为现实的政治服务。他学术上的最大成就是主持反映西欧近代史研究成果的巨著《剑桥近代史》的编纂工作，并为之设计了出色的编写大纲，不幸的是大纲尚未完成他就去世了。他给后世留下的是后来捐献给了剑桥大学的近6万部藏书和一大批论文草稿，以及无数的资料卡片，当然还有无限的遗憾。

第三节
艺　术

音乐

在文化领域，早期工业化时期区别于其他时期的一个重要标志，是西欧各国乐坛的群星荟萃，无论是在古典主义音乐方面，还是在浪漫主义音乐方面都相当繁盛。早期工业化时期是西欧各国音乐艺术最辉煌、成果最丰硕的时期，是西欧音乐发展的黄金时代。

早期工业化时期西欧音乐的繁荣，是与科学和技术的进步密切相关的。科学技术的进步促进了乐器的完善与发明，使之成为西欧音乐繁荣的物质保障。在这一时期，法国人埃拉德（1752—1831）创制了竖琴，比利时人萨克斯（1814—1894）发明了萨克斯管和萨克斯号；木管乐器因设置了按键的"勃姆体系"、铜管乐器因安置了活塞系统而提高了技术性能，不仅音质纯正，而且便于演奏；现代钢琴也得到进一步改进，可以满足炫耀各种演奏技艺的要求。这些乐器的发明和技术性能的改进，既充实了作为音乐载体的交响管弦乐队，大大地丰富了乐队的表现能力，又进一步激发了作曲家的创作灵感，推动了作曲家的表现意欲。

早期工业化初期西欧音乐的最大成就是古典主义音乐的繁荣，其标志是以海顿、莫扎特和贝多芬为代表的"维也纳古典乐派"的诞生。海顿（1732—1809）是奥地利作曲家，他的一生创作了大量的音乐作品，他的杰出成就主要在于交响乐的创作，他确立了交响乐套曲的样式和风格，完善了交响套曲的末乐章，奠定了交响乐队的基本编制，他也因此被称为"交响乐之父"。莫扎特（1756—1791）3岁能弹钢琴，6岁开始作曲，被称为"音乐神童"。他一生共创作600余首作品，音乐才华主要表现在歌剧创作方面，他主张歌剧中的诗歌必须服从音乐。他的创作包括歌剧的歌唱剧、正歌剧、喜歌剧等体裁类型，代表作是歌剧《费加罗的婚礼》和《唐璜》。贝多芬（1770—1827）是迄今世界上最伟大的音乐家，他经历了法国大革命前后欧洲社会的急剧变革，因而他既是古典音乐的集大成者，也是浪漫主义音乐的奠基人。他的作品包括交响曲、协奏曲、奏鸣曲、室内乐等各种体裁。贝多芬对世界音乐的最伟大的贡献，在于他的交响乐创作，他扩展了交响音乐的思想内容，创新了音乐的表现手法，使之成为反映时代变革的主要艺术载体之一。他根据意境的不同，对音乐作了"纯"音乐和"标题音乐"的划分，他对音乐的这种划分对19世纪交响乐的创作具有重要的指导意义。他的代表作品如第三（英雄）、第五（命运）和第九（合唱）交响曲具有英雄史诗般的雄伟气势，而《第六（田园）交响曲》则又有着田园风光般的抒情。

从19世纪初开始，浪漫主义音乐逐渐在西欧乐坛占据主导地位。西欧音乐与社会的关系也发生了重大变化：音乐的服务对象由宫廷转向社会，由贵族转向资产阶级；音乐家也由受雇于宫廷的奴仆变成了为争取个人的成功而创作和演奏的艺术家。这些变化推动着音乐的创作技法和演奏技巧的发展。在这一个世纪内，除了英国以外，西欧的德国、奥地利、法国和意大利的艺术家都取得了辉煌的成就。

德国和奥地利作为浪漫主义音乐的中心，作为西欧音乐最高水平的代表，是和舒伯特、韦伯、门德尔松、舒曼、瓦格纳、勃拉姆斯和约翰·施特劳斯父子等杰出的音乐家的名字联系在一起的。舒伯特（1797—1828）的艺术创作手法很像贝多芬。除了交响乐和歌剧的创作外，他开创了浪漫主义"音乐瞬间"的钢琴小品创作。歌曲是他一生创作的中心，因而舒伯特被称为"艺术歌曲之王"。他为德、奥著名诗人的诗歌谱写下634首艺术歌曲，其中包括著名的《死神与少女》《小夜曲》《鳟鱼》《菩提树》《海滨》等。门德尔松（1809—1847）是德国莱比锡音乐学院的创建者，他以管弦乐曲的创作见长，代表作有《降E大调弦乐八重奏》《d小调钢琴三重奏》《e小调小提琴协奏曲》和《仲夏夜之梦》等，这些乐曲表现出对古典主义的留恋。舒曼（1810—1856）是继舒伯特之后重要的艺术歌曲作家。他把独立的歌曲组合成声乐套曲，留下数百首优秀的作品，如《两个掷弹兵》《月夜》和《诗人之恋》等。他在钢琴作品中引入了幻想曲、随想曲等形式，丰富了钢琴作品的表现力。勃拉姆斯（1833—1897）是浪漫主义时期的古典主义者，以创作无标题器乐曲著称；他的作品追求音乐自身的完美，而不着意绚丽的色彩和夸张的表现。他也是继舒伯特和舒曼之后最伟大的艺术歌曲作家，他十分注重民间音乐的收集和整理，写下了 260 余首作品，著名的有《德意志安魂曲》《摇篮曲》等。约翰·施特劳斯（1825—1899）被称为"圆舞曲之王"，一生创作圆舞曲 400 多首，最著名的是《蓝色的多瑙河》《春之声》《皇帝圆舞曲》和《维也纳森林的故事》等。由于他和他父亲老约翰·施特劳斯（1804—1849）的努力，圆舞曲成为最受听众喜爱的音乐体裁之一，他们的作品至今仍为每年一次的"维也纳新年音乐会"的保留节目。

在歌剧创作方面，德国的音乐家们也取得了辉煌的成就。韦伯（1786—1826）是德国浪漫主义歌剧的创始人，代表作是《自由射手》。他的创作对 19 世纪上半期所有西欧国家的音乐家都产生过影响。瓦格纳（1813—1883）是德国浪漫主义歌剧的主要代表，主张在歌剧中融合各种音乐艺术。他的创作受到民族主义、民主主义、社会主义思潮及唯意志哲学的影响，其作品既具有强烈的感染力，又具有浓厚的悲观主义和歌颂"超人"的倾向。他的主要作品有《漂泊的荷兰人》《汤豪塞》和《罗恩格林》，代表作是根据中世纪骑士文学《尼卜龙根之歌》写成的"四部作"：《莱茵的黄金》《女武神》《齐格弗里德》和《诸神的黄昏》。

早期工业化时期法国音乐的最大成就是歌剧。从法国大革命到第一帝国时期，歌剧是最受欢迎的艺术形式。梅于尔（1763—1817）的《疯狂》、凯鲁比尼（1760—1842）的《两天》、勒絮尔（1760—1837）的《保尔和维吉尼娅》等喜歌剧作品风靡全国。同时，音乐家们围绕大革命的主题，创作了一大批激动人心的革命歌曲，著名的有里尔（1760—1836）的《马赛曲》、梅于尔的《出征歌》和《凯旋歌》，戈塞克（1733—1829）的《七月十四日之歌》等。

19 世纪 20 年代以后，浪漫主义音乐在法国兴起，其最突出的表现是源于法国古典歌剧的"大歌剧"的产生。大歌剧以历史故事，特别是以法国大革命为题材，以独唱、重唱、合唱为歌唱形式，配备庞大的管弦乐队、大规模的芭蕾和壮观的舞台场面，从而达到宏伟的音乐效果。大歌剧的创始人是奥柏（1782—1871），他创作了《鲍尔蒂奇的哑女》《群魔之间》和《黑色的长袍》等著名作品。

梅耶贝尔（1791—1864）是法国大歌剧的主要代表。他是一位多产的歌剧作家，活跃于欧洲各国舞台，先后在德国、奥地利、匈牙利、意大利上演歌剧作品。他的代表作是大歌剧《魔鬼罗贝尔》和《法国清教徒》。此外，《北斗星》《非洲女人》也都是法国的歌剧杰作。梅耶贝尔的创作对德国和意大利的歌剧艺术有着重要的影响。

法国浪漫主义音乐最杰出的代表是柏辽兹（1803—1869），他是法国19世纪上半期在歌剧和器乐曲两方面辛勤耕耘并取得巨大成功的作曲家。他的歌剧作品主要有清唱剧《沙达那帕》、歌剧《贝维努托·切里尼》、传奇剧《浮士德的沉沦》和歌剧《特洛伊人》，其中的音乐篇章《罗马狂欢节》《拉科西进行曲》等都是西欧器乐曲的精品。他还致力于标题音乐的创作，写下了在世界交响音乐史上具有重要地位的交响曲《幻想交响曲》《葬礼与凯旋交响曲》《哈罗尔德在意大利》和《罗密欧与朱丽叶》。柏辽兹的器乐曲创作对法国民族乐派产生了重大的影响。

19世纪中期，法国喜歌剧发展出轻歌剧和抒情歌剧两种新的体裁。轻歌剧具有较强的娱乐性，适应了第二帝国追求享乐的时尚。轻歌剧的奠基人和代表是奥芬巴赫（1819—1890），他一生写下轻歌剧百余部，主要作品有《天堂与地狱》《美丽的海伦》《蓝胡子》《巴黎生活》和《热罗斯坦公爵夫人》。抒情歌剧多取材文学作品，采用通俗的音乐体裁，主要代表有托马和古诺。托马（1822—1896）的代表作是《迷娘》。古诺（1818—1893）的著名作品除抒情歌剧《浮士德》《罗密欧与朱丽叶》《萨巴女王》和《米雷伊》外，乐曲《圣母颂》《小夜曲》至今仍为听众所喜爱。

法国浪漫主义歌剧最著名的作曲家的称号无疑当属比才（1838—1875），他对法国歌剧最大的贡献是使其摆脱了以梅耶贝尔为代表的大歌剧和意大利歌剧的影响。他的作品除了《采珍珠者》《伊凡雷帝》《帕斯城的美丽姑娘》《扎米雷》等歌剧作品外，最能表现他的音乐天才的是为都德的戏剧《阿莱城的姑娘》的27段管弦乐所作的配乐组曲，以及根据梅里美的同名小说改编的歌剧《卡门》的创作，这两部作品的部分乐章如《三王进行曲》《卡门序曲》和《哈巴涅拉》等，今天仍在各国的音乐会上被频繁地演奏。《卡门》是各国音乐舞台的保留节目，也是法国歌剧发展的里程碑式的作品，具有明显的现实主义倾向。

法国歌剧的发展和成就，激发了音乐家们的成功欲望，因而很少有作曲家将精力投入到器乐曲创作的领域，以致德国音乐几乎占据了法国音乐的器乐舞台。1871

年，普法战争的失败唤起了法国的民族意识，法国作曲家、演奏家组织成立了"民族音乐协会"，直到这时法国器乐曲的创作和演奏才得以复兴。民族音乐协会的主要代表有圣·桑和弗朗克。圣·桑（1835—1921）是法国民族音乐协会的发起者，他早年热衷于歌剧的创作，但成效不大。他的成就主要体现在为民族音乐协会会员的演奏而创作的作品。他的管弦乐曲著名的有四首《交响诗》《大提琴奏鸣曲》《四重奏》《第四钢琴协奏曲》《安魂曲》《七重奏》、乐队组曲《动物狂欢节》以及小提琴与乐队《引子与回旋随想曲》等；歌剧作品有《黄色的公主》《艾田·马赛》和《亨利八世》等。圣·桑被认为是法国最伟大的音乐家之一。弗朗克（1822—1890）是民族音乐协会的主要参与者。他的室内乐和交响乐几乎都是为民族音乐协会而作，交响诗《埃奥里德》《钢琴与弦乐五重奏》、钢琴与乐队《交响变奏曲》《钢琴与小提琴奏鸣曲》《d 小调交响曲》和《弦乐四重奏》等被认为是贝多芬以后最深刻、最丰富的杰作。

意大利是歌剧的诞生地，从巴洛克时期（1600—1750）开始，歌剧始终是意大利音乐最重要的领域。早期工业化时期是意大利歌剧的辉煌时代，其主要代表是罗西尼和威尔第。罗西尼（1792—1868）是意大利歌剧的复兴者，他的歌剧创作主要集中于 19 世纪一二十年代，写下了三十余部作品，著名的有《奥赛罗》《试金石》《阿尔米达》《湖上夫人》《灰姑娘》《赛维利亚的理发师》和《威廉·退尔》。这些作品都是意大利歌剧的精品，在西欧各国都受到热烈的欢迎并获得很高的评价，其中《威廉·退尔》仅在巴黎就连演 500 场；这些剧作使罗西尼的名声大振，甚至超过了年迈的贝多芬。20 年代后登上意大利乐坛的唐尼采蒂（1797—1848）和贝里尼（1801—1835）是罗西尼的继承者，唐尼采蒂的《拉美摩尔的露契亚》《帕斯夸莱先生》，贝里尼的《诺尔马》《清教徒》对意大利歌剧的发展以及肖邦、李斯特的歌剧创作都产生了影响。威尔第（1813—1901）是 19 世纪意大利最伟大的作曲家，他把意大利歌剧的创作推向了顶峰。他一生作有歌剧三十余部，其中《把号角吹响》《纳布科》《伦巴第人》《欧纳尼》等以资产阶级民族复兴运动为主题，表现反抗异族统治的斗争，对意大利的民族复兴运动具有极大的鼓舞作用。而《弄臣》《行吟诗人》《茶花女》等则是意大利民歌和民间舞曲与歌剧艺术相互结合的精品。威尔第的代表作是融合德、法两国浪漫主义歌剧艺术的《阿依达》和《奥赛罗》。

　　早期工业化后期，描写社会生活的真实主义歌剧在意大利兴起。真实主义歌剧一直延续到 20 世纪，是受真实主义文学影响的产物，也是对德国瓦格纳乐剧的一种反抗。其主要代表人物和作品有马斯卡尼（1863—1945）的《乡村骑士》、列昂卡伐洛（1858—1919）的《丑角》和普契尼（1858—1924）的《蝴蝶夫人》《图兰朵》。

　　音乐是听觉的艺术，演奏家是沟通作曲家与听众的中介和桥梁，并推动着音乐创作、演奏技术乃至审美观念的发展。在西欧众多的著名演奏家中，意大利天才的小提琴大师帕格尼尼（1782—1840）占有极其重要的位置。帕格尼尼被称为"小提琴之王"，他将吉他的演奏技法有机地"移植"到小提琴上，创造了双泛音、双颤音、左手拨弦、连续跳弓、单弦演奏和近马演奏等超高难度演奏技巧，充分地发挥出小提琴的特性，极大地丰富了小提琴的表现力，提高了小提琴的演奏水平。《D 大调小提琴协奏曲》《b 小调小提琴协奏曲》《随想曲 24 首》是他留给后世的杰作。他的创作和演奏对舒曼、肖邦、李斯特和勃拉姆斯等音乐家的乐曲创作、钢琴演奏以及乐曲配器都产生了十分巨大的影响。

　　波兰作曲家肖邦和匈牙利钢琴大师李斯特长期生活在西欧，他们的创作和演奏也为西欧音乐的繁荣增添了无限的风采。肖邦（1810—1849）被认为是音乐史上最有创造力的作曲家和钢琴演奏家。他创造了叙事曲的体裁，将前奏曲、诙谐曲发展成为独立的钢琴曲。他一生创作作品 200 余首，有着浓郁的波兰民族风格，除了少量的钢琴与声乐或其他乐器的组合外，主要是钢琴曲，如著名的《波罗乃兹》等。李斯特（1811—1886）是第一个真正意义上的钢琴演奏大师，他第一次将钢琴的作曲和演奏区分开来。以往的钢琴家总是演奏自己的作品，但他不仅演奏自己的，还把西欧各国主要作曲家的歌剧、交响曲和歌曲作品改编成钢琴乐曲演奏。他的钢琴演奏深受帕格尼尼的影响，力图在钢琴乐曲的创作和演奏上再现帕格尼尼华丽恢宏的技巧，从而大大地扩展了钢琴的表现力，推动了钢琴演奏水平的进步。他也是继柏辽兹之后最重要的标题音乐作家，首创了交响诗这一单乐章标题交响音乐体裁，并创作出《塔索》《马捷帕》《匈牙利》《哈姆雷特》等著名的交响诗作品。

美术

早期工业化时期在美术方面取得最大成就的西欧国家是法国，法国的成就不仅表现为新古典主义、浪漫主义、现实主义、印象主义等各种美术流派不断涌现，交相更替，创作了一大批不同题材、不同风格的美术作品，还表现为美术作家人才辈出。除了法国外，德国、英国和低地国家也取得了令人瞩目的成就。相反，曾经在美术史上有过极其辉煌成就的意大利和西班牙却逐渐衰落，步入低谷。

新古典主义不仅继承了古希腊、古罗马的艺术风格、题材内容，而且受法国大革命的影响，吸收了资产阶级革命的内容。新古典主义的杰出代表是大卫及其弟子安格尔。路易·大卫（1748—1825）在大革命雅各宾专政时期曾任公共教育委员会和美术委员会委员，主张艺术必须为崇高的理想服务。他的主要作品有《荷拉斯三兄弟之誓》《网球场宣誓》《马拉之死》《加冕礼》和《萨宾的妇女》。安格尔（1780—1867）是新古典主义的最后一位代表，认为艺术就是追求永恒的美。他的作品以肖像画，尤其是以裸体画而著称，代表作有《维利尔夫人》《瓦尔潘松的浴女》《土耳其浴室》和《泉》等。

西欧浪漫主义绘画的开拓者是西班牙画家戈雅（1746—1828），他的主要作品都创作于法国大革命以后及西班牙革命时期，他的铜版组画作品《加普里乔斯》描绘了社会的罪恶，是反映西班牙社会的一面镜子；铜版组画《战争的灾难》表现了西班牙人民反抗法国侵略者的斗争。他的代表作是《枪杀起义者》，这幅画生动地刻画了起义英雄的形象。

法国浪漫主义画家的主要代表是热里科和德拉克洛瓦。热里科（1791—1824）是法国浪漫主义美术的奠基人之一，他以画马而著称，主要作品有《骑兵军官在冲锋》、《离开战场的负伤骑兵军官》，代表作《梅度萨之筏》被认为是浪漫主义的伟大宣言。德拉克洛瓦（1798—1863）是最杰出的浪漫主义画家。他的创作题材广泛，肖像画《乔治桑》《肖邦》，动物画《猎狮》等都代表着时代的水平；其他的主要作品有《希阿岛的屠杀》《萨达纳巴尔之死》，反映他的最高成就的作品是反映七月革命的《自由领导人民》。

德国浪漫主义画家分为两大流派：北方以德雷斯顿为中心，聚集了一批以风景画创作为主、信仰新教的艺术家，被称为"风景画派"；南方以维也纳为中心，聚集了一批以宗教故事和古诗为创作题材、信仰基督教的画家，被称为"拿撒勒派"。"风景画派"的代表人物是弗里德里希（1774—1840）和龙格（1777—1810）。"拿撒勒派"的主要代表是奥维尔贝克（1789—1869）、沙多夫（1788—1862）和柯尔内里乌斯（1783—1867）。

布莱克和波宁顿是英国浪漫主义画家最重要的代表。布莱克（1757—1827）的作品均为水彩画，主要作品有《耶和华创造亚当》《死亡之屋》和《生命之河》。波宁顿（1801—1828）从小在法国长大，深受法国绘画的影响，有很高的水彩画造诣；令人遗憾的是他英年早逝，未能尽显才华。他的代表作有《巴黎塞纳河》和《诺曼底河边景色》等。

法国现实主义绘画艺术流派人才济济，巴比松派的画家们、库尔贝、米勒、杜米埃都给后世留下了不朽的杰作。巴比松派以一批居住在小镇巴比松的杰出画家而得名，他们主要在枫丹白露森林写生，主要代表人物有特奥多尔·卢梭、杜比尼和柯罗。卢梭（1812—1867）擅长描绘森林和沼泽的深邃，代表作有《森林的出口》《阳光下的橡树》和《橡树林》。杜比尼（1817—1878）有"画水的贝多芬"之美称，代表作有《维埃尔威尔的黄昏》《瓦茨河上的日落》等。柯罗（1796—1875）不仅是著名的风景画家，也是肖像画大师。他的《蒙特之桥》《孟特芳丹的回忆》描写美丽的自然山水；《蓝衣女人》《梳妆》更是 19 世纪的艺术精华。巴比松派的创作对印象主义产生了很大的影响。库尔贝（1819—1877）不仅是一位画家，也是一位革命家，他曾参加巴黎工人六月起义，还担任过巴黎公社美术委员会主席，革命失败后流亡国外。他的作品以下层人民为题材，主要有《石工》《筛麦的女子》《奥南的葬礼》，《画室》是他最著名的作品。米勒（1814—1875）是讴歌农村生活的大师，他的作品《晚祷》《喂食》《拾穗》《牧羊女》都表现了农民生活的艰辛。杜米埃（1808—1879）则是反映城市生活的巨匠，他的作品以政治讽刺见长。《特朗斯诺南街大屠杀》抨击征服者对人民的镇压，《立法肚子》描绘资产阶级议员的丑态，《三等车厢》则表现了下层人民的旅途辛劳。

艺术大师门采尔（1815—1905）在德国现实主义绘画方面占有极其重要的位置。他早期的创作以历史题材为主，主要作品是为历史著作《弗里德里希大帝》所作的 12 幅插图，并因此蜚声画坛。德国统一后，他的创作进入鼎盛时期，作品主要取材于无产阶级的生活和斗争。他的《三月死难烈士的葬礼》表达了对 1848

年革命烈士的敬意和哀思；《轧铁工人》揭露了劳资之间的矛盾。除门采尔外，莱布尔（1844—1900）的作品《教堂中的三个妇女》、乌德（1848—1911）的《早晨》《秋天》和女画家珂勒惠芝（1867—1945）的《织工起义》《农民战争》等也都为德国画坛增添了光彩。

现实主义绘画在低地国家最重要的代表，是比利时的油画家兼雕塑家麦尼埃（1831—1905），他被认为是继库贝尔、米勒之后描绘下层人民生活的最杰出的艺术家。他那些以劳动人民为主人公的《列日矿工》《持锹女矿工》《搬运工》《锻工》等作品，成功地塑造了工业化初期工人阶级的形象。

印象主义绘画兴起于 19 世纪后半期，这种绘画以强烈的光与色彩的对比、以粗犷的线条勾画轮廓为其特征。莫奈（1840—1926）是印象主义绘画的开创者，他的作品《印象·日出》展出后，在法国引起轰动，"印象主义"由此得名，莫奈也被称为"印象主义之父"。他的作品还有《草垛》《睡莲》和《卢昂教堂》组画。印象派曾先后八次举办画展，除了莫奈之外，德加、雷诺阿都是主要的参展画家。德加（1834—1917）以芭蕾舞演员为题材，创作了著名的《舞女》《舞蹈课》和《乐池里的音乐师》。雷诺阿（1841—1919）以善于运用光和色彩著称，作品的主人公主要是妇女，代表作有《秋千》《包厢》和《裸女》等。19 世纪末，一批画家发展了印象派的创作风格，强调画家的主观印象和感受，被称为"后印象主义"。后印象主义的主要代表和作品有被称为"现代艺术之父"的塞尚（1839—1906）的《旱桥的景色》、高更（1848—1903）的《露兜树下》、著名的荷兰艺术家凡·高（1853—1890）的杰作《日出》《向日葵》《吃土豆的人们》和《加歇医生像》等。

早期工业化时期西欧的美术除了上述画派和作品之外，英国的风景画也取得了巨大的成就。继 18 世纪的成就之后，19 世纪上半期是英国风景画艺术的鼎盛时期，涌现出数十位杰出的风景画家和一批著名的作品。代表英国风景画最高成就的是透纳和康斯特布尔。透纳（1775—1851）被认为是英国绘画史上最杰出的天才之一，他的创作充满了浪漫主义的激情，因此他也是英国浪漫主义绘画的杰出代表。他一生创作了两万多幅水彩画和油画作品，最著名的有《战舰》《暴风雪》《意大利的纳米湖》《贩奴船》和《议会大厦的焚毁》。康斯特布尔（1776—1837）是著名的油画画家，被称为"现代风景画之父"。他的作品是现实主义绘画的典范，代表作有《弗莱福特的磨坊》《麦田》和《干草车》等。透纳和康斯特布尔的绘画艺术和创作技能对整个西欧的艺术发展都起到了推动作用。

雕刻和建筑

早期工业化时期西欧的雕刻艺术与音乐和绘画一样，存在着新古典主义、浪漫主义和现实主义等各种影响甚广的流派；但雕刻艺术却远没有取得像音乐和绘画那样普遍的辉煌成就。除了个别的艺术家外，著名的雕刻大师和有影响的雕刻艺术家几乎全部产生在法国。

新古典主义雕塑的特点是以古人的服装和气质塑造当代名人，使人物形象远离生活的现实。法国雕塑家格尔图特（1787—1843）和意大利雕塑家康诺瓦（1757—1822）都是新古典主义的著名代表，他们均以拿破仑一世作为创作对象，格尔图特赋予拿破仑古代罗马帝王的气质；康诺瓦则把拿破仑雕刻成仿古裸体像。

19世纪20年代以后，法国各地盛行为名人立像，这一风尚推动了法国雕塑艺术的发展。表现对象开始是君主，后来逐步转向社会名人。其风格，开始是新古典主义，后来逐渐转变为浪漫主义。在创作中注入自己的情感是浪漫主义雕塑的主要特征，因此，浪漫主义的雕塑作品形象鲜明、个性突出。安吉尔·大卫（1788—1856）被视为法国艺术史上划时代的人物，他是法国雕塑中摈弃古典服装、引入时尚服饰的开拓者。他的代表作是巴黎先贤祠门楣的浮雕。尽管作品采用了仿古的形式，但却荡漾着浪漫主义的艺术个性。他的《维克多·雨果纪念章》《蕾克米埃夫人纪念章》都是名人雕像的杰作。法国浪漫主义雕塑的主要代表有吕德和卡尔波。吕德（1784—1855）是19世纪上半期最伟大的雕塑家，他为巴黎凯旋门而创作的《马赛曲》与德拉克洛瓦的著名绘画《自由引导人民》在内容、体裁和风格上都有相似之处，被视为浪漫主义雕塑的杰作。此外，他的作品还有《贞德的召唤》《小渔夫》等。卡尔波（1827—1875）是吕德的学生，被誉为"表现微笑的雕塑家"。他的杰作至今在巴黎仍随处可见，最著名的有巴黎大歌剧院的浮雕《舞蹈》、卢森堡公园的群雕像《世界四方》。

法国现实主义雕刻艺术在各方面都取得了辉煌的成就。19世纪法国最伟大的动物雕塑家是巴尔耶（1796—1875），他以雕塑猛兽而著称。他的作品描绘出了动物千差万别的神情和动态，主要有《老虎战鳄鱼》《狮攫蛇》《虎吞鹿》以及卢森

德拉克洛瓦：《自由引导人民》

公园内巨大的雄狮群雕等。以纪念碑雕塑为创作园地的著名艺术家有达鲁和巴托洛梅。达鲁（1838—1902）曾任卢孚博物馆馆长，他的杰作——矗立于民族广场的《共和国纪念碑》和卢森堡公园内的《德拉克洛瓦纪念碑》都是19世纪法国雕刻艺术中出类拔萃的精品。巴托洛梅（1848—1928）的代表作是著名的拉雪兹墓地大型雕刻《死者纪念碑》。

法国现实主义雕塑最重要的代表是艺术大师罗丹（1840—1917）。罗丹一生坎坷，曾三次报考美术学院，却三次名落孙山。他的成名作是表现人类觉醒的《青铜时代》；为巴黎艺术博物馆的大门创作的浮雕《地狱之门》是他最雄伟的作品，为之付出了大量的心血。此外，他还创作了《雨果》《肖伯纳》《达鲁》和《巴尔扎克》等许多名人的雕像。罗丹对法国雕刻艺术的伟大贡献，还在于他培养了一大批卓有建树的雕塑家。

早期工业化时期的西欧艺术，受工业化影响最大的是建筑，其最突出的表现是新的建筑材料开始出现并日益广泛地被应用。这个时期西欧的建筑虽然没有出现像巴黎圣母院、圣彼得教堂、凡尔赛宫那样的传统建筑艺术杰作，但却产生了以新型建筑材料水泥和钢铁构建的现代建筑。以19世纪中期为界，西欧的建筑艺术可以分为明显的两个阶段。

早期工业化前期的建筑风格主要是新古典主义和浪漫主义。新古典主义把古代希腊、罗马的建筑风格奉为完美的典范，在形式和结构上都刻意加以模仿。采用新古典主义建筑风格进行建造的主要是国会、银行、交易所、博物馆、剧院等公共建筑及一些纪念性建筑，代表作是巴黎的巴德兰教堂、凯旋门和英国的爱丁堡中学。巴德兰教堂全部仿效雅典神庙，是一种柱廊式建筑；凯旋门完全仿效古罗马的凯旋门，是一种单拱形建筑；爱丁堡中学也是完全模仿古雅典卫城多立克寺庙而建造的。

浪漫主义建筑的特点是以中世纪哥特式建筑为基础，博采其他建筑风格之长。浪漫主义建筑在英国表现得最为典型，从19世纪30年代起风靡全国，伦敦圣吉尔斯教堂和曼彻斯特市政厅都是浪漫主义建筑的重要作品。查尔斯·巴雷（1795—1860）和米多尔顿·巴雷（1830—1880）父子设计和完成的英国国会大厦，是英国浪漫主义建筑最具代表性的作品。而西欧大陆的浪漫主义建筑几乎都是哥特式建筑的翻版。

早期工业化时期西欧规模最大的建筑成就，是法国巴黎城的改建。从1853年到1870年，巴尔扎克式的旧巴黎发生了翻天覆地的变化，这次改建共拆除市区旧房2.5万座，建造了7.5万座新楼，当代巴黎的格局和风貌由此基本被确定。

工业化前期的建筑材料主要是传统的砖石和木材。19世纪中期以后，随着工业化的发展，水泥、钢铁产量大幅度增加，大量使用于建筑，从而开始了西欧建筑业的革命。这场革命表现在如下两个方面：一方面，新型建筑材料的使用，使建筑物的跨度、高度的扩展成为可能，西欧各国都有著名的建筑代表作问世。1851年，英国为举办第一届世界工业博览会，以铁制构件和玻璃材料建成了"水晶宫"。1875年，法国修建了世界上第一座钢筋混凝土大桥，长16米。1889年，巴黎修建了跨度达115米的展览大厅，建成了高达305米的埃菲尔铁塔。另一方面，19世纪中后期以前，建筑与艺术的关系密不可分，建筑物非常讲究艺术效果，建筑工程也多由艺术家来承担；随着新建筑材料的使用，工程施工工期大大缩短，民用性的建筑设施越来越多，从学校到民宅、从商店到旅馆，都向高和大的方向发展，而对建筑物的艺术性要求则开始减弱。从此，建筑虽仍具有艺术和美学价值，但不再为艺术家所垄断，而逐步成为由工程师承担的工程学的一个组成部分。

　　总之，这一时期成熟的西欧文化，构成了璀璨的欧洲现代工业文明的一个伟大的部分，是永垂人类文明史册的瑰宝。

[推荐阅读书目]

1. 罗素：《西方哲学史》，何兆武、李约瑟译，商务印书馆，1976。

2. 黄楠森、施德福、宋一秀：《马克思主义哲学史》，北京大学出版社，1987。

3. 尹允镇：《外国文学史》（欧美分册），南海出版社，2002。

4. 张广智：《西方史学史》，复旦大学出版社，2000。

5. 格劳特、帕利斯卡：《西方音乐史》，汪启璋等译，人民音乐出版社，1996。

6. 尼古拉·第弗利：《19世纪艺术》，怀宇译，吉林美术出版社，2002。

7. 热拉尔·勒格朗：《浪漫主义艺术》，董强等译，吉林美术出版社，2002。

世界文明史 下

HISTORY OF CIVILIZATIONS

（第二版）

马克垚———— 主 编

高 毅———— 副主编

朱孝远 颜海英———— 第一编主编

郑家馨 郭华榕———— 第二编主编

董正华 许 平———— 第三编主编

北京大学出版社
PEKING UNIVERSITY PRESS

目 录

CONTENTS

第十六章
俄罗斯文明的主要特征

✿

第一节
俄罗斯文明的起源　东正教的政治作用

俄罗斯文明是欧洲文明的一部分，但其发展道路却迥异于西欧文明。俄罗斯文明的基本特征在于：起源于俄罗斯本土而在广阔的地域内（包括东欧和中亚）拥有重大影响、东正教的政治作用突出、沙皇专制长期延续、社会惰性与社会变革并存以及具有强烈的扩张倾向。

俄罗斯文明的起源

俄罗斯文明作为欧洲文明的一个种类，起源于和其他文明颇不相同的自然条件、种族成分、经济与社会结构，并在抵抗外来势力侵略和争取国家统一的艰难进程中逐渐发展壮大。

过去，苏联史学界曾以涵盖整个苏联领土的角度，着力论述以乌克兰为中心的基辅罗斯的决定作用。今天，面对俄罗斯、乌克兰与白俄罗斯等独立国家的存在，我们应该尝试探讨俄罗斯疆土范围内的俄罗斯文明。俄罗斯的文明（古代为罗斯文明）必须在它本乡本土寻找，从诺夫哥罗德至梁赞纵横约 1000 平方公里的地方，正是它的诞生地。这里有伊尔缅湖、塞里格尔湖泊群，它们是伏尔加河、奥卡河、莫斯科河、第聂伯河与西德维纳河等河流的发源地。这里，丘陵与平原相结合，交通方便，最高的山峰在伏尔加河发源地的北方，仅仅海拔 347 米。绝大部分丘陵的海拔不及 300 米高。这里也是"从瓦良格人至希腊人之路"的北段，由瓦良格人居住的斯堪的那维亚半岛，经拉多加湖、沃尔霍夫河、伊尔缅湖、洛瓦梯河，而后通过一段陆上运输，再经第聂伯河入黑海，至拜占庭。这是东欧早期最为重要的商路。这条商路将波罗的海、黑海和地中海连接了起来，十分有利于以诺夫哥罗德等城为中心的广大地区的经济、政治与文化的发展，同时极大地促进了该地区与欧洲其他地方之间的交流。俄罗斯的国家特性首先源自于诺夫哥罗德至梁赞这一片广阔原野的地域特性。

史前时期，斯拉夫人的原始居住地是亚洲。他们属印欧语系，于公元前两千年左右陆续迁入欧洲东部，公元初已成为欧洲人数较多的民族。他们中的一支称东斯拉夫人，其中主要包括伊尔缅斯拉夫人、克利维奇人和维亚蒂奇人，正是这些人后来演变成为俄罗斯人。公元 8 世纪至 9 世纪，东斯拉夫人分成若干游牧部落，他们的氏族制度正在衰落。9 世纪，出现一批东斯拉夫人的以城市为中心的小国家，如诺夫哥罗德、斯摩棱斯克、基辅（今乌克兰境内）和波洛茨克（今白俄罗斯境内）。诺夫哥罗德地区从此成为俄罗斯文明的起点，由诺夫哥罗德至梁赞一带，还陆续出现了特维尔、苏兹达尔、弗拉基米尔、莫斯科、普斯科夫、罗斯托夫等中心，由于这些文明点的出现和发展，俄罗斯文明从此启航。

有关诺夫哥罗德公国的最早文字记载，始于公元 859 年。传说 862 年诺夫哥罗德公国发生内乱，人们邀请瓦良格人（又称诺曼人即北方人）的酋长留里克率兵前来帮助恢复秩序。留里克在此创建了自己的王朝，但是他们因人数甚少而逐渐被斯拉夫化。罗斯（Русь）一词的起源至今未有定论，一说由于芬兰人将瓦良格人称为罗斯人（北方人），东斯拉夫人也从此被称为罗斯人；另说因乌克兰的 Рось 河而得名（我国习惯将 Русь 译作"罗斯"，而将 Россия 译为"俄罗斯"）。882 年，留里克王朝的奥列格率兵南下，占领基辅，并以基辅为中心，建立了更大的古代罗斯国家。当时，诺夫哥罗德的领地大约已扩展到西至芬兰湾、东近乌拉尔山，但是当时它和罗斯托夫、斯摩棱斯克、苏兹达尔与梁赞等俄罗斯文明的基地还处于分散自立的状态，然而，它们又都在基辅罗斯大公国的范围之内。东斯拉夫人的原始公社逐渐解体，他们未经奴隶制阶段而直接进入封建社会。

1054 年，基辅罗斯大公雅罗斯拉夫去世，这个大公国分裂为诺夫哥罗德、罗斯托夫－苏兹达尔、基辅与契尔尼哥夫等国家。12 世纪中叶，再度发生分裂，出现诺夫哥罗德（1136 年后为封建共和国）、罗斯托夫－苏兹达尔、斯摩棱斯克和基辅等独立国家。13 世纪，由于新城市弗拉基米尔的兴起，罗斯托夫－苏兹达尔公国改称弗拉基米尔－苏兹达尔公国，13 世纪末该公国以莫斯科城为首都，14 世纪初该公国又分裂为莫斯科、特维尔与梁赞等国家。1147 年莫斯科城的名称首次在文献中出现，1276 年达尼尔（1276—1303）成为首位莫斯科大公，此人后来不断扩大属地。1315 年，莫斯科王公尤里获"金帐汗国"诰封成为大公，但他于 1325 年末遭到了政敌的谋杀。

沙皇俄国的皇室纹章

1328 年，莫斯科王公卡里达获得大公称号。14 世纪末至 15 世纪初，诺夫哥罗德的影响逐渐削弱，而莫斯科大公国的作用越来越大。伊万三世（1462—1505）和瓦西里三世（1505—1533）在位期间，莫斯科大公国控制了后来被称作"俄罗斯国家"的大部分地区，其中包括先后被吞并的诺夫哥罗德（1478）、特维尔（1485）、普斯科夫（1510）、斯摩棱斯克（1514）和梁赞（1521）等国，组成了一个俄罗斯中央集权国家。从此，俄罗斯人便逐步地在以莫斯科为中心的诺夫哥罗德至梁赞的广大地域，尤其是在伊尔缅湖、伏尔加河与奥卡河这一核心地区生息劳作，从事物质生产与文化艺术创作。

俄罗斯文明经历了由点到面的发展，从分散的地区治理演变成为一个统一的国家。在这个演变过程中，它承受了一系列来自外部的压力，甚至长期忍受外族的奴役。

早在 9 世纪时，瓦良格人的留里克王朝就曾先后统治诺夫哥罗德及其东斯拉夫广大地区，但是这些斯堪的纳维亚人被东斯拉夫人同化了。11—12世纪，属于突厥族的波洛维茨人从东南方向发起攻势，但是他们于1103—1111年遭到了俄罗斯人的痛击。蒙古人于1238年征服罗斯东北部，俄罗斯各公国相对金帐汗国处于藩属地位，但是继续保持着自己原有的制度。蒙古人统治俄罗斯达242年之久，直至1480年乌格拉河之战才结束这一统治（在俄国通常称蒙古人为"蒙古鞑靼人"）。雷纳·格鲁塞指出："草原上可能通过移垦者的入侵而造成定居的农耕人，但是定居国家的人民从来不会变成游牧者。这种转变的方向是单方面的，从无变化的可逆性。"[①] 瑞典人于1240年入侵俄罗斯，却在涅瓦河畔被诺夫哥罗德军队击败。瑞典人的第二次进攻发生在1700—1709年，他们先胜后败，查理十二世从波尔塔瓦战场上落荒而逃。日耳曼人曾于12世纪至15世纪多次进攻诺夫哥罗德等地区，但他们在1242年的楚德湖"冰上之战"中彻底战败。波兰与立陶宛两国于1569年合并为"波兰共和国"，波兰军队于1581年围攻普斯科夫，但因久攻不下只得和伊凡四世签订协定而休战。1605年，波兰人支持伪季米特里一世进军莫斯科，伪季米特里一世还一度夺得沙皇宝座。1607年，波兰军队支持伪季米特里二世并发起进攻。1610年，俄国大贵族们承认波兰王子瓦迪斯瓦夫为沙皇，但是俄罗斯人奋起组建民军，合力反抗。1612年，科斯特罗马农民伊万·苏萨宁在被迫给波兰人带路时，将波兰军队引入密林沼泽而遭杀害。后来，格林卡曾创作歌剧《伊万·苏萨宁》，讴歌俄罗斯人的爱国热情。1612年俄罗斯人解放莫斯科，波兰军队投降。

1613年，米哈伊尔·罗曼诺夫当选为沙皇，这是罗曼诺夫王朝的开始。俄罗斯文明的产生和发展无疑伴随着和周边的其他文明的交流与冲突。俄罗斯人面对多次的外敌侵犯，进行了不屈不挠的抗争，终于能够自立于东欧大地。11—12世纪，俄罗斯较多接受拜占庭文化的影响，宗教、艺术和建筑方面尤其突出，沙皇的称号、宫廷礼仪和双头鹰徽章也都是拜占庭文化的表现。13—15世纪，蒙古文化给它打上了深刻的烙印，例如，蒙古人的驿站制度（为官吏准备更换马匹）在俄国存在了数百年之久。从18世纪起，俄国主要接受西欧文化的影响。1812年，俄罗斯文明经受了严酷考验，俄国人打败并驱逐了入侵的拿破仑大军。事实证明，俄罗斯文明的确有其顽强的生命力。

▶ ▶ ▶ ————————————————————————————

① 雷纳·格鲁塞：《蒙古帝国史》，商务印书馆，1996，283页。

东正教的重要作用

在往昔的俄罗斯社会中，绝大多数的民众不仅是文盲而且深怀迷信，宗教的巨大作用毋庸置疑，可以认为离开了东正教，便无法真正了解俄罗斯文明。

8—10 世纪，东斯拉夫人主要从事农业，他们信奉自然神祇，也就是将那些不可解释与无法驾驭的自然力量与现象，加以人格化，而且对它们奉若神明。他们认为太阳是主神，火为太阳之子，另有雷电风雨和保护农牧业的维勒斯神等等，此外还相信魔鬼与人死后的灵魂存在。这就是基辅罗斯接受基督教之前的宗教状况。

弗拉基米尔大公在位时（980—1015），基辅罗斯和君士坦丁堡之间正常交往，东斯拉夫人逐渐地认识了基督教，大约在 988 年基辅罗斯承认基督教为国教。[①] 当时，国君、宫廷、新兴的封建领主们都需要一个更有力量的统一的新宗教，需要它所倡导的顺从性和一致性。诺夫哥罗德作为基辅罗斯的一部分，也接受了基督教，原有的自然神信仰从此遭到禁止。自然神的信仰既原始简单，也因地区与部落的不同而差异甚大，头绪纷繁。当基督教传播至东欧之时，它早已具备相当完善的宗教主张，关于人、灵魂、爱和神灵等已有自圆其说的阐述。同时，对于神明的迷信很容易"转化"为对于权力的崇拜，基辅罗斯的君主们借助君权神授、"神权专制"的原则努力巩固自己掌握的政权。在当时的条件下，东斯拉夫人皈依基督教是一种值得肯定的社会进步，多神教显示了信仰的多样性，基督教则强调信仰的一致性，它有助于君主权力的加强、国家的政治统一，以及文化共性的不断积累。11 世纪初，基辅罗斯的教会建立教阶制度，建造了彼契尔斯克修道院以利于文化传播。1037—1448 年，君士坦丁堡教会为基辅罗斯先后任命多位都主教。[②]

1054 年，由于地理、政治和文化诸原因，基督教发生东西方大分裂。东部教会与拉丁文化传统的西部教会不同，具有希腊文化的痕迹，它注重礼仪和强调正统，称作"东正教"，在俄罗斯则习惯称"俄罗斯正教会"。基辅大公雅罗斯拉夫于 1054

▶ ▶ ▶ ────────────────────────────

① 关于皈依基督教的时间，至今尚无定论。"在史料中和历史学界，接受基督教的日期有三种：988 年、989 年、990 年"。А.Л.Пономарь，Н.И.Сериков 文 "989 год-год Крещения Руси"（《中世纪的黑海沿岸》）．Москва，1995．стр.182，156。

② 关于东正教教职的翻译比较混乱，现按我国《宗教辞典》翻译如下：牧首（патриарх）、都主教（митрополит）与大主教（архиепископ）。

年去世，他的儿子们各自分立，随后政治分裂日益严重。从 11 至 15 世纪，俄罗斯政治中心由基辅经弗拉基米尔转到莫斯科，同时基辅罗斯正教会的首脑都主教的驻地，也由基辅经弗拉基米尔改在莫斯科，教会中心的转移明显有利于俄罗斯国家在此处建立政治基地。同时，教会还力促若干地区并入莫斯科大公国。例如，14 世纪末，彼尔姆城的主教斯捷凡等神职人员曾力促其北部维契格达河地区并入莫斯科。政治与宗教的紧密结合，展示了当时俄罗斯文明的特色。

随着统一国家的发展，俄罗斯正教会逐渐独立自主，它在社会生活中的作用也日益增强。1448 年，俄罗斯正教会在莫斯科召开主教会议，首次由自己选举都主教，梁赞主教约纳当选。1453 年，约纳趁拜占庭帝国灭亡之机，自封为东正教会的首脑。1589 年，俄罗斯正教会正式建立牧首制，莫斯科都主教约夫当即晋升为牧首，俄罗斯正教会因此摆脱君士坦丁堡教会的控制，取得与它并列的牧首区资格。俄罗斯正教会的独立曾获得沙皇的赞许，此后教会大力宣传沙皇为"上帝在人世间的代表"，并支持沙皇专制的内外政策。政教结合的特点贯穿了整个俄国近代历史，一直到 1918 年国家与教会、教育与教会才实行分离。

俄罗斯人由诺夫哥罗德等城市作代表，在基辅罗斯时期皈依了基督教，而后东正教成为他们的主要宗教信仰。1858 年，全国 72.63% 的人口信仰东正教。19 世纪末，俄国正教会共有教堂七万余座，修道院近 700 个，它们拥有耕地近 50 万俄亩（1 俄亩＝1.09 公顷），神职人员约 10 万人。1905 年，俄罗斯帝国全国居民为 125 640 020 人，其中东正教信徒 87 123 600 人（69.3%）、东正教"分裂派"（旧礼仪派）2 204 600 人（1.75%）、罗马天主教信徒 11 468 000 人（9.13%）、路德教信徒 3 572 650 人（2.84%）、伊斯兰教信徒 13 907 000 人（11.06%）、犹太教信徒 5 215 800 人（4.15%）、佛教信徒 433 860 人（0.34%），其他信徒占 1.43%。东正教信徒在俄罗斯居民中占据了大多数，因此该教会的社会作用与它对国家的关系，以及教徒们的群体心态，必然左右俄罗斯文明的前途。东正教对于俄罗斯国家统一和文化发展的积极作用显而易见。

俄罗斯正教会虽然与沙皇政权不无矛盾和冲突，但是它曾经在漫长的时间里支持沙皇们的内政外交，大力促进沙皇权力的确立与国家的统一。伊万一世·卡里达在位时（1325—1340），都主教彼得将他的驻所从弗拉基米尔迁到莫斯科，后者成为俄罗斯的宗教中心。该都主教还用各种手段帮助卡里达，又以革出教门令逼迫各地区的权势人物服从莫斯科的领导。教会的支持明显有利于以莫斯科为中心的政治统一，同时作为回报，教会的权益从此得到世俗官方的保护。

　　类似的情况也在季米特里（1359—1389 在位）继承莫斯科大公之位时出现。季米特里虽然年少，但在大贵族与市民们的协助下，筑石城代替原来的木城，加强了莫斯科的防卫，他还努力运用军事与外交手段，包括行贿金帐汗国官吏，以求战胜俄罗斯各个诸侯。他最终兼并了弗拉基米尔、科斯特罗马、特维尔、梁赞等国，扩大了莫斯科大公国的版图。季米特里曾于 1380 年在库利科沃田野战胜蒙古人，但是蒙古人于 1382 年攻克莫斯科，季米特里又被迫对蒙古人纳贡称臣。当时，都主教阿列克塞及其所属的教士和大贵族们都曾给予季米特里以大力支持，多次鼓励市民们抵抗敌人的进攻，守卫莫斯科。

伊万四世时代修建的莫斯科圣巴西尔大教堂

俄国历史上著名的"雷帝"伊万四世于 1533 年即位成为莫斯科大公，当时年仅三岁，1538 年之前由他的母亲摄政治国。母亲去世后，政权落入波雅尔^①手中大约十年，同时地方势力纷纷抬头。1547 年伊万四世正式加冕为俄国第一个沙皇，他从此努力革旧图新，加强中央集权。在波雅尔掌权期间，两任都主教先后受到打击，遭到革除教职或发送修道院的惩处。在伊万四世亲掌实权之际，新的都主教马卡里既向沙皇提供思想武器，也亲自为他加冕祝福。马卡里关于君权至上与君权神授的著作对于年轻的伊万四世颇有影响，他曾在加冕礼的祝词中明确宣称沙皇至高无上的权力来自上帝。东正教会首领的这样一种政治态度，无疑影响着广大教徒，对巩固以沙皇为首的中央集权国家发挥了良好作用。

1564 年，伊万四世和波雅尔的冲突再次发生。沙皇为了预防波雅尔投敌叛国，曾携同宫廷卫队离开首都，同时委托都主教阿法纳西代理国家政务。1565 年 1 月，沙皇致函阿法纳西，谴责波雅尔侵吞国库与背叛祖国的罪行，他允诺交出权力。沙皇另致函首都工商居民，在对他们既表信任的同时，又安抚他们"不必担心害怕"，支持沙皇的市民纷纷要求他返回首都。都主教此时出面调解，派遣了一个由一位主教率领的代表团，向沙皇保证他将拥有全部权力，而叛逆者将受到严惩。获得东正教会支持的伊万四世，于 1565 年 2 月返回莫斯科执掌政权，努力推行国家改革。

17 世纪初，俄罗斯正教会致力于反对外敌入侵。由于俄国与波兰之间发生战争，1610 年年初波雅尔曾承认波兰王子为沙皇，波兰军队一度进驻莫斯科城，同年年底正当莫斯科民众群起反抗之时，都主教盖尔莫根发表文告，并将文告发往各个城市。盖尔莫根谴责波兰人侵占莫斯科，号召俄国人团结一致奋起反抗，解救首都。这位都主教因此被波兰人逮捕并投入地牢，但他坚持自己的主张，后饿死在狱中。1612 年俄罗斯军民终于解放了莫斯科，扭转了危险的政局。

留里克王朝终止于 1598 年，罗曼诺夫王朝始于 1613 年。罗曼诺夫是俄罗斯的一家大贵族，费多尔·罗曼诺夫曾于 1608 年出任都主教，于 1610 年奉命前往波兰

▶ ▶ ▶ ━━━━━━━━━━━━━━━━━━━━━━━━━━━━━━━━━

① 波雅尔（боярин[单]、бояре[复] боярство[集]）一词来源说法不一，它出现于 6—9 世纪，指古代罗斯与莫斯科国家的最高阶层，也为当时的最高官衔。他们是大土地所有者，拥有完全的财产权，地位很高，但又有别于传统的贵族（дворянство）集团。他们是君主的附庸，同时自己也有附庸。10—11 世纪，内部分为更小的阶层。12—15 世纪，随着经济力量的增加，他们的政治影响也不断加强。14—15 世纪俄罗斯中央国家形成，波雅尔的影响减弱。16 世纪，王权逐渐战胜波雅尔。17 世纪，波雅尔的多个望族绝嗣或经济上遭到削弱，由此波雅尔与贵族的区别逐步消失。1714 年，彼得一世废除了波雅尔的等级和称号。

谈判，但是遭到拘留。1613 年，"中央等级代表会议"召开，主要参加者为杜马中的大贵族、杜马的秘书、高级教士、封建阶级各集团的代表、城郊工商业区的上层人物、哥萨克的统领、小贵族与市民，1613 年时可能还包括若干国家农民的代表。"中央等级代表会议"另译为"国民会议""缙绅会议""全国会议"。这次会议选举费多尔之子米哈伊尔·罗曼诺夫为新沙皇，这是罗曼诺夫王朝的开端。米哈伊尔虽然自称"专制君主"，但是此人智商有限，生性软弱，难以承担全部的治国重任。他的父亲于 1619 年从波兰回来后，实际掌握俄罗斯世俗的与宗教的大权，甚至接受了"大君主"的尊称。那时，沙皇父子一同签署敕令，俄罗斯的中央政权因此得到加强。

1652—1666 年牧首尼康进行的宗教改革从另一个角度说明了问题。当时俄罗斯各地区的正教会在宗教仪式等方面不尽相同，教会内部的差异不利于国家权力的集中。尼康在阿列克塞沙皇的支持下决定进行宗教改革，改革的主要内容在于仪式的划一（如必须用三个手指划十字架）、统一祈祷词、跪拜祈祷改为鞠躬、耶稣的俄文写法定为 Иисус 而不是 Исус 等等。同时，尼康也犯了严重错误，因为他声明教会如太阳而君主似月亮，世俗权力必须服从教会，他甚至开始直接干预朝政，结果遭到流放。沙皇阿列克塞曾拒绝"分裂派"的保守要求，支持尼康的革新。东正教内部活动的规范化与集权化，使得教会在社会生活中可以发挥更大的作用，有利于俄罗斯国家的政治集权，统一的东正教会将能更好地保证广大信徒接受与容忍沙皇的专制统治。尼康本人的挫折未曾损害俄罗斯正教会与世俗国家政权相互配合的基本关系。

彼得一世在改造俄罗斯的过程中，十分关注东正教会。1682 年费多尔沙皇死后无嗣，皇位应由其弟伊万或彼得来继承，但是前者低能而后者年幼，于是波雅尔们群龙无首内斗争权。此时，俄罗斯东正教牧首若阿吉姆主持召开中央等级代表会议，会议根据多数人的意见决定彼得为新沙皇，并由若阿吉姆负责向民众宣布。后来，米罗斯拉夫斯基家族利用"射击军"的骚乱，使伊万和彼得同为沙皇，并由其姐索菲娅摄政。直至 1689 年秋，彼得一世才真正掌握了政权。

由于此前不久教权曾一度凌驾于皇权之上，彼得一世改造俄国的内容之一就是控制东正教会的组织与财产，使它成为支持沙皇专制统治的工具。他不顾牧首若阿吉姆的反对，大力实行宗教改革，并于 1721 年宣布沙皇本人为东正教会的"最高牧首"和东正教义的"最高维护者"，废除原来的牧首制，建立了由数名都主教

彼得大帝

组成的"主教公会"（синод，另译"圣会议""东正教事务总管理局"）。"主教公会"是俄国东正教会的最高权力机关，任务在于管理全部教会事务，由总监负责领导。当时，修道院或被取消或被改成养老院，神学院人员必须向沙皇与皇后宣誓效忠。此外，神职人员有时被迫利用教徒的身份为政府收集情报。1721年以后，俄罗斯正教会作为国教丧失了独立性，主教公会"正式成为沙皇国家机构的一部分"。东正教会拥有大量领地与财富，并且享受特权不必向国家纳税。东正教会与俄国国家的政教合一、皇权控制教权、教会支持沙皇的状况一直延续到1917年。1917年俄罗斯正教会决定恢复牧首制，选举新牧首，"主教公会"改为牧首的咨询机关，而不再是国家机构的一部分。

彼得一世定下了基调，后来的沙皇们仅在此基础上调整国家与教会的关系。叶卡捷琳娜二世在争夺政权时，曾经得到过东正教会的帮助。叶卡捷琳娜的丈夫沙皇彼得三世虽然接受了东正教的洗礼，但仍旧信仰路德教。他曾在皇宫内建造路德教教堂，宣布对异教徒宽容，但下令没收东正教教会的一部分财产，因此引起了东正教会的强烈不满。叶卡捷琳娜发动政变，教士们挥动十字架为政变士兵开道，他们一同簇拥着叶卡捷琳娜去反对自己的丈夫，诺夫哥罗德大主教还在圣彼得堡的喀山大教堂为她登基祝福。叶卡捷琳娜事后发布诏书："我们的俄罗斯国家濒于存亡危境，我希腊东正教教会亦已遭逢大难……朕有鉴于此，统摄至尊大权，践登帝座。"女沙皇与教会互相呼应，结束了彼得三世的具有路德教色彩的政治统治。叶卡捷琳娜二世夺得政权之后，在主教公会上宣称：主教们只应"管理教堂、履行圣礼、传经布道、保护信仰、进行祷告与力行禁欲"。她下令将教会与修道院的财产收归国有，使其所属的 99 万余名农民转为国有农民。当时，大部分主教被迫服从，并且赞颂女皇之英明伟大。这个身高不及 1.60 米的女沙皇，幻想建造一个由信奉东正教的君主统治的帝国，其领土将包括德涅斯特河以东的广大地区以及爱琴海的若干岛屿。虽然教会受到女皇的冲击，但是从 1786 年起教会人员由俄罗斯国家发给薪水，教会的作用在日常生活中得到了充分肯定。

19 世纪的欧洲各国，制定法律成为一种时尚，俄罗斯跟随着国际潮流，它的皇权与教权的密切关系也得到了法律的保障。1830 年，斯佩兰斯基奉政府命令编纂《俄罗斯帝国法律全书》，俄罗斯帝国法律规定，沙皇加冕时必须宣誓忠于东正教的教义，同时又规定，沙皇也是东正教教义和教规的最高保护人。尼古拉一世曾经公然宣称："我们将为基督教的信仰，为我们（斯拉夫）兄弟们的信仰而进行战斗。"[①]东正教对俄罗斯国家的积极作用也得到了很好的回报，沙皇曾给予教会庇护。关于主教公会历年获得的国家拨款、教会开支在国家预算中的比例，列表说明如下：

主教公会预算[②]

数额（卢布）

年代	数额	年代	数额	年代	数额
1722	30625	1861	5028364	1911	37535478
1725	29720	1871	9336293	1913	44219759
1742	25082	1881	10321265	1914	62920835[2]
1764	519729	1891	11304809	1915	49189350[2]
1797	982598	1901	24068000	1916	54000000[2]
1825	671237[1]	1905	28952790		
1850	3804299				

1. 表示学校除外。

2. 表示已批准，但因战争而实际削减。

▶ ▶ ▶ ───────────

① Sergei Pushkarev, The Emergence of Modern Russia, 1801-1917《现代俄国的兴起》Manitoba, 1984, p.120.

② И.К.Смолич, История русской церкви, 1700—1917（《俄罗斯教会史》）, Москва—1996，часть I，стр.655.下一个表格的出处与此相同。

宗教开支在国家总预算中的比例

数额（卢布）

年代	数额	百分比(%)	年代	数额	百分比(%)
1832	902400	0.6	1867	6683900	1.5
1837	1136500	0.7	1877	10063800	1.6
1847	3601800	1.8	1887	10994800	1.3
1857	6683900	1.3	1897	19805700	1.5

1826 年升任莫斯科都主教的菲拉列特曾为沙皇专制统治制造舆论，他宣称"上帝按天国的模式指定沙皇统治人间"，沙皇因此获得专制权力。民众"如果温顺地服从沙皇"，则可从"人间王国"通往"天国"。1894 年尼古拉二世即位，当时他与其他许多沙皇一样，已接受了充分的东正教的教育。东正教会在俄国近代曾经大力维护封建主义与资本主义制度。1910 年，俄国东正教教会拥有 230 万俄亩土地，掌握着 40% 的小学，关注一切学校中的神学教育，并控制社会舆论。它曾对俄罗斯社会起过积极作用，后来站在沙皇专制统治一边，压制进步力量，对抗 1905 年与 1917 年革命，阻碍社会发展。就俄国广大民众的心态而言，他们曾在教会的影响下支持国家的统一，后来也是在教士的控制下深藏着对于沙皇的愚忠。从总体看来，从 988 年至 1917 年 900 多年的历史中，俄国东正教的活动明显地增加了俄罗斯文明的色彩。

东正教对于俄罗斯文化艺术的作用不可否认，尽管至今尚存在争论，但基督教的传播有利于东斯拉夫文字、俄罗斯文字在 9 世纪的产生。东正教允许用本民族语言从事宗教活动，传教士们将一批批宗教书籍翻译成斯拉夫文字。东正教会促进了俄罗斯编年史的编纂，那时尽管处在蒙古人漫长的统治时期，撰写编年史的活动仍在教会的关怀下继续进行，14—15 世纪编年史工作未曾中断。16 世纪都主教马卡里通过编撰历史与文学著作，大力宣传统一国家的思想。

俄国的建筑与绘画也明显受到了东正教的影响，17 世纪以前，有关宗教的内容在建筑与绘画中占绝对优势。建造教堂的目的无疑在于提供理想的宗教活动场所与扩大教会的影响，有关宗教题材的绘画则大力美化教会形象与传播宗教思想。俄罗斯土地上较早建造的教堂是 1050 年在诺夫哥罗德落成的圣索菲亚大教堂，它参照基辅圣索菲亚大教堂而建造，为石头结构，布局严谨简洁。基辅圣索菲亚大教堂多采用当时君士坦丁堡的建筑艺术。12 世纪，诺夫哥罗德又修建涅列季查教堂，它以有众多宗教内容的壮丽壁画而著名。

15 世纪末至 16 世纪，俄罗斯正教教堂的建设获得国家的支持，有了令人瞩目的发展。莫斯科的圣母升天节大教堂于 1479 年竣工，工程由意大利建筑师以及普斯科夫技工所完成。1532 年，在莫斯科郊外的科洛姆纳村建成一座耶稣升天节教堂，这是一座用石料建造而成的四坡顶形教堂，高达 62 米，自然地耸立于田野之中。1560 年，瓦西里·勃拉任内教堂在莫斯科城内完工，它的俄罗斯艺术风格比较鲜明突出。17 世纪，教堂的建造还在继续。1687 年在雅罗斯拉夫尔的托尔奇科夫拔地而起一座先知约翰教堂，它以正面的浓重装饰而闻名，是当时建筑艺术的一个杰作。

17 世纪，俄罗斯的文化艺术发生显著变化。乌沙科夫的绘画较好地反映了这种变化，他经常绘制圣像，但是圣像的面孔日益逼真，即与现实人像接近，这些作品由于它的新倾向而受到保守势力的攻击。此时，俄国印刷的书籍多为宗教书籍，但是文学作品正在逐渐摆脱东正教的影响，甚至对它进行讽刺。与此同时，文学作品还逐渐增加了人文主义的内容。

18 世纪，俄国大兴土木建造城市，教堂也还在继续建造。1712—1733 年根据瑞典建筑师的方案，在圣彼得堡建造了彼得－保罗大教堂，它以朴实与挺拔的姿态划破了涅瓦河上的天空。1710 年在圣彼得堡开始建造亚历山大－涅瓦修道院，1722 年又在这里修建了报喜节教堂，1790 年又建造特罗伊茨基大教堂，1797 年后这个建筑群统称亚历山大－涅瓦大寺院。1748 年，按照沙皇叶丽萨维塔的吩咐，在涅瓦河边修建了斯莫尔尼修道院。该修道院的大教堂高达 70 米，其主体结构仿照圣母升天节大教堂，但是显示出较高的层次，这是当时俄罗斯文化的佳品之一。18 世纪，东正教对于绘画的影响仍旧存在，但是画家们已开始在画作中探讨人的个性。

随着国家政权的加强和社会思想的进步，东正教会对于俄国文化艺术的作用逐渐减弱。19 世纪上半期，建筑艺术中出现"俄罗斯帝国风格"，即以宏大壮丽的城市建设来显示俄罗斯的国家威严。这一时期，教堂的建造已经较为少见，绘画中的宗教题材也逐渐减少。圣彼得堡的喀山大教堂（1811 年建成）和以撒大教堂（1858 年建成）是这个时代建筑的代表作。

东正教式的宗教题材仍是 19 世纪许多俄国画家所喜爱的绘画内容，当时的有关宗教主题的绘画为后人留下了不少佳作。A. E. 叶戈罗夫于 1814 年创作的《耶稣基督受难》具有古典主义特点。同一时期，舍布耶夫所作《施洗者约翰》等作品表现出明显的现实主义风格。伊万诺夫于 1837—1857 年精心绘制的《基督出现在人们面前》，描绘奴隶和显贵虽然心情不同，但都在等待着基督的出现，并期盼着得到他的解救。60 年代，彼罗夫创作《复活节的乡村祈祷行列》与《乡村布道》，施瓦茨作《沙皇阿列克塞·米哈伊洛维奇时代皇后春季朝圣》。70 年代，萨维茨基作《迎圣像》。80 年代，列宾作《库尔斯克省的祈祷行列》，克拉姆斯科伊作《基督在沙漠中》，波列诺夫作《基督和女罪人》。涅斯捷罗夫于 80 年代创作《女修道士》和《独居修士》，又在 1898 年完成了《伟大的剃度礼》。此外安托科尔斯基还创作了雕塑《受审的基督》等。上述涉及东正教题材的画作和雕塑，或描绘乡村的虔诚信仰，或记载民间困苦，甚至揭露教士的劣行……它们不论是具有现实主义艺术倾向，还是具有古典主义的艺术倾向，都表明了东正教与俄罗斯艺术的密切关系。正如 19 世纪以前东正教教堂建筑成绩相当显著那样，19 世纪宗教内容的绘画也颇引人注目。有关东正教的构思和题材有力地刺激、启发了俄国的画家。不论他们属于何种艺术流派，不论在画作中对东正教做出何种表述，东正教对于俄国文化人士的吸引力都是一种不争的事实。近年来，俄国学者所开展的普希金的作品与东正教之联系的研究，从另一个角度证明了这一点。

东正教与其他宗教一样，它不是科学，只是一种与原始多神宗教相比层次较高的宗教信仰，它恰恰比较适合于科学技术尚未发达、经济发展显著落后和沙皇专制统治肆意横行的俄罗斯社会，即东正教较适合像俄国那样一种以农奴制为基本特征的农业文明和后来的发育不全的工业文明相结合的社会。从长时段来看，东正教既促进了俄罗斯国家的统一，刺激了文化艺术创作的发展，也维持和巩固了沙皇的专制统治。总而言之，宗教信仰完全融入世俗的政治、文化、社会生活之中，无疑是俄罗斯文明的特征之一。

第二节
沙皇专制统治的长期延续

沙皇专制统治与国家机器

沙皇专制制度的存在和延续有它自身的基础，这个基础的核心内容就是俄国的农奴制度。从 15 世纪至 18 世纪末年，伴随着农奴制度的发展，俄罗斯国家的沙皇专制制度也经历了一个由确立到发展的过程。1861 年农奴制度虽然在俄国被废除了，但它的残余势力和影响还长期存在，这正是沙皇专制政权延续的基础。

俄国农奴制的主要特征在于它的高度统制性、强硬的束缚性。农奴制就是管制农奴、束缚农民的制度，它是在地主庄园经济基础上建立起来的一种经济法律制度，农民们被迫在土地、人身与司法甚至心态方面受制于地主，俄国农民实为农奴，服劳役是当时主要的剥削形式。

11—12 世纪，世袭领地制是俄国封建土地所有制的主要形式，农民必须为王公和波雅尔等领主们服劳役。从 14 世纪起，封地制成为封建土地所有制的主要形式，地主多为军人和官吏。14 世纪末年，出现"农民"一词。15 世纪中期，已有若干地主开始剥夺农民迁徙的自由权利。1497 年，伊万三世颁布《法典》，开始在全国范围内建立农奴制。农奴制成为集权国家的经济基础，上述法典规定仅在尤里节（俄历 11 月 26 日，该节日为纪念圣乔治而设立，因而又称"圣乔治日"）的前一周和后一周农民可以自由寻找新的主人，其他时间离去，法律一律禁止。16 世纪，俄国农民的处境每况愈下，他们从俄罗斯中心地区大批逃走。1592—1593 年，沙皇费多尔在位时，俄国实行土地和人口的调查登记，此时政府规定登记簿作为法律依据，农民记入地主名下并成为他的农奴。1597 年，费多尔下令，规定地主寻找逃亡农奴的期限长达 5 年，逃亡超过 5 年的农奴方可另寻新的主人。

当时，俄国农民大致分成三类：地主农奴、宫廷农民和国有农民。前面两类为农奴，国有农民也基本上是农奴，但他们的人身是自由的。随着地主权力的增加，农民们的社会地位日益下降。沙皇阿列克塞即位后进一步加强中央集权，1649

年公布一部《法典》，其第11章"关于农民的裁决"规定不论哪种农民，一旦逃亡即可无限期追回该农民及其妻儿和财产。地主必须向农民提供份地，同时在农民逃走的情况下，还应为农民缴税。地主既不能随意解放农奴，也不可强夺农民的财产。此外，农民有告发主人的权利。这部法典的颁布，表明农奴制度已在俄国正式确立，俄国农民基本上都成了农奴，而真正意义上的自由农民那时几乎没有。18 世纪末年，叶卡捷琳娜二世在位时，俄国农奴制发展到了顶峰，当时，地主有权任意惩罚、出售和赠送农民，甚至可以拆散农奴的家庭。1785 年的《俄国贵族权利、自由与特权诏书》确定了贵族地主的特权，根据诏书的规定，贵族地主可以免除人丁税，可以占有土地与农民，并有权对农民实行体罚等等。

农奴制规定了俄国贵族地主与农民的经济地位和法律地位，同时也确立了专制国家与沙皇宫廷的合法社会地位。借助法律的力量，沙皇专制统治的阶级基础得到了巩固，农民即大多数俄国人被压制在社会的底层。农民们的经济利益、政治权利与生存条件遭到剥夺，人身丧失自由并且受到虐待，甚至家庭生活也遭受肆意侵害。俄国农奴制度的这种经济与政治的法律结构为沙皇权力的实施、国家机器的运转、俄国军队的存在和使用，提供了有利的条件与稳定的社会环境。

下面是俄罗斯沙皇制度建立和发展的大致情况。

俄罗斯大公伊万三世（1462—1505 在位）曾头戴皇冠，自称"沙皇"。1547 年伊万四世（1533—1584 在位）加冕为俄国第一个"沙皇"（Царь），沙皇一词源自古罗马的军事独裁者、"终身独裁官"恺撒（Caesar）。"沙皇"从此成为俄罗斯国家最高君主的尊称，他手中掌握巨大的权力。当时俄国分成贵族、教士、大商人、市民与农民这几个等级，其中市民包括城市手工业者、小商人、低级职员与部分工人等。贵族与教士是特权等级，大商人拥有若干特权，市民与农民为"纳税的等级"。不论贵族、市民或农民在沙皇面前都应额头触地自称奴仆。沙皇权力的大小因人而异，同时这种权力也受到东正教会、波雅尔杜马以及俄罗斯已有法典和传统的约束和影响。1497 年《法典》肯定农奴制为中央集权国家的基础，保护波雅尔与教会的财产，限制波雅尔的权力，规定了政府的形式，司法的程序以及国家镇压民众反抗的权力。1550 年《法典》主要加强了沙皇的权力，限制总督的权限，规定了立法程序即法案必须先禀报君主而后由波雅尔杜马议决等。1649 年《法典》表明俄国最终确立了农奴制度。它规定以严厉措施维护沙皇、教会与国家的权力，保护封建地主与教会的土地所有权。1906 年的《国家根本法》继续保证沙皇所拥有的全部权力，沙皇通过内阁治理国家，而内阁仅向沙皇一人负责。

俄罗斯统一国家形成之后直至彼得一世时期，即 15—17 世纪期间，俄罗斯国家的权力结构未曾发生质的变化。沙皇拥有最高的权力，这个权力还得到逐步加强。"波雅尔杜马"产生于 10 世纪，主要由波雅尔组成。那时它与君主共同商讨和决定国策，发挥较大的作用，是最高的行政管理机关，代表波雅尔参政。17 世纪末"波雅尔杜马"演变为一个咨询性质的机构，但是它的决议仍旧保持如下文字："沙皇指示与波雅尔议决如下……"其政治影响仍然可见。17 世纪，沙皇权力增强，他通常只和少数近臣共商国是，这些人组成"近臣杜马"，它的作用日益超过波雅尔杜马，它们并存至 18 世纪初年。1711 年随着参政院（сенат，一译枢密院）的建立，波雅尔杜马才被取消。

"中央等级代表会议"产生于 16 世纪中叶，通常由沙皇召集，当他因某种原因不能主持召集时，则由都主教（后为牧首）召集。1613 年的"中央等级代表会议"选举米哈伊尔·罗曼诺夫为沙皇。罗曼诺夫在位期间，"中央等级代表会议"得以经常召开。这个机构曾发挥重要政治作用，它有权确立皇位与选举沙皇（1584 年、1613 年、1648 年和 1682 年等），有权讨论税收、确定对外政策和征兵打仗。它是当时俄国等级代表制的一种表现，沙皇经常依靠它来反对封建分裂势力。17 世纪中，随着 1649 年法典的通过和绝对君主制的确立，"中央等级代表会议"就很少召开。

15 世纪末至 16 世纪初，俄罗斯国家机构曾设立若干"衙门"，即中央各部，它们分管宫廷、使节、官吏、行伍（服役）、驿站、粮仓、赫洛普（奴仆）、封地等事务。17 世纪，上述主要衙门继续存在，它们经常保持在 40 个左右，有时多至 80 个，但是直至 17 世纪，行政、财政与司法机构尚没有明确分工，财政方面并无统一的衙门，军事也由若干衙门分管。各衙门处理政务和司法事务，由长官或法官负责。

17 世纪中叶，俄国将全国 250 个县合并为若干州，在州一级实行督军制，以便管理地方事务，督军多由上层贵族担任，代表国家处理行政、税收、司法与军事公务。

1721 年，彼得一世被加冕为"祖国之父、皇帝与伟人"，同时俄罗斯改称帝国，尽管如此，俄国皇帝仍称沙皇。彼得一世执掌全权，自称"为众人谋福利""为国家谋利益"，而他实际是一个专制君主。1722 年，他颁布皇位继承法，规定在位皇帝可以自由地选择继承人，并可更换已定继承人。当时，俄罗斯国家面临许多困难，从中央的衙门到地方的督军，机构重叠，秩序混乱，效率低下。彼得一世在他执政的数十年内，先后颁布一系列法令，进行政治体制改革，逐步将机构稳定下来。

1699—1719 年设立"近臣办公厅"，这是一个对国家各机关进行行政与财政监督的机构，它是波雅尔杜马的办公厅，它的成员为各主要衙门的首长。它每月接受各衙门和省的财政报告，并根据这些报告做出年度总结。

参政院于 1711 年成立，它取代波雅尔杜马，负责管理行政、财政、军事与立法事务。每当沙皇离京，它便代表君主执政。同年还设置了总检察官，总检察官"如同君主的眼睛"，其任务在于监督参政院的工作。1718 年，将 50 个左右的旧衙门改造成 12 个委员会，近臣办公厅也因此于 1719 年被取消。12 个委员会分别为陆军、海军、外交、税收、采矿、手工工场、商务、司法、领地和监察等，它们的职能已接近现代政府中的各部。1722 年，公布"官秩表"，将文武官吏分为 14 个等级，并且规定必须逐级晋升，显贵子弟的飞黄腾达因此遇到若干障碍。根据 1714 年的"一子继承法"，波雅尔的世袭领地与贵族的服役领地权利相等，从此世俗封建主皆称贵族。该法还规定，不论上述何种领地，皆由一个儿子继承，其他儿子应入伍或在政府中服务。

地方行政改革几经变化，至 1719 年才比较确定。1708 年，俄国划分为 8 个州，每个州由总督负责掌管军政大权，而州参议会则监督省的工作。1719 年，州以下分为 50 个省。省由督军领导，是地方的主要行政单位，它有权直接与中央联系。省以下为县。1720 年，各城市设立市政局与市议会，首都彼得堡则成立市政总局。当时，俄罗斯全国建立起了统一的行政系统。1718 年，全国开始实行人口调查，此后每 15 年复查一次。

在叶卡捷琳娜一世统治时期（1725—1727），于 1726 年年初成立了"最高枢密会议"，它从参政院获得外交、军事等权力，女皇未经"最高枢密会议"同意不得做出重大决定，它实际上代替了参政院，成为全国最高权力机构。但是它受到缅什科夫等大贵族的操纵。1727 年，彼得二世年幼即位，由最高枢密会议摄政，贵族戈利津控制着"最高枢密会议"。在上述最高枢密会议得势期间，参政院丧失了政治上的决定作用。1730 年，安娜·伊万诺夫娜继承皇位后，下令解散最高枢密会议，于是参政院的职权得到恢复，1731 年 11 月的一项诏令正式确定成立内阁，内阁拥有具体管理国家的职能。

从 1725 年彼得一世去世到 1762 年叶卡捷琳娜二世即位，在这 37 年内沙皇权力变化很大，贵族集团之间争权夺利，激烈的矛盾冲突往往导致政变。此外，叶丽萨维塔在位期间（1741—1761）还曾尝试实行"开明专制"。尽管如此，俄罗斯国家的基本结构、沙皇专制统治的根本特征未曾发生变易，充分展现了沙皇专制制度的稳定性。

1767 年，根据大主教季米特里的建议，由新法典编纂委员会授予叶卡捷琳娜二世（1762—1796 在位）以"英明伟大的皇帝与国母"的称号。她在普加乔夫农民起义（1773）之前，曾经实行过"开明专制"，与法国启蒙思想家伏尔泰和狄德罗关系密切，但她仍然是一个专制的沙皇。亲自掌握参政院的外交、陆军与海军大权，并命令总检察官控制参政院，后者的作用因而明显削弱。她还设立"最高宫廷会议"，作为咨询机构而为沙皇效力。1775 年沙皇颁布敕令，取消州的建制，仅留下省与县两级，全国划定为 50 个省。在中央与省之间设立总督，总督既是参政院成员，也分管 2 至 3 个行省。彼得堡与莫斯科作为两个首都，设立警察总监，其余城市则由市政局和市长管理。

在加强中央集权方面，保罗一世（1796—1801 在位）建树甚少，那时曾设立"帝国会议"，参政院内各委员会由对沙皇共同负责制改为首长负责制。沙皇给总检察官以重要权力，并指出："你与我，我和你，我们俩人可以处理一切事务。"保罗一世的"杰作"在于改变皇位继承的规定。早在 1722 年，彼得一世吸取太子叛国的教训，曾公布一项皇位继承法，规定沙皇有权自由选择继承人，并可更换已定的继承者。保罗一世于 1797 年废除此项敕令，另行颁布新规定：此后皇位皆由罗曼诺夫家族世袭。由于这项敕令，罗曼诺夫家族执政直到帝制在俄罗斯终结。

一个新的咨询机构"秘密委员会"于亚历山大一世（1801—1825 在位）登基后不久设立，上述帝国会议因而被取消。这个委员会由近臣组成，其任务为讨论改革计划。1802 年，组建陆军、海军、外交、司法、内务、财政、商业与教育共 8 个部，它们如同当时西欧通常意义的政府部门，取代了彼得一世留下的委员会，1811 年又增至 11 个部，新增的三个部分别为警务、交通与监察部，各部大臣负责研究有关国家事务。参政院改为最高司法机构，主要监督各部大臣的工作，它解释法律的权力有限。1810 年，成立国务会议，它在沙皇的领导下研究国家事务，仅有立法方面的咨询权，可按照沙皇的旨意审查法案，法案审查通过后呈交沙皇批准。国务会议一直存在到 1906 年。1817 年，教育部改称宗教事务与民众教育部，大部分宗教事务划入它的管辖范围，同时又将宗教原则生硬地贯彻到学校的教学中去。那时，还有内政部的秘密警察、阿拉克切耶夫的特别监视人员与圣彼得堡总督的暗探体系。1822 年沙皇下达一项专门命令，禁止在俄国建立秘密组织包括共济会组织，以便防止俄国"不满分子"与西欧进步力量的"勾结"。至此，俄罗斯国家的行政权力机构已经具有比较固定的机制，这种机制基本上延续到 20 世纪。

尼古拉一世在位期间（1825—1855），主要致力于发挥专制统治机构的作用和进一步集权化，事无巨细他都一律亲自过问，并对 1812 年设立的皇帝办公厅实行了改组。根据敕令，改组后的皇帝办公厅从 1826 年至 1842 年先后成立了六个处。第一处为原有机构，负责监督沙皇敕令的执行。第二处的任务在于编纂法典。第三处（一译第三厅）于 1826 年建立，是一个专门从事监控和惩办"国事犯"的机关。第四处领导教育和慈善工作。第五处主管国有农民的事务。第六处专门负责高加索的治理。此外，还公布了新的书刊检查章程与学校章程，对于书刊的出版与学校的教育严加控制。1845 年制定了《刑法》，正好可以和上述专制措施互相配合。

尼古拉一世力求加强贵族阶级的统治地位。他于 1831 年发布指令，将权力更加集中于财富较多的贵族手中，指令规定今后至少要拥有 3000 俄亩土地与 100 名农民的贵族，才有资格直接选举在等级机构和行政机构中任职的贵族代表。凡财产少于上述标准的贵族，仅能选举受委托人即选举人，而政府官员则由选举人选出。凡财产少于 100 俄亩和 5 名农民的小贵族，不得参加贵族选举。1835 年的一项法令对于大贵族的财产作了这样的规定："严禁触犯的贵族领地"，不准分割与转入他人之手，而应由长子继承。此外，1832 年政府还在世袭贵族之外，为大工商业资产者设立了一个新的贵族等级"荣誉公民"，从而防止"高尚贵族"与资产者"混杂"。在尼古拉一世统治时期，"俄国的专制制度达到了顶峰"。[①]

亚历山大二世（1855—1881 在位）继承了他的父亲尼古拉一世的皇位，面对国内的严重危机，他被迫进行了重大改革。他曾设立专门的委员会，着重研究农村问题，并且提出改革方案，此项工作最终导致 1861 年废除农奴制法令的颁布。

▶ ▶ ▶ ▬───────────────────────────────────

① А.С.Орлов, А.Ю.Полунов, Ю.А.Щетинов, *Пособие по истории отечества*（《祖国历史教程》）, Москва, 1997. стр.174.

检阅军队的尼古拉一世

　　废除农奴制后，还进行了若干有关地方"利益与需要的"改革，以便使沙皇专制制度适应俄国社会的新发展。1864 年，亚历山大二世批准关于地方自治的法令。据此，全国各地实行省与县的自治，即在此两级召开地方自治会议并设置地方管理局。地方自治会议的代表经由选举产生并拥有表决权，当时县地方自治会议的代表约 42% 为贵族，省一级的代表约 74.2% 为贵族。由于选举受到财产资格的限制，贵族地主在地方政权上占有优势。1870 年的城市条例规定进行城市自治的改革：建立城市杜马及其市执行局。城市杜马也由选举产生，富有的资产者占据优势。

　　在省与县的地方自治会议和城市杜马的选举中，明确规定以财产资格作为首要条件，同时上述自治机构具有代议制的特点，它们与往昔封建性质的地方统治相比较，可以视为一个进步，但是沙皇的专制权力完好无损，俄国的国家机器仍具有封

尼古拉二世

建君主专制的特征。

俄国工人运动的蓬勃发展向沙皇专制制度提出了新的挑战。当时，社会上的不满情绪不断积聚，刺杀沙皇或高级官吏的事件多次发生，国内局势颇为紧张。亚历山大三世（1881—1894在位）登基后，公开声明专制制度"坚不可摧"，他将恪守关于"专制政治之力量与法理的信念"。随后，政府实行反动政策，尤其加强了对地方自治、新闻出版与学校教育的控制。在此时期，沙皇依靠原有的统治机构，继续主宰着俄国。19世纪末，法案通常先由政府各部与参政院做准备，经国务会议讨论，再交沙皇批准，沙皇有权拒绝批准。凡重大改革计划，须经"特别会议"与各种委员会研究，教授与法学家等"专门人士"往往应邀参加有关会议。沙皇专制制度在治理国家时逐渐具有了"会议的或集体的特点"，但大体上仍为君主专制。[1]

罗曼诺夫王朝的末代沙皇是尼古拉二世（1894—1917在位），他继位后的第一次讲话就宣布将追随其父亲"坚定不移地维护专制制度的原则"，但是他无力阻止俄国社会矛盾的迅速激化。1905年10月30日（俄历10月17日），沙皇签署一项由维特起草的"宣言"，宣布凡俄国公民均享有人身、言论、集会、结社与信仰的自由，扩大选举权，将国家杜马改为立法机关，宣告将实行君主立宪制度。

1906年3月，沙皇下令改组国务会议与选举国家杜马。国务会议成员的半数应为沙皇任命的高级官吏，此后该机构与国家杜马拥有同等的立法权力，实际上由咨询机关变成了上议院。凡立法草案必须经国家杜马讨论通过与国务会议通过，而后

[1] 参见 Новейшая история отечества XX века(《20世纪祖国现代史》).под ред. А.Ф.Киселева, Э.М.Щагина т.1.Москва, 1999, стр.65.

才可呈交沙皇批准。沙皇仍旧掌握大权，他有权解散杜马或绕过国家杜马而颁布非
常法令。同年 5 月 6 日（俄历 4 月 23 日），颁布《国家根本法》，既承认国家杜马、
国务会议与皇帝之间分权的原则，承认预算应由国家杜马和国务会议批准通过，又
强调"专制国家的最高权力属于全体俄国人的沙皇"。[①]

对于此后俄国是否存在君主立宪的政治制度，国际史学界至今仍然众说纷纭，
莫衷一是，实际上 1905 年的"十月宣言"和 1906 年的"国家根本法"皆为"赐予
的宪章"。国家杜马还不完全是惯常意义上的议会，虽然沙皇给予了若干自由权利，
但此时君主立宪只是具有政治表演的性质。根据官方选举法，1906—1907 年先后选
举产生了四届国家杜马。尽管俄罗斯几经政治周折，国家杜马仍为沙皇专制制度的
政治工具。1917 年二月革命之前，绝对君主制仍在向着资产阶级君主制过渡。它在
后期曾尝试实行议会制度，但是沙皇政权的核心即专制权力未曾发生质的变化。

沙皇的专制统治是由沙皇代表封建贵族阶级实行专制，但同时又以沙皇个人
统治的形式展现出来。伊万雷帝曾经表示："朕愿赏时即赏，朕愿诛时即诛。"彼得
一世时的政治家与传教士普罗科波维奇曾著文《君主意志的真理》，论述君主专制
"十分必要"的特性。

根据亚历山大三世于 1881 年发表的宣言，沙皇专制制度是俄罗斯国家的永久
基石。必须实行并不断加强中央集权的政治制度，只有这样才能治理国内的四分五
裂和抵抗外部敌人的入侵。在尼古拉一世的心目中，对于内部叛乱应该进行无情的
镇压，"教训俄罗斯，这是我的责任"，"我不需要博学之士，仅仅需要忠臣"。贵族
是"皇权的第一个支柱"，是沙皇专制政权的阶级基础。当时的教育大臣乌瓦罗夫
提出的关于"智力堤坝"的教育纲领，即包括东正教、专制制度和"人民性"。该
纲领的通俗解释就是虔诚信仰东正教的俄罗斯人，必须忠诚拥护沙皇的专制统治。

沙皇专制制度的内涵是神力、最高权力、古罗马的声威、俄罗斯的传统、皇族
的世袭、高度集权的机制、广大臣民的忠心驯服，以及教训俄罗斯的责任等等，沙
皇专制就是朕即国家。这种思想在俄国根深蒂固，沙皇专制制度的延续得益于俄罗
斯专制思想的广泛传播与长久存在。

▶ ▶ ▶ ————————————————————————————————

① там же, стр.98-100. 该书认为此后"俄罗斯逐渐变成立宪君主制的或杜马君主制（думская
монархия）的国家"。由于此书是 1999 年出版的高校教材，上述评价大体上可以视作一种比较通行
的看法。

强力机构的突出作用

沙皇专制制度的特征不仅体现在俄国中央机构的建立和巩固以及专制思想的精神统治之中，还体现在强力机构的突出作用上。沙皇依靠它的军队、宪兵、警察、政治侦探局、哥萨克与监狱等专政工具统治着俄国，专政机制不断得到改进。

16世纪中叶以前，俄国军队主要是贵族骑兵。16世纪中叶，俄国军队的第一支常备军为贵族统领的"射击军"。射击军由平民组成，这些人于17世纪中叶成为世袭的武士阶层，主要职责是维持首都治安，通常经营商业和手工业。17世纪后期，"射击军"对政府以土地代替军饷的规定表示不满，曾参与政变和皇权争斗，发生过骚乱，所以1698年被解散。俄国军队曾于1689年进行过改造，此后俄军便由贵族军官指挥，一般士兵由广大农奴（农民）组成。原来的俄国士兵为终身服役制，一旦征召入伍便只有残疾后才能回乡。彼得一世开始军事改革，于1705年实行募兵制，每年从农民和市民中招募一定数量的新兵，但是士兵仍须终身服役。后来服役期限多变，1793年减为25年，1834年改成20年，1855—1872年陆续减至12年、10年、7年。1874年实行普遍兵役制，服役期定为6年。俄国军队是一个人数众多的武装群体，除了路易十四和拿破仑时期的法国之外，俄军的人数在欧洲首屈一指。在那些年代，"俄罗斯刺刀"如浪潮一般涌向中欧与西欧，其势难挡。俄军人数一直在增长：1690年17万，1710年22万，1725年25万，1756年33万，1789年30万，1812年50万，1816年60万，1830年82万，1860年86万，1880年90万，1913年多达230万人之众。俄军在对外侵略扩张中发挥了巨大的作用，同时它对于维持沙皇专制统治和国内秩序也起着重要作用。沙皇专制政府借助正规军队，曾残酷镇压拉辛、普加乔夫等农民起义。

俄罗斯警察于1718年由彼得一世建立，是一支独立的专政力量。它的内部分三个部门：普通刑事、政治事务、专门服务（管理宫廷、港口与市场）。警察归属于内政部的警务司领导，其基层组织设在县和市，各级警察机构皆有较大的权力。俄罗斯旧警察作为压迫百姓与效忠沙皇的专政工具一直存在到1917年。

宪兵部队始建于1792年，初始阶段仅有一个团的兵力。1815年创建了一支禁卫军的宪兵部队（半个骑兵连），当时宪兵一般仅承担在军队中维持秩序的任务。1817年发生了变化，全国各地都组建宪兵营，宪兵开始具有政治警察的作用。1825

年十二月党人起义之后，政府改组宪兵部队，次年使它从属于"第三处"，并为后者的执行机构，宪兵司令由本肯道夫担任。1827 年各宪兵部队合并为宪兵军，1836年改组为宪兵独立军，成为独立的军事部门。宪兵部队经过扩大与改造，终于成为沙皇专制统治的有力工具。1880 年"第三处"取消后，宪兵部队隶属于内政部的警务局。从 19 世纪中叶起，彼得堡、莫斯科与华沙的宪兵工作受到特别的关注。作为政治警察，俄国宪兵从事侦查与逮捕，有时也独自处理政治案件，而不必将案件当事人移交法庭。宪兵队拥有较大的权力，根据 1871 年的一项法律，它有对于政治案件的调查讯问权。1881 年"有关保卫国家秩序与社会安全的措施"条例实施后，宪兵的政治警察活动大量增加。俄国宪兵的机构及其活动直到 1917 年 2 月才停止，它的责任对象是政治犯、进步知识分子、1861 年以前逃跑的农奴等。宪兵曾经多次直接参加镇压革命运动，如 1905 年革命。

政治侦探处于 1866 年初次在彼得堡创建，1880 年在莫斯科与华沙建立，1903年以前称"社会安全与秩序保卫处"，归属于内政部警务司管理。这是一种地方性质的政治侦查机构，它根据宪兵提供的材料，从事侦查、逮捕与审问工作，其对象是地下组织和反政府人士。它拥有相当广泛的监视系统和人数众多的密探，曾在城市邮政总局内设立"黑色办公室"，专门从事秘密检查。1914 年全俄共有 26 个政治侦探处，它们于 1917 年 2 月革命时被取消。

哥萨克是俄罗斯所特有的一种武装力量，泛指 14 至 17 世纪从中央地区迁往边疆，如顿河、第聂伯河、伏尔加河、雅伊克河、捷列克河与库班河沿岸以及西伯利亚的俄罗斯与非俄罗斯农民。18 世纪哥萨克成为一个军人阶层，其成年男性必须服役 20 年，1909 年服役期限减至 18 年。他们获得免税等特权，以若干村庄合成一个行政单位"镇"，自行选举首领，选举出来的首领主持镇的军政事务。哥萨克的军事作用在于守卫边境，即主要参加对外战争，但有时也参与国内的镇压活动（如1905 年）。从 18 世纪中叶开始，西欧人提及哥萨克往往谈虎色变。1916 年哥萨克超过 440 万人，占地 6300 万俄亩。第一次世界大战时，他们提供了 28 万余人的兵力。1920 年，苏维埃政府宣布废除哥萨克这一特殊阶层。

此外，俄罗斯国家政权还拥有监狱以及负责诸如流放和苦役一类事务的专门机构。这一切使得沙皇的专制统治能够在漫长的时间内有效地运转。

沙皇的专制统治机制曾经历数次重大的变化，每一次变化都有利于这种机制的完善。为了保证专制制度的运转，亚历山大一世统治期间，沙皇俄国采用"阿拉克切耶夫体制"。阿拉克切耶夫曾任彼得堡城防司令，1808 年为军事大臣，1815 年后，此人同时掌握着国务会议、大臣会议与沙皇私人办公厅的领导权，当时仅他一个人有权向沙皇禀报政务。阿拉克切耶夫实行反动专权，被称作"二皇上"，他的权势一直延续到亚历山大一世去世。阿拉克切耶夫拥有警察权，另外，他还握有沙皇事先签好字的空白文书，他可以利用这些空白文书随意下达指令，他有权任命中央与地方的高级官吏。他采取一系列措施加强专制制度，1815 年政府公布专门法令禁止农民"寻求自由"，1822 年的法令使地主获得将"行为恶劣"的农奴流放到西伯利亚的权力。那期间，俄国的文化教育政策也与上述反动措施互相配合，喀山大学的 11 位教授由于"有害倾向"而遭到开除，彼得堡大学的一批教授因自由思想而受到审讯。此外，官方严禁"动摇信仰的"言论，厉行新闻检查制度，莫谈国是一时成为社会风尚。1815—1825 年是俄国历史上一个万马齐喑的时期。

"军屯制"是阿拉克切耶夫体制的内容之一。军屯制度始于 1810 年，1812 年曾因战争一度停办，1816 年在全国广泛推行，1817 年 4 月正式实行，阿拉克切耶夫为它的官方负责人。军屯部队由下列人员组成：已经服役 6 年的士兵、已婚士兵、当地国有农民以及这些人员的年满 18 岁的儿子。这些人的年龄都在 18—45 岁之间，一旦年满 45 岁便改做次要工作。军屯部队既进行军事训练，也从事农业耕作，是一种特殊的军队组织，目的在于以少量开支来储备军队和控制地方。这些军屯者，在国家的土地上建立起军事化的村庄，过着自给自足的生活，服从严格的纪律约束。他们每 4 家同住一所大房子，自然繁殖新兵，军屯女儿由长官安排婚嫁。当时，先后在彼得堡、诺夫哥罗德、赫尔松等地区建立了军屯，1825 年已有 37.5 万国有农民转入军屯，军屯人数接近全俄军队人数的三分之一。

军屯制度不时引发军屯户的不满，1817—1819 年多次出现反抗活动，甚至举行起义，但是都遭到了镇压。亚历山大一世宣称："哪怕需要将尸体从彼得堡一直摆放到丘多沃城（100 多俄里，即 106 余公里），军屯制度仍要实行。"但是，恰恰由于这些反抗，1831 年诺夫哥罗德的军屯改为"耕田士兵区制"，随后其他省份也有相同的改变。1857 年军屯作为一种体制终于结束。

本肯道夫专政是尼古拉一世时期沙皇专制制度的特点。本肯道夫是俄国的一位军官，曾自发地搜集进步人士的情报并向亚历山大一世告密，后来参加镇压十二月

党人起义。尼古拉一世即位后，本肯道夫成为"最受宠信的官员"，从 1826 年 7 月
至 1844 年去世一直任宪兵司令与"第三处"首脑，是沙皇专制反动政策的推行者。
本肯道夫将俄国分成 7 个宪兵管辖区，各区由一名宪兵将军统领。当时，俄国社会
到处是密探，密探的任务就是"侦察民众心灵，监视那些攻击宗教和诽谤政府的人
士，以及搜寻新的秘密团体"。由于本肯道夫和杜别尔特的努力，俄国政府建立了
密探系统。杜别尔特是宪兵部队的一名长官，1839—1856 年曾任"第三处"主管，
他在新闻检查、控制宗教分裂派以及迫害进步文化人士方面推行强硬的反动政策。
当时一位曾访问过俄国的外国人如此描绘这个国家："这里办理每一件事都如同在
军官学校，所不同处仅为学生在死去之前一律不能毕业。"①

　　"洛里斯－麦利科夫体制"的专政以及"感化"政策，代表了亚历山大二世统
治后期的特点。这位将军于 1880 年 2 月晋升为"最高管理委员会"主席，从此他
便倒行逆施竭力维护专制统治。同年 8 月，经他建议取消了"最高管理委员会"，
而他本人改任内务大臣与宪兵司令，继续实行反动政策。1881 年 3 月亚历山大二世
遇刺身亡，之后这位将军只好选择退休。当时，由于多次发生暗杀事件，国内局势
日趋紧张，洛里斯－麦利科夫被迫进行政治迂回，推行"感化政策"，即在地方自
治、立宪、新闻检查等方面做出若干让步，但是洛里斯－麦利科夫仍然把主要力量
用于加强政治控制与镇压反抗。1880 年，"第三处"因臭名昭著而取消，但是有关
工作立即移交给内务部的警务司，政府的高压政策和镇压手段未曾发生变化。洛里
斯－麦利科夫宣称："社会上激发起来的希望实为虚妄幻想"，必须对一切"犯罪与
攻击现实的行为""严惩不贷"。当时，军事法庭从严从重判决，不少革命者与进步
人士被判处死刑或服苦役。19 世纪，俄国强力机构的作用日益遭到谴责。

专制暴力的滥用

　　俄国沙皇制度的专制性，还淋漓尽致地表现在暴力传统与酷刑滥用等方面。在
俄罗斯的历史上，为了争夺权力与行使权力而以各种残酷的方式使用暴力，是一种
常见的政治现象，甚至可以说是一种政治习惯、政治传统。

▶ ▶ ▶

① 潘克拉托娃：《苏联通史》第 2 卷，三联书店，1954，191 页。

　　早在莫斯科大公国时期，1425 年瓦西里二世即位后便遇到了叔父与堂兄弟的挑战。瓦西里在前往教堂的途中遭到劫持，被弄瞎了眼睛并被放逐异乡，后来他在原部属的支持下反败为胜，他的政敌即其堂兄弟之一被杀。伊万四世于 1533 年登基，此时他年仅 3 岁，实由其母后叶连娜掌权，叶连娜颇有才干，力求巩固君主权力，但遇到伊万四世的叔叔们的反对，5 年后这些波雅尔终于将她毒死。后来在伊万四世掌权期间，此类暴力也多次发生。伊万四世曾下令处死与他争权夺利的大诸侯叔伊斯基，处死参与争权的都主教菲力普，处死波雅尔弗多罗夫全家及其仆从 400 余人。为了消除诺夫哥罗德的反抗，伊万四世率军夺城，大屠杀持续 6 周之久，诺夫哥罗德城被洗劫一空。伊万四世多次亲自实施暴力惩处政敌，甚至用笏杖击毙太子。伊万四世因而获得"雷帝"的称号，雷帝一词形象地说明了沙皇专制制度的令人恐怖的特点。

　　留里克王朝的末代君主费多尔在位时，他的弟弟季米特里于 1591 年不幸死亡。人们认为这是出自政敌戈都诺夫一派的阴谋，费多尔随即杀死数名"有关的"官吏。鲍里斯·戈都诺夫于 1598 年当选为新沙皇，他以谋反为名打击和费多尔有亲属关系的罗曼诺夫一家，将他们放逐到寒冷的北方。1603 年，赫洛波克领导挨饿农民造反，也遭到残酷镇压，许多造反者被吊死在通往莫斯科的大道两旁的树上。1607 年镇压鲍洛特尼科夫领导的农民起义时，沙皇瓦西里·叔伊斯基违背许下的诺言，不仅未曾保证起义者的自由，反而挖掉鲍洛特尼科夫的眼睛并将他放逐北方，此人后来被淹死于当地。

　　俄罗斯的暴力传统不仅有事实可寻，而且有法律条文作依据。1649 年《法典》的若干条文既强调刑讯，也规定了削耳、剁手与刖足等酷刑以及死刑。按《法典》规定，地主杀死自己的农民不必负任何刑事责任。17 世纪，衙门作为日常运转的行政机构，多数也负责司法工作。那时，审判案件是一种实施暴力的过程，被告接受酷刑审讯，轻罪者遭到鞭笞，重罪者难免割舌、斫手直至处死的惩处。凡是反对东正教的罪犯都被焚烧。

　　沙皇的专制统治不断激起人民的反抗，1650 年普斯科夫等城市甚至成立了自治政府。普斯科夫城的市民奋力抵抗沙皇军队达 3 个月之久，他们轻信了沙皇大赦的许诺，最后惨遭处死或充军。1667 年拉辛领导农民起义，遭到残酷镇压，3 个月之内吊死 1.1 万余人。拉辛落入敌人手中被押到莫斯科，他所受的刑罚尤为残忍：先砍去手脚，后割下头颅，最后被四分尸身。

彼得一世曾试图改变这种野蛮的统治方式，但未能如愿。1725 年彼得一世去世，接着便是几十年的宫廷内乱，皇权几易其手，但暴力统治却有增无减。1762 年叶卡捷琳娜二世在近卫军的帮助下夺得皇位，她的丈夫沙皇彼得三世被迫退位并遭软禁，最后终被处死。不久，沙皇专制统治遇到严重挑战，1773—1775 年发生了普加乔夫领导的农民起义。沙皇军队几经苦战最后战胜了起义军，普加乔夫被戴上手铐脚镣装入木笼押解到莫斯科处死，伏尔加河流域的村庄遭到焚烧与清洗，载着绞架的木排，沿河漂流而下，未被处死的起义农民被流放或被强迫服苦役。保罗一世时期的"夹鞭刑"、尼古拉一世对于十二月党人起义的镇压、亚历山大二世时期的绞刑与"假死刑"，都是俄罗斯沙皇暴力传统的有力证明。

19 世纪 70 年代，俄国工人运动兴起，罢工斗争接连发生，但都遭到了警察、宪兵甚至军队的镇压，他们的领导人被判苦役或流放，甚至被判处绞刑。随着工人运动的发展，沙皇专制的高压政策不断加强。1887 年和 1895 年，列宁因积极从事革命活动而被捕，被判处流放数年之久，其他革命领导人也大多受到类似的迫害。1905 年革命失败之后，斯托雷平领导的沙皇政府一度推行猖狂的压制政策，由于绞刑的经常实行，人们将绞架称作"斯托雷平的领带"。1912 年春天，勒拿金矿工人举行罢工，反对英国与俄国矿主们的剥削，军队开枪造成 500 名工人的伤亡。

暴力不是沙皇的个人行为，它是沙皇专制制度为维持其存在而经常使用的手段，是一种"政治形式的钳制"，同时，大量地或残酷地使用暴力是社会矛盾激化的表现。18 世纪以前，俄罗斯使用暴力的情况大致与西欧相同，后来西欧社会逐渐走向文明。俄罗斯帝国出于沙皇专制统治的需要，更由于其经济、社会发展缓慢，农奴制长期不能废除，暴力便逐步成为显示沙皇统治权势、维持其专制的惯用手段和传统做法。在 17—18 世纪的俄国宫廷中，人们身穿法国式服装，模仿维也纳的舞步，追求西欧式的礼仪，却不学西欧文化的内容，只求其形式，勾心斗角、狂饮滥赌多于议政谋事和商讨革新良策。废除农奴制以后，农民仍然受到鞭笞，警察与哥萨克仍然肆意殴打市民，体刑一直延续到 1903 年。

由于时代的限制与自然环境的阻隔，外部世界对于俄国沙皇专制的实况和社会生活的真相历来了解不多，19 世纪中叶一个法国旅行者居斯丁为大家提供了可靠的证据。居斯丁属于顽固的君主派，曾钟情于沙俄的政治制度。他于 1839 年夏天前往俄国旅行，其目的在于"收集不利于代表制度的证据"。他在俄国考察后曾出版著作，下面是他的评述："俄国的政治状况可用一句话来概括：在这个国家，政府随心所欲，因为仅仅它拥有说话的权利。""在俄国，恐惧取代了思想，已使思想瘫痪。""游览者只有在陪同的伴随下进行活动。""在进入俄国时，你必须带着护照，同时将你的判断能力留在它的边界之外。""如果你的孩子们对法兰西表示不满，请试用我的办法——将他们送到俄国去看看。当人们从近处认识了俄国之后，便能够珍惜在其他地方生活的幸运。"[①] 居斯丁是一个侯爵，他的父亲与祖父都死于法国大革命，他访俄后回到法国，从此成为"一个坚定的立宪主义者"。

第三节
社会惰性与社会变革

社会惰性

俄罗斯国家成长的关键步伐清晰可见，即诺夫哥罗德公国、莫斯科公国、莫斯科大公国、俄罗斯统一民族国家、俄罗斯帝国。在剖析俄罗斯文明漫长的进程时，人们能够看到它的一个特点：社会的惰性和文明的惰性。这种社会惰性主要通过农村公社的长期存在、蒙古人统治的影响和俄罗斯人对于沙皇的迷信等方面清楚地表现出来。

俄罗斯社会的惰性有着深远的根源，它首先隐藏在已经存在了千百年的村社之中。农村公社（сельская община）简称村社，北方还称"米尔"（мир），南方则称"维尔弗"（вервь）。村社始于东斯拉夫人的原始社会阶段，一直延续到苏联集体化的完成。村社不是血缘的氏族公社，而是因地缘关系而产生的一种结合，当时村社

▶ ▶ ▶ ────────────────────────

① Tibor Szamuely, La tradition russe（《俄罗斯的传统》）, Stokholm-Londres, 1996, pp.15-17.

内的土地、森林和牧场皆为公共所有，并定期重分农民耕种的份地。

9 世纪末以后，使用村社份地的农民逐渐分化，王公与波雅尔等不断占有村社的土地，私有财产产生并且逐渐得到加强。基辅－罗斯由原始社会未经奴隶制，直接进入了封建社会。11 世纪时，大部分农民生活在村社内，但是土地开始封建化，破产农民沦为农奴。随着土地的私有化与农民分化的不断进行，俄国资本主义得到发展。1861 年和 1906—1911 年的改革，给村社带来了程度不同的变化。

村社在日常生活中发挥着两种作用。一方面，村社的机制倡导集体生活方式，要求恭顺服从和愚钝无知，严禁独立思考和反抗，在经济上妨碍了富裕农民的发展；另一方面在这个体制之下，村社的问题由集体决定，学校、教堂、道路与牲畜饮水设施的修理都归村社安排，草地与牧场的使用也由村社组织，生活困难者受到村社的帮助。村社进行集体主义的教育，防止其成员之间出现过分悬殊的生活差异，而较小差异的生活则能使社会的不满情绪停留在怨声不断但怒火不大的低度水平，有利于防止大冲突的爆发。维特指出：私人企业如同分指的手套，每个手指皆可自由活动；农村公社好像连指手套，手指无法分开活动，但是包在一起使人感到温暖。斯托雷平于 1906 年不无道理地哀叹："正是小农场主的个人主义才使美国迅速地走到了前面。俄罗斯的土地村社是一种腐朽的、与时代不符的东西。现在，村社正在毁灭国家的威势。"俄罗斯农村公社的长期存在对于社会惰性的形成起了关键作用，社会惰性又反过来滋润着农村公社，这种非良性循环的后果就是俄罗斯社会的滞留不进与俄罗斯文明的迟钝。

1238—1480 年大约两个半世纪，蒙古人统治着俄罗斯，蒙古人的东方统治方式和统治思想对于俄国统治者具有很大影响。普希金曾将亚历山大一世称作"游牧的暴君"，看来并非偶然。

蒙古人在与南宋王朝的交往中，学会了汉人制造与使用火药武器的军事技术。他们参照中原传统的典章制度，建立了固定赋税机制，改行军民分治，崇尚儒家思想，控制牧场的无限扩大，力图发展农业生产。蒙古人对于俄罗斯的统治主要通过"金帐汗国"（又称钦察汗国）的统治表现出来。金帐汗国作为一个封建君主国家曾有昙花一现的强盛，那时它控制了从额尔齐斯河与鄂毕河往西直至多瑙河的广大地域。拔都的军队所向披靡，攻城时抛石机经常掷出巨石，这种巨石四条壮汉未必能够举起。俄罗斯诸国未曾直接并入金帐汗国，只是与它保持藩属关系，当时俄罗斯大公及诸王公皆由汗王决定。拔都在所夺取的城市里设立总督与长官，进行相应的控制。与此同时，俄罗斯仍在使用它原来的法律、语言、人名与地名，日常生活仍旧按照传统的方式进行，风俗习惯未变。俄国院士弗连在1832年曾指出："我们称为金帐汗国、伊斯兰教徒称为术赤兀鲁思的蒙古王朝的统治……曾在近2个世纪中成为俄罗斯的灾难和苦痛，使我们处在奴役的极度束缚下，它掌握了对俄罗斯诸公的生杀予夺之权。这一蒙古王朝的统治，对我们祖国的命运、制度、法令、教育、习惯和语言，当然会有或多或少的影响。"对于蒙古人的统治如何影响俄罗斯这一问题，历来看法不一，至今研究不够。卡拉姆津认为"俄罗斯人今天的性格还流露出蒙古人的野蛮手段加在他们身上的污迹"，"国家的内部秩序"改变了，"凡是具有自由与古代公民权利形式的东西都受到了限制，不复存在"。索洛维约夫认为鞑靼人的统治对俄罗斯作用不大，对俄国内部制度的影响颇为有限。别斯杜日夫－柳明则主张：索洛维约夫估计不足，而卡拉姆津则评价过头，俄罗斯只是在一定程度上变得粗野了，皇权概念并非是从鞑靼人那里学到的，而是从拜占庭处获得。[1] 列夫·古米廖夫的观点是，"不存在压迫，俄罗斯大公与来自东方的人找到了共同语言，迫使他们重视自己，甚至在争取民族独立的战争中，促使蒙古人倒向了自己一边"。古米廖夫的这些看法曾被指责为"反俄主义、沙文主义、种族主义与蒙古哲学"。[2]

就今所知的史实而言，蒙古人的长久统治对于俄罗斯社会确有一定的影响。俄国长期保存着蒙古人的若干制度，例如相当完善的驿站体制。蒙古人的统一贡税对于俄罗斯的向心力的增加可能有所促进。同时，蒙古人的统治使得俄国人迷信过重，缺少教育，视书籍为魔法，从而严重阻碍了俄罗斯文化的发展。马克思曾经指出："是蒙古奴役的血腥泥潭而不是诺曼时代的粗野光荣，形成了莫斯科公国的摇篮，近代俄罗斯只不过是莫斯科公国的变形而已。"[3]

由于沙皇专制制度的强力束缚，由于从东正教会到统治集团成员对于沙皇的百般赞颂，由于俄罗斯社会的长期落后，使得本身不代表先进生产力的俄罗斯农民自己无法创造出新的理论。因此，俄罗斯的农民或者俄罗斯的叛逆者们，在长时间

▶ ▶ ▶ ──────────────────────────

[1] 格列科夫与雅库波夫斯基：《金帐汗国兴衰史》，商务印书馆，1985，5、209—210页。
[2] 参见俄新社莫斯科2002年6月18日电。
[3] 马克思：《十八世纪外交史内幕》，人民出版社，1979，67页。

内，不论主观上意识到与否，实际上仍在跪着反抗，仍将眼光投向往昔某个沙皇的"仁政"上，仍将未来寄托给一位"好沙皇"，并且希望这个"仁慈的沙皇"能够体恤民苦、拯救万民、造福俄罗斯。这是俄罗斯文明的重大缺陷之一：即为时甚久、为害甚重的对于沙皇的迷信。这是俄罗斯文明惰性的一个组成部分，它的延续是俄国社会发展缓慢的重要原因。

亚历山大一世

沙皇的绝对权威不仅由他们本人和教会反复宣传、到处强调，而且有历代官吏与官方文人不断加以粉饰与神化。这些人鼓吹沙皇迷信的目的在于诱使民众俯首盲从，心甘情愿地接受沙皇的专制统治。罗蒙诺索夫、杰尔扎文、卡拉姆津与乌瓦罗夫等人（此处仅涉及沙皇迷信，不对有关人物作全面评价）是这类官吏和文人的代表。罗蒙诺索夫曾于1736—1741年留学德国，在科学研究方面较有成就，但他曾被叶卡捷琳娜二世的来访所感动，寄希望于"好沙皇"，曾大力颂扬彼得一世、叶丽萨维塔与叶卡捷琳娜二世。诗人杰尔扎文在宫廷中声名显赫，他善于运用民间语言来讴歌沙皇权势，他将保罗一世的死亡描绘为"飕飕的朔风已经停止吼叫，恐怖的目光也已悄悄地闭上"。当新沙皇亚历山大一世于冬天出生时，杰尔扎文便作诗赞颂："啊！当此天寒地冻时节，朔风怒号大地震撼，北国皇宫中一个婴儿呱呱坠地，此时怒号的朔风也被迫屏住声息。"他宣称"一颗新的明星降临世上"，"一只年轻的雄鹰"将在空中翱翔。卡拉姆津先写散文后研究历史，他明确肯定农奴制度，曾在亚历山大一世时期出版《俄罗斯国家史》，认为"一切取决于专制君主的意志，他如同一位熟练的机械师，只需手指稍稍动弹便可左右民众"。1811年，他在《关于旧的与新的俄罗斯》这一札记中说，君主专制是俄罗斯的唯一救星。他还公开肯定叶卡捷琳娜二世的治国方略。乌瓦罗夫于 1833—1849 年任教育大臣，他提出了后来被称作"官方人民性的理论"，这个"官方人民性理论"又称"智力堤坝"的三项要素，即"东正教、专制制度、人民性"，其中之一便是"专制制度"，即俄罗斯人自古以来忠心耿耿地"拥护沙皇"。曾以《死魂灵》一书闻名于世的果戈理，于 1847 年突然政治转向，在《致友人书信选》中为沙皇专制制度和农奴制公开辩护。[①] 另外，对西方自由民主的歪曲宣传，也是造成沙皇迷信和社会惰性的一个原因。

迷信沙皇，希望有个"好沙皇"，这种心态在俄罗斯的农民工人中间表现得尤为突出。1598 年，戈都诺夫当选为沙皇。1603 年却有一个年轻人自称是伊万四世之子德米特里（事实是德米特里已于 1591 年夭折）。当时，波兰国王觊觎俄国皇位，立即支持伪德米特里。1604 年 10 月，伪德米特里从波兰率兵数千渡过第聂伯河进入俄罗斯，俄罗斯农民陆续加入他的队伍，使他的队伍很快增至数万人。农民们相信伪德米特里是"真正皇太子"，他将继承皇位，成为"好沙皇"，使众人摆脱饥饿和农奴制。1605 年 4 月，戈都诺夫突然去世，俄军和莫斯科民众转而支持伪德米特里，7 月伪德米特里在圣母升天节大教堂加冕为新沙皇，史称伪德米特里一世。伪德米特里何许人，已经是历史之谜，至今无法揭示其真相。[②] 重要的是俄国农村与城市居民对于此人的迷信，也即对于"好沙皇"的迷信，希望他取代戈都诺夫，消除俄罗斯的苦难与解救民众的困境。1606 年伪德米特里失败，但是沙皇迷信继续存在。1607 年在波兰人的支持下，另一个伪德米特里（史称二世）向莫斯科进军，又有许多俄国人相信他为"好沙皇"，加入他的队伍，直至此人于 1610 年失败。伪沙皇的两度失败远远不足以唤醒俄国民众，愚忠之深重难以估量。后来，在叶卡捷琳娜二世统治的数十年内，冒充沙皇者竟然多达 30 余人，其中 1773 年的普加乔夫起义可为典型。普加乔夫的起义队伍约 3 万—5 万之众，普加乔夫宣布自己是彼得三世，并向全国发布诏书："朕彼得三世，全俄皇帝与专制君主。"他向世人宣示，凡是拥有世袭领地的"贵族，乃朕朝臣之宿敌、帝国之扰乱者和农民之摧残者……

---

① История СССР（《苏联历史》）．т.1.под ред.М.В.Нечкиной.Москва，1954.стр.69. 孙成木等主编：《俄国通史简编》，人民出版社，1986，上册，388 页，下册，90 页。特罗亚：《风流女皇——叶卡捷琳娜二世》，世界知识出版社，1983，125 页。潘克拉托娃：《苏联通史》，三联书店，1954，125、250 页等。

② Р. Г. Скрынников：《Социальная политическая борьба в русском государстве в начале XVII в.》，Ленинград，1985，стр.97.

故应将他们逮捕与处决",农奴将获得自由,民众将摆脱压迫。[①] 当时,城乡民众到处自发地为这位"彼得三世的健康干杯",庆祝"好沙皇"的出现。迷信沙皇已成为俄国农民起义的一个特点。

19 世纪末 20 世纪初,随着工人斗争的逐步展开,沙皇政府在实行高压的同时,逐渐采用灵活的政策,"祖巴托夫体制"便是这种政策的一次尝试。祖巴托夫于 1901—1903 年任莫斯科"政治侦探处"处长,他曾创建"密探别动队",改进监视体制,建立了新的秘密政治侦查体制,保证政治侦探工作机关在人员不多的情况下能够发挥较好的作用。1914 年,俄国宪兵共有 13645 人。[②] 在祖巴托夫的领导下,以及奥泽罗夫等自由主义教授的协助下,进行了一连串"警察社会主义"性质的活动,即组建合法的工人组织,鼓励参加者提出经济要求,说服人们相信沙皇一定能够解决工人们的苦难。1901 年 5 月在莫斯科产生的"机械工人互助会"是第一个这样的组织,随后在明斯克、维尔诺、敖德萨、基辅与哈尔科夫等城市也成立了同类组织。祖巴托夫于 1902 年 3 月 4 日(俄历 2 月 19 日)动员数千工人参加游行,他们来到亚历山大二世纪念碑前面,纪念废除农奴制,以求增添沙皇政权的威信。此次事件是祖巴托夫策划的最大规模的一次活动,它证明至少还有许多工人没有认清沙皇专制的真面目。后来因为祖巴托夫既遭到革命力量的反对,也受到资本家们的谴责,被迫于 1903 年下台并离开首都,但是他所从事的迷信沙皇的活动却由加邦神甫继续进行到 1905 年。

加邦神甫从 1902 年起参与祖巴托夫的上述活动,他于 1903—1904 年建立"圣彼得堡俄罗斯工厂工人俱乐部"。正是这个加邦神甫组织了 1905 年 1 月 22 日(俄历 9 日)的大请愿。是日,约 20 万工人及其家属手捧沙皇画像或高举圣像,齐唱圣歌,携带请愿书向冬宫进发。他们在请愿书上表示:"我们特来向沙皇陛下恳求公道和保护。""专横暴政压迫着我们,已使人们无法继续忍受。"工人们认为"沙皇不会拒绝我们的正当要求"。但是,请愿者们遭到枪杀,4600 多人死伤,鲜血染红了积雪的冬宫广场。这次流血事件迫使许多工人抛弃迷信、改变心态,从某种意义上讲,正是这次事件加速了沙皇专制制度的垮台。

但是必须指出,俄国广大农民此时"仍旧信任着沙皇"。1905—1907 年革命期

---

① 孙成木等主编:前引书,上册,340 页等。
② Киселев, Щагин. Указ. Соч. стр.76.

间，俄国大部分农民未曾支持工人反对沙皇专制的斗争，他们还需等待第一次世界大战的爆发。在第一次世界大战中，俄国军队惨遭失败，而沙皇政府仍然坚持继续战争。军队终于觉醒，他们反对继续战争，主张和平，沙皇专制制度的丧钟已经敲响。由于军队主要由农民组成，这实际上反映了农民们的心态。

正如 19 世纪中期一位进步人士所指出的那样："数百年来，俄罗斯的毁灭就是由于相信沙皇的善良意愿。"沙皇迷信是俄罗斯人处在经济欠发达与沙皇专制之下的一种群体心态，一种政治上走投无路但又视之为唯一寄托的表现，一种对于权力的迷惑。

社会变革的要求

18—19 世纪，俄罗斯社会的惰性日益明显，俄罗斯文明的消极落后特征逐渐

"流血星期日"：1905
年1月22日沙皇军队血
腥镇压和平请愿的工人

突出。俄罗斯不同的阶级、集团对于社会问题都有所认识，人们从自身利益出发，提出过许许多多求变措施和改革方案。

争取土地和自由是俄国农民的要求。他们人数最多，也是承受社会惰性严重后果的主要民众群体，1861 年以前他们在农奴制度之下深受苦难，农民们普遍要求摆脱压迫与剥削，多次揭竿而起，17 世纪和 18 世纪共发生了四次农民大起义，19 世纪出现连续不断的农民斗争。俄国农民虽然还在迷信沙皇，但已自发地起来反对封建束缚，提出有关人身自由和土地、赋税的民主要求，主张惩办不法官吏与贵族。

俄国的专制制度与社会弊端在 19 世纪后期逐渐引起工人们的思考，他们从经济斗争开始，逐步转入政治斗争。19 世纪 60 年代，俄国工人开始举行罢工。1870 年 5 月，彼得堡的涅瓦棉纺织厂 800 名工人举行罢工，引起震动，当时官方如此评估这次罢工："这是俄国工人居民中迄今未曾发生过的奇特现象。"1872 年 8 月，纳尔瓦的克连戈尔姆纺纱厂的 6000 名工人举行罢工。70 年代至 80 年代中期，俄国工人的罢工仍然是自发的，他们仅仅要求维护自身的经济利益。1878 年奥布诺尔斯基与哈尔土林在彼得堡组建"俄国北方工人协会"，第一次提出政治要求，主张推翻沙俄的政治经济制度，给工人以政治自由权利，希望如同民粹派所主张的那样依靠村社走向社会主义。

1883 年，普列汉诺夫等人在日内瓦建立"劳动解放社"，它是俄国第一个马克思主义组织。他们认识到俄国已经走上了资本主义的社会发展道路，村社正在分化瓦解，必须反对专制制度和资本主义，工人阶级应该夺取政权，实现社会主义。90 年代俄国工人运动获得迅速发展，1895 年末列宁在彼得堡成立"工人阶级斗争协会"，这已是工人阶级政党的萌芽。1898 年"俄国社会民主工党"成立，1903 年在该党的第二次代表大会上产生了以列宁为首的"布尔什维克派"（большевики）。从举行经济性质的罢工开始，到建立工人阶级的政党并且为实现社会主义而奋斗，俄国工人在提出社会要求方面有了质的飞跃，这是 19 世纪后期与 20 世纪初年俄罗斯文明开始显示巨大活力的表现。

虽然"激进主义"一词产生于 1820 年，"激进的"产生于 1797 年，但是激进的思想则早已有之。一般而言，这是一种处于温和自由主义与形形色色社会主义思想之间的政治思想，它不满足于缓慢与逐步的变革，主张实行激烈的社会革命，实质上激进主义仍未超越资产阶级民主主义的范围。拉吉舍夫、十二月党人左翼、19

世纪中期的激进派和民粹派内左翼等等的活动，充分反映出社会矛盾的深刻性以及所引起的冲突的严重性，同时，上述进步人士、进步团体的活动也表明了俄罗斯激进思想的发展过程。

叶卡捷琳娜二世竭力反对新生的法兰西，她的政策得到了沙皇专制制度的拥护者、作家兼历史学家卡拉姆津的拥护。1789—1790 年卡拉姆津正在国外旅行，他在《一个俄国旅行者的书信》中，对法国大革命持否定态度。对此，拉吉舍夫奋起抗争，他虽然出身贵族，但深受卢梭等人思想的影响，于 1790 年发表《从彼得堡至莫斯科旅行记》，公开抨击社会弊端，主张进行农民革命、废除农奴制、推翻沙皇专制与摧毁"铁宝座"，要求自由平等与建立共和国，为此他历经磨难但斗争不止。

19 世纪初年，关于俄语是否应该改革的问题发生了一场激烈争论，它反映出社会要求的复杂性。斯拉夫派认为卡拉姆津是他们的"始祖"。卡拉姆津于 1803 年奉沙皇之命撰写了一部俄国历史，并因此享受俸禄而成为国家公务员。他在著作中颂扬专制制度与农奴制度，同时从反动贵族立场抨击斯佩兰斯基改革方案，反对十二月党人起义。但是，卡拉姆津与茹科夫斯基在文学创作中注重人的个性及其内心感受，因此成为俄语改革派。他们遭到了以退役海军上将和作家希什科夫为首的古文派的反对，这些人认为卡拉姆津所倡导的俄语改革受法国大革命"极危险的"精神的影响。古文派从保守立场出发，谴责卡拉姆津等人沉醉于"世俗文字"和"法国歪风"，反对在俄语中使用从法语引进的外来语词汇，如胶皮套鞋（галоши 来自法语 galoche）、人行道（тротуар 来自法语 trottoir）、夹鼻眼镜（пенсне 来自法语的 pince-nez）等，要求恢复使用原有的俄语词汇。随着时间的推移，上述两派的斗争逐渐加剧，俄语改革派日益占据了优势。

佩斯捷尔是十二月党人中的左翼领导人，他于 1818—1824 年制定了一份纲领性文件《俄罗斯法典》，主张消灭农奴制和等级制、推翻专制"暴政"、杀尽皇室，希望农民无须付赎金而获得土地，得到人身自由，同时主张限制地主土地所有制。他计划在俄国举行政变，当即成立"统一的共和国"，中央政府掌握强大的权力。佩斯捷尔指出："政府为人民的福利而建立，而不是人民为政府的福利而生存。"议会代表拥有立法、行政与司法权，一院制的议会称作"人民会议"，它拥有立法权。"最高杜马"是最高行政机关，它的 5 名成员由"人民会议"选出，其中一人任总统。另有"最高会议"负责监督法律的实行。全体公民皆有言论、出版、迁徙、信仰等自由权利，20 岁以上的男子拥有政治权利，选举权不受财产与文化的限制。佩斯捷尔只主张没收最大的地主庄园与废除农奴制，而不愿消灭全部地主土地所有权。起义失败后，佩斯捷尔被处绞刑。[①]

19 世纪 40 年代至 90 年代中期的激进派（苏联史学曾称之为"革命民主派"）显示出俄罗斯文明新的活力。该派少数人如赫尔岑出身贵族，但别林斯基、车尔尼雪夫斯基等多为平民知识分子，他们来自商人、教士、小官吏、破落贵族，甚至农民家庭。激进的政治思想使他们有了共同点。他们视农民为主要的革命力量，主张先废除农奴制，然后进行农民革命，避开资本主义，依靠村社通向社会主义。从别林斯基起直至民粹派的"民意社"，这个水平的激进思想与政治运动延续了约半个世纪，而后才逐渐退出历史舞台。

别林斯基是 19 世纪中叶激进思想运动的"首创者"，他的活动开启了俄国进步运动的非贵族的、平民知识分子的时期。他在大学读书时，曾大胆揭露农奴制度的弊端，因而被校方以"身体欠佳和愚蠢"为借口开除。后来，他主要从事文学评论工作，抨击官方的文化政策与专制思想。他主张彻底消灭农奴制度、解放农奴并使之获得土地、进行农民革命、推翻专制制度、保存村社制度、依靠利剑建立社会主义。他曾认为："在法律面前，法国无产者与最富足的所有者和资本家一律平等。但可悲的是无产者并不因为这个平等而生活得容易一些。无产者永远为所有者和资本家工作，一切掌握在他们的手中，是他们的奴隶"。[②]别林斯基的一些言论有失偏颇，但是他看到了资本主义社会存在的问题，并且表达出要求进行激烈社会改造的愿望。

19 世纪 50 年代，出现了一位新的激进思想家车尔尼雪夫斯基。早在彼得堡大学就读时，车尔尼雪夫斯基就曾关注 1848 年欧洲革命的进程，支持匈牙利人造反，谴责沙皇派军镇压革命。他主张解放农民和不付赎金给予农民足够的土地，实行共和制，"取消贫困阶级不是在法律面前而是在物质需要中的奴役地位"，进行农民革命，由耕作者与工人等下层阶级掌权。他认为村社不是俄罗斯"天生的特征"，而是旧传统的残余，即"历史发展的缓慢和萎靡"的证明。他主张保存村社以便防止

▶ ▶ ▶ ──────────────

① Очерки из истории движения декабристов（《十二月党人运动史论文集》），под ред.Н.М.Дружинина, Б.В. Сироечковского. Москва, 1954. стр.25-33.

② История СССР（《苏联历史》）.т.2.под ред.М.В.Нечкиной. Москва,1954. стр.194.

农民的无产化，从而使俄国避免资本主义，直接通向社会主义。他曾前往英国，与赫尔岑等商讨准备武装起义和推翻沙皇专制统治的事宜。他对村社的认识不及赫尔岑。车尔尼雪夫斯基曾担任《当代人》杂志的主编，《当代人》杂志为激进派的喉舌，1863 年问世的著作《怎么办？》也体现了他的思想。当时，赞同车尔尼雪夫斯基激进思想的还有杜勃罗留波夫等人。

赫尔岑年轻时受圣西门等人思想的影响，曾因组织革命小组而被逐出莫斯科大学，一度在外省政府机关工作，后调入彼得堡内政部任职。1841 年，赫尔岑被"派往"诺夫哥罗德的省公署工作。当时他属于西方派的左翼，强烈反对农奴制，赞成自上而下的变革。1847 年前往法国，此后 20 多年曾旅居瑞士、意大利、比利时等国，1870 年死于巴黎。赫尔岑的思想日益激进，他主张和土地一起解放农奴，村社拥有土地，废除新闻检查制度，取消体罚。他在晚年称沙皇尼古拉一世为"警察的警察"，指出"尼古拉的统治将永远受到咒骂"，主张"公开叛变"，即与沙皇专制制度彻底决裂，号召进行革命。1849 年以后，他对村社的作用深信不疑，把它看作俄国未来社会构造的核心。

民粹派的活动始于 1869 年。60 年代末和整个 70 年代，激进主义与自由主义因受压而处于低潮。1866 年卡罗科佐夫谋刺沙皇，官方因而加强了对于激进派的镇压。从 60 年代末起合法斗争已经难以进行，因此激进思想只能在秘密组织的活动中得到发展。那时，激进思想主要通过"民粹主义"运动表达出来。激进的左翼在民粹派内部逐渐占据上风（苏联史学曾称之为"革命民粹派"）。他们于 1874—1878 年掀起"到民间去"的运动，又于 1876 年秘密组建"土地与自由社"，其领导人为米哈伊洛夫和普列汉诺夫等人。1879 年，该组织分裂成以普列汉诺夫为首的"黑土平分社"和以热里雅鲍夫为首的"民意社"。前者主张坚持传统的政治斗争，后者将政治斗争视作唯一道路，认为恐怖行动是唯一方式，他们主张采取恐怖手段直接反对专制政权。这些激进民粹派人士之间存在分歧，但是他们的基本主张相同，都认为知识分子的任务在于使人民摆脱压迫和剥削，俄国在 2—3 年内可以完成"社会大转变"，认为无产者在俄国的出现是"不幸的现象"。他们虽然支持工人斗争，但否认工人是社会主义的主要力量。民粹派的大多数否定或贬低政治斗争的作用。他们十分看重农村公社，视农民为"天生的"社会主义者。依照他们的意见，由于村社具有社会主义的特征，是"社会主义的胚胎"，俄国完全可以不必经过资本主义而达到社会主义。但当涉及如何实现社会主义目标时,他们又分为三派:巴枯宁等人主张经过农民暴动,因为俄国农民天生善于暴动;拉甫罗夫等主张依靠长期的宣传教育;特卡乔夫等人则提出必须组织革命政党,由它夺取政权与实现社会主义。

俄罗斯的激进思想运动以政治层面作为主要阵地,但是它在文化艺术方面也有充分的表现,普希金与莱蒙托夫等人的诗篇,19世纪中期"巡回派"的画展等值得重视。

普希金过去得到的赞誉包含着某些大俄罗斯民族主义的成分,但是这位诗人对于俄国权势们的抨击的确有据可查。"我希望为世界歌颂自由/我希望战胜那君王们的恶行……/而你们,跌倒的奴隶请用心倾听/鼓起勇气,举行起义。""独裁专制的恶棍!/我痛恨你和你的宝座/我以无情的喜悦心情/注视着你的覆没和你的儿孙们的死亡。""俄罗斯将从睡梦中醒来/那时在专制制度的残片上/将写着我们的姓名。"他为流放西伯利亚的十二月党人写下如此诗句:"在你的遭受苦役的穴洞中/将传入我的自由的声音/沉重的枷锁将会脱落/牢狱将会倒塌,而自由/会在门口高兴地将你们拥抱/兄弟们则将利剑交给你们。"①他曾公开批评卡拉姆津所代表的官方史学,认为卡拉姆津是在证明"君主独裁制的必要和鞭子的可爱"。

莱蒙托夫的诗句充满了激进的思想:"他,造反者,渴求着暴风雨/仿佛在暴风雨中才有安宁。""别了,醒醒的俄罗斯/奴隶的国家、老爷的国度。"他在《诺夫哥罗德》一诗中针对尼古拉一世如此写道:"雪域的子孙们,斯拉夫的子孙们/你们为何丧失了勇气?/你们的暴君将要毁灭/如同所有的暴君垮台那样毫无区别。"②科利措夫也曾不顾官方的新闻检查,撰写《庄稼汉,你为何还在沉睡?》等诗篇启发民众:"奋起吧!赶快苏醒,站立起来!/请将自己看个明白;/你曾是什么人,又变成了什么人?/你拥有多少尊严和钱财?"③

1863年,一批画家在艺术界开始了造反活动。当时,官办的彼得堡艺术学院宣布将根据政府的方针组织绘画竞赛并指定了题目,但是此举引起了学生们的不满。

▶ ▶ ▶ ▬▬▬▬▬▬▬▬▬▬▬▬▬▬▬▬▬▬▬▬▬▬▬▬▬▬▬▬▬

① Сочинения Пушкина(《普希金文集》),т.1.Москва,1955,стр.106-108,116,230.
② М.Ю.Лермонмов.Стих отворенияипоэмы(《莱蒙托夫诗歌选》),Москва,1996.стр.14,66;М.Ю. Лермонотов.Избранные произведения(《莱蒙托夫选集》),Минск,1956.стр.23.
③ А.В.Кольцов.Стихотворения(《科利措夫诗集》),Москва,1958.стр.203-204.

这些学生反对学院画派，提倡民族艺术和推崇现实主义创作原则，同时谴责专制，主张人道与同情民众疾苦。他们愤然离开学院，自行联合起来。1870 年，经画家克拉姆斯科伊与佩罗夫等建议，组建了"巡回艺展社"，他们因此被称作"巡回派"。该派从 1871 年开始，在彼得堡、莫斯科、喀山、奥廖尔与基辅等地，先后举办 48 次展览，向社会介绍自己充满激进思想的画作，引起了较大的反响。

俄罗斯激进思想随着俄国社会的演变而不断发展，如果将拉吉舍夫与民粹派相比，他们之间无疑存在明显的区别，但是作为积极的社会思想和政治要求，也有明显的共通之处。属于这类思想的活动家们都主张推翻沙皇专制制度甚至建立共和国，赞成自下而上的彻底改革。他们在经济、政治与文化方面积极反对封建主义，尖锐抨击陈旧的社会体制，要求俄罗斯的变革与发展具有激进的色彩和积极的效果。他们在 1861 年之前首先主张废除农奴制度，之后主要号召推翻沙皇专制制度，但是对于是否走向社会主义与是否采用暴力等等，他们之间存在不少差异。无论如何，激进主义的社会要求在俄罗斯文明中占有比较突出的位置。

由于资本主义的发展和资产者实力的增强，在俄罗斯社会变革运动中，出现了一个持续百年而力量日益强大的自由主义思想运动。俄罗斯的自由主义者们反对专制制度，但不排除与之妥协的可能。他们主张废除农奴制，企望掌握政权，以便获得资本主义的自由民主权利。由于受到巨大的压力，统治者不得不实行了自上而下的改革。在这些重要的社会变革中，显示出自由主义政见的影响，或者甚至可以说，18—19 世纪俄罗斯文明走过的变革之路，本质上是一条自由主义之途。

18 世纪前期，俄国上层开始产生自由主义思想。经济学家波索什科夫在他于 1742 年出版的《贫富论》一书中，主张法律面前的平等、限制对农民的剥削、提高商人的政治地位。神学院教师普罗科波维奇曾经公开号召变革俄罗斯社会。科学家罗蒙诺索夫主张排除教会对于教育和科学研究的干涉。18 世纪后期至 19 世纪初，随着法国启蒙思想的传入，俄国自由主义思想明显地发展起来。科泽尔斯基在他 1768 年出版的《哲学建议》一书中，抨击农奴制度、官吏专横以及唯心主义和神学。法学教授杰斯尼茨基主张自上而下进行改革，要求选举参政院与限制君主权力，呼吁禁止教会干涉国家事务。波列诺夫认为应以严格监督来限制农奴制度，否则农奴一旦起来反抗，俄罗斯国家定将遭到毁灭。诺维科夫揭露沙皇当局虚伪的"开明"、官吏的腐败与农民的困苦，并谴责整个农奴制度。

19 世纪前期，要求变革的社会潮流继续发展，自由主义的影响越来越大。经济学家与历史学家阿尔辛涅耶夫在其著述中指出：贵族是"非生产阶级"并且全靠农奴养活。他是彼得堡大学教授，因向学生论证自由劳动的优越性和思想自由的必要性而被撤销教职。库尼岑在他的《自然法则》一书中，谴责贵族特权与农奴制度。

当时还出现了青年军官投身俄罗斯政治运动的新现象。这些青年军官曾参加 1812 年的对法战争，亲眼目睹西欧的社会实况，受到巨大震动，进而加深了对于俄国的落后与专制的认识。他们当中少数人成为激进派，大多数人则倾向于进行适当的改革。亚历山大·穆拉维约夫于 1816 年主张在俄国建立君主立宪制度，并用它取代沙皇专制制度。尼基塔·穆拉维约夫于 1825 年制定立宪草案，要求取消农奴制、实现公民平等、建立君主立宪制，同时强调维护地主的所有权。

著名自由主义者恰达耶夫 20 年代曾接受基督教的影响，后来主张以西欧文化传统和天主教教义改造俄罗斯。他与斯拉夫派和西方派来往颇多，关系密切，但是因鼓吹西方文明而与前者分手，又因宗教历史观点而与后者不和。1836 年他在刊物上发表《哲学信函》，抨击封建主义、君主制与农奴制，认为俄罗斯的过去可谓一片黑暗，俄国由于西方影响才获得若干成绩。该文发表后影响颇大，尼古拉一世竟然宣布此人为"疯子"，下令没收了他的所有书稿。

30 年代末至 50 年代，面对俄国日益严重的社会矛盾，人们努力寻找出路，此时的自由主义人士分属两派：比较保守的斯拉夫派和温和的西方派。斯拉夫派以莫斯科为中心，大约形成于 1839 年，它的代表人物是霍米亚科夫、阿克萨科夫兄弟与基列耶夫斯基兄弟等人，其成员多数是拥有大量土地的贵族，他们主张只应穿戴俄式衣帽、遵守俄罗斯习俗。这些人担心自彼得一世改革以来的西化将彻底破坏俄罗斯的传统生活方式，阻碍俄罗斯文明的有机发展，认为俄国应有"独自发展的道路"，不需进行革命，而应实行全国和解，以求返回古代的罗斯。他们认为俄罗斯人诚信东正教，上帝将沙皇政权给予俄国民众，民众"热爱沙皇"，并且有"独自发展的特征"。农村公社的存在及其"内聚力"保证农民与地主和睦相处，村社是将来社会安宁与繁荣的基石。这些人主张自上而下逐渐废除农奴制，土地留给地主。他们努力寻找"一个协调的与等级制的俄罗斯，那里不存在特权，专制而不乱用权力，人们自由地信仰东正教"。

西方派的政治思想大约在 1841 年成形，它的代表人物是齐切林、格兰诺夫斯基与卡维林等人，1861 年改革前的卡特柯夫可以归入此类，别林斯基与赫尔岑曾是这一派的左翼。西方派的成员主要是贵族、地主与平民知识分子。他们公开表示对于沙皇专制制度的不满，要求自上而下改革农奴制，让农民通过赎买获得土地。他们进而要求实行君主立宪、选举议会、进行自由主义改革、发展工商与交通，实行雇佣劳动等。由于将西欧社会理想化，彼得一世的欧化政策得到了他们的充分肯定。

上述两个派别为了俄国的前途曾经进行过颇为激烈的争论，给人留下势不两立的印象。但是，我们不应将它们的分歧过分夸大，当时这两个派别的成员经常在莫斯科的一些贵族或知识分子的沙龙中聚会商谈，共谋国是。尤其在 1859—1861 年社会矛盾激化时，他们彼此接近，更加显示出共同具有的自由主义倾向。在当时的条件下，西欧化与旧俄传统的结合也许是俄罗斯文明的一条出路，正如斯拉夫派的萨马林所指出：由于克里木战争的失败，我们终于明白了，"我们不曾向西方联盟的外部力量投降，而是向我们内部的衰弱无力投降"。人们因此普遍要求确立俄国社会的"公开性"，即进行自由主义变革。在 1859—1861 年，自由主义成为俄国的一种社会政治潮流。

1861 年改革是俄国社会进步的一个转折，但是由于它的不彻底性，俄罗斯社会依然问题成堆，社会革新与发展仍旧是头等重要的任务，自由主义政治思想因此得以继续发展，并且显示出它在改革前后的连续性。60 年代中期，地方贵族会议、地方自治会议是自由主义政治力量的主要活动场所，特维尔城的事例可谓典型。

特维尔作为一座名城早已享有盛名，该城位于商路要冲，是俄罗斯西北和东南之间贸易的必经之地，历来经济发展较快。14 世纪它是大公国，曾和正在兴起的莫斯科公国争雄。1485 年特维尔因争雄失败并入莫斯科大公国。在农奴制改革前后，它作为自由主义的政治据点，曾奋起对抗莫斯科的中央政府。

50 年代，特维尔自由主义派领头人翁科夫斯基代表该省贵族起草关于废除农奴制的方案：农奴必须立即得到人身自由，通过赎买而获得份地。1859 年末，特维尔贵族不顾沙皇政府关于不得在报刊上公开讨论农民问题的禁令，展开了农民问题的讨论，翁科夫斯基因而被驱逐出境。60 年代纷争再起，特维尔省的贵族会议对于中央政府废除农奴制的规定，正式表示不够彻底，不能接受。这些自由主义贵族们的要求超出了 1861 年改革时官方所允许的范围。他们主张应由"全体人民"不分等级选举代表，召开全国会议来决定改革事宜。同时认为，由于现任政府的"无能"，不必向它"请求实行改革"。改革必须包括如下内容：保证国家治理的公开性、废除等级特权、法庭独立、改造财政体制、解放农奴并由国家立即赎买。特维尔贵族反对派的要求得到了"调解人"的赞同。"调解人"遭到逮捕，并被判刑。

1866 年卡罗科佐夫刺杀沙皇亚历山大二世未遂，政府趁机打击激进派和自由派。70 年代初，自由主义和激进主义一同陷入了困境，但是直至 20 世纪初期，俄国的自由主义政治力量仍然存在。60—70 年代，自由主义人士在地方自治局内与报刊上不断提出政治要求，社会影响相当大，许多地方自治局向沙皇亚历山大二世呈交"请愿书"。1879 年春天，莫斯科记者戈尔采夫与乌克兰契尔尼哥夫地方自治局的自由主义者佩特伦克维奇合作，在莫斯科召开地方自治局活动家代表大会，另有若干律师、教师、记者和医生出席，他们要求沙皇政府尽快制定一项比较温和的宪法。

自由主义思潮曾吸引一部分民粹派。80 年代中期，自由主义民粹派成为民粹派的主要力量。记者米哈伊洛夫斯基与经济学家沃隆佐夫等人是它的主要代表。他们进行合法斗争，寻找通过改革来促进俄罗斯发展的道路。他们以《俄罗斯财富》杂志为喉舌，认为资本主义在俄国是一种偶然现象，甚至是一种历史的倒退。他们"强烈敌视现实"，将反对沙皇专制制度的斗争看作既是必需的也是合法的，主张保证资产阶级的自由民主权利。他们看到俄国农民对于"到民间去""无动于衷"，因此认为历史发展的重任必须从"人民"的肩上转移到"平民知识分子"的肩上来。个人利益是衡量所有社会的最高标准，"应该在个性的基础上建筑真理的大厦"。他们宣布不必变革俄国现存社会的基础，但应改善农民的处境，他们赞颂俄罗斯的村社与小生产，主张经济改革，同时认为"立宪主义""仿佛"将威胁经济的"独自发展"，政府应以经济和行政措施支持"人民的生产"。他们要求增加农民的份地、恢复农民的公民权利与改组农民银行等。自由民粹派乃至整个民粹派的思想不断发生变化，成员之间不尽相同。尽管如此，米哈伊洛夫斯基仍是 19 世纪最后 30 余年"俄国资产阶级民主观点的较好的代表者和代言人之一"。[1]

20 世纪初年，俄罗斯继续处于困境，连维特都主张"必须明智地限制独裁，必须在康庄大道上筑起几堵限制独裁之墙，除此之外别无出路"。"议会制似乎并不完善，但是它现在势在必行了"。[2] 其时，自由主义运动发展的新标志在于组织政党，

▶ ▶ ▶ ────────────────────────

① 《列宁全集》第 20 卷，99 页（俄文版）。
② 维特：《俄国末代沙皇尼古拉二世》，新华出版社，1983，244 页。

尽管地方自治机构仍是他们的活动场所。1903 年莫斯科成立"地方自治局立宪派同盟",1904 年产生了"解放联盟"。那个时候的自由派政治观点,主要由 1902 年起在国外出版的刊物《解放》表达出来。他们赞扬君主立宪制度,主张用和平方式革新。1904 年 10 月,一批自由主义者撰写了一份国家根本法草案,主张实行立宪君主制,议会为两院制,下院由普选产生。沙皇仍将掌握最高权力,他拥有较大的立法权和行政权,可取消任何法案,在国家杜马的协助下治理国家。大臣会议负责行政,其成员由沙皇任命。1905 年 10 月成立的"立宪民主党"及其随后的活动,就是这种自由主义思想运动的表现。立宪民主党主张"俄罗斯应该成为立宪的和议会制的君主国家",必须保证言论和信仰等公民自由权利,扩大地方自治局的权力,征收累进税与逐渐减少间接税等。但是必须指出,20 世纪初俄国的政治局势已经发生巨大变化,不断壮大的无产阶级正在为夺取政权而奋斗,"立宪民主党人"已无法如同数十年前那样发挥积极作用。1917 年革命之前,自由主义者们主要在国家杜马中组成反对派,从事种种政治活动。

官方改革

彼得一世之前,俄罗斯文明的进程主要解决了如下难题:它的中心是莫斯科,基本上统一莫斯科周边地区,形成民族国家,建立了中央集权的国家体制。然而,从 1547 年伊万四世始称沙皇至 1689 年彼得一世掌握实权,在大约一个半世纪的时间里,俄罗斯新的社会问题和社会矛盾不断积累,与当时正在发展的西部欧洲相比较,俄罗斯社会还处于"野蛮的"状态。城市建筑以木料为主,男人通常留着长胡须。军队实行终身服役,它的组织与供应水平甚低,装备也很落后。从彼得一世掌权至罗曼诺夫王朝覆亡,先后出现了农奴制、专制制度、工人运动等问题,这一切迫使统治集团考虑对策,彼得一世等沙皇及其大臣曾经多次尝试进行变革。

彼得一世年幼时对西欧已有所了解,他曾目睹俄国军队远征克里木的败北,自己也经历了围攻亚速夫与控制黑海的失利。他决定亲自率领一个代表团,访问中欧与西欧,学习那里的先进经验。他们在一年多的时间内,先后访问了波罗的海沿岸、普鲁士的柏林、荷兰的阿姆斯特丹、英国的伦敦、奥地利的维也纳,认真学习造船技术、政治制度、艺术以及关于波罗的海沿岸的有关知识,寻找俄国的差距。

彼得大帝剪须图

彼得一世回国后接见波雅尔以及社会名流时，禁止他们下跪行礼，亲手剪去波雅尔们的长胡须。他禁止穿着俄式长服，命令改穿法国式短服与吸鼻烟，强令青年贵族入校学习并接受考试，规定蓄须农人进城时应该纳税。为了发展纺织业，他从中国请来专家，同时鼓励植桑养蚕。1703 年春，他决定建造一座新都城圣彼得堡，该城将由石料建造。同时，俄语吸收了大量的法、德、荷、意等语言的单词。彼得一世时期的变革是俄国社会"欧化"也即西欧化的开始。从俄国上流社会的生活习俗至军队的训练与战斗，都发生了明显的变化，这就是俄罗斯近代文明的开端。

彼得一世去世之后，俄罗斯人面临一系列重要问题，即"欧化"的模范应是西欧的英法还是中欧的普鲁士？这种欧化或那种欧化与俄罗斯传统文明是什么关系，以谁为主以谁为次？从总体看，曾经出现过强劲的"德意志化"的尝试，但是后来终于以西欧作为主要的参照模式。俄罗斯的社会生活吸收了大量的西欧的因素，如宫廷内讲法语、行法国礼仪等，但俄罗斯的本土文明还是占据着优势，西欧文化则经常起着次要的作用。

彼得一世的侄女安娜·伊万诺芙娜在位时（1730—1740），开始了"德意志化"，这种倾向大体上延续至 19 世纪中后期，它的主要内容在于政府机构与军队的"德意志化"。"德意志化"是俄罗斯文明史中研究不够充分的问题之一，"比隆体制"可为德意志化开始的标志。安娜·伊万诺芙娜在国外嫁给库尔兰公爵，后返回俄国继承皇位。比隆是库尔兰的德意志贵族，此时来到沙皇宫廷，任高级侍从之首领，实际领导内阁，对于安娜治理国家颇有影响。当时，由于沙皇的庇护和比隆的安排，波罗的海沿岸的一批德意志贵族在俄国宫廷中任职，控制着政务、外交、军队和教育等部门，如奥斯捷尔曼负责外交，米尼赫指挥军队，舍姆别尔格领导采矿，缅格坚管理商业等。他们完全否定彼得一世所建立的国家体制，准备将俄国政府机构德意志化，企图以德意志的生活方式取代俄罗斯的传统，甚至迫害俄罗斯权贵。比隆于 1731 年设立秘密法庭，实行严刑审讯与公开处决。1740 年安娜去世之前，指定比隆为年幼的新沙皇伊万六世的摄政。俄罗斯人一直反对比隆体制，安娜去世后比隆终于失宠并且被捕。1741 年，彼得一世之女叶丽萨维塔由俄国近卫军拥立为沙皇。

叶丽萨维塔既有近卫军的支持，获得俄国贵族们的肯定，还受到法国的赞同，上述三种政治力量的结合点在于反对俄国的德意志化。当时正值七年战争之际，俄国从国家利益出发与法国、奥地利和萨克森结盟，反对英国和普鲁士，俄军于 1760 年打败普军并占领柏林。这一国际环境十分有利于叶丽萨维塔女皇抛弃比隆掌权时期的政策，改弦易辙重新倾向西欧文明。当时，宫廷舞会、社交礼仪皆按西欧模式进行，但是野蛮传统仍旧部分保留。叶丽萨维塔就是一个典型，她能讲法、德、意语，但是"缺乏教养，粗俗不堪"。叶丽萨维塔死后，她的外甥继承皇位，称彼得三世。此人大力推行德意志化，用普鲁士体制改造俄军，同时下令没收东正教会的部分财产。

1762 年叶卡捷琳娜二世经政变成为沙皇。她的丈夫彼得三世并非完全的俄罗斯血统，她本人为安哈尔特－采尔勃斯特公爵之女，乃德意志血统，尽管如此，她努力接受俄罗斯习俗与语言，皈依东正教。她在后来的《回忆录》中如此记载：曾努力学习俄国人的工作方式与举止风度，"我想使自己俄罗斯化，以便使全体俄罗斯人皆喜欢我"。她得到了近卫军的支持，于 1773—1775 年试行"开明专制"。她曾编撰 655 条《谕旨》，干预国家立法，为沙皇专制统治添加西欧自由主义色彩。她有意与法国的启蒙思想家们建立联系，争取获得他们的赞扬。她不时向人们表示，自己从孟德斯鸠的名著《论法的精神》中受益匪浅。当狄德罗因生活拮据而出售私人藏书时，她命令俄国驻法大使高价收买，并每年另给狄德罗资助。狄德罗感激涕零，伏尔泰在给女沙皇的信中说："狄德罗、达兰贝和我，我们三人谨向您表示一片心意"，并称她为"欧洲的恩人"。1773 年秋至 1774 年春，狄德罗曾应她的邀请访问俄国，他们俩在长达数月的交谈中，不时互相争论，狄德罗提出有关"主人与农奴"的关系等 88 个问题，她竟辩解说俄国不存在农奴，只有依附于土地的农民。

俄罗斯前进的道路多有反复，沙皇保罗一世在位期间，德意志化的势力重新抬头。当时，国家机构与军队皆采用普鲁士式的管理制度，政府部门与城市管理厉行普鲁士式的军事纪律。军队按照普鲁士军队的方式进行改造，遵循普式规章，进行普式操练，士兵身穿普式军装、头戴卷发、脑后结编辫子。与此同时，国内的控制明显加强，实行锁国政策，禁止从国外进口书刊，禁止演唱外国音乐，禁止穿戴法兰西式的衣帽，不准使用"公民"和"祖国"等词汇。当时的德意志化与俄国国家加强中央集权的进程互相结合，实际上有利于保罗一世的沙皇专制机器的运转。

亚历山大一世受到他的父亲保罗一世所施加的德意志化的影响，成年后又娶了巴登封疆诸侯之女为妻。虽然如此，他即位之后却实行与其祖母叶卡捷琳娜二世基本相同的非德意志化的政策。19 世纪初年，俄国的农奴制日益走向衰落，正值迫切实行改革的时机。亚历山大一世自幼受到温和共和主义的教育，曾率领俄军远征法兰西，因而亲自见识了西欧社会。回国后他与其近臣以及一批青年军官大力主张变革。亚历山大一世宣称必须进行革新，应该"给国家以自由"。斯塔尔夫人曾如此称赞他："您的心灵对于您的人民而言是最好的宪章"。[1] 亚历山大一世的"青年时期的朋友们"即近臣们多有亲英的倾向，主张将来有朝一日俄国应改行君主立宪。亚历山大一世经常采取学习西欧的姿态，经常运用自由主义的言辞，但是实际行动有限，值得一提的为斯佩兰斯基的改革计划。

斯佩兰斯基于 1807 年任沙皇的御前大臣，奉命编纂《俄国政府和司法机构组

▶ ▶ ▶ ────────────────────────

[1] A.J.Tudesq et J.Rude, 1789-1848, Paris, 1960, p.305.

织草案》，建议实行君主立宪，即召开等级代表会议（国家杜马）并由它制定"根本法"。该草案强调法律高于君主，实行三权分立与国家监督，调整地主与农奴的关系，逐渐取消农奴制，贵族、商人、市民与国家农民将拥有政治权利，而农奴、工人与仆人仅能获得部分公民权利。该计划对于俄国具有积极的意义，但是它遭到了保守贵族的谴责，斯佩兰斯基因而下台，于 1812 年遭到流放。他的重大贡献是 1810 年出版的《俄罗斯帝国法学大全》（45 卷）。1816 年，斯佩兰斯基恢复公职，后来实际成为尼古拉一世私人办公厅第二处处长，致力于法律的编辑和出版工作，编辑了 1832—1839 年的《法规汇纂》（15 卷）。

德意志化的新尝试出现于尼古拉一世统治时期。尼古拉一世的岳父是普鲁士国王弗里德里希·威廉三世，他本人自幼迷恋军营中的生活方式，倡导对君主和对上级的绝对服从，一向崇拜普鲁士的军事训练机制和警察制度。当时，维持军队与警察的费用约占国家收入的一半，俄国的社会生活已带有浓重的军营色彩。与此同时，俄国在尼古拉一世的统治下也曾有变革的举动。基谢廖夫于 1835 年制定了一项逐渐取消农奴制的计划，但未获成功。在国有产业部大臣基谢廖夫的主持下，1837—1841 年改善了国有地产的管理，在一定程度上提高了国有农民的经济与法律地位。宫廷农民的情况也有类似的改善，而地主所有农奴的处境未见变化。1841 年的一项命令曾经允许地主给农奴以自由，并将一块土地交付他们使用，但是农奴的解放取决于地主的善意，其收效十分有限。

俄国近代德意志化的进程至此基本结束。德意志化进程有利于沙皇专制的加强，同时给俄罗斯的政治制度、军警机制、镇压手段、社会日常生活打上了深深的烙印。德意志化的恶果是增加了俄罗斯国家的野蛮与专制色彩。

亚历山大二世被称为"沙皇解放者"，因为他于 1861 年废除了农奴制。1861 年 3 月 3 日（俄历 2 月 19 日），他签署了《农民改革法令》，宣称"在祈求上帝赐以支持之后，朕决心将此项事业切实施行"，"农奴在适当的时候将获得自由农村居民的一切权利"。实际上，地主农民通过赎买才能得到宅园地与份地，份地"不归农民所有，而是永久使用"，土地一经赎回就变为村社的集体财产。政府将贷款交给农民以便进行赎买，该贷款应于 49 年内还清。农民被列入纳税等级，获得家庭生活、结婚、经商、从事手工业、订立合同和拥有动产与不动产等公民权利，但是农民未经村社允许，仍旧不得离开村庄。[①] 后来，宫廷农民于 1863 年获得解放，国有农民于 1866 年获得解放。尽管还存在不足，但这次改革意义重大，此后俄国资本主义经济的发展将逐渐加快脚步。

1880 年 2 月，洛里斯－麦利科夫将军在镇压革命运动的同时，取消了"第三处"，并将其工作转交内政部的警务司，废除了一些警察局的恐怖条例，从而缓和了与自由派的矛盾。他允诺召开地方自治会议和讨论某些法案，还提出经济改革的计划，如减少赎买金额与废除人头税等。亚历山大二世对此改革方案曾表示原则上同意，但是不久遇刺身亡，俄国政局再次发生转折。

人们曾将 19 世纪 80 年代初至 90 年代初称作"贵族的反动时期"，这是俄国统治阶级中的保守集团对于 60—70 年代改革的反攻，沙皇的顾问与"主教公会"的总监波别多诺斯采夫是这一社会势力的代表。亚历山大三世否决前朝重臣洛里斯－麦利科夫关于召开地方自治会议的计划，并解除了此人的官职，但是政府仍然被迫实行若干经济改革，如废除人头税、继续减少赎买金额和减少赎金等。1882 年，随着 Д．А．托尔斯泰出任内政大臣，开始了公开的反动时期。新沙皇宣布坚持实行"专制政治"，大力加强对地方自治局的管理和对农民的控制，甚至恢复尼古拉一世时建立的军队体制及其野蛮训练计划。这是德意志化的余波，它带来了比较严重的社会后果。此时，俄国农奴制的残余颇为严重，地主的大田庄仍是封建制度的基础，农民继续受到掠夺并走向破产。

迟至 19 世纪末 20 世纪初，俄国官方的变革活动仍然未曾停止。尼古拉二世在位时期，维特和斯托雷平的有关尝试值得关注。维特于 1892—1906 年先后出任交通大臣、财政大臣与大臣会议主席。他向沙皇上书，指出"我们在经济上的落后也会导致政治和文化上的落后"。他提出发展经济的计划，进行了货币改革与农业改革，领导西伯利亚大铁路的修建，与德国签订对俄有利的关税协定，和法国加强政治联系，为俄国引进 30 亿卢布的外国资本，获得 22.5 亿法郎的外债，从而给工业化筹集了大量资金。[②]

斯托雷平于 1906 年 5 月任内政大臣，同年 7 月改任大臣会议主席，直至 1911

▶ ▶ ▶ ───────────────────────

① 参见周一良等主编：《世界通史资料选辑》近代部分，商务印书馆，1981，上册，340—342 页；孙成木等主编：前引书，下册，102 页等。
② Киселев, Щагин. Указ. Соч. с. 39-40.

年 9 月被刺身亡。他主张"革新国家"、对"社会"作合理的妥协，主张在强权领导下与传统相结合来进行改革，即走谨慎的变革之路，"先稳定再改革"。[①] 在数年内，由于他的推动，沙皇于 1906 年 11 月 22 日（俄历 11 月 9 日）颁布《关于农民土地所有制若干规定的变更与补充》的命令。根据这项命令农民有权使自己的份地成为私人财产，有权从村社分离出来，甚至可以出售自己的份地。该命令曾经杜马与国务会议同意，又于 1910 年 6 月 27 日（俄历 6 月 14 日）获沙皇批准，成为一项法律，从此绝大多数村社的农民必须离开村社。1911 年 6 月，政府公布土地规划条例，规定农民的份地自动变成私有财产。上述改革破坏了俄罗斯文明的象征之一——古老的村社，使大约 200 多万农户从村社中分出，并建立"单独的农庄经济"，从而促进农村资产阶级的形成，加快了资本主义的发展。斯托雷平的改革历来评说不一，自由反对派视此人如同反动分子，而保守贵族则指责他的过分激进。实际上，斯托雷平恰恰处于上述两种政见的中间，这也就是上述改革对于俄国的实际价值所在。村社起源于古代东斯拉夫人时期，至 11 世纪时大部分农民已生活在村社之内，它的长久保存显示了俄罗斯文明的延续性与保守性。此次改革之后，村社仍旧残存，直至苏联全盘集体化为止。

从彼得一世至尼古拉二世，历时 200 多年，在此期间若干沙皇与大臣进行了不尽相同的变革，其根本目的在于保证俄罗斯的社会结构与政治机制的存续。必须看到，直至第一次世界大战之际，虽然从政治治理到社会生活都还存在着残暴和半开化的一面，虽然多年的改革主要落实在经济领域，但俄罗斯从总体而言已经逐渐西方化了。俄罗斯社会发展的负面，尤其是政治发展的负面，导致了资产阶级民主革命的爆发。

俄罗斯近代社会变革的道路充满艰难，社会的惰性不断受到冲击，但仍在多种形式下起着作用。冲击来自不同的社会要求，来自不同的阶级或阶层。而在数百年内，官方实现了的改革或计划实现的改革主要是自由主义性质的。

▶ ▶ ▶ ────────────────────

① Там же, стр. 53.

第四节
俄罗斯的对外扩张

俄罗斯对外扩张的特点

到 18 世纪末，俄罗斯已成为横跨欧亚美三大洲的封建军事帝国。它西近中欧，东至阿拉斯加，北接北冰洋，南部到达多瑙河河口。它跨越了高加索山脉，夺取了中亚的木尔加布河中游，大体上，可以将波兰的卡利什、里海南岸的雷什特、土库曼的库什卡、北冰洋的法兰士－约瑟夫地群岛和阿拉斯加的新阿尔汉格尔斯克作为这个帝国领土扩张在不同时期所达到的 5 个最远地点。

俄罗斯帝国通过对外侵略扩张占有如此庞大的地域，但是这个国家的中心和重心始终在乌拉尔山与乌拉尔河这一自然界线以西，即欧洲东部的俄罗斯本土之上。其侵略扩张都以这个核心地区为出发点。伊万三世（1462—1505 在位）和瓦西里三世（1505—1533 在位）父子俩吞并周围东斯拉夫王公们的土地，挣脱金帐汗国的控制，大体上统一了俄罗斯。伊万四世（1533—1584 在位）继续扩大领土。后来许多沙皇热衷于领土扩张，17 世纪中期、18 世纪初年、18 世纪末叶、19 世纪初期以及19 世纪后期是俄国对外侵略扩张的几个高潮时期。

俄国对外扩张的目的在于谋求更多、更大的实际利益，简而言之即为夺取土地、出海口、资源、市场和霸权。在工业革命之前，俄国的君王、大臣、将军、地主与商人们为了增加财富而力求取得更多的土地、劳力、毛皮、肉类、鱼类和军事要冲。19 世纪 30—50 年代俄国工业革命开始，但是由于农奴制和沙皇专制制度的阻碍，它进展甚慢，直至 80 年代才基本完成。俄国大工业的集中相当突出，但是大工业的进步既得益于沙皇政府的支持，也依赖外国资本的投入。工业革命的开始使得原料来源地与商品的销售市场成为迫切的需要，为了争夺它们俄罗斯不惜诉诸武力。随着俄罗斯国家的日益强大，拥有谷物与木材的出海口，甚至谋取欧洲大陆的霸权，成为 16—19 世纪俄国沙皇们梦寐以求的目标。

俄罗斯国家数百年的扩张与侵略决非沙皇、宫廷、贵族与军人的偶发冲动，从总体来看它是世代相传的一种国家政策，历代的俄国统治者都在制造侵略扩张的多种"理论根据"。

俄国较早提出的扩张的第一个"理由"是为谋求土地、物产、航路、商路和商业利益。伊万三世经常扩充军队，力求统一俄罗斯，为此他必须不断增加封赏的土地，进一步加快土地的夺取。彼列斯维托夫代表贵族上书沙皇，敦促沙皇尽力占领更多的土地，尤其应该立即夺取土地肥沃的喀山，而后将它分别赏赐给中小贵族。伏尔加河两岸的土地和乌克兰的黑土带都是争夺的对象。1801 年，地质学者普什金公然主张，为夺取矿山资源而应兼并格鲁吉亚。驻高加索俄军总司令帕斯凯维奇说："为什么不能将格鲁吉亚视作殖民地？它将为我们的工厂提供原料（丝、棉、纺织品等），而从俄国得到工业品。"① 沙俄侵入西伯利亚，其目的也在于获取土地、毛皮、猎物、鱼类和银矿，斯特罗甘诺夫等大商人正是为了掠夺这些财富而对西伯利亚进行殖民侵略。彼得一世还曾妄图夺取中国的莎车及其金矿。

统一"整个俄罗斯"，甚至建立"全体斯拉夫人的帝国"是第二个"理由"。沙皇们关于俄罗斯的概念不是今日俄罗斯国家的地域概念，他们历来将乌克兰与白俄罗斯包括在俄国之内。伊万三世等沙皇们自视为留里克王朝的继承人，是"全俄罗斯的君主"，有权拥有"我自己的世袭的领地"，即俄罗斯、乌克兰与白俄罗斯。1504 年，伊万三世表示："罗斯的全部土地，基辅、斯摩棱斯克，以及目前还被立陶宛大公国控制的其他城镇……自古以来都是我们的遗产。"② 恩格斯指出："俄国首先的和主要的贪求，就是把所有的俄罗斯部落都统一到沙皇的政权之下。沙皇自称为全俄罗斯（其中也包括白俄罗斯与小俄罗斯）的专制君主。"③ 俄国君主们不仅要求领有土地富饶的乌克兰与地处军事要冲的白俄罗斯，更主张在自己的领导下，建立一个全体斯拉夫人的大帝国。17 世纪中叶，外交官奥尔金－纳肖金鼓吹："应从一切边疆上扩张国家"，主张建立一个包括所有斯拉夫人的大帝国，即除了乌克兰和白俄罗斯之外，还应统治东欧与南欧的其他斯拉夫人。克留切夫斯基指出："把合并小俄罗斯（乌克兰）看作为罗斯国土、领土结集的继续……在 1655 年征服了白俄罗斯和立陶宛之后，赶紧在沙皇称号上冠以'整个大俄罗斯、小俄罗斯和白俄

▶ ▶ ▶ ————————————————————

① 北京大学历史系编：《沙皇俄国侵略扩张史》上册，人民出版社，1979，323 页等。
② 北京大学历史系编：前引书，39 页。
③ 《马克思恩格斯全集》第 16 卷，182 页。

罗斯，以及立陶宛、沃伦和波多利亚的专制君主'的称号。"①

反对异端和"维护正教信仰"是沙俄对外侵略扩张具有宗教特色的一个"论据"。早在 1492 年，都主教佐西马在他的《东正教典》中宣称：东西罗马帝国已经灭亡，罗马教廷已向拉丁异端屈膝，君士坦丁堡也已落入土耳其人手中。"两个罗马皆已倒下，莫斯科就是第三个罗马，并且永远不会有第四个罗马。"16 世纪 20—30 年代，普斯科夫城的一个教士菲洛费伊致函瓦西里三世，陈述自己的政见："第一个罗马因为信奉异端而垮台，第二个罗马（君士坦丁堡）的教堂的大门也被伊斯兰教徒的战斧所劈开。""两个罗马已经倒下，第三个罗马——莫斯科巍然屹立。""尊敬的沙皇，请自尊自爱吧！""至高无上的君主，基督正教的沙皇……您将取代罗马与君士坦丁堡的地位。""一切信奉基督教的王国，皆将并入俄罗斯王国，而您则将成为全世界的基督教沙皇。"②

夺取出海口是 16—18 世纪俄国官方对外政策的一项基本方针，也是对外扩张的一个自以为充足的"理由"。彼得一世宣称："俄国需要水域"，应该成为一个"濒海的帝国"。他指示海军："必须找到一条经北冰洋到达中国和印度"的道路。17 世纪中叶，奥尔金－纳肖金曾公开主张夺取出海口。诗人普希金也曾讴歌：俄国"打开面向欧洲之窗，牢牢地立足于大海之旁，各国的商船来到此地，乘着它们陌生的海浪"。夺取出海口也是为了更顺利地输出粮食、木材等俄国盛产的物资。此外，俄国在远东还提出了夺取不冻港与不冻水域的目标，它的东西伯利亚总督卢彼尔特曾上书尼古拉一世："俄国东部地区需要黑龙江，如同它的西部地区需要波罗的海沿岸一样。"③

在欧洲甚至全世界建立霸权是俄国沙皇们对外政策的最大目标。彼得一世指出：俄国"能在全球建立自己的军事和政治的统治"。他是第一个将目光对准欧洲的沙皇，企图将全欧洲变成斯拉夫人尤其是俄罗斯人的领地。叶卡捷琳娜二世公然宣称："如果我能活到 200 岁，整个欧洲必将处于俄国的统治之下。"诗人杰尔扎文遵循官方的调子表示："俄罗斯啊！结盟对于你有何用场？迈步前进，全世界就是你的。"1893 年亚历山大三世曾批准一项巴德玛耶夫计划，妄图"和平地"吞并中

▶ ▶ ▶ ─────────────────────────────────

① 克柳切夫斯基：《俄国史教程》第 3 卷，商务印书馆，1995，120 页。
② 转引自北京大学历史系编，前引书，18—19 页。
③ Сочинения Пушкина（《普希金文集》）．Москва,1955.т.2. стр.251-252.

国的整个西部地区。俄国到处伸手,其中包括掠取在亚洲的土地,它鼓吹为了和英国争霸必须占领帕米尔高原。获取"中国皇帝"的称号竟然也成为尼古拉二世侵略中国的理由。[①]

还应提及俄国扩张的另一理论"解释":俄国对于被侵吞地区的"促进作用""解放作用"。俄国人认为1654年东部乌克兰的"归并"俄罗斯,"为在其城乡发展生产力创造了更佳的条件"。他们美化俄国在乌拉尔山脉以东的扩张,认为"西伯利亚人民与俄国人民的共同生活,在头一个百年期间,具有进步意义,并带来良好效果"。后来,俄国史学界在评述沙皇扩张时,大体上做出了相同的解释,认为摩尔多瓦、白俄罗斯、立陶宛、拉脱维亚、爱沙尼亚、格鲁吉亚、阿塞拜疆、亚美尼亚、达格斯坦以及中亚等等广大地区"归并"俄国,具有"全国的进步意义""良好的后果""值得肯定的意义"。与此相配合的还有所谓的"沙皇比素丹强",为了防止土耳其侵略高加索,高加索民众"自愿"接受沙皇保护等扩张论调。[②]

除此之外,沙皇政府还曾提出过为"继承浩罕的遗产",帕米尔高原、"阿穆尔(黑龙江)是无可争辩的自然边界"等五花八门的谬论。俄国对外扩张侵略的上述解释是一种全面性的自我辩护,它涉及地理、商业、政治、民族、宗教与国际关系诸方面,实际上仅为一种强词夺理的对于沙俄侵略扩张政策的美化与掩饰而已。

沙俄的对外侵略扩张作为一种长久的国策,有其阶级基础,有支持它的社会集团。首先是沙皇本人、宫廷以及军事和外交等政府机构,而后是服役贵族、世袭贵族、军人。教会为了扩大东正教的传播地区,也极力主张打击异教徒和获得更多的土地。俄国商人更是热衷于殖民侵略与掠夺物产。由于俄国的工业革命其开始和完成都比较迟缓,工业资产者一般来说发育不全与相对软弱,他们愿意投靠沙皇政府,妄图在它的庇护下用武力夺取原料来源地与产品的销售市场,在中亚细亚与高加索等地区就是如此。

俄国政府及其军队一旦夺得某个地域,便在当地实行俄罗斯化政策。这项政策

① 转引自北京大学历史系编,前引书,15页、85—87页、105页;下册,37页。

② История СССР(《苏联历史》).т.1.под ред.М.В.Нечкиной.Москва,1956. стр.386, 397; История СССР《苏联历史》.т.2.под ред.М.В.Нечкиной.Москва, 1954. стр.298, 302, 313;北京大学历史系编:前引书,87页、100页、88页、102页,下册,269页、65页。

的内容就是尽可能任命俄罗斯人为官吏、强迫使用俄语、推行俄罗斯文化、强令信奉东正教、严禁使用当地语言、限制土著文化的普及等等。凡是违反上述俄罗斯化各种规定者，必将受到严厉的惩处。

随着俄罗斯化而来的是一系列的掠夺和剥削政策，乌拉尔山脉南麓以西的巴什基里亚地区就是一例。俄国政府、贵族与工场主在这里征兵、夺地与征收苛捐杂税，甚至对黑眼睛与灰眼睛的居民征收不同的税。此外，还迫使非俄罗斯居民改用俄罗斯姓氏等。

上文所讲仅为非俄罗斯居民的俄罗斯化，与此同时还有被占领或被吞并地区的俄罗斯化，这种俄罗斯化也造成了严重的后果。沙俄政府的一贯做法是往这些地区移民，使当地俄罗斯人数量增多，有时甚至超过当地居民。20 世纪初年，沙俄不断向东方移民，斯托雷平土地改革时期即 1906—1916 年间，从俄国中心地区往西伯利亚、远东与土尔克斯坦草原迁移农民超过 300 万人，这些人绝大多数留在了新迁的土地上。沙俄政府在减轻其中央地区人口压力的同时，也使新征服地区的人口结构发生了有利于俄国的变化。这些地区的俄罗斯化通常比非俄居民的俄罗斯化有着更加长远的战略目的：这些地区将来发生社会大动荡时，占据多数的俄罗斯居民便可左右政局，决定地方的归属。俄罗斯文明在广阔的地域发挥着它的影响，吸取非罗斯文明的因素，俄语中 базар（集市）、плов（抓饭）、шашлык（烤羊肉串）等词的经常运用就是佐证，但是官方推行的即强加于人的俄罗斯文明的影响无疑起着决定作用。

沙皇俄国的对外侵略扩张是一种特点突出的国家政策，它有"理论"，有计划，有基础，也是一种对外政策的传统，具有地理概念的全方位性。它在严重受挫时有所收敛，但是一旦条件改善必将重新实行。异邦土地只要落入俄国控制之下，便极难从俄国划出。在那陆军占压倒优势的年代，俄国人数众多的步兵经常能够保证战争的胜利，从而保住已经夺得的土地。

俄国对外侵略扩张的主要方向和后果

1521 年，沙皇瓦西里三世吞并了梁赞，标志着俄罗斯土地统一的完成，俄罗斯民族国家也正是在这个时期形成的，此后俄国走上了扩张与侵略的道路。

吞并伏尔加河沿岸与通往里海 18 世纪前期，俄国的扩张以争夺波罗的海和里海的出海口为主。15 世纪，正值金帐汗国分裂崩溃时期，在伏尔加河与卡马河的汇合地区兴起了喀山汗国，这个封建国家的居民以鞑靼人为主。1487 年伊万三世利用喀山汗国内讧之机搞政变，该汗国变成俄国藩属。16 世纪初，由于奥斯曼帝国的支持，喀山汗国实际脱离了俄国的控制。伊万四世即位后，俄国的官吏、贵族与教士们纷纷要求夺取喀山汗国。1552 年 10 月，俄军攻占喀山，喀山汗国灭亡。喀山等城遭到洗劫，土地被封赐给俄国服役贵族，教会也获得大片土地。此后，俄国政府强迫俄罗斯人迁居此地，鞑靼居民被逐出城外，至 16 世纪 60 年代时喀山城内仅留下 9 户鞑靼人。

阿斯特拉罕汗国是当时伏尔加河下游的一个封建国家，其基本情况近似喀山汗国，但是它在过境贸易中的作用更加突出。1554 年，俄军沿伏尔加河顺流而下，发起进攻。1556 年，终于占领阿斯特拉罕，该汗国从此覆亡。

俄军在这一方向的扩张，使用了军队的强攻和制造傀儡政权相结合的策略，虽然也遇到周折，但较快地达到了目的。俄国消灭了这两个鞑靼人为主的汗国，获得广阔的土地与丰饶的物产，控制了过境的贸易和伏尔加河的航运，同时也夺得了通往里海的道路。后来，为巩固俄国在伏尔加河两岸的扩张，沙皇政府于 16 世纪 80—90 年代在当地大力兴建城市，其中较重要的有萨马拉、乌法、萨拉托夫与察里津等。

夺取波罗的海出海口 从 9 世纪起，诺夫哥罗德公国已经拥有芬兰湾东南沿海的一小块土地，1478 年诺夫哥罗德并入莫斯科大公国，俄罗斯的土地此时虽然与海相连，却不曾拥有通航的良港。纳尔瓦港于 1223 年开港，但是该港及其西南沿海土地已经属于立沃尼亚骑士团所有。

俄罗斯统一国家兴起之时，经济逐渐活跃，日益需要扩大进出口贸易，俄国的粮食、毛皮、蜂蜡、亚麻和树脂等土产主要运往西部欧洲，同时需要从瑞典、挪威和丹麦等国输入铜、铁、碱、木材、鱼类和畜产品。俄国关注到立沃尼亚是当时著名的"欧洲北部的粮仓"。沙皇政府考虑到骑士团的统治正在衰落，认为争夺波罗的海出海口的时机已经来临。伊万四世曾经表示："波罗的海的海水值得用黄金来衡量。"俄国在一百多年的时间里，不惜多次诉诸武力，以求在波罗的海夺得若干出海口，它进行了两场就当时水平而言比较严重的战争：立沃尼亚战争（1558—

1583）与北方战争（1700—1721）。

在立沃尼亚战争中，俄国遭受了一连串的打击。1583 年，俄国和瑞典于普柳萨河畔订立停战协定，瑞典获得包括伊万城在内的芬兰湾沿岸的全部土地。俄国不仅未曾夺得进入波罗的海的出海港口，反而丧失了原有的沿岸土地，芬兰湾南岸与拉多加湖西岸的土地皆划归瑞典。从这些地区往北，由于当时人烟稀少与自然环境困难，国家之间尚无定界，因此争端常起，但一般事态并不严重。

彼得一世时期，由于国家实力的增强，俄国重新开始夺取波罗的海的出海口，为此与瑞典进行了"北方战争"。1700 年冬，彼得一世统领俄军围攻纳尔瓦，但是瑞典国王查理十二世率军反攻并且获胜。1704 年，俄军于占领纳尔瓦与伊万城，1709 年大败查理十二世于波尔塔瓦。1721 年，双方签订《尼什塔特条约》，结束战争。按此项和约，俄国应在四周之内从芬兰撤军，芬兰大公国归属瑞典。瑞典应将从维堡经涅瓦河、伊万城、纳尔瓦至列维尔的芬兰湾沿岸的土地以及里加等城市、要塞、乡镇、港湾与海岸及其居民与财产"完全让给沙皇陛下与俄国所有"。俄国的刺刀与火炮在此次战争中发挥了威力，该项条约终于解决了波罗的海的出海口问题。1713 年，彼得一世下令将首都迁往彼得堡。于是俄罗斯帝国"有了彼得堡和莫斯科两个首都"，表明俄罗斯文明从莫斯科这个传统的内陆中心，向彼得堡这个政府人为创造的面向海洋的中心的转移。俄国打开了通往西部欧洲之窗，为它接受欧洲文明主要是西欧文明创造了条件，为它本身的现代化开辟了新的途径。

获得芬兰与法兰士－约瑟夫地群岛　俄国的北方临近北冰洋，自然条件恶劣，交通十分困难。俄国当时比较关注芬兰，它是俄国的近邻，地处北欧要冲，扼守着波罗的海东岸与芬兰湾，又与俄国从白海通向大洋的航路息息相关。

1155 年，瑞典人"远征"芬兰，开始了对芬兰长达 600 年之久的统治。从 16 世纪中叶起，瑞典与俄罗斯等国争夺波罗的海的控制权，1554—1809 年战事不断在芬兰的土地上进行。1714 年 7 月俄国在汉古特战役中大败瑞典海军，夺得波罗的海的控制权。1721 年，根据俄国与瑞典订立的《尼什塔特条约》，芬兰的东南地区划入俄国，芬兰在此次战争中损失人口 1/4 强。1743 年，俄军打败瑞典芬兰联军，同年的《阿波和约》将芬兰的基曼河以东的地区割让给俄国。1808 年俄军再败瑞典军队，随后占领芬兰各地。1809 年《弗勒德里希港和约》规定俄国吞并整个芬兰，后者成为一大公国，大公由俄皇兼任。1816 年芬兰改由沙皇所派的总督进行治理。芬

18世纪末叶列强曾三次瓜分波兰

兰于1917年底才获得独立。

法兰士－约瑟夫地群岛由191个岛屿组成，总面积1600多平方公里，大部分地区覆盖着冰雪，气候异常寒冷，这里冬季平均气温零下22摄氏度，夏季气温仅有1.7摄氏度，人们今天方认识到它所具有的重要战略意义。该岛于1873年被"发现"，它成为俄罗斯帝国的最北端。

瓜分波兰、兼并乌克兰与白俄罗斯 莫斯科的君主们对于乌克兰和白俄罗斯早已怀有吞并之心，但是波兰－立陶宛（1385年两国王朝联合。1569年，两个国家合并，称"波兰共和国"，至1795年）当时统治着这些地方。1485年波兰与奥斯曼帝国爆发战争。1500年俄国趁机出兵夺取波兰的边区，从此开始了数百年的争夺。罗曼诺夫王朝执政后进一步加强对于当时尚属立陶宛的乌克兰的争夺。

1648年，赫麦尔尼茨基领导乌克兰人举行起义反对波兰统治，沙皇政府利用这一有利时机于1653年对波兰宣战。俄军于1664年击败波兰军，并于次年镇压了乌克兰人的反抗。1667年，俄波签订"安德鲁索沃停战协定"，规定第聂伯河左岸乌克兰土地划归俄国，右岸的基辅及其附近地区在2年内归属俄国。与此同时，斯摩棱斯克、斯塔罗杜布与契尔尼哥夫等地区也归俄国统治。

波兰的衰败给俄国提供了进一步瓜分这个国家以扩张自身的机会。1772年第一次瓜分波兰时，俄国夺得部分东白俄罗斯，即西德维纳河的右岸、第聂伯河上游的左岸，另外还获得拉脱维亚的部分地区。1793年，俄国参加第二次瓜分波兰，得到包括明斯克城在内的白俄罗斯的东部、部分立陶宛（维尔纽斯）和西乌克兰的大部分地区。1795年，第三次瓜分波兰时，西部白俄罗斯（格罗德诺）、西部沃伦（卢茨克）、立陶宛一部（日姆季）和库尔兰等地并入俄国。俄国的边界明显地往西移动，到达涅曼－北布格河（布列斯特－格罗德诺）一线。

拿破仑帝国的垮台又为俄国西进提供了新的机会。1815 年 6 月 9 日维也纳会议《最后文件》的第一条作了如下规定："除若干地区外，华沙公国并入俄罗斯帝国。更应由其宪法规定隶属于俄罗斯帝国，永世不改，为全俄皇帝陛下、其后嗣及继承人永远领有。"华沙公国此后改称"波兰王国"，由沙皇兼任波兰国王直至 1918 年波兰独立。由于拥有波兰王国，俄罗斯帝国的西部边界再次大幅度地向西推移，直达卡利什地区。

占领黑海北岸、比萨拉比亚与多瑙河口　15—16 世纪俄国曾尝试夺取南方的出海口。当时俄罗斯人从顿河出海，必须经亚速海入黑海，更远才能到达地中海，奥斯曼帝国军队此时防守着亚速夫要塞、刻赤海峡、达达尼尔与博斯普鲁斯海峡这三个门户。俄国人从 17 世纪 80 年代起数次远征克里木和亚速夫，结果是事倍功半。

1735 年的俄土战争导致 1739 年的《贝尔格莱德和约》，它规定俄国获得亚速夫，但必须拆毁其军事设施；同时禁止俄国在亚速海与黑海拥有舰队。俄军在 1768 年开始的俄土战争中获胜，1774 年签订《库楚克－凯纳吉和约》：亚速夫、刻赤、金布恩等地以及从第聂伯河至南布格河的土地划入俄国，鞑靼人的克里木汗国脱离奥斯曼帝国而"完全独立"，摩尔多瓦与瓦拉几亚归还奥斯曼帝国。俄国得到亚速海，它的商船有权自由出入黑海与两海峡。1776 年俄国派兵入侵克里木汗国，1783 年该国直接并入俄国，改称"新俄罗斯边区"。此后，俄国在这个地区筑造塞瓦斯托波尔等海军要塞，建立了黑海舰队，从而在黑海保持一定优势。

新一轮的俄土战争于 1787 年爆发，它以 1792 年的《雅西和约》为终结。双方确认库楚克－凯纳吉和约的内容，克里木汗国并入俄国，德涅斯特河为俄土两国的新界，俄军所占的比萨拉比亚与摩尔多瓦归还土耳其。俄国在西南方面的边界因此推进至德涅斯特河。1812 年的《布加勒斯特和约》结束了 1806 年以来的俄土战争，将德涅斯特河与普鲁特河之间的比萨拉比亚割给俄国，普鲁特河成为俄罗斯帝国的新边界。俄军在 1828 年的对土战争中，曾到达距离君士坦丁堡 60 公里处。1829 年的《阿得里安堡和约》将多瑙河三角洲等地割给俄国，因此俄罗斯帝国的范围在西南方向推进至多瑙河的入海口。

19 世纪 30—40 年代，俄国争夺两海峡的活动先获胜而后遭受失败。当时素丹由于埃及的反抗而陷入困境，便要求俄国派军援助。1833 年初俄国舰队通过博斯普鲁斯海峡，停泊在素丹皇宫的前面，俄国陆军则在亚洲一侧的安吉阿尔－斯凯莱西登陆。同年 7 月俄土订立《安吉阿尔－斯凯莱西和约》，宣布两国结盟，土耳其"为了俄罗斯帝国朝廷的利益关闭达达尼尔海峡，即禁止任何外国军舰以任何借口进入该海峡"。俄国军舰获得自由出入两海峡的权利。

俄国南侵的进展引起了欧洲列强的反对，它们力求取消 1833 年的安吉阿尔－斯凯莱西条约。1840 年英、奥、普、土、俄五国签订《伦敦协定》，宣布共同维护奥斯曼帝国的主权与领土完整，素丹将禁止外国战舰出入两海峡。1841 年英、法、奥、普、土、俄六国订立另一项《伦敦协定》，规定素丹政府在和平时期对各国军舰一律关闭两海峡，而战时则由它酌情决定。俄国于 1833 年所获取的优势因此完全丧失。

尽管上述协定后果严重，俄国于 40 年代与 50 年代初又不断加强南下的势头。1853 年缅希科夫使团威胁素丹政府，诱发了克里木战争。1856 年的《巴黎和约》规定，俄国将比萨拉比亚南部与多瑙河三角洲归还摩尔多瓦，宣布奥斯曼帝国仍旧拥有对于摩尔多瓦和瓦拉几亚的宗主权，确认黑海中立，并且禁止军舰航行，两海峡对一切军舰关闭，同时保证多瑙河航行自由。俄罗斯控制两海峡的企图再次严重受挫。

1877 年俄军对巴尔干半岛大举进攻，曾到达距君士坦丁堡仅 12 公里处。1878 年 3 月俄土签订《圣斯特法诺条约》，俄国重新夺得比萨拉比亚的南部，但应将多布罗加地区交给罗马尼亚。同年 6 月，德、奥匈、英、法、俄、意、土等国缔结《柏林条约》，决定对巴尔干的领土问题进行调整。俄国将多布罗加与多瑙河三角洲交给罗马尼亚，但是获得比萨拉比亚的南部。土耳其承认塞尔维亚、罗马尼亚与黑山国（门的内哥罗）独立以及保加利亚的自治。

俄国南侵的目的向来十分明确，1913 年萨姆索诺夫将军对尼古拉二世的呈奏清楚地说明了这一点："凡是占领两海峡者，不仅掌握了黑海与地中海的钥匙，而且掌握了侵入小亚细亚，并据有巴尔干半岛霸权的钥匙"。[①]

跨越高加索山脉 大高加索山脉以北为欧洲，以南为亚洲，它的最高山峰是

▶ ▶ ▶

① 北京大学历史系编：前引书，398 页。

海拔 5633 米的厄尔布鲁士峰，但是如此高峻的群山未能阻止俄军侵略扩张的步伐。俄国企图夺取高加索山脉的两麓、波斯与阿富汗，甚至印度。俄国从 16 世纪开始向高加索地区扩张。留里克王朝的末代君主费多尔（1584—1598 在位）曾派遣俄军进抵捷列克河畔。

彼得一世利用奥斯曼帝国没落与波斯帝国（后于 1935 年正式称伊朗）衰败的时机，于 1722 年派俄军到达捷列克河，次年俄军越过大小高加索山脉，沿里海西岸南下。1723 年俄国与波斯在彼得堡订立同盟条约，规定里海的西南与正南沿岸以及部分东南岸割让给俄国。如果以雷什特与阿斯特拉巴德地区为标志，这是俄罗斯帝国在该方向所达到的最远点。彼得一世死后，俄国陷入权力之争，同时面临与土耳其的战争，因而力求联合波斯对抗土耳其。1732 年和 1735 年，俄国与波斯两次订约，彼得一世所夺得的土地基本上回到了波斯的管辖之下。

19 世纪前期与中期，俄国在高加索的侵略扩张取得明显进展。它主要实行武力征服，其典型事件是对于山北达格斯坦和山南格鲁吉亚的征服。

16 世纪中叶，俄国人开始进犯达格斯坦，1813 年俄国获得达格斯坦，1860 年该地区改称达格斯坦省。从 18 世纪末年至 19 世纪 60 年代，俄国完成了对于北高加索的吞并，它陆续夺得卡巴尔达（1774）、奥谢梯亚、库巴汗国和巴库汗国（1806）、车臣以及阿第盖（1830—1864）等地域。

17—18 世纪，格鲁吉亚是一个独立国家，阿塞拜疆归属波斯，亚美尼亚则分属于波斯和土耳其。1800 年底和 1801 年初，保罗一世两次发表宣言，宣布兼并东格鲁吉亚，并说："我希望格鲁吉亚成为一个省。"1801 年 9 月，亚历山大一世也宣布东格鲁吉亚为"俄国领土不可分割的一部分"。1813 年俄国与波斯的《古利斯坦条约》确认俄国获得伊美列提亚、阿布哈兹等地，西格鲁吉亚因此基本上被并入俄国。

1813 年的《古利斯坦和约》还将甘扎、卡拉巴赫等汗国，即北阿塞拜疆并入俄国。俄国在这个方向的占领范围跨过了库拉河口，到达阿腊克斯河与塔累什山脉，其最远点为阿斯塔腊城。南阿塞拜疆仍旧归属波斯。

俄国吞并亚美尼亚远比北阿塞拜疆困难，因为它既要对付波斯，也要和土耳其相抗衡。俄国于 1826 年再次发动反对波斯的战争，按照 1828 年两国的《图克曼恰伊条约》，俄国获得埃里温汗国与纳希契凡汗国，即东亚美尼亚。俄土战争又于

1877年爆发，次年的《圣斯特法诺和约》使俄国从土耳其获得巴统、卡尔斯、阿尔达罕和巴雅齐特诸城以及阿拉施克特盆地等地区（卡尔斯、阿尔达罕和巴统于1918年按布列斯特和约归还土耳其。1921年3月巴统重入俄国）。但是，数月后的《柏林条约》将巴雅齐特与阿拉施克特盆地退还给奥斯曼帝国，巴统则定为自由港。至此，俄国吞并了西部亚美尼亚，使它的边界移过大小高加索山脉与谢凡湖，到达阿腊克斯河上游的南岸。在俄占西部亚美尼亚的西南，另有亚美尼亚的大片土地，它属于土耳其。

此外，1829年的俄土《阿得里安堡和约》使俄国得到从库班河口往东南至圣尼古拉港的整个黑海东岸的土地。

翻越乌拉尔山到达亚洲东北角直至阿拉斯加　11世纪诺夫哥罗德东扩殖民时，曾经接近乌拉尔山脉以西的地区。1500年，莫斯科大公国开始向东越出俄罗斯人居住的范围，它为了夺取驯鹿与获得贡物，曾派兵越过乌拉尔山脉，打败聂聂茨人和尤格腊人。当时，从莫斯科出发到梁赞，沿奥卡河入伏尔加河，再沿伏尔加河顺流而下至喀山，然后溯卡马河而上，再溯楚索瓦雅河往东南，便到达乌拉尔山区。从楚索瓦雅河越过乌拉尔山至塔吉尔河，这里山峰的高度皆在352—761米之间，当时除严冬季节之外在此地区跨越乌拉尔山脉并非难事。

16世纪中期，俄国富商斯特罗甘诺夫家族正在卡马河至楚索瓦雅河一带从事采矿、制盐和殖民等活动。1574年，沙皇准许他翻过乌拉尔山向鄂毕河与额尔齐斯河流域进行殖民扩张，具体任务由叶尔马克为首的1650人的武装队伍来完成。1579年6月，叶尔马克等人从楚索瓦雅河畔出发，次年春天跨过乌拉尔山。叶卡马克及其队伍与失必儿（西伯利亚）汗国的鞑靼军队交战，于1582年10月夺取汗国首都卡什雷克（伊斯克尔），叶尔马克此举获得了沙皇的重赏和援兵，但是1585年他的侵略活动遭到沉重的还击，队伍被歼，本人淹死河中，残余俄军败退回乌拉尔以西。

1586年俄军重新侵略西伯利亚。沙皇政府采取了新的殖民措施：修碉堡、建基地、设防线、控制交通枢纽和军事要冲。1598年俄军征服失必儿汗国，从而占领了鄂毕河的中游。此后，俄国人继续东进去夺取叶尼塞河畔的土地，于1619年建筑叶尼塞斯克城。1632年建造了雅库茨克，也即夺取了勒拿河中游。1633年俄国远征队伍来到鄂霍茨克海北端，1648年俄国人到达亚洲东北端，并以该远征队伍头目之一杰日涅夫命名这个岬角。

亚洲与北美之间的海水未能让俄国人却步，18 世纪 40—80 年代他们渡过白令海峡，在阿拉斯加沿海岛屿登陆，于 1799 年建立了新阿尔汉格尔斯克。俄国人在当地开办公司，从事皮货经营。1821 年，亚历山大一世公然下令禁止一切外国船只通过俄占阿拉斯加地区附近的水域。克里木战争失败后，俄国在阿拉斯加的统治陷入困境，1867 年 3 月 30 日俄美订立条约，俄国将它在北美所占之地售给对方，价值为 1100 万卢布（即 720 万美元）。俄国从此丧失了阿拉斯加。

俄国曾是一个地跨欧亚与北美三大洲的超级帝国，如此状况对于俄国文明有着明显的影响，作家陀思妥耶夫斯基的一段言辞准确地表明了俄国人的群体心态："在欧洲，我们仅为接受他人施舍者和奴隶，到亚洲去我们就变成为主子。在欧洲，我们是鞑靼人，而在亚洲，我们却是欧洲人。"[1]

吞并中央亚细亚　当俄国觊觎中亚之时，它先后面对的是哈萨克汗国、浩罕汗国、希瓦汗国与布哈拉汗国，俄罗斯帝国的目的是尽可能在中亚夺取更多的土地以及棉花、丝和珠宝等物产，它为此不惜长期使用武力。

哈萨克汗国始建于 15 世纪中叶，16 世纪初它的领土明显扩大，居民达 100 万人。由于自然与经济等条件的不同，该汗国分为三个地区，据我国清代文献记载，它们分别称哈萨克左部、右部与西部，又称大、中、小三个玉兹或帐。

17 世纪，俄国人在哈萨克斯坦的西部建造了雅伊茨基等据点。1731 年，俄国将地缘最近的哈萨克西部（小玉兹）吞并。1740 年，哈萨克右部（中玉兹）被迫"接受了俄国国籍"。1845 年，哈萨克左部（大玉兹）的科帕尔地区落入俄国人之手，60 年代俄国终于吞并了哈萨克人的土地。俄国对于哈萨克斯坦的征服具有突出的特点，首先是不惜人力与物资筑造长距离的"防线"。从乌拉尔河口溯流而上至奥尔斯克，由奥尔斯克往东北到特罗伊茨克以东的乌伊河，由该河一直往东经鄂木斯克，而后沿额尔齐斯河逆流往东南至塞米巴拉金斯克，以上称戈尔防线。从塞米巴拉金斯克经阿亚古斯与科帕尔到维尔尼，以上称新西伯利亚防线。从托克马克至土尔克斯坦城，称浩罕防线。由此一直往西到咸海，称锡尔河防线。除了小块地区外，哈萨克土地皆被俄军的防线与要塞所包围。官方禁止哈萨克人沿

▶ ▶ ▶ ───────────────────────────────

[1] 拉夫：《德意志史》，慕尼黑国际出版社，1987，206 页。

着传统的路线放牧。同时，制造和利用民族纷争也是俄国当局惯用的手法，目的在于加强俄国的统治。

中亚南部存在着三个封建汗国：浩罕、布哈拉和希瓦，这些是主要出自乌兹别克人不同部落的独立汗国。19世纪60年代由于美国内战，欧洲市场出现棉花供应危机，当时发展不慢的俄国棉纺织工业面临缺少原料的困境，商人呼吁和官吏上书皆要求占领中亚，1863年至1872年沙皇多次召开专门会议，终于决定对中亚诸汗国实行军事征服。

浩罕汗国于1868年被迫与俄国签约，承认为它的藩属。1876年，俄国政府宣布废除浩罕汗国，称费尔干纳省。布哈拉汗国的命运与浩罕基本相同。1868年春，俄军夺得萨马尔罕城，秋天两国达成协议，1873年又有补充协定，布哈拉汗国承认俄国的保护权，俄国商人在布哈拉汗国自由贸易。1887年，俄国宣布布哈拉汗国改称萨马尔罕省。希瓦汗国也难逃厄运。1877年8月两国签订和约，希瓦汗国成为俄国的附庸，俄国获得阿姆河右岸的土地。1899年，希瓦汗国改称外里海省。

上述三个汗国被征服之后，俄国政府谋求夺取土库曼。俄军陆续打败了土库曼诸部落，1885年往南推进至库什卡河谷。此外，俄国还占领其他若干地区，从而完成了对中亚的侵略扩张，它长期占有最南点库什卡，并且一直保持至现代。

侵略中国　俄中两国原来并不接壤，根据公元859年的文字材料，沙俄的诺夫哥罗德时期，是中国晚唐宣宗末年，中俄文明发展水平的先后显而易见。俄国人与中国人的往来大约可追溯至13世纪，两个国家之间的交往则始于17世纪前期。中国在明末清初之际处于社会动荡中，俄国乘机进行侵略。中英鸦片战争之后沙俄肆无忌惮地吞并了中国的大片领土。

沙俄对中国的侵略延续时间很长并且在多个方向进行。17世纪初至20世纪，它的侵略方向为从库页岛至葱岭（其中包括帕米尔）一带，以及我国西藏等广大地区。1900年夏冬的侵华活动可作典型。此次由沙皇尼古拉二世亲任总司令，陆军大臣库罗帕特金为参谋长，十数万俄军兵分五路侵入中国东北。海兰泡3000余中国人惨遭虐杀，江东六十四屯的一万余中国人被杀害者超出7000人。

沙俄侵略中国的主要手段是武装入侵与外交压力互相配合，与此同时要弄阴谋诡计也是它惯用的伎俩。沙俄经常以"科学探险"和"地理考察"为名，收集情报为入侵做准备工作。如1846年设在阿拉斯加的俄美公司奉命从海上考察黑龙江口，

1876 年斯科别列夫"探险队"的官方任务在于为夺取帕米尔高原而刺探有关情报。俄国人曾经肆意篡改正式条约，以求多占他国土地。1860 年的中俄《北京条约》俄文本原来规定西段边界应顺着山岭走向、大河流向与"中国现有卡伦"的路线而行，但是俄国人在中文本中竟然将此处俄文译成"中国常驻卡伦"。那时，中国的常设卡伦一般建在远离边境，甚至数百里之遥的城镇，而非常驻卡伦则往往设在常驻卡伦以外的远处，上述译文的篡改有助于俄国侵占更多的土地。俄国政府多次蓄意派人披着宗教外衣从事侵略活动。19 世纪 80 年代，沙皇密派多尔济耶夫（即布里亚特蒙古人德尔智）到西藏"留学"，此人后来曾任达赖的侍讲，他不断向沙俄呈送情报，曾多次妄图裹胁达赖出逃。俄国官方公然收买中国官吏以便强加苛刻条约。1896 年维特经沙皇批准以重金收买了李鸿章，1898 年维特授意璞科第向李鸿章与张荫桓行贿，从而为沙俄大举侵略中国东北打开了道路。蚕食边境领土也是沙俄惯用办法之一。1900—1910 年，沙俄当局曾不断杀戮和驱赶中国人，迁入俄国军民，擅自移动边界标志，陆续夺走中国的江东六十四屯、乌苏里江以东地区与抚远三角洲等地方。

俄罗斯帝国政府凭借军事力量，软硬兼施地对中国清廷强加条约，夺取土地。1689 年 8 月 23 日（俄历 8 月 12 日）中俄两国代表在尼布楚开始谈判，由中方带去的译员徐日升和张诚用拉丁文翻译。9 月 7 日（俄历 8 月 27 日）签订《尼布楚条约》，该约规定以格尔毕齐河、外兴安岭与额尔古纳河为两国分界线，外兴安岭以南的黑龙江流域与乌苏里江流域为中国领土，俄方撤离雅克萨，中方则让出了贝加尔湖以东的土地。在此后的 200 多年之间，俄国政府陆续迫使清朝政府签订各种不平等条约，夺取了中国的大量土地。1727 年的《布连斯奇条约》，将恰克图与鄂尔怀图山之间的第一鄂博（石堆标记）作为起点，由此向东至额尔古纳河，向西至沙毕纳伊岭（沙宾达巴哈），北部划入俄国，南部归中国。1728 年，沙俄又强迫中国政府与他签订《恰克图条约》，肯定布连斯奇条约关于中俄中段边界的规定等等。

此后直至 19 世纪中叶，中俄两国的中段边界不曾发生重要的变动。19 世纪 40 年代中国清廷由于鸦片战争和太平军起义等事件而陷入困境，俄国乘机进一步对中国进行侵略，在数十年的时间里夺走中国东北与西部总共 150 余万平方公里的领土。俄国军舰武装航行黑龙江，并强迫清政府于 1858 年 5 月 28 日签订《瑷珲条约》，从中国夺走了外兴安岭以南、黑龙江以北 60 多万平方公里的领土。同年 6 月沙俄又强迫清朝政府与他签订不平等的《天津条约》，俄国获得在上海、宁波、福州、厦门、广州、台湾与琼州七处口岸的通商特权、领事裁判权与停泊军舰权，另获自由通商与内地传教的权利。由于 1860 年的中俄《北京条约》，俄国夺取中国乌苏里江以东，包括库页岛在内，约 40 万平方公里的领土，此外还将中俄西段边界的走向强加给中方。1861 年通过《勘分东界约记》，沙俄再次强占兴凯湖的大部分以及该湖西南的大片中国领土。

俄国对于中国西部疆土的侵略，也因强加条约而取得效果。1864 年中俄缔结《勘分西北界约记》，俄国夺走赛留格木岭、奎屯山以西和斋桑泊以东共 44 万余平方公里的中国领土。1881 年的《伊犁条约》规定将霍尔果斯河以西的地区划入俄国。1883 年双方代表签订《塔尔巴哈台西南界约》，俄国从中国夺走斋桑泊东北巴尔哈斯周围和额尔齐斯河上游两岸的领土。由于 1882 年 12 月的《喀什噶尔界约》，俄国夺走扎纳尔特河源地区的中国领土。1884 年夏天订立《续勘喀什噶尔界约》后，俄国又吞并喀什噶尔以北的玉山库什河源地区、阿克赛河地区和察提尔库里湖等中国领土。80 年代，俄国共夺得中国新疆约 7 万多平方公里的领土。1891—1892 年间，俄国又违反已有条约派兵入侵帕米尔，强占了萨雷阔勒岭以西约 2 万多平方公里的中国领土。

19 世纪末叶，俄国加强对中国东北的侵略。1896 年，李鸿章代表清廷与维特在《中俄密约》上签字，密约强令中国允许俄国在黑龙江与吉林等地建造铁路，俄国可建筑铁路，由西伯利亚经中国东北直通海参崴（中东铁路），从而方便运送俄军。1898 年的《东省铁路公司续订合同》使俄国此后有权修建哈尔滨经长春、沈阳到旅大的铁路。1898 年春季，中俄先后订立《旅大租地条约》与《续订旅大租地条约》，规定俄国租借旅顺口、大连湾以及附近水面为期 25 年，中国军队不得进入该地区等。1897—1903 年，中东铁路建成通车。

时至 20 世纪初年，俄国已从中国夺走了大片土地，但是它并不以此为满足，又于 1911 年策动中国外蒙"独立"，此外还妄图分割内蒙，又强夺中国西北的唐努乌梁海地区。

历来人们比较容易看到大英帝国四处进行殖民侵略扩张的特点，因为它的殖民地、附属地在欧、亚、非、南北美洲与大洋洲皆可找到，这些活动具有明显的分散性和世界性。俄国则往往给人们以某种一统大帝国的形象，如果不了解它的侵略扩张历史，便很难觉察这个帝国隐秘性的一面。沙皇俄国在大力实行对外侵略的时候，由于缺乏海军或力量有限，一般皆以陆地作基础，派遣军队暴力侵袭和毁城夺地，不断将所占地域俄罗斯化，大量迁来俄罗斯移民，将当地居民排挤到贫瘠的地带，最后将已夺得的地区划入俄国版图，设立相应的行政建置，纳入帝国的政治机体和服从统一的专制治理。由于所夺领土与俄国本地绝大部分山水相连，因而给人以一种不同于大英帝国的印象。实际上，在遭到俄罗斯帝国侵略扩张后，被直接并入它的版图、变成它的某种行政单位的地域与人口，从某程度上看更加悲惨。

从伊万四世至尼古拉二世不足 400 年的时间里，俄罗斯帝国对外侵略扩张的速度与它所夺得的土地十分引人注目，这是一种颇有研究价值的历史现象。16 世纪时，俄国的领土仅有 280 万平方公里。1725 年俄罗斯帝国的领土超过 1536 万平方公里，1796 年增至 1705 万平方公里，1855 年已达 1995 万平方公里。根据列宁所使用的资料，1876 年俄国拥有殖民地的面积为 1700 万平方公里、人口 1590 万，1914 年增至 1740 万平方公里、3320 万人口。1914 年，俄罗斯宗主国面积 540 万平方公里、人口 1 亿 3600 万。1914 年，俄罗斯帝国即宗主国加上殖民地，共有面积 2280 万平方公里、人口 1 亿 6940 万。就殖民地面积而言，1914 年俄国仅仅次于英国。按奥尔洛夫等主编的《俄国史》，20 世纪初，俄罗斯帝国拥有 2220 万平方公里土地。[①] 列宁在 1917 年 4 月曾经指出：俄国"兼并了""芬兰、波兰、库尔兰、乌克兰、希瓦、布哈拉、爱斯兰和其他非大俄罗斯人居住的地区"。[②]

俄罗斯帝国的侵略扩张具有突出的连续性，不论俄国内部政局如何变化，此项国策基本上一直在实行。同时这种传统政策的多方向性，使得俄国在边境的几乎每一个方向都伸出贪婪的手，夺得了大片领土。俄国一旦获取某块土地，除了遭到惨败之外，一般而言从不轻易放手交还。尼古拉一世早已指出这个特点："俄国国旗不论在何处一经升起，就不应再将它降落。"

正当俄国人歌颂其国家"多么辽阔广大"时，实际上提出了一个至关重要的问题：应该如何看待俄罗斯文明。毋庸讳言，其他多种文明也必须面对此类问题，但

▶ ▶ ▶

① Орлов. Указ. Соч. стр. 313.
② 列宁：《帝国主义是资本主义的最高阶段》，《列宁选集》第 2 卷，人民出版社，1976，731 页。

是俄罗斯人的历史包袱比较沉重一些。民族自尊心和一切历史构件相同，也有它自己的限度。俄罗斯文明曾使俄罗斯基本跟上了西欧的步伐，使它的城乡充满诗情画意，使俄语向境外传播优美的文学和动听的歌曲。但是，我们看到，在俄罗斯帝国的沙皇、宫廷与统治集团的头脑中，甚至普通人的心态里，俄罗斯往往被夸大成为至高无上和至尊万能。于是在大俄罗斯（本部）与白俄罗斯之外，还将其他地区称为小俄罗斯、黑俄罗斯、红俄罗斯、新俄罗斯、亚洲俄罗斯、黄俄罗斯以及"过剩的"俄罗斯。恩格斯指出："俄国毫无疑问是一个有侵略野心的国家。"[①] 这是一种经过深思熟虑的评判。

俄罗斯文明有着巨大的缺陷，此种缺陷在沙皇专制的延续、社会惰性的深重与不停地对外侵略扩张等方面表现出来。从 19 世纪初年开始，俄罗斯文明的落后性日益清楚地暴露在世人面前。此种落后性之所以形成，其根本原因在于俄国社会农业文明的滞后发展，也在于农业文明向工业文明转变的迟缓和艰难。由一个工业文明的高度，观察一种农业文明的品质，更加引发人们的深思。俄国的大小贵族、封建地主、农奴主们曾经热衷于拥有更多的耕地、农奴、粮食、毛皮等财富，为此而力争夺取更多的土地和人口，这是一种农业文明水平的欲望和比较简单的占有。当西部欧洲进入工业文明时代之后，俄罗斯还在蹒跚前行。克里木战争恰如其分地显示了这个特点：一个采用原始生产形式的国家同几个拥有现代生产手段的国家进行绝望的搏斗。当西部欧洲街头出现汽车之时，俄罗斯人还在迷恋那雪野奔驰的三驾马车。俄罗斯的依恋土地情结对文明造成了深重的灾难。

俄国的统治者们在漫长的时间里，极力对外扩张侵略，不分东西南北、不论欧洲、亚洲、美洲，他们寸土必夺，贪得无厌，拼命追求一种数量的简单增长。同时，他们忽略了自身的经济、政治和文化的更新，忽略了文明的素质的提高。不仅国家政策如此推行，整个沙俄上层的心态都是以此为满足。于是，主次不分，欲望远远超过实力，并且长久地超过了实力，俄罗斯帝国日益陷入危机，它的外强中干的特征日益突出。俄罗斯工业文明背负着农业文明的沉重的十字架，如此特点既表现在沙俄帝国主义的野蛮好战与侵略扩张方面，也可在其工业产品的粗制滥造中找到踪迹。

▶ ▶ ▶ ────────────────────

① 《马克思恩格斯全集》第 9 卷，18 页。

[推荐阅读书目]

1. 克柳切夫斯基：《俄国史教程》，1—3卷，商务印书馆，1995。

2. 孙成木、刘祖熙、李建主编：《俄国通史简编》，上册，人民出版社，1984。

3. 雷纳·格鲁塞：《蒙古帝国史》，商务印书馆，1996。

4. 格列科夫与雅И库波夫斯基：《金帐汗国兴衰史》，商务印书馆，1985。

5. 维特：《俄国末代沙皇尼古拉二世》，新华出版社，1983。

6. Орлов, Грегориев, История России. Москва, 1999.

7. Орлов, Полунов, Пособие по истории отечества. Москва, 1997.

8. Под редакцией Грегорьева, Новаяистория стран Европы и Америки1870—1918. Москва, 2001.

9. Подредакцией Киселева, Новейшая история отечестваXXвека. Москва, 1999.

10. Gilliard, le *tragiquedestin de Nicolas II et de safamille*. Paris, 1938.

11. Tibor Szamuely, *la tradition russe*. Stokholm—Londres, 1996.

12. Pushkarev, *The Emergence of Modern Russia, 1801—1917*, The University of Alberta Press, 1985.

13. 《新编剑桥世界近代史》（中国社会科学出版社）有关俄国部分。

第十七章

伊斯兰文明对西欧工业文明的吸收和冲突

✾

奥斯曼帝国在 15 世纪崛起后，逐渐形成地跨欧亚非三洲的大帝国，在极盛时期，土耳其素丹又自命为哈里发，奥斯曼文明实际上成为伊斯兰文明的中心，而且伊斯兰文明仍然是当时世界几个强势文明之一。17—18 世纪欧洲强国加强对奥斯曼统治地区的经济和政治渗透。由此在两大文明之间引起了频繁的接触和对抗。"近水楼台先得月"的地缘关系，既给予奥斯曼帝国接触和吸收西欧现代工业文明的机遇，又使它直接面临新兴诸欧洲帝国的挑战。伊斯兰文明世界内部几个强国——首先是奥斯曼和波斯，继而埃及，为争夺伊斯兰霸主地位或教派矛盾或疆域纠纷，尔虞我诈，甚至不惜兵戎相见，始终未能形成一个具有凝聚力的统一的文明实体。尽管伊斯兰文明还在持续发展，但在先进的欧洲工业文明的影响下，奥斯曼帝国古老的生活方式已难以为继，而奥斯曼帝国的衰朽又大大便利了西方在这一地区的殖民渗透。

第一节

伊斯兰文明与基督教工业文明的碰撞

碰撞中的吸收和拒斥

奥斯曼文明最初是以游牧的土耳其人为核心发展起来的。而东欧、东南欧和中欧的基督文明都是它的毗邻文明。土耳其人在皈依伊斯兰教后，将伊斯兰文明奉为其老根，以阿拉伯字母拼读自己的语言，然而作为统治阶级的土耳其人的血统却不让其他民族过多地羼杂。早在 1453 年攻陷拜占庭首都君士坦丁堡之前，土耳其人的文化中就吸收了不少拜占庭文化成分（部分是通过塞尔柱人吸收的），如土耳其清真寺的圆屋顶和图案，农村手工艺品中的希腊式和东南欧式的装饰图样，都是吸收拜占庭文明的结果。此外，土耳其人从 15 世纪就同中部欧洲发生了密切接触，并通过贸易、战争、外交和移民等方式把东南欧许多民族囊括到帝国范围之内，同时也将欧洲这些地区的各种文明制度一并吸收。一些欧洲移民包括政治避难者、外交官、商人等，也给奥斯曼帝国带来了西方文化，奥斯曼土耳其可以说是在几个文明包围之中。15 世纪的几位素丹热衷于采用欧洲炮兵技术，热衷把欧洲炮手和制炮技师、工人也一并引进帝国。其后（16—18 世纪），欧洲的制图、航海、造船、印刷术、军事工程、欧式建筑技术等也迅速传入奥斯曼帝国。一般说来，奥斯曼帝国比东方其他国家（如波斯帝国、中华帝国）更倾向于接受外来先进文明，但在某些历史时期（如 19 世纪上半叶）这个帝国的某些阶层也会强烈地拒斥外来的某些文化影响。关于这一矛盾现象的研究常常是奥斯曼史家的热门话题。

　　土耳其人拒绝西方基督教文明有深远的历史原因。首先，在历史上的一个很长时期内，穆斯林看不起西方基督教文化。当 7—10 世纪穆斯林如饥似渴吸收希腊、波斯、印度和中国的文明时，西方基督教文化确实还拿不出令人重视的东西，而早期基督教本身在穆斯林看来又是一个极不完善的事物。法兰克的欧洲① 则被视为野蛮黑暗的化外地区。其次，军事胜利加强了土耳其人的自大意识。土耳其在扩张时期曾屡败欧洲基督教国家，战败国的基督教文化因而也受到穆斯林轻视，被认为是一些无足轻重的东西。更为荒唐的是，土耳其穆斯林还把几乎整个基督教文化都看成是敌国尊奉的异教，把整个欧洲看成是异教文明的滋生地，必欲彻底征服之而后快。奥斯曼帝国官方对基督教文明的拒绝态度，最强烈地表现在由于宗教原因而拒绝使用印刷术② 和时钟。政府明文规定，凡《古兰经》和伊斯兰其他经文均不许使用印刷术，而只许手抄，这一做法一直持续到 19 世纪。禁用时钟则是为了防止破清真寺报时的权威。

　　但是，起源于基督教文明的各种发明仍然通过两个主要渠道进入了奥斯曼。其

▶　▶　▶

---

① 土耳其人习惯将西部欧洲人称为"法兰克人"。
② 奥斯曼人并不明白印刷术是中国人首先发明的，模模糊糊地将印刷术的发明者归之于欧洲的基督徒。

一是武器渠道。欧洲基督教文明诸国的先进武器主要是大炮，这对奥斯曼人有巨大吸引力。13 世纪，中国发明的火药和原始的管状火器经过阿拉伯国家传入欧洲，到16 世纪以后欧洲国家改进了火炮技术和各种管状火器，实力已经远远超过了原发明的母国。奥斯曼帝国在东欧和地中海的征战中发现欧洲制炮和造船技术已远远超过自己，于是开始在征战中俘获（后来采取延聘方式）匈牙利人、犹太人和意大利人中的制炮工匠和造船工匠。这些工匠和制炮、造船技术都来自于基督教文明地区，被列为异教范畴。但学习和模仿制炮、造船技术，对于奥斯曼帝国保持其军事优势极为重要。奥斯曼人便如是自圆其说：为了对异教徒圣战的需要，可以引进来自基督教的技术。这便打开了一条基督教文明渗入奥斯曼的通道。其二，宗教本身是各国各民族间文明交流的重要渠道。奥斯曼帝国是在介于伊斯兰教和基督教之间的地区建立的。早在建国之前，土耳其人同信东正教的拜占庭人和希腊人就在边界地带建立了密切关系。在战争期间，或战争间歇，既存在紧张关系，又形成共存关系，有不少希腊名门望族皈依伊斯兰教，带来了基督教文明的直接影响。无论是战术、武器还是衣食住行乃至医疗技术，都不可避免地受到彼此广泛而深刻的影响。不少伊斯兰的制度、观念被基督徒接受，使他们在养马术、医术、历算、建筑等方面获益匪浅。同样，基督教的封建制度和法律也成为奥斯曼帝国制定法规的根据。那些原住在西班牙和葡萄牙、后来移居奥斯曼帝国的犹太人是西方技术的传播者。曾于1551 年访问过土耳其的尼科雷在《土耳其航海、漫游及旅行记》一书中写道：犹太人"教给土耳其人许多有关军事的创造发明、战术和组织方法，包括制造大炮、步枪、火药、子弹以及其他武器的技术等。同样，他们还给这个地区带来了过去从未见过的印刷术，并用精美的字体印制出多种不同语言的书籍，如希腊、拉丁、意大利、西班牙等文字，甚至还有希伯来文字。但是，他们却不得印刷土耳其文或阿拉伯文的经书。15 世纪威尼斯人教给土耳其人欧洲造船术和海军技术，后者除了大量吸收有关制图和航海知识外，尤其注意欧洲战船设计和结构上的各项改进，并加以模仿，开始自行建造三层甲板式的大型帆船"，使奥斯曼海军更上一层楼。

从 17 世纪末起，奥斯曼军队在与欧洲军队交战中败多胜少。土耳其有识之士逐渐认识到向西方学习技术的必要性，但在根深蒂固的蔑视法兰克人（欧洲人）的心理支配下，主张学习西方者也必须小心翼翼地首先表示对法兰克基督教徒的轻蔑，然后才指出法兰克军队的某些优越性，指出奥斯曼若要在圣战中打败异教徒，就有学习其优越方面的必要。正是在这样的矛盾心理支配下，1734 年试办了一所训练炮兵的几何学学校，但不久即遭近卫军团反对而关门。1759 年虽曾一度恢复，但直到 1773 年才创办了一所新的"海军数学学校"。该校设备较为完善，并有西文书籍图书馆，成为后来各式学校的样板。接着又在法国人帮助下建立了新式工兵兵团，并改造了铸炮厂。尽管在学习西方技术方面障碍重重，奥斯曼人在东方世界总算开风气之先。

在诸多引进中，印刷术的引进也许对奥斯曼文明的影响更为深刻。印刷术 1494 年以后经犹太人之手首先传入君士坦丁堡，后来在萨洛尼卡形成印刷中心。不得印制土耳其文和阿拉伯文的禁令在 18 世纪初有所松动（但仍不准印制经文）。1727 年经敕令许可，建立了土耳其文印刷厂，从法、荷进口印刷机器。在 19 世纪前，这些印刷厂的印刷品主要仍是介绍欧洲炮、船制造技术方面的书籍。不仅在印刷厂，连图书馆也找不到介绍欧洲基督教的书籍。蒙昧的奥斯曼穆斯林依然认为，他们自己的历史就是整个世界的历史。科学的急流在伊斯兰法律拦洪坝面前被遏止了。然而，毕竟还是有一些有识之士如赫扎尔芬（Hezarfen）等开始研究欧洲历史了。也有不少人对欧洲的地理学、医学感兴趣，有关著作开始出现在私人手中。在引进欧洲人文知识方面，开风气之先的是奥斯曼帝国派驻欧洲首都的一些使节和随员，他们一般都谙熟法语，开始把欧洲人文著作译成土耳其文，引进国内。然而，在很长时期内，土耳其知识分子崇信的欧洲学者仍然是亚里士多德、托勒密，而对于哥白尼、伽利略、开普勒等人的伟大发现，却认为与自己毫不相关。

18 世纪末，奥斯曼帝国的建筑、绘画、雕刻受到欧洲影响较为明显。法兰克生活方式和建筑风格首先进入宫廷和上层社会家庭宅院，最明显的表现是素丹宫殿门外，突兀地耸立着洛可可式的喷水池；素丹和大臣显贵们的宅院摆着法式家具和装饰；而悬挂由欧洲画家描绘的素丹和大臣们的大幅肖像油画，更成为伊斯坦布尔上层社会的一种时髦；为效颦凡尔赛，上层社会这时还流行起栽种法国郁金香，帝国的这一时期甚至被史学家称为"郁金香时代"。

18 世纪前奥斯曼文明同基督教欧洲文明的接触，为 18 世纪末开始的奥斯曼帝国的首次改革奠定了文化和心理上的基础。

懵懂无知导致丧失主权

应该指出，18世纪前两种文明的碰撞不仅表现在军事力量方面的此消彼长，而且更深刻地表现为对法律概念的理解和解释方面的重大差异。这种差异突出反映了奥斯曼人昧于世界形势：他们对17—18世纪风行于西欧的重商主义学说和英、法、荷等国奉行的商业扩张政策懵然无知，对国际法上国家主权平等以及治外法权平等互惠等规定亦不明就里。因此，法国以其在1739年土耳其人与俄国人签订《贝尔格莱德条约》时曾帮助过奥斯曼帝国为由，劝诱马赫穆德一世签订1740年的《法土条约》。该条约共82项，恢复、确认和补充了自1251年以来奥斯曼素丹给予法国的全部特权条款，包括给予法国人在奥斯曼帝国境内任何地方旅行和贸易的特权；法商货物只缴纳商品价值百分之三的进出口税；免征各种形式的捐税等。最为严重的是，奥斯曼帝国竟单方面给予法国（以及后来的英、奥地利、荷、俄）治外法权：承认法国大使、公使和领事对居住在奥斯曼帝国的法国人有完全裁决权，任何法国人不得由奥斯曼官员逮捕，除非有一位法国领事馆官员在场。法国有权把那些在土耳其未设使馆和领馆的葡萄牙人、西西里人等收容于法国旗帜之下，并予保护。法国还拥有将barat（巴拉特卡国籍证）出售给奥斯曼帝国臣民的特权，"巴拉特卡"的拥有者在帝国境内享有贸易特权。由此，奥斯曼帝国大部分对外贸易就不再由帝国政府控制了。这种丧权状况随着奥斯曼帝国国势的日渐衰弱

英国驻奥斯曼帝国大使额尔金将奥斯曼境内的古希腊大理石石雕运回英国

而愈发严重。这已不仅是不同文明之间的碰撞问题，而是奥斯曼国家主权利益受到欧洲列强严重侵犯的问题。按照这些实际上的不平等条约，土耳其警察不能逮捕或拘留任何一个外国人，除非有该国领事官员在场。从此，土耳其地方当局为避免麻烦，对外国人所犯的罪行一般都置之不问或予以掩盖。帝国境内许多非土耳其人如希腊人、亚美利亚人、犹太人、黎凡特人（叙利亚－巴勒斯坦人）争相取得"巴拉特卡"，充当"假洋鬼子"，以享受治外法权，垄断某种商业，严重侵犯了奥斯曼的主权。外商和持有"拉巴特卡"的本国商人可以免缴许多项捐税并可以抵制商业税的增加，因而，这些洋商和假洋商既可以不受土耳其政府的约束，又可以大大降低经营成本，使奥斯曼真正的民族商人根本无法同他们进行商业上的竞争，这是土耳其民族工商业一开始就很难发展起来的一个重要原因。

第二节
奥斯曼帝国的改革

塞利姆三世的第一次改革

18 世纪最后几年，欧洲正面临着法国大革命的狂飙巨浪，奥斯曼帝国在接连几场丧权辱国的战争之后，得到了几年的喘息时间，奥斯曼帝国有识之士开始对帝国命运进行反思。1791 年秋，奥斯曼军队从克里米亚前线撤回，几个月后签订了《雅西条约》，从此奥斯曼永远失去了克里米亚。还在军队回师逗留于锡利斯特拉的时候，刚登基两年的塞利姆三世素丹（1789—1807 在位）[①] 便向军、政、宗教各界 22 位显要人物发布敕令，咨询帝国衰落的原因，并要求他们提出改革建议。在所有以 Layiha（拉伊哈奏折）形式提出的建议中，有两个共同点：（一）要求恢复奥

▶ ▶ ▶ ────────────────

① 博学多闻的塞利姆还是王储时就同法王路易十六有书信往来。

斯曼昔日的军事光荣；（二）着重强调恢复军事实力。依照对改革的态度，建议者可以分成三派：保守派坚持军队应重新采用传统的军事办法，反对任何改革，这一派以既得利益集团的近卫军团为核心。中间派主张以现有军队为基础采用欧式训练方式。激进派则主张建立一支按欧洲方式进行训练的新军。所有建议都没有涉及政治、工业、农业、教育制度的基本改革，只局限于军事制度的调整。主张改革的人都认为建立一支欧式新军是扭转帝国衰败的灵丹妙药。当时盛行于欧洲的启蒙运动没有触动奥斯曼社会，没有引发任何解放思想的苗头。仅从这一点看，奥斯曼帝国既没有也不可能抓住法国大革命所提供的向工业文明过渡的历史机遇。帝国当时对吸收欧洲文明唯一感兴趣的是军事部分，这说明奥斯曼帝国从一开始就选定了此后延宕时日、影响极坏的军事至上主义，作为改革的主要目标。

建立新军的建议投合了塞利姆的思想，其后十几年（1792—1807）的改革便主要集中于建立新军。为此，开设了陆军学校和海军学校，聘请法国教师训练教官和培养军事专家。建立新军需要大笔经费，于是塞利姆着手改革财政和征税制度。为了加强中央权力，他极力削弱地方力量，颁布了一些改革行政制度的法令。他把这一切统称为建立"新秩序"。

塞利姆并不是一位具有大魄力和敢有作为的君主，他性格懦弱，谨小慎微，不敢得罪军方保守派。为了避免同近卫军团和保守派发生摩擦，他将新军的训练放置在远离京城的郊野。新军一律实行征兵制，配置有炮兵和骑兵，由法国教官指导操练。到1807年，新军人数已达2.5万人。通过建立新军，奥斯曼帝国出现了一批接触过西方文化的陆海军军官，他们构成塞利姆改革的一个势单力薄的社会基础。另一个势力同样薄弱的基础是中下级外交官员。塞利姆于1792年起在欧洲主要国家设立使馆（多为公使馆），并为之配备了一批译员和秘书，这些通晓西方语言的青年官员是最早一批在驻在国接受西方文化熏陶的土耳其人，这些人后来大部分都成了改革派，但人数甚少。

塞利姆改革遇到了极大的阻力，国际环境也十分不利。1798年法国拿破仑亲自率军侵入奥斯曼帝国在非洲的最重要省份埃及，使土法关系陷入低潮。法国一直是奥斯曼帝国"西化"的启蒙师，如今老师侵略学生，保守派掀起一阵鼓噪："法兰克世界远非善类。"基督教文明再次被"证明"是伊斯兰文明的敌人。所有法国教官、教师被遣返。反对塞利姆改革的保守力量借外交纠纷得以加强。1802年《亚眠和约》签订后，奥斯曼帝国与法国的关系得以恢复，法国教官成批回聘，新军训练工作加速进行。此后由于同俄国在海峡地区的军事对峙骤然紧张，塞利姆加强新军在海峡的部署，并下令为博斯普鲁斯海峡的驻军更换装备。为防俄舰闯过海峡，500 名法国炮兵被部署于海峡地带。这便为近卫军团提供了反对法兰克式革新的借口，他们认为塞利姆犯下了不可饶恕的罪行：利用军事改革激起法兰克式"革命"，背叛伊斯兰精神。优柔寡断的塞利姆不敢调动新军镇压叛乱的近卫军团，而是对它一再退让。先是在"塞尔维亚事件"中同意近卫军返回贝尔格莱德，以致近卫军四名首领将素丹任命的开明总督杀掉，继而又默认四头领将塞尔维亚进行瓜分、据为己有。1807 年，首都近卫军发动叛乱，塞利姆又一再退让，首先宣布暂停改革措施，将改革派顾问全部免职，继而答应解散全部新军。塞利姆的一味妥协退让并没有保住他的皇位和生命。1807 年 5 月 29 日，代表保守势力的伊斯兰教总法典官和近卫军官代表团迫使塞利姆三世退位。1808 年他被新素丹穆斯塔法四世杀害于宫中。

马哈茂德二世的第二次改革

奥斯曼改革的火种并没有完全被扑灭。在欧洲列强虎视眈眈觊觎中东的形势下，从 1910 年代起埃及地区在穆罕默德·阿里主持下又发生了如火如荼的改革运动。当时整个奥斯曼帝国都危在旦夕，如果不进行改革，只有灭亡一途。1807 年政变后残存的改革派逃到鲁梅利亚的鲁斯丘克（今鲁塞），投靠一位接近改革派的将领巴拉克达尔。1808 年 7 月巴拉克达尔率军开进伊斯坦布尔，自任大维齐（宰相），提出彻底改组近卫军团的改革方案。他对新军进行整编，改用新番号，恢复各项改革法令。他废黜近卫军傀儡穆斯塔法四世，扶植马哈茂德登基。但在 19 世纪头 20 年，奥斯曼帝国内部的保守势力仍然十分强大，军队主力尚未被改革派掌握。被马克思称为"帝国的瘟疫"的近卫军团已成为反对军事改革和军队现代化、反对接触工业文明、敌视一切进步变革的最顽固的力量。因此，奥斯曼帝国改革再度启动的关键，就在于能否消灭近卫军团。巴拉克达尔的改革后来就是被近卫军团扼杀的：1808 年 11 月，这场改革进行还不到 3 个月，近卫军团就再度发动叛乱，巴拉克达尔在住宅中被烧死。

马哈茂德二世（1808—1839）即位头几年基本上采取韬晦策略。他在 1808 年的政变中幸免于难。23岁的马哈茂德在登基后的18年中,面对强大的以近卫军团为首的保守势力,采取韬晦待时之计,引而不发。在这期间,奥斯曼帝国失去了对埃及和希腊的控制,而各省地方势力力图摆脱中央控制走向独立。1826年5月,利用一次在希腊平叛的机会,弯弓待发的马哈茂德再度提出:若要维护帝国实力以对异教徒实行圣战,就必须恢复苏莱曼大帝的军事体系,组织一支欧式新军。他暂避锋芒,答应不用法国等地的异教徒军官训练新军,只用埃及穆罕默德·阿里提供的穆斯林军官进行训练。伊斯兰总法典官、上层宗教人士和一些高级军官出于"圣战"、收复失地、维护帝国统一的考虑予以认可。但近卫军团仍认定新军的成立必将威胁自己的存在,在新军刚刚穿上西式军服的第10天(1828年6月15日)就发动兵变。马哈茂德以近卫军团不去对付希腊人却赖在国内闹事为由,下令新军以大炮猛轰近卫军兵营和集结地。猛烈的炮火摧毁了兵营建筑,击毙4000多名近卫军,死者都被扔进博斯普鲁斯海峡,新军乘胜在各省区继续追杀近卫军。至此,阻碍国家进步的一个重大障碍——反对现代化的有组织力量被消灭了,这对奥斯曼帝国的进步具有重大意义。但是导致帝国衰落和崩溃的根源依然存在。

国内外的严峻形势特别是穆罕默德·阿里在埃及的崛起,促使自诩为"奥斯曼

奥斯曼帝国舰队在纳瓦里诺海战中大败于英、俄、法舰队(1827年)

的彼得大帝"的马哈茂德二世不得
不加速改革。首先，他加紧推行组
建和扩大新军的计划，决定训练 4
万新军。设立相当于文职陆军部的
塞拉斯克，作为中央对各武装部队
的控制机构。1826 年末制定新军组
织条例，在各省招募新军。聘请普
鲁士军官团来训练新军，以毛奇大
尉（后成为德国陆军元帅）为首的
军官团到达土耳其，从此开始了德
国对土耳其的百年军事影响。与此
同时，马哈茂德二世又派遣士官生
到英、奥等国军校学习。其次，废
除旧式军队的根基——军事采邑制
度。军事采邑制度又称蒂马尔制度，

马哈茂德素丹建立的新军

它已经历了四百多年的风雨，早已腐朽不堪，到了非改革不可的地步。军事采邑制
度腐败变质致使各地的采邑土地多被侵吞，采邑主只收税不负担军事义务，大片土
地落入包税人手中。1831 年马哈茂德宣布废除一切蒂马尔（采邑），收回皇家土地
或普通地产，分租给包税人；解散早已不能作战的西帕伊骑兵，发给养老金。1838
年颁布土地法，承认土地私有权。但耕种旧采邑土地的农民未获得土地所有权，只
拥有终身使用权。另外，马哈茂德也对宗教用地瓦克夫（Vakif）实行改革，成立
"埃夫卡弗管理局"进行统一管理，将瓦克夫的收入用来推进其他改革事业，并削
弱伊斯兰教阶的势力。显然，马哈茂德的"土地改革"并不反对一切封建土地占有
制，只是针对一部分封建主，特别是针对那些影响中央权力的地方封建主。许多封
建权利，如分享 1/3 收获的特权等都被保留了下来。

　　马哈茂德对行政制度的改革侧重于两方面：（一）加强中央权力，尤其是素
丹权力。在废除近卫军基础上，停止各省自治权，摧毁边远省区总督的膨胀权力，
削弱首都与各省中间一层官员的权力，并限制世袭传统习惯所形成的各种权力。
初步把乌莱马（Ulema）等神职人员纳入国家编制，削弱其对教徒群众的影响力。

这些措施尽管离行政现代化还相距甚远，但它巩固了素丹的权力。（二）给中央各行政机构披上"现代化"外衣，如采用欧洲政制的术语，用"大臣"名称，布置办公室、写字台，工作人员换穿西服等。"大维齐"改称首相，成立农业、贸易、工业和公共事业等委员会，增加并改变职能，逐步使之成为内阁。1836—1837 年成立军事会议和最高法制会议，此后这两个机构对改革的计划和执行起了重要作用。这些部门的成立标志着历代传统制度开始动摇，在一些部门旧式官僚逐渐被熟谙西文和具有专业知识的新型行政人员所取代。但应当看到，整个帝国所维持的基本上仍是中世纪的封建结构。名称的改变并未导致处理事务方式的改变。各级行政机构仍为官僚主义、办事效率低下所困扰。

新式人才的缺乏引发了教育制度的改革。1827 年在首都创办了第一所医学院，并附设预科学校，这是建立世俗普通中学的起步。不谙外语的语言障碍，成为借鉴外来文明、推进改革的一项亟待解决的问题。在 1839 年以前，只兴办了两所初级中学，讲授传统课程和法语，用来培养新式官员和译员。此时教育改革主要仍限于满足军事部门的需求。1831—1834 年开办了为新军提供军乐鼓手、号手的帝国音乐学院和号称"奥斯曼陆军圣西尔"的军事科学院。马哈茂德仿效其属臣埃及穆罕默德·阿里的做法，向欧洲派遣留学生，让外交机构和翻译局成为培养人才的苗圃。但除此以外，主要的教育部门仍掌握在神职人员乌莱玛手中。小学教育主要背诵阿拉伯文《古兰经》。

报纸的创办发行也受到埃及改革的推动，1828 年埃及出现《埃及公报》，1831 年法文《奥斯曼箴言报》和土耳其文报纸出版。此后，直到 1840 年和 1860 年才出版第二种非官方的土耳其文报纸。1834 年正式建立邮政制度，开通邮路。1855 年开通电报。1856 年修建第一条铁路。

奥斯曼文明吸收欧洲工业文明经历了痛苦的过程。在 19 世纪 30 年代以前，奥斯曼文明与欧洲文明的互相了解，既稀少又肤浅。欧洲只有极少数人熟悉奥斯曼帝国，西方一般民众都认为那是一个不可思议的世界，流传着土耳其宫廷的奇闻轶事；外交家和军人则把它视为冒险家的乐园，在军事、政治和商业方面作了种种夸大的构想和野心勃勃的策划。越来越多的欧洲国家酝酿并公开谈论瓜分奥斯曼帝国的计划。欧洲列强关心的是在未来的瓜分中如何攫取它的各个省份。奥斯曼帝国的穆斯林几乎没有受到任何欧洲启蒙思想的影响。因此，在 19 世纪的历次改革中，下层的穆斯林群众和僧侣表现出更激烈、更盲目的对欧洲现代事物的敌视和蔑视。他们从内心里表现出对"法兰克形式"众多事物的盲目敌视，尽管他们承认，欧洲人在科学、技术、财富方面比土耳其民族强，但并不认为法兰克人因此就可以同穆斯林平起平坐。被派到奥斯曼帝国帮助训练新军的普鲁士的毛奇大尉在《1835—1839 年土耳其局势及发生事件的有关信件》中描述了土耳其人的这种复杂心态："在土耳其，任何礼物，哪怕是最不起眼的东西，只要是来自基督徒之手，都会立刻招致嫌疑。"毛奇还提到他与其他德国军官在土耳其上层显贵中受到很高的礼遇，但越到下层他们的地位就越低，所受到的尊重就越少。有的妇女和儿童还跟在欧洲教练军官背后咒骂。下层士兵不向他们举枪致敬。土耳其士兵表示服从，但不向一个"卡弗尔"（Gavur，非穆斯林）敬礼。

文明之间的关系是互动的，因而问题还有另一方面。16 世纪以后的四百年中，基督教西方的工业文明同其他文明（包括伊斯兰文明）的关系是以非西方社会对西方文明社会的从属为特征的。同样重要的是，西方文明赢得这种至上地位并不是强势文明通过其本身思想、价值和宗教的优越，而是倚仗西方国家运用的有组织的暴力，包括殖民暴力的优势。西方文明国际体系的主体是由西方文明国家和它们的殖民地附属国所构成的。在广大非西方国家人民的心目中，西方文明首先不是体现为一种现代的强势文明，而是压迫者文明的象征。这就不免要造成一定的心理障碍，影响东方各民族吸收工业文明的历史进程。在相当长时间里面，文明的冲突突兀于表面，而实际上二者关系的主导面（互相借鉴吸收）却被掩盖在冲突的下面。这种状况直到 20 世纪末才有了明显的改变。

坦志麦特改革

为了了解在这种"文明冲突"中土耳其人特殊心态形成的原因，必须弄清楚 19 世纪奥斯曼帝国的改革是在怎样的丧权辱国、丢失领土的失败中被迫进行的过程。马哈茂德二世即位之初就面临巴尔干半岛国土遭到欧洲列强严重侵蚀的压力。对俄作战失败了，1812 年签订《布加勒斯特条约》，俄国割走了比萨拉比亚。1815 年以后，在俄国怂恿下塞尔维亚实际上已实行自治。希腊人的独立运动也终于在 1830 年迫使马哈茂德正式承认其脱离奥斯曼帝国。同年，法国占领了阿尔及尔（阿尔及

阿布杜尔梅吉德素丹

利亚首府）。30 年代，奥斯曼帝国边陲省份埃及的总督（帕夏）穆罕默德·阿里悍然两次发兵（1832，1839）问鼎中央，并在事实上夺取了叙利亚、巴勒斯坦等一大片西亚领土，而貌似强大的中央政府竟然两次惨败于地方藩属手下，这使帝国的威望江河日下。严峻的内忧外患形势迫使马哈茂德一直坚持实行（第二次）改革。实际上，马哈茂德的现实榜样并不是一些西方史学家所附会的一百多年前的彼得大帝，而是近在眼前、他又痛恨又嫉妒的劲敌——埃及的穆罕默德·阿里。这位仅仅是素丹名义上的藩属在模仿异教徒法兰克人新法方面所取得的成功，显然远在他之上。这使得马哈茂德二世不仅深受其威胁，而且心理上一直不平衡。

马哈茂德二世壮志未酬，于 1839 年 6 月 30 日就去世了，16 岁的阿布杜尔梅吉德继承其父成为新素丹。在他统治的 22 年（1839—1861）中，欧洲已迈入铁路和电报的时代，奥斯曼帝国受到西方工业文明越来越强烈的冲击，殖民主义势力对帝国的渗透也愈加深入。这一时期，有着驻欧使节履历的、熟谙西方文明的新一代改革派政治家已经成长起来，并几度掌握了中央实权。英、法等列强对奥斯曼的改革事业所采取的政策也从早期的促进、建议、某种程度上的支持态度，进而变成了滥施压力，横加干涉。特别是在 1856 年克里米亚战争以后，这种控制、干预和从中谋利的政策在一定程度上改变了奥斯曼改革的性质。

青年素丹是位性格温和的君主，母后贝兹姆伊对儿子影响甚大。皇室与改革派政治家在帝国命运上有着一致的看法，即只有在改革上屡有建树，并有新招，向欧洲诸国表明奥斯曼有能力建立现代化政体，不让埃及的穆罕默德·阿里专美于前，才能获得英法等列强的青睐，保持帝国的完整。因此，他放手重用一批懂法语、熟谙西方文化的大臣如雷希德、福阿德、阿里等人，且在即位不到 5 个月时就发布了著名的《御园敕令》。[①]1839 年 11 月 3 日在皇宫内玫瑰园前广场上，雷希德当众宣

▶ ▶ ▶ ────────────────

① 《御园敕令》有时直译为《哈蒂·舍里夫·居尔哈内》(Hatt-I Serif of Gülhane)。

读改革敕令，从此开始了史称坦志麦特（tanzimat）[①]的改革。

《御园敕令》明显受到西方工业文明时代自由平等思想的影响。它规定："生命安全是人最重要的天赋权利"，"捍卫人的荣誉和尊严"；"保护个人财产的神圣不可侵犯"，"每一个人将完全自由地掌握和支配自己的财产，不受任何方面的阻挠"；"正确地分配和征收赋税"，根据人的财产状况课税；未经公开审讯，任何人不得以任何方式处死罪犯。尽管改革派为了不引起保守派的反对，在敕令一开头就不惜笔墨缅怀奥斯曼伟大而光荣的过去，又着重指出，根治今日的衰落，应在"安拉及其使者的默佑下建立新秩序"，并在文字上处处将西方工业文明与伊斯兰原则和奥斯曼传统相联系。但广大穆斯林对于昔日的异教徒"保护民"将享有同自己完全平等的权利这件事，仍感到难以接受，而对于外国和本国基督徒在帝国境内享有的商业特权和治外法权却漠然视之，无动于衷，缺乏起码的保护民族工业和国家主权的意识。乌莱玛等教士阶层更是激烈反对《御园敕令》的这些规定。实际上这些规定是很空泛的，土耳其政府的实际目的，只是想以此来堵欧洲列强的口，防止它们以种种借口要求素丹特别"保护"基督教徒，以消除动乱的一部分根源。到 1856 年克里米亚战争后，改革派认为国内形势已允许他们名正言顺地接受西方事物，于是他们在新颁布的《帝国敕令》中就不再处处引用《古兰经》作护身符，并把"与伊斯兰原则相同"之类的词句全删掉了。

坦志麦特诸项改革对西方文明的吸收主要表现在以下几方面：

司法方面　　学习法国法律，基本上以法国法典为蓝本制定各种法律——民法、商法、刑法等，其中商法于 1850 年作为一项法令公布，修订的刑法也于 1851 年公布，这些做法冲破了过去的习惯做法，建立了一个独立于乌莱玛以外的法律和司法系统。在法律观念上有了这样一些创新：（1）破除了只有谢里阿特（Seriat）才是真主赐予的唯一法律的观念，实行双重制：既保留谢里阿特，又制定各种为现实生活所必需的法律；（2）破除只有穆夫迪（法典官）和卡迪（法官）才是唯一有权处理穆斯林法律相关事务的执法人员的观念，另行设立非宗教法庭，并设置司法人员。1847 年成立民法刑法的混合法庭；（3）破除穆斯林与非穆斯林不能平等的旧观念，确定奥斯曼臣民在法律面前一律平等的观念。60 年代以后各项法令都有不同程度的

----

① 为整顿、改造之意。

修订，每次修订都使各类法典更接近于西方法典，从而更接近西方的法制文明。

教育方面 主要学习法国教育制度，引进世俗教育原则。1847 年成立了教育部，将控制教育的部分权力从乌莱玛手中分离出来。以法国中等教育为模式，创办了几所颇有质量的中学，其中以加拉塔萨雷的帝国高级中学最为著名。该校以法语授课，开设当时西方中学所应设置的课程。这是第一所由穆斯林政府创办、容许穆斯林学生和基督徒学生在一起上课的现代化中学。该校毕业生在奥斯曼帝国的政治以及各级政府中起了极为重要的作用。教育改革成果显著：(1) 造就了一大批新派官员；(2) 建立了公立学校体制；(3) 推动了教育的世俗化。尽管伊斯兰经院和《古兰经》学校仍然颇具势力，但教育方面的"一国两制"，已经越来越明显地显示出现代化学校的优势。五六十年代以后，西方现代思想对奥斯曼教育部门的影响继续深化，相继创立了女子中学 (1858)、女子职业学校 (1869) 和女子师范学校 (1870)。西方工业文明渗入了伊斯兰世界中最封闭的角落——妇女教育，对奥斯曼社会精神风貌的变化起了十分重大的作用。

土地制度方面 奥斯曼帝国农村经济凋敝，农民负担繁重，而农业税款并不能如数上缴中央政府手中。包税制（亦译包租制）推行多年，弊病丛生，农业生产关系混乱。改革派首领在出使西欧各国时看到西方农业欣欣向荣，农村人丁兴旺，试图改革奥斯曼帝国土地的租借制和占有制，向欧洲形式靠拢。马哈茂德时期的改革已经将蒂马尔制废除。1858 年颁布并实施土地法。新土地法使包租人和包税人取得了土地的完全保有权，包括自由处理（继承）甚至买卖土地的权力，并领取土地测量局发给的契文，从而使土地私有制形式取得了合法地位。但广大的实际耕作者（普通农民）却没有从新土地法获得实惠，地位下降为佃农和雇农，其实际的永久使用权却受到了损害。从性质上看，这只是一种封建土地私有制。农民在坦志麦特改革时期所受到的损害，只是在新土地法执行效率不高时才有所缓和。总之，在土地制度上对法国制度的拙劣模仿，使奥斯曼农民并没有获得如法国农民那样世代相承、拥有土地的权利，摆脱封建地主的地租剥削，却同法国农民一样，成了高利贷者敲诈勒索的牺牲品。

财政经济方面 欧洲工业文明的核心是发展生产力，实现工业化，提高国民生产总值，带动其他部门（农业、商业、服务行业等）的发展。奥斯曼改革派往往"误读"西欧工业文明，只重视表面的模仿，却不重视发展生产力。阿布杜尔梅吉德素丹为了同穆罕默德·阿里媲美，先后由政府投资，创办了 150 多个工厂。这些官办工厂管理不善，效率极低，产品的市场竞争力很弱。奥斯曼国家不重视扶植民族工业，未给予任何保护，包括关税保护，使享有治外法权等不平等权利的英、法、奥等外商占领了奥斯曼大部分市场，挤垮了绝大部分官办工厂和一部分民族工业，使奥斯曼帝国的粗陋的"工业化"计划遭到严重挫折。

工业、农业和商业贸易都不能给奥斯曼国家提供基本的财政支持，国库空虚，财政频繁出现危机。政府为了发行债券和借到外债，按照西方办法于 1856 年成立奥斯曼银行。但中央政府囊空如洗，缺乏本金，完全依靠英、法两国提供银行本金。1863 年法资进入该银行，改名为奥斯曼帝国银行，有权发行货币。分行遍设全国，控制了帝国的对外贸易。欧洲金融资本由此大批渗入。此后，外国资本在奥斯曼所起的作用越来越大。1854 年借第一笔外债 7500 万法郎。1861 年阿布杜勒·阿齐兹素丹（1861—1876 年在位）即位后，几乎年年借债。到 1870 年，外债已高达 25 亿法郎。

日趋严重的财政危机促使土耳其中央政府采取饮鸩止渴的办法，忍受苛刻的贷款条件，牺牲主权借外债，但这种借债还利息的做法，加重了债务，除了加深主权损害外，并未能解决财政问题。随着一笔又一笔外债需求担保，奥斯曼的关税和其他固定收入大多被交给英、法、奥（地利）等债权国充当抵押。靠外国资本兴修铁路，又不得不将选线权给予外国，使每一条铁路主要服务于欧洲列强的商业和战略利益，而土耳其政府却要向承租铁路的欧洲公司提供"公里保证金"，不管铁路经营亏损多少，都要动用政府财政保证铁路投资商每一公里的利润。每当土耳其政府拿不出现金来"保证"利润时，铁路沿线税收权便落到外国人手中。作为近代工业文明象征的铁路，一方面给土耳其铁路沿线地区带来了一些工业文明的果实，另一方面却给奥斯曼招来了累累债务和主权严重受损的"文明灾祸"。土耳其人被迫一次又一次地吞下这些"文明灾祸"酿成的苦果。

国家财政还需支付大量外汇为宫廷和显贵购买西方奢侈品。为购买高级纺织品、鼻烟壶、玻璃器皿和洋纸等舶来品而造成的贸易巨额逆差，也要靠高利息的外国借款来平衡。接连不断发生的财政危机使人民大众的生活日益贫困。欠薪欠饷成了帝国各级政府的家常便饭，引起了军队的严重不满。这一切都导致大部分群众对改革派所倡导的"西方文明生活"越来越深的敌意。

这个时期西方基督教文明与伊斯兰文明的碰撞，从性质上看是工业文明与农业文明的冲突，先进生产方式与落后生产方式之间的抗衡，但由于资本主义生产方式具有强烈的扩张性，并在一定阶段需要依赖外部资源以维持自己的生存，所以它在经济上必定要掠夺、剥削落后的国家和地区，在政治上必定要损害落后国家和地区的主权，这就使得不同文明之间的碰撞带有明显的二重性。吸收西欧工业文明既明显地促进了奥斯曼帝国诸方面的进步，又给奥斯曼帝国打上了从属和奴化的烙印。在文明冲突方面，既有农业文明的保守性对工业文明先进性的对抗，也出现了反对殖民侵略和维护国家主权的斗争。

奥斯曼帝国，包括它的属地埃及，通过几次改革吸收了西方工业文明诸多先进事物，从而成为当时东方世界较有活力的地区。工业文明的新鲜空气吹进了封闭的伊斯兰世界，搅动了一潭死水，社会生活出现了新气象：新鲜血液输入古老、落后、充斥宗教色彩的司法制度，使之得到部分改造，开始形成新型的司法体系。新形成的现代世俗教育事业取得了明显的进步，培养了一批从事现代化改革的人才。现代的交通通信工具——铁路（1856）、电报（1855）、邮政（1834）的引进，密切了帝国各个省和边远地区的联系。西方先进的科学技术被越来越多的奥斯曼人所接受，故步自封、相对停滞的状态被逐步打破了。1832年第一份土文报纸出现后，报纸、杂志等新闻媒体广泛兴办，有力地促进了帝国内外的信息流通，孤陋寡闻的封闭状态有所突破。新兴文学领域出现了现代的长篇、短篇小说和剧本，宣扬进步启蒙思想，讥讽土耳其社会的守旧和愚昧。纳米克·凯末尔（1840—1888）所写的宣扬爱国主义精神的剧本《祖国（瓦坦）》获得极佳的演出效果。受西方文学主要是法国文学的良好影响，土耳其文学开始简化文体，吸收和创造了大量适应新生活的新词汇和新术语。一批在巴黎学画的画家改变了为宫廷服务的细密画的画风，用西方油画技艺画出了伊斯坦布尔的雄伟宫阙、达达尼尔海峡的旖旎风光、壮丽的清真寺、奇妙的西式喷泉和美丽的欧式花园，这些艺术精品使奥斯曼艺术界耳目一新。建筑风格也开始受西方影响，1853年竣工、屹立于博斯普鲁斯海峡的多尔玛－巴赫切宫殿开创了追求装饰、豪华奢侈的建筑风格。

在吸收西方工业文明过程中也出现了一味模仿西方文明，盲目崇拜西方的"奴化"现象。一些人对西方生活方式顶礼膜拜，亦步亦趋。例如，在服装改革时期一度规定人们戴西式礼帽（后被费兹帽所取代）。这些不顾奥斯曼本国的历史传统，一味模仿、效颦西方文明的做法，伤害了广大伊斯兰教徒的宗教感情，引起穆斯林的反对，给正当的改革增添了阻力。另一方面，受根深蒂固的传统思想习惯的影响所形成的历史惰性，也对吸收外来文明的精华形成很大阻力。有一定群众基础的保守力量，往往在政治斗争中被某种政治势力所利用，成为推翻改革派政权及其革新措施的一股盲目力量。改革派首领雷希德就曾几度被赶下台，使坦志麦特的革新改革出现一波三折、屡受挫折的困难局面。

殖民侵略与文明冲突

西方工业文明同伊斯兰文明冲突中最为复杂的情况是，西方殖民侵略势力介入并主宰了冲突。1856 年克里米亚战争后，随着欧洲列强的金融势力进一步渗入奥斯曼帝国，俄、奥、法、英瓜分帝国领土的计划越来越具体化，60 年代以后的改革部分服务于西方殖民国家的利益，性质发生变化。西方对改革的控制和干涉、不平等的治外法权条约和 1838 年的英土商约都严重阻碍奥斯曼帝国的工业、农业和商业贸易的正常发展，使几十年改革的成果未能促进生产力的迅速发展，奥斯曼帝国的半殖民地化越来越严重。1856—1870 年间所通过的多项法律越来越有利于外国资本的侵蚀，如授予外国人土地占有特权，使外资既可进入农业部门，又可享受各种治外法权，免纳地方税，因而可以拒绝各级政府的管理和干预，经营成本远低于当地土耳其人，在当地市场形成不平等竞争。奥斯曼帝国的进口税被定为 5%，出口税定为 12%，这就在整个帝国领土范围内为西方经济侵略、商品倾销敞开了大门，土耳其民族工商业遭受严重摧残。到 1870 年奥斯曼外债总额达到 25 亿法郎，实际上它所得到的现金只有 15 亿法郎。从 1870 年到 1874 年又借了 30 亿法郎奴役性贷款，外债总额达 55 亿法郎。外债利息占去国家预算的很大部分。1875 年不得不宣布财政部分破产，1879 年宣布财政完全破产，并成立"奥斯曼国债管理局"，由英、法、德、奥匈、意等债权国代表组成委员会控制，土耳其委员只有发言权而无表决权。殖民列强利用奥斯曼帝国财政的依附地位，攫取各种可获得暴利的租让权：可控制经济命脉和有战略利益的铁路修筑权、开矿权、开办银行权。列强的各类顾问进入奥斯曼的陆军、海军、宪兵和行政机构。德国军官团控制了土耳其军队。

哈米德二世素丹

阿布杜勒阿齐兹（1861—1876 在位）上台以后，在位素丹基本上都成为列强手中工具。他们对改革的兴趣远不如对攫取专制权力的兴趣大。1876 年 12 月 23 日公布的宪法吸收了西方文明国家的君主立宪制度，表面上看是一大进步。它对内阁、上议院和选举产生的众议院、独立的司法机构的权限以及人权法案都作了明确的规定，可以说是充斥西方政治文明，尤其是成为比利时、普鲁士宪法的缩影。但其中有关"帝国是不可分割的整体"的规定，显然有反对列强尤其是俄国和奥地利瓜分土耳其意图的意思，因而列强对这项"文明成果"并不特别感兴趣。俄国在 4 个月后便从巴尔干和高加索发动进攻。1878 年战争使奥斯曼帝国失去了一大片土地，俄、奥各拿走巴尔干一大块领土，英国也乘机拿走塞浦路斯岛。因而所谓体现了西方文明的 1876 年宪法并没有起到保护帝国完整的作用。既然宪法并没有让哈米德二世（1876—1909 年在位）实现他预定的目标，而议会却碍手碍脚，成为他执行专制权力的绊脚石，他便决定在适当时机搬掉这块石头。但是更深刻的问题在于，1876 年宪法在奥斯曼并不可能成为实行君主立宪的民主基础，因为封建专制的经济基础虽然历经数十年改革，但并未受到根本的动摇。因而哈米德二世素丹在议会刚刚召开一年后就轻而易举地宣布议会休会，而这一休会就休了长达 30 年。宪法也被搁置了起来。哈米德学会了西方议会中那些圆滑议员们的政治手腕，又糅进了东方专制主义的狡黠，他并不宣布解散议会，只是不再召开。这样他就不必遵守宪法规定的解散议会后须在 6 个月内重新选举、召开新议会。哈米德觉察到，在两种文明的冲突中他应当强调和突出西方基督教文明同伊斯兰文明的冲突，而不是同奥斯曼帝国的冲突。为了利用这种冲突以维护自己的专制权力，他开始低调处理"奥斯曼主义"，借"哈里发"的头衔大肆宣扬泛伊斯兰主义。首先，他把首都和安那托利亚地区的伊斯兰保守势力聚集在一起，并利用他们的宗教狂热制造事端，排斥埃及等地区的伊斯兰现代化势力。其次，他利用穆斯林反抗西方殖民侵略的心理，蛊惑人心，赢得帝国居民特别是阿拉伯人感情上的支持，以巩固他的权位。身处两种文明冲突和交融之中的哈米德成了一位很复杂的人物：他以"改革家"自居，在位期间创办了不少高级小学和初级中学，建立了医学院和法学院，还开办了一所军校（为了维持帝国生存和个人权力，他需要一支高效率的军队）。此外，他还借外债修建铁路，兴办矿业和城市公用事业。1888年伊斯坦布尔铁路与欧洲铁路网接轨，这些靠外债修建的通往各地的铁路，更多的是从政治和战略上的考虑，而不是出于发展土耳其经济的考虑。90年代安卡拉到科尼亚线通车，1903年继续通往巴格达，形成了当时列强争夺白热化的"三B铁路"（柏林—伊斯坦布尔—巴格达）系统。电报连通了所有省份，训练大批电报员，以加强对各省的监控。

1878年以后，哈米德二世对西方文明取舍的标准显得与东亚大清帝国实际统治者西太后的标准十分相似。例如，"奥斯曼国债管理局"尽管严重侵犯奥斯曼帝国主权，控制帝国财政，全权处理奥斯曼一切国债，但由于这个机构能为帝国财政创造"盈余"，有利于巩固皇权，故而哈米德还是对它采取了容忍的态度，任由它成为"国中之国"。在这种情况下，"全盘西化"竟成为一部分既得利益的穆斯林可以接受的口号。西化主义者主张完全照搬西方，按西方文明模式来组织和安排奥斯曼的社会生活。实际上，这是在改革受到挫折情况下的一种盲动情绪，是悲观主义的扭曲表现。

几十年的改革运动已经证明，它不能阻止奥斯曼帝国的半殖民地化。尽管如此，对西方工业文明的吸收和模仿仍在继续进行中，但一股复古势力开始抬头，这股势力的代表盲目地把复兴伊斯兰教视为富国强兵和抵御外国侵略的唯一有效途径，提出要重建古典伊斯兰制度，完全排除包括西方工业文明在内的各种"异端"，全面否定几十年的改革运动。但与此同时，19世纪末在奥斯曼帝国范围内还兴起了一股对西方文明采取比较现实、冷静态度的力量，这就是以贾迈勒丁·阿富汗尼（1838—1897）为代表的伊斯兰现代化运动。伊斯兰现代化运动对西方工业文明采取现实主义态度，既批评西方工业文明的片面性和破坏性，又主张吸收、利用西方工业文明中那些有用的东西来发展伊斯兰文明。这些现代改革派认为，伊斯兰文明同西方工业文明之间有着互相适应和一致的地方，宗教同理性和科学之间存在着可以协调的关系。这就在理论上为伊斯兰文明吸收西方工业文明打开了一条思想通道，不仅为西亚、北非，而且也为包括南亚、东南亚在内的整个伊斯兰社会步入现代化道路，提供了一种可能的发展模式。不仅如此，这种改革的思路还确立了一个伊斯兰世界普遍乐于接受的原则，即吸收西方工业文明、实现现代化必须与伊斯兰各民族的传统文化接轨（详见第三节）。

奥斯曼帝国是伊斯兰世界中最先与西方文明接触并发生碰撞的国家。它对来自西方的严峻挑战所采取的应变措施，对 19 世纪和 20 世纪伊斯兰世界产生了很大的影响，首先在奥斯曼帝国的尼罗河畔属地——埃及引起了积极的回应。

第三节

欧洲的工业文明冲击尼罗河农业文明

拿破仑远征埃及

自从 1517 年奥斯曼帝国素丹塞利姆一世率军攻占开罗以后，尼罗河畔这一古国在 280 年间几乎没有发生什么变化。塞利姆一世在开罗游览几天后就返回了首都，他几乎没带走什么东西，只带回一个中国人发明的、辗转传到埃及的皮影戏，供皇太子苏莱曼娱乐。奥斯曼征服者让旧生产方式维持下去，素丹派驻的总督仅以收足向中央政府上缴的贡金为满足，而让马木路克的贝伊们继续以原有的土地制度和地方政治制度，掠夺和统治这片古老的土地。1792—1807 年塞利姆三世的改革本来会对这块地处欧亚非三洲交汇点、自古以来是各种文明交汇通道的埃及产生更大的影响，然而，1798 年拿破仑率领 3 万法国精锐部队对埃及的占领，割断了埃及属地与奥斯曼宗主国的联系约三年之久。在这段时间里，埃及发生了巨变。在法兰西文明所显示的丰富多彩的西欧工业文明面前，埃及人眼花缭乱。埃及人所接触到的新事物完全掩盖了塞利姆三世改革使埃及人产生的新鲜感。因此塞利姆三世改革对埃及的直接影响要到 1802 年率领奥斯曼军队返回埃及的穆罕默德·阿里重建统治以后才得到体现。

《剑桥非洲史》第五卷主编弗林特曾断言："拿破仑对埃及的占领启动了北非现代化运动。"[①]弗林特指出的只是法国占领埃及的客观后果。而法国三年多的占领竟会对埃及产生天翻地覆的影响，这在人类文明关系史上是很特殊的现象。

在法国占领埃及期间，埃及对奥斯曼帝国的态度经历了一个从信任到失望的转变过程，因为哈里发不仅无力保卫伊斯兰的埃及免受基督徒法国人的侵犯，而且在好几个关键时刻遗弃了埃及人。法国占领期间，埃及考古发掘有惊人的

穆罕默德· 阿里像

发现，埃及人（包括阿拉伯化埃及人、科普特人）对自己祖先曾创造的光辉灿烂的文化，产生了极大的自豪感，由此萌发了民族的觉醒：埃及需要社会稳定和创造领先于伊斯兰世界的业绩。阿尔巴尼亚裔的奥斯曼帝国军官穆罕默德·阿里（1769—1849）1801年率军进驻埃及，这位具有卓越才能的下级军官雄心勃勃，力图借助埃及人的力量做一番惊天动地的事业。穆罕默德·阿里自幼生活于东南欧的希腊，青年时期从事烟草生意，与法国马塞商人兼驻卡瓦拉领事利昂来往甚多，由此了解了许多法国的情况。进驻埃及后，他在法军撤退、英军迟迟不撤兵、马木路克势力力图恢复旧日地盘、奥斯曼近卫军团卷土重来的错综复杂形势下，利用矛盾，纵横捭阖，各个击破，成了埃及新兴利益集团的政治代言人。1805年初他被推为埃及总督"候选人"。1805年7月，塞利姆三世素丹迫于既成事实，正式任命穆罕默德·阿里为埃及总督，从此开始了埃及的穆罕默德·阿里王朝（1805—1848）时期。

▶ ▶ ▶ ────────────────────────────

① J.E.Flint, ed.The Cambridge History of Africa（《剑桥非洲史》），Vol.5, Cambridge, 1976, p.1.

《埃及志》传达的文明信息

在 1798—1805 年这七年动荡不定的时期里，在埃及先后驻扎过四支军队：法军 3.2 万人，英军 2.2 万人，奥斯曼军队 3 万余人，马木路克军队残部 4000 人。后面三支军队撤走或被消灭后，几乎没有给埃及留下什么引人注目的痕迹，只有驻扎了三年又三个月的法军留下了不可磨灭的痕迹，这是为什么呢？

历史活动的后果往往不以人的主观意志为转移。3.2 万名法军在埃及驻扎的主观动机是与英国争夺中东地区霸权，建立法兰西殖民帝国。然而，这一历史行动的客观后果却导致了东西方文明的交流，促使埃及大量地吸收了西方工业文明，其规模和速度大大超过了"始作俑者"的奥斯曼帝国。为什么会产生如此不同的后果？因为拿破仑远征带有两个极不寻常的特点。

第一，拿破仑远征埃及，除了军队外还以"法兰西科学院院士"的名义带上了庞大的科学考察团，成员包括著名数学家蒙日、化学家贝托莱、矿物学家多洛米厄、美术家德农等 21 名学者，还有 3 名天文学家、17 名民用工程师、13 名博物学家和矿业工程师、13 名地理学家、3 名火药工程师、3 名建筑师、8 名计划师和绘图师、10 名机械师、1 名雕刻家，另外还有 15 名通晓阿拉伯语、土耳其语和希腊语的翻译人员，10 名文人，22 名印刷工人，一整套印刷工厂设备，拥有拉丁文、希腊文和阿拉伯文的排印字模。带有大批图书，有荷马、卢梭、歌德、孟德斯鸠、伏尔泰等人的著作，以及从古希腊到拿破仑的著名历史学著作。这是一支浩浩荡荡的专家学者队伍。刚刚当选为科学院院士的拿破仑，为了表明他对科学、文明的强烈感情，宣称在他将要成为法兰西的偶像（这是他的目标）之前，除了需要进行军事征服之外，还需要进行他所说的"真正的征服……对无知识的征服"（1797 年 12 月 26 日致科学院院长信）。拿破仑的这一个人需求和他极强的求知欲适应了当时法国知识界渴望探索埃及和美索不达米亚的文化、学术、艺术和文学宝库的学者愿望。这批才识和科学知识均居于世界前列的法国学者班子，是拥有撰写建立于实地调查基础之上的科学巨著《埃及志》的实力的。

第二，拿破仑军队登陆埃及后不久，通往法国本土的后勤供应被英国舰队完全截断，迫使法军和随军科技人员必须在埃及建立全套的军需供应系统。于是，农业专家想方设法扩大谷物耕种面积以增产粮食，建筑师和技术专家建造大型烤炉和面包房，修建风车磨坊，以解决几万人的吃饭问题。开辟葡萄园，提供葡萄酒的酿造原料，建造啤酒厂酿造土啤酒，以供应部队的饮料需求。农业专家向盐碱地夺宝，炼制泡碱。铸造厂和制硝厂等也相继建立起来，以制造工具、机器和宝贵的火药。在三年时间里，几万法军不靠欧洲本土供应，不仅生存了下来，而且保持着战斗力。这些军需系统不啻将 19 世纪初欧洲若干先进的工厂、作坊在埃及重造起来。

数以百计的法国专家、学者、技术人员在战争硝烟还在弥漫之时，就开始学术考察和勘探工作，在开罗成立了埃及研究院。1799 年拿破仑麾下一名军官布夏尔在罗塞塔镇（Rosetta）的圣于连堡挖掘一座要塞时发现一块黑色玄武石。石上刻有碑文，以埃及和希腊两种语言、三种文字体系——象形文字、通俗文字（埃及象形文字的草写体）和希腊文字——雕刻而成。法国学者毫不费力地读出了希腊文铭文，对埃及文却一字不识，原来这是为纪念公元前 205 年（相当于我国历史上的汉高祖刘邦二年）托勒密五世践位庆典而雕刻的。学者断定两种文字写成的铭文内容应是完全相同的，这可能为破译已失传近 2000 年的埃及象形文字提供了线索。后来，精通希腊文、拉丁文、埃及文和阿拉伯文的法国学者商博良经多年研读，于 1822 年发表了译读埃及僧侣体和象形文字的专题论文。同年 9 月 22 日，他在有欧洲许多学者列席的巴黎科学院的学术会议上作了破译埃及象形文字的石破天惊的报告。这一天便被公认为一门新兴科学——埃及学的诞生日。从此，埃及文明早期文献的译读获得基本成功，公元前 3000 年的古埃及文明的朦胧面纱被揭开，逐渐为人类所了解。法国学者通过现代考古学获得了关于史前和原始时代人类在埃及的辉煌业绩的系统知识。这是世界文明史上一件值得大书特书的事情。

法国学者在三年多时间里展开系统的调查搜寻工作，为《埃及志》的编纂搜集第一手资料。1809—1822 年陆续出版卷帙浩繁的《埃及志》，对埃及工业、农业、商业的发展提出系统的研究报告。这些研究报告及时地为埃及正在进行的穆罕默德·阿里改革提供了极其有益的参考和建议。

法国学者调查埃及的气候、土壤、植物以及农民的生活和劳动；研究可推广农作物的地区、耕种土地的方法以及现存的传统灌溉方法的利弊；指出现存农业的缺点，提出改善的措施和方法。埃及几千年来一直沿用早期农业文明时代利用尼罗河水定期泛滥的自然灌溉法，这种原始灌溉方法限制了农田的扩大和多季节（多茬）种植，影响单位面积产量的提高。法国学者建议因地制宜修建沟渠堤坝，增加人工灌溉，使用人工施肥，改进灌溉工具以提高效率，增加棉花、甘蔗的种植面积以扩大出口。[①]

穆罕默德·阿里的改革

1805 年正式被任命为埃及总督的穆罕默德·阿里统治初期，埃及局势仍极其混乱。1807 年 6000 英军登陆占领北部重镇，马木路克残余势力盘踞上埃及，奥斯曼近卫军团力图加强其在埃及的势力。穆罕默德·阿里认识到，英国已取代法国成为埃及争取独立地位的主要外敌，又是马木路克的主要支持者，他于 1807 年依靠埃及人支持，两次打击入侵赖希德的英军，迫使其于 1807 年 9 月从亚历山大港撤走，又于 1811—1812 年消灭马木路克残余势力，巩固了他在埃及的统治。从小生活在欧洲地区的穆罕默德·阿里对世界文明的潮流有较为正确的认识。他认识到伴随着西欧工业文明的兴起，欧洲殖民侵略势力已严重威胁东方非工业国的安全和领土完整，奥斯曼帝国由于第一次改革的失败，已成为一艘风雨飘摇中正在沉没的破船。埃及如果不想随着它一起沉没，只有坚决进行改革，学习西方工业文明的先进技术，富国强兵，才能自立于世界。在世纪之交，历尽坎坷、初萌民族觉醒的埃及人支持穆罕默德·阿里走改革富强的道路。

穆罕默德·阿里在青年时期与法国领事、商人的交往使他对法国工业文明心仪已久，乐于倾听法国专家顾问的建议。法国在 19 世纪第二个十年里多次被英国人打败，铩羽的高卢雄鸡极力要在埃及恢复和扩大自己的影响。法国学者积极耕耘这块 1798—1801 年间开辟的科学试验田。穆罕默德·阿里巩固统治权力后，首先倾注力量于提高埃及农业生产力。他明智地接纳了法国专家多项农业方面的建议。为了扩大人工全年灌溉面积，增加夏季复种面积，他先后主持修建了 20 多条输水运河、水渠和 30 多座水坝。他主持的最大水利工程福利坝（最后完成于 1861 年），极大地造福于埃及农业并为 20 世纪中叶阿斯旺水坝的兴建奠定了基础。由于水利工程发挥了效用，埃及水浇地面积从 1821 年的 200 万费丹[②]增至 1840 年的 385 万费丹，增加了

▶ ▶ ▶ ────────────────────────

① 详见《埃及志》中法国工程师吉拉尔撰写的《埃及农业、工业和商业实录》。*Description de l'Egypte*（《埃及志》），Paris，1809—1822.
② 1 费丹约合 6.3 市亩。

70%。埃及大力推广拿破仑时期留下的畜力和风力水车以代替使用了几千年的桔槔。接受法国人茹米尔建议，培植本地的长绒棉优良品种，使之成为全球品种中最优良的长纤维棉花之一，畅销于世界市场，被英国曼彻斯特纺织城视为优质棉纺织品不可缺少的原料。引进印度蓝靛、亚美尼亚罂粟等优良品种，扩大经济作物面积。棉花产量在 13 年中增加了 4 倍，1836 年年产 17 万包。[①]《埃及志》列表举例经济作物如棉花、糖、烟草和洋葱的产值同生产成本之间的差额，赢利要比一般产品（如豆类、谷物）高出 3—4 倍，应适当扩种。农业生产力的提高使埃及土地税激增，1821—1831 年从 66 万英镑增至 108 万英镑。农业方面的收入（包括农产品出口）构成了穆罕默德·阿里从事改革和建设的主要财政基础。

穆罕默德·阿里积极接纳法国学者关于吸收工业文明成果的建议。《埃及志》在工业方面尖锐地指出，"随着文明的进步，世界其他地方在（工业）这方面都已采用了新技术"，而埃及却"经久不变，没有任何改进"。法国学者也敏锐地看到埃及个别传统工艺过程比法国先进，例如，埃及用畜力拉动石磨捣烂石膏，比法国人用手在平板上捣烂的土法要更为完善、效率更高，建议法国人学习。法国工程师认为，自然能源要比人力和畜力廉价，埃及工业应当充分使用风力带动机器，因为埃及缺乏溪流，与尼罗河相连的水渠一年中总有一半时间干涸。然而，埃及的尼罗河谷地风大，人工的小丘就能为风磨装置提供合适的平台。大批法国风磨在法军 1801 年撤退后留在了埃及，以风车带动风磨和其他动力装置，效率之高仅次于蒸汽机。"拿破仑风磨"直至今日仍在埃及脍炙人口，在部分乡村地区继续使用。法国学者认为，当工业文明渐渐到来之时，一个国家仅仅依靠少数奢侈品工业作为支柱是不够的，难以持久，应开拓销路大、赢利高的产品。这一建议对东方文明国家不啻是金玉良言。

穆罕默德·阿里是一位颇具现代眼光的改革家，他从奥斯曼帝国的衰弱和西欧诸国的崛起中看到了农业文明终究要让位于工业文明，他极力想跟随西方工业文明前进。他深知要达到这一目的，第一，要使埃及摆脱奥斯曼帝国羁绊，在列强窥伺下取得埃及独立地位，保护埃及市场。第二，必须培植现代工业才能奠定政治独立的坚固基础。19 世纪前半叶的世界历史证明，英、法等国正是在发展了工业文明以

▶ ▶ ▶ ▶

① 1 包 = 108 公斤。

后才迅速地增加了国家财富和力量。第三，埃及要想走出农业文明进入工业文明，就应具有能生产满足国民急需的纺织品等基本工业用品的生产能力。第四，要想实现埃及的独立，就必须建立一支强大的陆军和海军，而为了装备军队，必须由埃及自行生产所需武器、弹药、军服、某些机器和器械，完全依靠外国供应是危险的，尤其是装备舰队不能全靠进口先进装备。第五，要建立以埃及为中心的阿拉伯帝国或阿拉伯联盟，这是一个广大的市场，埃及应成为阿拉伯地区工业品的供应者。

在法国纺织工作者茹米尔指导下，埃及开始兴建纺织工厂，生产漂白布和印花布。生产初期，印染机的 14 个印花圆筒由 8 头公牛拖动。这一套半机械化的生产设备是从法国学来的。到 1832 年，埃及已建立了 29 个纺织厂，共拥有纺织机 1459 台，织布机 1215 台。早期的所有机器均从欧洲进口，后期部分机器由埃及自己生产。全部工业投资约 50 万英镑，工人 3 万余名。蒸汽动力尚未普遍使用，主要使用 3000 到 1.2 万头公牛作为牵引"动力"。[①] 生产蔗糖的工厂由英国人按照安得列斯群岛制糖工厂模式建造，共建了 4 个糖厂，年产量达 1590 吨。

穆罕默德·阿里花费巨大的物力、财力来发展军事工业。这位在奥斯曼军界服务多年的军官深知，西方列强所以能压倒奥斯曼帝国，并在海外建立帝国，关键在于它们不断提高发动战争的能力。19 世纪上半叶，英法等国已明显出现战争工业化的趋向。工业革命使它们获得了武器、交通、后勤和医疗服务方面的优势，从而使军队获得了在组织、纪律、训练等方面的优势。穆罕默德·阿里拥有的武装力量沿袭奥斯曼传统的训练方法，缺乏现代军事技术，在 19 世纪几次与西方国家的较量中，明显处于劣势。他从奥斯曼帝国的失败中看到，军队装备的现代化只有靠工业化才能根本解决。因此，从改革一开始，穆罕默德·阿里便将他掌握的主要资源投到军事现代化事业中。他说："我们的一切都是为了保证军队的需要。"他不惜花费巨资建立兵器、硝石、火药、造船等工厂。军工厂是埃及规模最大的工厂。开罗兵工厂仅枪支车间就拥有 900 名工人，火炮车间有 1500 名工人，在法国专家指导下生产法国式步枪、大炮和各式弹药。亚历山大里亚造船厂拥有 8000 多名工人，具有自行建造战舰的能力。

穆罕默德·阿里目睹奥斯曼帝国旧式军制腐败无能的现实，下决心学习欧洲现

▶ ▶ ▶

① Рашид аль-барави И Мухаммед Хамза, Экономическое Развитие Египта В Новое Время（《近代埃及的经济发展》），Москова, 1954, 70—71.

代军制，废除雇佣兵制，实行征兵制，以埃及、叙利亚农民和苏丹黑人奴隶作为主要兵源。1820年开始仿效欧洲方式建立陆军和海军，筹建新式军事学校，聘请以西维上校为首的法国军官进行训练，全部采用现代火器和新式大炮，建立了一支拥有25万人的新式陆军，拥有战舰72艘、战士2万名的海军，成为东地中海的海上强国。

在政治制度方面，法兰西路易十八的复辟王朝和菲力普的七月王朝实行的都是君主制，这也符合穆罕默德·阿里独揽大权的胃口。因此，他的改革重点在于加强中央集权。他仿效欧洲政制建立国务会议，下设7个部：内务、财政、陆军、海军、教育、对外事务、贸易和工业。地方行政则将埃及划分为7个省，省下辖县、乡、村。中央政令畅通无阻直达基层。他还一度建立由政府官员、宗教领袖和地方头面人物组成的咨议会，但咨议会坐而论道，并没有立法权。

在生产关系变革方面，穆罕默德·阿里表现出较大的局限性。法国学者在《埃及志》中指出，要使埃及农业的发展达到应有的水平，必须使农民拥有自己的耕地，享有不可剥夺的土地所有权及一切合法权利，以刺激其从事耕作的积极性。拿破仑军队消灭了许多马木路克，从而削弱了军事封建制度和伊尔基泽姆制（包税制），但它没有像在普鲁士那样，起到扫荡封建制的作用，土地制度一仍如旧。穆罕默德·阿里在埃及掌权后，面对的仍是基本上原封未动的封建土地所有制。穆尔达津（包税主）控制下的农民实际上是不自由的农奴。阿里在"土地改革"中废除了伊尔基泽姆制，土地所有权收归国家所有。他将全国土地作如下分配：（一）王室庄园属穆罕默德·阿里本人和王室所有，面积约50万费丹，占全国耕地1/4，享受免税权；（二）边远土地赐给显贵和军官，面积约20万费丹，部分免税；（三）村长土地赐给各村村长，面积约15万费丹，免税；（四）酋长土地赐给贝都因部落酋长，面积约10万费丹；（五）乌西叶土地留给原包税主，约10万费丹。以上这些土地约占全国土地一半，其占有者主要是宗室和由亲信将领形成的新地主集团。新地主集团的利益同穆罕默德·阿里的政治命运和王朝命运息息相关，成为新王朝的主要社会支柱。另一半土地属国家土地。这部分土地被分割成了3—5费丹一块，分配给农民耕种，实行统一的田赋制度，按等级决定税额，直接向国家纳税。1813年制定的这种土地占有制并没有实现《埃及志》所建议的将土地制建立在承认土地私有的基础上。农民没有土地所有权，只有使用权，农民无权出卖、转让典押或继承分配给他们的土地。埃及没有出现法国式的小农，而这是法国工业文明极其重要的一部分。

在文化教育方面，法国人组织的"埃及科学院"在埃及的各项活动也给穆罕默德·阿里留下许多可以借鉴、继承的内容和形式。法国学者在埃及的三年多时间里，除了配合军事活动外，积极开展学术文化活动。蒙日和贝托莱等科学家建立了化学、矿物等实验室，既从事基础学术研究，也进行实用工艺操作。1798 年 8 月 23 日，在前奥斯曼总督官邸举行成立"埃及科学院"的隆重仪式，蒙日任院长，拿破仑也任副院长。在官邸举行过多次科学讨论会，宣读研究论文，拿破仑也参加过数学部讨论。学术研究活动的地盘从尼罗河三角洲向尼罗河中游扩展，直达孟菲斯。法国天文学家从埃及低纬度地区对天体的观察，大大丰富了天文学。地质学家勘测了尼罗河河道和冲积层，计算出三角洲各个地带的地质年龄。

埃及在公元 7 世纪经历了阿拉伯的征服，在伊斯兰形成的早期阶段，吸收了阿拉伯文明，中古埃及文明曾短暂地再现光辉，但以后数百年经历异族统治，埃及文明寥落无闻，失去了应有的光辉。18 世纪末西欧工业文明猛烈的撞击，促使埃及文明新生。西方工业文明通过法国人传入了埃及。法国人为埃及留下了深刻的文化影响。由于穆罕默德·阿里在埃及创办了数十所法国式的中、小学及各类专科学校（医药、农业、工业、外语等），招聘法国教师并派遣大批留学生到法国学习，使这种欧式文化影响得到进一步的扩展和深化。从此，埃及早期现代化文明染上了一层法国文明的淡淡色彩。模仿自法国的教育制度为埃及培养出一批适应改革事业需要的军事专家（如上所述埃及军官一度曾为奥斯曼帝国马哈茂德素丹训练过现代化军队）、技师、农艺师、医护人员、译员和行政官员。从法国引进印刷厂装备，出版阿拉伯文报纸，组织人员翻译法文书籍，如《拿破仑法典》，编纂字典、辞书，出版介绍欧洲历史、地理和科技文化知识的书籍。19 世纪不少法国人到埃及侨居，建立法国的经济和文化机构。

穆罕默德·阿里以法兰西工业文明为蓝本进行经济、政治、军事和文化教育的改革，是 19 世纪世界现代化运动富有生气的一部分。在 19 世纪中叶以前，埃及学习西方文明的改革运动在东方各国中是成效最为显著的，无论是规模、效果或影响都超过了与它同时的奥斯曼帝国马哈茂德二世（1808—1839）的改革。这场颇有生气的改革增强了埃及的国力，使埃及成为它名义上所隶属的奥斯曼帝国中唯一有生命力的部分。改革显著地促进了埃及生产力的发展，尼罗河三角洲地带资本主义迅速成长，人口成倍增加，文化繁荣。派往法国学习的留学人员学成后纷纷回国，形成了一个受法国文化影响的知识分子阶层。这个阶层的代表人物里法阿·塔哈塔维（1801—1873）撰写《巴黎游记》，记述他对欧洲社会和文化的观感和印象。这本脍炙人口的著作使一代埃及人对欧洲文明有了与以往完全不同的了解，使埃及人知道欧洲工业文明是一种比古代伊斯兰文明更高层次的现代文明。1841 年塔哈塔维创办《埃及事件报》，使埃及人能及时地了解外部世界。穆罕默德·阿里实行的较为宽松的宗教政策，使西亚地区备受土耳其人宗教迫害的黎巴嫩基督教徒（称"沙姆人"）大批迁入埃及。他们从事贸易、新闻和行政事业，将这些方面的欧洲文明成果直接输入埃及。这样，在穆罕默德·阿里时代，埃及不仅在经济和军事实力上，而且在文化教育上也成为阿拉伯人的中心。

四国武装干涉与改革的中断

穆罕默德·阿里从吸收西方文明和改革中获得了力量。他的战略目标是不仅要使埃及成为主权独立国家，而且要建立一个以埃及为中心的阿拉伯大国。在 19 世纪上半叶埃及参加了四次战争：1811—1818 年奉马哈茂德二世素丹之命，镇压阿拉伯半岛的瓦哈比起义；1820 年发动兼并苏丹的战争；1825—1827 年出兵帮助土耳其军队镇压希腊独立革命的战争；1831—1832 年同宗主国奥斯曼军队发生直接战争。在这些战争中穆罕默德·阿里不仅充分显示了强大的力量，从而对埃及的前景充满信心，而且通过 1833 年 5 月的屈塔希亚协定，从素丹马哈茂德二世手中获得了对叙利亚、巴勒斯坦和亚达那的统治权，加上已经实际统治的苏丹地区，一个新兴的阿拉伯国家已经崛起。1832 年，奥斯曼帝国军队在穆罕默德·阿里的埃及军队面前望风披靡，一退百里。1839 年 6 月，土埃军队在叙利亚境内纳西宾发生激战，土军被击溃，埃军随时都可向伊斯坦布尔进军。7 月，土耳其舰队向埃及升起降旗，至此奥斯曼海军在地中海已不复存在。一个新兴的阿拉伯强国即将取代摇摇欲坠的奥斯曼帝国，但就在这时，以英国为首的欧洲列强，却对埃及发动了干涉战争。

有一种说法认为，近代以来欧洲列强力图帮助东方国家（亚洲和非洲）吸收欧洲工业文明成果，实行改革，成为现代化国家。这种说法无法解释亚洲近代史和近代埃及史上发生的许多历史事件。土耳其和埃及是东方国家中改革的先行者,但欧洲列强的争夺霸权和瓜分威胁对它们形成了极其不利的外部条件(国际环境),阻断了这两个国家的现代化运动,终于导致改革的失败,土耳其和埃及相继沦为半殖民地和殖民地国家。欧洲列强希望维持奥斯曼帝国衰弱的现状(赞同其改革也就是为了维持其不崩溃),给自己留下活动的空间,使之成为各国的商品市场和投资场所。对于埃及,除了商业利益以外,英、法、俄诸国在东地中海、红海和海峡地区都拥有重要的战略利益,它们不能容忍一个强大的埃及屹立于该地区而损害它们的战略利益。英国更喜欢一个软弱、听从摆布的奥斯曼帝国,而不是一个强硬的、羽毛渐丰的独立国站立在英国通往东方的道路上。在黑海海峡地区,英国还要防止因埃及的独立而使俄国在奥斯曼帝国的力量过分膨胀以至控制素丹王室,特别是要防止沙俄再次出兵干涉土埃战争,威胁英国在中东的霸权地位。法国为了抗衡英国一直支持穆罕默德·阿里,将埃及作为它在非洲和西亚扩张势力和对抗英国霸权的工具。1838 年英土商约签订后,穆罕默德·阿里拒绝在埃及的管辖范围内(包括叙利亚、巴勒斯坦、苏丹)实行英土商约的有关规定。英国不能容忍在它的"世界工厂"的"商品进军"面前,屹立起一个如同彼得大帝改革后的俄国那样的新的阿拉伯大国,因而一再唆使马哈茂德二世素丹"从他宽宏大量的剑鞘中拔出膺惩凶逆的宝剑"。1839 年 5 月,素丹终于宣布穆罕默德·阿里为"叛逆",发兵征讨。但土耳其军队兵败如山倒。1840 年 7 月,英国出面纠合俄、奥、普在伦敦签订了一项制裁埃及的协定,协定规定必要时四国以武力迫使埃及军队退出叙利亚。9 月,四国对埃及开战。四国联合舰队在叙利亚沿海向伊卜拉欣军队发起猛攻,11 月阿克要塞失守。7 万埃军退回埃及。11 月底,英舰驶进亚历山大港附近海面挑衅。法国实力不如四国,又值内阁倒台,临阵退缩。在列强兵临城下的威胁下,穆罕默德·阿里被迫屈服。根据 1841 年阿布杜尔麦吉德一世素丹的两次《敕令》,埃及承认奥斯曼的宗主权,仅保留埃及和苏丹为穆罕默德·阿里的世袭领地;接受 1838 年英土商约;裁减军队,只准保留 1.8 万人;交出全部舰队,关闭造船厂;采用与奥斯曼帝国其他地区相同的法律和税制;每年向素丹纳贡约合 40 万英镑的金币。

这些苛刻的条件给予穆罕默德·阿里的改革以沉重打击。埃及军队大量裁减,使得主要建立在军需供应上的、以军工为主体的埃及现代工业几乎全部瘫痪。更为严重的是,由于战争失败被强加的不平等的英土商约从此也适用于埃及及其所管辖的广大地区，埃及成为英国任意扩张的商品市场和原料产地。1842 年英、奥两国照会埃及政府，强迫它废除专卖制，降低关税。埃及从此失去了以关税保护民族工业的权力，同时也失去了由专卖制而获得的巨额收入。英国纺织品涌入埃及、叙利亚、苏丹，使埃及的新兴纺织工业遭受毁灭性打击。从 1842 年起，外商可以在埃及自由收购棉花，埃及民族纺织工业再遭摧毁。此后埃及一步步成为单一种植棉花的原料产地，90% 的棉花供应英国曼彻斯特纺织城。穆罕默德·阿里苦心孤诣几十年学习西方而创办的独立工业，到他逝世时（1849）已基本上荡然无存。

由此可见，从 19 世纪上半叶开始，西方列强赢得（或曰征服、战胜）非西方世界，主要是通过它们“有组织的暴力”方面的优势，而不是什么“和平地传播文明”。这种借武力征服而强加给非西方世界的一系列不平等条约，严重侵犯了这些国家的主权，这是埃及改革失败的外因。穆罕默德·阿里的改革其兴也速其败也速，还有改革本身内在的更为深刻的原因，即在文明吸收、冲突过程中，未涉及深层次的、结构性的问题。穆罕默德·阿里在改革中继续采取拿破仑的没收马木路克土地的措施，但他在农民土地所有权问题上却一仍旧制，未把没收的土地分给无地的农民，未给予农民土地所有权。因而他没有在埃及的费拉赫（农民）中制造出一批“法国式小农”，作为他所模仿的工业文明的社会基础。他对欧洲工业文明的误读使他不可能了解欧洲工业文明既取决于以蒸汽机为代表的先进生产力的发展，更取决于所有制的资本主义性质的变革，因而他的改革不过是在他所向往的文明的表层上徜徉。

穆罕默德·阿里的改革并没有给予埃及农民任何自由权。埃及农民基本上仍被束缚在封建体制下，而专卖制度又在许多方面加深了束缚的程度。连年对外用兵，农民不堪兵役重负，连安身、安居都不可求，终年劳累奔波，极度疲劳。改革所焕发出来的生产力，增长的人口和国家财富，这些积极的方面因农民的兵役、徭役、赋税负担过重，生产积极性下降，而部分地被抵消了。埃及生产力发展呈现上下波动的态势。埃及、叙利亚农民日益贫困化，他们的不满情绪表现在消极反抗和暴动上。1820—1824 年上埃及发生三次由阿赫迈德领导的农民暴动，类似的暴动蔓延到埃及其他地方、叙利亚和苏丹。埃及和叙利亚农民逃亡甚至以断指来拒服兵役。埃及封建制度的衰败化，即使在改革的进程中也仍在继续。1840 年英、俄、奥、普四国军队发动武装干涉时，叙利亚农民便群起造反。得不到最广大农民支持的穆罕默德·阿里的改革从此便陷入泥沼之中。英国夺走了穆罕默德·阿里的市场，他无法向贫穷的埃及农民尤其是棉农提供广大的国内市场，因此在 1849 年继任者阿巴斯上台后 [①]，改革便陷入了绝境。

埃及后续的改革和半殖民地化

赛义德和伊斯梅尔的改革及"文明灾祸"

阿巴斯在位五年期间（1849—1854），埃及改革处于停滞和倒退状态。埃及土地制度积弊已深，有的历史学家认为，到四五十年代埃及土地制度又恢复到包税制时代，已到了非改不可的地步了。阿巴斯为缓和农民的严重不满，着重整顿几项扰民最甚的措施，正式取消政府对工农业产品的专卖权，赋税承包制一度取消后又恢复，修堤挖渠工程完全停顿。为恢复伊斯兰教会对教育的垄断，他取消世俗教育，解雇一批欧洲教师和教官，关闭普通中、小学和技术院校。召回在法国的留学生，放逐热心改革的知名学者。停办近代机器工业，大批机器露天堆放任其锈蚀腐烂。把 8 万军队削减到 2.7 万人，拆除战舰。这些措施严重削弱了埃及国力，使埃及在西方殖民势力进攻面前失去了防卫能力。

阿巴斯慵懒无能，经常闲居宫中无所事事，或驯马游猎，寻欢作乐。他被刺身亡后，由穆罕默德·阿里第四子赛义德继位（1854—1863）。赛义德在位近 10 年，由其长兄易卜拉欣之子伊斯梅尔继位（1863—1879），统治 16 年。赛义德和伊斯梅尔统治的 26 年时间可以说是穆罕默德·阿里改革的后续时期。赛义德和伊斯梅尔同阿巴斯不同，从小受欧式教育熏陶，都曾在巴黎求学，对西方文化欣赏备至。他

▶ ▶ ▶ ────────────────────

[①] 1848 年穆罕默德·阿里的长子易卜拉欣去世后，由其最年长的更无能的孙子阿巴斯（次子图松之子）继位。

们标榜自己是穆罕默德·阿里改革的继承者，执政后都企图借助西方力量来发展埃及的经济和文化教育，往往对欧洲人的依赖超过对埃及人的信赖。他们的后续改革一定程度上是学习西方文明的继续，有功有过。

土地制度方面　1854年赛义德继位时对埃及土地制度中的弊端和欧洲土地改革的趋势已认识得较为清楚。赛义德发布1854年法令，针对埃及现行土地制度中的明显弊端，吸收法国土地所有制中的私有权精神，做出若干重要规定，允许农民（包括地主）对所使用的土地拥有如下权利：（1）有权在死后予以转让，或由继承人（不分男女）继承；（2）有权长期抵押；（3）有权自行出租；（4）有权转交（买卖）。根据这些权利，埃及农民开始成为其土地的所有者。应该说，从穆罕默德·阿里改革40多年来直到赛义德时期，埃及的地权才开始具有了一定现代化的意义——向西方工业文明时代的地权观念靠拢。1854年法令使埃及的土地价值骤然提升，人们有兴趣购买土地，地价上涨。到伊斯梅尔时期，土地所有者进一步获得了根据遗嘱转让土地的权利。1883年，《民法典》出台，规定"处于占有情况下的地产应归该占有者完全私有"，这就在法律上大致解决了土地私有化的问题。

然而，不幸的是，19世纪下半叶埃及在土地制度方面的进步，或者说埃及与西方工业文明在地权观念上的并轨，是同埃及经济上、政治上的边缘化（半殖民地化）同步进行的。美国内战（1863—1865）造成世界市场原棉紧缺，棉价上涨，刺激了刚取得自由种植权和土地所有权的埃及农民广种棉花的积极性。埃及棉花产量从1860年的50多万坎塔尔跃升到1865年的200多万坎塔尔。5年内增加近4倍。棉价从每坎塔尔10—12里阿尔涨到53里阿尔。[①]1850—1860年棉花年出口量还没有超过50万坎塔尔，1863—1865年每年输出量竟高达250万坎塔尔。[②]然而，在赛义德和伊斯梅尔政府倡导下，埃及农民不谙世界市场状况，一窝蜂地盲目扩大种棉面积，削减粮田面积，使埃及几年内成为单一种植制国家。1865年美国内战结束后，世界棉价大跌，从1865年的1坎塔尔45里阿尔跌到1874年的18.5里阿尔。埃及棉农损失惨重。许多农民无钱向政府缴税，不得不向银行和高利贷者借债，以土地作抵押，许多欠债农民无力赎回抵押，很快便失去土地，形成一个严重社会问题。根据1838年英土商约，有权在埃及拥有土地所有权的外国和境外的大地主及

▶　▶　▶ ────────────────────────────

① 埃及货币单位，1埃磅＝5里阿尔。
② Ращид альбарави，с.98。

土地公司乘机大批收购土地或没收作为抵押品的土地。刚从土地私有化中获得一点好处的埃及农民迅即陷入另一个深渊,不少农民沦为外国大地主的佃农或雇工。勉强保住自己土地的棉农和蔗农在世界市场棉价和糖价暴涨暴落的波动中遭受痛苦的煎熬。由此可见,从赛义德时期开始,埃及农业体制在吸收西方文明、刚刚迈出现代化步伐的同时,也就开启了埃及经济边缘化的过程。

举办工业、兴建工程方面　西欧工业文明的核心——近代工业制度是以自由雇佣制度和现代管理为基础的。埃及工厂的工人自穆罕默德·阿里时代起就是半自由的,有的还是征调来的农民劳工。工资支付有的采取扣除伙食费后发给实物的方法,更多的是付给白条,贫困无依的工人往往被迫以低于白条实际价值的15%—25%的价格把白条卖给高利贷者。在此制度下,工人劳动生产效率极低。埃及工厂生产棉布的成本比进口同样质量的英国棉布价格高16%。[①] 根据1838年的英土商约,英国商品潮水般涌入埃及。1840年英国商品输入值达144万英镑,1850年增至376万英镑。埃及工业被逐渐拖入边缘化的轨道。伊斯梅尔执政后声言要大力振兴埃及工业,但他只建立了一些糖厂。而建立糖厂只是为了加工甘蔗再出口。伊斯梅尔为了避免埃及再次遭受单一种植棉花的经济灾难,1875年压缩棉田面积而将甘蔗种植面积扩大到65 750费丹(27 615公顷),耗资6000万英镑速建糖厂64个。虽然伊斯梅尔也建立了一些纺织厂、造纸厂、皮革厂等,但这些轻工业产品无法同欧洲工业品竞争,进口纺织品已占埃及全部进口产品的31%。

赛义德和伊斯梅尔好大喜功,轻举妄动,虚荣骄奢,不顾埃及国力,借高利贷搞大项目,大兴土木,声称要把开罗建成"第二巴黎"。埃及国库却库空如洗,负债累累。在他们执政期间,埃及完成了苏伊士运河开凿工程,修建了一千多公里铁路,兴建了多项城市公共设施。埃及在吸收和仿效西方工业文明上颇有进展,但为此付出了昂贵的代价。从赛义德开始,埃及大借外债,外国金融资本由此渗入埃及各部门,控制了埃及财政。

英、法表面上支持埃及的"文明事业",实际上打着培植"文明"的牌子控制埃及。赛义德和伊斯梅尔对欧洲商人、金融家宠信有加,把关系国计民生的重要企业和涉及国家主权的工程项目如银行、铁路、运河、航运等都放手交给了欧洲人承

▶ ▶ ▶ ────────────────────────────────

① G.E.Kirk, *A Short History of MiddleEast*(《中东简史》), London, 1964, p.100.

苏伊士运河通航（1869年）

办，授予特权。这时期，约有 6 万多欧洲人涌入埃及，淘挖埃及"金山"，获取超额利润。赛义德和伊斯梅尔叔侄二人所主持的"文明事业"表面上轰轰烈烈，超过其父祖，得到欧洲上层社会大声喝彩。1854 年成立以外资为主的埃及尼罗河轮船公司，将亚历山大里亚至开罗的内河航行权无偿送给外国人。1858 年成立英资的埃及银行，董事会设在伦敦，不到 20 年这家银行便成为埃及的最大债主。1857 年成立了三大公司：法资的亚历山大自来水公司，董事会设在巴黎；合资的马吉德海运公司，经营红海和地中海的海上航运；法资的埃及磨面公司。1860 年成立英资的莱姆勒机车公司，经营莱姆勒和亚历山大港之间的陆路运输。所有项目中最大的是 1854 年成立的苏伊士运河公司。

修筑沟通地中海和红海的运河，早在农业文明的黎明时期就是埃及人梦寐以求的伟大文明工程。公元前 19 世纪，第十二王朝法老西索斯特里斯曾利用尼罗河支流，凿通了连接红海北端蒂姆萨湖的运河，嗣后两千多年，历代均加以疏浚或延长河道，到公元 755 年因淤塞严重而被迫放弃。从苏伊士地峡开凿连结二海的运河需要解决复杂的海平面落差等工程技术问题，这一伟大计划只可能靠工业文明的技术才能实现。然而这项伟大的工程计划从 18 世纪末一提上日程，就染上了法、英争夺殖民霸权的色彩。两国政府都力图控制从地中海和红海直通印度的航道。由于海平面等技术原因而延宕半个世纪的运河开凿计划，到 19 世纪中叶却又在明为"实现人类文明壮举"暗为法英争霸的斗争中复苏。英国初期的想法是，如果不列颠不能完全控制运河，则宁愿修筑一条连结二海的铁路而不修运河，因为英国已于1851 年攫得从亚历山大里亚至开罗的 210 公里铁路修筑权。法国力图恢复七年战争（1756—1763）中所失去的争霸印度洋的优势，1854 年赛义德继位后，法国抓住机会，由拿破仑三世（路易·波拿巴）幕后支持，企业家莱塞普斯出面活动，利用莱氏与赛义德的总角之交的友情，顺利地于 1854 年 1 月 30 日签订了《修建和使用沟通地中海和红海的苏伊士运河及其附属建筑的租让合同》，1856 年 1 月 5 日又出台了《国际苏伊士运河公司章程》。这两项合同规定：由埃及无偿向公司提供运河两侧 2 公里土地；保证提供 4/5 开凿运河工程的劳工（工资由公司决定）；公司可以免税进口建设工程所需物资；埃及政府每年分享公司净利 15%。运河公司实行股份制：法国占有 52% 股票，埃及当时并无财力认购股票，也负担了 44% 股票的认购额，约合 342 万英镑。运河公司为获得高额利润，在工程中大量使用人力，不用或少用机器，因埃及劳工工资极其低廉，让埃及政府供应劳工的计划面临极大困难。实际上，埃及政府从 1861 年后每月需提供 6 万劳工，埃及农业生产受到负面影响。1864 年为了废除劳工法令和合同中其他不合理规定，埃及政府付出赔款 336万英镑。其后为了收回被肆意划出的过多土地，又赔款 40 万英镑。1869 年为了收回运河两岸的部分房产和医院，再赔款 120 万英镑。1869 年为庆祝运河通航盛典，又耗费 140 万英镑。这四笔巧取豪夺总共 630 万英镑的巨额开支，使埃及财政雪上加霜。

埃及此时财政非常困难，根本没有国力承受这一笔笔沉重的负担，便饮鸩止渴，以极高利息向英、法等国的欧洲银行贷款。这些债款动辄数百万英镑，远远超过埃及每年的外贸收入。19 世纪下半叶正是欧洲金融资本大举向边缘化国家进攻，力图建立经济统治的时代。赛义德时期埃及除苏伊士运河各项长期借款外，短期贷款亦达 1500 万英镑。伊斯梅尔时期短期贷款则高达 2500 万英镑，长期贷款又增加约 1000 万英镑。到 1875 年，埃及全部债务达 9100 万镑，每年仅支付利息就需 650万英镑。令人感到蹊跷的是，欧洲金融资本家明明知道埃及财政资源有限，且已负债累累，仍然不断给埃及巨额高利息贷款，似乎全无金融风险观念。实际上是高利息的强烈诱惑促使他们这样做；同时他们的供贷行为也得到了各自政府的有力支持，因此他们坚信本息均有绝对保证，都将如数收回。而列强政府，如英国外交部则对此表现出更加异乎寻常的积极。据记载，当时因向欧洲银行借债而破产的其他国家不下17个，债务总额达4亿英镑，而从未发生过英国向其中任何国家提出外交抗议的事件，却只对埃及不时抡起外交大棒。这些异乎寻常的举动令人怀疑英国有意让埃及背上沉重债务，打乱其财政运作，而后制造事端，找寻干涉的借口。

英国的策略步骤是首先设法打进苏伊士运河公司董事会。1869年苏伊士运河正式通航后，运河的经济和战略重要性与日俱增，它大大缩短了从欧洲到印度洋和西太平洋以及亚洲到北大西洋的航程，成为沟通亚非拉三大洲最重要的国际航道，这条航道不仅使埃及而且使整个亚洲地区同欧洲现代文明地区的联系大大地加强了。苏伊士运河成为世界文明史上首条最重要的人工洲际航道。对埃及来说，苏伊士运河使尼罗河三角洲东部地区和原来渺无人烟的尼罗河西部地区成为经济繁荣地区，沿岸新兴城市崛起，人口倍增，埃及的亚历山大里亚、塞德等港口成为东西方轮船的辐辏之地。运河也给埃及提供了数以万计的就业机会。然而，不幸的是，苏伊士运河的通航几乎与帝国主义时代的到来同步，这项人类文明的伟大工程也给埃及带来了"文明的灾祸"。埃及为开凿运河背上了670万英镑债务。运河公司每年收入1200万法郎，埃及为还债不得不把合同规定所得的15%的收益权也抵押出去，因而运河的丰盈收入它分文未得。更不幸的是，1874年，运河通航刚5年，背上了沉重债务的埃及财政面临崩溃形势，伊斯梅尔为获得现金以救燃眉之急，拟将政府所有的183 642股的运河股票作为抵押，以获取贷款，但遭到欧洲银行的拒绝，于是，伊斯梅尔不得不出卖这批巨额股票。1874年11月16日英国政府获悉这一消息，立即指令驻埃及领事斯坦顿少将采取一切手段收购这批股票，首先令其制止伊斯梅尔与法国金融家间的谈判，斯坦顿以"军人姿态"对埃及首相努巴尔滥施压力，要求埃及政府必须在48小时内停止谈判。努巴尔答应要求，并于11月19日开始与英国谈判。23日谈判结束，26日7箱股票被运到英国领事馆并启运伦敦。英国乘人之危，软硬兼施，仅付出376万英镑的极低价格就攫得这批价值千万英镑的股票。35年后（1910）这批股票增值7倍，埃及从这笔它耗费无数血汗得来的股票中竟未获得一分一厘利益。

由于英国掌握了苏伊士运河44%的股份，所以在运作上已有可能左右运河公司董事会，因为法国的 52% 股份分散在众多股东手中。英国遂将股票控制权拿到手，接着便走上了占领埃及的道路。19 世纪 70 年代以后，英国已经强烈地感觉到了法、德、美等国的竞争对它的霸权形成了严重的威胁，英国需要保持它在世界范围内的任何地区的绝对优势。苏伊士运河已使埃及成为大英帝国生命线中关键的一环，全面控制和占领埃及已经提到了大英帝国会议的议事日程之上。英国对埃及的第二步行动已做好了两手准备：财政控制和军事占领。

英、法对埃及的财政控制

埃及的债务状况全面恶化。伊斯梅尔请英国派一位理财专家来协助埃及财务大臣清理财政。伊斯梅尔的这一愚蠢做法不啻"引狼入室"。1875 年 12 月，英国凯夫调查团到达埃及，数月后提出一份报告，表示财政不佳的埃及必须听从西方指导，实行"文明操作"方治理有望。凯夫调查团提出的方案是：埃及必须建立一个以英国为首的财政监督机构，今后凡未经该机构同意不得借款。与此同时，凯夫调查团又提出一份有利于英国的偿还长期贷款的 50 年计划。法国政府得知英国介入埃及财政大发雷霆，但在表面上还是假惺惺地向伊斯梅尔表示，英国政府财政上的干涉将有损于埃及的独立。法国建议伊斯梅尔任命一名法国顾问同一名英国顾问一起工作。按照法国的"文明逻辑"，只有英法共同干预才不会"有损于埃及独立"。英国首相狄斯累里见机玩弄手段，让埃及往英国设的圈套里钻，他公开宣称，"由于赫迪夫 [①] 反对，（凯夫）报告不可能公布"，给舆论造成埃及因财政状况糟糕因此害怕公布的印象，从而在西方金融界掀起轩然大波。埃及的贷款证券直线下跌 12 个百分点，迫使伊斯梅尔 4 月 6 日宣布暂停支付四五月份到期的国债 3 个月，这种拙劣的反应无异于自己宣布埃及财政破产。国债问题越发严重，伊斯梅尔就越加陷入国际金融资本设下的陷阱无法脱身，5 月他被迫接受法国建议（后由于英国抗议，变成联合建议），决定设立国债总局，由英、法、意、奥各派一名代表参加。11 月，埃及政府又被迫同意由英法两国对埃及财政进行"双重监督"。国债管理局按英法各自利益把埃及 8910 万—9100 万英镑的债务整理成三类，英法债权人的利益均得

▶ ▶ ▶

① 伊斯梅尔 1867 年贿赂奥斯曼素丹为自己和后继者获得的称号，有的译为"副国王"。

到充分照顾，埃及每年要支付近 650 万英镑债息。英国财政总督负责监督埃及政府的收入，任免各级税吏；法国财政总督负责监督各项支出和有关偿付法令的执行等。埃及主权受到严重侵犯，进一步陷入边缘化和半殖民地化。在埃及半殖民地化过程中，充分暴露了"资产阶级文明的故乡"——欧洲工业文明国家某些利益集团的伪善和野蛮本质。

英国政府鉴于苏伊士运河在帝国殖民战略中越来越重要的地位，对埃及的控制程度也一步步升级，它要求埃及内阁应由一位能对英国言听计从的忠实亲英派人物来主持。努巴尔就是英国心目中的理想人物，这个亚美尼亚人是个主张彻底"西化"的官僚。他认为埃及要想实现文明，就必须由欧洲人来执行法律，只有这样才能使赫迪夫俯首就范。1878 年 1 月，伊斯梅尔在英国总监威尔逊的压力下，被迫同意成立拥有对埃及财政状况进行"全面调查"权力的"最高调查委员会"，并任命努巴尔为首相。1878 年 8 月努巴尔内阁任命威尔逊为财政大臣，法国人布里尼耶为建设大臣。两个洋大臣掌握了内阁一切大权，努巴尔不过成了英法的一件得心应手的工具。被埃及人讽刺为"欧洲内阁"的努巴尔内阁，完成了英国人完全控制埃及财政和夺取埃及统治权的第一步。

埃及从 1854 年开始进行了二十多年的"西化"改革，"西化"改革的结果是国家财政日蹙，苛捐杂税繁多，金融财政为列强主宰，国家主权大量丧失。欧洲列强借口"文明差异"，拒不承认埃及的法律和法庭裁决，肆意扩大治外法权，领事法庭成了高于埃及法庭的"最高法庭"，严重侵害了埃及国家主权和埃及人的合法权益。埃及人对欧洲列强殖民主义侵略行径的愤怒已达到忍无可忍的地步。1879—1882 年埃及各阶层人民掀起了声势浩大的反殖运动。

欧洲启蒙运动思想的传入

一方面是欧洲列强的殖民侵略日甚一日，灾难性影响深入到社会各阶层，引起埃及社会的严重动荡；另一方面是西方的现代文明思想在埃及社会广泛传播。欧洲的现代文明思想是通过著名思想家里法阿·塔哈塔维（1801—1873）开始系统传入埃及的。1826 年塔哈塔维赴法学习 5 年，研究启蒙运动代表人物卢梭、伏尔泰、孟德斯鸠的思想。回国后，他创办法语学校，组织翻译《拿破仑法典》等数百部法文著作，使埃及人了解真正的西方文明和资产阶级人文思想。他于1834年出版《巴黎游记》，叙述他对欧洲文明，法国社会、文化的观感和印象，论述世界各民族应享有的平等权利，阐明议会等立法机构的分权制约原则。他介绍法国保皇派和自由派的政治学说，对自由派中崇尚共和制的杰出人物尤为推崇。他赞赏共和派理论，认为政权本来属于百姓而不属于国王，当百姓尚不宜行使统治权时，应委托由他们挑选出的代表执政。这些启蒙学说对于几百年来一直在封建专制制度统治下的埃及人来说，是闻所未闻的，启发了他们追求民主自由的思想意识。塔哈塔维于1869年出版《埃及的本质问题》一书，针对19世纪60年代以来埃及半殖民地化加深的种种现象，指出要把埃及古代文明与现代文明联系起来，强调要重温埃及光荣的古代史，并对埃及人进行爱国主义教育。他大声疾呼"用现代文明来恢复埃及的古代光荣已成为每一个爱国者的奋斗目标"。他还主张保护国家资源，发展民族工商业；主张妇女解放，对伊斯兰妇女戴面纱等问题也有颇开明的想法。塔哈塔维的思想越过苏伊士运河对叙利亚也有很大的影响。

19世纪下半叶对北非西亚穆斯林世界影响最为广泛的思想家，应属前面提到的卓越的伊斯兰思想家贾迈勒丁·阿富汗尼。贾迈勒丁在阿富汗和奥斯曼帝国经历过两次失败后，于1871年第二次来埃及并居住了8年（1871—1879）。在此期间，他在爱资哈尔大学讲授哲学、宗教学和西方现代科学文化知识，听者云集。他为埃及培养了一大批学者和政治家，产生很大影响。他的理论和思想贡献主要在两个方面：

第一，伊斯兰世界必须吸收现代文明才能使自己重新充满生命力，故步自封、抱残守缺是没有前途的。他认为，今日西方文明的力量正潜藏于现代科学技术之中。他严厉批评一些伊斯兰学者"滥用宗教感情，盲目排外，拒绝西方的知识与科学，厌恶同西方联系的一切文化艺术，这不仅不能捍卫宗教，反而会导致毁灭性后果"。[①] 在他的主持下，埃及翻译出版了法国史学家基佐的《欧洲文明史》，传播欧洲文明发展史知识。贾迈勒丁对世界几个主要文明之间的交流关系也有深刻、开明的理解，他强调科学文化具有超宗教、超民族和超地域的性质；文艺复兴时期的基督教世界正是在伊斯兰世界的科学文化成就影响下获得了力量和优势；正是穆斯林学者将古代希腊的文化遗产，亚里士多德、柏拉图等学者的优秀著作译成阿拉伯

▶ ▶ ▶ ────────────────────────────

① 李振中、王家英主编：《阿拉伯哲学史》，北京语言学院出版社，1995，427—428页。

文保存下来，并传播到西方。贾迈勒丁主张学习西方科学文化，吸收西方文明中与伊斯兰意识形态和生活方式相适应的方面，以西方文明中有用的东西来加强伊斯兰教在社会生活中的作用。这些见解在 19 世纪下半叶的非西方世界中是超前的。贾迈勒丁·阿富汗尼关于吸收西方文明的思想不仅在埃及、土耳其，而且在印度、波斯、阿富汗、叙利亚等地都产生了广泛的影响。

第二，他把西方的殖民主义势力及其对东方国家的殖民侵略同西方的先进科学文化加以明确的区分。19 世纪下半叶，由于英、法、俄等殖民列强加强对中东地区的殖民侵略，许多穆斯林将二者混淆起来，产生了对西方科学文化一律敌视、排斥的糊涂思想。贾迈勒丁一方面大声疾呼并采取措施，号召穆斯林世界努力学习西方科学文化，以增强自身力量；另一方面对西方殖民势力的侵略行径进行无情的抨击和揭露。贾迈勒丁敏锐地指出，西方文明的主要承载者英、法等列强，19 世纪下半叶正在不断加强对东方国家的政治、经济和文化侵略。他所居住的埃及就是典型的被侵略国。贾迈勒丁比起那些淡化殖民侵略现象，主张全盘"西化"的论者高出一筹的地方就在于此，他不仅看出殖民主义的政治、经济侵略严重破坏了伊斯兰国家的主权和社会生活根基，而且认识到打着"文明"招牌的文化侵略将会破坏伊斯兰教的信仰体系和生活方式。因此，他注重传统文化的本体性，号召要保存和恢复阿拉伯古代文化和伊斯兰教伟大文化成就的光荣。实际上，早在 19 世纪末他就颇有预见性地注意到并力图解决传统与现代化的关系这一历史课题，提出了伊斯兰的发展模式问题。

贾迈勒丁在埃及亲身经历了英国对埃及的经济和军事侵略，现实政治促使他的泛伊斯兰主义逐渐转变为反殖民主义的意识和伊斯兰民族主义。[①] 他在埃及各地发表演说，号召埃及人参加反对外国占领者的民族斗争，并亲自参与成立埃及反殖民主义的民族主义组织的工作。

贾迈勒丁在埃及从事宗教、学术和反对殖民主义的活动长达 8 年，对埃及知识分子产生了巨大而深刻的影响。他培养了如穆罕默德·阿布杜那样的一大批卓越学者和一大批如阿拉比、扎格卢勒那样的政治家。他的这些学生后来在埃及近代历史上起了重要的作用。他还培育了埃及第一个民族主义政党——祖国党，他利用所创

----

① 彭树智：《东方民族主义思潮》，西北大学出版社，1992，308 页。

办的埃及报刊为祖国党进行了大量的宣传工作，使埃及第一个政党在埃及人心目中声誉日隆，真正唤醒了埃及人的民族意识。

英国对埃及的军事占领

"欧洲内阁"控制埃及的经济、政治大权，侵犯埃及主权的恶劣行径激起了埃及各阶层人民的强烈反对。埃及出现反英运动高潮。1879 年 2 月 18 日开罗发生了反对"欧洲内阁"的示威，愤怒的群众和士兵殴打卖国贼努巴尔首相。3 月，不满于自己权力受到限制的伊斯梅尔乘机解散"欧洲内阁"，命令其子杜菲克组阁。英法政府顽固坚持两名欧洲洋大臣必须继续留任并拥有否决内阁决议的权力。杜菲克在殖民势力面前表现得比他父亲更加软弱，在主持内阁期间，经常做出无原则让步。从此两个洋大臣成为决定埃及内政的最高决策者。杜菲克内阁被称为"第二届欧洲内阁"。最高调查委员会提出报告，公然要求埃及政府宣布财政破产。同年 4 月 2 日爱国的宗教领袖、学者、军官、商人拟定一份《民族法案》，反对宣布埃及财政破产，要求组成完全由埃及人参加的埃及内阁，外国人不得插手埃及的债务和税务事宜。英法加紧施加金融压力迫使埃及就范。列强以埃及旧债未还又添新债为借口，终于迫使内阁宣布埃及财政破产。对此的处理，列强首先要求埃及照顾西方债主的利益。然后，大幅度增加赋税，已认购的国债券均被作为偿还赋税而冲销。这些只有利于西方债主勒索埃及人财富的做法，严重损害埃及各阶层人民的利益，引起埃及社会极大的不满。伊斯梅尔利用埃及人的反殖情绪，接受《民族法案》，解散"第二届欧洲内阁"，成立谢里夫内阁。英法政府提出抗议，扬言英法两国要联合出兵，以"炮舰政策"相威胁。英法两国政府见伊斯梅尔已不服驾驭，便决定中途"换马"。1879 年 5 月英法政府乘奥斯曼帝国政局混乱，唆使素丹哈米德二世发布敕令废黜伊斯梅尔，任命杜菲克为赫迪夫。由此，埃及出现了极其复杂的政治局面。

杜菲克生性懦弱，惧怕洋人。他崇尚法国宫廷文明达到癫狂程度，他宠爱一名法国侍从弗雷德里克，整天形影不离，因而被埃及人讥为"弗雷德里克夫人"。法国领事对他做出完全放心的评价："我相信他会心甘情愿地接受我们为了自身的利益而强加给他的任何一种统治制度。"杜菲克一上台便倒行逆施：拒绝《民族法案》，迫使谢里夫内阁辞职；9 月，恢复英法"双重监督制"，两个外国总督成了埃及的主人，实际上让"欧洲内阁"死灰复燃；颁布严重丧失埃及主权的《清算法》；任命甘心卖国的里亚德组阁；逮捕祖国党爱国人士；在英领事授意下将贾迈勒丁·阿富汗尼驱逐出埃及，将穆罕默德·阿布杜遣送回乡。

1879 年 11 月，富有爱国心的阿拉比出任祖国党主席。为了反击杜菲克为首的卖国势力的进攻，阿拉比领导爱国的埃及军人行动起来。祖国党发表声明要求改革。1881 年 1 月杜菲克政府逮捕阿拉比等三名爱国军官。愤怒的官兵包围尼罗河宫，冲进陆军大楼解救阿拉比等人。9 月 9 日，阿拉比率领 4000 官兵到阿比丁广场示威，对杜菲克进行兵谏。1882 年 1 月，英法向杜菲克递交照会，要求杜菲克"齐心协力反对威胁埃及现存制度的内外因素（指阿拉比和奥斯曼帝国素丹）"。在力量对比显著不利于杜菲克的形势下，1882 年 2 月杜菲克任命巴鲁迪组阁，由阿拉比出任陆军大臣，成为内阁实际负责人。

新内阁颁布一系列改革法令：通过新宪法（"基本法"），规定内阁对议会负责，有权讨论和通过全部国家预算（实际上等于废止"双重监督制度"），解雇若干外国官吏。新内阁开始在司法制度、发展商业、兴修水利、普及教育等方面实施一系列改革。应当指出，新内阁关于埃及议会的设想是完全按照欧洲式议会模式建立的，但这种改革行动却遭到英法两国的激烈反对。他们担心通过议会民主选举，会把一批维护埃及主权和独立的"激进派"人士（实际上是爱国人士）选入议会，对"英法双重监督制"形成难以克服的障碍，因而极力反对议会民主权力的扩大，阻碍埃及新议会的产生。英法政府实际上成为埃及政治制度"文明化"最激烈的反对者，这不能不说是一种"历史的讽刺"。在埃及爱国民主力量迅速壮大的形势下，英法已不可能完全通过控制赫迪夫来左右埃及政局。1882 年 2 月 12 日，英国外交大臣格兰维尔（Granville）向法国政府建议，两国各派 6 艘战舰到埃及海面准备进行武装干涉。5 月 19 日，英法两支舰队开进亚历山大港。5 月 25 日，英法以炮舰为后盾，向巴鲁迪内阁递交《联合备忘录》，要求巴鲁迪立即辞职，把阿拉比驱逐出埃及，其他爱国领袖调离开罗并予以软禁。杜菲克奴颜婢膝、满口答应。英法政府这一粗暴干涉埃及内政的行径引起埃及人民的极大愤慨。各地知识分子、学生、商人、农民、手工业者纷纷派代表前往开罗，到王宫请愿，要求杜菲克拒绝接受英法《联合备忘录》。5 月 27 日杜菲克正式接受英法备忘录，为了换下巴鲁迪，遂同意巴鲁迪内阁辞职。亚历山大里亚和开罗等地军官做出强烈反应，反对巴鲁迪内阁辞

埃及人面狮身像前的英国占领军（1882年）

职，要求废黜卖国的杜菲克。

　　英法伺机制造事端以便为武装占领埃及寻找借口。1882年6月11日亚历山大里亚发生欧洲侨民同当地居民的冲突。双方互有死伤，埃及死163人，欧洲侨民死75人。英国政府决定实施武装占领埃及计划。7月10日英国乘法国舰队因国内政局变动驶离亚历山大港的机会，单独挑起冲突。7月11日英舰炮轰亚历山大港，英国侵埃战争爆发。阿拉比领导亚历山大里亚居民进行英勇无畏的抵抗。埃及全国军民爱国热情空前高涨，在一个月内组成30万志愿军。英国采取声西击东策略，佯装主力部队布置于西线亚历山大里亚地区，实际上实施东线主力占领运河和伊斯梅利亚的战略。苏伊士运河公司法方负责人莱塞普斯向埃及军民做出保证：运河是国际中立区，英军不会闯入。8月21日英军主力部队乘东线空虚悍然进攻运河区，连占沿岸三城，并迅速占领了全部运河区。9月13日守军薄弱的埃及东部战线被英军突破。9月14日开罗沦陷。9月30日，英军在开罗举行盛大阅兵式，炫耀英军对埃及的军事占领。从此，埃及全境被英国占领。在1914年12月以前埃及名义上仍属奥斯曼帝国，实际上已沦为英国殖民地，经济上成为单一种植（棉花）的国家，依附于英国。

[推荐阅读书目]

1. 伯纳德·刘易斯:《现代土耳其的兴起》, 范中廉译, 商务印书馆, 1982。

2. 西·内·费希尔:《中东史》, 姚梓良译, 商务印书馆, 1979。

3. 诺曼·伊兹科维兹:《帝国的剖析》, 韦德培译, 学林出版社, 1996。

4. 杨灏城:《埃及近代史》, 中国社会科学出版社, 1985。

5. 郑家馨主编:《殖民主义史(非洲卷)》, 北京大学出版社, 2000。

6. 艾周昌、郑家馨主编:《非洲通史(近代卷)》, 华东师范大学出版社, 1995。

7. 拉·阿·巴拉维和穆·哈·乌列士:《近代埃及的经济发展》, 三联书店, 1957。

8. 潘光、朱威烈主编:《阿拉伯非洲历史文选(18世纪末—20世纪中)》, 华东师范大学出版社, 1992。

第十八章

印度教文明对西欧工业文明的吸收和冲突

✿

印度次大陆的情况相当复杂。已经并存了几个世纪的两大文明——伊斯兰文明和印度教文明都是强势文明，在次大陆已逐渐进入互相吸收、融合的过程（泰姬陵的建造是见证之一）。但是，正在此时，另一个强势文明——欧洲现代工业文明闯入印度次大陆。强势文明与强势文明相遇，引起激烈的碰撞和冲突。西方工业文明代表现代先进生产力，具有从中心向外围猛烈扩张的特性，以灭亡相威胁迫使其他文明采用它的生产方式。不过，在军事上作为负方的印度次大陆两个优势文明在吸收和融合现代工业文明许多内容的同时，并没有丧失自身的独立性。

第一节

农业文明初败于欧洲"工场手工业文明"

印度农业文明的特点

印度次大陆建立于农业文明基础之上的莫卧儿帝国在 18 世纪末就首败于欧洲的"工场手工业文明"，这并非历史的必然。在阿克巴时代处于顶峰时期的莫卧儿帝国，其盛况不亚于同时代的奥斯曼帝国和明帝国。印度文明的过早陨落有其自身

的原因。否则，它那庞大的军队不至
于（如在孟加拉）在几千欧洲兵面前
便溃不成军。印度农业文明的根本问
题和缺陷究竟何在呢？

第一，印度次大陆文明的细胞是
遍布于全印度的社会基础组织——村
社。"小农业和家庭工业的统一"构
成了印度生产方式的广阔基础，并使
这种生产方式具有特别的内部坚固性
和独特的结构。只要建立在农村公社
基础上的村社这种组织保持稳固，印
度社会便会是稳定的。但这种社会组
织经不起商品经济的侵蚀和过重的赋
税负担以及战乱的直接摧毁。在阿
克巴时期，这三种威胁基本上都不存
在，因而这些文明细胞为印度次大陆

米娜克希神庙全景图（17世纪）

的文明提供了相当长时间的繁荣和稳定。直到 19 世纪三四十年代英国的机制棉纺
织品摧毁印度的手纺车和手织机之前，印度有一定程度发展的商品经济始终未能从
根本上撼动以自给自足的村社为基础的自然经济。所以，我们不应从尚不存在的
"村社经济瓦解"方面来寻找莫卧儿帝国衰落的原因。然而，商品经济对莫卧儿帝
国的军事采邑制度和土地国有制度的侵蚀却是不容忽视的。毕竟这种军事采邑制度
在经济上是脆弱的。商品经济的发展使封建主（军事采邑主——札吉达尔，和包税
地主——柴明达尔）的生活日趋奢华，开支增大，入不敷出，于是只好大笔向高利
贷商人举债，而把领地、采邑（札吉尔）的收入充当抵押，寅吃卯粮，债台高筑，
甚至把札吉尔的收税权也包给商人高利贷者。后者逐渐成为许多札吉尔土地的实际
占有者，而真正的札吉尔却不能或不愿提供规定名额的骑兵，遂使莫卧儿军事采邑
制陷入与同一时代的奥斯曼帝国蒂马尔制几乎一样的困境。由此，莫卧儿帝国中央
政府所能掌握和调动的兵力受到很大的削弱。与地权分散相应，莫卧儿帝国的地方
分散主义倾向也愈益明显。统一的农业赋税和封建军事采邑制度曾是莫卧儿帝国短

暂繁荣强盛的两大支柱。商品经济的发展和军事采邑制度的崩溃，从根本上动摇了莫卧儿帝国的经济基础。

第二，奥朗则布即位后（1658—1707），一反其曾祖父阿克巴的宗教宽容政策，施行十分偏颇的宗教歧视政策。他竟狭隘地把国家利益与穆斯林利益等同起来，放手打击印度教徒，在税收、土地政策、官员晋升等方面实行全面有利于伊斯兰封建主的政策。1679 年恢复课征印度教徒的人丁税。这项新税把占印度农村人口 80%的印度教农民的赋税负担一下子增加了三分之一。这就打破了著名的六分之一的界限。几百年来印度农民的负担形成这样的规律：如果中央政府强大到足以将田赋控制在农民通常收成的六分之一以内，印度农民便能勉强过上安宁的生活，印度社会也就居于稳定状态。然而 17 世纪中叶以后，印度农民的负担不断加重，突破了六分之一的界限。[①] 由于中央政治不稳，上任的地方官员经常短期内被频繁调动或被免职，因此地方官员为了先捞一把，"老是预先征税，还时常使用暴力，当可怜的老百姓无力缴税时，官吏就夺走他们妻子儿女并将其拍卖，使之沦为奴隶，如果他们是非穆斯林的话"（驻印葡萄牙传教士塞·曼里克神父的记载）。孟加拉的田赋不仅一再增加，而且提前 4—6 个月预征，这便使青黄不接的农民陷于水深火热之中，造成民不聊生，哀鸿遍野的惨况。在印度各地，不断发生小规模的农民暴动和骚动，社会处于动荡之中。

第三，奥朗则布的宗教歧视政策造成伊斯兰封建主同广大居民的尖锐对立。印度教封建主集团对帝国中央政府的离心倾向也急遽加强。婆罗门利用宗教旗帜号召印度教居民反对"伊斯兰教的"中央和地方政府。印度社会原已存在的穆斯林和印度教徒的对立、部落与部落、种姓与种姓的对立更趋尖锐，从而使整个印度"社会完全建立在它的成员普遍的互相排斥和与生俱来的互相隔离所造成的均势上面"（马克思语）。在社会生活方面陷入了印度史学家所说的"可悲的堕落"的境地。这种状况造成了不同民族、不同宗教的对立，各种地方势力也逐渐崛起，形成了与中央政府对抗的态势。居住在印度西部马拉巴尔沿海的信奉印度教的马拉特人迅速崛起，他们不堪忍受莫卧儿王朝的宗教压迫和民族压迫，于 1656 年发动了反对莫卧儿争取民族独立的战争。1674 年，西瓦吉自立为王，建立马哈拉施特拉独立国，与

▶ ▶ ▶ ————————————————————

① J.O.Lindsay, ed., *The New Cambridge Modern History*（《新编剑桥世界近代史》），Vol.7, Cambridge, p.541.

莫卧儿帝国分庭抗礼。

1669—1723 年，帝国的中心德里和亚格拉地区爆发了信仰印度教的扎特农民起义。1705 年旁遮普地区的锡克教（原是印度教一分支）农民发动起义，1765 年在阿姆里则建立独立的锡克教国家。莫卧儿帝国调集大军进行镇压，几十年兵连祸结，耗尽国库储存。中央军蹂躏地方，影响了商道畅通，使内外贸易锐减，货币贬值，经济濒临崩溃。莫卧儿中央的统治力量遭到很大削弱，一大片领土脱离了王朝的统治。印度社会包括下层群众因宗教、种族、民族之不同而形成严重的对立和分裂，使印度任何地区的农民起义或其他下层人民的起义都不可能像中国那样发展成全国性的农民起义，因而都无力推翻封建旧王朝，建立新王朝。其结果总是让遭受沉重打击、遍体鳞伤的旧王朝得以苟延残喘，而给诸多地方力量提供坐大和割据一方的机会，从而造成印度次大陆四分五裂的局面。在镇压人民起义中掌握兵权的各省总督，往往拥兵自重，擅自篡夺一城甚至一省的统治权，迫使莫卧儿皇帝追认其世袭继承权，俨如独立的封建君王。孟加拉、奥德、罗希尔康德以及德干高原诸省都相继摆脱德里中央政府的控制。至于发生起义的地区一般都崛起了势力强大的土邦，这些土邦划界而治，各行其是。仅马拉特人就分立出了那格浦尔、瓜廖尔、印多尔和巴罗达等强大的土邦。

中央和地方的对立，导致西北边陲防守空虚，阿克巴以来诸帝所精心构筑的西北防线濒于崩溃。伊朗高原那些掠夺成性的游牧民族觊觎印度次大陆千百年积累的珍宝财富，屡次发兵进行掠夺性的突袭。他们长驱直入，攻陷德里。纳狄尔沙、艾哈迈德沙等游牧头目 1738—1761 年几十年间发动十数次抢掠，帝国珍宝财富损失惨重。"孔雀宝座"和"光之山"钻石等稀世珍宝一度落入这些粗野骑兵之手，最后又全部被英国人抢走。1761 年，印度次大陆各种力量中唯一足以抗衡欧洲殖民侵略势力的马拉特军队，在帕尼帕特草原集结了 4.5 万军人、400 头大象和数十门大炮，同阿富汗游牧骑兵展开激战。结果马拉特军溃退，主将殒命，几乎全军覆没，战场遗尸数万具。按当时印度军事态势，本来马拉特力量正由印度中部向东部的孟加拉移动，准备给刚在孟加拉初战获捷的英军克莱武部队造成强大威胁。马拉特军在帕尼帕特的失败，使印度中部出现真空，给英军于 1764 年在布克萨尔击败孟加拉、奥德和莫卧儿的三方联军创造了极好的战机。四分五裂的状况分散了印度次大陆的力量，印度将为其文明的这些缺陷付出巨大的历史代价。

英国"工场手工业文明"的有限优势

18 世纪 60 年代以前，英国仍处于"工场手工业文明时代"，这个岛国虽然在欧洲同葡、西、荷、法的海外殖民竞争中已颇占优势，但这种优势只是相对的。以工场手工业为基础的英国商业资本在大西洋的奴隶贸易、在争夺美洲新大陆市场方面都已显出它的优势。然而，在同苏伊士地峡以东的国家特别是印度、中国的贸易方面以及在综合国力的比较中，英国并不占多少优势。在发生工业革命之前，欧洲国家不少工业部门的工艺水平落后于东方。印度的精细棉布、中国的瓷器、丝织品和日本的漆器，工艺精湛，质量上乘，深受欧洲人欢迎。因此，当时英国前往印度、中国的商人主要是把东方产品输往欧洲，或把印、中等国产品运往东南亚和西亚，赚取商业贩运的利润。在生产力发展和人均收入方面，东西方差距尚不显著，例如在工业化前一个印度手织机织工的收入可能达到欧洲织工的一半。1800 年在世界制造业产量的相对份额中，英国仅占 4.3%，印度次大陆占 19.7%。按人口计算的工业化水平，若以 1900 年的英国为 100 作标准，则 1750 年印度为 7，英国为 10（根据贝罗克统计），差距不是很大。英国驻扎在印度次大陆的兵力或能调动到东方的兵力也很有限，直到 1816 年英国在本土和在海外的总兵员只有 25.5 万人，1830 年减少到 14 万人。在这样的实力对比之下，工业革命前一个世纪，英国在印度次大陆获取商业利益的途径，主要是利用对方文明的弱点骗取特权；在工业革命时期（18 世纪末 19 世纪初）则采用"各个击破"的策略达到征服印度的目的。

1613 年英国东印度公司从莫卧儿皇帝贾汉吉尔手里获得在苏拉特设立商馆的权力，以后又从地方封建主手中租得土地修筑了马德拉斯（1640）、孟买（1668）、加尔各答（1690）等有设防的商业据点。法国也从 1647 年起在本地治里、马苏利帕塔姆、昌德拉纳加尔等地设立了商业据点。此时英法的东印度公司都获得了英法两国给予的商业特权。1702 年后，英国公司的贸易垄断权是经过国会核准并赋予国家性质的。公司垄断着英国对印度的所有贸易，排斥一般商人，不让他们同印度通商。公司以低价收购印度产品在欧洲市场高价出售，获取暴利；公司用预购方式让几万名印度手工业者为它们生产。由于当时英国本国粗糙的产品不为印度和东方市场所欢迎，为了不使过多的金银流入东方，从 18 世纪初起英国东印度公司开始从事鸦片贸易，以印度生产的鸦片和棉花输入中国，换取中国的茶叶和白银，再用中国白银来支付印度对英国的出口品，以消除英国对印度的贸易逆差。

由于东印度公司主要从非正常贸易（如鸦片）中获取巨利，因而常用非正常手段攫取特权。东印度公司利用奥朗则布的贪财和对西方文明的懵然无知，从他手中攫得多项特权，如内河航行权、领事裁判权等，甚至连公司的商馆都让欧洲士兵防守，使部分印度主权遭受损失。奥朗则布实行让权妥协政策，拿东印度公司的贿金打内战，使印度次大陆陷于更严重的分裂状态：地方势力群起效尤，接受欧洲各国公司的贿赂，让予特权。在印度中央权力不断衰微形势下，英法的东印度公司逐渐撇开莫卧儿中央政府，直接同地方总督、土邦王公打交道。1740年法国首先建立由欧洲军人训练的印度雇佣兵的"军费补助金条约"制度，1746年英国如法炮制。英法均宣称，一个剑鞘插不下两把剑。两国都把印度雇佣兵首先用来争夺印度科罗曼德尔海岸及其内陆的殖民霸权。英国的长期战略是：第一步首先把积弱已极的印度中央政府撇在一边，为了实现英国的独霸殖民特权，而把法国在印度的殖民势力当作打击的主要对象。在奥地利王位战争期间（1740—1748）及其后数年，英国集中力量攻击法国在印度东部卡纳蒂克的势力。1751年，200名英军和300名印度雇佣军在克莱武上尉指挥下攻占阿尔科特堡，1752年又在特里奇诺波利取得胜利。英国之剑占了上风。由于法国财力无法继续支持这场战争，法国政府不得不在印度向英国做出重大让步，1754年条约规定由英国控制卡纳蒂克。这是法国在印度统治结束的开端。在七年战争期间（1756—1763），英军击溃了驻守海德拉巴的法军，1760年在万迪瓦什大败法军，1761年又攻陷了本地治里城，使法国在印度东南地区的殖民大厦倾覆。1763年巴黎和约只允许法国在印度保留5个殖民据点，实际上结束了法国在印度的统治。英国在印度的殖民霸权由此建立。

第二步，英国东印度公司将印度地方封建势力按其对英国的态度，或当作可以争取的"盟邦"，助其训练雇佣军；或当作打击对象兼并其土地。英国最重视的是孟加拉地区。东印度公司已在这个最富庶的省份设立了150个贸易站和15个大商馆，还在加尔各答城修筑了炮台等军事设施，并支持当地阴谋篡权的封建主。孟加拉年轻的新总督（纳瓦布）西拉杰·乌德·道拉与他的几位前任总督一样，面临着严峻的形势，对英国在孟加拉的军事力量日益增强感到忧虑。1756年4月，纳瓦布命令窝藏其政敌的东印度公司加尔各答总督拆除非法修筑的炮台，遭到拒绝。6

月，纳瓦布军队攻下加尔各答。1757 年 1 月，英国的克莱武上校率军自马德拉斯驰援，重占加尔各答。克莱武指挥下的军队只有 3000 人（其中 2200 名印度雇佣军，800 名欧洲兵），不足以对抗孟加拉纳瓦布的 7 万大军。克莱武熟谙英国岛国文明屡试不爽的"利用矛盾各个击破"的传统惯伎，他利用孟加拉封建主争夺纳瓦布王位的矛盾，收买内奸作为内应。6 月 23 日，在普拉西展开决战。纳瓦布投入的军队有 1.8 万名骑兵和 5 万步兵。当战斗进行到最激烈的阶段、急待投入主力时，米尔·贾法尔指挥的孟加拉主力部队却按兵不动。由于孟加拉军队右翼出现空虚，而怯弱的西拉杰·乌德·道拉又下令后退，致使印军阵脚大乱，四散逃跑，在克莱武炮火攻击下全线溃退。英军仅以 72 人伤亡赢得了这场为英国在印度的帝国奠定基础的战役。英国扶植米尔·贾法尔为纳瓦布，逐步占领孟加拉广大地区。从此，英国东印度公司以孟加拉为基地，利用这块宝地的丰富物质资源和人力资源去征服全印度。从南印度开始，英国首先拆散南印各邦同盟，特别是迈索尔与马拉特联盟，集中力量先打击迈索尔。迈索尔是南印最强大、抗英最坚决的土邦。1767—1799 年，英国发动四次战争征服了迈索尔。随即将矛头指向位于印度中部的马拉特联盟。19 世纪初马拉特联盟已成为英国在从孟加拉湾到阿拉伯海、从马德拉斯到孟买这一广大地区建立稳固统治的严重障碍。由于英国的分化政策，信印度教的马拉特人早已茕茕孑立，不仅外部没有任何盟友，就连联盟内部五大土邦之间以及众多印度教小土邦之间也勾心斗角、内讧不已，严重削弱了印度教文明各邦的内聚力。英国坐山观虎斗，让马拉特诸邦继续其没完没了地阋墙内耗，自我削弱。英军主力则乘机挥师北上，接连征服了北印诸土邦和尼泊尔王国的廓尔喀人（1814—1816）。1817 年北部战事告终，英军再移师南下，带着它新近收服的廓尔喀士兵，着手解决征服马拉特的问题。此时，马拉特联盟内部即使是那些表面的团结也已无法维持，各邦在英军的进攻面前相继失败，有的完全是不战而降。英国将马拉特联盟领地瓜剖豆分，彻底支解，由东印度公司直接或间接统治。英国最后征服的是印度次大陆的西北部——信德和旁遮普。1845—1849 年通过两次征服锡克人的战争，英国完全控制了旁遮普。^①从此，锡克人便成了英国人指挥的印度军主力部队的主要兵源。锡克教虽旁出于印度教并受伊斯兰教苏非派影响，但却早已不属印度教了，在印度

▶ ▶ ▶ ─────────────────────────────

① 在征服战争结束之时，英国作为胜利者掠走了印度的"镇国之宝"——"光之山"钻石，并镶嵌于英国王冠之上。

次大陆两大宗教文明的对峙中，它作为一种"独立宗教文明"而遭受两边排挤，因而它更亲近英国人，被征服后不久便成为大英帝国统治庞大的海外殖民地的警察的主要来源。[①]身材高大，腰板挺直，满脸络腮胡子，头缠红布的锡克人警察便成为大英帝国在各殖民地基层组织的权力象征，并颇有讽刺意味地成为欧洲基督教文明的执法人。

至此，英国用近百年时间征服印度次大陆的过程宣告完成。英国在印度完成了统一，却以"非统一"的策略建立"完全的统治权"：充分利用印度次大陆分崩离析的弱点，巩固英国的统治。英国统治面积达 400 万平方公里的印度次大陆，采用直接统治和间接统治两种形式，由英国殖民政府（名义上为东印度公司）直接统治的英属印度领地，占次大陆全部土地面积的 2/3，人口的 3/4。其余 1/3 土地和 1/4 人口处于 500 个土邦统治之下。这些土邦是英国保留下来的或新近封立的，它们与英国的关系基本上是英国征服印度过程中所建立的藩属体系的继续。英国人发现，保留部分土邦政府对维持英国统治更为有利。因为土邦制度的存在，既能缓和或消除印度封建贵族对英国的敌对情绪，并使之成为英国统治印度的社会支柱；又

土邦王公的宫廷宴会

▶ ▶ ▶

① 旧上海英租界居民称锡克人警察为"红头阿三"。

能将它构筑成阻止印度各族人民联合反英的防洪堤。这些土邦名义上仍作为"国家"而存在，小朝廷内文武百官一应俱全。英国将它们标榜为印度次大陆保存和守护"印度传统文明"的岛屿，但实际上，从它们接受东印度公司的"保护"时起，主权便被剥夺，独立"国家"就早已不存在了。英国的所谓"保护"，包括训练土邦雇佣军，几乎成为所有土邦政治腐败的根源，因为只要土邦王公不"得罪"英国，无论他们的统治怎样残暴、腐化和萎靡不振，都能维持其存在，而不用顾虑可能被土邦臣民推翻。

第二节
英国工业文明渗入印度

英国对印度的劫掠

由于"资本主义是第一个自己不能单独存在的经济形态，它需要其他经济形态作为传导体和滋生的场所"（卢森堡语），其前所未有的传播力使资本主义工业文明不仅具有扩张性，而且还在非西方世界占有优势，而这种优势主要是通过它的"有组织暴力"而获得。

18 世纪下半叶，经过两个世纪的积累和发展，英国工场手工业生产已十分发达。手工工场由于精细的分工和生产商品的必要劳动时间的减少而促进了发明机制的健全。1760 年手工工场的织布机出现了飞梭，炼铁高炉中的木材逐步被煤炭所取代；1764 年哈格里夫发明了纺织机，1776 年克罗顿设计出纺棉机，1768 年瓦特完成了双向蒸汽机设计，1785 年卡斯赖特的机械织机正等待申请专利。这一切都等待着巨额资本的投入和广阔市场的开拓。印度次大陆两种完全不同文明的结合正是在这种历史背景下展开的。

18 世纪英国文明出现于印度次大陆，给印度人留下了三种印象：第一印象是直接掠夺者的形象。1757 年普拉西战役的硝烟尚未落定，"大盗克莱武"便劫掠孟加拉国库，让英国人获得了 500 多万英镑收入。克莱武本人就从纳瓦布宝库中拿走了 20 万英镑以上的财物，他回到英国，站在下议院的讲坛上，以一个无耻的掠夺者的口气自我夸耀："富庶的城市在我的脚下，强大的国家在我的权力之下；装满着金锭银锭和宝石的地下宝库只对我一人开放。我仅仅拿了 20 万英镑。议员先生们，直到如今我还惊讶我自己的谦逊呢。"由此开端，以后每攻破印度一座城池，英军都如法炮制、放手抢劫，财宝压身使英格兰士兵几乎无法行军。[①]

　　第二印象是，英国人是比柴明达尔包税者还要厉害得多的收租人。从占领孟加拉时起，英国东印度公司便由商业强权机构变成了军事的和拥有领土的强权统治机构。它自封为孟加拉土地所有权的继承者，极力巩固国家封建土地所有制，以最高土地所有者身份，向孟加拉、比哈尔和奥里萨的几千万印度农民征收土地税。英国人以商业文明训练有素的巧取豪夺手段来征收地税，迫使印度农民把最后一点东西都交纳出来。第一年（1765）就使田赋额从上一年的 800 多万卢比增至 1470 多万卢比，净增 80%。不到 25 年（1790），孟加拉田赋额就高达 2680 多万卢比，提高了 227%。英国占领马德纳斯、卡纳蒂克、奥德等地后，都变本加厉榨取印度农民的田赋，使印度生产者只能得到最低限度维持生存的生活资料。

　　第三印象是，英国人是比任何商人都厉害的"官商"。东印度公司以政权代表者身份经商，垄断印度最赚钱的贸易，免税经营各项国内贸易，却禁止印商经营有利可图的对外贸易。驻印的许多英商往往不必付出一个卢比资本，就可大做从几十万到几千万卢比的买卖。克莱武组织东印度公司职员垄断食盐、槟榔和烟草的贸易，他们压价收购、高价贩卖，获取暴利，仅两年的利润就达 67 万英镑。东印度公司通过印度代理人（苟马斯他）强迫孟加拉手工业者，首先是织工，以低于市场 50% 的价格把纺织品卖给它。印度织户的名字一旦登记在"苟马斯他"的簿子上，就不许他们再替别人工作。他们如同成群的奴隶一样，从这个苟马斯他转让到另一个苟马斯他。有的织工为了避免被强迫缫丝，竟把自己的拇指砍掉。

▶ ▶ ▶ ▶

[①] 由于在印度受到充分的劫掠训练，1860 年英国的军官和士兵冲进北京西郊圆明园时，个个都是劫掠能手了，懂得如何在行军背包和口袋中最大限量地填塞宝物。

1757—1780 年，英国靠这些层出不穷的掠夺方式，从印度运出的货物和掠走的金银货币共达 3800 万英镑。自古以来兴修水利、实施人工灌溉是印度农业的基础，中央政府负责领导水利兴修是印度文明的特征之一，而东印度公司只知搜刮赋税却不修水利，听任水利设施荒废，使孟加拉农业衰弱下去。在英国统治初期，印度的水旱灾害特别严重，1770 年孟加拉发生特大灾荒，死去 1000 多万人，占当地人口 1/3，赤地千里，荒芜土地占 1/3。东印度公司不闻不问，不事赈灾，仍以铁石心肠收税，以暴力强行维持高额税收水平。大灾之年所征收的赋税不仅没有减少，1771 年的净税收甚至还超过 1768 年。这种以刑罚和簿计学为特征的英式税收确实是在东方专制基础上建立的西式专制制度。东方文明和西方文明在专制措施上相互吸收，取长补短，正如马克思所说，它"要比印度萨尔赛达庙里的狰狞的神像更为可怕"。[①]

世纪之交，一方面是孟加拉和印度等地饿殍遍野，一方面是掠夺者将从印度人民手中劫掠来的财宝源源不断地运往英伦三岛，在宗主国转化为资本。1757—1815 年的 58 年间，从印度流入英国的财富约有 10 亿英镑，这笔亘古罕见的巨额外来财富，使英国期待已久的资本原始积累有了充分的储备，从而大大促进了英国工业革命的历史进程。在英国失去北美十三州殖民地后，印度作为大英帝国的一个聚宝盆的地位从此确定。

印度农业文明的社会组织遭到结构性破坏

19 世纪英国工业革命凯歌高奏。英国通过它在欧洲反拿破仑战争确立了自己在全世界的三个霸权——工业的、海上的和殖民地方面的霸权。工业革命所焕发出的巨大生产力使英国工厂成倍增加的产品堆积如山，在欧洲大陆滞销的产品需要输往印度次大陆和亚洲其他市场。东印度公司对印度的贸易垄断权已成为扩大印度市场的严重障碍。1813 年和 1833 年，它对印、对华的贸易垄断权先后被取消。英国工业资产阶级的力量已相当雄厚，英国已有可能将印度贸易向所有的英国商人开放。

▶ ▶ ▶ ──────────────────────────────

① 马克思：《不列颠在印度的统治》，载《马克思恩格斯选集》第 2 卷，人民出版社，1972，63 页。

印度自古以来就是世界最大的棉纺织品产地，这里生产的高质量的、精美的棉纺织品 16—18 世纪曾畅销欧洲大陆，换回大量的白银。英国一直以高关税抵挡印度棉纺织品对英国棉纺织业手工工场的冲击。19 世纪初，工业革命使这种状况倒转过来了。英国郎卡郡的机产棉纱和曼彻斯特的机织棉布，挟其低廉价格的优势冲入印度次大陆。1814 年英国向印度输出棉纺织品 90 万码，1835 年激增至 5100 万码。1828 年英国棉纱输印数量达 400 万镑。英国机织呢绒也乘势向印度倾销，1829 年仅加尔各答就进口 1.1 万多匹呢绒。在英国统治下，印度手工纺织业在英国商品倾销面前，任凭摆布，无能为力。在关税政策上，印度被彻底剥夺了"报复"倾销的能力。英国以政权力量有计划地破坏一切与英国商品竞争的印度手工业。印度次大陆到处充斥着英国的机制棉纺织品。印度手工业中心城镇达卡、苏拉特、穆尔希达巴德等城陷入极度萧条境地，据东印度公司报告：达卡城市人口从 15 万降至三四万人。丛生的荒草棘林和疟疾很快就包围了这个城市。印度唯一残存的棉织品是最粗糙的棉布，印度各地，除最穷苦的人以外，所有的人都使用英国棉布……达卡曾是印度的曼彻斯特，已经从一个很繁华的城市衰落成又穷又小的城市，那里的困苦确实是很严重的。在印度，首先是城市手工业破产，随后是农村家庭手工业者遭到英国纺织品潮水般涌入所带来的灭顶之灾。标志英国文明之光的曼彻斯特、佩兹利等纺织城森林般高耸的烟囱，是靠牺牲印度的城乡手工业树立起来的。英国驻印总督本丁克报告说："悲惨的境况在商业史上是无与伦比的。棉织工人的白骨使印度平原都白成一片了。"

丧失主权后的印度农业文明遭受英国工业文明的无情冲击所造成的惨祸，还有着更深刻的一面。几千年来，印度次大陆人民聚居在农业和家庭手工业相结合的村社里。这种村社制度使每一个居民小单位都成为独立的社会组织，它自给自足，过着闭关自守的生活。这种村社组织和社会结构曾是印度社会长期稳定的基础，又是专制制度的牢固基础，是一种超稳定的结构。它使生活在其中的人们目光短浅，利益狭隘，形成一种因循苟且、消极、停滞的生活方式。表面上一派田园风味，与世无争，实际上，印度历史却为村社的一成不变，付出了发展迟缓乃至停滞的代价。它是农业文明后期消极、保守、缺少生机的渊薮。英国的机制棉纺织品既然把印度纺工和印度织工以及村社的家庭手工业一齐消灭了，也就破坏了印度农业文明特有的村社组织的经济基础，从而消灭了上百万个这样的小小村社，给印度次大陆的农业文明社会造成结构性的破坏。马克思认为，英国的殖民侵略正是在这一点上使印度社会遭到了致命的打击，这种打击在整个亚洲史上都算是一种新事物。马克思曾把这一点提到英国殖民主义"在印度要完成双重的使命"的高度来认识，并指出：消灭旧的亚洲式的社会就是双重使命中的"破坏性的使命"的体现。

市场需求促使英国在印度实行地税改革

英国统治者要使印度封建经济制度适应资本主义英国的需要，成为英国最大的商品倾销市场和原料产地，首先便要人为地促进印度农业的商品化。为此，从 18 世纪 50 年代开始，英国在印度进行了把地税纳入文明制度的改革。

地税改革首先从孟加拉、比哈尔、奥里萨地区开始。孟加拉地区遭受东印度公司税吏 30 年的横征暴敛，加之东印度公司所施行的拍卖式的短期出租土地，已使当地农业生产力受到严重破坏，造成农村凋敝，满目荒凉，直接影响了东印度公司的收入。不仅成千上万农民倾家荡产，背井离乡，甚至一些柴明达尔（地主）也因赋税过高，税率变动频繁而破产。孟加拉的东印度公司政府面临着严峻形势：如

印度仆役将英国殖民者及其妻子抬上岸

何鼓励农民返乡种地，吸引柴明达尔们去包税？英国政府指示新任总督康华理着手进行地税改革。1791 年 11 月公布了《土地整理条例法典》。1793 年 3 月 22 日发布文告，将实行"永久性土地整理"，即"固定柴明达尔制"。这些法令承认印度柴明达尔为永久世袭的土地占有者；柴明达尔应将他们在 1790 年征收的田赋（其总额为 268 万英镑）的 90%（241 万英镑）交给英印政府国库，此后不论年成如何，征收的地租多寡，均按 1790 年交纳国库的税款（即 241 万英镑）缴纳，"永久不变"；若柴明达尔欠税不交，则拍卖其占有的土地。这一法案对柴明达尔颇为有利，他们实际上成为土地的永久占有者，并可向农民肆意提高地租；对东印度公司则更为有利，它取代莫卧儿国家成为土地的最高所有者，不付分文就可以稳定地攫得大量税款。英国实际上承认了柴明达尔的土地私有权，在印度制造出一个新地主阶层；然而在新税制下，孟加拉等地农民却被取消了村社土地所有权（或永久土地使用权），实质上成为无权佃户。马克思指出，这是英国对印度农村公社土地和私有财产的掠夺。而整个"固定柴明达尔制"则是对英国大地主占有制的拙劣摹仿，因为柴明达尔只能得到收入中的 1/10，其余 9/10 都要交给殖民政府。从宏观上看，似乎英国将西方的土地私有权移植到了印度，培植了一个地主阶级，实际上这种地主土地私有制是残缺不全的。因为柴明达尔交纳的不仅是地税（世界任何地方的地税都没有高达地租的 90%），实际上包括了地租的绝大部分；而且当他们无法如数按期交纳田赋时，其占有的土地就将被拍卖。不容否认，柴明达尔这个新的地主阶级作为英国政权的社会支柱，其意义不容低估。随着农业生产力的发展，农产品绝对量的增加，田赋在地租中所占百分比不断下降，从 90% 降到后来（19 世纪）的 28%，柴明达尔地主所得越来越多，他们对英国殖民政权的忠心也相应提高，有些甚至达到死心塌地的地步。往后的历史表明，在孟加拉等实行了"固定柴明达尔制"改革的地区，得益最大的新地主阶级是英国殖民政权最忠实的维护者。最富庶的孟加拉地区施行的固定田赋制为殖民政府提供了稳定不变的土地收入和年年的财政盈余，这些盈余通过各种渠道流到英国，为急需资本的英国工业革命不断注入巨额资金。

英国吸取了孟加拉"固定柴明达尔制"限制了英印政府在租税中始终"拿大头"的教训，在往后其他实行柴明达尔制的地区一概不再实行"固定"税额，而实行浮动的"非固定"税额，根据产量，若干年调整一次，以便随着收获物的增加，殖民政府始终能攫取印度地租中最大的份额。在大西洋奴隶贸易废除以后，英国国内正在进行的工业革命愈来愈需要印度财富的流入。

英国为自身的狭隘利益而恣意摧毁印度的农业文明，如果说村社制被摧毁是商品经济规律自发作用的结果，那么降低以至消除村社小农制土地的价值则是明显的国家行为。印度东南部马德拉斯等管区与西部孟加拉等地的情况稍有不同，这些地区的农村公社土地所有制保存得比较完好，一般不存在世袭的柴明达尔。以往莫卧儿王朝是通过公社组织或公社首脑来查定田赋和征收赋税。当时这些地区存在着两种整理地税的办法：一种是以公社为整理地税的单位（即毛扎瓦尔制），一种是以公社农民为整理地税的直接对象（即莱特瓦尔制）。1802年蒙罗任马德拉斯管区省督，全面推行莱特瓦尔制。英印政府承认有充分权利的公社（村社）农民（莱特）为土地所有者，但公社的广大牧场、林地和荒地没收为政府所有。英印政府直接向农民征收田赋，赋税率一般占产值（包括成本）的45%至55%，名义上赋税额固定不变，但英印政府为了更多地榨取赋税，从来不让赋税额固定。实际上，莱特（农民）交纳的不仅是赋税，也包括全部地租，农民成了殖民国家的永久佃农。英国一再宣称，将按西方的土地所有权概念将土地所有权给予印度莱特，但连当时的英国税吏都承认，"政府规定莱特的土地所有者身份，是为了政府自己的利益，而不是为了莱特的利益"。在农村经济因频繁的战争而普遍凋敝的情势下，强迫印度农民种地，保证交纳高额地租（以赋税形式出现），由政府独吞地租而不让印度地主（柴明达尔）分享，这种做法在征服马拉特后对英印政府来说更为有利。显然，莱特瓦尔制度还不是一种资本主义的土地制度。且不提政府为防止莱特逃佃，采取"连坐法"，强迫农民固定在土地上而使之失去迁徙自由；仅就殖民政府任意提高农民难以负担的税额，使农民连简单再生产都难以维持而言，也使土地丧失了自身的价值，土地买卖自然被停止，从而使"土地所有权"成了空壳。马克思指出，莱特瓦尔制是对法国小农私有制的拙劣摹仿。表面上看，他们似乎是法国式的农民私有者，但同时他们又是农奴和国家的分成制佃农（métayer）。莱特农民被剥夺了任何对土地的永久性权利。莱特瓦尔制很快就变成强迫耕种制度，使土地失去了任何价值。莱特同法国农民一样，是私人高利贷者敲诈勒索的牺牲品，但是他们又不如法国农民，对土地没有任何世代相承的权利和任何永久性权利。他们同农奴一样被迫耕种土地，但又不如西方中世纪的农奴，即使在极端困苦时也得不到生活的保证。他们同东方的分成制佃

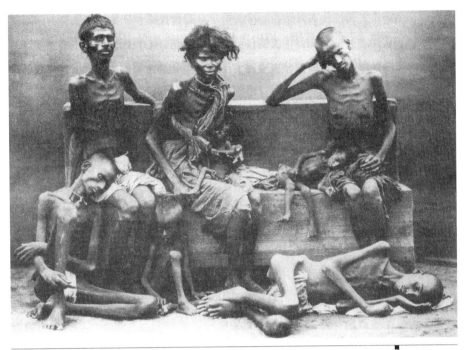

英国统治下的印度饥民（1876—1878）

农一样必须把产品分给国家，但是国家对待他们却不像对待分成制农民那样，负担起供给资金和农具的责任。总之，在两种文明的早期交汇中，占印度居民9/10的农民受尽盘剥，出现可怕的赤贫化，不仅享受不了文明交汇的好处，却承受了这种交汇所产生的可怕的叠加的负担，难以提高农业生产力。这就是英国统治时期印度农民极度贫困的根源所在。

英国工业文明在殖民地印度的二重性

英国工业革命的迅猛发展需要把印度尽快变为英国的原料产地。1833年，英印政府准许英国人在印度经营种植园，不久印度各地出现了一批黄麻、靛蓝、咖啡和茶叶种植园。英国种植园主养有一帮恶棍当监工监视农民，强迫农民种植他们所需要的作物，把逃跑的农民抓回来，或者捉拿附近的农民来做工。种植园不断发生"靛蓝暴动"。尽管出现了欧洲人的种植园，但印度出口的主要原料（如棉花等）仍由一家一户的小农生产，而不是由欧洲人开办的种植园生产。英国收购商广泛采用"强制定购合同制"，低价向农民收购农产品，出售产品不能按生产费用的多少，只能按照商人出的价钱；而农民因急需现金缴纳高额的地税或地租，因为在支付期限到来时，农民无论吃多大亏也要得到货币。1833年英国从印度输出原棉3200万英镑、羊毛3700万英镑、大米85万英镑（1849）；到1848年前两项则分别增加到8800万英镑和8270万英镑，1858年大米增加到380万英镑。这些输往英国的农产品有的是通过商业手段取得，有的是采取超经济强制手段取得，很多情况下还是靠刑罚手段弄到手。

普遍地使用刑罚是英属印度财政制度中不可分割的部分。英国总督戴贺胥于1855年9月致信东印度公司董事，他说他"早已不怀疑，所有英属各省的下级官吏都采用了这种或那种形式的刑罚"。马德拉斯居民在满含血泪的控诉书中写道：收税官"用极残酷的办法强迫我们缴税。这些人把我们赶到太阳下面暴晒。强迫我们在太阳下弯着腰，背上放上石头，站在灼热的沙地上。这种残酷的虐待延续了三个月。过了25天我们的财产就被查封，接着就被拍卖了。我们的女人也受到了虐待，人们用夹具箝夹她们的胸部……"对自己的臣民竟然这样滥用职权，这就是英国征服者在印度实行统治的真实历史。英国的一些文明人在英伦三岛本土显示出一副彬彬有礼的体面样子，然而他们一到殖民地马上就凶相毕露，呈现出其野蛮的本性。

但是，单靠刑罚手段逼税和逼迫印度农民以最低价向英商出售农作物终难持久，而且已经证明这种做法不足以满足英国工业革命对印度原料的大量需求。现实的情况让英国人感到，印度旧经济体系破坏得太快，而新经济体系的形成又太慢，要想把印度迅速开发成原料产地，就需要提高印度农业的商品率，扩大农业资源并进行农业技术改造。而这些要求同英国所扶持的印度地主阶级所采用的旧剥削方式，以及英印政府对印度农民不惜以刑罚征收苛重赋税的手段，形成尖锐的矛盾和冲突。极端贫困的印度农村，落后简陋的生产方式和加工技术，道路和运输设备的极度匮乏，这一切都严重地阻碍了印度农业改造的进程，使得印度的主要农业原料长期不能满足英国工业的需求。尽管村社的小农业和家庭手工业的结合日益遭到破坏，迫使印度农民改种经济作物，并把大部分产品送到市场，但由于生产数量受其生产力限制，而且因交通工具等原因其价值往往低于农民所付出的劳动，终年的

英国人用船将火车头运过印度河

劳作尚不能维持最简单的再生产，这种局面使得正从自然经济向商品经济转轨的农民陷入了高利贷者的罗网，经受着长期的痛苦折磨，从而使正受到工业文明猛烈冲击的印度农业文明处于急遽衰落和动荡不安之中。英国工业文明冲击印度农业文明的特点是，商品进口比商品出口发展得快，所以印度是先变成了销售市场（以英国商人走私到中国每年约 3 万箱的印度鸦片换取中国的白银来抵偿部分英国商品的款项），然后才缓慢地变为原料产地。资本主义发展缓慢，大部分原料不是用资本主义生产方式生产出来，而是通过殖民压迫和封建剥削从千百万小农户那里榨取得来，这种扭曲状态严重阻碍了印度商品生产的发展。英国为了把印度纳入它的殖民经济体系，必须改变这种扭曲和落后的状态。

英国人首先改造的是印度的道路系统。1818 年以后开始系统地修筑公路。首先修筑了德里通往白沙瓦的公路大干线、西姆拉通往北部边境的公路。1854 年成立了修筑道路、海港和水利灌溉设施的公共工程部。从加尔各答到白沙瓦、从孟买到加尔各答、从亚格拉到孟买、从马德拉斯到班加罗尔都修筑了干线土路。其次，大规模修建印度铁路。1853 年时，修通的铁路仅有 32 公里。这一年印度总督戴贺胥发表备忘录，规划在印度修建六条大铁路干线，有东印度铁路、大印度半岛铁路、马德拉斯铁路等，由英国私人投资，殖民地政府免费给予土地并保证 5% 利率。从 19 世纪 60 年代开始，英国在印度大规模修建铁路。50 年代印度通车铁路里程为 463 公里（1857），60 年代达到 6333 公里（1867），70 年代跃增至 11781 公里（1877），80 年代再增至 25898 公里（1889），到 1900 年已达到 39838 公里。

由于英印政府给予投资印度铁路的英国资本家和股东最大的优惠,无论铁路经营如何,英资均可得到 5% 利息,同时铁路又能大大降低运输原料和商品的成本,因此,投资和修建印度铁路的热潮经久不衰。1858 年印度铁路刚修通 463 公里时,印度人民为英资的三大干线铁路投资者付出的铁路保息已达 224 万多英镑,使铁路每公里造价竟高达 1.4 万多英镑。[①] 到 1878 年,印度已修通铁路 12067 公里,印度国库为支付股本利息每年竟要花 450 万英镑,加上地价费和债款以 4% 的利息计,还要付出 300 万英镑,共计 700 万英镑。铁路每年净收入为 450 万英镑,而印度财政每年为铁路要损失 300 万英镑。

尽管如此,应当看到,铁路的修建对印度吸收英国工业文明的成果起了巨大的作用。铁路把工业文明国家的各种先进技术和方法,实际操作知识带给了沿线的每一个村庄。铁路的运营使印度人学会了修理、制造和操作蒸汽机车和各种铁路设备以及与铁路无直接关系的工业部门的机器。4 万公里铁路终于成为印度现代工业的先驱,成为印度现代化起步的强大动力。公路和铁路在消除印度村社的封闭、隔绝状态方面起了很大的作用。印度数以万计的村社虽被英国廉价纺织品冲垮了,但印度社会分解为许多模样相同而互不联系的原子(tome)的现象仍然残留着。英国人修建的道路将这些处于孤立状态的村社联系起来,打破其封闭的自给自足的惰性,使之互通信息、互相交换产品,为农业文明向工业文明的过渡创造了必要的条件。

比起修建铁路,英国在修建印度水利工程及兼有灌溉和运输功能的运河方面的积极性就大为逊色了。英国殖民统治者承认,在他们统治印度 100 年后,印度一遇干旱就发生饥荒,死人无数。印度国土有充沛的雨量,有纵横的河流,有丰富水源,只缺乏将这些资源利用起来的水利设施。印度全境有莫卧儿时代留下的数以万计的大小水利工程需要继续建造或修缮,但英国投资者没有利率保证,吝于出手,英印政府也不舍得在水利方面多花钱。鉴于 18 世纪末孟加拉大灾的教训,英印政府在水利方面也曾建设过几个工程:1820 年对朱木拿河上游到德里运河的修复;1835—1836 年在考维里河上修建了两英里长的水坝;1854 年修筑了恒河运河。40 年代在征服旁遮普和信德时,正值英国工业急需原料时期,为了建成出口小麦和棉花的生产基地,这一时期修建的水利工程相对较多。锡克农民从水利灌溉中获益

▶ ▶ ▶ ────────────

① Romesh Dutt, *The Economic History of India in the Victorian Age*(《维多利亚时期印度经济史》),London, 1956, p.365. 按:英里均按公里换算。

相对较大。英国殖民统治者暗自得意："水利灌溉冲掉复仇之火"，曾在1845—1849年为保卫锡克教文明而苦战经年的锡克士兵竟成了最忠于英国的印度部队。而截至1880年3月，英印政府财政在国营铁路上耗资约2464万英镑（不包括私人投资部分），在水利工程上只花了约1185万英镑。70年代末，马德拉斯、迈索尔、海德拉巴和孟买接连发生灾荒，灾民达4000万人，死亡400多万人。[①] 如果在25年前英印政府能像修铁路一样修建有效的水利运河工程，饥荒的这种严重后果本可以避免。为什么在英国本土极擅长修建运河水利网的英国人到了印度却对此项工程不感兴趣？因为：第一，水利工程没有像铁路一样的5%的保息吸引英国人投资；第二，更重要的是，正如阿瑟·科顿所揭露的："唯一的原因是运河会搞垮铁路。东孟加拉铁路载运量只有20万吨，而铁路沿线的运河载运量却有200万吨，到处有客货云集。"运河是印度人只要会撑船便可自由使用的便捷运输工具，而铁路则完全操纵在英国资本手中。印度人善于利用河网跑运输，为此科顿爵士说："只要想一下这样的情况，运河对铁路该是多么可怕的威胁。"

但是，修建铁路和兴修水利毕竟是英国在印度完成"建设性使命"的体现，它终将为印度现代化社会奠定物质基础。无须指出，在英国资产阶级所创造的物质文明中，殖民地人民却要付出极为巨大的代价：19世纪印度上千万人死于饥荒，几亿人陷入长期的贫困。

印度吸收英国工业文明之成果

当英国完成对印度的征服后，英国统治阶级深知，单靠暴力是不能巩固英国同印度的从属关系的。自从1776年北美13州殖民地从大英帝国分离出去，西印度群岛的大西洋奴隶贸易即将终结，经济地位急遽下降，印度次大陆的殖民地在大英帝国的地位已上升为第一位，并被英国统治集团誉为帝国皇冠上最珍贵的明珠。英国倾其全力要保护和开发这块400万平方公里的亚洲最大殖民地。在1858年以前（印度民族大起义以前），英国对印度的长期战略方针是溶化印度文明。此方针不仅要求印度政治上依赖英国（随征服已基本完成），而且还要在经济上和文化上依赖

▶ ▶ ▶ ─────────────────────────

① Romesh Dutt, *op.cit.*, p.366.

英国。总之，英国人要用英国的工业文明征服印度的农业文明。在实践过程中，英国到处打的是"欧洲思想"这面旗帜。所谓"欧洲思想"实质上更多的却是英国殖民统治者的意志。

随着英国对印度次大陆占领过程的推进，有关印度的文化知识和印度文明的成就被陆续介绍到了欧洲，引起了巨大反响。然而同样是欧洲人，印度文明在对于印度有政治利益的英国人那里和对于印度没有任何政治利益的德国人那里竟形成了泾渭分明的反响：一些英国人对印度文明极尽其糟蹋、诬蔑之能事；而德意志人对印度文明的喜欢和崇拜则达到了如痴如醉的程度。德意志人迅速开始认真研究印度的文化。1791 年福尔斯特把《沙恭达罗》从英译本译为德文，博得了歌德和赫尔德等文化名人的极高赞誉。谢林、叔本华等唯心主义哲学家也对印度文化备加赞赏。1808 年，热心学习梵文的弗里德里希·施勒格尔热烈称赞印度文学对欧洲思想的影响，将像 15 世纪希腊和拉丁文学对欧洲的影响一样重要。德国学者不满足于印欧语系的提法，而把印度语言与欧洲语言的关系称为"印度－德意志诸语言"。法国也很重视印度文化，1786 年昂克蒂尔－迪佩隆把印度四部《奥义书》译成法文。1814 年法兰西学院开设梵文讲座。但作为殖民主义主人的英国人则完全不同，随着对印度领土占领的扩大，英国一些学者越来越失去了对印度文明应有的敬意。詹姆斯·穆勒在《英属印度史》（1817）中只热衷于百般指责印度社会、道德和知识方面的种种缺点。威尔伯福斯（Wilberforce）攻击印度的宗教体系，诬其为"卑鄙、残酷和无法无天"。埃尔芬斯通的《印度史》虽与穆勒有所不同，用了些赞美词句描绘印度的古代文明，但所传达的印象仅是印度文明衰落的情景，把印度人民描述为缺乏"诚实""大丈夫气概"和"民族精神"的人。这些论断力图引导欧洲读者理解为什么会在印度存在外国人的统治，并证明英国人统治的正确性。

为了在精神上征服印度，英国人力图把英国文明强加于印度，然而英国文明对印度社会发展产生的实际影响也很复杂，其表现主要有以下几个方面：

（一）英国企图使印度基督教化。19 世纪上半叶由官方自上而下直接鼓励英国传教士大批进入印度传教。1813 年的特许状法令特别规定每年至少应拨出 10 万卢比，名义上用以传播"科学知识"，实际上由福音派传教士用来传播基督教。在加尔各答设大主教职位，在孟买、马德拉斯设主教职位。1833 年英国政府发表声明要求东印度公司中断与（印度）宗教的所有联系。然而，单纯行政命令并不能达到目的，例如，在传教士鼓动下，废除了香客税，却反而使去印度教圣地的香客数量增加，反倒是英印政府采取攻击印度教陋习的做法见了成效，因为这一措施触及印度教文明的落后面。英国传教士采取抨击印度教特别是其陋习的做法，与宣传欧洲文明的先进方面结合起来。首先集中攻击"寡妇自焚殉夫制"（萨蒂制［Sati］）。传教士搜集统计数字，公布举行仪式时的可怕情状，并查阅印度教经典有关规定以证明并不是非自焚不可。本丁克总督经调查后确信，禁止这一在阿克巴时代就曾予以禁止的陋俗并不会产生政治危险。于是，1829 年首先在孟加拉地区禁止这一陋俗。1830 年马德拉斯和孟买地区照此办理。接着，英国传教士从实践中发现，传播西方知识可以产生削弱印度教信仰的效果，因而在教育方面做了大量工作，大力兴办教会学校。詹·穆勒在 1824 年为政府草拟的紧急文书中明确提出：政府的目的不是讲授印度教或伊斯兰教的学术，而是讲授"有用的学术"即西方知识。英国在印度推行基督教化的工作一直继续到 1857 年，其结果是，出现了大批吃牛肉（印度教禁吃牛肉）、喝葡萄酒（穆斯林禁止饮酒）的青年。崇尚印度文明的老辈印度人对此大为不满。

（二）推行英语教育。最早倡议设立英语学校网的，是东印度公司官员查尔斯·格兰特，他认为印度文明中某些习俗是"愚钝和普遍无知的结果。只有教育，首先是英语教育，方可消除这些现象"。传教士凯里首先开办了几所英语学校。英国历史学家、总督立法会议成员麦考莱是英语教育最积极的推行者，他推广英语的目的十分明确：英语教育只适合少数人，其目的在于培养一个为英国人服务的亲英阶层："他们的血统和肤色是印度人，但在爱好、见解、道德和才智方面，却是英国人。"为此，本丁克总督于 1835 年做出决定："英国政府的伟大目标应该是在印度本地人中间提倡欧洲文艺和科学，所拨出的一切教育经费最好完全用在英语教育上。"此后，所有公费均应用于英语教育；英印政府任用公职人员优先录取懂英语的印度人。这一录取标准大大加强了英语教育的至高地位。从此本地语学校的大众教育遭到极大的忽视。到 30 年代，印度书店中英文版的休谟、托马斯·潘恩、伏尔泰等西方舆论界作家的书籍，大为畅销。教科书社两年内售出英语书籍 3.1 万册以上。讨论西方文化的文学会和讨论会如雨后春笋般出现。留学英国成为富豪人家子弟的时尚。一批富有的印度教徒，其中有不少地主、商人、律师、公司职员开始表现出爱好欧洲奢侈品和欧洲文化的倾向。1817 年这些人在加尔各答创办印度教学院，用英语教学。这批首先掌握英语的印度人支持英国人主张，坚决反对梵文教育、阿拉伯文教育，率先加入英国人为主体的"西方派"。

当时英国国内有一部分人反对在印度开办近代教育，他们担心欧式教育会把西方自由民主思想带到印度，引起反英情绪和独立思想。一位东印度公司董事曾忧心忡忡地说："我们刚失掉美洲，因为我们太愚蠢了，竟然允许在美洲建立学校和大学。我们在印度不应再做蠢事了！"这些人主张在印度只教授东方学术，开设梵文学院，他们被称为"东方学派"。但是本丁克、麦考莱等西方派却认为，巩固殖民统治的道路不在于使印度隔绝于欧式教育，相反，最需要的倒是通过灌输西方思想文化，以摧毁印度文明中的传统意识和价值观。麦考莱等人十分鄙视和否定印度文明和远东文明，他大言不惭地宣称："一书架优秀的欧洲文学书籍抵得上整个印度和阿拉伯的文学作品。"麦考莱在一份备忘录中，嘲笑关于使用印度语言和发展东方学术的主张，他认为"印度人需要我们的语言，就像莫尔（T.More）和阿沙姆（R.Ascham）的同时代人需要希腊语和拉丁文一样"。教印度人学习英语可能促使印度发生一次文艺复兴。由此可见，麦考莱等作为统治民族的代表，对于英国文明与印度文明的关系，并不认为应是一种平等的交流和融合的关系，而是需要将英国文明强加于印度次大陆。因此，英语教育从一开始就包含着印度民族虚无主义的内容，对印度文明不分青红皂白一概予以鄙视、排斥和否定。居心叵测的英语教育在青年一代知识分子身上产生了对本民族文化的自卑和崇英媚外的心理，流毒甚深。

（三）19世纪二三十年代英国对印度实行的文化、思想、教育领域的政策，造成了西方工业文明对印度传统文明的冲击。英国这一系列政策对于资产阶级思想在印度的传播，批判封建主义以及印度知识界的思想变革，都具有积极意义。1854年第二次修改东印度公司《特许状》，伍德起草的《急件》，奠定了英属印度教育制度发展的基础。新方案创立了分级的教育制度：小学、中学与大学，各级学校相互衔接。在每一管区城市均设立一所大学，仿效伦敦大学，设置了法律、土木工程、本地语文等教授职位。各省设公共教育厅，规定学校教育"必须完全是非宗教性的"。1857年第一所大学在加尔各答创立。此后又陆续创立了孟买、马德拉斯、拉合尔和阿拉哈巴德四所新大学。此外，还有两所技术学校，三所医学校。1854年通过教育法案，规定设立两种公立学校：一种供富裕阶层子弟入学，用英语教学；另一种供广大居民子弟入学，用印度当地语言进行初等教育。英语教学的现代型学校中学生人数增长较快，由 1839 年的 3000 人增至 1855 年的 4.9 万人。基督教传教士在教育方面十分活跃。教会所办学校大部分为小学，学生人数超过 30 万人。这些教会学校在传播现代科学文化知识方面起了很大作用。

1780 年印度第一家英文日报《孟加拉新闻报》出版；1818 年第一家孟加拉文日报《达尔巴新闻》在加尔各答出版。在 1835 年前，英印政府害怕报纸对政府的严厉批评，实行新闻检查。直至 1835 年麦特卡夫任临时总督时才给予新闻报纸以法定自由，此后加尔各答出版的报纸数量与日俱增，更多的印度人参与报纸出版经营工作。马克思对"在亚洲社会里第一次实行并且主要由印度人和欧洲人的共同子孙所领导的自由报刊"给予很高评价，认为这是"改建这个社会的新的和强有力的因素"。

（四）禁止社会恶俗：媒体的舆论引导，给英印政府带来新的动力并得到印度进步改革家的合作。如禁止杀婴恶俗，原先有的印度教徒为宗教许愿，把自己的孩子投入恒河入海口；向神祈子的妇女如果以后生育一个以上的孩子，必须将其中一个孩子抛入河中送给恒河女神还愿；中部和西部印度还盛行杀害女婴的习俗（饿死或毒死）。英印政府得到教育界和舆论界的支持，分别于 1795 年和 1802 年颁布法令将杀婴恶俗定为谋杀罪。这些恶俗终于慢慢被消灭。此外，奥德萨省孔德人的"人祭"恶俗也在 1854 年被明令禁止。这些移风易俗的成就是印度宣传科学文化知识，吸收西方文明的结果。

废除残余的奴隶制度。直到 1843 年"印度还有几百万奴隶"。推行自由贸易政策的英国国会曾制定法令，决定于 1836 年前在整个帝国范围内废除奴隶制，释放奴隶。1843 年英印政府颁布第 5 号条例："不承认奴隶制度的合法地位。"但不同于英帝国其他地区，印度释放奴隶时不给奴隶拥有者任何补偿。

第三节
印度民族大起义后英印政府的改革

英印政府改革的内容

1857—1859 年的民族大起义，是大英帝国历史上殖民地反对殖民统治规模最大、持续时间最长的民族大起义。这场历时两年的起义风暴极大地震撼了英国的殖民统治，迫使它对 100 年来执行的"征服印度文明"政策做出新的更大的调整。

放弃把印度基督教化的政策 大起义粉碎了英国使印度基督教化的幻想。在历时两年的起义中，伊斯兰教和印度教的宗教旗帜对鼓动和组织上百万印度人参加起义，起了重大作用。起义的导火线——油脂子弹事件① 便是穆斯林和印度教徒士兵

反英起义中的印度土兵

▶ ▶ ▶

① 1857 年初英国人让印度军队改用恩菲尔德步枪，这种枪支配用的子弹皮上涂有猪油或牛油，使用时需以牙咬。穆斯林士兵反对使用这种"油脂子弹"。

认为英印政府故意侮辱他们的宗教信仰而引发的。起义者共同推举已被英国幽禁于德里城堡多年的莫卧儿末代皇帝巴哈杜尔沙为名誉最高领袖，这一举动既含有宗教感情，也是两大宗教——伊斯兰教和印度教前所未有的合作标志。英国政府看到，由官方推广基督教、使印度基督教化的做法已带来灾难性后果。此后，英国政府虽然允许基督教继续在印度传播，但政府不介入，只让私立传教会去传教。英国历届驻印总督本来在涉及宗教内容的社会改革方面就各有主张，或积极、或犹豫不决，此后基本上不再由政府参与主持或出资推动此类社会改革。凡涉及宗教色彩的改革都让印度人出面活动。如废除少女早婚制、一夫多妻制、废弃闺阃制度、准许寡妇再嫁、不同种姓间通婚等，都是让印度教团体自身去进行；或让印度教的不同派别——如"印度梵社"和"公共梵社"去争论解决，待条件成熟时，由政府颁布法令（第 3 号法令）予以肯定。

改革和废除东印度公司　从 1757 年"东印度公司由一个商业强权变成一个军事的和拥有领土的强权"（马克思语）时起，英国政府便躲在后面一手操纵。印度民族大起义迫使英国政府从后台走到前台，1858 年正式结束东印度公司对印度的统治，"由英国女王接管并以她的名义统治"。这一决策表明英国政府力图进一步加强其对印的统一政策，并表明它是印度的"最高权力"，由它的阁员印度事务大臣来统摄这一权力。但是，涉及宗教方面的社会改革，它又采取躲到后面去的策略。由此可见，在加强物质文明方面（如兴修铁路、输入英国商品、输出印度原料等），由于英国资本能借此大获其利，所以英国便一再强化；而在精神文明（尤其涉及宗教的社会改革）方面则持慎重回避态度。从此，这两方面的矛盾构成了近一百年英国统治印度两重性的特色。

50 年代后，受到起义极大震撼的英国政府开始考虑将英国的"议会文明"引进印度。原在 1853 年进行行政立法机构改革时建立的立法参事会机构，全由英国官员组成，无一名印度人参加。大起义事件使英国人痛感排斥印度人的危险。英国智囊人物指出这种危险的两重性：它剥夺了印度人抗议任何不得人心措施的手段；英印政府也无机会解释其宗旨和意图，以致造成误解。1861 年英国将印度立法参事会的参事增加了 6—12 名，规定其中半数必须为非官方的成员。尽管立法参事会的立法权限极其有限，而拥有独裁权力的总督（副王）可以否决立法机构的任何一项立法，但英国总算允许印度人进入立法参事会了。最初（1862）三名印度参事几乎全是土邦王公或上层。但是，既然英国将议会文明引进印度，它就不可能阻遏印度人要求扩大立法参事会权力和增加选举产生的印度参事名额的势头。1885 年国大党成立不久就提出这样的要求。英国人故意采取极其缓慢的推进程序，直至 1892 年《印度参事会法》才承认了间接选举原则：从市县议会选出地方参事会的参事 8 名，再从中选出最高参事会参事 4 名。由此可见，英国人让有限的几个印度人参加立法机构，只是让他们起"减压阀"的作用，英国不允许引进的"议会文明"起到与印度人分享权力的作用。

英国引进的"议会文明"，在印度实施中还有被扭曲、走样的一面。英印政府所有官员只对远隔重洋的印度事务大臣负责，而后者因负有全责，便对前者的行为全力维护，这就使驻印高级官员形成了一个握有全权的强有力的官僚集团——"印度实际上的主人，他们既不能被罢免、又不负责任"（布伦特语）。这些为数众多的英国官员因大起义事件而对印度人产生敌视和反感，又因苏伊士运河通航而与英国本土联系更加便捷，时常回国度假，因而都不同印度人发生社交关系，而在他们自己的圈子里形成了拒印度人于千里之外的"英国文明圈"。这种日益加深的鸿沟和隔阂，极大地阻碍了英国文明与印度文明间的情感交融。

这些从英国剑桥、牛津等名牌大学毕业的英国高级官员既不同印度人交往，又不了解印度人的思想感情，却享有极高薪金，养尊处优，高高在上，不通下情。英国政府为达到稳定统治印度的目的，不得不大批使用印度人充当低层官吏。经过多年的英语教育，印度大、中学生人数增长虽缓，但也有一定数量的增加。1885—1900 年间大学和学院学生人数从 1.1 万人增至 2.1 万人，中学生人数从 42.9 万人增至 63.3 万人。出国留学（多数留英）归国的学生也有一定数量的增加。这就为懂英语的中、下层官员的遴选，提供了人才基础。英国参考中国的科举制度，采取文官考试制度，原则上凡年龄在 23 岁以上的印度人和欧洲人（后来英国有意将年龄降为 19 岁，以利英国考生）均可应试。录取者需在英国试用一年或在专门指定的大学受专门训练两年。印度考生以英语应试要与英国考生竞争，难度很大，录取者甚少，1864 年只录取了一个后成为世界文化名人的泰戈尔；1871 年录取了 3 个印度人：巴纳吉、杜特和古普塔，均为印度拔尖的精英人物。后来（1893）英国众议院决议，拟采取在英、印两地分别举行文官考试的办法，但兰斯多恩总督反对这一做法，认为这一变更做法必将"大量减少当时已录用的欧洲官吏人数，是与英国人统治的安全不相容的"。此事最终议而不决，不了了之。此后英国决定将印度文官分为三等：一等帝国文官，二等省级文官，三等下级文官。一等基本由英国人担任；二等由省督任命，印人居多；三等数

量庞大，全由印度人充任。文官任
命对印度人的极端不公正做法成为
刺激 80 年代以后印度民族运动兴起
的原因之一。高级文官由英国人担
任，保证了在印度英国利益至上的
原则。当然，通过文官制度，英国
也把近代欧洲的进步精神和英国的
一套高效率行政管理制度推广到印
度，这是印度文明本身所不具有的。
对华鸦片贸易的废止问题曾是困扰
东印度公司政府多年的问题。世纪
之交，当英国政府通过此项毒品贸
易已从中国捞足了钱（数以亿计的
白银），而英国的工业品大量输华已
足以抵消这笔肮脏收入时，英国便
以"欧洲进步精神"为名，不许英

英国女王维多利亚兼任印度女王

印政府继续"以财政收入为理由"对中国倾销大批鸦片，于是英国 1907 年与中国
缔结协定，逐渐减缩并最后公开禁绝鸦片贸易。但在印度国内对鸦片的生产和交易
却不是全部禁绝，因此，英属印度对华走私鸦片仍绵延不绝。

　　兼并个别土邦的政策成为引起大起义的原因之一。起义后英国人尽管时时处处
感到印度土邦的继续保存与现代文明相抵牾，但英国政府出于现实政治利益的考虑
却决定此后不再实行废除土邦的政策，继续让腐朽不堪的约 550 个大小土邦将印度
行政地图拼成"一条用碎布料缝成的褥子"。镇压起义后首任印度总督坎宁在解释
这一新政策时心照不宣地说："如果我们能够保持许多没有政治权力、仅仅作为王
室工具的土邦，那么，我们只要维持自己的海上霸权，就能在印度生存。"

　　改变印度军队的编制和成分　　英国人训练的印度军队曾是英国自诩为"用印度
的手征服了印度"的典范。然而，大起义却证明英国人在建立这样一支军队的同时
也就组织起了印度人民过去从未有过的第一支核心的反抗力量。大起义几乎推翻了
英国在印度的殖民统治。英国人痛定思痛，在平息"兵变"后，彻底改组了英印军

队：(1) 大量增加欧洲部队人数，减少印度部队人数，英印军队人数比例由原先的
1∶7改为1∶2，1863年欧洲部队有6.5万人，印度部队为14万人。(2) 大幅
度改变印度部队的成分，印度兵原先多从同一地区高级种姓中招募，此后则在各地
区、各种姓中混合招募。(3) 增加忠于英国的廓尔喀人、锡克人和帕坦人在部队中
的比例，取代印度斯坦兵员。(4) 更为重要的一条是，此后不许任何印度人充任炮
兵兵种和其他技术兵种（如20世纪组建的空军）的士兵和军官。在1857—1859年
起义中，当印度军队与英国军队对垒时，印度炮兵的技术和火力的发挥，绝不亚于
英军和其他欧洲人组建的炮兵，使英国军队失去了军事技术的优势。由此英国总结
出一条重要的经验教训：不应当让殖民地人民（首先是印度人）拥有挑选欧洲文明
中对他们最有吸引力的那些成分的权利；相反，欧洲文明中他们不喜欢的东西则应强
加于他们。从此，英国人把此类所谓强加文明的做法系统化了，并推广到大英帝国各
殖民地。此后，渴望学习和利用西方军事技术的印度人失去了从欧洲文明中学习富国
强兵之道的权利。而坚船利炮技术正是近代以来饱受西方殖民侵略的羸弱的东方国家

印度土邦王公觐见英国总督的仪式

印度军队中的英国骑兵
和印度步兵的团队制服

首先和最热衷于向西方文明学习的东西，奥斯曼、埃及、波斯和中国如此，明治维新时期的日本也是如此。印度人则被彻底剥夺了这种权利，在军事文明领域，他们被迫遵循一种完全不同的模式。同样，在经济、政治和文化领域他们也都是无选择地承受西方文明的影响。这一特点为近代印度文明涂抹上格外悲惨的色彩。

移植资本主义工业　印度文明自身所孕育的资本主义萌芽，绝大部分已在19世纪上半叶被英国的商品倾销所扼杀。英国工业文明的萌生和发展同英国在印度次大陆殖民地的殖民开拓密不可分。印度曾以逆向流动的巨额资本和广阔市场哺育了英国工业文明。到19世纪50年代，英国的工业文明由于"夺万国之利以利一国"，已经发展得十分成熟了。英国不仅向殖民地继续输出大批纺织品，而且因重工业的迅猛发展，需要为铁轨、机车、轮船、蒸汽机、纺织机械等已呈积压之势的重工业产品，寻找广大市场。只有到英国本土以外的地区去开办工业才能容纳这些重工业产品。此时在印度已积累巨额财富的英国商业资本积极谋求在印度办工业，企图把商业资本转换为更有利可图的工业资本。正是这批英国商业资本家首先将英国工业文明的机器之光照射到印度次大陆。住在英国本土的资本家也看好印度的廉价劳动力、地皮、就地取材的原料，积极将资本输入印度。于是，一批批采用机器加工原料和生产工业品的工厂陆续在印度建立，有黄麻纺织厂、棉纺织厂、造纸厂、制革厂、煤矿、炼铁厂、机车修配厂、军械厂等；接着，种植园、银行、经理行、各种公司也都兴建起来。到 19 世纪 90 年代英国对印输出资本约 3—5 亿英镑。

融合中的印度商业文明

由印度文明培育出来的具有高度智慧的印度民族，是不甘居于人后的民族，她从受到西方工业打击而造成的昏厥状态中迅速苏醒过来了。印度的商人、地主、买办从商业、土地、高利贷和鸦片贸易的经营中完成了原始资本积累，他们仿照英国现代工业方式也将各种工业慢慢地创立起来。印度民族资本尤其是西部印度商人，投资最多的是棉纺织业。印度商人善于学习英国人的经商文明，同时又保持和继承印度商业文明的特点，这在以下的几个方面表现得特别明显：

（1）英国人原始资本积累的很大一部分来自海外，包括大西洋奴隶贸易、西印度群岛的奴隶种植园和对亚洲的鸦片贸易。印度商人在本国沦为殖民地的情况下，攀附于英国资本和东印度公司，模仿英国原始积累的手段，为自己积累资本。东印度公司在印度实行鸦片专卖制度，利润极高。但东印度公司出于政治和经济考虑并不总是直接来华销售或自己进行鸦片走私贸易，而是将收购的鸦片在印度就地拍卖给英国私商和印商。印商（称港脚商人）学习英国贩卖和走私鸦片的整套程序，无论是孟加拉的专卖制还是马尔瓦的通行税制，都操作得极为娴熟。英商和印商在批发英国本土纺织品上常遇到资金不足问题。英商则以从事对华走私鸦片的丰厚利润作为流动资金，用来批发从英国运来的大批纺织品，印商也照此办理。印度最大的民族资本家詹姆斯特吉·塔塔、普罗姆·拉伊卡德、贾吉吉拜等原先都是靠从事对华走私鸦片而发家的。他们获资数千万卢比，用来投资开办棉纺织厂。从事土地包税、买办业务、鸦片经销和放债而发财的印度人为棉纺织业的利润所吸引，也都愿意投资办纺织厂。到 1894 年，孟买的印资棉纺织厂已增至 142 家，拥有 365 万纱锭和 3.11 万台织布机。[①]

▶ ▶ ▶ ————————————————————

① 在同一时期，在中国仅有 4 家中资纺织厂。

印度孟买维多利亚火车站

（2）印度资本家遭到英资强有力的竞争，善于趋利避害，在扼杀中求生。英国兰开夏的细棉纱在印度经销极具优势，并垄断了亚洲市场。印度棉纺资本家则避开英商竞争，专门生产粗棉纱，销往中国和西亚。印纱作为英国商品而输出，在中国享受值百抽五的低税特权。19 世纪 80 年代后期，印度棉纱资本家利用英印政府关心税收的心理，大量输出印纱，并在中国、亚丁等地挤走英纱。英国细棉布早已占领印度市场，印度棉织资本家则生产适合下层群众需求的质地较粗的棉布，在国内销售，挤占部分市场。到 1898 年印度棉纺织业投资总额 1490 万英镑中，印资占有 2/3，英资占有 1/3。黄麻纺织业英资一直占绝对优势，印资便退避三舍。黄麻业投资总额 498 万镑，几乎全为英资，印资极少。印度一些资本家受英国文明"熏陶"，学会英国资产阶级的"经商之道"，包括恃强凌弱、狐假虎威等伎俩，他们毫无忌惮地拉大旗当虎皮，享受英商特权打进中国市场。结果在亚洲出现了这样一种荒谬现象：英纱占领印度市场，印纱占领中国市场，印度既是大量棉纱进口国（1892 年输入 5040 万磅，约值 3514 万卢比），又是棉纱出口大国（1892 年输出 16125 万磅，约值 5884 万卢比）。在政治上，同样如此，印度把比它更弱的锡金、不丹变为其附属国。这使印度文明在近代的传承中出现了某种扭曲的现象。

（3）英国在印度建立工业之初，随着资本的输出而在印度建立了经理行制度。经理行接受委托代为建厂，提供资金、设备、技术，包销产品。它所控制的工厂逐渐增多，形成一种垄断资本财团。由于它控制了机器设备的进口和技术人员的聘用，便能多方刁难印资。英人经理行向印资提供贷款、设备、技术，往往以控制部分股权、拥有管理权为条件。印度资本家也模仿英资建立经理行，如1887年成立了塔塔家族企业的经理行。这些印度经理行因能吸收更多资金，以有利条件进口机器设备，更便于同英资竞争。这也是在夹缝中求生存的印度资产阶级以其人之道还治其人之身的一种做法。但英国人拥有政治权力，控制了国家机器，能够形成垄断；印度资产阶级没有掌握任何政治权力，难以与之抗争。

19世纪下半叶，在印度次大陆建立的工业并没有改变印度作为英国的商品市场和原料产地的性质。[1]19世纪80年代末印度农业原料输出量比50年代增加了3倍，其中棉花出口增加了6倍，同期英国商品在印度销售量增加3倍。但是，由于印度到1894年已建有英资和民族资本工厂815家，英国投资于印度直接生产领域的资本已达到5000万英镑，印度出口贸易内容发生了较大的变化：印度工业品出口额在出口总额中的比例，已从1879年的8%上升到1892年的16%，1907年的22%；工业品进口额在进口总额中的比例，已从1879年的65%下降到1892年的57%，1907年降到53%。

1865年印度与英国和欧洲的第一条电报线架成，从此印度与欧洲的信息联系大大加强；印度国内电报线的普遍架设使幅员广袤的印度各地之间的联系密切起来，再加上迅速发展的铁路建设，到1894年全印已建成铁路30419公里，居亚洲第一。工业的兴起吸引农村人口向城镇迁移，城市人口激增。1872年城市人口占全国总人口的8.7%，到1901年城市人口达2580万，已占全国总人口（2.125亿）的10.8%。1891年加尔各答（74万）、孟买（82万）、马德拉斯（45万）、海德拉巴（41万），都成为拥有40万以上人口的城市。这些城市已呈现初步现代化的面貌，有煤气灯、自来水等近代公共设施，与莫卧儿时期城镇等同于军营的面貌已迥然不同。总之，19世纪下半叶印度在吸收欧洲工业文明成果方面前进了一大步。马克思在1853年7月指出，英国人在印度"建设性的工作总算开始了"。

▶ ▶ ▶ ───────────────

[1] 美国在18世纪末和19世纪大部分时间仍是英国的商品市场和原料产地，然而十三州殖民地同英国打了两次战争（其中一次是独立战争），收回了主权，并一直维护着主权独立。印度在吸收英国工业文明过程中，主权一直遭受严重损害并被剥夺（包括关税和税收的制定权）。这是印度产业文明带有特殊悲惨色彩的根本原因。

第四节
印度民族改良运动的开始

印度人对英国工业文明的不同反应

18 世纪下半叶，英国开始征服印度次大陆时，次大陆本身两大文明——伊斯兰文明和印度教文明正处于统治和被统治的混乱状态中。英国人为了制造平衡，首先将印度教徒提升到与穆斯林平等的地位。其后，英国将它的文明强加于次大陆，但这种做法在印度引起了不同的反应。一种反应是彻底拒绝，一部分印度教徒和穆斯林认为西方习俗是邪恶的，印度人绝不应接受，必须保持自己的传统生活方式。最古老的印度教本身由于崇拜自然的迷信、消极的生活方式，造成一种盲目的惰性力量；超世信仰泯灭了人的判断力，麻痹了人的高尚本能和情感，使残酷的杀戮成了宗教仪式。以拉达·坎塔·代布罗阇为首的正统印度教徒坚持认为种姓制度、殉节习俗、杀婴风俗等作为印度教的宗教习俗均应无条件地保留。第二种反应是，一小部分印度人认为西方文明的一切均比传统的印度文明优越，应当全盘西化。第三种反应是，越来越多的印度人以分析的态度接受西方文化的精华和工业文明所包含的在道德伦理上反对宗教的现世主义（Secularism）。对印度教文明，主张从内部进行改革，革除其腐朽及粗俗的外在形式，保存其基本原理。第三种反应比较普遍，并在印度教徒中逐渐形成为一种主流学派，从中涌现出不少杰出的人物。

拉姆·莫罕·罗伊（1772—1833）便是其中的佼佼者之一。他出生于印度教婆罗门种姓家庭，勤奋好学，通晓梵语、波斯语、阿拉伯语，又学会了英语。他被欧洲文明深深吸引。为了阅读《圣经》原文，他又学习希伯来语和希腊语。年轻时，他目睹姐姐在丈夫的火葬柴堆上被活活烧死的场面，遂与印度教家庭断绝了关系。罗伊极力主张印度人学习英语，吸收西方文明成就。1817 年他在加尔各答创办印度学院，这是印度人创办的第一所西方教育与印度教育相结合的现代类型的学院，英、印两种语言并用。他钻研基督教但并不接受基督教的形式和教条，而只接纳其人道主义内容。他深入研究并比较印度文明与西方文明的异同，与基督教传教士展开讨论。他撰写的《耶稣的箴言——和平与幸福的指南》一书，是他个人对传教士的答复，而不是向印度人传教的读物。他创立了"梵社"（Brahmo Samaj），作为印度教的一个改良派，重新解释了印度教。"梵社"在一定程度上是两种文明融合的产物，但它并不像有的学者所认为的那样，是"一个被基督教冲淡了的印度教组织"，而是欧洲启蒙运动思想与印度《奥义书》（Upanishads）哲学观点的综合产物。罗伊主张印度教应建立在理性主义之上，在此原则指导下，他旗帜鲜明地摒弃了印度教许多过时了的习俗，尤其是那些恶俗。19 世纪初，英印政府对禁止寡妇自焚殉夫等恶俗不敢有所作为。罗伊坚持不懈，努力引导印度开明舆论赞成以法律形式禁止恶俗，当他看到印度开明舆论已起作用，便上书英印政府，指出"依照任何印度经典和全体国民的常识，所有这些事例（指'寡妇自焚''杀婴''人祭'等）都是杀人"。本丁克总督在看清了罗伊所带动的印度舆论动向之后，才于 1829 年颁布《17 号条例》，宣布"萨蒂制"为非法。

罗伊善于借用西方文明的精华，同时又能使他的门徒和追随者面对西方文明的撞击和渗透，不失去他们所遵奉的印度文明的特点和自尊。他提倡印度工业化，以改变印度经济和政治的落后。在他 1833 年去世以后 60 年，"梵社"仍然是净化印度教的中心。拉姆·莫罕·罗伊被西方世界视为新印度的代言人，他在促进印度文明与西方文明的融合方面所做的开创性业绩，对印度现代化起了很大作用。

到 19 世纪五六十年代，印度大学的英语教育已经培养出大批深受西方文明熏陶的大学生和研究生。1857—1871 年加尔各答、孟买和马德拉斯三所现代类型大学的人文和社会科学的毕业生共 2523 人，其中获学士学位的 816 人，获硕士学位的 146 人。此后逐年增加，1880 年获硕士、博士学位的有 404 人。印度成为最早系统地接受西方现代工业文明的亚洲国家。这批在英语教育中成长起来的印度人，吸收了西方文明的民主主义和爱国主义精神，并以此作为他们自己的政治理想。他们中大多数人并没有成为英语教育倡导者麦考莱等所企盼的对英国统治百依百顺的"洋奴"，而是成了主张改革的民族主义者。这一代受两种文明熏陶的印度人相信英国必将给印度予自治，但他们在走上鼓吹政治改革的时候却经历了一段较长的路程。

小资产阶级思想家的出现及其活动

在罗伊时代，罗伊的一些主张已经为印度的行政改革和司法改革提供了最初步的蓝本，但在许多方面仍然是模糊的。1833 年罗伊在伦敦去世，此后，孟加拉、孟买、马德拉斯在四五十年代先后出现了 4 个民族主义组织。接着，小资产阶级思想家也开始成立自己的组织。这些组织的领导人对印度文明与西方文明的看法既有相同之处，也有一些不同的主张：

（一）印度文明过于陈旧，缺乏活力，需要改革，需要注入新的活力。戈帕尔·哈里·德斯穆克（1823—1892）探讨印度文明衰落的原因，认为是由于这种文明过于拘泥于历史旧传统，不能适应变化了的现实；又保留着严格的种姓制度，缺乏进步思想。罗伊的许多追随者主张把罗伊改造印度文明的未竟事业，继续朝着改革行政、改革司法的方向推进。也有部分改革家主张把印度教改造成为传播西方思想的工具。

（二）积极学习英国，吸收欧洲文明的精华。印度知识界普遍认为需要学习西方文明，但在如何对待英国的文明影响和统治后果上，态度又颇有不同：第一种属于先驱者的态度，他们对英国殖民主义制度的认识较为深刻。达达拜·挪罗齐（D.Naoroji，1825—1917）深入研究了英国的资本主义发展与其对印度剥削制度的关系，提出了"财富外流论"。这一理论在他的名著《印度的贫困和非英国式的统治》中得到了充分的论述：印度财富大量流入英国，1867 年约为 800 万英镑，1870 年约为 1200 万英镑，1883—1892 年 10 年间年均约为 3.59 亿卢比。印度的损失又因以下特点而加剧：1. 英国在印度是长时期的掠夺，而不是游牧民族式一掠就走的入侵；2. 掠夺的财富主要在印度境外（英国）消费，并不增加印度市场购买力，造成印度财富的单纯外流，这是印度贫困的根源。挪罗齐理论在印度人中间造成了对英国的"反对和不满气氛"。瓦·帕达开（1845—1883）持更激进的看法，他指出，英国统治是印度一切苦难的根源，它使印度这个古老国家处在外国的任意宰割之下，它所做的一切都是为了攫取这个国家的财富，把印度变成自己的造币厂。穆克尔吉也认为异族统治是印度贫困的根源。第二种态度认为，英国的统治给印度带来了各种有利的结果：英语教育（西方教育）、西方的科学技术、印度的统一、高效率行政制度、文明习俗的建立、印度腐朽习俗的破除等。苏伦德拉纳特·巴纳吉

(Surendranath Banerjea, 1848—1925) 赞美"英国对印度造福无穷, 全国都为此对英国表示感激。英国给了我们秩序, 给了我们铁路, 而最重要的是给了我们欧洲教育的无价之宝"。希望"英国在印度的统治长期继续下去"。第三种态度认为, "英国不可能改变他们的民族利己主义"。孟买的罗姆·克里希纳特主张主要学习英国发展工业, 他提出"实业救国论"。他认为印度人必须自己改变自己的地位, 办法是发展民族工业, 使用近代科学技术, 扩大印度产品出口, 与英国竞争。他把经济改革放在第一位, 认为"建立现代技术装备的工业, 比政治方面的改变有更重要的意义, 它能促进民族的精神复兴, 从而带动政治复兴"。第四种态度认为, 不能坐等英国的恩赐, 要从教育入手, 进行改革。德斯穆克特别强调推广西方教育, 学习现代知识, 认为这是获得经济、政治进步的前提。"当我们的民族在教育上得到进步, 就能迫使英国人给我们以议会。当我们民族的代表坐在议会里, 我们就将站起来对英国人说:'现在我们在智慧上、教育上平等了, 为什么不应当有政权?'当印度民族大部分达到此等程度时, 英国政府将被迫把政治独立给予印度人。"但他认为这一天的到来"至少还要200年"。

(三) 有步骤地推进宪政改革。首先要求让大批印度人担任公职。尽管1861年制定了《印度文官条例》, 英国政府却越来越不容许大批印度人担任文官, 1877年将文官考试的最高年龄从21岁减到19岁, 引起印度人很大不满, 认为这是英国人有意断送报考文官的印度人参加对印度的管理和担任较高级文官的机会。巴纳吉领导了这场抗议运动。苏伦德拉纳特·巴纳吉在孟加拉大学毕业后赴英以优异成绩通过文官考试, 被任命为孟加拉锡尔海特县副治安官, 1874年被无故除名, 并被剥夺进入律师界资格。这些打击使他认识到他的遭遇正是政治上无权民族的缩影。他毅然投身民族运动。1867年建立印度协会。1877—1878年, 他在全印各地领导抗议运动, 抗议英印政府降低文官考试年龄的无理做法, 要求放宽限制, 在英印两地举行考试。70年代的举国抗议形成印度历史上第一次全国性的大规模政治运动, 实际上演变成了一场民族运动。这场文官运动加深了印度人对政治改革必要性的认识, 并开辟了一条向国家宪政改革方向前进的新路线。1878年英印政府颁布两项镇压民族运动的法令:《武器法》和《当地语种报刊法》, 这两个法令的颁布再次激起孟加拉和孟买两管区的新的抗议运动。马哈底瓦·戈文达·拉那德 (Mahadev Govind Ranade, 1842—1901) 也加入了抗议运动。他原任孟买法官, 献身于禁止童婚、允许寡妇再嫁等社会改革工作。他吸收英国古典经济学成就，钻研亚当·斯密、李嘉图的经济理论，提出印度"工业振兴论"，要求英国在印度实行工业化。他被称誉为"印度经济之父"。1874 年他领导浦那人民协会向英国议会和政府递交关于在印度建立宪政制度的陈情书，要求让印度人参加国家管理。70 年代后期他又参加领导文官运动。

七八十年代印度宪政改革运动具有新特点：1. 它在深度、广度上都有重大发展。关于吸收英国工业文明成果，实现印度工业化等民族要求，已被创建新印度文明的先驱者——挪罗齐和拉那德等杰出学者加以理论化。他们的追随者力图使理论向改革的实际行动转化。2. 宪政改革运动的组织性大大加强。孟加拉、孟买等管区的民族主义组织实行横向联合的条件已经逐步成熟。经济力量已获显著加强的印度资产阶级对成立全国性的民族主义组织既要求强烈，又信心百倍。

在印英国人中也有一些有识之士，他们对两种文明的融合起了促进作用。到 80 年代，50 年的英语教育已培养出了一批熟谙英国和印度法律的印籍法官，他们的司法业务水平绝不逊于他们的英国同行。这批司法人才是英国文明与印度文明融合的产物。印度司法界人才辈出。1883 年总督会议立法议员艾尔伯特得到总督雷滂的支持，起草了一项法案，规定此后在印度的欧洲人犯罪也可以由印度法官审理。这一法案激起了住在印度的怀有种族主义偏见的英国人的激烈反对，但得到了印度各地民族主义者的热烈支持。"艾尔伯特法案"最终受挫被否决，总督也被迫辞职。这一事件的深远后果有二：1. 印度民族主义者在实践中痛感地方民族主义组织各自为政，势单力薄。要想推进宪政改革就必须组成一个具有强大力量的全国性组织。2. 英国激进自由主义力量在这次事件中受挫，也感到有帮助印度人建立全国性组织的必要，他们认为如果不能引导全印度民族主义力量走合法的宪政改革道路，英国人在印度的根本利益将受到威胁。在印度的英国退休文官休姆（A.O.Hume，1829—1912）承担起了这一任务。印度社会七八十年代的动乱，使休姆深感"当时确实处于最可怕的革命的极度危险之中"。他看见了印度当时存在着下层群众反抗英国殖民统治的危险，存在着两种文明冲突而加剧革命（暴动）爆发的危险。休姆认为若要化解这些危险，维护英国在印度的殖民统治，不能光靠一味镇压，而必须把印度引入宪政发展道路，引导两种文明逐步融合。1882 年他退职后，获知印度各管区民族主义者正在积极活动寻求成立一个全国性组织，便积极同他们联系。1883

年他写了一封致加尔各答大学毕业生的公开信，敦促他们成立一个全印度民族主义者团体，为印度人民"在知识、道德、社会、政治各方面的革新而努力"，并呼吁官方支持这个组织。他认为，这样一个组织可以作为英印政府与印度中产阶级之间的联系渠道，印度人可以利用它合法地表达自己的意愿。他认为，这样做，民族运动便可以控制在安全的轨道上，不至于与下层群众的暴动合流。这个全国性组织既可充当合法的反对派角色，又可成为疏导和分流群众不满的安全阀。同样，也可成为化解两种不同文明冲突的安全阀，用休姆的原话来说便是"为排除那由我们自己的行为所产生的巨大的、正在增长的势力装置一个安全阀"。休姆会见印度新任总督达福林，获得总督非正式授权，可以监督当时成立的印度团体的活动。此后，他同孟买、浦那、马德拉斯、阿拉哈巴德的民族主义者接触。同年，休姆参与起草了印度国民联盟大会成立宣言，并积极筹备在浦那召开（后因时疫改在孟买召开）全印会议。1885年12月，在孟买召开了印度国民联盟成立大会（后正式改名为印度国民大会，简称国大党）。各地代表72名与会，印度著名的改革家、民族主义领袖挪罗齐、拉那德、伍·彭纳吉等都参加了大会。休姆被推选为大会秘书长，其后连任达20年之久，并被尊称为"印度国大党之父"。

印度国大党的成立标志着英国将西方资产阶级的"政党文明"引进印度的初步完成。正像挪罗齐在担任国大党主席时致辞所说，从宪政改革走向代议制"这新的一课，我们是仅仅靠自由的英国文明之光在亚洲专制主义的黑暗中学到的"。

[推荐阅读书目]

1. R.C.马宗达、H.C.赖乔杜里、卡利金卡尔·达塔：《高级印度史》（上、下），商务印书馆，1986。

2. 恩·克·辛哈、阿·克·班纳吉：《印度通史》第1—4册，商务印书馆，1973。

3. 安东诺娃、戈尔德别尔格、奥西波夫主编：《印度近代史》（上、下），三联书店，1978。

4. 罗梅什·杜特：《英属印度经济史》（上、下），三联书店，1965。

5. 贾瓦哈拉尔·尼赫鲁：《印度的发现》，世界知识出版社，1956。

6. 林承节主编：《殖民主义史（南亚卷）》，北京大学出版社，1999。

第十九章
中华文明同西欧工业文明的融会和碰撞

华夏文明在 16 世纪以后经历了特殊的发展变化过程。一方面，人类文明史上这棵"最长寿的"文明"老树"，在连续、未间断地发展了五千年后仍然绽出新枝，并继续同世界其他文明，特别是欧洲文明，进行着频率逐渐加大的交往，做出了新的贡献，表现出一个强势文明特有的生命力。另一方面，18 世纪末叶以后，这个古老文明日益感受到从西方基督教文明中崛起的现代工业文明的咄咄逼人的压力。这种压力以资本主义生产方式特有的手段，初则以商业的渗透，继之以赤裸裸的殖民主义武力，迫使中华文明不得不在"生存或灭亡"之间彷徨。

西方文明的扩张植根于资本主义的社会结构和阶级关系等内在因素，但直接根源却在于技术文明的迅速发展向它提供了向东方扩张的现实可能性：航海工具的不断改进使西方人可以迅速到达最遥远的国家；火器技术的飞速发展，军事能力的全面提高，使西方文明在火器、交通、后勤和医疗方面占尽优势，具备了征服东方国家的"坚船利炮"。问题的症结在于：西方文明赢得世界不是通过其思想、价值和宗教的优越（基督教在中国皈依者寥寥可数），而是依仗它运用有组织的暴力的优势，这在西方文明与华夏文明——两个强势文明的猛烈撞击中表现得尤为充分。

首先是实力较量，集中表现在军器的较量上，暴露出中国火器和军事制度的严重落后。在两次鸦片战争（尤其是第二次鸦片战争）中，英国炮舰轻而易举地摧毁了大沽口炮台，英法联军长驱直入，直抵北京城下，迫使清政府签订丧权辱国的不平等条约。自强派（洋务派）和清政府服膺于西方文明的坚船利炮，但只限于学习西方文明中与军器改进有直接或间接关系的器物层面的东西。这是文明交流中阻力最小的层面。军事上一败再败之后，特别是甲午战争败于日本之手以后，国土沦丧，王朝统治受到威胁，中国朝野有识之士深感学习西方文明仅停留在器物层面上不足以自强，必须深入到制度层面。于是，开始进行政治制度的革新，立宪改革、废止科举、创办大学等成为戊戌维新改革的中心内容。制度层面上的改革遇到很大困难，除了守旧派的必然反扑，革新派在制度创新的程度和策略方面多有失误，从而使反对派阵营扩大，导致维新运动失败。百日维新的失败，使"君主立宪"成为中华文明史上的南柯一梦。"新政"在学习西方文明制度上的局部成功，已经不能阻挡辛亥革命的爆发。辛亥革命取得了推翻两千年帝制的胜利，但在反封建和反帝国主义方面——一种更深刻的"制度层面"的变革上，却无能为力。至于中华文明史上真正融会世界进步文明中的"第三层面"的东西（属于"心的层面"，包括价值观念、思维方式、心理素质、道德情操、审美趣味、民族性格、宗教情绪……[1]），则基本上要留待 1919 年五四运动及中国共产党领导的新民主主义革命以后才逐步得到解决。

第一节
西方传教士在中国的活动

以利玛窦和徐光启为代表的中西文明交融

1511 年，葡萄牙人在绕过好望角 13 年以后，攻占了马六甲海峡。16 世纪初中国远洋帆船经常停泊于马六甲诸港口，1510 年前每年约有 8—10 艘华船驶抵马六甲。葡萄牙人同华人有所接触。1514 年（明正德九年）葡人开始进入中国东南沿海。当时往返于中国与东南亚诸港的中国远洋帆船不仅数量多，而且比葡船大得

▶ ▶ ▶

[1] 借用季羡林先生的概括。见《北京日报》2001 年 9 月 24 日。

多。葡萄牙商人、殖民者经常搭乘中国帆船到中国和日本（1545 年后）。中国人中最早与 16 世纪欧洲文明接触的大概就是这些华南水手。当时大多数欧洲人还不习惯于每天洗澡，他们从拥挤不堪、充满恶臭的船舱登上中国口岸时，身上、脸上的毛发比亚洲人多且厚，体味也很重，这可能就是当时欧洲人给岸上中国人最早留下的"文明形象"。中国人按东南亚伊斯兰教徒对欧洲人的称呼，把葡萄牙（包括西班牙及后来的法兰西）称为佛郎机（Farangi，为 Frank 之误读）。首批窜入中国境内的佛郎机人多有行为不轨者（剽劫行旅，掠

徐光启和利玛窦论"道"

卖良民），所携带商品又大多是极普通物品，留给中国人的形象颇为不佳。1522 年（嘉靖元年）葡船强行侵入中国领海。西草湾海战中，明海军缴获葡船上火炮（亦称佛郎机），发现其射程、火力均优于中国炮，颇感惊讶。嘉靖皇帝遂命何儒募人仿制。嘉靖三年（1524）制成，形制同于佛郎机，长短合度，铳孔圆滑可用。自此中国开始有各式佛郎机炮，炮重千余斤，射程数百步，雅称"大将军"。1553 年（嘉靖三十二年）葡萄牙人贿赂广东省海道副使汪柏，盘踞澳门，建筑墙垣炮垒防御工事，形成殖民据点。随海盗商人之后，第二批到中国的欧洲人是耶稣会传教士。首先于 1551 年（嘉靖三十年）抵粤的是方济各·沙勿略。他深知在华传教绝非易事，遂于 1549 年先赴日本传教，甚为顺利，而后抵粤，未及传教，次年死于上川岛。1560 年多名传教士抵达澳门，成立澳门教区，但多次进入中国内地均未能立足。1573 年范利安任耶稣会远东教务视察员，到澳门调查、研究在中国传教困难的原因。他建议应适应中国人习惯，来华传教士首先应学习中国语言，了解中国文化。1582 年意大利耶稣会传教士利玛窦被派到澳门，补习中文，了解中国习俗。

1583 年利玛窦奉派进入广东省香山县传教。此后利玛窦在肇庆、韶州、南昌、南京居住多年,结识中国士大夫,广交朋友,四处讲学,传播西方科学知识。西方文明在天文历算和数学方面的优越,引起中国知识分子的重视,韶州瞿太素是中国向利玛窦学习西方数学的第一人,他把《欧几里得几何》第一卷译成中文。1601 年(万历二十九年)利玛窦隐瞒其传教目的,以贡献为名,得以进入北京。利玛窦贡献的两座一大一小自鸣钟、一座八音琴和《坤舆万国全图》,都是中国前所未见的[①],得到万历皇帝(1573—1620 年在位)的赞许,获得信任,待以上宾,敕居北京。利玛窦天资聪慧,1577 年毕业于罗马学院,受到当时西欧最好的教育,熟谙 16 世纪中叶欧洲最权威的科学知识,拥有钻研学术的优越条件,汉文造诣颇深,由他执行"文化(学术)传教"使命,得天独厚。利玛窦深知中西文明的巨大差异,天主教作为异质文化,若无最高统治者皇帝的支持,传教事业必定是建立在沙堆上,随时都会坍塌,因此,他认为在中国广泛传教的时机尚未到来。因而他将工作重点放在传播西学上,并总结出一套在华传教的规则,形成了所谓的"利玛窦规矩",即:(一)西方传教士以臣民身份在华居住,应遵守中国法度;(二)传播西方科学技术,用其所长为朝廷服务;(三)所传天主教教义可用儒学经典诠释,成为"儒化天主教",祭祖祀孔与奉行教规并行不悖。实际上,这是天主教信仰与儒学的巧妙融合,也是中国封建统治集团能够容许的底线。其后进入中国的传教士如汤若望、邓玉函、艾儒略、金尼阁、南怀仁、蒋友仁等葡萄牙人、德意志人、法国人,绝大多数都遵循"利玛窦规矩"和"学术传教"的原则。正因为如此,他们在传播西学、中西文化交流方面取得了重大成就。

　　16 世纪中叶以后陆续进入中国的西方传教士,面对的是他们完全陌生的一种自成体系的华夏文明,这个古老文明以它的四大发明为中心的多项发明的西传,曾使中世纪的欧洲文明受益匪浅。通过《马可波罗游记》和《伊本·巴图泰游记》的记述,欧洲知识界对中国的传统科学充满了崇敬和向往。中国传统科学源远流长,孕育于春秋战国,到汉代基本确立,其后经过 1500 多年的发展,形成了较系统的古代科学:以《太初历》为雏形的天文历法体系,以《九章算术》为范本的数学体系,以《黄帝内经》《伤寒杂病论》和《神农本草经》为标志的医药学体系……至

① 《利玛窦中国札记》,中华书局,1983,334 页。

宋元时期臻于极盛。到了明代它开始渐趋萎缩，利玛窦等一批西方传教士到达中国之时正是它进入衰落的时期。而传教士作为西方文明体系中近代科学文化的传播者，以其广博的学识和敬业精神受到部分中国士大夫的青睐和欢迎。

明末清初中国封建社会已经出现资本主义萌芽，在"西学东渐"的西方文明潮流的冲击下，知识分子中长期被淹没的，又不时在兵、农、医、艺中有所抬头的"实用理性"，终于初步地形成了一种实学思潮，一些看破八股取士或亲身感受过这种扼杀人才的考试制度而日渐醒悟的士大夫，成为实学思潮的倡导者和拥护。明末清初的徐光启、李之藻、王徵、王锡阐、梅文鼎等就是其中的代表。他们接受西学、热衷西学，在学习和传播西学中，部分人（如王锡阐、梅文鼎等）甚至有所创新，对17—18世纪中西文明的交融做出了贡献。康熙皇帝在位61年，一生勤学苦读，有求实精神，他（首先从历法中）认识到中国传统学问有不完善的地方，传教士带来的西学是有益的，因而勤奋地向传教士学习数学、天文、地理、医药等知识。但他作为中国封建帝王身受中国根深蒂固传统文化的束缚，而个人活动又为阶级关系所决定，使他不能如同一时代的俄国彼得大帝一样，抓住18世纪历史给他提供的难得机遇，成为中国社会改革的倡导者。

西学东渐的正面影响

西方传教士带来的"西学"，在以下几个方面对中国文明产生了较大或较深的影响：

天文学　中国古代历法因不符实际天象曾经历多次的改革。1281年颁行由郭守敬等学者参与制定的"授时历"通行甚久，明朝朱元璋曾改称为"大统历"，只对个别地方作了调整，继续施行，但仍存在"历验天象多有不合"的缺点。当时，罗马教皇格里高利十三世（Gregory，1502—1585）改革欧洲原来施行的"儒略历"，决定从1582年起施行新历。新历规定回归年长度为365.2425天，与回归年实测值365.2422天仅相差0.0003天，就是说用此新历要经过3300多年才有一天之差，新历法除了正好能被400除尽的世纪年（如1600年、2000年）外，其他世纪年都不置闰，简明易行，精确度大大提高，通称"格里历"。欧洲各国陆续采用。利玛窦的老师克拉维斯曾参与"格里历"的修订。利玛窦获益师门甚多，天文学知识丰富，他力图以帮助明朝中国政府修订历法来扩大天主教影响。他在中国大陆曾于1596年、1600年和1603年预测日食和月食，均比明廷钦天监预报的准确得多，因此誉满京华。他还将《格里历书》译成中文。其时郭守敬曾主持制定的"授时历"已历二百多年"毫末增损"，误差加大，以致屡屡失验。徐光启从利玛窦学习西法，预报崇祯二年闰四月十一日（1629年6月2日）日食，比钦天监准确，遂被万历帝委任主持历局，修改历法。徐光启先后召传教士邓玉函、汤若望等到历局工作，从事译述。中国士大夫借传教士之"理与数"，传教士则借中国士大夫之"言与笔"，二者"功力相倚，不可相无"①，但实际操作上，各业都由传教士主译，因当时中国士大夫均不谙西文，又受文化心理的禁锢不屑学习西文。②1631—1632年徐光启呈送崇祯皇帝的新历书共三批74卷。徐光启为修订历法做了大量的组织和具体订正工作，功不可没。徐氏逝世后，1634—1635年后人继续呈送两批新历59卷。这五批历书共133卷，被称为《崇祯历书》。《崇祯历书》突破了我国传统天文历法的范畴，对传统历法有重大改革，引进了当时西方先进科学：（一）重视理论基础，采取第谷·布拉赫体系（当时哥白尼的"日心说"尚未被欧洲普遍接受）；（二）引进地球概念和经纬度划分，计算采用几何学、球面和平面三角学等方法，既简化了计算程序又提供了准确公式；（三）引进欧洲天文学的度量制度，分圆周为360度，分一日为96刻（24×4），采用60进位制；（四）引进严格的黄道坐标系，采用从赤道起算90°纬度制和12次系统的经度制。

中国学术界有人提出，耶稣会传教士传入中国的"西学"并非当时西方最高的科学成就。这需要具体分析。由于文化差异等原因，中国当时尚不能直接采用"格里历"，中国"大统历"（"授时历"）基本仍属天文历，保留了传统历法中的某些落后面。此外，由于欧洲罗马天主教会信奉"地心说"，排斥"日心说"，使哥白尼早在1543年（嘉靖二十二年）就已阐明的真理在欧洲也鲜为人知，当然更迟迟未能被中国人所知晓。《崇祯历书》因明末政局动荡和守旧派反对，书成而束之高阁，长期未能施行。文明交流成果的推广往往备受战乱或政治动乱的影响，这是世

---

① 《徐光启集》，344页。
② 当时中国译员地位很低，历代称为"舌人"，《国语·周语》云："故坐诸门外，而使舌人体委与之。"学者间交流，一般总是由深慕中华文明的外国学者学习汉语而与中国学者直接交流，所谓"年深习汉语，无烦舌人译"（赵翼《同北野漱田观西洋乐器》诗）就是指这种情况。

界文明史上概莫能外、屡见不鲜的现象，是使人类文明进步受阻的原因之一。守旧派和保守派的拼死反对和阻挠是另一原因。清初仍行"大统历"，1645年7月29日的日食按旧法预报，误差1小时，而德国传教士汤若望（1591—1666）按西法预报则准确无误。汤氏被清廷任命为钦天监掌印官，他在《崇祯历书》基础上又加进新内容，编成《西洋新法历书》103卷，但汤氏的新历法仍受到钦天监杨光先等守旧派的拼死反对，因而未能施行。杨光先曾宣称"宁可使中夏无好历法，不可使中夏有西洋人"，其盲目排外情绪已到丧失理智的地步。康熙帝亲政后，对旧历法的准确性屡有怀疑。在南怀仁（1623—1688）等传教士帮助下，康熙帝自己学习历算，听取两派在东华门的辩论会，亲自测验，发现"杨光先职司（钦天监）监正，历日差错，不能修理"，遂命南怀仁为钦天监右监副，编制《时宪历书》，营造北京观象台。南怀仁按"时宪历"新式样制造仪器，写出《灵台仪象志》16卷，新制六仪^①虽比当时（17世纪后半叶）欧洲迅速发展的仪器水平略显落后，但比中国传统天文仪器则高出一筹，为"时宪新历"的施行奠定了坚实基础。南怀仁最早向中国介绍了作为定量仪器的早期温度计和湿度计。雍正时期首次任命一位外国传教士戴进贤（1680—1746）为钦天监监正，乾隆帝又命他修订《历象考成后编》10卷，该书首次引进开普勒关于行星运转轨道为椭圆和牛顿（当时译"奈端"）关于计算地球与日、月距离的方法等研究成果，修正了流行百余年的第谷·布拉赫体系，使中国天文学又向近代天文学前进了一步。戴氏修订《灵台仪象志》的未竟工作由斯洛文尼亚传教士刘松龄继续，1752年书成，由乾隆帝定名为《仪象考成》，共30卷，此书已载旧星1319颗和新增星1614颗。18世纪中叶法国科学界已普遍接受牛顿学说，罗马教廷也已于1757年解除了对宣传哥白尼学说的禁令，中国却仍未知晓哥白尼的"日心说"。直至法国传教士蒋友仁（1715—1774）来华，哥白尼的"日心说"才在中国得到宣讲。蒋氏在献给乾隆帝的《坤舆全图》中介绍了"日心说"。由于西方天主教势力禁锢哥白尼的"日心说"达二百多年（1543—1757）之久，所以西方现代天文学的真理光辉迟到了二百多年才透过耶稣会的厚厚云层照射到中国。耶稣会对16—18世纪东西方文明之间的交流起过良好的作用，但由于宗教意识所具有的普遍的狭隘性和罗马教皇的专制做法，又使耶稣会在中西文明交流的某些方面

▶ ▶ ▶ ▲

① "六仪"为黄道经纬仪、赤道经纬仪、纪限仪、象限仪、天体仪和地平经仪。所制仪器今仍陈列于北京建国门内古观象台。

德国传教士汤若望正向
清朝皇帝讲解天文学

起了遮蔽真理的负面作用，在"日心说"的传播上这种两重性表现得尤为突出。应当承认，传教士传进的第谷·布拉赫体系已引起当时中国传统天文历法体系的革命性变化，而哥白尼的"日心说"体系的引进则为完成中国天文历法的革命奠定了坚实基础。

数学 中国传统数学体系的经典著作是西汉的《九章算术》，它以筹算为基础，但无推导论证。宋元时期中国数学取得辉煌成就，天元术、四元术已将求解方程的方法发展到高峰，并出现向"纯数学"发展的趋向。由于筹算本身的局限，无法布置更多的元，使解题不能超过四元以上。商业数学兴起，珠算迅速普及，反而使宋元数学到明代成了绝学。正当此时，西方数学首先是"欧氏几何"通过传教士传入中国。欧几里得的《原本》是一部具有严密演绎体系的数学著作，自16世纪译成欧洲诸种文字（1570年译成英文）后，成为引领一代又一代青少年迈进科学之门的启蒙教材。它在元代可能已由阿拉伯世界传入中国，但未得传播。中国数学家曾几度试译此书，但只译出第一卷。徐光启是明确认识到凡有量的关系存之处必定要利用数学的第一位中国学者，因而他从利玛窦关于《原本》可"当百家之用"之说中得到启发，认识到数学是"众用所基"，应将"数度之学"普遍用于历法、气象、水利、机械、医药、军事、大地测量和土木建筑诸方面。他下决心与利玛窦合作，请利氏"口传，自以笔受焉。反复辗转，求合本书之意"，共译出《原本》前六卷，于1607年出版，定名《几何原本》。至此，中国才有了欧氏《原本》的前六卷，使中国人有机会涉猎希腊人最早推出的逻辑系统的思维方法。可惜这次本应具有里程碑意义的《原本》前六卷翻译，在促使逻辑精神对中国传统文化的影响上，没有起到很大的作用，只是在今天几何学的颇多名词中留有利玛窦、徐光启主译的《原本》的痕迹。

中国自古只有筹算和珠算而未有笔算。印度笔算法曾于7世纪传入中国，因繁琐易错未能流传开来。16世纪，欧洲人几次改进13世纪传入欧洲的印度笔算法，使之简便、准确、易学，除了除法外，已成定式，与今无异。利玛窦以其师克拉维约的《实用算术概论》作为在华授课教材。李之藻据听课笔记，整理成《同文算指》，于1614年出版，奠定了我国算术基础。经清代学者加以改进，日臻完善，得以普遍应用。经过漫长时间以后，具有严密公理体系的《几何原本》逐渐取代了中国面向实用计算的传统数学经典《九章算术》，标志着中国传统数学向近代数学的革命性变化。这一变化同天文历算的变化一样，是中国科学革命的两大标志，是中国近代科学的起点。此后，欧氏几何在中国得以传播，出现了历算家言必称几何的局面。在重视数学的氛围下，由传教士穆尼阁（1611—1656）传授的近代数学前驱之一的对数，也在历法上得到应用。由薛凤祚整理、穆尼阁编著的《历学会通》于清初出版，其中包括《比例对数表》《三角算法》等三卷，进一步促进了中国近代数学的发展。

地理学 中国地图制作水平在元代朱思本绘制的《舆地图》上得到展示，已达到很高水平。尽管在15世纪上半叶中国远洋帆船几次远驶东非沿岸和红海，但一直没有绘出一张可以算作是世界地图的地图。中国受锢于"天圆地方"说法，对大地的形状在很长时间内既没有产生过观念上的变化，也没有人去试图加以验证。"地圆之说，直到利（玛窦）氏西来而始知之"。[①] 利玛窦在罗马学院学习时已掌握了当时欧洲先进的地图学的圆柱投影法和经曲纬平的平面投影法，并熟谙 15 世纪以来地理大发现的成果。当他在中国士大夫面前摊开他所手绘的世界地图（1600 年的《山海舆地全图》和 1602 年《坤舆万国全图》）时，中国知识分子对中国以外的世界之大都感到深深的震撼。此前，中国人知道的"天下"大致东至日本、菲律宾，南抵印度尼西亚，西为东非东海岸，最远亦仅及南欧意大利（马可波罗故乡）。利玛窦把十六七世纪之交最新的全球地理知识传入中国，使中国部分士大夫首次具有"五大洲"的概念，突破了中国人原有的狭隘世界观（"天下"观）。这是世界任何一个民族接受现代文明都不可缺少的地理启蒙教育。

康熙帝一生留意地理，1689 年《尼布楚条约》签订后，他让传教士张诚介绍俄国使团来华路线，张诚按西方绘制的地图讲述。从讲述中，康熙发现西方地图的中国部分过于粗疏简略，决意开展测绘中国大地的工作，他命人从广州购入测绘仪器，自己也学习测定经纬度技术，先让传教士测绘京师附近地图，由他亲自校勘。他认定新地图确实远胜旧图，于是决定依靠传教士用西法测绘全国地图。他们采用三角法测量，先后对华北、东北、西北、华东、西南等地进行测绘，又让学过西法的两名喇嘛到西藏进行测绘。1714 年还测绘了台湾西部。1719 年分图完成，最后由雷孝思等合成《皇舆全览图》，"全图一，离合凡三十二帧，别为分省图，各省一帧"。这是中国首次在实测基础上，以经纬线斜交的梯形投影法绘制的全中国地图。18 世纪初完成全中国的三角测量，这在当时走在世界许多国家前列。另外，在测量中发现经线一度的长距不等：纬度越高每条经线的直线距离越长。这些测量结果可作为牛顿的"地球扁圆说"的证明。在世界地理学上此项测绘工程也是颇具意义的。此后，乾隆帝令蒋友仁在《皇舆全览图》基础上改制和增订，并补充了亚洲资料。1763 年下诏绘制台湾地图，历 24 年完成，台湾全岛地形起伏，河流、平原、山丘、盆地历历呈现，小地名亦清楚标示出来，是台湾最早、最详细的地图，成为《皇舆全览图》的一部分。全图制成 104 块铜版，绘制范围比康熙时期的《皇舆全览图》还要大，北至北冰洋，南至印度洋，西达地中海和波罗的海，是一幅名副其

▶ ▶ ▶ ────────────────

① 刘献庭：《广阳杂记》，卷二。

实的亚洲大陆地图。

力学　明末来华传教士中学术水平最高的要数邓玉函（1576—1630），他曾于1627 年与王徵合作翻译《远西奇器图说》，书分三卷，讲述简单机械的一般知识：重心、比重、杠杆、滑车、轮轴、斜面的原理和计算，以及应用这些原理来起重、提重的机械，并附有 54 幅插图。1612 年熊三拔（1575—1620）和徐光启合译《泰西水法》一书六卷，介绍取水、蓄水的器具和方法。生于江南水乡的徐光启一生重视农业用水，翻译此书目的明确：是为了使全国的江河、井泉以及"雨雪之水无不可资为用，用力约而收效广"。他还请工匠制作器械进行实验。17 世纪中叶，这些西方机械特别是机械原理的输入，如果能在中国重新点燃至明代已渐湮灭的中国机械发明创造之火，那将不仅对中国而且会对世界文明做出一大贡献。可惜曾在宋代以发明擒纵器（卡子）而在世界机械钟的制造技术中一度领先的中国，却因机械制造被明清两代专制君主贬为"奇技淫巧"（乾隆帝语）、"无益害有益"（朱元璋语）而被打入冷宫，许多民间天才的机械发明创造竟至湮灭失传。因此明末西方传教士传入的西方力学在中国土地上已无根可衍，其命运远不如天文历法与数学，竟未能在生产和生活方面付诸实用。然而，作为一种特殊的机械——西方火器，一传入中国就颇受重视。军事技术的领先交流（包括偷学），这是几千年世界文明史屡见不鲜的现象。

火器　1522 年（嘉靖元年）在西草湾战役中中国军队缴获了葡萄牙的"佛郎机炮"（舰炮），此炮与明军所装备的火铳相比，构造不同，优越性多，有母铳子铳结构，装弹室较大，管壁厚，并装有瞄准器和炮耳。明廷依汪鋐建议仿制，投入批量生产，并于 1529—1530 年装备军队，主要用于北方的墩台城堡，防御蒙古游牧民族南侵。明将戚继光重视使用新型火器，他指挥的部队装备佛郎机炮最多，种类齐全。[①] 此后几十年，中国初步吸收了欧式火器的优点，融合中国传统火器制造的特点，陆续制出各种作战样式的佛郎机火炮和单兵枪。但此时（16 世纪）欧洲制炮技术发展极快，威力更大的新炮不断取代旧炮，明廷批量生产的仍属欧洲旧炮。1604 年明朝海军与窜入中国沿海的荷兰舰船发生战斗。荷舰的前装滑膛重炮把明船打得"应手糜烂"。[②] 明时中国人称荷兰人为"红毛番"，故称前装滑膛的荷炮为"红

▶　▶　▶
① 戚继光：《纪效新书》（十四卷本），卷十二，明万历十二年刊本。
② 沈德符：《万历野获编》，下册，中华书局，1980，783 页。

夷炮"，以别于佛郎机旧炮。满人入关前讳"夷"字，故称其为"红衣大炮"。明廷虽慑于"红夷炮"，但因海疆战事毕竟较稀少，没有危机感，故并未弃旧图新，仍继续铸造旧炮。直至 1618 年努尔哈赤在关外兴兵直取抚顺，明军失败，大炮尽落敌手，明廷受到震撼，这才采取行动。徐光启上疏献策，他在给熊光弼信中提出"须多储守之术……中间惟火器最急"，建议通过传教士传授西方炮术以御满洲兵。1620 年从澳门购得四门新型大炮。1623 年（天启三年）又从澳门购得 22 门"红夷炮"。[①] 徐光启建议由李之藻负责仿制西洋新炮，强调不仅要买炮，更要将西洋造炮方法学到手。此后，通过澳门聘请欧洲铸炮匠师并携来先进的仪器、仪表和生产设备，直接参与火炮铸造，移植造炮技术。崇祯帝即位后用徐光启监制大炮，两个月造出了 200 门新炮。

　　清兵（1636 年前尚称后金）五六万人于 1626 年在宁远城下曾遭袁崇焕"红夷大炮"轰击，蒙受重创，损兵 1.7 万。皇太极即位后，1627 年又在宁锦吃了"红夷大炮"之亏，从此清军诸师都极重视西洋大炮，命被俘明将丁启明（曾随传教士学炮）造炮。1631 年造出"红衣大炮"。1632 年孔有德、耿仲明降清，所部携有 300 多门大炮，内有 30 门"红夷大炮"，尽归清军。大凌河失陷又丧失许多门各型火炮。1642 年清军攻陷锦州，北京临险多惊，崇祯帝慌乱中又寄望于大炮，他命德国传教士汤若望铸炮，汤氏不负使命，铸出 20 门西式大炮，性能良好，演习时崇祯帝极口称赞。1643 年汤若望口授写成《火攻揭要》三卷。西式大炮虽未挽救明朝命运，但取代明朝的清朝从肇建初期就十分重视"红衣大炮"。清军除缴获明军大批火炮外，直接仿制红夷炮，1639 年已制成 60 门（包括"神威大将军炮"）。1639 年松锦大战清军使用红夷炮攻城。洪承畴兵败被俘，火炮尽归清军。锦州清军已拥有百门红夷炮。康熙帝平定三藩时，命比利时传教士南怀仁为清军监制适于在云贵山地作战的神威大炮 240 门，南氏为此著《神威图说》，讲解制炮技术。新炮质量颇佳，发炮 300—400 发后炮筒仍完好无损，在南方战争和两次收复被俄军侵占的雅克萨城战役中都发挥了重大作用。

　　1691 年（康熙三十年）清廷将火器军单独编营，成立火器营，由八旗控制，驻安定门、德胜门外左右两翼，编为拱卫皇帝的部队。后京师和各省的八旗和绿营也

----

① 实际上这二十几门炮不是荷兰制造的，而是英国制造的早期加农炮，是葡人从搁浅于澳门附近海面的英船上卸下卖给明廷的。它们比葡制的"佛郎机"更先进。

建立炮兵。① 但绿营只配备质量较差的火器。到了全国平定后，刀枪入库，造炮高潮戛然而止。因为统一稳定的帝国已没有看得见的外患（18 世纪亚欧大陆另一端崛起的英、法强国不在清廷视野之内），无须过于犀利的武器。而较易为个人所掌握的火器（如手枪）却亟须严格控制，防止其在社会上流传，以免破坏和影响政治的稳定。以少数民族入主中原的清王朝对火器的使用、制造控制极严。1715 年山西总兵奏请自造子母炮，康熙帝即予严斥："子母炮系八旗火器，各省概造，断乎不可。"甚至前朝撰述火器制造的《武备志》等亦被列为禁书。此后一百多年，中国火器的制造进入停滞阶段。

明清两代军队对火器使用只凭火力的优势和数量优势，且只满足于对边境地区或对四周陆地邻国占有优势，而忽视了捍卫绵长海疆的极端重要性，更无取得制海权的观念，完全不懂制海权决定一个国家国运兴衰，因而仅满足于一般火炮的配制和数量优势，不重视对火器的创新研制。统治集团更以局部优势为满足，以天朝自居，完全不知西欧国家军力日益强大，舰、炮技术之精益求精。自 16 世纪葡萄牙、西班牙和荷兰殖民者入侵沿海以来，明、清两朝曾与人数较少的殖民者多次发生武装冲突，中国在火器尤其在舰船大炮方面的较量已经多次吃亏，但历代皇帝包括康熙帝对此都没有引起重视，因为力量的对比还没有到割地赔款的地步。他们还陶醉于中国军队的火器对周边国家或中央政府军队的火力对某些民族聚居区地方武装的暂时优势地位；满足于"天朝"的威势。

在世界文明交流史中，自大炮在战争中得到普遍应用，成为"火器之王"，以及"炮术学"形成专门学问以来，火器的交流史颇有其自身特点：在文明交流中它是最受保密措施影响的。强国极力维持和延长自己在火器制作和炮术学方面的领先地位，对先进军事技术垄断专有、秘而不宣。加上中国自己执行闭关自守政策，对欧洲各国火器迅速发展的状况懵然无知，所以这时的中国在军事技术上落后于西方是势所必然。

▶ ▶ ▶ ────────────────────

① 王兆春：《中国火器史》，军事科学出版社，1991，266 页。

第二节
中西文明的双向交流

"长寿的"中国文明

人类创造文明财富的重大特征之一是它的共享性。通过交流和传播，一个民族、国家或地区的发明创造往往成为各族人民，乃至人类共享的财富。另一个特征是，从全球范围来看，历史上从来没有一个地区永远是施惠者；同样，也不会有一个地区永世处于受惠者的地位。施惠和受惠的地位常常是互相转换的，有的历史时期施惠和受惠是交相进行的；施惠者和受惠者一身而二任，只有或多或少的量的不同。16—18世纪，世界（主要是欧洲诸国）开始聚焦中国，而中国却未走向世界。然而文明的交流却仍以它自身的惯性和自己的规则持续进行。

英国科学家李约瑟（Joseph Needham）很赞赏弗朗西斯·培根（Francis Bacon）的一段话：造纸与印刷术、火药、指南针这三项发明对于彻底改造近代世界并使之与古代及中世纪划分开来，比任何宗教、任何占星术的影响或任何征服者的成功所起的作用都更大。[①] 李约瑟对培根的这一智慧判断作了卓越的补充："近代科学只兴起于17世纪的欧洲，那时找到做出发现的最佳方法，但当时及其后的发现和发明在许多情况下都有赖于以前许多个世纪内中国在科学、技术与医学方面的进步。"[②] 美国学者罗伯特·坦普尔深刻地指出："我们所生活的'近代世界'原来是中国和西方成分的极好结合。"[③]

正如布罗代尔所说，文明是长寿的，"长寿的"中国古老文明在1800年（嘉庆五年）以前，根据贝罗克（P.Bairoch）的统计，在世界制造业的产量中，占有33.3%的份额[④]，因而它有深沉的潜力，在16世纪末开始接触由天主教传教士带来

▶ ▶ ▶ ────────────────

① 罗伯特·坦普尔：《中国：发明与发现的国度》，21世纪出版社，1995，7页。
② 同上书，4—5页。
③ 同上书，11页。
④ Paul Bairoch and Maurice Levy-Leboyer, eds. *Disparities in Economic Development since the Industrial Revolution*（《工业革命以来经济发展的悬殊》），London: macmillan,1981.

的西方文明的累累硕果时，仍以"老树发新枝"的态势向西方国家散发着欧洲迄未闻见的新奇文明信息，从而在西欧知识界掀起一股向往中国文明的"中国热"。

华夏文明老树焕发新枝

中国古老文明对近世欧洲文明的影响主要集中于以下方面：

农学　首先是农业工具，五千年的农业文明史铸造了古代世界最先进的农业工具。中国犁与欧洲犁不同，中国犁的结构具有良好的犁壁，可将土块翻得恰到好处，并能开出较细较深的沟。17 世纪荷兰船员将带有犁壁的中国犁带回荷兰，后来传到英国，用以开辟东英格兰和萨默塞特的沼泽地，效果颇佳，大出风头，来自中国的犁被欧洲人误称为"杂牌荷兰犁"，再后又传到美国和法国。1784 年斯莫尔在中国犁基础上加以改进，采用钢框架，遂演变成近代犁，在欧洲农业革命中成为"极重要因素"。[①] 发明于公元前 2 世纪的中国旋转式风扇车"飏车"经过两千年的使用和改进日臻完善，来华的荷兰船员于 1700—1720 年间将此神奇工具带到欧洲。瑞典人大概也于同一时间将这种能把糠秕、碎稻叶和籽粒分开的飏车从中国南方带到瑞典。1720 年耶稣会士将几台飏车带到法国，取代了欧洲人用以扬簸谷粒的扬锹和簸箕，一下子使欧洲农民簸谷的效率提高了几倍。此后欧洲人将中国旋转式风扇车加以改进，并与机器打谷相结合，成为收割谷物效率最高的工具。至今，因其价格低廉，使用方便，中国飏车的原型在亚非拉一些国家仍在普遍使用。

公元前 2 世纪发明的中国耧车（即多管条播机）多在中国北方使用，其样品始终未输入到欧洲。16 世纪中国人使用耧车的消息传到欧洲，欧洲人受"刺激性传播"[②]的影响，自己也制造条播机，但原理不同于中国。可惜这些条播机在效率和成本上均不如中国耧车。坦普尔认为，由于未能利用中国耧车的固有原理，"欧洲在种子条播机这个问题上白白浪费了两个世纪的时间"。[③]

另外，分行种植作物和彻底除草的技术，中国在公元前 5 世纪就已采用，并与耧车、"天鹅颈锄"等配套使用。18 世纪传入欧洲并被采用。

▶　▶　▶　──────────────────────

① 罗伯特·坦普尔：前引书，第 34 页。
② 同上书，47、48 页。
③ 同上书，47、48 页。

天文学和制图学 在这些方面古代东西方之间没有相互交流的项目要比相互交流的项目多得多。13 世纪中国人确定的天文赤道坐标系统，将赤道看作环绕在天文仪器周边之水平环，把无极看作顶点，看起来简单明了。到 17 世纪，欧洲人认识到中国人的赤道坐标更为方便。第谷·布拉赫（Tycho Brahe, 1576—1601）采用了中国的赤道坐标，"使之至今仍然是天文学的基础"。[①] 中国天文学家根据此道理设计的浑仪则始终没有传到欧洲去。郭守敬于 1270 年研制出赤道式金属转换仪（称为"简仪"）。第谷·布拉赫得到简仪的某些知识，将赤道天文学用于他制造的仪器。通过第谷·布拉赫及其后继者开普勒的努力，欧洲近代天文学终于采用了中国式的赤道坐标。至于中国人对太阳黑子的认识，根据中国正史的记载，从公元前 28 年至 1628 年共有 112 例观测记录，由于没有交流都不为欧洲人所知晓。中国的定量制图学（把网格坐标系统用于地图）和圆柱投影（后被称为麦卡托投影）技术都因东西方没有相互交流而成为重复之发明。

工程技术学 双重活塞风箱约于公元前 4 世纪就在中国的锻铁和炉灶鼓风中得到广泛应用。大概在公元 238 年就用水车带动双重活塞风箱，为炭火鼓风以熔铸铁器。这种双重活塞风箱约在 16 世纪从中国传到欧洲。到 1716 年欧洲首次将双重活塞原理应用于双动式水泵。中国在公元前 1 世纪开发了深井钻探。为了打出深井找盐，用竹篾作为缆绳材料，其抗拉强度达到 0.6 每平方厘米。可能由于欧洲缺乏类似竹篾的材料，此项技术传到欧洲较晚。17 世纪荷兰人将中国钻井技术的不完整信息传到欧洲。1828 年法国人英伯特在信中完整地记述这项卓越技术，法国工程师迅即试用该技术。1834 年欧洲人把中国钻井技术用于打盐井，1841 年用于打油井。现代石油工业便建立在这一技术基础之上。欧洲人还把中国人钻井技术的一些具体细节应用于连杆式钻井技术之中，并获得成功。

靠缆索在河流或深谷两岸吊成一条平道的吊桥技术以及顺应缆索的曲线而建成绳桥、链桥的技术，是中国人至晚在公元 1 世纪就掌握了的技术（用熟铁的铁链装吊桥）。可能由于这些桥大都建在中国的西南偏僻山区，未引起早年到达中国的西方人（包括马可波罗）的注意。在人类交往史上，疏于往来总是妨碍了文明成果的及时交流，造成发明智能的浪费，殊为憾事。1595 年福斯特斯·维拉修

▶ ▶ ▶

① 罗伯特·坦普尔，前引书，65 页。

斯（Faustus Verantius）第一次在欧洲提出建议，用杆连接起来修建吊桥，可惜他不知道，中国人早已掌握了比他的建议更为复杂的吊桥技术，并已实际应用了几百年。直到 17 世纪，来华的耶稣会士才在我国贵州省发现了盘江吊桥这个庞然大物。1655 年意大利传教士卫匡国（Martin Martini，1614—1661）在他编辑的《中华地图》中记述了这座伟大的铁索吊桥。从此欧洲人才开始关注中国的吊桥技术。1657 年阿塔纳维斯·柯切尔（Athanasius Kircher）在《中国图解》一书中详细记述了这座宏伟的吊桥。1741 年英格兰的梯斯河上出现第一座铁索吊桥——温索桥，但只有缆绳而没有桥面。1809 年，在美国马萨诸塞州的梅里曼克河上，西方世界才出现第一座能行车的吊桥。中国弓形的拱桥中最著名的例子是 610 年李寿建成的"赵州桥"（安济桥），它比按半圆形拱建造的桥，费料少而强度大。可惜，对于中国以外的人类来说，赵州桥技术也是"养在深闺人未识"。直到 13 世纪，马可波罗才将中国最大的弓形拱桥——卢沟桥介绍给西方人。弓形拱的原理应用于西方已在 13 世纪末，在法国人修建在罗纳河上的圣埃里普里特桥和英国人修建在东英格兰的小阿波特桥上得到了应用。中国的这一卓越的修桥技术直到 14 世纪才在欧洲各国得到推广。

机械学　差动齿轮的使用历史同样存在这种遗憾。差动齿轮今日用于传输机械，装上差动齿轮，使之带动车辆，促使车辆运动。中国在公元 2 或 3 世纪制造出来的指南车，其指示方向的性能不是靠磁罗盘而是靠差动齿轮。据德里克·普赖斯（Derek Price）的研究，公元前 80 年希腊人发明了差动齿轮，由于缺乏交流，东汉时期的中国人可能独立地再次发明了用于指南车的差动齿轮，比希腊人晚了三百年。

中国的链式传动装置是北宋开宝九年（976）张思训发明的。在此之前，公元 1 世纪，中国人在研制缫丝机过程中，发明并掌握了将动力从一个轮子传递到另一个轮子以产生连续的旋转运动的技术。后来又创造了在无轮缘的轮子上使用传动带的技术。由此，976 年张思训发明了用一些链节构成的链以代替实心带的传动链。一百多年以后北宋元祐年间苏颂在建造巨大的天文钟楼时，对这种传动链加以改进，成为双连接式的 6 米长的链式传动装置。意大利人从中国带走的纺丝车和卷丝车中包含有传动带的技术。1430 年在欧洲卧式旋转石磨上出现了传送带装置。1770 年雅克·德·沃坎逊（Jacques de Vaucanson）在制造缫丝机和磨机时使用链式传动装置。直到 19 世纪才把扁平皮带和钢丝缆绳用作传送带。1869 年特雷兹 (J.F.Tretz) 使用链式传动装置制造自行车的驱动链盘。

龙骨车是一种方形板叶链式抽水机，可把水提升到 5 米的高处，中国人大约发明于公元 1 世纪。公元 13 世纪传到土耳其，但欧洲直到 16 世纪才开始直接模仿龙骨车设计，17 世纪末英国人将仿制的龙骨车用于船舱排除积水。16 世纪，欧洲挖泥船利用龙骨车设计原理，用挖斗代替板叶以增加容量。18 世纪奥利弗·埃文斯 (Oliver Evans) 受龙骨车设计启发，在碾磨面粉时用作带式传运器，后来又发展为现代谷物升降机。

交通运输　独轮车大约在公元前 1 世纪就出现于中国，历经改进，形式多样，有的还加了风帆，广泛使用于城乡。北宋张择端的《清明上河图》上绘有形形色色的独轮车，可见已十分普及。独轮车出现于西方教堂的画面上已是 1220 年的事。船尾舵对于远洋帆船是不可缺少的，中国发明的船尾舵和指南针大概同时传到欧洲。1180 年（南宋淳熙七年）欧洲教堂雕刻中出现欧洲最早的船舵，在此之前欧洲船舶是以船侧桨来定方向的。中国的船尾舵经过改进，形成"窗孔舵"（开孔舵），使舵在水中更容易转动，但却不影响舵对方向的控制。1901 年欧洲人制造高速鱼雷艇，曾因全速航行时无法转动舵板而改用中国早已使用的"窗孔舵"。同样，中国船早已使用操作十分灵便的"平衡舵"，1843 年这一发明被英国人应用于"大英帝国号"巨轮的建造。17 世纪以来，航海大国英国的航船大量使用中国船运方面的发明（包括龙骨车、水密舱、桅杆、船帆、索具、罗盘导航等）。坦普尔说："可以毫不夸张地说，英国海军在全世界的优势，在很大程度上是因为他们比其他欧洲国家更早地采用了中国的发明。"[①]

中国帆船约在公元 2 世纪就使用了水密舱。它在船的吃水线以下底层舱设置若干个互不透水的立式隔板。航行中即使部分船舱进水，船也不致沉没，大大提高了航行的安全性。1795 年塞缪尔·本瑟姆（Samuel Bentham，1757—1831）将中国水密舱设计引进到欧洲。实际上，早在 1712 年，英国的一些渔夫就从中国船的"养鱼舱"得到启发，已在渔船设计上采用过中国水密舱的技术。1912 年"泰坦尼克"号游轮如果不是过多的水密舱被冰山划破，是不致沉没的。

▶　▶　▶ ────────────────

① 坦普尔：前引书，373 页。

中国船大约在2世纪就有水密舱

中国的普通玩具"竹片蜻蜓"（水平旋翼）出现于公元4世纪。1792年乔治·凯利（George Cayley）从法国人那里见到从中国带去的"竹片蜻蜓"，从而激发了研究航空器具的兴趣。1809年他着手研究被他称为"直升机旋翼"的中国竹蜻蜓，并试制经过改进的旋翼，达到飞升27米高的记录。旋翼是现代飞机推进器的前身，这一设计对西方的航空设计影响很大，被认为是现代航空学和载人飞机诞生的一个重要因素。

运河船闸的发明使处于不同水位的运河上的航船不必换船，可以直接通航，并使运河节约大量河水。984年（北宋太平兴国九年）在淮南的"建安至滏中置二斗门（船闸）以利漕运"，是中国运河船闸正式使用的最早记录。欧洲（荷兰）修造第一个船闸的确切年代是1373年。

生活用品形式和艺术风格　　随着17—18世纪欧洲传教士和商人频繁来往于欧洲和中国，中国人发明的或独自享用多年的瓷器、漆器、丝绸、屏风、明式家具、中国绘画、地毯、壁纸、折扇、金鱼等陆续传入欧洲，丰富了欧洲人的生活内容。关于中国园林建筑"师法自然"的独特风格也通过传教士出色而详尽的报道而为欧洲上层社会所熟悉，并激起一股赞赏和向往的热潮。中国的彩瓷、青瓷、白瓷的造型风格和优良质地以及瓷器上的图案花式和绘画也深受欧洲人喜爱。王宫、贵族家庭辟专室摆设中国艺术品以供欣赏，成为一种时尚。中国园林注重自然美，让欧人耳目一新。欧洲传统园艺对林木、房舍、道路、水流的布局，一向讲求划一对称，注重比例，排列整齐，但过于严谨却难免有呆板之感。中国园林独辟蹊径，别有风味，不求平衡对称，却布置得错落有致，别具一格。花竹树石，曲尽其妙，幽邃静丽，各致其胜：或逶迤，或挺拔，或幽深，或险峻，给人以多样的情趣。曾任乾隆帝宫廷画师的耶稣会士法国人王致诚（1702—1768）在1743年11月1日寄给法国友人达索的信中，详细报道了18世纪圆明园的美景：园内溪流宽窄不等，迂回有致而依山势而定。砌岸石块不经切削凹凸不平，花草从石缝中挣扎而出，宛如天成。王致诚将圆明园誉为"人间天堂"的中国来信引起欧洲园林建筑家极大兴趣，他们要求见到更详细的素描。①当时（1744年，乾隆九年）中国画家唐岱、沈源作圆明园四十景图，王致诚将其副本寄往巴黎，引起轰动。法国一些贵族刻意模仿中

▶　▶　▶　━━━━━━━━━━━━━━━━━━━━━━━━━━━━━━

① 张芝联：《中法文化交流》，载周一良主编《中外文化交流史》，河南人民出版社，1987，61—62页。
张恩荫、杨来运：《西方人眼中的圆明园》，对外经济贸易大学出版社，2000，26—36页。

国园林，在其私宅花园中建造亭台楼阁、宝塔、牌坊、小桥流水、假山石岛，一时
蔚成风尚。英国建筑师为太子妃建造有中国式宝塔的花园。中国的装饰艺术风格和
园林风范，冲击了 17 世纪末在欧洲趋向衰落的巴洛克建筑风格，催生了洛可可风
格，从而影响了欧洲 18 世纪的艺术风格。洛可可风格讲究自然逸趣，不尚人工雕
琢，喜爱纤细轻盈，多用轻淡柔和色彩，它同中国艺术崇尚超脱、纯朴、富于想象
的风格颇为一致，从中可以窥见中国艺术风格的影子。中国为输出欧洲而专门按洛
可可风格制造的瓷器、漆器、丝绸织锦等艺术品和生活用品由远洋帆船载运，大量
进入欧洲。欧洲各国作坊加以仿造，销路大增，走入寻常百姓家。于是，在欧洲掀
起一股"中国风"（Chinoiserie）热潮。在建筑、园林、绘画和各种日用品的装饰
造型中都竞相采用中国题材和模仿中国风格。尽管当时欧洲有人忧心忡忡地说，中
国风格已控制了欧洲的园林、建筑和家具，不久恐怕连基督教堂上的装饰也将加上
金龙和宝塔了。但平心静气地观察，就会发现这些仿制品和"中国题材"无不融入
了欧洲固有的形式，不同程度地"洋化"了，形成了与中国文化既有一些共同点又
有更多不同之处的"洛可可风格"。这大概就是中西文明互相交流、融会和相互影
响的真正结晶。

中国外销的瓷器上
中西合璧的图案

典章制度 中国的考试制度（科举制度）早在 10—11 世纪就为朝鲜、越南所采用[1]，且考试内容也都是"四书""五经"之类。最早对中国考试制度感兴趣的西方人是 16 世纪来华的耶稣会士。1585 年西班牙教士门多萨（Mendoza）在欧洲出版《伟大中国之历史及其现状》，其第 14 章详细叙述并赞扬中国的考试制度。门多萨以后来华的教士和欧洲官员在其著作中也多有介绍，认为这是选拔官吏的最好办法。伏尔泰、狄德罗、孟德斯鸠等都在各自著作中提到中国的考试制度，并予以评述。伏尔泰认为中国的竞争性考试，使官吏地位人人皆可争取，并非生而有之，欧洲不能与之相比，应加以采用。1891 年法国制定了文官考试制度；德国也试行文官书面考试制度；1855 年英国通过了建立于考试制基础上的文官任用原则，19 世纪初便在印度推行以考试选拔殖民地官员的制度。发源于中国的考试制度自此推行于全世界，成为今日全球普遍施行的"公务员考试制度的滥觞"。此外，中国历史悠久的监察制度也被 18 世纪的欧洲人认为是应该仿效的制度。[2]

哲学伦理思想 16 世纪以后陆续来华的耶稣会士将中国的"四书"、"五经"带回欧洲并译成拉丁文，使欧洲人可以直接接触中国的哲学伦理思想。一些传教士所写的较高水平的关于中国文化的著作，在西方也产生了颇大的影响。尽管 18 世纪读过有关中国的书和报道的欧洲文化名人和启蒙大师如伏尔泰、孟德斯鸠、狄德罗、莱布尼茨等人对中国的看法各有不同，甚至对当时中国政治制度是"君主制"还是"专制制度"，看法也大相径庭，然而，关于中国是一个文明古国，世界上除了继承希腊、罗马的欧洲文明之外还存在一个更古老的、伟大的中华文明的看法，他们却是完全一致的。有不少人认为，中华文明是更开明的文明[3]，有不少可学的东西。正是在这种认识的背景下，欧洲掀起了一股"中国热"。在欧洲文明史上，欧洲大地上出现一种对非欧洲文明的"热"是罕见的，它冲击了欧洲人自认为理所当然的"欧洲文化优越感"。

18 世纪的欧洲对中国文明的这股"热"，有多种原因：其一是历史的机遇，当时欧洲正处于工业革命时代前夕，反对中世纪的守旧的基督教体系和专制制度的需求，促使启蒙思想家到刚刚被介绍到欧洲的中国文化中去寻找"新的天地"。伏尔泰对比

▶ ▶ ▶ _____

① 中古时期日本吸收大量中国文化，只有两种制度未学：科举制度和宦官制度。
② 周一良：《中日文化关系史论》，江西人民出版社，1990，15—16 页。
③ 古德温主编：《新编剑桥世界近代史》第 8 卷，中国社会科学出版社，1999，302 页。伏尔泰：《风俗论》上册，梁守锵译，商务印书馆，1995，199—224 页。

欧洲中世纪宗教仇视异端的残酷性，认为中国是伦理道德最好的民族，称颂孔子对伦理道德的宣扬，欣赏中国对各种宗教的宽容。[①] 莱布尼茨（Leibniz，1646—1716）由于对德意志分裂割据、战乱不止极端厌恶，因而向往中国的"大一统"的秩序。其二是中国悠久文化本身的功用和吸引力（见上述）。其三是不同文化之间互补的特性。不同文化的互补是产生"世界文明"的前提。17 世纪 70 年代莱布尼茨曾同一位写过论中国书稿的耶稣会士交往，1679 年他便写出了《论二进制算术》论文稿（未发表）；1689 年他在罗马与在中国居住过 16 年（1669—1685）的耶稣会士闵明我（P.M.Grimaldi）相识，密切交往 8 个月，获得大量有关中国的第一手资料；1697 年他编辑传教士通信《中国最近事情》（亦译《中国新论》）；1697—1703 年他与在华传教士白晋（J.Bouvet，1656—1730）详尽讨论八卦的六爻与二进制之间的关系，白晋向他提供了伏羲六爻排列的木板图。莱氏决心公开发表他关于二进制的论文，并对白晋提供的六十四卦图做出二进制的解释，他发现六十四卦图的数字的配列顺序，与他发明的二元算术在思维建构的方式上竟完全相同。[②] 这一发现揭示了西方文明与中国文明在思维建构方式上某些方面的相似性。二进制奠定了现代计算机原理的基础。

火器 中国是发明火药和最早在战争中使用火器的国家。这两项发明对世界文明史的影响是巨大和深远的。它们主要是通过蒙古人在十三四世纪的对外战争（如1240—1241 年进攻波兰和 1260 年进攻叙利亚）流传到西亚和欧洲等交战国，之后又流传到欧亚非其他地区。首先是阿拉伯人于 1260 年在叙利亚击败蒙古军而获得中国火器，他们模仿制造和使用中国火器的技术，制成木质（柄）火器马达法（Madfa）。[③] 其后，1274 年和 1281 年蒙古军两次东向日本，渡海作战，也展示了铁火炮。由于当时欧洲和日本科学文化落后，欧洲人和日本人虽然见到了中国的火器，但却没有立即加以仿制和使用。直到 13 世纪后期，欧洲人才将阿拉伯书籍中有关火药（阿拉伯人称之为"中国雪"）的记载译成拉丁文，火药制造知识由此传播于欧洲。明朝前期（14—15 世纪），各种火铳均有较大的发展，朱元璋把元朝制造的多种类型的初级火铳加以规范统一[④]，根据当时战事的需要，把火铳发展成包

▶ ▶ ▶ ────────────────

① 详见本卷第三章第三节《中华文明对法国启蒙运动的意义》。
② 忻剑飞：《世界的中国观》，学林出版社，1992，176—177 页。
③ 王兆春：《中国火器史》，军事科学出版社，1991，39 页。
④ 中国发明火器后，最初将用火药发射弹丸的管形火器称为"铳"。"枪"指冷兵器，将小型管状火器称为"枪"，是较后的事。

括大、中、小三种类型的"洪武火铳系列":装备单兵使用的手铳;装备于战船和关隘守备用的中型碗口铳;装备于城堡要塞的大型铳(筒)炮。这些火器被批量生产,广泛使用。留存至今或后来出土的洪武年代的各式火铳,数量相当不少,有的散布到了欧洲。1849年人们从毁于1399年的德国黑森地区的坦奈堡挖出一件铜制小火铳(后来被称为"坦奈手持枪"),口径17毫米,全长330毫米,膛长270毫米,重1.24千克。德文"手持枪"Handbüchsen一词最早出现于1388年纽伦堡文献,据此可以断定其制作年代不会晚于14世纪80年代。这支小火铳与中国明代洪武十年(1377)制造的铜火铳(俗称小铜枪,口径20毫米,全长440毫米,膛长280毫米,重2.1千克[①]),基本结构完全相同,只是大小稍有差异。大致可以断定,此枪是对明朝或元朝的铜手铳的仿制。这一事实足以证明:14世纪末中国火器及其制造技术已经传向欧洲。至于"真正的枪"在中国是何时发明的,何时传到欧洲,专家意见还不一致。李约瑟根据黑龙江出土的1288年(元至正二十五年)制造的青铜手枪认为,"真正的枪"出现于1250年,最晚在1280年[②],而枪炮传到欧洲的时间应为1327年,其根据是1327年德米拉密特(Walter de Milamete)的《论国王的威严、智慧与谨慎》,在德米拉密特的这部手稿中有一幅"可射箭的臼炮图"。李约瑟和坦普尔认为"欧洲早期的火铳和炮同中国稍早一些时候制造的这两种武器极其相似,事实上,欧洲人可能是根据传来的实物直接仿制的"。[③]但我们认为,更多的中国中古时期发明的火器,如照明弹、地雷、水雷、火箭和多级火箭等则更可能是通过文化史上的所谓"刺激传播"[④],使欧洲人在间隔了几百年时间之后"发明"了这些具有同样用途的火器。可以断言,直到15世纪末,中国还一直处于火器创新的黄金时代。中国火器向国外传播,最早、最大规模而又成体系的是向朝鲜半岛的传播。由于有共同抵抗"倭患"的战略需要,明朝政府在14世纪下半叶就以焰硝、火药、火器支援朝鲜抗倭。万历年间(1592—1597)为抗御丰臣秀吉军队侵犯朝鲜,大批中国枪炮运往朝鲜,供作战之用。朝鲜专设"火桶都监"制造各种明式火铳。在1597年的"庆长之役"中,朝军使用与明军形制相同的手铳和经过改进

▶ ▶ ▶ ────────────────────────────

① 根据铭文记载重"三斤半",应为1.75公斤。前引王兆春著作,71页。
② 坦普尔:前引书,495—496页。
③ 坦普尔:前引书,497页。
④ 指文化传播(cultural diffusion)的一种途径,不是通过直接借用,而是通过借用某一文化特征中的原理。欧洲知晓中国某些火器多年之后才"发明"这些火器。

的火铳猛击倭寇。中国火器通过朝鲜半岛流传到日本，1510 年中国的小铜枪传到日本，并曾在堺中批量生产。[①]

　　但是，中国在火器制造和使用上的先进地位没能维持更长的时间。虽然中国在永乐年间（永乐八年，公元 1410 年）创立了世界上最早装备神机枪炮的新兵种，比 16 世纪初西班牙创建的火枪兵要早一个世纪；明朝中国军队总数约 121.5 万人，装备火铳约在 12.5 万至 18 万支之间，在当时世界上绝无仅有。然而，中国的火器制造在这以后就开始进入停滞时期，中国在永乐十二年（1414）定型的手铳，经过一百多年，到嘉靖三年（1524），形制和构造都没有重大革新和突破，发火装置和方式也没有多大改进，很快就被欧洲人赶上并超过了。在此后一百多年时间中，中国引进欧洲的佛郎机炮（火绳枪炮），学习欧洲 16 世纪末至 17 世纪初的火器理论和制造技术，这样才又接近了当时（17 世纪初）世界的先进水平，仍然保持着火器先进国的地位。17 世纪中叶和下半叶，由于欧洲大陆战争频仍，加上欧洲人对美洲的殖民战争，欧洲的火器理论和制造技术继续取得巨大进步，而封闭在陆地疆土之内的中国，却缺乏进一步的改革和进步，因为使用 17 世纪初水平的火器在国内战争和边疆战事中就已经占尽了优势，而海疆安全在当时还尚未达到危及王朝统治的地步，从而缺乏进一步改革和增强火器制造的动力，中国的火器制造进入了一个发展极其缓慢的时期，这个时期竟长达一个半世纪！

第三节
中华技术文明发展减速的深层原因

清朝政府对技术文明的态度

　　对待火器的态度在一定程度上反映了清朝对一切技术文明的心态。康熙帝（1654—1722）到了晚年已不再重视中国火器的发展。自从耶稣会士南怀仁

---

① 郑彭年：《日本西方文化摄取史》，杭州大学出版社，1996，5 页。

（1623—1688）在京去世以后就没有再招外国人协助他发展中国的火器制造业，中国的火器制造水平基本上在原地踏步了 150 年，直到 1841 年被英国的坚船利炮轰毁了大沽口炮台。一般来说，每一个新兴王朝都比较关心军事领域的发展。清王朝这一失误是怎么产生的？形成这种局面的浅层次原因是雍、乾、嘉三代满洲君主一统天下，国内稳定，战事锐减，边疆毗邻迄无强大敌手，无须制造更先进、威力更大的军器。但深层次原因的挖掘，则必须对照当时欧洲文明所面临的形势及由此而引起的对应措施。

十七八世纪欧洲文明面临的最大挑战是资本主义经济从萌芽到勃兴的形势。近代欧洲文明制度对于欧洲的经济发展基本上是适应的，起一种推动作用。欧洲人，主要是西欧的农民和手工业者在长期生产劳动中，积累了丰富的生产经验；有识之士又吸收了阿拉伯文明和中国文明的发明创造，逐步改进了生产工具，因而工业部门的技术有了很大的进步，在冶金、采矿、军器等部门越来越多采用机械设备，产品品种多样，数量大，刺激了消费和商品流通。手工工场逐渐成为工业生产组织的基本形式。于是，欧洲的经济、政治、思想、宗教、军事诸领域之间互相刺激，发生交互作用，特别是战事频繁的欧洲，突出军事革新，更起到了"泥鳅效应"①，带动其他诸领域从慢速到加速的变化。这一切便为欧洲火器的研制和创新创造了合适的温室条件。如上所述，科学技术的发明创造往往是从军事领域开始，16 世纪以来欧洲自然科学、技术理论的新发展已为火器创新奠定了坚实的基础。而欧洲的长期分裂和对外殖民战争又造成了剧烈的军事和政治的对抗和竞争。频仍的战争和军事征服成为欧洲新文明的发动机和助产婆。资本主义文明对外扩张的需求频频给军器的创新和大批订货以新的更大的刺激，这就形成了欧洲军事装备发明和制造的螺旋上升。同时，军事技术转为民用，也推动了非军事工业的发展。相比之下，中国的军事装备越来越显落后了，中国古代发明的火器经过西方文明的改造革新，异化为一种"妖魔力量"，终于将它出生地的国家征服了。当然，"军转民"的效应在中国工业中也未出现。

1742 年 B．罗宾斯发表《新的射击学原理》，最先把射击学运用于战场，他认为当装药量为炮弹重量的 1/3 时，其射程最大，他发现的弹道摆，能精确测定炮弹

▶ ▶ ▶ ▶ ————————————————————

① 泥鳅在湖沼底部淤泥中不断地穿梭游动，起了搅动作用，使死水成了"活水"，带动其他湖底生物也活动起来，并增长了活力。

在飞行中任何一段的速度。马勒在《火炮论》中有这样的结论：当炮管的长度为口径的 21 倍、装药量为炮弹重量的一半时，其射程最大。他们在书中对火炮发射后的后坐力和炮弹飞行的内外弹道理论都作了详尽分析和修正。根据这些中国前所未闻的理论，19 世纪火炮采用线膛炮管，重型的锥形炮弹取代了盛行数百年之久的球形弹。铸炮技术也全面创新，除继续采用模铸外，还采用了先铸成实心圆柱形金属铸件，再用镗床钻成无焊缝的炮管，大大减少了炮膛爆裂次数。到 1840 年前后，欧洲火炮射程已从 100—200 米增至 800—2000 米，射速已达每分钟 1—2 发。16 世纪以来，欧洲人在火炮上取得的任何一点新的进步，都随即被运用到舰船上，这就形成了一种远程进攻性力量，配置成"坚船利炮"的体系，有实力闯进任何它想征服的海域。手持枪支也有了极大进步，火绳枪改进为肩射滑膛枪，1650 年发明燧发机，17 世纪末火绳枪终被燧发枪取代。改进后的伯克（Baker）式燧发枪射程达 200 米，射速为每分钟 2—3 发。19 世纪上半叶，福赛思（Forsyth）发明击发装置和一击即炸的雷汞，19 世纪中叶英军已开始用布伦斯威克（Brunswick）击发枪装备军队，这种枪射程近 300 米，射速每分钟 3—4 发。此外，欧洲的军器技术革新和军队组织的改革一直没有停顿，使它越来越明显地超过地球上任何其他民族。制造火器技术的革新也刺激了工业革命的进展。威尔金森的大炮镗床提高了蒸汽机的活塞和汽缸之间的密合度，因而大大提高了瓦特蒸汽机的效率，创造了新的生产力。

对于欧洲十八九世纪火器的巨大改进，康熙和雍正之后的清朝三个皇帝乾隆、嘉庆、道光几乎一无所知；对于因欧洲力量的增强和扩张而已开始对中国造成战略上的南北两难和夹攻局面，也麻木不仁，仍然"关着门当皇帝"。一方面清帝自以为中央王朝所掌握的火器足以对付任何不测情况，1775 年阿桂将军率兵平定四川西部的大、小金川少数民族作乱，多次使用威远大炮，轰击石碉、官寨，往往"击毁十之七八"，获得了胜利，更加深了这种盲目自信情绪。正如麦尼尔（W.H.McNeill）所指出的："一旦中央政府通过使用和垄断重炮取得了决定性的（军事）优势，进一步自发地改进火药武器的努力就停止了。"[①] 另一方面，雍正帝为整顿八旗兵颓废精神，强调要大力恢复满族祖先的游猎传统，遂以"满洲夙重骑

▶ ▶ ▶ ▬▬▬▬▬▬▬▬▬▬▬▬▬▬▬▬▬▬▬▬▬▬▬▬▬▬▬▬

① 麦尼尔：《竞逐富强：西方军事的现代化历程》，学林出版社，1996，98 页。

射"为由，下令"不可专习鸟枪而废弓箭"，坚持推行奖掖"马上枪（矛、弓）箭熟悉者"的政策，使火器研制更趋衰萎。雍正一朝（1723—1735）所铸火炮寥寥无几。乾隆帝继续这一愚蠢政策，在位60年所铸火炮名称虽然多达85种，却无一种是创新的，基本上属于康熙朝旧式火炮，与欧洲火器比较，改进是微不足道的，就火力和效率而言，已不啻天差地别了。嘉庆帝在位25年，所铸大炮仅55门，射程只有百步，甚至还不如前朝。1840年道光帝面临珠江口英舰威胁，翻开尘封已久的康熙朝的《皇朝礼器图式》，按照"神威将军炮"的样式、尺寸，按图索骥复制大炮，已属临渴掘井，粗制滥造。中国大炮在铁质、炮膛加工、命中率、炮车和炮弹种类方面都远逊于西方。当中国军队看到从中国传出去的火炮经过欧洲人数百年的改进，无论在火力、射程、装弹速度和转向灵活性方面都十倍于自己的百年旧炮，看到使用经改进的中国罗盘导航的欧洲军舰的速度、装甲性能和大炮的穿透能力都是中国的军帆船所无法比拟的时候，便惊慌失措了。

中国皇帝及其中枢机构的注意力都被18世纪大批流民引发的社会不稳定所吸引。而千百年来中国的小农业与家庭手工业牢固的直接结合所形成的社会结构，经受了历史的风雨吹打，其基础岿然不动。因为这种直接结合（马克思发现）造成了巨大的节约和时间的节省，具有神奇的顽强性；但它不能提高劳动生产率，因为这种社会结构限制了大规模的私人资本积累，使整个社会的经济发展和技术革新都只能局限于小本经营的手工业者的狭小范围内。康乾时期社会繁荣安定，人口急剧增长，已达4亿左右，大批增长的人口中一部分涌向边远地区垦殖，一部分涌入城市。中国城市不像当时欧洲城市，工业和手工业都未充分发展起来，无法消化这一大批人口，遂使流民逐渐集聚成威胁社会稳定的因素。政府继续执行"重农抑商"政策，商人的绝大部分没有形成为投资城市工业吸收剩余劳动力的社会力量，反而购地收租，跻身于与官僚和地主相结合的乡绅阶层。中国的农业与城市工业没有发生互相促进的作用，反而互相削弱，因而缺乏促使国内工业化的驱动力。工场手工业未能充分发展起来，仍然保持着只适于手工操作的技术。即使在协作相对较多的军器生产部门，除主要和关键的部件外，相当多部件仍按陈旧落后的方式生产，如用手工来卷曲铁皮制作铳筒，执锉刀来锉光铳膛，不少部件仍旧通过手工逐个敲打出来。即使个别军工工场已开始采用整体模具铸造火炮，用大型设备旋膛炮筒，但这些设备都是从欧洲零星传入的，需由使用欧洲先进仪器的欧洲铸炮匠师直接参与和指导进行，未能普遍推行。由于中国社会的结构性原因，当时中国既未能仿造先进设备，更无力去建造新型造炮工场，而且自南怀仁去世后也不再聘用欧洲技师，从而失去了与欧洲交流铸炮技术的唯一孔道，原已引进的先进技术也未能获得巩固和发展，有的甚至失传了。

清朝满族统治者入主中原，由于民族狭隘心理，对汉族防范甚严，对火器的研制控制更严。康熙帝曾把最好的枪炮制造场设于皇城养心殿内，置于皇室直接控制之下，先进火器仅供皇室和八旗兵使用，如 18 世纪最先进的撞击式燧发枪只有皇室才能使用，八旗兵用火绳枪（鸟枪）。绿营和汉军所使用火器（以黑色和红色枪托为标志）更加落后，杀伤力很低，且数量极少。地方一律不许制造和使用较为精良的火器。这些狭隘的举措无疑是作茧自缚，损伤了国力。

欧洲国家重金聘用著名铸炮师和技术精湛的制炮工匠，英国伊丽莎白一世女王把大批犹太工匠请到国内，连奥斯曼帝国素丹也知道把许多匈牙利能工巧匠掳到帝国境内，给予优厚待遇，令其铸炮。康熙帝被认为较为重视火炮铸造，但也不懂得实行厚待和提拔火器研制者与优秀工匠的政策。著名火器研究师戴梓（1649—1722）善于仿制火器，迭有创新，曾发明研制出"连珠铳"，能连发 28 发 [1]，并铸造出"冲天炮"，被命名为"威远将军炮"。但康熙帝却不委任这位汉人掌管火炮铸造之职，后来竟听信谗言将他充军关外。武备院铁匠连登伍研制出子母炮、爆炸弹，杀伤力很大，康熙帝只给予"多领一份花爆匠粮饷"的奖励。此后战事停息，刀枪入库，政策上更不予重视，这便窒息了发明者的创造灵感。以后清朝诸帝直至鸦片战争，再没有见到有奖励火器研制者的举措，就连已发明创造的许多成果也未见得到推广使用。宋元以来历有创新的军工领域就这样停滞不前，未有建树。

清朝前六帝（顺治、康熙、雍正、乾隆、嘉庆、道光）在以下几方面均无作为：1. 培养中国火器研究人才；2. 学习欧洲先进的火器研制理论；3. 推广欧洲火器制造的先进技术；4. 了解欧洲火器研制和使用的最新情况。到了康熙帝以后的 150 年（从康熙晚期就开始），清廷进一步关紧了大门，从而失去了让欧洲近代科学技术传进中国的孔道。中国对 18 世纪中叶以后的欧洲科学技术进步几乎一无所

---

① 纪昀：《阅微草堂笔记》，下册，卷十九，上海古籍出版社，1980，479 页。

1792年马戛尔尼使团觐见乾隆皇帝

知，对欧洲火器技术的巨大进步及其在战争中使用情况的信息更是无以知悉。火器制造者只能把1632年以前的徐光启遗篇当作经典著作来研读，制造二百年前定型的佛郎机式火炮，遂使中国火器装备水平同西欧国家有一二百年的差距。1793年英使马戛尔尼到北京谒见乾隆皇帝，在呈送的礼品单中有部分军器，包括8门每分钟可发射7颗炮弹的铜质野战炮。英国政府明显带有炫耀实力的意图，让中国人"知道（这些炮）是无法抵御的武器"（东印度公司官员语）。[1] 中国接待官员出于必要的外交考虑，固然不能表现出"半点欣赏的神情"[2]（他们确实这样做了），但问题出在，事后清廷也只是将这些难得的军器样品当作摆设礼物束之高阁，而未加以认真研究和仿造。以致1860年9月从海淀冲入圆明园宫门的英国军官发现这些野战

▶ ▶ ▶ ──────────────

① 佩雷菲特：《停滞的帝国——两个世界的撞击》，三联书店，1993，200页。
② 同上书，137页。

炮仍然作为摆设尘封于"万园之园"。其实，67 年前清廷的重要将领、曾在保卫西藏南部边界建立功勋的福康安将军就轻率地认为"这种军器操法，量也没有什么稀奇"。①岁月蹉跎，此后半个世纪（1793—1840）这种"福康安式心态"遍存于中国军界，中国军器全面落后于西方，便是不可避免的了。

以乾隆为首的清政府"昧于世界形势"，对待英使马戛尔尼的来访，主要问题还不在于坚持"跪拜礼"的无聊纠缠上，而在于乾隆政府不能正确理解以下两方面情况：（1）在欧洲现代工业文明体系中，已经崛起了一些殖民主义强国，它们正以不断增强的军事力量，作为殖民商业扩张的后盾。马戛尔尼使团向乾隆帝提出的六条要求中，已包含着两项领土要求，"请于珠（舟）山附近划一未经设防之小岛，归英国商人使用，以便……存放一切货物，且可居住商人"（实际上要在舟山群岛搞第二个澳门）。"请于广州附近得一同样之权利，且听英国人自由来往，不加禁止。"乾隆帝为此发布国书，严肃指出："天朝尺土俱归版籍，疆址森然。即岛屿沙洲，亦必划界分疆，各有专属。……天朝无此体例，此事尤不便准行。"乾隆帝已看出英国怀有侵占中国领土的企图，因而通令沿海督抚戒备，要求"整饬军容"，"预筹防备"。但是，清政府不知道马戛尔尼使团在中国逗留五个多月已经摸清了中国军备落后的基本情况，看出中国军队使用的武器基本上还是刀枪弓箭等冷兵器，而火器极其落后，"宽衣大袖的军队未受过现代军事教育，腐败衰弱不堪一击"。马戛尔尼断言，在中国这艘行将沉没的大船的未来变化中，英国"将比任何其他国家得到更多的好处"。②根据葡人钱德拉的研究，马戛尔尼当时的使命是：英国人必须得到另一个澳门，否则就要夺走澳门。马戛尔尼当时详细记录了葡萄牙在澳门的防卫情况。（2）殖民暴力不是单纯的意志行为，它需要实现意志行为的现实前提，即暴力的工具——武器。而殖民暴力的胜利是以先进武器生产为基础的，武器生产又是以整个社会生产为基础的，因而是以经济实力，即以暴力所拥有的物质资料为基础。同样，成功地反抗殖民暴力也必须以先进的生产力为基础。到十八九世纪，经济实力——具体来说即是占有大工业这一强大的手段，包括冶金工业、采矿工业、机械工业的高度发展以及拥有大批工程技术人员。欧洲文明正在发展大工业，中华文明却不知大工业为何物，死抱着传统的农业和

---

① 《乾隆清使觐见记》，中卷，27 页。
② 戴逸主编：《简明清史》第二册，人民出版社，1984，533 页。

手工业。"人类文明比较史"表明，闭关锁国只能导致文明的衰退，使主权国家无力击退殖民主义强权的侵略。

从 1793 年到 1840 年，无情的历史给了主权独立的中国近半个世纪的时间。但是，乾隆盛世以自我为中心的"天朝心态"完全堵绝了西方传来的现代工业文明的信息，闭关锁国的清廷对外来干涉的严峻挑战采取了麻木不仁的态度。而西方的资本主义工业文明在不到一百年中"所创造的生产力，比过去一切世代创造的全部生产力还要多，还要大"[①]：19 世纪初英国的生铁产量已达到 102 万吨，煤产量达 300 万吨，一台机器纺纱机的生产能力相当于中国手工纺车的 200 倍，400 万马力的蒸汽机相当于四千万人的劳动能力。到 1830 年英国的工业化水平与中国相比已达到 25 ：6 的差距。[②] 英国成为第一个有能力实现"战争工业化"的国家。而乾隆帝、嘉庆帝和道光帝的历届清政府却仍把一切机器鄙之为"奇技淫巧"而不屑一顾。47 年的宝贵时间又在紫禁城前金水桥下流淌过去了，到 1840 年鸦片战争爆发的那一年，中华文明与欧洲现代工业文明的对比已显示出难以追赶的差距。

鸦片战争揭示中英技术文明的差距

生产力发展水平的差距在军器装备上突显出来。1840—1842 年在中国绵长的海岸线上，人数很少的英国军队轻而易举地击败了中国军队。值得注意的是，在鸦片战争期间英国并没有投入巨额的军费，它的军事拨款并没有增加：1838 年为 1280 万英镑，1839 年为 1260 万英镑，1840 年为 1380 万英镑，1841 年为 1240 万英镑，1842 年为 1440 万英镑。英国制胜的关键在于火器的优势，武器的质量。

英国的火炮、步枪和军舰的研制都是在当时欧洲最新的科学理论指导下进行，以准确、细微的定性、定量分析研究为根据，采用机器批量生产。例如枪和炮的火药配比，英国已按化学反应方程式进行配比，枪用火药硝、硫（磺）、炭的比率为 75%、10% 和 15%；炮用发射火药硝、硫、炭的比率是 78%、8% 和 14%，并以先进工业设备提炼纯度。而中国火药则仍按古方配制，硝量过大，均在 80% 以上，易吸湿转潮，在沿海江河使用，常因回潮而失效，性能远低于英制火药。中国军

---

① 《马克思恩格斯选集》第 1 卷，人民出版社，1972，256 页。
② 保罗·肯尼迪：《大国的兴衰》，求实出版社，1988，18 页。

用枪仍用火绳点火的鸟枪，射程不到 100 米，射速每分钟 1—2 发，抬枪（重型鸟枪）射程亦仅 300 米。造枪工艺落后，枪管厚薄不匀，宽窄不一，常发生"膛炸"，士兵厌恶使用。即使这样的被统兵大员视为"精良火器"的劣质枪，一般部队也只能装备 40%，其他士兵仍持冷兵器。英军当时已使用击发式滑膛枪，射程 300 米，射速每分钟 3—4 发。

在火炮方面，英国使用具有旋转炮架的改进型前膛炮，射程为 800—2000 米，射速每分钟 1—2 发。英国制炮工业开始以几千分之一英寸的精确度来计算，已进入十分精确的科学生产阶段。而中国对近代新科技理论的生疏，使之无法接近科学的精确性。中国军队仍使用明末清初时期研制的旧式火炮，最远射程不及 1200 米，命中精度低，摧毁力弱，而且因制造粗糙，炮筒容易炸裂。1835 年道光帝命造新炮 59 门，在试射中炸了 10 门，坏了 3 门。不仅质量差，数量也少。在实战中，英军舰炮总数常是中国海岸炮的 6 倍以上。如 1841 年 1 月 7 日的沙角之战，英舰 7 艘，拥有 168 门舰炮，中国海岸炮仅 29 门，双方火炮比例为 5.8：1；1842 年 5 月 18 日乍浦之战，英舰 7 艘，舰炮 178 门，中国海岸炮为 30 门，双方火炮比例为 5.9：1。英军各型火炮配合使用，可在 2000 米以内的不同距离发挥火力优势，轰击中国炮台。而且，英舰常常在中国海岸炮的有效射程（一般不及 1200 米）之外游弋，首先轰击并摧毁中国炮台，而后在舰炮掩护下闯入海口。中国火炮射程短，火力弱，回击常不到位，难以命中英舰。虎门炮台有炮近 300 门，英舰窜入竟一艘未损。虎门炮台和其他炮台就是在这样一种"有炮打不着对手"的情况下陷落的。

中国战船的装备从清初以来 200 年没有变化，大船长 11 丈（约 35 米），宽 2.35 丈（约 7.5 米），船首没有保护装置（撞角），无力撞击敌船，船体均为木质亦无装甲。靠人力划桨并配以少量小型风帆，船速慢。战船上兵器装备落后：枪炮等火器占 70%，刀、矛、弓箭等冷兵器占 30%，通常配备中型火炮一门，小型火炮 4—6 门。这些舰船的火力都无法在外海抗击入侵英舰，主要火力只能靠海岸炮台。英军舰船装备火炮的火力大大超过中国舰队和炮台的火力。英国三等战舰就备有舰炮 74—78 门，五等战舰备有舰炮 22—48 门，等外战舰备有火炮 10—22 门。到 1842 年 2 月，侵华英国正规军舰总数增至 25 艘，共有舰炮 630 门。另外，还有（蒸汽）轮船 14 艘，其中东印度公司的一艘铁质炮舰"复仇女神号"在战斗中大逞威风。

　　将近150年，清廷看不到西方军事成就，也不组织兵工部门研究提高火器制造和使用技术，满足于这些火器足够维持国内稳定和震慑边疆"闹事"民族。到19世纪30年代末道光帝面临英舰进逼国门时，还盲目地以为英吉利"实无能为"，只是"虚声恫吓"；而将领和兵丁平时既缺乏使用火器（已落后于西方一百年）的必要训练，又全未见过和听见过西方新式火器的威力，一到临战，见英国舰船炮火猛烈准确，杀伤力大，便慌作一团，"兵心不固"了。1842年3月12日宁波战役，"当英军开火时，没有经验的中国部队……数千人拥挤在西门，死伤枕藉，那里的几条大街血流成河。英国人把一排排惊慌失措的清军步兵扫射倒地。这是自从（英军在西班牙）围攻巴达霍斯（Badajoz）以来他们所见到的最恐怖的大屠杀"。[①]1841年1月7日7艘英舰侵犯珠江口的沙角、大角炮台。大角、沙角海口宽约3350米，而沙角、大角对峙的两炮台共有炮29门[②]，其中最重型的1.5吨大炮所发射炮弹都"仅及中流（不到1200米），强弩之末，无济于事，是第一重门户，火炮已不能得力"[③]，无法拦击闯入虎门的英舰。7艘英舰共有168门炮，其重型舰炮可在中国海岸炮有效射程之外徜徉，恣意发起轰击，迅即摧毁并占领沙角、大角两炮台，造成中国军队的惨重伤亡。

　　1839—1842年两年多时间中，清廷调动10余万军队与4000多英军作战，由于武器悬殊过大和军事指挥技术落后，中国军队先后牺牲1名总督、2名提督、7名总兵、2名都统和数千名士兵，而英国军队战死不足百人（主要是印度兵）。

▶ ▶ ▶ ──────────────────

① 费正清编：《剑桥中国晚清史，1800—1911》，中国社会科学出版社，1985，221页（括号内的字为引者所加）。
② 英军公告夸大两炮台大炮数量：沙角为72门，大角为26门。《澳门月报》，1840年12月号，转引自马士：《中华帝国对华关系史》，三联书店，1957，305页，注②。
③ 关天培：《筹海初集》卷一，《查勘虎门扼要筹议增改章程咨稿》。

第四节
自强运动

亡国危机下的觉醒

  鸦片战争是西方资本主义商业入侵中国的必然结果，但中国统治者认识不到这一点。他们认为鸦片战争中国战败仅是西方船坚炮利的结果。从世界文明史的角度看，19世纪西方现代工业文明与中华文明的碰撞，已经不是此前几千年来屡屡发生的先进文明与落后文明的碰撞。以往先进文明与落后文明碰撞的结果，不外乎两种情况：或者落后的文明吸收了先进文明的进步文化而取得了进展，出现一种融合的文明，或者野蛮的征服者最终被那些曾被他们征服过的具有较高文明的民族所征服。而19世纪以后出现的情况则要复杂得多："先进"与"落后"文明的含义已被资本主义形态下的奴役与被奴役的经济含义以及侵犯主权与丧失主权的政治含义所

鸦片对中国人的危害

李鸿章像

取代。因为现代工业文明所赖以建立的"资本主义是第一个具有传播力的经济形态,它具有囊括全球,驱逐其他一切经济形态,以及不容许敌对形态与自己并存的倾向。但是,同时它也是第一个自己不能单独存在的经济形态,它需要其他经济形态作为传导体和滋生的场所"。[①] 不幸的是,在人类工业化的历史上,工业化、现代化总是与殖民化、霸权化联系在一起,形成一组分不开的关联词。因此,体现资本主义扩张本质的西方现代工业文明除了具有扩展和传播的一面,还有另一面:压制其他民族不让它们独立、健康地发展。近代中国不幸的历史遭遇就充分地证实了这一点。

1842—1872 年中国政府被迫签订 76 项不平等条约,而西方则从中国攫取了 22 项重大特权,其中包括 5% 的低关税,治外法权,租界管理权,外国军舰在中国领水自由航行权,外国军队在中国领土驻扎权,外国在中国沿海贸易中的航运权和内河航行权,中国还丧失了对香港和澳门的主权。西方现代工业文明与中华文明间的关系发生了重大的质的变化:除文化交流关系外,又多了一层征服、奴役和侵犯主权的关系。中国的半殖民地化日益加深。然而这种"数千年来未有之变局"(李鸿章语)对满清政府最大的思想震动,却只是认识到了西方的船坚炮利的厉害。事实是,当时道光皇帝和咸丰皇帝比他们的列祖列宗还要保守落后,仍然死抱着"天朝中心"无所不有的僵化思想,拒绝采购或仿造西式炮舰,一直到企图推翻它的太平天国军队采用了洋枪洋炮并占领了南京和半个中国,而曾国藩训练的湘军借助洋枪洋炮并同洋兵一起最终镇压了太平天国之后,清朝政府才开始改变对西方工业文明的态度,接受了早在二十多年前林则徐、魏源等就已提出的"师夷之长技以制夷"的策略,而这距离林则徐等先进中国人提出的"放眼看世界"主张,差不多有

▶ ▶ ▶ ─────────────────

[①] 卢森堡:《资本积累论》,生活・读书・新知三联书店,1959,376 页。

四分之一个世纪。

　　为什么这一段中国文明史的步伐迈得如此忐忑艰难？应当说历史的包袱过重是一个重要的因素。中华文明几乎是世界上唯一的一个延续了四五千年而不曾中断的文明，其文化积累之深厚举世无双，近代中国人即因此而夜郎自大，看不起大举东侵的西学，认为中学远比西学优越，甚至认定"西学源出于中学"，"中学"是"西学"的祖师，应当"西人由外归中"，而中土即使需要学习西方文明，也应从"经世之学"出发去学习，而且应仅限于学习西方的军事技术，因为那有利于维护和巩固天朝的统治。正是这一心态严重阻碍了中国文明对西方现代工业文明的充分、健康的吸收，从而延缓了中国现代化的启动。然而，中国文明中蕴含着的深厚的爱国思想已被两次鸦片战争失败的屈辱极大地激发了起来。诸如三元里东南沿海地区的农民首举起了反英大旗，接着中国士大夫阶层开始酝酿变法维新。也正是从这种可贵的爱国主义精神和忧患意识之中，滋生出了"师夷之长技以制夷"的思想，中华文明与现代文明的融会才从军事技术领域开始了，并逐步扩展到了政治、经济、文化等其他领域。

自强运动铺垫了融会西方文明的道路

　　由此看来，近代中国学习和吸收西方现代工业文明首先从吸收西方军事文明开始是顺理成章的。兴办新式军事工业以图自强，是当时世界上后进国家如奥斯曼帝国、埃及、日本和俄国实行改革所采取的常见形式。中国的一些有识之士受到第二次鸦片战争中"庚申之变"圆明园被焚的极大刺激和震撼，感到学习西方先进军事技术势在必行，终于启动了一场持续了 30 多年（19 世纪 60—90 年代）的"自强运动"（中国学术界一般称之为"洋务运动"）。

　　当时的中国人主要是通过在战场上屡屡被西方人打败的惨痛经历中认识到西方文明的先进性。李鸿章在《复奏海防事宜疏》中就这样无可奈何地承认："轮船电报之迅，瞬息千里；军械机器之精，巧力百倍。炮弹所到，无坚不摧，水陆关隘，不足限制，又为数千年来未有之强敌"。[1] 面对西方列强可能再次发动的军事侵略，

▶ ▶ ▶ ────────────────────

[1] 李鸿章：《李文忠公全书·奏稿》，卷二四。

"洋务派"御侮图强,将学习西方文明的第一步放在学习、模仿制船造炮上。这是任何非西方国家面临西方文明严峻挑战时都有可能做出的第一个反应。

乾嘉时代那种把西方技术贬为"奇技淫巧"、不屑学习的风气在此阶段开始改变。以奕䜣为代表的洋务派不再以学习西方文明为耻,他们断言"以师法西人为耻者,其说尤谬",并认为"天下之耻,莫耻于不若人",如果"安于不如而终不学",雪耻只能成为空中楼阁(以上均为奕䜣语)[①],这就从认识上消除了学习西方文明的思想障碍。

"自强运动"的基本内容主要有如下几个方面。

研制西式武器 中国人从火器研制方面首先仿效和吸收西方文明,既是当时形势的急需,从文化交流的层次上看,也是受中国文明排斥的阻力最小的一种方式。用汤因比的话来说,文化辐射有各种成分,其中"非重要的成分所引起的阻力,小于决定性成分引起的阻力,因为非重要的成分不会引起因社会的传统生活方式受冲击而造成的如此猛烈、痛苦的动乱……"[②]仿效西方火器的研究正是属于"器物层面"的非重要成分,价值密度小,文化抗阻力也最弱,然而穿透力却较强。[③]鸦片战争后中国士大夫的忧患意识首先在这项颇为特殊的文化交流层面上寻找到了结合点,从而萌发了融会西方文明的最初意识。曾国藩、李鸿章、左宗棠等人"以为吾中国之所以见弱于西人者,惟是武备之未讲,船械之未精,制造之未娴"。[④]这种思想是符合中西文明碰撞的认识规律的。从器物层面着手法西方,甚至连十分保守的道光帝也是同意的。他曾同部分大臣讨论过设厂制造枪炮的问题。1861年曾国藩首先将"师夷长技"思想付诸实施,在安庆设立内军械所,试制枪炮。1865年李鸿章创办江南制造总局和金陵机器局。1866年左宗棠创办福建船政局。1867年崇厚创办天津机器局。到1898年,除这"四大局"外,还创办了25个中央和地方政府主办的新式军事企业,共雇佣工人一万余人,支出经费数千万两,引进西方技术与设备,主要生产军用钢材、火药、轻武器(步枪、多管枪、机枪)、火炮、地雷、水雷以及舰船等。这些产品的数量和质量在总体上与当时世界水平相比,还存在相

▶ ▶ ▶ ──────────────────────────────

① 见《同治五年十二月二十三日(1867年1月28日)总理各国事务奕䜣等折》。
② 汤因比:《文明经受着考验》,浙江人民出版社,1988,267页。
③ 有关这方面较系统的论述,见周积明:《最初的纪元:中国早期现代化研究》,高等教育出版社,1996,13—16页。
④ 梁启超:《西学丛书叙》,《饮冰室合集·文集之二》。

江南制造总局炮厂厂房

当大的差距，但比之鸦片战争前的中国火器制造，差距已大大缩小，从掌握单项军工产品制造技术角度来看，有些军工产品比创制国也只晚一二十年左右。

制炮方面：江南制造局建立不久便开始仿制阿姆斯特丹式（简称阿式）各种型号前装炮，1888 年仿制阿式各种后装炮，由中国工人自己动手制造，"技术不下于任何欧洲工厂的工人"。至 1904 年共制成阿式各型后装炮 400 多门。1897 年法国制成管退炮，江南厂于 1906 年仿制成功，仅晚 8 年，射速达每分钟 10—20 发，射程 4 公里，迅即批量生产装备部队。管退炮采用先进工艺，如"自紧法"造成不致炸裂的坚固炮管，已接近当时世界上先进的造炮水平。

制枪方面：1867 年江南厂仿制成功前装线膛步枪，比西方晚 37 年。1891 年仿制并改进新快利连发枪，1892 年进行批量生产，共造 1.1 万支，1898 年江南厂仿制出当时最先进的德国 1888 年式毛瑟枪。福建、四川、汉阳等厂也先后仿制，汉阳厂 5 年内共造 13.6 万支。

制钢方面：为减少进口造枪炮的军用钢材，1890 年江南、汉阳和天津等机器局筹办炼钢厂，购进西门子－马丁炼钢炉，炼成优质镍钢，既坚且韧，又有弹性，与克虏伯钢不相上下。但产量太少，仍不能摆脱使用进口钢材制造武器装备的困境。

造船方面：海军的主要舰艇几乎都是从西方工业国家进口，经过 30 年的惨淡经营，到 1894 年已拥有 78 艘军舰、24 艘鱼雷艇，总排水量 8 万余吨，购进费用达三千万两以上。1891 年西方评论家曾将中国海军列为世界海军第八位。

这些枪炮舰艇的交付使用，对改善和提高中国军队（清军）的装备和抗击入侵者的战斗力都起了一定的作用。随着近代枪炮舰艇大批配备中国军队，整个军队的内部组织结构和相互关系也随着改变，这样全面学习西方军事制度也就顺理成章。陆军编制装备的更新，近代海军的创建，边防海防设施的改善，作战训练和军事教育内容的改革也陆续地与西方接轨，开始由旧体系向新体系过渡。中国19世纪下半叶初步的军事改革顺应了世界军事文明发展的潮流，有一定的进步作用。

翻译西方书籍 紧接仿造兵器之后，洋务派官员便组织人力设立编译局，聘请中外专家，翻译西学著作。首先翻译的大多为西方枪炮舰艇的制造、使用和军队训练相关的书籍，到1893年共翻译54种，200多卷。第一批译书采取外国专家口述，中国学者笔述的方式。选译的这批科技书籍，其内容一般具有19世纪西方工业文明的创新性、科学性和实用性。这些新知识的引进对中国的军事改革起了重要作用。为了培养中国的翻译人才，1862年在北京开设同文馆，聘请西人教授西文，并翻译西文书籍。1863年和1864年分别在上海和广州设立同文馆，至1880年已译书133种，274本，到1895年已译书近500种，内容涉及声、光、化、电的科学知识和西方史地国情。首批西方书籍的译述打开了中国向西方学习的窗口，使西学知识在中国进一步传播、发展成为可能。

派遣留学生 1872—1875年由容闳建议，曾国藩、李鸿章主持，派遣一百多名中国留学生赴美学习。首批留学生均为10—15岁的儿童少年，分四批出国，每批30人。120名留学生在美国分别学习军事、船政、路矿、机工等。这批留学生回国后成为中国近代工业、技术和人文学术领域的第一批专家，其中著名的有詹天佑、唐绍仪、邝国光、吴仰曾、梁敦彦等人。容闳在提出选送少年儿童出国留学的计划时明确指出："借西方文明之学术以改良东方之文化。"当时这个目的当然是达不到的。国内保守势力对其攻击烈烈，斥为"以夷变夏"。因美国国内发生排华暴行，首批百名留美学生尚未结业，便于1881年被全部召回。此项措施遂以半途而废告终。近代以来因西方社会排华而使文明交流受阻的事件屡有发生。此后20多年没有再向美国派遣留学生。大批选派留学生出国的计划虽然暂时受到挫折，但容闳推行的留学计划毕竟开启了近代中国留学运动的先河。从此，留学制度成为中国文明受益甚大的一项制度。

设立西式学校 在中国开办西式学校是中国融会西方文明的重要举措。美国是最早也是在中国开办西式学校最多的国家。美国文明虽晚于欧洲文明，但这一以移民为特征的文明却蕴藏着另一种很不利于文明交流的倾向，即排华倾向。排华虽然不是中美文明交往中的主流，但却是起着很坏作用的一股逆流。19世纪80年代美国国内发生的排华暴行在中国普通群众中激起了排外和仇美情绪。不久远东的复杂形势迫使美国政府调整对华政策。自《望厦条约》签订后，美国教会制定了一项深入中国内陆、从心灵上征服中国人的战略，但执行起来成效甚微，加上80年代的排华暴行引起中国人的仇美情绪，美国遂决定将重点从宗教上拯救单个人灵魂的传教政策转向大规模的教育政策，力图通过教育来灌输西方文明，从而逐步改变中华文明。1864年美国长老会在山东登州开办的教会学校只相当于小学或中学的水平，80年代后重点逐步转向高等学校。1879年圣公会在上海开办约翰学院（后成为圣约翰大学），1882年长老会在山东开办广文学院（后成为齐鲁大学），1888年美以美会在北京建汇文大学，1889年公理会在河北通州创办华北协和大学（后与汇文合并为燕京大学）。英法等欧洲国家传教会也先后在中国开设西式学校。这些早期在中国创办的教会大学，除教授西语和宗教课程外，还开设西方的科学和医学方面的课程，虽然规模都很小，一所大学常常只招十来名学生，但这些学校已完全不同于中国传统文明的儒学私塾，它们逐步成为西方工业文明在华的传播中心和基地。

从上述情况中，我们已分明看到了这样一个事实，即自强运动的初衷只是学习西方先进军事技术，但后来的实际作为已远远超出了这一范围。这其实也很自然，现代工业文明本身就是一个有机的系统，有其内在的逻辑一贯性，学习者想只学其一部分而不及其他，实际上是不可能的。推行自强运动的洋务派虽然只认识到了火器现代化、国防现代化的必要性，但他们在这条现代化道路上走了一步以后，便发现还得再走第二步、第三步……结果便是一种对现代工业文明的无法遏止的持续的学习运动。在洋务派的倡导和主持下，西方文明以西学为外衣，通过各种形式在中国大地传播，汇成一股颇具规模的潮流，开阔了中国上层社会的眼界，对广大士大夫知识阶层起了启蒙作用。对西方工业文明的态度从"耻言西学"阶段进入"渐知西学，而肯讲求"的阶段。

循着同样的逻辑，军事工业的发展很快引起了其他民用工业的出现和发展。在

70—90 年代的"自强运动"中，共开办民营工业 155 家，官督商办和官商合办的工业 11 家，包括面粉厂、制糖厂、榨油厂、火柴厂、印刷厂等，其中重要的现代民用工矿企业约 27 家，包括煤厂 7 个、钢铁厂 2 个、纺织厂 4 个，机器设备几乎全部由西方工业国家进口，支出经费 2964 万元，雇佣工人 29500 人。规模较大的有开平煤矿、漠河金矿、汉阳铁厂、上海织布局等。还兴办了一批现代交通企业，轮船招商局拥有 20 多艘共 5 万吨商船；修筑津沽铁路、台湾铁路共 477 公里；架设了通行于主要省份的电报线，建立了邮政系统。这些民用企业移植了资本主义的生产过程和生产关系。新式企业一般均采用蒸汽机器，雇佣工人生产，出现了比中国传统的个体手工业生产远为宏大发达的场面。

在中西两大文明的激烈碰撞中，出现了"中学为体、西学为用"的思想。无独有偶，同一时期日本和朝鲜也分别出现了"和魂洋才"和"东道西器"的思想，这些都是文明融会的早期过程中出现的二元现象：西方工业文明在东方国家中已被证明其价值，并为先进人士所认可，然而这种异质文明与中华文明相比，是一种"二千年所未见"的差异性极大的文明，这种文明不经过一定的调和和折中是很难被根深蒂固的东方文明所大量吸收的；另一方面，必须看到，对西方工业文明的融会在相当大程度上还得依赖于传统文明中的某些因素。

士大夫阶层虽在明末清初通过耶稣会传教士对西方文明有所接触（多限于火器和天文学等方面的知识），康乾以后对西方文明的认识却反而有所倒退，但从总体上说，此前这一阶层是轻视和忽略西方工业文明的。然而，两次鸦片战争造成的现实危机激发了他们强烈的忧患意识，这种意识驱动了有识之士去认识和学习西方工业文明，从而启动了中国现代化的最初步伐。两种文明的巨大差异和现实命运的迥异终于呼唤出中国传统文明中的变革意识（"穷则思变，变则通，通则久"）。于是，有识之士龚自珍、魏源等人发出了"更法变制"的呼唤；自强运动的组织者曾国藩、李鸿章则将"因时变通"的观念付诸行动，创造出"用夷"的"自强之术"。"自强之术"除了"师夷""用夷"之外，还强调"经世致用"的实学传统。经世学风从闽粤吹向湖湘，龚自珍、魏源、林则徐、曾国藩、左宗棠、张之洞等都是经世实学的鼓吹者，他们促成了自强运动。经世实学的核心内容是面向实际、着意实效、经邦治国、经世济民，因而它有可能成为中国传统文明与西方工业文明沟通的桥梁，在中国人认识、理解和接受西方工业文明的过程中起一种中介作用。[①]早期（甲午战前）经世实学派最先认识西方工业文明的实用价值，但是他们基本上是在研究和实践经世之学的基础上来吸收西方文明，他们均受过中国传统经学极深厚的陶冶，因而在接受西学时总是选择"引起最少扰乱的部分"（汤因比语）。"中学为体、西学为用"被认为是最好的选择，这也符合东方受损害者的文化心理。从世界文明史角度来看，本土文明对异质文明的吸收，一般都容易产生各种不同程度的调和和折中的模式，自古皆然，罗马帝国接受基督教时是如此，"文化中心主义"甚为严重的中国接受西方工业文明时更是如此。要淡化中国人对西方异质文明的疏离感、距离感，需要一种调和模式，"中学为体、西学为用"适应了这种需要，也反映了近代中国的文明二元性特征。

如果说在文明融会过程中，中国文明的二元性对吸收西方文明起了一定的积极作用，那么，中国在经济结构方面出现的一种"二元结构"所起的作用则要复杂得多，这可能是中国从自强运动（"洋务运动"）到辛亥革命屡屡失败的一个深层原因。30年的自强运动虽造成中国工业化部门的片面发展，而传统农业和手工业却未得到根本的改造，形成了一种持续多年的二元结构。农业生产率提高极其缓慢，农业生产的剩余向工业部门的转移又受到传统结构的严重阻碍，即使自给性农业向商品性农业的演化也是局限于原先结构之中[②]，这使中国的农业经济剩余难以转移到工业部门。19世纪后半期中国国民生产总值（约33.38亿两白银）主要来自农业生产部门（占75%—80%），占有经济剩余的绝大部分；政府财政收入总额约占国民生产总值的7.5%，而其中中央政府所占份额更少，只占3%。[③]19世纪六七十年代，中央政府岁入只有6000—7000万两，当时自强运动创办的政府企业每年支出几百万两，90年代岁入8000—9000万两，每年办企业支出将近1000万两。政府用于军费和战争赔款的支出逐年增加，财政开支捉襟见肘，能用于"自强运动"建设的经费极其有限，其中一部分还被贪污中饱。而日本却于1873年地税改革后把国家主要收入来源控制在中央政府手中，作为日本国内的资本原始积累，加上海外原

▶ ▶ ▶ ━━━━━━━━━━━━━━━━━━━━━━━━━━━━━━

[①] 周积明，前引书，297页。
[②] 黄宗智：《华北的小农经济与社会变迁》第三篇，中华书局，1986，229—320页。
[③] 费维恺：《1870—1911年晚清帝国的经济趋向》下卷，载《剑桥中国晚清史》，中国社会科学出版社，1985，79页。

始积累——甲午战争的中国巨额赔款，所以有力量进行大规模工业化建设。日本大名领主领取的赎买领地的金禄公债也主要投入工业和金融领域。中国地主视地租剥削为最可靠的收入，宁愿买地，就是放债也犹豫再三，不敢投入稍具风险的民营工商业。而官营企业虽然占有和吞食了政府的大量宝贵资金，却因官场腐败，管理不善，效率极低，大多亏空，又不像日本明治政府那样，能够一发现官营不如民营，便迅速将官营企业转移给民办企业，使之获得生机。

中国的国家机器——传统政治结构，与东方许多国家的政治结构一样，在学习和吸收西方文明、进行早期工业化方面是一种决定性力量，本应承担引导中国社会变革的重任，然而事实上中国传统政治结构却严重缺乏这一功能。它的顶端是高度集中的绝对皇权，中层是庞大臃肿的、由国家财政（俸禄）供养的、由多层级办事机构组成的文官系统，下层是无比宽厚的基础——由地主乡绅操纵、以家族为本位、极其分散的自给自足或半自然经济的社会。这种金字塔型的政治结构虽具有很高的稳定性，容纳社会变革的能力却十分有限。到 19 世纪下半叶，中央政府已不是一个强有力的政府，在遭受列强几次侵略战争的打击和太平天国、捻军起义的打击之后，满清皇族已不能有效地运转国家机器，部分军、政、财大权已从中央向地方转移，从满人贵族向汉人官僚转移。各省的汉人督抚仿效西方工业文明，在自强运动中创办的一百多个现代企业虽不在中央手中，却屈从于传统官僚的运作机制，具有官僚从属性和家族亲缘关系而不具有现代企业的契约关系。自强运动中创办的机器局、船政局、招商局、矿务局都成了地方级机构，各自为政，成为培养地方实力的基地；而涉及全国性的新措施，如改革学制、变革政制、修铁路、开矿山，则无人敢于做主，难以启动。传统政治结构中的顽固势力，则从中央到地方沆瀣一气，"以祖宗成法"为借口反对任何重大的改革，形成很大的阻力。清末的国家权力对经济发展起着一种阻碍的作用，成为中国现代化运动起步缓慢的主要原因。

"自强运动"还为因列强侵略而造成的中国丧失主权的状况所阻遏。19 世纪下半叶中国拥有 4 亿人口和与欧洲面积大抵相等的 1 千多万平方公里的土地，是世界上潜力最大的市场，因而成为西方列强觊觎的首选目标。在鸦片战争后的半个多世纪内，中国受到列强侵略之深和损害之大远远超过同一时期的日本，甚至在许多方面超过印度。两次鸦片战争使中国耗费约 1 亿两白银，甲午战争仅赔款就损失 2.3

亿两白银。中国宝贵的资金被列强大批掠走。加上农业经济剩余大多转为土地资本或高利贷资本，中国严重缺乏学习西方文明推行工业化的资金。从 1860 年到 1894 年，经过 30 多年的自强运动的努力，中国产业资本才达到 3519.1 万元，仅占全国中外资本总额的 39.3%，而外国在华产业资本为 5433.5 万元，占 60.7%。① 外国在华企业随着攫取利润越来越多，增长速度越来越快，完全占据了支配地位。中国极其有限的资金和资源很大部分都消耗到巨额赔款、战争耗费和（超额）利润外流之中。中国主权遭受破坏和蹂躏，频繁的侵略战争所引起的社会混乱，社会财富的流失和浪费，资源所遭到的破坏，民族精神所受到的损伤，都达到了极其严重的程度，在世界文明史上是罕见的。半殖民地中国的损失甚至比殖民地印度的损失还要大，中国经济发展速度比印度慢得多：1870—1914/1918 年，中印两国国内生产净值的增长率，分别为 1 和 1.5。数字说明在转型期的半个世纪中，中国经济所遭受的损伤是极其巨大的。英国学者怀特指出："在经济进步确实带来了丰裕收益的地方，那些收益是被外国企业所支配，并服务于外国利益的，中国所表现出来的萌芽性的发展模式是很不均衡且具有两重性的。在技术和金融上都具有依附性。……通过一系列的经济和行政特权，外国企业成功地捆住了历届中国政府的手脚，削弱了初生的中国资产阶级的竞争力量。"②

此外，在世界文明史的现代工业文明时期，存在一种"后发优势规律"，即托洛茨基在《俄国革命史》中诠释过的"历史落伍者的特权"。德国、日本、意大利、俄国在 19 世纪下半叶都不同程度地利用过或得益于这一规律，然而中国却因同时遭到七八个列强的侵略，近百项不平等条约的束缚和蹂躏，主权严重受损，关税不能自主，让出片面最惠国待遇，不断蒙受侵略战争，因而完全不能发挥"后发优势"。灾难深重的边缘化成为这个时期中国社会变化的重要特征。

自强运动虽然弊端丛生，但它对中国学习西方现代工业文明和向现代文明转化，毕竟是一个推动。世界文明史的历程表明：几乎所有的国家和民族在经济高速发展的初始阶段都要付出一定的代价。资本主义制度创造了空前巨大的生产力，无论是在中心或是在次中心地区人类都为此付出过代价，而边缘国家和半边缘国家付

---

① 吴承明：《中国资本主义的发展述略》，载《中华学术论文集》，中华书局，1981，337 页。
② 怀特：《为什么中国未能走上日本式道路》，转引自罗荣渠、牛大勇主编《中国现代化历程的探索》，北京大学出版社，1992，250 页。

出的代价则尤为惨重，简直就是一种巨大的牺牲。尽管如此，人类文明史同样昭示："在经济学的形式上是错误的东西，在世界历史上却可以是正确的。"① 一方面，外国资本主义对中国诸项资源的贪欲成为文明交流的一种畸形动力，列强在中国的经济扩张派生出了买办、工人、商业资本家等新兴社会力量，但同时也衍生出了早期的产业资本家，这些都表明列强的经济扩张除了具有上述的负面作用之外，也同时具有某种正面作用。另一方面，明显属于负面作用的东西，在文明融会的过程中也呈现出二重性。列强在中国的租界就是这样一种怪物。从1845年开始，在上海、天津、武汉等通商口岸出现了租界，租界成为列强对中国的政治、经济、文化进行侵略的中心基地，中国领土上出现了一种"国中之国"，中国主权遭到极其严重的侵害和践踏。列强往往以租界为据点干涉中国内政，在租界密谋策划，进行肮脏交易，损害中国利益。然而，也正是这些租界，在某些方面为中国的现代城市化提供了某种"榜样"。中国最早学到的市政建设文明就是从租界中学到的。诚然，人类文明许多方面的融会过程可以通过平等方式，有来有往，使文明交流走上互相尊重的健康道路。这在历史上不乏先例，彼得大帝改革后的俄国和明治维新后的日本，都是很有说服力的例子。然而在幅员辽阔的半殖民地中国，却不得不端起颅骨制成的酒杯，通过"租界榜样"来仿效，这是极其冷酷可悲的事实。租界建立以后的半个多世纪中，中国人从租界以及同教会和洋人接触中仿效和学习到的文明事物不下数十项。租界的现代文明对同一城市的非租界地区和毗邻城镇不仅起了诱导和带动作用，而且还意外地激活了近代中国的变革思潮，客观上起了一种媒体作用。租界强调法治，市政改善迅速见效，促使中国城市官员亦步亦趋地仿效租界，改善市政。在自强运动中，中国产生了几十个新城市，开始了现代城市化的建设。

来华西人对文明交流的作用

来华西人有两部分：一是自行来华的商人、传教士和驻华使领馆人员等，二是引进外国专家、技术人才。中国老百姓同来华西人接触最多的场所是在租界，其次是在教堂和教会学校，而同来华专家的接触则多在工厂、工地、学校和机关。来华

---

① 恩格斯：《马克思和洛贝尔图斯》，载《马克思恩格斯全集》第21卷，209页。

西人良莠不齐，有西方社会渣滓，到中国只是犯案作奸，制造事端；然而也有文化素质颇高的西人，这些人对中西文明交流起了促进作用；还有一些则具有两重性，这些人既有殖民主义者的一面，也在客观上起了一些好的作用。日本从 70 年代起就聘请大批西方专家到日本传授西学，成效显著。中国在自强运动中受制于体制等方面原因，输入"西才"的工作不如日本做得充分，但来华的专家、顾问和传教士为数也不少，与日本相比，"西才中用"颇有些特点：

首先，由于传统教育体制和科举官僚体制在自强运动初期无力为中国提供现代化人才，也由于半殖民地化加深，中国不得不聘请一些西方专家做顾问而进入中国的某些要害部门，如北洋海军聘请的琅威里、汉纳根，江南制造局的傅兰雅，同文馆的丁韪良；如英国人赫德进入中国主权部门，美国人蒲安臣率领中国第一个外交使团赴欧美谈判。赫德进入中国海关任总税务司长达 49 年，控制中国海关，让中国在外贸方面吃了许多亏。另一方面也要看到，这些外来人才，除少数人滥竽充数外，一般都拥有真才实学，比较熟悉中国情况，有能力提出一些结合中国实际、符合世界潮流的可行的建议。如威妥玛等撰写的《局外旁观论》《新议论略》，就既含有殖民主义论调，又包含一些可取的积极内容。60 年代被聘的一些顾问建议"借法自强"（吸取和仿效西方文明以自强），对清政府和洋务派影响极大，激发了变革思潮。自强运动正是在"借法自强"旗帜下开展的。丁韪良等西方专家直接或间接地参与了清政府向西方国家购买船炮、组建海军、开采矿山、修建铁路、设立工厂的工作；接着又协助建立和管理同文馆（共聘用洋教习 40 人）。外籍专家对选派少年儿童留美、遣使出洋、筹办新式学校等活动，都积极参与。淮军和北洋海军的训练均聘请英法军事专家按西式方法进行训练，淮军的洋教练多达 25 人，旅顺军港的建设也是聘请外国技术人员参与设计和施工。军事工业中，甚至一些民用企业在创办初期也"多雇洋匠，以资引导"。应该实事求是地评价自强运动时期数以百计的西方专家、教练的工作，他们在中国学习西方现代工业文明的初期，总体上还是起着积极的引导作用。"引进人才"正是现代化起步晚的国家引入现代化先进国家的技术、知识、理念等等的一条重要途径。

其次，19 世纪至 20 世纪中叶传教士在中西文明交流中起了很大的作用，他们在中国所起的作用，超过了他们在日本所起的作用（西方传教事业 17 世纪初在日本曾遭受毁灭性打击）。当然，他们的活动也给近代的中西文化交流涂抹上了颇深的"教会色彩"。如上所述，中国最早的一批西式学校几乎全部是由传教士建立的，教会在中国先后共创建各式各类学校 5000 余所。他们更深远的影响是推进了中国的教育改革。早在 70 年代，李提摩太、林乐知等创立了推动改革的中心组织——"同文书会"（后改名为广学会）和"益智书会"（后改名为中国教育会）。不同于维新后的日本，这些传教士在中国上层权贵和维新派知识分子中进行广泛活动，力图取得顾问、总教习的地位。教会创办刊物 170 种，涉及内容除宗教外，"有声、光、化、电之学"和人文科学，著名的有广学会的《万国公报》。他们还编译出版介绍西方政治、经济、科学、文化方面新知识的新书，不少书籍印行数目甚巨，仅广学会出版的就有 2000 余种之多。值得注意的是，半殖民地中国在中西文明交融中相当普遍地存在着利益交叉的现象。西方各种教派传教士的活动既带有文化侵略的色彩，又具有文化启蒙的作用。

自强运动顺应了世界文明史大潮

从世界文明史的视角来评价这一时期（60—90 年代）的自强运动，我们并不着重于它所提出的"求强""求富"的口号，也并不看重它的任务是否完成。我们看重的是，这场运动是否顺应了世界文明前进的大潮，是否代表着先进的社会生产力，是否为向现代工业文明过渡做出了贡献。

首先，从文明传播律（文化传播律）看，自强运动为增强防御力量，首先引进先进兵器，这是当时国家存亡形势所决定的第一需要。从文化层次上看，兵器属于器物文化层面，价值密度最小，因遭遇的文化抗阻力最弱而极具穿透力，是符合文明的抗阻力规律的。[①] 鸦片战争以后，为了"求强"，洋务派购进大批兵器，为了仿制和生产先进兵器，又必然要引进大机器生产。19 世纪现代工业文明的物质基础是由蒸汽、电力和自动化机器组成的先进生产力。"求富"活动必然导致使用机器生产的官营企业和民营企业的建立。

其次，从文明引发律（文化引发律）看，正如马克思所深刻指出的："只要你把机器应用到一个有煤有铁的国家的交通上，你就无法阻止这个国家自己去制造

▶ ▶ ▶ ————————————————

① 汤因比：《文明经受着考验》，浙江人民出版社，1988，267 页。

这些机器了。"① 一旦打开缺口，一个事件就会引发另一事件。自强运动既然引进和发展了先进生产力，便会自然地融入世界文明的大潮，于是发展同世界各国交往并制成进行这种交往的工具——轮船、铁路、电信工具等自是必然趋向。应该承认，中国三十多年的自强运动确实奠定了一个现代工业文明系统的初步基础，它同中国原先固有的物质文明系统必然形成矛盾和斗争。显然，这种新型的物质文明系统（哪怕是雏形），其文化影响绝不可能仅局限于器物层面——物态文化，它将通过所谓"中学为体，西学为用"这根纽带，必然地向着制度文化层面、意识文化层面推进。

第五节
维新运动

从器物层面到制度层面的变革

自强运动（洋务运动）为中国现代化奠定了一定的物质生产力基础，其历史作用不是在短时间内便能显现出来的。然而，它所追求的"强大国防力量"却在1894—1895 年的甲午战争中，在明治维新崛起的日本侵略军面前，像纸糊的房子一样坍塌了。在世界文明史上，许多国家的自强运动在"求强"过程中都遭到过军事失败，如奥斯曼帝国、埃及、埃塞俄比亚、俄国等国都曾兵败于欧洲列强，但像中国这样惨败于与中国几乎同时起步学习西方现代文明的邻国手中，却是少见。日本自强运动即便从幕末（1858）算起，开始时间也与中国差不多同时，然而日本在学习西方现代文明中迅速崛起，成为东亚强国，并在甲午战争中打败了中国。甲午战后列强（包括日本）随即开始瓜分中国。中国战败和列强瓜分中国的严峻形势，引起中国朝野上下极大的震动。中日两国同样是学习西方，同样是实行"富国强兵"

▶ ▶ ▶

① 《马克思恩格斯全集》第 9 卷，人民出版社，1961，250 页。

康有为像

政策，为何结果迥异？中国的一些有识之士对自强运动的变革模式提出了严厉批评，并推出对现行体制进行大幅度改革的方案。从1895年起，开始了学习西方现代文明制度的维新运动。

甲午战败后不久，即有一部分中国有识之士发出了"自强之策，当及早变法"的呼吁。曾任两广总督的张树声在《遗折》中提出疑问："中国（学习西方文明）遗其体而求其用，无论竭蹶步趋，常不相及，就令铁舰成行，铁路四达，果足恃欤？"[①]改革派思想家王韬、郭嵩焘、薛福成提出了洋务大吏未敢涉及的建策："工商立国""振兴商务"、改革官制、建立议会。他们的洋务思潮对继起的维新思潮起了铺垫作用。随后，终于有康有为、梁启超、谭嗣同等维新巨子开始打出"变法"大旗。国破家亡的威胁，中华民族的深重苦难，迫使中国人在痛苦和屈辱中感觉到了国家的困境和制度的弊病。

维新人士认为要使中国像西方国家一样富强起来，免受列强欺侮，必须"用西洋之术"，即学习西方的制度。维新派痛感中国传统社会相对于西方工业文明的落后性，并进而领悟到落后要挨打的道理。为了救国，他们主张改造中国愚昧、落后的旧文化，包括废除八股文的科举考试制度、废除汉族女子缠足的恶习等。他们还赞美西方国家和日本实行的君主立宪制度，如康有为认为君主立宪就是"君民和治"，实行此制"合四万万人之心以为心，天下莫强焉"。因此，维新派认为"一切要其大成，在变官制"[②]，对照日本明治维新后特别是1889年以后施行的政治制度，维新派人士认为，首先必须力图对皇朝行政体制（官制）进行大幅度改革，建立文明国家盛行的那种行政制度。1898年8月30日由光绪帝下诏一下子裁去詹事府、通政司、光禄寺、太常寺、鸿胪寺、太仆寺、大理寺等7个衙门；又裁撤鄂、粤、

▶ ▶ ▶ ────────────────

① 《张靖达（张树声）公奏议》，《遗折》卷八。
② 《上清帝第二书》，载《戊戌变法资料》第二册，153页。

滇三省巡抚一职；任命谭嗣同、林旭等维新派为军机章京行走。这三项措施涉及旧官制的破除和权力的再分配，虽只是涉及制度层面的浅层次的变革，却也引起了很大的震动。

甲午战后，维新派除了努力策动上层，通过皇帝来"变成法"外，亦努力从下而上地推动维新变法运动，主要表现在如下几个方面。

（1）创办传播新思想、新知识和表达朝野舆论的报纸。维新人士从西方文明国家的大众传播媒介的发达，领悟到"报馆愈多者，其国愈强"的道理，掀起了办报热潮。1895—1898年共创办了60种报纸（日报、旬报、月报等）。著名的有《时务报》《国闻报》《知新报》《湘报》《湘学报》等。梁启超主编的《时务报》最受社会欢迎，被誉为"中国创始第一种有益之报"，行销9省19个城市及东南亚和日本的华侨界，发行万余份。这些报纸传播新思想、新知识，影响颇大："各省之风气于兹大变，识时务者莫不注意中外之事。"报纸宣传民族主义精神，使民族主义在中国成为一种思想运动，刺激了知识分子的参政意识。

（2）建立各种类型和性质的学会，其中以民主参政为目的的学会最为引人注目。知识分子从西方获得的新知识中得知：自愿联合的团体对于西方诸国的文明进步曾做出过重大贡献，因而纷起效法，组织各种学会。1895—1898年共成立76个学会①，另一统计为103个②，其中2/3是士大夫阶层建立的，分散在10个省、31个城市，拥有近万名会员。这些学会特别是政治性学会源自西方，是学习西方社会文明——集会结社的结果，是具有强烈现代色彩的新的社会组织，它们已不同于宋明时期儒生的自愿结社。其中著名学会如强国会、保国会和南学会是按照西方的民主参政理想组织起来的。此后，这些学会对于中国学习和吸收西方政治文明起了重大作用。当时学会的特殊任务是教育和动员知识分子和官绅，通过开浚智力，把维新思想灌输于绅士之"群"，再推之于民"群"，达到"广开民智"的目的。有些学会表现出采取集体行动，卷入政治活动的倾向。

（3）改造传统书院，建立京师大学堂。中国传统书院有千年历史，到19世纪据统计各地已有4500所，其主要职能是为科举做准备。维新派认识到，要救亡图存，只有学习西方文明，实现维新变法；而维新变法则必须从废科举、兴学校做

▶ ▶ ▶ ▬▬▬▬▬▬▬▬▬▬▬▬▬▬▬▬▬▬▬▬▬▬▬▬▬▬▬▬▬▬▬▬▬▬

① 费正清：《剑桥中国晚清史》下卷，中国社会科学出版社，1985，375页。
②《历史教学》，1982年第9期，封三。

中国第一所公立大学——
京师大学堂校匾

起。梁启超在《论变法不知本原之害》中说得十分明白："变法之本，在育人才，人才之兴，在开学校，学校之立，在变科举。"康有为和梁启超都主张仿效西方文明国家的教育制度。1895年顺天府尹胡燏棻上书清廷，请裁书院，开设学堂。1896年刑部左侍郎李端棻上《请推广学校折》，首次正式提议设立"京师大学"（有一种说法：李端棻此折出自梁启超手笔，流行甚广）。总理衙门批复管理书局大臣孙家鼐妥筹办理。孙家鼐具体操作，拟议京师大学堂分立十科。1898年6月11日光绪帝发布上谕，宣布以变法为国是。京师大学堂（即后来的北京大学）按当时最高学府标准兴办，由梁启超起草章程。1898年9月21日以西太后为首的顽固派发动政变，维新运动夭折，所有改革措施几乎全被废除，唯有京师大学堂"以萌芽早，得不废"。这是中国人自己按西方的教育制度建立的第一所综合大学的雏形。大学堂制度的进一步发展，为中国二千年科举制度的最终废除准备了必要的条件，成为中国近代改革和现代化培养人才的基地。

维新派对中国和日本同时起步学习西方文明，而甲午战争中败日胜的原因进行深入的思考，得出了日本成功是"以西法致富强之明证"的结论。中国为何不成功？康有为认为，日本"所以能骤强之故"，不在于练兵、开矿、兴工艺、广学校，而根本之因在于"开制度局，重修会典，大改律例"，总之，"改定国宪，变法之全体"[1]，用现代语言来阐释，就是学习西方现代文明要从器物层面推进到制度层面。维新派以西方现代文明的产儿——日本明治维新为参照，拟定从三方面变革中国制度：（1）变革传统政治体制，先设制度局，再开国会。（2）改"以农立国"为"以

▶ ▶ ▶ ─────────────────────────────

① 康有为：《日本变政考》卷七，《康有为政论集》上册，中华书局，1981。

工立国"，康、梁认识到世界现代文明的本质是工业革命，要回应"机器之世"的挑战，就必须"以工立国"。(3) 从中西文化性格的差异，看到必须从民德、民智、民力着手，提高中国人的文化素质。梁启超看到人本身现代化的意义："民德、民智、民力实为政治、学术、技艺三大原。"严复强调制度层面改革之重要性，进一步指出"三者既立，而后其政法从之"，否则任何政治经济改革"不久亦将自废"。[①]这些认识比之自强运动时期，均有质的飞跃。

严复、康有为、梁启超等维新派人士对西方的议会制度虽颇为赞赏，但他们仍认为在当时条件下中国只能实行君主立宪制。这主要是因为他们感到民权的实现与"民智"的发达程度有着密切的关系。19 世纪 90 年代中国的实际情况是"学校未成，知识未开"，民众不仅没有初步的民主意识和政治觉悟，而且绝大多数人未受过基本教育，在低下的"民智"状态下广大群众没有参政、议政的基本能力，骤行议会制度是危险的。[②] 民智未开的中国需要有相当长的时间在民力、民智、民德上作充分准备。而这只有从兴办学校教育，提高国民文化素质上入手，因而主张在国本问题上"凡君专制、立宪、民主三法，必当一一循序行之，若紊其序，则必大乱"。[③]

近代中国的维新运动发展到戊戌变法的高潮阶段遇到了很大的困难。对于制度层面上的改革，尽管维新派在立宪和开国会问题上主张渐进，尽管在短期内对"皇朝行政体制"进行改革的很多命令只是一纸空文，却引发了严重的政治冲突。103天内，以光绪帝名义发布各种谕旨 300 多件，力求"全变"，内容涉及官制、法律、军事、国防、农工商业、财政、经济、文化教育、人才选拔等诸多方面，似有大刀阔斧，全面推进之势，若按此执行，其对旧制度的冲击程度将超过日本明治维新和奥斯曼帝国改革。这样就不可避免地激起了顽固守旧势力的猛烈对抗。首先，"全变"强烈冲击了"祖制"传统价值观念，短时间内要直接搬用和仿效西方制度以图取代各种"祖制"，这就超过了社会一般人士对变革的心理承受力和接受力。其次，不仅满洲贵族和权贵官僚的既得利益受到挑战，甚至一些温和改革派也会走到激进措施的对立面。两股（甚至三股）反对势力结成反对变法的政治联盟，因而使反对变法的力量急遽加强，使新旧力量对比更加悬殊，终于导致变法的失败。

▶ ▶ ▶ ────────────────────────────

① 《严复集》第 1 册，中华书局，1986，14 页。
② 康有为：《日本变政考》卷一。
③ 转引自李泽厚《中国近代思想史论》，人民出版社，1986，124 页。

戊戌变法失败的原因

要成功地把西方现代文明引入传统社会的制度层面，需要掌握制度创新的适度性，特别是在存在着强大的传统官僚体制的中国，改革只宜采取缓进方式，而戊戌变法主持者企图短期（103天）内变更整个"皇朝行政体制"，对旧官僚集团的既得利益触动过重，故激烈的反弹在所难免。过于激进的变革行动，往往会导致潜在的反对者转变为公开的反对者，从而扩大了本来就很强大的反对派阵营。

其次，吸收异质文化特别是涉及制度层面的改革，在拥有根深蒂固传统文化的中国必定会引起意识形态方面的激烈对抗。中国传统官僚接受的是系统的儒学和科举取士的教育和训练，在这种文化环境下进行变法，只能在传统规范所能容忍的限度内缓进，不可急于求成。戊戌变法的策划者一方面大幅度"裁汰冗员"，另一方面又在涉及百万士绅前途的科举制度方面实行"大变、全变、快变"，要求在戊戌当年便把全国童生考试改为策论考试，不给予起码的准备时间，以致有的直隶（河北）士绅出于愤懑竟要行刺康有为。

戊戌变法主持者们的失策，主要就表现在他们不懂得中国现代化改革的渐进性、持久性，不懂得在中国这样的国家搞改革要特别注意策略，即必须周密地考虑实际力量对比和问题的难易程度，妥善安排改革的次序：一般需要先易后难，切忌和盘托出。要从较容易成功的举措中为改革派树立威望，蓄积力量，作为下一步改革的资源。戊戌变法的主持者却不谙策略，将改革计划和措施全面推出，结果为反对派扼杀改革提供了口实。

戊戌变法并未企图改变国体的性质，而是以皇帝权威的合法性为基础、在集中的中央权力领导下进行，因而权力中心的作用举足轻重。然而，戊戌变法策划者对中国当时最高权力的"二元化格局"（西太后和光绪帝）[①]中到底谁更有权势不是很清楚。康有为等人昧于中国的权势哲学，迂腐地认为，既然西太后已经还政于光绪帝，皇帝就应拥有最大的权势。此外，西太后出于个人权势的考虑，不是绝对不同意"在有限范围内进行改革"（王照就曾指出，太后"但知权力，绝无政见"），但康有为从"全变、快变、大变"考虑，坚持"挟此抑彼"之策，排斥西太后，不采

▶ ▶ ▶ ──────────────────────

① 参考萧功秦：《戊戌变法的再反省》，载《战略与管理》，1995年第4期。

取翁同龢的"调和两宫"的主张，导致政治战略的严重失误。因为当时的实际情况是，西太后不仅对光绪帝拥有二十几年形成的巨大威慑力和控制力，而且从1862年开始就在群臣以至封疆大吏中享有极大的权势（二品以上官员上任要到太后前谢恩就是一个证明）。既然改革是由权力中心自上而下地推行，改革者在推行改革和做出政治选择时便应审时度势，把这头号制约因素作为决策的前提和基础。另外，改革不是革命行动，并非一个阶级推翻另一个阶级的统治，它需要在几种社会力量中寻求妥协，做出相互让步，而非你死我活。康有为却错误地主张"尊君权之道，非去太后不可"，终于下令让有叛卖性格的袁世凯去"兵围颐和园"，从而促使仍拥有最大权势的西太后为维持个人权力，于1898年9月挥动屠刀对维新运动施行血腥镇压，"六君子"血洒北京菜市口。

　　主张由清王朝和平地进行改革的维新运动被淹没在血泊中，这件事的重大后果之一，便是一大批原来主张君主立宪的改革派（多数是青年）走上了革命的道路。戊戌变法的悲惨结局使得中国接受现代文明的道路变得极其曲折：自上而下的改革在学习和吸收西方现代文明，特别是建立现代的政治制度方面被证明行不通，中国必须走通过革命（1911—1949）走向现代化的独特道路。

第六节
"新政"和立宪运动

　　戊戌政变的反动，很快超出了当时清朝统治者能够接受的限度。历史的钟摆反复动荡以后，需要确立新的重心。世纪之交现代工业文明的世界性扩散，呈现出如梁启超所言的"遏之不可遏"态势。戊戌政变后不过三年，绞杀戊戌维新运动的西太后，眼看经过辛丑事变的清王朝已处于风雨飘摇之中，不得不担当起维新运动遗嘱执行人的角色。[①]她以光绪帝名义，陆续颁布戊戌变法曾经颁布过的一系列政令，

▶ ▶ ▶ ─────────────

① 关于"遗嘱执行人"的观点，参阅马克思《1859年的爱尔福特精神》，载《马克思恩格斯全集》第13卷，462页，以及恩格斯《〈共产党宣言〉1893年意大利文版序言》，载《马克思恩格斯选集》第1卷，248页。

于是，中国政局便开始进入了 1901—1911 年的"新政和预备立宪时期"。这样，在中国便出现了一种文明史上似乎反常但却是很自然的现象：一个王朝在面临大崩溃危险的时候，出于自救意识，会对世界文明大潮表现出一种异乎寻常的"顺应"。俄国罗曼诺夫王朝的斯托雷平改革、1864 年后日本德川幕府的"幕末改革"和奥斯曼帝国的哈米德二世的立宪改革，都属于这种情况。以西太后为首的顽固派镇压戊戌变法的屠刀血迹未干，便遭遇八国联军攻陷北京的庚子事变，西太后一行不得不仓皇逃出北京，躲到了西京（西安）。无奈之下，西太后于 1901 年 1 月向"中外臣工"表白："国势至此……惟有变法自强，为国家安危之命脉……舍此更无他策。"[①]

我们不想以动机来评价清末"新政"执行者的道德水准。我们关注的是他们的实际作为和活动内容，并以此来审定"新政"在中国文明史上的地位。人类文明史上较为多见的文明融会方式是，一种文明往往以和平的、渐进的、"润物细无声"的方式吸收另一种异质的、更先进的文明，其手段多以自上而下的政策创新，融会先进文明中的可取成分，推进自身社会结构和政治结构的变更，并实现文化的推陈出新，逐渐达到新文明的水准。历史上这种和平渐进方式的改革取得成功的例子颇为多见。然而，清末中国 11 年的"新政"改革最终却以清王朝的被推翻而告终结。

这场持续 11 年（1901—1911）的改革，从历史事实上审察，是中国睁眼看世界六十年以来，推行西方文明制度数量最多、密度最大的一次。新政内容涉及的领域极为广泛，引起了中国的政治生活、社会风俗乃至经济、阶级构成和社会利益集团各方面的重大变化。这场非暴力的变革取得的实绩是自强运动和百日维新所无法企及的。

尽管这场颇具声势的改革最终还是被辛亥革命划上了句号，但它仍留下了一些宝贵的历史经验和教训。

一般说来，在落后的东方国家引进西方现代文明的改革（特别在早期阶段），政府的政治权威是一个必不可少的要素。日本明治维新就拥有这样的政治权威。清王朝腐败、误国，耽搁了六十年的宝贵时间，到了 20 世纪初西太后被迫改革，推行"新政"时期，清政府已因多年的民族危机，屈从列强，丧权辱国，尤其是镇压维新运动而丧尽民心，使自身的权威地位大大降低。知识分子和新兴的工商业资产

▶ ▶ ▶ ────────────────────

① 故宫博物院明清档案部编：《义和团档案史料》（下），中华书局，1959，1328 页。

阶级因清政府的对外屈从和对内镇压政策而对它失去了信心，他们要求更多地参与政治以便监督政府。戊戌政变之后，主张立宪，召开国会成了朝野上下越来越迫切的要求，政治民主化的情绪普遍高涨。

本来，改革者要想使改革获得成功，需要这种参与[①]，清政府在实行新政的初期确也在经济改革方面主动采取了动员参与的形式，并收到了一定的成效。

清政府首先在经济领域实行政策转轨的动员参与，为此实行奖励实业、扶植工商的政策。1905 年（光绪二十九年）成立商部，以保护、开通工商实业为宗旨，学习西方，制定和颁布一系列经济法规如《商律》《公司律》《商会简明章程》《商标注册试办章程》等，并在北京设立商会，以联合工商。1907 年设立交通银行，1908 年颁《大清银行则例》，扶植工商。饬令各级官府保护商办企业，改善官与商之间关系。先后对著名工商界人士给以名位荣誉，提高商人的社会地位。这些政策措施受到新兴资产阶级的欢迎。江浙一带商人称赞清政府"实行保护商人，振兴实业政策，……诚富强之至计"。重商观念的变化起了推动社会生活转型的作用。清政府动员广大工商业者参与振兴商务并为参与行动提供了有利的条件。这的确产生了一定的效果。1904—1908 年出现了办厂高潮。1895—1913 年这 19 年间，由民族资本开设的、资金 1 万元以上、使用机器动力的工矿企业增至 549 家，资本总额共计约 1.2 亿元，平均每年增设厂矿 28.9 家，新增投资 633.1 万元，主要行业增长速度达 15%—20%，为前三十年（1865—1895）所未见。资本构成变化亦甚大：民族资本的商办企业资本从占 22.4% 上升到 76.3%，为甲午战争前的 20 倍。[②] 民族资产阶级作为一种新兴社会经济力量，扩大了自己的队伍，开始积极参与经济和政治活动。

甲午战败充分暴露了清政府的腐败无能，民族危机空前严重，中国各阶层民众不得不普遍开始关注国家的命运。学习西方现代文明也激起中国知识分子政治参与的积极性，维新运动使中国社会力量第一次较有组织地（组成"强学会"等）参与政治。戊戌变法遭到血腥镇压，并没有使中国知识分子阶层因畏惧镇压而退出政治。由于辛丑事变，八国联军攻占北京，国势日蹙，社会各阶层中身孚众望的精英

▶ ▶ ▶ ────────────────────────────

[①] 关于改革过程中的政治参与的理论参阅塞缪尔·P.亨廷顿：《变化社会中的政治秩序》，三联书店，1989。

[②] 参见汪敬虞：《中国近代工业史资料》，第 2 辑下册，869—919 页统计表。

人物痛感专制政体的中国若不顺应世界文明大潮，迅行立宪，国将不保，于是他们更加积极地投入政治活动。1903年，积极宣传君主立宪的势头出现，政治参与热情空前高涨。在内外压力下，清政府不得不推行自上而下的钦定立宪运动。1905年10月派五大臣出洋考察宪政，并成立"宪政考察馆"。1906年8月，五大臣经由欧美各国及日本考察后回国，拟出"宽立年限"的立宪方案，9月1日清政府颁布"预备仿行宪政"的谕旨。各地纷纷成立立宪团体，鼓吹预备立宪。戊戌政变以前，维新人士尚能冷静思考中国的实际情况：一般群众的参政议政能力十分薄弱，一定期限的预备立宪是完全必要的。但是辛丑民族危机及危机中清政府专制政体的种种弊端更加暴露，促使立宪派将清政府的专制政体与西方现代民主政体加以比较，更感到专制政体无可救药，产生了立即进行宪政改革的要求，主张尽快立宪召开国会。当时立宪派把扩大政治参与的渠道，作为解决民族危机的政治选择，将"立宪开国会"当作灵丹妙药，以为一旦召开国会，似乎任何问题都将迎刃而解，甚至统治阶级中一部分人士也形成了这样一种看法：通过"君主一体、上下相通"的立宪政体可改变统治政体"上下相睽，内外隔阂"的窘困状态。这就造成一种新的形势：距离戊戌不过几年时间，立宪主张便得到了社会各阶层的认同和拥护。要求缩短预备立宪期，速开国会成为强大的呼声。1908年立宪运动进入高潮。8月，清政府为拉拢立宪派，抵制力量愈益壮大的革命派，宣布预备立宪以9年为限，并颁布《钦定宪法大纲》二十三条。1909年3月，命各省年内成立咨议局。1910年10月资政院在北京成立。中央立宪派与各地（16省）立宪派以咨议局议员的合法地位，互相串联，形成了各省赴京请愿代表聚集北京、要求一年内召开国会并立即成立责任内阁的强大压力。

观察世界近代文明史，各国在文明改革阶段特别是政治制度改革阶段，一般都要求权力集中并抑制"过度的"（被认为近乎"革命的"）政治参与，但清政府的前期行为（戊戌政变）已使它失去了这种抑制能力和必要的权威性，它已不可能做到适度限制各社会力量的政治参与，并因坚持拒绝1911年召开国会的请愿要求而大失人心。三次国会请愿运动规模一次比一次盛大，20余万人签名请愿书，数千人集会游行，湖北省集会甚至提出"不开国会，不承认新捐税"的倡议。地方政府18名督抚、将军、都统联名奏请立即组织内阁，翌年开设国会。清政府中枢震惊之余只答应缩短预备立宪期限为5年，国会开设之前先设责任内阁。

1911 年 5 月，清政府裁撤军机处等机构，组成新内阁。内阁由庆亲王奕劻任总理大臣，在 13 名国务大臣中，汉族官僚仅 4 名，蒙古族人 1 名，满族 8 名，其中皇族 5 名，被讥为"皇族内阁"，实际上这是满人贵族集权的内阁。"皇族内阁"遭到全国一致反对，清王朝威信扫地。中国的君主立宪之梦亦就此破灭。

另外，"新政"的实施还受到民族矛盾的严重制约。民族矛盾包含两个方面：中华民族与侵略中国的帝国主义列强之间的矛盾、满族与汉族之间的矛盾。《辛丑条约》使整个中国半殖民地化进一步加深，而被迫割让给日本的 3.6 万平方公里的台湾行省已开始完全殖民地化。《辛丑条约》向中国人民勒索 4 亿 5 千万两白银（加上利息共 9 亿 8 千 2 百万两）赔款，这一空前巨大的赔款使此后中国政府年年遭受财政危机，不得不以中国宝贵的利权作抵押换取列强的贷款。越来越严重的利权流失既严重损害了中国主权，又阻碍了中国民族资本主义的发展。新政初期的经济改革曾使工商业者获利，但好景不长，很快便被利权外流造成的灾难性的破坏完全抵消了。社会各阶层人民，特别是工商业者对清政府完全丧失了信心。

清朝长期存在的满汉矛盾，到新政时期则变得更加错综复杂。随着清王朝力量的衰弱，满人贵族对自身力量越是没有信心，对汉人的猜忌、怀疑便越加严重。满人贵族主要担心的是汉人官员借改革之机削弱满人的权力、地位，因而想方设法维护他们的既得利益。1906—1907 年的官制改革本来是为了提高中央和地方政府的效率，但却只对原有机构进行了一些调整、裁减和合并，除 1901 年已撤总理各国事务衙门，改设外务部外，户部改度支部，兵部改陆军部，刑部改法部，工部、商部改并为农工商部，新设邮电部，设奉天、吉林、黑龙江三省巡抚，把盛京将军改为东三省总督等。但满洲贵族在此次官制改革中却乘机大肆排斥汉族官员。例如担任军机大臣、外务部尚书的瞿鸿禨，历任两广总督、邮传部尚书的岑春煊等汉族大臣均被免职；军机大臣林绍年也被赶出枢机部门；袁世凯被迫辞去 8 项兼职；湖广总督张之洞被调到中央，明升暗降。官制改革造成满人亲贵"联翩而长部务，汉人之势大绌"。汉族官员受此排挤和打击心怀不满，离心倾向倍增。

另外，一些汉族官员和立宪派人士在宪政改革中提出的分权（英美式）立宪模式也和清廷满人贵族所坚持的集权（日、德式）立宪模式严重抵触。因前者是一种自下而上的对政府权力加以限制的、多元化和分散性的立宪模式，满人贵族担心汉族官员和立宪派士绅可能利用这一分散模式来扩大其政治资源，并向满人贵族把持的枢机提出挑战，因而更加不允许他们进入权力核心。1911 年满人贵族抛出"皇族内阁"方案，使部分立宪派和汉族官员深感失望，对自身的宦海前途益感渺茫。满汉矛盾更趋尖锐。各省咨议局联合会上书清廷，提出"君主不担负责任，皇族不组织内阁，为君主立宪唯一之原则"的主张，清廷下诏呵斥立宪派"议论渐近嚣张"。满人贵族控制的清廷变本加厉推行"非我族类其心必异"的狭隘的用人政策，立宪派对清廷更感失望。革命派利用益趋尖锐的满汉矛盾，提出"驱除鞑虏"口号，深入人心，受到汉族普遍欢迎。清廷陷于立宪派和革命派的夹攻之中，崩溃之势已不可挽回。清廷实施"新政"，推行西方现代文明制度，本想以此赢得人心，巩固统治，却由于举措乖张走向反面而丧尽人心，加速了王朝的灭亡。这就正如托克维尔在《旧制度与大革命》中所指出的："对于一个坏政府来说，最危险的时刻通常就是它开始改革的时刻。"

清末"新政"的失败还有一个重要原因，那就是清政府未能"同化"改革所造就的各种社会力量，反被新兴力量所淹没。"新政"催生了旧制度的掘墓人。

"新政"废科举、办新学堂、派遣大批留学生出国学习的几种改革举措成效显著。曾在教育制度和官吏选拔制度方面深刻影响中国一千三百多年的科举制度，到明清已走入末路，以八股取士，严重禁锢考生思想，也抑制了科学文化的发展，具有极大的局限性，流弊越来越大，自晚明以来就受到了尖锐批评。关注中国命运的人士不断呼吁改革科举制度。清政府虽曾有变革科举的意向，但一直拖延下来，理由是没有找到"代替制度"："人知其弊而守之不变，非不欲变，诚以变之，而未有良法美意以善其后。"清朝末年，受西方现代文明和进步的教育制度的冲击，八股程式与文明知识格格不入，废科举的舆论压力越来越大。1901 年（光绪二十七年）清政府曾下诏改革科举，但只是增加了考试内容（如增加了中国政治史事论、各国政治艺学策等），不准用八股程式。1905 年（光绪三十一年）根据刘坤一、张之洞建议，下诏"自丙午科（1906）为始，所有乡、会试一律停止"，各省岁科考试也随即停止。曾在早期闪烁过先进文明之光的中华科举制度，经由历史风雨的筛选早已过时，已成为中国吸收现代工业文明的严重障碍。

在罢科举之前，清政府认识到需要设立一种西式公立学校以培养人才，1898 年成立京师大学堂便是一种试验。此前，除传教士建立的西式学堂外，张之洞、盛宣怀等在武昌、天津、上海等地亦建立过西式学堂，然而期望通过科举跻升官宦之途的学生几乎都不进这类学堂。1901 年清政府命令将各省书院中属省城者改为大学堂，属各府者改为中学堂，但教学内容几乎未变，仍然强调"教法当以四书五经、纲常大义为主"。1902 年由京师大学堂管学大臣张百熙主持制定《钦定学堂章程》，规定各级学堂章程和管理体制。1905 年专门成立学部作为全国最高的教育行政机构，不再由京师大学堂兼管。1904 年学堂总数为 4222 所，学生总数为 92169 名；1909 年学堂总数增至 52348 所[①]，学生总数增至 156 万多名，初步建立起了一个较为完备的近代教育体系。其中有大学、中学、小学和幼稚园各级学校，有文、法、理、工、医、军事以及巡警等多种学科。

与此同时，清政府逐渐认识到，学习现代文明制度很关键的一条是要引进外国智力，而引进外国智力最为有效的方式之一是派遣留学生出洋学习。1901 年清政府命令各省选派留学生出国并准许自费留学。对学成归国经过考核合格的留学生分别赐给进士、举人、贡生等项出身，予以任用，并颁布有关留学及奖励章程。于是留学海外形成高潮，其中以到日本留学者为最多。1905 年年底留学日本学生骤增至 8000—10000 名，1906 年估计人数已近 2 万人，形成世界文明史上最大规模的海外留学热潮。值得注意的是，当时负笈日本的留学生有不少是感到国势危殆，为了拯救中国而出国留学，因而学习科目多为政治、法律、军事等。他们在留学期间亲眼目睹日本因实行了明治维新改革而迅速强大起来，变成了侵略中国的主要列强之一，因而产生了极强烈的民族主义思想，并深切地感觉到，救国已不可能再靠清政府，也不能再靠康梁的立宪主义。在欧美留学的中国学生也产生了同样的想法。许多留学生从立宪派立场转向革命派立场，越来越多留日学生参加了孙中山领导的同盟会。

清末"新政"推行西方文明的教育制度之决心是前所未有的，教育改革的幅度也较大，实际上奠定了中国现代化教育的基础，但这一姗姗来迟的改革并没有起到明治维新时日本教育对日本所起的那种作用——没有为清政府的统治提供新的社会基础。

其次，新政的军制改革成果也颇引人注目。军制改革的重点在于编练新军。中国在甲午战败后，朝野上下看到日军在作战中"专以西法制胜"，而中国军队则屡

▶　▶　▶　──────────────────

① 《第三次教育统计图表，宣统元年》，转引自《剑桥中国晚清史》下册，28 页。

败于西法训练出的外国军队，要求进一步改革军队的编练，改善军队装备，建立一支新军。清廷议定后，各地纷纷编练新军。最早完全按"德军营制操法"编练新军的有张之洞在江南编练的自强军13营，聂士成在直隶编练的武毅军32营，胡燏棻（旋由袁世凯接替）在小站编练的定武军10营。这些新军装备先进武器：新式后膛枪、克虏伯大炮、后装连发的毛瑟枪、曼利枪、马克沁机枪等。由于50年来购买或设立军工厂自造近代枪炮火器，陆军编制装备不断改善、更新，建制和兵种已接近现代军队。军队按军、镇（师）、协（旅）、标（团）、营、队（连）、排、棚（班）建制。军事指挥官多由军事学堂出身或赴国外学习军事归来的毕业生担任，士兵文化水准也显著提高。[1]1901年清政府下谕停止武科科举考试，筹建武备学堂。1903年设练兵处，计划在全国按统一编制编练36镇（师），各省设督练公所，以之成为中央和地方编练新军的领导机构。1904年袁世凯练成"北洋常备军"3镇，1905年改称"北洋陆军"，增练至6镇。1906年改兵部为陆军部，将练兵处并入，统帅全国新军。清廷中央将北洋6镇中的4镇指挥权收归满人贵族掌握的陆军部。到1911年全国新军有14镇和18个混成协，加上禁卫军1镇，共16万人。

这一时期军事领域的各个方面都发生了变化，不仅军队编制、体制，包括军事训练和教育，连边海防建设、作战方式等均基本上完成了由旧体制到新体制的过渡。军事改革顺应了世界文明史发展的潮流，本来它应会在中国近代历史上起更大的作用，成为捍卫领土、主权完整的利剑，实际上，部分新军后来也的确充当了辛亥革命的重要力量；但由于清政府极端腐败，特别是专制政治制度的制约，家族王朝的狭隘自私的利益观的制约，军事变革受到限制，新军最终既未能捍卫国家主权，也未能挽救清王朝的灭亡。

其三，新政所推行的经济改革使民族资产阶级力量大大加强。但清政府对西方列强又有依赖的一面，使它不能真正有效地维护民族工商业的利益。辛丑条约以后为缓和财政危机，清政府不断以中国的利权作为抵押，获取列强的贷款，严重侵害民族资本利益，引起普遍不满，由此也就推动了民族资本家参加推翻清王朝的革命运动。1908年开始实行的改变铁路商办政策，改行借款官办政策（即所谓铁路国有政策），激起保路运动的重大政治事变，对清政府的统治造成致命的影响。

▶ ▶ ▶ ────────────────────

[1] 1911年毛泽东及其伙伴在湖南投笔从戎参加新军时都是中学生。

新学堂的学生和留学生以及由编练新军而产生的新型军官，是清末新政在教育体制和军队体制改革中产生的具有相当数量的新型人才，加上经济改革中得到加强的民族资产阶级力量，形成三股新的社会力量，清政府原来设想新政改革能够同化他们，使之成为巩固王朝统治的中坚力量。但是，同化目的没有达到，这三股力量却成了清政府的对立面。清政府专制政体在它拥有足够充分的、集中的权威时，不仅没有很好地运用其权威力量来正确地解决民族危机和内政危机，却反而镇压了戊戌变法，从而使其权威的合法性大大受损，对社会各阶层的吸引力减弱。另外，从事改革的政府一般需要动员它所创造的新的社会力量来参加其历史性的行动，以摧毁传统的权力，然而清政府因为完全是被动的、犹豫再三才推行新政，所以推行新政后既不能吸收他们也不能控制他们。正是在"新政"改革中催生的这三大社会力量成为埋葬清王朝的掘墓人。

"新政"改革基本上是走了一条模仿日本学习西方现代文明的道路，但20世纪初中国的国内外条件与日本明治维新时期的条件已迥然不同。同时，庞大的改革计划带来的财政负担也超过了社会承受能力，加深了人民的不满，严重动摇了清廷统治的基础。随着1911年中国辛亥革命的爆发，宣统帝逊位，延续11年的"新政"也就寿终正寝了。[1]

此后，中国学习西方现代文明实现现代化的方式转而走上自下而上的资产阶级革命的道路。20世纪初，亚洲大陆几个拥有传统文明的君主制国家在学习西方现代文明的过程中，先后都经历了革命的冲击，如1905—1911年的伊朗革命，1908—1909年的土耳其革命，1911—1912年的中国辛亥革命。伊朗的卡扎尔王朝、奥斯曼的素丹统治都以不同程度的君主立宪形式保存了下来。只有中国的辛亥革命结束了两千多年来的君主专制制度，从而消除了阻碍社会进步、推进现代工业文明制度的一个严重障碍，这是中国历史的一个伟大的转折点。清王朝的覆灭给了世人一个冷峻的历史启示：一个不代表先进社会生产力的、严重损害人民根本利益的、内部不断衰败的政权，不能够，也不可能吸引和团结新兴的社会力量为振兴国家与民族而奋斗，在这种情况下，这个衰败的政府即便进行了某些层面的改革，也仍然无法避免其灭亡的命运。

▶ ▶ ▶ ▬▬▬▬▬▬▬▬▬▬▬▬▬▬▬▬▬▬▬▬▬▬▬▬

[1] 参阅朱英：《清末新政与清朝统治的灭亡》，载《近代史研究》，1995年第2期。萧功秦：《清末新政与中国现代化研究》，载《战略与管理》，1993年11月。

辛亥革命推翻了君主专制制度，诚然是中华文明史上的一次伟大飞跃，但是，由于它没有彻底推翻帝国主义、封建主义的统治，没有造成中国农村的大变动，没有使中国融会现代工业文明中更深层面（第三层面）的东西，它的胜利是不巩固的，清王朝的君主专制统治很快就被封建军阀统治所取代。1919 年的"五四运动"使中国先进的知识分子开始认识到这样一个事实：学习国外先进文明必须深入到第三层面（属于"心的东西"的层面），必须提高中华民族的心理文化素质，改变他们的价值观念、思维方式、审美趣味、道德情操、宗教情绪和民族性格等等，或者说必须切实实现"人的现代化"。历史热切呼唤中国先进生产力的代表登上中华文明史的新舞台。

[推荐阅读书目]

1. 翦伯赞主编：《中国史纲要》，下册，人民出版社，1983。

2. 胡绳：《从鸦片战争到五四运动》，上、下册，人民出版社，1981。

3. 周一良主编：《中外文化交流史》，河南人民出版社，1987。

4. 罗伯特·K.G.坦普尔：《中国：发明与发现的国度》，21 世纪出版社，1995。

5. 周积明：《最初的纪元：中国早期现代化研究》，高等教育出版社，1996。

6. 罗荣渠：《现代化新论》，北京大学出版社，1993。

7. 戴逸：《简明清史》，（一）、（二），人民出版社，1980—1984。

8. 何芳川主编：《中外文化交流史》，上、下卷，国际文化出版公司，2008。

第二十章

日本文明对西欧工业文明的吸收和冲突

✿

　　般地说，东亚文明地区包括中国、日本和朝鲜半岛。东亚文明的共同点是以儒学文化为核心。日本文明是东亚文明的一个分支，作为一种弱势文明有其本身的特点。中国文明是人类最古老的、独自发展的强势文明之一。十五六世纪人类进入了地理大发现的时代，西欧文明开始碰撞世界各地区文明，东亚文明继续在发展，显现其特有的生命力。然而从 16 世纪起，对于西来的基督教文明的撞击，东亚文明诸国表现出不同的反应，所受影响也颇不相同。到了 19 世纪中叶，西方工业文明开始猛烈冲击东亚文明。日本列岛与亚欧大陆之间隔着东海、黄海，处于岛国位置，它受西来的欧洲文明的冲击比大陆的中国晚十几年，然而日本受西方文明的影响之大之深，却远在中国之上，这是为什么呢？首先，日本文明自古以来就具有极强的吸收其他先进文明的"饮似长鲸吸百川"的能力。这是日本作为弱势文明的特性。其次，岛国日本位于欧亚大陆边缘，不受欧洲列强重视，半殖民地化的压力相对较轻，容易摆脱列强束缚。再次，日本历史包袱没有中国那么沉重，"船小好调头"，明治维新取得了成功。

　　日本在吸收西方现代工业文明的同时，为什么又迅速地走上了侵略性的军国主义的道路？历史上马其顿、日耳曼等弱势文明力量的崛起及其对外侵略扩张，也给我们以启迪。从弱势文明方面看，不要说军事技术同工业文明的结合，就是军事技术同农业文明的结合，在人类历史上也曾经造成过令人震惊的破坏力量！弱势文明对强势文明的吸收，往往造成如同电学上的那种"短路效应"[①]，成为巨大的破坏力量。这种现象是世界文明史上一个十分值得研究的问题。

　　日本文明因其岛国地缘和它的某种政策（锁国政策）的原因，在文明交往史上

▶ ▶ ▶ ────────────────────────────

① 电路中电势不同的两点直接碰撞，发生短路，电流强度很大，往往破坏电器设备或引起火灾。

遣明船

常常处于"蛰居"状态。尽管它具有极强的吸收强势文明的能力，但它的这种吸收是有选择的。例如，为了维护它的天皇制，对中国的宦官制度、科举制度则不予吸收。崇外主义和鄙外主义并存于日本文明之中，形成一种文化上的自我调节机制。由于外来文明赋予日本太多的好处，很难平衡，所以在日本民族心理和文化心理上常常形成一种"不认账"的乖张态度。这些都对日本文明保持自己的特性有影响。

第一节
日本吸收先进文明绵延不绝

继续吸收中国文明的成就

1392 年，日本结束了南北朝局面，皇统恢复统一。1401 年又开始遣送使节远赴明朝中国，继续吸收外来先进文明。1543 年西欧人东来以前，日本与中国之间虽然有一些纠纷，如出现了"倭寇侵扰"、实行过"锁国政策"等，但日本仍然持续不断地吸收中国和朝鲜半岛的先进文明。由于两国建立了"朱印船勘合符"贸易制度[①]，商业贸易得以有序地进行。中国的传统商品如质量上乘的丝绸、经卷、佛具、书籍、字画、文具、古董、瓷器、漆器、茶叶、中药等源源输入日本，对日本的生活方式产生很大影响。这一时期进入明朝中国的日本禅僧至少有110人，有的还拥有"正使""副使"等外交身份，他们在中国停留一年半载，学习书法、绘画和汉诗文，产生了一批颇具才学的士人。如仲芳中正善于楷书，明成祖朱棣让他撰写"永乐通宝"四字铸于铜钱的阳面，字体圆润浑厚，至今仍光彩照人。明朝高僧赴日人数亦多，侨居期间为日本人改诗删文、写序题辞，对日本当时的汉文学（"五山文学"）产生很大影响，将日本汉文学的创作推到了顶峰。

到了清代前期（日本的江户时代），日本吸收中国文明仍卓有成效。除中、日禅僧继续频繁来往外，清初中国学者渡海赴日者甚多，朱舜水于1659年赴日，被聘为水户藩宾师，讲授儒学，培养了一代日本儒学学者。明清小说大量输入日本，如《三言》《二拍》《水浒传》《三国演义》《金瓶梅》《红楼梦》等等，日本出版商将这些书广为翻刻、翻译、改写，在日本得到广泛流传，影响很大。许多中国已失传的最早版本至今仍珍藏于日本。《说文解字》《康熙字典》《瀛寰志略》《地理全志》等陆续输入日本，日语再次吸收了800多个汉字。日本迻译的《万国地学和解》一书中的许多地名、国名都用明清时期中国人惯用的译名，如欧罗巴、英吉利、华盛顿、伦敦、罗马、彼得等。[②]清代中国的乾嘉考据学、书画艺术、医学、建筑雕刻、音乐、柔道等继续对日本文化产生影响。中药（汉药）输入日本数量之多达到惊人的地步，仅1711年就输入77.8

日本民间普遍信仰"七福神"，其中六神来自中、印，一神为"日籍"

▶ ▶ ▶

① 明朝与日本幕府对从事海外贸易的船舶颁发朱印状（许可证），作为和平通商的保证。
② 武安隆：《文化的抉择与发展》，天津出版社，1993，206—208页。

万多斤，1804年增至99.9万多斤。这些中药品种齐全，可用于治疗人体各种疾病，从头痛、腹痛到利尿、通经，有的还可用于避孕。可见日本人接受中医中药已达到十分广泛的程度。中国少林武师陈元赟赴日传授武术，从者云集，他的三个弟子（如福野七郎右卫门）至今仍被认为是日本柔道的祖师。[①]

这个时期日本特别热衷学习朝鲜半岛的陶瓷、活版印刷等技术。1592年和1597年丰臣秀吉两次发动侵朝战争，撤退时掠走许多朝鲜陶瓷工匠。日本极负盛名的"有田瓷""萨摩瓷""萩瓷"和"高田瓷"就分别由朝鲜名匠李参平、朴平意、李敬、尊阶等所创制。至今名闻世界的日本高水平的陶瓷业，就是这样迅速发展起来的。中国宋代毕昇发明的活字印刷术，传到朝鲜半岛有所创新，出现了铜铸活字，在丰臣侵朝战争中传入日本，被用以刊行《大藏一览》，日本工匠又照此模仿制造了木雕活字，刊行《日本书纪》等书，使日本印刷术在17世纪一下子达到了很高的水平。

在1840年鸦片战争之前，日本继续以崇敬之情孜孜不倦地吮吸中华文明的乳汁，对中华文明充满敬意。然而，凭着日本人对西来文明新颖性的特殊敏感，16世纪中叶，日本人的目光曾一度特别注意"南蛮文明"。

一度钟情西方天主教文明（"南蛮文化"）

16世纪初绕过好望角闯入太平洋的葡萄牙船队，于1513年驶入中国南方洋面，此后从30年代起葡人以宁波为其贸易基地。1543年，3名葡萄牙人乘中国帆船漂流到日本鹿儿岛县的种子岛。葡人随身带去的火绳枪（"铁炮"）让地处偏僻的种子岛大名领主大开眼界。在此之前，据《北条五代记》卷三记载：永正七年（1494年，明朝弘治七年）中国的火铳已传入堺市，后又传入关东。但孤陋寡闻的种子岛领主从未见过。他们乍见葡人火绳枪惊讶万分，不惜重金购买。

1543年葡人到达日本的意义不在于使西南日本人见到了火绳枪，而在于它使日本人知道世界之大。此前，日本人只知道最远者为印度，葡人来航使他们知道印度以西还有一个叫作"欧罗巴"的广大世界。但葡人航日更具影响的近期意义在于，这批来自伊比利亚半岛的人带去了日本人从未接触过的天主教。这件西方文明

▶ ▶ ▶

① 武安隆：前引书，206—208页。

葡萄牙商人进入日本长崎

的"最早礼物"一时风靡了日本半个岛区，促使"只知秦不知有汉"的日本人思想发生了很大变化。1549 年，西班牙传教士方济各·沙勿略带领几名传教士从中国进入鹿儿岛，获取领主岛津贵久的传教特许状，开始传教。短短半个世纪时间，日本天主教徒便猛增到 70 万人，占日本当时人口的 3%。16 世纪下半叶欧洲基督教文明为什么能对日本文化产生如此强烈的影响呢？汤因比认为，这是日本自古以来善于接纳外来强势文明的民族特点所决定的。

在天主教风靡于日本西南地区的同时，日本西部大名领主正拜倒于葡萄牙人和西班牙人带去的火绳枪和新奇的商品望远镜、地球仪等物品面前。日本封建领主对更先进的火器有着特别的爱好。火绳枪之类命中率很高的新武器传入后，正处战国时期的日本诸大名如获至宝，他们一方面竞相进口，一方面组织日本工匠大批仿造，将火器搬上战场。因此，从西方传入的火绳枪比从明朝传入的枪，传播得更快，影响也更大。[1] 日本人迅速仿造，并制成闭锁螺栓，较好地解决了枪尾的闭气问题，加强了枪的威力，比葡制火绳枪更先进，不到 40 年的时间日本的火枪制造技术便达到了世界水平，堺市日产 15 支，年产达五千支。1575 年织田信长动用三千名火枪手击败了武田氏。1600 年"关原之战"，作战双方（德川氏的东军与毛利氏等的西军）竟拥有六万支火枪，超过了当时欧洲的火枪数量。[2] 自此，在日本

▶ ▶ ▶ ▬────────────────────────────

① 以至于中国又从日本输入日本仿制的西方式火枪。
② 堺屋太一：《知识价值革命》，东方出版社，1986，276 页。

流行着火力的大小就能决定战争的胜负的观点。为了躲开火枪和火炮的有效射程，财力雄厚的大名们纷纷修建大型城堡、宽阔的护城河；无力修建此类工程的大名成了"统一战争"的失败者。天主教传教士既以贡献火器获得了大名们的青睐，当然也就很巧妙地把欧洲的物质文明当作了包裹天主教的外衣。自鸣钟、眼镜、葡萄酒、玻璃器皿都成为大名们爱不释手的商品，这些商品成功地充当了大部分叩击传教大门的敲门砖。当时正逢中日两国因"倭寇"扰乱而断绝了大部分贸易往来，大名们于是另寻商机，渴望同葡、西开展贸易，以增强实力。葡萄牙人看准其贪婪之心，实行"商教一体化"政策。大名们为利所诱，对传教士表现出言不由衷的"热情"。于是十字架便随着载运舶来品的商船进入了大名的城堡。传教士深知，日本人有着各层民众紧跟大名的"集团意识"，便使出招数，拉拢大名和各村村长先行洗礼；果然，其余村民蜂拥跟随大名、村长集体受洗。日本人加入天主教的人数就这样滚雪球似地急剧增加。

日本千年文明中的主要宗教因素——佛教，到战国时期已腐败不堪，僧众劣行败露，名誉扫地，社会上出现了宗教心理危机。天主教乘虚而入，乔装打扮成佛教的一支，鱼目混珠，将"天主"译成"大日如来"，大量采用佛教术语，教堂利用旧有佛寺做弥撒，传教方式和宗教仪式随风就俗，因而吸引了大批日本信徒。应当指出，之所以会刮起这场沸沸扬扬的"入教风"，日本人在文明交往史上形成的见异思迁心态，见新、见好就"拿来"模仿的传统心理，也起了很大的作用。

然而，天主教对日本传统文明的撞击毕竟过于突兀和猛烈，"入教风"严重地影响了日本社会的稳定。西班牙和葡萄牙传播天主教并非单纯的宗教传播。16 世纪正是西、葡两国在亚、非、美三洲大肆进行殖民扩张的时期。在日本，天主教作为殖民扩张工具的真面目日益显露出来。1587 年丰臣秀吉看到外国天主教传教士在九州拥有教会领地的庞大势力，深受震慑，当年就颁布了"传教士驱逐令"。1596 年西班牙商船"圣·菲利普号"遇风飘至日本，该船船长与丰臣秀吉的部将增田长盛谈话时，指着世界地图说，在世界各地，拥有广大领土的西班牙都是先派教士传教使其国民成为教徒，再派军队来，与信徒里应外合，征服该国。丰臣秀吉听说此事，对比 1565—1571 年西班牙征服菲律宾的悲惨事件，对日本国土安全深感不安，遂下决心彻底禁止天主教。1597 年丰臣秀吉下令处死 26 名方济各会传教士和信徒。

1603 年德川幕府成立。此时天主教在日本继续发展，势力更大，加剧了教会和幕府之间的矛盾。为了巩固刚刚统一的国家，幕府需要加强自己的权威，所以德川家族更不能容忍天主教以上帝神威取代幕府权威。德川统治集团比丰臣秀吉更深切感到天主教传播的威胁。1612 年以后幕府连续发布禁教令，禁令一次比一次严酷。虽然基督教在西方传播时并不着重宣扬反抗主君的思想（如若这样，欧洲封建主早就不容忍它了），但到了东方（日本），随着时空的变更，传教士却更加强调"上帝面前人人平等"，公然提出反对主君。这种与东方封建秩序相悖的思想，同日本的封建伦理道德思想（忠君、从主、重身份、重等级）形成严重冲突，摇撼着日本的封建支柱。对此德川家族深感恼怒。1637 年在岛原、天草两地爆发了信仰天主教的农民反抗压迫、反抗剥削的起义，起义农民达 3.7 万人。1624 年荷兰殖民军侵占中国台湾。这些震撼日本列岛的事件促使德川幕府更加严厉地禁止天主教，并且下定决心完成锁国体制，把天主教等西方"可怕的文明"严拒于日本国门之外。1633 年幕府颁布了第一次"锁国令"，1636 年颁布第二次"锁国令"，条令十分严厉，既不许日本人出国（当时出国经商的日本人达 8 万人），也禁止除荷兰人以外的所有欧洲人入境，不许欧船泊港，所有葡萄牙人、西班牙人均被押解出境。

"兰学"的形成和发展

17 世纪上半叶日本由禁教发展为全面锁国，作为 16 世纪日本与欧洲交往发展的一种结果，有的史学家认为这是两种文明冲突造成的，还有的史学家认为这主要是当时日本的政治经济的需要。此后二百年，作为西方文明主要载体的基督教传教士虽然被禁止入境，但这并不意味着西方文明对日本的影响已经终止。日本人已经体验了西方科学（前近代科学）的优越性。日本统治者并未将西方文明（尤其是其中的科技、器物）与天主教等同起来一概敌视和排斥，相反却对前者表现出某种热情。这突出表现在对只经商、不传教的荷兰人的宽容上。日本统治者从锁国之始便容许在长崎出岛保留"一扇窗口"，让荷兰人输入西方文明中的科技知识，从而为开辟"兰学"新天地创造了条件，保留了日本人学习和吸收西方文明的一条渠道。实际上，西方文明既已渗入日本，广大日本人一旦接受其影响就不是一纸行政命令能够轻易消灭的。人文主义思想、科学实证精神传入日本，蕴积于民间，为其后接受西方近代科学文化创造了有利条件。锁国前，欧洲的教育模式（全日制小学）、工艺美术、乐器、天文历学、航海造船、地理学、土木建筑、测量、医学、军械等科学技术传入之后（日本人统称为"南蛮文化"）①，已被日本人较牢固地掌握，虽备受摧残，仍扎下了根，为后来的兰学奠定了基础。

1603 年德川幕府完成统一，结束了日本二百多年的分裂和战乱状态。1716 年启动的享保改革一方面对蓬勃发展的商业资本予以控制和压抑，另一方面又加以利用，但各地商品经济呈现不可抑制的发展势头，由"南蛮文化"而产生的"洋学"适应这一需求，表现出一定优势，颇受当时开明统治者幕府将军德川吉宗（1684—1751）的青睐。锁国之后，曾受西方文化熏陶较深的一部分知识分子，执着地认为西方文明中的科学技术有许多值得日本学习和效法。1713—1715 年新井白石撰写《采览异言》和《西洋记闻》，反映了他们的共同思想。1720 年德川吉宗放宽了输入西方书籍和中文译著（除涉及基督教者外）的限制，鼓励日本人学习荷兰语和西方文明中的天文、医学和军事策略部分。经受 80 年的禁锢，通向西方文明的渠道终于打开了一条裂缝。此后日本以荷兰人带去的西方学问为主，逐渐形成一种专门的学问——"兰学"（"荷兰之学"）。

兰学的奠基之作是前野良泽（1723—1803）和杉田玄白（1733—1817）合译的《解体新书》（荷兰文原著为《解剖图谱》）。为翻译这部书，前野、杉田等人于 1771 年亲手解剖尸体，他们惊奇地发现，原来人体细微的构造竟与荷兰人《解剖图谱》中的插图分毫不差。此后 4 年，前野、杉田二氏切磋砥砺，修改 11 次，1774 年将此书译成古汉语，人体中"神经"一词译名，即由杉田拟定，此后流行于中日等国。艰苦的翻译过程使他们认识到西方文明中的医学的科学性，并受到实证主义的熏陶，一代一代相传，使日本学界养成了一丝不苟的学风。② 从此，日本开始系统地移植西方医学，并逐渐旁及其他西方科学部门：植物学（本草学）、物理学、化学、天文学、地理学。研究兰学的地区也由江户扩展到长崎、京都、大阪、名古屋等地。

日本兰学具有两个显明的特点，一是锲而不舍，一是团队精神。大槻玄泽是杉田玄白和前野良泽的高足，他的名字"玄泽"，就是取自他的两个老师，他这样做

▶ ▶ ▶ ─────────────────────────

① "南蛮文化"等部分主要参考郑彭年《日本西方文化摄取史》，杭州大学出版社，1996，30—115 页。
② 一百多年来，日本人在科学和生产上的细密、严谨作风使日本在国民生产总值和综合国力上达到了空前的高度，造福于日本国民良多。但这种作风也通过日本的对外侵略活动给他国人民带来过深重的灾难。20 世纪初日本军部为准备侵略中国大陆，花费多年时间在中国内地测绘地图，哪怕在穷乡僻壤、荒丘野岭，连一条小路、一座庙宇、一片树林都不放过，正像人体中任何一根微小血管、神经索都记录在册一样。20 世纪 30 年代日本正是按照他们所绘制的军用地图血洗一个又一个的中国村庄。

的目的，是为了表示他将矢志继承其师门。大槻重新修订《解体新书》，新版《重订解体新书》于 1798 年问世。此书不仅被日本医学界奉为圭臬，而且成为日本近代学术发展史上的"金字塔"，影响深远。大槻于 1786 年在江户开设"芝兰堂"，招收学生，血盟入学者就有 94 人（一说 99 人）。[①] 他编著的《兰学阶梯》是向一般读者讲解兰学的教科书。1795 年大槻在江户组织"新元会"，邀请 30 名兰学家和兰学爱好者参加，共庆阳历新年。此后每年举行一次，遂成例会，共开过 44 次，形成强大的兰学江户学派，对兰学的传播和发展起了重大推动作用。

应该指出，江户时代"兰学"异军突起，虽然影响不小，但在此前后二百多年中，日本吸收外来文明仍以东亚文明的中心——中国为主要对象。严格地说，"兰学"不仅涵盖荷兰文化，而且还涵盖荷兰以外的英国、法国、德国等其他西方文化。造成这种状况是由于当时西方文化进入日本的渠道有二：除长崎出岛进口的荷兰书籍以外，还有输入日本的汉文书籍中所包含的大量西方科学文化知识，如中国学者和在华西方学者所著《西学凡》《职方外纪》《测量法义》《几何原本》《勾股义》《泰西水法》《历算全书》《坤舆万国全图》《农政全书》《天工开物》等数以百计、琳琅满目的典籍。成为启蒙前夕，输入启蒙知识的另一重要渠道。

整个江户时代，幕府和日本社会仍然崇尚儒学，特别是朱子学被奉为官学，形成幕府统治的思想基础。日本统治阶级对兰学的兴趣有着很强的实用主义目的，有些大名歆羡西方的物质文明，搜集钟表、望远镜，使用高脚玻璃杯饮酒，对观看电气实验也颇感兴趣；有的也搜集荷兰出版的天文地理书籍，但他们绝没有全面系统吸收西方文明的想法。日本仍然是一个由封建武士及其价值观统治的世界。因此，兰学在江户时代经历了曲折的发展过程。1787 年松平定信执政时，鉴于其他儒学分派（阳明学、古学派）对时政的批判意识有所萌发，便厉行"异学之禁"，强调朱子学的官学正统地位。此后，政府加紧实行"兰学垄断"政策，认为兰学书籍不宜过多落入"轻率者"之手，"应奉献于幕府书库，不致流传于世"，并严格禁止兰学介入政治。18 世纪末欧洲爆发大革命，其后，尽管对法国大革命相关书籍严禁进口，但西方自然科学知识在日本的传播仍然引发了那些先知先觉者对日本传统（封建）文化的反思，并萌发了否定锁国政策和德川幕府封建体制的思想。兰学发展到

▶ ▶ ▶ ────────────────

① 武安隆，前引书，249 页。"血盟"指学生在"门人簿"上用血签字。

这一地步，已超过幕府所能容忍的底线。19世纪上半叶接连发生了几起幕府镇压兰学家的政治事件，高野长英、渡边华山等著名兰学家被迫害致死。

兰学在日本前近代文明交流史中的历史地位应该得到适当的评价。

1.日本兰学兴盛之时，正是西方资本主义工业文明从萌芽到兴旺的发展时期，日本通过兰学窗口及时接受了西方近代科学发展的新成果。据德穗亭主人的《西洋学家译述目录》，仅1744—1852年日本翻译的西方著作就多达500多种，从事翻译者达117人。这些数字说明兰学家一百多年来为日本寻求新的出路，在知识领域"梯山航海"含辛茹苦，使日本在二百多年的锁国时期，艰难地与世界发展的主流保持着不绝如缕的联系。这为日本明治维新时期适时地大量吸收西方工业文明起了有益的铺路作用。

2.兰学家破除了妨碍西方先进工业文明进入日本的思想禁锢，为西方近代科学思想在日本为传播扫清了障碍。17世纪以前日本从中国引入的"华夷"观念以及大日本中心主义的神国思想，曾将欧洲文明一概斥为"夷人文化""奇技淫巧"，严申"华夷之防"，实际上阻碍了东方文明向其他文明获取自身新生和发展所需的营养。到了近代特别是18世纪末以后，这种观念已成为吸收西方先进工业文明的严重障碍。日本儒学家效颦中国，把日本和中国看作是"中央之邦"，也是一种一叶障目不见泰山的短视，影响了日本人树立科学的世界观。兰学家司马江汉等严厉批判了这种落伍的保守观念以及把西方人视为"夷狄"、看成"禽兽"的荒诞和愚蠢的做法，他们主张废除锁国政策，与西方国家平等交往。

3.兰学家在严酷的锁国时期保存了日本民族吸收先进文明的优秀素质，对明治维新后日本学习西方、跻身世界强国之列、成为近代亚洲唯一发达国家起了重大作用。

从接触兰学过渡到学习"洋学"

1842年中国在第一次鸦片战争中被英国打败，被迫接受屈辱的不平等的《南京条约》，从此逐步沦为半殖民地国家。这一事件对日本震动极大，朝野心态惶惶，议论纷纷。有些兰学家认为"清国之败皆因炮术未熟"，于是炮术在日本大为盛行。又传说英国将乘得胜之师大举侵日，风声鹤唳，幕府上下惊恐不安，下令诸藩加强海防，研究西式军事改革。有识之士开始朦胧认识到西方文明中科技的先进性和有效性乃至关重要，值得效仿。到 1853 年美国柏利舰队窜进日本叩关，1858 年强迫日本签约开国后，这种认识就逐渐变成一部分大名和绝大部分武士以及手工场主的共识了。由于全日本关心国防，不久就掀起了一股兰学新热潮。"新兰学"带有明显的 19 世纪中叶的时代特点：

1. 兰学扩大为洋学。鸦片战争的炮声使德川幕府开始明白，欧洲最强国早已不是"低地之国"荷兰而是英吉利了，英国执世界工业文明之牛耳。日本对兰学的认识逐渐发展为"求知识于世界"的认识；知识来源的语种也从单一的荷兰语扩大到英语、法语、德语、俄语等。此后日本人将起源于西方文明的科学知识，一概定义为"洋学"，"洋学"逐渐取代了兰学的概念。日本人的视野越出了出岛一隅[①]，扩大到了大西洋两岸。由于二百年来"独学荷兰"，日本人对于已成为西方文明主流的英法文明较为陌生，因而力图从各种渠道扩大见闻。由林则徐主持、魏源编辑的百科式巨著《海国图志》传到日本，备受欢迎，重版和再版达 11 次之多，熟悉汉文的大名、武士、知识分子几乎人手一册。

2. 幕末洋学偏重于学习西方军事科学，明显带有救亡图存的急切心理。据佐藤昌介统计，1854—1868 年的 14 年，日本出版有关炮术、用兵、筑城（军事工程）方面的译著达 262 部。但也并非只研究军事，学习西方文明的范围逐渐扩大到了物理、化学、天文、地理、数学等自然科学各学科。值得注意的是，一些洋学家开始涉足向来被视为禁区的社会科学和政治思想领域。佐久间象山、横井小楠、福泽谕吉等通过学习西方人文科学，萌生了学习西方文明长处、改造日本的思想，他们积极主张开国，赞美西方政治文明，期望在日本付诸实践。福泽谕吉屹立于当时洋学的顶峰，他逐步从封建主义思想桎梏中摆脱出来，提出了文明政治的六大课题。难能可贵的是，他能从性质上理解西方工业文明，认为这是一种近代资本主义文明，并振聋发聩地提出，日本民族若要免遭殖民厄运，就必须掌握西方文明中"有形的自然科学和无形的独立精神"。

3. 通过开办各类讲习所培养大批"洋学人才"。讲习所聘请欧洲专家直接授课，而不再像兰学时期由日本人悄悄到出岛聆听荷兰人个别辅导。日本最早一批军事专

▶ ▶ ▶ ▶ ────────────────

① 出岛在长崎，面积仅 12000 平方米，是荷兰商人在日本的唯一居住地。

家、医学专家就是由讲习所培养出来的。1855 年创办的第一所综合研习洋学的开成所（1863 年前称"书调所"），实际上已成为日本第一所综合学府，学员人数众多，1866 年仅数学科就有学员 150—160 人，被称为维新时期人才的摇篮。讲习所之外，这一时期各藩还创设了教授洋学的藩校 240 所。

4. 学习"洋学"注重实践，幕府和各藩直接聘请各国专家 212 人，指导技术领域的实际操作。1853—1867 年幕府依靠西方专家兴建铸炮厂、造船厂、火药厂等重工业工厂。萨摩等强藩除兴建炼铁厂等重工业厂之外，还建立了制造煤气灯、电机、电信等设备的工厂。1851—1864 年各藩建立反射炉（炼铁炉）28 座，制炮 363 门以上。1864 年在鹿儿岛建立第一座机器纺织厂。这些工业成为后来明治维新建立近代工业的先驱。

19 世纪世界文明史发展到了一个新的阶段，即一种先进文明（资本主义文明）以"生存威胁"迫使其他文明（无论是强势文明还是弱势文明）不得不仿效它。此前，人类几大文明共存于地球上同一空间，不存在不学习仿效另一种先进文明便会导致自身文明灭亡的问题，因此在同一地区甚至同一国度，可以容许原始时代的早期文明同高度发达的封建文明同时存在。以日本为例，7 世纪的日本如果拒绝学习和仿效隋唐时期中国文明，不实行"大化改新"，日本的原始文明照样可以在其列岛生存下去，继续保持其"绳纹文化"和"弥生文化"，当时世界上没有任何一种文明力量能够威胁日本文明的生存。但是，当历史行进到 19 世纪，西方资产阶级文明则"迫使一切民族——如果它们不想灭亡的话……在自己那里推行所谓文明制度"。[①] 东亚曾经有过辉煌历史的伟大文明——闭关自守的儒学文明和盲目攘夷的日本国学文明以及朝鲜半岛文明，但到了 19 世纪，这几种文明都已落伍。当时只有溯源于兰学的"洋学文明"切合世界的时势。日本兰学塾和洋学塾培养出来的塾生达 9220 人，已构成一支可观的社会力量。他们成为洋学文明的倡导者和拥护者，他们身体力行，呼吁日本必须打开锁国之门，吸收西方近代工业文明，变革日本，实现文明的新过渡。

► ► ►

① 《马克思恩格斯选集》第 1 卷，225 页。

第二节
明治维新开辟了日本学习西欧的新时代

全面学习西方现代工业文明

　　德川幕府统治集团背负的历史包袱过于沉重，使它在严重民族危机面前无力带领日本渡过难关。1867 年一批受洋学熏陶、强烈向往现代工业文明的下级武士经过多年的酝酿准备，推翻了德川幕府的统治，抬出已被历史遗忘了的天皇（15 岁的刚继承皇位的睦仁天皇），改元明治，建立了统一的明治政府。

　　1868 年明治政府成立后，表现出十分强烈的学习西方文明的愿望，其改革的规模之大和程度之深在世界文明史上均属罕见。它超过了 19 世纪初的埃及穆罕默德·阿里改革，甚至也超过了 18 世纪的俄国彼得大帝改革。在学习和吸收西方文明方面，明治政府迈出了坚定沉稳的步子。按计划，有步骤地采取了多项重大的措施。

　　广揽人才　　首先是广揽通晓西方文化的人才并培养自己的人才队伍。在幕末时期，自 1856 年藩书调所成立以来，幕藩领主已在兰学和洋学基础上培养出了一批初步掌握西方科技文化知识的知识分子，明治政府首先征用了这批人才，包括福泽谕吉、加藤弘之、渡边一郎、中村正直等 26 人。接着由政府和民间组织聘请具有真才实学的外国专家。70 年代延聘外国专家最多：1872—1879 年明治政府聘请 3359 人，民间组织聘请 2442 人，共 6001 人。这些专家旅日多年，在向日本移植资本主义文明方面起了重大作用。仅在工部大学和东京大学理工部，几年内就培养大学毕业生 411 名。

　　继幕府向国外派遣大批留学生之后，明治政府和私人公司从明治元年起向美、英、德、法派遣留学生。1868—1874 年共派遣留学生 550 名。1875 年开始实行贷款留学制度。1882 年的留学人员主要进行各领域的专门研究工作，留学水平大大提高。数以千计的留学人员在国外熟悉并通晓西方文明，回国后陆续代替外国专家承担传播和移植西方文明之重任，对推动日本现代化起了重大作用。头几批回国留学人员中有西园寺公望、青木周藏、东乡平八郎、大山弥周、岩崎弥之助、山川健次郎、高峰让吉等人，他们对日本的人文、经济、军事等方面的现代化起了重大作用。

向欧美派遣参观团 新政府成立仅三年，1871 年半年之内就向欧美派出两批大型参观学习团，实地观摩学习西方文明的各项制度和具体做法。1871 年 5 月首先派出"十三大藩海外视察团"，包括正式视察员等 38 名成员，视察时间为一年。东渡路线是穿越太平洋，从美国西岸到东岸，横渡大西洋到英国，而后视察法、普、荷、俄等国，从马赛经苏伊士运河由印度洋回国。同年（1871）11 月派出政府正式使节团到欧美考察访问，由岩仓具视任正使，木户孝允、大久保利通、伊藤博文等任副使，成员共 51 人。使节团所走路线基本与"十三大藩视察团"相同，共视察 12 国，绕地球一周，历时一年又十个月。岩仓使节团的一项任务是拟与欧美诸国协商修改不平等条约，但列强根本不把尚十分贫弱的日本放在眼里，以日本法制不健全、不谙欧美法律等为借口，拒绝修订。然而使节团另一任务——考察观摩西方文明却获得丰收，使节团认真撰写的考察报告对此后日本社会影响深远。此次官方考察对日本矢志实现现代化具有重大意义：(1) 考察团包括日本明治时期最重要的领导者和决策人物及高级官员，他们通过实地观察，对 70 年代西方资本主义的物质文明、精神文明留下了极深刻印象，深化了高级决策人员对西方文明的理性认识，通过对比找出了日本与西方列强之间的重大差距，从而更加明确了日本现代化应走西方的道路。在英伦三岛，他们看到到处是工厂。英吉利富甲天下，正是百年来大力发展工业、商业的结果。大久保利通的"殖产兴业"思想正是从英国本土得到的启发，他下决心要将西方资本主义工业移植到日本。(2) 普鲁士崛起的背景使有着相同历史际遇的日本感奋不已。考察团成员不禁对号入座，与自身进行对比。首先，德国式的君主立宪，以议会形式粉饰门面的军事专制国家制度，正是明治政府梦寐以求的政治体制。其次，德国以"其国力来实现其权力"的政策，使大部分由武士出身的使节团成员对德意志容克地主钦羡得五体投地。从西门子电机厂制造的精密仪器、克虏伯军工厂铸造的最先进的大炮到俾斯麦在首相招待会上的现身说法，每一件事都使日本领导人心领神会，耽于容克地主资产阶级以实力为基础的铁血政策，对欧洲的铁血文明情有独钟。环球航行中到处见到的日不落"米字旗"，使日本人领悟到大英帝国的殖民文明同样奠定于对外扩张侵略的实力政策之上。从德国立国的经验中，日本人领悟到，跻身于强国之列的国家无一不是以"内治优先"取得社会稳定，在此基础上向弱邻扩张，以实力对抗强权，取得同列强"平起平坐的地位"。(3) 普及教育为第一要务。美国发达的教育使这个国家人才辈出，使前13州殖民地独立后迅速走向民富国强。木户孝允由此总结出一条重要经验：期待人才于千载无尽，则必须兴办真正的教育。美国文明的注重实际及其实学的特点给予已受"重实际的兰学"熏陶百年的日本第一代西式知识分子留下了极深的印象。岩仓使节团回国途中路过正在沉沦为半殖民地的中国大城市上海、广州，亲眼目睹遭受西方列强蹂躏的东方文明的残荷败柳，使节团一些受过儒学教育的成员产生了极其复杂的心态：一方面冒出对昔日老师中国的睥睨神态和鄙视看法；另一方面萌发了依靠侵略、掠夺日益衰弱的中国来壮大日本的"失之西方取之东方"的卑劣龌龊动机。

1873年9月岩仓使团回国后立即着手抓两件大事：(1) 推迟实现西乡隆盛的"征韩"部署，执行"内治优先"政策，先稳定内部再向外扩张；(2) 落实发展资本主义现代工业的一系列政策，确立"文明开化""殖产兴业"和"富国强兵"的目标。

将大力兴办教育纳入"文明开化"政策的首项　使节团亲眼目睹了西方文明体系中教育的重要性，从而认识到，教育是实现日本现代化的关键，要想引进他国的科学技术，改变人们的思想观念、道德风尚和发展资本主义经济就必须大力兴办现代教育，培养大批人才。"十年树木，百年树人"，编制教育规划是当务之急，必须马上进行。明治政府领导人木户孝允主张兴办教育一开始就必须两手抓：一手抓西方教育体制的系统移植；一手狠抓教化，即教育中必须贯彻"忠君爱国"精神，突出地体现出日本教育的"双重性格"。

(1) 普及初等教育，狠抓基础教育。日本的教育改革，最初是移植法国的教育机会均等学区制。1872年颁布《学制》，强制适龄儿童进校读书，学制为4—8年，甚至以警察监督强迫执行。于是小学发展极为迅速，1873年学校数目达到12 500多所，学生人数为1 145 000多人，1879年学校数目增至28000多所，学生数为2 315 000多人。6年分别增长123%和102%，可谓高速增长。但强制做法脱离日本国情，加重了食不果腹贫困农民的负担，引起农民的不满和反抗。1879年改学美国的教育制度，但不久就放弃其中的自由主义部分，留下学制的躯壳。同年颁布《教育令》，把教育置于国家控制之下，取消强制入学规定，贫穷农民子女可以不上学。入学率显著下降。1880 年后采取折中办法：任何儿童（除天生白痴）就学年限不得少于 3 年，适龄儿童不上学需经地方官批准。这样一来，普及初等教育获得成效，1885 年初等教育经费占全国教育经费的 84.3%。经过 30 年的努力，日本适龄儿童升学率达 92%。

(2) 狠抓科学技术教育，培养师资人才。日本从小学到大学，科学技术内容在全部课程中所占比重比西方任何一个国家都大。重视师资培养，重视"摇篮建设"，1875 年已建立普通师范学校 82 所。东京大学初建时（1877）理学部 16 名教授中聘请的外籍教授占 12 名。9 年后（1886）日本各大学的理科课程绝大部分由日本教授主讲。

(3) 狠抓"思想教育"，从小学起就严格地以"忠君爱国"思想教育学生。1879 年颁布《教育大旨》，对实施新学制 6 年以来忽视封建道德的"德育"现象予以严厉谴责，批判（一度）"全盘西化"教育的弊病，谴责曾"将仁义忠孝置于后，唯洋风之为竟，终至于有朝一日不知君臣父子之地步"的现象。此后，通过一系列法令、敕语，编写国定教科书，将承担政治思想和道德灌输的修身课从末位置于首位；规定学校举行升旗、祭典等仪式时，均须"捧读"天皇敕语，齐唱歌颂天皇的《君之代》，聆听有关历代天皇文治武功的训话；此等形式均应极其严肃地贯彻执行。明治政府力图通过这些形式潜移默化地将封建忠君主义、军国主义思想全面渗透到教育的各个领域。凡教育的"文明开化"有与"忠君（尊皇）爱国"的思想相抵牾的，则以维护后者为重，舍弃或修改前者。1882 年颁发《幼学纲要》，立足于从少年抓起，为少年儿童德育规定了"忠孝礼义"等 20 项内容。1890 年颁布《教育敕语》，将以前各种封建的、军国主义的形式内容进一步强化和系统化，由此确立了封建军国主义思想对学校教育的全面统治。日本的教育方针要求各级各类学校所培养的学生既要掌握近代科学技术知识，又要迷信神道教，恪守封建道德规范。从明治到昭和数十年间各级各类学校严格施行封建军国主义教育，极力把日本数以百万计的青少年塑造成忠于天皇、充满狭隘的沙文主义"爱国"思想的狂热、愚昧、盲从的战争工具。1879 年以后的教育变革表面上是对"全盘西化"的清算，强调复归"日本化"，但它并未真实地反映日本文明与西方文明的冲突，实质上是在接受西方技术文明的前提下，加强对日本人民的精神统治，以保存封建主义道德糟粕，从而强化"忠君尊皇"思想，为对外侵略扩张作思想准备。实际上，由于日本学校的教育思想充斥着封建军国主义的糟粕，日本教育现代化的真正完成推迟了数十年。

尽管如此，日本在学习西方资本主义教育体制方面仍获得了巨大成绩。1877年开成学校和医学校改组成东京大学，比中国京师大学堂（北京大学）的成立（1898）早了21年。东京大学设立法、理、文、医四个学部，不惜巨金聘请欧美教师任教，移植西方近代学术。政府重点扶植东大，1880年拨给东大经费42万日元，占当年文教经费50%。1886年改称东京帝国大学，增设工学院、农学院和研究生院，使之成为日本强大的高等教育基地。东大模仿德国大学的做法，国家主义色彩浓厚，文理科比率为6（文）：4（理），鼓吹"法科万能"，为日本现代化培养出数以万计的政治、技术官僚和高级研究人员。到19世纪末，日本大部分阁僚均毕业于东京帝国大学。到世纪之交，日本的医科大学借助于兰学时代的雄厚基础，已接近国际水平。1900年日本拥有大学、高等学校9所。1878—1900年共培养35200名大学毕业生，基本上满足了日本近代经济发展和社会管理对高级专业人才的需求。此外，日本认真学习西方的实业技术教育制度，注重中等技术专科人才的培养，到1900年中等实业技术学校已有290所，为正在进行工业革命的日本工厂、企业输送了数以万计的熟练、敬业的技术员和技工。明治时期的教育成果不断转化为生产力，推动日本资本主义现代化的各项事业迅速发展。

移植西方资本主义生产力和现代产业制度　明治政府在吸收和引进西方工业文明的过程中，注意从根本上建立现代文明的经济基础，初期采取了移植西方资本主义的方式。系统而全面地移植另一种完全不同的文明，这在世界近代文明史上实属罕见。这种"移植"是在两种不同经济形态之间的移植。它不同于欧洲宗主国在美洲殖民地的那种再造自身，而是由尚未完全摆脱半殖民地状态的日本作为主权国家，按照西方资本主义国家模式，从经济基础到上层建筑，全面地加以"仿造"。因而在移植初期免不了会有模仿甚至"依样画葫芦"的弊病，这是由日本当时的社会经济发展水平所决定的。有的研究者只注意明治新政府领导人学习西方文明的强烈愿望，而忽略了起步时日本经济发展的那种低水平（尚处于资本主义萌芽和早期手工工场阶段），因而未能全面地反映日本吸收西方文明的曲折、艰辛过程。实际上，19世纪70年代初日本尚处于原始积累时期，资本主义经济仍处于极低水平。

工场手工业和家庭手工业在数量和产值上均占主导地位；而且，尚未摆脱1858年被迫开国后所形成的半殖民地经济结构的束缚。日本同那些地缘上处于欧洲，文化上属于基督教文明的俄国、普鲁士和其他欧洲小国相比，并不具有地缘和文化上的优势。因此，日本在移植西方文明的过程中一度出现诸如"全盘西化"的偏差是不足为怪的。总体来看，日本在移植西方文明的过程中具有如下这样一些特点：

（1）狠抓殖产兴业，培植工业基础，以棉纺织业为发展工业的切入点。岩仓使节团回国后，1874年5—6月间大久保利通便向明治政府提出《关于殖产兴业的建议》，他在建议书中说："大凡国之强弱，决定于人民之贫富；人民之贫富则系于物产之多寡；而物产之多寡，又起因于是否鼓励人民之工业。因此，归根结底是依靠政府官吏诱导奖励之力。"明治政府接受大久保利通的建议，注意发展"人民之工业"，并以棉纺织业作为切入点。

明治初年，日本社会的经济结构仍具有半殖民地的农业国性质。据《物产表》统计：1874年全国各府县生产总值为37.2亿日元，农业产值占61%，工业产值占30%，其中食品和纺织品产值占69.6%，大多是手工业产品。出口总额中，生丝、茶叶、蚕种占73%，这些物产仍是主要出口原料；进口总额中，棉纱、棉织品占35.7%，即1/3强，基本上还是欧洲大机器工业品的市场和原料供应地。进出口关税税率仍由欧美列强规定。由于关税不自主，从70年代进出口贸易的发展势头看，棉纱、棉布进口势头有增无减：1868—1879年棉纱进口增加达4.3倍，棉布2.1倍。洋布压倒日本手工工场土布，棉纺业奄奄一息；洋纱潮水般涌入，造成外贸大量逆差。迄1877年，手纺纱无力与洋纱竞争。明治政府决策者从世界工业发展史中认识到，当年（19世纪上半叶）法国棉纱织业与英国竞争是以更先进的纺织技术和更大规模的纺织厂同英国相抗衡的。明治政府积前10年之教训，利用移植文明法则中的"后发优势"，采取四项措施扶植民族纺织业：第一，进口比英国纺织机更为先进的美式环锭精纺机，新建纱厂规模均在一万锭以上。第二，鉴于国家资本纺织厂经营不善，政府转而扶植以私人资本为主的纺织厂。移植欧美股份公司制度，组织具有日本特色的"株式会社"，把社会上的商业资本、高利贷资本、地租、金禄公债等分散资金都筹集到各株式会社中。1883年开工的大阪纺织公司就是"集腋成裘"的结果，它从技术、规模和经营管理水平上都赶上了英国的兰开夏，仅一年，资本就从25万日元增加到56万日元。这一先进"样板"激起了长达十多年

日本丝绸厂织机旁的女工

的私人大办纺织厂的热潮。1884—1898 年棉纺厂从 19 个增至 72 个，纱锭从 4.9 万锭增至 114.6 万锭。第三，采取"以土养洋"方针。由于进口大批纺织机械和棉花需要大笔外汇，明治政府以出口生丝创汇，弥补棉纺织业外贸赤字，前者创汇为后者的 1.8 倍，实现了"以丝养棉"的目标。同时，以日本纺织业已达到的实力，促使列强于 1894 年同意第一次修改不平等条约。明治政府便于同年取消棉花进口税，其后又取消棉纱出口税；为运输印度棉花进入日本的船舶提供方便，明治政府资助三菱公司开辟直通孟买航线。第四，日本国产棉纱迅速占领国内市场，仅六七年时间（1888—1895）就把洋纱进口量从 15.8 万捆[①]降到 4.8 万捆。日本纺织业的发展有一突出特点，即刚达到自立就立即向外扩张，以自立为扩张奠定基础，以扩张来巩固自立。这是日本民族特性的反映。洋纱进口一减少，日纱立即着手夺占亚洲市场，其中最主要的是中国市场。1895 年以后，日本凭借《马关条约》向中国扩张，确立了"对亚洲劣等国销售那些使用从欧洲先进国进口的机械制造的物品"的方针（1896 年农商务省次官语）。1898 年日本出口的棉纱 94.1%、棉布的 45.7% 输往中

▶　▶　▶

① 日本棉纱 1 捆重 181.44 公斤。

国；并引用《马关条约》第六款的规定，在上海、天津、青岛开办日资纱厂，以日纱排挤华纱，打击中国幼弱的民族工业。1913 年日本纺织纱锭增至 230 万锭，与欧美列强差距大大缩小，1937 年增至 1190 万纱锭，占世界第三位；同年日本棉织品出口达 48.26 亿码，夺走了英国一百多年来在世界棉织品市场中所占据的第一把交椅的位置。这标志着日本在赶超西方工业方面已取得引人注目的成就。

(2) 全面移植西方近代企业。日本的做法是：先移入日本本土进行模仿再造，加以培植，然后再使之"日本化"并有所创新。日本不像奥斯曼帝国对西方近代工业那样一点一滴地引进，而是系统引进，全面开花：交通运输和通信业、机械制造和化学工业、采矿业、纺织业和食品工业等同时引进。这种一窝蜂全面开花的引进方式，说明它确是一种"移植"，而不是"根系培植"。这种引进尽管出现了一些弊病，但对后进国家来说却不失为一种"捷径"。首先，这样的移植过程，难免会出现某种浮躁、追求表面的"文明开化"的现象。例如英国是在产业革命进行了五六十年以后才开始适应生产运输的需求，于 1825 年开始兴办铁路，而且在兴建铁路之前，还有一个先开辟水上运河运输的过程。日本则主要从政治上考虑，为加强中央集权体制，1870 年就开始修建东京—横滨铁路，而且 1872 年 10 月就通车了。其后京都—大阪、京都—横滨、京都—神户等线陆续建成。日本兴修铁路最初并非为生产所急需，它之所以能真正为全体政府官员所接受，是因为在 1877 年的西南战争中，为镇压西乡隆盛的叛乱，铁路在运送军队方面曾大显神通。其次，由于初期的移植蜂拥而上，项目太多，而民间缺乏资本，只好全靠国家资本实行"官办"，因此，在"殖产兴业"阶段，移植资金主要靠政府的财政拨款。而政府财政中地主、自耕农缴的地税占财政收入 90% 左右，摊子铺得太大，每每出现捉襟见肘、力不从心现象。由于财力、物力不足，加上经营不善，官办工矿业连年亏损，最后只好把 26 家企业以极低价格转让给"政商"的私人企业经营。

尽管出现了以上这样一些弊病，但殖产兴业时期模仿西方工业文明草创的许多企业，仍然对日本的产业革命起了很大作用。例如 70 年代初修建的铁路虽颇受保守思潮的抨击，但这些用国家资金修建的铁路激起了私营铁路修建热潮，铁路在紧接着兴起的日本产业革命中起了国民经济大动脉的作用。日本铁路经营有序，在很短的时间内列车正点率便居于世界前列。近代邮政制度的移植也取得很大成功。1871 年东京至大阪的邮递开通，1873 年便开始实行全国统一邮资制。

1869 年东京至横滨的电报开通，仅 15 年便建成了覆盖全日本的电报干线。电话是 1876 年才发明的文明通讯工具，日本极为重视这个"近代社会的神经"，1877年便开始引进日本，东京和横滨的电话首先通话，仅几年工夫东京警署便能同僻处深山密林中的任何派出所通话。东京同分布于全国的 4000 多个小岛的"神经"也都相继接通了。

（3）不惜投入巨资扶植重点项目。日本吸收西方文明善于选择关键部门，然后集中资金、人才，给予优惠条件，促使其优先发展。此类例子，除上述棉纺织业外，航运业也是一个很突出的例子。明治初期政府经营航运业，多有亏损，但他们大力发展航运的决心不变。岩仓视察团对英国航运业在现代文明中的作用印象至深，鉴于日本关税尚不能自主，发展航运不仅有助于收回商权，且能在一定程度上起到保护关税的作用。视察团回国后的次年（1874），大久保利通便提出建议，认为日本是岛国，运输业重点应从铁路转到航运，以发展航运业来振兴工业。明治政府采纳了他的建议，并决定以扶植三菱商会作为重点。1874 年明治政府为侵占中国台湾岛做准备，采取异乎寻常的措施，将"日本国邮便蒸汽船会社"及其所有的船只无偿转让给三菱商会，并每年拨给大批补助金。1875 年商会改名"三菱汽船会社"，展开近海航线争夺战。首先开辟了上海航线，在这条航线上与美国太平洋航运公司展开竞争。在政府补助下，三菱会社不断降低船价，终于击败美国公司，迫使其将上海航线的有关设备以 78 万元的价格转让给三菱。1876 年又以同样手法同英国的"P.O."公司展开竞争。三菱创始人岩崎弥太郎带头"减薪"一半，公司职员也减薪三分之一，以节省会社开支，降低船价，迫使英国从上海航线撤走。1893年为配合日本棉纺织业的竞争，取得海外廉价原料，降低进口印棉的价格，明治政府补助三菱开辟神户—孟买航线，开始在远洋航线上插进一脚，与英国等列强展开竞争。

为奖励国内造船业，明治政府减少外国造船舶的"航海奖励基金"，于是日本钢船制造量直线上升。1895 年钢船造船量为 0.85 万吨，1919 年猛增到 60 万吨，24 年中增加了 70 倍，跻身世界第三造船大国行列，为日本造船工业奠定了坚实基础。日本政府每年给航运业的补助金平均高达 676 万日元。日本在通往中国沿海、朝鲜、俄国远东各港口的近海航线上占据全面优势。民用造船业的飞速发展为日本海军大扩展奠定了雄厚基础。

（4）移植西方经济制度（包括先进的企业制度）。19 世纪奥斯曼帝国和埃及都未曾系统地移植西方的经济制度。日本"求知识于世界"和"以西洋文明为目标"的指导思想，打开了移植西方经济制度的坦途。日本也不同于印度。印度的一切经济制度基本上是宗主国英国一手把持，在原封不动或改动甚少情况下由英国移植到印度本土，带有浓厚的殖民主义色彩和先天不利于印度的内容。日本则在本国政府主持下聘用西方专家为顾问，以我为主，精审细择，移植它认为对日本有利的经济制度，为适应日本特点加以改造，甚至有所创新，使之成为现代企业在日本赖以成长的有力保证。

移植股份有限公司　股份公司是资本集资的高效形式，对促进早期资本主义经济发展曾起过重大作用。日本主要参照德、法有关制度加以移植，并赋予有日本特色的名称"株式会社"。1871 年明治政府发布《立会略则》等有关株式会社的解说书，积极普及股份公司知识；1872 年颁布《固定银行条例》，正式移植股份公司制度；1878 年颁布《股票交易条例》，以国家立法保障株式会社的生存。此后，许多重要的企业都采取株式会社形式，如"国立银行""日本铁道会社"。80 年代后期株式会社制度普及到大部分产业部门。

移植银行制度　岩仓使节团在欧美视察时认识到，银行是"万国无比之良法"，"将来富国之基本"。回国后决定推广美国的银行制度。当时大久保利通、井上馨等人对银行制度一知半解，但"见好就学"，难免囫囵吞枣。如美国银行原文为"National Bank"，意指按国家法律成立的银行，日本人则将其误译为"国立银行"（忽视了 National 既含有国营又含有私营的双重含义，正确译法应为"国家银行"或"国民银行"）。1872 年据此译法，颁布《国立银行条例》，以讹传讹，造成多年集资困难，运营不佳。1879 年创办半官半民的横滨正金银行，1887 年颁布该行条例，使之成为"国策银行"，掌握贸易金融外汇业务。1882 年成立日本银行，负责确立近代的通货制度，成为"银行中的银行"，日本的"央行制度"初步建立。与此同时，日本政府聘请英人湘德（Shand）为顾问，开办讲习班，学员被派往各地金融机构工作，并建立银行检查制度，至此才使健全、合理经营的近代银行制度得以确立。

移植近代货币制度　明治初年，货币制度十分混乱：既发行不兑换纸币，也发行金、银硬币。1871 年宣布新币实行金本位制，1886 年又实施银兑换制。1887 年为筹措军费，发行大量不兑换纸币，引起通货膨胀，使信用手段严重受损。自 1859 年以后，"洋银"一直占据日本贸易通货阵地，侵剥日本币制自主权。日本银元（"一元银"）竞争不过"洋银"。直到 1881 年日本连年出现外贸出超，政府信用加强，在此基础上进行纸币清理，才使纸币与银币同价，逐渐排挤"洋银"，夺取币制自主权才算取得初步胜利。

移植近代公债制度　公债作为一种信用手段，具有资本积累的职能，是西方工业文明行之有效的一种金融制度。缺乏资金的明治政府迅速建立各种公债制度，作为推动日本经济生活的重要杠杆。1870 年公债及借款已占财政收入的 22.9%，此后一直成为弥补日本国家财政不足的重要原始积累手段。由于日本公债制度一开始便与当时的国际金融制度接轨，可用于投资，因此对发展日本产业起了重大作用。

明治时期日本对西方经济制度实行"以我为主"的移植政策，先"拿来"，再根据日本实际加以改造，使之"本土化"。这些成功做法在世界文明史上是常被引用的范例。

学习欧美，建立日本式的科学技术体系　19 世纪初以来亚非拉许多国家都学习和引进西方工业文明进行改革，但所有这些国家的经济发展和现代化速度都没有日本快速顺畅，重要原因之一是没有建立起自己的科学体系。日本自明治初期开始便以"和魂洋才"为口号学习欧美，建立适合日本国情的科学技术体系、领导体制及教育机构，这是"移植文明"成功的关键。

明治初期日本仅有兰学（包括洋学）培植的微薄的自然科学基础，为建立日本自己的科学技术体系，明治政府和民间团体大批聘请欧美专家（其中一些是一流的）。自明治元年至三十一年，政府共聘请外籍专家四千多人，民间雇用八千多人。这些专家分布在大专院校、研究所、工厂企业和政府部门，为培养日本所缺乏的科技人才，建立日本空缺的科学部门，研制新产品，做出了重大的贡献。日本政府不惜重金聘用有真才实学的外籍专家，1879 年外聘专家开支占国家财政支出的 2%，这在世界文明史上也是少见的。日本善于使用和发挥外籍专家作用，这些外籍专家被主要用在培养日本人才上，一旦日本自己的人才（包括归国留学生）脱颖而出，便及时削减外聘专家人数。

这一时期，明治政府还及时建立了大批各种专业研究机构，倡导技术自主思想，"鼓励团队精神"。明治期间建立了电气研究所、工业试验所、中央试验所等

14 个大型研究所和各种专业研究学会 12 个，有计划地组织他们开展科学技术研究。1877 年由井上胜主持担负京都—大津铁路设计施工工程（比我国詹天佑独立设计施工京张铁路早 30 年），开创了依靠本国技术力量自建大型工程的新局面。1874 年田中久重机械厂发明和制造了电报机。日本深知技术自立需建立于基础研究之上，东京大学自建立之初就重视加强理、工科的基础研究，90 年代初，具有独创性的研究成果不断产生。如田边朔郎的琵琶湖疏水工程、宫原二郎的水管式锅炉等技术在国际上均获较高评价。

明治政府十分注意将引进的西方技术加以"日本化"。日本不惜高价引进西方先进科学技术的专利权。引进后加以改造，使之适合日本实际，并提高功效，从织机到军械，此类例子不胜枚举。当时欧美方面的专业人士评论说，日本人虽无创造，但模仿改造方面极有功夫，往往"青出于蓝而胜于蓝"。

明治初期，日本的物理学、化学、工学、生物学、医学等学科基本上依靠西方专家，但不久便能独立地加以发展。物理学由尤因（Ewing）和克诺特（Knott）为其奠定基础，到 20 世纪初，长冈半太郎的《原子模型研究》（1903）就大放光彩，还出现了石原纯等一批杰出的物理学家。化学与医学、农学相结合，出现了世界水平的成果，如池田菊苗的味精（1908），高峰让吉的高淀粉酶，铃木梅太郎的维生素 B（1910）。应用化学方面出现了被称为"日本水泥之父"的宇都宫三郎，1873 年生产了日本最早的硅酸盐水泥，奠定了日本水泥制造业的兴盛之基，使日本水泥和陶瓷工业迅速成为世界著名产业。医学方面有兰学的基础，成就卓著：留学德国的北里柴三郎发现血清疗法，培养结核菌和破伤风菌，后来又发现了鼠疫细菌。1884 年高木兼宽的脚气病（缺乏维生素 B_2）研究获得成果，1897 年志贺洁发现了痢疾杆菌，1909 年秦佐八郎研制成功抗梅毒药"606"，所有这些都是对世界医学的不朽贡献。工学方面吸取西方文明成果更多，由于日本是在 19 世纪下半叶才开始全面学习西方，为此它将两次产业革命合在一起同时进行，所以更具特点。1897 年宫原二郎发明水管式锅炉，1903 年就被海军用于舰船，日本造船技术由此突飞猛进。1898 年，6200 吨、2000 马力的钢制邮船"常陆丸"性能已达到英国水平。机械工学的技术发展更快：1887 年蒸汽机普遍取代了人力和畜力戽水车；1896 年造出了东方第一大型 1300 马力的陆用发动机，使蒸汽机的制造水平提高了一大截；20 世纪初进入汽轮机时代；1893 年在英国专家特里维西克（Trevithick）指导下制造出第一辆国产复式蒸汽机车。1913 年开始，日本铁路的机车已全部由本国厂家生产。

科学技术的引进和发明迅速转入实用和批量生产阶段。欧洲人用混凝土修建护岸，日本引进后迅即建成长崎、大阪等 25 个港湾，1899 年开工的横滨码头工程由日本人古市公威设计，标志日本近代港湾技术的新水平，并带来商港修建技术的革命。广井勇指导设计了日本第一座钢筋混凝土大桥——仙台的广濑桥。佐野利器针对日本多地震这样一个特点，潜心研究房屋耐震构造，对早期钢筋混凝土理论的系统研究贡献良多。1878 年美国爱迪生发明碳丝灯泡，一两年后日本就迅速引进，用在纺织厂夜班照明。1887 年火力发电厂竣工，东京电灯公司正式开业。1895 年进口三相感应电动机，1897 年东京大学教授中野初子和藤冈市助就设计并生产出了四台 200 千瓦的交流发电机。1899 年东京、名古屋、大阪的市郊修建了电气铁路。1907 年日本高压送电成功，电网建成，由此工业动力从蒸汽进入电气阶段。许多科学家自身下海当企业家，把发明创造迅速转化为生产力。高峰让吉购买美国机器，创立大日本化肥公司（日产化学前身）。1881 年应用化学家宇都宫三郎自创小野田水泥厂，后来的浅野、小野水泥公司就是在此基础上发展起来的。民办应用化学的兴盛，带动了日本陶瓷、煤气、制糖、火柴迅速转入现代化大生产。末广忠介从业电气冶金，使日本的炼铜生产技术显著进步，足尾铜矿成为采矿冶金先进技术的标兵。早在 1914 年以前日本的铜产量就已跃居世界第二。[①]

社会生活方式的文明开化　明治时期追求西方文明生活方式基本上是上层社会的事情。与西方文明生活方式有所接触的统治阶层和知识分子认为，要使日本在世界上"令人尊敬"，社会生活就必须"西方化"。下层社会群众长期以来只是充当社会生活方式"文明开化"的旁观者。为了改变这种状况，政府制定了行为规范条例，通过天皇"垂范"和媒体的宣传倡导，要求普通百姓的衣、食、住、行逐渐"欧化"。明治政府当时推行"文明开化"（欧化）的心态，福泽谕吉有一段很生动的说明："以日本人的智慧与西洋人两相比较，从文学、技术、商业等最大的事物到最小的事物，从一数到百或数到千，没有一样能高于西洋，没有一样能和西洋比拟的，并且也没有人敢和西洋较量一番。"[②]明治初期日本人的这种心态加上历史

▶　▶　▶　────────────────────────

① 郑彭年：《日本西方文化摄取史》，杭州大学出版社，1996，301—319 页。
② 福泽谕吉：《文明论概论》，商务印书馆，1997，96 页。

上积淀下来的崇外主义的惯性，使得刚一接触西方文明生活方式的日本人马上就产生了对"西方文明生活"的无比崇拜和对日本文化强烈的自惭形秽心理，甚至认为日本"一切都是野蛮至极"。因此，此后掀起的"文明开化"高潮，一方面显示出日本人学习先进、积极进取、赶超欧美的精神，另一方面也表现出日本人的浮躁、浅薄和势利。有人主张日本传统的衣、食、住、行都应全部废除，限期欧化；日语"幼稚卑陋"，不能表达文明思想，日本人应统统学习英语；甚至认为日本人种也应"欧美化"，提倡日本男人应与"具有更优秀的肉体和智力的西洋女子结婚"以改良品种（高桥义雄：《日本人种改良论》）。

岩仓使节团回国后，1872—1880 年由明治政府出面倡导，发布断发、易服、食肉等行政命令，并发行了几十种关于文明开化的宣传小册子，宣传解释政府实行改革的政策。1883 年首相伊藤博文和外相井上馨主持修建了豪华的"鹿鸣馆"，馆内有 18 个西洋式活动厅室——餐厅、舞厅、游艺厅等。鹿鸣馆举办的所有社交活动均按西方仪式：着西服吃西餐、跳西洋舞、做西洋游戏。鹿鸣馆成了推广欧式生活的场所。1887 年首相伊藤博文在官邸举行化装舞会，把社会生活的"欧化"推到极致。

改革日本传统生活方式的极端做法，不仅花费了大量的宝贵资金，而且伤害了一般日本人的感情，因而引起他们的反感，并引发社会震动。不久，日本社会的这种不满情绪便借财政危机的发生而爆发。头脑清醒的银行家阪谷芳郎提出警告说："埃及或土耳其都由于财政的紊乱，不能偿付外债的本息，而将财政让外国人来监督管理……日本也严重地面临着重蹈土耳其和埃及覆辙的命运。"著名大学教授，

日本人体验西方的生活方式

小说家夏目漱石批评这种盲目欧化风气是一种"轻佻"行为，他担心浅薄地模仿西方会失去"日本人的特性"。著名医学专家森鸥外也反对完全以欧洲为模子来改变日本的习俗、制度和机构。甚至福泽谕吉也改变了腔调，认为日本的传统文化不能全面放弃，应"尽量少抛弃"，而对西方文化应尽量多吸收，从而提出了"少弃多采主义"。实际上这场由于社会生活方式和风俗的"欧化"所引起的辩论是一个如何对待日本传统文化和如何吸收西方工业文明的问题，其意义远远超出了社会习俗的范畴，这场论争对于此后的"日本化"探索，起了健康有益的作用。从此以后，日本对西方文明的吸收加强了选择性，在异质文明的本土化方面下了一番深工夫。

第三节
移植文明过程中的诸种斗争

推行西方现代文明制度，从性质上看，是世界范围内的资本主义制度同封建主义制度和其他前资本主义制度的斗争。马克思在《共产党宣言》中说得很清楚："资产阶级由于一切生产工具的迅速改进，由于交通的极其便利，把一切民族甚至最野蛮的民族都卷到文明中来了。……它迫使一切民族——如果它们不想灭亡的话——采用资产阶级的生产方式；它迫使它们在自己那里推行所谓文明制度，即变成资产者。一句话，它按照自己的面貌为自己创造出一个世界"。[①] 在移植文明制度过程中的斗争实际上比阶级斗争更为复杂，因为这种斗争还包含有继承和维护民族的优秀文化传统的斗争以及由此而衍化出来的多种复杂斗争。

与封建残余势力的斗争 早在明治初期，推翻幕府的阵营内部就爆发了一场改革派与封建守旧派的斗争。以西乡隆盛为代表的封建保守势力及保守的武士对取消

▶ ▶ ▶ ▶ ─────────────────

① 《马克思恩格斯选集》第 1 卷，255 页。

封建俸禄和佩刀特权产生严重不满，他们聚集在因主张立即征韩而被否决下野的西乡周围。这一反对文明改革的守旧势力，如同奥斯曼帝国的近卫兵团，由政见分歧发展到政治和军事对立，1877 年西乡发动了武装叛乱。叛乱被镇压后，守旧势力并未烟消云散，不久他们又在军国主义旗帜下聚集成一股盘根错节的势力，以另一方式反对日本现代化。

"欧化主义"与"日本国粹主义"的斗争　"欧化主义"亦即"全盘西化"，是东方国家学习西方过程中比较容易产生的一种偏向和弊病。任何一种文明均有外在的文明与内在的文明，外在的文明主要指衣、食、住、行（器物层面）以及政治法律（制度层面）等耳闻能见的事物。在学习先进文明的初级阶段，容易形成不问本国实际一味模仿、照搬外在文明（器物层面）的热潮，这在 19 世纪上半叶的土耳其和埃及等国都发生过。只是这种情况在日本文明史上更为突出，曾多次发生。因为日本文明一直是一种弱势文明，向来有一种潜藏很深的崇外意识。另外，日本民族又有一种善于模仿、急切吸收和尽快赶超的特性。因此，"欧化主义"（"全盘西化"）在明治前半期一度发展到极端的地步。这种不顾日本国情的对西方文明的过量"吸收"及其所造成的对日本自身文化的离心力，遭到日本社会越来越多的反感和批评。于是作为一种复古思潮的"国粹保存论"便由此产生，这种思潮鼓吹"以忠君爱国为基调的日本精神"。

在学习西方的实践中，一部分日本人逐渐认识到，既不能不顾日本国情，生搬硬套西方的技术和文化走"全盘西化"的道路，也不能一成不变地固守幕藩时代的思想和传统，陷入"国粹主义"泥沼；既要努力实现与国际潮流接轨的现代化，又不能被"欧化主义"所同化。于是，日本的有识之士得出结论：只要从"和洋折中化"进一步过渡到"和魂洋才"①，就是做到了"日本化"。

由此可见，如何创造日本的现代工业文明，明治政府面临三种选择：（1）"洋魂洋才"，即全部照搬西方的技术和思想，亦即"全盘西化"；（2）"和魂和才"，即保持极端保守的神国主义的所谓"和魂"，也就是变相拒绝西方技术，保持落伍的"和才"；（3）"和魂洋才"，通过实践证明这是一条可取的道路，但各派对此理解殊异。对于"洋才"比较容易达到认识上的一致，即充分吸收西方工业文明中的先进

▶ ▶ ▶ ────────────────

① "和"指"大和民族"的文化。公元 3 世纪，日本形成以奈良为中心的大和国，始有"大和民族"之称。

福泽渝吉的《西洋事情》

技术。关于"和魂"是什么却有不同看法：有人主张以日本的精神文明为基础，适当吸收西方文明中资产阶级的先进思想；有人主张坚持日本神国主义思想（即后来的军国主义思想基础）；有人主张改造日本的传统文化。总之，各派都在根据自己派别的利益对"和魂"做出解释。不过，一般说来，"和魂"的内涵所反映的总是占统治地位的主流派的主张，当然它也就成为日本国家的指导思想。①

下面，就明治宪法产生的过程来分析明治政府是如何吸收外来的政治文明的。

从日本文明史看，外来文明的引进移植都是由国家主持，中央政府具有权威地位。1868 年以后日本遭受民族危机，被迫"采用资产阶级的生产方式"②，这样的决策只有中央政府才有权力做出。这一决定说明两个问题：第一，资产阶级的生产方式适合日本国情，符合日本统治阶级的利益；第二，它也是受到日本文化传统和当时历史条件限制的结果。至于日本国体最终选择"天皇制"，到底主要取决于阶级利益或是国家利益，还是取决于文化传统，日本的一些官僚和右翼学者文人认为主要取决于日本的文化传统。当然这也就很难解释为什么日本的"君主立宪"天皇制会迅速地走上军国主义和法西斯主义的邪路。

明治政府在吸收西方文明的过程中，在政治法律制度方面表现出十分慎重的态度，这中间可以明显地看到，他们是要极力地维护统治阶级的利益：他们很早就吸收了西方的征兵制，但对普选制却不予移植。明治时期，日本怀有强烈的愿望，希

▶ ▶ ▶ ────────────

① 刘天纯：《日本现代化研究》，东方出版社，1995，119—137 页。
②《马克思恩格斯选集》第 1 卷，255 页。

望通过学习西方国家的法律制度，促进日本社会的经济发展。但在初期，半封建的明治政府却仍以修补旧法为主。1870年明治政府以中国的明清律为蓝本，参考《大宝律令》（701年制定）和《公事方御定书》（1742年制定），制定了《新律纲领》，1873年又颁布《改定律例》，这些都不是现代法律，含有很强的封建性。与此同时，日益深入的改革和商品经济的发展，又在不断地提出新的法律问题，日本的现实迫使明治政府和法律工作者改变做法，他们终于认识到罗马法是"商品生产者社会的第一个世界性法律"，于是，他们开始组织力量翻译带有罗马法精神烙印的法国刑法、刑事诉讼法、民法、民事诉讼法和商法。1875年《法兰西法律书》刊行。当时不少日本人为改善国际地位，主张加快法律建设。首批学成归国的法律专家井上毅于1875年发出呼吁，说日本"内而法制不立，拷问不废，一切因循武门旧习，为开国诸国嘲笑；外而我国法不行于我国土，以至于外人强奸我妇女而不能逮捕罪犯，独立之气象安在？此盖因习法之权不振所致"。井上毅的这番话揭示了当时日本法制的真情。明治政府聘请法国、德国专家任指导，起草刑法、民法、商法，并分别于1880年和1890年公布。但民法中因被人指责含有"天赋人权说"，有损于日本皇权，被延期颁布，经修改一直到1898年才付诸实施。

在西方近代政治文明体系中，国会和宪法占有重要地位。1874年开始的带有资产阶级性质的日本自由民权运动，其主要目标和口号的第一、二项就是坚决要求开设国会，制定宪法。随着运动的发展，这两项要求的民主性显著增加：要求设立民选国会和制定民主宪法，成为自由民权运动的纲领。从70年代到80年代，群众性的自由民权运动发展到暴力地步，导致自由党解散。日本国内围绕召开国会和制定民主宪法展开了激烈的争论，争论的焦点，集中于以下几方面：（1）应在谁的指导下以什么样的理论指导制定宪法；（2）日本应建立何种国体、政体；（3）各派政治力量在未来国家政权中应占何种地位。1874—1887年全国提出了宪法构想62种（仅限有据可查的），大部分都是由参加自由民权运动的组织和个人，参照欧美各文明国家尤其是英、美、法的现行宪法起草的。伊藤博文、井上馨等留学出身的大臣认为制定宪法的大权应掌握在政府手中，宪法应由天皇钦定。1880年由元老院主持起草的、以比利时宪法为蓝本的《国宪草案》由于有关加强皇权的条文仍很薄弱，不为当政者所接受。1882年明治政府决定派伊藤博文到欧洲国家进行31项宪政考查。鉴于德国宪法赋予皇帝的权力比任何君主国都大，也最具保守主义色彩，伊藤博文遂以考察德国宪政为此行重点。他在柏林大学听了宪法学教授古内斯托6个月的讲演，并搜集大批资料，认定德国的君主宪制和秘密制宪主义比较符合日本国情，决定以德国宪法为蓝本，聘请德国专家为顾问起草宪法。明治政府将宪法草案经由三次"宪法会议"讨论，最后于1889年呈交已亲政22年的明治天皇"钦定"，由于这部宪法始终未经过国会讨论而是以敕语形式公布，所以史称"钦定宪法"，正式名称为《大日本帝国宪法》。这部宪法同欧美各国的民主宪法大相径庭，其保守性又远远超过皇权色彩浓厚的德国宪法，它赋予天皇的权力比君主立宪国中皇权最大的俄国沙皇还要大得多。这是一部"皇权至上"的宪法，有5个突出特点：（1）规定了天皇神圣不可侵犯，只有天皇一人拥有制宪和改宪权；（2）天皇权限至高无上，既是国家元首又是统治权的总揽者；（3）国民权利的保障须受由天皇裁决的法律限制；（4）国会采取两院制，但公选产生的众议院的权力受贵族院和天皇非常大权的严格限制；（5）法院在天皇的名义下行使司法权。

这部宪法是正式确立天皇制的宪法，宪法规定由天皇任命的文武官僚总揽日本统治大权。无疑，专制统治是这部宪法的灵魂和根本；但另一方面也要看到，由于它毕竟是东方国家学习西方政治文明而设立议会后颁布的第一部宪法[①]，日本议会仍

《明治宪法》颁布仪式

▶ ▶ ▶ ────────────────────

① 不算未获实行的1876年的奥斯曼帝国宪法。

有一定的地位和权力，它拥有一定的立法权、对预算的审议权和对内阁的质询监督权。因而这部宪法具有两重性质：专制统治与一定程度的立宪政治并存；政治上、思想上的高压统治与一定程度上的基本人权和自由主义并存。这说明明治政府是一个代表地主资产阶级利益的政府，这部宪法所反映的正是这个地主资产阶级的意志。

值得注意的是，在世界文明史上，并不缺乏在一定条件下半封建专制政治逐渐向资产阶级议会民主政治转化的事例，而日本在学习西方立宪文明以后的60年，不但未向真正的民主政治前进一步，反而向人类历史上最野蛮的法西斯政体转化，从而导致日本整个现代化的中断，这是什么样的历史条件造成的呢？是"文明冲突论"能够解释的吗？这是世界文明史的研究当中非常值得深入研究的一个问题。

第四节
从富国强兵政策走向军国主义道路

日本的富国强兵政策

富国强兵政策是近代东方（亚非）诸国学习、吸收西方工业文明时普遍采用的一项政策。为了对抗西方的"炮舰政策"，避免沦为殖民地、半殖民地的厄运，当时奉行这一政策是正确的。明治政府继承了幕府末期的富国强兵政策，但从一开始它就对其弱邻心怀叵测，暗藏"失之于欧美，取之于邻国"的卑劣打算。日本对邻国的觊觎由来已久，这是日本民族的一种文化心态，是有基础的。

如上所述，日本自身有着世界上任何一种文明都没有的一些特点：（1）它自古以来（近二千年来）一直是一种弱势文明，因而善于模仿和吸收其他文明的长处。二千年来它不断学习和吸收中国大陆和朝鲜半岛的先进文明。这种外来文明受惠者的心态使日本人的对外意识中带有崇外主义色彩，但却又毫无感恩报答之心；

（2）日本文化中没有"绝对正义感"，更多的是功利主义，一切都从自己的实际利益出发^①（"经济动物"的绰号与此相关）；（3）日本文化中还有一种非理性的鄙外主义心态，最突出的表现是自诩日本为"神国"。日本《神皇正统记》堂而皇之地写道："大日本者神国也。天祖肇开其基，日神传统绵长。此事唯我国有，异国无匹敌者。故云'神国'也。"此外，日本的鄙外主义矛头往往首指中国。早在1853年，中国初败于鸦片战争不久，一衣带水的日本便遭遇美俄兵舰叩关，日本近代一位颇有影响的人物吉田松阴便提出这样的一个谬论：日本受列强侵略的损失要从邻国中得到补偿，他说："其间（日本）培养国力，迫使容易攻取的朝鲜、满洲（中国东北）、支那（中国）服从我国，即由朝鲜、满洲夺取土地来补偿从欧美所受到的贸易损失。"^②明治政府刚刚成立，第二年即1869年就提出"征韩"，但因内部意见不一，才算暂时没有对朝鲜半岛"逼以军舰之兵威"。1871年日本与中国交涉签订《中日修好条规》，起初竟以《中德条约》为蓝本，要把不平等条约套在中国脖子上。同年，日本无视琉球主权及其与中国自古以来的亲密关系，擅自把琉球划作日本的一藩。1874年明治政府以琉球人与台湾中国人互殴为借口出兵台湾，企图达到一箭双雕的目的：既登陆占领台湾，又迫使清政府承认日本的行动为"保民义举"，即承认琉球人是"日本臣民"。五年后（1879）日本把琉球划归冲绳县，完成吞并计划。1875年明治政府内部取得一致，将"征韩"计划付诸实施，派三艘军舰侵入朝鲜领海，制造"江华岛事件"。次年，日本由6艘军舰组成的舰队侵入朝鲜，迫使朝鲜签订《江华条约》，将西方列强曾强加给日本的不平等条约强加在朝鲜人民头上，迫使朝鲜承认日本的领事裁判权等。明治政府成立后每年至少一次对邻国发动侵略，几乎全部获得成功，这便大大刺激了日本军国主义者的胃口。凭借《江华条约》等不平等条约，日本对朝鲜的贸易额激增，三年内增加了11倍。从朝鲜进口的廉价大米使日本市场能够维持低米价和低工资。1885—1887年日本从朝鲜掠取的黄金为日本自产黄金的4倍。日本生产的商品大批向朝鲜出口，1892年已占对朝鲜进出口贸易的87%。由此，日本"文明开化"的决策者认定，既然资本主义工业文明的一条准则是"弱肉强食"，那么日本学习西方文明，一方面要奠定国内资本主义的强大经济基础，另一方面就要把日本的独立富强建立在占领和掠夺邻国之

▶ ▶ ▶ ─────────────────────────────

① 堺屋太一，前引书，276—279页。
② 井上清：《日本现代史》，三联书店，1956，146页。

上。日本的"国权扩张论"在国民中获得越来越多的拥护者。有人露骨地提出"应筹划曾使英国国权得以扩张的海外殖民事业"。1885 年福泽谕吉在《脱亚论》中公开提出"脱亚入欧"的险恶理论:"在现今文明东渐风潮之际,中国和朝鲜无论如何无法维持其独立,其国土必为文明诸国分割。日本莫如脱其伍而与西洋文明之国共同进退,随从西洋人对其(中国、朝鲜)办法处置。"至此,日本企图加入西方帝国主义列强队伍,充当"东亚鹰犬",对中国和朝鲜侵略扩张的野心已跃然于纸上。日本的富国强兵政策逐渐变质为对外侵略扩张的政策。

走入歧途

日本是如何从"移植文明"逐步走向侵略扩张的歧途的呢?

从 19 世纪 80 年代起,明治政府加紧扩充军备就不是以废除不平等条约为目的。军事工业成为日本近代工业的重点。从明治政府初期继续执行富国强兵政策之时起,日本不惜投入巨资移植西式军事工业,并全部由国家垄断经营。国营企业中的军事工业在资金、技术、劳动力、能源方面均占绝对优势,并聘有欧洲专家指导,成为日本的主干工业,因而早在明治初期就起到了促进资本主义产业移植日本的作用。实际上,当时军事工业兼有冶炼钢铁、机械制造和造船等一般重工业的职能,由军转民,又促进了民用工业的发展。但到 80 年代末,日本的扩军备战政策发生了重大变化,军事工业带动民用重工业朝着战争产业发展。从此,民营企业从事军工生产成为日本资本主义迅速发展的一个重要因素。这就使 80 年代刚刚进入产业革命的日本经济,明显地具有战略性工业获得优先发展的独特性质。

由此,日本政府特别重视对武器的研制和军事工业设备的更新,注意吸收西方各国先进军事技术和设计。它不拘一格,哪国先进学哪国,派出许多优秀人才到各国学习军工。1880 年村田经芳发明的村田式步枪即已达到国际先进水平(后来发展为"三八大盖",在侵华战争中大施淫威);有坂成章发明钢制三一式速射野炮,1897 年制造出海军使用的 120 毫米口径的速射炮。1891 年下濑雅允发明当时世界上最好的一种黄色无烟炸药——下濑火药。为满足海上军事扩张的需要,日本设立"海军舰型试验所",建立大型试验船坞,培养出了一批一流的造船专家。1898 年山本长方主持设计制造"常陆丸",性能已可与英国巨舶媲美。近藤基树设计的巡洋舰"筑波号""生驹号"和大型战舰"萨摩号""安艺号"，野中季雄设计的战舰"河内号""摄津号"等在侵略战争中都起了重大作用。

1873 年日本初行征兵制时，新建日军编制只有 3.1 万人，占全国人口千分之一。70 年代，日本进行侵略中国台湾和朝鲜，以及借朝鲜问题准备进一步向中国开战等一连串对外侵略活动，使明治政府感到军队编制过小，实力不足。1879 年和 1883 年两次修订征兵制度，延长兵役年限，并将免除兵役改为延期征兵，初步增强了兵力储备。1888 年陆军重新进行军制改革，改用德国军制（原为法国军制），改"镇台"为"军团"。陆军现役军队增至 7 个师 5.3 万人，预备役和后备役超过 20 万人。海军扩展为 5 个海军军区，拥有 25 艘军舰、10 艘鱼雷艇，总计 5 万多吨。设立陆军大学、海军大学和若干培养士官生的军校，为推行军国主义准备军事干部。

日本军队不称国防军而称"皇军"，这不是一个简单的名称问题，这里潜藏着军国主义的目的，它表明日军不是一般常备军、国防军，而是天皇的军队，以此强调军队要绝对效忠于天皇。为使军队无条件效忠天皇，成为军国主义侵略扩张的驯服工具，明治政府在军校和军队内部建立了极其严格的军事教育，向士兵、士官系统地灌输反动、野蛮、仇视异族的思想。几十年的军国主义思想熏陶，使日本"皇军"在历次对外侵略战争中无比残暴和野蛮，日本军人灭绝人性的行径成为人类文明史上的一大耻辱。那么，日本是如何培养与文明背道而驰的野蛮传统的呢？

第一，向军队灌输绝对尊崇天皇的思想。1878 年发布的《军人训诫》要求军人必须把天皇当作超人的"神"来崇拜；要绝对服从天皇及天皇所任命的长官，并以"树立榜样"的方式，鼓励军人在有愧对天皇的行为时应切腹自杀以谢天皇。

第二，规定日本军人应具有武士道精神。武士道原是 10 世纪以来日本封建武士的道德规范，倡导武士效忠于武士的首领（大名、诸侯），以维系封建的主从关系。明治政府成立后将旧的主从关系改换成效忠天皇；在军内外大力宣扬包含忠节、武勇、崇拜日本刀、敬神信佛和注重"礼法"等内容的武士道精神，美化武士道，将它提升为日本人的最高美德，使之成为对外侵略扩张的精神支柱。

第三，利用佛教的一些做法，改头换面训练军队。日本把禅宗的"坐禅"引入士兵的自我锻炼法，但官兵中十分流行的坐禅，不同于禅宗的坐禅（为了进入禅的悟证境界），而是用来训练自我表现的控制能力，以适应侵略战争中肉搏战的需要。

禅宗对生死意义的扬弃，被用于武士道培养官兵"不畏死"的精神，从而成为军队以死效命天皇的思想武器。

第四，以残酷无情作为皇军的魂。日本文化中存在着的对家庭、学校和社会的"残酷无情"的传统，本可以在吸收先进文明过程中逐渐淡化，但日本政府为保持其"民族特性"，有意识地在学校教育和军队教育中予以强化，最后竟将这种"绝情"演绎成为"无毒不丈夫"的美德。日本人对佛教中的劝善戒恶、儒学中的"仁"这些伦理文明都彻底予以抛弃，对西方现代文明中的博爱思想更视如弃屣，而对西方工业文明中的糟粕——社会达尔文主义所倡导的弱肉强食，却奉为圭臬。"弱肉强食"原则在军队中被演绎成为"强者即真理"。上下级的服从关系被扭曲为对上级是羊，对下级是狼，对内是羊，对外是狼。在家庭中，父家长和长兄是暴君。在学校尤其是在军校中，高年级学生戏弄、虐待低年级学生，低年级学生则戏弄、虐待比他们更小的新生，这些做法相习成风。日本儿童和少年从童稚时起就被塑造成虐待狂和被虐待狂，具有双重性格。入伍后这种性格结构又被强化到极点。这些士兵一旦踏进被侵占国的领土，便几乎都成了恶狼般的暴徒。他们可以把被占领国的老百姓装进邮袋，"点天灯"活活烧死并以此来取乐，他们用刺刀剖开孕妇的肚子把婴儿挑在刺刀尖上仰天大笑……这些不齿于人类的暴行却丝毫不会引起军国主义化的军人道德心理的颤抖。从1890年《教育敕语》发布之后，"忠"是日本最重要的道德，为天皇尽忠是日本人最高的道德规范，只要是"忠于天皇"，则可以完全不顾行为本身是善或恶，是"是"或"非"。在对华的侵略战争中，战地日本士兵被告知，只要是"支那人"（中国人），便可以随便欺负（包括屠杀、强奸）。为实施细菌战，日本731部队中那些由西方医学文明培养出来的技术精湛的军医们会毫不犹豫地将中国人绑在手术台上进行活体解剖，他们的道德天平上放置着"为天皇进行细菌战"的沉重砝码。人类文明史上常有所谓"文明"与"野蛮"只隔着一层纸的说法，关键点在于是以什么样的思想去指导或灌输文明的承载者。在日本的近代文明化过程中，"心的层面"（"相对于器物层面"）受军国主义思想的熏陶，导致文明化的诸多成果付诸东流，这是值得人们深思的。

在近代军事史上，日本军部是一个极其奇特的机构，是日本学习西方军事而产生的一个怪胎。1878年桂太郎第二次从德国研究陆军回国，不久他就提出要将参谋局（也是学德国而成立的）扩大为参谋本部，说这是"欧洲数一数二文明国"之所为，参谋局长之权可与陆军卿（大臣）相抗衡。从 1878 年参谋本部诞生后，军部就逐渐演变成为一种特殊的政治势力，参谋本部可说是其前身，它以将官为首长，直属天皇，军部掌握的军令事项，政府无权过问，其后逐渐发展为与政府相抗衡，最后发展到牵着政府的鼻子走。在 1867 年推翻幕府时，天皇无一兵一卒，借用强藩之兵，天皇军队在较短时间内建立并得到迅速发展，成为日本一支最有势力的力量，这在近代世界各国中亦属罕见，其中奥秘值得研究。1871 年废藩置县前，从萨摩、长州、土佐三藩抽出八千名受过近代军事训练的官兵组成"御亲兵"，构成天皇军队的基础。这种情况与德国以普鲁士军队为基础组成"国防军"也不大相同。各藩军队改编为"镇台"（师团）后分驻于全国 4 个（后增至 6 个）管区，中央军队仍只有几千"御亲兵"，1872 年改称"近卫兵"，增到三个联队。这些兵力只是用来防备旧藩士兵和人民暴动，从来不用来防御外国入侵，也无"国防军"性质，因而对内这些兵力是足够的。如上所述，明治政权初期的策略是发动对外战争（征韩、攻打台湾、吞并琉球），把国内注意力引向对外作战，以此巩固中央政权，并通过征服邻国取得"日本受欧美列强压迫之补偿"。军队是构成这一策略的核心。由于军队从初建就负载着"取得补偿"的特殊任务，因而日本在吸取西方军事文明之始，就几乎将一切有关的现代军事制度全部扭曲了：征兵制原是 1789 年法国大革命时期为同反革命的封建专制制度做斗争而创立的革命制度，日本则以"征兵制"来保障天皇专制制度。欧美各国军事统帅部均由政府领导，日本却让军队脱离政府，从政府中"独立"出来，让实际上成为统帅部的"军部"来领导政府，军部既独立于政府，又独立于议会和政党。欧美各国的陆军部、海军部一般由文职人员任部长，日本则规定陆军省、海军省的大臣必须由现役将官担任，并拥有直接向天皇上奏的权力，这样做不仅是为了防止军权落入文官或政党手中，更为重要的是给予军部以不提名陆相、海相的名单，来迫使政府就范或垮台的权力。"国防方针"是关系到一个国家民族存亡的最高方针，欧美国家均由内阁制定，日本则由军部策划，首相只可就天皇下达的方案发表意见，这就迫使首相只能承认陆军、海军已做出的决定。

日本军队中藩阀势力（原长州藩、萨摩藩等）盘根错节，力量强大。自 1878 年参谋本部成立，藩阀势力渗入，便为军阀势力奠定基础。军方力量越来越独立于政府，而且能越过政府直接上奏天皇。天皇又往往倾向军方，对重大问题形成最后决定权。1881年5月为增加军费，任参谋本部长官的山县有朋绕过政府，上奏天皇，要求"赐给"245万日元，7月天皇颁令照拨。1882年发生汉城朝鲜军队兵变事件，山县有朋抓住时机，要求扩充陆军军备，天皇为此晓谕增征租税，强调充实军备"尤为护国之要点"，同意军部以朝、中为侵略对象的战争准备。从此，参谋本部开辟了一条不经政府而直接搬动天皇准备侵略战争的道路。

90年代初日本计划发动侵华战争，以打败中国、吞并朝鲜。陆军和海军竞相扩军。海军军方以中国北洋海军（表面）强大为由，要求扩大海军，提出日本舰队的吨位标准应超过中国海军与英国驻东方舰队的总和，要求日本舰艇的吨位达到12万吨，即净增加7万吨，总费用为5855万日元。为此，海军1891年提出了连续9年增加拨款、总款数需5855万日元的造舰计划。由于议会多次否决扩充方案，海军扩军计划未能实现。但军方侵华意图极其强烈，遂搬出天皇来压议会。1893年2月天皇向议会下达敕令：国家军防之事，不得一日疏忽。明治天皇借此惺惺作态，表示今后6年他个人将节衣缩食，每年"赐给"海军30万，文武官员减俸1/10，补充造舰费用。议会屈服了，通过了庞大的造舰费用预算。由此，日本海军便以在未来侵华战争中打败中国北洋舰队为目标，全力以赴扩充舰队，并乘机将海军军令部从政府部门中独立出来。到90年代，虽然尚未在法律上规定陆相、海相的武官专任制，但实际上这两个重要职位已不可能从武将之外遴选。1900年，军方首领山县有朋组阁，便明文规定陆军省和海军省的大臣和次官只由现役将官担任。这一做法同欧洲内阁制大相径庭。从此，日本陆、海军大臣在内阁的地位特殊，总理大臣

体现日本火器实力的甲午陆战

难以指挥。日本在以西方文明为榜样建立政制时，国内自由民权运动仓促登场，甫一亮相便很快败下阵来，因为天皇制和军部势力配合默契，沆瀣一气，绝不容政党和议会置喙军队。天皇制和军部让日本的整个国家机器的运转首先服从于日本的长期战略部署，亦即"失之于西方，取之于东方"和"脱亚入欧"的决策。正是这一决策使日本学习西方工业文明堕入邪途，走上了奉行现代帝国主义强盗政策的道路。

"范例"背后的真相

有一种理论认为，在资本主义时代，东方贫弱民族和国家学习西方现代工业文明必定要走日本道路。美国历史学家赖肖尔认为，"日本的现代化对现在的欠发达国家是一个最好的榜样"，并判定如果这些欠发达国家"要找出一条跟日本完全不同的新的发展道路，那却是完全非科学的态度"。[①] 赖肖尔还认为，虽然日本近代历史中包含着军国主义等问题，可是日本现代化却获得了极大的成功。这种理论将日本的军国主义化给亚洲人民带来的巨大灾难加以极端淡化，而极度强调日本现代化的成功，是第三世界学习西方文明的榜样。"范例论"在许多方面违背了历史的真实。事实是，由于日本走上了军国主义道路，日本明治维新以来学习西方工业文明的许多方面（如政治、土地制度）便出现了扭曲，它的现代化终于遭到了它自己发动的侵略战争的毁灭性打击，导致日本现代化在三四十年代中断多年。为探究其更深层次的原因，有必要分析明治时期日本的社会性质和日本在现代化过程中阶级关系的变化情况，以深化日本文明史的研究。

明治维新时期日本经济基础方面的变革，并没有完全模仿西方工业文明的做法。德川幕府时期，日本的土地制度是封建领主（将军、大名）土地所有制。1869年实行奉还版籍的改革，实际上是废除了封建领主土地所有制，将地方"治权"奉还中央政府，由中央委派知事治理。1871—1873年施行的地税改革也并未完全根除日本土地制度中的封建性质。

地税改革有几条重要的规定，比如承认地主和自耕农的土地所有权，不承认实

▶ ▶ ▶ ─────────────────────

① 赖肖尔：《日本近代化的历史评价》，《中央公论》，1961 年 9 月。

际耕作者对土地的所有权；允许土地自由买卖、自由种植、农民自由择业、自由迁徙；地税一律向土地所有者征收，税额为地价的 3%（后改为 2.5%）；一律缴纳货币等。这些规定对日本社会阶级结构和阶级力量的配置所引发的变动应该说不小于"奉还版籍"等措施。因为地税改革使封建地主的土地所有权得到确认，壮大了日本的地主阶级特别是寄生地主阵营。

虽然日本的法制建设全面学习法国，但土地制度的改革却不学法国大革命时期将逃亡、叛国的贵族土地分给法国农民的做法，而是极力巩固日本地主的佃租权，实际上导致了直接生产者（日本农民）的土地越来越多地被剥夺。因为承认日本地主土地所有权就意味着日本农民特别是佃农土地权的丧失。在整个明治维新时期这一过程的步伐越来越快。1873 年改革时，佃耕地占所有耕地的比重约 30%，自耕地约 70%，大部分地主自己经营土地，雇工耕地。但此后两极分化，不少自耕农因地税过高，迅速破产、没落，被迫放弃土地，沦为佃农的日益增多。明治政府让一切地租制度仍旧按幕府时期办理，征收最高额地租税，一般占农民收获的 60%—70%，有些地方实行"八二地租税"，地租占收获量的 80%。佃农无法养活全家。许多农民逃荒流浪，土地抛荒甚多，造成地税改革后农村阶级矛盾非但没有缓和，反趋尖锐。明治初期日本发生的农民运动和租佃纠纷次数居高不下，农村社会仍然很不稳定。

直至 19 世纪末，日本仍是农业国，农业产值占全国总产值的 80%。日本的工业化走的是一条"以农养工"的道路，移植的现代产业不仅不能抛开农业，反而必须依靠农业才能稳定基础。农产品在出口中所占比重，70 年代为 80%—84%，80 年代为 68%—73%，90 年代仍占 50% 以上，成为创汇的主要部门。地税占财政收入的比例，直至 1875—1879 年仍占 80.5%，成为政府财政主要来源。因此，明治政府需要绝对稳定的农村环境。而改革后农民的抗争不但没有停止，反而更加高涨，并与自由民权运动遥相呼应，对明治政权形成严重威胁。这是明治政府强化军队、警察和宪兵力量，加强军国主义教育的国内因素。

明治政府的地税改革使新兴地主获利最多：不但承认了以往幕藩体制一直不予承认的地主土地所有权，并且实际上大大增加了只收佃租不事经营的寄生地主的剥削收入。政府从法律上保护地主征收高额地租，出租土地比自营更为有利，致使改革后寄生地主占有土地面积日益扩大，经过 14 年，到 1887 年，全国 44%

的水田都变成了地主的租佃土地。地主阵营不断扩大：天皇在推翻幕府以后没收了德川氏的大片领地；地税改革后又在法律上承认天皇拥有全国所有山林，实际上天皇成为全国最大的地主；领取公债的藩侯公卿大批购买土地，也变成了地主；许多城乡资产者看到当寄生地主收入最保险，也纷纷投资于土地，成为工商业资本家兼地主。庞大的寄生地主阶级以苛重的封建租税剥削农民，地租收入成为他们最大的收入。地主资金的积累在日本资本主义发展中长期起着重大的作用，直到 1914 年，日本所得税的缴纳者 60%—70% 为地主，法人（资本家企业）只占第二位。在这种阶级结构下，明治政府需要保护地主、代表地主利益是不言而喻的。在整个明治时期（1868—1912）日本农村仍然保存着封建性浓厚的土地租佃关系，封建剥削没有减轻的趋势，佃租在佃农总收获量中所占的平均比重为 68%。[①] 日本广大农民遭受着封建主义和资本主义的双重剥削。在明治时期的几十年中，可以说日本是拖着极其沉重的封建尾巴来学习西方现代工业文明的，这是日本"文明开化"出现多方面严重扭曲现象的深层原因。包括自耕农、佃农、雇农在内的上千万农民的生活仍然十分贫困（农民鬻女为娼现象十分普遍，导致明治时期娼妓制度畸形发达），而由佃租积累起来的资金又是日本资本主义资金的重要来源[②]，这便直接造成日本国内市场的极端狭小和资金匮乏，这二者强烈地刺激着统治阶级，于是他们便疯狂地从事对外扩张，企图从掠夺中、朝两国中寻找出路。

明治时期的寄生和自营地主确是一个兴旺发达的庞大阶级，在城镇和乡村拥有强大的势力。在日本第一届国会中地主成分议员在总数 300 名议员中竟占 144 名，占 48%。住在农村的地主（所谓"在村地主"）包揽了村长、村会议员、村农会干部、村产业组合干部、退伍军人在乡军人会的干部等职，把持了整个乡村政权。地主中担任教员、僧侣、医生和工商业者的也很多，位势显赫。地主阶级是天皇制的最坚决拥护者，对天皇顶礼膜拜，矢忠不二，对军国主义的一切举措也坚决拥护。寄生地主成了日本军国主义深厚的基础，也是它的两大经济支柱之一（另一支柱是财阀）。寄生地主的存在和它所拥有的强大势力是日本吸收西方工业文明过程中发生扭曲、走上军国主义道路的重要的社会原因。

从 1868 年至 1893 年日本吸收西方工业文明的第一个 25 年中，日本对外战争

▶　▶　▶　▪

① 二战后，日本限制货币佃租，水田不得超过收获量的 25%，旱田不得超过 15%，可见明治时期佃租之苛重。
② 直到 1901 年日本的国家租、税收入中地税仍占 24%，所得税仅占 9.99%。

不断，从一场小型战争走向另一场小型战争，这些战争以独特的方式哺育了日本新文明，在第二个25年中（1894—1919），几场大型战争刺激了日本军国主义的恶性发展，于是终于在第三个25年中（1920—1945）发动了超大型的侵华战争和太平洋战争，从而导致了日本文明的覆灭。这样，就在战后的废墟上形成了日本的新宪法，新宪法规定日本将走"非军事化文明"的道路。

弱势文明的"短路效应"是如何出现的？

为什么日本的现代文明史会出现这样的扭曲和畸形？

日本开始推行西方文明制度时，资本主义因素很少，全国仅有约400个手工工场，资产阶级尚未形成，中央政权由半封建官僚和地主掌握，实行的是对官僚地主最为有利的天皇制。专制天皇制从一开始就注定了日本此后77年政治文明的巨大失误，它未能按西方工业文明的民主制原则实行民主改革。半封建的天皇制构成绝对主义的国家机器，却没有成为团结各阶级、废除不平等条约的民族力量，反而成为军国主义的温床，成为对内实行镇压、对外侵略扩张的指挥中心。

"富国"政策的具体措施之一是移植西方的现代工业。其中以采取"以土养洋""土洋并举"，扶植民营纺织业的做法最为成功，它使纺织业资本家脱颖而出，成为资产阶级的主体。但另一方面明治政府所采取的重点扶植发展军事工业的政策，却造成两大严重后果：第一，军事工业（重工业）压抑了许多民营工业和自发的工业资本的发展；第二，把许多国营企业低价让给"政商"，富了"政商"，又让"政商"肩负建设装备军队的大工业的重大任务，从而培植了祸国殃民的"财阀"的势力，使之既成为牵引军国主义的一支重要力量，又成为最早走向垄断资本的帝国主义力量。从结果来看，本来用于加强天皇制国家的"富国"政策未能达到目的，只富了"政商"和寄生地主。然而，工业资本主义发展的成果却又使政府财政能够负担得起扩充军备的战费，而战争的巨额赔款（仅从中国就攫得近3亿两白银的赔款）又成为"富国"的一大额外来源。

剥削佃租的半封建寄生地主在西方许多文明国家的民主革命中是被打击和消灭的阶级，但在日本却百般受到扶植，成为明治时期不断壮大的一股社会力量，寄生地主既成为天皇制的社会基础，又成为军国主义的拥戴力量。寄生地主与"财阀"

结成联盟，成为控制日本政局的反动势力，是一股真正的反文明的社会力量。

"强兵"政策的含义有二：一是发展军事工业，装备军队；二是建立强大的、有战斗力的国防力量。日本学习西方文明的"征兵制"从一开始就为天皇制服务——"皇军"成为一支极端忠诚于天皇的战争机器。从"皇军"诞生之日起就从未担负起维护国家主权和废除不平等条约的神圣任务，而一直是侵略邻国、向列强分取"一杯羹"的战争工具。

日本学习西方教育制度，建立大学、中学、小学的西式学校系统，培养出了一批现代化的技术力量，然而由于各级学校以天皇的《教育敕语》为政治教育的"课本"，对青少年灌输"忠君爱国"和武士道精神，因而使学校也在一定程度上成为培养战争工具的摇篮。

从 1868 年日本以明治维新形式学习西方现代工业文明时起到 1893 年的 25 年中，由于保存了半封建的天皇制并发展了寄生地主的土地制度，国内各种矛盾愈加尖锐。各派政治势力都朝着寻求国外"富源"的方向运动，这几股分力所形成的"合力"，将日本推向了发动侵略中国、吞并朝鲜的甲午战争的战场。

1868—1893 这 25 年间日本移植西方文明的轨迹大致如下：仿效西方现代工业文明，进入了资本主义的世界经济范畴，但日本仍承受着半殖民地枷锁的束缚（体现为不平等条约），明治政府企图实行"富国强兵"政策以摆脱西方列强的束缚。但改革措施在使资本主义因素得到发展的同时，又培植了半封建性质的天皇制和寄生地主土地制，使资本主义制度与半封建制度形成尖锐矛盾。明治政权在这 25 年中，既受到对抗西方工业文明的最反动的士族的攻击（集中表现为 1877 年的西乡隆盛叛乱），又引起农民和小资本家的严重不满（表现为频繁的农民暴动和自由民权运动），于是明治政权的稳定性受到威胁。农民受到了双重的剥削。在剥削农民的基础上，以"殖民兴业"为口号的军事工业和拥有特权的政商企业获得巨大的发展，而民营的工业资产阶级却步履维艰，难以获得全面发展（除纺织业外）。"富国"的目的既然难在国内迅速达到，明治政府便到国外寻找土地、大米、金银等富源。朝鲜、中国等邻国的资源成为明治政府觊觎的目标。农民、工人的贫困使日本国内市场需求微弱，而因不平等条约所失去的关税权和被迫给予外国人的治外法权又进一步使国内市场缩小。1890 年日本国内产纱 2.16 万吨，进口纱达 1.92 万吨，洋纱占了国内大部分市场。

1890 年发生第一次经济危机，显示日本经济存在尖锐的矛盾。到处发生"米骚动"，饥民充斥东京、大阪、京都等大城市。"贫民问题"十分突出。一些媒体大声疾呼：日本地少人多必须向外殖民，取得海权、商权。一篇篇《殖民论》充斥报章。由名人牵头的"殖民协会"等相继成立，盛极一时，出现了一股向海外扩张的险恶势头。1887 年日本参谋本部局长小川又次起草《清国征讨方案》，一份对华发动侵略战争的具体计划已跃然纸上。小川主张用八个师团攻占北京、天津和长江中下游，通过战争把辽东半岛、舟山群岛、澎湖、台湾和长江沿岸划入日本版图。这股向海外扩张的恶浪成为 1894 年推动明治政府发动侵华战争的主要经济和政治力量。

用中国赔款培植日本的工业文明

1890 年山县有朋首相在议会提出，日本不但要保卫国家的"主权线"，同时还要保卫日本领土以外的"利益线"。日本的所谓"利益线"已推向中国大陆。90 年代初，由于向欧美各国提出修改不平等条约中的税权和法权的要求一再受挫，日本人的民族觉悟受到刺激，然而，"国权运动"却被误导成"对外（邻国）强硬"的主张，民情骚动，战争叫嚣甚嚣尘上。明治政府借此完成了发动对外战争的政治上和舆论上的准备：朝野将一衣带水的中国大陆选定为"最软的柿子"。1894 年 2 月 9 日陆奥宗光外相在给驻伦敦大使青木的信中说："国内形势日益紧迫，政府若不做出一番惊人事业，便不能稳定动荡不安的人心。但是，又不能无故挑起战争。"作战的物质准备工作，已经通过军事工业和扩充军队完全做好了；1894 年 6 月 5 日日本政府下达了动员令，设立了大本营。当时日本正在寻找战争的外交借口。清政府因"东学党事件"应朝鲜政府邀请而出兵，便成了日本政府久盼的发动战争的借口。7 月 25 日日本联合舰队在丰岛海面突然袭击中国海军舰艇，不宣而战，挑起了第一次中日甲午战争。这次在"国权运动"的文明花边装饰下发动的侵华战争，竟得到文明的倡导者和鼓吹者内村鉴三、中江兆民等人的拥护和支持，说明日本的"文明运动"已经偏离正确轨道何等之远！

日本人从甲午战争中攫得的赔款高达 35 836 万日元（合两亿三千万两白银），大大超过日本额定战费 21 097 万日元（只花了 6097 万日元，还剩 15 000 万日元）。这笔 35 836 万日元赔款（还应加上剩余军费 15 000 万日元）成为日本工业化的巨额资金。日本还从这场战争中获得了广大的领土和市场。日本真正的工业化是从甲午战后用中国的巨额赔款来进行的。此后 10 年（1894—1904）日本公司总数从 2844 家增加到 8895 家，增加了 3.14 倍，公司股本总额从 24 500 万日元增至 92 100 万日元，增加了 3.8 倍。可见，日本引人注目的"文明建设"是部分地建立在掠夺中国的基础上，是以"中国文明崩溃"为代价的。2.3 亿两白银的赔款等于中国几年的全国财政收入，把当时中国的国家财富几乎掏干了。6 年后，1901 年日本又从《辛丑条约》中获得"庚子赔款"。30 年后，1931—1945 年日本又发动规模更大的侵华战争，造成中国 3500 万人口的死亡和 5620 亿美元的财产损失（直接经济损失 620 亿美元，间接经济损失 5000 亿美元）。按日本学者宇都宫德马的估算，日本"即使（向中国）赔款 500 亿美元也的确不算多"。而日本在第二次世界大战结束后对中国却未付分文赔款。比较百年来中、日两国的经济发展史和两国的文明发展史，是不能不把这一重大因素（资源的丧失和资源的补充）写进去的。

[推荐阅读书目]

1．井上清、铃木正四：《日本近代史》，商务印书馆，1959。

2．伊文成、马家骏主编：《明治维新史》，辽宁教育出版社，1987。

3．王晓秋：《近代中日启示录》，北京出版社，1987。

4．北京市中日文化交流史研究会编，《中日文化交流史论文集》，人民出版社，1982。

5．郑彭年：《日本西方文化摄取史》，杭州大学出版社，1996。

6．武安隆：《文化的抉择与发展》，天津出版社，1993。

7．刘天纯：《日本现代化研究》，东方出版社，1995。

8．吴廷璆主编：《日本近代化研究》，商务印书馆，1997。

9．西里尔·E.布莱克：《日本和俄国的现代化》，商务印书馆，1992。

第三编 工业文明在全球的扩展

第二十一章
科技进步与持续的工业革命

✿

自19世纪六七十年代迄今的世界历史，是人类发展史上的崭新阶段。一个半世纪以来，各种文明相互碰撞和融合，演出了一幕幕规模宏大的历史悲喜剧。大到国家、民族，小到家庭、个人，无不发生了前所未有的深刻变化。其中，影响最大、最深远的，是这个时期科学技术的空前发展和由此而带来的生产力的巨大飞跃。由第一次工业革命所开启的工业文明迅猛地从"前现代"向"现代"转变。工业主义、理性主义等等逐步成为现代文明社会新的意识形态。"现代"的观念进一步深化，正如哈贝马斯所说，这种现代观最终"由科学促成，它相信知识无限进步、社会和道德改良无限发展"。[①]

第一节
不断发展的科学技术

1870 年以后的科学进步

1870 年以后的科学成就最突出的是在物理学、生物学和医学方面，此外，数学、化学、地质学等领域的研究也相继进入新阶段。

▶ ▶ ▶ ————————————————————————————————

① 哈贝马斯：《论现代性》，转引自王岳川、尚水编，《后现代主义文化与美学》，北京大学出版社，1992，10 页。

23岁的爱因斯坦

物理学　1870年以后物理学在以牛顿为代表的经典力学思想指导下不断发展。经过一场范式的危机，进入20世纪以后，物理学由量变进入质变，开始了革命性变革。

变革首先在化学与天文学方面开始。1869年，俄国科学家德米特里·伊万诺维奇·门捷列夫发表了元素周期表，大大深化了人们对物质的认识。1876年，美国人约西亚·W.吉布斯把热力学引入化学。同年，荷兰人范特荷甫研究化学反应速度取得进展。用物理方法研究化学的"物理化学"由此诞生。在天文学领域，1864年科学家开始用光谱分析方法研究恒星，掌握天体的温度、元素和内部结构，到1868年出现了恒星分类法。光谱分析带来天文学的革命，使之不再只是研究天体的力学运动或者就近天体的距离和质量。

光谱学也带来了物理学的革命。1873年，以《电和磁》一书为经典电磁理论奠定了基础的詹姆斯·C.麦克斯韦，又从理论上导出电场和磁场是以波的形式传播，传播速度近于光速，即每秒30万公里，从而确认光是电磁波的一种。麦克斯韦的电磁学使古典物理学的研究达到顶峰。

1880年前后阴极射线的确认导致了电子的发现，从而开始了原子物理学的研究。1888年德国人海因里希·鲁道夫·赫兹成功地进行了电波实验，为电信事业的发展拓宽了道路。1895年德国人威廉·康拉德·伦琴发现X射线。1898年以后，居里夫妇和其他科学家相继发现钍、钋、镭、锕等放射性元素。1899年，德国物理学家爱尔斯特和盖泰尔发现放射性物质的衰变定律。1903年英国人欧内斯特·卢瑟福提出蜕变理论。这些都给后来的医学、地质学、地球物理学带来了革命性变革，地球的年龄由此可以被测定。极微小的物质能够释放出巨大能量，这一事实对能量守恒等古典物理学原理造成巨大冲击。在时间和空间两个最基本的概念上，物理学也遇到了困难。因为按照牛顿的经典时空观，宇宙中应当存在一种绝对静止的媒质"以太"，人无法感觉它，但它能传递电、磁、力，光亦借助于它才能传播，但1887年两位美国科学家阿尔伯特·A.迈克尔逊和爱德华·莫雷的一次著名实验，却证明这种绝对静止的"以太"是不存在的。1905年，26岁的爱因斯坦受此实验启发，发表了《论运动物体的电动力学》一文，提出"狭义相对论"，并在此基础上推广为"广义相对论"，从而否定了绝对的时空观。相对论和在这前后建立的量子力学加深了人们对物质和运动的认识，不仅在物理学，而且在整个科学界、思想界产生了难以估量的影响。

生物学和医学　这个时期一方面是达尔文的进化论得到广泛传播，学术地位不断提高；另一方面，生物学的各个分支，如遗传学、细胞学等有了长足的发展。1901—1903年，荷兰人雨果·德弗里斯在科学实验的基础上提出突然变异学说，认为生物新物种是通过不连续的、偶然性的变异出现的。1903年，丹麦生物学家W.L.约翰逊提出了"纯系学说"，对达尔文关于连续变异的累积引起物种进化学说提出了挑战。1909年，约翰逊首次提出了"基因"是遗传单位的概念。1910年，美国人托马斯·H.摩尔根通过实验进一步说明了基因存在于细胞核的染色体中，认为染色体是遗传的物质基础，并从突然变异与特定染色体之间的关系中找到了染色体和遗传的变化规律，由此而形成了摩尔根学派。1897年，俄国人伊万·彼得罗维奇·巴甫洛夫开拓了条件反射生物学新领域，建立了研究大脑活动的脑生理学。1915年，奥地利人西格蒙特·弗洛伊德提出了著名的精神分析学。

"工业革命"第二阶段（1870—1914）

在工业革命的第一阶段，纺织、采矿、冶金和运输业中的种种创造发明，多半是由有才能的技工完成而非科学家做出，科学对工业尚无多少直接影响。1870年以后，工业革命进入第二阶段，科学家进入工业研究的实验室，几乎所有的工业部门都受到科学的影响。科学的作用凸显，并逐渐成为大工业生产的组成部分，最突出的是在电力、钢铁、化工三大部门。

实验室里的爱迪生

电力的应用与推广 1831 年迈克尔·法拉第已经把机械能转变为电能，完成了作为电力工业基础的科学发明。1867 年，德国的维尔纳·西门子制成有经济意义的现代发电机。1879—1880 年，英国的约瑟夫·威尔逊·斯旺和美国的托马斯·马尔瓦·爱迪生分别发明了电热丝灯。1882 年法国人实验高压输电获得成功，供电业得以在 80 年代蓬勃发展。到 1891 年，美国通用电气公司已生产了百万只白炽灯。1895 年在尼亚加拉瀑布区建立了五千马力的水力发电站。

钢铁冶炼 1870 年以后，许多新工艺如"托马斯炼钢法""西门子-马丁炼钢法"等被发明出来。吉尔克里斯特·托马斯运用所学化学知识，通过科学分析和反复实验，找到了解决铁矿石含磷较高难以炼出好钢问题的办法——用含镁的石灰石吸收磷。1879 年用此办法生产获得成功，成为钢铁时代的真正开端。1870 年全世界钢产量仅 50 万吨，1900 年接近 2800 万吨。铁路、船舶、高层建筑中原来使用的熟铁，这时都被钢取代。1883—1890 年，英国架起第一座全钢大桥，1889 年，用钢材建造的巴黎埃菲尔铁塔竣工。

化工 1856 年，威廉·亨利·珀金在试制奎宁过程中发明了一种利用煤焦油合成的染料——苯胺紫，人工染料和其他各种各样的合成工业由此而开始。1869 年，珀金又第一个生产出过去只能从天然原料中提取的染料——人工合成茜素。此前，英国每年需要进口价值近百万英镑的茜草。到 1900 年，全世界此项合成染料总产值达 170 万英镑，相当于价值 570 万英镑的天然原料的产出，仅此一项就节省成本 400 万英镑。焦油染料的制作还导致细菌的发现和硫酸、纯碱制造的发展。除了各种染料以外，70 年代德国化学家还利用煤焦油制造出各种香料、调味品、药品、用于防腐消毒剂的石炭酸。在煤化工业兴起的同时，瑞典人阿尔弗雷德·伯纳德·诺贝尔发明了炸药，1888 年又发明了完全无烟火药，随即投入批量生产并用于武器制造。1898 年诺贝尔逝世，在遗嘱中把遗产 920 万美元的银行利息作为奖金，奖给有重大贡献的科学家。1901 年开始，每年 12 月 10 日即诺贝尔忌日颁发此项奖金。焦油、火药和酸碱工业又促进了其他化学工业的发展，如赛璐珞、化学纸浆、人造纤维、人造橡胶、用于化学反应的催化剂等等。

电力、炼钢和化工三大部门的技术带动了整个工业的发展，形成了新的技术革命。其间，还出现了对现代社会影响深远的三大发明：汽车、飞机和无线电通信。汽车和飞机技术的发展都由内燃机的发明开始。内燃机的出现，则是由于热力学、钢铁工业和石油等液体燃料的开采与提炼的进步。德国人尼古拉斯·奥托因为在 1876 年发明了高效实用的内燃机而以"内燃机之父"的身份载入史册。1883 年戈特利布·戴姆勒发明了汽油内燃机。1886 年用汽油机作动力的汽车制造成功。到

铁路建设：德国工业时代的高架铁路

20世纪初，德国人卡尔·本茨、美国人亨利·福特等先后建立了自己的汽车制造公司。1903年，美国人莱特兄弟试制的滑翔机成功地飞行了59秒，1905年飞行时间延长到38分，航程38公里。此后，飞机试制和飞行事业高速发展。1909年，法国人路易·布莱里奥驾驶由汽油机作动力、硬铝为机体的单叶飞机，成功地飞越英吉利海峡。1911年，卡普勒斯·P.罗杰兹驾机横穿北美大陆，从纽约一直飞到加利福尼亚。

在无线电通信技术出现以前，出生于英国的美国聋哑学校教师亚历山大·贝尔已经完善了有线电话这一通信新技术，并在1876年取得专利。到1885年，有线电话已经普及于欧美发达国家的城市地区，1910年最远通话距离达到1500公里。通信技术因无线电的发明得到改进。1888年赫兹发现电波。随后，意大利人G.马克尼以麦克斯韦和赫兹的科学研究成果为基础，发明了无线电信息发射和接收器具。1896年，他的4.8公里无线电通信实验获得成功并取得专利。1901年，马克尼实现了跨越大西洋的无线通信。此后，英国人约翰·A.弗莱明、美国人李·德福雷斯特先后发明二极管和三极真空管，无线电技术逐渐走向实用和普及。直线传递的电波居然能在圆形的地球表面传播这样长的距离，这一新技术促使科学家注意对地球外层空间能够反射电波的电离层的研究。

1870年以后科学技术的发展除了上述科学对工业技术创新的直接推动以外，还促进了大批量生产技术的改善与推广应用，以及大批量生产的大型工业企业生产管理的科学化。大批量制造标准化的、可以互换的零部件使机器的制造愈来愈精确并使装配整机的人工劳动大量减少。大批量生产的第二种方法是装配线的使用。20世纪初，福特汽车公司因使用环行传送带，使装配一个汽车底盘的工作时间从12小时28分钟缩短到1小时38分钟。1886年，美国机械工程学会杂志发文，认为在现代大工业生产中与技术同等重要的是生产管理问题。此后，美国的弗雷德里克·W.泰勒成为现代科学管理和管理科学的奠基人。泰勒来自农村，学过法律，后来放弃大学学习，先后当上了木工、机械工、钢铁厂的组长、工长、技师长，1903年退职后专事写作和顾问工作。泰勒的管理学说最早见于他在1903年发表的"工厂管理法"一文。1911年出版的《科学管理原理》，提出和完善了一整套后来被称为"泰勒制"的生产管理方法，包括工艺与产品标准化、工具易记分类法、单个职工合理定额方案、超额有奖制度，等等。福特汽车公司在推行大批量生产的流水装配线和加工零件运输自动化作业中，也提出了一整套提高产量、降低成本的经营管理方法，并写进了后来出版的亨利·福特的《我的生涯与工作》一书。

科技革命的推动力量

19 世纪后期 20 世纪初叶，现代科技通过各种方式从欧洲、北美向世界其他地方传播。中国受西学影响，1871 年，清廷开始选送幼童出国留学；国内也开始兴办各种"格致书院""格致馆"、西学堂，翻译、介绍天文、物理、数学、化学、法政、工商等等各种西方现代自然科学与社会科学知识；1898 年批准兴办京师大学堂，开启了中国现代科学教育的大门。

但是，这一时期科学与技术发展的中心却始终是欧洲和北美。为什么近代科学技术革命和工业革命均发源于西方？推动 19 世纪后期到 20 世纪初叶欧美科技进步的主要力量是什么？

马克思认为，技术的变化和革新乃是由社会制度、社会习俗和社会行为的变化所引起。经济学的制度学派也明确指出：一种提供适当个人刺激的有效制度，是促使经济增长的决定性因素。没有制度的保证和提供个人经营的刺激，近代工业不可能发展起来。早在中世纪后期，西欧许多地方的社会结构和经济制度就已经发生了深刻的变化，市场需求成为刺激技术革命、科学革命的初始动力。到了 19 世纪后期、20 世纪初，在西欧、北美的不少国家，政府在推动科技进步和工业革命方面所起的作用越来越明显。德国的崛起是以市场需求为基础，企业与政府合作，共同推动经济技术发展的最好例证。一方面德国企业千方百计提高产品质量标准，结果导致英国输出原料，出口未加工和半加工的煤焦油产品，再购回精制的燃料制成品。德国依靠高度合理化的生产体制，将世界市场上合成工业的垄断权从英国人手里夺得。另一方面，德国政府出面鼓励"技术接收"，从 1886 年到 1890 年四年间，德国六家大公司购买了 948 项英国专利。在国家的支持下，德国银行向本国公司提供数量远远超出私人投资占优势的英国公司所能运用的资金，使它们能够尽可能地进行科学技术研究并有效利用研究成果，尽可能地集中力量办好以科学为基础的工业，把工业领导权交给科学家而不是金融家，甚至银行也有科学顾问。德国正是依靠一种新的体制和社会结构，推动科技与工业的发展，从而在较短的时间内克服了

一战时的武器生产厂

因工业起步晚而造成的不利条件。[①]

科学一旦发挥作用，就会使生产力发生革命性的变化。在这里，科学往往又表现为技术和经济的原动力。例如电学所带来的一系列发明，电解工艺、电报，最初都不是出于市场的需要。科学与社会经济的发展就是这样相辅相成，互相推动，互为因果，一旦进入良性循环便会产生无比的威力。

科技进步所带来的人类物质生活的变化

从世界经济发展、社会进步亦即"现代化"的角度来看，19世纪下半叶到20世纪初这一历史阶段的确意义非凡。这一时期，现代化在西欧取得巨大成就并越出欧洲向其他地区扩展，形成了世界现代化的第二次大浪潮。"电工技术革命"带来的经济增长速度，大大超过蒸汽机带动的第一次工业革命的经济增长速度。由科学技术的巨大进步而掀起的第二次工业革命，使比利时、瑞士、德国等欧洲国家迅速成为工业化的经济发达国家，其他许多欧洲国家也相继走上了为实现现代化而进行政治变革与社会经济变革之路。大西洋对岸的美国后来居上，经济快速发展。美国

▶ ▶ ▶

① 奇波拉主编：《欧洲经济史》，第三卷，吴良健译，商务印书馆，201—202页。

的工业化和高效率的商品化农业还开启了加拿大、澳大利亚、新西兰等欧洲移民国家的相似发展道路。与此同时，第二次现代化浪潮还在从地中海到太平洋西岸的各个古老文明中心激起强烈的反应。埃及、土耳其、波斯、中国、朝鲜、日本、泰国、缅甸等等，都先后开始输入西方先进技术和现代思想文化，探索"防卫性现代化"的道路。其中，地处偏僻的亚洲最东端、远离西方的岛国日本，在这期间通过明治维新后的制度重建，迅速转向现代经济，成为东亚现代化发展最快的国家。

从 1870 年到 1914 年第一次世界大战爆发，工业文明或现代文明基本上表现为欧洲文明、欧美文明或西方资本主义文明。这是一个现代化的欧风美雨席卷世界、横扫一切古老的前现代文明的阶段。科技进步、大工业生产所带来的人类物质生活的变化，也主要表现在欧美社会。世界其他地方则大多还处于前工业社会传统政治经济结构的压抑和西方资本主义、帝国主义侵略的双重苦难之中。

一战以前的半个世纪里，包括欧洲在美、加、澳、新西兰移民在内的"欧洲人"的物质生活，较之先前确有巨大的变化。

显示社会进步水平的标准之一是人口死亡率的下降。1850 年以前，西欧英法等国人口死亡率大约为 25‰，1914 年下降到 19‰。下降的原因，一是 1870 年以后婴儿死亡率在西欧各国都急剧下降，二是老年人寿命普遍提高。这二者又都是经

一战造成的劳动力短缺给妇女提供了就业机会

济进步、生活资料增加、生活水准提高、医疗保健事业发展的结果。农业增长使饥饿成为对过去的回忆，运输交通业的发展使农作物歉收时也能保证外来农产品的充足供应。医疗保健体系包括接种疫苗、隔离传染病人以控制疫情蔓延、改善给排水和垃圾处理系统以及其他公共卫生保健设施。死亡率下降造成人口的激增，尽管有数百万人移居海外，欧洲人口还是从 1850 年的 2.66 亿增加到 1900 年的 4 亿，1914 年达到 4.63 亿，增长率高于世界其他地区。1850 年欧洲人口占全世界人口的22.7%，1900 年上升到 24.9%。

与此同时，大批人口进入城市，促进了工业中心的发展，加速了城市化的进程。交通和医学技术使大都市的形成成为可能。1850—1900 年，伦敦和纽约的人口分别从 268 万和 70 万增加到 658 万和 344 万。到 1914 年，英美等西方国家城市人口已经占到总人口的绝对多数。

但上述关于人口死亡率下降、增长率提高和人口城市化的统计，即使局限于当时的西方世界，也只是部分地反映了历史的真实。真实历史的另一面是社会贫富差距扩大和两极化。19 世纪后半叶，生产率的大幅提高和巨大的海外利润使英法两国的实际工资从 1850 年到 1913 年几近翻了一番。但收入的增加并不意味着所有的人同样受益。众多工人和其他下层劳动者享受不到多少技术进步和经济发展的成果。早期工业革命中工人所遭受的苦难到这时并没有完全结束。1911—1913 年，英国25 岁以上人口中，4.93% 的人拥有 60% 以上的财富。在德国，1911 年 3425 个富人平均每人拥有的财产价值是 532 万马克，另外 161 万人的人均财产只有 2.3 万马克。最贫困人口尚不在此列。诚如一位西方学者所评述的那样：这种差异意味着相应的生活方式的差别。虽然穷人不再挨饿，但他们住在拥挤的房屋里，靠吃单调的食物生活，被限制在教堂或酒店里寻求娱乐和休息。中产阶级才买得起较好的住房和食物，能上戏院和参加音乐会，能使子女受到充分的教育。在社会顶层的富人则享有市内住宅和乡间宅第，拥有艺术收藏品，能参加被广泛宣扬的娱乐活动和出国旅行；他们的生活方式几乎是下层民众所不能理解的。后来成为英国首相的迪斯累里在他 1895 年出版的一本小说里这样描绘当时的富人与穷人的差别："(他们)之间没有往来、没有同感；他们好像是不同地带的居住者即不同行星上的居民"。[①]

▶ ▶ ▶ ────────────────────────────

① 转引自斯塔夫里亚诺斯：《全球通史——1500 年以后的世界》，吴象婴、梁赤民译，上海社会科学院出版社，1992,306-307 页。

这种阶级差别说明了为什么上层阶级倾向于保守现状，中产阶级倾向于自由主义，而工人阶级倾向于彻底的政治与社会改革、倾向于社会主义。19 世纪晚期，随着工商企业规模的扩大，工会组织也有了新的发展。工人们进一步团结起来以维护自己的共同利益。与此相应，维护资本主义工业化社会和资本家利益的强大的政府也在各国应运而生。

第二节
新技术革命

科技进步的新成就

一般认为，人类迄今已经历了两次科学革命，并由此带动了三次技术革命。第一次科学革命开始于 15 世纪下半叶，特点是由以东方为代表的古代科学向西方近代科学转变，主要标志是近代天文学、近代医学和经典力学的创立。第二次科学革命在 19 世纪中叶开始酝酿，到 19 世纪后半叶和 20 世纪初走向高潮，其规模和影响远远超过前一次。19 世纪因而被称为"科学世纪"。20 世纪之初的物理学革命使得现代科学在整个 20 世纪里空前大发展，经典物理学和数学中许多一向被视为天经地义的基本原理接连受到怀疑和重新审查。在相对论提出和量子力学创立之后，又提出了粒子理论、概率论等学科理论，核物理学、半导体物理学和超导物理学，数学中的拓扑学和微分几何学、模糊数学等分支学科，以及天体物理学、海洋地质学、高分子化学、遗传学、生命科学等新兴学科相继确立。

科学革命的巨大成就为新技术革命提供了理论基础。科学与技术的结合更加紧密。两次世界大战、"冷战"以及和平条件下的激烈国际竞争，成为新的科学技术发展的强有力的刺激因素和巨大杠杆；科学技术的社会化，各国政府有组织的大规模投入和有计划的开发，为科学技术的加速发展创造了条件。所有这些，促成了

第一颗原子弹爆炸，标志着核武器时代的到来（1945年）

规模空前的第三次技术革命或称新技术革命的到来。第三次技术革命的标志是出现了一系列新的技术领域，如核能、计算机、激光、空间技术等等。许多传统技术领域如能源、材料、机电加工、建筑、交通运输、军事、农业、医药等也都有巨大发展。迄今为止，新技术革命还在继续深入，但就其目前所显示出的力量来看，它正在深刻地改变着世界的面貌和人类的物质文化生活，极大地影响着世界文明的未来。

新技术革命从 20 世纪 40 年代末、50 年代初开始。首先是核能技术的进步。1946 年美国颁布"原子能法"并成立原子能委员会。委员会由联邦政府主管并负担大部分费用，与通用电气公司及摩根、杜邦、洛克菲勒、梅隆等财团下属的电机、化学、飞机制造公司签订合同，发展原子能和核武器。几乎与美国同时，苏联也开始发展原子能技术。1949 年 9 月，亦即美国原子弹爆炸成功四年以后，苏联也成功地爆炸了第一颗原子弹，由此引发了美国国内要不要发展氢弹的激烈论争。1950

年 1 月，美国总统杜鲁门下令研制氢弹，预算费用 10 亿美元，由杜邦公司负责在南卡罗来纳州建厂，同时推迟原子发电计划而集中力量研制核潜艇。美国"原子弹之父"，即制造第一颗原子弹的组织领导者罗伯特·奥本海默，因反对和阻止这一政策而遭到政治迫害。1951 年 5 月，第一颗氢弹在美国制成，1952 年 11 月试爆成功，其威力相当于投在广岛的原子弹的 600 倍。实验场地——位于西太平洋的"埃尼维托克"环礁中的一个小岛当即消失了。随后不久，1953 年 8 月，苏联在西伯利亚试爆氢弹成功。1954 年 3 月 1 日，美国在太平洋小岛比基尼爆炸了适于实战需要的固体燃料氢弹，爆炸时氢弹外侧覆盖的一层铀吸收中子而分裂成放射性微尘"死灰"，使当时距离爆炸地点 200 公里的一艘日本渔船和船上的 23 人全部受到污染。1955 年，第一次世界和平利用原子能会议召开。此前，苏联于 1954 年建成了 5 千千瓦电力和 3 万千瓦热力的原子能发电站；此后，英国第一号原子电站于 1956 年 10 月开始运转。1957 年美国也建成了发电量为 6 万千瓦的原子电站。

战后的空间技术起始于二战结束之际对德国火箭技术遗产的争夺。1945 年 4 月，以冯·布劳恩为首的 150 名德国火箭专家向美国投降。随即，苏联抢占了位于德国东部的德国火箭研究所，俘虏了滞留在那里的全部科技人员。当初，由于美国政府和企业对火箭技术的意义缺乏认识，苏联很快取得领先地位。1949 年苏联发射了推力 35 吨、射程 645 公里的火箭，1950 年完成了 1600 公里射程火箭的研

人类登月（1969年）

制工作。而美国在 1953 年才发射了一颗射程 800 公里的火箭。1957 年 6 月，苏联首次成功地发射了洲际导弹，同年 10 月 4 日，苏联的人造卫星"伴侣一号"上天。1958 年 1 月 31 日，美国第一颗人造卫星"探险者一号"也被送上太空。1960 年美苏航天器回收成功。1961 年 4 月，苏联宇航员加加林航天成功。1969 年 7 月 21 日，美国宇航员阿姆斯特朗和奥尔德林成功地登上了月球。到 1982 年，世界各国发射的各种航天器已达 2936 个。1984 年 4 月 8 日，中国发射了自己的地球同步静止轨道卫星并于 4 月 16 日定点成功。

美苏之间的空间争夺对国际形势产生了巨大的影响。人造卫星上天成为杠杆，促使美英在 1958 年 10 月声明暂停核试验，并要求召开东西方首脑会议，讨论缓和国际紧张局势。美国火箭和空间技术落于苏联之后的局面，大大刺激了其科技与教育体制的改革。1958 年，美国国会通过法案，拨款 10 亿美元给各州，为中小学配备科学实验设备，为研究生设立奖学金。1958 年以后美国的教育规模明显扩大。

20 世纪 60 年代以后，苏联提出了"科技革命"理论，欧美也出现了技术革命的"三次浪潮论"。到了 80 年代初，科学技术的迅猛发展表明人类正在进入一个新的技术时代——信息时代。具有自动控制功能的电脑——电子计算机成为机器体系的新的组成部分。电子计算机技术以 1949 年美籍匈牙利科学家冯·诺依曼主持研制成功"离散变量自动电子计算机"（EDVAC 机）为开端。1952 年年底诺依曼又主持研制出了 IBM701 机，1954 年研制成功 IBM650 机，这就是第一代电脑。1959 年菲尔克公司研制成功晶体管计算机，是为第二代电脑。1964 年 IBM 公司制成 360 系列计算机，首次使用集成电路，是为第三代。第四代使用超大规模集成电路计算机，但开始向着微型化方向发展。1970 年出现微型机，到 1980 年，全世界微机数量已经超过 1 亿台，广泛应用于数控机床和制造汽车、仪器的企业部门。为研制超过 IBM 的计算机，80 年代初，日本率先大力开发使用超大规模集成电路、具有人工智能的第五代和以人脑功能为模型的第六代神经计算机。新一代计算机的主要标志已经不是硬件而是软件。软件开发又导致"知识经济"的产生。目前电子计算机的发展已经在经济、法律、教育、哲学等各个领域产生了广泛而深刻的影响，带动人类社会步入信息时代。新兴的信息产业成为经济增长的主要生长点。1993 年年初，美国政府提出了建设信息高速公路（Information Highway，又称 NII，即

"国家信息基础设施")的计划。今天，信息高速公路已经普及全世界。美国在电脑软件方面的高科技主导地位造成英语和美国文化在国际网络上的霸权，引起许多非英语国家、非西方国家的警惕甚至公开抗争。

新技术革命所涉及的领域除了上述提到的以外，还有生物工程、材料、能源、海洋技术等等。二次大战以后，人类科学地使用石油、地热、生物能等各种能源的技术，使用金属材料、高分子合成材料、非金属无机材料、复合材料的技术以及激光技术、光纤通信、生物工程、海洋开发等技术均有突飞猛进的发展。科学的最新成就影响了技术的发展方向和速度。激烈的国际政治经济竞争则对高新技术提出强烈的需求。与此同时，人类的共同生存、国际和平与可持续发展等世界性的重大问题也对技术发展的方向、规模、速度产生了巨大影响，反之亦然。

主要技术大国新技术革命概况

二战以后世界的头号技术发达大国是美国。50年代以来，美国一直花大本钱从事科技研究与开发，1980年的投入为611亿美元，相当于同期苏联投入的2.8倍。由于高新技术的开发应用，美国从事脑力劳动的"白领"职员人数早在1956年就已经超过"蓝领"工人的人数。到1979年，美国服务和信息行业从业者占劳动力总数的比例达到72%。钢铁、汽车、纺织、建筑等传统部门的地位逐渐让位于诸如集成电路、软件产业、光导纤维通信、新兴材料、生物工程等高新技术产业部门。

随着产业结构的变化，美国生产力地区布局、企业规模也发

冰箱入厨房

生了巨大变化。1973年以后，美国国民生产总值增长停滞，但高新技术产业以年均15%的高速度发展。在高新技术企业中，中小企业居多数，成为经济与科技发展中十分活跃的力量，这一趋势引发了关于"后福特制""后工业社会"的热烈讨论。

与美国争霸的对手国家苏联，一方面并未放弃某些领域的科技开发，这才有1957年的两颗卫星上天；另一方面，50年代初的苏联仍对西方当时提出的科技革命、工业革命持批判态度。由于忽略高新技术的研究开发，1958—1963年苏联国民生产总值年增率从1954—1958年间的7.8%下降到4%。当时的苏联领导人赫鲁晓夫一心靠扩大投资加快经济发展速度，结果，50亿卢布投在荒凉的东部处女地，换来的是沙化的土地和丛生的杂草。战前苏联曾经荒谬地把技术和设备分成资本主义和社会主义，强调"没有充分的马克思主义论证，任何一个工艺过程，都不应该付诸实现。任何一种机器，也都不应安装，更不应从外国订货"。[①]一直到70年代初，苏联经济增长仍然主要依靠扩大投资和劳动力投入，许多重要的技术经济部门——如计算机——的技术与生产比美国落后10年、20年甚至30年。家用电器如冰箱、电视等产品质量低劣，每年有几十亿卢布的次品、劣质产品积压在仓库销不出去，年报废产品多达20%。

苏联科技的发展长期受到不科学的技术管理体制和教育体制的制约。这一体制的结构性弊病如同一座倒立的金字塔，中央机构控制一切，对市场竞争畏之如虎，从而使技术创新缺乏经济利益刺激的动力。与此同时，为了与美国争霸却又不断增加国防开支，科研经费的80%用于军事，五分之一的工业服务于军工，国防预算1971—1975年占国家总预算的三分之一。尽管有高水平的军事尖端技术，但因保密的需要而不能推广和转为民用，因而不能造成科技的全面发展。在教育方面，苏联高校每年培养大批工程师，数量比美国高出两倍。但由于教育体制陈旧，培养出来的人才缺乏可塑性。学校教师的晋级和更新制度把教学和研究分开，压制不同意见的争论和青年科学工作的主动性。教育与社会需求脱节。科研方面，基础研究成果很多，但近三分之一的科研课题毫无使用价值，另外40%有价值的课题，其成果则因种种"反刺激因素"被长期搁置。科技推广障碍重重。每年登记注册的新技术发

▶ ▶ ▶ ————————————————————————

① 转引自黄顺基、李庆臻主编：《大杠杆——震撼社会的新技术革命》，山东大学出版社，1985，386页。

明只有三分之一被采用。科研—生产周期长达 10 年，为美国所需时间的两倍。50 年代苏联科技人员发明的连续铸钢法，铸出的钢锭比传统方法质地均匀且产量提高十分之一到五分之一，被 28 个国家买去专利。但直到 1980 年，苏联自身才只有 11% 的钢锭采用这种技术生产。

在这样一种背景下，苏联理论界首先清醒过来。1961 年，有人提出重申马克思关于科学是生产力的观点。领导层也开始觉察到问题的严重性和尖锐性。苏共 24 大、25 大都提出，要作为一项重大历史任务，把科技革命的成果同社会主义制度结合起来，认为"现在，没有比实现科技革命更重要的事情了"。从 1970 年起，苏联开始大量进口先进的技术设备，如年产 15 万辆卡车和 25 万台内燃机的卡马汽车厂，由美、日、西欧共 80 家公司援建，拥有 4 座高压水式原子反应堆的成套动力装置来自日本。到 1976 年，苏联购买专利 1.3 万项。"九五"期间建成各种自动化管理系统 2893 个。

新科技的开发和使用带来教育体制的变化。1975—1977 年两年莫斯科企业中要求由高中级人才担任的工作岗位增加了 21.3%，而原有专业人员的知识平均 5 年报废一半，即知识折旧率每年 10%。一个大学毕业的工程师没干几年就发现所学不足以应付新的技术问题。一个学金属加工的技术员突然发现很需要电脑软件知识——现代科学技术的发展使原有的专业教育受到严重挑战，由此提出了实现现代通才教育的要求。同时，新技术的应用又产生了许多需要高级专门知识的特殊岗位。为适应这两方面的要求，高等教育和中等职业教育都在新的基础上得到发展。仅 1977 年，就有 590 万职工接受新技术培训。高等学校中重学轻术的倾向大为改变。选修课、增修课的设置，使学生的知识结构更加完善。

和美国苏联相比，日本是另一类型。战后日本从战败的废墟上重新崛起，至 1978 年国民生产总值已经跃居世界第三位，仅次于美苏。日本经济高速发展主要靠科学技术的进步。50 年代到 70 年代初，日本采取吸收战略，大量引进欧美先进技术并加工综合、改造提高，创造出适合日本需要的新技术。70 年代中期以后的 20 年间，日本经济年增长 6%，其中 65% 是由于科技的进步而获得。

日本发展新科技的一个突出特点是政府推动。80 年代初，日本进一步确定了"科技立国"的发展战略，提出要从"模仿和追随的文明开化时代"转向"首创和领先的文明开拓时代"，要从以往以引进和改造外国现成研究成果为主的科技发展道路，转到以独创开发自主技术为主的道路上来，将电子、能源、生命科学、材料、交通、宇宙开发、海洋开发以及防灾技术列为重点研究开发领域，把高分子材料、新技能素子等方面的 12 个课题作为重点研究项目。

1983 年 4 月，日本国会通过《技术城市法》并开始付诸实施。所谓"技术城市"，是指"产"（以高新技术产业和配套的信息服务业为主）、"学"（主要是理工科大学和高等理工专科学校）、"住"三位一体的"代表 21 世纪的、生动活泼的新型地方城市"。设想中的新型技术城市是以人口在 15—20 万左右的地方城市为中心，周围建立面积为 500—2000 公顷的新城区。建设技术城市的目的除了服务于发展高新技术产业，还在于改变传统的高度集中的、畸形发展的"沿太平洋带状地区"型的城市和工业布局，解决因全国 60% 的工业和 40% 的人口集中于仅占全国面积 10% 的东京、大阪、名古屋三大城市圈而造成的环境、交通、住宅紧张、用水不足等问题。这一设想得到地方政府热烈响应，纷纷申请作为"技术城市"的候选地。1984 年，通产省开始着手建立 10 个新型技术试点城市并计划在此基础上逐步加以推广。除此以外，日本政府还先后颁布了其他的一系列有关科学技术的法规，如 1957 年的《紧急发展电子工业特别法》、1971 年的《特定电子工业及特定机械工业振兴临时措施法》、1978 年的《促进信息工业和机器制造业某些领域发展法》以及《新工业技术大纲》《再教育法》《中小企业新技术开发促进法》，等等。

为了加强领导，日本政府还确立了一个强有力的三级科技工作管理体制：第一级是位于中央的科学技术厅，负责全国科技工作的综合管理和协调；第二级是各县的科技厅局部院；第三级是科研机构。三级以上还有总理府的科技会议，由总理、5 名部长和 5 名科学家组成，是为全国科技发展的最高审议、决策机构。科研机构分为官、学、民三种。政府协调三者，逐渐形成一种调动灵活的流动科研体制。比如为了某一个重点项目可以把三者中的有关人员集中起来，任务完成后再重新回到各自的科研机构中去工作。

日本发展新科技最成功的经验是教育先行。明治维新时期日本已有教育立国的政策。二战以后，日本高中升学率 1947 年为 40%，1979 年达 94%；大学升学率从 1947 年的 10% 上升到 1979 年的 38%。教育的迅速发展，弥补了物质资源的贫乏。长期重视发展教育的结果之一是造就了庞大的科技队伍：70 年代每万人中科技人员的比例，美国为 70，日本达 400。

以美日为代表的环太平洋国家和地区高新技术的迅猛发展，已经并正在继续推动着世界经济甚至现代世界文明的重心从大西洋向太平洋转移。但是我们不要忘记，西欧各国特别是近代以来的科技大国英、法、德仍然是现代科学技术的重镇。这些国家具有素质良好的科技队伍，基础理论研究的水平远远超过日本。西欧各国的新技术发展一度落在美日后面，80 年代先后急起直追，其基本措施也是靠政府推动。法国 1982 年制定了《研究开发基本法》，增加了对科学技术的投入，把电子和信息部门作为首要开发领域，同时积极推进原子能、宇宙航天、生物工程等方面的研究。1984 年，联邦德国政府通过大规模的调查比较德日技术开发现状，制定了赶超日本的战略，决定实施为期 5 年的信息技术研究开发计划，重点开发精密加工、电子材料、数字通信、计算机软件等技术。英国也从 1983 年开始实施高级信息技术发展计划。日本用 20 年时间花费 10 亿日元建立了世界一流的筑波科学城，并于1985 年在此召开了规模空前的"世界科学博览会"。到了 90 年代，西欧各国也都有了自己的科学城，如德国的慕尼黑、法国的安迪波利斯等。

受西方新技术革命的影响，在激烈的国际科技竞争的挑战面前，亚洲、非洲和拉丁美洲国家也纷纷采取对策。东南亚的新加坡提出了成为地区信息中心的目标；在南亚，印度 1982 年制定了发展电子计算机 10 年规划，其原子技术也早已不限于核发电，印度成了国际核武器俱乐部的新成员。

第三节
科技进步的历史意义和文化含义

科技进步的历史意义

近代以来的科技进步，是迄今为止人类历史上发生的最重大的历史变革之一，其历史意义是无论给予怎样高的评价也不为过的。[①]

一、科技进步带来了资本主义的新发展，推动了整个现代化进程。真正意义上的世界历史是随着资本主义经济关系的产生、发展而展开的，资本主义与世界历史共同发展的过程，也就是现代化的过程。对现代化最概括的界定是经济上的工业化、政治上的民主化、社会领域的城市化、文化领域的理性化，以及作为这一切背后总动力的科学技术的发展。在现代化的初期，资本主义工业经济的需求给予科学技术的发展以很大的推动力，从而引发了科技革命，此后，科学技术开始以巨大的生产力转化功能回馈工业进步乃至整体经济发展，并间接推动了资本主义生产关系的变化。

正如马克思所说："劳动生产力是随着科学技术的不断进步而不断发展的。"[②]科技的发展使现代工业体系的基本格局逐步形成，许多新能源、新材料得到开发、利用，社会生产力极大提高。从1870年到1900年的30年间，世界工业生产增长了2.2倍，从1870年到1914年的44年里，世界贸易增加了3倍。

科技进步、工业发展也间接地促进了资本主义生产关系的调整。科技力量雄厚、竞争力强的大企业不断吞并小企业，促进了资本、生产和技术的集中，资本主义进入垄断阶段。在各种先进科技条件的支持下，垄断资本不断向外扩张，在全球范围内寻找盈利空间，最终导致了资本主义世界经济体的形成。在资本主义世界经济体的框架内，劳资矛盾，殖民地与宗主国之间的矛盾，欠发达的边缘国家与发达的中心国家之间的矛盾日益激化，这些都意味着早期靠延长劳动时间、增加劳动强度来榨取剩余价值，靠对外扩张、剥削殖民地来转嫁国内危机、获取超额利润的粗放型发展模式受到了根本的挑战。但是，资本主义并未如列宁预言的那样就此走向灭亡，而是在经历了两次世界大战的阵痛和几十年的调整、转型后，重新焕发了生

▶ ▶ ▶

① 探讨科技革命的历史意义必然要涉及文化与文明的关系问题，这个问题在学术界引发了广泛的争议，至今尚无定论。一种看法认为二者有所区别，文明是包括物质技术、礼仪规范、风俗习惯、宗教思想和科学技术等社会生活各个方面在内的广义的概念，而文化则是局限于体现民族特性的价值、观念等的狭义概念，更多的人将二者等同起来，认为文明就是文化，这是一个广义的概念，包括技术的系统、社会学的系统和意识形态的系统等三个亚系统。为了避免将问题复杂化，本章不介入这些争论，而是将两种看法融合起来，将广义上的文明看成包括文化在内的社会生活的各个方面，分为物质技术、社会制度、意识形态三个层次，狭义上的文明则仅指物质技术、制度体制等社会生活的现实层面，文化是指价值观念、意识形态等较抽象的层次。这样，科技革命就是一个属于文明范畴，但必然影响文化发展的概念。

②《马克思恩格斯全集》第23卷，664页。

机，其中一个关键性的原因就在于科技发展为之提供了新的生长点。科技发展提高了既定资本投入和劳动力投入的产出率，找到了廉价、高效的可替代型新能源，缓解了固定投资增加、可变成本上升带来的利润率下降的趋势；企业经营和管理模式的专业化科学化提高了劳动生产率，改善了微观经济环境，而工资的提高、待遇的改善反过来又扩大了国内市场，壮大了中产阶级，稳定了国内局势，刺激了经济增长。科技发展还带来了世界范围内的产业结构调整，中心资本主义国家逐步向技术密集型产业升级，将劳动力密集型产业和一部分资本密集型产业让给各后发现代化国家，世界性劳动分工和产业结构的重新调整促进了世界经济体的稳定和发展。

此外，政治、社会领域也发生了种种变革。新技术革命带来的第三次浪潮对中央集权结构提出了挑战，地方政治实体的作用日益凸显，知识精英的作用日益显现，分权化、地方化、精英化的趋势有效地制约着中央集权的过分膨胀。

科技革命不仅通过中心国家的变化间接地作用于其他国家，也渗透到世界各地，直接推动着各个后发现代化国家生产力的发展，加速其现代化进程。可见，科技进步、持续的工业革命为现代化提供了持久的动力和巨大的加速度，使它向着全面、纵深的方向发展。

二、现代科技进步推动科技自身持续发展。科技革命，尤其是新科技革命之后的现代科技发展不同于以往的科技发展之处在于，它超越了点滴积累、缓慢发展的模式，保持着持续、快速，甚至跳跃式的发展态势。这是由新科技革命自身的特点决定的。

1. 现代科技发展具有整体性的特点。它打破了学科界限、部门界限、地域界限以及民族国家的界限，各自然科学学科之间，自然科学与社会科学、人文科学之间，科学与技术之间，学科内各研究领域、专业方向之间，不再是彼此孤立、平行发展的关系，而呈现出相互合作、相互促进、交叉融合、彼此带动的趋势。尤其是20世纪70年代以后，随着以微电子与信息科学技术为核心，以信息科学技术、生物科学技术、新材料科学技术、新能源科学技术和空间、海洋科学技术为主体的当代新科技革命的兴起，现代科学的基本形态正如美国物理学家温伯格和科学社会学家普赖斯所说，正由"小科学"向"大科学"转变。[1]到20世纪80年代，科学已经

----

① 参见何亚平、张钢：《文化的基频——科技文化史论稿》，东方出版社，1996，266—274 页。

发展为由大约5千门学科组成的大系统。其中，交叉学科达2500门，文理交叉学科达300门，包括许多边缘学科、横断学科等等。这样，各学科之间就形成了一道互动的链条，一个领域的发展势必带动其他学科领域的相关发展，一个国家的某项科技成果势必引起其他国家的仿效和追赶，不断产生扩散效应，最终形成整体性的科技进步。

2．现代科技发展逐渐走上制度化的轨道。鼓励科技创新的法律体系、制度体系和专门的科学研究机构的创立，使科技创新法律化、制度化、组织化，走向良性循环、持续发展的轨道。科技奖励制度为科技创新提供了制度保障，专利制度则为科技创新提供了法律保护，两方面结合起来，从积极、消极两方面为科技发展提供基本的动力和保障。各种现代科学研究共同体，如大学的研究生院、国家科学院、科学学会、现代实验室制度等的建立，弥补了过去单靠个别科学家独立研究的不足，形成科学研究的规模效应，推动科技进步。此外，新的科技进步和工业革命还促进了教育体制的改革和现代教育体系的建立。教育内容、教学手段得以丰富和改进，电化教育、职业教育、终身教育的发展极大地提高了公民整体素质，为科技的发展提供了良好的社会基础。高等教育的发展更具有决定性的意义，德国科研的制度化就是从高校改革开始的。总体教育方针的改革，教学导向的变化，学科设置、教学内容的调整和师资力量的增加，现代科研的创建和产学一体化发展模式的确立，为培养现代科技创新型人才、为科技进步提供了保障。

3．现代科技向生产力转化的法律和制度保障机制正式创立了。科技成果转化方面的立法，使科技向现实生产力转化的能力、速度和程度都大大提高，科技成果能够迅速、充分而有效地投入生产领域，带动工业发展；反过来，工业的发展既为科技创新提供了丰富的物质基础和研究手段，又通过不断产生的新需求为科技发展提供新课题，开辟新领域，促使其向纵深发展；产学研结合的制度将科研机构与生产单位结合起来，加强了基础性学科与应用性学科之间的联系，减少了科技成果转化的中间环节，缩短了转化周期，科技与工业从对方那里获得自身前进的动力，共同发展。

科技进步的文化含义

爱因斯坦曾经说过："科学对于人类事物的影响有两种方式。第一种方式是大家都熟悉的：科学直接地、并且在更大程度上间接地生产出完全改变了人类生活的工具。第二种方式是教育性质的——它作用于心灵。尽管草率看来，这种方式好像不大明显，但至少同第一种方式一样锐利。"① 科技不仅具有"生产力"方面的功能，而且具有"精神文化"方面的功能，这里包括两个方面，一是促进工具理性的兴起，二是促进现代人文主义的产生和发展。

首先，现代科技进步促进了工具理性的兴起和发展。工具理性的主导地位是随着资本主义和工业革命的到来而确立的。根据马克斯·韦伯的经典定义，所谓工具理性（目的理性）是指"通过对外界事物的情况和其他人的举止的期待，并利用这种期待作为'条件'或者作为'手段'，以期实现自己合乎理性所争取和考虑的作为成果的目的"。② 也就是说，工具理性所表现的是通过对从个人本性和内心愿望出发的"目的、手段和附带后果"的权衡与判断来决定行止，既不受个人情绪控制，也不受传统左右的行为取向，其核心是"天生的自我利益"，商人对顾客行为的期待，对利润的追求就是工具理性行为的典型体现。与工具理性相对的是价值理性。"价值合乎理性的，即通过有意识地对一个特定的举止的——伦理的、美学的、宗教的或作任何其他阐释的——无条件的固有价值的纯粹信仰，不管是否取得成就。"③ 这是一种后天学习的、非自我利益的行为取向。

贯穿现代化的主线是脱魅化、世俗化、理性化，而所谓理性化，实际就是在经济、政治、社会、文化诸领域中，工具理性对价值理性主导地位的取代，这一过程的展开构成了现代化的基本内涵。工具理性的兴起，在很大程度上正是凭借了从现代科技进步中汲取的动力和借此获得的合法地位。科技进步对于工具理性兴起所产生的重要影响主要体现在三个方面：

1. 科技进步在一定程度上拉开了人与环境之间的距离，为前者认识、控制、改造后者提供了科学的依据和可能性，激发了工具理性的兴起。随着科技的进步和现代科学体系的确立，人类对自然界、对宇宙逐渐有了清醒而理性的认识，科学的世界观打破了宗教的世界观的主导地位，在这一过程中，人与客观环境之间的关系也发生了根本性的变化，二者之间的距离不断拉大，人类日益从对环境的过度依赖中

▶ ▶ ▶ ──────────────────

① 爱因斯坦：《爱因斯坦文集》，第三卷，许良英等编译，商务印书馆，1979，135 页。
② 马克斯·韦伯：《经济与社会》，上卷，林荣远译，商务印书馆，1997，56 页。
③ 同上。

独立出来，人们不再相信自己是受不可知的自然或超自然力摆布的自然的一部分，而认为自身是可以凭借理性的力量认识、控制、改造整个世界的独立主体。这既是作为认识主体的人对其认识客体——环境进行客观、理性的研究所必须具备的前提条件，也是前者逐渐摆脱了蒙昧、被动的状态，对外控制力和自我宰制力增强的体现。[①] 在对科技进步现实成果的肯定中，对其美好前景的热切展望中，以及在对自身行为和感情的自我控制机制中所折射出来的，正是人类工具理性精神的闪光。

2. 科技进步促进了人类自我意识的觉醒，促进了工具理性精神的成熟。随着生活环境的改善和自我利益的满足，人类自我满足、自我实现的愿望不是削弱了，而是由于受到科技和制度的支持，具有了实现的可能性，因而日益彰显出来，而对自我利益的追求正体现了工具理性的真正本质。进而，随着理性化进程的深入，人类逐渐将自身的思维和行为模式作为研究对象，心理学、社会学、人类学等学科的兴起，标志着人类已经进入了希图借助科学、理性的途径以实现自我认识、自我控制的境地，标志着工具理性精神的进一步发展。

3. 工具理性的形成还得益于科学的思维训练和研究方法。工具理性不同于价值理性之处就在于它更加强调技术上的精确性和可计算性，以客观结果为衡量依据，而这种"理性"形式与关注客观结果、注重精确性、讲求实践性的科学精神有相通之处，科技进步使后者逐渐由自然科学领域渗透到社会各领域，从而改变了人的思维方式、思想观念和行为模式的特性，现代法律体系、行政管理体系、现代社会科学体系，甚至现代派文学、绘画、音乐等艺术领域，都在不同程度上体现出工具理性的特征。没有科技进步和持续的工业革命，工具理性在各个社会领域中的充分发展是不可能完成的。

其次，现代科技进步还促进了现代人文主义的产生、更新和发展。现代人文主义是随着资本主义经济关系的产生、发展而形成的一种西方近代思潮。西方的人文主义传统可以追溯到古希腊时期，希腊文明对知识的系统记述和教授、辩论传统，对教育塑造人性的重视，以及对人的优越性的强调，都体现了以人为中心的思维模式。15世纪末，出现了教授人文学科（指语法、修辞、历史、文学、道德哲学等复活的古代经典）的人文主义者，由此形成了关于人的新态度、新信念，开创了西

▶ ▶ ▶ ————————————————————————————

① 参见诺贝特·埃利亚斯：《文明的进程》，下卷，袁志英译，三联书店，1999，300—316页。

方现代人文主义传统的源头。19世纪，"人文主义"一词正式出现并很快流行开来，用以描述自文艺复兴时期开始的思想倾向。人文主义产生于近代绝非偶然，其中体现了历史的必然性：资本主义经济关系的形成、科学技术革命的兴起，促成了人"自我的自觉意识的觉醒"，在这种自我意识中，既有对个体利益的追求，也有对个体意义与价值的渴望。前者是工具理性的基础，而后者则是人文主义的精髓。"近代的思维则是以人为标准，这一思维方法促进了人文主义的形成，在社会和政治方面也出现了民主主义的形态。"① 工具理性与人文主义之间不存在根本的对立和冲突，二者都受到科技进步的推动。其实，正是科技的进步为工具理性的兴起和人文主义的产生创造了条件，而人文主义演变的轨迹与科技进步、工具理性的发展过程之间则存在着某种交叉互动、共同发展的关系。

作为自然性与社会性的结合体，人既有生理需求，也有情感需求，满足物质欲望固然是基本要求，但道德满足感也必不可少。在某一时期，或在某一特定阶段，可能会有所侧重，有所偏执，但从长远来看，二者平衡，才能形成健全的人格，否则，人将处于躁动不安之中。从古到今，人类一直在追求一种物质生活与精神世界完美结合的理想境界，各种物质与精神文化的成果正是在人类不断做出积极调适的过程中取得的。

从理论上来说，科学的思维方式与人文的传统在看待问题的角度上，确实存在重大的差异：前者从物的角度出发，把人看成是客观物质世界的一部分，而后者则相反，它以人为中心，透过人的视角，从人的经验出发了解自身、认识自然。尽管如此，人文主义与科学思维仍然具有共通之处，共享某些观念，而其中最根本的一点是：二者都直接或间接地凸显了"人"本身。科技的根本意义是服务于人，使人更深刻、更全面、更客观、更理性地认识周围的环境和自我，走出非理性、盲目、愚昧的误区，实现真正的自我解放；工具理性作为科学技术背后的精神支柱，强调通过合法、合理的手段满足个人内心的、现实的、眼前的、可预测的利益和需求；而人文主义则关注个人内心情感需求的表达。科技、工具理性与人文主义的路径走向虽然不同，但却具有一个共同的出发点和归宿——重视个人价值、满足个人内心某一方面的需求。

▶ ▶ ▶ ▶ ────────────────────────────

① 中村元：《比较思想论》，吴震译，浙江人民出版社，1987，242页。

　　科技与人文之间的积极互动，自近代至今，一直是历史的主流，文艺复兴时期，人文主义作为一种新兴的思潮或文化倾向，其传播、发展也从科学技术那里得到了很大的助力。威尼斯之所以在 15 世纪 60 年代成为人文主义的重要发源地，一个关键性的因素就是威尼斯印刷术的发达使之成为当时欧洲最重要的出版国，其人文主义思想得以通过大量书籍迅速地向外部地区传播、扩散。这一时期著名的人文主义代表，佛罗伦萨的里昂－巴蒂斯塔－亚尔培蒂（1404—1472）既是人文主义学者，又是科学家、数学家、音乐家、建筑师和密码专家，他的创作体现了科学、艺术、人文关怀之间的交融汇合，是科学技术与人文精神能够相互并存、相互促进的典型例证。

　　启蒙运动时期的人文主义在更大的程度上受到科学革命的影响。培根所确立的实验观察和归纳推理法、牛顿提出的运动三定律和万有引力定律，不但奠定了现代自然科学的方法论基础和理论框架，而且引发了观念形态的革命：宗教神秘主义的面纱和覆盖真相的无知之幕被理性之手撩开一角，传统的权威受到撼动，人类第一次从对自然恐惧的阴影下走出来，重新审视自身的价值和能力，正是这些奠定了怀疑主义、批判理性的人文主义基调。许多最著名的人文主义者，如狄德罗、伏尔泰、孟德斯鸠、卢梭、边沁等，其思想的人文主义光辉、对传统的批判锋芒，都直接来源于对科技发展所带来的对科学本身的充分信心和乐观态度。"这些哲学家们应用批判理性所以如此奏效，是因为他们同时有着一种同样是新发现的自信：如果人类能从恐惧和迷信中解放出来，他们就会在自己的身上找到改造人类生活条件的力量。"[1] 正是在科技进步带来的乐观主义情绪的感染下，十七八世纪的人文主义才确立了进步、理性、道德自主、依靠自我等基本原则。

　　到了 19 世纪，科学技术和工具理性获得了进一步发展，人文主义出现了众说纷纭的多样化局面。但科学技术和工业革命的发展，加之主张理性崇拜、社会进化论的实证主义的影响，使自由主义成为这一时期人文主义传统的主流，德国的浪漫主义则是重要的补充形态。这一时期，许多著名的人文主义者都同时对自然科学表现出极大的兴趣，从中汲取创作灵感，德国著名诗人歌德就是其中之一。歌德对地质学、解剖学、动物学、植物学都进行过系统研究，前后长达 50 年之久。在对客

▶　▶　▶ ────────────────────

[1] 阿伦·布洛克：《西方人文主义传统》，董乐山译，三联书店，1997，89 页。

观世界的探索中，他形成了自己的自然观并用客观性制约过度的主观，以科学的理性滤除艺术想象中的神秘主义、狂热主义渣滓，像探索自然法则那样尝试寻求艺术形式中的规律与和谐。这些"使他有了一个诗人这样的直接的发言能力和他作为一个完整统一的人所达到的平静心境"①，取得了极高的艺术成就。

20 世纪，随着科技进步和新工业革命的发生，人文主义的内涵、表现形式也有了新的发展。尼采、韦伯等人从现实中看到了社会的过分组织化、理性化对情感、天性、创造力的威胁，开始以非理性主义或悲观主义情结向 19 世纪的理性主义、乐观主义人文传统挑战，这种对资本、权力、科技，乃至理性的垄断地位的反动，以一种特殊的形式为寻求新的价值体系、人文传统提供了思路。现代科学技术的迅猛发展对人文传统的正面作用更不容轻视，它的加速发展不断向既有哲学提出挑战：关于宇宙膨胀、天体年龄的观察研究向原有的宇宙无限说提出了挑战；关于"夸克禁闭"的假设即因为迄今找不到粒子世界的自由夸克，科学家设想只有无穷大的功才能把夸克和反夸克分开，物质无限可分的观点因而受到冲击；量子力学研究者对磁荷（磁单极子）的寻找，涉及磁极两极不可分离的观念能否成立，而这一直是对立统一规律的例证；因果性、偶然性与必然性，物质、能量、信息间的复杂关系以及时空观等哲学观念，也都在随着科学技术的进步而不断发生变化。此外，科技对艺术、宗教信仰、伦理道德也产生着巨大影响。弗洛伊德将心理学与医学、生理学、神经活动过程的身体基础的实验性调查紧密联系在一起，开创了新的心理学理论体系。他对"无意识"的探索"使得诗歌与精神的天性浑为一体"，"不但没有为艺术家缩小和简化人性的天地而限制创造能力，反而打开了这个天地，并且使它更加复杂化"。② 而这一时期巴黎的野兽派、立体派，德国的桥派、蓝骑士派，以及其他一些现代派艺术家，虽然高扬个人主义的大旗，向过去的人文传统宣战，但却继承了对试验的巨大热情。

总之，科技的进步、工具理性的发展，不但没有导致人文主义的衰落和消亡，反而一方面以动力的形式继续为之提供技术条件、科学信息，打开新的发展空间；另一方面又以压力的形式促使其反思现实，反思自身，自我更新、自我改造。科学技术与人文主义之间，具有一种矛盾统一的关系，也正是在此基础上，二者才能形

▶ ▶ ▶ ────────────

① 阿伦·布洛克：前引书，149 页。
② 同上书，219 页。

成有效互动的关系，在不平衡中相互调适，共同发展。

作为一种社会现实、一种历史发展的客观趋势，科技进步产生了上述积极影响。然而，从本质上来讲，科技的发展不仅体现着人、物关系的演变，更反映了人与人之间关系的变化，是整个社会经济结构和社会形态变化的见证。现代科技的发展在具体的历史条件下和现实的环境中，不仅具有正面意义，同时也产生了一些负面影响。

首先，现代科学技术革命的出现是社会经济发展的结果，是在资本主义强大的利润驱动和巨大的竞争压力下产生的。它既是刺激早期资本主义发展、扩张的催化剂，也是缓解晚期资本主义危机的止痛药。科学技术的发展虽然有着自身的内在逻辑，但更深层的动力，却来源于社会经济制度，乃至社会生产力的发展，后者的发展趋势决定着科学技术的基本进程。无限扩张性、是资本主义制度的基本特性，这一方面为现代科技的持续、快速发展提供了不竭的动力源，但另一方面，也将之引向盲目、极端的误区，最集中的体现是对能源的浪费性使用，对环境的毁灭性破坏。环境、能源问题从资本主义早期就开始积累，到 20 世纪 50 年代，弊端逐渐显示出来，成为人类所面临的一大公害。从煤烟污染、工业"三废"污染、石油、化工、毒气污染，到农药污染、核污染和噪声污染，人类的生存环境遭到极大破坏，生命健康受到严重威胁。

其次，从某种程度上来说，现代化是一个以科技进步为核心的理性化、文明化的进程，现代化的不平衡性决定了文明化的进程也是一个不稳定、不均衡的过程，其中充满了矛盾与冲突。"渐进的理性化和整体的文明转化，毫无疑问，一直是和不同阶层与集团间的相互争斗相联系的。西方关系网络的整体，最近一次，也是最大一次的文明浪潮的基础，肯定不是一个和平的统一体……而是张力和斗争……构成了那种基础结构的一个完整的因素。对于文明浪潮基础的变化方向有着决定性的意义。毫无疑问，文明浪潮作为争斗的武器可以获得极为重要的意义。"[1] 科技的进步虽然暂时缓解了资本主义经济、社会危机，但从长远来看，却加剧、深化了这种危机，因为体制性的矛盾和危机是无法依靠物化的技术环境来根除的，而且，科技越是进步，便越要成为体系内相互争斗各方彼此对抗、彼此毁灭的具有杀伤力的方

▶ ▶ ▶ ──────────────────

[1] 埃利亚斯：前引书，308 页。

便工具，也就是说，在不良的制度环境中，科技越是进步，其对于自身，对于其所赖以产生的社会基础的反弹力便越具有毁灭性后果。社会在这一方面越文明，在另一方面就越野蛮。

最后，对科技发展的担忧更多地体现为对其背后的工具理性极端膨胀的忧虑。工具理性虽然是现代性的精髓，但也有其特定的关注对象和适用范围，社会生活中有其所无法满足的领域。工具理性是工具性的，强调判断标准的客观性、中立性，以及结果和形式的合理性，带有很强的功利色彩，不涉及价值判断，也不关心情感需求和道德需要。"由于功利主义文化强调成果的评价，其

新芝加哥的城市生活

注意力的中心立即自然而逻辑地从道德转向了认知判断……功利主义有一种先天的局限道德格局，并有强调纯认知判断的趋向。事实与价值由是彻底分离。所以，中产阶级功利文化天然地倾向于道德破产与'孤僻失落'。"[1]这种先天的局限性必须要靠价值理性来节制和弥补，一旦工具理性片面发展，过分膨胀，超出自身界限，涉足其他领域，对价值理性进行压制，就会造成危害，导致人性的扭曲和异化。

▶ ▶ ▶ ───────────────────────────

① 艾恺：《世界范围内的反现代化思潮》，贵州人民出版社，1999，13 页。

第四节
关于科技进步的两种观点及评价

一百多年来，特别是 20 世纪以来，人们对现代科学技术、现代工业文明以及与之相伴随的科学主义、工业主义究竟是人类的福祉，还是人类的灾难，大体上有两种认识。

第一种是肯定的、乐观主义的认识。这一观点对现代科技和工业文明的发展持赞扬态度，视之为通往富足、自由的人类社会的阳光大道。科学技术所代表的现代大机器生产力，的确为人类带来辉煌的经济成就和知识成果。韦伯曾借用席勒的名句"为世界解除魔咒"来描绘西方社会的理性化进程。如果以科技为带动此进程走向普遍化的最重要动力，那么，"解除魔咒"之功应当首先归之于现代科技。在第一次世界大战爆发以前，特别是 19 世纪末，当大不列颠举国上下陶醉于"世界工厂"的辉煌业绩、沉浸在维多利亚盛世的一片欢乐之中时，西方对现代科技和工业文明是普遍持乐观态度的。

马克思主义创始人对科学发展和技术进步的一贯态度，也属乐观主义之列。"在马克思看来，科学是一种历史上起推动作用的、革命的力量。"[1]1883 年恩格斯在给伯恩斯坦的信中进一步谈道：电工技术革命"是一次巨大的革命。蒸汽机教我们把热变成机械运动，而电的利用将为我们开辟一条道路，使一切形式的能——热、机械运动、电、磁、光——互相转化，并在工业中加以利用……这一发现使工业几乎彻底摆脱地方条件所规定的一切界限，并且使极遥远的水力的利用成为可能，如果在最初它只是对城市有利，那么到最后它终将成为消除城乡对立的最强有力的杠杆"。[2]恩格斯自然是从批判资本主义的角度提出和论述问题的，所以他紧接着又写道："但是非常明显的是，生产力将因此得到极大的发展，以至于资产阶级对生产力的管理愈来愈不能胜任。"[3]在马克思和恩格斯的思想体系里，对科学技术和机器大工业带来人类文明发展进步的肯定、赞扬，同他们对资本主义带来的人的异化的

▶ ▶ ▶

① 《马克思恩格斯全集》第 19 卷，375 页。
② 《马克思恩格斯全集》第 35 卷，445—446 页。
③ 同上书，446 页。

否定，通过对工人阶级取代资产阶级管理现代社会的憧憬、社会主义取代资本主义的理想而有机地联系在一起。

第二种是否定的、悲观主义的认识。在悲观主义者的阵营中，实际存在着两派力量。其一是西方学者。一些现代化论者，如马克思、韦伯等，也对现代化过程中工具理性的膨胀怀有无可奈何的悲观情绪，集中体现为对于异化的忧虑。无论最初的起因是什么（马克思强调资本主义生产关系、韦伯强调官僚科层制），最终的结果却是目的与手段发生置换，工具理性挤占价值理性，人沦为某种外在事物的奴隶。其他激进的反现代化论者更是激烈地反对由现代科技发展带来的一切社会后果，如工业主义、工具理性等等。对工业主义的批判可以追溯到英国的托马斯·卡莱尔（1795—1881）、约翰·罗斯金（1819—1900）、威廉·莫里斯（1834—1896），美国的亨利·大卫·索罗（1817—1862）以及俄国的列夫·托尔斯泰（1828—1910）。随着科学技术的发展和工业化的深入与资本的世界性扩张，对整个现代科技与工业制度的怀疑乃至否定的呼声日益高涨，逐渐成为全球性思潮，其影响甚至远远超出思想界讨论的范围。批判者认为：科学技术进步以致整个现代工业文明像一把"双刃剑"，或是一个既能开启天堂之门，又能让黑夜降临人间的"双面的雅奴斯"，它在增加了人类福祉的同时，也逐渐打破了在早期启蒙思想家那里以改变人类被奴役状态为目的的"人文理性"和靠计算、规范以度量并驯服自然界的"工具理性"之间的和谐统一，而导致一种以科技为主导的"科技理性"。标准化、工具化、普遍主义和技术进步观念等等垄断了社会生活，造成冷冰冰的技术统治。人类的创造反过来控制了人类。极端的否定者，如属于法兰克福学派的马尔库塞甚至认为：发达工业社会的繁荣带来的是异化，科技进步带来的是人类反思能力的丧失。因此要对现代文明，尤其是技术理性抱有怀疑和"大拒绝"的态度。

其二是后发现代化国家的悲观主义者。西方的悲观主义者一般怀有较强的人文关怀，而后发现代化国家悲观主义者的悲观态度则与民族主义情绪有很深的渊源；西方的悲观论者批判的矛头指向社会经济领域和制度体系，而后发现代化国家的悲观论者一般将批判的焦点集中于文化领域，他们往往默认，甚至公开承认西方在器物层面的先进性，但拒不承认其在文化上的优越性，因此，表现出强烈的文化守成主义倾向。

实际上，就科技本身而言，它只是一个中性的、工具性的事物，科技进步表明

马来西亚人在学习电脑

的是一种进步和发展的客观状态，无所谓弊端或局限性。所谓科技进步的意义或局限，实际是对科技在特定制度环境中所衍生出来的社会效应或价值象征，对一定科技水平背后所代表的社会经济关系的评价。因此，对科技进步的批判一定要结合具体的历史背景和制度环境，否则便混淆了问题的本质。从总体上看，乐观主义属于主流派，而悲观主义则属于非主流。两者从不同的角度出发，揭示了科技进步某一方面的特性，各有其深刻之处，二者观点上的差异实际体现了其历史观的不同，或者同一学者对于科技问题两面性的认识。但是，极端的乐观主义或极端的悲观主义则存在各自的片面性。前者的局限性在于，他们或将科技进步与现实制度分割开来，或对历史发展持有一种历史决定论、目的论，和线性进化论，对科技进步在特定社会环境中、历史条件下可能产生的副作用认识不足。而后者的问题则出在以下三个方面。

（1）片面性、静态性。首先，他们只看到随着科学技术的发展和工具理性的兴起，人文主义、价值理性受到冲击、挑战的一面，没有看到在前者的促进下，后者更新、发展、复兴的一面；只看到二者相互对立的一面，没有看到二者相辅相成的一面。诚然，随着科技的进步、文明的发展和理性化水平的提高，个人的自我控制能力和社会的强制机制呈现逐步增强的趋势，但这并不一定意味着人与人的疏离乃至隔绝。因为对于人际关系而言，科技进步会产生向心力和离心力两种相反的作用力，在个体独立性和距离感有所增强的同时，在另外一些领域中，人与人之间的距离却被空前地拉近，彼此更加相互依赖了。比如，由于交通状况的改善、通信手段的丰富、大众传媒的发展，以及网络技术的出现，人们打破了时空的阻隔，可以随心所欲地在全球范围内、在各个领域中进行方便、快捷、深层次的沟通和交流，以往任何一个社会中的个人，对于同类的依赖、对于人类共性的了解和认识，都无法与现代人相比。另外，从更广泛的意义上说，科技进步对于生产力的推动作用所带来的社会分工的发展，更加导致了人与人之间的互赖性的增强。在现代社会中，人们在某些方面更加独立，而在另一些方面则更加相互依赖，这样看来，科技进步所带来的，不是人际关系的疏远，而是人际关系的改变，不是人文主义、价值理性的衰亡，而是人文主义、价值理性形式的转换。

其次，他们的观点具有静态性的特征。随着科技理性、工具理性的发展而衰落、消亡的，不是价值理性、人文主义本身，而是其中的落后部分。旧价值体系的衰落意味着新的价值体系的形成，是价值理性乃至整个社会文化形态的发展和转型。现代价值体系是在工具理性的基础上形成的，自由、平等、效率、公平、宽容、协作、乐观、自信、积极、开放、创新等观念都是在工具理性的影响下产生的新价值观，而这些价值观对于解放人性、完善自我、塑造积极健康的现代人格，具有重要的意义。

另外，科技发展不仅导致价值体系的变化，也带来工具理性信条和地位的变化。科学革命、第一次工业革命之后的科技发展，带来了对普遍性、唯一性、规律性、稳定性的信仰，确立了现代自然科学、社会科学的基本信条，而20世纪中后期自然科学领域中的相关发现，则使人们对绝对理性的坚定信心发生了动摇，以多元、动态、不确定的态度看待物质和精神世界，资本主义兴起之初工具理性的统治地位有所下降，逐渐在动态发展中寻找与价值理性的新的平衡点。因此，工具理性本身并非沿着最初的方向直线发展、无限膨胀，实际上，人们对自然界、对宇宙、对自身、对人类社会的认识是随着科技的进步而不断发生变化的，工具理性不但不会取代价值理性，恰恰相反，两者还会不断地相互协调、共同发展，尽管协调的过程可能会充满矛盾、动荡、不稳定，甚至遭遇灾难。

（2）不当归因。悲观论者在此混淆了三个问题：第一，混淆了工具理性本身的弊端和工具理性与非理性的弊端。极端的悲观论者倾向于将现代社会中的各种社会问题，尤其是道德沦丧、精神空虚、犯罪、自杀、吸毒等等与社会心理相关的问题，都归结为工具理性膨胀、价值理性萎缩带来的恶果。这实际上犯了一个将时间上的先后关系等同于因果关系的"共时性"错误。如果因为这些社会问题是在科技进步、工业主义、工具理性兴起之后发生的，就认定二者之间存在必然的因果联系，那么，这是不是就等于说，在科学技术相对落后、价值理性或传统规则起主导作用的前资本主义社会中，人们就是道德高尚、身心健康呢？既然现代人是被工具理性"异化"了，那么传统人是否就是固守了本性、实现了自我呢？这样的结论显然是荒谬的。对于自利的追求是人的本性，不管这种行为是否具有合法性，是否被社会所容忍和提倡，它都切实存在着。价值理性是对这一本能的抑制。对价值理性的强调恰恰表明违背价值理性行为的现实存在。

其实，传统社会中的价值理性承担着两种功能：一是作为社会控制的手段，弥补因社会分工不充分，社会共同体相互离散所造成的社会整合与政治稳定的难题；二是承担间接的资源分配的功能，通过抑制个人物质需求，缓解物质稀缺、等级分化带来的分配困境。

另外，在许多情况下，引发当前社会问题的不是工具理性，而是非理性。人们常常将拜金主义、纵欲主义、为达目的不择手段等看成是由工具理性造成的，但这些现象的本质与工具理性的基本精神——期待于他人、可预期性、可计算性等——是根本相违的，从工具理性、形式理性的观点来看，这些现象都是非理性的，因为它们尽管也体现了对自身利益的追求，但其前提和手段却与理性化的要求完全相左。

第二，混淆了工具理性本身的局限性与工具理性越界所产生的弊端。先来看看韦伯对工具理性的经典论述。韦伯将人们通常所说的资本主义称为"理性资本主义"，表明资本主义具有客观化、理性化与非人格化的特征：在经济领域，理性资本主义靠非人为的市场体系和价值规律维系经济体系的运作；在政治领域，它建立起以职位等级制和工资制为基础的非人格化的官僚阶层体系。在这些制度体系中，凝聚着一种独特的精神气质——资本主义精神。资本主义精神的本质就是一种工具理性。但是，单一的工具理性并不是"资本主义精神"的全部，其背后有一种特殊的价值支持——新教伦理，也就是说，在韦伯那里，真正的资本主义精神并不像许多人所理解的那样，是工具理性的代名词，而是工具理性与价值理性的混合体。而且，正是价值理性的成分（新教伦理中的天职观念、禁欲主义等）决定了工具理性成分（理性计算、合理经营、精打细算、勤俭节约等）的产生，二者相互结合、相互制约，维系着资本主义精神的生命力，推动着资本主义庞大的生产机器的运行。只是到了后来，随着资本主义制度的巩固与完善，新教伦理的根基才逐渐被抽空了，工具理性失去节制而异化为非理性的物欲横流和官僚科层制的坚固铁笼。由此看来，工具理性与价值理性在本质上并不是绝对不能相容，工具理性可以而且必须找到一种适当的价值理性，与之结合起来，才能为社会营造一种良好的精神风貌。令人忧虑的不是工具理性本身，而是价值理性的枯竭和工具理性的恶性膨胀。

韦伯的分析带有很强的理想色彩，但却深刻揭示出了工具理性与价值理性之间相互依存的关系。这一点为具体的历史进程所证实。资本主义产生的初始阶段，其核心任务是积累资本、发展经济、完善各种相关制度，这既需要工具理性的帮助，也需要价值理性的支持。而在自由资本主义制度成熟、稳固之后，制度体系趋于完善，社会生活在一系列规章制度的框架里维持着自身的运转，信心的提升与自我利益的觉醒导致了工具理性的兴起及其主导地位的确立，价值理性开始受到忽视。19世纪末20世纪初，资本主义进入垄断时期，自由竞争受到压制，社会出现了严重的两极分化，消费主义、食利精神蔓延滋生，工具理性失去节制而发生异化，资本主义日益深化的内在矛盾在经济危机中充分暴露出来，现实的痛苦促使人们重新审视资本主义制度体系和工具理性，在怀疑主义的氛围中，酝酿着新的价值理性。二战以后，资本主义制度体系发生了深刻的变化，进入国家资本主义阶段。工具理性在经受了传统社会的种种压制和资本主义的不同发展阶段之后，开始尝试寻求同价值理性的和谐与共存。

作为兼具理性需求和情感需求的社会存在，人类只能在价值理性与工具理性的结合中寻找生命与精神的栖居之地，任何一种偏废都将带来灾难。工具理性与价值理性都有特定的指涉对象和作用范围，一旦超越了这一界限，理性就变成了非理性。许多社会问题的产生不是工具理性本身带来的，而是由于其自身的发展还不成熟，没有协调好与价值理性之间的关系。所谓工具理性的"异化"，表明的正是这样一种工具理性过分膨胀、价值理性相对滞后的不协调状态。但是，应该注意，这里面其实还存在一个"异化的幻象"问题。科学研究的客观性、公正性，必然要求研究主体进行适当的情感控制，和他所观察、所研究的对象保持一定距离，超越主观性的干扰。但是,这种必要的情感控制在感情上有时难以为人们所接受,在工具理性刚刚兴起,传统的情感因素和价值观念的惯性还很强的时候尤其如此,适当的距离被人们误认为永恒的鸿沟,情感的控制被视作情感的囚禁甚或泯灭。"这种要求却被视为实际存在着的'笼子',这只笼子囚禁了'自身''自我'以及'理性'和'存在',并把这些东西与个人'以外'的世界隔了开来。"① 这样,出于对工具理性的拒斥、对某些传统价值观的留恋,就产生了"异化的幻觉"。这并不是工具理性的膨胀导致的"异化",而是工具理性不成熟、发育不充分的表现。其实,超越了自身界限,价值理性与工具理性一样会导致"异化",宗教狂热、意识形态一统天下的红色恐怖、极权专制,乃至法西斯统治,都是价值理性层面上的"异化",其危害较工具理性带来的"异化"有过之而无不及。因此,解决问题的关键,不是怀疑,更不是取消工具理性,而是在实践中寻求两种理性之间的最佳结合点,实现两者的协调、均衡发展。

第三,混淆了制度环境的弊端和科技进步本身的弊端。极端的悲观论者认为科技进步为人类带来的福音部分,甚至全部被其副产品——战争、争斗、对环境和资源的破坏等所抵消。但是,科技是一个中性的事物,它本身与特定的需要、用途没有必然的联系。炸药的发明最初并不是为了战争的目的。科技造成的灾难实际是其应用者——特定的制度体系造成的。科技可以被用来造福人类,也可以用于自我毁灭。科技的双重作用实际是资本主义和现代化双重性的外在体现。科技只是"刃",制度才是"剑","刃"越锋利,"剑"的杀伤力固然越大;但"刃"毕竟是依附于"剑"而存在的,没有"剑"就无所谓"刃",而"剑"则是独立存在的,无刃之剑也可以伤人。因此,只有从制度层面入手,才能解决根本问题,否则,即使在技术条件极端落后的情况下,人类照样可以手持木棒石块自相残杀,彼此毁灭。

(3)民族主义的误区。后现代化国家对科技进步、工具理性的悲观态度往往与民族主义情绪纠结在一起,受到潜在的政治目的、意识形态或文化心理的影响。其主要动机有二:

第一,这些文化民族主义者在被迫承认自身器物层面落后性的同时,力图保持民族文化的根系,以此阻挠西方文化的渗透,以求民族自立。这种情况往往发生在

▶ ▶ ▶ ─────────────────────

① 埃利亚斯:前引书,41页。

后发现代化国家的传统社会面临民族危机、受到现代化冲击的现代化启动阶段。先进的西方文明势不可挡的侵入及其对传统价值的挑战，与传统文化对新价值的顽强抵制和绝望抗争之间存在着恒常的紧张状态，现实与理想、现代与传统之间持续的张力造成的巨大社会心理压力，成为种种反现代化思潮的思想根源，对于科技进步、工具理性的悲观态度就是这一思潮的典型表现。总的看来，由于这些观点有其特定目标指向，因而不能妄判对错。但是，从单纯的文化视角来看，这些观点确有其片面性。以中国为例，自从鸦片战争轰开国门，将古老的中华帝国拖入世界经济体之日起，儒家文化就面临着一次空前的冲击和挑战。从最初保守派的顽固抗争，到其后的西学东渐，再到改良派的中体西用，传统儒家文化在西方现代文明的步步进逼下，以退求进，以变求存，最后的理论底线，就是第一代新儒家。无论是中体西用论者，还是新儒家，对西方工业文明都抱有一种矛盾的心态：对于器物层面的科技进步、经济发展，甚至制度设置，他们无可奈何地肯定其优越性，而对形而上的工具理性和相关的价值体系，则强烈地加以排斥和抵制。他们的共同心声是：西方的先进技术可以学习，甚至可以适当引进某些西方的政治、经济制度，但必须保留儒家文化在精神领域的主导地位。其实，历史已经证明，这一想法是根本行不通的。最根本的问题在于：它将体、用割裂开来，且带有文化决定论色彩，是一种不彻底的现代化思想。"体"的确立，正是得益于其"用"，"用"的功能一旦丧失，则意味着"体"的合法性基础被挖空，当然也就不能称其为"体"了。儒家思想体系在意识形态领域主导地位的确立，正是因为它与封建小农经济、君主专制官僚体系的权力结构相一致，具有巩固之"用"。而西学引进后，传统的社会经济体制发生了深刻变化，比如自然经济与农本社会的衰落，商品化农业和工商业的发展，市场体系的形成，等等。中"体"的合法地位不可避免地受到西"用"的冲击，而西"用"一旦渗入到"体"的层面，便对最深层的社会文化和心理进行改造，这时要想坚持中"体"的超然独立性就根本没有可能，"'体用'模式……这个在心理学上颇有感染力的模式并没有产生出其希望的效果。因为人们根本就不可能在文化的物质部分与精神部分之间划分出一条明显的界限来，而且对于所有传统的儒家思想派别来说，现代'体用'二分法只能是传统发生根本上的变化与衰落的一种掩饰。"[①]

▶　▶　▶

[①] 列文森：《儒教中国及其现代命运》，郑大华、任菁译，中国社会科学出版社，2001，53 页。

文化保守主义者对西方文化、工具理性的悲观态度，往往是民族自尊心、道德批判、民族文化惰性和保守心理的混合物，他们的批判有一定的合理性成分，但是，他们的根本态度是有偏差的。无论是道德批判，还是民族感情，都不能代替历史规律，中国文化与西方文化的斗争，决不仅仅是文化之争、民族之争，更主要的是传统与现代的斗争。西方文化、工具理性固然有其局限性，但对于不可避免的现代化进程来说却是必需的，传统（尤其是那些与现代性具有根本冲突的传统因素）对于民族虚荣心的满足、对于民族精神的惯性或惰性的维护固然是一个冠冕堂皇的借口，但其弊端却是致命的。因此，真正明智的态度，是顺应历史发展的趋势，排除民族虚荣心、自闭症和惰性的干扰，从最根本的层面进行自我解剖，完成深层的民族文化心理的现代转型，只有这样才能实现真正的，而不是虚幻的民族独立与自强。

第二，他们往往想要避免现代化的痛苦过程，寻求一条通往现代性的民粹主义的终南捷径。这是后发现代化国家在面临现代化挑战的情况下作出的一种具有普遍性的逃避主义的本能反应。传统的力量是强大的，利益结构的改造最为痛苦，而文化心理定式的改变最为艰难。在全球化浪潮席卷世界，资本主义形态发生着重要转型，各国对于现代性的问题众说纷纭之际，一些第三世界国家借机将本国现代化转型过程中由残留的传统因素造成的挫败、痛苦归咎于现代化本身，对之持批判的悲观主义态度，甚至主张回到传统，这无疑是错误的。因为规避现实问题，回到传统，不能从根本上解决问题，只能将问题搞得更为复杂，为现代化进程增添障碍，其结果只能是陷入一种更为尴尬的局面：一方面在现实物质层面上受人剥削、食人余唾，另一方面在深层的制度、文化领域抱残守缺、自欺欺人，徘徊在现代化的大门之外。

总之，科技的进步、文明的发展、理性化程度的提高，不是一个孤立的过程，而是与社会经济的总体进程相联系的，体现着历史的必然性。对于科技进步，应该结合具体的社会历史条件，做出客观、全面的评价。尽管在特定的制度背景下，科学技术可能产生一定的负面影响，但科学技术及其背后的工具理性始终是组成现代社会的基本要素，也是推进现代化进程必不可少的"硬件"和"软件"。"19 世纪中叶的乐观情绪所引起的希望在我们自己时代的破灭，很容易使我们低估了其在创造财富方面与发展政治和社会制度方面成就的规模，西方文明到了 20 世纪末期仍旧依赖这种制度，尽管有两次世界大战、经济萧条、技术革新、发达国家的革命和不发达国家的造反等等所造成的破坏。这种希望的破灭也很容易使我们低估了这种思想在共产党世界和不发达世界中对解放人的能量所仍旧具有的革命性影响。"[1]

现代性的问题最终要靠深化现代性，而非取消现代性来解决，科学技术所导致的环境、社会、伦理道德等等问题，也只能在承认、接受现代科学技术和工具理性基本作用的基础上，寻求积极的解决途径：第一，深化科技发展，进一步提高技术水平，解决环境破坏、能源浪费等问题。现在，科学家们正在尝试依靠生物工程解决环境污染问题，利用微生物处理废水、废物，借助细菌杂交或用遗传工程方法，培育新的微生物品种，提高其净化环境的能力。同时，寻求新的再生性、环保型能源，代替对自然能源和资源的开发和使用。这些努力目前已经取得初步成果，尚有广阔的研究前景。第二，从解决体制弊端入手，将科技成果用于造福人类、服务社会，发挥其正面功效，规避其对人类自身的反弹力。科技问题的背后是各种复杂的经济、政治和社会问题。核战争是资本主义的内在矛盾及其不平衡性在新技术条件下的体现，技术犯罪则是用技术的新弦弹出的社会犯罪的老调。解决了体制的内在矛盾，借助于科技表现出来的各种问题也就迎刃而解了。当然，这是一个长期而渐进的过程，但确实需要现实的努力和积累。《不扩散核武器条约》的签订、各种国际协调组织、和平运动的兴起，以及世界各国针对各自的内部问题进行的社会经济改革，都体现了这种努力。全球性战争得到遏止，和平与发展成为当今世界的主题则显示了这种努力已经取得了初步成果。第三，协调好工具理性和价值理性之间的关系。经历了工具理性初步兴起时的乐观主义和过度膨胀时的悲观主义之后，人们对理性的认识逐渐趋于成熟，认识到工具理性与价值理性的关系，正如市场与计划、效率与公平一样，是一对矛盾的统一体，二者既有互斥性，又有互补性，各有其作用范围和功能领域，社会发展要求二者的平衡发展、良性结合，不可偏废。现代社会的发展始终以工具理性化为主导，现代价值体系也以工具理性化为基础，但"主导"不等于涵盖一切，"基础"也不意味着代表全部，人文领域、私人生活、道德范畴乃至情感方面的许多问题都是工具理性无法直接作用，或根本无法涵盖的，对于这些问题，应该在工具理性之外，为价值理性乃至人类情感和部分中性的传统等非理性因素留出一定的作用空间。

▶　▶　▶　————————————————————————————

① 布洛克：前引书，136 页。

[推荐阅读书目]

1. 诺贝特·埃利亚斯:《文明的进程》,袁志英译,三联书店,1999。

2. 何亚平、张钢:《文化的基频:科学文化史论稿》,东方出版社,1996。

3. 阿伦·布洛克:《西方人文主义传统》,董乐山译,三联书店,1997。

4. 黄顺基、李庆臻主编:《大杠杆——震撼社会的新技术革命》,山东大学出版社,1985。

5. 吴国盛:《科学的历程》,湖南科学技术出版社,1997。

第二十二章

欧美工业文明的新变化

✿

当代西方著名经济学家 J . A . 熊彼特（1883—1950）曾给资本主义做出这样的结论："资本主义不仅绝没有静止，也绝不会静止。"美国的钢铁大王安德鲁·卡内基也说："当钢铁制造商停止发展时，它便开始衰退，因此我们必须保持发展。"可见，连续不断的变革与发展是资本主义生命力及资本主义本质特征的体现。

如果以现代人的眼光，站在 19 世纪与 20 世纪相交的门槛上，透视纷乱迷繁、

雅尔塔三巨头（1945年2月）

气象万千的历史烟云，就会发现，历史正处在从近代工业文明向现代世界起承转合的关节点上。发源于欧洲的资本主义近代工业文明向世界其他地方的扩展告一段落，资本主义工业文明的世界体系已基本建立。在即将进入 20 世纪的时候，受其内在矛盾运动规律的推动，欧美资本主义正在进入一个新的发展阶段，即现代资本主义的发展阶段。

关于现代资本主义（这里主要是指 20 世纪的欧美资本主义）的历史进程，有许多不同的解释和结论。最为我们所熟知的是列宁的结论，他把 19 世纪末至 20 世纪初欧美资本主义的发展形态界定为以垄断为特征的垄断资本主义，即帝国主义。美国著名史学家 L.S. 斯塔夫里阿诺斯则把资本主义的变革过程分为三个阶段：1500—1770 年，商业资本主义阶段；1770—1940 年，为工业资本主义阶段；1940 年以后至今为高科技资本主义阶段。20 世纪中叶，在西方学术界展开了对发

柏林：传统与现代并存

德国重新统一

达资本主义形态，即资本主义"现代性"的研究讨论，由此，"现代资本主义论"兴起。先有 1942 年 J. 本纳姆的《管理革命》和 A. 伯利的《20 世纪资本主义革命》问世，后有 E.J. 斯特雷奇《现代资本主义》和美国新制度经济学派的代表人物 J.K. 加尔布雷斯的《新工业国》等著作出版。70 年代中期，关于现代资本主义的研究高潮再次兴起，其中最具代表性的著作是丹尼尔·贝尔的《后工业社会的来临》，还有就是美国著名经济史学家钱德勒于 1977 年推出的《看得见的手：美国经济的管理革命》。后者以大量的案例分析和具体的数字向人们证明，现代资本主义的经济结构和运转方式已经发生了划时代的深刻变革，以自由竞争、市场调节为主要特征，即由亚当·斯密所说的由"看不见的手"——市场所操纵的自由资本主义，转向由"看得见的手"——大公司经理阶层所控制和协调的、较为稳定发展的管理资本主义，管理革命说的理论影响越来越大。在 20 世纪即将落下帷幕的时候，西方关于当代资本主义的讨论更见热烈，出现了"新资本主义""发达资本主义""晚期资本主义""后工业社会""信息社会""知识社会""第三次浪潮""科学社会""消费社会"等诸多见解和结论。

林林总总的关于欧美现代资本主义发展形态的研究见仁见智,其共同之处是,认为进入 20 世纪以后,特别是 20 世纪中叶以后,在科技革命和资本主义经济发展的作用下,以欧美为代表的资本主义生产方式和生产关系出现了不同以往的新变化。这些新变化影响着西方国家社会生活的方方面面,从本质上说,它是以新的方式进一步深化并扩展近代以来工业化、科学化和民主化的基本主题。在经济上,在经济全球化的进程中,经济管理更加科学、更加民主,并开始注重人文关怀;在政治上,政治民主进一步扩大和深化,公民参与权扩大,政治运作机制和政治权力中心发生变化;另外,社会分层、社会生活和社会文化也都出现了与之相适应的新的变化和发展。本章所要介绍的就是这些新变化的内容。

第一节
生产组织管理与企业文化

20 世纪所经历的科技革命,以前所未有的规模和速度把科学和技术的水平推向新的高峰。同时,科学技术的普及和应用不仅深深地影响了各个国家的政治、经济、军事和外交,还使得构成人类文明的各个方面,诸如生产组织、劳动方式、生活方式、民族心理、社会文化、道德伦理等发生变化,人类社会开始进入科学社会化和社会科学化的新纪元,而在上述的各种变化中劳动生产组织和生产管理方式的变化,又是社会生产变化的最直接体现。

泰勒制与福特制

20 世纪初,随着资本主义的进一步发展,欧美资本主义生产出现了所有权和管理权分离的现象。现代资本主义大生产迫切需要有先进的管理科学与之相适应,由此，在美国出现了由弗雷德里克·温斯洛·泰勒（1856—1915）首创的举世闻名的"科学管理"制度，即泰勒制。泰勒从哈佛辍学后在费城一家钢铁厂做工，仅用6年时间就从一名普通工人升任总工程师，继而又当上了全美机械工程师协会主席。作为一名管理工程师，泰勒认为"科学管理"的基点，是相信雇主和雇员的基本利益是一致的，不适当考虑雇员的利益，雇主的利益也不能长久，反之亦然。他认为通过科学的管理，雇员的高工资和雇主的高利润低成本可以同时达到。为此，他反对雇主凭经验进行管理，雇员凭经验进行操作的传统做法，倡导科学管理运动。

泰勒通过对工人的技术动作和工作时间的细致研究，制定出了单位时间内的定额原理；又从确定铁铲的最佳重量和最佳规格入手，通过铁铲实验，确定最佳效果，制定了作业标准化原则；为提高工人的劳动积极性，泰勒还首创了计件工资制。1911年，泰勒出版了《科学管理原则》一书，该书的出版标志着古典管理理论的诞生，他本人也因此被称为"科学管理之父"。

二三十年代，美国汽车制造业大亨亨利·福特（1863—1947）在实行泰勒制标准化生产的基础上，组织大批量生产，首创一种全新的生产组织形式——大规模生产流水线作业，通过连续不断的传送带运转，使劳动作业机械化和自动化。站在传送带两旁的工人在整个劳动日中都保持很高的劳动强度，从而实现了很高的劳动效率。传送带简化了工人的劳动操作，使雇主使用廉价劳动力成为可能。

泰勒制和福特制强调生产管理的制度化、科学化和量化，反映了现代化大生产的一些客观规律，在欧美成为风行一时的生产管理方法和生产组织形式。但是，泰勒制和福特制只侧重于企业生产中的作业过程管理，对整个企业的管理工作，包括规则、决策、财务、供应、销售、人事及企业与社会的关系等方面均没有涉及。此外，泰勒制把工人假设为只要求高工资的"经济人"，福特制也把工人看作是机器和传送带的附庸，片面强调经济动因，忽视人的感情因素和社会需求，忽视管理过程中社会心理因素和人际关系的影响，因此，不能有效地激发工人的主动性和积极性。这些不符合现代社会化大生产和现代人的社会需求的局限性，使得这一"科学"管理体制像其兴起时一样，迅速衰落。当然，其科学部分，如科学管理的精神和制度化管理的方法一直保留至今。

行为科学与管理科学

1927 年，美国西方电气公司的芝加哥霍桑工厂邀请哈佛大学的一些社会学家去工厂指导。在那里，这些社会学家从研究生产率与物质工作条件的关系入手，进行了著名的"霍桑实验"，力图揭示企业中人的行为的规律。30 年代，先后出版了《工业文明中人的问题》《工业文明的社会问题》以及《职工生产率中人的因素》等著作，创立了人际关系学派。该学派提出与泰勒的科学管理理论不同的观点，认为工人不仅仅是追求金钱的"经济人"，还是富有理智、情感和复杂心理的"社会人"。生产率的高低不仅仅取决于工作条件和管理方法，还在相当大的程度上取决于工人的生产热情。因此，企业领导不仅仅要科学化，还要新型化、民主化，满足工人的社会欲望，协调各方面的力量，处理好物质技术与人和社会的关系，才能在大规模的社会生产中，达到最佳的管理效果。1949 年，在美国芝加哥举行的一次学术会议上，与会者把"霍桑实验"以来的一切关于人的行为的学说和理论，统一命名为"行为科学"，行为科学由此产生。

经过半个多世纪的发展，行为科学已经建立起了较为完整的理论体系，出现了从不同的角度出发，对行为科学所涉及的各个方面的问题进行深入研究的不同学派和不同理论。其中，最具代表性的是马斯洛提出的"人类需求层次论"。马斯洛把人的需求按其重要性分为五个层次，即生理需求、安全需求、社会情绪需求、被人尊重的需求和自我成就的需求。马斯洛认为，在劳动中，人的积极性由想满足很多需求的欲望所调动，只有满足人的最高需求，即自我成就需求，才能最充分地发挥每个人的潜在能力。在"人类需求层次论"的基础上，美国的赫茨伯格又提出了"双因素理论"，它把人的需求分为两类：一为保健因素，一为激励因素。在受人尊重、工作成就感等激励因素被满足时，就能激励雇员的积极性。此外，为解决雇主与雇员的关系问题，行为科学还出现了麦格雷尔的"X 理论和 Y 理论"。这种理论强调重视人的主动性和创造性。另外，还有"领导方式连续统一体理论""支持关系理论"和"管理方格理论"等等。所有这些理论从个人行为、组织行为、群体行为和领导行为等方面对传统的管、卡、压的管理理论提出挑战，把企业管理的中心由"事"转向"人"、由"纪律"转向"行为"、由"监督"转向"激发"、由"独裁"转向"民主"。行为科学不仅在西方企业管理方面，而且在行政、医疗、教育等方面被广泛使用。

为了适应信息时代生产管理的需要，与行为科学平行的还有现代管理科学理论，这一理论是泰勒"科学"管理理论的继续与发展。它把自然科学的最新成果，如数学、电子计算机、通信技术、信息论、系统论、控制论等与企业管理的计划、决策、组织、控制和指挥等各个方面结合起来运用，力求最有效地使用人力、物力和财力，以便使企业的管理实现自动化、科学化和现代化。与行为科学不同，行为科学侧重企业中人的因素，而管理科学更侧重企业的组织管理和决策过程。现代管理科学理论的代表人物，是美国卡内基－梅隆大学计算机科学与心理学教授、1958年诺贝尔经济学奖获得者赫伯特·西蒙。西蒙认为，现代管理的核心就是决策，决策应该贯穿于管理的全过程。1959年和1960年，他先后出版了《经济学和行为科学中的决策理论》《管理决策新科学》两本著作。在这两部著作中，西蒙认为，科学决策应该由个人决策向群体决策发展，单项目标决策向多项目标决策发展，战略决策向更远的未来和国际型目标发展。70年代，西方社会又产生了软科学，这是一门把自然科学、社会科学、工程技术等多门科学综合而成的学问。软科学用于解决社会经济、科技发展中的战略预测、规划和评估等问题，软科学的应用将把科学管理推向新的水平。

企业文化

正当西方经济界人士沾沾自喜于自己的经济成就和处于领先地位的企业管理方法的时候，来自东方的挑战悄悄降临。70年代初，在石油危机的冲击下，西方的企业竞争能力大为削弱，持续20多年的劳动生产率的增长骤然停止，紧接着是贯穿整个70年代、弥漫于整个西方世界的严重的经济"滞胀"。与此同时，在东方，在石油全部靠进口的日本，其经济却能在全球性的经济危机中高速发展。70年代日本的经济增长速度十分惊人，到80年代初，日本在汽车、照相机、光学仪器等经济领域迅速地超过欧洲，甚至赶上美国。这使西方经济界人士猛然惊醒。80年代初，许多西方学者特别是美国的学者，带着像当年赴西部淘金一样的热情来到日本考察，探求日本企业成功的秘密。在日本，西方人看到一种更为先进的管理模式，它使日本在全球性的激烈竞争中处于优势地位。这种企业管理模式不是就管理论管理，而是从哲学的角度将企业视为一个文化实体。它不仅着眼于企业的经济行为和经济目标，更注意企业的社会责任和长期生存与发展，这种带有鲜明的企业色彩又各具形态的管理模式就是企业文化。西方学者将日本的经验与西方的管理理论相比较，于是，一场以"软化"管理为特征的管理革命在西方兴起，从而揭开了管理理论发展的新的一页。

80 年代初，美国管理学界连续推出《Z 理论——美国企业怎样迎接日本的挑战》《战略家的头脑——日本企业的管理艺术》《企业文化》和《寻求优势》四部主要著作。强调西方企业向日本学习的关键是在企业中建立起一种充满信任的人际关系，提出"7-S"理论，即战略 (Strategy)、结构 (Structure)、制度 (System)、人员 (Staffs)、作风 (Style)、技能 (Skills) 和最高目标 (Super ordinate goals)。根据这一理论，西方企业不仅要实现前 3 个"硬 S"，还要兼顾后 4 个"软 S"，才能使企业充满活力。这些书还对企业文化的构成要素以及如何调整企业文化等等做了精辟的论述，确立了西方的企业文化体系。

西方的企业文化具有强烈的时代气息。它强调面向人、关心人、尊重人，鼓励个人奋斗，树立个人英雄主义形象，这与要求个人在社会中充分表现自我，实现自我的西方人的个人主义价值观相吻合，也与关爱生命、关注人生的时代精神相一致。因此美国的企业文化理论一提出，便在西方的企业实践中得到迅速运用。以美国最大的电子公司 IBM 公司为例，该公司的宗旨是尊重人、信任人，为实现这一宗旨，该公司通过各种办法激发职工的工作热情和荣誉感。公司总裁办公室的大门敞开，不管是低级管理人员或是一般职工都可进去与之商讨问题或提出意见，并允许雇员搞各种实验为公司做贡献。经营精密仪器和电子设备的惠普公司，废除"老板"和"工人"的称呼，从上到下直呼其名，无尊卑之分，创造出一种轻松融洽的氛围，并为雇员提供各种奖励升迁的机会，从而激励雇员的荣誉心和责任感。麦当劳公司在注意企业的经济效益的同时也注意社会效益，树立企业的良好形象，提出"优质、服务、清洁、价值"的企业理念，在这种企业精神的指导下，该公司在为顾客提供优质产品和一流服务的同时，也使自己由一家小型食品店发展成为辐射世界 36 个国家、年营业额达 30 多亿美元的大公司。优秀的企业文化还鼓励创新求变，建立竞争机制，为未来公司的成功和西方国家经济的发展提供保证。

第二节
现代社会的政治组织

在任何一种文明形态、任何一个社会中，政治控制体系都是其社会演进程度的集中体现。从形式上看，当代西方发达国家的政治制度仍然是近代的延续，立法、执法、司法三权分立，彼此协调又互相制约，保证国家机器的运转，但实际上，这部政治机器在新科技革命和资本主义发展的其他因素作用下，为适应现代社会的需要已经进行了调整，其具体运作机制出现引人注目的新变化。这些变化主要包括大众社会普选权的实现、政党制的兴起和政治权力重心的改变，诸多变化反映了西方民主制度在战后进一步深化的历史进程，因此值得我们关注。

大众社会的出现

在西方发达国家，特别是在欧洲各国，从传统农业社会向现代工业社会转化，经历了一个从等级社会向平民社会转化的过程。在传统农业社会，出身门第是确定社会成员社会地位的唯一标准，一个人在门第系统里的地位就是他在社会中的地位。其地位不是凭自己的业绩获得，而是由他所出身的那个家庭、阶层或阶级所决定，社会很少给社会成员提供升迁变化的机会，社会结构本身也就缺少发展变化的弹性。在欧洲，延续了上千年的贵族制度、骑士制度就是这种等级制度的集中体现。随着近代工业社会和近代工业组织的兴起，前工业社会中所见到的那种身份系统和社会结构，那种社会阶层各自封闭又与其他社会阶层相互隔离的等级制度，被现代化的进程所打破。无论17世纪的英国资产阶级革命还是18世纪末的法国大革命，均首先宣布废除封建贵族制度，代之以财产资格限制为特征的新的社会标准。这样一来，每一个人都可以凭自己的努力或几代人的努力而获得的财富，成为社会成员社会地位升迁变化，由此岸到彼岸，由这一阶层到那一阶层的阶梯和缆绳。当有财产资格限制的选举权和参政权的原则被革命所确定下来之后，以出身为基础的等级社会也就瓦解了，平民社会随之产生。

这种以财富为基础的平民社会一直延续至 19 世纪中晚期。在英国，1832 年议会改革在原来 43.5 万选民的基础上，增加了 21.7 万人。1864 年改革又使英国选民人数增加了 40 万。即使到这时，全英国也只有不到三十分之一的人拥有选举权，广大工人和妇女被排除在外。在法国，1831 年，交纳 200—300 法郎以上直接税的有选举权的"积极公民"还不到 10 万，1848 年这个数字增加到 20 万左右，而当时法国的总人口近 3000 万。19 世纪欧洲大陆的其他国家的情况与法国基本相似，即参政权有财产资格的严格限制。由此可见，近代以财产资格为基础的平民社会实际上是"财富"阶级统治的社会。

然而，社会的转化并未就此停止。19 世纪晚期至 20 世纪前期，随着新的大规模生产过程的出现和新式工业组织的兴起，越来越多的人涌入城市，卷入现代社会生活，社会生活环境和社会生活系统，以及将人们组织起来的政治体系均发生了变化，一个不同于近代平民社会的大众社会由此产生。扩大选举权，继而实行普选是现代大众社会政治的一股不可阻挡的历史潮流。法国 1848 年 2 月革命后实现了男性公民普选权。随后，瑞典、西班牙、比利时、荷兰和挪威也相继在 1874 年、1890 年、1893 年、1896 年和 1898 年实现了男子普选权。在最早实现资产阶级议会

法国农民示威反对削减农业补贴

统治的英国，1884 年改革将选举权扩大到农业工人，使男子选举权有了大幅度增加。1918 年英国实现了男子普选权。在意大利，1912 年大多数男子获得了选举权。第一次世界大战前夕，俄罗斯以外的几乎所有的欧洲国家均实现了男子普选权。战后，这些国家又相继把选举权扩大到妇女。在新西兰、澳大利亚、加拿大和美国，19 世纪中晚期已实现白人男子普选权，20 世纪初这些国家的妇女也获得了选举权。但直至 20 世纪中叶，在黑人民权运动的冲击下，美国才在 1964 年和 1965 年取消获得选举权者需交纳人头税和文化测试的规定，黑人真正获得参政权。

普选权的实现标志着以财富为基础的平民社会的消失，下层人民大众由此获得了直接参与现代社会政治的机会。近代以来，以"财产地位"为原则基础的平民社会所信奉的政治哲学和所实施的议会政治体系，迟早将为新的大众社会的政治组织形式所取代。

政党制的兴起

从欧洲发展起来的议会民主制度是一种自由的个人主义的代表体制。在这一体制下，议会是权力的中心，虽然议员们是从有一定的经济背景和社会背景的阶层，即有钱阶层中选出的，但议员们信奉自由哲学，在提交议案或投票表决时，至少在原则上不必对任何政党或政治团体负责。当然，由于当时的议员都是来自有稳定的经济收入、社会背景相同的社会阶级或阶层，其政治倾向自然带有鲜明的阶级或阶层的色彩。因此，有学者把近代以来有财产资格限制的西方自由民主制，称作类似古代雅典民主制的"寡头政治"。

现代社会普选权的实现，把社会中不同财富等级和受教育阶层，即社会中所有的人都纳入现代政治中来，每一个公民，都可以通过选举权来表达自己的政治意愿，从而形成一种大众社会中所独有的政治压力，在这一压力下，近代早期以来，以"财产地位"为基础而发展起来的政治制度瓦解，出现了一种新的政治运作体系，这就是政党制。在现代社会中，人民大众只有被高度组织起来的政党机器即现代政党组织调动起来，才有可能切实参加到现代政治中来。

现代意义的政党是随着选举权的扩大和普选权的实现而产生的。19 世纪早期，欧洲各国的政治组织还具有临时性的特征，比如英国的反谷物法同盟，它只是为了实现一个特定的目标而成立的，一旦这个目标达到，即失去其存在的意义，其成员也大致来自相同的利益阶层，为相同的利益目标而聚集起来，一旦投票完毕，即刻解散。英国 19 世纪后半叶出现的自由党和保守党，分别代表财产阶级的不同集团，还不具备大众政党的特征。在法国，从大革命开始即党派林立，随后又是正统派、波拿巴派和共和派之间的长期较量。但这些党派均不是现代意义的政党，它们只是利益相近、政治观点相似的一些社会阶级或阶层的集合，缺少大众社会的社会基础。选民大众的出现使原来那种小规模的政治组织失去了意义，因为它不可能把如此广泛的大众选民都容纳进来，而为了争取选票保证选举，又必须对所有选民施加影响，这就导致现代政党的出现。在美国，19 世纪中叶白人男子普选权实现之时，在某些地区就出现了为组织选民、操纵选举而成立的党的常设委员会，这就是现代政党机器的雏形。内战以后，特别是 19 世纪 70 年代美国工人运动和农民运动的兴起，促使这一机制扩展到全美国。这样一来，内战前仅作为北方资产阶级和工农大众共同反对奴隶制的统一战线的组织——共和党，和拥护奴隶制的南部奴隶主及与南部有经济联系的北方大资产阶级的联合组织——民主党，因此具有了现代意义，即成为争取大众、组织选民，操纵选举并轮流执政的现代政党。

在欧洲，19 世纪后半叶至 20 世纪初，随着大规模工业化和城市化的展开，资本主义的生产结构发生了深刻的变化，有着成千上万雇佣工人的现代工厂迅速取代家庭的或小型的作坊，产业工人阶级作为人数最多的社会阶层进入现代社会。普选权的实现就是现代政治对这一历史性变化的一种反应。而工人政党和社会主义左翼政党在新的政治组织的发展中起带头作用，从一开始就宣布自己是代表工人阶级的工人政党，对广大工人选民非常有号召力。在德国，1875 年组建的社会民主党迅速扩展，1898 年有 200 万张选票，1903 年获 300 万张选票，当时的选民是 900 万，1912 年又获得选票 425 万张。而德国资产阶级由于受向资本主义过渡的"普鲁士道路"的影响，在其成长过程中先天不足，无力建立起足以影响广大选民的大众政党。在法国，因资本主义在地区间不平衡的发展，以及存在大量的小资产阶级和拥有小块土地的农民，19 世纪一直难以建立起强有力的中产阶级为主导的政党。德雷福斯案件后，1896—1899 年，法国左派和小资产阶级开始在政治生活中发挥积极作用。20 世纪一二十年代，拥有大众基础的法国社会党迅速崛起，从 1905 年成立到第一次世界大战前，拥有党员 134 万名。在英国，1900 年有独立党、费边社、社会民主同盟及由工会代表参加的"工人代表委员会","工人代表委员会"决定在议会选举时提出工人自己的候选人参加选举。1906 年该党改用工党的名称，1918 年又明确了党的政治目标和社会经济纲领，英国工党发展成为自由党和保守党之外的第三大政党，继而又取代自由党而与保守党轮流执政。

资产阶级政党也在不断地适应大众社会的民主形势。英国自由党在 1873 年成立"决策委员会"，这是一个重要的改革，决策委员会是一种持久性的政党机器，它能召集、引导和指挥众多选民，在每个选区组织的基础上，产生城市执委会和总委会，然后再组织全国性的组织。这个决策委员会正是通过层层组织对选举施加影响，实现对选民的控制。与此同时，保守党也通过建立类似的政党机器来实现对党的改造。1870 年，保守党设立"中央事务所"，管理全国党务工作，随后建立地方组织机构。1945—1950 年，鉴于二战后第一次选举失败，保守党进一步加强党的组

德国纳粹党人的集会

织，先后建立地方政府咨询委员会、保守党政治中心和青年保守党中央委员会等，深化党的议会外活动，扩大党的社会基础，其结果是以一个高度组织起来的有较广泛群众基础的现代政党取代以前纪律松弛的贵族集团。

20 世纪初在欧洲，虽然政党在国家政治生活中占有重要地位，但还处于政治生活的边缘，在政府体制中没有法定地位。到二战前后，随着经济的发展、社会的进步和阶级的分化，特别是由于国际共产主义运动的发展和反法西斯战争的胜利，在西方催生了许多政党，德、意、日法西斯政党的独裁统治和疯狂扩张也给西方民主制留下了惨痛的教训。正是在这种情况下，西方国家才从法律上对政党的地位做出了明确的规定，将政党正式纳入国家体制。英国 1937 年通过王室大臣法案，承认反对党领袖的合法地位，承认"影子内阁"的存在，英国的两党制因而得到宪法承认。在德国，魏玛共和国宪法还没有明确政党的地位，而战后的联邦德国宪法（第21 条）便明确规定，政党是宪法中不可缺少的因素，"各政党应互相协作以实现国民的政治愿望"。1948 年的意大利新宪法（第 49 条）和法国 1958 年的宪法（第 4条）都对政党的地位和作用做了明确的规定。西班牙 1978 年的宪法确认，各政党"可以提出和表达人民的意志，是政治参与的基本工具"。政党制的合法化，是对长期以来存在着的这一现代社会大众政治参与形式的一种承认，它是现代西方政治生活发生重要变革的一个标志。

权力重心的改变

现代西方政党制下的政党与以往的政治集团或政治派别的不同之处，不仅在于它有较广泛的社会基础，明确的政治纲领，较完善的组织机构，更重要的是它在社会政治生活中发挥着不同于以往那些政治集团或政治派别的作用，对现代政治施加不同的影响。

政党的活动围绕议会选举展开，争取选民是其工作核心。为赢得选举，各个政党全力以赴，制定宣传纲领，利用现代传播媒介大张旗鼓、无孔不入地展开宣传鼓动，千方百计地吸引广大选民的注意和支持，并通过每个选举区的基层组织引导并控制选举，以保证本党提出的候选人入选。一般来说，政党对其普通党员的投票没有严格限制，在一定意义上说，争取选民的过程就是趋向民众的过程，也是吸纳大众政治压力的过程。数年一度的议会选举，给民众提供一个表达政治意愿的机会，也使在民众中存在的政治压力得以缓解，西方社会的大众政治参与主要通过这种渠道实现。

操纵选举自然是为了赢得选举。议会中的多数党理所当然地可以控制议会，操纵立法过程，把本党的纲领和意旨上升为国家的法律。少数党或反对党虽不能主导立法程序，但可以通过其他手段牵制或阻碍多数党的主导作用。议会中的多数党是执政党，在英国，多数党党魁出任首相，负责组成政府内阁，一般是由本党的骨干分子或党内各派头面人物组成内阁。在美国，政府首脑通过总统选举产生，政党通过总统控制或影响政府的决策及实施过程，其作用力远不如内阁制那么直接那么明显，但是总统作为政府首脑拥有某些重要的权利和手段，总统可以利用这些权利和手段来实现本党的意志和政策。像法国、德国、意大利、比利时等这样一些实行多党制的国家，虽然政党对政府的控制能力较弱，但政府成员也是由选举获胜的政党和它所联合的其他一些政党的首脑来出任。执政党对国家立法机构和行政机构的双重控制，有利于执政党推行和实施本党的政策，据估计，1970—1974 年，英国保守党政党宣言中 80% 的诺言得到了兑现，1974—1979 年工党的诺言也有 54% 得到了兑现。

这种以政党制为核心内容的现代民主政治，是近代西方民主思想与民主建制的发展与延伸，但它又不完全等同于近代西方民主，在某种意义上说，是一种新的民主类型，在西方学术界被称为"大众民主"，以区别于近代"寡头政治"民主。决定其"新"的内涵的首要一点就在于，在当今的政治生活中发挥积极作用的，不再是由财产资格、受教育资格及其他一些背景因素限制的某些社会阶层或社会利益集团，而是通过政党这一现代政治组织的形式，包容了人民大众中不同的利益集团，使其能够参与其间的一种政治体制。

以政党制为核心的现代政治体制是为适应大众社会普选而产生的。出人意料的是，它的建立与运行，使近代以来的西方政治体制本身得到革命性的改造。众所周知，议会制度是近代西方民主制的标志，无论是在君主立宪制的国家如英国，还是在议会共和制的国家如德国、意大利，抑或是在总统共和制的美国，议会无论在原则上还是在实际中都是其政治体制的中心。议会作为国家的最高立法机构，既是决策中心，同时又是对国家的行政职能部门起监督和控制作用的一个机构。一般来说，国家的重大问题都要在议会中通过表决这种方式，才能获得通过。在君主立宪制的英国，议会的权力强大到如此程度，以至于有人说，"议会除了不能使一个女人变成男人和使一个男人变成女人之外，可以做任何事"。现代政治体制的运作，虽然承袭了议会制的形式，但其地位和作用却发生了变化。因为在政党体制中，议会议员虽然在原则上还是全体国民的代表，在良知上也还要对整个国家负责，但实际上议员在投票之前，已经从属于使他成为议员的那个政党。在法国，候选人需签协议，遵守政党大会所作出的决定，英国工党也要求其候选人遵守集体的决定，否则便要求其辞职。议员本人也很清楚，他们只有遵守党的决定，才有可能再次被该党提名为候选人。这样一来，议员保持了对党的忠诚，丧失的却是对问题本身进行独立判断的可能。由于缺少具有独立思想的议员，议会里的演说和争执也往往失去意义，议会的作用也随之形同虚设，因为重大问题往往在付诸表决之前，已经预先在党的决策委员会里决定了。其结果就是，政党取代议会在现代政治体制中占据了中心地位。

与议会地位下降同步发生的是政府行政权力的增长。以下几种因素促成了这一趋势的发生和发展。首先，伴随着社会化大生产时代的来临，新的社会问题层出不穷，社会矛盾日益加深，致使政府必须承担的社会职能日益扩大。社会福利、环境卫生、公共健康、自然保护、失业就业、科技投入、经济政策的宏观决策与微观调控等等都从 19 世纪后期开始出现，因而迫使西方政府逐渐扩大其社会职能，向现代管理型政府转化。1883—1889 年，德国最先颁布疾病保障、意外工伤保险、老年及残废保障等社会立法条例，开政府承担社会保障之先河。在英国，当诸如此类的问题出现的时候，政府权力也开始凌驾于议会之上。根据 1882 年制定的关于议会议事程序的"普遍法规"规定，议会开会的大部分时间应有政府成员参加。1887—1889 年，英政府参加议会会议的次数占全部会议次数的 84.5%。在美国，南方重建时期是议会权力的顶峰时期，此后与两党制形成同时，总统权力开始扩大。1885—1889 年，克利夫兰出任总统期间，否决议案 324 项，国家权力不断向总统手中集中。20 世纪初，威尔逊任总统，出现了"强有力的总统统治"。应该说，扩大政府职能，提高行政权力，体现了现代社会提高行政效率的特点，是建立具有现代意义的管理型政府的时代要求。政府职能的这一转变过程与扩大选举权一样，是政治体制为适应现代社会而进行的一种并不一定十分自觉的调整，但这种调整，是既必须又必然的。

促成行政权力扩大的因素还有诸如战争、经济危机这样一些非常时期所造成的紧张局势和政治压力。在美国，1929—1933年的经济危机所造成的紧张局面，促使议会授予总统紧急时刻的特别权力，罗斯福据此得以实施其"新政"措施。在英国，战争极大地扩大了劳合·乔治和丘吉尔的权力，丘吉尔为保证战争的胜利，很多重大的决定都是绕过议会而由战时内阁直接做出，这种做法的结果自然是首相权力的巨大增长。二战以后，德国重建时期，联邦德国的首任总理阿登纳及其办公室成了实际上的政府中枢。当时在法国，议会权力较英美要大，议会对政府的监督权和倒阁权是使法国政府频繁更迭的重要原因之一。1875—1940年法国更换了102届政府。二战以后，旧体制造成的动荡不安的局面更加不能适应新时代的要求。法国总统科蒂在1958年的新年咨文中承认："我们的政治制度已经不能适应新时代的步伐了。"当年5月，法国驻阿尔及利亚殖民军的叛乱，为再度出山的戴高乐提供了政治体制改革的极好机会。戴高乐制定的第五共和国宪法剥夺了议会选举总统的权利，赋予总统以任命总理的权力、特殊情况下的"非常权力"以及越过议会通过公民投票决定国家大事的特殊权力。从此，国家政治中的最高权力从议会转至总统手中，"议会至上"的时代一去不复返。

议会地位的削弱还受现代政党政治体制日益完善的影响。以往，议会对行政权力进行监督和控制的最有效的手段是对政府投不信任票，即议会所拥有的倒阁权。但在政党体制下，首相或总统其本身就是议会多数党的党魁，行政首脑对议会党团的控制大为加强。因为除非多数党自身发生分裂，议会是不可能对内阁投不信任票的。比如在英国，即使通过了不信任票，首相还可以"诉诸选民公决"，或提请英王解散下院。在美国和法国，总统选举的过程接近于全民表决（1962年戴高乐修改宪法，总统由直接普选产生），从某种意义上说，选民投票选举总统，不是支持或反对某一个特定的总统候选人，而是支持或反对这个候选人所代表的那个政党及该党的施政纲领，有了选民的授权，总统行政权力的使用就更有了保证。

西方学术界关于西方民主政治的研究可谓立论成山，汗牛充栋。著名学者理查德·霍夫斯塔特（1916—1970）独辟蹊径，从两党制的形成和演变出发，揭示了美国当代民主政治体制的关键，其代表作是《政党制度的思想进化》。该书认为推动当代美国宪法、政府和两党正常运转的关键因素，是所谓的"合法反对原则"，这是两党制的核心。一党在选举中获胜成为执政党，而处于合法地位的反对党在议会外组织起对政府有效的批评，既可以起到对政府的有效的监督和制约作用，又可以缓冲、发泄社会中存在的不满，起到稳定统治的安全阀的作用，它是抑制政府出现效率低下、滥用权力等弊病的有效手段。

西方国家政党制度的发展及政党从政治体制边缘向政治体制中心的转移，是西方工业文明发展变化的一个重要内容。政党制度是能够体现大众选民意志的唯一有效途径，虽然这一体制存在着政府被一些政治技巧熟练的政党党魁操纵，或政党机器为院外活动集团操纵的可能，但这毕竟是朝向全民表决的政治运作的一个中间环节，较之 19 世纪以前以财产为基础的寡头政治民主来说，它是一个不容忽视的历史进步。

第三节
欧美国家社会结构的变化

第三次产业革命与以往人类历史上曾经发生过的农业革命和工业革命不同，它不再仅仅是人类体力的增加和臂力的延长，把人类从繁重的体力劳动中解放出来，它是人类脑力的补充和神经系统的拓宽，它造成人类物质生产方式的又一次变革，从而进入到以解放脑力劳动为标志的信息革命的时代。西方学者称西方当代社会为"后工业社会""知识社会""信息社会""新工业社会""第三次浪潮"等等，这些称谓或定义不尽相同，但它们都强调这样一种观点，即从社会学的角度上看，西方工业文明已发展到一个新阶段。现时代的西方社会不再仅仅是"开始于西欧的以文艺复兴和启蒙运动为标志的时代"的一个最近阶段，它在延续 19 世纪的同时，在社会生活的各个方面都呈现出不同于先前时代的本质变化和本质特征。尽管这些变化还没有完成，"现代"与"当代"还交织在一起，但革命性的变化本身不容忽视，它向我们揭示一个新时代的来临。

行驶在巴黎—里昂之间的高速火车

社会结构的变动趋向

资本主义工业文明的发生发展在消灭旧的阶级对立的同时，造就出现代社会中彼此互为依存条件又互相对立的两大阶级，资产阶级和无产阶级，从及处于两大阶级之间的中间阶级。20世纪中叶以后的半个多世纪中，西方发达资本主义国家的社会构成在新技术革命和新的物质生产方式的作用下，又发生了显著的变化。由于变化涉及范围广泛，变化内涵复杂，加之一些变化还处于正在进行之中，尚未完成，这里很难描画出这些变化的完整图景，也还很难明确它们的结局。尽管如此，变化的趋向和特点还是显而易见的，它向人们表明的不仅仅是当代西方社会分层的本质和特征，还包括未来社会的萌芽和发展趋向。

当代社会结构变化的一个突出特点是社会流动增大。这里所说的社会流动主要指人们在各个社会阶级或阶层内部，以及在各个社会阶级和社会阶层之间的一切转移或流动现象。社会流动包括社会阶级和阶层结构的量变过程，也包括职业结构的变化。从理论上讲，社会人员的自由流动始自资本主义。资本主义制度的建立，就是以摧毁封建等级制度——社会流动的人为屏障——为前提条件的。此后，资本主义经济的进一步发展，极大地改变了人们的社会地位，在把一些人抛入无产者的行列,使之陷入痛苦的深渊的同时,也为人们提供了沿着新的社会阶梯向上攀援的机会和缆绳。这是由资本主义发展的社会内在机制所决定的。

科技革命及当代资本主义的发展产生了新的社会流动机会,造成了新的社会流动内容,也促成了新的社会流动走向。新的社会流动内容大致包括含义相左的"向上"与"向下"两方面内容。一方面由于科技进步,生产工艺、生产组织和生产规模变化,特别是生产自动化过程的采用和发展,扩大了许多在传统意义上被认为是高级职业的需求,即需要大量的科学家、工程技术人员、管理人员、办公室人员等等。根据美国学者的研究,20世纪中期,在美国约有30%的职业流动是由于技术的进步而引发,一些"低级"旧职业消失了,一些新的"高级"职业产生了。此外,在国家垄断资本主义空前发展的条件下,由于国家在政治、经济、文化、社会方面的发展,从事管理工作的国家公职人员人数也是成倍增长。法国政府的职能部门,由19世纪的两三个部发展至二战后的近30个部,其公务员也增至1982年的236万人。在联邦德国政府机关服务的人员数量1952—1957年五年间增加了2.5倍,1960—1969年九年间又增加了33%,由19.3万增到28万。从社会职业分层的角度上看,社会流动出现明显的向上流动的趋向。

另一方面,由于垄断资本主义的发展和农业现代化的进一步展开,原来意义上的小业主、手工业者和小农场主人数不断减少,在日益激烈的残酷竞争中向下流动,加入无产阶级的行列。而当代社会人数增长最快的职员、办公室人员、科技人员、中低层经理、国家公职人员等,从实际意义上说,也是受雇于私人企业或国家机关的新型的雇佣劳动者,新型的工薪阶层。就其与所为之服务的机构和与资本的关系而言,与雇佣劳动工人相同。另外,原来拥有自己的生产工具,可以为社会提供服务的律师、医生、教师、艺术家等自由职业者在当代资本主义发展潮流的冲击下也发生变化,少数人积累了资金,掌握了以最新技术和最新设备为形态的资本,采用雇佣脑力劳动者的方式,上升为资产阶级;但大多数以前的自由职业者失去了先前的独立的社会地位。据法国1962年的一份调查,30%的法律工作者,近半数的卫生及其他社会事业工作人员,约60%的艺术家和美术工作者,虽然仍从事着律师、医生、艺术家的职业,但实际上已经成为受雇佣的脑力劳动者。因此从阶级分层的角度上看,西方社会又同时存在着向下流动的倾向。据统计,在联邦德国,雇佣劳动者(包括工人、职员、学者、经理、政府官员等)的人数由1960年的2030

万上升到 1981 年的 2230 万，其与就业人口的比例，由 77.2% 上升至 86.5%，同期，非雇佣劳动者（包括资本家、手工业者、商人、农民、独立的医生和律师等）的人数由 600 万下降到 340 万，占就业人口的比例由 22.8% 下降至 13.5%。

当代西方社会变动的另一个突出现象是新中产阶级的出现。随着资本主义生产力的进一步发展，第三产业广泛兴起。第三产业以社会服务为中心，其生产和资本的集中程度远比工业小，劳务的作用相对来说比较大，易于建立不需要多少资本又能灵活运转的中小企业，以适应现代社会多样化的社会需求，由此就造就了一批第三产业的中产阶级。此外，随着社会劳动分层的加深，管理、情报、信息活动作用的增长，国家行政和企业管理机构膨胀，政府中的中级官员和企业中的中级管理人员显著增加。这样，在传统的中产阶级之外又崛起一个由中级职员、中级官员和第三产业的业主所组成的新的中间阶层。新中间阶层的人数和作用随着社会的进步而与日俱增。在美国，1950 年新中间阶层的人数是 516 万，占就业人口比例 8.9%，1970 年为 1105 万，所占比例也增至 13.6%；在德国，1950 年新中间阶层的人数是 144 万，1970 年是 233 万，所占就业人口比例由 6.6% 增至 9.0%。

现代社会的发展还使工人阶级的社会构成发生变化。在采掘、冶炼、纺织、建筑、运输、电气、煤气等传统产业部门劳作的产业工人，被称为"蓝领"阶层。现代技术的进步首先解放并取代的就是在这些部门从事重体力劳动的劳动者。1973—1985 年，美国的工业产量几乎增加了 40%，而同期"蓝领"工人的人数却减少了 500 万。科技的发展使"蓝领"工人的人数进一步减少。生产自动化的发展及知识密集型生产部门如电子、原子能、半导体、航天工业、激光、计算机工业和新材料、新能源，以及生物工程的兴起，使企业中的科技和管理工作日益重要，对工人的文化素质要求越来越高，因此出现了主要从事自动化作业管理，操纵按钮的"灰领"工人，以及从事脑力劳动的"白领"工人，如自动装置工人、电脑程序编制员、电脑操作员、实验技术员及基层管理人员等，这些人的工作不是制造产品，而是处理信息。目前，在发达国家中从事脑力劳动的雇佣劳动者已经接近或超过体力劳动者。1978 年，美国脑力劳动者占雇佣劳动者总数的 50%，同年，在英国和法国，这一数字为 40%，在加拿大和瑞典为 45%。1980 年，美国"白领"工人和"蓝领"工人的比例是 50：32。可见，当代西方工人阶级的成分趋向多元化、复杂化，"蓝领""白领"、"灰领"还有"敞领"，这些称谓代表工人的不同分层，现在，很难再用产业工人来概括工人阶级的全部。值得注意的是，当第一和第二产业就业机会减少的同时，第三产业就业人员如银行出纳员、饭店旅馆的服务员、公共娱乐及卫生保健人员的人数却在不断增加，他们在整个就业人口中的比例，在美国，1950年已经达到53.2%，1976年为65.7%，目前在西方主要发达国家第三产业的就业人口约占就业总人数的60%—70%。

从技术进步的角度上讲，当代西方被称为"知识经济"的时代，或"信息革命"的时代。处在这样一个科技就是生产力，知识就是资本的时代，专业知识和知识分子在社会中的特殊作用和特殊地位不容忽视。知识分子掌握着可以转化为社会生产力的知识、技术和思想，他们通过专利、版权、专业许可等方式，更多的是通过工资制度，将文化资本转化为经济收入和社会地位。在这方面最具典型性的例证就是美国的微软公司总裁比尔·盖茨，他凭借自己掌握的计算机技术，在短短十几年内，在世界范围内建立起庞大的计算机王国，不仅使自己位于世界首富之列，还对整个人类的生活方式产生不容忽视的影响。随着现代社会的进一步发展和私人占有形式的深化，知识阶层的社会影响将与日俱增，他们将是改造社会、影响未来的最有希望的一个社会群体。

白领－新中产阶级

1951年，35岁的美国社会学家C.莱特·米尔斯（1916—1962）出版了《白领——美国的中产阶级》一书。该书一炮走红，在西方学术界引起很大反响，牛津大学出版社包揽了包括这本书在内的他的全部著作的版权，作者也一举成名。一位名不见经传的年轻学者之所以能够如此，就因为他从社会学的角度较为敏感地捕捉到了由科技革命而引发的当代社会在社会构成方面的重要变化。

中产阶级是一个非常广泛的社会范畴，它与近代工业文明相伴而生。在马克思、恩格斯的著作中曾用这样一些词汇来论及中产阶级，"中等阶级"（Mittelklasse）、"中间阶层（Mittelklassen)"、"过渡阶级"（Übergangsklassen）、"中等阶层"（Mittelschichten）、"中层等级"（Mittelstande），还有"小资产阶级"（Kleinbür-gertum）等等。可见，中间阶层或中产阶级从广义上讲，是指介于资产阶级与无产阶级之间的一些社会阶层，而不是严格意义上的阶级的含义。它包含了这样一些社会成分：

中小工商业者、中小食利者、中小农场主，独立营业的医生和律师也属于中产阶层之列。

第二次世界大战之后，现代资本主义的迅速推进，深深地影响、改造着中产阶级中间阶层，原来构成中间阶层人数最多的社会集团——农村中的中小中产阶级明显减少。造成发达国家农业人口减少的原因是科技革命直接导致农业生产向机械化生产过渡，而战后各发达国家所采取的一系列鼓励和刺激大农业生产的调节措施以及工商业资本对农业的直接渗透，促成了一体化农工商综合体的出现。在美国，大公司带着百万美元资本侵入农业，建立起"田野工厂"和"农业企业"。所有这些因素都堵死了个体农民和中小农场主原有的发展道路。他们以前所未有的速度分化，很多人被排挤出农村，还有的人为城市新生活所吸引而涌入城市，个体农民作为一个社会阶层历史性地减少甚至消失了。在农村中的中间阶层急剧减少的同时，一个由现代社会条件所造就的新的中产阶级或称中间阶层悄然降临。"白领"阶层衔尾而至，顶替老中产阶级遗留下的空缺，成为现代社会举足轻重的中间阶层。

白领阶层含义广泛，职业结构复杂。政府部门的各类专职雇员，大企业公司的中级经理，技术专家，办公人员，在国家机关、学校、文化传播部门就职的各类知识分子等等。他们依附于庞大的国家机关或私人企业机构，专事非生产性行政管理工作，身着白领是其共同的特征。白领的下层，包括那些普通办事员、打字员、推销员、电话员、财会人员及一般中小学教员、护士、艺术工作者等，这些人就其在现代社会的工作性质、社会地位及个人收入而言，与产业工人类似，不属于社会的中间阶层。随着现代国家机器的膨胀及私人企业公司机构的扩展，西方发达国家中各类"白领"的人数不断增长。据统计，1950—1970年，在美国，制造业中的中级经理人员增长了23%，同期，服务业的经理人员和中央与地方政权机关的中级官员几乎增长了2.2倍。在英国，1951—1961年，中级经理和行政管理人员增长了1.5倍。1961—1971年，又增长50%。在法国，1954—1980年这类新的中间阶层的人数由125.2万增至351万，在经济活动人口中的比例，也由6.5%增至16.3%。在德国，受政府或大企业雇佣的中级管理人员和中级官员，1950年有114.9万人，1970年增至235.5万人，在全国经济活动人口中的比例由1961年的6.9%达到1980年的11.5%。这些新中间阶层的薪金收入一般是熟练工人的2—4倍。在美

国，1969 年中级职员的平均年收入是 15000 美元，同期，熟练工人的平均年收入是
8174 美元；在法国，1970 年中级职员的平均年收入是 4195 法郎，熟练工人为 1924
法郎。另外，他们的工作条件比较优越，在休假和福利待遇等方面还有很多优惠。
在物质享受方面新中产阶级等同于甚或优越于以往的中产阶级。

然而，白领不是资产者，从这一意义上说，它又不同于以往的中产阶级。他们
所缺少的是以往中产阶级赖以自豪的私人财产和独立地位，以及由此而生成的根深
蒂固、深入骨髓的自由意识和安全感。"白领"是由高度发达的官僚体制和正规化
企业管理所造就出的社会群体，也是现代政府官僚体制和现代生产管理体制正常运
转不可或缺的推动者和参与人。他们置身于大都市，游刃于大机关公司之中，囿于
文牍与技术工作，完全脱离了自然生存条件，将自己的知识和技术与职业、权力和
科层制度结合在一起，成为现代社会中一支重要的社会力量。他们也是被雇佣者，
但却占据着社会运转的控制部门而行使着管理的职能，成为国家控制和生产管理的
不可替代的中介力量。由于处于上层和下层之间，既面临着升入上层的强烈吸引，
又存在着沦为下层的潜在可能，因此其具有较大的不稳定性。此外，他们职业分散，
独立性强，彼此之间没有一致的目标和共同的主张。因此，与其说它是一个阶级，
不如说它是一个特定的社会群体。作为一种新生的社会力量，他们掌握现代知识，易
于接受新思想和新观点，是完全进入现代社会的先驱。另一方面，他们又过分依赖现
代国家机器和现代社会生活，在经济顺畅发展时可能推波助澜，发生经济危机时，也
可能铤而走险。这一新的特殊的中间阶层的出现，是当代资本主义社会结构变化的突
出现象，它从一个侧面反映了资本主义发展使绝大多数人变成雇佣劳动者的历史趋向。

经理阶层

早在自由资本主义时代，当社会化生产发展到一定规模，社会分工达到相当程
度的时候，在西方发达国家就出现了代替资本所有者、承担指挥和管理企业的职业
管理者——经理。马克思曾指出，在资本主义成熟阶段，"资本主义生产本身已经
使那种完全同资本所有权分离的指挥劳动比比皆是"。[①]"实行执行职能的资本家转
化为单纯的经理，即别人资本的管理人，而资本所有者则转化为单纯的所有者，即

---

① 《马克思恩格斯全集》第 25 卷，435 页。

单纯的货币资本家"。^①20 世纪初，列宁又指出，"全靠货币资本的收入为生的食利者同企业家与其他一切参与运用资本的人极大程度的分离"^②，即资本所有权与管理权的分离，已经成为垄断资本主义的特性。在当代，随着股份公司这种企业形式的广泛发展，社会生产的更加集中，企业规模的更加扩大，以及企业间竞争的加剧，大批具有专门经验和科学见解、用现代知识武装起来的经理人员迅速成长，接替资本所有者，成为企业日常经营管理和科学决策的主要力量。

经理阶层对大企业的接管经历了一个发展过程。在资本生长的最初阶段，以海盗式的冒险投机的精神聚敛财富，从而创造出天方夜谭似的经济奇迹的人和事比比皆是，昨日还一贫如洗，今日即腰缠万贯。19 世纪中晚期以后，由于资本主义经济的迅猛发展，产生了像美国钢铁大王卡内基、石油大王洛克菲勒那样一些巨型企业。在这种"家族式"的公司里面，适应新的竞争要求的分层式中级管理体制（Middle management），培养出一批中层管理人员。这些人在企业运转中负责管理生产与销售的各个环节，如流水作业、设备维修、财会稽查、质量检查、开拓市场、产品推销等，但在涉及诸如企业发展方向这样一些重大问题上，还是由企业主，即资本持有者独断。两次世界大战之间，以美国为代表的西方发达国家再次出现企业合并的浪潮，特别是二战以后，随着全球经济一体化进程的加速，出现了一批混合联合公司和跨国公司。跨国公司的迅速发展，成为战后国际经济关系的一个突出现象。不仅美孚石油公司、德国法本公司这样的老公司进一步发展，新的子公司也层出不穷。1957—1970 年，美国的母公司由 2800 家上升到 3500 家，西欧共同市场的跨国公司的规模也增加了两倍。大公司股东成群，控股权分散，难以实现以往那种资本持有者个人对企业的直接管理和控制。跨国公司的经营活动遍及世界各地，管理工作已由原来简单的协调产销关系、核算成本，转化为对企业的未来发展进行科学预测和战略规划。在这种情况下，资本持有者个人的知识和能力已显不足，他必须聘请既掌握现代技术又经验丰富的专门人才进行管理。高级管理（Top management）体制由是产生。在这种现代企业管理体制下，高级经理成为企业经济的实际主宰。

高级经理一般指大公司、大企业的正副总经理，即 CEO 一类高级管理人员，

▶ ▶ ▶ ▪ ────────────────────

① 《马克思恩格斯全集》第 25 卷，493 页。
② 《列宁全集》第 2 卷，780 页。

他们是资本主义企业所有权与管理权分离以后所产生出来的一个特殊的社会群体。从理论上讲，他们虽然也是资本持有者的雇佣人员，但他们的社会地位和社会职能特殊，他们端坐于企业分层管理的顶端，处于企业内部金字塔权力结构的塔顶，掌握着实际上的企业管理权。这些人薪俸优厚，不仅一般中等阶级难望其项背，就连政府的高级官员也不能与之相比。据 1982 年 5 月《美国新闻与世界报道》的调查显示，349 家美国最大的企业领导人中，年薪为 100—266.85 万美元的有 26 人，70—100 万美元的有 74 人，60—70 万美元的有 75 人，50—60 万美元的有 102 人，即使是年薪较低的高级经理，他们的年薪也是美国总统年薪（20 万美元）的 3 倍，而最高者竟是总统年俸的 12 倍。西欧各国的情况也大体如此。此外，这些经理们一般都持有本公司的股票，逐渐成为本公司的重要股东。而这些股票都是由公司提供的优惠价而购得。美国《财富》杂志 1976 年 5 月公布的材料显示，500 家最大的工业公司总经理中，有 29.8% 的人握有本公司 100 万美元以上的股票，而没有本公司股票的仅占 9.8%。福特公司的总经理麦克纳马拉出身中产阶级家庭，1946 年进入福特公司，1960 年提升至总经理的位置，时年握有 160 万美元该公司的股票。另一哈佛商学院教授卡特，原来两袖清风，后来成为西部一家最大的零售公司的总经理，握有 1000 万美元的该公司的股票，成为最大的股东之一。上述情况表明，总经理们在以自己的管理才能和现代知识服务于现代企业的同时，其本身也在资本化，因此很难将他们等同于一般受雇佣者，他们是现代社会的资产者。

值得进一步深思的是，当这些"管理型企业"在当代美国企业竞争中占据优势的时候，少数"家族公司"在几次合并浪潮中幸免于难，其公司企业的经营大权仍由家族子弟把持。这些家族在新的社会条件下，有意识地用现代知识培养其子弟，使他们成为适应激烈竞争的有知识有能力的企业经理。这说明，资本管理机制的改造与进化，既加快了资本所有权与企业管理权分离的历史进程，也促成了资本持有者的改造与革新，当代西方国家出现的经理人员资本化与资本家知识化的现象就说明了这一点。

第四节
现代西方社会生活

　　科技革命极大地提高了人类征服自然的能力，创造了不同以往的物质文明，也深刻地影响和改造着人们的生活内容、生活方式、社会价值观念与社会文化，全部人类的社会存在为之一新。

高消费与高福利

　　当代美国著名社会学家丹尼尔·贝尔在《资本主义文化矛盾》一书中，阐述了这样一个观点，资本主义在其发展进程中，特别是在早期发展进程中，存在着两种发展动力：一是资本本身的发展动力，即资本不赢利即死亡的本质所含有的"经济冲动力"；二是资本主义的精神，即马克斯·韦伯所阐释的，由新教伦理发展出来的艰苦奋斗、克勤克俭、聚敛财富的清教徒精神，此为"精神动力"。这两种动力在资本主义发展早期，互相补充，互相制约，合力完成了资本主义的早期建设。但是现代经济和科技的迅猛发展，碾碎了在早期资本主义工业文明时期建设起来的在历史上发挥了重要作用的清教徒精神，取而代之的是现在在西方国家中普遍流行的高消费心理。

　　社会消费心理和社会生活方式的明显转变始自美国。第一次世界大战结束后的20年代，当西欧诸国还在战争废墟上挣扎，努力恢复到战前经济发展水平的时候，在战争中大发其财的美国为战后更新固定资本、扩大生产储备了足够的资金。加之科技革命的展开和生产管理的改进，战后美国经济繁荣。电力、汽车、无线电、航空和电影业的兴起引导消费新潮流。当时在欧洲市场上还不多见的收音机、洗衣机、小汽车，在美国已经成为大规模生产的生活消费品，进入了寻常百姓之家。突如其来的经济繁荣和物质诱惑，加上分期付款赊购制度的建立，促使20年代美国的整个社会价值观发生了明显的变化。早期移民所崇尚的勤奋、节俭、不尚奢侈的传统观念被摒弃，及时行乐的观念盛行。1927年，美国60%的小汽车是用分期付款的方式销售的。当时美国每6户人家中就有1户以分期付款的方式购买了小汽车。美国因此被人认为是"汽车轮子上的国家"。汽车的大量消费，不仅改变了人们的时空观念，而且对人们生活观念的转变也起了极大的促进作用。其他物品如洗衣机、电冰箱、私人住宅等等也大量采用赊购方式进行交易。一时间，奢靡之风盛行。酗酒、赌博、卖淫、追求享受、投机倒把、拜金主义等社会问题层出不穷。而这时的精神文化却显得肤浅、低俗，色情、凶杀、冒险起家等题材的庸俗作品充斥着电影、杂志、广播，在思想界实用主义哲学流行，凡是"有用的"就是"有价值的"。难怪一些美国史学家把20世纪20年代的美国社会生活概括为精神上"饥饿"的时代，或"疯狂的20年代"。

第二次世界大战以后，随着科技革命的深入、西欧国家经济繁荣时代的到来，这种高消费的时尚蔓延至欧洲。而科技革命的进一步发展，也改变了工业革命时期单一化、标准化大工业生产的"重、厚、大、长"的产品结构。新科技革命所提供的新工艺、新材料、新能源，使生产多样化、小型化。小批量产品更新换代快，淘汰率高，人们的衣食住行向着多样化和高级化的方向发展。彩色电视、录像机、摄

工业化世界的环境污染

像机、激光唱盘、高级音响、微波炉、自动洗衣机、高档汽车、个人电脑的购买与消费已经非常普遍。在物质满足的同时，人们也在尽可能地丰富精神生活，学习、旅游、文化娱乐、体育运动等非物质消费的支出呈上升趋势。人们在进行精神享受的同时也带动了第三产业的兴起，从经济发展的角度上看，高消费扩大了市场的需求，在一定意义上促进了社会生产的进一步发展。

在西方国家社会生活方式改变的过程中，大众传播媒介起了非常重要的作用。现代化的广播、电视网覆盖社会的每一个角落，美国在 1946 年还只有 10 个电视台，事隔 20 年，到 1969 年已增至 673 个。随着人们受教育水平的普遍提高，各种报纸、杂志、书籍进入寻常百姓之家。这些媒体的社会作用不仅仅限于商品广告宣传、传播消费信息、刺激消费欲望，更重要的是它还扩大了人们的社会视野，提高了人们的生活品位，促进了人的思想观念的转化，带动了人的现代化。

与高消费并行的是西方国家的高福利政策。这一政策最早可以上溯至英国工业革命时期和德国俾斯麦时期的济贫法。19 世纪后期，英国的一些经济学家在研究英国的社会矛盾时，提出了采用温和的、渐进的方式实现收入再分配的想法。20 世纪初，欧洲大陆一些国家也有人呼吁由国家主持收入再分配以满足低层社会的需要，由此实行社会保障的思想逐渐传播。但在当时，实行福利国家的社会条件尚不成熟。美国在 20 年代末至 30 年代初的经济危机中，制定了一些社会保障政策。1932 年，第一次执政的瑞典社会民主党首次提出"从摇篮到坟墓"的社会改革政策。但福利国家作为一项重要的社会政策在欧美国家广泛实行，是在第二次世界大战以后。战后经济的迅猛发展，一方面使社会差距和社会矛盾加剧，另一方面又为高福利政策的实行提供了物质基础，为保证社会稳定、经济繁荣，西方国家在战后不约而同地走上了福利国家的道路。其中最具典型意义的是北欧五国，最突出的是瑞典，瑞典因其政策系统完备，福利水平高，社会效益显著而被称为"福利国家的橱窗"。福利国家政策包括两方面内容，一是建立各种社会保障制度，建立失业救济金、养老金、病休金和儿童津贴等；二是提供诸如教育、医疗、托儿等免费或低费的社会服务系统。福利政策实施的目的在于缩小社会差距，促进社会的民主与公正，保证人民的基本生存条件。它力图拉起一张社会保障的大网，使社会中的每一个人，即使是最底层的人也可以生活下去，同时又搭起一架社会进步的阶梯，为人们提供向上进阶的可能。从本质上说，福利国家政策是由国家主持的实现社会收入再分配的一种方式，它主要通过抽肥补瘦的方式来实现。

由于高福利是以高税收为前提条件的，福利国家政策的长期实行必然与经济发展的效率发生矛盾，国家不堪负担巨额公共开支，社会成员的劳动积极性下降，产品竞争能力不强，中产阶级日益削弱，国家生产和国民收入增长缓慢，这些在欧美国家普遍存在的社会问题，被称作难以治愈的"瑞典病"，它是一种由福利国家政策而引发的现代社会病。

个人主义的价值观

价值观念是在社会中被人们广为接受的、较为持久的一种社会意识与社会信念。从一定意义上说，它可以确定个人、群体或社会的行为方式、交往准则和生活态度，也可以成为在特定的文明形态中、特定的社会背景下生活的人们判断是非、评判美丑、区分好坏、确定爱憎的主要标准。价值观念的形成与变化，是人类文明形态发展变化的反映与体现。

个人主义（Individualism）的价值观与资本主义工业文明的发展紧密相连。在资本主义的生产关系萌发生长之初，为适应反封建压迫和反神权统治斗争的需要，文艺复兴时期的思想家强调人的个性、人的尊严、人的幸福，从而形成以人为本的人文主义思想，人文主义思想就包含了个人主义思想的萌芽。17世纪英国思想家霍布斯（1588—1679）进一步论证了追求个人幸福是人生而具有的一种平等的自然权利。十七八世纪资产阶级启蒙运动中，英国思想家洛克（1632—1704）以个人主义为其哲学基础，提出"天赋人权论"，反对君权神授。法国思想家卢梭（1712—1778）在勾画未来国家蓝图时，提出著名的"契约论"，即根据人民的意志而组成政府。亚当·斯密在《国富论》中提倡个人主义、自由竞争，反对政府干涉个人的经济活动。所有这些思想上的新突破，使个人主义的内涵得到进一步的丰富与发展。19世纪40年代，法国社会学家阿历克西·德·托克维尔（1805—1859）在对美国做了九个月的考察之后，写下《论美国民主》一书，该书第一次明确提出了个人主义这一概念，并对这一概念做了明晰阐释。

托克维尔认为，个人主义与利己主义（Egoism）是既有区别又有联系的两个概念。利己主义是对自己的一种偏激的过分的爱，它使人只关心自己，爱自己胜过一切。"利己主义是跟世界一样古老的一种恶习"；而"个人主义是民主主义的产物，并随着身份平等的扩大而发展"。个人主义作为一种社会哲学，它强调个人的独立性、创造性，强调个人不受或少受社会、政治或宗教的限制而自由发展；作为一种政治哲学，个人主义反对任何一种权威对个人的支配，主张政府的主要职能是维护法律与秩序，以保证个人的权利和利益不受侵害；作为一种价值观念，个人主义认为一切价值均应以人为中心，个人本身就是目的，社会只是达到个人目的的手段，一切人在道义上是平等的，每个人有权自由选择自己的目标以及达到这一目标的手段。西方资本主义几百年的发展，使这种以人为本，强调人的自由、人的价值、人的独立的思想为大多数人所接受，成为西方社会普遍认同的价值观。

个人主义价值观的中心内容随时代的变化和文明的发展而有所侧重。在资本主义文明发轫之初，它主要以人生而自由平等、每个人都有追求自己个人利益的权力为主要内容，以反抗宗教束缚和封建压迫；在近代，个人主义的价值观又突出强调个人的独立性、创造性，强调个人奋斗，个人作用，个人价值。所有这些都有助于人们从自然界和封建专制等一切迷信和权威下解放出来，努力参与科学实践，参与社会竞争，积极创造物质财富，推动资本主义社会生产和资本主义经济关系的进步。20世纪以来，随着资本主义物质文明的进一步发展，昔日克勤克俭、努力工作、积累资本、创造自己未来的精神逐渐为追求个人的自我价值、自我完善、自我实现所代替。与传统的观念相比，现时代的个人主义更注重个人的自我发展，个人的物质享受，个人精神上的自我陶醉。在年轻一代中，纵情声色，及时行乐，单纯追求物质享受的大有人在。传统的责任感、勤奋进取的精神以及自我克制、自我约束的观念变得淡薄了。以至于有人把70年代称为"我的十年"，还有人把最具典型意义的美国的个人主义称作"新自恋情趣"和"一种失控的个人主义"。

在现实生活中，个人主义的价值观还包括一些更为丰富、更为具体的内容。个人主义价值观崇尚"个人自由"，认为个人自由是每个人的最基本的权利。依据这一权利，人们享有受教育的自由，参加选举的自由，对政治和公共事务发表意见的自由，宗教信仰的自由及择业和择偶的自由等等。说到底，个人自由就是要由自己来选择自己个人的生活，个人是自己命运的主宰，自己对自己负责。当然，个人主义并不是毫无限制、漫无边际的自由，个人自由的终止点是不能妨碍他人的自由和正常的社会秩序。因此，个人主义的另一层含义是尊重他人的自由，不造成对他人的危害，遵守代表大多数人的利益和愿望的国家法律和社会秩序。

尊重自己个人的存在也是个人主义价值观的一个重要内涵。自己对自己的生活和工作负责，具有很强的独立性，既不希望他人干涉，也不依赖他人，凭自己的劳动和自己的努力来获取自己所希望得到的一切。在西方国家中，许多富家子弟宁可自己打工挣学费，也不愿意完全依赖父母，因为依赖别人，即便是依赖父母也被认为是无能的表现，在社会中将受到鄙视。除丧失劳动能力的人外，坐享其成，接受别人的施舍也被认为是贬低了自我存在的价值。因此，即使是好朋友一起去吃饭，也常常是各付各的钱，自己承担自己的一份。这样的一种自尊和自重，无疑有助于实现一种积极向上的人生。提倡个人独立、个人自重的另一面是尊重他人，尊重他人的独立，尊重他人的人格，尊重他人的劳动，尊重他人的利益，其中还包括尊重他人的隐私权。西方国家中盛行的访亲探友须预先通知、儿女帮父母做事也要付报酬的做法，就是尊重他人的一种体现。

早在19世纪30年代，托克维尔就一边赞赏个人主义中那种个人奋斗的进取精神，一边又认为这种以个人利益为动力的社会存在是一种隐患，他担心个人主义沦为利己主义，从而导致道德的沦丧和社会秩序的毁坏，托克维尔的这种担心不无道理。当代西方国家的一些有识之士也在抨击只顾自己满足、自我享受的国民心态，美国前总统尼克松曾经将极端个人主义思想称做是西方世界的"铁笼"，还有人认为个人主义是西方世界的一种"癌症"，呼吁为"实现个人与社会之间最低限度的和谐"、建立一种以他人为重心的新的社会道德观而努力。

两性关系与家庭

自有人类社会以来，两性关系和家庭状况就一直是人类文明形态进化演变的坐标。在人类社会的早期，农业革命以及与之相适应的农业文明从根本上改变了以采集狩猎为生的氏族社会中那种男女平等的两性关系。当男人从事犁地种田、挖渠灌溉这样繁重的体力劳动，而女人因生理原因而放弃对土地物产的控制，专事家务的时候，女人对男人的从属依赖关系便不可避免地被确定了下来。女人成为男人的附庸、男人的玩物、男人的奴隶。工业革命纺织机的出现，为劳动妇女提供了走出家庭的机会，中产阶级妇女也逐渐走进变化中的社会。随着妇女在家庭中经济地位的提高和社会联系的增大，虽然还有习俗和价值观的约束，两性关系的天平不可避免地再次发生变化，其变化的方向，一是男女的社会权利趋向平等，二是对两性关系的严格态度开始放松。

20 世纪前半叶，随着社会的进步及各国妇女运动的兴起，西方各发达国家的妇女相继获得了选举权。1920 年，美国议会通过了给妇女选举权的法案，英国妇女在 1928 年也获得了与男子同样的选举权，法国戴高乐将军在 1944 年 4 月 21 日签署了法令，法国妇女因此获得选举权，实现了政治上的平等。然而，平等的政治权利并不等于平等的社会权利。在社会和家庭中的性别差异、性歧视还无所不在，在受教育机会、就业机会、参与公共事务、家务劳动以及两性生活方面男子仍处于优势，拥有主宰地位。20 世纪后半叶，几乎在所有的西方国家都出现了新的女权运动。1948 年，法国女权运动的代表人物西蒙·波伏娃发表了《论女性》一书，控诉妇女在社会上和家庭中所忍受的性歧视与性压迫，向以男性为中心的社会发起全面挑战。美国、英国的女权运动也随之重新高涨。20 世纪六七十年代，西方国家的女权运动与 19 世纪末至 20 世纪初的妇女运动相比，带有更强烈的女权意识，即不满足于以前所要求的政治上的平等，还要求妇女在一切方面，特别是在社会生活方面与男子完全平等。女权主义者向男性控制的一切领域发起冲击。大量启发妇女意识、呼吁妇女发现和创造自己价值的女权主义的理论书籍出版，各种争取男女平等的妇女组织涌现。1977 年，在美国休斯敦还召开了全美妇女代表大会，有 1800 名代表参加。

20 世纪 60 年代的妇女运动成果显著，许多国家通过了男女平等的新立法。在法国，1965 年取消了《拿破仑法典》中有关歧视妇女的条文，1975 年通过了自愿终止妊娠及禁止在雇佣人员中性别歧视的法案，1983 年，又通过了《平等就业法》。在英国，1969 年通过了《离婚改革法》，1970 年相继通过了《夫妻财产法》和《同工同酬法》，1975 年还通过了《反性别歧视法》。1973 年美国最高法院批准妇女有堕胎的自由。妇女的社会地位明显提高。与此同时，大批杰出女性涌入以前一直由男性控制的工作领域。大批女科学家、女法官、女经理、女政治家出现。1982 年，美国女医生占医生总数的 22%，同年，有 908 位美国妇女当选州议员。法国欧洲议会议员西蒙娜·维耶夫人在《妇女时代》一书中说："法国人做好了选举一位妇女当共和国总统的准备。"

　　历史的变化从来都不是单方面发生的。两性观念、两性关系的变化直接构成对家庭的冲击。在西方社会，工业化时期曾经历了一次家庭结构的变革。农业社会中，以家庭为中心的经济制度，以及与此相适应的几世同堂的家庭结构——扩大家庭（extended family），随着农业经济的解体而瓦解，取而代之的是现代夫妇式家庭，或称核心家庭（neclear family），即在一个家庭中，只有夫妻和未成年的孩子，通常是父亲在外挣钱养家，妻子操持家务抚养孩子。随着社会的进步，妇女出外参加工作的机会越来越多，家庭内部妻子对丈夫，孩子对父亲的经济依赖减弱，家庭中男性权威下降，维系家庭的主要纽带不再是经济而是感情。美国未来学家阿尔涅·托夫勒认为在核心家庭中，"爱情已从家庭关系的外沿变成它的首要的正当的核心"。这种以当事人的心灵结合和个人幸福为目的的家庭组成，相对于前工业时代因经济关系，或为生存而组成的家庭来说，无疑是一种历史的进步。然而，感情是容易受外界的影响而发生变化的，特别是在现代社会，在西方那种注意个性独立和自我意识，金钱万能的现代社会，爱情受外界的影响更大，因此，现代婚姻的稳定性较差。

　　20世纪中叶以后，社会经济高速发展，社会价值观和婚姻观随之发生变化，家庭结构又一次面临新的冲击。1982年，美国未来学家约翰·奈斯比特在《大趋势——改变我们社会的10个方向》一书中就惊呼："传统的核心家庭看来是一去不复返了。"如今在西方社会存在这样一些家庭模式：（1）传统的核心家庭，即一对夫妻共同抚养其儿女；（2）单亲家庭，即已离婚或未离婚的母亲或父亲独自抚养子女；（3）非婚同居的家庭，未履行结婚手续而同居的男女带着其子女；（4）丁克（Dink）家庭，一对夫妻不要孩子的家庭；（5）混合家庭，过去结过婚的男女带着前婚或婚前的孩子组成的家庭；（6）同性恋家庭，由男性或女性同性恋者组成的家庭；（7）少年家庭；（8）一人独居的家庭等等。

　　与新式家庭出现相伴随的是传统婚姻家庭的解体。六七十年代，西方国家的离婚率居高不下。以最具典型意义的美国为例，20世纪20年代，美国社会的离婚率为7.9%，二战后至70年代为13.6%。70年代后，离婚率又直线上升，1978年高达50%，这意味着每10对婚姻中，有5对以离异而告终。另一统计资料表明，1978年美国初次结婚的夫妻有38%离婚，此后，离婚又再婚的占四分之三，再婚又离异的占44%。在法国，由于女权运动的影响，近70%的离婚案是妇女提出来的。

两性观念的转变和传统家庭的崩溃带来一系列社会问题，如少女母亲和大量私生子出现，性病和艾滋病泛滥等等。80 年代欧美国家的家庭观念又悄悄地发生新变化，人们又开始重新重视家庭，多数人希望有个安全、幸福、温暖的家，人们又回归家庭价值（family value）。再以美国为例，1990 年美国《研究与预测》所发布的一份报告说，当问及年轻人事业有成的标志是什么时，60% 的人回答是"家庭幸福"。与此同时，离婚率下降，结婚率则悄然上升。从 1981 年起，结婚率增加 3%，离婚率却下降 5%。西方社会又开始了向传统价值观和传统婚姻的回归。

第五节
现代西方思想文化

20 世纪是欧美国家在科学技术、经济发展等方面取得空前进展的世纪，也是人类理性大发展的世纪。在人与自然方面，用现代科技武装起来的人类似乎无所不能，上天入地，破译各种密码，创造种种奇迹，利用、控制和改造自然的能力以惊人的速度提升。在国家政治和国际关系方面，各国国内理性的政治体制日益完善，国家之间在政治经济方面的协调与合作日益加强，出现全球一体化趋势，人类性和世界性日渐凸现，18 世纪启蒙运动思想家所期盼的理性王国似乎已经来临。然而，由于两次世界大战的强烈冲击、经济危机以及现代文明所造成的弊端的影响，在西方人文精神领域，以理性主义为特征的传统思想文化正面临着严峻挑战。在两次世界大战后西方所出现的深刻的反思与艰苦的探索氛围中，人们对在理性的旗帜下所建立起来的当今世界表现出不满，这种情绪促使西方思想文化界进行新的多方面的探索，从而导致 20 世纪西方思想文化出现明显的变化。

现代西方哲学

现代非理性主义是现代西方哲学中的一个非常重要的流派。它发源于 19 世纪中叶的德国，20 世纪得到长足发展，成为对西方思想文化各个领域发生重要影响的一种哲学思潮。这一哲学流派的基本特点是以人的内在精神为研究对象，否认理性思维，否认理性的作用与地位，把主体结构中非理性的意志、本能、直觉和自我意识扩大化、绝对化，与理性、逻辑和科学相对抗。其表现形式主要有四种：意志主义、直觉主义、存在主义和精神分析理论。

意志主义，也称唯意志主义，其创始人是德国哲学家叔本华（1788—1860）。他认为主体和客体是不可分的，"世界就是我的意志"，世界的本质就是意志，而意志就是人的本能和欲望；人对世界的认识，无论是直观的认识还是理性的认识，均由意志产生，但唯有直观的认识才能揭示事物的本质。叔本华的理论奠定了现代非理性主义的基础。另一德国哲学家尼采（1844—1900）继承了叔本华的唯意志主义。尼采的哲学以反对传统、崇尚权力著称，他提出了权力意志（The power will）的概念，把人的意志描绘成追求个人欲望，释放个人能量，不择手段地攫取权力的冲动。在认识论上，尼采认为世界是由偶然性因素组成的，因此，靠逻辑和理性无法获得真理。要认识真理只有提高权威感，把认识对象提高到主体中来实现。在人生观和伦理观上尼采以"超人"著称，"超人"的中心含义是最大限度地利用人类生命所提供的可能，充分实现完整的自我。

直觉主义的代表人物是德国哲学家狄尔泰（1833—1911）和齐美尔，还有法国哲学家柏格森（1859—1941）。前两人所代表的早期直觉主义否认社会历史领域存在客观真理，否认理性思维方法在历史研究中的作用，认为社会历史是"心灵"和"生命"的产物，只有通过人的心理体验才能认识。柏格森的生命哲学标志着直觉主义哲学的最高成就。他提出了著名的"绵延"理论，即生命冲动呈现绵延不断的流动状态，这种状态变动不居，捉摸不定，无法为理性所把握，也无法被传统的哲学所解释，只能由直觉来体验。直觉是最高级最深刻的认识形式，理性只能认识事物的局部和表面，直觉却能达到对事物的通晓，因为它能使人从运动的本身来了解运动，从而"把握绝对的东西"。置身于对象之中，同情体察对象自身，这就是柏格森的神秘主义直觉观。

存在主义也是现代西方哲学中的一个重要流派。其代表人物有丹麦的克尔凯郭尔（1813—1855）、德国的雅斯贝尔斯（1883—1969）和海德格尔（1889—1976），以及法国的萨特（1905—1980）和加缪，萨特是其突出代表。萨特师承胡塞尔（1859—1936）和海德格尔，他把胡塞尔的现象主义和海德格尔的存在主义作为自己哲学的出发点。他认为哲学的基本问题是"存在"问题，把自己个人的存在看作一切存在的出发点。萨特认为，每一个行动和每一个真理都意味着人的环境和人的主观世界，主观性必须是出发点，除了人的主观性以外再无其他的宇宙。其主观性包含了两层含义，一是个人选择自我，创造自我，二是个人不能超越个人的主观性。存在主义的理论体系很庞杂，但其基本精神就是反对西方工业社会及理性主义哲学所建立的"理性体系"，认为这些东西导致了人的"异化"，使人的地位受到威胁，被平均化、机械化和大众化了，人因此失去了自己的本性，处于一种绝望状态。只有抛弃理性主义，才能重新找回自我。

精神分析理论也称作泛性主义，它来源于弗洛伊德（1856—1939）的精神分析学说。弗洛伊德认为，人的意识和精神生活是受人的潜意识控制的。人是性欲动物，是自私的，一举一动都以满足自己的性欲为目的。其精神分析学说对现代西方哲学产生了深刻影响，发源于德国的法兰克福学派曾力图用弗洛伊德学说来补充和修正马克思主义，由此形成一种在西方很有影响的思潮——"弗洛伊德的马克思主义"。其代表人物是弗罗姆（1900—1980）和马尔库塞（1898—1979）等人。该思潮用精神分析学说来解释西方社会，批判工业化给人带来的危害，将资本主义的社会弊病归结为性压抑和个性结构不合理。马尔库塞在其代表作《单面人》中对现代资本主义社会做了尖锐批判，他指出现代社会只按技术上的合理性行动，虽然物质富饶丰裕，但在精神上压制了人性。他认为，人被理性非人道化和异化了，被工具化了，从而导致劳动制度中的奴隶制、商品消费中的拜物教、军事工业复合体中的疯狂，从而丧失批判性和创造性，这就造成了缺少批判能力的"单向度的人"和"单向度的社会"，造成"当代人的全面异化"，因此，他主张与现存制度彻底决裂。其理论为60年代末70年代初欧美兴起的学生运动和各种批判反抗运动提供了批判现代社会的理论武器。其理论在欧美国家有很大影响，他本人被称作"新左派之父"和"青年造反之父"。

20世纪初，爱因斯坦相对论的提出不仅使物理学发生了一场革命，改变了人们对世界的认识，而且对认识世界的方法论——哲学也产生了深刻影响。奥地利物理学家和哲学家马赫（1838—1916）最先从哲学上对这场物理学革命进行总结，提出了马赫主义。他认为时间与空间是人的感觉的复合，随经验的变化而变化，从而否定物质客观存在的基础。他认为认识不是对客观世界的反映，而是对感觉要素的一种"方便描述"。与马赫主义相并行的还有相对主义。相对主义是一种将人类认识过程的相对性绝对化的理论。其特点是否定真理的绝对性和普遍性，否认知识和道德的绝对标准，认为区分真假、判断美丑的标准纯粹是主观判断，不具有客观意义。相对主义的代表人物是曼海姆（1893—1947）和库恩（1922—1996），前者认为任何人都不可能全面认识社会，因为所有认识都受社会结构和历史过程的约束，后者认为不存在认识自然的客观真理。与哲学相对主义既有联系又有区别的还有文化相对主义、伦理和道德相对主义、历史学中的相对主义等等。

第二次世界大战后，受科学技术革命的影响，在西方学术界又流行分析哲学、逻辑实证主义和批判理性主义。其代表人物分别是三位英国哲学家，罗素（1872—1970）、维特根斯坦（1889—1991）和波普尔（1902—1994）。罗素是分析哲学的创始人，其哲学思想的出发点是追求确定性，即确定所知的确实与不确实的程度。他认为人对世界的认识不可能没有偏颇，而哲学家的任务就是使自己成为一面镜子。逻辑实证主义的代表维特根斯坦提出"全部哲学是语言批判"的命题，他认为语言是表现经验事实的，凡是经验事实的都是可以解释的，经验以外的东西都应该排除掉。哲学家的许多问题，离开语言的使用规则，就不能得到满意的回答。解决问题的基本途径是让语言回到它的日常生活状态。他所创立的日常语言哲学在欧美有很大影响。批判理性主义的代表是波普尔，他认为检验真理的标准不是证实，而应该是证伪，只有经得起证伪的检验，才能算得上真理。一个理论如果不能被证伪，就失去了真理的品质。在社会科学领域，波普尔不承认历史发展有内在规律，反对根据历史规律理论预测未来的理论，其矛头对准在人类认识史上有重大贡献的三个思想家——柏拉图、黑格尔和马克思。波普尔反对历史主义，但他的学说却导致了历史主义的繁荣，这是他本人始料未及的。

现代西方文学艺术

20世纪西方文学艺术领域一个突出的变化就是反现实主义的现代主义取代了现实主义在文学艺术中的主导位置。如果说当代西方哲学思潮是对社会变化所作出的理性思考、理性反映的话，那么当代西方文学艺术就是对社会变化所作出的感性反映，它是现代人被压抑的思想与情感的表现与爆发。飞速变化的现代社会所掀起的冲击波把艺术家们推进到一个探索的新世界，创立起纷繁的现代主义文学艺术流派。现代主义文学艺术流派表现形式多种多样，其共同点是继承19世纪以人为本、以人性为中心的创作传统，在表现形式上则是自觉地反传统反常规，从新的视野和新的视角出发，用各种新奇创新的形式，努力表现现代人在现代社会中的体验与感受。现代主义起源于19世纪的欧洲，20世纪在美国得到充分发展。

象征主义是现代文学艺术中一个较早的流派，起源于19世纪中叶的法国。1857年，法国诗人波德莱尔（1821—1869）发表了著名诗集《恶之花》，以惊世骇俗的手法，"歌颂"了巴黎这座绽放在地狱边缘的"罪恶之花"，这部诗集被认为是象征主义的先驱。1886年，法国青年诗人让·莫雷阿斯（1856—1910）发表了《象征主义宣言》，宣称象征主义反对自然主义，也反对现实主义，它要以对内心世界的描写来代替现实主义。象征主义以诗歌为主要创作体裁，在20世纪20年代的欧洲和美国盛极一时，对当时的绘画也产生重要影响。

表现主义流行于20世纪二三十年代，它主张摆脱外部印象，从自我出发，表现人的灵魂和人的内在本质，其口号是，"艺术不是现实，而是精神，是表现而不是再现"，表现主义之名由此而来。表现主义文学创作的代表是奥地利作家弗兰茨·卡夫卡（1883—1924）、瑞典戏剧家奥古斯丁·斯特林堡（1849—1912），还有美国的奥尼尔（1888—1953）。他们用灰暗、怪诞又极富哲理的手法，深刻地揭示了现代社会，表现现代社会中人的孤独感和危机感。如卡夫卡的代表作《变形记》讲述了一个怪诞的故事：一个叫格里高尔的推销员，一日醒来发现自己变成一个硕大的甲壳虫，但仍保持着人的思维能力，于是陷入了深深的彷徨，不知自己是人还是虫？是虫，为何又有人的思维？是人，为何人人讨厌他？最后，他失望至极而自杀，留下一具干瘪的尸体，被女仆扫进垃圾堆。卡夫卡借这个故事说明，现代社会人性沦丧，人已被异化成一个可怜虫了。

1916 年在瑞士的苏黎世出现了一个名叫"达达"的文艺团体,"达达"原是法国儿语中不连贯的词汇,运动的发起者查拉采用这一名称,表示运动是无目的的,并把达达运动解释为痛苦的嚎叫,是各种束缚、矛盾、荒诞的东西和不合逻辑的东西的交织。达达主义是一种虚无主义的思潮,它是非艺术的,反艺术的,它反对一切形式的东西,实际上是艺术家对第一次世界大战做出的反抗。1918 年后,达达主义波及欧洲和美国,在欧洲,尤其在法国比较盛行,胜利者的幻灭和失败者的失落都在达达主义中得到不同程度的宣泄。20 年代初达达主义内部发生分化,在其基础上发展出一种影响极大的艺术思潮,这就是超现实主义运动。超现实主义以柏格森的直觉主义和弗洛伊德的无意识理论为基础,否认客观现实,否认理性和逻辑,注重人的思想本身,发掘人的下意识活动。超现实主义的中心人物是法国诗人、散文家和批评家布勒东(1896—1966),他曾创立《超现实主义革命》杂志,向西方的文化传统挑战。布勒东认为理性和外部世界是深受资本主义污染了的,只有在人的潜意识中才深藏着有待发现的、未受任何干扰的、有价值的真实,只有在梦幻中才能找到对现实的超越和绝对真实的"超现实"。在具体创作实践中,超现实主义摒弃任何理性思维,主张进行无目的无意识的写作,即所谓"自动写作法"和"梦境记录",把自己所想到的东西迅速记录下来,完全凭冲动来写作、画画和雕塑,不考虑句法修辞、逻辑结构,别人看不懂不要紧,想什么写什么,并视之为真实。结果写出来的东西犹如梦呓,不知所云。超现实主义在西方美术界也有很大影响,毕加索就是超现实主义绘画的代表人物。

此外,意识流小说也是现代主义小说的一个流派。意识流的概念是美国实用主义哲学家、心理学家威廉·詹姆斯(1842—1910)提出来的,他认为人的意识像一条流动的河流,即"思想流",意识流这种非理性的东西具有至高无上的意义,它可以认识现实的真正本质。意识流小说在表现方式上的共同特征是,着意表现一种变动不居的主观意识过程,它不遵循客观时间顺序,而是将过去、现在和未来混淆起来,根据心理的意向使先后次序颠倒并互相渗透,从而表现人的意识流动的跳跃性和随意性。20 世纪 20—40 年代,意识流小说流行于欧美,出现了一些著名的意识流小说家。法国作家普鲁斯特(1877—1922)300 万字的自传体小说《追忆似水年华》是意识流小说的经典。全部内容由主人的回忆和梦幻构成,飘忽不定,气象万千。爱尔兰作家詹姆斯·乔伊斯(1882—1941)的《尤利西斯》更是一部典型的意识流小说，它不仅采用大量内心独白和心理描写，而且书中没有标点符号，不分段落，没有逻辑次序，人物全由混乱不清的意念、潜意识和性意识所支配。美国作家海明威受他的影响很深。

20世纪50年代，在西方剧坛上还风靡荒诞派戏剧。荒诞派戏剧是对传统戏剧的一种反动，一般没有明确的戏剧冲突和故事情节，只是一连串无聊的琐事和废话，虽然荒诞派戏剧家说他们不想说明什么，只想表现什么，但其最终目的还是想说明现实生活的荒诞和无意义，尤奈斯库的《秃头歌女》和贝克特的《等待戈多》是其代表作。60年代在美国还流行"黑色幽默"文学，这是一种荒诞派文学。与荒诞派戏剧不同的是，它力图利用荒诞的故事来表现一种特殊的幽默感，被称为"病态的幽默""绝望的幽默"。其文学代表作是约瑟夫·海勒的《第二十二条军规》。小说借用战争题材来批判现代社会，借描写混乱、荒诞、丑陋的军舰生活来暗喻荒谬的当代社会体制。该小说印行800多万册，被译成十几种文字。"黑色幽默"成为美国文学界的一种时尚，有许多作品问世。此外在二战后，英国还出现了自己特有的文学流派，叫"愤怒的青年"，随后，在美国出现了"垮掉的一代"文学，这些文学流派均带有反社会、反理性的色彩。

当代西方哲学思潮，特别是直觉主义、无意识论、存在主义等不仅影响了西方创作思想，而且对艺术表现形式也发生深刻影响，在绘画方面表现得非常突出。从19世纪末开始，欧洲绘画的传统观念就逐渐被淡化，各种新画派不断涌现，象征主义、立体派、野兽派、表现派、达达主义、超现实主义、未来主义等等，它们互相交叠渗透，融会成光怪陆离的"现代艺术"。

西方现代绘画不同于传统绘画的一个重要特征是特别讲究形式，许多艺术家抛弃古典主义典雅的艺术风格，醉心于对新表现形式的探求。他们大多从自我意识出发，用一些怪诞陆离的方式反映内心世界的某个侧面，他们认为作品无须表现现实生活中的什么特别内容，而是画家自由地表现自我意识，观赏者自由地通过画面去随意想象。现代绘画的这些特征在19世纪塞尚、凡高、高更等大家的作品中就已露端倪。20世纪这些特征变得更加外在化了。作画成了画家表达内心、发泄不满、逃避现实、返归内心的一种手段。一般来说，现代派的作品大多笔触粗犷，色彩强烈，构思抽象，结构奇特，放荡不羁，充满狂野的气息，给人以很大的遐想空间。

现代西方的种种思潮对音乐也产生了影响。在古典主义、浪漫主义的时代，西方音乐讲究规则性，齐整性，听起来或温和典雅，或和谐明快，也比较有节制。从巴赫、海顿、莫扎特、贝多芬到肖邦、李斯特大多如此。现代音乐家或主张音乐应表现人的激情、爱欲和郁闷，或认为音乐不应表现任何东西，无论是人的情感还是自然现象。因此，现代音乐多抛弃了古典音乐的华丽优美的传统，用粗犷、豪放甚至是不协调的旋律，来反映现代人希望摆脱现实生活、发泄内心不满的心态。20世纪西方音乐的代表人物斯特拉文斯基的《火鸟》和《春之祭》，以狂放的旋律向19世纪浪漫主义音乐挑战，一举轰动西方乐坛，对20世纪的西方乐坛产生了重要影响。

反主流文化运动

反主流文化运动是20世纪60年代在美国和西欧兴起的一种文化思潮，是一场大规模的青年造反运动。这一运动的参加者多是年轻人，他们以独特的、非正常的方式反对西方传统文化和传统价值观，反对现存的权力结构和现存社会，因此又叫青年文化运动。

在反主流文化的共同目标下，麇集起各种社会反对力量。有激烈抨击资本主义制度，热衷于社会问题的新左派运动；有在生活方式上立异于主流社会之外，用奇特的发式、怪异的服装、越轨的交往和怪癖的嗜好发泄对社会不满的嬉皮士运动；还有人把绿色和平运动和60年代在欧美国家出现的大规模学生反抗运动也包括在反主流文化运动之内。由于这一运动涵盖很广，很难给它一个明确的界定，广而言之，凡是对传统文化所倡导的反其道而行之的思想和行为，都属于反主流文化运动的范畴。

反主流文化运动20世纪60年代在西方兴起，70年代中期走向衰落，大约经历了十几年的时间。这场运动大致分为两个部分，其中一部分是在新左派思潮的影响之下出现的以学生为代表的激进的社会运动。新左派是相对于老左派，包括共产党、社会党、左翼工会而言的新的左派团体，他们以马尔库塞和古德曼等人对资本主义的激烈批评为理论依据，关心如反战、要求民主自由和反种族歧视等重要的社会问题。在美国，新左派的核心组织是"学生争取民主社会组织"，其成员大部分是在战后初期出生的中产阶级家庭的子女。1962年6月，该组织在密歇根州的休伦港召开全国代表大会，发表著名的"休伦宣言"，这是新左派的政治纲领，也是新

60年代美国民权运动
（中间为黑人领袖小
马丁·路德·金）

左派产生的标志。宣言激烈抨击美国的社会弊端，对战后居主流位置的意识形态提出挑战。随后，这一组织由最初的耶鲁、密歇根等大学发展到全美国。1965年起组织大规模的学生反战运动，1968年发展成校园内的暴动，1970年，以尼克松下令入侵柬埔寨为导火索，运动达到高潮，全国900余所大学参加罢课，占全国高校的三分之一。1967—1968年，在法国、德国、英国、意大利、日本、澳大利亚、加拿大都爆发了以学生为主体的群众运动。其中最突出的是在法国发生的举世震惊的"五月风暴"，席卷全国的罢课和罢工几乎使法国陷于瘫痪和革命的边缘。70年代后，新左派运动衰落。

构成反主流文化运动的另一翼是以嬉皮士为代表的青年一代反主流文化运动。如果说新左派及其影响下的社会运动是对社会的一种积极反抗的话，那么嬉皮士运动则是以遁世的方式对社会作出的一种消极反抗。嬉皮士们以辍学、过公社群居生活、开大型摇滚音乐会、跳摇摆舞、穿奇装异服、同性恋、吸毒等极端方式反对社会、抗拒传统。1969年，青年反主流文化的代表罗斯扎克发表《反主流文化的形成》一书，该书明确指出，反主流文化是对现代技术社会的一种反思。他们不屑于新左派用参与性民主制来解决社会问题的做法，主张对传统社会观念发起挑战，去另寻一片天地。嬉皮士主张无为而治，号召回到史前时期寻找精神力量。1967年，以一个美国16岁的中学生离家出走为先导，群居活动兴起。1970年全美建立了200多个群居村，1971年，发展到近3000个。群居村主张返璞归真、生活简单，实行财产、子女乃至性爱的公有制。群居活动一直持续到70年代末80年代初。

嬉皮士们热衷于用极端的方式麻痹自己、发泄自己。这些精神空虚的青年人从吸毒中寻找幻境，寻求刺激。60年代吸毒甚至成为一种时尚。据美国《新闻周刊》报道，1969年，美国57所大学中有31.5%的学生沾染过毒品，有人称这种现象为"毒品文化"。嬉皮士们还醉心于男女性爱和同性恋，以追求快感，摆脱苦恼，反抗和蔑视传统的性爱观。此外，摇滚乐在反主流文化中也发挥重要作用。50年代，这种以美国南部黑人乡间音乐和西部白人乡间音乐混合而成的音乐，以其略带伤感的强烈节奏和赞美性爱、吸毒、幻游的内容及披头蓬发的着装打扮而得到美国青年的喜爱。60年代，英国的甲壳虫乐队和美国的摇滚乐队以其高昂的情绪、撼动人心的节奏、震耳欲聋的音响和讥讽时世的歌词内容风靡美国，成为60年代的一大奇观。1969年8月在纽约州的伍德斯托克附近举行的摇滚乐音乐会，把摇滚乐推向极点。音乐会持续三天，参加者近50万，与会者在大雨滂沱之中赤身裸体，狂歌乱舞。这次音乐会被称为"反主流文化史上最大的事件"。

60年代的反主流文化运动实质上是一次对传统文化和价值观的反叛。它极大地冲击了西方传统文化和价值观，把西方社会搅得动荡不安。70年代越南战争结束后，柬埔寨波尔布特政权的暴行和苏联集中营的真相被公布于众，震撼西方，在法国新左派中地位崇高的萨特的威望也一落千丈，保守的政治思潮抬头，政治上的激进时代成为过去。随着年龄的增长，新左派在政治上趋向缓和，昔日的嬉皮士们也逐渐放弃消极反抗，最终归入主流社会。90年代的西方年轻一代更多地关心就业、环境和文化等问题，在学术界，新左派思潮的影响依然存在，他们举起文化多元主义的旗帜，在西方文明的框架内，继续进行不倦的探索。

值得我们注意的是，欧美现代文明的发展并不全是玫瑰色的童话。现代文明的发展伴随着诸多的问题和矛盾。在工业文明发轫之初，作为这个文明的基本原则——"民主"里面所包含着的自由与平等的矛盾，在进入现代以后，衍生出经济效率与社会公平、个人主义与集体主义、资本主义与社会主义等诸多矛盾，矛盾的对立双方既彼此相通，又相互对立，难以完全协调。恰恰是在这些矛盾的作用之下和对这些矛盾的协调努力之中，社会在进步，文明在发展。还有，在近代理性主义的旗帜下所包含的工具理性和人文理性的冲突，在现代社会中表现的日益突出，在现代理性社会中，人的非人性的社会存在，已成为人们广泛关注的社会问题。另外，现代经济的全球化过程所带来的不合理的国际经济秩序，全球性的贫富差距加大、种族冲突加剧等问题均与现代文明相关，需要我们寻找解决问题的途径。

另外，科技革命和现代文明在造福人类的同时，还产生了许多困扰人类的新问题。早在1962年，美国女生物学家雷切尔·卡森就写了一本书，书的名字是《寂静的春天》。她用这本书告诫世人，如果人类继续无限制地征服自然、开发自然、发展人类的现代文明，总有一天，即使是在明媚的春光之下，田野里的鲜花将不再绽放，树上的小鸟也不再歌唱，河里的鱼儿将不再遨游，地上的万物不再生长。科技进步也和世界上的万事万物一样，具有双重性，在我们享受前所未有的现代物质文明的同时，人类已经面临着前所未有的生存危机。1972年，世界上最具权威的非官方智囊团——罗马俱乐部提出了一份报告——《增长的极限》，这一报告被译成各国文字在世界广泛发行，它使人类进一步震惊、清醒，注意到在全球化背景下，科技革命、经济发展所造成的负面效应：核毁灭的威胁，人口过剩，生态环境破坏，地球变暖，臭氧层变薄，厄尔尼诺现象肆虐，许多植物群和动物群灭绝，

环境恶化：通往咸海的干涸渠道上的渔船

植被破坏，人类赖以生存的空气、水和土地受到严重污染，等等，所有这些构成了严重的全球性的生态危机，都需要我们去面对、去解决。严重的生态危机已经使人们觉醒，"我们只有一个地球"正日益成为人类的共识。保护环境，亲近自然，为子孙万代留下一个绿色的地球，人类应在与自然和睦相处的过程中，创造更加瑰丽多彩的明天。

[推荐阅读书目]

1．杰夫里·巴勒克拉夫：《当代史导论》，上海社会科学出版社，1996。

2．L.S.斯塔夫里阿诺斯：《远古以来的人类生命线》，中国社会科学出版社，1992。

3．理查德·W.布利特：《20世纪史》，江苏人民出版社，2001。

4．保罗·约翰逊：《现代：从1919年到2000年的世界》，江苏人民出版社，2001。

5．约翰·格里宾：《历史的焦点》，江苏人民出版社，2000。

第二十三章

俄罗斯的新文明——苏维埃文明

俄国十月革命（1917）的胜利，是世界文明史上一件影响深远的大事。十月革命后在沙皇俄国的基础上建立起来的苏维埃社会主义共和国联盟，大胆地进行了人类历史上第一次建设社会主义的实践探索。在这种探索中建立起来的苏维埃文明，在与现代资本主义文明并列竞争的同时，丰富了世界文明发展的形态。苏维埃文明是在俄罗斯文明的基础上出现的，虽然原有文明的影响根深蒂固，但苏维埃文明还是在许多方面体现出了新的特性。苏维埃文明下的生产组织形态、政治制度等与西方资本主义文明截然不同，在思想文化和社会生活等领域，苏维埃文明也体现出了自己的特色。

1991年12月，苏联的解体标志着苏维埃文明的最终崩溃。苏维埃文明前后存在了近70年的时间，今天，俄罗斯联邦等原属苏维埃文明范围内的国家，基本都走上了重新向西方资本主义文明回归的道路，从长时段的视角来看，苏维埃文明的出现和存在似乎只不过是世界文明史上的一个短暂事件。然而，它已经产生了深远的影响。作为资本主义文明的一种对立形态，苏维埃文明的出现给世界资本主义文明带来了巨大的压力和挑战，从而深刻地影响了它的变革。同时，由苏联首先付诸实践的社会主义已经在全球范围内得到了传播，先后有许多国家曾学习和借鉴苏联的社会主义建设模式，探索一种能够超越资本主义文明的更高的文明形态。今天，中国等国家仍在继续社会主义建设的探索。

第一节
俄罗斯文明的重要遗产

东正教与俄罗斯文明的特性

俄罗斯帝国通常被看作是一个欧洲国家。然而，同欧洲的其他许多国家相比，俄罗斯文明却明显带有很强的非西方特征。这除了与俄罗斯客观上处于欧洲的边缘，时常受到蒙古族等东方民族的冲击和影响有关外，还与俄罗斯的国教东正教有着非常密切的关系。

10世纪时，基辅罗斯大公弗拉基米尔皈依基督教，之后又命令他的臣民接受拜占庭神甫为他们举行的基督教洗礼。基督教的国教地位从此在基辅罗斯得以奠定。基督教在基辅罗斯的推广深刻地改变了罗斯境内东斯拉夫人的传统文化。东斯拉夫人原先信奉的多神教渐渐被基督教所取代，同时，东斯拉夫人的服饰、生活起居等

欧洲风格的圣彼得堡

日常生活习惯，乃至道德观和价值取向等也都开始基督教化。信仰的统一增强了东斯拉夫各部落的团结，也促进了民族意识和国家意识的形成。在此后一段时期内，基辅罗斯作为欧洲基督教大家庭中的一员，与西欧的其他基督教国家保持着密切的经济、外交和文化往来。11 世纪时，罗斯王室还曾与欧洲王室联姻。

基辅罗斯是从拜占庭帝国引入基督教的，在接受基督教后的很长一段时期内，罗斯教会一直是君士坦丁堡牧首管辖的一个都主教区。1453 年，拜占庭帝国被土耳其人灭亡后，罗斯教会成为独立的都主教区。1589 年，莫斯科都主教区晋升为全罗斯东正教牧首区，其地位和影响明显增强。在接受基督教的同时，俄罗斯也大量吸收了拜占庭帝国的文化，在建筑、文字、文学、艺术等领域，拜占庭文化的影响处处可见。

1054 年，基督教世界发生分裂，产生了对立的两大教派：罗马天主教与希腊东正教。基辅罗斯作为东正教世界的成员，自然而然地站在君士坦丁堡的立场上，与罗马天主教形成对立。随着天主教与东正教矛盾的不断加剧，罗马教皇借十字军东征的机会对东正教世界加强天主教思想渗透，这直接损害了罗斯各公国的利益，使罗斯与西方的关系遽然恶化。1204 年，由罗马教皇英诺森三世发动的第四次东征的十字军攻陷并洗劫了东正教的统治中心君士坦丁堡。这一做法进一步激起了东正教与天主教之间的仇恨，也增加了罗斯地区对西方天主教世界的敌对情绪，开始了双方间的疏远。此外，1240 年入侵的蒙古人征服了罗斯，蒙古人的统治也削弱了罗斯地区与欧洲其他地区的联系。因此，从这以后，先前与西方保持着密切的经济和文化往来的罗斯开始同西方分道扬镳，俄罗斯文明在此后相当长的一个时期内一直沿着基本与西方文化隔绝的方向发展。与西方文化的分离使俄罗斯在后来的发展中越来越呈现出非西方的文明特征。直到 16 世纪以后，俄国才被迫再次向西方接近，学习西方先进的技术和科学。

罗斯在从拜占庭帝国吸收基督教的同时，也吸收了拜占庭帝国政教合一的思想。基督教传入罗斯后就一直受到官方的扶植，王公和主教共同管辖教会，教会则大力宣扬君权神授的思想，宣称罗斯大公是奉神的命令来扬善惩恶的。12 世纪初，罗斯公国分裂成许多封建公国，处于割据状态中的各公国都积极利用东正教加强自己的实力。1240 年，蒙古人征服了东北罗斯地区，在此后约两个世纪内，各罗斯公国都被迫臣服于蒙古人在伏尔加河下游建立的金帐汗国。在增强罗斯各阶层的民族凝聚力，反抗金帐汗国的统治并恢复罗斯国家独立地位的过程中，东正教发挥了重要的促进作用。1480年，莫斯科大公国的伊万三世（1462—1505在位）在父辈斗争的基础上宣布废除对蒙古可汗的种种臣属。同时，伊万三世还于执政期间一个个地吞并了其他罗斯公国，至15世纪末，统一的中央集权国家俄罗斯形成了。

在俄罗斯中央集权国家形成的过程中，伴随着俄罗斯东正教会争取独立地位的进程，俄罗斯世俗政权与教会的结合日渐紧密，东正教会在社会生活中的地位也不断提高。瓦西里三世（1505—1533在位）统治时期，一个叫菲洛费的修道院长老提出了著名的"第三罗马"理论。这种理论认为：全世界的历史就是三个罗马的历史，第一个罗马是古罗马帝国，它因为亵渎神教而没落；第二个罗马是拜占庭帝国，它因为对信仰不忠（在受到土耳其人威胁时它曾试图与天主教会妥协以获得援助）而受到上帝的惩罚；第三个罗马就是以莫斯科为中心的俄罗斯，对信仰的忠诚将使它永远保持世界东正教中心的地位，而莫斯科大公就是东正教世界的领袖。这种思想反映了俄罗斯东正教会想成为世界东正教中心的愿望，同时也反映出了它与俄罗斯世俗政权的紧密结合。在17世纪时期，俄罗斯东正教的牧首一度甚至获得与沙皇权力相近的大权，常与沙皇一起签署法令，接见外交使节，在国家生活中发挥着重要影响。

然而，正如在西欧出现的状况一样，教会权力的扩张逐渐对世俗的专制政权构成了威胁，从而引发了两者之间的斗争。但是，在俄国，教会在与世俗政权的竞争中从来没有获得过胜利，它始终处于对世俗政权的附属地位。俄国东正教会占有大量的地产却不缴税，同时还控制着大量的农奴，严重危害了俄国的经济利益。尼康任牧首（1652—1658）时，还试图制造教权高于皇权的格局。结果沙皇在贵族们的支持下，罢黜了尼康的牧首职务，并将其流放。教权在与皇权的竞争中彻底失败。1700年，俄国东正教会第11任牧首去世，沙皇没有指定继任者，而是自任牧首，这使得东正教会相对于世俗政权的独立地位遭到严重削弱。彼得一世在位时期，对东正教会进行了更大的改革。1721年，他颁布法令，取消了牧首制，设立主教公会（一译东正教事务总管理局）来管理东正教，此外他还通过各种手段控制了教会的财政经济，并在理论上确立了皇权高于教权的学说。主教公会基本上是一个国家行政机构，它的最高领导是总监，总监也不是东正教会的高级主教，而是世俗官员。因此，主教公会的出现，使得俄国东正教会开始被纳入世俗国家管理体制，教会的独立性丧失。虽然俄国东正教会内部不断有人试图恢复牧首制，但直到俄罗斯帝国最终崩溃，他们的这一理想也未能实现。

随着世俗政权对教会控制的日益加强，俄国东正教会越来越成为俄国日渐加强的专制制度的精神支柱。教会竭力为现行制度的合理性进行辩护，并诱导教徒们服从。19 世纪 30 年代，当时的俄国教育大臣提出了著名的三位一体的"官方人民性"公式，即："东正教、专制制度、人民性"。这一理论强调，东正教所提倡的宗法制忠君思想是俄国国民自古就有的、独特的性格，国民只有温顺地听从专制君主的摆布，国家的长治久安才能有保障。[①] 东正教会的这种宣传教化，对皇权主义在俄国国民中的流行起了重要作用，俄国国民忠君、忍耐、顺从的性格正是在这样的环境下培养出来的。

作为俄国的国教，东正教与天主教的一个重大区别是，它严格遵守基督教原始的教规教义，认为这些教规教义是绝对的真理，是不能随着时间和空间的变化而改变的。因此，在欧洲天主教世界经历多次的宗教改革，体现资本主义进取精神的新教诞生并广泛传播的时候，俄国的东正教依然墨守成规，仍然遵守着繁杂的清规戒律，对古代的教规教义从未进行革新。东正教的这种保守倾向，使东正教会成为俄国保守势力的强大堡垒，是其进行改革的一个重要障碍。

在俄国，除了官方宗教东正教外，还存在伊斯兰教和佛教等其他宗教。另外，从东正教中也曾分裂出一些其他教派。但这些非官方宗教和教派长期受到压制和迫害，始终得不到大的发展。因此，东正教长期以来一直是俄国传统文化的核心。东正教对俄国的专制主义传统及国民性等都有长远和深刻的影响。

农村公社与农奴制

农村公社与村社文化传统是俄罗斯文明的重要组成部分，对俄国的历史发展产生过重大影响。

农村公社简称村社，北方还称米尔（мир），南方则称维尔弗（BepBb）。关于公社的起源问题，长期以来一直存在争议。有的学者提出，具有俄国特色的典型的

▶ ▶ ▶ ─────────────────────

① 刘祖熙：《改革和革命——俄国现代化研究（1861—1917）》，北京大学出版社，2001，334 页。

农村公社并不是原始社会公有制组织的遗存，而是在俄国中央集权专制国家的形成过程中出现的。[1] 在基辅罗斯时期即存在村社，但这种村社是以地域为基础的，而不是以血缘为基础的氏族公社。伊万三世在统一俄罗斯的过程中大量夺取贵族和教会的土地，并对其进行重新分封和分配。在农村公社中，土地归村社所有，分给各户使用，并定期重分。森林、草地、水源等则归村社成员共同使用。村社中实行连环保制度，这主要体现在租税的征收上，国家和村社的领主实行"征税对社不对户，贫户所欠富户补"的原则。因此，如果村社中的某一户欠税，他就会连累全社，从而受到巨大的压力。所以，村社中的个人要受到村社的极大约束。村社在管理上也有很大的自治性。村社中有村社大会，村社大会选举出一个村长，执行管理，村长必须服从村社大会的决定。村社大会制定耕作制度，强制执行，并且还实行村社民主，可以对犯过错误的村社成员进行一定的审判和处罚。

随着俄国中央集权国家的形成，大部分村社或者被大公分封给了王公、波雅尔及寺院，或者被他们强占，从而成为他们的封地或世袭领地。而这些人也就成了各个村社的领主。村社中的农民要向领主尽服劳役和交实物地租等的义务。从15世纪末期开始，为了保证领主们能从农民身上榨取更多的经济利益，沙皇政权逐步采取措施限制农民的自由移动，将农民束缚在领主的土地上，使村社农民开始向农奴转化。到1649年，沙皇主持召开的中央等级代表会议（一译缙绅会议）通过了《会议法典》，取消了农民的一切自由迁移权，确定了农民在土地、人身和司法上对领主的依附关系，这标志着农奴制已经在全俄范围内形成。

经过这种转化以后，俄国社会便出现了这样一种结构体制：农民属于村社，是村社社员，而村社又属于国家，国家把村社赐予王公等贵族，因此村社中的农民又是贵族领主的农奴。这种社会结构对俄国社会和俄国文化的发展产生了非常深远的影响。

农奴制的不断强化使俄国成为一个地道的封建农奴制国家，农奴成为俄国国民的主体，农奴劳动成为国家经济的基础。农奴除了要服劳役或交纳代役租，受各阶层农奴主的残酷剥削外，还被牢牢地束缚在土地上。这种农奴劳动使得俄国的生产力水平长期非常低下，增加产量主要是靠增加耕种面积来实现。手工工场和后来出

---

[1] 金雁：《苏俄现代化与改革研究》，广东教育出版社，1999，256—257页。

现的新兴工厂由于缺乏自由劳动力，只得大量使用农奴。这种体制大大地阻碍了资本主义在俄国的发展。受到残酷压榨和剥削的农奴不断逃亡和起义，对俄国的统治阶层造成沉重打击。农奴制是造成近代俄国落后于西方国家的一个重要原因，它日渐成为俄国亟待解决的一个重大问题。

农奴制和村社对生活在村社中的农奴构成双重束缚。村社具有很强的封闭性，它通过连环保等手段把村社社员牢牢地束缚在村社内，形成了一种以强调个人对共同体的依附为特征的宗法文化。除了束缚村社成员以外，村社也为社员提供保护。村社实行定期重分土地和连环保等制度，有效地防止了在村社中出现过度的贫富分化，这种平均化的倾向使村社成员的基本生活能够得到保障。在 1906 年斯托雷平改革之前，沙皇一直以村社保护者的身份自居，大力支持这种村社制度，甚至强制推行。"抑强扶弱"一直是沙皇当局所标榜的目标。沙皇对国民的这种"恩庇"，加上东正教长期以来"君权神授"思想的宣扬，使俄国产生了深厚的皇权主义和崇拜权威的思想土壤。在 17 世纪 70 年代斯捷潘·拉辛领导的大起义中，起义者除提出打倒王公和贵族的口号外，还号召人们"把处于大贵族手中不自由的沙皇解放出来"。18 世纪布拉文领导的起义在号召同"大贵族、王公以及一切图利者"斗争的同时，也要求人们"保卫我们善良正直的好沙皇"。由此可见，皇权主义思想对俄国国民的影响有多么深重。

村社的均质化特点，村社成员对村社共同体的习惯性依赖，大大束缚了村社成员的个性，但却培养出了俄国国民很强的集体主义意识。在这样的环境下，个人主义是缺乏生根成长的土壤的。近代从西方兴起的、与个人主义紧密相连的自由主义在俄国一直没有市场，西方式的民主在俄国一直得不到推崇，应该说这与俄国的村社文化传统是有较大关系的。

村社传统在俄国根深蒂固，沙皇政权曾宣称"公社是俄国人民的特点，侵犯公社就是侵犯特殊的俄罗斯精神"。19 世纪以后在俄国产生的各种政治派别，都对俄国所特有的这种村社问题非常重视。斯拉夫派在反对西方派的时候大力强调俄罗斯的独特性，这一特殊性的中心要素就是俄国的村社和东正教。民粹派更是对村社寄予厚望，希望以村社为基础建立一种新的、平等和谐的社会主义。1861 年，为了摆脱经济和政治危机，沙皇政权发起废除农奴制的改革。这一改革废除了农奴制，但改革进行得很不彻底，交纳赎金等规定使得大量农奴制残余被保留下来。更重要的是，在废除农奴制的同时，1861 年改革保留了村社，并且还使村社的职能事实上得到了强化。摆脱了农奴身份的农民要继续受村社的管理，村社有权分配土地和征收赋税，并可以限制农民迁出或移入村社。农民缺乏行动自由，村社型的农业生产由于缺乏竞争而缺少活力，这仍然是阻碍俄国经济发展的一个重要因素。

为了解决俄国面临的危机，从 1906 年开始，俄国内政部大臣斯托雷平发起了旨在摧毁村社制度的改革。通过颁布一系列法令，准许农民可以离开村社，承认农民的份地为其私有财产，限制地方自治长官对农民的逮捕和罚款。在此之前，1903年政府已经颁布法令废除了连环保制度。到 1916 年，大约有 22% 的村社农户脱离了村社，其占有的土地份额约占村社耕地的 14%。斯托雷平改革在一定程度上促进了俄国农业的发展，但是它摧毁村社的目的并没有达到。绝大多数农民留恋村社的庇护而不愿独立和进行竞争，与此同时，改革扶植了富农经济却损害了广大中小农的利益，于是在许多农民的眼中，沙皇已不再是村社和农民的保护者了。因此斯托雷平改革不仅没有消除危机，反而激化了农村中的各种矛盾，最终加速了沙皇政权的垮台。

村社及村社传统的重要影响，即使是在俄国十月革命后也体现得非常明显。十月革命后布尔什维克领导开展土地革命，废除土地私有，平分土地给劳动农民，打击脱离村社的富裕农民，结果土地革命后 95% 以上的农民回到了村社中，村社出现了前所未有的复兴。布尔什维克党依靠采取这种措施，获得了广大农民的支持。后来在实现农业全盘集体化的过程中，苏维埃政权在许多地方也是通过先采取措施强化村社职能，以村社排挤富裕的独立农民，最终向集体化转化的。[①]

在文化心态方面，村社的影响更是长远。村社生活中培养出来的对集体的依附、个人崇拜、宗法观念等传统心态，对俄国这样一个落后的农业国家的现代化进程无疑是一种巨大的阻力。

俄国的专制主义传统

专制主义的形成和加强是 16 世纪以来欧洲大部分国家都曾出现过的一种普遍现象。职能强化了的国家政权在制定法律、维持国内秩序、制定关税和税法、对外

① 金雁：前引书，147—154 页。

战争和进行殖民扩张等方面，起着重要的主导作用。西欧文明自近代以来开始崛起，与近代西欧各国专制主义的强化是有密切联系的。处在欧洲东部的俄国从15世纪起也逐步发展起了自己的专制制度，但俄国的专制主义与近代西欧各国的专制主义有很大区别，即俄国的专制主义是东方式的专制主义，在这种专制主义下，君主实行几乎不受限制的专断统治。

俄国的这种东方式专制主义的产生与它受拜占庭帝国的影响有关。1462年，伊万三世成为莫斯科大公，开始自称"全俄罗斯国君""沙皇"。俄文中的"沙皇"（цар）即"恺撒"（Caesar）之意，伊万三世采用这一称号，表明他把自己看作是已经灭亡了的拜占庭帝国的继承人。为了强化这一观念，1472年，伊万三世又娶拜占庭末代皇帝的一个侄女为妻，并把拜占庭帝国的双头鹰徽号作为俄罗斯帝国的国徽。在10世纪从拜占庭帝国引入基督教的时候，基辅罗斯就吸收了拜占庭帝国政教合一的政治思想。现在沙皇又效仿拜占庭皇帝，以拜占庭模式统治俄国，使得俄罗斯开始沿着东方式的政治专制和帝国主义方向发展。

在伊万三世之后，瓦西里三世和伊万四世等又进一步发展了俄国的专制制度，扩大了沙皇的专制权力。到彼得一世时期，俄国的专制制度达到了登峰造极的地步。彼得一世通过改革，把从中央到地方的行政、军事、宗教等大权都牢牢地抓到了自己的手中，并消除了东正教会对世俗政权的威胁，使沙皇完全拥有了绝对专制的权力。彼得一世在颁布的章程中宣称："沙皇是专制君主，他对于自己的事务，无需向任何人负责，但作为基督教君主，他有力量和权力按照自己的意愿来管理自己的国家和土地。"彼得一世通常被看作是俄国近代君主专制制度的缔造者。

18世纪中后期，启蒙思想在欧洲广泛传播，英国等一些西欧国家不断改革政治制度，开始走上民主化的轨道。俄国也受到了一定的影响。叶卡捷琳娜二世（1762—1796在位）统治时开始实行"开明专制"，她吸收了法国启蒙思想家伏尔泰等人的一些思想，对中央和地方政权进行了改革，扩大了工商业者的权利，并实行鼓励发展工商业的政策。但叶卡捷琳娜二世的"开明专制"主要还是停留在形式和表面上，实际取得的成果非常有限。在她统治时期，农奴制的进一步强化激起了激烈的反抗，1773年，爆发了俄国历史上最大的一次农民起义——普加乔夫起义。这次农民战争之后，叶卡捷琳娜二世开始全面转向保守，法国大革命爆发以后，她就彻底与"开明专制"分道扬镳了。

1812 年俄国击败了入侵的拿破仑大军，这一事件对俄国的历史发展有重大影响。作为法国大革命的产儿，拿破仑一世在打败反法同盟国家并在欧洲建立起一个大帝国的过程中，也把平等、自由等法国革命的主要思想成果传播到了法国境外。通过在被征服地区强制实施《拿破仑法典》和新的行政管理体制，拿破仑的征服大大冲击了意大利、荷兰、普鲁士、奥地利等欧洲各国的封建专制制度，对这些国家后来的发展产生了非常深远的影响。然而，由于拿破仑在俄国遭到了失败，没能征服俄国，因此法国大革命的众多成果没有能够像在其他国家那样在俄国得到应用和传播，这是俄国的专制制度后来得以长期延续的一个重要原因。

但是，通过"开明专制"等其他途径，启蒙运动以来的西方思想文化在俄国还是得到了一定的传播，拿破仑战争期间出征到西欧各国的俄军军官对俄国落后于西欧的状况有了清醒的认识。西方思想的影响与俄国黑暗、落后的社会现实，促使俄国内部逐渐产生了许多反对专制制度的政治力量。十二月党人就是这种政治力量中的重要一支。十二月党人的领导人多数是西化了的青年贵族军官，西欧国家在政治、经济上的进步给他们留下了深刻的印象。为了改变俄国的落后状况，这些年轻的革命者成立了秘密组织，提出了系统的纲领，目的是推翻俄国的专制制度，废除农奴制，建立共和国。1825 年 12 月，十二月党人举行了一次仓促的起义，但遭到了沙皇政权的残酷镇压。19 世纪后期的一支重要政治力量民粹派，也谋求通过激进的革命手段推翻沙皇的专制统治。后来从民粹派中衍生出了民意党。民意党希望通过恐怖手段达到自己的目的。1881 年，亚历山大二世被民意党成员炸死。1905 年成立的立宪民主党，其成员主要是中产阶级工商业主、专门职业人员和部分地主，这一政党的目标则是在全国建立一个由选举产生的议会（дума，杜马），在俄国实现君主立宪制。

19 世纪 70 年代以后，马克思主义在俄国得到了比较广泛的传播，科学社会主义在俄国产生，各地出现了许多马克思主义团体和小组。1898 年，俄国社会民主工党成立，宣告了俄国无产阶级政党的诞生。社会民主工党的目标是推翻沙皇的专制统治，在俄国建立社会主义。1903 年，该党内部发生分裂，产生了以列宁为首的多数派，即布尔什维克，和以马尔托夫为首的少数派——孟什维克。

除了各种政治派别的斗争外，19 世纪俄国频繁爆发的农民和哥萨克起义也对沙皇的专制政权造成了严重冲击。同时，在国际上，落后的俄国在与各国列强的冲

沙皇尼古拉二世和他的儿子

突中也经常遭到失败。继在 19 世纪 50 年代的克里米亚战争中败给英法等国后，在 1904 至 1905 年的日俄战争中，俄国又遭到了惨败。在国内外危机的压力下，沙皇政权被迫实行一些改革。亚历山大二世在位时不仅废除了农奴制，还改革了地方自治制度，在俄国大部分地区建立了由选举产生的自治机构，在城市中建立起了由选举产生的无等级的城市自治机关，即城市杜马。在司法制度方面，俄国也效仿西欧各国进行了一定的改革。但亚历山大二世的改革局限于经济、行政、司法和文教等领域，而没有触及俄国的君主专制制度。地方自治机构的权限被界定在领导地方经济建设、教育和卫生保健等方面，禁止讨论国家的政治制度等重大问题。

1905 年俄国爆发了一次革命，这次革命的爆发加上对日战争失败的打击，迫使沙皇尼古拉二世不得不采取措施以挽救岌岌可危的沙皇政权。他先后签署颁布了几个重要文件，宣布要建立国家杜马，赋予国家杜马以立法职能，任何法律不经杜马认可不得生效，同时规定人身不可侵犯，赋予民众有言论、信仰、集会和结社自由等权利。1906 年 3 月，俄国第一届国家杜马由选举产生。尼古拉二世的这一改革在俄国的现代化进程中具有重要的意义，它是俄国政治现代化和国家法制化的转折点。在西欧各国政治走上民主化近一个世纪之后，俄国终于也模仿西方，建立起了西方议会式的国家杜马，使原先的君主专制制度发生了重要变化。但是，俄国并没有建立起真正的君主立宪制，沙皇依然不肯放弃自己的大权，国家杜马随时都可能被解散，俄国的专制制度实际上一直存在到 1917 年的二月革命时期。

俄国是世界上专制制度持续时间最长的国家之一。在这种专制制度下，沙皇通过中央集权制的国家机器，对整个社会生活进行严密控制，同时还大力向国民灌输专制主义思想意识。沙皇政权长期以来一直宣称，专制制度是俄国的特性，西方的理性主义和个人主义之类的思想会使国家陷入无政府主义和违法乱纪泛滥的状态，因此号召国民抵制西方的制度和思想。沙皇政权的这种努力，加上东正教君权神授的宣传和村社文化传统的影响，使得专制主义和皇权主义成为俄罗斯民族心理的重要组成部分，对沙皇的虔敬和对国家的服从成为俄国国民一种重要思想意识。俄国的这种专制主义传统使俄国不仅在经济上长期落后于欧美其他一些国家，在政治上也长期处于落后状态。因此，摧毁沙皇政权的专制制度是 20 世纪俄国的革命者们首先要完成的任务。

第二节
构建新文明的设想与实践

十月革命

进入 20 世纪之后，沙皇俄国已经危机四伏。俄国除了在经济文化上远远落后，在与西方文明的竞争中经常处于不利地位外，在东方，日本的崛起也对它形成了严峻的挑战。1905 年在日俄战争中的败北，以及同年国内爆发的革命，充分暴露了俄国面临危机的深重。迫于现实的压力，沙皇政权希望通过改革来缓解社会矛盾，重新振兴俄国，以挽救自己岌岌可危的统治。然而，改革并没有收到预期的效果。斯托雷平希望摧毁村社的改革不但没能如愿，反而激化了农村的矛盾，引起了广大农民的不满；设立国家杜马，实行君主立宪的政治改革也没有真正落到实处。更重要的是，进入 20 世纪后，全球形势的发展很快使俄国失去了进行改革的良好外部环境，沙皇政权已经没有时间来巩固帝国的大厦了。

1914 年 8 月，第一次世界大战全面爆发，俄国迅速对德宣战，卷入了战争的深渊。深厚的皇权主义和集体主义传统，使得俄国的宣战最初得到了国内大多数政治派别的大力支持。但是，俄国军队在战场上的接连失败却不断暴露出俄国专制制度的腐朽。战争动员使 1500 多万人应征入伍，大批劳动力的丧失使大量土地荒芜，工业生产也大受影响，许多工厂因为缺少原料而被迫停产。本来就落后的俄国经济受到沉重打击。在战场上，俄军屡遭失败，在战争爆发的头两年内就损失军队 350 万人，此外还失去了西部大片领土。同时，人民的生活也受到了战争的严重影响，粮食供应不足和物价飞涨使得千百万人面临着饥荒的威胁。大规模的工人罢工也接连不断。沙皇尼古拉二世多次更换首相和大臣也无法挽回局面。各种矛盾的空前激化最终导致革命爆发。

尽管 1917 年之前布尔什维克等政党都有所活动，但 1917 年的二月革命却是群众自发组织的。俄历 2 月 23 日是"国际三八妇女节"，彼得格勒受失业和饥饿威胁的工人与市民举行了大规模的集会和示威活动，提出了"打倒战争""反对饥饿"等口号。这一天参加罢工的工人超过了 12 万人。随后罢工和示威活动的规模不断扩大，沙皇怀疑杜马组织了这些骚乱活动，下令国家杜马休会。沙皇派去镇压示威活动的军队开始纷纷倒戈。长期以强力手段对俄国实行专制统治的沙皇终于失去了控制事态的能力。27 日（公历 3 月 12 日），罢工和示威活动转变为武装起义，革命群众和起义的军队开始攻占政府机构，逮捕大臣。万般无奈之下，尼古拉二世只得于 3 月 2 日（公历 15 日）宣布退位，把帝位让给他的弟弟米哈伊尔，但米哈伊尔也不敢接任，随即也宣布退位。统治俄国 300 多年的罗曼诺夫王朝终于轰然崩溃。

二月革命的发生和胜利出乎各派政治力量的意料。连布尔什维克的领袖列宁也没有预计到事态的这一发展，二月革命发生的时候他还流亡在国外，在听到革命的消息后才着手准备回国。在俄国国内，国家杜马宣布组成临时委员会，承担起管理国家和维持社会秩序的使命，随后又在国家杜马的基础上成立了临时政府。其成员大都是资产阶级自由主义者，它宣布实行大赦，允许言论、出版、集会自由等等，并准备实行立宪改革。很明显，临时政府希望使俄国走上西方议会政治的道路。但是，在战争问题上，临时政府决定继续沙皇政府的政策，将战争进行下去，同时，它也没有解决广大群众热切关注的面包和土地问题，从而引起了广泛的不满。在临时政府成立之前，彼得格勒的孟什维克和社会革命党人组织召开了由工人和士兵代表参加的会议，成立了苏维埃。由于布尔什维克当时的力量还比较弱小，所以它在苏维埃的领导机构执行委员会中处于少数派地位。彼得格勒苏维埃与临时政府达成了妥协，支持临时政府的成立，但它自己也建立了许多机构，行使一定的国家政权职能，更重要的是，当时它掌握着大多数的工人和士兵武装，因此临时政府的统治离不开它的支持。

1917 年 4 月，列宁回到俄国，在彼得格勒受到了工人和士兵们的热烈欢迎。列宁分析了当时的形势，提出了著名的"四月提纲"，他认为俄国革命的发展应该逐渐过渡到第二阶段，在这一阶段，政权应该由资产阶级手中转到无产阶级和贫苦农民手中。为了达到这一目的，列宁制定了拒绝和临时政府进行任何合作、通过全部政权归苏维埃等斗争手段实现目标的策略。列宁等布尔什维克领导人的回国使布尔什维克的力量迅速发展壮大，但是，布尔什维克领导的反对临时政府的运动遭到了武装镇压。在这种情况下，列宁决定举行武装起义。经过周密的准备，俄历 10 月 24 日、公历 11 月 6 日下午，在彼得格勒，由布尔什维克领导的工人赤卫队和革命士兵开始行动，迅速占领了中央电报局等战略要点和政府机构。25 日（公历 11 月 7 日），最后一届临时政府的总理克伦斯基化装出逃。次日凌晨，临时政府所在地——冬宫被攻克。资产阶级临时政府的统治被推翻了，以列宁为首的苏维埃政府——人民委员会随后成立。彼得格勒武装起义胜利之后，俄国其他城市和地区纷纷效仿，到 1918 年 3 月，全俄范围内普遍建立起了苏维埃政权。

布尔什维克之所以能够取得成功，主要是因为它明确代表了人民群众的需要，从而得到了广大工人、农民和士兵（主要来源也是农民）的支持。在革命取得初步成功后，苏维埃第二次代表大会通过了《和平法令》和《土地法令》。前者规定立即和有关国家举行和平谈判，结束战争，后者则规定废除土地私有权，没收皇族、地主、教会的土地，无偿分配给农民使用。这些措施进一步巩固了广大人民群众对布尔什维克的支持，使它能够在接下来的时间里成功地领导人民打败国内的反革命力量和外国武装干涉。

十月革命的胜利，标志着世界上第一个社会主义国家的诞生。

直接向共产主义过渡的试验与世界革命的思想

布尔什维克虽然领导取得了十月革命的胜利，但在他们面前还有许多重大难题需要解决。按照马克思的理论，社会主义革命应是首先发生在最发达的资本主义国家，是在发达资本主义国家生产高度社会化的基础上进而实现社会主义。然而，发生了十月革命的俄国却是落后的农业国家。二月革命胜利以后，布尔什维克党内大多数人都认为俄国还没有进行社会主义革命的条件，当前的任务是完成资产阶级民主革命。但列宁力排众议，指出俄国的革命已经可以向社会主义革命过渡了。在做了大量的说服工作和斗争后，布尔什维克最终以列宁的思想为指导，领导十月革命取得了胜利。然而，理论问题虽然暂时得到了解决，但事实证明，在后来的实践过程中，布尔什维克还是走了不少弯路。毕竟，建设社会主义是人类历史上前无古人的事，在这一方面布尔什维克没有任何经验可以借鉴，他们只能自己在摸索中前进。

夺取政权以后，布尔什维克除了在国内采取措施巩固自己的政权外，还马上着手使俄国退出了第一次世界大战。1918 年 3 月，苏维埃俄国以牺牲部分领土为代价，与德国、奥匈帝国等国签订了《布列斯特和约》，退出了一战。俄国的退出马上改变了大战中协约国与同盟国力量的对比，德国得以从东线抽调大批兵力投入到西线，给英、法、美等国造成巨大压力。同时，作为世界上诞生的第一个社会主义国家，苏俄也引起了西方国家的敌视。1918 年 3 月，英、法、美、日等国组织干涉军，侵入俄国领土，与此同时，俄国国内各种反布尔什维克力量在各处掀起叛乱，企图颠覆苏维埃政权。为了捍卫革命成果，以列宁为首的布尔什维克领导全国军民与国内外反革命势力进行了艰苦的斗争。

战争使俄国的生产遭到了严重破坏，在与国内外反动势力进行斗争的同时，饥荒威胁着苏维埃俄国。1918 年年初，彼得格勒等许多大城市，粮食供应严重不足，黑市上粮食投机盛行。在严峻的形势下，为了解决面临着的严重困难，苏维埃政权采取了一系列非常措施，这些措施后来被称为"军事共产主义"政策。

"军事共产主义"政策的主要内容是:实行粮食垄断和粮食征集制,用强制手段迫使中农和富农交出余粮(贫农的粮食实际也经常被一起征集);将大企业收归国有,建立中央集权的工业管理体系;取消市场,禁止私人贸易,实行实物配给制;实行普遍劳动义务制和劳动军事化。从 1918 年夏到 1921 年年初实行的这些非常措施,的确使苏维埃政权有效地征集到了必需的人力和物力,保证了战时供应,对打败国内外反革命军队的进攻起了重要作用。但是,这些政策本质上是不利于生产的发展的,粮食征集制等措施也激起了农民的广泛反抗,甚至使苏维埃的工农联盟一度有破裂的危险。

更重要的是,列宁等布尔什维克领导人曾经一度对"军事共产主义政策"抱有不切实际的幻想。"军事共产主义"政策规定生产资料公有,取消商品经济和货币流通,实行劳动义务制,这些实践与马克思主义对共产主义社会的描述非常接近。因此列宁认为,实行"军事共产主义"政策不只是为了解决当时的困难,它已经超越了"一般革命"的任务,是共产主义的任务,是推进社会主义的"真正的主要的门径"。在当时的布尔什维克八大通过的党纲中,也非常明白地体现了列宁的这种思想。然而,实践证明,在俄国这样一个落后的国家里,企图通过建立高度集中的生产、分配和管理体制,实现由资本主义向共产主义的"直接过渡",是根本行不通的。对此,列宁在后来曾多次坦率地承认这是一个错误。因此,1921 年以后,"军事共产主义"政策便逐步被新经济政策所取代。新经济政策规定用实物税代替粮食征集制,对部分工业实行非国有化,并恢复市场和贸易。新经济政策的实施取得了非常明显的效果。

布尔什维克除了对"军事共产主义"政策抱有错误的幻想外,还在革命政权建立后的初期抱有另外一种不切实际的想法,那就是推动世界革命在欧洲发生。在列宁看来,俄国的革命只是即将爆发的世界社会主义革命的一部分,是世界革命的序幕。列宁认为,在强大的资本主义世界的包围下,除非其他比较发达的资本主义国家很快也爆发革命,否则俄国的革命将遭到失败。因此,列宁主张大力推动其他资本主义国家革命的发生,使俄国一国的革命变成世界革命。这一点也是苏维埃政权初期外交政策的基本内容之一。按照这一原则,苏俄政权发布了多个文件,号召"全世界无产者,联合起来",共同进行反对资本主义制度和反对帝国主义的革命斗争,并在实际上为支援欧洲其他国家的革命作了一定准备。

1918 年 11 月，德国爆发了革命，后来建立了巴伐利亚苏维埃共和国。接着，匈牙利和斯洛伐克也先后爆发革命，建立了苏维埃共和国。苏俄领导人对此感到欢欣鼓舞。1919 年 3 月，列宁断言："共产主义在全世界的胜利已为时不远。"然而，欧洲的几个苏维埃共和国很快就被镇压下去，欧洲革命陷入低潮。1920 年 4 月，波兰军队在西方国家支持下攻入乌克兰，布尔什维克领导红军展开反击，很快就攻入波兰境内。当时布尔什维克领导人认为这是一个向外输出革命的好时机，于是号召红军打到华沙去，在那里建立另一个苏维埃共和国。但波兰人民的奋起抵抗使红军在华沙城下遭到失败。苏俄被迫与波兰签订和约，红军撤兵。面对现实，列宁开始纠正以前对革命形势的判断。列宁认为，在当前条件下，世界革命不可能像原先估计的那样发展，但苏维埃俄国已经站稳了脚跟，取得了与资本主义国家并存的条件。

十月革命后，布尔什维克领导向共产主义"直接过渡"和推动世界革命的实践，表明以列宁为首的布尔什维克领导人对社会主义革命的认识还很不成熟。同时它也表明，苏俄的社会主义建设本身就是一项史无前例的实验。布尔什维克的世界革命思想，以及它所领导的共产国际的活动，使西方资本主义国家感觉受到了严重的威胁。这也是后来资本主义文明与社会主义文明长期冲突的一个重要原因。

多民族现代国家的建立

在二月革命之前，沙皇俄国是一个地域辽阔、由一百多个民族构成的专制主义的大帝国。在这个主要是由领土扩张造就的大帝国中，各个不同民族的地位是不平等的，其中俄罗斯占主导地位。沙皇政权被推翻后，俄罗斯帝国中的大多数非俄罗斯民族立即开始同俄罗斯拉开距离，乌克兰等少数民族成立了议会，要求自治。在十月革命进程中，为了推翻临时政府和夺取政权，布尔什维克一开始就明确宣布要消灭一切民族压迫，保障俄国境内各民族拥有真正的民族自决权，直至组成独立国家。为此，布尔什维克发布了《俄罗斯各民族权利宣言》等多个文件。俄罗斯苏维埃政权成立后，先后对原受沙俄统治的芬兰、波兰、立陶宛、爱沙尼亚、拉脱维亚、乌克兰的独立给予了承认。

但随着政权的逐渐巩固，布尔什维克开始改变它的民族策略。红军先后进入乌克兰、白俄罗斯等地，推翻当地的民族政权，建立了苏维埃政府。这样，在国内战争结束后，与俄罗斯苏维埃社会主义联邦共和国并存的，还有白俄罗斯、乌克兰、格鲁吉亚等苏维埃共和国。只有芬兰、波兰和波罗的海三国，由于当时布尔什维克还没有足够的力量控制这些国家，因此它们的独立得到了维持。成立了苏维埃政府的各共和国通过签订协约确定相互间的关系，在反击国内叛军和外国干涉军的过程中，各苏维埃共和国结成了军事同盟，后来又建立了经济联盟，并逐步开始实行统一的外交政策。

随着形势的进一步发展，把所有的苏维埃共和国组成一个联盟的问题被提上了日程。1922 年 8 月，俄共中央成立了一个以斯大林为首的专门委员会，负责制订各共和国联合的原则和方案。斯大林随后提出了一个"自治化"方案，规定乌克兰、白俄罗斯、阿塞拜疆、格鲁吉亚和亚美尼亚作为自治共和国"加入"俄罗斯联邦。这个带有明显俄罗斯大民族主义倾向的方案引起了这些苏维埃共和国党政领导人的不满，也遭到了列宁的反对。在列宁的建议下，修改后的新方案规定，各苏维埃共和国与俄罗斯苏维埃社会主义联邦共和国一起，正式联合组成欧洲和亚洲苏维埃社会主义共和国联盟。但与此同时，斯大林坚持让格鲁吉亚、阿塞拜疆和亚美尼亚三个南高加索民族国家先组成南高加索共和国联邦，再以联邦的身份与乌克兰、白俄罗斯和俄罗斯苏维埃社会主义联邦共和国结盟。反对这一方案的格鲁吉亚领导人遭到了压制。列宁虽然也反对，但由于当时他已经病重，所以最终没能阻止斯大林实施这一方案。

1922 年 12 月 30 日，苏联苏维埃第一次代表大会，即苏联的成立大会开幕。俄罗斯、乌克兰、白俄罗斯和南高加索联邦各派代表参加会议。代表大会批准了苏维埃社会主义共和国联盟成立宣言和条约，并决定提交各加盟共和国批准，同时，大会还规定了加入和退出联盟的程序，并选出了联盟中央执行委员会，作为代表大会休会期间的最高权力机构。1923 年，联盟中央执行委员会讨论了宪法草案，并批准了第一届联盟政府。1924 年，全苏苏维埃第二次代表大会批准了苏联第一部宪法，它确定统一的联盟国家是苏维埃多民族国家联邦结构的最高形式。联盟的权限包括对外政策、对外贸易、国防和交通运输等，其他权限属于各加盟共和国。值得注意的是，这部宪法还规定，依据各民族平等自愿联合的原则，除将来成立的新的苏维埃共和国可以随时加入联盟外，各加盟共和国也有自由退出联盟的权利。

苏维埃社会主义共和国联盟采用联邦制的构成形式，各加盟共和国都有自己的首府、部长会议和各级政府机构，构成形式上独立的政治实体。但是，由于苏联所有的政治权力都集中在共产党的手里，而各加盟共和国的共产党都受总部设在莫斯科的俄共（布）中央的领导，因此，它们实际上并没有什么独立的权力，仅相当于苏维埃社会主义共和国联盟的组成省份。然而，由于苏联各加盟共和国基本上是以民族为依据在一定地域内建立的，这就为其日后根据民族自决原则及宪法中的自由退出条款要求实现完全独立创造了条件。行政区划基本上以民族为单位，这也是苏联的联邦制与美国等国家联邦制的最大区别之一。

苏维埃社会主义共和国联盟的中央政府机构是人民委员会，最高立法机构联盟中央执行委员会则由两个平等的院组成，即由出席苏维埃代表大会的代表选举产生的联盟院和由各加盟共和、自治共和国及民族区代表选举产生的民族院。在国家与宗教的关系上，1918 年 1 月，苏维埃颁布《关于教会同国家分离和学校同教会分离》法令，正式规定苏维埃实行政教分离政策。东正教长期以来的国教地位被正式取消。

从此以后，苏联代替了原先的俄罗斯帝国，一个多民族的、联邦制的现代国家在沙皇俄国的废墟上建立起来，并将对此后世界文明的发展产生重要影响。但是，苏联后来实施的民族政策却很不成功。1991 年苏联的最终解体，证明在长达 70 多年的时间里，苏联共产党并没能使各个不同民族有效地融合。

列宁与斯大林

列宁（1870—1924）和斯大林（1879—1953）都是对 20 世纪世界历史的发展产生过重要影响的人物。列宁是十月革命的主要领导者，也是布尔什维克党的主要缔造者，十月革命的发生乃至苏联的诞生都与他有着密不可分的联系。斯大林作为列宁的接班人，通过强有力的领导，使苏联的发展轨迹深深地打上了他本人的烙印。在某种程度上，也可以说斯大林的领导对苏联后来的命运产生了重要的影响。

列宁本名弗拉基米尔·伊里奇·乌里扬诺夫，他出生于一个中产阶级家庭，父亲曾任学校校长和低级公务员。他的大哥因为筹划刺杀沙皇亚历山大三世而于 1887

为列宁立塑像（1924年）

年被判处死刑，列宁也因此被所就读的喀山大学除名。列宁很早就接触到马克思主义学说并深受其影响。1895 年，他因为创建社会主义团体"劳动解放协会"彼得堡分会而被逮捕，后来被流放到西伯利亚，在那里度过了三年。1900 年以后，他流亡至西欧各国，在那里他与著名的社会主义者普列汉诺夫等人一起创办《火星报》，以便在俄国传播马克思主义。此外，列宁还重新改组了创建于 1898 年的俄国社会民主工党，并成为布尔什维克党的领袖。作为一个出色的理论家和政治活动家，列宁发展了马克思和恩格斯的理论，并与俄国的民粹派和各种改良主义思潮进行了激烈的辩论和斗争。

列宁是第一个真正把马克思主义的原理与俄国革命的实践结合起来的人。正是他的大力推动，才使得十月革命在二月革命爆发后不久就发生并取得了胜利。列宁对马克思主义的另一个重要发展，是他发展了无产阶级政党学说。列宁认为，必须要由一个有组织和有纪律的强大的政党来领导，革命才能够取得最终胜利，为了保证这个政党的力量，必须在党内实行集中制；同时，无产阶级政党还必须向工人阶级灌输革命思想，而不能靠工人阶级自发起来斗争。此外，列宁还发展了无产阶级专政学说，他认为，无产阶级必须夺取政权，夺取政权后就应当实行自己的专政，在从资本主义社会向社会主义社会过渡的过程中，必须实行无产阶级的专政，只有这样才能实现社会主义，并最终实现共产主义。列宁的这些思想，对苏联党和国家的建设产生了深刻的影响。

对于如何在革命胜利后的俄国建设社会主义的问题，列宁晚年曾经有过很多思考。对于在落后的俄国建设社会主义的艰巨性，列宁有着清醒的认识，他也曾提出过一些具体的设想，如通过发展合作社解决农民问题等，但由于列宁逝世过早，许多遗留下来的问题最终都是由斯大林来解决的。

斯大林是列宁的亲密战友，在列宁逝世之前，他已经掌握了相当大的权力。1922 年 4 月他被任命为党中央委员会总书记，同时他还是工农监察人民委员和民族事务人民委员。列宁在生命垂危阶段感觉到斯大林不适合担任中央委员会总书记这一最高职务，曾建议把他从这一位置上调离，但由于当时斯大林已经有了很大势力，列宁因为身体原因也无力干预实际事务，所以他的这一建议没能被采纳。

像列宁一样，斯大林也是一个职业革命家，他具有坚强的意志和高超的组织领导才能。但同时斯大林也有很强的权力欲，并且生性多疑，习惯于对政敌采取无情的打击。在列宁逝世以后，主要围绕如何在苏联进行社会主义建设等问题，联共

斯大林画像

（布）党内产生了严重的分歧。理论上和政策上的分歧导致联共（布）党内出现了连续的派系斗争。在这一斗争过程中，以斯大林为首的一派取得了最终胜利，他们先后挫败了托洛茨基反对派、季诺维也夫－加米涅夫新反对派、托洛茨基－季诺维也夫联合反对派，以及以布哈林为首的反对派。但应当指出的是，除了理论分歧的因素外，联共内部的这种斗争也带有很强的权力争夺色彩，斯大林在斗争中经常使用行政和组织手段来击败他的对手。

经过这种斗争之后，斯大林在党内的绝对领导地位确立了起来，最后他把苏联的党、政、军大权都握到了自己手中。与此同时，对斯大林的个人崇拜也开始形成。领导体制中的这种个人专权倾向，使得斯大林在此后很长一段时期内左右了苏联的发展进程。苏联在斯大林领导下创建的社会主义政治经济文化体制被称为"斯大林模式"。此外，斯大林在 30 年代还领导了全国范围的"大清洗"运动。从 1934 年开始的名为肃清反革命分子和帝国主义间谍分子的大检举、大揭发、大逮捕、大处决运动，一直延续到 1938 年。这期间先后有大约 300 多万人因政治犯罪被判刑，另有约 70 万人被处决。经过"大清洗"运动，不仅斯大林早先的政敌全部被肃清，还有大批无辜的党政军干部和群众也遭到逮捕和杀害，冤假错案无数，苏联的干部资源和科学文化资源遭到了严重的摧残，造成了非常严重的后果。

斯大林的专制集权以及对斯大林个人崇拜的出现，除了与当时苏联被资本主义国家包围下的严峻形势有关外，应该说与俄国长期的专制主义和小农传统也是有很大关系的。

工业化的实现与农业问题

工业化的实现是布尔什维克党人改造俄国所取得的最大成果之一。它使原属资本主义世界落后国家之一的俄国一跃而成为世界工业强国之一，其工业生产的规模在很长时期内仅仅落后于美国而居世界第二。工业化所创造的巨大物质基础对苏联在后来的卫国战争中击败德国法西斯起了极为重要的作用。同时，工业化的实现也使苏联迈入了现代化国家的行列。

在苏维埃政权得到巩固之前的长期战乱，使苏俄的工农业生产遭到了严重破坏。通过实施新经济政策等措施，到 1926 年，苏联的工农业生产基本上恢复到了战前的水平。如何建设苏联的社会主义，便成为摆在苏联党和人民面前的一项重大而又迫切的任务。1925年12月，联共（布）第十四次代表大会召开，会上确定了苏联实现社会主义工业化的方针。1929年，苏联国家计划委员会制定出了苏联发展国民经济的第一个五年计划，这一计划有两个方案可供选择，一个是低速发展计划，另一个是高速发展计划，最后，苏联政府决定实施高速发展的五年计划。这使得苏联在实现工业化的过程中出现了冒进现象，产生了一定的消极影响。

值得注意的是，苏联政府制定的优先大力发展重工业的工业化路线，不同于西方大多数国家的工业化经验。苏联政府制定这样的工业化路线，既有理论上的考虑，也有现实的考虑。按照马克思主义的理论，大机器工业是社会主义的物质基础，而当时的苏联基本上还是一个农业国家，因此，只有优先发展重工业，才能为整个工业及运输业、农业等提供设备和技术支持，并提高劳动生产率。同时，苏联作为当时唯一的一个社会主义国家，受到众多资本主义国家的包围，优先发展重工业，有利于减轻苏联对资本主义国家的依赖，也有助于维护苏联的国家安全。

1932年年底，苏联宣布提前完成第一个五年计划。按照苏联政府当时公布的统计数字，第一个五年计划期间苏联的工业总产值增长了1.3倍，国民收入增长了86%，劳动生产率提高了38%，工业产值在工农业总产值中的比重也由1928年的48%上升到了1932年的70.7%。近年来公布的一些档案资料表明，苏联政府当时公布的许多数据含有水分，实际上它在许多项目指标上都没能完成计划。但无论如何，苏联第一个五年计划所取得的成就是巨大的。在第一个五年计划期间，苏联先后新建了1500多个新型大企业。飞机、汽车、重型机器制造等新工业部门的建立，使苏联初步具有了一个工业体系，这为今后苏联工业的进一步发展打下了良好的基础。

从1933年起，苏联又开始实行第二个五年计划。1937年4月，苏联宣布提前完成第二个五年计划。这个五年计划的完成情况要好于第一个五年计划。在计划执行期间，苏联的工业产值年平均增长速度达到了17.1%，劳动生产率增长了82%。第二个五年计划完成后，苏联已经基本实现了工业化，苏联的工业产值已经从世界第五位上升到世界第二位，仅次于美国。在前两个五年计划成功完成的鼓舞下，斯大林提出继续坚持"向共产主义前进"的口号，从1938年起，苏联

1890年的巴库石油生产

又开始实行第三个五年计划。由于国际形势的不断恶化，以及德国 1941 年对苏联的入侵，第三个五年计划最终被迫中断，但在计划执行期间，苏联的国民经济又有了进一步的增长。

从 19 世纪后半期开始，在工业革命的推动和激烈的国际竞争的压力下，沙皇俄国实际上已经开始了自己的工业化进程，并且取得了较大的成就。到一战爆发前，俄国的工业生产总值已经居世界第五位，仅次于美国、德国、英国和法国。但由于受封建专制制度、农奴制残余及国内市场狭小等因素的局限和束缚，俄国的工业发展是不健全的，始终没能建立起比较完备的工业体系，工业生产总值从来没有超过农业生产总值。因此，俄国工业化的真正实现是在布尔什维克的领导下取得的。但苏联的工业化模式实际上也继承了沙皇俄国时期工业化的一些做法，比如强调优先发展重工业，对轻工业和农业的投入不足。尽管苏联对优先发展重工业的强调具有一定的合理性，但由于后来没能及时进行调整，因而导致了苏联轻重工业乃至整个国民经济发展比例的严重失调，这对日后苏联的发展产生了不利的影响。

在实现工业化的同时，苏联也逐步完成了对整个国民经济的社会主义改造。具体来说，就是实行生产资料公有制（全民所有制和集体所有制），消除一切非社会主义经济成分。同时，在经济管理方式上，也开始用计划管理取代市场调节。资本主义经济强调发挥价值规律的作用，通过市场对经济发展自发进行调节，但苏联决心用计划来调节和控制经济的发展。这相对于资本主义文明来说是一种全新的实验。

在工业领域，到 1930 年，苏联已经基本消除了新经济政策允许存在的私营企业，完成了对工业的社会主义改造。在工业管理体制上，则实行计划化、集中化和行政化，由国家计划委员会、最高国民经济委员会，以及后来设立的各种部委制定各项工业生产指标，再逐级分配到各个具体的企业。各企业需要的资源和资金则由国家统一分配，企业的收入基本上全部上交国家，产品由国家统一包销，价格也由国家统一规定。这种计划化、集中化的工业管理体制，使得苏联政府能够有效地控制资源的分配，集中人力、物力在短时间内迅速实现一定的目标。但这种管理体制也严重地削弱了企业的生产自主权，不利于发挥地方和企业的生产积极性。随着这种体制的进一步发展，工业管理中的官僚主义也越来越严重。行政命令和惩罚体制日益成为经济发展的严重障碍。

在工业化取得很大成效的同时，苏联对农业的社会主义改造则不那么成功。实行工业化需要大量的资金投入。建国之初，经济基础薄弱的苏联显然严重缺乏原始积累。为了筹集到发展工业所需的资金，苏联实际上走了一条以牺牲农业为代价的道路。通过征收农业税、压低农产品价格同时抬高工业品价格，以及减少对农业的投入等手段，发展工业所需的大量费用实际上在很大程度上被转嫁到了农民头上。为了保证能从农业中得到发展工业所必需的支持，苏联政府以 1928 年初出现粮食收购危机为契机，展开了大规模的农业集体化运动。通过这种强制性的运动，苏联实现了对农业的社会主义改造，到 1933 年，62% 以上的农户参加了集体农庄，其耕地面积约占全国耕地面积的 80%，苏联的农业集体化基本实现。到 1938 年，几乎所有的私人农场都被消灭了，农业生产被集中到了约 24 万个集体农庄和 4000 个国营农场中。

在实现集体化的过程中，苏联政府对富农进行了镇压。富农不能加入集体农庄，他们有的被杀，有的被关进劳改营，有的被流放到了边远地区，约有几百万人受到了牵连。

作为苏联社会主义计划经济的一部分，集体农庄和国营农场实行与以往完全不同的生产组织和管理模式。集体农庄的主要生产资料都归全民所有，农庄成员只拥有住宅、小牲畜、家禽、小农具，以及住宅旁的一小块菜地。农庄把农庄成员组织起来集体参加劳动，年终按成员劳动日的积累数量给农庄成员分配实物和现金。而集体农庄则需要完成国家规定的生产计划，并实行农副产品义务交售制，把农庄的产品以甚至低于成本的低价卖给国家。国营农场的成员实际上是农业工人，由国家支付工资，农场的全部收获都归国家所有。

通过实行全盘的农业集体化，苏联政府终于能够像在工业领域一样，以指令性的计划控制农业生产，保证能够从农业中获取足够的资金来支持苏联的工业化和城市化进程。除了对农业的过重税收外，集体农庄及国营农场的生产和组织管理方式明显不利于发挥生产者的劳动积极性，从而严重阻碍了农业生产率的提高。再加上苏联偏重发展工业，对农业的投入长期不足，导致了苏联农业生产的长期滞后。直到1953年，苏联的谷物总产量都还没有达到俄国1913年的水平。农业问题越来越成为苏联经济发展中的一个严重问题。

尽管在实现工业化和农业集体化的过程中还存在种种问题，苏联在二三十年代对整个国民经济的社会主义改造还是取得了引人注目的巨大成就。从1929年起，美国等资本主义强国先后发生了经济大危机，整个资本主义世界陷入一片困顿和恐慌之中，而此时苏联的社会主义建设却取得了辉煌的成就，因此，苏联的计划经济在世界许多国家民众的心目中留下了深刻的印象。这大大提高了社会主义的影响力和号召力。

苏联的对外政治目标

十月革命后推动世界革命的努力遇到挫折，列宁认为苏维埃俄国与西方国家还有一个共存的时期。但是，当时布尔什维克党内仍普遍存在一种看法，那就是，如果没有世界革命的支持援助，苏俄的社会主义建设是不可能成功的。1926年，斯大林提出了"一国建成社会主义"理论，他认为，社会主义能够首先在苏联一国内建成，但社会主义不可能单独在一个国家内获得完全的、最终的胜利。以斯大林为首的联共（布）并没有放弃世界革命的思想。但是，在与资本主义国家打交道的具体过程中，苏联政府采取了非常灵活的做法。联共（布）的许多举措既基于俄罗斯民族主义的立场，也出于社会主义国家与资本主义国家斗争的策略考虑。

十月革命刚刚胜利时，苏俄面临着资本主义国家的包围和封锁。但在1922年的热那亚会议上，苏俄成功地与当时在国际上也受到孤立的德国恢复了外交关系，并发展起了经贸往来，初步打破了封锁。这使英、法等欧洲各国感受到了巨大的压力。从1924年起，英、法等欧洲国家纷纷承认了苏联，苏联迅速打开了自己的外交新局面。1934年，苏联加入国际联盟，并担任国联行政院常设理事。

1929年爆发的资本主义经济大危机加剧了资本主义世界的动荡。1931年日本开始入侵中国东北，1933年希特勒在德国上台后，欧洲的局势也迅速紧张起来。面对潜在的战争威胁，维护国家安全成了苏联的第一要务。苏联除了加快工业生产，积极备战外，在外交上也采取了一系列积极主动的措施。英、法对德国的绥靖政策使苏联担心西方国家有意将纳粹这股祸水东引。在与英、法等国合作建立集体安全无望的情况下，苏联积极与德国接触，1939年8月23日，在二战爆发的前夕，苏、德两国签订了有效期为10年的互不侵犯条约。这一条约虽然使苏联赢得了短暂的备战时间，但它使德国排除了两线同时作战的危险，从而能够在西线放心大胆地发动侵略战争。更严重的是，《苏德互不侵犯条约》还附有一个秘密协定，这一协定为苏、德两国未来在东欧的势力范围划定了分界线，实质上是一个侵略分赃的协定。1939年德军侵入波兰西部后，苏联红军也迅速西进，占领了波兰东部，后来，苏联为了取得战略要地，又对芬兰发动侵略战争，吞并了波罗的海三国，还占领了罗马尼亚的部分领土，为自己建立起一条"东方战线"。苏联的这种侵略扩张行为严重损害了它作为一个社会主义国家的形象，同时也开始暴露出苏联大国沙文主义的倾向。

第三节
苏维埃文明的发展与影响

第二次世界大战与社会主义文明的扩展

1941 年 6 月 22 日，希特勒德国对苏联发动了大规模的突然袭击。苏联从此正式卷入第二次世界大战的旋涡。在经历了战争初期的不断失利之后，苏军于 1943 年取得了斯大林格勒保卫战的胜利，开始扭转局势。斯大林格勒战役使德军损失了 150 多万人，以及大量的兵器和装备，严重削弱了德军的力量，迫使德军在主要战线上先后转入战略防御。

苏、德战争爆发后，英、美等国出于自身利益的考虑，为了尽早打败法西斯德国，开始向苏联提供援助。于是长期相互敌视和缺乏信任的苏联与英、美等国为了一个共同的目的，逐渐走到了一起。1941 年 12 月，日军偷袭珍珠港，美国由此也正式卷入二战。1942 年，美国、苏联、英国及中国等 26 个国家在美国举行会议，签署了联合国家宣言，正式组成了世界反法西斯联盟。1943 年，斯大林与美国总统罗斯福、英国首相丘吉尔在德黑兰举行会议，决定在战争中及战后进行持续合作。曾长期受到资本主义国家孤立和敌视的苏联，开始走向世界舞台的中心。

斯大林格勒战役获胜后，苏军于 1943 年展开反攻，不断把战线向西推进。到 1944 年年底，苏军已经基本收复了全部国土。同年 6 月，美军和英军集中了大批兵力，在法国的诺曼底登陆，从西线夹击德国。1945 年 2 月，斯大林、罗斯福与丘吉尔在苏联的雅尔塔再次举行三国首脑会议。会上三国首脑就战后如何处罚德国等战败国问题、波兰问题、苏联对日作战问题及战后成立联合国等问题达成了一致。基于在反法西斯战争中所起的作用和所具有的地位，苏联的利益在这次会议中得到了英、美的充分尊重。1945 年 7 月，斯大林又与美国总统杜鲁门、英国首相丘吉尔（后由艾德礼接替）在德国的波茨坦举行了会议，就战后的有关问题进行了进一步的讨论和协商。

苏军在收复国土后便迅速越出国境，直接向德国本土推进。德军在盟军的东西夹击之下节节败退。1945 年 4 月 30 日，苏军攻克德国首都柏林，同日希特勒在地下室开枪自杀。5月8日，德国正式投降。第二次世界大战欧洲战场的战斗以苏联和盟国的胜利而告终。在东部的太平洋战场上，日军也不断败退。1945年8月6日和9日，美军分别在日本广岛和长崎各投下一枚原子弹。8月9日，苏联对日宣战，进击驻中国东北的日本关东军。8月15日，日本宣布投降。第二次世界大战结束。

苏联在整个世界反法西斯战争中作出了伟大的贡献。作为打败德日法西斯的主要国家之一，战后苏联的国际声望达到了顶点。但作为世界大战的主要战场之一，苏联在战争中遭受了严重的损失，全国共有2600多万人死亡，1700多座城镇被严重破坏，大量的工矿企业和集体农庄被摧毁，数万公里的铁路和几千个火车站被毁坏。为了迅速恢复国民经济，苏联于1946年制订了第四个五年计划，展开了大规模的生产和建设活动。到1950年第四个五年计划提前完成时，苏联的国民经济已经基本恢复，工业总产值已经超过了二战前的水平。重工业更是取得了巨大成就。钢铁、煤炭、石油的产量大大超过1940年的水平。

二战带来的另一个重要结果是，二战结束后社会主义越出了苏联一国的范围，在东欧国家中得到了扩展。在反击德军的过程中，苏军不断向西推进，解放了波兰、捷克斯洛伐克、匈牙利、保加利亚、罗马尼亚等国的大片领土。在苏联的帮助下，战后这些国家分别建立了人民民主政府，随后逐步走上了社会主义道路。苏联在东欧地区扩展社会主义，在很大程度上是为了确保东欧各国有对苏联"友好"的政府，从而避免西方国家再次经由东欧入侵苏联。但在美、英等国看来，苏联在东欧组建社会主义国家，与苏联一贯的世界革命目标是一致的，即使排除意识形态的考虑，让苏联把势力范围扩展到东欧也是不能被允许的。

随着共同敌人的消失，战时的反法西斯联盟正面临着破裂的危险。在德国问题上的分歧加深了苏联与西方国家间的互不信任，围绕东欧问题的争端使苏联与西方的关系进一步恶化。1946年3月，英国前首相丘吉尔在一次演说中宣称，从波罗的海的什切青到亚得里亚海的的里雅斯特，一幅横贯欧洲大陆的"铁幕"已经降落下来，"铁幕"后面的国家和人民受到苏联的高压控制，根本没有民主和自由。1947年2月，美国总统杜鲁门提出了著名的杜鲁门主义，决定要援助希腊和土耳其政府以抵制极权政体的侵犯行动，并宣称美国将支持一切"自由"国家反抗外来侵略。杜鲁门主义的发表通常被看作是东西方冷战正式开始的重要标志。

随后，苏联指示东欧各国抵制美国于1948年开始实施的援助欧洲的马歇尔计划，并于 1949 年设立了经济互助委员会，以帮助复苏东欧经济。1947 年 9 月，联共与东欧国家共产党（工人党）及法国和意大利共产党联合组建了共产党和工人党情报局，以加强各国在国际斗争中的合作。东西方两大阵营形成的趋势越来越明显。1949 年，以美国为首的北大西洋公约组织成立，1955 年，以苏联为首的华沙条约组织成立，东西方两大阵营冷战对峙的局面完全形成。

1949 年 10 月，中华人民共和国成立。1950 年，中国与苏联签订了友好同盟互助条约。至此，社会主义从原来苏联的一国扩展到从东欧到中国的广大地区，苏联是这个社会主义阵营的实际领袖。二战削弱了英、法、德等老牌资本主义强国，苏联一跃而成为继美国之后的另一个超级大国，整体实力和国际威望都大大提高，社会主义阵营的扩大也使苏联彻底摆脱了被世界资本主义包围的形势，这为苏维埃文明的进一步发展壮大提供了一个非常难得的历史机遇。然而，苏联并没有抓住这个机遇。冷战开始后苏联很快走上了与美国争夺霸权的道路，四处扩张和大搞军备竞赛渐渐使苏联背上了沉重的包袱。同时，尽管进行了一些改革，苏联的国内问题也没能得到比较彻底的解决。

危机与改革

1953 年 3 月，苏联党和国家的最高领导人斯大林去世。这位长期专权独断的领导人物一去世，苏联国内的情况马上就开始发生变化。在斯大林主政期间，苏联国内许多问题已经发展到比较严重的地步。生产建设中的斯大林模式使得苏联的国民经济发展比例严重失调，轻工业生产长期滞后，已经严重影响到了人民群众生活水平的提高；对农业的过重税收，加上集体农庄和国营农场的生产方式使农民缺乏劳动积极性，农业产量一直没有提高；思想政治领域中的高压政策，对斯大林的个人崇拜及领导体制中的个人专权现象，引起了许多人的不满。针对这种情况，接替斯大林领导职务的马林科夫开始采取一些改革措施。但更大力度的改革，实际上是在赫鲁晓夫的领导下开始的。

赫鲁晓夫（1894—1971）生于乌克兰的一个矿工家庭，一生中虽然并没有接受过多少正规教育，但是他精明强干，表露出一个领导人的智慧和才能。赫鲁晓夫曾任乌克兰党中央第一书记、乌克兰共和国部长会议主席、联共中央书记等职，是斯大林晚年少数几位亲密合作者之一。斯大林去世以后，赫鲁晓夫于1953年9月当选为苏共中央委员会第一书记，与当时的部长会议主席马林科夫一起实施改革。但他的改革方针与马林科夫有很大不同。不过，按照苏联党指挥政府的传统，作为苏共中央第一书记的赫鲁晓夫在领导国家事务中发挥了更大作用。1955年布尔加宁取代马林科夫任部长会议主席后，赫鲁晓夫就更可以放手进行改革了。

赫鲁晓夫的改革是多方面的。针对苏联农业落后的状况，赫鲁晓夫首先对农业进行了大力改革。赫鲁晓夫正确地认识到，必须重视物质利益原则，提高农民的生产积极性，农业产量才有可能提高。因此，他逐步改革农民义务交售农产品的制度，并于1958年最终取消了这一制度，新方法规定由国家用统一的办法向集体农庄收购农副产品。这一做法改变了斯大林时期的农业税收政策，把工农之间、城乡之间经济上的税收关系重新拉回到物质利益的经济轨道，从而适应了苏联社会主义经济发展的实际，得到了广泛的拥护。同时，赫鲁晓夫还扩大了集体农庄的自主权，鼓励农民发展副业。从1954年起，赫鲁晓夫又发动了垦荒运动，取得了较大成功，使得苏联的农业耕种面积和总产量都有了大幅度的增长。但赫鲁晓夫发起的大力种植玉米的运动却遭到了失败。在工业方面，赫鲁晓夫主要是对苏联的工业管理体制进行了改革，取消管理中多余的中间环节，部分扩大地方和企业的自主权，以发挥他们的生产积极性。同时还将工业的部门管理体制改变为行政区管理体制。另外，对工资制度也进行了改革，加强了物质激励的作用。赫鲁晓夫的经济改革取得了一定的成效。

赫鲁晓夫在政治领域的改革引起了更大的反响。1956年2月，在苏共第二十次代表大会上，赫鲁晓夫作了题为《关于个人崇拜及其后果》的秘密报告，对斯大林的个人专权和"大清洗"运动进行了大胆的揭露和严厉的谴责。赫鲁晓夫采取这一举措，一方面是要纠正斯大林领导时期的一些不正常现象，另一方面也想借此冲击乃至否定斯大林及斯大林体制的权威性，为自己的改革开辟道路。除了作秘密报告外，赫鲁晓夫还对斯大林时期造成的大量冤假错案进行了平反。赫鲁晓夫的秘密报告引起了很大震动，尤其是在社会主义阵营内部产生了很大反响。波兰和匈牙利很快发生了反对苏联控制和要求改革的骚动，在苏联使用强硬手段进行干预后，这些骚动才被平息下去。另外，赫鲁晓夫近乎全盘否定斯大林的做法也遭到了中国共产党的反对，成为后来引发中苏两党公开论战的一个重要原因。总之，苏共二十大之后，社会主义阵营一方面出现改革的浪潮，另一方面内部的矛盾开始公开化、尖锐化。

在对外政策上，考虑到核战争可能会给人类带来毁灭性后果，赫鲁晓夫提出了著名的"三和"思想，即用对话代替对抗，通过与资本主义国家的和平共处、和平竞赛及和平过渡，最终战胜资本主义。这一理论的出台，表明苏共开始重新看待原先的世界革命思想。根据"三和"思想，赫鲁晓夫在一定程度上改善了与西方国家的关系，使美苏间的冷战开始进入"缓和"时期。但在执政后期，赫鲁晓夫也采取了一些冒险行动，其中最著名的就是1962年的古巴导弹危机，苏联把核导弹秘密运进古巴，结果引发了美国的强烈反应，一场核战争似乎一触即发。在美国的威逼下，苏联最后将导弹撤出了古巴。在社会主义阵营内部，赫鲁晓夫一方面调整与各社会主义国家的关系，而另一方面，又不时推行大国沙文主义政策，国际共产主义运动陷于前所未有的动荡局面。

赫鲁晓夫对斯大林模式的全面改革取得了许多成果，但由于他喜欢浮夸冒进，缺乏深思熟虑，同时性格粗率，专断独行，一些改革措施也产生了不良后果。更严重的是，赫鲁晓夫的改革引起了苏联领导集团内部一些人的不满，1964年10月，苏共内部发生的一场和平政变迫使赫鲁晓夫辞职，他从此成为一名养老金领取者。勃列日涅夫接替他出任苏共中央第一书记。

勃列日涅夫领导时期（1964—1982）是苏联发展进程中的一个重要阶段。在这一时期，苏联的整体实力大有提升，与美国的差距不断缩小，人民群众的生活水平也有大幅度提高；但与此同时，苏联在这一时期四处扩张势力，并把大量资源花费在与美国进行的军备竞赛中，而国内经济却逐渐暴露出了危机，并且日益严重。

勃列日涅夫继承了赫鲁晓夫启动的改革进程，并进一步深化。他进一步明确了物质激励的原则，在经济领域中实行生产与收益挂钩的办法，以刺激劳动者的生产积极性。同时，扩大企业和集体农庄的经营自主权，以发挥其灵活性。在农业上，国家不断提高农产品的收购价格，并增加对农业的投资。从1965年到1982年对农业的投资达到了4700多亿卢布，提高了农业的机械化、电气化和化学化水平，增加了农业生产中的技术因素，使农业向集约化发展。在工业领域，勃列日涅夫推行"新经济体制"，国家减少了对企业的计划束缚和行政干预，把企业的收益与其经营状况联系起来，并改革管理体制，把提高生产效率和工作质量作为企业改革的重要目标。勃列日涅夫的这些改革在一定程度上冲击了高度集权的旧经济体制，使工农业生产有所提高。在他执政时期，苏联人民群众的工资水平提高了，人均消费的肉、奶、蛋、蔬菜等，以及每百户平均拥有的电视、手表、冰箱等轻工业品数量都上升了，同时物价稳定，居住条件得到改善，人民群众的生活水平有了提高。

在政治领域，勃列日涅夫改变赫鲁晓夫的个人独断作风，注重发挥集体领导的作用，同时也注意维护领导集团的稳定。值得注意的是，勃列日涅夫还试图对苏联党政不分、以党代政的情况进行改革。在理论上，勃列日涅夫于1969年提出苏联已经建成"发达的社会主义社会"。而在勃列日涅夫上台之前，赫鲁晓夫曾宣称要在二十年内建成共产主义。

在对外关系上，勃列日涅夫任内采取积极主动的姿态，使苏联在国际舞台上扮演了举足轻重的角色。在社会主义阵营内部，勃列日涅夫一开始继承了赫鲁晓夫的政策，对东欧国家的约束比较宽松。但1968年捷克斯洛伐克发生了"布拉格之春"事件，苏联与其他几个华约国家出兵镇压，此后勃列日涅夫提出了"社会主义大家庭"理论和"有限主权论"等，加强了对东欧国家的控制。同时，苏联与中国的关系在这一时期继续恶化，1969年，两国军队在珍宝岛地区发生了武装冲突。

苏军入侵捷克斯洛伐克（1968年）

在美苏关系上，美国于 60 年代陷入越战危机，70 年代又出现了经济发展滞涨，实力大受影响。针对这些情况，勃列日涅夫一面与美国缓和关系，一面又积极对外扩张苏联的势力。勃列日涅夫在任内多次与美国领导人会晤和举行谈判，美苏间签订了反弹道导弹条约、限制进攻性战略武器条约等。1975 年 7 月，美苏及欧洲几十个国家召开了欧洲安全与合作会议，大大缓和了欧洲的局势。但勃列日涅夫在与美国搞缓和的同时却没有忘记继续与美国进行争夺。到 70 年代，苏联的核力量已经与美国大体相当。而在第三世界，苏联把触角伸到了亚洲、非洲等许多地方，把一大批发展中国家纳入了自己的势力范围。1977 年，苏联在东欧部署新型导弹，使西欧各国倍感威胁。1979 年，苏联悍然出兵入侵阿富汗，打破了这一地区的力量平衡，激起了美国的强烈反应，使东西方之间的缓和局面发生逆转。

勃列日涅夫的改革虽然取得了一定的成效，但他的改革并没有从根本上触动苏联高度集中的计划经济体制。严格的计划体制仍然是苏联经济活动的主宰，企业自主权问题没有真正得到解决，劳动者仍然缺少管理经济的权力，生产积极性仍然没有得到充分的发挥，旧的思想观念根深蒂固，企业依然缺乏活力。另外，体制的原因使苏联的生产活动无法有效地借助新兴科技革命的推动作用。苏联的科技发展不平衡，而一些先进技术又无法得到及时有效的应用和推广。同时，苏联巨大的军事开支和对外援助也越来越成为经济发展的一个沉重负担。因此，进入 70 年代以后苏联的经济发展速度明显地慢了下来。70 年代上半期苏联国民收入的年平均增长率为 3.2%，下半期降为 1.0%，而 1981—1984 年已经降为 0.6%。这表明，苏联的经济发展已经潜伏着严重危机。同时，在 70—80 年代，苏联国内的腐败现象也日益严重，政权机构臃肿，人浮于事，干部队伍老化，整个社会生活缺乏活力，各种矛盾在不断激化。

1980 年，波兰的团结工会开始崛起并举行了多次罢工，使波兰政府的工作陷入瘫痪。苏联政府再次采取强力措施进行干预。苏东关系再次出现危机。同时，苏联的不断扩张也促使美国于 70 年代末开始改变其对苏战略。1981 年，共和党人里根当选为美国总统。他上台后重新开始对苏联采取强硬政策，提出了"以实力求和平"和"重新武装美国"的口号，大力扩充军备；在第三世界，里根提出了"里根主义"，支持一切国家的反苏活动，执意要把苏联在第三世界的任何扩展都推回去。美国的这种强硬政策也给苏联造成了强大的压力，使苏联面临着一个困难的前景。

戈尔巴乔夫与苏维埃文明的终结

1982 年 11 月，勃列日涅夫病逝，安德罗波夫继任苏共中央总书记。安德罗波夫在任内推行了一系列比较重要的改革措施，但 1984 年 2 月就病逝了。契尔年科接任后不久，于 1985 年 3 月去世。1985 年 3 月 11 日，在苏共中央非常全会上，戈尔巴乔夫当选为苏共中央总书记。同年 7 月，他又当选为最高苏维埃主席团委员。苏联从此进入了戈尔巴乔夫时代。

戈尔巴乔夫 1931 年生于斯塔夫罗波尔边疆区，毕业于国立莫斯科大学法律系和斯塔夫罗波尔农学院函授系。1970 年至 1978 年任苏共斯塔夫罗波尔边疆区委第一书记，1978 年至 1985 年任苏共中央书记。戈尔巴乔夫不同于他的前几任苏共领导人，他比较年轻，是在战后的和平年代里成长起来的，因此受苏联对内对外政策传统思想的影响较小。上台之后，戈尔巴乔夫发动了大胆的改革。也正是他的改革，最终导致了苏联的解体。

戈尔巴乔夫当选为苏共中央总书记时，苏联正面临着内外交困的严峻形势。在国内，经济发展出现停滞，经济增长缺少动力，人民群众的生活水平无法进一步提高，一些重要原料出现短缺，粮食需要大量进口，财政状况极其困难，思想领域则如一潭死水，保守势力占据主导地位。在国际上，美国对苏联的压力在一步步加大，1983 年里根政府提出了星球大战计划，使得"以三流经济支撑一流军备"的苏联面对着难以应付的挑战，同时东欧各国的离心倾向也越来越重，苏联在国际舞台上越来越缺少回旋的余地。在这种情况下，戈尔巴乔夫首先在经济领域进行了改革。

1985 年 4 月，苏共召开中央全会。会上首次提出了加速社会经济发展的战略构想和社会主义全面改革的任务。1987 年，苏共召开二十七大，大会通过了一个经济和社会发展基本方针，正式提出了"加速战略"，规定经济方面的首要任务是加快经济发展的速度，并对经济进行质的改造，将整个国民经济转向集约化轨道。为了达到这一目的，大会对一些教条主义的旧思想进行了批判，强调在发挥全民所有制经济潜力的基础上，必须注意发挥个体经济的补充作用；在经济管理上，强调要发展商品货币关系，促使计划经济与市场机制相结合。这些理论的提出，标志着戈尔巴乔夫将苏联的经济改革推进到了一个新的高度。

戈尔巴乔夫与布什在联合新闻发布会上
(1989年12月)

　　戈尔巴乔夫对国际形势也作了新的估计。他认为在当代，尽管存在着社会主义和资本主义两大体系的竞争和对抗，但世界各国相互依存的程度已经大大提高，世界实际上是一个整体，在核武时代，必须要通过裁军，建立一个共同的国际安全体系。1987年6月，由戈尔巴乔夫撰写的《改革与新思维》出版。戈尔巴乔夫在书中提出了"人类的利益高于一切，人类的生存高于一切"的观点，反映出了苏联外交思想的重大变化。在"新思维"的指导下，戈尔巴乔夫改善与欧洲各国的关系，并提出了欧洲大家庭的概念，强调包括苏联在内的欧洲各国应加强团结与合作。这表明苏联试图开始改变长期以来与西方对抗的局面，重新向西方回归。同时，苏联还在军备谈判等领域中不断向美国做出让步，试图促使美国放弃星球大战计划。

　　1988年6月，苏共在莫斯科召开了第十九次代表会议。戈尔巴乔夫在大会报告中指出，过去几年的改革虽然有所进展，但经济状况无明显改善，苏联的发展还需要新的本质的变化。针对改革遇到的困难和阻力，戈尔巴乔夫指出政治体制改革是整个改革不可逆转的关键和保证，为此他提出了公开性、民主化和社会主义舆论多元化的原则，并首次提出了"民主的和人道的社会主义"的概念。这次会议是苏联改革进程中的一个重要转折点，从此以后，改革的重心转向政治领域。政治改革的一项重要内容是从上到下通过民主选举产生新的权力机关。1989 年 5 月，由选举产生的人民代表召开了苏联第一次人民代表大会，并选出了其常设机构——苏联最高苏维埃，戈尔巴乔夫当选为最高苏维埃主席。

由于推行民主化和公开性，苏联长期封闭僵化的局面被突然打破了，长期积累起来的各种矛盾陆续爆发，不安定因素开始迅速增长。1989 年以后，各地工人罢工和群众游行事件频繁发生，对生产造成严重影响。同时，一些新的政治力量开始出现，到 1990 年，苏联已经出现带有政治色彩的非政府组织 1 万多个，其中 900 多个带有政党性质。苏共内部也开始发生分裂，后来形成了以叶利钦为首的激进民主派，以利加乔夫为首的强硬派和以戈尔巴乔夫为首的中间派。社会各界主张实行政治多元化和多党制的呼声也越来越高。同时，民族矛盾也开始爆发，1988 年亚美尼亚和阿塞拜疆两个加盟共和国为争夺一个地区的治理权而发生冲突，中央政府进行调解也没有效果。种种情况表明，苏共中央政权的社会控制能力已经越来越弱。

1990 年 2 月，苏共召开中央全会，戈尔巴乔夫在会上提出将放弃苏共的政治垄断地位，并建议在苏联实行总统制。3 月，第三次苏联非常人民代表大会通过决议，决定删除宪法中保障苏共领导地位的条款，宣布实行总统制，将党和国家分开。随后，大会选举戈尔巴乔夫为苏联第一任总统。多党制的实行使反对派的势力进一步扩大，并导致中央政府权力和行政机构的混乱无力，一些重要决议因为各派间的分歧而无法通过，决策出现危机。政局的动荡使经济形势继续恶化，经济连年滑坡，并从 1990 年起开始出现负增长。苏联已经陷入了深重的危机之中。

"新思维"的推行及苏联国内的政治改革在东欧社会主义阵营内引发了连锁反应。从 1989 年起，东欧各国先后发生了剧变，波兰、匈牙利、捷克斯洛伐克、保加利亚和阿尔巴尼亚等国的共产党纷纷失去了政权，罗马尼亚发生了流血政变，南斯拉夫则陷入了分裂和内战中。戈尔巴乔夫对东欧的剧变采取了听之任之的政策。1990 年 10 月，在苏联的许可下，两德实现了统一，统一后的德国加入北约。东欧各国的共产党失去政权鼓舞了苏联国内的反对派，他们积极活动，试图使苏共下台。

在动荡的局势中，苏联的民族危机开始出现。1991 年年初，波罗的海三国再度掀起独立浪潮，并得到了以叶利钦为首的"民主派"的支持。为了维护联盟的统一，戈尔巴乔夫在强硬派的压力下动用军队，采取了一些强硬措施。1991 年 3 月，在各方的呼吁下，苏联进行了苏联历史上的第一次全民公决，就是否保留苏维埃联盟进行公民投票表决。结果，76.4%的公民赞成保留。但后来的事实证明，这一大多数人的愿望最终并没能得到尊重。1991年7月，戈尔巴乔夫与几个加盟共和国的领导人会晤，商讨把苏联的国名由苏维埃社会主义共和国联盟改为苏维埃主权国家联盟，并实行联邦制，每个共和国有权决定本国大事。这一举措直接增大了各共和国的独立倾向。

苏联面临的严重危机和戈尔巴乔夫的改革举措，早已引起了苏共内部强硬派的不满。1991年8月19日，克格勃主席克留奇科夫联合副总统亚纳佐夫、国防部长亚佐夫等人，发动了一次政变，软禁了戈尔巴乔夫，宣布在苏联部分地区实施6个月的紧急状态，在此期间国家权力移交给国家紧急状态委员会。但这次政变只持续了3天就遭到了失败，戈尔巴乔夫重新掌握了权力。发动政变者遭到了处罚。然而"八·一九"事件却使形势急转直下，苏共"传统派"力量由此被排挤出领导岗位。8月24日，戈尔巴乔夫宣布辞去苏共中央总书记职务，并建议苏共中央自行解散。25日，苏共中央书记处发表声明，宣布苏共自行解散。

"八·一九"事件以后，苏联的联盟中央和戈尔巴乔夫的权力都受到了极大的削弱。各共和国的独立倾向更加明显。8月20日，爱沙尼亚宣布独立，脱离苏联。

苏联解体，斯大林头像被移走

随后，拉脱维亚、乌克兰、白俄罗斯等加盟共和国也先后宣布独立。在这种形势下，戈尔巴乔夫还想把新独立的各共和国纳入一个新的联盟中，但后来乌克兰全民公决反对，戈尔巴乔夫的计划遭受致命打击。

1991 年 12 月 7 日，俄罗斯总统叶利钦与乌克兰和白俄罗斯总统举行会晤后发表声明，宣布苏联作为国际法主体和地缘政治实体停止存在，同时宣布三国已经组成"独立国家联合体"。随后，又有几个共和国表示愿意加入这个独联体。12 月 21 日，俄罗斯等 11 个原苏联加盟共和国的首脑在阿拉木图会晤，签署了《建立独立国家联合体协议书》，宣布建立独立国家联合体，同时还表明独联体不是国家，也不是超国家机构。随着独联体的建立，苏联已经不复存在。12 月 25 日，戈尔巴乔夫宣布辞去苏联总统职务，并同时辞去武装力量最高统帅职务。26 日，苏联最高苏维埃举行最后一次会议，宣告苏联从法律上终止存在。存在了 69 年的苏维埃社会主义共和国联盟至此终结，苏联进行社会主义建设的伟大实验至此也以失败告终。

对苏维埃文明的几点评价

把苏联社会主义建设所取得的物质成果和它的制度、思想体系称为一种新文明也许是值得商榷的。但是，与俄国原有的文明和其他现代资本主义国家的文明形态相比，苏联的社会主义建设无疑是具有巨大创造性的。

苏联在人类历史上第一次把社会主义的理想付诸实践，它以在全球范围内实现共产主义为自己的最终目标，这对它本身及其他资本主义国家来说都是一个挑战。通过实现工业化，完成由传统农业国家向现代工业国家的转变，在这一点上苏联走的是与其他资本主义国家相同的道路。但是，与资本主义经济不同，苏联的经济是计划经济，它消灭了私有制，把生产资料集中到国家的手中，由国家用计划和指令对全部经济活动进行管理和控制，排斥市场和价值规律的作用，并从根本上杜绝了国家内部的经济竞争，在这一点上它是对资本主义经济体制的一种彻底革命。计划经济使苏联能够集中各种资源，在短时间内完成重大的建设目标，迅速完成工业化并成为世界经济大国。但是，缺乏竞争的平均主义和用行政手段管理经济的计划模式，很明显不利于发挥劳动者和各地方的生产积极性，也不利于提高劳动生产率。从这个意义上讲，苏联的经济发展后来陷入停滞是具有一定必然性的。当然，斯大林模式造成的国民经济发展比例长期失调，也起了非常重要的影响作用。

苏联政治制度的最大特点是集权制。苏联共产党长期以来一直是苏联国内唯一的合法政党，它掌握着整个国家的权力，通过庞大的官僚体制控制着社会生活的各个方面。由于缺乏必要的制衡机制，一党集权使苏联国内缺乏健全的法制和民主，从而导致了"大清洗"等灾难的发生。虽然苏联采用了联邦制的国家组织形式，在理论上各加盟共和国具有很大的自治权力，但由于这种权力也都由共产党控制，因此各加盟共和国事实上并没有自主权。苏共在苏联国家社会生活中所起的作用是如此重要，因此当戈尔巴乔夫在改革期间提出民主化和公开性原则，允许其他反对派政党存在的时候，苏共的统治地位就立即被动摇了，而当戈尔巴乔夫于1991年8月24日声称要解散苏共的时候，苏联作为一个国家离解体也就不远了。

苏联的社会主义实践以及它的世界革命思想，对资本主义文明构成了明显的威胁。因此，在苏维埃政权诞生后不久，就遭到了当时世界主要资本主义国家的联合武装侵略。二战结束后不久，美苏及其各自领导的资本主义和社会主义阵营展开了长期的冷战，世界各主要国家因为社会制度和理想的不同而陷入了两军对垒状态，意识形态的作用得到了空前的突显，这也是世界文明史上的一个新现象。同时，正如著名历史学家阿诺德·汤因比所言，文明是在提出艰难挑战的环境中诞生和成长的，苏联社会主义的挑战，对资本主义文明也是一个刺激和推动。例如美国的科技之所以能够得到高速发展，与苏联进行竞争的因素就起了很大推动作用。另外，在对经济进行宏观调控，发挥国家对经济的干预作用方面，苏联的实践也为资本主义国家提供了经验教训。

苏联的解体使历经多代沙皇的努力而建立起的俄罗斯帝国版图彻底分崩离析，但经过苏联半个多世纪的社会主义改造，如今散布在原俄罗斯帝国疆域上的各国都已具有相当高的文明水准。除实现了工业化外，苏联在社会主义建设过程中大大提高了国民的文化素质，提高了国家的科技水平，并建立起了医疗保障等一系列社会福利体系，大大延长了国民的平均寿命。这些都是苏维埃文明所取得的不可抹杀的成就。

当然，苏联的解体只是意味着苏联模式的社会主义的失败。今天，中国等国家仍在继续社会主义建设的实践，这些实践与苏联模式的社会主义有很大的不同。

第四节
苏维埃文明下的社会生活与文化

宗教政策与宗教生活

在十月革命以前，教会在俄国社会中具有举足轻重的地位，宗教生活是俄国广大民众社会生活的重要组成部分。但十月革命以后，这种情况发生了改变。

布尔什维克是无神论者。根据马克思主义的世界观，他们认为宗教在本质上是现实的外部世界在人们头脑中的虚幻反映，在阶级社会里，宗教经常被统治阶级当作麻痹人民的精神工具，而无产阶级政党的任务就是要努力进行无神论宣传，使广大群众最终摆脱宗教的束缚，促进宗教的最终消亡。根据这种思想，布尔什维克夺取政权后马上就采取了相应的宗教政策。1918 年 1 月，苏维埃政权发布了《关于教会同国家分离和学校同教会分离》的法令。这一法令规定，教会同国家分离，不得干预世俗事务，有关公民的出生、死亡登记与结婚、离婚等事务，只能由相应的国家民政机关办理；国家机关和其他社会机关在举行活动时不得举行任何宗教礼仪，教会有举行宗教仪式的自由，但不能破坏社会秩序和侵犯公民的权利；教会同学校分离，任何学校都不得讲授宗教教义；教会无权占有财产；公民有信仰宗教或不信仰宗教的自由；等等。这一法令所起的作用主要是取消了东正教长期以来在俄国的特权地位，同时也确立了苏俄宗教政策的基本原则，为苏维埃今后其他的宗教立法提供了依据。根据这一法令的基本精神，苏联后来又制定了其他一些有关的宗教法令和法规。

新的宗教政策剥夺了教会的特权，使苏俄东正教会的社会地位一落千丈，激起

赫鲁晓夫统治下的苏联：东正教仍吸引了大量的支持者

了东正教会的强烈反抗。在十月革命胜利后的初期，东正教会拒绝执行苏维埃政权的新宗教法令，并积极参与颠覆苏维埃政权的活动。但这些活动都遭到了镇压。在30年代的"大清洗"时期，阶级斗争的扩大化又使大量的教徒和宗教界人士遭到了打击和迫害。教会和宗教活动逐步受到国家的严密控制。在卫国战争时期，几乎所有宗教教派都站在爱国主义立场上，积极为卫国战争做贡献。这一时期，出于团结一致对付外敌的需要，苏联的宗教政策比较宽松，反对宗教的宣传被禁止，教会的威望有所提高，信教人数迅速回升。

但到赫鲁晓夫执政时期，苏联政府又开始发动大规模的无神论宣传运动。赫鲁晓夫号召"开展反宗教宣传"，宗教活动受到了严格限制，大约有三分之二的东正教教堂被关闭，一些教徒还被劳动改造。因此，这一时期信教的人数和宗教团体都急剧减少。勃列日涅夫上台后，纠正了反宗教活动中的一些过激行为，但仍执行较严厉的宗教政策。

进入80年代以后，随着意识形态领域控制的削弱，苏联的宗教政策开始发生重大转变。尤其是1985年戈尔巴乔夫执政以后，苏联官方对宗教的基本态度更是有了根本性的转变。这一时期反宗教的无神论宣传有所减弱，政府对教会越来越宽容，许多以前被没收的教堂和寺庙又被归还给了宗教团体，许多持不同政见的教会领导人也被释放，教徒人数越来越多，中亚地区的穆斯林清真寺也不断增加。1988年是东正教传入俄国1000年，苏联东正教会很早就筹备举行纪念活动，出版了大量宗教书刊，召开各种宗教学术会议，并开展了大规模的宣传活动。1988年4月，戈尔巴乔夫发表讲话，他指出：东正教传入俄国1000年是俄罗斯国家发展史上的一座里程碑；30年代及随后年代苏共在对教会和教徒的政策上曾经犯过错误，正在改正；教会的贡献应该得到高度评价；政府与教会有共同的历史、共同的祖国和共同的未来。戈尔巴乔夫的这一讲话，标志着苏联的宗教政策发生了根本性的转变。

1990年10月，苏联公布了《苏维埃社会主义共和国联盟关于信仰自由和宗教组织》法令，确定了苏联宗教政策的新内容。这一法令规定，禁止政府及其工作人员干预宗教事务，禁止政府资助无神论宣传活动，宗教组织有权参与社会生活，可以平等地利用大众新闻媒体手段，所有宗教在法律面前一律平等，允许宗教团体开办教会学校等等。由于政局动荡，中央政府的权威已大大削弱，在这一新的宗教法律没有来得及好好执行的情况下，苏联就已经解体了。

苏联解体后，无神论在思想领域中丧失了统治地位，各个原苏联加盟共和国在宗教政策上纷纷效仿西方国家，宗教和教会的地位进一步提高。

教育事业的发展与国民文化水平的提高

十月革命前俄国的文化教育水平非常低。尽管从19世纪后期开始，沙皇俄国的教育事业发展比较快，教育部和教会都新开办了不少学校，在校生数量也大为增多，但与先进国家相比，俄国的学校教育仍然比较落后，儿童入学率也很低。因此直到20世纪初，俄国一直是欧洲文盲最多的国家，成年人中约75%的人是文盲。作为一个多民族国家，非俄罗斯地区其他少数民族的识字率更低，一些民族没有自己的文字。

十月革命胜利以后，布尔什维克非常重视教育问题。列宁认为，发展教育事业，提高国民素质，是实现共产主义的一个重要条件。他坚信，在一个充斥着文盲的国家里是不可能建成共产主义的。因此，苏维埃政权建立后不久就开始在教育领域内采取措施。1918年1月，《关于教会同国家分离和学校同教会分离》的法令颁布，使学校教育与教会彻底分离。此后苏维埃政府又改革教育体制，并对各不同种类学校的课程设置、教学时间等进行了改革。学校的大量增加，使在校生人数迅速提高。到1929年，在校的中小学生已达到1200多万人。高等教育发展也很快，十月革命前俄国只有高校105所，到1931年，全国高校已经达到579所。苏维埃开办的学校教育面向大众，使得受教育不再是有产阶层的特权，同时，学校完全世俗化，不受教会干扰，实行男女合校，学校教育不仅不收学费，而且国家还给有困难的学生发放食物和衣物等，以保障他们顺利接受教育。

为了尽快提高国民素质，苏维埃还发起了扫盲运动。1920年成立了全俄扫盲非常委员会，各地方也逐级设立了扫盲非常委员会，发起了大规模的扫盲运动。除了正规的学校教育外，还专门开设了扫盲班，为了使工人和农民能进入高校接受高等教育，专门为他们开设工农预备班。同时，在第一和第二个五年计划期间，苏联基本在全国实现了普及初等义务教育。从1920年到1940年，苏联全国扫盲5000万人，基本实现了扫盲的任务。到1939年，苏联全国识字的劳动居民的比例已经达到87%。

苏联学校教育的目的性比较强。除了要培养为社会主义建设服务的专门人才外，布尔什维克认为，提高学生的无产阶级觉悟，培养学生的共产主义世界观，也是学校教育的重要任务。这也是苏联学校教育的一大特点。

30年代，苏联所确定的学校教育工作的基本内容为智育、德育、体育、美育四大要素，对教育体制进行改革。为了加快国民经济建设，斯大林提出了"技术决定一切"的口号，要求学校加紧培养高素质的技术人才，这一思想大大促进了苏联高等教育的发展。在第二个五年计划期间，苏联全国高等学校和中等技术学校共培养出了90多万名专门人才。为了培养高级人才，苏联从1925年起在一些高校设立了研究生部，开始培养研究生，并从1932年起开始实行学位和学术称号制度。1937年，苏联正式确定学位分为副博士和博士，学术称号分助教、副教授和教授。

在卫国战争期间，教育事业受到了严重影响，许多适龄儿童和青年没能接受教育。战后苏联迅速采取措施，为因战争而耽误了学习的青年创办专门学校，以提高他们的文化水平。另外还开办了许多新学校，并逐步恢复普及七年制义务教育。从1958年起，苏联又开始普及八年制义务教育，并于1963年基本实现。战后苏联仍然非常重视提高学生的实践能力，有时要求中学生必须要有一年的工作经验，此外还经常组织学生到工厂和农庄实习，学校内部的试验场所也增多了。同时，专门的职业技术教育有了很大发展。战后苏联高校的发展也取得了显著的成果，到 1986 年，全国高校有 896 所，在校大学生有 530 多万人。除了正规大学外，函授大学和夜大学也培养了不少高素质人才。

苏联在经济建设及现代科技领域所取得的一系列重大成就，与教育水平的提高有很大关系。不过，由于苏联在教育领域一直实行高度集中的管理体制，思想教育的内容过多、过滥，教育活动经常受到政治的影响，一些学科建设受到人为因素的干扰，教育质量受到一定影响。

苏联知识分子的命运及其影响

知识分子是俄国近代以来非常活跃的一个社会阶层，在俄国波澜壮阔的社会变革的大舞台上，知识分子的作用显得十分突出。在十月革命以前，俄国知识分子通常是以改革倡导者或激进反对派的面目出现的，他们利用自己深厚的知识素养，向民众传播国外的先进思想文化，鼓吹社会变革。主要由知识分子组成的十二月党人、民粹派、西方派以及早期马克思主义者，都对俄国历史的发展产生过重要影响。而十月革命以后，知识分子的社会地位和作用发生了深刻的变化。

知识分子境况发生改变的原因主要有两方面。首先，十月革命后大部分知识分子对苏维埃政权持消极态度，他们并不认同布尔什维克的共产主义理想，并倾向于拒绝与布尔什维克合作。同时，在布尔什维克看来，大多数知识分子属于资产阶级范畴，是无产阶级的异己力量，是需要改造的。其次，十月革命的参与主体是农民和工人，革命后工农群众成了国内的主导力量，知识分子原先的社会地位与作用已经受到冲击。在沙俄时期，知识分子在社会地位和生活水平上都处于优越地位，与工农群众缺少联系，因此在这种新的形势下就很容易成为一个被孤立的阶层。另外，少数知识分子参加了反对苏维埃政权的活动，在 1918 年前后那种严峻的形势下，使得布尔什维克错误地估计了知识分子作为一个颇具独立性的社会阶层所具有的影响。因此，列宁指示向"资产阶级意识形态"宣战，开始加强对知识分子的改造。与此同时，有近 300 名的俄国知名的文学家、科学家被装上轮船，驱逐到欧洲，其中包括著名的哲学家 H.A.别尔嘉耶夫等人[①]，使大批知识分子在苏维埃政权

---

① 资中筠主编，冯绍雷等著：《冷眼向洋：百年风云启示录》（下卷），三联书店，2000，147 页。

初期流亡移居到了国外，对苏俄的经济建设产生了消极影响。

列宁和布尔什维克意识到知识分子所掌握的科学技术和所具有的知识对苏俄社会主义建设事业的重要性。因此，在苏维埃政权得到巩固之后，列宁便努力主张创造有利的工作环境，以使知识分子为社会主义建设工作。

在斯大林时代，知识分子受到不公正对待。在二三十年代的"大清洗"运动中，首当其冲的就是知识分子。1928 年在"沙赫特"案件中对知识分子的审判，是"大清洗"的一个开端。1929 年 4 月，斯大林在联共（布）中央联席全会上明确指出，"资产阶级知识分子的暗害活动是抵抗社会主义发展的最危险的形式之一"。在"大清洗"运动中，大量无辜的知识分子受到了迫害，许多人死于非命，其中包括像康德拉季耶夫这样的在各自研究领域内颇有建树的专家学者。在这种高压政策下，从斯大林时代开始，苏联的知识分子逐步成为政治的附庸，知识界教条主义和保守主义盛行，思想文化领域内经常如一潭死水。与十月革命前俄国的知识分子相比，苏联知识分子作为一个群体已经具有了不同的面貌和特性，知识分子所特有的独立思考精神和创新意识已经逐渐丧失。在知识分子地位发生改变的同时，意识形态方面的斗争和政治干预逐步侵入各个学科领域，造成了非常消极的影响。

斯大林去世以后，苏联的整个政治环境发生改变，知识分子的处境有所改善。教育事业的发展和经济建设的需要使苏联的知识分子人数大增，知识分子的作用和影响越来越大，知识界的思想僵化状况开始发生变化。不过从总体上看，长时间形成的那些陈旧思想观念在知识分子的头脑中仍然根深蒂固。1985 年戈尔巴乔夫当选为苏共中央总书记，大力推行改革，对苏联的许多传统思想造成冲击，结果引起了一部分知识分子的不满。1988 年 2 月，列宁格勒工学院女教师安德烈耶娃在《苏俄报》上发表了《我不能放弃原则》一文，对戈尔巴乔夫的改革进行了严厉抨击，结果许多人投书报社表示支持，他们认为改革"背离了社会主义和马克思列宁主义"，背离了"几代苏联人所奠定的社会主义基本原则"。这一事件引起了激烈的争论，充分显示了长期以来教条主义和保守主义思想对苏联知识分子的影响。

经过斯大林去世以后的缓慢"解冻"，特别是戈尔巴乔夫提出公开性、民主化和社会主义舆论多元化等原则以后，苏联进入了一个与以往截然不同的思想开放的时代，知识分子迅速活跃起来。历史学、哲学、文学等领域都展开了批判和反思运动，除了反省历史和鼓吹改革外，经济学等领域的知识分子还积极为改革出谋献策。然而，与政治领域内的改革失控一样，戈尔巴乔夫时代知识分子的思想解放也使一些人陷入了混乱和迷惘。

科学技术的发展

科学技术是推动一个国家发展的关键力量之一。在半个多世纪的社会主义建设过程中，苏联在科技方面取得了举世瞩目的重大成就，科技水平有了突飞猛进的发展，这对苏联实现工业化和成为超级大国起了很大作用。在十月革命前，俄国的科学技术研究就在世界科技领域内占有一席之地。德·伊·门捷列夫在 1869 年发现了著名的化学元素周期表，为化学研究做出了重要贡献；伊·彼·巴甫洛夫对消化生理学的研究取得重要成果，于 1904 年获得了诺贝尔奖；伊·彼·梅奇尼科夫也因对免疫学和传染病学做出重要贡献而于 1908 年获得诺贝尔奖。另外，在 20 世纪初期，俄国在航空动力学等一些领域的研究也居世界领先水平。

苏联科技的发展与科研机构和科研人员的大量增加密切相关。十月革命前，俄国约有 300 个科研机构，1925 年苏联的科研机构和科学协会已经增加到 750 个左右，其中前身为俄国科学院的苏联科学院被确认为苏联最高科研机构。在新成立的科研机构中，有许多是与新兴技术和国家工业化密切相关的。另外，在不少高等学校中也设立了科研机构。到 1958 年，苏联的研究机构达到约 3000 个。而到 1988年年底，苏联共有科研机构 5111 个，科研人员 134.2 万人，其中许多人具有博士或副博士学位。[①]苏联的科研机构包罗众多部门，涉及科技的各个领域，取得了很大成绩，为苏联的社会主义建设作出了巨大贡献。

俄国的数学和物理学研究本来就有比较深厚的基础，十月革命胜利以后，在这些领域中又取得了许多重要进展。苏联的数学研究涉及的课题非常广泛，他们善于把数学研究的成果应用到技术和经济发展上，在力学、飞机制造、火箭技术、喷气技术等研究和制造部门，数学得到了广泛的应用。恰普雷金的复变函数论在亚音速和超音速动力学中得到了普遍应用。康托罗维奇的管理理论，以及他的原料资料最佳利用理

▶ ▶ ▶ ▬▬▬▬▬▬▬▬▬▬▬▬▬▬▬▬▬▬▬▬▬

① 孙成木：《俄罗斯文化一千年》，东方出版社，1995，278 页。

论，奠定了线性规划的基础，为国家制定国民经济最佳发展规划作出了贡献。

在物理学方面，苏联也很快就走到了世界前列。1929—1931 年，斯科贝尔琴获得了证明宇宙线粒子簇射存在的第一批数据，为进一步探索宇宙起源做出了重大贡献。1940 年 6 月，格·尼·费列罗夫等人发现了铀原子的自发裂变现象，随后在全苏的原子核会议上公开讨论了铀的问题，标志着苏联已经进入原子物理研究领域的先进国家行列。1949 年，苏联成功爆炸了第一颗原子弹，打破了美国对核武器的垄断。1954 年，苏联又建成了世界上第一个原子能发电站。此后苏联与美国并驾齐驱，在核物理研究和核武器制造领域长期处于国际领先水平。

苏联另一个取得重大成就的领域是火箭制造及宇航技术。20 年代末，康·艾·齐奥尔科夫斯基出版了《宇宙火箭》和《宇宙火箭飞行》两书，科学地论证了实现人类宇宙飞行的可能性，标志着苏联在征服宇宙研究方面具有世界领先水平。1956 年，苏联成功试射了可以运载核武器的洲际弹道导弹。1957 年 10 月，苏联发射了人类第一颗人造卫星，标志着人类征服宇宙的活动进入了一个新纪元，引起了美国的极大震动。1961 年，苏联宇航员加加林又乘宇宙飞船完成了人类第一次环绕地球的飞行。在此后的 30 年中，苏联在宇航和空间研究方面不断取得令世人瞩目的重大成就。

此外，苏联在化学、医学等各个领域都取得了许多重要成就，使苏联成为一个名副其实的世界科技大国。科技的发展为苏联综合国力的增强起到了非常重要的作用。

然而，苏联虽然在科技发展上取得了辉煌的成就，但也出现过许多失误。其中最主要的问题就是意识形态斗争一度被扩大到科研领域，不仅许多科技人员无辜受到迫害，而且一些科学研究遭到人为的干预，产生了非常消极的后果。20 年代末 30 年代初，遗传学被宣布为唯心主义、种族主义的"伪科学"，成了科学界批判的靶子，遗传学派的创建人遭到了流放。同时，没有真才实学的特·李森科却得到斯大林与赫鲁晓夫等人的支持，长期独霸苏联生物学界，用政治手段维护自己的错误理论，打击和迫害反对他的人，使苏联的遗传工程和生物化学研究受到了很大损害，严重影响了苏联在这些领域的发展。

此外，苏联的科研体制僵化，各研究机构和学科之间缺乏必要的交流与协作，各科研机构自我封闭、自我隔绝。这种体制大大增加了科研成本，使许多先进技术不能被及时地运用到民用生产中，从而降低了这些技术的价值。另外，苏联在发展科技的战略决策方面也经常出现失误，经济一出现困难，科研方面的投资就减少。所有这些情况使得苏联无法紧跟世界科技发展的新潮流，难以与自己的老对手美国竞争。美国国防部在 80 年代就曾估计，苏联在计算机电子学方面比美国落后 10 年，在电光敏感器、机器人技术、信号处理、通信技术等许多第三次科技革命中最重要的技术领域里，苏联也处于落后地位。[①] 科技发展落后于世界科技发展新潮流，削弱了苏联社会主义经济与资本主义经济进行竞争的能力，这也是导致苏联社会主义事业最终失败的原因之一。

文学和其他文化艺术

近代以来，俄国在经济和政治制度等方面曾经长期落后于西方，但在文化艺术领域内取得的许多成就却令世人瞩目。在文学领域，俄国产生了普希金、屠格涅夫、列·尼·托尔斯泰等众多杰出的文学大师，他们创作了许多影响深远的伟大作品。在美术、音乐和戏剧等领域，俄国也取得过光辉灿烂的成就。许多产生于西方的文化思想和艺术流派，都在俄国产生过重要影响。布尔什维克掌握政权后，其独特的意识形态和不同于以往的政策，使俄国的文化艺术呈现出迥异于西方的发展趋向。

十月革命后，在文化艺术应该服务于社会主义建设这一思想的指导下，布尔什维克逐步加强了对文艺创作的管理，确立了自己在这些领域内的领导地位。在斯大林时期，在对国民经济进行社会主义改造的同时，布尔什维克党也对文化进行了实际的改造。意识形态斗争被引入文化领域，文化和艺术有了鲜明的阶级属性，主张"不依附于政权"而搞"纯艺术"的派别受到了批判。

在文学领域，1925 年成立了俄罗斯无产阶级作家联合会（简称"拉普"），1928 年又以"拉普"为核心成立了全苏无产阶级作家联合会联盟。这些组织坚持强调文学的阶级性，把文艺领域看作是无产阶级与资产阶级斗争的场所，主张

▶ ▶ ▶ ───────────────────

① Peter Schweizer, *Victory: The Reagan Administration's Secret Strategy That Hastened the Collapse of the Soviet Union* (《胜利：里根政府加速苏联崩溃的秘密战略》), New York: Atlantic Monthly Press, 1994, p.137.

在文艺创作中使用辩证唯物主义的创作方法。但由于此时布尔什维克的政策是禁止用行政命令对文学进行直接干预，并在一定范围内提倡各种艺术尝试，因此基于文学理论和美学理论上的不同倾向，出现了大量的文学团体和派别，他们提出了众多的主张和口号，彼此间进行了激烈的论战。而十月革命前后风云激荡的革命运动和社会生活，也为文学艺术创作提供了广泛的题材。因此 20 年代出现了文学创作的繁荣局面，涌现出了一批比较杰出的作家和作品。如绥拉菲莫维奇 1924年发表的长篇小说《铁流》，亚·亚·法捷耶夫 1927 年发表的长篇小说《毁灭》，米·亚·肖洛霍夫 1928—1929 年出版的长篇小说《静静的顿河》第一、二卷等等，都是这一时期小说的重要代表。在诗歌创作领域，弗·马雅可夫斯基开始成为新星，他创作了《我们的进行曲》《好！》等作品，赞美十月革命和苏联的社会主义建设。这一时期出现的许多文学作品，对十月革命带来的剧烈社会变动及其对人们思想观念的冲击都做了比较出色的反映。

随着斯大林政治经济体制的逐步确立，进入 30 年代后，文艺界也开始出现高度集中统一的局面。1932 年 4 月，联共（布）中央通过决议，决定解散"拉普"等文艺组织，筹组苏联作家协会。1934 年 8 月，苏联作家协会第一次代表大会召开，宣告了苏联作家协会的正式成立。该协会直接接受布尔什维克的领导，协会中设有共产党党团。这次大会通过章程，把社会主义现实主义定为苏联作家的基本创作原则和创作方法。从此以后，苏联的文艺创作都要以此为纲，苏联文艺创作中的争鸣局面从此结束。

社会主义现实主义是二三十年代苏联一批优秀作家和文艺理论家共同创造的一种比较成熟的文艺理论，但这一理论很快就被教条化了，使社会主义现实主义成了一种固定、死板的模式，严重束缚了文艺工作者的创作活动。同时，由于斯大林把阶级斗争扩大化，意识形态领域内也展开了大批判运动，许多作家、作品和出版物受到了批判。联共（布）中央经常就文学、戏剧和电影等问题通过决议，把文艺问题当作政治问题进行处理。这些做法进一步扼杀了作家的思想和灵魂，使文学日益成为政治的附庸和工具。因此，虽然在 30 年代和卫国战争期间也产生过一些比较优秀的文学作品，如肖洛霍夫的《被开垦的处女地》（第一部），以及阿·托尔斯泰的《苦难的历程》等，但更多的则是公式化、人物形象脸谱化、把生活简单化、为政治口号做图解的作品。

斯大林去世以后，苏联的政治气候开始发生变化，文学领域内的僵化现象也随之出现松动。1954 年，作家爱伦堡在《旗帜》杂志上发表了中篇小说《解冻》的第一部，这篇小说一反苏联以往小说的固定模式，大胆地反映真实的社会生活，引起了巨大的反响。随后苏联出现了一个"解冻"文学流派，这一流派对社会主义现实主义创作原则提出了疑义，要求全面地反映社会生活。在新的形势下，1954 年底召开的全苏作家第二次代表大会对社会主义现实主义的定义作了修改。

1956 年苏共二十大对斯大林个人崇拜提出批判后，解冻文学更加流行，出现了大批对斯大林时代的历史进行反思的作品。一些曾经受到批判的作家和作品也被恢复了名誉。但苏共对文学领域中的自由化现象仍保持着高度警惕。1962 年，苏共中央书记伊利切夫在意识形态会议上强调，苏联文艺的发展"不能没有舵、没有帆"，要"对资产阶级意识形态的任何表现采取不调和的态度"。总的来说，后斯大林时代苏联文坛保持了基本正常的发展局面，出现了众多丰富多彩的文学作品。

戈尔巴乔夫当选为苏共中央总书记后，提出"改革与新思维"，苏联文学受意识形态支配的局面彻底结束，文艺界开始出现改革。揭露和批判现实问题的作品成为文学艺术的主流。许多作家和作品开始被重新评价，许多曾在苏联被禁止的作品也得以公开出版发行。1988 年，苏联给写作《日瓦戈医生》并获得过诺贝尔文学奖的鲍·帕斯捷尔纳克恢复了名誉。

与文学的发展历程相似，苏联的音乐、美术、戏剧、电影等艺术领域也经历了一个在不同政治时期具有不同特点的发展过程。在高度集中的管理和领导体制下，这些艺术也曾长期出现题材和风格单调、艺术评价标准政治化等倾向。学习西方的风格往往会受到批判和抨击，西方的古典主义等艺术传统也一度被忽视和隔断。直到进入 80 年代以后，这种情况才开始发生变化。与文学一样，苏联在音乐、美术、戏剧、电影等领域也取得过许多突出的成就。

[推荐阅读书目]

1. 金雁：《苏俄现代化与改革研究》，广东教育出版社，1999。

2. 资中筠主编、冯绍雷等著：《冷眼向洋》（下），三联书店，2000。

3. 孙成木：《俄罗斯文化一千年》，东方出版社，1995。

4. 周尚文等：《苏联兴亡史》，上海人民出版社，2002。

5. 沈志华主编：《一个大国的崛起与崩溃》，社会科学文献出版社，2009。

6. 陆南泉等主编：《苏联真相》，新华出版社，2010。

第二十四章
拉丁美洲向工业文明的过渡

✿

第一节
独具特色的拉丁美洲文明与文化

拉丁美洲（América Latina）一词，系由名词"美洲"和限制词"拉丁的"组成。其实，它最初的使用和提出是用来同"撒克逊美洲"一词相对应的。19世纪30年代，"拉丁美洲"一词首先出现在法国学者的一些著作中。而后一些在欧洲接受教育的西属美洲学者也开始使用这一概念，并且最终在19世纪60年代正式确立了"拉丁美洲"这一名称。其含义是强调该地区与欧洲的拉丁国家在历史上的关系，并表示受伊比利亚文化影响的这一广大地区不同于其北部的盎格鲁－撒克逊美洲。

拉丁美洲的国家构成也是不断发生变化的。到20世纪50年代总共有21个国家（阿根廷、玻利维亚、巴西、哥伦比亚、哥斯达黎加、古巴、智利、多米尼加、厄瓜多尔、危地马拉、海地、洪都拉斯、墨西哥、尼加拉瓜、巴拿马、巴拉圭、秘鲁、波多黎各、萨尔瓦多、乌拉圭和委内瑞拉），但现在波多黎各已成为美国的自由联邦，波多黎各人已成为美国的公民。1960年后又相继建立了一些新国家，如牙买加、巴巴多斯、特立尼达和多巴哥、圭亚那等，它们以英语为官方语言，并成为英联邦共同体的一部分。因此，"拉丁美洲"这个词所表达的是一个文化和地理的概念，从其他角度上来看，上面这一广大地区又可称为"印第安美洲""伊比利亚美洲"等等。

拉丁美洲的文明和文化是和它的历史发展进程紧紧联系在一起的。地理大发现前的古代美洲有过非常璀璨的土著文明，而 1492 年哥伦布到达美洲大陆这一年则成为美洲文明史上的转折点。此后的几百年中，以基督教文化为基础的欧洲文化，在强大的经济和军事力量支持下，逐渐渗透到美洲各个地区，成为该大陆占主导地位的文化组成部分。但原来的印第安人土著文化并没有被完全消灭，而是在一定程度上顽强地、部分地被保存了下来，并在近现代的物质和精神文化发展方面发挥着自身的作用。这两种文明相互斗争、相互融合，加上十六七世纪由黑奴制产生的非洲黑人文化，形成了独具特色的拉丁美洲文明与文化。

印第安古文明时期

印第安文明的由来与发展 美洲的原始居民是印第安人，这个名称出自哥伦布的一个历史误会。1492 年，当他首航到美洲时，误以为已抵达印度，就把那里的居民称作"印第安人"（indios，原意为印度人，为了区别于前者，汉语译作"印第安人"）。关于美洲印第安人的起源，学者们曾经提出过各种假设或理论，主要有以下四种：是美洲土生土长的；起源于马来亚－波利尼西亚人种，横渡南太平洋而来；来自亚洲大陆，来自俄国中南部。而目前为人们普遍接受的理论是：印第安人来自亚洲，约在 2 万年或更早以前，从西伯利亚越过仅 80 公里宽的白令海峡到达美洲的阿拉斯加；再从加拿大南下，经过美国西部，继续南进，越过墨西哥和中美洲而进入南美洲。根据考古学、人类学和地质学所提供的材料，印第安人属蒙古利亚种，但也并非完全属于同一种族，有部分居民可能是从大洋洲方面迁移到南美或中美地区的。

学者一般认为，不同时期通过不同途径迁移到中南美洲的众多原始狩猎群体，经过几十个世纪的漫长岁月，陆续分散到美洲各地，他们为了适应新的自然环境，逐步创造了具有不同特点的文化。其中发展水平最高的两大地域分别在中部美洲墨西哥高原至危地马拉一带和南美安第斯高原及太平洋沿岸一带。前者被称为"中部美洲文明"，后者被称为"安第斯文明"。"中部美洲文明"最早兴起的是奥尔梅克文化，其后兴起的有特奥蒂华坎文化、萨波特克文化和托尔特克文化等。"安第斯文明"最早出现的是查文文化，其后相继有帕拉卡斯文化、纳斯卡文化、莫契卡文化、蒂亚华纳文化、里瓦文化和契姆文化等。

在以上那些文化的基础上形成了三个最主要的文化中心：1. 以今天墨西哥尤卡坦半岛和危地马拉为中心的古代玛雅文化；2. 以墨西哥高原盆地为中心的古代阿兹特克文化；3. 分布于厄瓜多尔、秘鲁、玻利维亚广大地区的古代印加文化。

16 世纪以前，美洲印第安文化很少与其他大陆的文化相交往，处于一种与世隔绝的状态。各个印第安群体之间的交流也很少，文化发展水平呈现出巨大的差异。一直到 15 世纪末 16 世纪初欧洲人侵入美洲时，仍有一些地区处于极端原始的石器时代。

玛雅文明　大约在 3200 年前，也就是相当于中国的商末周初时期，在今天墨西哥维拉克鲁斯南部和塔瓦斯哥州西北部的墨西哥湾沿岸地区，出现了一个从事刀耕火种的原始粗放式农业民族。据估算，当时他们约有 35 万人。后来的纳瓦人把他们称为奥尔梅克人，意为"橡胶地之民"。公元前 8—前 5 世纪，奥尔梅克文明进入全盛时期，其文明最突出的成就就是创造了至今还令人惊叹的巨型石雕像、祭坛、石碑以及精美的玉石小雕像和黏土金字塔。其中，最富有代表性的就是那 13 个巨型头像，这些头像用整块玄武石雕成，最大的一个高 3 米，周

玛雅石碑

长 10 余米，重达 30 余吨。奥尔梅克文化被认为是中部美洲文明的源头，有中部美洲"母体文化"之称。公元前 300 年左右，奥尔梅克人在他们生活的土地上突然消失，不知去向。

奥尔梅克文明的主要继承者是生活在墨西哥南部和中美洲一些地区的玛雅人。玛雅文明的起源早于奥尔梅克文明，但它是在接受后者的影响之后才繁盛起来的，并在公元前 1000 年前后，形成了独具特色的玛雅文化，其中心地区在今天危地马拉高原的佩腾省一带。玛雅人发展了以玉米为主的农业，培育出了十多个品种的玉米，以及番茄、甘薯、马铃薯、菜豆、可可、烟草、棉花、龙舌兰、凤梨等植物，能制造十分精美的陶器，建筑泥灰结构的房屋。公元 1—2 世纪，玛雅人创造了象形文字，共有 800 多个符号，3 万多个词汇。这些文字被雕刻在石碑、庙宇墙壁、金字塔的台阶以及玉器和贝壳上，或者写在鹿皮或树皮纸上，记载了玛雅人的历史、神话、历法和天文观察结果。后来由于西班牙殖民者的破坏，只保留下一小部分。

从公元 4 世纪开始，玛雅文明进入它的鼎盛时期，被称为"前古典时期"。这一时期的主要成就集中在建筑、天文历法和数学方面。这一时期，玛雅人共建成城市 100 余个，其中著名的有提卡尔、瓦萨克通、科潘、帕伦克、博南帕克等。他们还在生活区兴建成千上万个金字塔，作为举行祭祀等宗教仪式的场所。这些金字塔和埃及的金字塔在形状、用途、大小、数目等方面有很大不同。此外，每个玛雅城市相隔一段时间（一般为 20 年）就要建立一根石柱，上面刻有文字，记载这一时期内所发生的重要事件，年代最早的为 292 年提卡尔城的石柱。这些立柱既是精美的艺术作品，又是一部城市的编年史。玛雅人还建立了精密的历法制度，能准确地预测日食及计算月亮和其他行星的运行周期。在数学方面，他们采用 20 进位，并最早使用"0"的概念（比欧洲早 800 多年）。

然而，出于某种尚未弄清的原因，在公元 9 世纪末、10 世纪初，玛雅人离开了危地马拉高原和恰帕斯地区，向北迁移至尤卡坦半岛，开始了文明的后古典时期。这一时期先后形成乌斯马尔、奇琴－伊察、马雅潘等新文化中心，他们在这些城市中兴建的由"总督宫""修女院""武士庙""豹神庙"及金字塔组成的规模庞大的建筑群，造型虽不及古典时期那般雄伟，却不失精雕细凿，令人惊叹。

在殖民者入侵之前，玛雅人已向阶级社会过渡，社会分为祭司、贵族、平民和奴隶4个等级，实行世袭制，使用奴隶劳动，公社社员必须为贵族耕种土地和缴纳赋税。15世纪后，由于城邦间发生混战，加上自然灾害和瘟疫，玛雅文明急剧衰落，最后一块石柱碑立于1516年。当西班牙人入侵时，玛雅文明已几近灭绝了。

阿兹特克文明　阿兹特克文明是墨西哥古代阿兹特克人创造的文明，是中美洲印第安文明的最后代表。阿兹特克人的祖先是北方的奇奇梅克人，后定居于西北部的阿兹特兰地区（意为"鹭之地"），因而得名。在吸收、融合其他较为先进的印第安文化后，迅速崛起。公元11—12世纪之间，阿兹特克人迁入墨西哥中央谷地，自称是墨西卡人，即"墨西的后裔"。1325年，其首领特诺奇在察看地形时，看见特斯科科湖中一个小岛上有一只鹰叼着一条蛇屹立在一株仙人掌上，这一景象正好与他们部落的一个古老传说相符合，因此特诺奇决定在小岛上兴建特诺奇蒂特兰城。后来，阿兹特克人为了纪念带领他们南下的首领墨西，又把这个城市称作"墨西哥"，即"墨西之城"，这一名称一直沿用至今，并成为墨西哥国名的由来。特诺奇蒂特兰是一座岛城，与陆地有宽敞的堤道相连，城内河道纵横，景色富丽。岛的中央是一片以金字塔和大庙为主的大型公共建筑群，最大的一座金字塔台庙规模可与古埃及金字塔媲美，城内还建有宫殿、

阿兹特克石刻神像：众神之母

学校等。阿兹特克人还修建了长达10多公里的防洪大堤，大型饮水蓄水库和引水石槽，其工程之浩大、艰巨及精确，至今仍令世人惊叹。这座雄伟的城市后来被殖民者科尔特斯摧毁，成为废墟。

阿兹特克人吸取了墨西哥谷地的居民及玛雅人的农业技术成果，并在此基础上培育出了高秆和低秆的多个玉米品种，种植番茄、棉花、龙舌兰、烟草等作物，养殖狗、火鸡、鹅、鸭等禽畜，还从事渔猎活动。为解决地少人多的问题，阿兹特克人学会了一种水上栽培法，用特斯科科湖边的淤泥堆积在固定于湖中的木排上，形成一块块人造小岛，在上面种植庄稼。此外他们的制陶、石器加工、纺织和金银首饰制造等手工业已经相当发达，还会使用蜡染印花和交叉染色。在医学上已经能用奎宁、洋地黄等大量草药治病，掌握了原始的麻醉技术并能进行外科手术。他们的历法相当精确，在特诺奇蒂特兰城中心广场树立了一块直径3.6米，重24吨的巨型历法石，上面雕刻了阿兹特克人所认识的史前时代的情况和他们的太阳历法，现藏于墨西哥人类学博物馆。

阿兹特克人崇尚武力，勇敢善战，不断开拓疆土，16世纪初其疆域已扩展到格兰德河，南与中美玛雅地区接壤，形成了"阿兹特克帝国"的极盛时代。帝国实行集权统治，国王和贵族居于民众之上，并拥有强大的军队。土地为公社所有，由公社管理，主要由公社成员集体耕种，收获供公社全体成员享用；少数土地由奴隶耕种，以供奉首领、祭司和军队。阿兹特克人比玛雅人更明显地出现了阶级分化，有学者认为他们已经进入了早期奴隶社会。

印加文明　印加文明是以古代印加人为代表的印第安文明，是南美洲安第斯地区古文明的杰出代表。"印加"一词是"太阳之子"的意思，是安第斯山区讲克丘亚语的印第安人对他们首领的尊称。但这个部族本来不叫"印加"。这个部族之所以后来叫作"印加"，而且一直沿用至今，与西班牙－秘鲁史学家加西拉索·德拉维加（1539—1615）有关。加西拉索·德拉维加是这个部族的混血后代，他在记述祖先的历史时，把这个部族本身及其所创造的文化、所建立的国家和国家的统治者，统统称为"印加"。大约在公元6世纪，印加人出现在库斯科盆地，公元13世纪，印加人开始向外扩张，并兴建了库斯科城。1438年起，在第五代首领帕查库蒂的率领下，对外进行军事征服。至16世纪初，印加帝国的领土面积已达200多万平方公里，包括今天的秘鲁、厄瓜多尔、玻利维亚，以及哥伦比亚、阿根廷和智利的一部分。北起哥伦比亚的安卡斯马约河，南至智利中部的毛莱河，南北长4000公里；东达亚马孙河森林区，东南抵阿根廷的图库曼，西濒太平洋，人口数百万，是古代美洲统治地域最大的一个帝国。

印加帝国有相当发达的政治和军事组织，以库斯科（克丘亚语为"世界的中心"之意）为中心，全国分成4个行政区（"苏约"）。印加人称自己的国家为"塔万廷苏约"（意思是"统一的行政区"）。行政区下面又划分为9级行政单位，最基层的单位称为"艾柳"，也就是基本生产单位——公社。土地基本上属公社公有，分为三部分："太阳田"，其收获供祭司生活及宗教活动所用；"印加田"，收获归印加王室；"村社田"，供艾柳成员生活所用。国家规定要先耕种"太阳田"和"印加田"，然后才能耕种"村社田"。公社成员每年定期服劳役，参加筑路、开矿、打仗等活动，这种制度被称作"米达"（克丘亚语"轮换"之意）。还有一种从事特殊差

安第斯山区
印加文明遗址

役的"亚纳科纳",其社会地位相当于奴隶、半奴隶。

印加人在全国修建了宽畅、密集的道路网,总长一万多公里。其中两条干道,一条称为"海岸大道",一条称为"高原大道"。在大道途经的关口或危险之处,还设有要塞或烽火台。在农业方面,他们也取得了很高的成就,在崇山峻岭的山坡上建成了庞大的梯田系统和引水工程,这些用石头砌成的水渠有的长达百余公里。印加人还用鸟粪、骆马粪及羊驼粪作肥料,培育出玉米、马铃薯等40多种农作物。此外,印加人还掌握了相当高水平的纺织技术,能使用织布机,还能用浇铸法来制造金属器具,金银制品也精美绝伦。同时,他们在天文历法和医学方面也取得了突出的成就。然而,印加人没有创造出自己的文字,而是采用"结绳记事"的方法来记载历史事件和日常生活。其教育体系是设立供贵族子弟学习的"知识之家",学制为4年。

印加人的社会性质在其早期阶段表现出氏族公社后期的特征,到鼎盛时期,则带有早期奴隶社会的性质。

欧洲文明的入侵、征服和拓殖

殖民地时期是拉丁美洲发展史上一个大的转折点,在这一时期,由于欧洲基督教文明的侵入,拉美的社会和文化发生了全面而深刻的变化。美洲印第安文明孤立发展的历史由此结束,拉丁美洲文明开始向着多元化方向发展。

两个大陆的相遇与碰撞 长期以来,哥伦布被普遍认为是最早发现美洲的人。但是,近200年来许多国家的学者提出了不同的见解,引起了广泛的争论。有些学者认为,中国人最早到达美洲,还有学者提出了北欧人最早到达美洲的观点。法国民族学家保罗·里维特认为:一些北欧的航海家有可能有目的地或是偶然地到过美洲东海岸。但是,这些接触不足以明显改变印第安文化的发展,没有反响、没有延续,只不过是一些偶然接触而已。[①]只有哥伦布到达美洲后,才真正给世界历史的进程造成了划时代的影响,这一点是毋庸置疑的。马克思、恩格斯曾经说过:"美洲的发现……给新兴资产阶级开辟了新的活动场所……使商业、航海业和工业空前

▶ ▶ ▶ ────────────────

① 保罗·里维特:《美洲人类的起源》,朱伦译,中国社会科学出版社,1989,117页。

高涨"，"导致了大商业的产生和所谓世界市场的建立"，"标志着资本主义生产时代的曙光"。[①] 哥伦布的远航美洲并不是一个偶然的行为，而是当时世界历史发展到一定阶段所导致的结果。当时欧洲的先进国家正由封建主义向资本主义过渡，生产力的发展促使商人、手工业主寻求新的原料和商品市场。1453 年，土耳其人攻陷了君士坦丁堡，切断了欧洲对东方贸易的传统通道，另一条经过埃及和红海通往东方的道路也被阿拉伯人所垄断，这就促使西欧商人下决心探索新航路。同时，当时的指南针、航海地图、造船等技术已经可以为远距离的越洋航行提供帮助，加之西、葡、英、法等国新兴民族国家也急于寻求新的土地和财富，最终促成了由哥伦布开始的西欧人的一系列远航。

哥伦布于 1492 年 8 月率领 3 只远征船从西班牙帕洛斯港出发，于 1492 年 10 月 12 日登上了西印度群岛中的一个小岛，这个小岛后来被命名为"圣萨尔瓦多"（救世主之意）岛。往后继续向南航行，到达古巴、海地等地。此后，哥伦布又组织了三次远航。但直到临终，他仍不知道他所到达的是一块"新大陆"，而以为是找到了一条通往印度的新航路。意大利航海家亚美利哥·维斯普奇（1454—1512）在数次航行美洲后，发现哥伦布到达的土地不是印度而是一块新大陆，后人以他的名字命名这块新大陆为"亚美利加洲"。

西班牙殖民者首先征服的是西印度群岛。哥伦布首航美洲时在海地建立了第一个殖民点，此后，西班牙殖民者又先后占领了多米尼加（1496）、波多黎各（1509）、牙买加（1509）和古巴（1514）。到 16 世纪中叶，西印度群岛的主要岛屿全部沦为西班牙殖民地。在征服过程中，西印度群岛上原有的上百万印第安人惨遭屠杀，或者死于疾病或苦役。

殖民者以西印度群岛为基地向南北美洲的广大地区推进。1519 年，科尔特斯率领西班牙远征军从古巴向墨西哥进军，他软硬兼施，囚禁了阿兹特克帝国的统治者蒙特苏马二世，后又大肆掠夺金银饰品。阿兹特克人在新首领奎特拉瓦领导下拿起武器，英勇还击，使西班牙殖民者受困王宫，几乎陷入绝境。1521 年，科尔特斯卷土重来，血洗全城，并将特诺奇蒂特兰城放火焚毁。到 16 世纪 80 年代，整个墨西哥地区全部陷入西班牙殖民统治之下。

▶ ▶ ▶ ━━━━━━━━━━

[①]《资本论》第 1 卷，，人民出版社，1975，819 页。

1531 年，另一支殖民武装在弗朗西斯科·皮萨罗的指挥下向南美的秘鲁进军。他设计俘获了印加王阿塔瓦尔帕，向他勒索重金后，将其绞死。于 1533 年攻占了印加首府库斯科，将城中的金银财宝洗劫一空，到 1533 年基本上征服秘鲁全境。但印加人在王室成员曼科和图帕克·阿马鲁的领导下，进行了数十年的游击武装反抗，直到 1572 年，图帕克·阿马鲁被俘就义，印加帝国才最后灭亡。

此后，西班牙殖民者又进一步征服了智利、阿根廷等地，建立了北起加利福尼亚湾和密西西比河，南至火地岛的广大美洲殖民帝国。

葡萄牙航海家卡布拉尔于 1500 年在巴西海岸登陆，树立了代表葡萄牙王室的十字架，并将这块土地命名为"圣十字架之地"。后来由于巴西盛产一种红木，与东方一种被称为"巴西"的红木相似，以后就把这个地区称为"巴西"。由于巴西地广人稀，不出产金银，没有引起葡萄牙王室的重视，直到 1530 年左右为阻止法国人的渗透，才派大贵族马丁·苏索在今圣保罗地区先后建立了圣维森特和皮拉蒂宁加两个城市，1534 年又在中部海岸建立了巴伊亚城。建立殖民据点后，葡萄牙人同样屠杀印第安人。此外，英、法、荷等国家还瓜分了牙买加、特立尼达和洪都拉斯、圭亚那等地。

欧洲人得以很快将印第安人置于统治之下的原因是多方面的。首先美洲印第安人的文明在技术方面远远落后于欧洲文明。从技术角度上说，当时的欧洲文明具有明显的强势，而印第安文明处于明显的弱势，当一个拥有铁与火药的世界同一个使用石器的世界发生冲突时，后者的失败可以说是注定的。印第安人的工具大都用石头、木头或骨头制成，他们未掌握冶铁技术，使用的金属往往只是用于装饰；他们不知使用轮子，没有马、牛等大牲畜，除了美洲驼和羊驼外，人是唯一的运输工具。

其次，印第安人各部族间并不团结，习惯于绝对服从命令的缺点，也是他们很快被殖民者战胜的原因。由于严格的统治秩序和宗教影响，印第安人甚至把墨西哥的制服者科尔特斯和秘鲁的制服者皮萨罗当成返回大地实现古老预言的神灵，结果使西班牙人很快就控制了广大地区。

最后，同样不可忽视的原因是，欧洲人随身带来的病菌是他们非常强大的武器，因为当地居民对这些病菌丝毫不具备免疫能力。在加勒比海地区，几乎所有的土著部落居民在不到 50 年的时间里都被疾病所吞没。在美洲大陆，天花病菌的传播比科尔特斯和皮萨罗率领的远征军进展得还快还远，也更具有毁灭性。1524 年，印加王瓦依纳·卡帕克因患天花身亡，从而引起了争夺王位继承权的战争。皮萨罗到达秘鲁时，战争正在进行，天花为西班牙的入侵打开了通道。到 1650 年，中美洲阿兹特克和玛雅文明的人口从原来的约 2500 万萎缩到 150 万；安第斯山脉印加文明的人口也由原来的大约 900 万减少到 60 万。大量研究表明，传染病造成印第安人大量死亡，是欧洲入侵者迅速征服美洲土著人的重要原因。

殖民时期的美洲人口 在欧洲人征服美洲以前，那里居住着人数众多的印第安人。但是其分布是不均匀的，以中美洲和安第斯山脉中段人口为最多。人口的分布从一定程度上影响着殖民者的征服和统治结构，而后者又反作用于人口的变化。从总体上来说，在殖民时期的三个世纪里，西属美洲和巴西都经历了两个阶段的人口变化过程：第一阶段是在冲突和征服过程中美洲土著人口显著下降，欧洲、非洲移民迁入；第二阶段是从殖民中后期起，印第安人口有所恢复，白人和梅斯蒂索人（印欧混血种人）迅速增加。

据 S.F. 库克和 W. 博拉估计，1519 年墨西哥中部的人口是 2500 万，欧洲人入侵四年以后，只有 1700 万美洲土著人活了下来；到 1548 年减少到 600 万，20 年以后降到 300 万；1580 年前后，又下降到 200 万；到 1630 年左右，墨西哥中部的印第安人几乎不到 75 万，是征服前的 3%。① 欧洲人在其他大陆——非洲和亚洲开拓殖民地的过程中，从未使该地区的原有人口减少到如此程度。是什么原因造成这种灾难性的后果呢？主要原因是：欧洲入侵者对印第安人的杀戮、在农业和采矿业中实行超强度的强制劳役制度，以及各种疾病的流行。

移民人口的增加，开始于对美洲最初的探险和征服时期，主要包括水手、士兵、官员和传教士。后来，西班牙国王出于对美洲利益的考虑，希望西班牙人口能够更加稳定和平衡地发展，鼓励妇女以及整个家庭移居美洲，尽管如此，仍不能平衡西班牙人在美洲人口中的男女比例，于是，西班牙男子同美洲土著妇女交往和通婚，形成了梅斯蒂索人。后来，为了补充印第安劳动人口的不足，非洲奴隶被运到美洲，主要在热带种植园里从事劳作。在 16 世纪末期奴隶贸易高峰时期，每年大约有 3500 "匹" 奴隶进入西班牙美洲（每 "匹" 即为一个全劳动力的男性奴隶，女

▶ ▶ ▶ ▬▬▬▬▬▬▬▬▬▬▬▬▬▬▬▬▬▬▬▬▬▬▬▬▬▬▬▬

① 莱斯利·贝瑟尔：《剑桥拉丁美洲史》第二卷，中国社会科学院拉丁美洲研究所译，经济管理出版社，1997，4 页。

性、儿童和一些老弱男性需按年龄和体力进行折算)。白人男子和黑人妇女所生后代被称作穆拉托人,黑人男子和印第安妇女所生后代被称作桑博人。

到 18 世纪末,由于公共卫生条件的改善,尤其是 1780 年接种疫苗行动的开始,美洲的人口死亡率表现出下降的趋势,印第安人口也有了缓慢的恢复。到殖民统治末期,西班牙美洲的人口约为 1350 万,由多个种族构成。印第安人占人口总数的 45%,白人人口尽管增长迅速,但还达不到总人口的 1/5,不同肤色的梅斯蒂索人占 1/3,黑人占 4%。

由于巴西早期人口方面的统计数字奇缺,研究的难度更大。但是它在殖民开始以后,经历了和西属美洲相似的人口变化,即土著印第安人的大量减少,白人人口的增长以及非洲奴隶贸易所带来的黑人奴隶的迁入,这三种人口组成或以"纯血统"形式,或以相互之间不同程度的混血形式,形成巴西新的种族构成。

殖民地时期的经济生活　　西班牙、葡萄牙和法国的重商主义制度构成了拉丁美洲殖民时期(1492—1825)重要的经济内容。殖民者建立了多个垄断公司,在垄断公司的控制下,拉丁美洲各附属国在经济上只是宗主国的附庸,处于次要地位。殖民地为母国提供必要的矿产品和其他原料,却不能根据自己的需要发展经济和开发资源。从大体上看,西属美洲这个时期的经济生活主要是围绕着大城市、中小城镇和农村村落而展开。在规模较大的城市里,主要进行的是商业和手工业活动,在新兴的市镇中则以矿业生产和一些商业活动为主,而在广大的农村地区则是分别以大庄园和印第安人村社为单位进行农业生产。

由于重商主义把黄金和白银看作是财富的基础,西班牙王室渴望富有,在殖民地把开采贵金属作为经济活动的中心,其他的经济活动都从属于它。1530 年前后,在靠近墨西哥城的苏尔特佩克和松潘戈发现了银矿,随后又在萨卡特卡斯(1546)、瓜纳华托(约 1550)、圣巴巴拉(1567)以及圣路易斯波托西(约 1592)分别发现了大的银矿区。开始阶段,白银开采主要依靠印第安人劳力,后来黑人奴隶也参加进来,但人数很少,而他们在黄金开采中却是主要的劳动力。白银开采过程中主要采取的劳动制度是委托监护制、奴隶制、分派劳役制和雇佣劳动制。在各矿场征调劳力的活动中,涉及人数最多、组织程度最高、剥削最残酷的是波托西的米达制,即殖民者定期直接征用一定数量的印第安人去开矿的方法,这正是利用了印第安人原有的"米达制"和墨西哥阿兹特克人的"瓜特基尔制"。在这种制度下,大量印第安服役者死于繁重的劳动、恶劣的条件，以及矿主的毒打之下。墨西哥是殖民地早期的主要产银区，萨米特卡斯、瓜纳华托、帕丘卡和圣路易斯波托西四大矿区一度提供了占全世界 1/3 的白银。其后，上秘鲁的波多西地区发现了更大的银矿，产量达到世界白银产量的一半。采矿业对印第安人村社和个人都具有深远的影响，一方面造成了其人口从传统农业村社向西班牙人统治的城镇的转移，另一方面也造成了难以估量的人口损失。同时，采矿业不仅在很大程度上决定了殖民者对当地经济的安排，还对政治、社会结构产生着巨大的影响。由于制造业的发展意味着与西班牙的商业垄断发生矛盾，所以殖民当局极力阻碍拉丁美洲工业的建立。尽管在 18 世纪波旁王朝的统治下，西属美洲制造业获得了微弱的发展，但无法从根本上摆脱以采矿业和出口农业为主的畸形发展道路。

拉美农业早在殖民者到来之前，已经有相当的发展。后来又从欧洲输入了小麦、水稻、香蕉、葡萄、马、牛、羊、猪等作物和家畜以及先进的生产工具。其中大牲畜和车轮的传入，对拉美经济发展具有十分重要的意义。在新西班牙被征服后的 20 年内，欧洲家畜迅速遍及墨西哥河谷、普埃布拉以及特拉斯卡拉等地，毁坏了这些地区印第安人传统的公共土地耕作制，变可耕地为牧场，减少了印第安人的食物来源。印第安人很快便把猪、羊和鸡等纳入了他们的食物和营养范畴。但是从总体上说，拉丁美洲农业几乎是为了满足矿业经济和其他有限的国内需求而存在的。由于殖民者早期实行的土地赏赐制度，大地产制在拉丁美洲后来的发展过程中占主导地位。西班牙殖民者于 1503 年开始推行委托监护制，印第安人以区域为单位"委托"给白人殖民者"监护"，监护的主要责任是"教化"印第安人皈依天主教，同时有权要他们提供劳役。16 世纪中叶，西班牙王室转而实行"征派劳役制"，到 17 世纪又实行以债役雇农制为特征的大庄园制。拉美的大庄园本身就是一个封闭的社会，庄园主拥有土地所有权，按照自己的秩序管理庄园，应付来自经济和社会方面的挑战。以奴隶劳动为基础的大种植园主要生产出口需要的经济作物。存在于印第安人村社和少数佃农之中的小地产农业经济相对于整个拉美的社会经济来说显得非常弱小。

葡属巴西的殖民地经济具有明显的单一性，大体经历了红木时期、蔗糖时期、黄金时期等几种不同的单一产品生产周期。在征服初期，主要出口被称为"巴西木"的贵重红木。而后在沿海地区开始种植甘蔗，大力发展甘蔗种植园和制糖业，

1532年在维森特建立起第一家制糖厂。而后又发展起烟草、棉花、可可、咖啡等种植园，大量使用奴隶劳动。到17世纪末、18世纪初，在米纳斯吉纳斯州等地发现了金矿，掀起一股"淘金热"。后来由于黄金和金刚石矿趋于枯竭，甘蔗等农作物再度成为巴西经济中的主要产品。在宗主国重商主义政策的控制下，巴西的种植园经济和采矿业经济发展较快，其他工业非常落后。直到1808年葡萄牙王室迁到巴西后，禁止工业生产的禁令才被废除。

经过16、17、18世纪的拓殖和开发，拉丁美洲经济变成了典型的殖民地经济。生产活动和经济生活完全是围绕着宗主国的利益、欧洲以及世界市场的需求进行，处于一种边缘的、从属性的地位，这种状况成为拉丁美洲殖民地时期文明构成的一大特色，并对它以后的发展产生着重大的影响。

殖民地时期的社会生活　应该明确的是，在西属美洲存在着截然不同的两个社会——西班牙人社会和印第安人社会。西班牙人社会通常包括西班牙语讲得不错、服饰和气质欧洲式的以及经常活动于西班牙人之间的一些人，这个社会主要是城市性的。与之相对应的另一个社会是印第安人生活的乡村社会。城市在法律上处于支配地位，它的市政会代表整个辖区，所有的大型组织都在城市里设立总部，大规模的商业和手工业生产以及专业人员的活动总是在城市中进行。高贵者和有权势者住在城市，卑贱者住在乡村；成功者聚集在城市，入不敷出者被赶到城外。在社会等级制度中，欧洲人、美洲印第安人、非洲人分别占据不同的位置，按等级依次排列为：从伊比利亚半岛来的欧洲白人为第一等级，占据政治、经济、教会的要职；克里奥尔人，即殖民地土生白人为第二等级，占据那些名望和利益仅次于半岛人的职位。第三等级是混血种人，他们是异族通婚后出现的，主要有梅斯蒂索人、穆拉托人，处于最底层的是印第安人、黑人和桑博人。印第安人在名义上是"自由人"，是"受保护的"，但实际上没有一点公民权利，而黑人则大多在热带种植园中从事奴隶劳动，没有丝毫的人身自由和权利，完全听从奴隶主的摆布。在西班牙人世界和印第安人世界之间存在着一个特殊群体——他们在西班牙人世界工作，但最初来自印第安世界，被称为"土著仆役——农奴"，他们服务于西班牙人，并且常常随西班牙主人迁移流动，由于最大限度地接触了西班牙人世界，他们成为殖民地社会中变化最快的群体。

与西班牙美洲不同，巴西的殖民地社会是以大种植园为核心、围绕农村地区进行组织的。社会上层阶级中的大种植园主、大牧场主、大矿主都生活在各自的经济单位里，他们虽然在城市中也有住宅，但只是在那里进行政治活动和商业活动。巴西的大城市和港口的主要作用是用作进出口货物的集散地，并不是作为殖民地政治、经济和社会生活的中心。巴西社会中的下层阶级主要为奴隶阶级，包括黑人和穆拉托人。黑人被强制从非洲贩运到巴西，在种植园和金矿开采等生产活动中从事奴隶劳动，构成巴西社会劳动力的主体。在上层阶级和下层阶级之间还有一个中间阶级，由白人平民、梅斯蒂索人、印第安人和自由黑人组成，他们是自由人，主要从事手工劳动和农业劳动。

　　殖民地时期的政体　殖民地时期的政治制度要求人们绝对服从。在早期，西班牙国王拥有对殖民地至高无上的统治权力，他拥有殖民地全部土地和王国的公共财产。他委任西班牙征服者统治墨西哥和秘鲁，亲自任命各地的总督及总督以下各级行政和司法官员。国王利用审察制度来监视下属的所作所为，各级审察官都负有调查总督及其他官员执政情况的职责。国王通过稽查殖民地官员的私人财产限制他们与当地殖民者的商业和社会关系，并把他们从殖民地的一个岗位调到另一个岗位。国王还鼓励殖民者对帝国在新大陆的代理人提出指控。西班牙统治者为管理其广阔的殖民地建立了一套严格的统治体系，主要机构包括：①西印度事务院；②总督辖区；③都督辖区（又称将军辖区）；④检审庭辖区；⑤省和监政官辖区；⑥市镇辖区（后改为郡县）。西印度事务院设在西班牙的马德里，主管美洲殖民地的立法、行政、军事、财政和教会等各种事务，负责任命殖民地的行政人员和神职人员。西班牙国王卡洛斯一世时期，在美洲设立了两大总督辖区：新西班牙总督辖区（1535）和秘鲁总督辖区（1542）。前者统辖今墨西哥、中美洲和安的列斯群岛，首府设在墨西哥城；后者统辖南美洲（当时以秘鲁和智利为主），首府设在利马城。后来，波旁王朝改革后又新增设了两个总督辖区：新格拉纳达总督辖区（1739），管辖今哥伦比亚、委内瑞拉、厄瓜多尔和巴拿马等地区，首府设在波哥大；拉普拉塔总督辖区（1776），管辖今阿根廷、乌拉圭、巴拉圭和玻利维亚等地，首府设在布宜诺斯艾利斯。此外，还在危地马拉（1527）、古巴（1764）、委内瑞拉（1778）和波多黎各（1778）设立了都督辖区。为了便于治理，在总督辖区的首府和一些重要城市还设立了14个检审庭，用以监视殖民地各级官吏。殖民地时期西属美洲的最低一级行政单位是市镇辖区（新西班牙总督辖区称为 alcaldia mayor；秘鲁总督辖区称为 corregimiento），在西班牙市镇中，市镇的广场、街道和房屋均按照西班牙风格修建，市镇委员们仿照西班牙的仪式开会、讨论和表决。而在印第安人村镇中，西班牙统治者则以强制和拉拢的手段在印第安人领袖中扶植"卡西克"（阿拉瓦克语，由西班牙人从西印度群岛带到大陆），教会、委托监护主和地方行政长官依靠"卡西克"这一特殊阶层来实施殖民统治制度。此外西班牙国王的影响还渗透到宗教领域，他拥有教皇的特许权利，掌管着任命教职、建造教堂、寺院以及建立神学院的权利。教会是扩大王室统治的有效机构，它逼迫印第安人皈依天主教，给野蛮征服披上了神圣的外衣。

葡萄牙殖民者在巴西统治的初始阶段便将巴西分成 15 块封地，建立 14 个都督辖区（其中一个都督辖区拥有两块封地）。这 14 个都督辖区分属 12 个大贵族管辖（有两个贵族各得到两个辖区）。受封的都督就是其辖区及辖区居民的领主，承担开疆拓土、军事防御、管理财政等全部责任。各辖区另设统领一名，从当地名门望族中挑选，作为都督的副手。另设首席检察官一名，行使司法职能。此外，还设立市议政会。市议政会不仅有行政权，还有立法权，负责监督关税、征税、招募民团等公共事务，权力比西属美洲的市政议会还大。但是，从总体上说，葡萄牙在巴西的殖民统治比起西属美洲来说要松散一些，殖民地的自主性也相对强一些。

殖民地时期的宗教与文化 西班牙、葡萄牙殖民者在征服美洲的过程中，一面用剑与火，对印第安人进行肉体上的征服；另一方面，手持十字架，对印第安人进行精神上的征服。经过几百年的强制传播，欧洲基督教文化在美洲取得了统治地位，成为拉美的主体文化。然而，美洲的印第安文明并没有在种族融合的过程中完全消亡。另外，非洲黑奴被大量贩卖到美洲，黑人文化在这一时期的文化大交融中，也融合到了拉美新的文化主体之中。因此，拉美文化在殖民地时期呈现出显著的多元性。

在宗教方面，欧洲人做出了极大的努力来改造印第安人。原本的美洲印第安人中间并不存在统一的宗教，他们大多为多神论者，相信万物有灵，崇拜天体和自然，有复杂的历法、庙宇和祭司阶级。依据欧洲人的观点，基督教是唯一真正的宗教，他们讨厌印第安人宗教的许多做法，诸如用人作为祭品等等。基督教的传播、普及和深入对印第安人的生活发挥着重要作用。比如教友会，印第安会员向它交纳会费，它为印第安人提供一种有组织的生活方式。此外，在西班牙美洲，教育和文化机构的兴办也是与基督教的传播密切相关的。教会学校的建立，不仅使印第安人得到宗教方面的知识和训练，而且还得到一些世俗教育。在圣克鲁斯学院，印第安的上层成员可以学习西班牙语和拉丁文，还受到人文科学的教育，这些教育与西班牙本国贵族学院的教育大体一致。所有这些，加快了印第安上层成员，尤其是卡西克们的西班牙化。同上层阶级相比，大多数印第安人的西班牙化过程要缓慢得多。大多数印第安人不学西班牙语，住宅和衣着方面也保持着 15 世纪以前的式样。印第安村社的存在，也阻碍着同化的进程，虽然它也受到来自欧洲世界和基督教的强大影响，但依然保持着某些主要和普遍的印第安特征以及印第安人的价值准则。可以说村社起着抵抗西方文明和保存印第安文化的作用。

西班牙殖民者在西属美洲兴办了一些教育和文化事业，但其文化政策是极其专制和严厉的，一切违反天主教教义的印刷品都不准运往美洲。与西属美洲殖民地相比，葡属巴西的文化设施要落后得多，文化控制也不那么严格。

在殖民地时期，拉丁美洲产生了一些著名的诗人、作家和学者，最著名的有：墨西哥女诗人、学者摩尔·胡安娜·伊奈斯·德拉克鲁斯（1651—1695），她是整个西属美洲最杰出的文学家，被誉为"第十位缪斯"；早期殖民者贝尔纳尔·迪亚斯·德尔卡斯蒂约（1492—1548），他根据自己的亲身经历和所见所闻写下了《征服新西班牙信史》（中译本 1990 年由商务印书馆出版），真实生动地记述了西班牙殖民者残酷屠杀、消灭印第安人的种种暴行；史学家加西拉索·德拉维加作为印加王室的后裔，从各种渠道收集资料，写成一部伟大的编年史《印加王室述评》（中译本 1993 年由商务印书馆出版），是了解印加文明最全面、最权威的著作之一。另外，西班牙的神父巴托罗梅·德拉斯·卡萨斯（1475—1566）把在美洲期间的所见所闻写成了《西印度毁灭述略》（中译本 1988 年由商务印书馆出版），这本书以同情的笔调揭露了西班牙殖民者的暴行和印第安人的苦难。葡属巴西的著名文人和学者有：本托·特谢拉·平托（1540—1618），他被称为"巴西第一位诗人"，著名诗作为《拟声》；历史学家塞巴斯蒂昂·达罗莎（1660—1738），他的《葡萄牙美洲史》是关于早期巴西历史的权威之作。

此外，这一时期的拉美建筑和艺术也显示出文化的多元成分和混合风格。许多建筑从正面看去，完全是西班牙-欧洲的式样和风格，但它们的后面和内部装饰却带有明显的印第安特色。在绘画、雕刻等方面也是如此。特别在音乐方面，尽管欧洲宗教音乐在殖民地占有主导地位，但由于举行大型宗教活动时有不同人种的参加，于是便不可避免地吸取了印第安人音乐的旋律与基调，后来又加入了黑人音乐的节奏，因此，殖民地时期的音乐越来越明显地具有了拉丁美洲自己的特色。

独立战争及独立后的拉美社会（1810—1870）

独立战争　随着拉丁美洲不同种族和文化的长期融合，到 17 世纪，拉丁美洲出现了"美洲人"这个新观念，并逐渐凝聚成为一种新的"美洲精神"。同时，欧洲启蒙思想和学说的传播也对拉丁美洲殖民地民族意识的形成以及社会、经济、政治的变革起到了促进作用。到 18 世纪末、19 世纪初，拉丁美洲终于爆发了一场声势浩大的争取独立的革命运动。这次运动几乎遍及拉美各地，前后持续近 40 年，波及的人口近 2000 万，是世界近代史上一次规模最大的殖民地解放运动。大部分拉美地区结束了殖民统治，建立了一系列新的民族独立国家。

拉美独立运动以黑人奴隶杜桑·卢维杜尔（1743—1804）领导的法属殖民地海地革命为开端。经过几十年的艰苦斗争，于 1804 年建立了第一个拉美独立国家。自 1810 年开始，独立战争扩展到整个拉丁美洲大陆。墨西哥的独立运动爆发于 1810 年 9 月 16 日，以敲响多洛雷斯教堂钟声号召起义为开端，在伊达尔戈神父（1753—1811）和莫雷洛斯神父（1765—1815）的领导下，前赴后继，于 1813 年 11 月通过了《墨西哥独立宣言》，正式宣告墨西哥脱离西班牙，成为一个独立国家，并把 9 月 16 日定为墨西哥国庆日，这一天即"多洛雷斯呼声"的日子。1821 年，前殖民军军官伊图尔维德（1783—1824）篡夺了革命领导权，带领起义军进入墨西哥城宣布独立，并于次年自封为皇帝奥古斯丁一世。1823 年，墨西哥人民推翻伊图尔维德的统治，于 1824 年正式宣布成立墨西哥共和国，赢得了最终的独立与胜利。1811—1814 年，中美洲各地人民也纷纷起义。1821 年，中美洲地区宣布独立。1838 年，中美洲联邦解体，分别成立危地马拉、萨尔瓦多、尼加拉瓜、洪都拉斯和哥斯达黎加 5 个国家。

西属南美洲北部的独立战争于 1810 年首先在委内瑞拉的加拉加斯爆发，由玻利瓦尔（1783—1830 年）领导。起义军于 1811 年建立了委内瑞拉共和国，后被西班牙军队推翻。作为"解放者"的玻利瓦尔，经过顽强的斗争，终于在 1822 年

建立了包括今天委内瑞拉、哥伦
比亚、厄瓜多尔和巴拿马的大哥
伦比亚共和国，取得了南美洲北
部独立战争的胜利。南部的独立
战争以拉普拉塔河为中心展开。
1813 年，圣·马丁被任命为北
方军司令。圣·马丁率领军队于
1817 年成功翻越了海拔 3000 米的
安第斯山，解放了智利。1818 年
智利宣布独立。接着圣·马丁又
进军秘鲁。为彻底解放秘鲁，取
得独立战争的胜利，圣·马丁与
玻利瓦尔于 1822 年 7 月举行了
瓜亚基尔会晤。由于意见未能取
得一致，圣·马丁悄然引退，由
玻利瓦尔担当起解放秘鲁的事业。
1824 年，在阿亚库乔战役中，玻

玻利瓦尔纪念碑

利瓦尔的军队摧毁了西班牙军队的主力，解放了秘鲁。1825 年上秘鲁独立，以玻利
瓦尔的名字命名新建立的共和国为玻利维亚。1826 年，西班牙的最后一支军队在秘
鲁的卡亚俄港投降。至此，西属美洲的殖民体系基本瓦解，独立战争取得了最后的
胜利。

　　葡属巴西的独立不同于西属美洲，采取了比较和平的方式。从 1789 年开始，
巴西国内多次发生争取独立的武装起义，但是都未成功。1820 年，葡萄牙发生资产
阶级革命，王子佩德罗留在巴西成为摄政王。他拒绝执行葡萄牙议会召他回国的命
令，准备在巴西建立君主立宪制。随着巴西人民要求独立的呼声的高涨，在紧急关
头佩德罗高呼"不独立，毋宁死！"他于 1822 年被加冕为皇帝，称佩德罗一世。巴
西成为拉美独立运动中唯一建立君主制的国家。

　　至此，拉丁美洲先后建立了 18 个独立国家：海地、多米尼加、巴拉圭、委内
瑞拉、阿根廷、智利、巴西、哥伦比亚、墨西哥、哥斯达黎加、萨尔瓦多、危地马

拉、洪都拉斯、尼加拉瓜、秘鲁、厄瓜多尔、玻利维亚、乌拉圭。基本上形成了今日拉丁美洲各国的政治格局。

独立战争后的拉美经济 对拉丁美洲各国来说，独立使他们可以在比过去有利的条件下重新确定同西方工业国家的关系。首先，由于独立战争的胜利，消除了以前殖民地关系中那种沉重的财政负担。其次，虽然由于各自国家的资本不足，大部分的商业和工矿业受制于英国和美国，但他们毕竟拥有了比殖民统治时期稍具活力的工业和经济，从而可以更加充分地让自己国家的经济融合到日益扩大的国际经济关系之中。

从独立战争到 1850 年前后商业革命的影响到来之前，拉丁美洲的经济从总体来说是停滞的，甚至在有些领域还出现了倒退。尤其是农业部门，虽然对原来的许多地产进行了重新分配，但这种分配并没有给自由主义者带来他们所希望的竞争和更高的效率，反而加强了土地寡头的经济封闭性。可以说，大地产制在独立以后的拉美各国中普遍得到了巩固和发展。许多殖民地时期的大块土地从西班牙、葡萄牙王室、贵族和教会的控制中转入到了土生白人和混血人种的手中。由于土生白人掌握了独立革命的领导权，他们手中的大地产在独立革命中基本上原封未动，而在独立战争后，他们依仗手中的权力，更加恣意地兼并土地。与此同时，一大批战争中产生的军人和新官僚得到了大批土地，成为新的土地权贵。印第安人村社由于失去了昔日西班牙国王的特殊"保护"，其土地反而更加容易受到侵占和掠夺。据估计，在 19 世纪的一个世纪中，各国大地产所有者夺取的土地，相当于前三个世纪中大地产所有者夺取土地的总和。另外，农业生产中的雇佣关系虽然有了明显的增长，但债役雇农制却被广泛保存了下来，在一些地区还得到了加强。

战争给这一地区的经济造成了相当程度的破坏，许多矿山被迫关闭，殖民地的手工业也在外国输入的廉价工业品的冲击下受到打击。大约有半个世纪的时间，拉丁美洲的经济不如殖民地时期。

独立战争后的拉美社会 拉丁美洲社会在独立战争后的头几十年内仍然存在着两个不同的社会——西班牙人社会和印第安人社会。殖民地时期建立的等级森严的阶级制度仍然被保留下来，黑人奴隶制在委内瑞拉、哥伦比亚、秘鲁等国家直到 19 世纪 50 年代才被废除，混血人种遭受的法律歧视仍然存在，社会中最明显的变化就是克里奥尔人贵族取代了半岛人而成为第一等级。上层阶级通过密切的家庭关系和在上流社会内的门当户对的联姻来维持自己的社会地位。几乎没有面向大众的教育，私人教育专门面向从上层阶级中挑选出来的富家子女。富人和出身高贵的人的子孙或继承家庭的庄园，或在军队、教会中谋求一个有社会地位的职务。土地贵族、军人和教会三方互相支持，以维护社会、经济和政治的现状。大部分上层阶级模仿欧洲的文化模式而鄙视他们自己的社会，从欧洲进口日用品、把孩子送到欧洲接受教育，并经常离开自己的土地到国外长期居住。

然而，现代化的进程已在一些方面开始，尤其是在1850年以后更为明显。首先，许多国家废除了黑人奴隶制。智利在1811年解放了黑人奴隶，紧随其后，墨西哥、多米尼加、玻利维亚、厄瓜多尔、哥伦比亚等也相继解放了黑奴。巴西的奴隶制虽然到1888年才正式废除，但是在1850年已经停止奴隶贸易。其次，教会和军队中存在一些机会使阶级之间的升迁成为可能。比如，穷人的孩子有了接受教育的可能，并可通过进入教会或建立军功来改变自己的地位。最后，这一时期大学教育受到重视。1821年建立了布宜诺斯艾利斯大学，1819年建立了智利民族学院，1842年建立了智利大学，1820年以前巴西已经建立了烟草学院和医学院，1816年大哥伦比亚的波哥大、加纳加斯和基多这三所大学一起采用了普遍的教育计划。除大学外，波哥大还建立了博物馆，巴西、布宜诺斯艾利斯和智利的圣地亚哥建立了国家图书馆。

最重要的一点是，中等阶层已开始在城市中出现。这是一个富有潜力的集团，主要从事对外贸易、政府管理、教育及服务工作，他们接受了比较好的教育，通过媒介了解拉丁美洲以外的世界，经常在国内提出具有进步意义的倡议，极力推动现代化进程。他们在社会生活中发挥着越来越重要的作用，逐渐成为一支推动经济、社会和政治革新的骨干力量。

独立后的拉美政体 在独立战争及其以后的一段时间，政治领域的混乱造成拉美社会经济停滞不前，使社会进步和经济改革成为泡影。这种混乱持续了50年之久。

独立初期，拉美国家内部的权力纷争及国家之间的边界冲突频繁，几乎所有拉美国家内部都有自由主义者与保守主义者的冲突。受到英、法、美等西方国家思想的影响，自由主义者主张政教分离，建立联邦制度，扩大选举权，增加移民，支持国家的教育以及自由贸易等，同时全盘否定殖民地时期遗留下来的东西。与此相反，保守主义者大多主张维持罗马天主教的影响，建立统一而又强大的中央政府，限制移民，实行保护主义的闭关自守的经济政策。城市自由主义者通常是商人、专业技术人员、教育界人士及其他中等阶层；保守主义者主要是军官、教士和乡村贵族，以及受这种势力控制的一些利益集团。可以说，自由主义和保守主义之争所反映的是向现代化迈进和维持现状的两种势力的较量。19 世纪的拉丁美洲，自由主义者在大多数国家占有支配地位，这说明现代化思想开始深入人心。

独立后，拉美社会中广泛存在的种族隔阂、阶级差别、地理差异及运输通信的闭塞，最终导致了拉美政治上的分裂。最突出的一个特点是出现了地方庇护主或军阀——在西属美洲有"考迪罗"，在巴西有"陆军上校"。他们是一些军事独裁者，把持着地方政权。

"考迪罗"一词在西班牙语里是"首领"的意思，最早产生于 19 世纪初拉丁美洲人民为争取独立而进行斗争的时期，那时涌现出一批军事领袖，他们为拉美各国的独立做出了贡献。独立后，他们大权在握，实行专制统治，成为第一代"考迪罗"。此后，一些高级军官和地方首领通过政变或战争以暴力手段夺取政权的现象在拉美政治生活中普遍出现。早期的"考迪罗"代表人物有：阿根廷的罗萨斯、委内瑞拉的派斯、巴拉圭的弗朗西亚、危地马拉的卡雷尔等。阿根廷在罗萨斯统治期间维持了一段比较长时间的稳定局面，经济有所发展，但在他倒台后，地方主义重新抬头，国家陷入动荡。"考迪罗主义"的一个普遍特征是：以暴易暴，独裁与无政府主义相互交替，政局长期动荡不安。如墨西哥在 1824—1848 年间发生了 200 多次军事政变，更换了 31 个总统；玻利维亚在 74 年中发生过 60 次"革命"。自独立以来，拉美各国颁布的宪法多达 180 多部，居世界各洲之首。另一方面，"考迪罗主义"往往穷兵黩武，使国家之间的战争不断。其中规模较大的有：1825—1828 年的巴西—阿根廷—乌拉圭战争；1839—1851 年的第二次乌拉圭战争；1864—1870 年的巴拉圭战争；1879—1883 年的太平洋战争等等。

尽管在独立后的几十年中，拉丁美洲各国政治领域的斗争持续不断，政治生活被"考迪罗主义"所垄断，人民参与政治的程度非常低，但是在政治领域仍有某种进步，其中最主要的是政教分离思想的普及和民族革命运动的兴起。独立以后，各国政府纷纷立法，扩大政府权限，削弱教会力量。阿根廷于 1819 年，委内瑞拉于 1836 年，乌拉圭于 1837 年，墨西哥于 1856 和 1857 年先后颁布了这样的法律。哥伦比亚于 1853 年带头宣布完全实行政教分离；而巴拉圭的弗朗西亚在其长期的独裁统治中成功地消除了教会、欧化贵族和地方军阀的影响，并在这个过程中确立了中央政府的权威。另外，在独立战争中兴起的民族主义，在拉美的一些地方一直有着影响。1810 年，墨西哥爱国神甫米格尔·伊达尔戈在他领导的反抗西班牙人的起义中，征召印第安人和梅斯蒂索人加入革命军队，高举梅斯蒂索人的瓜达卢佩圣母旗帜。作为独立后首任总统的拉斐尔·卡雷拉成为 1838 年至 1865 年间危地马拉的绝对统治者，在位时他通过迎合本国民众的民族主义感情而获得民众的支持。巴拉圭的弗朗西亚则听取本国瓜拉尼印第安人的意见，将印第安人的语言和文化作为巴拉圭民族主义的基本成分加以保留。这些都是在本土民族主义精神的旗帜下，组织民众的典型代表。

独立革命时期及以后的拉美意识形态和文化 19 世纪初的拉丁美洲独立革命从政治、经济上摆脱了殖民宗主国的控制，建立了新的独立国家，开辟了新的历史阶段，但是几百年的殖民统治所形成的基本文化结构并没有被打乱，以欧洲－基督教为主体的混合文化仍占主导地位，只是在某些方面有了变化，或进行了一些调整。比较突出的是，在欧洲启蒙思想影响下，产生了民族独立和民主共和的思想，以及新的"文明和野蛮"观念，文化上则表现为浪漫主义影响下的一些转变。

欧洲启蒙思想 17 世纪末传入拉美，18 世纪末、19 世纪初在拉美广泛传播，其影响一直持续到 19 世纪中叶。拉美许多独立运动的先驱不仅是启蒙思想的实践者，也是思想家，他们的思想正是外来学说和拉美实践相结合的产物。玻利瓦尔撰写了许多具有历史价值的书信，在著名的《牙买加来信》中，他表明了反对君主制、希望建立资产阶级共和制的思想。他还领导制定了两部宪法：大哥伦比亚宪法（1819）和玻利维亚第一部宪法（1821），这两部宪法集中体现了人民主权、三权分立、公民自由和总统制等政治主张。莫雷诺曾经研究社会经济问题，并按照资产阶级的自由竞争原则，提出了同外国进行自由贸易的要求。

独立战争期间，拉美文化的表现形态也有了很大突破，一些律师、作家、演说家和诗人用丰富多彩的文章支持革命斗争，通过新闻媒体宣传他们的思想。他们兴办了许多报纸，尽管这些报纸存在的时间都很短暂，但作用是巨大的。在革命散文作家中，最突出的是马里亚诺·莫雷诺（1778—1811），他创办了《布宜诺斯艾利斯日报》，发表文章，支持革命。而生于乌拉圭的巴托洛梅·伊达尔戈（1788—

1823）则以"民谣"的形式创立了拉普拉塔河地区的高乔文学。这一时期最伟大的拉美学者兼作家是委内瑞拉的安德列斯·贝略（1781—1865），他一生从事人文科学的研究，曾经作为委内瑞拉外交使团成员，在伦敦居住 20 年，结识许多著名学者。他的著作犹如一部百科全书，涉及哲学、法律、文学、诗歌、教育、历史等各个方面。他还创作过诗歌和剧本，在文学界赢得了声誉。他还是一位伟大的翻译家，把英、法、意、德等文字翻译成西班牙文，把欧洲的文化成果介绍到拉美。独立战争期间，拉美文化的转变集中表现在资产阶级启蒙思想取代了中世纪的经院哲学，资产阶级的民主共和思想取代了君主专制思想，宗主国和教会强加给印第安美洲的精神枷锁被打破，欧洲和北美的资产阶级革命思想为拉美注入了新鲜的血液。

独立战争后的拉美文化的发展，主要是在浪漫主义的影响下，开始重新塑造自己的文化。浪漫主义作为一种文化思潮，在 19 世纪 30—40 年代传到拉丁美洲。但拉美的浪漫主义缺乏激情，具有平缓的特点。浪漫主义首先影响到大城市中心的知识阶层，土生白人贵族青年、欧洲艺术家、文学家、科学家以及拉美各国青年作家是这一文化运动的主要载体。在浪漫主义思想影响下，19 世纪中期，拉美出现了茶话会、书店、杂志社、印刷所、科学院、博物馆、音乐学院等有组织的文化传播和交流机构。在文学方面，拉美的浪漫主义作家打破了西班牙语传统，在作品中大胆使用各国的方言词汇，并且提出应该创造一种"美洲的文化"。此外，浪漫主义运动使资产阶级自由主义思想取代了独立战争时期的启蒙思想，许多政治家、思想家和作家都把自由主义思想作为反对保守和传统思想的武器。在阿根廷，还出现了"1837 年一代人"，主张在拉美推行欧洲式"文明"，引进欧洲的先进技术，推行欧化教育，他们反对阿根廷独裁者罗萨斯的考迪罗式统治，认为与罗萨斯的斗争是"文明与野蛮"之争。著名的作家和教育家萨米恩托（1868—1874 年任阿根廷总统）于 1845 年发表了长篇文学传记《法昆多》，又名《文明与野蛮》。他认为"文明"是指法制、社交和保护私有财产，"野蛮"则指军事独裁、缺少法制观念、反对文化教育等，他同时提出了一系列发展经济、重视教育、倡导民主和自由的主张。但是，他却把印第安人排除在"文明"社会之外。可以说，19 世纪大部分时间里，拉美上层人士所追求的"文明"与"进步"，就是尽可能模仿欧洲、北美的政治、经济和社会发展模式，走一条欧化的道路，大力推行从欧洲移民的政策。而后来拉美的发展却表明，忽视本民族、本地区的文化传统和现有条件，选择完全欧化的道路是走不通的。

　　拉美文化在独立战争及其以后的几十年内，表现为由新古典主义过渡到浪漫主义的过程，在意识形态上则经历了由保守主义向自由主义的转变。在这个过程中，来自欧洲的文化成分和思想意识对拉丁美洲的民族独立和发展起了一定的推动作用。

第二节
1870—1945 年的拉美变革风潮

　　19 世纪后期，大多数拉丁美洲国家的经济、社会和政治状况发生了重大的变化。由于本地区与欧洲、北美的贸易不断增长，而且规模越来越大，一场商业革命发生了。这次革命产生了新的上层阶级、中等阶级和劳动阶级，由此形成了新的社会结构。从 1850 年开始，拉丁美洲各国的现代化进程先后启动。在推动拉美各国现代化进程的诸多因素中，第一次世界大战对拉美的影响最为巨大。由于战争使拉丁美洲失去了许多市场和供应来源，所有拉美国家都必须改变以前的贸易方式，实行新的工业政策，这也就使城市中的中等阶层进一步壮大起来。可以说，经济领域中工业化的启动和发展、政治领域中民众主义的兴起、社会生活中的各种进步和变革，构成了 1870—1945 年拉丁美洲现代化变革风潮的主要内容。而 1910 年的墨西哥革命、1910 年至 1920 年的乌拉圭奥多涅斯领导的改革运动，以及代表中等阶层利益的阿根廷激进党的 1916 年选举，都证明现代化的变革风潮席卷着拉丁美洲各国的各个方面，并且都取得了前所未有的进展。

经济发展及现代化的启动

一战前的经济发展 19世纪后半期，欧洲的工业革命已经有了相当的发展，美国也很快开始了自己的工业化进程。这些工业化国家需要大量的原材料、食品及海外市场。拉丁美洲国家在这种需求的刺激下大力发展本地区的出口经济。在巴西，咖啡出口业在1850年后有了迅速的发展，而20世纪初，在亚马孙河流域又发展起了天然橡胶业，到1912年橡胶产量达到高峰，出口量为4.5万吨，占世界产量的90%。智利的铜和硝酸盐成了本国出口经济的基础，早在1831年就有商船载着硝酸盐驶往英国，到1860年，其出口量已增至5.6万吨；太平洋战争（1879—1883）后，智利开始集中开发硝酸盐以供出口，其工业因此而获得迅速发展；铜矿业对智利有着更加长远的影响，在19世纪下半叶，智利已经成为世界上主要的铜生产国，1876年，智利生产的铜占世界总产量的38%，直至今日，铜仍然是智利最有价值的出口产品。阿根廷和乌拉圭则因发明了冷冻船，使得肉类产品、羊毛和小麦的出口得到了很大发展。1876年，第一艘运载冷冻肉的商船驶离阿根廷，到1883年，在阿根廷、乌拉圭和欧洲之间就建立起了定期贸易。秘鲁的鸟粪开采始于19世纪40年代，在以后的三十年中，秘鲁因向欧洲出口鸟粪而取得了商业上的巨大成功。后来鸟粪业衰落，而棉花和糖业出口开始增加。墨西哥于1901年建立了自己的石油工业，到1910年墨西哥的年产油量达360万桶。到19世纪末期，一些较为弱小的拉丁美洲国家也掀起了出口的热潮。1870年后，危地马拉的咖啡贸易迅速发展，同时期内古巴的糖产量也有增长，到1894年就超过了100万吨。在玻利维亚，锡矿也在1890年左右开始为国际市场而大量开采。

由于港口运输和商业贸易的发展，运输业和通信业有了长足的进步。阿根廷迅速扩大着自己的铁路系统，1857年只有一段6英里长的铁路，13年后已有455英里的铁路投入使用，到20世纪初，则铺设了1万多英里的铁轨，到1913年铁路系统扩大到2万多英里，成为南美拥有最广泛铁路网的国家。墨西哥铁路系统的扩展也同样迅速，1875年该国只有357英里的铁路，到1910年墨西哥革命时，铁路系统已经扩大到1.5万英里。

这一时期，大多数国家都进行了较大规模的公共设施建设。在秘鲁，港口、通信系统，以及市区内的电气化、污水处理系统和运输工程设施的建设都有了很大发展。在哥伦比亚，1901 年第一家现代糖厂投入生产，1906 年第一家现代纺织厂开始运行。巴西也于 1860 年建成了第一家轧钢厂。墨西哥建成了拉丁美洲第一家用焦化法进行生产的现代钢厂，并于 1903 年开始投入生产。在波菲里奥·迪亚斯统治时期，矿产量翻了四倍，建立了大量的糖厂、纺织厂，石油生产成为一种主要工业，公共建筑工程有了很大的发展。按豪伍德·弗兰克的说法：“整个现代经济结构都是在一代人内建成的，包括铁路、银行、重工业、货币和国家信用贷款。”

在第一次世界大战以前的这段时期，拉丁美洲国家的经济开始与其他西方发达国家联为一体，并且经历了巨大的增长，尤其是在出口部门。不可否认，在阿根廷、智利、墨西哥、巴西等比较大的国家开始了现代工业化进程，拉丁美洲的现代化正是在这一时期开始启动的。

一战后的经济调整和工业化的启动　第一次世界大战、20 世纪 30 年代的大萧条和第二次世界大战，这三次世界性的事件促使拉丁美洲各国的经济部门发生了重大的结构性变化。由于拉丁美洲国家失去了海外的市场和供应来源，许多国家为了生产原来由欧美进口的产品而开始大力进行本国的工业化。许多国家成功地建立了自己的轻工业，一些比较发达的国家还建立了自己的重工业。需要指出的是，这一时期，出口经济仍然在向前发展，而外资则成为刺激和促进经济增长的新的经济手段。到 20 世纪 20 年代，外国投资者在一些拉美国家建立制造厂来加工出口经济中的初级产品。阿根廷和乌拉圭发展了大规模的肉类工业和罐头食品制造业，古巴和秘鲁的糖业生产、中美洲诸国的香蕉业、智利的铜、玻利维亚的锡和墨西哥的石油等众多产业的发展吸引着外资，一批相应的设备工厂和加工工厂先后建立。当 30 年代大萧条开始时，拉丁美洲各国的出口业受到打击，而且失去了制成品的供应来源。许多具有丰富经验的拉丁美洲企业家开始引进各种制造业设备填补空缺，一位学者指出：“20 世纪 30 年代，哥伦比亚企业家已获得充分的技术才能，因而没有进口不仅未成为阻碍，反而提供了一个机会。”

这一时期，许多拉丁美洲国家政府首次扮演了促进工业发展的角色，他们开始实施各种促进制造业发展的纲领。一种新的经济国家主义意识开始产生，并在以后的几十年中逐渐成熟，成为当代拉丁美洲人的共识。早在奥多涅斯的第二届政府 (1911—1915) 时期，乌拉圭就开始实施政府对制造业和工业部门的支持和控制政策。在寻求促进经济增长和减少外国对乌拉圭经济影响的过程中，巴特列政府采取了以下措施：建立三个较为重要的国家银行；对电话、铁路、电力和能源这五个部门实行国有化；推动大规模的肉类和加工工业的国有化进程，实行政府对烟草、水泥、化学产品和炼油的垄断；设置新的计划机构以保障乌拉圭工业的合理增长。在墨西哥，1917 年革命中制定的宪法宣布：所有的地下资源都归国家所有，没收大地主土地分配给农民，发展农民经济。阿根廷的大规模国有化运动和全面的贸易保护措施是在庇隆时代开始的，但政府的石油专卖早在 1922 年就开始了。巴西的热图利奥·瓦加斯在第一次执政时期（1930—1945），通过贸易保护和支持、资助兴办企业来表明政府实行工业化的坚定决心，对劳动、工商几个部门实行改革，使其成为推动经济和社会发展的前沿阵地。在智利，巴尔马塞达早在 19 世纪末就预示了经济国家主义的到来。1920 年，智利的寡头统治垮台时，经济国家主义这一趋势再次明朗起来，当 1939 年建立智利国家发展公司时，这一政策则被确立。在委内瑞拉，政府为国有企业提供贷款，并支持它们建立鱼产品加工业、纽扣厂、水泥厂、麻袋厂等。此外，政府还对鲜肉、干制咸肉、牛肉干、罐头、香肠、腌牛肉和猪油的生产授予垄断权。到 20 世纪中期，拉丁美洲各国政府都在促进炼钢厂的建立，这是经济发展的一个重要标志。到 1945 年，阿根廷、巴西、智利和墨西哥四国已开始自己生产钢铁。

除了明显重视工业化外，拉丁美洲国家继续维持出口初级产品，出口部门尽管在一段时间内受到了打击，业务量减少，但仍然是拉丁美洲经济中最为重要的一个组成部分。1910 年后，智利的硝酸盐出口开始逐渐衰落，而且从此就再也没有重新兴旺起来；1912 年，巴西的橡胶出口失去了原来的重要地位；1922 年，墨西哥的石油工业也开始衰落。在大萧条期间，所有初级产品都减少了它们的出口创汇，但在二战期间及其以后，它们又重新获得了原来的大部分市场，如智利铜矿和玻利维亚锡矿在经济领域的重要性得到了加强，在二战结束时已成为极具价值的工业部门。委内瑞拉的石油生产始于 20 世纪 20 年代，石油产量的不断提高使委内瑞拉成为拉美人均国民收入第二的国家。此外，运输通信条件继续得到改善，进一步推动着经济的全面发展。商业空运在 1919 年就开始了，这一年，商业定期航空交通服务公司——哥德航空运输公司创立。此后，拉丁美洲的空中运输业发展很快，极大地改善了他们的运输和通信设施。同时，拉丁美洲国家的公路建设也有了很大的进步，在 20 世纪 30 年代，秘鲁实行了以公路建设为重点的建设计划，40 年代中期许多拉美国家积极推行公路系统的改进。铁路的扩展也继续进行，为出口经济部门服务。

总之，1870—1945 年不到一个世纪的时间里，拉丁美洲国家一步步地向着现代化迈进。经济领域出现了从未有过的增长和引人注目的发展，工业化进程初具规模，许多国家政府开始制定有利于本国的工业化政策，可以把这一阶段称为拉丁美洲的现代化启动和初步发展阶段。但是这一时期拉丁美洲的经济增长和工业化进程是由出口经济带动的，从一开始就被结合进世界不平等的贸易体系中，很大程度上依赖国外的投资、市场、技术和人员。这就使拉美各国的经济发展出现了很大的不平衡性和差异性，形成了以三种不同经济类型为主的国家和地区：

1. 热带农产品出口地区和国家，包括加勒比地区、西印度群岛、中美洲、巴西、哥伦比亚及墨西哥、委内瑞拉部分地区。

2. 温带农牧产品出口国，包括阿根廷、乌拉圭等南部国家，主要出口小麦、肉类和毛皮。

3. 矿产品出口国，主要有墨西哥、智利、秘鲁和玻利维亚。

这些国家出口经济的发展，并没有使拉美在工业化的大潮中跟上欧洲和北美的发展步伐，从根本上摆脱欠发达的状态。相反，拉美国家面临着一系列的发展难题。

社会的变革风潮

1870—1945 年，随着经济的发展，拉丁美洲的社会发生了巨大的变化，其中最突出的几个方面分别是：1. 阶级结构的变化，尤其是中等阶级的发展壮大；2. 教育的普及和提高；3. 国内迁徙与国际移民。

阶级结构的变化　19 世纪下半叶，伴随着拉美资本主义工业的建立和发展，诞生了拉丁美洲的近代无产阶级，并开始在一些国家中成为社会结构的主体。1900 年，工业无产阶级在拉美大陆经济自立人口中约占 10%。随着无产阶级队伍的成长、壮大，拉丁美洲在 19 世纪中叶出现了早期工人运动和工人组织，主要集中在阿根廷、墨西哥、智利、乌拉圭等无产阶级形成较早的国家。1849 年，智利举行了拉丁美洲最早的工人罢工。墨西哥、巴西在 1914 年以前发生了上百次的罢工斗争。最早的工人组织经历了从互助会、兄弟会、合作社等互助团体到工会的发展过程。

较早的工人组织有阿根廷首都印刷工人联盟（1857）、古巴卷烟工人协会（1863）、墨西哥工人大团体（1870）、乌拉圭首都印刷工人协会（1870）、智利首都铁路工人联合会（1886）等。早期的工会大多受到无政府主义、无政府工团主义思潮的影响，并经常受到政府和业主的镇压。到一次大战以后，在工人运动内部，更加明确的社会主义和共产主义思想逐步取代了无政府主义学说。

拉丁美洲 19 世纪下半期开始的经济繁荣，促成了新兴富裕阶层的出现，扩大了中等阶层，使城乡无产阶级更加壮大。新兴的富裕阶层开始向传统的贵族阶层挑战。在拉美的一些国家里，上层阶级分化成两派，一派为地主寡头势力，另一派为种植园、商业企业、银行企业和其他与现代经济相联系的新兴阶层。在开始阶段，新兴集团往往从属于享有特权的土地贵族，但他们在经济上具有一定程度的独立性，他们向旧的社会结构提出了挑战。

在此期间，中等阶级的地位不断上升。在商业领域，出口经济需要会计、经理和经纪人；在工业领域，采矿业的兴起创造了中等管理岗位、工程和技术人员的就业机会。在两次世界大战期间，随着新兴工厂的建立，教育的普及和政府官僚政治的发展，中等阶级也相应更加壮大，并在几个主要国家内获得了主要的社会政治地位。1916 年阿根廷的中等阶级开始执政；在墨西哥，中等阶级在 20 世纪 20 年代开始在政治上占据支配地位。中等阶级掌握政权后，常常通过颁布有利于工人阶级的社会和劳动立法来获得他们的支持。在两次世界大战之间的大部分时期内，阿根廷、巴西、智利、墨西哥和乌拉圭五国都产生了中等阶级和无产阶级之间不同程度的联合。后来，古巴、危地马拉和委内瑞拉三国也产生了同样的运动。

教育的普及和提高 在 1850—1914 年期间，拉丁美洲大多数国家的教育质量得到了提高，一些国家还实行了普及教育的计划，这使受教育的人数有了极大的增加。这一时期，由于受到实证主义哲学理论注重实际和科学的影响，拉丁美洲的一些国家还相应改变了学校的课程设置。比如，本杰明·康斯坦特为巴西的教育系统引进了一项注重理科而非传统文科教育的新计划。教育状况的改善极大地推动了拉丁美洲的发展进步。阿根廷、智利、乌拉圭这三个南美国家都在 19 世纪末期广泛推行了公民普及教育。阿根廷的多明戈·福斯蒂诺·萨米恩托实行了一项公众教育计划，从此，阿根廷的各级教育都有了很大发展。在小学，国立和私产学校中注册的学生，1890 年有 30 万人，到 1912 年增至 78 万人。在中学，国立学校的在校人数从 1890 年的 3300 人上升到 1915 年的 11.1 万人。师范学校的注册学生从 1890 年的不足 1300 人上升到 1912 年的 7200 人。而布宜诺斯艾利斯大学的注册学生在 1890 年至 1915 年间从大约 900 人增加到 4600 人。智利的教育普及运动始于 19 世纪 40 年代，到 1891 年，有 9.5 万名儿童在公立小学念书，1909 年在小学念书的儿童增加到 24 万名。公立中学的注册人数从 1885 年的 5000 人增加到 1910 年 1.87 万人。大学生从 1886 年的 100 人增加到 1908 年的 2400 人。在乌拉圭，萨米恩托的追随者何塞·巴雷拉从 19 世纪 60 年代就开始致力于一场建立全国公共教育网的运动。乌拉圭的总统洛伦索·拉托雷则通过颁布法令实行了巴雷拉的许多教育计划，到 20 世纪初，巴拉圭成为在教育方面仅次于阿根廷的国家。

在 1914—1945 年的两次世界大战期间，巴西、哥伦比亚和墨西哥等几个国家也加入了改善教育的行列。巴西总统热图利奥·瓦加斯在其统治期间使全国的小学数量增加了一倍，中学数量增加了四倍，并于 1937 年创立了巴西大学。而在 1934 年，圣保罗州已经开办了一所州立大学，南里奥格兰德州和米那斯吉拉斯两州也建立了大学。瓦加斯还促成建立了各种职业院校，一位历史学家评价说，这就"将许多原始的农民培养成为有熟练技术的工人或懂科学的农场主"。这期间哥伦比亚的教育开支增加了四倍，调整了国立大学，建立了 19 所师范院校。从 1921 年开始，何塞·巴斯孔塞洛斯作为第一任公共教育书记，在墨西哥实施了一系列推广普及教育的计划。1925 年至 1940 年，墨西哥的小学生人数增加了 1 百万人。除了进行各种传统教育改革外，巴斯孔塞洛斯还实施了一系列成人和农村教育计划。从 1922 年至 1947 年，墨西哥以每年平均 1000 所的速度建立了 2.5 万所乡村学校。从 1920 年至 1950 年，墨西哥的识字率从 29.8% 上升到 57.5%。1920 年左右，墨西哥的识字人数超过 400 万，到 1950 年，其识字人数达 1500 万。拉丁美洲这些国家的公共教育的扩大，促进了其社会领域的现代化发展。

国内迁徙和国际移民 在 19 世纪末、20 世纪初的一段时间，拉丁美洲国家内部的地区迁徙非常明显。一些通常是国家首都的沿海大城市，在独立战争后既具有突出的政治作用，又具有重要的经济功能。当农村人口为逃避独立战争后的混乱而逃往内地时，就出现了城市迁徙，这种现象一直持续到 19 世纪末。当新建的商业和工业企业为城市带来更多的经济机会时，城市的流动人口也因此增多。早在 1895 年，阿根廷就有三分之一以上的人口住在城市。20 世纪初，乌拉圭也有相同数量的人口成为城市人口。1900 年，布宜诺斯艾利斯大约有 100 万人口，里约热内卢大约有 70 万人，墨西哥城的人口则超过 33 万。此外，国际移民的规模也日益扩大，大大增加了拉丁美洲的城市人口，同时也改变着拉丁美洲的社会人口成分。移民在 1850—1914 年间达到高峰，成百上千万移民涌入拉丁美洲。在这一期间，仅阿根廷一国的净移民数就达 300 万。另外，还有数量可观的人移民到巴西、乌拉圭和智利，其中大多数移民来自讲拉丁语的欧洲——意大利、葡萄牙和西班牙。

尽管在 20 世纪 20 年代后，大规模持续的移民潮消退了，但在一战和二战期间，仍有许多欧洲人被迫移民到拉丁美洲，尤其是由于 1930 年的西班牙革命所引起的国内混乱和随之而来的 1936—1939 年内战，许多西班牙人移居到拉丁美洲。20 世纪 30 年代晚期，由于在中欧出现了对犹太人的迫害，所以拉丁美洲又有了一批新移民。在两次世界大战期间，移民巴西的日本人增加了许多。在 1924 年到 1933 年间，有 10 万多日本人移民巴西。这些移民使拉丁美洲增添了新的种族，带来了新的思想和技能，对拉美社会的发展产生了深刻的影响。阿根廷和乌拉圭通过移民已成为白人为主的国家；通过文化移植，移民带来的新文化丰富了各国的社会文化模式；由于精力充沛、目标明确，移民往往充分利用垂直流动的优势条件，在经济和社会领域里获得成功。他们为拉美的经济发展、社会变革及文化多元化做出了自己的贡献。移民带来了新的思想、新的价值观和乐观向上的生活态度，这些都有利于推动整个拉美大陆向现代化迈进。直到今天，犹太人仍是拉丁美洲商界的杰出人物。而为逃避西班牙内战而来到墨西哥的难民虽然不足一万人，其中却有不少杰出的学者、科学家、专业人员和商人，他们都为墨西哥的发展做出了非常特殊的贡献。巴西的日本移民带来了先进的灌溉、施肥和选种方法，引入了黄麻、胡椒和绿茶，同时建造了拉丁美洲最大的造船厂，建立了生产汽车和农用机械的工厂，这些都对巴西的工农业发展起了推动作用。

在这一历史时期内，印第安人的社会地位有所改善。19、20 世纪之交，拉丁美洲知识分子开始支持失去土地的农村印第安人，并为消除种族歧视做出了努力。在巴西，1888 年宣布了废除奴隶制的法令。诸如此类的努力导致了哲学、思想和文学方面的本土化运动进展迅速。墨西哥在为非欧洲血统的本地人争取社会平等和有效公民权方面走在前面，成为第一个梅斯蒂索和印第安人占优势的国家。此外，大多数拉美国家的妇女解放运动已经开始，在一些较先进的国家，妇女已开始在较为广泛的社会范围内获得了相对平等的地位。同时，由于制定了离婚、财产权及有关妇女选举权的立法，从很大程度上促进了妇女的解放。

总之，在1870—1945年这不到一个世纪的时间里，拉丁美洲国家的社会生活发生了很大的转变和改善。由于新兴富裕阶层、中等阶级以及城乡无产者的出现，新的阶级结构形成，国内迁徙和国际移民给社会注入了新的活力，并促进了城市化进程。一些国家公共教育的显著扩大进一步促进了各国的社会现代化。但是，拉美社会内部的差异是明显的，在一些国家发展的同时，另一些国家和地区却仍呈现出落后的传统社会的面貌。城市的现代化进程迅速，而广大农村地区却没有什么实际变化，继续受到传统因素的束缚。这一时期拉美社会发展呈现出显著的二元性特征，而这一特征一直持续到今天。

政治领域的变革

19世纪中后期以后，由于许多拉丁美洲国家的政权开始巩固，中央政府的管理能力也逐渐提高，拉丁美洲国家在国家政权建设方面的努力明显加强了。在政治领域出现了许多向现代化发展的变革倾向，其中最主要的是国家政权的巩固和国家主义的兴起，以及下层阶级政治参与的扩大。

国家政权建设的加强　拉丁美洲的国家政权建设早在独立以后就已经开始，随着社会、经济的发展和现代化，国家政权建设也不断加强。智利早在19世纪30年代就开始了国家政权建设进程。1846年委内瑞拉宪法的公布则为其国家政权的巩固提供了法律上的框架。1861年布宜诺斯艾利斯并入阿根廷联邦，使阿根廷向着持久统一迈出了重要的一步。1876年至1911年间，迪亚斯在其长期统治内大大加强了墨西哥的国家政权建设。而在哥伦比亚，1886年的宪法则标志着迈向统一的最终步骤已经完成。

在这一时期，一些国家开始实施有竞争性的官僚制度。墨西哥在培养训练有素的行政管理人员方面进行了有效的尝试。智利和乌拉圭也同样开始建立并实施更加有效的公共管理。到19世纪80年代，通过了拉丁美洲历史上最多的反教会立法，随着时间的推移，教会不断丧失特权，已经不再是所谓的"国中之国"了。拉美洲国家政府权力的独立和巩固在很大程度上促进了政治的发展，墨西哥是一个非常突出的例证。在波菲里奥·迪亚斯（1876—1911）统治时期，他以独裁的方式加强了国家政权的建设，但1910年的革命使国家重新陷入分裂状态，地方考迪罗又获得了绝对的统治权力。墨西哥的著名革命者拉萨罗·卡德纳斯（1934—1940）就任总统以后，把国民革命党重新组织成功能化、非地区性的劳工、农民、民众和军事四个部门，从而使地方寡头势力不能再为所欲为。1938年在他的领导下，一举镇压了萨图尼奥·塞迪罗将军发起的地方性叛乱，从而巩固了墨西哥中央政府的权力。

在巴西，热图里奥·瓦加斯也同样努力实现了国家政权的巩固。很长时间里，巴西是一个由各州组成的集合体，直到1930年瓦加斯就任临时总统开始，巴西的国家职能才得到了真正的加强。瓦加斯在任总统（1934—1945）期间，开始把各个半独立状态的州协调统一起来。由联邦任命的人选开始担任各州州长，中央政府也有权管理各州的许多事务；为了消除政治活动以州为基础的传统，建立了许多全国性的政党；为减少各州对公共土地和自然资源的控制，设置了几个新的区域；为了促进国内的统一，大规模建设铁路和公路。总之，瓦加斯通过多方面的努力把巴西从一个互相戒备的半独立的各州集合体变成了一个由中央政府领导的民族国家。伴随着不同于传统的政治、经济、文化制度的建立，一种新的国家主义观念也在大多数巴西人中产生了。

虽然墨西哥和巴西的国家主义的产生要早于其他拉丁美洲国家，但在拉丁美洲的大部分地区都出现了相同的趋势，也出现了类似的领导人。如阿图罗·亚历山德里·帕尔巴和卡罗斯·伊巴尼斯·德·坎姆普在统治智利的十年（1920—1931）里，通过大大削弱地方行政区的政治和司法特权，巩固了中央政府的集权制。委内瑞拉的胡安·维森特·戈麦斯尽管实行独裁统治（1908—1935），但却极大地加强了国家政权建设，并为以后的国家政治发展铺平了道路。中美洲萨尔瓦多的马克西米亚洛·埃南德斯·马丁内斯（1931—1944）和危地马拉的豪尔赫·乌维科（1931—1944）的独裁统治，某种程度上也起到了巩固中央政府权力的作用。可以说，这一时期拉丁美洲的许多国家都通过采取加强中央政府职能的办法，促进了经济发展和社会进步。

政治参与的扩大　尽管在第一次世界大战以前，拉丁美洲各政治组织、各群众团体的政治参与程度并不是很高，但整个大陆的自由主义政体所提出的纲领和政策

的影响越来越大，这表明能提出政治见解的新兴力量有所增加。19世纪60年代中期，各种自由主义政治团体在智利和委内瑞拉出现并壮大起来，到20世纪，阿根廷、乌拉圭和玻利维亚三国也出现了类似的情况。尤其重要的是，出身于乌拉圭中产阶级的何塞·巴特列·伊奥多涅斯在1903年就任总统，表明乌拉圭的中产阶级获得了政治上的胜利。阿根廷的激进公民联盟自1889年成立后就迅速扩大着自己的影响，这是该国向现代化迈进过程中中产阶级的首次亮相，1916年激进公民联盟掌握了政权，阿根廷的中产阶级终于进入了全面参政时期。

下层阶级的政治参与情况在一战以前并不明显，但他们在这一时期进行了许多活动。比如在19世纪六七十年代至80年代，移民在工人阶级组织中的活动就十分活跃。1894年成立的阿根廷社会党，应该算是拉丁美洲历史上第一个不断壮大，并具有举足轻重作用的工人阶级的政治组织。这一时期的工人阶级团体的发展，还促进了工会组织的扩大。在19世纪最后25年中，许多国家都出现了无政府主义团体，虽然它们存在的时间不长，并在进入20世纪后让位于较现代的社会主义组织，但它们丰富了政治参与的形式，是工人阶级要求政治参与的开始。

1914—1945年，拉丁美洲政治领域最重要的现代化趋势就是各政治组织、各群众团体的政治参与不断扩大。第一次世界大战后，拉丁美洲的许多国家产生了新的政党。这些更加成熟的政党取代了19世纪那种以自我为中心、组织松散和缺乏创见的政治团体。这些政党在吸收自己的成员时，不只看他是否效忠于自己政党的领袖，而且还要看他是否赞成自己政党的纲领和政治主张。同时，这些新政党还有更加严密的组织生活，并且欢迎其他阶级或阶层的公民参加自己政党的活动，他们常常在工会、行会联合会和其他非政治性团体内进行有组织的活动，有的政党还对本国的经济和社会问题进行深入的研究。在此期间建立和发展起来的代表中下层阶级参与政治的重要政党有阿根廷和智利的激进党、乌拉圭的红党和哥伦比亚的自由党，还有秘鲁的美洲人民革命同盟、墨西哥的革命制度党、古巴的真理党和委内瑞拉的民主行动党。此外，拉丁美洲的共产党也相继成立，并和几个传统的社会主义团体一起致力于将城市无产者组织起来。这些新兴政党的出现和中下层阶级的普遍觉醒及其在政治上的日益活跃，推动着拉丁美洲的政治生活的发展和变革。

在1914—1945年间，正式投票资格的变化也扩大了政治参与的范围。到这一时期结束时，财产资格限制已完全取消，在约半数的国家中还取消了识字限制。除此之外，还有 7 个国家赋予了妇女选举权。1929 年，厄瓜多尔成为第一个同意妇女参加投票的国家。到 1945 年，巴西、乌拉圭、古巴、萨尔瓦多、多米尼加共和国和危地马拉 6 国也都开始允许妇女参加投票。

尽管这一时期拉丁美洲国家在政治参与方面取得了引人注目的进步，但仍有大量的拉丁美洲人被排斥在有效政治参与的范围之外。大多数农村仍在土地寡头的控制之下，如果农民投票的话，也是按庄园主的意愿进行，大多数妇女仍没有选举权。在大约一半以上的国家中，众多的平民因识字要求的限制而无权投票。拉丁美洲的大众政治参与仍然受到来自许多方面的阻碍和制约。

思想文化的发展

实证主义影响下的文化（1870—1910） 社会经济结构的变动，迟早要带动思想文化领域的变化。从 19 世纪 70 年代后期起，在拉丁美洲文化思想领域，实证主义理论开始取代浪漫主义精神。从此，拉美文化的演变进入一个新阶段，以"进步和秩序"作为口号，以进一步"欧洲化"为目标，形成了与社会经济发展相适应的新的文化结构。

实证主义理论是由法国哲学家孔德（1798—1857）创立的，由于他的社会学以秩序与进步作为两个基本概念，为社会寻求安定发展，寻求社会与个人的和谐一致，因此被认为是法国大革命后市民社会安定时期的理论。而 19 世纪后期的拉美，刚刚摆脱动乱和内战，急需一种理论作为指导来维持安定和谐的发展局面，并防止因社会经济结构的变革而引起新的矛盾冲突。出于这个缘故，孔德的理论很自然地被引入拉美，成为占主导地位的哲学思想，从而形成了一种新的文化模式。19 世纪末，实证主义传播到拉美各地，其主要支持者和传播者是旧贵族与新资本家相结合的财阀集团和中等阶层知识分子。拉美的实证主义者主张用严谨的科学方法战胜过去理论中传统的形而上学的思维方式。他们认为，注重现实生活问题和具有科学素养的人能够消除拉美的苦难。在文化领域，主张以科学教育取代过去强调的人文主义；在政治领域，主张精英分子担任行政官员，反对下层民众过问政治；在经济领域，主张依靠外国投资发展本国经济。这一时期实证主义在墨西哥和巴西的影响最大。在墨西哥迪亚斯政权时期，被称作"科学派"的一批实证主义者，有力地影响着国家的政策。在巴西，1871 年创立了实证主义者协会，实证主义在导致君主制垮台和奴隶制度废除的斗争中，发挥了重要作用。

19 世纪后期，拉美文化具有明显的实用主义、功利主义倾向，这种功利、实用倾向，同时具有启蒙和进步的意义。拉美最著名的实证主义哲学家是秘鲁的巴里亚诺·H.科尔内霍（生于 1867 年）和阿根廷的何塞·因赫内罗斯（1877—1925）。在实证主义的影响下，19 世纪末到 20 世纪初，拉美文化和艺术的表现形式具有强烈的欧洲化倾向。由于接受了法国和意大利建筑师的设计思想，拉美一些国家的建筑师设计了欧式的豪华宅第和私人花园。按照欧洲艺术的样板，拉美的艺术家创作了一批欧洲古典式的作品。与此同时，茶话会和沙龙聚会增多了，并创办了重要的科学社团和文化杂志。这一时期的建筑、雕刻、绘画、音乐、长篇小说、历史编纂学、科学和教育学的成果，大都是由接受欧洲教育的拉美知识分子创造的，他们全盘接受了欧洲的文化传统，并达到了同时代欧洲的水平。

值得指出的是，这一时期拉美文学领域出现了一股现实主义潮流，主要是受到风俗文学和左拉的自然主义影响。19 世纪后期拉美较著名的现实主义作家是智利的小说家阿尔贝托·布莱斯特·加纳（1830—1920），他的主要作品有《爱情的算术》《马丁·里瓦斯》《傻瓜的理想》。此外，巴西作家曼努埃尔·安东尼奥·德阿尔梅达的《一个军曹的回忆》和华金·马里亚·马查多·德阿西斯的《亚亚·加西亚》等也很著名。

历史学方面的成就也很令人瞩目。智利的迭戈·巴罗斯·阿拉纳（1830—1907）著有《智利十年史》《1884—1902 年智利通史》；本哈明·比库尼亚·马肯纳（1831—1886）著有《智利的圣地亚哥史》和《瓦尔帕莱索史》。这些历史著作已经冲破了殖民地时期历史编纂学的传统，转而以欧洲的近代哲学思想为武器，研究分析拉美的历史事件和进程，为拉美自己的历史学发展奠定了基础。

此外，新闻出版业的发展也很突出，特别是墨西哥，不仅出版本国的作品，还重印了许多欧洲的著作。布宜诺斯艾利斯创办了两家大报，即《日报》（1869 年 10 月）和《民族报》（1876 年 1 月），它们在文化传播方面发挥了重要的作用。

这一阶段，拉美各国开始独立地组织和推动文化活动，建立文化机构，拓宽文化领域，并取得了一定的成就。但是，由于 19 世纪末期的拉美完全被纳入了资本主义世界经济的轨道，因此，伴随着依附性经济关系的建立，欧洲文化在拉美处于更加突出的领导地位。而拉美各国内部新的社会阶层的崛起——尤其是财阀集团和中等阶层对欧洲文化的崇尚，也推动了拉美全面欧化的过程。

20世纪前半期的新文化 20世纪前半期，在各种因素影响下，拉美文化发生了明显的变化。随着土生白人贵族阶级的衰落和新的社会阶级——中等阶级和无产阶级的崛起，拉丁美洲的新文化也随之产生了。但"新文化"不是对传统文化的彻底否定，也不是完全独创的，而是面对拉美现实，在吸收外部优秀的文化成分和继承印第安文化遗产的基础上，突出其传统文化结构中的混合特性，表现出一种在新的历史阶段中进行再创造的精神。

从20世纪开始，中等阶层作为拉美社会文化创造的主角，组织了大量的行会式社团和文化社团，出现了数量日益增多的由职员、妇女和学生组成的会社。而高级中学和大学培养的知识分子，构成了教授、律师、记者、艺术家和作家的队伍，他们成为文学、艺术、音乐、科学和哲学领域中的主要创造者。与此同时，旧贵族的文化影响被削弱了，他们开始更多地从事政治和商业活动，而不是文化创造活动。伴随着中等阶级地位的上升，新文化开始兴起。其中最重要的两个组成部分分别是新思潮的传播和现代主义文学运动的兴起。

20世纪前半期，拉美社会出现了许多新思潮，其中影响较大的有爱丽儿主义、土著主义以及马克思主义、社会民主主义等。爱丽儿主义由乌拉圭著名思想家何塞·恩里克·罗多（1872—1917）提出，以倡导唤起"拉丁美洲精神"在西班牙美洲知识界产生广泛影响，爱丽儿主义的问世，被称为是"首次有明确定义的拉丁美洲主义的象征"。[①] 它颂扬人的个性和拉美文化中的人道主义价值，反对"物质至上"主义，捍卫少数有知识的精英和统治阶层，反对现代资产阶级的绝对民主倾向，抨击美国式的文明和价值观。实际上，爱丽儿主义是拉美社会演变的产物，是世纪之交没落贵族阶级与新生的中等阶级的两种思想奇异结合的产物。如果说土著主义是现代的西方文化与拉美土生白人主义文化相结合的产物，那么，土著主义思潮则是拉美知识分子对其社会文化现实问题的重新探索，说明拉美民族主义思想正在形成。土著主义的影响在秘鲁特别突出，甚至发展成为一个运动。作家贡萨雷斯·普拉达（1844—1918）著文捍卫本国的土著民族，从而开创了土著主义运动。1925年

▶ ▶ ▶ ────────────────────────────────

① 莱斯利·贝瑟尔主编：《剑桥拉丁美洲史》，第四卷，北京社会科学文献出版社，1991，419页。

何塞·卡洛斯·马里亚特吉（1895—1930）创办杂志
《阿毛塔》[①]，抨击西班牙殖民制度，认为解决秘鲁问题的
唯一办法是进行深刻的土地改革和社会政治结构变革。
他反对用"西方化"的办法来解决印第安人问题，认
为"印第安人的心灵"只能以"社会主义革命思想"来
唤醒，必须依靠印加人的"高度发达而和谐融洽的共产
主义的制度"来求得新生。马里亚特吉的激进社会革命
思想主要体现在他的著作《关于秘鲁国情的七篇论文》
中。土著主义思潮为恢复印第安人在拉美各国的社会经
济地位和保护他们的古老文化遗产起了积极作用，也为
拉美民族主义思想提供了一个重要的基础。另外，马

何塞·马蒂画像

克思主义和共产主义学说，其影响也在拉美日益扩大。秘鲁的马里亚特吉是拉美最
突出的早期共产主义理论家，他于1928年创建了秘鲁共产党，其他国家如阿根廷、
巴西、智利、古巴、墨西哥、波多黎各、乌拉圭、玻利维亚、委内瑞拉、哥斯达黎
加等国也先后成立了共产党。此外，秘鲁的美洲人民革命同盟（后改称人民党）所
倡导的社会民主主义的改良主义、民族主义和印第安主义相结合的思想，是拉美另
一股重要的思潮，其创始人和最重要的理论家是秘鲁的维克托·劳尔·阿亚·德拉
托雷（1895—1979）。他的主要主张是实行土地改革、工业化、限制外国资本，实
行美洲国家政治经济一体化。人民党的社会民主主义理论在玻利维亚、厄瓜多尔、
委内瑞拉等国家的影响也很大，并在20年代到40年代形成了国际性的运动。

　　总之，20世纪的拉美在打破了实证主义一统天下的局面后，出现了多种思想理
论并存的局面，各种思想理论都拥有各自的社会基础。在这些思想理论的指导下，
成立了代表不同阶级、不同政治派别利益的政党，开展了一系列的政治运动，这是
拉美意识形态发展的主要特点，也是新文化活动的重要组成部分。

　　拉美新文化活动的另一个部分是拉丁美洲的现代主义文学运动，它是产生于
拉美的第一个文学运动，还波及西班牙。这个运动的代表人物大多是来自中等阶级
的知识分子，他们追求作品的新奇性和形式美。其主要代表是古巴作家何塞·马

① 阿毛塔（Amauta），克丘亚语音译，原指古代印加帝国的祭司、贤人和学者。

加夫列拉·米斯特拉尔

蒂和尼加拉瓜诗人鲁文·达里奥。何塞·马蒂（1853—1895）既是古巴独立运动的爱国者、民族英雄和烈士，也是伟大的思想家和作家。他的作品富有爱国激情，表现对人类、自由、正义和祖国的美好信念。主要作品有诗集《伊斯马埃利奥》《自由诗》和《朴素诗》。而鲁文·达里奥（1867—1916）则对拉美文学的题材和形式的革新做出了巨大的贡献。他的《蓝色》《风俗之文》和《生活与希望之歌》表达了深沉的思想，而《乐观者的问候》《尼加拉瓜之行》《歌颂阿根廷》《不幸者》《秋之诗》等则反映了拉美人民的生活以及作者本人的思考。

这一时期拉美最有成就的女诗人是智利的加夫列拉·米斯特拉尔，她是一位深沉的美洲主义者，其第一部作品《悲哀》发表于 1922 年，1945 年她获得了诺贝尔文学奖。20 世纪前半期的小说创作流派中最重要的是克里奥尔主义，代表作家有何塞·欧斯塔西奥·里维拉（1889—1928）、贝尼托·林奇（1880—1951）、奥拉西奥·其罗加（1878—1937）等。

此外，始于 20 世纪 20 年代的墨西哥壁画运动可以称得上是拉美新文化活动的典范，它取得了美洲艺术活动从未取得过的成就，产生了一大批作品，其杰出的成就甚至影响到全世界的绘画艺术。墨西哥的这一壁画运动，成功地创立了一种民族流派，其中心思想是民族主义，这种民族主义壁画艺术最终发展成为以世界语言作为表现手段的墨西哥艺术。墨西哥壁画运动的代表人物有迭戈·里维拉（1886—1957）、何塞·克莱门特·奥罗斯科（1883—1949）以及大卫·阿尔法罗·西克罗斯（1896—1979），他们被称为"墨西哥壁画三杰"。

第三节
从发展主义到官僚威权主义体制下的发展

发展主义与拉美自主性经济发展道路

拉美的发展主义理论　发展主义（Teoría de Desarrollismo）是以阿根廷经济学家劳尔·普雷维什（1901—1986）为代表的一批拉美经济学家，以联合国拉丁美洲经济委员会为中心，在 20 世纪 40 年代末至 80 年代中期所提出的一整套关于拉美经济发展道路、方针和政策的理论，又称为"拉美经委会主义"（Cepalismo）、"中心－外围"理论（Teoria de "Centro-periferia"）或"结构主义"（Estructuralismo）等。这一理论从第二次世界大战后到 80 年代初在拉美占主导地位，其主要代表除普雷维什外，还有巴西的塞尔索·富尔塔多、墨西哥的胡安·诺约拉、智利的奥斯瓦尔多·松凯尔等。

普雷维什等人认为，拉美不发达的根源是"中心"（西方大国）和"外围"（不发达国家或发展中国家）之间在经济上的不平等，以及中心国家对外围国家的剥削。"外围"国家（包括拉丁美洲国家在内）要发展经济，首先要从各个方面打破"中心－外围"结构。50 年代初期，普雷维什提出工业化是拉美国家摆脱"外围"地位的唯一手段和根本出路，是"外围"国家经济发展的发动机。在工业化过程中，外围国家应限制本国已能生产的各种商品的进口，进行内向发展的"进口替代"工业化。后来普雷维什又提出国家干预、地区经济一体化等思想，并以此制定相关政策，推动拉丁美洲国家的工业化。在他的晚年还进一步提出了"体制变革论"，不仅强调外围资本主义发展面临的外部制约因素，而且还着重指出了外围国家实现经济发展所必须进行的内部体制变革的重要性。这些理论对探索第三世界国家自主性发展道路、摆脱经济强国控制做出了很大贡献。

发展主义理论五六十年代在拉美普遍受到重视和欢迎，60 年代后期和整个 70 年代，由于进口替代工业化模式的弊病日益明显，这一理论受到来自左、右两个方面的批评。一方面，激进的新马克思主义者和"依附论"者批评这一理论所主张的模式造成了社会弊端；另一方面，新自由主义思潮主张以外向型模式替代原有模式。总之，随着世界经济形势和国际经济关系的不断变化和发展，拉美的经济理论也在实践中不断更新和发展。

二战后经济的快速增长与进口替代工业 二战结束后，欧洲各国都忙于恢复自己国家被战争破坏了的经济，美国则把经济援助的重点放在欧洲。不久，朝鲜战争爆发。世界先进工业国无暇顾及拉美国家，不但输入拉美的工业制品和资金日益减少，而且由于初级产品在国际市场上比价的大幅度下跌，大部分拉美国家的初级产品出口遇到了严重困难。战争中拉美国家难以进口欧美工业国的工业制品，而战争结束后这一问题不但没有得到缓解，反而更加严重起来。面对这种严峻的经济形势，拉美各国发展本国工业就成为日益迫切的需要。在以普雷维什为代表的拉美经委会的发展理论指导下，拉美大部分国家改变了过去以初级产品出口为主导的发展战略，开始实行贸易保护主义，大力推行以进口替代为发展模式的工业化。所谓"进口替代"，就是采用保护主义措施扶植国内工业的发展，生产过去从发达国家进口的制成品，由此带动经济增长，促进工业化的实现。从50年代到60年代中期是拉美进口替代工业化的"黄金时期"。对于原先工业基础较弱的大多数国家来说，进口替代从建立非耐用消费品经济入手；而对于已有一定工业基础的国家，替代的内容则转向耐用消费品生产和基础工业。可以说，进口替代工业的发展使拉美国家的工业化进入了一个新的阶段。各国工业，尤其是制造业发展非常迅速。制造业成为拉美战后最活跃的经济部门，它在拉美国内生产总值中的比重，从1939年的16.5%上升到1963—1964年的22.1%。50年代中期，拉美制造业产值超过农业，成为全地区主要生产部门。到60年代中期，拉美国家在一般消费品方面的进口替代已取得了明显的成就。进口系数（进口占国内生产总值的比重）从50年代起开始下降，由13%降到60年代中期的8.5%。尤其在工业化进程起步较早的国家中，下降的幅度更大。1947—1965年，巴西从8.5%下降到4%，墨西哥从10.6%下降到6.6%。与进口系数下降相联系，工业化系数（工业产值占国内生产总值的比重）大大提高，到60年代中期，巴西和墨西哥工业品的自给率达到85%以上。

拉丁美洲的工业化成就在钢铁和汽车等重工业生产方面表现得尤为突出。1950年以前，只有巴西和墨西哥两国拥有正规的钢厂。到1970年时，阿根廷、智利、哥伦比亚、萨尔瓦多、巴拿马、秘鲁和委内瑞拉七国也相继建立了综合性（或半综合性）的钢厂。从 1945—1969 年，巴西生钢产量从 20.6 万公吨增加到 490 万公吨；智利由 2.1 万公吨增加到 60.1 万公吨；墨西哥则由 23 万公吨增长到 350 万公吨；阿根廷由 13.3 万公吨增加到 170 万公吨。仅在 20 世纪 60 年代十年间，委内瑞拉的生钢生产就从 4.7 万公吨起步，一跃发展到 84 万公吨。同时拉美的汽车制造和装配生产也出现了高速增长。在第二次世界大战结束时，拉美还没有一个国家能生产或装配汽车。但到 1960 年，阿根廷、巴西、智利、哥伦比亚、墨西哥、秘鲁和委内瑞拉等七个国家都已开始有了自己的汽车制造业。在 20 世纪 60 年代，阿根廷和巴西两国的汽车生产（不仅仅是装配）有了长足的发展，阿根廷的汽车产量达到 20 万辆以上，巴西的汽车生产则达到 35 万辆以上。此外，这一时期拉丁美洲的中小型企业发展很快，而且这些企业大多数都由拉丁美洲人自己投资和管理。他们生产出各种高水平的产品，包括机电和电子设备、机械化工业品、塑料制品、多种元部件、医疗器械等。几乎所有的国家都能生产满足国内市场的鞋、玻璃、面粉、纸张、水泥、纺织品等各种消费品。

工业化的进展带动了拉美整个经济的增长，1950—1965 年，拉美经济年平均增长率达到 5.2%，进入了经济的快速增长期。其中，墨西哥的变化非常显著。1910 年革命后的墨西哥经济一直处于不稳定状态，到 30 年代中期经济增长开始加快，50 年代进入了持续性稳定增长阶段，1950—1970 年墨西哥国内生产总值年均增长率达到 6.5%。巴西在进口替代工业化的推动下，也分别于 1947—1952 年，1956—1961 年出现两次经济增长高潮。伴随着进口替代工业化的进程，拉美社会经济基础结构的建设也突飞猛进，电力改进、公路扩建以及住房医疗的进步都非常明显。在 20 世纪 60 年代，拉丁美洲国家的公路系统几乎扩大了一倍，铺有路面的公路长度增加了 123.6%。在同一时期，电力生产增加了 113.1%，公共住房增加了 181%，医院床位的增加超过了 50%。而墨西哥的工业化经验表明，政府必须支持经济基础结构的现代化建设，在墨西哥的财政预算中三个投资最多的项目分别是教育、水力和运输，这三者的发展反过来又推动了墨西哥经济的飞速增长。

在发展理论的指导下，这一时期拉美各国政府在工业化的进行过程中起着推动和主导作用，这也是战后拉美工业化的一个主要特征。1946 年，阿根廷的庇隆总统（1946—1955）就开始将一个工业化的纲领付诸实施。继巴西总统瓦加斯之后，胡斯塞利诺·库比契克政府（1955—1960）继续追求工业高速增长的发展目标。委内

南美洲第二大河巴拉那河上的水坝（巴西），高180米，长8000米

瑞拉的马科斯·佩雷斯·希门尼斯（1953—1958）也使自己的国家走上了工业化的道路。秘鲁总统费尔南多·贝朗德·特里（1963—1968）在1963年实施了一项宏伟的工业化计划。在中美洲，危地马拉于1946年通过一项财政法令，建立了各种促进投资的政府机构，成为实行工业化的先行者。1952年，萨尔瓦多也颁布了一个类似的计划。

虽然在国家政府支持下，以发展主义理论为主导思想的拉美工业化取得了很大的成就，使拉丁美洲经济实现了自主性的大幅度增长和发展。阿根廷、巴西、墨西哥三国的工业生产能力在1966—1969年间约占整个拉美的75%。阿根廷的制造业约占国民生产总值的三分之一。但是，大多数拉美国家制造业仅占国民生产总值的十分之一到八分之一。随着经济的发展，拉美国家之间的差距日益扩大，各国内部的贫富分化也更为加剧，这些问题制约着进口替代工业化向纵深发展。

官僚威权主义下的发展与困境　进入20世纪60年代后，拉美大多数国家开始出现生产停滞、通货膨胀，在社会经济、政治各种矛盾的激化下，军人政府相继上台，各国处于"官僚威权主义"体制之下。这种以军政府为基础的官僚威权主义政权往往在政治上实行专制，在经济上启用技术专家，积极倡导发展，推行工业化。在他们的大力推动下，拉美进口替代工业化进入了一个新的发展阶段。一方面由普通消费品转向耐用消费品和资本产品的替代，另一方面把进口替代和出口导向相互结合起来。这一时期拉美国家主要的经济政策为：第一，放宽保护政策，重新强调对外开放，采取优惠政策鼓励外国投资，积极发展对外贸易；第二，减少国家对经济的直接干预，注重发挥市场的作用。许多国家还推行私有化政策。在官僚威权主义体制下，拉美暂时克服了民众主义政府所无法解决的社会经济领域的许多矛盾，使经济获得了新的推动力，出现了高速增长的势头。1965—1974 年拉美地区经济增长速度达到 6.7%，工业产值年增长率达到 8.1%，拉美经济增长呈现出二战后的最高水平。

按工业化程度的高低，拉美国家大体可以分为三大类：第一类是巴西、墨西哥、阿根廷三个大国，工业化发展程度最高，制造业产值大大超过农业，已经形成了比较完整的工业体系，被称为"新兴工业国家"（NIC）。其中巴西的经济增长最为突出，从 1964 年军人执政开始，其经济开始回升，到 1968—1974 年，巴西经济进入高速增长时期，出现令人瞩目的"巴西经济奇迹"，其间国内生产总值年增长超过 11%，1973 年高达 14%，工业年增长率超过 12%，钢产量增长 69%，汽车产量增长 248%。建立了一系列新兴工业部门，石油、造船、石油化工、电子工业等发展迅猛，使巴西一跃成为拉美第一经济大国，在"世界新兴工业国"中的排名从第 16 位升至第 9 位。第二类是海地、巴拉圭、洪都拉斯、危地马拉、萨尔瓦多和多米尼加等中美洲六国，其工业产值明显低于农业产值，是拉美工业化程度最低的国家。第三类是介于前两类国家之间的其他国家，它们的数量最多，一般来说其制造业产值已经接近或超过农业产值。

在军政府时期，拉美广大地区的工业化都有了显著增长，经济得到了更大发展。但是，拉美工业化、现代化中出现的各种问题和矛盾并没有从根本上得到解决，有些方面甚至更加严重了。突出的一点是由于长期忽视农村中的土地改革，造成农业生产严重滞后于工业发展，粮食依赖进口；同时分配不均导致贫富分化进一步扩大，国内市场发育畸形，城乡差别日益加剧；加之巨额外债和通货膨胀，拉美在进入 70 年代后，进口替代工业化遇到难以克服的困难，各国债务严重失控，最终导致了经济危机的爆发。

社会的发展及其问题

人口问题 第二次世界大战以后，随着经济的发展和生活水平的提高，拉丁美洲的人口开始迅速增长，教育水平不断提高，社会结构的变化和城市化进程日益加快。

人口的迅速增长是拉丁美洲自二战结束以来最引人注目的社会现象。由于营养习惯的改善和教育水平的提高，拉丁美洲的人口死亡率不断下降。与此同时，出生率居高不下，从而导致了人口增长率的显著上升。从1930年到1990年的60年内，拉丁美洲的人口翻了两番，由大约1.1亿增加到4.5亿。50年代到70年代人口增长率为2.9%，居世界首位。人口的迅速增长给发展中的拉美国家带来了明显的社会问题。由于所有的人都需要住房、医疗保健和食物，年轻人还需要接受教育，这就使得本应用于筑路、建工厂和其他经济发展计划的资金不得不转移到这些基本需求上来。50年代到60年代，当拉美的经济重点转移到内向型的进口替代工业化时，人口趋势发生了很大变化——预期寿命延长、家庭变小、总人口增长迅速并集中在城市等，这些变化对国家的政治经济制度产生了新的压力。面对日益突出的人口问题，各国政府相继采取措施来控制人口的增长。如古巴通过公共卫生中心来宣传计划生育知识和方法；墨西哥总统路易斯·埃切瓦里亚号召从1974年起在政府各卫生诊所实施节育措施。另外，许多国家都有活跃的计划生育小组在私人诊所中开展活动。但是，由于来自罗马天主教会和世俗两方面的强大反对力量，计划生育并没有形成一种限制人口增长的根本制度。许多国家虽然承认人口的迅速增长带来了一系列的问题，但却认为这也保证了国家最重要的资源——有价值的人力资源的增长。委内瑞拉的前总统拉斐尔·卡尔德拉（1969—1974）认为节制生育是人们对人口问题的不当反应，而且其结果往往适得其反，比如伴随着人口增长率在上层社会的下降，下层社会的人口却反而上升。他说："在一个人口仅占据一半领土的大陆上，限制人口出生率的趋势似乎尤其令人不可思议。这个大陆有广大又有希望的地区需要我们去殖民。能使自然和劳动力组合到最有生产性的用途上，并在人口稠密地区使用得如此成功的各种方法，还未在大规模的范围内实验过。"他因此得出这样的结论："问题不在于控制人口而在于掌握如何生存下来的方法。"不过就目前形势看，人口给拉美社会经济发展带来的压力仍将持续下去。

教育问题 二战以后，拉丁美洲的教育得到了长足的发展，各国政府都比较重视对教育的投资。60 年代初，拉美各国政府投入的教育经费占总支出的 8%，到 1970 年上升到 12%；1960 年花在教育上的总经费还不到 12.5 亿美元，到 1970 年这个数目翻了一番，达 25 亿多美元。除去通货膨胀的因素，这一增长也是十分可观的，这可以从入学人数上得到证明。60 年代初，小学生人数只有 2500 多万人，到 1970 年时，就超过了 4100 万人，年平均增长率为 5.5%，远远超过了总人口的增长率 2.9%。1960 年高校的注册人数为 52 万多人，1970 年增加到近 140 万人，增长了 168.1%。1960 年，拉丁美洲的高校毕业生仅有 46576 名，而 1970 年的毕业人数增加到 12.6 万多名，增加了 183.5%。同时，拉丁美洲还提高了国民的阅读和写作水平。在 50 年代初期，75% 以上的国民能阅读和写作的国家只有阿根廷、智利、哥斯达黎加和乌拉圭四国，到 1970 年又新增了墨西哥、委内瑞拉和巴拿马三个国家。而巴西的认字率在 1950 年至 1970 年的 20 年间增长了 12%，阅读和写作的人数从 2550 万增加到 5600 万，成绩也是十分显著的。

但是，由于受人口、教育体制等方面的制约，拉美教育还存在着难以适应现实需要的问题。许多国家都进行了教育体制的改革，调整教学计划，修改教学大纲，改进教学方法，明确培养目标，调动学生的学习积极性等等，各国都试图让学龄儿童接受小学教育，并扩大初级中学的义务教育范围。在完成扫盲任务的同时，优先投资那些收益更高更快的教育单位。一般来说，在拉美对大学的投资效益比较高，而对小学的投资效益则比较低。目前，拉美的教育体制基本上还是遵循欧洲的模式，大学教育是整个教育体系中最重要的一个组成部分，科学技术研究也已经成为教育体系的一部分，并拥有享誉世界的科学家和各种研究中心。1947 年阿根廷生理学家贝尔纳多·A.奥塞获得了诺贝尔医学奖；1970 年阿根廷化学家路易斯·F.莱洛伊尔获得了诺贝尔化学奖。但是，总体上说拉美的科学研究仍然没有达到世界先进水平，而且由于缺乏资金和科学技术成果的利用率不高等原因，拉美许多科学、技术研究成果被欧美利用，大批专业人员流向美国和欧洲。

另外，在拉美，由于文化特点不同，各类学校之间有着巨大的差异，美洲土著文化保护着他们自己的语言、价值观和文化艺术传统。比如在智利，马普切人的儿童在学校里接受西方式的文化教育，而在家庭中则受到土著文化传统的熏陶。在厄瓜多尔、秘鲁和玻利维亚，有数百万克丘亚人和艾马拉人，在墨西哥和中美洲，也有大量的土著人，他们世世代代保持着自己的文化传统。一些印第安人认为，官方学校是向他们灌输外来文化的工具，损害了他们的土著文化传统。可以说，目前拉美许多国家开展的学校教育没有从根本上解决印第安人受教育的问题。这一点也反映出外来文化与土著文化的对立与冲突。那些文盲率最高的国家和地区，如海地、玻利维亚、危地马拉等，往往就是印第安人相对集中的地方。

都市化及社会结构的变化 都市化是当代拉丁美洲发展的另一个重要社会潮流。拉丁美洲历来有很强的城市传统。在殖民地时代，城市是西班牙人对土著人进行政治控制和经济剥削的中心，后来，沿海城市成了经济行政中心和港口。现在，拉丁美洲是全世界发展中国家城市化水平非常突出的地区，到 80 年代，有三分之二的人口居住在按官方定义属于"城市"的地方，明显高于非洲和南亚，可与欧洲（73%）和北美（74%）相媲美。1950 年至 1970 年，居住在都市中心的拉丁美洲人从 39.3% 增加到 53.5%。农村和小城镇的人口在 1950—1960 年的 10 年间增加了 19%，而都市人口却增加了 67%。1970 年，拉美几个国家的都市化水平分别是：阿根廷为 69.9%，巴西为 47.9%，智利为 71.1%，哥伦比亚为 54.5%，古巴为 61.2%，墨西哥为 63.3%，乌拉圭为 83.5%，委内瑞拉为 70.2%。拉丁美洲的圣保罗、墨西哥城、里约热内卢、布宜诺斯艾利斯和利马已经进入了世界最大城市的行列。席卷当代拉丁美洲的国内人口迁徙要比国际移民浪潮更具规模，这种人口迁徙对拉美的经济发展产生了重大的影响。伴随着拉丁美洲城市迅速增长而带来的问题——失业、贫困、城市服务不足以及由此可能造成的社会动荡，已经成为最亟待解决的问题。城市过多、过大，人口和财富过度集中于大城市，加剧了拉美社会发展的不平衡性。

都市化的发展和城乡之间的人口流动，在一定程度上推动了拉丁美洲阶级结构、种族构成的现代化。拉丁美洲的中等阶级在最先进国家有了显著的增长。60 年代早期，阿根廷、智利、乌拉圭三国约有 50% 的人口为中等阶级，巴西和墨西哥的中等阶级占总人数的 30%。中等阶级的壮大和社会的发展使当代拉美阶层之间的相互流动成为现实。传统等级分明的阶级分化不再像过去那样一成不变，社会阶级流动已越来越普遍。农村中的债役雇农有可能成为一名技术熟练的产业工人，产业工人可以成为管理人员；中等阶级的子女可以通过自身努力跻身社会顶层。与此同时，拉丁美洲许多国家的种族构成也在发生新的变化。和过去相比，拉丁美洲的印第安人越来越少，梅斯蒂索人越来越多。这不仅仅是相互通婚的结果，而且还因为许多人已经把自己整合到了不同的社会环境之中。例如，一位印第安人迁往城市，穿皮鞋而不穿草鞋，衣着入时，并学会讲西班牙语，他就不再是印第安人而是梅斯蒂索人了。按拉丁美洲人的标准，他的社会地位已有了很大的变化。在 1900 年至 1960 年的 60 年间，厄瓜多尔的印第安人已从占总人口的 62% 降到了 39%，而梅斯蒂索人则从 30% 增加到了 41%。尼加拉瓜的印第安人从 55% 降到了 4%，而梅斯蒂索人则从 40% 增加到了 77%。在秘鲁，印第安人从 58% 降到了 49%，而梅斯蒂索人从 25% 增加到了 37%。

可以说，二战后的拉丁美洲社会保持着向现代化迈进的势头，都市化迅速，教育改革取得了很大的进步，新的人口迁移和阶级结构、种族结构的变化，为社会各人种之间的交流、往来提供了条件。与此同时，城乡差别的扩大、社会阶层的分化等因素也使得拉丁美洲社会中的二元性发展特征日益明显。

政治的发展与变革

第二次世界大战后的一段时间里，拉丁美洲的政治权力中心开始出现新的变化。旧的势力——土地贵族、教会和军队失去了影响，新的政治势力——代表不同阶级、不同政治派别的政党，以及工人、农民、学生的力量不断发展壮大，他们向传统精英把持的权力提出了挑战。一些国家通过某种渐进式的改革，取得了社会的发展与进步。但是，在有些国家和地区，独裁者仍然阻碍着民主的发展。因此，一些激进党派领导的政治变革，就成为这一时期拉丁美洲政治生活的重要组成部分。

民众主义运动及其思潮 二战结束后，特别是 1945—1957 年的 12 年间，拉美工业化迅速推进，劳工组织成为一支不容忽视的政治力量。在一些比较发达的国家，如墨西哥、巴西、阿根廷出现了影响广泛的民众主义（Populismo）政治运动。民众主义运动的主要特征是：一些反对维持现状的政治组织或政府，主张建立一种新型制度——一种求助于民众，但同时又获得人数众多的普通公民（一般是城市工人阶级）广泛支持的体制。在国家的政治斗争中，劳工帮助政府组织联合阵线，以反对传统上层分子，并改变一些旧的体制；作为回报，政府给予劳工一些实际利益。墨西哥的拉萨罗·卡德纳斯、巴西的热图利奥·瓦加斯和阿根廷的胡安·多明戈·庇隆分别推动和领导了各自国家的民众主义运动。卡德纳斯的活动前文已简略述及，下面主要论述瓦加斯和庇隆的活动。

瓦加斯（1883—1954）是巴西20世纪任职最长（1930—1945，1951—1954）、影响最大的一位总统。他执政后采取民族主义的措施，对抗同外国相联系的大资本家阶层，主张保护民族工业，维护本国资源。他加强了国家对经济的干预和参与能力，大力推进本国的工业化。他采取措施限制外资企业利润过多外流，把合资金融机构置于国家控制之下。同时，他十分重视日益强大的工人运动，成立劳工部，通过政治手段利用城市工人牵制传统上层分子过大的权力。颁布各种有利于工人利益的社会立法，其中包括退休和退休金计划、最低工资制、妇女及儿童福利、劳动安全和卫生标准以及职业保险法等。他还把选举权扩大到包括妇女在内的广大民众，并支持必要的劳工改革，让大多数巴西人都享受到社会发展的利益。瓦加斯在实践中提出的"新国家"理论、工党主义和民族主义等成为瓦加斯主义的主要内容。巴西学者认为，瓦加斯为巴西的政治、经济发展做出了巨大的贡献，使巴西由一个农业国、权力分散的国家变成一个现代的、中央集权的、向工业化迈进的国家。

阿根廷的前总统胡安·多明戈·庇隆（1946—1955，1973—1974）在40—50年代领导的民众主义运动及其思潮，在阿根廷和拉美具有非常广泛的影响。其核心是庇隆提出的正义主义（justicialismo），即"政治主权、经济独立、社会正义"和"要解放不要依附"等主张。庇隆认为，无论是资本主义还是共产主义，"都是已经过时了的制度"，因此他"决定创立一个第三立场"，即正义主义。为推行庇隆主义，正义党掀起了一场由工人、职业界人士、中小资产阶级组成的，以工会为主要支柱的全国性政治运动。这场全国性政治运动提出由政府、工人和企业主达成社会契约，实行劳资合作，从而在一定限度内进行有利于劳工阶级的国民收入再分配，实现"社会主义"。在执政初期，庇隆以非凡的人格魅力得到了城市工人、陆军、天主教会和大企业主的支持，顺利地推行了一系列社会政治经济变革措施，使阿根廷的工业化取得明显进展。但后来由于各种社会矛盾的激化，庇隆所倡导的民众主义运动逐步走向了衰败。有部分学者认为，庇隆在美苏对立的历史背景下，对外争取独立自主的发展道路，对内以部分实惠来换取日益强大的城市工人阶级的支持，其目的是为了巩固自己的政治领导地位。

庇隆（右四）在集会上

革命——对发展的另一种选择 20世纪中叶以来，有四个拉丁美洲国家发生了革命，它们分别是：危地马拉革命（1944—1954）、玻利维亚革命（1952—1964）、古巴革命（1959）和尼加拉瓜革命（1979）。虽然这四个国家的革命各有其不同的历史背景和条件，但是都具有一个共同的原因，就是独裁者在政治上实行专制统治，在经济上实行有利于寡头利益集团的政策，取消民众的言论自由，对民主运动进行血腥镇压。独裁者的以上做法，最终导致了广大的工人、农民、知识分子和一部分进步军官的反对，他们为追求民主与自由共同走上了武装反抗的道路。1944年10月，危地马拉人民举行武装起义，推翻了亲美独裁政权。1945年至1954年，在胡安·阿雷瓦洛政府和哈科沃·阿本斯·古斯曼政府的领导下，危地马拉进行了历史上最大的一次土地改革和民主改革。1952年，玻利维亚人民在"民族主义革命运动"的领导下举行起义，从1952年至1964年，新政府颁布锡矿国有化法令，征用锡矿三巨头——帕蒂尼奥、霍赫希尔德和阿马拉约家族的矿山。同时实行土地改革，帮助印第安人重建村社。这一时期被称为玻利维亚的"民族革命"时期。但是危地马拉和玻利维亚的革命和改革最后都在美国的直接干涉下失败了。

与危地马拉和玻利维亚不同，古巴和尼加拉瓜的革命取得了成功，他们的主要经验是，长期坚持农村武装斗争。1953年，卡斯特罗领导一批爱国青年攻打圣地亚

卡斯特罗在哈瓦那

哥城的蒙卡达兵营失利，流亡国外。从 1956 年开始，他在古巴东部的马埃斯特腊山区开展反对巴蒂斯塔政权的游击战争。1959 年 1 月 1 日，在其他革命力量的配合下，卡斯特罗率领军队进入哈瓦那，巴蒂斯塔政权垮台，新的古巴共和国宣布成立。新的国家政权在政治、经济、社会等方面进行了一系列重大改革：废除美国公司的一切特权，把外国和本国大资本家的厂矿企业收归国有；接管私营银行，将私营商业企业收归国有；进行彻底的土地改革，消灭了大庄园制富农经济，在农村建立国营农场、农牧业生产合作社和个体小农三种土地所有形式。与此同时，在文化教育、出版、卫生医疗事业以及妇女解放等方面也取得很大成绩。古巴在美国势力控制的地区取得革命的胜利，是西半球出现的第一个社会主义国家，对整个拉丁美洲产生了重大的影响。

从 60 年代开始，尼加拉瓜的卡洛斯·丰塞卡·阿马多尔等一批革命青年，在古巴革命的影响下，建立了桑地诺民族解放阵线，开展游击斗争。1979 年，最终推翻了统治尼加拉瓜长达 40 年之久的索摩查家族的独裁统治，在新的民族复兴政府领导下，进行了多元化的政治和混合经济改革。以上四国的革命无疑是当代拉丁美洲政治民主运动中极具影响的重大事件。

由军人政权向民主政府的过渡　虽然当代拉丁美洲政治生活中的民众化倾向日益明显，但是在社会矛盾激化时，军事政变总是频繁发生。军人不断干政，文人政府与军人政府交替更迭，这是拉丁美洲政治民主化进程中的一个突出问题，也是二战后拉美国家政治的一大特点。

军人或军队干政在拉美发展史上是司空见惯的事情。在 19 世纪，主要是以带有强烈封建和个人色彩的军事考迪罗主义的形式出现。经过一个世纪的演变和发展，到 20 世纪 50 年代，拉美国家的军队大多已职业化、正规化和体制化，军人干政往往采取三军联合、集体领导、成立军人执政委员会的新方式。在六七十年代，拉美许多国家相继发生军事政变，民众主义政府倒台，军人政府先后建立。1961 年，萨尔瓦多右翼军人发动政变，建立了军政府；以后几届政府虽然有时以"军人－文人"联合执政的形式出现，但实际上仍处于军人的控制之下。1962 年和 1966 年，阿根廷军人两次发动政变，推翻经由选举产生的弗朗迪西和伊利亚政府，控制政权。1963 年，危地马拉发生著名的"十三上校政变"，开始了长达 20 余年的军人政府统治。1964 年，巴西军人推翻了古拉特政府，成立了名为"最高革命委员会"的军政府。1968 年，秘鲁以贝拉斯科为首的军人，推翻了贝朗德政府，成立军政府。1973 年，智利以皮诺切特为首的三军和警察推翻了阿连德政府，成立军政府。1976 年，阿根廷三军联合发动政变，推翻庇隆夫人政府，成立了名为"执政委员会"的军政府。到 70 年代，除了墨西哥、哥斯达黎加、委内瑞拉、哥伦比亚和社会主义的古巴外，整个拉美大陆几乎都处在军人政权的统治之下。这些干政军人大多数受过教育，懂得科学技术，并有一套自己的治国理论。他们在政治上实行专制，压制民众运动，在经济上积极倡导发展，热心推行工业化，而且往往以牺牲民主化来追求经济的高速增长，这是拉美现代化转型在当代出现的一种新的政治趋向。学者们称之为"官僚威权主义"（Bureaucratic–authoritarianism）。在官僚威权主义控制下，拉美的经济继续创造出新的成就，而政治上却偏离了民主化的轨道。在高压和强权下，言论、集会的自由受到压制，拉美自身的民主化进程仍然任重而道远。

尽管如此，二战后拉丁美洲人民参与政治的程度有了很大的提高，各国的妇女大都取得了选举权，几乎所有的国家都取消了政治参与中对文化水平的限制，地

切·格瓦拉

位较低的社会阶层在政治参与方面取得了不同程度的进展。阿根廷的胡安·庇隆、巴西的热图利奥·瓦加斯和若昂·古拉特、秘鲁的维克托·劳尔·阿亚·德拉托雷，以及其他一些国家的政治活动家都以各自的方式将城市无产阶级吸引到了广泛的政治参与之中。而危地马拉的胡安·何塞·阿雷瓦洛和哈科沃·阿本斯、古巴的菲德尔·卡斯特罗、智利的爱德华多·弗雷，以及著名的切·格瓦拉也都分别以不同的方式给予了农村居民越来越多的政治参与权利。在 70 年代，智利的萨尔瓦多·阿连德建立了人民联盟政府，实施了一系列激进的民主改革措施，从而改善了下层人民的政治经济地位。

70 年代后期以来，拉丁美洲许多国家的军人政权纷纷实行"还政于民"的政策，使拉美历史上出现了新一轮的"民主化"进程。这一进程是从 1978 年巴拿马托里霍斯将军政府向文人总统交出权力开始的。1979 年厄瓜多尔军政府向民选政府交权。1980 年秘鲁建立宪制政府，结束了为期 12 年之久的军人政府。接着，洪都拉斯（1982）、玻利维亚（1982）、阿根廷（1983）、萨尔瓦多（1984）、乌拉圭（1985）、巴西（1985）、危地马拉（1986）相继由民选政府取代军政府。尼加拉瓜的索摩查政府、海地的杜瓦利埃政府、巴拉圭的斯特罗斯纳政府、智利的皮诺切特政府，也分别于 1979 年、1986 年、1989 年和 1990 年被革命运动或被内部政变所推翻。至此，拉美军人政府统治的国家大都完成了向民选政府的过渡，建立了代议制民主政体。

现代文化艺术的发展

第二次世界大战后，拉丁美洲的文化也开始了现代化的进程，其主要表现是在全面接受现代西方文化影响的前提下，实现拉美文化的世界主义和国际化。在这个现代化过程中，一方面拉美大量吸收西欧和北美，尤其是美国的现代化成果；另一方面它又结合本土的自然条件和社会传统对外来的成分进行某些调整和修正，从而构成了西方文化的变种。同时，拉美也产生了一些重要的独创的文化成果，这些因素有机地结合成为现代拉美文化的主体。可以说，现代拉美文化是长期形成的混合文化结构的继续和发展，但由于战后拉美的社会政治及经济发生了巨大的变化，国际关系出现了新的格局，因此，当代拉美文化也被赋予了一些新的特点。[①]

第一，纵观19世纪初独立运动以来的拉美文化发展，可以看出，早在殖民地时期就已形成的以欧洲－基督教文化为主体，以美洲印第安文化和非洲黑人文化为次要成分的混合文化结构，是各个历史时期拉美文化的基本结构。在这个前提下，拉美文化发生了不同倾向和不同程度的量变：19世纪的主要倾向是更加广泛和深入地实现欧洲化；而在20世纪前期出现了另一股潮流，即强调印第安文化的作用，突出文化民族主义精神，同时美国文化开始渗入；第二次世界大战后，在美国文化的全面冲击下，开始了文化现代化进程，主要是强调趋向世界主义和国际化，尽量吸取欧美文化养分，以便跟上西方的文化潮流。

第二，由于拉美各国经济现代化进程发展不平衡，在一个国家内部城乡差别也不断扩大，因此拉美文化发展出现了双重的不平衡性。首先，在拉美经济较发达的国家，如墨西哥、巴西、阿根廷，文化现代化得以迅速推进；但在一些经济比较落后的国家和地区，如海地、玻利维亚，传统文化成分仍保持强大的优势。其次，城乡文化之间存在明显的差别，先进的城市文化和落后的农村文化之间的差异非常明显。

第三，战后拉美政治结构的多样化，特别是50年代末古巴革命的胜利，打破了拉美的传统地区格局。同时民族资产阶级、中等阶级和劳动群众日益成长和壮大，提高了民族主义觉悟，并坚持不懈地捍卫民族权益，所以出现了文化创造中心的多极化，意识形态的多元化和文化形式内容的多样化。由于这些重大因素的出现，战后拉美文化的创造活动取得了举世瞩目的成就，尤其是文学作品和建筑艺术在世界文化的发展中独辟蹊径，赢得了巨大的声誉。

▶ ▶ ▶

① 参见刘文龙：《拉丁美洲文化概论》，复旦大学出版社，1996，276—277页。

阿斯图里亚

第四，在拉美的现代化进程中，外来文化、特别是北美文化的影响，阻碍了原有的印第安文化的发展。拉美的大城市已经基本上被西化，那里的印第安人基本上被现代社会生活所同化，甚至在土著文化集中的农村地区，印第安种族的语言、价值观念等也由于外来文化的影响而产生了一些变化。因此，拉美文化的现代化进程，实质上就是西方文化在广度和深度两方面得以扩散的过程，同时也是印第安文化逐步受到西化的过程。但是，印第安文化并没有消亡，而是和西方文化一起促使拉美文化朝着多元化的方向发展。

战后拉美文化现代化的主要内容是文学艺术发展方向的现代化。

现代文学的发展 二战后，拉美文化发展中最令世人瞩目的是文学创作在质量和数量上都取得了丰硕的成果，尤其是在六七十年代出现了震惊世界文坛的"文学爆炸"。政治、经济、社会的现代化进程，为文学创作提供了丰富的新鲜素材和思维角度，使战后的拉美文学发展达到了历史上的最高峰。60年代以来有三位作家先后获得了诺贝尔文学奖，他们的作品被译成多种文字传播到世界各地。这三位作家分别是危地马拉作家米格尔·安赫尔·阿斯图里亚（1967）、智利诗人巴勃洛·聂鲁达（1971）和哥伦比亚作家加西亚·马尔克斯（1982）。60年代的拉美文学在叙事文学，尤其是长、短篇小说创作方面高潮迭起。

布宜诺斯艾利斯和墨西哥城是现代拉美文学的南北两个中心，同时也是"爆炸"文学的中心。"爆炸"一词借自英语"boom"，意为"迅速发展""繁荣兴旺"。六七十年代拉美文学空前繁荣，出版事业发展迅速，西方评论家把这一拉丁美洲文学作品大量涌现的现象称为文学的"爆炸"是非常形象的。在"爆炸"文学运动中最有代表性的作家有：胡利奥·科塔萨尔、胡安·鲁尔福、胡安·何塞·阿雷奥拉、马里奥·巴尔加斯·略萨、卡洛斯·弗恩特斯、加夫列尔·加西亚·马尔克斯。在这些作家的推动下，拉美文学出现了惊人的爆炸突破，崛起为世界文坛上一支重要的生力军。站在新的高度观察和思考拉美不发达的根源，在诸如魔幻现实主义、心理现实主义、结构现实主义、社会现实主义、意识流等文学理论指导下，运用多种艺术形式，着力表现拉美充满矛盾与冲突的神奇现实世界，取得了巨大的成功，在世界文坛上产生了强烈反响。例如加西亚·马尔克斯在《百年孤独》中根据拉美的历史事实，结合自己的惊人想象力，描绘出神话般的奇异世界。他通过小镇马贡多的发展史，从政治、经济、社会、宗教等多方面生动而形象地反映了拉美社会的百年兴衰。他采用西方现代派文学中的魔幻现实主义写作方法，把现实与幻想、叙述与比喻、写实与夸张结合在一起，大胆运用西方《圣经》和印第安人神话故事传说，创作出

加西亚·马尔克斯

一部现代派文学巨著。此外，胡安·鲁尔福的长篇小说《佩德罗·帕拉莫》以及马里奥·巴尔加斯·略萨的长篇小说《城市与狗》等也都非常著名。

现代建筑与其他艺术的发展 20世纪50年代后随着城市化的发展，拉丁美洲主要国家分别从西欧和北美引进先进的技术，发展自身的城市建筑艺术，其中最优秀的作品集中在巴西和墨西哥。20世纪50年代，巴西新首都巴西利亚的建设体现了最现代化的风格：从空中俯瞰，整个城市的轮廓宛如一架大型飞机，布局巧妙，设计合理，风格新颖独特，别具匠心——议会大厦是"H"型，意思是"一切为了人"（葡萄牙语中，人 [Homen] 的字头是"H"）；而总统府建在城市最东面，每天最先迎来朝阳，整个建筑几乎是用玻璃建成。此外，还有皇冠型的大教堂、金字塔型的国家大剧院等，所有这些建筑浑然一体，为巴西赢得了"世界建筑博览会"的美称。而最能体现墨西哥现代建筑风格的是墨西哥大学城，这里的建筑，有的模仿古代托尔特克人的金字塔，有的用墨西哥壁画家的巨幅壁画作为装饰，成为现代艺术与印第安传统艺术完美结合的典型。可以说，拉美现代建筑艺术日趋成熟，具有自身鲜明的特点，风格迥异于欧洲和北美。不少拉美建筑师积极发掘印第安文化，并将殖民时期的巴洛克建筑风格吸收融合到现代建筑艺术中，使拉美的现代建筑艺术愈发多姿多彩。

除建筑艺术外，拉丁美洲当代绘画、音乐、舞蹈等艺术也都有了相当大的进步，各国艺术家纷纷接受官方、私人机构的支持，创办现代艺术博物馆，设立艺术节，举办各种艺术沙龙。其中开始于1951年的圣保罗艺术节最引人注目，可同威尼斯艺术展媲美，成为展示拉美各国现代艺术品最重要的场所。此外，阿根廷的迪特拉艺术学院也曾为推动现代艺术的发展做出过重要贡献。六七十年代的拉美绘画和雕塑的总体趋势是抽象主义。

50年代以来，拉美的现代音乐体现出一种混合体的特点。60年代开始，拉美的一些国家出现了新民歌运动。艺术家们以拉美民间歌曲、舞蹈和民间乐器为基础，结合流传在欧美的摇滚乐等通俗音乐，创作出一种为大多数人所喜爱的拉美新民歌。这些新民歌的题材一般都与现代政治、经济、社会生活密切相关，有的反对军事政变，有的要求民主自由，有的揭露社会黑暗。智利的民歌手维克托·哈拉和比奥莱塔·帕拉等都创作和演唱了一系列"新歌曲"。与音乐一样，拉美的舞蹈也具有强大的生命力和无穷的魅力，巴西的"桑巴"、阿根廷的"探戈"、古巴的"伦巴"、哥伦比亚的"班部科"等都早已在全世界广为流传，经久不衰。

一位秘鲁学者曾经指出，印第安美洲的文化就像一条彩虹，在这条彩虹中可以分辨出这个印第安－非洲－拉丁美洲大陆同时并存着七种文化的颜色，即西班牙文化、葡萄牙文化、印第安人文化、黑人文化、印第安伊比利亚人文化、美洲黑人文化和混血人文化。这些文化因素既相互对立又相互依存，它们融为一体，共同构成了独具特色的拉丁美洲文化。[①]

[推荐阅读书目]

1. 莱斯利·贝瑟尔主编：《剑桥拉丁美洲史》，第一卷、第二卷，经济管理出版社，1995，1997；第三卷、第四卷、第五卷，社会科学文献出版社，1994，1991，1992；第六卷（上、下），当代世界出版社，2000，2001。

2. 罗荣渠：《美洲史论》，中国社会科学出版社，1997。

3. 林被甸、董经胜：《拉丁美洲史》，人民出版社，2010。

▶ ▶ ▶ ────────────────────────

① 欧亨尼奥·陈－罗德里格斯：《拉丁美洲的文明与文化》，商务印书馆，1990，328页。

4．董经胜、林被甸：《冲突与融合——拉丁美洲文明之路》，人民出版社，2011。

5．郝名玮、徐世澄：《拉丁美洲文明》，中国社会科学出版社，1999。

6．刘文龙：《拉丁美洲文化概论》，复旦大学出版社，1996。

7．E.布拉德福德·伯恩斯：《简明拉丁美洲史》，湖南教育出版社，1989。

第二十五章
现代文明在南亚、东南亚的演进

✸

打开世界地图，很容易找到雪山巍峨的喜马拉雅山脉和被蔚蓝的太平洋和印度
洋海水环绕的澳大利亚，在喜马拉雅山脉与澳大利亚之间，横亘着南亚次大
陆、中南半岛和马来群岛。南亚次大陆总面积为419万平方公里，1980年时人口为
8.7亿，现有尼泊尔、不丹、巴基斯坦、印度、孟加拉、斯里兰卡、马尔代夫等国
家。中南半岛和马来群岛在战后通常被合称作"东南亚"，包括越南、老挝、泰国、
柬埔寨、缅甸、马来西亚、新加坡、印度尼西亚、菲律宾、文莱、东帝汶等国家和
地区，陆地面积449万平方公里，1990年时人口4.37亿。南亚和东南亚绝大部分
在北回归线以南，横跨赤道两侧，属热带气候，特点为高温多雨，除北部山区一些
地方外，绝大部分地区终年无雪，没有明显的四季之分。降雨多随季风而来，季风
雨降低了高温，使气候变得凉爽，当地人常说"终年皆是夏，一雨便成秋"。季候
风又往往具有很强的季节性，形成雨季和旱季。季候风的延误或不足都会严重影响

恒河沐浴

当地的农业收成。

南亚和东南亚不仅在地理上相连，而且在文明发展进程上相互影响，同时具有相对的同一性和多样性。在西方人到来之前，该地区许多地方已进入农业文明，一些山区则仍处在落后的渔猎采摘的前农业文明阶段。封建王朝虽早就出现在像印度河、恒河、湄公河等大河流域，但这些王朝往往存在时间短、统治的区域不稳定、中央对地方的统治力度弱。广大民众生活在村社制度下，"这种制度使每一个这样的小单位都成为独立的组织，过着闭关自守的生活"。[①]自18世纪中叶以后，西方征服了这片地区，使之沦为殖民地和半殖民地，从此开始东西方文明的交流与融合，在此基础上，现代文明在南亚、东南亚大陆上萌发和生长。当然，现代文明的真正发展是在二战以后，殖民地获得独立，逐步摆脱对西方文明的迷恋和照搬，走上独立自主的发展道路。

第一节
殖民主义的历史遗产

西方在亚洲殖民统治体系的建立

西方早在15世纪末16世纪初就开始向海外扩张，其最初的扩张动机是亚洲的财富，但实际上最先沦为西方殖民地的是美洲大陆，亚洲和非洲广大地区在很长一段时间里，有效地维护了自身的主权和领土完整，西方殖民者在亚洲和非洲仅仅占有一些沿海地区或小岛作为进行贸易的商站。但从18世纪开始，尤其在19世纪中叶以后，随着欧洲列强先后完成工业化，进入帝国主义阶段，为了争夺市场和原料产地，列强再次掀起瓜分世界的狂潮，他们在政治、经济、军事上所具有的优势帮

---

① 马克思：《不列颠在印度的统治》，《马克思恩格斯选集》第2卷，人民出版社，1972，66页。

助他们逐一地在非洲和亚洲实现了其由来已久的侵略扩张野心。在 19 世纪的最后 25 年里，帝国主义列强瓜分完非洲。随即将争夺的重点转向远东太平洋区域，瓜分中国成了 20 世纪初帝国主义争夺的主要目标。英法等当时主要殖民帝国认识到在瓜分中国之前，必须先要占领东南亚，以作为进入中国的基地。瓜分东南亚的争夺因而在英法美荷等帝国主义国家间展开。

到 1900 年时，整个南亚和东南亚地区除泰国保持名义上的独立外，其余所有地区均已沦为各帝国主义国家的殖民地。最大的殖民帝国当推英国。英国在 19 世纪时已实际控制了整个南亚次大陆，后又占领了与南亚比邻的缅甸、马来亚、文莱、沙捞越、沙巴和新加坡，面积共 520 万平方公里，英国成为一个拥有横跨南亚和东南亚广大地区的殖民大帝国。法国占有越南、老挝和柬埔寨，建立法属印度支那联邦，面积达 74 万多平方公里。荷兰在东南亚经营的时间最长，但直到 20 世纪初才完全占领印度尼西亚群岛，建立荷属东印度，面积共 190 余万平方公里。美国姗姗来迟，在 1898 年才从西班牙手中夺得菲律宾群岛，在亚洲建立面积 29.9 万平方公里的殖民地。泰国被英法私下以湄南河为界划定势力范围，湄南河以东归法国，湄南河以西归英国。

西方在亚洲殖民统治的加强

西方凭借自己军事上的优势征服了东方，军事征服以后，很快便将东方国家的经济纳入到世界资本主义体系之中，其手段就是将东方变成西方工业品的市场和西方工业发展的原料供应地，为实现此目的，进入 20 世纪以后，西方殖民当局分别制定实施殖民统治的新策略。

英国的新策略集中体现在卢加德 1922 年出版的《英属热带非洲的双重托管》一书中。该书被英国的政治家和公职人员当作指南，据说影响了整整一代殖民地行政官员。卢加德曾长期在亚非一些英国殖民地担任行政官员，一战后任英国出席委任统治委员会的首席代表。卢加德首创了一种理论，认为殖民强国有着双重的责任：一是对其统治下的殖民地人民的责任；二是对外部世界的责任。对于殖民地人民，要推动其物质和精神上的进步，最后使其达到自治；对于外部世界，要开发殖民地的自然资源并寻求使其进入世界市场的出路。

　　法国的新策略体现在萨罗计划中。阿尔贝·萨罗曾两度出任法国海外殖民部部长（1920—1924，1932—1933）。他就职时，正值一战后法国经济困难之际，法郎严重贬值，法国无充足外汇购买原材料，希望开发殖民地的资源来弥补。因此，萨罗着手实施殖民地开发新政策，制定了"殖民地经济发展十五年计划"，又称萨罗计划。萨罗宣称其计划的目的在于："为了未来法国的强大，法国必须要求它的殖民地和保护国除了提供食物外，还应该为军队出人，为国家出钱，为工业和贸易出原料和其他产品。"萨罗把殖民地分为几类，规定每一类殖民地要提供某些特定产品。

　　荷兰在印尼最初实行的是"强迫种植制"，殖民政府强迫当地农民种植一定数量的在欧洲市场上有销路的农产品，以替代土地税。从 19 世纪 60 年代起，"强迫种植制"在荷兰殖民统治集团内部遭到批评，一些人主张通过在殖民地发展资本主义经营来攫取利润，废除"强迫种植制"，将村社公有土地分给个体农民，将农民从村社的束缚中解脱出来，培养农民以企业家的精神来经营自己的土地。在 19 世纪末 20 世纪初，这一派人的意见占了上风，"强迫种植制"逐渐被取消，代之而起的是一项所谓的"自由政策"。然而"自由政策"的实施并没有促进印尼当地的资本主义发展，印尼人民的生活不但没有改善，反而恶化了，荷兰统治者与印尼人民的矛盾更加尖锐。殖民地政府不得不改变政策，出台了"道义政策"。所谓的道义政策，即殖民政权以"改善殖民经营"为名，以"关心土著福利"为幌子，扯起"人道主义"的旗帜，由国家拿出一笔钱来，投资于水利工程、移民、教育等公共事业。

　　美国在菲律宾的殖民统治，始于 1898 年 12 月 10 日美西《巴黎条约》的签订。美国在菲律宾实行的殖民制度，既不同于原来的西班牙的殖民制度，也不同于英国、法国、荷兰在亚洲实行的殖民制度。美国没有封建传统，是一个发达的资本主义国家，强调资产阶级民主制度，因而美国在菲律宾实行的殖民政策，从一开始就具有较多的自由色彩。美国在菲律宾实行"菲律宾化"政策，其主旨体现在 1899 年美国总统麦金莱在国会的一段演说中："我们拥有菲律宾，不是为了剥削，而是为了发展、开化、教育，在自治的科学上对他们加以训练。"所谓的"菲律宾化"，就是竭力笼络菲律宾上层人士站在美国一边，安排他们参加各级政府机构，在哈里森总督统治时期（1913—1921），6 名政府部长中，5 名为菲律宾人，只有教育部长为美国人。在实行"菲律宾化"的同时，美国也大力推行"美国化"政策，即在美国人牢牢地掌握最高权力的前提下，把美国的一套政治制度移植到菲律宾。同时，在文化教育上，美国力图把美国的生活方式、文化教育、思想意识、价值观等，都传播到菲律宾。美国规定英语为正式官方语言之一，以英语为教学媒介，并采用美国教科书，还实行公费留学生制度，有计划地派遣菲律宾学生到美国深造，使他们成为忠心耿耿的亲美派。为了争取菲律宾的民心，美国国会于1934年3月24日通过了《泰丁斯－麦克杜菲法》，规定在美驻菲最高专员监督下，成立菲律宾自治政府，十年之后让菲律宾独立。

以上所述英、法、荷、美等国20世纪最初几十年在亚洲实行的各种殖民制度，说明殖民制度由于受不同时代、宗主国的国情、殖民地的具体情况等因素的制约，因而具有不同的特点。尽管如此，共同点仍是主要的。在经济上，各宗主国通过资本输出和公共工程建设，加大了对殖民地经济干预的力度；在法律方面，既强调宗主国自身的资本主义法律，也给予当地人风俗习惯应有的尊重；在教育制度上，既鼓励同化，也鼓励联系；在政治制度上，既强调殖民政府的控制，又主张权力的适当下放。相比于19世纪，20世纪初西方对亚洲殖民地的统治显得更加自信，更加灵活，更加成熟，更有效率，宗主国对殖民地的控制因而得到加强。

经济增长

伴随世界殖民体系的形成，南亚和东南亚广大地区被纳入世界资本主义体系中，各宗主国加大在殖民地投资的规模和力度，正如列宁所说："资本输出总要影响到输入资本的国家的资本主义发展，大大加速那里的资本主义发展。"[1] 随着外资的进入，铁路、公路、港口等一大批基础设施建立了起来。西方资本在获得丰厚的利润的同时，客观上也促进了亚非拉经济的增长。

在东南亚地区，1900年以后，由于世界汽车工业的迅速发展，东南亚在世界经济中的重要性加大了。1938年时，荷属东印度、马来亚，法属印度支那、暹罗、缅

▶ ▶ ▶ ────────────────

① 列宁：《帝国主义是资本主义的最高阶段》，《列宁选集》第2卷，629页。

甸，英属北婆罗洲和沙捞越，实际上生产了世界上的全部橡胶和一半以上的锡。这两种产品的主要买主是美国，而主要的投资者是英国资本，劳动力则来自中国。到1941年时，马来亚的中国人人数甚至超过了当地马来人，马来人大多数仍种植传统的水稻。

印度的民族工商业起步比东南亚其他国家早，1911年投产的塔塔钢铁厂是当时殖民地亚洲最大的现代钢铁企业，标志着印度民族企业的发展程度和印度资产阶级的魄力。一战时期，英国为了战争的需要，一方面鼓励印度企业加班加点生产，供应前线的需要；另一方面，提高关税，防止外国商品趁虚而入，取代英国产品短缺留下的真空，从而客观上保护了印度民族工商业的发展。印度出现投资办厂的热潮，1913年，印度在政府注册的工厂有2744家，1922年时增加到4744家，民族资本获得了丰厚的利润，一战时期因而被印度企业家们称为创业的"黄金时代"。在两次世界大战期间，印度的制糖业和水泥业得到较快的发展，水泥和糖不再依靠进口。第二次世界大战时，印度虽然还不是一个工业化国家，但已是一个拥有现代工业的国家。当时衡量一个国家的工业水平要看钢产量和铁路里程，在这两项指标中，印度的钢产量名列世界第六，铁路里程6万多公里，远远高于当时的中国。中

金三角（山岳民族）
栽种罂粟的情形

国的国土面积是印度的三倍，铁路里程仅及印度的六分之一。法国统治下的越南和荷兰统治下的印尼在一战前后也出现了同样的发展势头。

在传统的经济部门，商品经济关系也在发展，尤其在一些原本富庶的大河流域和三角洲地带。印度南部的坦焦耳地区和北部的旁遮普地区、缅甸的伊洛瓦底江三角洲地区、印尼的爪哇地区、越南的红河三角洲、湄公河流域、菲律宾的吕宋，都是当时世界上著名的米市和谷仓。

对这种经济增长，我们不应评价过高。在整个1900—1950年期间，亚洲殖民地的经济增长率是很低的，尚未超过每十年增长15%的水平。另外，广大人民并没有享受到经济增长带来的好处，许多国家和地区的人民生活水平不仅没有得到改善，反而恶化了。虽然某些经济指标能出现增长，但整个国民经济结构畸形，严重依附于外国资本并随国际市场的变动波动。经济增长率低而不稳，人民生活水平没有相应改善，一些学者称这种状况为"有增长而无发展经济"。但另外一些学者则认为，这种状况的形成是进步的代价，是现代化过程中必然遇到的问题，当年西方也是这样发展过来的。也就是说，亚非拉国家面临的困境是暂时的，它会随着现代化的进程而被克服。

二元社会

20世纪上半叶是殖民地传统社会大变动的年代。

20世纪上半叶殖民地社会普遍出现了人口增长的势头，亚洲人口增长率超过了欧洲，从而改变了19世纪西方人口增长率高于东方的趋势。但同50年代后亚洲"人口大爆炸"状况相比，这一时期的人口增长仍然维持在一个较低的水平。因此，1900—1945年间亚洲人口增长处于一种过渡阶段，它既是自近代以来人口缓慢增长的继续，又是向50年代后亚洲"人口大爆炸"的过渡。

同人口增长相联系的是人口的移动。人口移动分国际移动和国内移动两种。印度人移往南非、中国人下南洋属于前者；人口过密的爪哇岛居民向外岛发展属于后者。无论是国际移动还是国内移动，早在19世纪就已经开始，但在20世纪上半叶达到顶峰。究其原因，有人口增长对土地压力增大的因素，有殖民统治的因素，有战乱的因素，还有交通便利和经济发展的因素，如锡矿的开采和橡胶园的开发使下南洋的中国人在这一时期猛增。这种人口移动在 20 世纪下半叶大大受到了限制。

人口移动促进了该地区的城市发展。无论是国际移动还是国内移动，人口流动的方向主要是从农村移往城市。大批农村人口持续不断地移往城市，导致城市人口的增长，城市数目的增加以及城市规模的扩大，从而出现城市化进程。如在越南，20 世纪初，城市居民仅占全国人口总数的 2%，到 30 年代初已增加到 8%—10%。该地区的城市化带有很深的殖民烙印，特大城市往往是进行殖民统治或经济掠夺的中心。比如南亚的加尔各答、马德拉斯、孟买、科伦坡；东南亚的新加坡、雅加达、马尼拉、仰光、西贡等，这些大城市的人口占城市人口的大部分，而且城市规模比二级大城市大得多，往往大二至三倍。20 世纪 40 年代初，缅甸仰光的人口是曼德勒的三倍，西贡的人口远远超过河内，新加坡的人口大大超过吉隆坡，加尔各答和孟买已是拥有百万人口的大城市，远远超过同一时期德里的人口。20 世纪上半叶亚洲城市的发展，并没有带来农村经济的相应繁荣，相反，农村经济的衰败和农村社会的解体几乎成了这一时期亚洲地区的普遍现象。因而在亚洲城市化进程中出现了同欧洲城市化不同的特点。欧洲的城市大多伴随国内资本主义的发展、农业生产力的提高、工业革命以及科学技术的发展而兴起，与城市化同步，形成一个整体，相互促进，相得益彰。而在东方，城市的发展导致城乡的严重对立，具有发达工商业的现代城市宛如一个个孤岛，处于落后的农村经济的汪洋大海之中，城市成了帝国主义掠夺东方财富的中转站，成了殖民统治的象征和中枢，东方社会从空间上和结构上被割裂了，形成为二元社会。

人口增长和移动，城市化的发展，农村社会的解体与破灭，以及资本主义经济的缓慢发展，使 20 世纪上半叶的南亚和东南亚社会出现了某些变化，但这些变化并不足以使该地区步入资本主义，它们尚处在由前资本主义向资本主义社会过渡的阶段，前资本主义的各种因素仍然十分强大。当新的生产力因素和阶级成分出现在大小城镇时，绝大多数的人口仍生活在农村，前资本主义的农业仍在国民经济中占主导地位，现代工业部门十分薄弱。一位研究殖民主义历史的印度学者得出这样的结论："殖民主义一面改变前资本主义关系以适应自己的目的，一面又保存前资本主义，这正是殖民主义留给独立后印度的有害遗产。"

第二节
政治思潮与民族主义运动

殖民地时期南亚、东南亚发生的重要变化之一是出现了众多的政治思想流派，这些思想流派在内容上和发展过程中具有许多共性。它们既是一种社会政治思潮，又是一种政治运动。它们基本源于西方，但又在各国的政治运动中加以改造，逐步丰富和完善起来。大致说来，前一二十年支配亚洲进步思想界的是西方的自由主义；从 20 年代起随着俄国十月革命的胜利，社会主义和马列主义开始在东方广泛传播，部分地取代西方自由主义在东方的阵地和影响；但 20 世纪上半叶，东方政治思想主要围绕的核心问题是"改革"和"独立"，民族主义仍然是这一时期政治思想的主旋律。三四十年代，在民族解放运动日益高涨的形势下，东方各国先后将西方自由主义、社会主义和民族主义本地化，形成各具特色的东方政治思想。

政治精英

在殖民地传播新思想并领导人民大众在政治舞台上与殖民统治者进行斗争的是现代知识分子阶层，他们是 20 世纪亚洲的政治精英。

从总体上讲，在殖民地时期，南亚、东南亚的民族工商业有所发展，但工商业资产阶级的人数和力量都很有限，还存在各种各样的弱点。首先，作为殖民地半殖民地的资产阶级，他们对外国资本有很强的依附性，外国资本通过银行和经理行制度控制了殖民地和半殖民地的工商业，南亚、东南亚民族工业在资金、技术、设备上均需仰仗和受制于外资，所以他们在政治上难以摆脱与生俱来的对帝国主义的软弱性与依附性。其次，非常重要的是，东方社会的资产阶级往往从传统的商业社团发展而来，在传统社会中，他们的社会地位低，受其他社会阶层歧视，商人往往被当作为富不仁者，难以成为资产阶级革命的领导力量，不得不寻求自己政治上的同盟者和代言人。另外，从理论上讲，工人阶级已登上了 20 世纪亚洲的政治舞台，他们由于受帝国主义、封建主义和资本家的深重剥削与压迫，具有较强的反帝反封建和反对资产阶级的斗争传统。但绝大多数亚洲国家的工人阶级是在进入 20 世纪，尤其在一战期间才产生壮大起来，人数还太少，身上还带有种种不成熟性，实际上，他们并没有担当起领导者的角色。

因而我们看到，20 世纪上半叶，东方社会普遍存在着统治权力合法性的真空。原有的封建统治阶级由于蜕变为西方帝国主义利益的代理人，在本国民众中的权威已经大大丧失；农民起义和造反在 20 世纪也已走过其巅峰期；城市工人阶级是新的生产力的代表，但人数太少，自身还带着新生阶级难免的不成熟性；资产阶级虽有反帝反封建的要求，但同时又因种种原因，无力也不愿带领群众去完成一场资产阶级革命。在群龙无首的状态中，知识分子便被推上了政治舞台，充当起了领导者的角色。

现代知识分子是殖民政府推行现代教育的产物。殖民地的现代教育就是西式教育。西式教育的推行受到了统治阶级的支持，印度最为典型。在印度，作为小国寡民的英国要统治拥有几亿人口的南亚次大陆，深感需要一大批印度本地人来帮助。他们吸收印度人到各级行政部门任职，招募印度人到军队当兵，利用印度人当买办经商。殖民统治者推行西式教育的目的是希望受过西式教育的新知识分子能忠心耿耿地为他们服务。然而，事与愿违，进入 20 世纪后，东方各国的知识分子阶层发生了分化，知识阶层中的一小部分人甘为帝国主义和封建统治效劳；而另一部分先进人物开始产生了民族主义的觉醒，先后从帝国主义和封建统治的合作者转变为反抗者和革命者，正如西方一位历史学家所说，在法属越南，"反对法国人最激烈的正是那些最擅长法语的人"。

这种转变的发生同 20 世纪初开始的东方知识分子阶层的状况普遍恶化有关，殖民地的知识分子阶层随着人数的增多，境况恶化而革命性增强。当西式教育刚在东方推行时，社会上受此教育者人数有限，他们大多来自原社会中的特权阶层，从学校毕业后，一般能在社会上找到位高薪厚的职业。但随着教育的进一步普及，学校办得越来越多，生源的社会阶层越来越广泛，学校像工厂生产产品那样源源不断地输送毕业生，工商业不发达的亚洲殖民地社会无法消化吸收这些毕业生，毕业即意味着失业。知识青年的失落感也同殖民当局的歧视性政策有关，在殖民地社会，政府中关键部门的高级职位往往为外国人把持，想方设法排挤本地人。

青年知识分子的激进化往往受到西化人文主义的影响，近代以来西方的学术和政治思想成为他们奋起与斗争的催化剂和武器。值得一提的是，青年知识分子的激进化还与新文学运动有关，他们往往通过文学作品来抒发其内心的苦闷和烦恼。20世纪亚洲文学同传统文学相比，发生了显著的变化。在思想内容上，现代文学一改过去偏重宗教、神话传说、道德说教的内容，开始注意反映现实生活问题。在许多作品中，作者们往往站在人道主义、民主主义和民族主义立场上，揭露批判帝国主义和殖民主义统治的罪恶，揭露封建统治者的野蛮愚昧、宗教的虚伪，对劳苦大众的苦难给予深深的同情。在文学体裁和表现手法上更加多样化，诗歌、小说、戏剧，百花齐放，创作出一大批优秀作品，涌现出像泰戈尔和普列姆昌德这样的优秀作家，他们的作品不仅在本国人民中享有极高的声誉，而且经过翻译传播到全世界，1913 年，泰戈尔还荣获诺贝尔文学奖。20 世纪亚洲文学作品的影响和生命力也在于作者们开始面向大众，使用大众生活中的语言，许多文学作品起到了宣传群众、动员群众的有力工具的作用，不少知识分子是通过阅读文学作品走上革命道路的。

西方自由主义与亚洲民族主义意识的觉醒

19 世纪末 20 世纪初，代表东方社会进步思潮的是西方的自由主义。自由主义（liberalism）是在 17 世纪英国、18 世纪美国和法国资产阶级革命中产生发展起来并在 19 世纪初最后形成的一种意识形态和思想体系。它反对封建和中世纪的专制制度，主张维护公民的言论、出版和结社自由，主张国家应保障人身和私有财产的安全；它还主张政府必须在法律允许的范围内行事，政治权威的中心应在立法机构，政府应对议会负责，国家不应干涉经济生活等。这样，自由主义就成了民主的同义词，自由主义与民主主义在 19 世纪不可分割地联系在一起。自由主义作为资产阶级与封建阶级斗争的思想武器曾在历史上起过积极进步的作用，是欧洲资产阶级对人类文明的贡献。但自从欧洲资产阶级成为统治阶级后，自由主义逐渐丧失其原有的革命性和斗争性，产生出不同的流派，由于各国国情不同、传播的途径不同，亚洲殖民地的政治精英们所接受的自由主义也各不相同。

印度资产阶级及其知识界被认为是西方自由主义的最好学生。19 世纪印度的政治思想家们忠实地追随英国的自由主义。英国自由主义突出的特点在于它除了认同关于个人主义、功利主义、理性主义等西方自由主义的一般原则外，还坚持以渐进和调和的方法来解决矛盾，这一特点最早在 1688 年的光荣革命中得到体现，在 19 世纪被英国资产阶级的政治思想家大力宣扬，并且用来维护资产阶级的统治利益。印度的政治思想家们正是承继了英国自由主义的这种传统。直到 20 世纪初，印度的政治思想家们大多认为，英国征服印度是因为印度社会自身内部存在许多弊端，印度的首要任务是进行社会改革，英国统治印度有助于克服这些弊端，是上帝对印度的赐福，他们因而对英国统治报有感激之情，主张对英国统治者抱友好合作的态度。

受西方教育成长起来的印度知识阶层先是主张进行社会改革，随后政治自主自立的意识日益增强，在 1885 年他们就成立了国大党这一政治组织，希望英国统治者能对他们做出一些让步，给他们更多的参与印度政治的机会。但他们仅仅依靠对英国人进行无力的请愿和诉求，因此被称为"政治乞丐"。英国统治者毫不掩饰地蔑视他们，说他们代表不了印度的任何人，只能代表他们自己。印度政治精英们这种温和软弱的态度激起了越来越多年轻一代知识精英的不满，这种不满随着英国对印度知识分子的政策日益严厉而加剧。

进入 20 世纪以后，亚洲发生的一系列事件对印度思想界发生了重大影响。

在新形势下，提拉克成了年轻一代激进知识分子的代表人物。提拉克也认同自由主义的学说和价值，并不反对社会改革，但他认为印度人民的当务之急不是社会改革，而是争取印度自治（swaraji）。社会改革的许多内容涉及印度人民的生活习惯、宗教传统，是不可能由一个外国政府通过颁布法令来消除的，那样做只能分裂印度人民，加剧印度人民因种姓、宗教因素造成的矛盾与冲突。提拉克坚决反对那种认为印度人无法管理好自身事务的观点，他认为，英国人带给印度的也许是个"好"政府，印度人初掌政权时可能做得不那么好，但"自治政府远远优越于所谓的好政府"。因为在外国的支配下，任何国家和人民都是无法获得真正自由的。提拉克批评温和派脱离群众、看不起群众的观点，主张用群众熟悉的语言来唤醒群众，争取印度的自治。由于提拉克最先在印度提出自治的口号，他因而被后人尊称为"印度民族主义之父"。也因为他的观点在激进的小资产阶级群众中受到广泛的拥护，他被称为小资产阶级激进派，以区别于代表大资产阶级利益的温和派。

代表英国工商业资产阶级利益的英国殖民当局十分惊慌。他们采取分化瓦解的手段，破坏印度民族主义阵营的团结。1906 年，英国积极支持印度教和伊斯兰教上层分子成立两个全国性的教派组织，即印度教大会和穆斯林联盟，教派主义组织的出现极大地削弱了国大党对印度民族主义运动的领导。更为严重的是，英国人加紧拉拢国大党党内的温和派，许诺将实行立法会议改革，扩大印度民选议员的名额。温和派很快与英国人做出妥协，将激进派开除出国大党。紧接着，英国当局在 1908 年 6 月 23 日以"阴谋推翻女王政权"的罪名逮捕了激进派领袖提拉克，并不顾人民的反对，于同年 7 月判处提拉克六年苦役。印度民族主义运动从此暂时转入低潮。

英国人直到 1947 年离开南亚次大陆为止，一直实行这种又打又拉的"分而治之"的策略。实行这种策略的基础是在印度进行宪政改革的许诺，宪政改革使印度各种政治势力忙于争夺议会里的席位和政府中的职位，从而不能形成反对英国人统治的民族主义运动的统一战线，没有这种统一战线，印度就形成不了反英的革命形势。宪政改革成了 20 世纪上半叶印度革命的替代物。

印度资产阶级在这场运动中遭遇到的挫折迫使他们中的激进派认真思考争取民众，尤其是争取占印度人口绝大多数的农民参与到革命运动中来。这预示着印度人民反帝反封建的革命斗争将要进入新的阶段，在更高的水平上继续展开。一战后印度民族民主革命运动再次高涨证明了这一点。

一战后马克思主义在东方的传播

当欧洲弥漫在战火中时，各种西方思潮以前所未有的速度和广度在东方的大中城市中传播，无论是满腹经纶的传统人士，还是风华正茂、意气方刚的莘莘学子，无不被裹挟其中。社会主义作为一种学说也进入东方社会，并在东方的文化背景下演化出各种变种。但社会主义思潮在一战前的东方只是一支微弱的支流，影响当时进步文化界的主流思潮是西方的自由主义。

一战后，社会主义这一微弱的支流在东方社会中发展壮大，这首先得益于一战及一战后东方国家普遍出现的民族主义意识的觉醒。东方知识界中一部分先进分子对社会主义和马列主义显示出极大的热情，很重要的原因是出于对曾深信不疑的西方自由主义的深深失望。直到一战前，东方人民还普遍对西方的自由主义充满好感和幻想，然而西方的形象被他们自己在东方的所作所为破坏了。东方人民很快就发现，西方人严重的言行不一，他们在西方说的是一套，在东方做的又是另一套。他们在西方鼓吹个人自由和民主，但当伊朗人、中国人、古巴人、菲律宾人发动革命，成立革命政府，反对封建独裁统治时，西方的帝国主义政府普遍地站在革命人民的对立面，干预东方的革命；他们也鼓吹民族自决权，然而当青年土耳其党人要求取缔特权条约，辛亥革命后的中国政府要求修改不平等条约，伊朗人呼吁民主的英国和美国支持革命中产生的宪法时，西方帝国主义一概断然拒绝。东方先进的、有觉悟的革命分子陷入极大的苦闷之中。这种怀疑与苦闷随着第一次世界大战的爆发而加深，为什么先进的欧洲为了争夺殖民地竟不惜将世界拉到毁灭的边缘，西方的文明究竟能否给人类带来光明的未来？一战后，帝国主义国家忙于重新瓜分殖民地，将战前对殖民地人民所做的许诺置之脑后，进一步加强了对殖民地的政治控制和经济掠夺，这些做法使得殖民地人民感到极大的失望和愤怒。

十月革命使马克思列宁主义在东方国家的威望空前增长，促使东方国家的先进人物接受这一思想；马列主义的传播导致印度、印尼、马来亚、菲律宾和越南等一些国家先后建立共产主义小组和共产党组织。

马克思主义传入印度的时间并不比中国晚，成立共产主义小组的时间也不比中国迟。早在1920年10月17日，M.N.罗易就在苏联的塔什干建立了共产党组织，罗易当时在共产国际内还担任重要职务。但当时其成员多为流亡在苏联中亚地区的印度穆斯林，在印度缺乏代表性，成立后不久就停止了活动。往后在1921年、1925年、1928年、1933年先后又有过建党活动。其中，1933年11月在加尔各答的建党活动比较正式，并得到了共产国际的承认。但是，印共建立后，缺乏严密的组织纪律，没有召开过全国性的代表大会，也没有制定党纲，迟至1951年才有第一部党纲，党员人数也有限，在30年代只有200多名共产党员。

共产主义运动在印度之所以没能像在中国那样发展起来，原因是多方面的。首先，印度当时处于英国人的统治下，殖民政权有一套严密而有效的警察和间谍系统，对印度共产党的活动了如指掌。英国人在镇压印度共产党人方面从不手软，在1920—1929年的9年间，英国人就先后三次对共产党人进行大逮捕和审判。其次，印共党内宗派林立，印度社会固有的宗教、种姓对立也被带到党内，使印共难以成为领导印度共产主义运动的坚强堡垒。第三，印共一直未能找到一条正确的革命道路，在 20 年代，印共认同罗易的主张，与印度资产阶级划清界限，脱离于当时甘地领导的非暴力不合作运动之外，从而未能在群众运动中发挥自己的作用。二战爆发后不久，英国人将大批印度共产党人和国大党人都抓入监牢。国大党人始终高举民族主义旗帜，要求英国人先给予印度独立，再考虑在战争中支持英国。而印共则服从共产国际的指示，表示愿意调整政策，停止反英斗争，参加世界反法西斯斗争。1942 年，当日本军队进入缅甸后，印共向英国人呼吁，只要英国人打开牢门，释放他们，他们愿与英国人一道为反法西斯斗争流尽最后一滴血。英国人释放了共产党人，1943 年，印共召开第一次代表大会，提出与英国人百分之百的合作，一切为了前线，一切为了反法西斯斗争的需要。而国大党领导人则坚持宁愿坐牢，也不愿同英国人妥协。1945 年，二战结束，当甘地、尼赫鲁等人走出牢门时，他们成了印度的民族英雄。相比之下，印度共产党由于放弃同英国人的斗争，失去了群众基础。

印尼、马来亚和菲律宾共产主义的发展也遇到了与印度共产党相似的问题与困难。1926 年，印尼共产党甚至领导了一场反抗荷兰殖民统治的武装斗争，但很快遭到失败。只有在越南，共产党的力量得到了较大的发展。1929 年，越南出现三个共产主义组织，1930 年 2 月 3 日，胡志明代表共产国际东方部在中国香港九龙秘密召开党的统一会议，合并了三个组织，建立了统一的越南共产党。同年 10 月，在党中央第一次会议上，通过了第一任总书记陈富起草的《资产阶级民权革命论纲》，制定了"打倒帝国主义""摧毁封建制度"的民族民主革命的纲领与路线，并把党的名称改为印度支那共产党。30 年代的经济危机加剧了越南人民的痛苦，激化了越南人与法国殖民统治之间的矛盾，为越南共产党的发展提供了条件。而 30 年代法国统治者对越南资产阶级领导的民族主义运动的血腥镇压，客观上将越南的民族主义者们赶到共产主义一边，这点同英国对印度国大党人又打又拉的政策形成鲜明的对比。同时，应该指出的是，越南共产党的发展得利于越南紧靠中国，它比其他南亚和东南亚国家更直接地受到中国革命的影响和支持。

民族主义运动与亚洲政治思想的成熟

支配 20 世纪上半叶殖民地亚洲的政治思潮和政治运动的既不是西方的自由主义也不是苏式的社会主义，而是民族主义。

民族主义，严格说来，也是缘起于西方的一种意识形态。它强调民族在历史发展和当代政治中的重要性，宣称"民族特征"是划分人群的主导性因素，主张所有的人都应属于一个并且只属于一个民族，他们应该准备好为发展民族利益做出任何必要的牺牲。民族主义还主张每个民族组成一个主权国家。由于南亚、东南亚地区当时基本处于西方的殖民统治之下，因此，该地区的民族主义运动实际上是一场要求摆脱殖民统治，争取国家独立的民族解放运动。

20 世纪上半叶该地区出现的这些政治思潮，虽然名称各异，但存在一些共同点。

首先，大致说来，这一理论体系无一不与近代以来的西方思潮有关；但它们又不是对西方思潮的简单模仿与照搬，而是结合了各国的具体社会实际和历史文化特点，所以都带有浓厚的民族主义价值取向；同时又不同程度地受到当代社会主义思潮的影响。

其次，在内容上，它们都具有鲜明的反对帝国主义，争取民族独立的思想；它们都要求建立资产阶级民主共和国，反对封建独裁专制；他们都想避免西方资本主义发展过程中出现的一些弊病，想通过借鉴社会主义苏联的一些经验，减小贫富分化，缓和阶级矛盾，因而他们的思想中都或多或少具有某种民粹主义的色彩。

在南亚、东南亚地区，印度的现代政治思想比较成熟和完整。20 世纪初的印度，西方自由主义与印度的民族主义思潮激烈交锋。作为一个具有数千年历史的文明古国，印度有自己深厚的文明传统，尤其体现在人民根深蒂固的宗教信仰方面；同时作为英国刻意经营了百余年的殖民地，自由主义在印度比在其他亚非国家的影响大得多。在 20 世纪初的一二十年代提拉克和甘地尽力调和这两大思潮。一战后，随着社会主义思潮在印度的流行，甘地和尼赫鲁又将社会主义同西方自由主义和印度民族主义三者进行综合，创立了"第三条道路"，在世界现代史中具有很高的地位。

M．K．甘地（1869—1948），出生于印度西部的一个信奉印度教的中等种姓家庭，1888—1891 年在英国留学，攻读法律，1893 年到南非当律师，1915 年回到印度，领导印度的民族主义运动。

甘地的思想或称甘地主义，主要内容包括：以爱、真理、非暴力为主要内容的哲学宗教观；以争取印度自治独立为主的政治思想；主张印、穆团结，消灭贱民制度，实行男女平等，富人庇护穷人的社会思想；限制大工业发展、发展乡村工业、提倡手工纺织的经济思想。

甘地主义的核心是其主张的非暴力主义。甘地反对那种认为只要目的是公正的，就可以使用任何手段的说法，主张目的与手段的不可分离性，如同种子与树木之不可分，只有用正义的手段才能达到正义的结果。甘地认为，印度人反对英国人的统治，争取自治独立，不是因为统治者是英国人而不是印度人，而是英国人的统治是依靠暴力的统治，如果使用暴力手段赶走英国人，那么建立起来的新政权仍然是建立在暴力的基础上，这如同"不要老虎的外皮，仍保留老虎的本性一样"。所以，赶走英国人不是目的，目的是消除暴力统治，如果用暴力进行反抗，同样也是一种罪过。

那么，怎样才能使印度从英国人统治下获得独立呢？甘地的回答是"不合作"。他认为英国人统治印度的目的是为了将商品卖给印度人，是为了赚印度人的钱，其统治靠印度人纳的税而得以维持。如果印度人不用英国货，不上西式学校，抵制西方的机器、铁路、医院，英国统治印度将无利可图；如果印度人不纳税，英国统治印度的机器就会瘫痪。

怎样才能使广大印度的民众接受甘地的教义呢？自英国人统治印度以来，印度人中精英与群众的距离在加大。精英们倾向"西化"，认同西方文明，对印度传统持一种批判的态度。认为印度之所以被英国人征服，正是因为印度社会有许多像多神偶像崇拜、寡妇殉葬、童婚等落后的东西，只有首先改革这些落后的东西，印度才能获得政治自由。精英们穿西服、打领带、说洋文，一意学习模仿西方人。一般民众则更加贫困、愚昧，在走投无路的情况下，只好诉诸暴力造反。只有让这两部分人走到一起，才能对英国人形成强大的压力，迫使英国人离开印度。于是甘地对精英们说，现代西方文明充满暴力，是一种"撒旦的文明"，是一种罪恶，只有传统印度教的文明才是真正最高的文明，让我们像婴儿拍打母亲的胸脯那样拥抱印度文明吧。对印度劳苦大众，甘地则说，暴力是万恶之源，放弃暴力吧。

甘地利用印度教中的"梵我如一"学说为其非暴力主张提供理论依据。印度教主张人生的最高理想是实现"梵我如一"。在印度教哲学中，世界的最高存在是"梵"，也称最高主宰神，梵在本质上是一种纯粹的精神，一种智，它在空间上是无限的，无所不在，在时间上是永恒的、不灭的。梵是世界的创造者，是世界各种现象生起、持续和终灭的终极原因，印度的梵因而类似西方宗教中的上帝。但印度宗教哲学中的梵同西方上帝之间存在重要的区别：西方的上帝与凡人百姓界线分明，上帝只有一个，凡人成不了上帝；而印度教中的梵与世界上的每个人却是相联系的，不可分割的，个人与梵的关系是个体与整体的关系，是"小我"和"神我""最高我"的关系，"个我"只是"梵"的一个部分。"梵"与"个我"的不同在于："梵"具有创造或毁灭世界的能力，而"个我"却没有；梵不能感受苦乐，而"个我"则能感受苦乐。但这种差别是能消除的，只要"个我"去掉对苦乐的感受，抛弃七情六欲，苦练修行，便能进入梵的境界，那时"个我""小我"便能成为"大我""神我"，实现"梵我如一"的人生理想。甘地借此要求印度的精英们放弃那些声色犬马的物质享受，到民众中去，穿土布制的衣服，吃粗粮，过艰苦的生活，与大众打成一片，牺牲"小我"成"大我"，过一种真正有意义的生活。这种宗教语言也易为广大民众所接受，自古以来，印度人重视修行，修行须遵守戒律，最重要的戒律就是不杀生，反对暴力提倡爱。

　　印度现代政治思想的成熟性与完整性还体现在民族主义运动领袖们在独立到来前就已经开始思考独立后的发展道路，从而形成自己的发展理论。印度的发展理论同时具有强烈的批判西方资本主义和苏联社会主义的政治倾向。甘地激烈地反西方

甘地在调解教派冲突

文明的态度是人所共知的。印度的知识界和思想界崇拜甘地人格的力量，为了争取印度独立的目标，他们可以接受甘地的非暴力不合作主张，但不赞同甘地对西方文明的批判以及建设印度未来社会的构想。同时，印度知识界对社会主义的态度也是相当不一致的，大体上可分为三大类。第一类是印度的共产党人，他们接受苏联模式的社会主义，主张通过阶级斗争方式，进行社会革命，消灭一切剥削阶级和剥削制度，将印度建成一个像苏联那样的社会主义国家。但如前所述，印度共产党在20世纪上半叶由于各种原因，在印度政治中的影响极为有限，印度的社会主义主要不是由共产党人传播，而是由资产阶级政党——国大党承担了这一任务。国大党内在社会主义问题上大致有两种意见，一种意见以圣雄甘地为代表，另一种意见的代表人物是尼赫鲁。

甘地一生都在自己的著作和演讲中不遗余力地鼓吹社会主义，他的社会主义带有强烈的反对西方现代文明的特点，大致可归纳如下：

1. 甘地一再强调印度不能再走西方所走过的血腥的工业化道路。他认为，大规模的工业化在印度必定意味着千百万人的饥饿，只有恢复传统的手工纺织才能解决失业问题，解救印度的贫困。

2. 甘地反对中央集权，主张小政府大社会。他尤其赞赏传统的印度村社制度，主张未来印度社会的基础是村社，印度全国有70万个村社，每个乡村都应成为一个自治体，村社中有学校、商店、工厂，村社中的事务由村社成员选出的潘查雅特管理，印度就是这70万个村社的联合体。他反对西方的议会民主制，主张印度的总统将由70万个村社通过一村一票的方式选出。国大党和印度军队在独立后都应该取消，政府部门应极大限度地精简，管得越少的政府是越好的政府。

3. 甘地反对剥削，严厉批判资本主义的罪恶，对受苦大众给予极大的同情，这是他同其他社会主义者的最大共同点。但甘地的社会主义反对用暴力剥夺地主、资本家的私有财产，而是主张在劳资之间、地主和农民之间建立起平等和谐的庇护关系。他宣称"我们的社会主义和共产主义应该建立在非暴力以及劳资之间、地主和佃农之间协调合作基础之上"。他要求百万富翁在满足个人物质消费之外，应将财产用来为全社会服务。

甘地的社会主义理所当然地遭到了印度知识界和工商界中大部分人的批评。尼赫鲁说过："甘地对于机器和现代文明的旧观点，我们很少人赞同。"尼赫鲁不同意甘地全盘否定西方文明。1928 年，尼赫鲁在写给甘地的一封信中直截了当地提到这一问题："我认为你对西方文明作了极其不公正的评价，将它不足之处过于夸大了。"尼赫鲁反对将印度农村生活理想化，坦然承认自己对农村生活充满恐惧，不愿接受这种生活，主张要把农民从这种生活中拯救出来，并认为只有文明才能拯救这些罪恶。

尼赫鲁也主张社会主义。尼赫鲁在留学英国期间，接受了当时英国流行的费边社会主义，主张和平、渐进地解决社会问题。回国后，受十月革命后的苏联的影响投身印度民族解放运动，思想向左翼靠拢。在 30 年代，他在印度宣传社会主义。他曾说："我相信，解决世界问题和印度问题的唯一途径是社会主义，除此之外，我看不出有任何办法可以消除印度人民的贫困、大量失业、堕落和屈辱。"尼赫鲁甚至有一段时间里接受了马克思的阶级和阶级斗争的理论，在一些场合主张在进行争取民族独立斗争的同时进行阶级斗争，从而消灭剥削，因为在"历史上还不知道任何统治势力和统治阶级是自愿放弃政权的"。他主张"在新的基础上对社会进行彻底改造，把利益和财产从有钱人手中转到穷人手中"。

尼赫鲁的社会主义实际上代表那一时代相当大一部分印度青年知识分子的想法，所以在他周围很快聚集起一个左翼社会主义者集团，向甘地主义在国大党内的领导权提出了挑战。情况发展到如此严重的地步，1934 年 7 月 24 日，尼赫鲁在日记中写道："我越来越相信，巴布和我之间不可能在政治上进一步合作了，我们最好分道扬镳。"

事实上，他们两人最后并没有分道扬镳，在关键时刻，印度工商业资产阶级站出来，调和了他们之间的矛盾。印度工商业资产阶级和职业阶层一样，同是印度西化和现代化的产物，他们在许多问题上看法一致，国大党实质上是他们二者间的政治联盟。两者都渴望印度能够获得独立。在民族主义运动中，出头露面的是知识界，在背后提供经济支持的是印度的工商界，二者谁也离不开谁。

甘地的反工业化态度令印度工商业资产阶级生厌，尼赫鲁的社会主义论调则令工商业者们害怕。相比之下，尼赫鲁的社会主义更可能危及工商业者的利益。所以，印度的大资产阶级首先与甘地主义者联合起来遏制社会主义思潮在国大党内蔓延。1934 年 5 月，21 名印度大商人齐集孟买开会并在报纸上联名发表了《反对尼赫鲁的孟买宣言》，指责尼赫鲁的言论破坏了印度民族主义运动的内部团结，其对阶级斗争的鼓吹违背了甘地的非暴力主义原则，并威胁说，这样做将会迫使资本流出印度，延缓印度民族工业的发展，还可能彻底毁灭印度现存的社会经济结构，把印度引向苏式社会主义的方向。

印度工商业资产阶级和甘地主义者的联手使国大党右翼势力在 1936 年国大党费兹浦尔年会上占了上风，他们围攻尼赫鲁及其社会主义思想。尼赫鲁在党内处于少数派地位。在这种形势下，作为资产阶级政治家的尼赫鲁，审时度势，放弃了阶级和阶级斗争的主张，接受了甘地的阶级调和论，但仍坚持重申其应通过工业化使印度尽快现代化的主张。他说："我是极其赞成拖拉机和大型机器的，而且我深信，为了向贫穷做斗争，为了提高生活水准，为了国防以及其他种种目标，印度的迅速工业化是必要的。"尼赫鲁的目标是在世界上"做一个有声有色的大国"。

尼赫鲁雄心勃勃的印度现代化主张得到了印度工商业资产阶级的积极回应。尼赫鲁保住了自己在国大党内的领导地位，在 1938 年国大党省邦工业部长会议上通过了尼赫鲁提出的迅速使印度工业化的纲领。1944 年，印度资产阶级头面人物再度齐集孟买，会后发表《印度经济发展计划》，主要内容是呼吁由政府负责发展重工业和基础工业。这一政策既迎合当时知识阶层希望由国家控制经济的偏好，又能解决印度私营民族资本不足的缺陷。

在印度资产阶级的压力下，甘地最后也不得不修正其反对工业化的立场，声明他并不完全反对工业化，只是工业化不应以牺牲地方和下层人民利益为代价，这点尼赫鲁和印度资产阶级在理论上没有反对的理由，因而加以接受。

在印度独立即将来临时，印度资产阶级内部已经就独立后印度的发展道路达成了一致的意见。尽管国大党内存在不同的派系集团，但他们都在某种程度上确认了近代以来先后影响印度的自由主义、民族主义和社会主义的某些基本价值取向，同时又剔除了其中某些相互矛盾冲突的内容，将对印度资产阶级有用的部分糅合在一起，形成印度独特的解放和发展道路，尼赫鲁称之为"第三条道路"。他解释说："这是从一切现存制度（俄国的、美国的以及其他的）中吸取精华的第三条道路，她寻求创造某种适合本国历史和哲学的东西。"

第三节
独立与建国

亚洲殖民体系的瓦解与新独立国家的产生

两次世界大战给殖民地亚洲的最大影响大概莫过于殖民体系的瓦解了。虽然帝国主义是在风起云涌的殖民地人民的斗争压力下被迫退出亚洲的，但如果不是这些宗主国在两次世界大战中，尤其在第二次世界大战中遭到极大的削弱，亚洲殖民地的独立日程完全可能大大推迟。二战加速了亚洲殖民体系的解体。

1940 年，日军南侵东南亚，提出"亚洲人的亚洲"及"大东亚共荣圈"作为占领东南亚的宣传口号，这些口号加上日本人在东南亚战场上对欧美军队的胜利，曾一时迷惑了不少东南亚乃至南亚的民族主义者。但大多数国家的人民很快就看清了日本帝国主义的真面目，事实证明日本人是一个征服者，并非解放者。1945 年8 月，日本宣布无条件投降，二战结束，南亚、东南亚人民立即加快了争取独立的进程。

在二战尚未结束，美国富兰克林·罗斯福总统同英国首相丘吉尔起草大西洋宪章时，美国为了在战后争取殖民地人民的支持，重申了一战后威尔逊总统提出的"民族自决"的原则。1945 年 2 月，美国恢复对菲律宾的统治，根据 1934 年《泰丁斯－麦克杜非法》，宣布将如期让菲律宾获得独立。1946 年 7 月 4 日，在马尼拉举行了菲律宾独立和成立菲律宾共和国的典礼。美国宣布将菲律宾主权移交给菲律宾共和国政府，菲律宾自由党的首领罗哈斯就任菲律宾共和国第一任总统。

二战后，英国在南亚、东南亚面临极为尴尬的境地，一方面，英国在该地区拥有最大面积的殖民地，极不愿意交出；另一方面，英国的统治者们也看到在战后继续维持殖民地已经是不可能了。英国统治者因而提出"非殖民化"的策略。所谓"非殖民化"，意思是殖民国家在被迫撤出殖民地的过程中采取旨在尽可能地维护自身利益的各种行动，包括各种撤退战略、策略与手法，其实质是殖民者寻求从一种旧的控制转向一种新的控制，用一种新关系代替旧关系。英国之所以能进行这样的"非殖民化",是因为英国作为一个殖民大国仍然具有相当大的力量;另外,当时国际殖民主义势力仍然相当强大,英国在撤退过程中对权力的转移和新旧关系的转变仍有能力进行一定的控制。因此,英国的政策不是交不交权的问题,而是权交给谁,以及如何交的问题。英国人要在交权过程中居支配地位,按英国人的安排交权。为达此目的,英国人充分施展其惯用的分而治之的政治伎俩。这些伎俩主要有:打着保护少数民族利益的旗号,支持与怂恿少数民族与较大的民族对抗;拉拢和利用封建王公和部落酋长;刺激地区主义的发展;分化代表全国性民族主义运动的政党;制造"激进派"与"温和派"之间的矛盾,利用"温和派"牵制"激进派"。这种分而治之政策实施的结果是原来的印度次大陆被一分为二,出现了印度和巴基斯坦两个政治实体,这两个政治实体在1947年8月获得独立。紧随巴基斯坦、印度独立之后,锡兰(1948年2月4日)、缅甸(1948年1月4日)也获得了独立。原来受控于英国人的尼泊尔、不丹、锡金和马尔代夫也摆脱了英国人的控制。总体说来,这些国家的独立是一个和平交权的过程。

和平交权并不意味着没有流血,印、巴分治时发生了印度教徒和穆斯林之间的冲突,有50万人成了牺牲品;和平交权也不意味着英国人痛痛快快立即撤出殖民地,在有些地方英国人想尽办法拖延独立进程,马来亚就是一个例子。在二战前,英国人在马来半岛不同程度上统治着三个彼此分开的单位:拥有全部主权并进行直接统治的英国直辖殖民地——海峡殖民地;在间接统治名义下由英国文职人员治理的保护国——马来联邦;当地酋长王公保留许多自治权力、实际由英国顾问官控制的单独保护国——马来亚属邦。二战期间,日本人占领了马来半岛,1942年5月,马来半岛上的英国驻军投降。在日占时期,马来亚共产党组织人民进行抗战,1945年年初,人民抗日军已发展到7000人的武装力量。到日本投降时,马来亚共产党已成为国内强大的政治力量,领导了一支拥有1.5万人的武装和有50万成员的群众组织,并在许多城镇建立了人民委员会。1945年9月5日,英军在新加坡登陆,并重新占领了马来亚。英国军事当局解除了人民抗日军的武装,解散了人民委员会。1948年6月18日,英国殖民当局实施"紧急状态"法令,宣布马共及其他左翼组织为"非法",实行大逮捕,进而发动全面的武装镇压。马来亚共产党及其领导下的人民武装不得不转入地下,开始了长期的游击战争。同时,英国人将原来的三种马来殖民地归并到统一的马来亚联邦中,促成对英国人持温和态度的马来民族统一机构（简称巫统）和华人政党"马华公会"之间的合作，成立"马华联盟"。英国人以"马华联盟"为谈判对手，1957年8月31日，马来亚联邦宣布独立。

　　如果说马来亚的独立基本还是一个和平交权的过程的话，东南亚面积最大、人口最多的国家印度尼西亚的独立就是武装斗争和和平谈判交替进行的过程。1945年8月，日本投降后，印尼共产党人和青年革命组织的领导人在雅加达秘密集会，做出了立即宣布独立的决定，并派代表与民族主义领袖苏加诺、哈达协商，要求他们宣布独立。8月17日，苏加诺、哈达签署了独立宣言，印度尼西亚共和国宣告成立。共和国成立不久，9

苏加诺宣布印尼独立

月29日，英军以接受日军投降为名在印尼登陆，占领了雅加达、万隆、三宝垄等城市。英军的入侵遭到印尼人民的坚决抵抗。11月10日，入侵泗水的英军出动飞机、坦克和军舰，发动大规模进攻。泗水军民包括当地华侨英勇抗击英军，浴血战斗21昼夜。在印尼人民的抗击和世界舆论的谴责下，英军于1946年10月撤出印尼，但将占领区交给了荷兰殖民者。荷兰不承认印尼独立，企图重建殖民统治。为迫使印尼政府屈服，荷兰殖民者于1947年7月20日发动"第一次殖民战争"。在英美支持下，荷兰出动了12万军队，在中爪哇和东爪哇登陆，发动大规模进攻。由于力量对比悬殊，印尼政府不得不做出让步，承认荷兰的宗主权。其后，荷兰人伙同印尼的右翼势力对印尼共产党人和左派力量大开杀戒，于1948年9月制造了"茉莉芬事件"，追捕和屠杀共产党人和进步人士，印尼共产党人和人民民主阵线成员被迫武装自卫。荷兰殖民者乘机于1948年12月19日发动"第二次殖民战争"，攻占了印尼共和国临时首都日惹，苏加诺等印尼政府领导人被俘，印尼人民奋起抵抗。共产党人和爱国军民广泛开展游击战争。15万荷兰殖民军被迫固守大城市。由

晚年的胡志明

于战争旷日持久，荷军伤亡日增，军费开支浩大，世界舆论纷纷谴责荷兰，美国也对荷兰施加压力。1949 年 5 月 7 日，荷兰和印尼在雅加达签订停战协定，1949 年 12 月 19 日，印度尼西亚联邦共和国成立，苏加诺担任总统，宣告 340 多年荷兰殖民统治的终结。

同法国与越南进行的战争相比，荷兰与印尼之间的战争在规模和时间上都只是一场有限的武装冲突。1945 年日本投降后，以胡志明为首的越南共产党人发动了八月革命，夺得了政权。9 月 2 日，胡志明在河内巴亭广场举行的群众大会上，宣读了《独立宣言》。越南民主共和国宣告成立。法国拒绝承认越南独立，企图重建法属"印度支那联邦"。1945 年 9 月 23 日，在英国支持下，法国殖民军占领西贡，并立即着手恢复殖民政权。为了争取时间，发展抗法力量，越南政府作了让步，1946 年 3 月，与法国签订《越法初步协定》。协定规定，法国承认越南民主共和国是一个自由的国家，但属于法兰西联邦和印度支那联邦；越南同意 1 万 5 千名法军派驻越南北部，期限五年。1946 年 12 月 19 日，法国殖民者撕毁全部协定，在河内发动总攻击。越南抗法民族解放战争全面开始。战争持续打了八年。1954 年 3 月 13 日—5 月 7 日，越南人民军进行了"奠边府战役"。经过 55 天的激烈战斗，攻克了号称为"坚不可摧"的奠边府堡垒群，全歼法军精锐部队 1 万 6 千多人。这一胜利沉重打击了法国殖民者，促成了日内瓦国际会议的召开。1954 年 7 月 21 日，日内瓦国际会议达成"日内瓦协议"。根据协议，与会各国保证越南、老挝和柬埔寨的主权、独立、统一和领土完整，不干涉其内政；以北纬 17 度线为界，越南军队在军事分界线以北集结，法军在该线以南集结；越、柬、老三国将分别举行全国的自由选举，以实现各国在民主基础上的统一。印支战争结束后，南亚、东南亚的殖民地基本获得了独立，出现了一批新独立的国家。

国家统一进程

到 50 年代中期，南亚、东南亚国家已基本上获得了独立。独立只是建立现代国家走出的必要的第一步，新独立国家仍然面临繁重的建国任务。"建国"在政治层面上至少有两层含义：一是完成国家领土的统一；二是加强所有居民对国家的认同。

英国统治印度时期，实施"分而治之"的政策，在印度保留了 550 个土邦，占印度面积三分之一和人口的四分之一。这些土邦面积大小不等，大的如海德拉巴，与欧洲最大的国家一样大，小的只有一个村庄。依据蒙巴顿方案，各土邦有权自行决定加入印度或巴基斯坦，但不能独立成为一个国家。早在独立前，印度国大党政府就决心将土邦归并到印度，成为一个统一的整体，不让其成为国中之国。独立后，国大党政府立即让当时的邦事务部长、副总理巴特尔处理此事。

巴特尔首先采取赎买政策，在经济上保证给土邦王公年金，在政治上安排他们进联邦院当议员。土邦王公年金相当丰厚，有的高达该土邦政府年收入的一半。条件是，取消土邦建制，土邦归入印联邦，成为印度政府直接管辖下的一部分，土邦王公不再过问地方政务。绝大多数土邦王公不得不接受土邦归并，但在三个邦发生了麻烦，它们是海德拉巴、贾纳迦和克什米尔。海德拉巴的统治者是穆斯林，贾纳迦和克什米尔靠近巴基斯坦，居民大多信奉伊斯兰教。印度政府对这三个地区采取了军事行动，将军队派往这些地区，强行纳入印度。在克什米尔的军事行动，引发了与巴基斯坦的军事冲突，后来在联合国的安排下，在克什米尔划出一条临时分界线，分别由印度和巴基斯坦控制。

印度政府通过实施赎买和使用武力威胁双管齐下的办法，完成了国家统一。1950 年颁布了新宪法。新宪法规定：印度共和国维持其联邦结构，中央与省邦分享权力，前英印省邦归为第一类，共有九省；前土邦中较大的如海德拉巴、克什米尔归为第二类；其余较小的土邦和部落地区归为第三类。

印度尼西亚是东南亚国土面积最大和人口最多的国家，而且是个岛屿国家，至少包含了 1 万 3 千个岛屿，这些岛屿散落在印度洋与太平洋之间东西长 5148 公里、南北宽 1931 公里的洋面上，这些岛屿成为一个统一的国家，是荷兰 350 年殖民统治留下的一笔政治遗产。爪哇人几乎占人口的 50%，他们在政府、军政部门中占统治地位，苏加诺和苏哈托都是爪哇人，军队中关键岗位 74% 由这一族人控制。1950 年，当印尼宣布独立时，占印尼领土 20% 的西伊里安还被荷兰占领，在一些外岛地区存在严重的分离主义倾向。1956—1958 年，印尼政府粉碎了美、荷支持的苏门答腊、苏拉威西和摩鹿加群岛等地的军事叛乱。1961 年 12 月，印尼政府发出总动员令，组织志愿人员，准备解放西伊里安岛。第二年，一批武装志愿人员在西伊里安岛登陆。荷兰被迫于 1963 年 5 月 1 日将西伊里安移交给印尼。印尼实现了国家的统一。

越南南北方的统一经过了长达十余年的艰难历程。日内瓦会议后，美国并没有遵守协议规定，而是拒绝通过普选统一国家，并于 1961 年 5 月在南越扶植建立亲美独裁政权——"越南共和国"，以对抗北方的共产党政权。在美国的支持下，吴庭艳集团对共产党人和爱国民主人士举起了屠刀。美国为了将越南作为反对共产主义势力在东南亚蔓延的桥头堡，防止出现"多米诺骨牌"效应，逐步加强其在越南、老挝、柬埔寨印支三国的军事卷入。先是由美国出钱出枪，当地傀儡政权出人，由美国军事顾问指挥进行"特种战争"；1965 年又以美军为主，进行以"南打北炸"为特点的"局部战争"。到 1969 年 4 月，驻越美军人数已近 55 万，韩国、澳大利亚、新西兰、泰国、菲律宾等国也卷入战争。无论是"特种战争"，还是"局部战争"，美国都不能消灭共产党人，更不能征服越南人民争取实现祖国统一的决心。经过多年的浴血奋战，越南人民及其武装力量越战越强，终于在 1975 年 5 月 1 日解放了越南南方全境，实现了南北统一。老挝和柬埔寨的人民武装随后也获得了胜利。

社会整合

南亚、东南亚地区素来以多种族、多语言、多宗教著称，如何整合社会，让全体国民认同于统一国家，是该地区新独立国家的一项严峻任务。

在解决了土邦归并后，印度政府又开始通过省邦重划来缓解国内严重的民族矛盾和分离倾向。印度历史上，分裂的时期远远长于统一的时期。印度社会内部，由于种姓区分、宗教差异、语言不同而存在严重的相互排斥性，正是这些因素为印巴分治提供了社会基础。印巴分治并没有从根本上解决印度教徒与穆斯林之间根深蒂固的矛盾，两大教派之间的冲突如同火山，时时有重新喷发的危险。印巴分治还使印度其他社团看到了可以通过分离来解决它们与印度主体社团之间矛盾的可能性。印度南部地区兴起了达罗毗荼运动，要求建立独立的达罗毗荼斯坦；印度西北部的锡克人开展阿卡利运动，要求建立阿卡利斯坦；印度的贱民们不满高级种姓对他们的虐待，要求建立哈里真斯坦；印度东北部那加人要求建立那加斯坦。印巴分治已将原来的印度次大陆分割成了两个政治实体，如果再让这些分离要求得逞，印度将解体。因此一些政治家和学者开始讨

西姆拉会议期间，尼赫鲁（左）和真纳在花园中散步

论印度次大陆"巴尔干化"的前景。20 世纪 50 年代被称为印度最危险的年代。

　　分离倾向因语言问题而加剧。印度本土最大的语种是印地语，但使用该语言的人口未超过印度人口的 50%，主要集中在恒河中下游地区，该地区因而被称为"印地语腹地"。独立后，印度政府想通过将印地语规定为印度唯一官方语言来加强印度的统一，但考虑到现实情况，印度政府只能采取"双语制"的过渡办法，同时将印地语和英语作为官方语言，以此来减少非印地语区的反对。1956 年，印度政府突然宣布取消双语制，将印地语作为印度唯一国语。这一决定在印度各地激起强烈的反弹，尤其在泰米尔语地区，学生上街游行，撕毁国旗、推倒小汽车，警察前往镇压，发生流血事件。结果，中央政府不得不恢复双语制；并按语言区域重划省邦，划为 14 个邦和 6 个直辖区。省邦的重划有效地缓和了中央与地方的矛盾，更重要的是，由于重划省邦，原先闹独立最凶的南部地区被划为四个邦，大大削弱了要求

建立独立的达罗毗荼国的那一部分人的力量，印度南北分治的危险被化解了。

此外，为了实现国家统一、民族团结的目标，国大党政府从独立起就采取让宗教和现实政治分离的政策，不允许宗教干预政治，规定国家工作人员可以在自己家中或寺庙中祭祀做礼拜，做一个好的宗教信徒，但在公众场合，在执行公务时，必须将自己的宗教信仰放在一边。他们的口号是："我们首先是印度人，然后才是印度教徒；我们首先是印度人，然后才是穆斯林。"这种政教分离的主张在印度被称为"世俗主义"，它区别于从宗教和种姓小集团利益考虑问题的教派主义。印度政府还通过实施有区别的保护政策来加强印度社会内部的弱势群体对中央政府的向心力，这一政策规定，对占全国人口五分之一的贱民和部落民实行某些优待政策，在政府机关、国营企业、大中小学中为他们保留一定比例的位置。

在东南亚，华人问题是社会整合中一项重要内容。几乎所有的东南亚国家中都有华人，最多的是新加坡，占75%，马来西亚次之（35%）；菲律宾最低，占1.3%。华人在居住区域、从事职业、文化传统等方面与其他民族往往具有较大的差异。马来西亚是个典型。马来西亚是个种族多元的国家。主体民族是马来人，但其人口不到总人口的一半；在非马来人中，华人占35%，印度人占9%，其余是众多较小的少数民族。在这些人口中，马来人与华人的关系尤为重要。马来人占有土地，有强烈的主体意识，控制政府和军队关键部门；华人大多住在城市和经济发达地区，他们在经济领域占主导地位。据马来西亚联邦政府1957年的人口调查，在中央政府和地方政府任职的马来人有2990人，华人只有952人；而在经济界担任主管、经理和业主的马来人只有1290人，华人却有14320人。尽管如此，独立以来，马来西亚的种族关系相对比较平静。这得益于巫统和马华公会的妥协谅解。1965年，马来西亚政府决定新加坡必须从马来西亚分离出去，这样的"截肢"避免了种族动乱。政府决定帮助造就一个马来人商业和工业阶层。为此，在大企业中规定了各种层次上的种族就业配额，鼓励、帮助和保护马来人企业家，通过提供培训、贷款和分配网络在经营上帮助马来人，并且确定目标：到1990年时马来人和其他本地人"在所有类型和规模的经营中至少拥有并经营经济中的全部商业和产业活动的30%，40%留给非马来人，余下的30%给外国公司"。泰国和印尼也有相应的政策。泰国各界政府都试图限制华人的经济活动。它们通过法律为泰人保留职业，要求雇佣 10 人以上的企业至少留出 50% 的位置给泰人。苏哈托领导下的印尼政府对华人少数民族采取了双重政策，一方面鼓励华人与土著人同化，在经济上与土著印尼人合作；但是，另一方面，华人被认为是非土著人，在贷款、许可证、国家公职分配上受到不公正的对待。

无论是东南亚还是南亚，政府所实行的社会整合政策，不但没有缓和社会矛盾，有些反而加剧社会的分离，使分离固定化和合法化，有时甚至演变为流血冲突。

第四节
工业化的政治与经济

新独立国家的领导人大多对独立后的前景抱乐观态度，认为一旦获得独立，殖民地的经济和人民生活必定会有很大的发展和提高。但他们在对独立后发展道路的选择上，却存在较大的差异，基本持有三种不同的看法：走苏联式社会主义道路；走西方式的资本主义发展道路；走既不是苏联式又不是西方式的"第三条道路"。

印度的"第三条道路"：民主政治与混合经济

早在独立到来之前，在甘地和尼赫鲁的主持下，印度国大党对独立后印度发展道路的选择已经达成共识，提出"第三条道路"的发展思路。根据"第三条道路"的精神，印度在 1948 年和 1956 年分别公布其发展工业的政策。在 1948 年 4 月的第一个工业政策中，宣布印度将建立公营经济和实行公、私营经济并列发展的方针，同时，欢迎外国资本在符合印度民族利益的条件下向印度工业部门投资，政府保证十年内不实行国有化政策。1954 年，尼赫鲁总理访问中国，回国后，提出要在印度建立社会主义类型国家的口号。1956 年 4 月，国大党政府发表第二个发展工业的决定书，强调优先发展重工业，并强调公营经济在国家经济中的支配作用。印度还学习苏联，制订五年计划，从1951年开始执行第一个五年计划。

"第三条道路"在印度实施的结果，壮大了印度的国力，在印度初步建立了较为完整的国民经济体系，增强了印度本国资本的力量。印度刚独立时，在工业部门中，外国资本占55%，本国资本仅占45%；到1956年时，本国资本已占63.7%，超过外国资本（36.3%）；本国资本进一步发展，1976年占到了82.1%，大大超过外国资本的17.9%。印度的一些轻工业像纺织、制糖、水泥等进一步发展，而钢铁、机械、化学、冶金等重工业项目的发展速度更快，印度是前殖民地亚洲中唯一称得上拥有较完整国民经济体系的国家。国家资本的壮大对于像印度这样民族矛盾尖锐的国家来说具有极大的意义，它

印度"烈火导弹"在发射架上

加强了中央对地方的控制能力，形成了地方财政对中央财政的依附关系，增强了凝聚力。"第三条道路"的实施，在一定程度上有利于缓和国内的阶级矛盾，印度人民对工商业者历来抱有鄙视的态度，国家资本而不是私营资本的发展有利于迷惑群众，获得一般群众的拥戴，有利于同共产党等左翼势力争夺群众。"第三条道路"的实施还使印度在国际政治舞台上可以左右逢源，印度一方面打出社会主义的旗号，争取苏联及社会主义阵营的支援，仅在1959年开始的第三个五年计划中，苏联对印度的贷款先后就达39亿卢比。另一方面，印度还时刻不忘在国际上树立自己是世界上最大的民主国家的形象来获得西方的好感。另外，由于印度从来没有

正式拒绝过外资，所以在 1950 至 1980 年的 30 年中，印度的外资绝对数增加了 10 倍。1959 年同时开工的鲁尔克拉、杜加普尔、比莱钢铁厂都是年生产能力为百万吨级的大钢厂，分别受到西德、英国和苏联的援助。一位美国学者得出这样的结论："尼赫鲁时代的工业化在很大程度上成了国际事业。"当然，印度从国外得到的最大援助来自美国。1951 年印、美签订 1.9 亿美元的紧急粮食贷款协定。1956 年印、美又根据《480 号公法》签订美向印输出美国剩余农产品的协定。根据协定，美国政府以最优惠的价格向印度输出农产品，并同意大部分价款以印度的卢比支付，所获得的货款除留下 25% 供美国使馆在印的开销外，全部以直接拨款和借款的形式交还给印度政府，资助印度的发展计划。到 1974 年，印度欠美国的粮款已达 22 亿卢比，美国政府宣布将这笔债务一笔勾销。虽然印度根据"第三条道路"大力发展国有企业，造成了效率低、浪费大、官僚主义盛行的弊病，但总体来说，"第三条道路"推动了印度的工业化进程。

东盟五国：威权主义下的经济增长

同印度经济相比，东南亚一些国家虽然没有明确地表示自己采取什么样的发展道路，但独立以来经济发展却取得了世人瞩目的成就，这些国家就是人们经常提到的原东盟五国：新加坡、马来西亚、泰国、印度尼西亚和菲律宾。东盟成立于 1967 年，它的成立具有很深的冷战背景，以美国为首的西方想利用东盟从军事和经济上遏制社会主义在东南亚的发展。在 1970—1980 年的 10 年间，东盟五国的经济增长率超过了其他的南亚、东南亚国家，其中增长率最高的是新加坡，平均年增长率超过 10%，最低的菲律宾，也达到 6.2% 的水平。80 年代后，增长虽然放慢，但也仍然高于其他国家。以马来西亚为例，1960 年时，该国的人均国民生产总值仅 163 美元，1981 年上升到 1840 美元，1991 年进一步达到 2520 美元。相比之下，越南、老挝、柬埔寨、缅甸等非东盟国家直到 90 年代，人均产值仍在 200—300 美元之间徘徊。马来西亚的人均产值还大大超过像印度、孟加拉国等南亚国家，印度 1989 年人均产值仅 470 美元，不仅远低于马来西亚，甚至低于东盟五国中最低的印尼（645 美元）。

东盟五国的经济成长，同这些国家相对优越的自然条件有关。除了蕴藏大量的自然资源，如马来西亚的橡胶和锡矿，印尼的石油，它们的粮食生产通常有剩余。它们还得利于印度支那战争，它使数十亿美元的援助流入该地区。最重要的一点恐怕还是从 60 年代以来，该地区保持了政治安定。当然这种安定是同威权主义的政权联系在一起的。

菲律宾在南亚、东南亚地区是个比较特殊的国家，在文化上具有较多的西方文化色彩。菲律宾自称是"亚洲唯一的基督教国家"，全国人口中 80% 信奉天主教；是"世界上第三大讲英语的国家"，菲律宾的英语教育在东南亚首屈一指；有人还说它是"美国民主在远东的橱窗"。总之，它是一个位于亚洲，但在文化、政治制度、语言、社会道德和宗教方面都没有多少亚洲特征的国家。当菲律宾为以上特征洋洋自得的时候，印度是极不以为然的。1955 年，万隆会议召开时，菲律宾凭借自己比其他国家具有更多西方色彩，想在会议上充当领导角色，尼赫鲁以嘲讽的语气说道："菲律宾人只不过是'美国老鹰上的尾巴'，现在却想当亚洲雄鸡上的鸡头。"

实际上，菲律宾也确实没能当成"美国民主在远东的橱窗"。议会民主制在战后勉强维持了 20 年，在此期间，政府效率低下，腐败丛生，农村状况恶化，经济停滞，北部各岛武装起义绵延不断。1965 年马科斯当选为总统后，上层统治阶级内部的矛盾激化。马科斯于 1972 年 9 月 21 日颁布了军管法实行独裁统治，其统治一直延续到 1986 年，马科斯独裁统治的结果导致军队在国内的影响和地位上升，民主政治被迫中断。

如果说，马科斯只是依靠军人进行统治，那么，印尼军人则是直接通过政变上台的。印尼独立后，尽管军人在独立战争中取得了很高的声誉，军队还是将权力交到了以苏加诺为首的文官政府手中。苏加诺采取一种中间派的立场，通过在以军人为代表的右翼势力和以共产党为代表的左翼势力之间搞平衡的办法进行统治，让左右翼势力相互制约。在社会经济政策上，苏加诺采取一些中左政策，没收外国企业和种植园，对西伊里安用兵。这些政策的实施使印尼国内的经济形势急剧恶化。就在国内政治一片混乱的情况下，1965 年 9 月 30 日，以苏哈托为首的军人发动政变，掌握了国家政权。其后，苏哈托扩大以军队力量为核心的政党"专业集团"，使军队参政合法化和制度化，形成苏哈托—军队—专业集团三位一体的集权统治，这一统治一直延续到 90 年代。

在泰国，军人政权和文官政府像走马灯似地转换，大有"城头变换大王旗"之势。1958 年，军人掌握了政权，到 1973 年，民主运动发生，军人政权倒台，其后又发生两次军人政变，现在虽然在形式上保持了议会民主制，实权仍掌握在军人手中。东盟五国中，马来西亚和新加坡似乎没有军事政变和军人干政的现象，但按西方的标准，它们也不被认为是民主的国家。在马来西亚，政党可以被取缔，不准对某些敏感的政治问题进行辩论，在 1969 年后群众集会被禁止。新加坡的政治虽然更为公开，但也被批评为权力实际为以李光耀为首

马科斯在发表演讲

的一小部分政治精英分子所垄断。新加坡 1965 年独立以后，建立了李光耀—人民行动党—政府三位一体的统治，这一统治形式持续了 25 年，直到 1990 年，李光耀主动辞去总理职务。

于是，我们看到，尽管独立之初，东南亚国家普遍认同西方的议会民主制度，但在经历短暂的试验后，往往发生不同程度的变形。议会作用有限，反对党有时被取缔，言论集会受控制，权力为军人或政治强人所垄断。人们常用"威权主义"来界定这一类政权。当然，不管人们对这类政权作何种评价，都不得不承认这类政权为东盟国家提供了几十年的政治安定，在这几十年中，东盟国家的经济发展较快，走在同一地区其他国家的前列，它们中一些国家甚至被誉为"小龙"或"小虎"。

越南的社会主义道路

南亚、东南亚地区还存在第三种政治经济发展模式，这就是以越南为代表的社会主义发展道路。越南独立时是个落后的农业国。1945 年独立后，先是进行了 9 年

越南战争中的妇女儿童

　　的抗法战争，后又进行了长达 16 年的抗美战争。这联绵不断的战火，使原来基础
薄弱的越南经济遭受了一次又一次的破坏。

　　　尽管如此，在 1955—1965 年抗法战争结束与抗美战争尚未正式开始的间隔
期，越南还是进行了社会主义建设的尝试，并取得一定的成绩。这一时期，北方实
行了土改和农业合作化，经济建设出现了一个短暂的高潮。1955—1960 年，越南工
业年均增长速度高达 36.9%；在 1960—1965 年的第一个五年计划期间，工业总产
值从 1960 年的 12.48 亿盾增长到 1965 年的 23.65 亿盾，年均增长 13.6%。抗美战
争的爆发打断了越南的经济建设进程。越战结束后，紧接着又发生了入侵柬埔寨事
件，西方、日本和东南亚国家停止了对越南的援助和投资，一些国家对越南实行禁
运政策，越南的整个国民经济陷入停滞与危机之中。到 80 年代，迫于形势，越南
不得不进行改革，经济有所回升。据越南公布的统计数字，"三五计划"期间，农

业生产增长率为 5%，粮食产量年均 1700 万吨，比"二五计划"期间增加 365 万吨；工业生产也有增长，年均增长率为 9.5%。然而，直到 80 年代末，越南仍为东南亚乃至全世界最贫困的地区之一，人均国民收入不足 100 美元。除了战争的因素外，计划经济形成的僵硬机制显然不利于越南的经济发展，已到了非进行大刀阔斧改革不可的地步。当南亚、东南亚国家刚获得独立时，苏联的社会主义建设成就曾使这些国家的不少领导人向往不已，他们可能在政治观点上极为不同，但对通过苏联的计划经济模式实现工业化都抱或多或少的赞许态度。然而半个世纪过后的今天，已经极少有人还继续迷恋这种计划经济了。

80 年代以来的调整与变革

变革之风也吹到了东盟国家。战后东盟经济发展得比较快，但也存在一些结构上的问题。东盟国家产业结构偏重第一产业，向工业发达国家输出初级产品的原料，并从这些国家输入工业品。由于初级产品的价格往往变动很大，所以依赖这些产品的输出，其经济收入极不稳定。这种不合理的经济结构是殖民时代的产物，独立后没有根本改变。制约东盟国家进一步发展的是政治问题，威权主义虽然为东盟国家带来稳定，但那是暂时的。威权主义同时也带来许多负面的影响：出现官商勾结的现象，腐败蔓延，家族政治，国营企业严重亏损，管理体制趋于僵化，贫富差距扩大等。随着年轻一代的成长，他们越来越不满足于独裁统治。事实证明，军人政权、强人政治的威权主义越来越失去了统治的合法性，不得不越来越频繁地使用武力来压制人民的不满，从而加大了统治的成本，造成统治合法性资源的进一步流失，抵御不了国内外的政治经济风浪。1986 年，菲律宾爆发了"二月革命"，这是一场以推倒马科斯独裁统治为目的的民主运动，由于军队倒戈转向民主运动和美国不再支持马科斯政权而取得胜利，马科斯不得不流亡海外，病死在美国。阿基诺夫人在人民的拥护下当选为总统。泰国的中产阶级和知识阶层也越来越不能容忍军人操纵政局，在 1992 年 5 月掀起了迫使素金达军人政府倒台的"五月风暴"。这场风暴沉重地打击和削弱了军方势力。此后，经大选产生了以民主党领袖川·立派为总理的多党联合政府，泰国政治中的民主色彩更浓了，军人已不能左右政局。1997 年，亚洲金融危机爆发，印尼发生反对苏哈托的游行示威，印尼政治强人苏哈托不得不下台。在马来西亚，统治集团内矛盾加剧，原来的一对政治搭档马哈蒂尔和安瓦尔分手，马来西亚政治的前景变得扑朔迷离。只有新加坡实现了平稳过渡，1990年，李光耀辞去总理职务，1993年经全民选举，产生了具有相当实权的总统，新加坡政局仍然保持了高度的稳定，1990年以来，经济发展速度在东南亚仍然名列前茅。

当东南亚盛行民主之风时，南亚大陆的政治风向却耐人寻味。80年代末，年轻的拉吉夫·甘地总理认识到："印度没赶上19世纪工业革命的公共汽车，也没能搭上二次大战后兴起的电子革命的第二辆公共汽车，现在不能再错过目前正发生的电子计算机革命，我们要用现代技术将印度带进21世纪。"他力主进行政治经济改革，开始实行经济自由化政策。然而拉·甘地壮志未酬身先死。具有浓厚教派主义色彩的印度人民党问鼎政权，几年内数次更换内阁，核竞赛、克什米尔问题，造成国内外局势一直不安宁。与此同时，其他南亚国家局势也不乐观。在斯里兰卡这个昔日的佛国净土，由于民族矛盾，僧加罗人与泰米尔族之间的战争持续了一二十年仍然未能平息。1999年，巴基斯坦军人政变，谢里夫政府被军人政变推翻。正当东南亚盛刮民主之风时，南亚次大陆却在涌动着威权主义风浪。

第五节
南亚、东南亚的现代文明成长之路

在南亚、东南亚国家摆脱殖民统治，获得独立时，对这些新生国家的前途，西方的政治界和思想界同时存在两种不同的观点。一种是悲观的，他们预测新独立国家将无法克服面临的巨大困难，将长期深陷种族矛盾、阶级冲突、社会动乱而不能自拔。另一种是乐观的，他们认为，新独立国家如同十八九世纪时的欧洲国家，只要学习西方，走西方所走过的道路，必定会成为现代化的国家。经过半个世纪的实践，以上两种观点都应该进行修正。新独立国家并没有解体，也没有日益衰败，而是大有进步。从前面对南亚、东南亚各国独立以来政治经济发展进程的粗略回顾中，我们看到三种类型的国家在过去几十年里都取得了很大的进步，如果说 60 年代出版的《亚洲的戏剧》一书反映了当时西方对新独立国家普遍而浓重的悲观主义的情绪的话，那么在 80 年代初，悲观的论调已开始逐步被乐观的态度所取代。1977 年，50 余名美国研究印度问题的学者专家召开专题研讨会，对 1947—1977 三十年间印度的政治、经济、科学技术等方面进行全面的评估，以作为美国政府制定对印度政策时的参考，出版了《印度：一个中等大国的兴起》一书。该书主编梅罗教授在结论中说道："尽管在许多问题上学者们意见不一，但大家一致强烈反对那种认为印度无力发展自己的陈旧论调，许多人都在文章中指出，印度已经取得实质性的甚至是不平凡的进步。印度保持了自己的统一，并在一个充满敌对的世界环境中维护了自己的独立。在国内建立了政治、经济、科技基础，外贸增加，使自己在国际上的作用日益加强。独立后的前三十年，我们看到印度打下了跻身主要强国行列的基础，而后三十年将看到这一愿望的实现。"事实上，在后面这 30 年里，印度的确又取得了重大的进步，证明梅罗教授的预言不虚。亚洲其他国家也在取得同样的进步，继亚洲"四小龙"之后，人们开始谈论"四小虎"，有些人甚至在预言"21 世纪将是亚洲的世纪"了。

确实，50 年来，东南亚、南亚国家的现代化水平有了很大的提高。在国民经济结构中，工业产值逐步上升，不少国家的工业产值已超过农业产值；城市人口的比重也在加大；人口受教育程度在提高；人们的政治参与机会和程度也在提高，政治的制度化逐步完善。在现代化的凯歌声中，我们听到的是一支"本土化"的进行曲。同一百年前他们的先辈相比，战后新独立国家思想界和政治界的思想水平无疑有了很大的进步。南亚、东南亚地区的第一代现代化运动的领导者和推动者们大多具有强烈的西方化倾向。他们承认自己的国家是落后的，西方是先进的，他们看到并由衷地赞赏西方社会的繁荣、技术进步、军事实力强大和政治安定。他们认为落后的原因在于东方社会存在种种的弊端，只有去掉这些弊端，社会才能进步，才能步入世界先进民族之林，而要达此目的，除了学习西方，别无他途。50 年过后，该地区的各国领导人发现自己的国家人民生活比以往任何时候都更加富裕，他们的经济增长率超过了西方，他们用 50 年时间走完了西方人走了 200 年的路。其实，这些新独立国家并不是完全走西方走过的路，它们在现代化进程中走的是一条属于自己的路。这种成就感增强了他们的信心，物质的成功也带来了对文化的伸张。正如一百年前，欧洲的物质文明成就使先进的亚洲人服膺于整个西方文明一样，20 世纪末的亚洲人开始因自己的物质成就而提升亚洲文明的价值。一些比较成功的国家，如新加坡、马来西亚，宣称自己的发展得益于一种精神上的力量，即"亚洲价值观"。1991 年新加坡内阁向国会提交关于"共同价值观"的白皮书，提出"国家至上，社会为先；家庭为根，社会为本；关怀扶持，同舟共济；求同存异，协商共识；种族和谐，宗教宽容"。马哈蒂尔总理于 1996 年对欧洲政府首脑宣称："亚洲的价值是普遍的价值，欧洲的价值是欧洲价值。"

亚洲政治领导人对"亚洲价值"的弘扬很大程度上是对西方批评的回应。在西方人眼里，所谓的"亚洲价值观"具有很强的反民主的价值取向，是对东方专制主义的认可。从理论上讲，南亚、东南亚新独立国家对议会民主制都持肯定的态度，实际上，刚独立时，他们也都建立了议会民主制的政治架构。然而，民主政治制度在该地区运作的实际结果却使人懊丧不已。印度是唯一长期保持了民主制度的国家，从未出现军人干政现象，但印度为此付出了高昂的历史代价。民主制度使印度政府效能低下，无法动员社会力量进行必要的制度性的变革，印度土地改革的进程迟缓，各项经济指标低下。印度人时常调侃自己说："我们有一套很好的机器，可惜它就是不工作。"而东南亚以及南亚的一些国家，在民主的记录上远不如印度，却比印度有更好的社会秩序和更高的经济增长率。因此，一些人认为，西方式的议会民主制在东南亚由于缺乏历史的、文化的和群众的基础，并不能发挥它在西方发挥的那种功能，无力解决该地区新独立国家独立后所面临的政治经济等方面的问题和矛盾。

对"亚洲价值观"的宣扬也是出于整合社会矛盾的需要。与西方的现代化历史进程相比，亚洲的现代化是在一个较短的时间里完成的。急剧的现代化将许多问题积聚到一块，形成一种爆炸性的态势。首先是人口增长问题，该地区在独立后的几十年里，人口的自然增长率一直在 2%—3% 之间，印度独立之初人口不过 3.6 亿（1951 年），到 1999 年时印度人口已超过 10 亿。印尼人口 1960 年时为 9 千万，1990 年时达到 1.78 亿，30 年里几乎翻了一番。土地早已承受不了过多人口的重负，年轻人不得不到城市谋生，缓慢的工业化和城市化又无法吸纳这些多余的劳动力。其次，现代化过程往往伴随着两极分化，有些人成为暴发户，拥有土地、工厂、股票、房地产、高学位以及无形资产——广泛的社会关系网，大多数群众却变得一无所有。第三，现代化过程还是传统宗教伦理道德失落的过程。在传统社会中，富人与穷人之间存在一种保护人与被保护人的关系，双方具有某种权利与义务，由传统宗教道德来监督这些责任与义务的实施。而在现代化的过程中，"金钱至上"，富人往往强调自己的权力，拒不履行扶贫济困、保一方平安的社会责任。一无所有、走投无路的大众只好求助于政府，新独立的政府往往视自己为人民的政府，但却无法解决这些社会矛盾。人民在失望之余，只好重新诉求于宗教。在这种背景下，教派主义登场。现代教派主义往往打出反西方、反现代文明的旗号，他们用一种虚构的宗教理想来吸引群众。亚洲国家的政治领导人最初对教派主义采取排斥态度，力图用世俗主义来阻止其滋长蔓延，但不见效果，转而纷纷采取迁就的态度。在印度，尼赫鲁是世俗主义的坚决鼓吹者，到英迪拉·甘地时期，随着国大党内老一辈强力领导人相继去世，党内派系纷争，经济长期停滞不前，国大党开始明里暗里将世俗主义原则弃之不顾，而迎合教派主义势力。有人统计过，英迪拉·甘地生前曾 71 次朝觐过印度教圣地，这同其父疏远教派主义的做法十分不同。在印尼和马来西亚，伊斯兰教的势力有日益发展的势头，印尼和马来西亚的政治领导者不得不放弃原有的世俗主义主张，采取一种调和的态度，既维护伊斯兰教信仰，又

英迪拉·甘地和她的小儿子桑加伊在一起

防止它过分膨胀。有必要指出，西方的某些民主程序在东方对教派主义起了推波助澜的作用。民主的本义在于政治制度化，使不同的利益通过一定的制度化渠道得到表达。在亚洲，民主成了政治精英们操纵政治的工具，他们通过获得大众选票得以掌权。为了获得选票，他们必须迎合大众的心理，一些具有种族色彩、民族主义和宗教特征的东西往往成为他们竞选的口号与旗帜。

教派主义的抬头，导致"亚洲价值观"的出现。然而，这种思潮不可能走得太远。首先，并不存在一个全亚洲人民认同的同一的"亚洲价值观"。战前日本就曾提出"亚洲是亚洲人的亚洲"的口号，实际上是想将亚洲变成日本人的亚洲。战后，一些新独立的国家也曾流露出想当区域性霸主的念头，1955年，尼赫鲁在亚非会议上曾嘲讽菲律宾想当"鸡头"。目前，虽然有像东南亚联盟和南亚联盟这样的地区性组织，但也是一种松散的组织。

其次，社会的发展不以人的意志为转移。当人们对是否存在亚洲价值观，南亚、东南亚国家应该亚洲化还是应该全球化争论不休时，一场突如其来的亚洲金融风暴对人们的种种乐观情绪进行了无情的打击，亚洲政治经济、社会文化等多方面的问题一下子展现在世人面前。

最后，单纯的"本土化"是否可行也是值得怀疑的。现代化确实不是单纯西方化，但也不是单纯的本土化。固然，传统的文化因素会影响、甚至制约现代化进程，但它面对急剧变动的社会经济发展态势以及汹涌而来的各种新思潮，不得不与时俱进，传统与现代已混合在一起，难以分离。现在活跃在南亚、东南亚地区的印度教民族主义、伊斯兰教民族主义以及儒家学说已经被现代化了，它们骨子里已有了不少西方文明的因素，西方文明的因素还将不断地与东方的传统文化发生冲突与融合。今日，东方国家中盛行的教派主义的社会基础不是与世隔绝、远离政治的农民，而是城市居民和青年学生，城市而不是农村成了弘扬东方文明的基地。总之，全盘西化是不可能的，也没必要；同时，盲目鼓吹所谓的"亚洲价值观"也是错误的，并不存在"亚洲价值观"。现代亚洲文明中不仅有自己的传统，还有更多原先没有的东西。正如李光耀所说："亚洲国家并不轻易放弃赖以生存的传统文化与价值观，将来也不会放弃。但如果这些价值观成为了进步的绊脚石，它们就会被抛弃或被改造。在不同程度上，亚洲人静悄悄地采取了不少西方有用的价值观、社会措施以及管理方法。因此，现在他们的价值体系中有东西混合的成分。"因此，南亚、东南亚的现代文明发展之路不会是单纯的"西方化"之路，也不可能是单纯的"本土化"之路，而是两者同时混合交替进行的过程。无论是"西方化"的概念，还是"本土化"的概念，都是现代文明在亚洲成长中的暂时性的现象，随着现代化进程的不断深入，亚洲人民会更加自信，更加积极地加入到营造世界文明的行列中。

[推荐阅读书目]

1. 甘地：《甘地自传》，吴耀宗等译，商务印书馆，1959。

2. 尼赫鲁：《印度的发现》，齐文译，世界知识出版社，1956。

3. P.Bardhan, *The Political Economy of Development in India* （《印度发展的政治经济》），Oxford University Press，1984.

4. U.Kapila, *Indian Economy since Independence* （《独立以来的印度经济》），Delhi，1990.

5. Donald G.McCloud, *System and Process in South East Asia*（《东南亚的制度与发展》），Westview Press，1986.

6. D.G.E.霍尔：《东南亚史》，中山大学东南亚历史研究所译，商务印书馆，1982。

7. J.F.卡迪：《战后东南亚史》，姚楠等译，上海译文出版社，1984。

第二十六章
东亚文明的演变

✿

第一节
历史上的"东亚"

"东亚"的含义

顾名思义,"东亚"一词指的是"亚洲东部地区"。然而,究竟何为"东亚",迄今众说纷纭。谈到东亚必先涉及亚洲。"亚洲"之称来自古代希腊,最初仅指当今小亚细亚(Asia Minor)一带,以后希腊人慢慢地知道了"小亚"以远还有"大亚洲"(Asia Major)。以亚洲之大,各部分(如西亚、南亚与东亚)之间的差异远甚于欧洲,历史上从来不曾作为一个文化单元或者政治经济统一体而出现。历史地理学家将亚洲细分为若干地区,但并没有形成公认的界限。费正清、赖肖尔等提出"东亚"概念应有三层含义:地理上指受崇岭和大漠阻隔的东部亚洲地区,人种概念指蒙古人种居住区,文化概念主要指渊源于古代中国的文明圈,包括中国、日本、朝鲜(半岛)和越南在内,"可以说东亚就是'中华文化圈'"。[①] 有人将20世纪70年代的印度支那半岛摒除于东亚概念之外。[②] 也有人认为,尽管日本在经济以及文化和地理上越来越与亚洲连在一起,但它全然不是、至少大多数时候不属于亚洲。[③] 在当今日本,在学术界、新闻媒体和一般人的意识里,一说到东亚,

▶ ▶ ▶ ——————————————————

① 费正清、赖肖尔、克雷格:《东亚文明:传统与变革》,黎鸣等译,天津人民出版社,1992,1页。
② 参见罗金义、王章伟编:《奇迹背后——解构东亚现代化》,牛津大学出版社,1997,332页。
③ 参见吉姆·罗沃:《亚洲的崛起》,张绍宗译,上海人民出版社,1997,27页。

大多不包括日本，而是指曾经作为半殖民地（中国）、殖民地（朝鲜、中国台湾等）和占领地（东南亚）的其他东亚国家。[①]

　　本章所叙述的"东亚"作为一个兼顾地理、历史和文化的概念，包括东南亚和东北亚两个部分在内。因为它位于太平洋西岸，所以又被称为"太平洋亚洲"（Pacific Asia）。它的面积约 1620 万平方公里，占亚洲总面积的 37%、全球陆地面积的 12%；它的人口到 20 世纪末已达 17 亿以上，接近世界人口总数的 1/3。偌大一个"东亚"，政治、经济、文化、历史情况自然十分复杂：这里历来有众多民族聚集，儒、道、佛、伊斯兰等多种文化、宗教交汇，16 世纪以来又增添了基督教和西方各国的影响。从内部看，东亚俨如一个汇聚众多民族、文化和宗教的人类博物馆，充满异质性、多样性。然而，放在世界历史的大版图上，无论从历史文化的角度，还是就其在现代经济政治发展和世界格局中的地位来看，"东亚" 相对于其他区域的特性、整体性、同一性还是十分鲜明的。

传统东亚文明及其特点

　　古代东亚对人类文明有独特的贡献。早在人类文明发展的晨曦时代，东亚已经独立发育出了区别于南亚、西亚文化的本土文化。东亚流行的汉字以及后来的汉字变形体在世界文字史上独树一帜。到了公元前 800 年至前 200 年，中国与印度、以色列、希腊等地区分别而又几乎同时发生精神的觉醒或曰文化的突破，初步形成了各具特色、富有生命力的文明形态。从那以后，起源于黄河流域的这一支文化向东、向南、向北发展并与当地土生的文化融合，逐渐成为东亚文化的主流，形成以汉字和儒学为特征的东亚古典文明——华夏文明，或称"中华文明"。这一文明不同于其他宗教文明，其突出特点是世俗性：她有各家各派的完备的"心性之学"而无系统的神学。对"天"人的区分与"天人合一"互为表里，强调"天意"不离人心。穷究于天人之际的文化负载者、文化符号解释者不是宗教僧侣，而是"无恒产而有恒心"的世俗文化人——"士"。他们信奉"未知生焉知死"，保持"子不语怪、力、乱、神"的传统，所关注的主要是现实生活中的人际关系原则，诸如"仁、

[①] 中村哲：《东亚近代史理论的再探讨》，陈应年等译，商务印书馆，2002，4 页。

义、礼、智、忠、信、孝、悌"等等，而缺少对来世的关怀。

东亚文明的特点之二是内陆型的农业经济与社会。东亚与中东、中美洲同为农业发源地，但在后来的发展演变中，唯有东亚形成了高度发达、历史悠久且持续无间断的农业文明。相比于古代地中海周围频繁的海洋活动、欧洲各游牧民族逐水草而居的特点和西亚伊斯兰文明重视商业活动的特色，东亚尽管也有海上活动，但只限于边缘地区，在农业与家庭手工业紧密结合的环境下，商品交换只是少量的。长期的精耕细作和定居生存方式造成的心理定式是"重本（农业）轻末（工商业）"和对"耕读传家"的崇尚。社会政治组织的构造是由家而国，最后形成父家长制的家国"天下"。对付游牧地区"蛮狄羌夷"入侵的基本方式则是筑城、墙（长城）以自保，"严华夷之大防"。

特点之三是涵盖范围广大。经过中国历史上的汉、唐盛世，汉字和儒家文化的泽被范围超出"中央帝国"而到达北边的朝鲜半岛和日本，南边到达中印半岛的安南、占城等地。中国的哲学思想、皇权官僚制度、艺术、文体、建筑乃至服饰样式都成为学习效仿的对象。"中华"成为华夏文明影响范围内共有的观念，而非为中国独有。历史上的朝鲜、日本、越南都曾"各自认为自身是保持中华正统的国家"。[1]20世纪八九十年代建立在东亚"奇迹"基础上、一度被炒得沸沸扬扬的"亚洲价值观"，其基本内容无论是在华人为主体的新加坡还是在马来人居多的马来西亚，都打上了鲜明的儒家文化的印记。儒家思想甚至被认为是"亚洲价值观"的核心。以儒学为代表、兼容和吸收其他文化而形成的"东亚文化"，成为东亚区域文明和东亚地区整体性的重要象征，也是连接东亚广大地区和人民共同心理的强有力的纽带。

除了上述特点，不断的民族混合和人口移动也对东亚文明的形成有重要影响并构成其另一重要特色。中国人口的主要部分是古代中原的"华夏族"与境内各民族，以及南下的各游牧民族，他们长期融合，共同生活。历史上大批华人移居南洋，对东南亚的开发和这一地区的社会经济发展做出了巨大贡献；同时也带去了汉字文化，传播了华夏文明。在东北亚，朝鲜半岛与中国东北之间的人口移动从未间断。与东亚大陆"一衣带水"的日本也是如此：到9世纪初，从朝鲜到日本的移民已经相当

▶ ▶ ▶ ────────────────────

① 滨下武志：《近代中国的国际契机》，朱荫贵等译，中国社会科学出版社，1999，40页。

稳定。公元 815 年日本编撰的宗谱录收入 1182 名贵族，其中，三分之一强的家族声称是朝鲜人血统或汉代殖民朝鲜的中国人的后代。[①]

历史上的"朝贡贸易体系"和由此体系而形成的"亚洲区域经贸圈""前现代亚洲市场"，是将东亚连为一体的又一重要环节。日本学者滨下武志详尽考察了"朝贡"体制的基本概念和形态，认为这一体制是"国内基本统治关系即地方分权在对外关系上的延续和应用。将中央—各省的关系延续到外国和周边，将中央—各省—藩部（土司、土官）—朝贡诸国—互市诸国，作为连续的中心—周边关系的总体来看待，并将其整体作为一个有机的体制来把握"。[②] 它的前提是朝贡国（地区、部族）接受中国"天子"——皇帝对当地国王（首领）的承认并加以册封，各国、各地区、各部族则定期向皇帝朝贡。朝贡不限于各个"藩属"与中国之间，还有各藩属国间次一级的朝贡关系。例如江户时代初期的日本一面向明朝政府请求赐予"堪合符"以重建宗藩关系，一面迫使明朝的属国琉球暗中向日本纳贡；拉玛一世时的泰国一面继续向中国纳贡，一面将柬埔寨、老挝等诸小国以及马来半岛上的一些苏丹土邦收为藩属。朝贡体制所维持的，不仅是一种以中国为中心的统治关系和内部共有"中华"理念的东亚世界秩序，也是一种贸易体系。日本征服琉球后，以宗主自居的萨摩藩强使琉球请求增加向明朝进贡的次数。获准以后，萨摩藩积极投资琉球的每次朝贡活动，为此不惜向京都和大阪商人借贷[③]，是为对"以进贡之名行贸易之实"的最好注脚。正如滨下武志所论，朝贡体制在根本上是靠贸易关系支撑的。"朝贡的根本特征，在于它是以商业贸易行为进行的活动，也就是说，因朝贡关系而使得以朝贡贸易关系为基础的贸易网络得以形成。"[④] 东亚朝贡体系并不是一个由中央皇朝控制的、只许中国与周边各国（地区）之间单边往来的垄断贸易体，体系内同时存在次级贸易网（如暹罗—日本—华南贸易网）和多边贸易关系。此外，朝贡贸易体系还是一个开放的体系，不排斥体系内国家与体系外地区的往来，如雍正年间苏禄和暹罗国王给清朝皇帝的贡品中就都有来自西洋的物品。东亚朝贡体系在明朝建国以后曾经涵盖了广袤的东亚大陆和海上区域，包括中国、朝鲜、日

▶ ▶ ▶ ────────────────────────────────────

[①] 费正清等，前引书，335 页。
[②] 滨下武志，前引书，31 页。
[③] 信夫清三郎：《日本政治史》第 1 卷，周启乾译，上海译文出版社，1982，14 页。
[④] 滨下武志，前引书，38 页。

本、琉球、越南（安南、占城）、柬埔寨（真腊）、泰国（暹罗）、马来半岛（满刺加）、印度尼西亚的爪哇、菲律宾的苏禄国，甚至锡兰（斯里兰卡）。在西方殖民者到来之前，东亚贸易曾经空前繁荣。据田汝康先生研究，17—19世纪中叶东南亚及其他各地和中国连接的朝贡贸易网，以及与地区间贸易结合的移民浪潮的扩大，形成为一种内外共同发展的现象。[①]

朝贡贸易体系对东亚地区的文化传播、对东亚区域经济的形成和东亚文明圈的延续起过巨大作用，其形成和长期延续均有深刻的历史原因。朝贡体制的核心是"华夷秩序"。费正清等人观察到：早在葡萄牙人、荷兰人和英国人之前，甚至在伊斯兰教徒和阿拉伯商人之前，中国人已有实力从事印度洋与东南亚的远洋贸易与海外扩张，但是并没有去做。对于这一令西方人感到困惑不解的现象，他们称之为"早期东亚历史的神秘性之一"。[②]日本学者信夫清三郎引述东汉大儒何休所谓"王者不治夷狄，（录戎）来者不拒，去者不追"，并进一步论证：以朝贡为媒介而建立的华夷秩序以慕化（慕夏）和"不治"为基本理念，是一种完全不同于西方"条约体系"下弱肉强食的国际关系的世界秩序——包罗宇宙的普天下的秩序。[③]这一类论述还有很多。他们分别指出了"华夷秩序"以和平交往为主流、以诚信相交为原则的"和天下"的特点，反映出华夏文明本质上是一种和平的文明。但同时也应看到，这一建立在儒学"天下"观（天下帝国唯我独尊，"普天之下莫非王土，率土之滨莫非王臣"）之上的东亚世界体系是农耕时代自然经济的产物，是一种以"中华"为中心，宗藩之间形同君臣、父子关系的不平等体系。"中华"的优势地位一旦丧失，这一体系也将随之解体。西方殖民主义东来以前，东亚"边缘"与"核心"之间的冲突多是间断性的或局部的，变故之大如满人从东北入主中原，其结果也还只是体系内关系的调整和对体系的修复，而非体系的破坏。丰臣秀吉率日本武士入侵朝鲜，企图取明朝统治而代之，终归于失败。"华夷秩序"的真正崩坏，是工业化的西方到来和近代日本崛起以后才发生的。

以华夏文明为标志的前现代东亚，无论思想文化、科学技术还是政治制度、贸易、经济的发展，都曾经在人类发展史上长期居于领先地位，从而给世界以巨大的

▶ ▶ ▶ ────────────────────────

① 滨下武志，前引书，61页。
② 费正清等，前引书，260—261页。
③ 信夫清三郎，前引书，7页。

影响。这种影响一直延续到近现代早期的西方思想界。十七八世纪英国和法国都曾经出现"中国热"。德国哲学之父莱布尼茨甚至将疗救"人与人相互为狼"一类人类恶性的希望寄托在中国文化身上。[①] 华夏文化深深渗入欧洲文明。直到 20 世纪 20 年代，在经历了世界大战的空前灾难之后，有见识的欧洲学者又一次面向东方，谈论起东方——中国传统文化的优越性。[②] 然而，令人感叹的是：恰恰与此同时，东西方都开始发生史无前例的大变化，相互间关系迅速逆转。

近代东亚的衰落

从 18 世纪后期到 20 世纪上半叶，东亚绝大多数地区跌入落后挨打的深渊。

18 世纪中叶以后，率先走上工业化并以工业化带动向全球扩张的欧洲，对东亚形成史无前例的真正强大挑战。西方对亚洲的大规模殖民侵略几乎与工业革命同时开始。英国在 18 世纪后半叶征服南亚，随后移师东南亚，通过连续三次侵略战争占领缅甸，并将新加坡、马六甲、文莱、沙捞越、北婆罗州等地掠为殖民地。印度尼西亚在经英、法、荷反复争夺后，在 1816 年成为荷兰殖民地。法国从 1858 年起逐渐兼并印度支那三国。这样，加上被老牌殖民帝国西班牙占据的菲律宾，整个东南亚除了泰国，几乎全部沦为西方的殖民地。在东北亚，除了日本经由维新改革成为新兴的东方强国，其余各国也纷纷沦为列强的殖民地、半殖民地。随着中国清王朝的衰落，维系东亚传统整体性的"华夷秩序"和朝贡贸易体系迅速解体。

从 19 世纪中叶到 20 世纪中叶的百余年间，先有西方列强以各项不平等条约将东亚纳入资本主义世界体系，使之成为西方中心的另一个边缘地区；继有日本帝国主义以"东亚经济同盟""大东亚新秩序""大东亚共荣圈"等等为旗号，用刺刀建立强迫各国屈从于日本的东亚新体系。百余年间东亚经受了巨大的创痛，也激起了东亚各国空前未有的大变革。灾难中的东亚如同涅槃的凤凰。传统的东亚共同体在蜕变为现代的新兴工业化共同体之前，经受了痛苦的血与火的洗礼。

▶ ▶ ▶ ────────────────────

① 夏瑞春编：《德国思想家论中国》，陈爱政等译，江苏人民出版社，1997，3—5 页。
② Adolf Reichwein, translated by J.C. Powell, *China and Europe*（《中国与欧洲》），N.Y.: Routledge, 1926.

第二节
中国文明的嬗变

保罗·肯尼迪在《大国的兴衰》中论述西方世界兴起时，从人口、文化成就、水利及运河系统、官僚体系与统一行政管理下的社会整合与灵活性等方面，对比了明代以前的中国与欧洲。他引证麦克尼尔等多位西方学者的著作，以赞许的口吻总结道："在前现代的所有文明中，没有一个比中国的文明更发达更先进。诚然，中国文明曾经遭受蒙古等民族的入侵，但她总能改变征服者而不是被征服者所改变。"[①] 但是，世界历史进入现代以后，面对"数千年未有之大变局"，中国在世界上的地位迅速下降。这样一个曾经居于世界最发达、最先进地位的文明，在近现代发生了哪些变化？为什么会发生这样的变化？

中国文明的要素

有史以来，中华民族生于斯、长于斯的东亚大陆，纵横万里，地域辽阔，其四周由许多自然屏障包围，将它与世界其他区域隔断：北有无边的戈壁沙漠，干燥而且寒冷，不适于定居与农耕；西部、西南部是崇山峻岭，"世界屋脊"；东部、东南部濒临浩瀚的太平洋——这一地理环境特点，促成了古代中国人独特的"天圆地方""四维八极"的"天下"观念。东亚又是地球上最大的内陆季风气候地带：一年中春夏秋冬四季分明，冬季寒冷干燥，夏季普遍湿热，而降雨又严重不均。流贯东亚大陆的最大的两条河流——黄河、长江因受季风和地理影响，冬季缺水，上游常干旱，夏季则洪水暴涨，危及中下游两岸。从而造成或"旱魃为虐"(《诗经》)，或"水逆行，泛滥于中国，蛇龙居之，民无所定"(《孟子·滕文公下》)的情况。旱涝在不同地方同时发生，全"天下"则两种灾荒连年不断。汤因比在《历史研究》中谈到："如果我们再研究一下黄河下游的古代中国文明的起源，我们发现人

▶ ▶ ▶ ────────────

① Paul Kennedy, *The Rise and Fall of the Great Powers*（《大国的兴衰》）, N.Y.: Random House, 1987, p.4.

类在这里所要应付的自然环境的挑战要比两河流域和尼罗河的挑战严重得多。人们把它变成古代中国文明摇篮地方的这一片原野，除了有沼泽、丛林和洪水的灾难以外，还有更大得多的气候上的灾难，它不断地在夏季的酷热和冬季的严寒之间变换。"[①] 汤因比试图以"挑战和应战"这样一种形象说明来揭示这样一个道理：古代中国文明和世界其他文明一样，都是生物因素和地理环境两者间交互作用的结果。但他并没有确切地指出，和其他地区居民没有什么差别的古代中国文明的祖先们，在严酷的挑战面前，发展出了怎样独特的文明形态。我们在这里无意对中华文明的起源与发展做详细的论述，也不打算重复叙述其特点，而只是想提出她的某些迄今仍具重要影响的基本要素。这些要素有的相互一致、相互维护甚至相互强化，有的则相互矛盾。

"**大一统**"　首先是"大"。大江大河与无边无垠的大平原使组成庞大的社会共同体成为可能，而大农业为它提供了经济基础。钱穆先生提出农业文化有大型小型之别，讲得很有道理。他说：古代埃及、巴比伦等皆小型农国，内部发展易达饱和，外面又不易捍御强暴，因而文化生命皆不幸而夭折。独中国为古代唯一大型农国，其文化发展得捍御游牧文化之侵凌而绵延迄于四五千年之久，直到有新科学新工业装备的新的商业文化出现，才使之相形见绌。总而言之，"独有中国文化，产生在特别大的地面上。这是双方（中国较之埃及、巴比伦、印度诸国——引者）最相异的一点。"[②]

其次是"一统"。统一不仅是农耕文化防御强悍的北方游牧部落侵凌的需要，上述自然地理与气候条件造成的经年不断的水、旱强灾害，更早也更强烈地提出了江淮河汉大农耕区政治经济统一以大规模治水和有效赈灾的要求，因为真正实现所谓"河内凶则移其民于河东，移其粟于河内，河东凶亦然"（《孟子·梁惠王》），寡民小国能力终为有限。黄河流域的先民们较早产生"平洪水定九州"、四海一家，结束诸侯割据"相伐"、相互间"以邻国为壑"状态的愿望，表现为"早封建、早集权"的历史：周初大规模"封邦建国""分土而治"，比之西欧中世纪封建制度早了一两千年。以后经诸侯相互"以土地故，糜烂其民而战之"（《孟子·尽心章句下》），到春秋时代大国相继称霸，率诸侯盟约"无曲防，无遏籴"、

▶　▶　▶

① 汤因比：《历史研究》，上册，曹未风等译，上海人民出版社，1986，92 页。
② 钱穆：《中国文化史导论》（修订本），商务印书馆，2001，1 页。

"毋雍泉，毋讫籴"(《左传·僖公九年》)，再到战国时期短暂的齐、魏"徐州相王"和齐、秦互相称帝双强对峙，终至秦国在七雄中脱颖而出，以"振救黔首周定四极"为号召，扫灭列强而一统天下，随后又"决通川防夷去险阻"，并筑万里长城以防御北方游牧族南侵。比之欧洲，中国周秦之间的宗法"封建"制自有特色而历时更久，"封建"结束以后的统一国家，较之欧亚大陆其他文明区域统一的"民族－国家"(nation-state，其实绝大多数都是多民族国家)的出现又早了千余年，而且一旦形成便在两千年间长期稳定下来，此后虽然间歇性出现分裂割据，但加起来不过数百年时间。

统一由"江山一统"及于社会、经济、文化，以至于"车同轨，书同文，行同伦，全国统一度量衡"。历史上，"大一统"是维护和扩散华夏文明必不可少的条件。16—18世纪，西方资本主义兴起并东侵，以摧枯拉朽之势扫荡印度和东南亚，但却不能大规模侵入中国南大门。与此同时，中国虽被动地进入新兴的世界市场，但由于物产丰盈，所以能以丝、茶等农产品大量输出而掌握外贸主动权，这些都与"大一统"不无关系。

与"大一统"相伴生的是延续两千年不变的皇权专制主义和集权官僚制度。"大一统"给以农耕为基础的华夏文明所造成的历史自然演进惯性、思想惰性和发达的皇权官僚政治制度的顽固性，使之在史无前例地遭遇到西来的新兴工业文明(钱穆称之为"商业文明")之际进退失矩，行动困难。"大一统"的这些不同层面都对中华文明的承续和发展影响巨大。"大一统"的观念对中国乃至东亚文明的当代发展和未来走向，仍然会有重大影响。

包容与"变通"《易经》主"天下同归而殊途，一致而百虑"。孔子也讲过"君子和而不同"。"和"意指"相辅相成"，如八音克谐百鸟齐鸣。这些都已经意含包容。长期以来，儒学是中华文化的正统、华夏文明的象征或代表。但是中华文化不限于儒家思想，还有法、道、墨、兵、农诸家和先后从外部传来的各宗各派的佛教、伊斯兰教、基督教思想文化。儒家思想传到后来也不再是孔学"原儒"，而是吸收了许多别的思想，于是有"道并行而不悖""外儒内法"等种种说词。中华原典强调"夷不乱华，裔不谋夏"和"以华变夷"，但是"华夏"本身所具有的自信和大气魄——华者光彩，夏者大也；华夏合一，即"辉煌而宏伟"，而且居于"天下"中心，使她能够如大海之收纳百川，吸收、融合甚至同化各种外来文化而不失自我。此外，中华文化也讲"变易""变通"，所谓"穷则变，变则通""功业见乎变""变而通之以尽利"。"包容"和"变通"使两次鸦片战争后的中国能够走上"防卫性现代化"即办洋务学西方的"自强"之路。

当然，这种包容和变通都是有限度的。两千年间由于"心学"被定于一尊，对于从本体上摆脱唯"心"论的倾向便难以包容，传统中国不能像同时期西欧那样致力于对物质世界的穷究、发展出自己的现代科学技术，不能说与此无关。百余年来中国现代化在器物即"用"的层面"师夷长技"相对顺利，在制度和文化等"体"的层面学习、变革，则一波三折、步履蹒跚，也反映了"包容"和"变通"的有限性。

保守或曰因循守旧 这是中华文化的另一要素。千年不变的农业与家庭手工业结合的生产方式，周而复始的王朝循环和治、乱更替，使人们难以产生"进步""进化"一类观念，而造成思想文化上的保守，好常恶变，重土难迁，崇尚古之盛世，笃信祖宗家法。"保守"有维护一致和稳定以及在吸收外来文化时"固本"的功能，因而与"包容"并不完全矛盾，与"大一统"则密切相关且相互强化。同时，一味地向后看，"祖述尧舜、宪章文武"，"述而不作、信而好古"，墨守成规、成法，以至主张"天不变，道亦不变"，等等，必然形成禁锢，成为阻碍"变通"、反对革故鼎新的思维定式和思想武器。

应当说，因循保守是农耕文明的共同特点。钱穆论定"游牧、商业起于内不足，则需向外寻求，因此而为流动的，进取的。农耕可以自给，无事外求，并必继续一地，反复不舍，因此而为静定的，保守的"。此说有理。但钱先生宣称"人类生活终当以农业为主，……将来文化大趋，亦仍必以各自给足的和平为目的"，认为作为农耕和平文化最优秀代表的中国，所缺不过"新科学新机械之装备与辅助"，并断定近代欧美文明只是外在的、物质方面的，因而可以传播到各地；而"文化偏在内，属精神方面"，文明由文化产出，而文化只能由群体内部精神累积而成。[①] 这些观点本身恰恰证明，传统中国农耕文明培育了根深蒂固的唯"心"主义、文化本位主义等保守观念。这种文化保守主义影响既深且远。近现代中国的现代化改革特别是较早阶段的改革，领导者或者主观上就是在传统文化思想能够允许的范围内做

---

① 钱穆，前引书，弁言。

文章，如"自强"运动时期强调"中学为体"；或者不得不托古改制。文化主义、保守主义对未来中国和整个东亚文明的发展也会继续产生影响。

中华文化传统中的其他要素还有很多，如"内圣外王""刚柔相济"、家族本位、道德本位等等，此处不能一一列举。此外，她所包含的成就取向、对教育的重视、科举考官制度以及由科举制度、土地买卖、经商致富所带来的社会上下等级间流动，常常和她的世俗化倾向、中央集权下的官僚（科层）制度等等一起，被视为前现代中国传统文明中的"实践理性"或者"现代性"因素。[①]

大变革的前奏

19 世纪初以前，中国的疆域和传统的政治制度，以及以中国为中心的朝贡体制下的东亚经济贸易共同体都曾发展到极致。"康乾盛世"的社会经济也有长足发展。但由于清政府的极端专制统治，特别是对文化思想的钳制，以及统治集团对正在兴起的西方世界的无知，闭关锁国，坐失良机，中华"盛世"之下酝酿着严重的内、外危机。明显的衰败首先发生在政治和社会经济领域。18 世纪后期，大清皇朝从极盛迅速走向衰败。军队和官僚严重腐化。漕运、治河、盐税三大要政溃败。社会矛盾、民族矛盾激化。边疆和内地民变蜂起。与此同时，以 1793 年的马戛尔尼使华事件为标志，现代西方挟坚船利炮和廉价商品大规模东侵的威胁已迫在眉睫。

面对前所未有的变局，有识之士开始冲破障碍发动变革，中华文明再次表现出她内在的顽强生命力。大变革的先声是儒学当中"经世致用"思潮的兴起。随即，一批睁眼看世界的知识分子提倡了解和学习西方，"旁咨风俗，广览地球"，"师夷之长技以制夷"（魏源语）。大变革在正统儒学意识形态和既有政治体制框架内部开始：洋务派打"自强"的旗号，遵循的正是"天行健，君子以自强不息"的古训。

今天回头来看，在晚清自上而下的保守的现代化运动中，戊戌维新仅短短百余日，清末"立宪"则迟迟不立。相形之下，洋务运动虽然也是问题重重，但持续最久且声势最大，因而关于它的争议也最多。评价从"无一成效可睹"（梁启超）到

① 参见 G. 罗兹曼主编：《中国的现代化》，"比较现代化"课题组译，江苏人民出版社，1988，第一部分。

"近代中国前进历程的重要一步"①，讨论热烈、持久而仍无定论。这又说明它的影响之大、之深远。

推动洋务运动或"自强运动"的社会力量大体有二：一是不在庙堂的先进知识分子。鸦片战争以前，满清政府对内实行民族压迫，对外以"天朝"自居，闭关自守，盲目自大；官僚士大夫则普遍醉心于八股，饾饤无用的文字游戏或者藏身逃避于考据学。但是也有少数以天下为己任的知识分子，预见到清廷正在衰落，希望找到一条使中国重新兴旺发达的道路。著名的如龚自珍（1792—1841）提出"学以经世"主张，开大胆批评时政之先河；魏源（1794—1857）更进一步，针对清朝统治者对世界情况懵懂无知的情况（道光皇帝不知英国"方圆几许，属国若干"，询问"英吉利至回疆各部有无旱路可通？平素有无往来"），力主立译馆、翻夷书、刺夷事，并编著《海国图志》，还要求当局为师夷长技而延揽天下人才。今天回头来看，对魏源的《海国图志》应当从东亚区域性、国际性意义上给以评价。因为它所表达的思想，不仅反映了当时的中国迫切需要变革，而且在邻国日本产生了巨大影响，对日本走向世界并最终成为东亚第一个新兴强国，有过启蒙和推动之功。

其二是统治集团中的有识之士。如被誉为"开眼看世界第一人"的钦差禁烟大臣、两广总督林则徐，编著《瀛寰志略》详述欧美列强地理人事并公开赞赏华盛顿"不僭位号不传子孙而创为推举之法"的"部院大中丞"徐继畬，以及曾国藩、左宗棠、李鸿章、张之洞、恭亲王奕䜣等人。曾、左、李是湘、鄂、淮地方士绅地主军阀势力的核心，原来多是士大夫知识分子，在镇压太平天国和捻军起义的战争中崛起。其头号代表人物曾国藩曾被青年毛泽东目为近人中唯一得学问之"大本大源"者，他一生遵奉程朱理学，而又特别推崇以反对宦官权贵、提倡"国家兴亡匹夫有责"著称的顾炎武。左宗棠则鄙薄八股而注重农学，曾通过亲身实践写成《农书》一部。以曾、左、李为代表的洋务派受"经世致用"思想影响，既忧心清王朝衰败（表现在严厉镇压人民起义），也深恐中国被列强吞噬，因而力主"新政"，改弦更张以谋求"自强"。如李鸿章在《筹议海防折》中提出：面对挟坚船利炮而来、"论势不论理"的西方列强，不能以"成法""古方"制之。

① 参见《李达文集》第一卷，人民出版社，1980，643页；何干之：《近代中国启蒙运动史》和《转变期的中国》，载于《何干之文集》，中国人民大学出版社，1989，吕振羽：《中国社会史诸问题》，三联书店，1961；李时岳：《从洋务、维新到资产阶级革命》，《历史研究》，1980年第1期。

第二次鸦片战争失败后，曾、左、李、张等开始办洋务，由新式军工开始，先后设立江南制造局、天津机器局、福建马尾船政局等。第二阶段办起一些民用企业，如上海的轮船招商局，河北的开滦煤矿，设在天津等地的电报局、织布局等。其中，招商局以募股招商官督商办的方式开设。在这些企业中出现了中国的官僚买办资产阶级，而中国的民族资产阶级也是从此而逐渐形成其规模的。

应当承认，洋务运动所推行的"器物层面的现代化"，是近代以来中华文明革故鼎新的第一步。但是，仅有这一步而不继续前进则变革必然受挫。1893 年上海织布局遭火焚毁，甲午一战北洋水师几乎全军覆没，洋务运动再无后续之力。甲午战争对于曾经长期居于朝贡体系边缘地位的日本是"以小搏大"。但是，这是经过明治维新，完成了政治经济制度变革的生气勃勃的新日本，中国则虽经"同光中兴"，骨子里仍在继续腐朽衰败。"中兴"重臣亦即洋务派诸大员一方面受制于中央政府中腐败、顽固势力的牵制，另一方面为自身地方势力代表、"外臣"的地位所限，洋务活动声势大而成效小。有识者开始思考进一步的政治经济制度上的改革。郭嵩焘从伦敦致信李鸿章：派往英国的日本人学兵法者甚少，"盖兵者末也，各种创制皆立国之本"。

从衰败走向革命

中国地方军事实力的兴起，导源于清王朝"中央军"的腐败。1784 年乾隆皇帝杭州阅兵，八旗兵将箭箭虚发，有人甚至从马上掉下来。正规军基本丧失作战能力，面对白莲教起义、天理会起义等规模越来越大的农民斗争，清廷只好允许地方士绅举兵自卫。太平天国运动爆发后，清政府任命各省在籍官僚负责"团练"，原是为了加强政府对地方武装的控制。结果却促成了地方官僚士绅和地方行政的军事化。如曾国藩用募兵制组建湘军，大帅选统领，统领选营官，层层招募直到兵士。整支军队由家族、乡谊、师生之类私人关系维持，军饷亦自筹。大批将领或幕僚后来成为各省督抚，并继而手握重兵，独断一方。他们在各地搞"洋务"，必然着眼于一己的利益。庚子之变，李鸿章、刘坤一、张之洞、袁世凯等人仰仗地方实力，敢于公开对抗强霸的西太后，宣布"东南互保"。中国的地方军阀割据、四分五裂局面，只差撕破气息奄奄的大清朝廷这样一层薄薄的帷幕了。辛亥以后，各省纷纷

"独立"。孙中山创建共和和袁世凯的集权尝试都没有成功。从北洋军阀到南京政府建立后的新军阀，以更蛮横、更无法理的地方专制，取代了传统的中央集权专制，并且连年相互混战。本应在清王朝崩溃后出现的统一的现代多民族国家，却迟迟不能建立起来，更不用说强国富民了。

孙中山

　　长期的分裂割据和频繁的民族危机，阻碍了中国政治制度和政治文化从专制向民主的转变。中国传统政治文化中有"民本"而无"民主"的思想元素。"民主"作为现代文明的一种具有普遍性的原则，是从西方输入的。中国人接受和传播"民主"，最初也是把它说成与"三代法度"相符，与"君主"掺和在一起，视为"君民共主"甚至"为民做主"。洋务运动失败，维新思潮兴起，出现了开设议院的各种方案和对民权、平等、自由观念的宣传。如康有为以"几何公理"的形式肯定人人生而平等，严复提出西方因为"以自由为体以民主为用"而强盛。中国的民主启蒙由此开端。与维新运动的兴起同时，孙中山创立"兴中会"鼓吹反满革命，提出"创立合众政府"即仿行美利坚"合众国"式制度，以调和推翻清朝以后可能出现的群雄并起相互冲突。兴中会曾与主张君主立宪的维新派商谈合作。1905年成立的同盟会才真正确立了民主共和的理念。至于清末立宪，最激进的改革主张也只限于开明君主制。宪政改革的最大成果是各省咨议局和中央资政院，但均非立法机构而只有建言权。1908年要求速开国会的请愿，首倡者的用意是挽救危局防止革命，却遭到清廷严厉弹压。结果反而促使更多人向往或者同情革命。

新时代的前夜

　　从1911年10月10日武昌起义到1912年2月12日宣统皇帝宣布退位，中间不过 4 个月时间。造成清王朝如此迅速解体的力量，除了革命派，还有主要由地方绅商组成的各省咨议局，和以袁世凯为代表的北洋军阀实力派，而革命派比较，后两种力量相对弱小。这就意味着，辛亥革命以后的国家重建，必然要面对解决中央政府与地方势力、军阀势力之间关系的艰难任务，面对中央集权与分裂割据之间的矛盾冲突问题。民主建设因此而充满未定之数，甚至可能被长期搁置。袁世凯接手民国以后要重建中央政府的权威，但他的政治观念充其量不过君主立宪，接受共和制实属勉强，于是冒险恢复帝制，自称"洪宪"皇帝，最后终于在民主革命派、地方势力和手下军阀的联合反对下落败。袁世凯死后，枭雄蜂起，政变频繁，宪法忽成忽废，国会忽聚忽散，整个中国陷入军阀割据混战的四分五裂局面。和平改革无望，民主革命则需要重新启蒙、重新发动。于是有《新青年》和"新文化运动"。

1916 年，陈独秀在《新青年》发表《敬告青年》等文，明确提出社会的改造应当置于国民尤其青年观念更新的基础上，而新青年应有的新人格、新价值观应当包括科学、平等、进化、进取等现代观念。新文化运动中的启蒙思想家仰慕民主、科学、理性，提倡个性自由、人本主义。为此而要"重估一切价值"，进行深层文化结构的根本改造，从而提出了不仅仅是器物和制度，而是全部文明与文化都必须现代化的历史性课题。

但中国的启蒙运动生不逢时。两次鸦片战争已经暴露了工业革命以后的西方社会"现代性"的野蛮性，暴露了"自由贸易"乃至整个现代国际条约体系的民族利己主义、社会达尔文主义本性。1914—1918 年的世界大战进一步展示出西方现代工业文明的阴暗面。老一代启蒙思想家如严复，从提倡学西方回归孔孟。梁启超写《欧游心影录》，介绍的是弥漫于欧洲的"文明灭绝的时候快到了"之类"世界末日"情绪。第一次世界大战结束后，中国的民族危机再次凸显且较前更为严重。救亡迫在眉睫，民主启蒙的声音和民主国家建设的任务便常常被压倒。由于对中国发展的道路、动力、方向，对怎样建设和建设什么样的社会认识不一，形成激进与保守、自由主义与国家主义、资本主义与社会主义等对立的思潮、运动的尖锐冲突。中国的内忧与外患同时加深，社会和政治进一步衰败，在现代世界体系中的边缘化与下层社会的革命化同步发展。

1923 年，梁启超在《五十年中国进化概论》中指出：五十年来中国政治诚然并无进化，但国民的自觉政治意识即民族建国精神和民主精神日益鲜明、扩大，而旧势力不过是旧时代的游魂。"一二十年的猖獗，势所难免，……经过一番之后，政治上的新时代，自然会产生出来。"在此前后，他还曾提出"拿西洋的文明来扩充我的文明，又拿我的文明去补助西洋的文明，叫他化合起来成一种新文明"，强调这是"中国人对于世界文明之大责任"（《欧游心影录》）。他预言"十八九世纪所演于欧美之壮剧，势必趋而集于亚东"，并要求"所谓新民者，必非如心醉西风者流，蔑弃吾数千年之道德学术风俗以求伍于他人；亦非如墨守故纸者流，谓仅抱此数千年之道德学术风俗，遂足以立于大地也"（《新民说》）。作为一个经历了晚清以来历次改革、革命，又目睹"旧势力猖獗"的思想界领袖，他的这些对中华文明未来趋势的预期、对中国乃至东亚地区发展趋势的判断，后来已经大部分得到验证。

第三节
近代日本的崛起

近代日本是东亚唯一逃脱了被殖民主义者入侵命运的国家，不仅没有沦为西方工业化"中心"的边缘或者半边缘，反而跻身当时世界强国之列，并分享西方建立的现代殖民体系利益，因而被认为是一个"重大例外情况"或"稀有的例外"。

相比东亚其他国家和地区，日本确有其独特或"例外"之处：

其一是历史上形成的有特色的文化。古代日本处于以汉字和儒家文化为标识的东亚古典文明圈边缘。文化的贫瘠落后状况，使之能够几乎无阻碍、无痛苦地汲取中华文明，并且形成了勤于和善于学习外国、外民族先进文化的优良传统，也形成了"日本文化的并存性"亦即"日本文化的基本形态在传统上属于'什么都可以'型"和"全面摄取型"这样一种传统的引进外来文化的方式。[1] 或如一位日本人类学家所说，中国和印度文化都有骨骼而且很清楚，像马和狮子，相比

▶ ▶ ▶ ▶

---

[1] 依田熹家：《日中两国现代化比较研究》，卞立强等译，北京大学出版社，1997，183、188—190 页。

之下，"日本文化不存在完全独立的框子、形体和骨架……像是一个软体动物"。没有框框则没有包袱，不受束缚，"软体"则善变易变。日本曾经受到华夏文明的深刻影响，但又不失自己的文化特色，受"朝贡体系"制约也较有限。有意思的是，《明会典》"朝贡通例"不是将日本列入"东北夷"而是与朝鲜、安南等同列在"东南夷（上）"，意为日本处于体系的东南边缘。但是，和当时的朝鲜、安南不同，日本多数时间不是明属国。明朝灭亡以后，中日之间实际上只剩下"互市"即贸易关系。德川时代的日本曾出现"华夷变态"之说，意思是清统治下的中国不再拥有"华"的地位，日本才是华夏文明的正宗。也就是说，此时的日本已经不甘心居于东亚文明边缘的"学习"和"从属"地位。接触西方文明以后，日本由于崇洋（学）而进一步抑汉（学），"华夷变态"论又有新变化——先是将西方视为"华"，自己退为"夷"，于是要"脱亚入欧"；明治维新以后再变而为日本民族优越论和以日本为中心的"亚洲主义"，终于走向"侵亚""吞亚"，要用武力强行建立以日本为霸主的东亚"后华夷秩序"——"大东亚共荣圈"。这些都表现出日本文化的善变易变。思想上，儒学在日本并不像在中国那样地位尊贵。在日本民族与国家形成的漫长过程中，逐渐形成的是另外一种混合儒学、佛教和原始宗教传统的神道等不同的文化、以独特的"神道""和魂"等为标志的民族文化。这样一种传统文化，在整个东亚都是非常特殊的。

进一步观察还可以发现：在这种独特的民族文化背后，日本传统的社会、经济和政治结构都有其不同于东亚邻国的独特之处。日本的幕藩体制类似于西欧的等级君主制；大名领国制类似西欧的封建庄园制；日本的武士和町人文化，以及长子继承制和世袭的等级身份制度等等，也都更像西欧而与东亚邻国有很大差别。

其二，日本在19世纪欧洲列强沿西亚、南亚、东南亚向东北亚方向的扩张中，处于最为边远的地位。如果说直到19世纪前30年，一个表面上仍然强大的大清王朝曾将西方殖民者长期拒于中国南大门之外，那么，一直到明治初年，仍然是地域广阔的中国吸引了西方列强在东亚的主要注意力，成为日本、朝鲜半岛等东北亚纵深地区免受西方侵略的天然屏壁。这样一种地理位置和形势，使日本赢得了一代人的时间，得以吸收东亚其他国家特别是中国应对西方的经验教训，相对从容地进行改革以适应现代世界。明治维新的国际环境和日本现代化启动的外部条件在世界都是少有的。然而，日本在逃脱成为西方殖民地的命运以后很快走向大规模对外侵略扩张，在东亚也是一个"例外"。

这一类"例外"还可以举出很多。尽管如此，日本在地缘上仍然属于东亚。19世纪后半叶以来，日本一直是东亚最引人注目的国家。她的一举一动，首先影响的也是东亚。

从"攘夷"到"开国"

公元645年，日本发生"大化改新"，效仿中国唐朝体制建立了以天皇为中心的中央集权政治制度，从那以后的日本虽然也历经战乱和类似中国的朝代更替，但日本的文明演进史，可以说是在一次又一次改革中创新的历史。近代日本成功地通过改革快速跻身于世界强国之林，为此而曾被东亚各国当作效法的榜样。改革与革命是近现代东亚变革的两种基本方式，目标都是建立现代国家。19世纪上层改革之风从欧洲吹到东亚，中国、日本、朝鲜、缅甸、泰国先后出现改革风潮。这些改革有的以失败告终并导致革命爆发，但失败中也有成绩，失败的改革成为革命的先导；有的成功了，但成功中存在隐患，只是相对意义上的成功。典型的例子是日本。

1868年日本发生"明治维新"，建立了以天皇为中心的君主立宪制政府。新政府还在讨幕战争进行中就发布了有革新意向的《五条御誓文》，提出要广兴议会、破除陋习、"求知识于世界"等等。新政权巩固后则明确提出了殖产兴业、文明开化和富国强兵三大政策，确立了推动国家现代化的方向。"明治维新"使日本避免了被殖民地化的命运，并且使日本在列强激烈争夺的夹缝里迅速崛起，成为新兴的东方强国。然而，此前此后的日本历史发展道路皆非坦途。日本的"文明开化"并不是简单地移来西方文明之树栽种于本土的产物，而是不同趋向反复冲荡的结果。

1840年，眼看一个老大帝国在鸦片战争中败于远来的"夷狄"小邦，日本朝野为之震动，这可视为日本人现代觉醒的开端。但是此时的幕府当局并没有拿出避免重蹈清王朝覆辙的对策。在40年代法国、荷兰相继"敦促"开港之际，幕府仍然坚持延续二百多年的闭关锁国政策。只是由于地处"远东"的东端，幕府统治下的日本才得以苟延残喘。因此，率先打开日本国门的不是从西而来的欧洲列强，而是从太平洋彼岸赶来的后起工业化国家美国。1853年美国"黑船来航"或称"佩里叩关"，成为日本近代历史的重要转折点，甚至可以看作明治维新的起点。1857年爆发英法联合侵略中国的第二次鸦片战争，使日本幕府更为震惊。为了避免像清政府那样战败以后订立更屈辱、更不平等的条约，许多官吏主张主动开港。从 1853 年到 1858 年，幕府先后与美、英、俄、法、荷兰等国签订《亲善条约》或《修好通商条约》。1862 年开始官派留学生出国，1866 年又发布解禁令，允许自由出国留学或经商，初步完成了"开国"。

明治维新前后，东西方两种文明、两种文化的接触曾经在日本朝野造成反复而剧烈的震荡，形成种种矛盾、对峙和相互间的妥协、调适，各种力量的中和最后塑造了明治维新和此后日本的发展道路。"佩里叩关"后，统治上层当中为继续锁国还是"开国"、佐幕还是尊王而分裂争斗。所谓"锁国"，实质是幕府长期垄断对外贸易与交往的体制。因而，主张"倒幕"与要求"开国"，原本应该是同步的。但在开国还是锁国的讨论中却发生了角色颠倒的情况：没有国外知识的孝明天皇一味主张攘夷、反对开港；多数大名赞成锁国；尊王派的各藩下层武士，特别是在后来成为明治维新主力和新政府核心的萨摩、长州两藩中，攘夷的情绪更为强烈。终于在 1863 年发生了萨摩藩与英国舰队之战。1864 年又发生了长州藩与英美法荷联合舰队之间的下关战争。"尊王攘夷"一词源自古代中国，是"华夷之辨"在近代日本的翻版。"攘夷"中既有排外主义，也透露着在西方强国入侵面前深刻的民族危机意识。攘夷与"师夷"也是互为表里。明治新政府的重臣伊藤博文和井上馨，当初都是著名的攘夷论者。但他们一边"攘夷"，参与火烧英国公使馆，另一边却又悄悄前往英国留学。可见这种"攘夷"与"开眼看世界"并不矛盾。其所反对的是列强压迫下屈辱的开国，并非夜郎自大式的自我闭锁。尊王派从攘夷论转变为开国论，最后酿成"求知识于世界""文明开化"的风潮，适足说明日本的近代历史也是在对西方反抗与学习、对"现代化"抗拒与变迁的双向运动中展开的。

另一方面，当时日本最具现代思想的分子——聚集在"洋学所"（"番书调所"）的兰学者都站在"佐幕"的阵营一边。"（荷）兰学"是幕末日本接受西洋文明的基础。"兰学"所传播的实证主义、合理主义等等，给日本知识界带来了"现代性"。但"兰学"主要集中于技术领域。部分兰学家曾因为主张开港受到幕府严厉镇压，是为"蛮社之狱"。此后兰学者缩身自保，实际上离开了幕末社会政治变革的大潮流。受中国鸦片战争刺激和魏源《海国图志》影响由儒学而兰学、以倡导"东洋道德西洋艺术"和"海防"论著称的佐久间象山，对外力主积极防御列强入侵，对内则维护现有幕府体制，站在鼓动内部变革的倒幕派对立面，以致被斥为奸贼，遭刺杀而死。

实际上，幕府在被迫缔结开港条约后，采取了不少改革机构和起用人才的措施，所以能得到一批"兰学"家以及像福泽谕吉这样的杰出谋略家、思想家的拥护。因此可以认为，尊王与佐幕的冲突其实是两条变革道路的斗争。最后胜出的是主张对内变革体制（倒幕）、对外从"攘夷"走向"开国"、为"攘夷"而"开国"的一派。从近代东西方文明接触和东亚文明发展演变的角度观察，明治维新的历史给我们的启示是：第一，并非只需接受西方现代文明就能使东亚脱胎换骨。面对西方列强咄咄逼人的扩张侵略，"接受"往往伴随反抗而发生。第二，对内变革与对外学习同样重要，制度变革比技术变革更重要。德川幕府从 1603 年建立，到 19 世纪中叶已历 250 多年，幕府和亲藩与"外样"大名之间的矛盾，上层武士与下级武士的矛盾，以幕府为核心的封建统治与新兴地主资产阶级之间的矛盾，以及封建领主与农民的矛盾都日益尖锐化。政治腐败，纲纪松弛，财源枯竭，社会混乱，幕府统治风雨飘摇。加上西方列强带来的民族危机，推翻幕府、重组政治与社会的大变革已经势在必行，不可阻挡。幕府末年并非只有"倒幕"与"佐幕"的斗争，还有农民的起义和农民的斗争。只是以农民为主体的下层革命很快被镇压，所以没有在日本近现代社会大转变中发挥重要作用。

"离异"与"回归"

明治维新成功以后，新政府实施以西方国家为榜样的"文明开化"政策，同时也以此为号召，动员国人学西方。很快，西方的现代科学技术、政治经济制度、思想观念连同生活习俗纷纷传入。1873 年，由福泽谕吉等著名学者结成的启蒙思想团体"明六社"应运而生，它以推动教育、研究和传播西方思想、西方文明为宗旨。随后，政府下令神佛分离，儒学自然被全盘否定；宣布"断发脱刀"，西装被定为官服。1883 年建成英式建筑"鹿鸣馆"，用于招待西人和本国达官贵人。里面的各种舞会、宴会活动完全模仿西方。这个时期，画家放弃了自己的民族风格，民族音乐让位于贝多芬、瓦格纳。连日常生活方式也全盘学西人。人们争穿洋服，食牛肉，以为时髦；官员着礼服，佩绶带，俨然洋人。一时间，"欧化"铺天盖地。有人甚至提出应当通过日本人和西人通婚来改良日本人种。福泽谕吉描绘当时的情景，称欧美文明"如烈火燎原，旧文明一扫殆尽"。

但是，这样的"欧化"如无本之木，缺乏支撑点，很快被"日本化"回潮所压倒：政府颁布了钦定《军人训诫》《军人敕谕》《教育敕语》，向士兵和民众灌输"神国"、尊崇天皇和绝对服从的思想，宣扬武士道精神。思想界迅速向传统回归，曾经被激进的思想家宣判为"真正的敌人"予以"打倒"的儒学，也开始复活。冈仓天心针对"全盘西化"的倾向，提出了以回归儒学、恢复民族自觉、重建日本文化为目标的"亚洲觉醒论"。西村茂树主张以西洋新知识补充和更新儒学，使之成为日本"道德立国"之本。成功地创办了大型现代纺织企业和日本第一国立银行、被称为日本"资本主义之父"的涩泽荣一，则从《论语》里寻找儒家伦理与资本主义的结合点，提出了著名的"论语加算盘"即"道德经济合一"论。

这种社会大转型过程中的文明与文化"离异"与"回归"现象，在东亚具有普遍性。

对外侵略扩张之路

日本经明治维新崛起以后，东亚进入一个新兴日本通过连续的侵略战争称霸的时期。尽管从东亚文明发展长时段的角度来看，这个时期是短暂的。日本在幕府末年曾经不战而接受了欧美各国强加给它的一系列不平等条约，武士们还曾为此愤愤不平。明治初期的日本一仍旧例，对西方列强采取妥协退让的外交低姿态，在自己力量尚弱的情况下避免与对方发生正面冲突，这或许不失为明智。日本朝野也确曾讨论并吸取了鸦片战争中国战败割地赔款的教训。明治维新的成功为东亚特别是中国谋求变法革新的先进分子所仰慕。但维新以后，"文明开化"的日本并没有走上与东亚各国平等合作、共谋本地区发展强大的道路。其中原因，包括现代化的西方列强对外侵略扩张的示范效应，以及传统日本社会等级制度的影响和衍射。

日本以"幕藩体制"为标志的封建制度到江户时代臻于完善，等级森严是其重要特点。世袭的天皇是国家的象征。在统治社会的上层武士中，地位最高的是由德川家世袭的"将军"。统治各地的世袭藩主按照"大义名分"论被要求绝对忠于将军和他的"幕府"，对幕府奉行"臣道"。幕府和藩政的各级官吏也按照世袭门第的高低任命。武士内部有严格的身份差别。士、农、工、商和贱民（"秽多"）等不同身份地位之间的差别更是不能改变的。日本的这种封建制度不同于中国皇权官僚统治下的社会制度，在整个东亚恐怕也是独一无二的。明治维新推翻了幕府和封建制度。天皇成为立宪君主。宪法规定了民众的自由和权利。平民从此开始有姓，在户籍上和法律上实现了士、农、工、商"四民平等"，但并没有完全消除等级制度，更没有消除等级观念的影响。由旧藩主、旧公家和部分维新功臣、官僚、军人构成的"华族"成为新贵族。议会两院中，贵族院相对众议院居于绝对优势。议会之外，皇族和"华族"还享有广泛的政治和经济特权。

等级观念和等级制主导了日本的对外政策。正如《菊与刀》一书所论："要想理解日本人，首先必须弄清他们的'各得其所'（或'各安其分'）这句话的含义。……正如对国内问题的看法一样，日本人对国际关系的全部问题也都是用等级制这种观念来看待的。"该书引用日本的外交文件证明他们对这一观念的重视：1940 年日本签订的日德意三国同盟条约前言中说："大日本帝国政府、德国政府和意大利政府确信，使世界各国'各得其所'乃持久和平之前提。"天皇为此条约签订颁发的诏书再次谈到"唯万邦各得其所"。偷袭珍珠港当天，日本特使向美国国务卿赫尔递交的声明中也称："使万邦各得其所乃帝国坚定不移之国策……与上述使万邦各得其所之帝国根本国策背道而驰，帝国政府断然不能容忍。"[①]（此前数日的赫尔备忘录提出了包括国际平等在内的四项原则。）

明治维新后的日本将其根深蒂固的等级观念、等级制度推广运用于国际关系。遵循这样一种强迫别国在日本统治下"各安其分、各得其所"的"帝国根本国策"，日本以疯狂的侵略战争和野蛮屠杀为手段，企图建立一个任凭日本宰割的东亚新体系。效法西方弱肉强食、首先向近邻国家侵略扩张的企图，在福泽谕吉的"脱亚"论中，已经规划出大端：像西方列强那样对待朝鲜和中国，不必因其邻近而客气。日本于 1874 年侵入台湾南部；两年后以炮舰迫使朝鲜接受《江华条约》；1894 年挑起侵华战争，占领旅顺后在几天内杀死无辜百姓包括妇女儿童六万人，被国际舆

① 鲁思·本尼迪克特：《菊与刀》，吕万和等译，商务印书馆，1990，31—32 页。

论痛斥为"披盖着文明皮肤而拥有野蛮筋骨的怪兽","日本现今脱下文明的假面具暴露出野蛮的本性"。[①] 为了建立"大东亚共荣圈",进而统治整个亚洲和太平洋地区,日本发动了全面的侵华战争,直到偷袭珍珠港,进占东南亚和太平洋诸岛屿,向亚太地区几乎所有国家挑起了全面的战争。

这是东亚地区文明从传统等级制的"华夷秩序"走向平等联合的东亚共同体过程中一个痛苦的过渡时期。这一时期日本企图建立的东亚体系,可以称为现代东亚的"后华夷秩序"。它与前现代的"华夷秩序"有鲜明的区别:前者在漫漫两千年间主要由渐进的文化影响、文明扩散和经济贸易往来而形成。边缘地区如日本,对华夏文化的汲取和接受许多时候是自觉的、主动的;后者则是短期内武力扩张的产物。前者奉行"礼治主义",和平共处、互助友好是其主流;后者奉行弱肉强食的社会达尔文主义,对东亚各国人民烧杀抢掠,实行穷凶极恶的现代军国主义、法西斯主义统治。前者是以自然经济为主的东亚大农业社会的产物;后者则由能够制造大规模杀人武器的现代大工业所推动。这种以"文明开化""共存共荣"为漂亮招牌的反文明的野蛮行径,在短短几十年间造成了极大的灾难。

第四节
当代东亚的"奇迹"与危机

20 世纪 50 年代初期的东亚,曾经被普遍认为是世界上最没有希望而且各种政治军事对抗最激烈、最具危险性的地区:刚刚遭受过日本"大东亚圣战"和第二次世界大战的严重破坏,朝鲜半岛和印支半岛又重燃战火;台湾海峡两岸军事对峙;东南亚国家普遍面临殖民主义者撤退后国家权力重建的种种棘手问题……当时的南朝鲜就是东亚的一个缩影,在许多人看来,这里"最不可能成功","除非发生一系

▶ ▶ ▶ ───────────────────

① 转引自许介鳞:《近代日本论》,台北:故乡出版社,1987,70 页。

列的经济奇迹"，否则"毫无前途"。[①]

想不到"奇迹"真的出现了。仅仅经过一代人的时间，东亚又开始令世界刮目相看：日本从战败的废墟上跃起，重新成为地区甚至世界性经济大国；新加坡、韩国和中国香港、台湾地区迅速进入"新兴工业化经济体（NIEs）"行列，被誉为"四小龙"；新加坡以外的其他东盟国家也高速走向工业化和现代发展。东亚涌起了世界历史上声势空前的工业化、现代化大浪潮。到了 80 年代，包括中国大陆在内的东亚广大地区的经济增长速度，都远远超出西方早期工业化时代的增长速度。东亚成为当代世界发展最快、经济最有活力的地区，并且带动世界重心从大西洋地区向环太平洋地区转移，为"太平洋时代"的到来拉开了序幕。

日本重新崛起

日本在第二次世界大战后期遭到毁灭性打击。战败使日本丧失了几十年靠对外扩张和对内榨取积累的财富，留下的只是满目疮痍。除了京都、奈良等几个文化古城幸免于轰炸，其余 100 多座城市，包括被原子弹夷平的广岛、长崎在内，几乎全部成为废墟。战后初期，日本经济已经处于崩溃边缘。全国 7300 万人口，失业人数多达 1300 万。信贷失控引发恶性通胀，加上粮食奇缺，人民生存困难。1946 年 5 月 19 日，在皇宫前广场召开"要米饭人民大会"，参加者号称 25 万。与苦难的日子相伴随的还有普遍的心灵创伤、道德伦理的沦丧、思想文化的荒芜。这是近代以来日本从未经历过的困难时期。据 1947 年 7 月日本《经济实情报告》和 1949 年的《技术白皮书》估计，当时的日本经济若要恢复到战前水平需要 10 年，各生产领域的技术水平要落后于欧美先进国家 10—30 年。

在美国占领军控制下，1946 年，日本公布了确立国家非军事化和永远放弃战争的新宪法。1945—1950 年进行了旨在消除军国主义基础的重要改革。第一项是农地改革或称"农地解放"，从 1945 年年底开始，1949 年年底基本完成。中心内容是强制征购半封建的不在村地主手中的全部出租地，和在村地主手中超过 1 町步（约合 1 公顷）的出租地，转卖给无地和少地的农民。经此改革，农村土地关系发生了

▶ ▶ ▶ ▬▬▬▬▬▬▬▬▬▬▬▬▬▬▬▬▬▬▬▬▬▬▬▬

① 乔恩·沃伦诺夫：《人为的奇迹——南朝鲜的经济振兴》，罗龙等译，华夏出版社，1988，1—2 页。

巨大变化：佃耕地占耕地总面积的比例从 1945 年的 45.9% 下降到 1950 年的 9.9%。自耕农和拥有自耕地 5 成以上的自耕佃农达到农户总数的 87.5%，基本实现了"耕者有其田"。第二项改革是解散财阀。内容包括解散控股公司，消除财阀家族对企业的控制和分割大企业。第三项改革是劳动立法。1945 年颁布"劳动组合法"即工会法，1946 年 3 月施行。1947 年又颁布了"劳动基准法"，同年 9 月施行。这是日本第一次从法律上确认了工人组织工会的自由和劳动的基本权利。此前日本工人毫无发言权，权益毫无保障。此后，工会迅速发展，会员很快达到工人总数的 60%，工人运动高潮迭起，有力地推动了民主化的进程。

三大改革使日本残存的前资本主义、半封建主义因素得以比较彻底地铲除：土改废除了半封建的土地制度；改组财阀消除了财阀家族对国民经济和社会生活的统治；劳动立法则扫除了工厂企业中的封建性陈规陋俗。三大改革和对政治法律制度的改造也在思想观念方面引起一系列变化：（1）崇尚武力的观念转变为振兴经济意识。新宪法关于日本永远放弃战争和武力的规定受到广大民众的普遍拥护。（2）天皇主权观念转变为主权在民意识。新宪法规定天皇是国民整体的象征，其地位以拥有主权的全体国民意志为依据。天皇在人们心目中从此走下神座。（3）克己禁欲的道德观念转变为追求个人幸福的伦理意识。军国主义教育鼓吹克己，驱使民众为天皇而牺牲个人一切，战败时甚至提出"一亿玉碎"。新宪法规定国民谋求生存自由及幸福的权利必须受到最大尊重。（4）以忠孝为中心的愚昧观念转变为卧薪尝胆的求知意识。

遭美国原子弹袭击后的日本广岛（1945年9月）

所有这些都是促成战后日本重新崛起的重要因素，但还不足以构成日本在短时间内经济迅速发展的充分条件。1945 年 1 月，盟国赔偿委员会代表宣布：只允许日本维持最低限度经济所必需的设备，其余一律拆除。而这个"最低限度"是指不高于被日本侵略过的国家的生活水平，或者是日本发动侵略战争前的 1926—1930 年的水平。据统计，战胜国方面最初提出的对日索赔总额高达 300 亿美元。面对即将到来的严厉惩罚，日本政界、财界纷纷议论：日本将不可避免地沦为落后的农业国。今后的日本不应再以成为工业大国为目标。

冷战改变了日本的命运。早在 1950 年前，利用日本进行冷战的意见就逐渐在美国军政高级官员中占了上风。由于冷战格局的形成，美国对日方针在 1945—1955 十年间有重大改变：从占领最初的彻底摧毁日本逐步转变为扶植日本垄断资本复活。从 1950 年起，随着美苏冷战格局的形成和朝鲜战争的爆发，美国对日政策转变为将日本作为西方世界的亚洲工厂和反共屏障。正是美国对日政策的转变，促进了日本垄断资本的复活和在复活基础上的高速增长。

朝鲜战争一爆发，美国对日本垄断资本的态度就发生了根本性变化，解散了"持股公司整理委员会"，解除了对财界人士的整肃。1951 年，美日签订安全保障条约。为了把日本建成侵朝美军的兵站和反共"冷战"的前沿阵地，美国根本放弃了拆除日本工厂设备的主张，并且提出不要日本赔款。后遭东南亚各国强烈反对，改为双边谈判单独解决。最后的协议方案是：日本分别赔偿缅甸 2 亿美元，菲律宾 5.5 亿美元，越南 0.3 亿美元，印度尼西亚 2.23 亿美元，共计 10.12 亿美元，而且是分 20 年付清。每年赔款仅占日本出口收入的 1%，被称为"小礼品""手续费"。1950—1955 年，日本战后经济进入一个以复活垄断资本为中心的经济体制重建时期。改组期间化整为零的企业纷纷重新集中，恢复旧商号、旧徽章。垄断程度超过以前。1955 年，三井、三菱、住友三大财阀系统所属企业的资本占全国企业资本总额达到 9.9%，在重化部门达到 14.6%。以三井、三菱、住友、富士、三和、第一劝业等六大银行为中心，形成了金融资本与产业资本相结合的垄断系列，即六大金融企业集团。20 世纪 80 年代垄断了日本 60% 的进出口和 40% 以上海外投资的九大跨国公司，分别属于这六大集团。80 年代末，六大集团所属 161 家大公司的总资本、销售额、纯利润分别占到全国的 14%—17%。如加上子公司则达到 30% 左右。

新的垄断集团比之旧财阀集团有同有异。相同之处在于他们都是金融产业资本集团，都通过持股、贷款、派出企业领导人员控制子、孙公司。区别在于：（1）新集团由参加集团的大企业互相支配，取代了旧财阀单方支配的体制；（2）新集团内的经营者对企业有更大的权力。这是第一阶段股权分散化的结果。因而有人称之为"法人资本主义"或"经营者革命"。

经过 10 年的改革和重建，形成了日本战后的经济体制：以小农为主体的农业和中小企业（通过发包、承包与大企业形成生产系列）为底边、以垄断资本集团为顶端的新的金字塔型体制结构。正是这一体制构成日本经济复兴和高速增长的结构前提。

日本经济复兴经历了两个阶段：1950 年前为执行"倾斜的生产方式"阶段，1950 年后为整顿与巩固阶段。复兴的因素除上述体制改革以外，还有两个重要成分：一是美国的扶持，二是朝鲜战争带来的"特需"收入。

战后初期日本面临的燃眉之急是失业问题。这时经济学家中多数人主张首先恢复消费资料的生产。东京大学教授有泽广巳力排众议，提出优先发展第一部类生产，即以煤钢为中心，以基础原材料为重点，带动整个工业生产的恢复，被称为"倾斜的生产方式"。1946 年，吉田茂内阁通过决议，把钢煤生产作为压倒一切的中心任务。从 1947 年到 1949 年，日本煤、生铁、粗钢产量和发电量分别达到 1946 年的 1.9、2.3、8.6、2.1 倍，超过了 1935 年的水平。

能源和基础部门的恢复带动了整个工业部门的恢复。但是，"倾斜生产方式"是靠倾斜的财政和金融，亦即依靠国家财政对基础工业实行补贴、靠发行债券对重点产业部门实现重点贷款扶植起来的。由此带来的财政赤字则靠增发通货弥补，从而助长了通货膨胀。"倾斜"期间，日本通胀达到战后高峰。为解决此问题，1949 年美国占领军总部金融顾问、底特律银行总裁 J.M.道奇提出一套整顿方案。据此方案，日本政府取消了对煤钢等产品出厂价与国家牌价之间的差价补贴以及进出口补贴，停发债券，建立 1 美元等于 360 日元的固定汇率。

道奇方案的实行形同对倾斜生产方式的急刹车。导致大批中小企业倒闭，失业人数猛增，整个经济出现呆滞，导致了严重的危机。恰在此时，朝鲜战争爆发了。

朝鲜战争给日本政治经济以巨大的影响：

第一，导致日本重整军备。因部分驻日美军被派遣前往朝鲜参战，为防止来自共产主义阵营的"间接侵略"即日本国内革命，麦克阿瑟命令日本建立"警察预备队"以填补军事空白，此举意味着战败后的日本重新建立自己的军队。

第二，排除中国，实行西方对日片面媾和。将日本纳入西方阵营。

第三，对日经济的影响被称为"特需繁荣"。朝鲜战争一爆发，以军需物资为中心的世界商品市场立即活跃起来，出现了所谓"动乱景气"。日本不仅成为出兵朝鲜的美军基地，也是美军的集结地、修养地。美国军需物资大部分在日本筹集，武器修理也在日本进行。而具有大量军需经验的日本，很容易地就适应了美军的要求。日本因朝鲜战争，从多种渠道获得了美元。这种美元收入被称为"特需"。1955年9月经济企划厅发表的有关特需的报告，详细地记载了朝鲜战争爆发后特需合同额的发展概况：特需物资合同额第一年为2.3亿美元，第三年创记录达到4.92亿美元，达成停战协定以后的1954年仍有7900万美元。特需主要包括卡车、汽车零部件、棉布、毛毯、建筑钢材、麻袋、汽油桶、武器、煤、食品、家具、电池、水泥等物资需求，以及房屋建设、汽车修理等劳务需求。5年累计，物资供应以武器为首位，煤次之。因为朝鲜战争，日本重新开始完整地生产武器。日本出口也随"特需"而激增。1949年对外贸易是1.92亿美元的赤字。1950年就变成黑字。特需带来出口增长：从1949年的5.01亿美元增加到1950年的8.02亿美元，1951年又增加到13.55亿美元，年增长率超过60%。特需收入在1951年以后进一步扩大，1953年达到8.03亿美元。朝鲜战争的"特需"给萧条中的日本经济灌注了活力，成为摆脱萧条的契机。如同日本学者正村公宏所说：正是朝鲜的大杀戮给日本带来了巨大的经济利益。[①]

朝鲜停战开始后，日本工矿业生产增长从36%降到7%，经济速度明显放慢。但"特需"繁荣带动了消费繁荣，反过来开始刺激生产发展。1951—1952年城镇工薪收入增长21%，农民收入增加17%。人们开始购买自行车、缝纫机、收音机"三大件"以及衣着、家具，不久又转向洗衣机、冰箱、黑白电视机，从而揭开了50年代日本家庭电气化的序幕，形成了消费刺激生产、生产带动消费的良性循环。1952年形成"消费繁荣"。1953年就出现了投资繁荣，民间设备投资比1951年增加48%。此时经济学家适时地提出了以引进先进技术、提高生产力为中心的"产业

▶ ▶ ▶ ────────────────────

① 正村公宏：《战后日本经济政治史》，上海社会科学院世界经济研究所译，上海人民出版社，1991，271—272、317、318页。

合理化"战略，通过投资合理化，以先进技术改造传统产业，初步形成了"一号机组进口，二号机组国产"的日本型技术引进模式。

到 1955 年，日本经济已经全面复兴。除了进出口数量以外，其他各项经济指标均超过战前水平。1956—1973 年日本经济进入高速增长。本时期是当代资本主义世界相对稳定时期。所有发达国家都有空前的高速增长，但以日本增速最快。在美国军事保护伞下极低的军费开支，世界市场上价格低廉的初级产品，以及以石油取代煤炭的能源革命，都是促成日本经济高速发展的有利条件。日本也是第三次科技革命的最大获利者。以原子能、微电子、半导体为中心的新科学技术，使日本得以建立起大批新兴工业部门。此外，日本政府经济政策的连续性和稳定性，也是高速经济增长的必要条件。

进入经济高速增长时期以后，日本又一次从越南战争获利。越南战争增加了美军物资在日本的采购。这就是所谓"越南特需"。外汇收入增加了，有关产业的需求也增加了。美国对越南战争经费的支出，扩大了日本对韩国、台湾、泰国等有关国家和地区的出口。许多企业以越南战争为契机，加强了对东南亚的经济渗透。日本本土作为美军的补给基地、休养地、第七舰队的停泊地而起了重要作用。冲绳和关岛也成为 B52 飞机轰炸越南北方的起飞基地。[①]

从 20 世纪 50 年代中期开始，直到 70 年代初，日本经济保持了发达国家最高的增长速度，从落后的战败国跃居为仅次于美国的世界第二工业化强国。从当代日本经济起飞的国际环境可以看出：造成日本如此迅速地重新崛起的重要动因是冷战。战后日本仍然处身于东西方的接触与矛盾冲突之间。只不过这场冲突与此前有所不同，是以美苏两个超级大国之间 "冷战"的形式出现的，且带有浓厚的意识形态对抗的色彩。刚刚一败涂地并且在强大的敌手美国占领下的日本，对战争责任甚至还没有来得及很好地反省，却由于冷战而从西方特别是美国人那里获得特殊的利益和发展机遇，在短短的二十多年间，由一个穷困潦倒的战败国重新成为经济大国，并在当代世界经济政治列强中占有一席之地。这不能不说是开创了日本在东亚历史上的又一项"例外"记录。

战后日本重新启动的仍然是依靠"开发型国家"自上而下推动的、高速度

---

① 正村公宏，前引书，687 页。

今日东京

追赶型工业化模式。跟欧美国家相比，日本的发展模式自有特点，如以通产省的产业政策和新技术开发中政府主导下企业与研究机构的密切配合，以终身雇佣制、年功序列制和企业内工会制为代表的企业经营模式，强调企业共同体意识、团队内合作和对人力资源的深度开发，等等。这些特点又常常被归结为"法人资本主义"或者"儒教资本主义"。由于日本在战后东亚发展进程中的"头雁"地位，日本的发展模式和经济成就对东亚国家和地区（特别是韩国和马来西亚）有很大影响。

"四小龙"的腾飞和东南亚的巨变

1978 年，世界"富国俱乐部"——经济合作与开发组织（OECD）确认了 10 个"新兴工业化国家（地区）"（NICs），后来改称"新兴工业化经济体"（NIEs）。其中，中国台湾和香港两地区、以华人为主体的新加坡以及历史上深受华夏文化影响的韩国到 80 年代仍继续快速发展，从而赢得"四小龙"的美称。与此同时，新加坡以外的"东盟"各国也开始走上经济与社会发展的快车道。

"四小龙"中最小的新加坡面积 683 平方公里，人口到 20 世纪末为 326 万。香港面积 1075 平方公里，人口也几近新加坡的两倍。新加坡 1959 年在英联邦内自治，1963 年与马来亚合并成立马来西亚联邦，1965 年正式独立并很快发展成为国际性的石油加工业中心、海运业中心和金融服务中心。香港 1997 年回归中国以前一直在港英政府治下，曾经是一个不起眼的转口贸易港，60 年代以后逐渐发展成为由制造业支撑的国际性大都市和世界第三大金融中心。

"四小龙"中最大的是位于朝鲜半岛南部的韩国，面积 9.9 万平方公里；其次是中国台湾地区。台湾为历代中国人所开发，但地处边陲，且历经荷兰、日本殖民统治，直到 20 世纪 60 年代初，经济仍以农业为主，社会和文化都很落后。朝鲜半岛自古深受中华文明的影响，经济以农业为主，典章制度先后仿行汉、唐，社会意识和宗教则接受儒学和同样传自中国的佛教。从 1392 年到 1910 年，朝鲜受李氏王朝统治，经济、政治、文化始终与中国保持着极密切的联系。19 世纪 60 年代，面对内部动荡和西方威胁的双重困境，朝鲜也曾发生上层改革，以摄政王"大院君"为首，修订法典，消除党争，广招贤才，改组政府机构，给军队装备新式武器，实行了种种"防卫性现代化"措施，但终于未能摆脱王朝衰败和落后挨打的命运。朝鲜没有亡于西方列强，却和台湾一起被日本侵占。在日本"总督府"统治下，朝鲜半岛和台湾都成为日本的商品市场、原料供应地和进一步侵略扩张的基地。台湾岛和同样易于农作的朝鲜南部还是日本殖民帝国的两大农产品供应地。日本投降后，台湾回归中国，但因内战和美国的支持而长期与大陆处于分裂和紧张的状态；朝鲜半岛则以北纬 38 度线为界，被美、苏分区占领。北部成立朝鲜民主主义人民共和国，南部成立大韩民国。1950 年爆发的朝鲜战争，又给南北双方造成空前的灾难。70 年代初，朝鲜和韩国为结束南北对峙和实现和平统一实行南北对话，1972 年 7

月发表《南北联合声明》，确定了自主、和平统一、民族团结的原则纲领，组成部长级的南北协商委员会具体讨论和处理统一问题。1991 年双方同时加入联合国。朝鲜半岛局势相对缓和下来。

从 40 年代末开始，台、韩均实行了以"耕者有其田"为目标的农村改革。地主 3 公顷以上的出租地被有偿分配给无地和少地农民。土地改革制造了大批自主经营的家庭小农，消除了日据时期延续下来的地产严重不均和农村社会不安状况，创造了一个以自耕农民为主体、财产分配相对公平的社会结构和经济结构。台湾、韩国后来之所以有国际上公认的"公平的增长"，土地改革功不可没。经过土改，台湾经济与社会逐渐恢复稳定与发展。但直到 20 世纪 60 年代初，韩国社会一直为普遍的秩序混乱、经济不振和官员贪污腐败所困扰。1961 年 5 月朴正熙通过一场不流血的军事政变上台，以"先建设后统一"为指导思想，将发展经济定为首要的国家目标，依靠军人和专家－技术官僚，强力推动政治、文化、社会改革和国家指导下的工业化、现代化。韩国经济从此开始快速增长。

位于西太平洋南端的东南亚，无论在经济上、地缘政治上还是文化上都是东亚的重要组成部分。东南亚地处连接太平洋与印度洋的海陆交通要道。在 450 万平方公里的陆地面积中，大陆（中南半岛）与岛屿（南洋群岛）约各占一半。历史上频繁的民族迁徙造成东南亚社会与文化极富多样性的特点。这里无一国不是多民族、多语言国家。来自南亚、西南亚的佛教、伊斯兰教有广泛信众，从近代西方传入的基督教也有重要地位。但从人种、民族来源和经济、文化交往看，东南亚主要还是受来自北方的影响。历史上东南亚国家或地区多数都曾是东亚朝贡贸易体系的成员。古代中国的文化、典章制度和文字在这里产生过巨大影响。在当代世界格局里，东南亚与中国及日本、韩国等东北亚国家的交往、合作、利益关系日益紧密。

第二次世界大战以前，东南亚国家和地区除了泰国，先后沦为西方的殖民地。二战期间又遭日本侵占。战后各国相继独立，但经济上贫困落后，社会和政局动荡不宁；国际上受西方发达国家的控制和冷战的影响，相互间矛盾重重、关系紧张；印度支那三国则长期处于战火之中。

东南亚率先走上现代社会发展之路的是新加坡，随后有马来西亚、泰国、印度尼西亚和菲律宾。曾经与周边国家敌对的越南也在 1991 年实现了同中国和东盟关

"明日之窗" 新加坡：摩天大厦阴影下的旧乌篷船

系的正常化，并且吸取中国的经验，走上了改革开放之路。

经济上，"四小龙"和东盟国家先后开始"起飞"。1960—1990 年间，"四小龙"经济平均年增长率高达 8% 以上，从战后初期的贫困边缘状态一跃而进入富裕社会（人均所得高于 6000 美元）的行列。进入 20 世纪 70 年代，东盟国家整体进入高速增长，1970—1990 年新加坡以外的东盟四国国内生产总值年均增长达6.2%，在全世界仅次于"四小龙"和中国大陆（7.4%），大大超过同时期的西欧（2.6%）、北美（2.75%）、日本（4.2%）和世界其他地区。到 1996 年，香港和新加坡的人均国内生产总值达到 2.5 万美元左右，台湾和韩国也超过 1 万美元，马来西亚达 4300 美元，泰国 2800 美元，印度尼西亚和菲律宾最低，也在 1000 美元以上。

经济的高速增长引发了一系列社会和道德价值观念的大变化。贫困线以下的人口下降 20%（泰国）至 50% 左右（印度尼西亚和菲律宾），新加坡基本消除贫困。平均寿命从 46 岁（印度尼西亚）至 65 岁（新加坡）延长到 59 岁（印度尼西亚）至 78 岁（香港）。[1] 传统的"农本"思想随农本社会一起衰落。社会结构和民众的

▶ ▶ ▶ ────────────────

① World Bank, *The East Asian Miracle:Economic Growth and Public Policy*（《东亚奇迹：经济增长与公共政策》）, Oxford University Press, 1993.

价值取向都趋于多元化。民主、自由、竞争、开放、积极进取、成就追求等现代观念深入人心。一言以蔽之，这些变化即从农业社会向现代工业化社会和工业文明的转变。

随着东亚经济的高速发展，作为对"泛西方化"危机矫正的"亚洲价值观"论说，由曾经属于冷战时期西方阵营的新加坡和马来西亚首先提出，以后又得到印度尼西亚、缅甸等国家的积极回应。"亚洲价值观"承袭东亚文明传统，坚持家庭、集体、社会的价值高于个人价值，强调权威、秩序、和谐。按照新加坡的官方版本，这种供国人遵循的"共同价值观"包括"国家至上社会为先""家庭为根社会为本""关怀扶持同舟共济""求同存异协商共识""种族和谐宗教宽容"等五项。奉行"亚洲价值观"的目的，是"永远不希望新加坡成为一个西方式的、自由主义的、个人主义的社会"（李光耀语）。马来西亚领导人也提出要以"亚洲文化和宗教价值观"为基础而非按西方标准治理国家，强调在"责任感""社会和谐、稳定与繁荣"的基础上实行民主政治，重视传统文化，重视群体与家庭，反对西方盛行的个人享乐主义。为了继承传统，儒学经典在新加坡华文、英文学校都被列入必修课程。马来西亚则开展"回儒对话"，以伊斯兰教和儒学的交融反驳西方学者的"文明冲突论"。

中国大陆的现代化

20 世纪上半叶，面对民族救亡与重建国家的双重任务，在经历了种种思潮和运动的激烈碰撞以后，中国人否定了西方式资本主义发展道路。1949 年中华人民共和国成立，中国近百年衰败化、半殖民地化的趋势和分裂战乱局面宣告结束。经过短期的经济恢复，从 1953 年起，中国开始全面的社会主义工业化、现代化建设。仅 1953—1980 年经济增长速度（年均 6%—8%）就远远超过欧美国家工业化阶段 2.5%—3.5% 的增长速度。1972 年中国作为联合国发起者和安全理事会五个常任理事国之一重返联合国。1997 年和 2000 年香港、澳门先后回归，按照"一国两制"的原则成为中国的两个特别行政区。2001 年中国加入世界贸易组织。50 多年里中国的发展变化、特别是近 20 余年的巨大变化，让世界为之震惊。到 90 年代中期，上亿农民离开农田进入城市或乡镇企业。拥有 12 亿人口的中国大陆人均国内生产

中华人民共和国开国大典

总值若按购买力评价的方法计算，已经达到 2900 多美元。[①] 在衡量社会发展水平的各项指标中，平均寿命（69 岁）一项在 1990 年已经超过世界中等收入国家水平（66 岁）。婴儿成活率、粮食消费和食物构成等健康指数也接近世界先进水平。普通教育特别是高等教育高速发展，同时有数十万人走出国门访问、留学或经商、考察。中国珠江三角洲、东南沿海地区的城市化程度，京津沪等主要城市的交通、通信等基础设施，已经赶上或接近世界发达国家或地区的水平。

中国的现代化进程避免了西方现代工业文明兴起时出现过的大量社会问题，但同时也产生了许多新问题。将近半个世纪的中国现代发展可以划分为三个时期。

第一时期实行的"一五"即第一个国民经济建设五年计划完全照搬苏联斯大林模式，在发展基础比 1928 年苏联开始"一五"计划时差得多的条件下，制定了比苏联"一五"计划的指标还要高的社会发展目标，脱离实际地盲目追求高速工业化。

第二时期从 1958 年到 1976 年。中国领导人开始批判斯大林模式，经济自成体系。但由于推行以"大跃进"和"人民公社"为旗帜的总路线，高指标下的平调风、浮夸风、共产风使国民经济遭到严重破坏。从强调阶级斗争、群众运动一直走向"文化大革命""评法批儒"，大搞反智主义，造成将近十年的政治大动乱和社会大动荡。

▶ ▶ ▶ ────────────

① World Bank, *World Development Report 1997*（《世界发展报告 1997》），Oxford University Press, 1997.

经过短暂的过渡，从 1979 年起，中国放弃了"以阶级斗争为纲"和"无产阶级专政下继续革命"的路线，进入以经济建设为中心、以建立和完善社会主义市场经济为目标的新时期。通过反复的改革和对外开放，逐步建立起包括以家庭为单位的农业经营制度、集体或私营的城镇和乡村企业、外国独资、中外合资和股份制的企业等等在内的混合经济制度。随着不断的社会流动和新的社会分化，中国社会结构从原来的金字塔型向橄榄型转变，"中间收入者"阶层迅速扩大。文化思想领域一改过去极左路线、极左意识一统的局面，重新出现多样化和繁荣。20 余年来，中国经济保持了超出 1980 年以前发展速度的年均高增长率，经济总量翻了两番，人均收入达到 800 美元，成果为世人瞩目。

东亚的金融危机

东亚的高速发展在国际学术界各学科领域激起了极大的兴趣。人们似乎看到了这个地区正在到来的美好前景。世界银行的权威经济学家推出了《东亚奇迹：经济增长与公共政策》一书，率先将日本、韩国、中国香港、中国台湾、新加坡、马来西亚、泰国、印度尼西亚等八个国家与地区的高速经济增长誉为"东亚奇迹"。其他各种美好词句、美好预言如"汉江奇迹""台湾奇迹"等等也纷至沓来。从日本到东南亚到中国，诸如"亚洲世纪""东亚文明的复归"之类的讨论和接二连三的"说'不'"声音都来了。无论如何，在历经百余年的屈辱和痛苦之后，东亚人终于又一次有资格在世界上高声说话了。

然而，1997 年下半年，一场由国际投机资本恶性炒作引发的金融危机从泰国发端，很快波及菲律宾、印度尼西亚等东南亚国家，并蔓延到中国香港、台湾地区和东北亚的韩国，造成汇率和股市狂跌，物价大涨，一时间人心惶惶，社会不稳，甚至政局动荡……危机似乎从天而降，东亚经济"奇迹"似乎在一个晚上被消解殆尽。许多预言过东亚经济乃至东亚文明、"东亚新文化"即将领先世界的人们，也一下子陷入一种"失语"状态。至于产生危机的原因，在许多人看来是由于东亚没有照走西方经济发展的道路，没有采用西方传统的经济发展模式。

实际上，东亚经济发展在 90 年代初就已经出现问题。危机首先自日本引发。正如曾经出现的"英国病""荷兰病"，经济学家称之为"日本病"。日本经济发病固然有自身的原因，病原却是从大洋彼岸传来的。由于世界市场上金融资本泡沫和本国经济泡沫的双重作用，1991—1995 年日本国内生产总值增长率骤然下降到0.56%，从此陷入长期的经济停滞。至世纪之交，日本经济进一步衰退，美国和欧洲经济增长也大幅下降。困境中的发达国家不同程度地加强了贸易保护。这些都给奉行出口导向的东亚新兴工业化国家和地区以沉重打击。新加坡经济在 1997 年经济危机中受伤害较小，但 2001 年全球电子市场的衰退打击了占国内生产总值 1/4的工业企业。马来西亚的电子产品占出口产品的五成以上，2001 年出口增幅大跌，工业生产连续下降，外资流入减少，金融系统不良贷款增多。泰国经济 2000 年已经明显好转，但在 2001 年第一季度却出现了负增长。印度尼西亚政局动荡，资金外逃，国际投资锐减，股市大幅下跌，政府债务飙升。菲律宾股市下跌，货币贬值，上半年出口下降 9.3%，失业率达两位数，外债及财政赤字庞大，人质危机使外资及外国游客望而却步。这个时期，东亚地区只有中国经济保持持续增长，成为东亚发展的带动力量和经济复苏的希望。

在战后新技术革命和世界性经济高涨带动下，东亚国家和地区的经济发展战略先后从"进口替代"走向"出口导向"，积极引进外资和先进的生产技术、生产设备，极力开拓国际市场，这才会有持续近三分之一个世纪的高速增长。但这样一来势必与世界市场绑在一起，而世界市场乃至整个现代资本主义世界体系从来就是处于周期性波动之中的，有景气、繁荣，自然也有萧条和危机。所以，东亚的成就和问题都与世界市场密切相关。1997 年，金融危机在东亚爆发，根源则出自世界经济危机和弊端严重的国际金融体制。从亚当·斯密开始，古典经济学家历来强调自由贸易、自由市场的积极作用。但是"自由的市场"这一双面的雅努斯并不只是天宫之门的开启者，它也能让黑夜降临人间甚至开启战端。不受管制的"市场自由""贸易自由"之类，其实只与处于高水位的那一部分经济体互相宠爱；发展水平较低的经济体如若毫无防护地统合于其中，则难逃洪水灭顶之灾。

同时，东亚发展的成就是市场、社会和"国家"（state）交互作用的产物。其中，"国家"无论在世界市场和本地社会之间，还是在本地社会内部的传统因素与现代发展之间，都起了重要的中介或桥梁性作用。而被西哲名之为"利维坦"的"国家"从来都是一只牺牲自由的怪兽，更不用说东亚转型时期传统专制色彩浓重的官僚威权主义"国家"或"开发－独裁型"政权了。因此，对东亚金融危机的考察既要看到世界经济体系、世界市场的影响，也要看到国家内部的原因。可以肯定的是，二者均各有正、副两方面的作用，并非一个全是积极的、推动性的，另一个则只是阻力，只有惰性。

第五节
有没有一个"东亚发展模式"?

有没有一个"东亚发展模式"，取决于东亚有没有区别于其他地区发展的共性。20 世纪八九十年代，国际学界关于东亚发展的研究成果颇丰，围绕东亚模式也有热烈的讨论。塞缪尔·亨廷顿曾提出：拉丁美洲的官僚威权主义、中东基要主义的兴起和东亚高速经济增长构成当代三大特色。彼德·伯格主编了《探索东亚发展模式》一书。到目前为止，国内外学术界对此问题的回答一般是肯定的。但仅从经济增长角度观察得出的结论有很大片面性。西方一些学者所谈的"东亚"限于资本主义世界体系中的国家与地区，其答案更是带有明显的西方话语霸权色彩。日本学者小林多加士从罗荣渠《现代化新论》中得出"东亚正出现一种超越国家界限的全新的现代化模式"[①] 的结论，并且认为从地区史研究的角度考虑，应当对这样一个"全新的模式"做一番全新的探讨。

东亚国家和地区的工业化、现代化进程确实表现出许多共同特点，由此构成的"东亚发展模式"，也并非只是一个笼统的内容贫瘠的概念。仅举几个被人们普遍关注的方面：

1. "国家"在发展中的作用突出。这一方面反映了东亚独特的强势国家传统的影响，另一方面也由其发展晚的特点所决定：因为落后而急于"赶超"，为了赶超而充分发挥国家组织领导和直接参与经济发展与工业化的作用。明治时期以及战后的日本、当代中国以及韩国、新加坡、马来西亚、越南、泰国等，大抵都是这样。

▶　▶　▶　──────────────────────────────

① 小林多加士：《东亚：转型现代化的新范式》，罗荣渠主编：《东亚现代化：新模式与新经验》，北京大学出版社，1997，32—40 页。

对此，许多学者已经作过深入的探讨。金融危机爆发以后，针对一些人对东亚政府作用的过火批评，著名经济学家斯蒂格利茨曾经指出：许多被指责为导致亚洲金融危机的因素正是当年被夸赞为促进亚洲发展的因素。这些国家今天所面临的许多问题之所以出现，并不是由于政府干预过多，而是由于干预过少，或者背离了过去几十年已证明是非常成功的政策。如一些国家在金融市场开放方面管理不严，在建立起健全的金融监管体制之前就取消了限制。①

2. 重视发挥传统文化的作用。主要表现为儒家文化的"推陈出新"。20 世纪后半叶，在经过一再的批判"打倒""彻底否定"之后，儒学又在现代中国、东亚和整个世界引起重视。当代儒家思想的复兴和"新儒学"的兴起，本身就是引人深思的。在西方，"新教伦理与资本主义精神"是马克斯·韦伯的经典命题。还在日本"文明开化"之际，日本启蒙思想家就已经指出宗教改革前的旧基督教"虚妄""浓厚而近于愚顽"等不符合进步要求的特点。② 既然中世纪保守的基督教可以经过改革而与西方现代发展耦合，东亚传统的儒家道德伦理学说自然也可以经过改革转换功能，使之适应于东亚现代发展的需要。当代东亚的工业化、现代化是一场人类历史上空前规模的巨变，起步的条件、所处国际环境均不同于当年的西方，激烈的全球性竞争也不允许其自发地、慢条斯理地发展。仅仅从经济的角度看，为了尽快适应和赶上世界，也需要自身扬长避短，同时还要规避西方曾经走过的弯路。在东亚，儒家的"行仁政"思想转换为一种国家导向的发展主义；儒家的家族本位思想与家族伦理秩序转换为推动家族资本主义发展的契机；儒家"尚贤"、重教以及机会均等的教育思想，转化成为对人力资源的大力开发；高速发展现代教育，使东亚各国能够在同西方的竞争中扬人力资源丰富之长，避自然资源贫乏之短；从儒家的"和天下"和不事武功思想，也可以发展出反对侵略扩张恃强凌弱，实行国家无论大小和睦相处、平等合作共同发展的原则。在东亚现代发展中发挥了积极作用的集体主义、团队主义，不同于西方已经带来了种种严重社会问题的自由个人主义。东亚传统的"平均"思想在走出绝对平均主义的误区后，也可以并且已经为实现"公平的增长"做出贡献。东亚土地改革的深刻社会动因及成功的改革对社会发展的作用就是明证。兼顾经济增长与社会公平，是当代东亚发展的成功经验和又一突

▶ ▶ ▶ ────────────────────

① 转引自张捷：《奇迹与危机：东亚工业化的结构转型与制度变迁》，广东教育出版社，1999，2 页。
② 福泽谕吉：《文明论概略》，北京编译社译，商务印书馆，1995，98 页。

日本自卫队的海上力量

出特点。

"东亚模式"的特点当然只具有相对意义。由于启动的时序不同，国内条件与国际环境不同，各国发展更多地表现为各具特色。形成东亚内部不同的发展道路或模式。由于尺度和标准不同，对发展道路或发展模式的区分可能是多种多样的。前述改革与革命就是两种不同的道路。此外，从东亚跨越19—20世纪的历史大变革、各国衰败化、边缘化等多种矛盾运动中，还可以区分出日本型、中国型、韩国型三种不同的发展类型。另外，从主要依照外源因素与内在因素的差异，又可以把东亚工业化的道路大体分为"择他抵抗型""主动学习型"和"从属－自立型"三种类型。"择他抵抗型"以居于东亚文明体系中心的中国为代表；"主动学习型"以处于东亚文明体系次边缘地带的日本为代表；"从属－自立型"以处于东亚文明边缘地带同时又是西方（向东亚）扩张前沿地带的东南亚国家为代表。[①] 这种区分也言之成理。

▶　▶　▶

① 张捷，前引书，40—41页。

第六节
东亚区域合作与文明的复兴

　　东亚超越国家界限的发展或现代化，最终应表现为东亚新兴工业化共同体的发展和东亚文明复兴的进程。东亚曾经产生过人类历史上迄今为止最悠久的区域性"天下体系"——以"华夷秩序"为核心的朝贡贸易体系；也经历了日本以军国主义推行的虽然为期短暂但造成了巨大痛苦和灾难的"后华夷秩序"。这些都已经成为历史陈迹。但东亚两千多年间所形成的优秀文化传统，已经成为东亚人民共同拥有的遗产，也是东亚走向重新崛起和区域一体化的基础。

　　东亚区域合作和一体化进程是东亚文明史的题中应有之义。人类有史以来，从个体到群体相互依存相互交往的关系链条一直在延长，分工日益发展和复杂化，相互依存程度也必然随之提高。如果说文明"是表示人类交际活动逐渐改进的意思，它和野蛮、无法的孤立完全相反，是形成一个国家体制的意思"[①]，那么，一体化的范围从国家到地区直到遍及全人类，正是文明发展不可避免的大趋势。区域一体化可视为这一趋势发展所经阶段，因而和国家的形成一样，是文明史的重要内容。从一定意义上，正是东亚各民族相互间交往、联系不断加强的历史，构成了完整的东亚文明史。当然，依存和交往需要一种保持稳定与整合的结构。新兴的东亚共同体更需要一种建立在和平友好、平等互利基础上的合作机制或制度安排，也需要文化心理上的调控和认同。

东亚区域合作进程

　　东亚区域合作进程始于"东南亚国家联盟"。为了推进本地区的经济增长、社会进步和文化发展，促进东南亚和平与稳定，在几经探索之后，1967 年 8 月，印度尼西亚、马来西亚、菲律宾、新加坡、泰国发表共同宣言，宣告成立"东南亚国家

---

① 福泽谕吉，前引书，30 页。

联盟"，以求在经济、社会、文化、技术等领域互助合作并进而与其他国际组织密切合作。1976 年，"东盟"第一次首脑会议通过了《东南亚友好合作条约》和《东南亚国家联盟协调一致宣言》。到世纪之交，在文莱、越南、柬埔寨、老挝、缅甸以及东帝汶（2002 年作为观察员）先后加入以后，东盟加快了建立东南亚自由贸易区的步伐，决定在 2003 年以前实现本地区贸易自由化。此外，东盟倡议和主持召开了"东亚经济论坛"和"东盟地区论坛"，作为亚太地区经济合作与安全对话的场所。1994 年东盟首脑会议又提出了建立"东亚自由贸易区"的目标。

1997 年的金融危机加快了东亚大区域合作的步伐。危机迫使各国就应对措施和如何防止发生新的危机进行讨论与合作。东盟国家认识到，作为次区域经济组织，东盟只能依托东亚这个大的经济圈，才能有更大的发展空间。1997 年 12 月，东盟－中日韩领导人（10＋3）举行非正式会议，就东亚的发展前景、亚洲金融危机、深化地区经济联系等议题达成了许多共识。1998 年 12 月的第二次东亚领导人会议接受了中国关于举行东亚国家的副财长和央行副行长会议的建议，使东亚地区第一次有了高层政府职能部门之间的对话与协商。

第三次东亚领导人会议（1999 年 11 月）是东亚区域合作的一个重要转折点和新起点。会议就推动东亚合作的原则、方向和重点领域达成了共识，首次发表了《东亚合作联合声明》。声明列出了在经济、社会、政治和其他领域的合作重点：在经济方面，加速贸易、投资和技术转让和技术合作，推动工农业合作，加强中小企业合作，启动东亚产业论坛，推动东亚经济增长区，考虑建立"东亚经济委员会"等；在货币与金融方面，加强政策对话、协调与合作，包括宏观经济风险管理，资本流动的地区监控，强化银行和金融体系，加强地区的自救与自助机制；在社会和人力资源方面，推动实施"东盟人力资源开发倡议"，建立"人力开发基金"；此外还有：加强科技发展领域的合作；加强文化和信息领域的合作，加强地区的文化交流；加强政治和安全对话、协调与合作；加强相互理解和信任，在跨国问题上加强合作；等等。

第四次领导人会议于 2000 年 11 月 25 日在新加坡举行。这次会议就落实《东亚合作联合声明》所列合作重点提出了具体措施，还同意就建立东亚自由贸易区和全面经济合作的问题进行研究。新加坡会议进一步加强了东亚国家领导人之间的对话和合作机制，同时首次确立了中日韩领导人之间的正式协商与合作机制，以加强三国之间的合作来推动整个东亚地区的合作。

　　2001 年 11 月的文莱第五次领导人会议是在复杂的形势下召开的。一是发生了 "9·11" 恐怖袭击事件，反恐成为世界和东亚地区的一件大事；二是受美国经济形势恶化的影响，大多数东亚国家和地区的经济形势变坏。会议表示了继续推动东亚合作的决心。期间中日韩三国为推动合作，一致同意设立经济部长和贸易部长会议，以及工商论坛。东亚合作进程开始的时间还不长，涵盖全区域的 "东亚自由贸易区" 还只是一个构想。所谓 "10 + 3" 还主要是一个由东盟推动的对话合作机制。真正的地区合作组织和基本原则还没有建立起来。在文莱会议上，韩国总统金大中主张将 "10 + 3" 机制改为 "东亚峰会"，并提出东亚合作的最终目标是建立包括政治、经济、安全多个领域的 "东亚共同体"。然而，东盟对上述提议十分谨慎，担心 "东亚峰会" 不再固定由东盟国家任主席和东道国，东盟将丧失领导地位和核心作用。日本对韩国 "东亚峰会" 的提议也不表态，担心与韩国等靠得太近，会把 "10 + 3" 机制变成排斥美国的阵营，从而使日本丧失从美国得到的利益。此外，日本还顾虑对同样是以种植水稻为主的东亚国家开放农业和农产品市场。在中、日、韩方面，由于历史和现实的原因，建立东北亚自由贸易区存在更多困难。日韩双边自由贸易协定谈判就曾多次 "卡壳"，中日之间也频频发生贸易战。因此，中日韩之间的合作是在东亚区域合作的大框架下进行的，是以三国之间的对话与合作的方式，来支持东亚合作的进程。在 "10 + 1" 即东盟分别与中日韩之间的对话与合作方面，日本与东盟之间以及韩国与东盟之间已经有不少合作项目，而最引人注目的是文莱会议期间，中国和东盟领导人就建立紧密经济合作关系达成了共识，宣布用十年的时间建成 "中国 - 东盟自由贸易区"。

　　中国与东南亚国家地缘相邻、文化相通，和平往来源远流长，具有区域合作的基础。早在 1992 年，中国就已成为东盟的 "磋商伙伴"。1996 年中国正式成为东盟的 "对话伙伴国"。1997 年金融危机爆发后，中国与东盟签署了《建立面向二十一世纪睦邻互信伙伴关系的联合声明》。2000 年 11 月，在新加坡第 4 次东盟 - 中国领导人会议上，中国总理提议加强双方的政治对话与合作，以增进相互了解与信任，加强贸易、投资联系，建立自由贸易关系。提议得到了多数东南亚国家的积极响应。2002 年 11 月 4 日，第 6 次东盟 - 中国领导人会议签署了《中国 - 东盟全面经济合作框架协定》，决定以东盟现有自由贸易区为基础，到 2010 年建成中国 - 东盟自由贸易区——一个拥有 17 亿人口、近 2 万亿美元的国内生产总值（GDP）、1.2

万亿美元贸易总额的一体化大经济区。

当代日本许多人仍然摇摆于"脱亚"与"入亚"之间。梅棹忠夫的"文明生态史观"（认为日本与西欧虽然远隔欧亚大陆，但属于同一文明生态地域）和川胜平太的海洋史观（呼吁建立西太平洋海岛经济文化联合体，以取代以中国为中心的大陆文明思路）可为证明。进入 20 世纪 90 年代，日本经济陷入长期萧条，曾经流行的关于日本推动形成东亚经济圈的各种理论逐渐淡出，"四小龙"和华侨华人对东亚区域经济发展的作用越来越受到重视。这些是东盟合作范围不断扩大以及中国－东盟率先达成全面合作框架协议的大背景。当然，中国－东盟自由贸易协议不是封闭的、排他性的。它只是先行一步，目标是整个东亚的全面合作。

东亚文明复兴的意义

经过第二次世界大战以后半个世纪的发展，东亚已经成长为世界最有活力的三大经济区域之一，成为一个与欧洲、北美鼎足而立的和平、合作的新东亚。东亚人已经从近代的战乱、贫困、被殖民、被奴役的屈辱中走出，对自己历史悠久的传统文明及其未来前景重新获得了自信。

东亚从西方引进了理性、科学、思想自由、政治民主、市场经济等现代观念、现代知识和现代制度。但是东亚社会迄今没有被西方的"现代性"所淹没。东亚现代发展中的社会、经济与政治，表现出许多不同于西方的特点。尽管有毁有誉，见仁见智，但不可否认，东亚自身的文明传统在其间起了重要的作用。

两千多年来，东亚文明历经磨难但没有中断、没有寂灭，表现出了强大的生命力。随着人类交往的全球化，各种文明不可能再有平行的、独立的发展。在与现代工业文明接触以后，东亚思想已经发生巨变，连文化保守主义者也有了明显的现代意识。工业革命以来，西方文化和社会制度被当作现代文明的普适性价值向全世界推广。但是，丰富多彩的世界历史既不是零碎的、杂乱无章的堆积，也从来没有单线的、唯一的模式。与既有的文明形态和发展模式一样，现代各地区、各国的文明形态和发展模式，各有所长，也各有所短。资本主义鼓动起来的无限追求利润、利益和向自然界索取贪得无厌的非理性欲望，"进化"与"进步"观念背后的社会达尔文主义"弱肉强食"逻辑，工业和科学发展带来的工具理性至上和科技霸权，都需要矫正。随着经济全球化的深入，全球性普遍伦理和现代性问题一样得到国际社会的广泛关注。然而，正像世界文化和生活方式呈现多元化存在状态一样，人们对现代性和普世伦理的理解也是多元的。全球化、普世性不等于全盘放弃地方性和个性。不能要求人们在特殊与普遍之间、在相对主义与绝对主义之间做非此即彼的选择。

现代世界体系作为资本主义全球化扩张的产物，至今还充斥着霸权主义和不平等。作为对抗这种霸权和不平等的工具的国家主权，正在不断被全球化所侵蚀。一个能实现"世界大同"的、拥有人类共同体主权的"世界共和国"，迄今还只是美好的理想。在此情况下，以平等合作为基础的区域共同体的出现，是合理的历史性选择。从历史发展长时段即历史的结构性变革角度来看，东亚区域合作与东亚一体化的进程才刚刚开始。但是，一个建立在和平发展、民主、繁荣和平等联合基础上的"东亚共同体"，毕竟代表了东亚各国人民的共同利益和愿望，也是东亚文明复兴的要求和复兴的东亚文明的必要载体。文化和文明是历史的积淀。著名文明史学家汤因比晚年憧憬世界的和平统一。他提出，在原子能时代的今天不能靠武力征服统一世界，所以，"我所预见的和平统一，一定是以地理和文化主轴为中心，不断结晶扩大起来的。我预感到这个主轴不在美国、欧洲和苏联，而是在东亚"。[①] 随着东亚的复兴，具有深刻内涵与高度多样性、包容性的东亚文明，必将对世界和平与发展、对人类的美好前景做出贡献。

[推荐阅读书目]

1. 费正清、赖肖尔、克雷格：《东亚文明：传统与变革》，黎鸣等译，天津人民出版社，1992。

2. 黄秉泰：《儒学与现代化：中日韩儒学比较研究》，刘李胜等译，社会科学文献出版社，1995。

3. 金明善、徐平：《日本·走向现代化》，辽宁大学出版社，1990。

4. 梁英明、梁志明等：《近现代东南亚》，北京大学出版社，1994。

▶ ▶ ▶

[①] 汤因比、池田大作：《展望二十一世纪》，荀春生等译，国际文化出版公司，1985，294页。

5. 许纪霖、陈达凯主编：《中国现代化史（第一卷　1800—1949）》，上海三联书店，1995。

6. 中村哲：《东亚近代史理论的再探讨》，陈应年等译，商务印书馆，2002。

7. 朱家桢、厉以平、叶坦主编：《东亚经济社会思想与现代化》，山西经济出版社，1994。

第二十七章
世界现代化进程中的中东伊斯兰世界

✿

自19世纪末至今，中东伊斯兰世界发生了翻天覆地的变化。各种各样的社会力量此起彼伏，在中东的历史舞台上上演了一幕幕耐人寻味的话剧。回首百余年来中东世界的风云变幻，尤其是伊斯兰文明在面对现代化与全球化的挑战中，所表现出来的种种复杂的反应，我们可以看到现代化在伊斯兰世界所经历的独特过程。

从现代化进程的角度来看，我们会发现这么一条线索：为了反对殖民主义，争取民族独立，中东各国人民都进行了英勇的斗争，无论是世俗民族主义者还是传统的伊斯兰势力都参加了这场轰轰烈烈的运动。到20世纪五六十年代，几乎所有的中东国家都赢得了民族独立，建立了民族国家。建国的过程中，民族主义者掌握了政权。建国后，他们利用自己掌握的国家权力强制推行了一系列的现代化改革，其目的是为了在世界民族之林占有一席之地，不致再次沦于落后挨打的境地。这些改革大体可以分为资本主义和社会主义两种，其共性是世俗化与现代化，初期都取得了比较显著的成就。但由于种种原因，中东的现代化进程遭受了不同程度的挫折，引发了各种各样的社会问题。有着深厚历史传统的伊斯兰势力相时而动，抨击现代化的改革，提出自己的政治与社会主张，甚至要求建立伊斯兰政权。于是，伊斯兰复兴运动日益成为中东地区当代历史上的一股重要力量，改革与保守、世俗与宗教之间进行了激烈的斗争，这场斗争至今仍在继续。

第一节

迈向现代的中东伊斯兰世界

19世纪后期，几乎整个中东伊斯兰世界相继沦为殖民地或被划入欧洲强国的势力范围，开始了她近代以来的痛苦与灾难的历史。欧洲列强凭借着"坚船利炮"，击溃了穆斯林的抵抗，建立起了奴役广大穆斯林的殖民统治。作为西方文明产物的商品水银般倾泻到了中东地区，严重冲击了那里本不发达的农业和手工业，造成了人民生活的极度贫困。与此同时，西方文化与资本主义意识形态也渗透到了伊斯兰世界，腐蚀和冲击了那里传统的伦理道德与生活方式。可以说，整个伊斯兰世界被迫纳入了世界现代化进程之中。

19世纪末20世纪初，在世界各国民族解放运动的影响下，伊斯兰世界出现了要求民族独立和进行政治、经济、文化改革的思潮。在这一背景下，出现了两种选择和倾向——世俗主义与伊斯兰主义。19世纪下半叶直到第二次世界大战结束，伊斯兰世界面临的头等重要的问题是摆脱殖民统治、争取民族独立。作为穆斯林民族主体文化的伊斯兰教在民族意识的觉醒中发挥了独特的作用，形成了一种"宗教兴则民族兴"的模式。其间兴起的现代主义和泛伊斯兰运动都有一定的民族独立的意识，但却没有达到世俗民族主义的水平。土耳其资产阶级革命胜利后，民族主义和伊斯兰主义的关系就成了中东各国激烈争论的主题。总体而言，中东各国在一战后出现的世俗民族主义者大多数都支持土耳其革命，而传统的伊斯兰派则强烈反对政治与宗教分离。从此，世俗民族主义与伊斯兰主义成为中东伊斯兰世界争取民族独立的两股潮流。在独立以前，这两股潮流还只是统一战线内部不同意见（传统派认为，伊斯兰教完全有能力靠自我的潜力战胜西方，赢得独立）的斗争问题。但是，在战后的建设中，民族矛盾退居次要地位，世俗与宗教之间的矛盾变成了主要矛盾，归结起来就是独立的伊斯兰国家应该走什么样的道路。20世纪50至70年代，世俗民族主义一派占了上风，宗教从属于政治。①

▶ ▶ ▶ ▬▬▬▬▬▬▬▬▬▬▬▬▬▬▬▬▬▬▬▬

① 希文：《席卷全球的伊斯兰浪潮》，《世界宗教资料》，1994年第2期。

伊斯兰现代主义

近代以来，西方殖民主义的入侵从各个方面冲击了伊斯兰世界，加深了伊斯兰社会的灾难。面对西方文化以及伊斯兰地区社会生活的日益西方化、世俗化，伊斯兰世界作出了不同的反应。但总体来看，这些反应可以分为两种思潮：传统主义和现代主义。这两者不是截然分开的，其共同点在于：坚决维护伊斯兰教的权威，并使之适应殖民统治下的社会生活。近现代伊斯兰教思想就是"在传统主义与现代主义的大致交替的发展中前进的"。[①]

开罗的艾资哈尔大学：世界上最古老的大学之一，现代伊斯兰知识分子的主要诞生地

当时的奥斯曼帝国危机四伏，内忧外患十分严重。穆斯林被迫打起宗教复兴的旗帜，以回到《古兰经》为号召，力图救亡图存。18世纪阿拉伯半岛的瓦哈比运动，北非的萨努西运动，伊朗的巴布教运动，埃及人哈桑·班纳[②]创立和领导的"穆斯林兄弟会"的活动等都是传统主义运动的代表。这些宗教运动尽管形式多样，但都力图使社会重新回到伊斯兰教的原初教义上，以光大和弘扬伊斯兰教的精神与传统。这种传统主义的作法是伊斯兰世界面对严重的民族矛盾和社会危机所作出的本能反应，它沉重打击了殖民主义势力，对历史发展产生了重要影响。但不幸的是，它们最终都遭到了失败。这说明传统主义的

① 金宜久：《伊斯兰文化与西方》，香港《二十一世纪》双月刊，2002年2月号。
② 哈桑·班纳（Hasan al-Bana，1906—1949）是现代政治伊斯兰运动的奠基人、埃及穆斯林兄弟会（The Muslim Brotherhood，Al-Ikhwan al-Muslimum，音译"伊赫万"）的创始人及第一任总训导师。他的思想和实践对当今伊斯兰复兴主义运动具有开创之功。胡雨、欧东明：《论哈桑·班纳的政治伊斯兰思想》，《阿拉伯世界研究》，2010年1月，第1期。

做法已经不适应时代的需要，必须有一种适应新形势的思想理论。

奥斯曼帝国世俗主义的"坦泽马特"运动开始撇开伊斯兰教法，转而以世俗的国家利益为合法性依据，在制度层面进行了大量的改革。然而，改革运动在为奥斯曼社会带来新制度、新思想、新技术后，并没有最终打开奥斯曼通向现代化的道路，没有挽救帝国继续衰落的命运。1875 年奥斯曼帝国被迫宣布国家财政破产。在埃及，总督穆罕默德·阿里的改革虽然成就斐然，但阿里死后，改革事业便"人亡政息"。

在传统主义的宗教运动和自上而下的世俗主义改革都惨遭失败的情况下，殖民主义者的大炮和广大下层人民的抗争惊醒了伊斯兰知识分子中的先知先觉者，他们开始思考如何改良、如何救国。一种企图弥合传统与现代，沟通东方与西方的思潮发展起来。伊斯兰国家的改良主义代表人物主要有阿富汗的贾迈勒丁·阿富汗尼（1838—1897）、埃及的穆罕默德·阿布杜（1849—1905）、穆罕默德·拉希德·里达（1865—1935）、叙利亚的阿卜杜·拉哈曼·凯瓦齐比（1854—1902）等人物。

这些先进知识分子首先要面对的是伊斯兰文明遭遇西方文明时的命运问题，寻找伊斯兰国家遭到西方基督教国家的侵略和失败的原因。他们得出的结论基本相同：西方工业发达、经济繁荣、教育先进，这是他们战胜伊斯兰国家的原因。因此，要想使伊斯兰国家强大起来，必须改革。他们提出了形形色色的改革主张，主要涉及政治、社会、宗教、教育等方面。他们的基本目标是在不改变伊斯兰基本信仰的前提下改良伊斯兰教，使之现代化；使伊斯兰教与现代科学相结合；反对因循守旧、墨守成规。他们努力从《古兰经》、《圣训》中寻找适应现代思想的依据，以此来为自己的改革思想提供支持，达到托古改制的目的，就像中国近代的康有为所做的那样。

在这些思想家当中，影响最大的莫过于阿富汗尼、阿布杜师徒二人。他们在巴黎创办了一份很有影响的杂志，批判来自西方的东方学家对伊斯兰教的攻击，同时批判伊斯兰教国家内部的保守势力。他们的理想是在伊斯兰基本信仰的前提下，改良伊斯兰教、改良穆斯林社会、改良教育，使伊斯兰教与现代社会、现代科学相适应，发展教育、发展科学和工业，使伊斯兰国家强大起来，以抵抗西方殖民主义的侵略和压迫。

阿富汗尼是 19 世纪中叶兴起的泛伊斯兰主义运动的主要倡导者，有"东方路德"之称。他博学多闻，见多识广，通晓伊斯兰教历史、教义学、苏非主义以及哲学、物理学、天文学、医学等。他18岁时就曾在印度学习并游历阿拉伯各国，期间目睹了殖民主义者的侵略暴行。在别人努力提倡宗教改革的时候，他深刻地指出宗教改革必须与社会改革相结合。他后来做过一段时间的阿富汗首相。他公开号召阿富汗人民反对英国殖民者和专横的上层分子，宣传爱国、自由的思想。他离开阿富汗后，取道印度再度前往麦加朝觐。在印度期间，他仍然进行宗教、政治、学术和社会改革的宣传。此后，相继在埃及、土耳其、印度、美国、英国、法国、俄国、波斯宣传他的伊斯兰改革和社会改革思想，并先后在土耳其、波斯担任过重要公职，但屡遭挫折。[①]

阿富汗尼对伊斯兰教的历史和哲学有较深的研究，认为西方优越的物质文明对东方是个威胁，主张全世界穆斯林团结起来，在奥斯曼帝国哈里发的领导下，建立一个统一的伊斯兰教帝国，首先以埃及为主建立起伊斯兰教国家，进而占领苏丹和波斯，最后统一奥斯曼帝国的全部领土，使穆斯林摆脱西方殖民统治。这体现了阿富汗尼反对殖民主义侵略的革命性。但他把希望寄托在专制、腐败的奥斯曼君主身上，不可避免地会走向失败。在宗教方面，他认为伊斯兰教是"精神的同盟"，主张清洗自中世纪以来出现的"异端"，以达到纯化宗教的目的。

阿富汗尼坚持调和宗教与科学的矛盾，调和宗教与理性的矛盾，使伊斯兰教通过改革而达到现代文明，从而在新的经济文化条件下维护伊斯兰教的尊严。阿富汗尼对未来社会充满了希望，他反对悲观论者认为"现社会是最末的时光"的观点，主张宣扬"现社会的幸福的生活"。他还鼓励穆斯林学习西方国家的技术与文化，以改变伊斯兰国家的落后状态。[②]

穆罕默德·阿布杜是近代埃及伊斯兰教改良派的代表人物，也是伊斯兰现代主义的代表。1872年，阿富汗尼来到埃及后，阿布杜尊称其为自己的精神导师。在阿富汗尼的影响下，阿布杜开始宣传伊斯兰教的改革。

阿布杜的思想有以下几个特点：（1）纯化宗教。他认为，伊斯兰教必须改革，应该回到早期的"纯真"状态，消除一切异端和外来影响。（2）调和性。他反对墨守成规，主张根据《古兰经》和《圣训》原则，自由运用理智进行新的教法演绎，

▶ ▶ ▶ ────────────────────

① *Islamic Culture* (Hyderabad), XXVI (3), July, 1952, pp.50-54.

② 吴云贵、周燮藩：《近现代伊斯兰思潮与运动》，社会科学文献出版社，2007，106页。

使伊斯兰教适应现代社会需要；吸收西方文明中有益的东西，把伊斯兰教和现代科学结合在一起。(3) 革命性。主张通过人民革命和伊斯兰各国人民之间的联合，推翻殖民主义的统治和本国的专制政体；通过恢复早期的伊斯兰信仰，提高民族自尊心，在此基础上，建立新的社会秩序。(4) 进步性。他主张改革教育，改革阿拉伯文风；学习和掌握现代科学，奋发图强，反对"宿命论"。[①]

现代主义改革思想反映了当时穆斯林知识分子在对待东西方不同文化时的态度，可以说是当时认识的最高水平，是一种进步思想。但是，它具有明显的不彻底性，反映的是伊斯兰知识分子试图在传统与现代之间实现和解的良好愿望，因此，它实际上是一种中庸之道，企图弥合伊斯兰传统主义与世俗主义之间的鸿沟。他们既反对墨守成规、不思进取的文化保守主义态度，也反对数典忘祖、全盘西化的极端观点。这样，他们的思想便成了一把双刃剑，既可以作为改革派的思想武器，又可以被既得利益的统治者拿来做幌子，甚至还可以被殖民主义者拿来作为分化革命力量的工具。从后来的历史发展来看，正是这一折中主义的立场和态度，决定了伊斯兰现代主义的不稳定性和不坚定性。

中东地区部分国家的现代化改革

早在 18 世纪，奥斯曼帝国就开始了带有西化性质的改革。[②] 但是，这些西化的改革并没有能够挽救走向衰败的老大帝国。20 世纪 20 年代，土耳其在凯末尔的领导下首先赢得了民族独立，率先走上了实现现代化的道路。二战后，中东各国也相继赢得了民族独立，各国的世俗民族主义者在国内领导了实现现代化的运动。20 世纪中叶，纳赛尔领导的埃及共和国走上了现代化道路，巴列维领导的伊朗共和国也一度成为世人瞩目的对象。它们都曾经是中东现代化的成功典范。

凯末尔主义与土耳其　奥斯曼帝国在第一次世界大战中的失败，使它失去了非土耳其人居住的地区，而且土耳其本土的大部分也被法国、意大利、英国和希腊人的军队占领。1919 年开始的由凯末尔领导的民族解放战争将外国侵略者赶出了

▶ ▶ ▶ ─────────────────────────────

① 吴云贵、周燮藩，前引书，111 页。
② "塞利姆苏丹三世王朝（1789—1807）往往被看作西化进程的开端。但是有些土耳其历史学家把日期还要往前推，认为西化趋势发端于 18 世纪初叶。"参见戴维森：《从瓦解到新生：土耳其的现代化历程》，学林出版社，1996，80 页。

1919年的巴黎和会上的阿拉伯代表，他们未取得完全的民族自决

土耳其本土，使土耳其大致获得了今日的边界，1923 年建立了新型的资产阶级共和国——土耳其共和国。趁着民族解放战争胜利在土耳其人中点燃的民族主义的热情，凯末尔着手在土耳其建立世俗化的现代国家。建国后，凯末尔在国内推行了一系列的改革，改革的指导思想被概括为"凯末尔主义"，在土耳其国内则通常称阿塔图尔克主义。"凯末尔主义"是土耳其民族资产阶级的理论学说和思想体系，它是在半殖民地半封建的土耳其国家中孕育、在反帝的民族革命战争中逐步形成，并在一系列政治和社会改革中丰富和发展起来的。[1] 凯末尔主义的主要内容包括六条原则：共和主义、民族主义、平民主义、革命主义、世俗主义和国家主义，这六大原则于 1937 年 2 月写进土耳其新宪法第二条。这六大主义一直是土耳其政府贯穿

① 陈德成：《论中东民族主义》，《中国社会科学院研究生院学报》，1999 年第 6 期。

始终的指导思想，也可以说是土耳其共和国的官方政治意识形态。它们构成了土耳其实现政治和经济现代化的指导原则。

共和主义　这是政治现代化的一项基本内容。"它给苏丹和哈里发的崩溃及其权力为民族国家所取代提供了基础。"凯末尔提出共和主义的原则，目的在于在土耳其进行民族国家的构建和民主制度的建设。其要素包括：政体的共和制、政府的民族性、国家的人民性和权力来自政府自身。可见，共和主义的目标是要摧毁君主制度本身，并代之以共和制；与前政权相比，它较多地体现了民族的、人民的意志和利益。

土耳其之父：凯末尔

民族主义　民族主义是从泛突厥主义和伊斯兰主义收复失地的原则中分离出来的。民族主义内涵十分丰富。第一，它强调建立一个以土耳其民族为基础的地域性民族国家，并主张忠于土耳其，而不是忠于宗教和王朝，体现了其世俗性。第二，认为民族自决是天然合法的，民族的荣誉不容侵犯，民族的独立自由是土耳其人生存的前提。为了独立、自由、主权，必然坚决反对帝国主义的干涉、侵略和占领，并采取一切方式，直至武装斗争，用民族的鲜血，浇开民族自由、独立之花。第三，大力培养和提高土耳其民族意识。强调土耳其民族具有聪明才智和创造能力，在世界古代文明中起过重要作用，做出过重大贡献；倡导学习、研究和宣传土耳其的历史，进行土耳其文字改革，增强土耳其民族意识。第四，支持奥斯曼帝国各民族争取自决权的斗争，表现在坚决放弃泛伊斯兰主义和泛突厥主义。[1]

▶　▶　▶

① 伯纳德·刘易斯：《现代土耳其的兴起》，商务印书馆，1982，372 页。亦见昝涛：《现代国家与民族建构——20 世纪前期土耳其民族主义研究》，三联书店，2011。

平民主义 强调的是政府和人民相互之间的责任，以及在土耳其社会中阶级的消亡。其具体内容有：首先，强调人民主权；其次，人民平等。凯末尔否认土耳其有阶级存在，坚持所有的人都享有权利与权威，这一主张在 1924 年的宪法中得到了体现。第三，人民都要工作。凯末尔指出："'平民主义'是将社会秩序建立在工作和权利基础上的一种社会学说。"因此，所有人都要工作，也是平民主义的一个重要内容。

国家主义 主要内容是强调国家应该在经济生活中扮演重要角色，政府应该积极指导和参与经济活动。国家主义是在 1929 年提出的，其理论的支点是由国家干预经济。尽管当时也鼓励私人资本的发展，但是，国家主义加强了政府部门在工业化过程中的主导地位。因此，凯末尔的国家主义与自由放任主义相对应，"它是由土耳其自身需要所产生的制度，是土耳其所特有的制度"。可见，凯末尔的"国家主义"，实际上是具有社会主义因素的"国家资本主义"。

世俗主义 "世俗主义"是凯末尔主义中最具革命性、也最有争议的原则。它主要强调宗教与政治分离、宗教与司法分离、宗教与教育分离，宗教仅是私人信仰问题。早在 1907 年，凯末尔就提出"宗教事务应与国家事务分开"，反对宗教干预政治事务。建国后，凯末尔首先废除了苏丹和哈里发，接着又对司法、教育与宗教的分离采取坚决措施：撤销宗教与教产事务部，将全部宗教学校停办，废除沙里亚法和宗教法庭，而代之以一系列以西方法典为蓝本的新法和世俗法院；1928 年土耳其宪法中删去了伊斯兰教为国教的条文，又废除了多妻制和休妻制，提高了妇女的地位。接着，世俗化改革又由政治领域向日常生活领域推进，典型的措施是以欧式服饰代替土耳其民族服饰。但是，需要指出的是，凯末尔的世俗改革，在宗教问题上主要表现为政教分离，而不是无神论。凯末尔世俗改革的目的不是消灭伊斯兰教，而是要使它同政权相分离，停止宗教及宗教人士在政治、社会及文化事业中所具有的权力，使他们的权力仅以有关信仰及礼拜方面的事务为限。

革命主义 也有人称为"改革主义"。在六大原则中，这是最模糊的原则。有人认为基本上可以把它看作是凯末尔改革的一个总结。它强调捍卫革命原则，提倡改革，反对盲目保守、满足现状和听天由命，反对停滞和倒退，主张学习现代西方

土耳其伊斯坦布尔

社会的文明，抛弃东方过时的、落后的社会文明。①

　　凯末尔主义的六项原则从政治、经济、宗教、思想等方面对土耳其国家的发展

▶ ▶ ▶ ─────────────────────────────

① 以上有关六项原则的内容和论述主要参考陈德成，前引文。

目标作了规定。整体上来讲，这六项原则涉及了国家建设和民族发展的各个主要方面，也可以说是一个系统的纲领。此外，凯末尔主义具有双重性，一方面它为土耳其今后的发展规定了一个既定的、不可逆转的方向，另一方面这些原则又都具有弹性，它可以合法地进行争论。或许就世俗主义而言，我们有更多的话可以说，按照有的学者的总结，"世俗主义只有在它成为个人精神的一部分时才能有成效，才能取得成功。它假定人视自己为民族国家的公民而不是传统社区的一员。它意味着把宗教放在个人与上帝直接交流的层面上而不得干扰社会生活。它意味着信仰是宗教行为，宗教似乎是行为的道德规范而不是社会、经济和政治组织的制度。它意味着在公民层面上的与不信教或信其他宗教的人的最终的和平相处"。[①] 有兴趣的人可以深入检讨一下土耳其在这个层面上的成果如何。无论如何，在凯末尔主义的指导下，土耳其的现代化取得了令人刮目的成就。直到 70 年代初，土耳其的经济发展得一直比较顺利。在这半个世纪里，土耳其实行的是进口替代工业化发展战略。有人计算过，按照 1968 年不变价格计算，1963—1976 年土耳其国内生产总值年均增长率高于 7%，基础工业和消费品工业基本实现了自给自足。

纳赛尔主义与埃及　埃及早期就有穆罕默德·阿里改革，它可以看作是埃及现代化的开端。经过阿里的改革，埃及得到了飞速发展，很快成为奥斯曼帝国境内最强大、实际上已独立的省区。但是，阿里的改革被英国殖民主义者的入侵打断。埃及作为英国向地中海东部扩张的基地和通向海外东方殖民地的重要通道，1801 年就遭到英国的侵略，1882 年被英国武装占领，此后的埃及一直作为英国的殖民地存在了几十年的时间。1922 年，虽然英国被迫承认埃及为独立主权国家，但实际上仍保持着对埃及的殖民统治，并在 1936 年签订了奴役性的《英埃条约》，规定英国可以在苏伊士运河区驻扎军队，有权使用港口、机场等交通设施。英国垄断了埃及的棉花生产、收购和出口。1948—1952 年，埃及棉花种植面积占耕地面积的近三分之一，出口额占埃及总出口额的一半以上。埃及成了曼彻斯特纺织工业的棉花生产基地和商品的销售市场。二战后，埃及人民掀起了民族独立运动的新高潮。1952 年，以纳赛尔为首的埃及自由军官组织发动革命，推翻了法鲁克王朝，取得了反帝反封建的重大胜利。1956 年 7 月 26 日，纳赛尔宣布了运河国

▶　▶　▶　————————————————————————————

① Habib Boulares, *Islam: The Fear and the Hope*（《伊斯兰教：恐惧和希望》），London and New Jeresy: Zed Books Ltd, 1990, p. 87.

有化的法令。纳赛尔在反对殖民主义，建设埃及的过程中，形成了一系列重要的思想和主张，被称为"纳赛尔主义"，它的本质是包含着民主主义内容的民族主义。其主要内容是民族主义和社会主义。纳赛尔主义对埃及的现代化起了重要的指导、规范和促进作用。

纳赛尔的民族主义是在反对殖民主义、帝国主义压迫，争取民族解放和独立的过程中形成的，其核心是"消灭帝国主义""建立一个自由和公正的民族国家"。纳赛尔思想中最著名的是他的两种革命观，他曾说："世界上每个民族都经历两种革命：一种是政治革命，就是从一个强加在他们头上的暴君的统治下、或者从违反人民愿望而驻扎在祖国领土上的外国军队手中，恢复自己管理自己的权利。另一种是社会革命，在这种革命中各个阶级之间进行斗争；当正义在一个国家的公民之间占优势的时候，情况才能安定。"两种革命观是纳赛尔政治思想的重要内容，也是他的民族主义中的最重要思想。所谓政治革命，指的是对外反对帝国主义、殖民主义，对内推翻本国封建专制统治；所谓社会革命是指在埃及社会中实现公正和平等的民主革命。

纳赛尔的民族主义思想是一个比较完整的体系，他的首要原则便是争取民族独立和恢复民族尊严，使埃及人民摆脱殖民主义和帝国主义的压迫与奴役。纳赛尔在具体的实践中以军队为依靠力量，以两种革命观为理论指导，同时争取政治自由和经济自由，最终目标是要建立一个文明、富强、独立、自主的新埃及。

但是，重要的问题还在于，争取到民族独立和自由之后，埃及不会自然而然地就走上独立富强的道路。对于革命者而言，轰轰烈烈的斗争之后，等待他们的往往不是坐享革命胜利果实的欢欣，而是更为漫长和复杂的发展之路。在一个弱肉强食的世界上，国家也是不进则退的，发展不好还会葬送革命的胜利果实，前功尽弃。正所谓创业难，守业更难。正是基于这样的想法，纳赛尔提出了在埃及建立社会主义的主张。这是纳赛尔在1955年3月10日接见印度一家报纸的记者时首次提出的，同年，埃及执政党"民族联盟"在其纲领中提出了"社会主义"的构思设想：民族联盟致力于建设一个"合作的社会主义的阿拉伯社会"。同年12月5日，纳赛尔在埃及合作社第三次代表大会上正式宣布在全国建立一个"民主、合作的社会主义"社会。随后，在埃及报纸、政治书刊和领导人的许多演说中开始宣传纳赛尔社会主义思想。最后，纳赛尔在埃及确立了走社会主义道路、建立社会主义制度的目标。纳赛尔认为，社会主义是发展国家的唯一出路。他明确指出，社会主义是"导致经济和社会进步的唯一出路"。同时，纳赛尔把自己的理论普遍化，认为不发达国家消除落后的唯一方法就是实现社会主义。

纳赛尔对社会主义的目标提出了自己的看法。他认为，各种社会主义思潮均可简称为"富足"和"正义"两个词，即"建立一个富足和正义的社会，一个劳动和社会均等的社会，一个生产的社会和福利的社会"。按照纳赛尔的看法，"富足"指生产和发展；"正义"乃社会公正和分配公正。二者的关系相辅相成。没有富裕的正义意味着分配贫困，没有正义的富足意味着增加财富的集中。[①]

在所有制问题上，纳赛尔主张由人民控制一切生产资料，但不必废除私人所有制。但是，纳赛尔把私有制分为"剥削所有制"和"非剥削所有制"两种。这样，纳赛尔的理论便具有了"反剥削"色彩。在农业方面，则主张保留土地私有制，并且通过绝大多数雇农占有土地的权利来扩大这种所有制，通过农业合作来巩固这种所有制。

在阶级斗争问题上，纳赛尔主张以和平的方式——主要是解除其金钱和势力——来解决阶级斗争问题。而对"劳动人民力量"之间阶级差别采取"融化"的方式。

以上是纳赛尔社会主义的主要内容。从中我们可以看出纳赛尔的社会主义与我们通常所了解的马克思主义的科学社会主义有很大的不同。例如马克思主义规定土地国有化，而纳赛尔的社会主义相信在合作范围内的私人土地所有制；马克思主义主张消灭私有制，而纳赛尔相信私有制，但不相信剥削所有制；马克思主义主张用暴力手段消灭剥削阶级，纳赛尔则主张用和平方式解决一切问题。纳赛尔的社会主义不但在60年代的埃及是政治生活的指导原则，而且，受其影响，利比亚、苏丹、南也门也实行纳赛尔的社会主义，特别是利比亚，著名的卡扎菲将其发展为"世界第三理论"。[②]

纳赛尔在工业方面的改革可以分为四个阶段：1952—1956年是资本主义自由经营阶段；1957—1960年是"指导性资本主义"阶段；1961—1965年是"社会主义转变"阶段；1966—1970年是经济衰退阶段。在第一阶段，新政权基本上奉行

▶ ▶ ▶ ▬▬▬▬▬▬▬▬▬▬▬▬▬▬▬▬▬▬▬▬▬▬▬▬▬▬▬▬▬▬▬▬▬

① 参见杨灏城、江淳：《纳赛尔和萨达特时代的埃及》，商务印书馆，1987，91—92页。
② 有关纳赛尔社会主义的论述主要参考陈德成，前引文。

的是资本主义自由经济。他们对本国和外国资本寄予厚望，鼓励他们进行投资，保证他们的利益不受侵犯，并承诺国家不干预经济。50 年代末，政府对经济发展的策略开始调整，认为民族工业的发展不能听凭私人资本的自由发展，要在跟他们合作的同时，引进计划机制，利用国家机器发展国家资本主义。1957 年夏，工业部制订了第一个五年计划。这就到了"指导性资本主义"阶段。

60 年代初，随着工人问题、农民问题日趋严重，知识分子（特别是青年学生）要求改革社会经济状况的呼声日高，向往社会主义的潮流席卷亚非大陆。纳赛尔顺应时代潮流，决心对埃及社会进行改革。国家开始大规模地国有化和全面干预经济。到 1964 年年末，所有大企业和部分中型企业都国有化了。到 1966 年，公营企业产值占全国工业增加值的 64%，占 10 人以上工业企业增加值的 90%。其工人人数占全国工人的一半。私人资本的活动范围和投资方向受到了极大的限制。

巴列维王朝与伊朗　伊朗从 18 世纪中叶开始进入最黑暗的时期，内忧外患严重：内部王朝败落，境内各民族纷纷反抗中央政府；外部西方国家向伊朗推进，企图将它纳入各自的势力范围。19 世纪初以来，伊朗逐渐沦为英、俄的半殖民地。1907 年，英、俄两国终于签约瓜分伊朗，北部归俄国，南部成为英国的势力范围。19 世纪下半叶，西方思想在伊朗传播。这主要是通过在国外的留学生和旅欧侨民输入伊朗的。新思想中号召力最大的是民族主义和宪政主义。1891 年，伊朗爆发全国性反对烟草租让权的运动，抗议国王把烟草专卖权出让给一家英国公司。这次运动标志着伊朗民族主义的全面觉醒，运动的结果是迫使国王收回成命。后来又发生了宪政革命。但是，这些斗争并没有取得成功。1914 年爆发了第一次世界大战，交战的双方在"中立"的伊朗国土上作战，使伊朗陷入了深重的灾难之中。

一战后，英、俄（苏）继续在伊朗争夺控制权。在这种情况下出现了著名的礼萨汗夺权事件。1921 年，礼萨汗带领 2500 名骑兵进军德黑兰，一枪未发就接管了政权。1925 年，礼萨汗自封为王，成为巴列维王朝的开国君主。巴列维王朝的建立是伊朗现代化的一个新起点。礼萨汗成功地利用了正在兴起的民族情绪。从此伊朗踏上了振兴国家、走向现代化的道路。

但是，巴列维王朝是一个新兴的王朝，没有部族根基，其权力基础是以军队为核心的专制国家，其最初统治的合法性主要在于宪政主义、民族主义和现代化改革。礼萨汗只能一方面靠专制的王权强制推行现代化，另一方面又依靠传统势力来维持政权的稳定与合法。于是，伊朗传统的什叶派伊斯兰教作为国家的宗教被保留下来，不敢像邻邦土耳其那样，建立一个政教分离的世俗国家。

礼萨汗在位时，其主要精力放在巩固政权上，同时他还致力于发展国家经济。他采取了一系列措施稳定国家财政，包括回收关税权，取消外国银行的货币发行权，建立国家银行，实行外贸垄断等等。他还兴建了一批纺织厂、食品、原料加工等小型工厂，使伊朗有了自己的现代工业。他还兴修铁路和公路，使伊朗全国铁路由 250 公里达到 1938 年的 1700 多公里，包括著名的纵贯伊朗大铁道。公路 1900 年只有 1200 公里，而在 1923—1938 年间修筑的公路就达 2.1 万公里。另外，伊朗在礼萨汗执政期间，还铺设电话线 1 万多公里。[①]1925 年伊朗全国有不到 20 个现代工厂，1941 年达 346 个，并出现了一批现代城市。1940 年有 40—50 万工人，德黑兰的人口从 1922 年的 19.6 万人增长到 1941 年的 70 万人。1922 年伊朗共有学校 612 所，1940 年增加到 8237 所。

礼萨汗的经济发展计划被第二次世界大战所打断。1941 年亲德的礼萨汗被迫退位，其子穆罕默德·礼萨·巴列维登基。巴列维在位时曾大刀阔斧地进行了改革，致力于伊朗的现代化建设。

在政治思想上，巴列维坚持民族主义，在维护巴列维王朝最高利益的前提下，争取民族独立、民族统一和民族振兴。他说："我们积极的独立的民族政策是最大限度地保障我国政治和经济的独立。"他与大国进行周旋，采取反抗与妥协相结合的方针，保全了伊朗作为一个独立国家的地位。为了对付割据势力，保卫王朝的统一，他对内部割据势力采取了镇压和怀柔的两手政策，安抚本国的少数民族，以求国家的稳定。他认为，真正积极的民族主义必须包含有促进国家发展和进步的内容。因此，他在 20 世纪 60 年代后开始着手改变国家的贫穷落后面貌。

在改革上，巴列维倒向西方，坚持走西化的道路。冷战期间，他实行"一边倒"，亲美抗苏。巴列维认为美国人是可靠的，可以借助美国人的力量抵消苏联的威胁。20 世纪 50 年代，美国中央情报局帮助巴列维搞垮了摩撒台，使巴列维重新登上孔雀宝座，由是他对美国感恩戴德，把美国看作自己的靠山。他在位期间，访

▶ ▶ ▶ ─────────────────────────────

① Charles Issawi, "The Iranian Economy 1925-1975: Fifty Years of Economic Development", in George Lenczowskied, *Iran Under the Pahlavis*（《巴列维统治下的伊朗》），转引自钱乘旦：《论伊朗现代化的失误及其原因》，《世界历史》，1998 年第 3 期。

美 11 次，聘请了大量的美国军官当顾问，邀请美国经济专家做财政总监，并派出了大量的学生去美国留学，美国的商品也大量倾销伊朗。除了政治制度不变以外，他一心想学习西方，走资本主义道路。

战后初期的伊朗，基本上还处于从中世纪封建主义向资本主义过渡的最初阶段，社会经济处于极端落后的状态。

20 世纪 60 年代初，巴列维王朝想把伊朗建成世界强国，成为波斯湾的霸主，为此，他进行了一场所谓的"白色革命"，对伊朗的政治、经济、社会和文化进行了一系列大规模的改革。"白色革命"的六点纲领（后来扩展为十二点）中最重要的就是土地改革。巴列维说得很清楚，"白色革命"是针对地主阶级的，"权利应归全民，而不得为少数人所垄断"；大地主是"社会的寄生虫"，"作威作福的日子已经屈指可数了"。通过土改，地主阶级的政治势力被削弱，在议会中举足轻重的作用也丧失了。国王已完全控制了议会，大地主作为一支可以与国王抗衡的政治力量已退出政治舞台。最值得注意的是，土改方案最初提出时，议会曾两次加以否决，国王也两次解散议会，最后土改是在没有经过议会同意的情况下强制实行的。[①]

巴列维国王力主改革，学习西方，一手巩固专制统治，一手大力进行现代化建设，使得伊朗工业化、城市化进程大大加快。1963—1964 年，全国有企业、手工作坊等 11.2 万个，1974—1975 年增加到 23.5 万个，同期有工人 10 人以上的企业数由 3500 个增加到 6200 个。工业（包括石油）在国民生产总值中的比重上升，1959—1960 年为 27.5%，1971—1972 年上升为 43.1%。到 1976 年拥有 365 个城镇（每个城镇人口超过 5000 人），城市人口占全国总人口的 46%。1966—1976 年的 10 年间，全国就业人数由 700 多万人增加到近 880 万人，增长了 23.7%；城市就业人口由 260 多万人增加到 411 万多人，增长了 58%。在伊朗经济突飞猛进的同时，其世俗教育也蓬勃发展，1953—1954 学年，伊朗在校的大学生仅为 9996 人，1978—1979 学年为 17.5 万人；1956 年出国留学生为 2818 人，1978 年增到 8 万人；1963—1964 学年，中学生的人数为 36.9 万人，1978—1979 学年增为 83.1 万人。[②]

▶　▶　▶ ────────────────────────

① 参见张振国主编：《未成功的现代化》，北京大学出版社，1993，3 页。
② 参见冀开运：《论伊朗伊斯兰化和现代化》，《西北大学学报》，2000 年第 1 期。

沙特阿拉伯的改革 沙特阿拉伯的现代化改革也是在君主主导下进行的。1927年5月，英国同伊本·沙特签订了《吉达条约》，这标志着现代沙特阿拉伯新国家的诞生。建国初期，沙特在非世俗化思想指导下进行了改革，这是由沙特以宗教立国、用宗教维系政权的具体国情所决定的。但是，伊本·沙特提出了所谓开明的瓦哈比理论：对于任何新生事物，只要和伊斯兰教精神不相抵触，即便《古兰经》上没有明文规定，也可以接受。这就是说，伊本·沙特有一个美好的设想：既想利用西方的技术经验，又想保持纯粹的伊斯兰教原则，以创造一种既不同于西方又不同于东方的新文明。[①] 二战前，伊本·沙特改革在内政方面的主要内容有：改革和统一国家行政司法和税收制度，强化中央集权；引进先进的交通和通信设备，发展教育事业，促进经济发展和社会进步。尤其在发展现代世俗教育方面，伊本·沙特不畏阻力，聘请外籍教师，引进自然科学和外语、地理、绘画等现代教育课程。另外，他还向国外派遣了大量的留学生。战后，伊本·沙特继续他的改革，制订了经济发展计划，形成了战后沙特建设的热潮。基础设施得到优先重视和发展，铁路、公路和港口都得到了很大的改善。经济结构开始发生变化，以农牧业为主体的传统经济结构中出现了一些新兴的工商业和新的经营活动。尤其是在石油工业的刺激下，工商业迅速发展，各地商店林立，大企业和小工厂蓬勃发展。同时，农业也注入了现代化的活力，排灌系统的发展使得农作物面积不断扩大。

1953年伊本·沙特去世后，他的儿子继位。但是，由于他挥霍无度，治国无方，沙特财力枯竭，发展停滞，经济面临崩溃的边缘。于是，由他的同父异母兄弟费萨尔执掌国家大权。费萨尔是沙特王国现代史上一个杰出的人物，他曾经广泛接触现代社会和西方文明，具有强烈的改革思想和敏锐的洞察力。在他的主导下，沙特进行了新的改革：强化政府职能，明确政府各部门的责任和权限；努力根除政府贪污腐败现象；整理财政，清理债务；恢复同埃及的交往，挽回沙特在阿拉伯世界的影响。1962年，费萨尔颁布"十点纲领"，这是他的全面改革计划，集中反映了费萨尔顺应时代潮流，力主改革和发展的开明思想。

总之，在两次世界大战之间、尤其是战后，中东各国都进行了不同形式的现代化改革，这些改革的一个重要特点是其世俗性，它们都曾取得十分明显的成就。这

---

① 参见王铁铮、林松业：《中东国家通史·沙特阿拉伯卷》，商务印书馆，2000，115—116页。

也是 20 世纪 70 年代之前中东世界伊斯兰社会发展的主流。但是，70 年代后中东伊斯兰地区的现代化改革都不同程度地遇到了挫折。现代化本身对传统社会而言，是具有革命性的变革，不但在物质利益上冲击了传统势力，而且在价值观上与传统思想也有很多地方格格不入。在中东伊斯兰地区特殊的文化传统和历史背景下，现代化引起了广泛的争论，而且还带来了复杂的社会、政治问题，一场更为剧烈的运动也同时在现代化进程中酝酿和发展着。

第二节
伊斯兰复兴

如果说 20 世纪 70 年代以前，中东伊斯兰世界舞台上唱主角的是世俗主义的现代化，那么，从 70 年代末开始，当我们把目光再次投向这个地区的时候，却看到了不同的景象，伊斯兰的复兴成为世人瞩目的对象。伊斯兰教的复兴是战后以来中东地区发生的重要变化之一，中东所有国家都被卷入了这股潮流之中。

轰轰烈烈的伊斯兰复兴运动

1979 年 1 月 16 日午夜，伊朗国王巴列维携王后及少数随从悄然来到首都麦赫拉巴德机场，踏上他的价值 1 亿多美元的"猎鹰"波音 707 专机。巴列维神色黯然地走向驾驶室，自己驾机离开了伊朗。这位曾经以发动"国王与人民的革命"和推行超高速经济增长计划令全世界为之刮目的前波斯王国事业继承人，步其 1941 年被迫逊位的父王之后尘，从此走上了流亡异国他乡的不归之路。国王出走的消息传出后，伊朗顿时举国欢腾。2 月 1 日，霍梅尼结束了长达 14 年的流亡生活回到德黑兰，受到 300 万人的热烈欢迎。随后，一个以霍梅尼为首的伊斯兰革命委员会实际接管了伊朗国家的最高权力。

霍梅尼革命激起了反西方的游行

伊朗苦心经营几十年的现代化、世俗化进程,随着君主专制的垮台而中断;而一场反专制、反暴政的人民革命所带来的,是国家政治的神权化和社会生活的全面宗教化,这场伊斯兰复兴运动的主要内容有:(1)宣布伊朗为伊斯兰共和国,凡不赞成者都是"敌人"。(2)重新制定伊斯兰共和国宪法,确定伊斯兰教法是国家法律制度的基础,以伊斯兰准则治理国家,并宣布"一切民法、私法、行政、金融、经济、文化、军事、政治以及其他所有法规都必须建立在伊斯兰标准之上"。(3)在政治组织方面,霍梅尼设立了"革命法院",对所谓革命的敌人和尘世间的腐化者,给予无情的审判。(4)成立"革命卫队",卫队的全部成员来自社会下层的基要主义者,其使命是保卫伊斯兰革命的胜利成果和宗教领导集团的安全。(5)成立"伊斯兰共和国党",该党对内主张政教合一,实行伊斯兰神权统治,推行"百分之百的伊斯兰化",对外主张"不要东方,也不要西方"。(6)在社会生活当中,一切与西方和现代有关系的娱乐形式如电影、音乐统统禁止;大学在1980年统统关门以推行"伊斯兰文化革命";取消银行利息;农村土地改革停止;妇女必须戴面纱,商店不准卖东西给不戴面纱的妇女。(7)在意识形态方面,霍梅尼系统地提出了一整套"伊斯兰意识形态",强调伊斯兰的自足性、独立性和自我发展属性。他认为伊斯兰教是无所不包的宗教,它既是精神上的指导原则,又是社会政治理论。霍梅尼宣称:只有百分之百的伊斯兰才是应当追求的目标。"伊斯兰革命"既不是民主革命,也不是民族革命。它不分民族,没有国界。"我们必须努力向全世界输出我们的革命……因为伊斯兰不仅拒绝承认穆斯林国家之间有任何差别，而且认为它也是一切被压迫人民的倡导者。"（霍梅尼 1980 年 3 月讲话）

霍梅尼主张"输出伊斯兰革命"，号召全世界穆斯林起来推翻所有的世俗政权。为了"输出革命"，推翻一切邪恶的统治者，霍梅尼还号召"圣战"。在伊朗伊斯兰革命的影响下，伊斯兰基要主义的浪潮很快涌进了中东各国，引起了中东各国宗教传统势力的极大反响，也震撼了整个伊斯兰世界。从此，在中东的某些国家中，爆发了一系列带有宗教色彩的重大政治事件，它不仅给中东政治造成很大影响，也给国际政治带来了很大的冲击。

在沙特阿拉伯，发生了"麦加事件"。1979 年 11 月 20 日，也就是伊斯兰希吉拉历 1400 年的第一天，约 2000 名宗教武装分子占领了伊斯兰圣地麦加大清真寺，将 6000 名正在做礼拜的穆斯林扣为人质，宣称要恢复伊斯兰的"纯洁"，清除西方文化的影响。其目的是企图夺取政权，在沙特阿拉伯建立伊朗式的伊斯兰国家。沙特政府立即调集军队，包围了圣寺。直到 12 月 5 日，政府军才控制了局势。在战斗中约有 200 名武装分子被捕或被击毙，有 63 名被沙特政府判处死刑。

在叙利亚，基要主义组织"穆斯林兄弟会"在哈马市发动武装暴动，叙利亚政府派出大批部队，并出动飞机大炮等重型武器进行镇压。造成 3 万人死亡，许多人受伤，经济损失惨重。这就是著名的"哈马流血事件"。

在巴勒斯坦，影响最大的伊斯兰基要主义组织是"哈马斯"（阿拉伯文"伊斯兰抵抗运动"的字母缩写）。"哈马斯"深受伊朗宗教领袖霍梅尼理论的影响，要求穆斯林"返回伊斯兰"，完全按照伊斯兰教教规生活，用伊斯兰教的教法、教义来改造社会。"哈马斯"致力消灭犹太复国主义和以色列敌人，进行解放巴勒斯坦的"圣战"。它主张武装斗争，用武力消灭以色列，解放巴勒斯坦，因此，它反对任何形式的和平解决巴勒斯坦问题的谈判。巴勒斯坦与以色列签订和谈协议后，阿拉法特受到基要主义的严厉谴责，并被指责为"叛徒"。"哈马斯"的极端分子不断进行暗杀活动，这些都给巴勒斯坦问题的和平解决与中东和平进程造成了很大的影响。

在伊拉克，什叶派的伊斯兰基要主义组织得到了伊朗提供的经济援助和训练基地，自 1991 年以来，伊朗派遣大批流亡伊朗的伊拉克人回国组织暴动，支持什叶派夺权。1991 年春，伊拉克的基要主义组织趁萨达姆政权虚弱之时，乘机发动了叛

伊朗革命，反对法国大革命与俄国革命的传统

乱，这次叛乱虽被镇压下去了，但其威胁至今依然存在。

在约旦，伊斯兰基要主义组织"穆斯林兄弟会"在议会中获得了多数席位，基本上控制了议会。他们反对约旦政府参加中东和谈。1991 年 10 月初，50 名基要主义的议员联合要求约旦政府改组，迫使马斯里首相于同年 11 月下台。此后约旦"穆斯林兄弟会"不断深入社会各个阶层和不同领域，赢得更多的支持者和同情者，以便取得更大的成功。

在土耳其，伊斯兰基要主义组织要求"重返政权"，他们的势力越来越大，土耳其政府不得不做出一些让步：1982 年修改后的宪法规定，宗教课程必须是学校的必修课；1983 年祖国党大选胜利后，埃夫伦将军和厄扎尔总理都反复强调土耳其民族主义结构中宗教价值的重要性。土耳其的伊斯兰基要主义的核心组织"繁荣党"，活动频繁，影响很大。在 1996 年大选中，"繁荣党"获胜。

在科威特，基要主义组织"呼声党"与什叶派关系密切，多次对王室成员进行暗杀活动，企图推翻科威特的现政权。

　　在埃及，伊斯兰基要主义组织与世俗政权一直在进行着斗争。基要主义组织"穆斯林兄弟会"活动猖獗。1981 年 10 月 6 日萨达特总统在举行阅兵典礼时，被伊斯兰基要主义者刺杀。其他大小暴力事件和恐怖活动也很多。①

　　在黎巴嫩，70 年代什叶派的阿迈勒运动以什叶派的政治代言人自居，宣称"阿迈勒运动不是一个派别主义的运动，也不是慈善机构和宗教的引导者。它是被剥夺者的运动……站在受压迫者一方，战斗至最后"。它的具体主张是信仰真主与先知；致力于黎巴嫩人民的革命与自由；反对政治封建主义；建立本国的、符合伊斯兰原则的经济；提倡爱国主义、民族主义，反对外来干涉，维护国家主权和领土完整；反对帝国主义和犹太复国主义等。20 世纪 80 年代，黎巴嫩又建立了真主党，这是什叶派激进势力中最大的一个组织，它的政治目标是："消除美、法在黎巴嫩的影响；迫使以色列军队撤出黎巴嫩；宣判基督教长枪党在内战中的罪行；使黎巴嫩人民有选择政治制度的自由。"真主党的长远目标是使黎巴嫩成为真正的伊斯兰共和国，建立伊斯兰的统治。真主党既有公开的活动，又有半公开和秘密的活动：建立军事基地、发展民兵式武装、攻击以色列占领军；劫持客机，绑架人质，从事自杀式的攻击等恐怖活动。②

　　除上述国家外，在中东地区其他国家，伊斯兰基要主义组织也在进行着激烈的活动，展开了与世俗政权的斗争，不断煽起反政府的群众性的暴力行动。

现代化都市中的祈祷者

▶　▶　▶

① 以上各国的基要主义活动的内容参见王仲义：《伊斯兰原教旨主义的产生与发展及其对当代中东政治的影响》，《河北师范学院学报》，1996 年第 1 期。
② 王宇洁：《黎巴嫩政治中的什叶派因素》，《国际论坛》，2000 年第 5 期。

除了上述伊斯兰基要主义的民间宗教组织之外，从国家政治与宗教的关系方面来看，也出现了伊斯兰复兴的势头。战后比较长的一段时间内，伊斯兰国家大多奉行近似于政教分离的政策，宗教活动仅仅限制在私人生活的领域。但到了70年代，一些国家的传统宗教势力开始抬头，而一些国家对于传统宗教势力的抬头，不仅不给予抑制，反而采取了某种鼓励的政策。一些国家的政府在实施内外政策时，都大量使用伊斯兰教语言，以伊斯兰教为价值准则，并依靠宗教权威来维护其统治的合法性。一些国家的政府反对派也利用伊斯兰教来攻击和反对政府，争取人民的支持。

20世纪70年代以后，大多数伊斯兰国家开始推行泛伊斯兰运动，尤其是在对付以色列犹太复国主义的时候，更是如此。在1973年10月的第四次中东战争中，埃及和阿拉伯其他国家领导人都号召人民对以色列"魔鬼""举行圣战"。

1972年，利比亚政府根据《古兰经》里的律例颁布新法令，禁止在民商交易中收取利息。而同年10月，又重申了《古兰经》关于刑罚的规定，宣布通奸者将处以乱石击死的刑罚。

1977年，巴基斯坦政府实行"国家体制伊斯兰化"，内容包括：重建伊斯兰法庭，改组"伊斯兰意识形态咨询委员会"，严格按照伊斯兰教法对偷窃、私通、诬陷私通、酗酒等等实行处罚。埃及、科威特等国也都采取了旨在适当加强伊斯兰教法的地位和作用的措施。

此外，中东各国与宗教有关的活动日趋频繁。例如，在土耳其，1979年有30种200万册宗教出版物出版，1982年，这一数字达到53种570万册；《古兰经》学校的数量从1979—1980年的2610所增加到1988—1989年的4715所，在校学生人数由1980年的6.8万多人增加到1989年的15.5万多人；另外，神职人员、到麦加朝圣者的人数和清真寺的数量都在这一期间有了大幅度的增加。一年一度的麦加朝觐活动成了各国穆斯林相互交往的盛会，每年均有200多万人参加，场面十分宏伟壮观。一般的礼拜活动每天都有。礼拜时，银行、商店关门，学校停课，娱乐活动停止，男女青年穿起传统服装，与其他穆斯林一起涌向清真寺，清真寺里呼拜声不绝于耳。

在21世纪的头十年看伊斯兰复兴运动的发展，主要有两个问题值得关注。一是2001年的"9·11"恐怖袭击，本·拉登领导的全球恐怖主义力量袭击了美国也是全球资本主义的心脏，这代表着假伊斯兰之名的恐怖主义达到了一个顶峰，但之后随着美国发动一系列反恐战争，尤其是十年后本·拉登被击毙，这股恐怖主义的浪潮有所平息。二是 2010 年底被称为"阿拉伯之春"的革命浪潮席卷主要阿拉伯国家，已经温和化的穆斯林兄弟会在埃及通过民主选举的途径合法掌权，引发了世人对伊斯兰复兴运动的更大关注。

从全球范围来看，当代历史上的伊斯兰复兴运动的发展大致经历了两个阶段。在第一阶段，1979 年的伊朗伊斯兰革命是其顶峰，在整个 1980 年代，伊朗为伊斯兰化创造了一个模式，该时期的特征是："主要由革命的、好战的基要主义者界定了伊斯兰的公共行动。"第二阶段的出现以冷战的结束以及全球化的迅速发展为背景，其特征是行动的主体有所改变，与第一阶段相反，在第二阶段，新的社会团体，如穆斯林知识分子、文化精英、企业家以及中产阶级，更多地界定了伊斯兰的公共形象，他们以改革主义为其思考和行动的指南，将伊斯兰主义运动与现代世俗教育、市场价值以及政治理念相结合。他们的意图是调和伊斯兰与现代性，既认识到伊斯兰的差异性，又接受某种现代性，他们对伊斯兰基要主义者所提出的那种乌托邦式的方案不满。可见，第一波伊斯兰主义坚持一种反体制的立场和僵化的意识形态；第二阶段，则是在全球化的时代背景下，穆斯林对现代生活的主动把握。在这个阶段，激进主义日益以恐怖主义行动的方式来显示自身的存在。[①]

综上所述，伊斯兰复兴主义运动已成为当代中东一股波涛汹涌的潮流，大规模的温和化与少数人的激进主义齐头并进，给中东各国乃至世界政治带来了巨大的影响。虽然中东各国伊斯兰复兴的背景、规模及其活动方式不尽相同，但在反对极端的世俗化、复兴伊斯兰价值，尤其是推翻专制政权等方面几乎都是一致的。伊斯兰复兴运动支配着该地区的政治和社会形势，成为该地区许多国家政治生活的重要因素。

伊斯兰复兴运动的真相与原因

何谓伊斯兰复兴运动？　轰轰烈烈的伊斯兰复兴运动，是伊斯兰世界自 20 世纪 60 年代末叶以来普遍出现的一种社会和政治现象。伊斯兰复兴运动对当代中东

▶ ▶ ▶ ────────────────────────

[①] Nilufer Gole, Ludwig Ammann, *Islam in Public: Turkey, Iran and Europe*, Istanbul Bilgi University Press, 2006, p. 4.

社会乃至整个世界都有着深刻而持久的影响。上述那些突如其来的伊斯兰复兴事件都是在伊斯兰口号下进行、在伊斯兰旗帜下发生的。不仅发生的地域几乎全在中东地区，而且时间也都集中在70年代末和80年代初。这样一个重要的国际现象，引起了人们的广泛关注。许多学者从不同角度和层面对这一现象进行了分析。对于伊斯兰复兴运动的研究，国内外已经有了大量的成果，但是，对于伊斯兰教复兴的认识和定性，长期以来却存在着很大的争议，并没有一个统一的认识。在这些争议中，最主要的莫过于围绕伊斯兰基要主义所进行的争论。

有人把伊斯兰运动笼统地叫作"基要主义"（fundamentalism）的复兴。"伊斯兰基要主义"作为一个标签，其应用已经十分广泛，尤其是在媒体上，而且它还在日益地向学术领域渗透。我们知道，在西方学术界，Fundamentalism一词是用来形容相信《圣经》中传统基督教信仰运动的。按照《牛津英语词典》的定义，"基要主义"的含义是"严格的遵奉基督教信仰中原初的、根本的、正统的信条"。《韦伯斯特英语词典》称"基要主义是一场运动，它强调在字面意义上严格遵守一系列基督教信仰的基本原则"。"基要主义"这一概念，究其根源来自美国，指19世纪某一基督教团体为反对现代化而提出的一系列的反潮流主张。此后，凡激烈反对现代化、世俗化的宗教运动，无论是在西方或东方均称其为"基要主义"，用以区别政治上的复辟运动。20世纪60年代，当伊斯兰势力在阿拉伯世界逐渐形成一场社会运动时，西方学术界中的很多人便将"基要主义"这个术语加给了伊斯兰运动。美国著名的中东史学家卡尔帕特在谈论伊斯兰基要主义的定义时说："伊斯兰基要主义用最简单的定义来表达，是指首先回归到《古兰经》和《圣训》，以组织与调节穆斯林个人和集体生活。这一看法的含义是，任何的信仰、态度、制度和活动凡是同宗教法律不一致的都必须放弃和改变。"[①]

征诸史实，"基要主义"主张返回伊斯兰教的原初教旨，否认现存社会与政治制度的合法性，要求改变伊斯兰国家在社会、经济、政治、文化等方面被认为是背离传统的种种做法，变革现存世俗秩序，建立由宗教领袖或教法学者统治的、以"沙里亚法"（伊斯兰教法）为基础的伊斯兰国家、伊斯兰社会和伊斯兰秩序。这种伊斯兰主义具有强烈的排外倾向，其目的在于争夺政权，通过动员普通的穆斯林，

▶ ▶ ▶ ────────────────────────

① 凯马尔·H.卡尔帕特编：《当代中东的政治和社会思潮》，陈和丰等译，中国社会科学出版社，1992，610页。

运用各种手段，包括合法的、公开的群众斗争或非法的秘密团体斗争（如恐怖活动、暴力事件）等，打击或削弱现政权。

有的学者把发生在中东地区的这场运动叫作"伊斯兰复兴主义"，或者"伊斯兰复兴运动"。他们对"伊斯兰复兴运动"作了如下定义："伊斯兰复兴运动是以穆斯林为主体的，以反对西方的物质与精神（文化的）冲击、重建穆斯林文化认同、确保穆斯林社会在伊斯兰属性下独立发展为基本目标，甚至不惜以任何方式实现上述目标的一场社会运动。"[1]

不过，已经有学者深刻地指出，"基要主义"这个术语很难成为一个概念，一方面是因为它被媒体带偏见地使用了，另一方面还因为它和极端主义与狂热主义有着广泛的联系。这一术语使人产生一种错误印象，即认为伊斯兰世界存在一种统一的、单独的运动。更重要的是，这一术语是从基督教文本中借用来的，它被应用于伊斯兰教，并没有对两种不同宗教语境的区别和特性分别进行应有的恰当评价。我国学者吴云贵先生指出："从分析、研究的观点出发，我们不妨沿用'伊斯兰复兴'来描述本世纪（20世纪）70年代以来部分传统上以伊斯兰教为国教或居民的主要宗教信仰的国家里在宗教社会思潮、社会运动方面出现的一系列明显的变化和趋向。"[2] 吴先生对"复兴"进行了界定，他说，复兴是指"同战后民族主义、伊斯兰主义、伊斯兰现代主义思潮居主导地位的五六十年代相比，传统宗教观念、宗教形式、宗教感情、宗教价值一定程度的回升和强调。也就是说，在现代宗教思潮与传统宗教思潮的冲突、对抗中，出现了明显的此消彼长的新趋向"。从这一视角来看，伊斯兰复兴具有十分广阔的内容，基要主义只是伊斯兰复兴的诸多形式中的一种而已，并非伊斯兰复兴运动的全部内容。由于它的活动的激进性和更强的反抗性，因此，它所造成的影响更加广泛，从而更加引人注目。除了伊斯兰基要主义之外，还有各种形式的伊斯兰复兴，有温和的，有公开的和秘密的，有现代主义的，也有复古主义的，温和派主张在法律允许的限度内开展各种社会、文化、政治活动，希望通过政治参与来影响政府的决策，以渐进的方式使政治进程朝着有利于其政治目标的方向前进。

▶ ▶ ▶ ─────────────────────────────

[1] 刘靖华、东方晓：《现代政治与伊斯兰教》，社会科学文献出版社，2000，273页。
[2] 吴云贵：《当代伊斯兰复兴之浅见》，《世界宗教资料》，1987年第2期。

伊斯兰复兴的原因 （1）现代化的影响

伊斯兰复兴运动的出现与发展并非偶然，有着多方面的原因。其中最直接的原因便是现代化运动在中东地区遭受了挫折，或者说中东地区的现代化给中东社会带来了大量的问题。

在上面的叙述中，我们把中东现代化道路粗略地分为了社会主义和资本主义两大类型。无论是社会主义旗帜下的改革，还是资本主义西方化的改革，其中都涉及土地改革的问题。这些土地改革，虽然取得了一定的成效，但是，由改革而带来的问题也是很大的，而农村在中东地区又往往是传统伊斯兰信仰比较稳固的地方，"三农"问题解决不好，社会就要出乱子。

1953—1970年，埃及进行了两次土地改革，全国一共分配土地81.7万多费丹，占全国耕地面积的12.5%，受益者达34.2万户。然而占土地不足1费丹的农民其总数仍多达81.5%，大多数地主占有土地的最高限额达100费丹。这些数据说明，埃及社会的贫富悬殊和两极分化程度是惊人的。

在伊朗，巴列维的"白色革命"就是以土地改革为主要内容逐步展开的。土改虽然限制了个人最多可拥有的土地量，大大减少了地主拥有的可耕地，削弱了他们在乡村的经济实力。但是，土改并没有更公平地分配土地，没有体现符合伊朗农村社会特点的"耕者有其田"的土改精神。土地的再分配基于不触动大地主的经济利益这一前提，对农民只做了部分的让步。土改后大小地主拥有全国可耕地的一半以上（约62%）。据考察，维持一个五口之家的生活，按照最低标准，需耕作3.5公顷土地，其中2公顷种麦子，在风调雨顺的情况下，可以生产一年四季所需的面粉，剩余的土地种植经济作物，换取布匹、茶叶、糖等生活用品。再有每年还需3.5公顷的土地休耕。因此，自给自足所需的耕地应为7公顷。当然，各地区还存在着一定的差异。但是，这个数据基本上是平均的水平。土改以后，至少75%的自耕农在土改中所获土地量低于7公顷，除去休耕地，每年只能耕种不足3.5公顷土地，无法维持家庭最基本的开支。这样，他们为了生存还得去给地主帮工或去外地干活，忍受别人的剥削。国家在分配土地的过程中，开始时是有偿分配给农民一部分土地，但随后政府就放手不管了。获得小块土地的农户，要以年租10—12倍偿付地价，因而背上了沉重的债务。此外，种子、农具、水源仍在地方寺院的手里。农民因缺少资金、技术，生产方式落后，生活继续贫困化，对土改的态度也就逐渐变为失望和不满。而且，土改后比土改前更加缺粮。1973 年与 1969 年相比，进口农产品剧增，到 1974 年时，仅小麦进口就达 250 万吨。

这些情况与广大农民的期望值相距太远，因而引起了他们强烈的不满。相应地，除农民外的社会其他阶层中也存在不满的情绪。

现代中东社会正在由传统的农业社会向现代工业社会转变，这一转变过程以城市化和工业化的迅速发展为特征，由此引起了社会结构的急剧变化，其中最重要的就是农村人口向城市的大量转移。涌进城市的农村人口处在城市的最下层，他们居住在贫民区，经常面临着失业的威胁，这种状况和他们进入城市前的满怀希望极不相符；加之经常会受到不公正的待遇，精神生活又很贫乏，因此，他们有时会陷入极度的失望中。他们不但想表达自己对现状的不满，也需要公正的待遇，寻找心灵的慰藉。这时，他们很自然地会将自己所保留着的浓厚的传统伊斯兰教价值观，作为表达政治和经济要求的工具。

在土耳其，二战以来，多次遭受经济危机和经济衰退的困扰，引发了众多的社会问题，诸如两极分化的加剧、西方生活方式和价值观的盛行、社会腐败日盛、犯罪率增加等。从 70 年代起土耳其的经济状况急剧恶化。1971 年，土耳其通货膨胀率突破了一位数，1980 年竟高达 110%。国际收支早在 1974 年就出现了逆差。经济增长率也开始急剧下降，1980 年降为 −1.1%。这引起了失业率的急剧上升。1994 年，土耳其出现了严重的经济危机，国民生产总值下降 4%，这一年失业人数达到 60 万人。贫富分化和贫富悬殊现象更为严重，1987 年土耳其生活在贫困线以下的人口为 750 万人，1994 年上升到 1000 万人。[①] 面对这一系列社会问题，人们开始思考西化的道路是否适合土耳其，现代化是否一定要牺牲伊斯兰教，伊斯兰教能否适应现代化的发展等问题。尤其是广大手工业者和小商人面临着日益激烈的竞争环境，每次经济形势的恶化都导致他们破产，贫富差距日益扩大。于是他们将目光转向伊斯兰教，一方面将宗教当成他们的精神慰藉，另一方面把宗教当成他们的斗争武器。

伊朗的高速工业化给城市下层人民也带来了灾难。1974 年的调查显示，73% 的工人收入低于最低生活水准。1977 年，伊朗有 400 万工人，除了少数企业里的技术工人，绝大多数收入微薄：四口之家平均日收入 55—204 里亚尔，而一公斤米和肉

---

① 陈德成：《土耳其繁荣党的伊斯兰民族主义初探》，《西亚非洲》，1996 年第 4 期。

分别卖到 90 里亚尔和 220—250 里亚尔，一间房租金每日 100 里亚尔，众多工人只好全家住贫民窟。大批农民进城，扩大了产业后备军队伍，加之连年的通货膨胀，使工人处境更加恶化。工人不断地罢工和示威，失业大军成为反巴列维的重要力量。

中东国家的现代化大都具有下面两个特点：

第一，迟发 – 外诱性。中东地区向现代社会的过渡始于 20 世纪土耳其革命和凯末尔改革。第二次世界大战后中东各国开始了向现代社会的过渡。但是，这种过渡不是自然的、内生的过程，而是在外部因素冲击下为摆脱落后而被迫进行的。

第二，政治变革引导经济变革。中东国家的现代化进程基本上都是先进行政治革命，在夺得了政权，取得民族独立，争取到了一个独立自主发展的条件以后，才进行经济变革，通过经济变革巩固政治变革的成果。对独立后的中东各国而言，经济变革是刻不容缓的，多数国家把工业化作为现代化的核心，自上而下实行"强制赶超"型工业化发展战略。[①]

这两个特点决定了中东国家的现代化，一般来说，要靠强力来推行，由一些所谓的"克里斯玛"式的领袖人物（具有超凡魅力的领导人）所领导。这样的现代化无论是所谓社会主义，还是所谓资本主义，都难免具有专制主义的特色。没有强权的保证，现代化就没有办法推行，这也是中东现代化的一个无法摆脱的悖论。在这些"克里斯玛"式的领袖人物周围一般都有一个特权阶层，这个特权阶层是领导推行国家现代化的中坚力量。如以纳赛尔为中心的自由军官便是埃及社会发展政策的制定者和执行者，同时又是既得利益者。纳赛尔本人出身于军人，它坚信"军人精英"的力量，认为"军人精英"是埃及职业阶层、知识分子、技术专家等中产阶级的"集中代表"。但是，纳赛尔的这一主观认识与埃及的社会现实是不相符合的，因为，在埃及社会中，22% 的人属于社会的上层，有 70% 的人处在社会的下层，真正的"中产阶级"只有 7.9%。

军人精英是一个特权阶层，他们不需要直接占有生产资料，他们握有领导权和决策权，在所辖部门拥有几乎不受制约的权力，他们有权决定生产、销售和分配的方针，决定人员的调动和升迁。天长日久，他们的思想和心态渐渐发生变化，日

---

① 王林聪：《当代中东社会变迁中的伊斯兰主义》，《宁夏社会科学》，1996 年第 5 期。

趋官僚化和资产阶级化。这些人不但拥有高位和厚禄，而且还贪污腐败，进行权钱交易，造成了很坏的社会影响，引起了人民的不满和抱怨。这种情况在伊朗也很明显。"白色革命"的真正受益者只是掌握政权的王室和高层文武官僚等极少数人。巴列维家族富甲天下，王族成员总共 63 人，却在瑞士银行有数十亿美元的存款。国王本人也挥金如土、穷奢极欲。首相和各级官僚，想方设法为自己捞钱，除公开的合法收入外，还在各大公司和政府机关设立秘密预算，日常生活的奢侈甚至发展到"从荷兰买花，从法国买香水，从东地中海购买野味，从非洲购买水果"的地步。这些与广大人民的贫困形成了鲜明的对比，更激起了各个社会阶层的民众对现实的不满。

在沙特阿拉伯，70 年代以来，伴随着石油经济的繁荣，发生了急剧的社会变化。贫富分化和社会不公正现象日趋严重，统治阶级上层普遍出现了腐化堕落的现象，大量的石油财富落入王室家族、新生贵族和新暴发户手中。广大的穆斯林群众没有得到什么实惠，这与伊斯兰教义所倡导的"均贫富"思想形成明显反差。因此，他们对当权者产生了强烈的不满，并渴望按照伊斯兰教平均主义的原则，重新分配社会财富。

在黎巴嫩，1943 年独立后，按照教派主义原则进行了国家权力的分配，什叶派处于无权的地位。六七十年代，黎巴嫩社会经济发展很快，但贫富悬殊却日趋严重。政治上的有权派为自己捞取了大量的利益，加剧了社会分化。居住在黎巴嫩南部农业区的什叶派生活非常艰难，加上政府投入又少，条件很艰苦。随着城市化的发展，许多的什叶派穆斯林开始进城谋生，他们去的城市主要是贝鲁特。城市是富人的天堂，穷人的地狱，而且贝鲁特又是美欧势力的中心，很多什叶派穆斯林在城里处于贫困者和无产者的地位。失业、失学、贫穷、疾病时刻威胁着他们，他们的境遇非常艰难，被掠夺的屈辱感十分强烈。这就为狂热思想的发展提供了条件。

现代化最大的特点是其世俗性。世俗主义与传统的伊斯兰主义这对矛盾是由两者的性质所决定的，无论是在政治上、经济利益上，还是在思想上，他们的矛盾都是水火不相容、势不两立的。现代主义与传统思想在思想观念上的冲突是伊斯兰复兴的另一个重要原因。

现代化过程本身也是一个世俗化的过程，在这一过程中，中东各国以民族主义为指导，主张建立国家、民族利益至上的现代民族国家，而不是宗教或教权主宰一

教育伊斯兰妇女：
也门共和国的成人
教育班（1983年）

切的神权政体。这主要表现在：一方面，国家实行代议制，宗教人士不可以参政，即便参政也不占主要席位；另一方面，推行政教分离，实行世俗法律，伊斯兰教教法仅为"私法"。对于宗教，中东各国虽然都采取了不同的保护措施，但是，基本上都是把宗教限制在私人生活的领域。

世俗主义与传统的伊斯兰主义在如何治理国家这个根本问题上存在着严重的分歧：

①关于国家体制。伊斯兰传统派强调国家体制伊斯兰化，希望建立以伊斯兰教为基础的神权国家，认为任何世俗化倾向都是违反《古兰经》的，都会破坏穆斯林的统一，使其成为西方的牺牲品。而世俗民族主义主张政教分离，认为信仰伊斯兰教是个人的私事，用萨达特的话说："宗教中不要政治，政治中也不要宗教。"

②关于法律依据。传统伊斯兰主义认为，当代伊斯兰之所以处于困境，其根本的原因在于世俗法律取代了伊斯兰教教法，因此他们坚持以伊斯兰教教法取代世俗民族主义国家的刑法、民法等各种法律。

③关于领导人的来源。伊斯兰传统派认为，只有掌握伊斯兰教教法全面知识的教法学者才能有领导"乌玛"的权力。但在世俗民族主义国家中，掌控国家机器的大多是西方化的上层人物。他们的西方背景也是遭到伊斯兰民族主义反对的一个重要原因。

现代化的推行和急剧的社会变化加速了中东传统社会结构的裂变。一方面，传统势力特别是乌莱玛阶层日渐被排斥在政治结构的边缘，他们的利益受到了威胁。例如，巴列维的"白色革命"使拥有全国农村三分之一左右土地的清真寺和宗教机构遭受到了巨大的损失。巴列维政府加强城镇和农村基层政权建设的措施，和严禁毛拉集团参与政府管理的规定，极大地削弱了毛拉的权力。这是宗教势力反对巴列维的一个直接原因。另一方面，传统手工业、农业的衰落造成了大批破产的农民和城市贫民，他们由于缺乏知识、技术和资金而处于社会的底层。当经济状况进一步恶化、政治腐败加深、两极分化日趋严重时，社会矛盾便空前激化，社会对现实的愤懑逐渐转向对现政权合法性的质疑，从而给广泛兴起的宗教复兴运动注入了更多的政治性祈求，汇聚成大规模的社会政治运动，基要主义者则更是积极问鼎政权。

传统的穆斯林学者认为，西方化模式已经失败。"不管我们是根据这些试验所产生的物质成果，还是根据随之而来的道德沦丧、社会弊端和心理冲击来加以判断，穆斯林大众都已深切地感到，西方化的试验已经彻底失败了。它的两种变异形式——资本主义和社会主义，都已作了尝试，但是毫无建树。""如果西方化试验不能达到这一目标（以力量赢得自由；凭荣誉争取友谊，在不依赖于他人的前提下寻求合作——笔者），下一步该怎么办？伊斯兰教运动代表了这样一种可供选择的答案。"[1]

在穆斯林社会，现代化的意识形态很难整合伊斯兰教早已形成了的一以贯之的文化认同和合法性基础。现代化进程一方面可以削弱宗教传统的影响力，另一方面也可能激起宗教传统的复兴。

为促进社会经济发展，战后伊斯兰国家大多制订了国民经济与社会发展计划，不同程度地实行了包括土地改革、企业国有化、引进外国资本和技术设备等在内的一系列经济体制调整。在这一调整过程中，封建的自然经济受到冲击。所有这些，在伊斯兰主义看来都是与传统的伊斯兰教思想相违背的。

现代化的改革大多实行现代商品经济，现代商品经济思想冲击了传统的伊斯兰教宗教思想。伊斯兰教的经济思想是比较独特的，例如它禁止收取利息，实行天课制、宗教基金制，主张平分财富等。按照《古兰经》的原则，穆斯林不得取利，因

▶　▶　▶　──────────────────────────────

① 胡尔希德·埃哈迈德：《伊斯兰教复兴的性质》，《世界宗教资料》，1986 年第 1 期。

尽管被要求成为传统的穆斯林妇女，伊朗妇女依然参加各种社会活动，图为参加自行车运动的伊朗妇女

此利息被视为不劳而获的收入。这就与西方的银行制度发生了冲突。所以，自70年代以来，伊斯兰银行在中东发展很快。伊斯兰银行在进行借贷和投资业务时没有利息往来，而是采用诸如盈亏分摊制、加价借贷制、收取手续费等结算方式进行结算。这种银行的出现受到了广大穆斯林的欢迎。在教育方面，现代国家为了现代化的需要以现代教育取代了传统的宗教教育，这也引起了传统伊斯兰学者的不满。

伊斯兰学者还从社会道德的纯化角度论证他们的观点。例如在对待妇女戴面纱的问题上，他们认为，西方殖民主义的文化侵略和影响，正在瓦解和破坏伊斯兰教的文化基础；西方文化把妇女当作装饰品和玩物，让妇女揭掉面纱、炫耀美色，宣传男女性自由和非婚同居，造成家庭破裂和社会混乱。伊斯兰教规定妇女戴面纱和身着伊斯兰教服饰，不是束缚妇女，而是解放妇女，使人们摆脱欲望的驱使，保持心灵与道德的纯洁，从而具有人的尊严和价值。传统伊斯兰思想与现代世俗的西方思想有着不同的价值判断，因此，在很多方面是互相冲突的。

可见，近代以来，伊斯兰传统势力与世俗的民族主义之间一直有着不可跨越的鸿沟和不可调和的矛盾。世俗主义所坚持和实行的诸多原则和传统的伊斯兰精神都是相悖的。因此，当世俗化进程出现问题和漏洞，给社会带来与传统伊斯兰精神相违背的文化与习俗时，伊斯兰传统势力便相机而动，以伊斯兰为旗帜，表达他们的不满，宣扬他们的政治理想，并努力付诸实施。所以，世俗的现代化运动出现的挫折和随着现代化的深入而引发的社会、文化方面的各种问题是伊斯兰复兴的直接原因。

(2) 历史寻根

从历史的长时段来看，伊斯兰复兴又是一个持续的过程，在中东伊斯兰历史的各个阶段，"这就像一条不断的线一样时隐时现。当社会的发展未能危及原有的价值准则和道德伦理体系时，伊斯兰主义就处于'隐'的状态，即不表现为社会群众运动；而当社会变革的外来文化的冲击侵蚀穆斯林固有的价值系统，致使道德颓废和社会失范时，伊斯兰教便会展现其威力，重整社会秩序，重建伦理道德，处于'现'的状态"。[①]另外，征诸史实，我们看到，伊斯兰教在历史上常常处于被压制的状态，尤其是在现代社会世俗势力占主导的时候，情况更是如此。而当社会问题骤增，人民无法忍受而政府又无力解决，伊斯兰新一轮的力量积聚到一定程度的时候，伊斯兰复兴运动便会以强大的势头爆发。

作为伊斯兰复兴运动的一支，伊斯兰基要主义运动始于18世纪中叶的阿拉伯半岛。它主张反抗奥斯曼帝国对阿拉伯半岛的统治，反对外族对阿拉伯人的压迫和对伊斯兰教义的篡改，提出了实现"伊斯兰化"的口号，这一时期的基要主义被称为近代基要主义。近代基要主义的创始人是沙特阿拉伯人穆罕默德·伊本·阿布杜勒·瓦哈布，他主张严格信奉一神论，反对一切脱离《古兰经》和《圣训》的宗教仪式与行动，要求按照字面意义来解释《古兰经》和《圣训》，否认人与安拉之间有"中介"的说教。他谴责相信吉日、厄运和占卜等思想，要求恢复伊斯兰教早年的教义。在日常生活中，禁止饮酒、吸烟、跳舞和赌博，甚至禁止穿着绸缎和佩戴装饰品，所以，瓦哈布的基要主义被称作"伊斯兰教的清教派"。[②]

瓦哈布的传教活动，得到了半岛上沙特家族的支持，并且很快形成了一个新的教派——"瓦哈比教派"（这是其反对派根据其创始人瓦哈布的名字而对他们所作的称呼）。19世纪初，瓦哈比教派曾一度在阿拉伯半岛得势，于1801—1804年占领卡尔巴拉，攻克麦加和麦地那，1811年在内志（在今沙特阿拉伯境内）建立了瓦哈比国家。1818年被埃及总督穆罕默德·阿里打败，不久又重新兴起。1901年伊本·沙特继任为内志王国的艾米尔（国家元首），1924年合并汉志，1932年定国名

① 刘靖华、东方晓，前引书，274—275 页。
② 陈嘉厚主编：《现代伊斯兰主义》，经济日报出版社，1998 年第 1 版，98 页。

为沙特阿拉伯王国，并在政治、宗教方面进行改革，奉行瓦哈比派教义，并成为瓦哈比派的宗教领袖。

从传统意义上讲，伊斯兰教具有双重功能：作为信仰体系，具有净化灵魂的作用；作为政治制度，又具有改造社会的作用。因此，也可以说，伊斯兰教是政治性的宗教。现实世界的政治追求是伊斯兰教的重要特征。在伊斯兰教中，一个最大的特点是宗教与政治相互作用。伊斯兰教对于政治权力的关切，早在先知时代就已经开始。先知穆罕默德，他的目标是在自己教义的指导下建立一个强大的国家。也就是说，穆罕默德的理想不仅在于为人们"空幻的玄想"提供一个精神的天国，更重要的是运用宗教以建立国家。通过"天启"（指穆罕默德在希拉山受真主的降示）、宣教和希吉拉（意思是迁徙，指穆罕默德公元622年9月由麦加迁往麦地那），穆罕默德以伊斯兰教为精神和政治认同建立起了伊斯兰社团。后来，穆罕默德又在麦地那建立了宗教政治实体，这样，伊斯兰的政治理论，特别是伊斯兰政府的思想和法律体系就逐渐形成了。这种宗教与政治合一的传统衍生成了伊斯兰教的宗教意识形态，成为现代伊斯兰教极端主义运用武力的思想来源。因为《古兰经》上说："以后世生活出卖今世生活的人，教他们为主道而战吧！谁为主道而战，以致杀身成仁，或杀敌致果，我将赏赐谁重大的报酬。"今天，各种激进伊斯兰宗教集团都以一种非常积极的姿态参与社会政治生活，正是这一传统的延伸。激进伊斯兰宗教集团的目标就是要夺取政权和保卫政权，建立起他们的先知所曾建立过的那样的国家，并进而以宗教与政治的互动关系建立伊斯兰社会秩序。尤其是在面临幻灭或失望的时候，这种宗教情绪就更加强烈。因此，它时刻向政治权力提出要求，以自身强大的政治认同功能和合法性功能抗拒着现代社会的变革。

近代以来，穆斯林反抗殖民主义的斗争一直没有停止过，但是这些运动大多没有成功。这引起了两个后果：一是一批先进知识分子开始了深刻的自我反思，主张重新解释伊斯兰教，使之焕发出时代的活力；二是一些组织开始走向极端，谋求以暴力和恐怖手段来实现目标。进入20世纪后，现代主义阵营又发生了分化，世俗主义强调，伊斯兰教应当与政府和政治权力分离，现代穆斯林各民族有权选择政府的形式，废除哈里发制度，改革伊斯兰教并将它从国家的法律中排除出去，认为这些并不违背伊斯兰教的原则。现代主义阵营中另一部分则成为了新传统主义者。他们抵制世俗化运动，认为伊斯兰世界的出路不在于引进西方的意识形态和政治法律制度等，而是要恢复第一代穆斯林的政治传统，然后再结合一些现代国家的概念，建立伊斯兰国家。

当代历史上的伊斯兰基要主义更是发展了传统的思想，他们把宗教作为一种政治意识形态，打算通过"伊斯兰化"途径，或以渐进的合法方式，或以突变的暴力方式夺取政权，从而创建一个以伊斯兰教法为基础的伊斯兰国家、伊斯兰社会和伊斯兰秩序。他们的暴力行动经常以"圣战"为号召。在阿拉伯语中，"圣战"为"吉哈德"，意思是"尽力而为"，为了某种既定的目标而"尽力"、而"奋斗"，其宗教含义是为了真主的事业而尽力，为主道而奋斗。"圣战"原指穆罕默德与麦加多神教徒的战争，后来泛指为弘扬主道而进行的战争。伊斯兰教义认为，圣战是真主指引穆斯林到达天国的直接道路，穆斯林积极参加圣战，就可以获得来世的幸福。伊斯兰教法学家们一般把履行圣战义务的方式分为四种：第一种是"用心"，指穆斯林的精神自省，与自身的邪恶意念进行斗争，净化自己的心灵，以便更虔诚地信仰伊斯兰教；第二、三种分别是"用口"和"用手"，指穆斯林通过宣传、规劝、辩论和自身的榜样来传播伊斯兰教；第四种是"用剑"，要求穆斯林勇敢地与异教徒进行战斗，以"生命和财产"来弘扬和保卫伊斯兰教。[①] 对于"圣战"的理论，后来的伊斯兰基要主义从三个方面加以发展：1. 提高"圣战"在伊斯兰教中的地位。认为近代伊斯兰世界的衰弱，一个重要原因就是背离了伊斯兰教"圣战"精神，要想建立伊斯兰政府，就必须进行"圣战"。阿卜杜勒·萨拉姆·法拉吉宣称，一般说教和虔诚不可能建立伊斯兰国家，伊斯兰国家要靠对抗和流血。2. 主张"圣战"具有进攻性和防御性。认为传统的伊斯兰教法学家把"圣战"仅仅作为一种防御手段是不可取的，"圣战"本来就具有进攻性和防御性两个层面，今天尤应突出"圣战"的进攻性层面。毛杜迪认为，一个真正的穆斯林要积极投身于"扬善除恶"的集体行动之中；库特卜主张，要脱离当代"贾希利耶"，不仅仅是改变和变革，而是要彻底摧毁现存的非伊斯兰秩序。3. 强调"圣战"是个人义务。认为"圣战"不仅仅是集体责任，而且也同样是个人义务，每个穆斯林都应随时随地为伊斯兰而战。这样，经过"改造"的"圣战"理论，更加具有战斗性，其影响也很

---

① 肖宪：《当代伊斯兰复兴运动》，中国社会科学出版社，1994，61 页。

广泛，现已成为诉诸暴力手段的合法依据。[①] 可见，由于主要关注政治活动，当代伊斯兰主义的领导者们更致力于强调《古兰经》中符合自己目标的部分，有时甚至简化到广泛引用诗文，而不是全面地去解释《古兰经》。因此，要将伊斯兰主义者与他们的宗教区分开来，我们的根据只能是他们的行动，而不是他们对于宗教经典的解释。

(3) 作为现代性的后果

现代化是一把"双刃剑"，它不但削弱了传统，也为传统的复兴提供了新的机会。因此，从另一个角度讲，世俗主义的政治现代化也为伊斯兰复兴提供了方便。这主要是指政治民主化的发展为宗教势力提供了参政的机会。

在约旦，"穆斯林兄弟会"成立于1946年，它因积极参加1948年反对以色列的战争和得到国王的支持而兴盛起来，1967年的中东战争又为它提供了发展的良机。兄弟会以哈桑·班纳的"伊斯兰是解决方案"为口号，在1991年的议会选举中获胜，侯赛因国王因此要求其主要领导人马兹哈尔·巴达兰组阁。于是，兄弟会共有5名要员担任部长。在1993年11月的选举中，兄弟会再次显示了强大的实力，兄弟会在约旦君主立宪政体下取得了成功。总结他们成功的经验，我们不难看到，它至少得益于两个重要的条件：一是它一贯拥护君主制；二是它在宗教意识形态上保持低调。约旦的君主立宪制虽然不是严格意义上的民主制，但是，也为伊斯兰复兴势力提供了一个政治表达的窗口，这是它能够获得成功的一个基本条件。对比伊朗的情况我们便可以看出，巴列维虽然也曾尝试实行两党制：他在1957—1958年建立了两个政党，一个叫国民党，是执政党，一个叫民族党，是反对党，由巴列维的亲信阿拉姆领导。但是，这一做法完全是巴列维一手操纵的，他的目的是为了掩饰自己的君主专制和缓和国内矛盾，两党制是巴列维仿效西方国家多党制的一种做法，实际上没有起什么作用。

在黎巴嫩，一度相当活跃的真主党开始宣称以霍梅尼的革命思想为指导，成为美国等西方国家眼中的极端恐怖组织。但是，真主党后来又改变了策略，开始采取务实的态度，表现出积极参与黎巴嫩政治进程的意向。1992年，真主党参加了黎巴嫩20年来首次举行的议会选举，获得了8个席位，1996年再次获得了8个席位。

▶ ▶ ▶ ────────────────────

① 陈德成：《新伊斯兰原教旨主义探析》，《西亚非洲》，1995年第4期。

宗教政党参政在战后的土耳其最为明显。长期以来，在凯末尔世俗主义原则强大的压力下，宗教人员对土耳其的一系列世俗化改革一直都保持沉默，不敢提出反对意见。1938年凯末尔去世后，他的副手伊诺努接任总统。伊诺努开启了战后土耳其历史发展的新纪元。因为，在他的领导下，土耳其于1946年开始实行多党民主制。这种从一党制政体向多党制政体的演变，不仅对土耳其的政治、经济发展产生了巨大的影响，而且打开了宗教复兴的藩篱，为宗教复兴创造了宽松的环境。在战后土耳其民主机制的推动下，国家对于国内的所有政治派别都给予了更多的表达意见的自由，其中自然也包括宗教界领袖们的意见。宗教领袖们越来越公开地表示他们对世俗主义的意见，越来越公开地提出了复兴伊斯兰的要求。在1946年的大选中，部分群众就显示出了对严格的世俗化政策的不满。在这种压力下，共和人民党被迫采取妥协措施，允许小学开设选修性的宗教课程并在安卡拉大学设立宗教系，同时还建立了一些专门培养伊玛目和哈底普的小学。

60年代初，土耳其发生了战后的第一次军人干政，经过这次军人干政，政府颁布了自由宪法，客观上承认了宗教自由和信仰自由的发展。尽管土耳其宪法规定不得为了达到政治目的而利用和滥用宗教，但此后的每一次选举，保守主义政党都不同程度地利用了宗教，因为迎合群众的伊斯兰情绪是赢得选票的好办法。例如，民族秩序党（1973年改名为救国党参加大选）为了给自己争取选票，就曾利用小商人和农民的宗教情感。就这样，利用政府给予的自由，通过选举和参政等不同方式，各宗教组织扩大了自己的影响，壮大了自己的势力，并最终赢得了政府对伊斯兰教价值观的部分认同。

1983年7月，土耳其繁荣党成立。自成立之日起，繁荣党就以其浓厚的宗教色彩引起了广泛的注意。它的领导人埃尔巴干的讲话大量引用《古兰经》和《圣训》。繁荣党公开反对世俗化，主张按照伊斯兰教教义治国，要求建立公正的生产和分配体制；在对外政策上，主张为维护土耳其的民族利益和民族独立，联合伊斯兰教国家与美国和西方对抗。1987年繁荣党参加大选，得票7.1%；1991年大选，得票13%，取得了巨大的成功。1995年12月大选，成绩更加惊人，繁荣党得票21.38%，取得议席158个，成为土耳其第一大党。1996年，调整了自身政策的繁荣党组成了新政府。虽然繁荣党的政策在掌权后趋向温和，但是，作为宗教性政党，它的执政掌权鲜明地反映出伊斯兰势力在土耳其的复兴和影响。

虽然土耳其至今仍是一个世俗化的共和国，但自50年代以来，伊斯兰教显然处在不断的复兴之中，而且伊斯兰教的价值观已经得到了官方的认同，并终因90年代中期繁荣党的执政而达到高潮。1997年，土耳其军方发动"软政变"迫使繁荣党政府下台，次年，繁荣党被宪法法院取缔。2002年，源于繁荣党、但以温和著称的正义与发展党在土耳其大选中获得历史性胜利，并连续数次以绝对优势赢得大选，表明土耳其的伊斯兰复兴运动在温和化与理性化之后，已经与社会的主流价值日渐趋同。

宗教势力利用现代政治手段，依靠并煽动人民群众的宗教情绪和对现实的不满，最终取得掌权执政的成功，这种做法相对于利用暴力活动和恐怖主义，也许更为文明、合法。宗教政党执掌政权后大多走的是相对温和的道路，它们依靠伊斯兰教夺得政权，又反过来促进了伊斯兰教的复兴。

(4) 外因

导致事物发展变化的内因固然很重要，但是，我们同样不能忽略外因所起到的作用，有的时候外因的作用甚至可以比内因的作用还要大。在讨论伊斯兰复兴的内部原因之同时，我们多少还得涉及外部因素的影响问题。而且，我们一直把中东伊斯兰文明的发展放在世界近现代历史发展的进程中进行考察，从这个角度来看，伊斯兰世界所发生的重大事件不可避免地要受到外部因素的影响。外来的西方文明在近代打破了伊斯兰世界原本封闭的状态，而且，从此以后，它就一直影响着伊斯兰世界。

中东地区的战后历史是伴随着美苏两霸的冷战而发展的。无论是美国还是苏联，在中东所推行的政策完全是以他们自己本国的利益为转移的。为了他们国家自己的利益，他们可以肆无忌惮地建立军事基地，也可以随心所欲地驻军和撤军。面对这些强大的力量，中东国家实在无奈，只能屈从于超级大国的淫威。然而，上自政府，下至平民，他们又怎能长期如此忍受？美国不但掠夺大量的石油，还长期支持以色列推行扩张政策，这一行径当然遭到了阿拉伯国家和人民的一致谴责。当以色列侵占了巴勒斯坦和阿拉伯国家大片领土，造成几百万巴勒斯坦人沦为难民、无家可归的时候，蒙受外国欺凌和压迫而又有着共同历史和文明的中东国家又怎么能无动于衷？

可是，在反以斗争中，阿拉伯各国政府软弱无力，联合起来的军队一再受挫，

巴勒斯坦人在西岸的村落

甚至连伊斯兰教重要圣地耶路撒冷也完全落入以色列手中。这些都使得阿拉伯人民和广大穆斯林感到非常失望，甚至感到了极大的屈辱，他们需要集合一种力量抵御外侮，维护民族权益和尊严，在这一过程中伊斯兰教成为一个重要的选项，他们希望能在那里面找到出路。苏联的解体，东欧的剧变，社会主义运动遭受到严重挫折，本来还对社会主义抱有信心的部分中东国家再次陷入了极度的迷惘之中，同时他们又认为资本主义的价值观也不符合伊斯兰文明的精神，于是，他们提出了"不要东方，不要西方，只要伊斯兰"的口号，认为只有这样，才是他们唯一的出路。所有这些，都为伊斯兰主义的复兴与发展创造了条件。

现实的与历史的原因，现代的与传统的原因，内在的与外来的原因，构成了中东伊斯兰世界变化发展的条件，各种矛盾交织在一起，相互影响，相互碰撞，异常复杂，异常尖锐，伊斯兰复兴就是在这样的一种背景下发生与发展的。

[推荐阅读书目]

1. 凯马尔·H. 卡尔帕特编：《当代中东的政治和社会思潮》，中国社会科学出版社，1992。

2．刘靖华、东方晓：《现代政治与伊斯兰教》，社会科学文献出版社，2000。

3．王京烈主编：《动荡中东多视角分析》，世界知识出版社，1996。

4．彭树智主编：《伊斯兰教与中东现代化进程》，西北大学出版社，1997。

5．肖宪：《当代伊斯兰复兴运动》，中国社会科学出版社，1994。

第二十八章
非洲争取文明复兴的努力

✿

非洲文明是非洲各族人民在过去创造的物质文明和精神文明的总和。非洲是世界第二大洲，现有 53 个国家和地区。由于自然环境的巨大差异，不同地域、不同民族、不同国家的文明之间存在着极大的差异性和多样性；但相对于其他大洲的文明而言，非洲文明也存在着强烈的同质性和相似性。本章将主要从多样性和同质性相结合的角度展开叙述。非洲文明史源远流长。有学者认为，非洲在人类历史的绝大部分时间是一个先进的、进步的大陆，而不是一个滞后的、落后的大陆。但囿于全书结构安排，本章将重点叙述非洲争取文明复兴的努力。非洲文明可分为伊斯兰文明和黑人文明两部分，由于本编辟有专章讨论伊斯兰文明，因此本章重点讨论黑人文明。

第一节
非洲传统文明与殖民主义

非洲是人类的起源地之一。尼格罗人种在东非大裂谷形成后即向撒哈拉和尼罗河地区扩散。历史学家通过多学科研究得出结论，认为古埃及人是黑人。[①] 这说明古埃及史是非洲文明史的一部分。大约在纪元前 4000 年即安拉蒂亚时期，古埃及

---

① 谢赫·安塔·迪奥普:《古埃及人的起源》，G.莫赫塔尔主编:《非洲通史》第二卷，中国对外翻译出版公司，1984。

南部非洲岩画：白妇人

人发明了象形文字。如果以文字的发明作为判断文明史开端的标准的话，非洲文明史应从纪元前 4000 年算起。约在公元前 3000 年，古埃及建立了人类历史上第一个统一国家。如果以国家的出现作为判断文明形成的标准的话，非洲文明史和人类文明史的开端应是公元前 3100 年。

非洲传统文明的特点

把非洲传统文明按其分布的地理范围划分成不同的文明区，既可以反映非洲文明的多样性，也可以反映其大致相同的文明特征。非洲传统文明大体上可划分为两大文明区：阿拉伯－伊斯兰文明区和黑人文明区。前者是自 7 世纪阿拉伯人崛起后向外扩张、使北非伊斯兰化的结果。黑人文明区可按人种大体上划分为三个亚文明区：西非尼格罗人亚文明区、东北非尼罗特人亚文明区和热带雨林以南班图人亚文明区。西非是非洲农业的发源地之一，尼格罗人发展出发达热带锄耕农业，辅之以比较发达的传统手工业和畜牧业；通过多条商道与北非和地中海世界有频繁贸易往来，出现定期进行交换的集市和城镇；社会分层比较明显，大多

伊费青铜艺术：奥尼王像

形成了奴隶制国家和城邦。伊斯兰教传入后，居民大多信仰混合宗教，有些地区还吸收阿拉伯字母，创制了书写文字。这里的艺术以木刻面具、陶塑和青铜雕像最为著名，其特点是用夸张变形的几何图形来表现人们对现实和灵魂的抽象思考。东北非尼罗特人亚文明区地处交通要道，是西非、北非、东非和南部非洲文明交流的枢纽。在尼罗河上游，人们从事灌溉锄耕农业，社会分层明显，曾建立了王国。在东非高原上，人们主要进行游牧生产。牛不但代表财富，还象征着社会地位。主要社会组织是各种形式的年龄等级集团。人们普遍信仰传统宗教，伊斯兰教的影响由北向南逐渐减弱。班图人亚文明区是在班图人大迁徙过程中形成的。西班图人进入刚果－扎伊尔河流域后，茂密的原始森林提供了充足的天然食物，使之有更多时间和精力从事音乐、舞蹈和雕刻等艺术创作；同时也阻碍了不同部落之间的交流，星星点点的班图人农业仍停留在原始锄耕阶段，没有形成成熟的畜牧业，只是到15世纪才在刚果河下游建立了诸如刚果王国这样的小王国。班图人到了东非高原和南非稀树草原后，适应当地环境，形成牧农混合经济，在沿河、湖和通往印度洋的商道上形成了许多较大王国。在沿海地区，形成了东非城邦，班图文明、阿拉伯文明和印度文明相互融合形成了斯瓦希里文明。

非洲传统文明丰富多彩、斑驳陆离。研究者对其特点的分析历来众说纷纭，甚至有许多歪曲和误解。根据最新研究，综合最新研究成果，可以概括出以下三个主要特点：

第一，非洲文明是开放性和封闭性的统一。有学者强调非洲独特自然环境使之与外界隔绝、内部不易交流，造成非洲文明是在极端封闭环境中形成的特殊文明。确实，非洲大陆有不易逾越的撒哈拉大沙漠和热带雨林，三面环海，少优良港湾，在一定程度上妨碍了彼此沟通。但应该看到，这些自然障碍从未完全阻断非洲传统文明的内部与外部的交流。早在公元前5世纪，地中海地区住民就穿越沙漠与黑非洲建立起交往关系。公元1世纪，基督教传入非洲，不久便成为阿克苏姆王国的国教，并促成努比亚和埃塞俄比亚诸基督教王国的兴起。伊斯兰教传入非洲后，阿拉伯人和柏柏尔人发展了颇为发达的撒哈拉商道网。商业贸易和文明的传播对苏丹地区王国和城邦的兴亡起到了非常重要的作用。班图人大迁徙突破了热带雨林的阻隔，不但促进了各民族融合，而且带来了先进的铁器锄耕农业，促成了许多部落联盟和王国的建立。班图人到达东、南非后，发展了内陆与沿海及印度洋的贸易网，进而形成了斯瓦希里文明。非洲传统文明的开放性不仅使自己获益匪浅，还对与之交流的欧洲、西亚和印度洋诸文明的发展起到了积极推动作用。不能因为非洲文明进步的步伐减缓了、非洲现在比较落后就片面强调非洲传统文明的封闭性。

第二，非洲文明是物质与精神、整体性与个体性的和谐统一。有学者以黑格尔所区分的此岸与彼岸世界对立来衡量非洲，认为它重精神轻物质。其实，在非洲文明中，精神与物质并未截然分开，人与人、人与自然、人与神之间是相互作用的，它们是一个用力串联组合起来的整体。至高神创造了宇宙万物，并通过各种神与人和它发生联系。这些神本身可能就是抽象了的自然存在。人不可能脱离自然而存在，同样人也不能脱离社会，因为人体内蕴涵的力是相互作用的。祖先的灵魂通过寄附于自然界和头人而时刻护佑现实生活中的人。因此，非洲文明强调人是具有整体性和统一性的人。一个家庭、氏族、部落的所有成员都把自己视为同一个人，在语言和行动上要保持一致。在此基础上产生了非洲的传统民主和习惯法即意见一致和听证会原则。坦桑尼亚的尼雷尔把意见一致形象地描绘为大树底下的民主。"先人们围坐在一棵大树下，就共同体（氏族、部落或村社）的事务展开讨论，这种讨论没有时间限制，要多久就持续多久，直到各方达到一致意见为止。"听证会上，首领们对犯有重罪的罪犯进行说服教育，使之向受害者道歉或赔偿。在听证会上，没有原告，不进行无罪推定，只是通过这种形式使社会引以为戒，使因犯罪而被社会唾弃的人重新回到社会，达至和谐。在强调整体性的同时，非洲文明也没有抹杀个体性。比利时神甫唐普尔在《班图人哲学》中断言："非洲没有孤立的、自由存在的个体化事物。"这是对非洲文明统一性的绝对化和歪曲。非洲人也意识到个别的、处在特定关系中的个人是整体的有机组成部分和主要动力。非洲千百年来流传下来的大量格言谚语已透露出重视个体性的信息。"等你有了自己的主意，再去请教别人。""牲口可以被继承，人应该自己选择。""人可以分享阳光和空气，但富裕是不能分享的。"①这表明非洲传统文明中存在着个体主义和财产私有的概念。由此可以理解非洲社会中土地村社公有与酋长对财富的私人占有、部落民主与酋长和国王权力神圣化并存的现象。

第三，非洲文明是理性与感性的统一。黑格尔曾断言，非洲黑人"没有通达哲学的能力"，因为"黑人的精神意识十分微弱，或者更确切地说根本就不存在"。唐普尔的最大贡献在于经过实地调查证实非洲黑人有自己的哲学，能够用理性建构一个关于世界整体的图景或思想体系。就时间而言，欧洲人认为，时间是由过去、现在和将来构成，是一切事件的普遍载体。但非洲人认为，时间是由事件构成，是人们要使自己现实化的媒介，即时间是与人们有意义的日常活动联系在一起的。这避免了欧洲人关于时间概念的内在矛盾性和不真实性（根据欧洲人的时间概念，一个事件不可能既是过去的，又是现在的和将来的；矛盾之处在于如果一个事件是现在的，那么它就曾经是过去的和将是将来的）。由于时间依赖于事件，因此人们不是去测量时间，而是体验时间。也就是说，时间的真实性是主观的而非客观的。当然，这种时间是粗糙的，因为事件是一个延续的过程。这说明非洲人有能力用理性构筑哲学体系，但他们还认为，人们并不能单凭理性感知现实世界，认识过程还包括想象、个人体验等，最能表现这种认识的是传统宗教和舞蹈、音乐等艺术形式。就存在而言，非洲传统宗教认为，人的存在分为三个层次：第一层是此时此地的肉体性存在物；第二层是通过死亡中断肉体性生命，但在不可知世界仍然存在的"存在的死者"；第三层是有待诞生的存在物。这三种存在浑然一体，肉体性存在虽然

▶　▶　▶　■

① 因里希·贝克主编：《文明：从"冲突"走向和平》，中国社会科学出版社，1998，166页。

短暂，但存在的死者是永恒的。在这种认识支配下，非洲艺术无一不是跨越时空、宗教浸染的艺术，既反映非洲人对现世的感知，又反映他们对过去的崇敬和对未来的向往。由此可见，即使非洲传统文明更多地表现为灿烂的艺术，也是理性和感性统一的文明。

非洲传统文明的世界性传播

近代以来，大量非洲人因奴隶贸易而被贩运到美洲、欧洲和亚洲，尤以美洲为最多，登陆者约为 950 万，美国黑人学者杜波依斯估计为 1500 万。随着文化主体——黑人的移入，通过文化剥夺而非正常的文化传播和交流，非洲文化对美洲文化做出了贡献。欧洲和亚洲的黑人相对来说较少，始终未能在欧亚社会形成一个独立的文化共同体，因而欧亚社会是通过文化选择吸取了非洲文化的美好成分，使之变成促进自己发展的有机动力。非洲传统文明虽然是弱势文明，在强大的欧洲强势文明压迫下，不但没有灭绝，反而在异地落地生根，与当地文明相互影响，有机融合，共同发展。

拉丁美洲的黑人主要集中在西印度群岛和巴西。黑奴刚到美洲时，具有强烈的自我防卫意识，以蕴藏着信仰和智慧的固有习俗对抗白人的文化剥夺。到了第三四代，黑人开始接受白人的语言，参与形成克里奥尔语。由于黑人妇女人数极少，黑人男子不得不与白人或印第安人混血，丧失了一些固有的风俗习惯。美洲殖民者在多次镇压黑人的反抗运动中，也摧毁了黑人民族内部的一些同质性或同一性，进而使他们产生了两极分化：一极是对黑人民族认同感减弱，变成了美洲黑人；另一极是激起了强烈的反抗意识，即黑人文化复兴或泛非运动。后一极虽然在美洲发芽，但果却结在了非洲。前一极无疑有利于非洲文化与拉美白人和印第安人文化的融合，主要表现为宗教、语言和文学艺术等方面。非洲传统宗教的自然崇拜、图腾崇拜、祖先崇拜、部落神崇拜等都与白人天主教和印第安人宗教相融合，形成一些地方性宗教，影响较大的是巴西的马坎巴教。马坎巴教吸收了天主教一神的思想，形成万神之母、能普济众生的主神伊埃曼哈（大海女神），但祭祀时用黑人的鼓乐。主神之下的众神是由非洲传统宗教中的众神和精灵与天主教的圣徒混合而来，如非洲雷电神"香戈"即为天主教中的"圣·彼得"，铁神"奥贡"就是天主教的"圣·约翰"。马坎巴教中还保留了非洲传统宗教中的魔术和通灵术等。非洲语言多是没有文字的口头语言，欧洲人到达非洲后，其书面语言不得不在口语上向非洲语言靠拢，变得简单易学。非洲人到达美洲后，这种语言就成了克里奥尔语的一个有机组成部分，其音节和语调更加柔和，词汇构成简单化。如眼泪在英语中是"tear"，在克里奥尔语中是"eye+water"。非洲人不但把自己的口述神话、格言、歌曲等传承下来，还通过照看白人孩子传授给了白人下一代，形成了朗朗上口、大众化的、把音乐、舞蹈和诗歌融为一体的黑人诗歌运动，风靡拉美。非洲特有的乐器——非洲鼓、竹管乐器马林巴和弦乐器的弓等也传入拉美。宗教音乐中悠扬的旋律、深邃的意蕴、劳动歌曲中明快的节奏和铿锵有力的动感都让拉美人耳目一新，极为喜欢。由古巴的刚果人创立的"伦巴""探戈"，步态优美、姿势奔放，旋即成为风靡全球的流行文化之瑰宝。

美国的本土文化主要由来自欧洲的白人与非洲的黑人文化融合而成。相对而言，欧洲文化占据主流，非洲文化更多地表现在艺术和体育方面，特别是通俗艺术和大众体育。1827 年，化装成黑人的白人歌手迪克逊首次把黑白音乐融合起来，唱出了在美国音乐史上具有分水岭意义的《煤一样黑的玫瑰》。此后，兼容黑白人音乐特点的音乐形式和风格如雨后春笋不断涌现，如以钢琴为主要演奏乐器的客厅舞曲拉格泰姆；形式简单、拥有世界上独一无二的模棱两可的和声的布鲁斯；经常在送葬队伍中见到的铜管乐队等。这些音乐形式互相吸收、相互影响，逐渐形成演奏粗犷音乐的小团体。他们喜欢进行集体即兴演奏，形成自发的合成旋律即爵士乐。在美国东南部黑人区形成了节奏强烈、激越昂扬的摇滚乐。与流行音乐相伴而生的是美国独特的乡村民间舞和城市交际舞。乡村舞主要是节奏明快、臀部摆动幅度大的踢踏舞和爵士舞等；交际舞主要是节奏舒缓、柔情蜜意的华尔兹和波尔卡等。总之，假如没有黑人的艺术基因，我们很难想象美国能在西方通俗文化领域占据主导地位，也很难想象西方通俗文化会是何种景象。

欧洲早就与非洲有频繁的文化接触和交流。在近代，欧洲处于文化霸权的地位，但文化的融合是不以人的意志为转移的。工业革命的快速推进导致欧洲传统价值观念崩溃，深受弗洛伊德精神分析学说影响的、反传统的艺术家为揭示人类本质开始寻求新的艺术表现手法和风格。表现非洲人纯真感情、朴素思想的夸张、反常、神秘、变形的艺术形式给迷惘的欧洲艺术家以鲜活的灵感和强烈的艺术震撼。

非洲艺术就像电灯开关一样，没开时，一片漆黑，令欧洲艺术家困惑迷惘、无所适从；一旦打开，就一片光明，从此进入新境界即立体主义艺术的新时代。1907年，西班牙艺术家毕加索在参观伦敦人类学博物馆的面具展览时突然开窍。他说："那些面具并不是任何雕塑品，根本不是，那是一种神奇的东西，是一种具有魔法和咒术的力量的神物。……我长时间地盯着它，终于慢慢明白过来，某种深刻的转变正降临到我的头上。"[①] 这种转变就是用变形的手法、在平面画布上表现立体的东西，揭示出事物的多面性、综合性，表现出艺术家的复杂情感和思想。例如《亚威农少女》就是用反常的思维表现五个裸体浴女，初看起来似由几个几何图形拼凑起来的儿童画，但正是这种拼凑使正面和侧面有机结合，使之更具雕塑感和寓言性，用拙朴的、不加训练和雕琢的、儿童般自然的手法表现了深刻的观察和思考，从而使画家进入表现的自由境界。在雕塑方面，欧洲艺术家在看过非洲的雕塑作品后，进行了深刻的反思。他们认为"罗丹把雕塑弄软了，弄得好像蜡油一样"，而非洲的雕塑才是"真正的雕塑"。于是欧洲雕塑家加大了雕塑的硬度和力度，用夸张变形手法充分表现了急剧变革时代社会带给人们的内心痛苦愤怒之情和挣扎的精神状态。总之是非洲文化的传播帮助欧洲人打开了20世纪美术史上最具根本性的革命——立体主义艺术之门。

殖民主义对非洲传统文明的摧残

对非洲500多年的殖民侵略和统治可以1876年为界分为两个阶段。在前一阶段，殖民者在沿海占据一些据点，进行人类历史上空前绝后的奴隶贸易。在后一阶段，殖民列强迅速瓜分了非洲大陆，建立起行之有效的殖民统治，疯狂掠夺资源和攫取利润。

长达400年的奴隶贸易给非洲传统文明以毁灭性打击。非洲损失了大量人口，尤其是青壮年，而人是文明的创造者和传承者。在发生猎奴战争的许多地方，部落人口损失殆尽意味着文明的消失。其他地区人口大量减少导致田园荒芜、正常贸易中断、传统手工业荡然无存。奴隶贸易开创了依赖单一商品的依附性贸易的先例，

[①] 宁骚主编：《非洲黑人文化》，浙江人民出版社，1993，449页。

非洲输出的是奴隶，输入的是枪支、酒等奢侈消费品。这些商品对非洲经济并未产生积极推进作用，相反却造成沿海城镇和内陆农村的二元经济和社会结构。以黑猎黑促使非洲各部落间进行无休止战争，正在形成的民族过程中断，一些已经建立的古王国轰然倒塌。在奴隶贸易中形成的、由酋长转化来的中间商，因为分享了奴隶贸易的利润、对殖民主义有极强依附关系而没有成长为促使非洲文明进步的力量，仅仅扮演了殖民主义在非洲的帮凶的角色。[①] 更为悲惨的是奴隶贸易给非洲人造成了难以弥合的心理创伤——自卑感，助长了欧洲人引以为自豪的种族优越感。这种精神奴役就像紧箍咒一样严重束缚了非洲人的文明创造力。

工业革命后，殖民主义改变了形式，放弃了罪恶的奴隶贸易，转而进行全面的殖民即文明的全面入侵。具体计划是所谓"四C方案"，即通商、传教、文明和殖民。

通商　就是顺应西方文明从商业资本主义向工业资本主义转变的要求，用"合法贸易"取代奴隶贸易，破坏非洲传统自给自足的经济结构，把非洲变成殖民列强的原料供应地和产品销售地，发展面向国际市场的单一作物种植制度和畸形的依附性贸易。到独立前夕，非洲国家几乎全是单一经济，是一种或几种经济作物或矿产品的出口国，形成了许多"花生之国""棉花之国""可可之国""铜矿之国""磷酸盐之国"等。宗主国几乎都在非洲设立了自己的金融机构，通过贷款和受其控制的垄断收购公司来支持出口业，甚至还发行货币主宰殖民地经济。对殖民地民族工业百般打压，使其因缺乏资金、技术和设备而难以发展。为保证畸形经济发展，殖民者采用了强占土地和强迫劳动等超经济强制手段。殖民政府颁布"土著土地法"，通过使用暴力夺取土地和征收货币税等手段，破坏了非洲传统的氏族部落土地所有制和土地国有制，代之以土地私有制。殖民政府的这种做法，其实质是通过剥夺非洲人土地所有权来让殖民者"合法"占有土地，进而对土地上的资源拥有所有权。为了榨取更多剩余价值，殖民者毫不例外地采用了强迫劳动制度经营矿山和种植园。在英属南部非洲建立的契约劳工和流动劳工制度也很快扩展到整个黑非洲。这些制度的实施虽然满足了殖民者种植园和矿山对劳动力的需求，但严重破坏了非洲的传统经济和文化结构，同时也没能形成可以代替已经残缺不全的旧结构的新的社

---

① 郑家馨主编：《殖民主义史》（非洲卷），北京大学出版社，2000，203页。

现代文明与非洲环境

会力量。殖民者用所谓"合法贸易"使非洲的经济社会发展完全依附于宗主国。

传教 就是通过传教士的布道使非洲人放弃自己的传统宗教，转而皈依外来的基督教。1493 年，葡萄牙人首先在黑非洲传播基督教，随后英国、法国、比利时等相继派传教团到非洲设立教区、传播福音。19 世纪中后期，随内陆探险和瓜分狂潮而来的是传教事业的大发展。当然传教士也在传教策略上进行了调整。如不再公开蔑视非洲传统宗教；允许信奉基督教的信徒保留一些传统的宗教仪式和生活习俗；将《圣经》翻译成当地文字并用当地文字传教；以办教会学校和医院来广泛吸引非洲人信教；通过培养黑人神职人员来减少非洲人对白人宗教的隔膜。所有这些措施保证了传教事业在非洲的顺利进行，基督教不仅在沿海地区深深扎根，还深入广大内陆地区，信徒人数大增，20 世纪 50 年代达到近 3000 万人。在长期传教过程中，除少数传教士确是出于宗教热忱一心一意传教外，绝大部分传教士或者成为殖民侵略的先锋，或者与殖民者相互勾结，参与瓜分非洲、统治非洲人的事务。传教异化成了殖民化的一种手段，是对非洲人思想的殖民开发。由于非洲文明是精神与物质统一、宗教浸染的文明，因此皈依基督教在某种程度上就意味着必须放弃传统文明，也就是说传教的目的就是要使非洲人与自己的传统文明发生断裂。

文明　认为非洲是野蛮未开化的大陆，必须把欧洲文明移植到非洲来。19 世纪中期以前，殖民者通过奴隶贸易的影响来认识非洲，认为非洲人智力低下，只配做奴隶。在他们看来，既然如此，"非洲就不是世界历史的一部分，它既未显示出变化，也未显示出发展"。[①] 但是随着殖民侵略深入内陆，一大批光辉灿烂的古文明遗址相继被发现。1868 年，伦德斯找到了"非人力所及，而为神工鬼斧之作"的大津巴布韦遗址。1897 年，英国殖民者劫掠了令欧洲人惊叹不已的贝宁王宫艺术珍品。这些发现让欧洲殖民者非常尴尬，他们不得不承认非洲有文明，但他们决不相信、也决不承认这是非洲人的创造，于是编造出一套新的说辞即"含米特假说"。"含米特假说"源出德国文化史学派，这一学派的人认为，白种人是优等种族，含米特人近乎于欧洲白人，其文化特点是游牧好战，拥有组织、统治国家能力的雄性文化；非洲黑人文化是从事定居农业、有从属趋向的雌性文化；含米特人从西亚和阿拉伯半岛波浪式地进入撒哈拉以南非洲，成为黑人定居农民中的统治者，创造了黑非洲丰富多彩的文明成果。据此，殖民者宣称，津巴布韦大石建筑是外来人建造的，土人未曾参与过，山上的卫城是对莫里亚山上所罗门王庙宇的模仿，山谷中的内城则是抄袭示巴女王公元前 10 世纪在耶路撒冷时住过的宫殿式样。贝宁的铜雕"纯粹是文艺复兴时代的杰作"，是"十五六世纪文艺复兴时期意大利或葡萄牙传教士抵达西非后创作的"。[②] 随着考古发掘的增多和对出土文物研究的深入，科学家最终断定，贝宁雕塑和津巴布韦大石建筑等毫无疑问都是非洲人的天才创造。科学研究彻底粉碎了"含米特假说"。殖民者随后又变换手段，推出同化政策，诱使非洲人脱离自己的文明传统，归化于宗主国文化。法国殖民主义者认为，殖民地是母国的一部分，非洲土著可以通过教育获得法兰西文化，壮大法兰西民族。1912 年，法国殖民者颁布《入籍法》，规定凡出生于法属西非、担任公职 10 年、受法语教育或服兵役获得奖励者可获得法国公民权。葡萄牙殖民者则在非洲推行"一个民族、一种信仰、一种文化"政策。1929 年的《殖民地法规》把非洲人分为"文明人"和"非文明人"，"文明人"可获葡国公民权。成为"文明人"的条件是年满 18 岁，能说

① 黑格尔：《历史哲学》，上海书店出版社，1999，97—106 页。

② W.B.Fagg, *Nigeria Images*, London,1963, pp.105-106.转引自刘鸿武：《黑非洲文化研究》，华东师范大学出版社，1997，130—131 页。

葡语，放弃原有习俗，信奉基督教，采用葡人生活方式，有足够收入养家糊口、纳税，无犯罪记录。比利时在刚果实行所谓"不是同化，而是协作"的政策，规定刚果人可以通过接受比利时人提供的非常有限的初级教育而变成"开化人"；其中年满21岁、用良好的行为和习惯表明愿意接受进一步教育、愿归化比利时文化和价值观念的人，可获得良民证。所有的殖民教育都是由鄙视非洲文明、传授宗主国文化的殖民学校完成的。虽然学校数量少、同化人数不多，但却造成了一种积极断绝与传统文化的关系、争当同化人的不良风气。同化政策的实质是用宗主国文明排挤和代替非洲文明，它的实施就是将非洲社会变成"无文明""无根"社会的过程。

殖民 就是要把非洲变成宗主国的殖民地。1415—1876年，由于殖民主义能力有限，同时受非洲环境因素的制约，殖民国家仅仅占有非洲领土的10.6%，约为320万平方公里。没有大规模地兼并土地并不意味着不想控制，只是因为"无形统治"更符合本时期殖民主义的利益。19世纪后期，垄断的出现让资本主义跃上一个新阶段，各主要资本主义国家发展不平衡导致他们对世界上最后一块尚未瓜分的土地垂涎三尺。非洲内陆探险和矿产资源的发现对殖民主义具有强大的诱惑力，医疗技术的提高又提供了必要条件，殖民者不再满足于"无形统治"，而是极力要建立一个有效的"有形帝国"。布鲁塞尔国际地理会议和柏林会议制定了列强瓜分非洲的基本原则。殖民列强据此对非洲展开了疯狂瓜分。到第一次世界大战前，除埃塞俄比亚和利比里亚表面上还维持独立外，其余地区全部变成了殖民地和保护国。殖民者虽然强行夺走了殖民地国家的主权，但由于殖民地地大人多，宗主国一般实行间接统治制度（法国主要实行直接统治）和种族歧视与隔离制度。

间接统治制度是卢加德总结了在印度殖民的经验后、在非洲逐渐推广开来的一套殖民统治方式，它与直接统治相对。实行间接统治的前提条件是殖民者拥有主权。殖民统治的上层完全由殖民者控制，基层则是由承认宗主国主权、甘愿为殖民统治服务的土著政权掌控。《土著政权法》承认土著酋长及其权力继承的合法性，但其实际权力被大大削弱，增强了对殖民当局的依赖。土著金库是间接统治的经济基础。《土著收入法》明确规定了中央政府和土著当局的税收分成、如何确定税额和征收等。土著法院负责殖民地土著人的民事和刑事诉讼。《土著法院法》规定，作为初等法院，土著法院可以使用伊斯兰法和习惯法，但必须受殖民高层官员的监督和控制。通过这样的机构设置，殖民者把经济、政治行政和司法权力完全集中在宗主国手里。殖民者表面上保留了非洲传统文明，实质上是利用间接统治来"移植宗主国比较高级的文明"。通过间接统治，非洲的上层部分变成了殖民统治的代理人，他们的皮肤和血统是非洲的，但兴趣、爱好、道德和知识思维却是宗主国的。

种族主义是殖民主义的变种和极端表现形式，主要实行于白人移居者多而集中的地区，如阿尔及利亚、南非、津巴布韦、肯尼亚等。种族主义从理论上可分为神学或宗教种族主义、科学或生物种族主义以及社会或文化种族主义。神学种族主义从《圣经》中寻找依据来证明种族主义的合理性。《创世记》第九章第20—24节记述，含姆看到父亲（诺亚）醉酒后赤身裸体，于是告诉其兄弟闪和雅弗。诺亚醒后知含姆所为大怒，诅咒含姆及其后代应受到恶报，成为其兄弟奴仆的奴仆。《创世记》第十章记述了含姆的后裔及其居住地，其中无人愿到非洲大陆居住。神学家据此推断，含姆是黑种人的祖先，含姆及其后代因受神诅咒只能成为奴隶，因而天生低劣。白人特别是南非荷裔白人是非洲的以色列人。《出埃及记》中记载，寄居埃及，历尽劫难的以色列人在摩西率领下出埃及回到迦南，过上了自由、富足的生活。上帝指引阿非利卡人到南非，并规定其命运；以大迁徙来摆脱英国人统治，自由役使非洲人，作为上帝的选民不能与他族通婚，上帝赐予的土地所有权不可剥夺。因而受上帝诅咒的黑人必须按上帝意志为白人所歧视和隔离。这种理论完全是牵强附会、故弄玄虚的无稽之谈。生物种族主义是从生物学中的一些片面结论引申出种族不平等的理论。1781年，荷兰医生坎博认为，非洲人的面貌不接近欧洲人，而更接近猿。其追随者怀特更进一步，认为欧洲人在体力和智力上都优于非洲人。在医学发展后，有些学者发现黑人头盖骨和脑容量的大小小于欧洲人，其毛发结构和内分泌组织也与欧洲人不同。因此黑人适合在树下睡觉生活，懒惰愚蠢，低能原始，没有价值和人格，不能创造文化。在白人的世界里，没有资格拥有财产，不能享受任何政治权利，唯一的生存基础是出卖劳动力，处于受奴役被支配的地位。遗传学兴起后，种族主义者迫不及待地错误利用了它，认为黑人体质和智力上的低能是可以遗传的，因而必须严禁黑白人混合，以保持白人的纯洁性和先进性；在无法消灭黑人的情况下，只好进行分别发展。社会种族主义是以社会达尔文主义来解释黑白人关系进而形成的一整套种族主义理论。19世纪末，帝国主义者借用了卡宾诺勋爵和张伯伦的社会达尔文主义学说，认为由于白人在黑白人社会文化对垒中取得了胜利，那么根据物竞天择适者生存的原则，白人就应取代或教化黑人。同时由于不同种族各有自己独特的文化传统和生产、生活方式，因而各族都应按自己的社会文化道路发展下去。正如水与油无法相容一样，如果强行融合，不但不可能，还会引起许多矛盾冲突，甚至在黑人占绝对多数的国家，白人有被"淹没"的危险。因此对白人来说，倘若不能把黑人赶走或杀绝，最好的办法就是分别发展，实行隔离。

在这些理论指导下，殖民者在非洲多个国家实行了种族隔离制度，尤以南非最为严重。白人政府先后制定了350多个种族主义法律，形成了人类历史上最为残酷的种族主义制度。在征服南非的过程中，白人形成了歧视黑人的思想。1910年南非联邦在颁布的宪法《南非法》中规定了种族歧视的基本原则，此后相继通过多个立法使种族歧视合法化、制度化和系统化。1922年兰德罢工后，国民党强化农村的土著保留地制度，在城镇禁止黑白人一起做工、通婚和居住。1948年，国民党推出极端种族隔离制度，把占南非土地13%的300多个保留地及数百个夹杂在白人地产中间的"黑点"组成10个"黑人家园"。1970年通过了《班图斯坦公民资格法》和《班图斯坦宪法条例》，促使"自治"的"黑人家园"迅速走向"分别发展"。1976年特兰斯凯率先宣布"独立"，于是黑人变成了南非的外国人，失去了所有天赋权利，为了生活，只好到白人霸占的土地上打工，白人因此可以得到超额利润。由此可见，种族隔离的实质并非是为了保持各自文化的纯洁性，而是为了最大限度地剥削和榨取黑人，维持白人通过非法手段获得的优越地位。

总之，非洲历史悠久、灿烂辉煌的传统文明进入近代以后遭到了殖民主义的毁灭性摧残。这种破坏并非像殖民者所说是为了移植宗主国的先进文明，而是要把非洲变成一个"无根"的社会，永远依附和服务于宗主国的文明。但是非洲传统文明并未就此中断，相反却在非洲大陆以外、尤其是在黑奴生活的美洲和欧洲顽强地发芽成长，不但为当地文明的发展注入了新的活力，进而还萌生了黑人文明复兴的思想和行动。

第二节

非洲文明寻求重生的努力

殖民主义对非洲文明的摧残自然激起了非洲人民争取文明复兴的斗志。非洲人在反殖民主义的艰苦斗争中重振民族魂，发起了声势浩大的文化复兴运动，利用一切可以利用的形式，最终推翻了殖民主义，建立了独立的民族国家，为非洲文明再创辉煌创造了前提条件。

非洲人对殖民主义的回应

殖民主义极力摧毁非洲文明的行径激起了非洲人的反抗。这种反抗可以分为三个层面：一是直接的武力反抗；二是被迫向西方学习，开展自强改革；三是成立民族主义政党，领导民族主义革命。

殖民者从一登上非洲大陆就遭到非洲人的殊死抵抗。在奴隶贸易期间，虽然没有爆发大规模的反抗斗争，但奴隶们以自杀、逃亡等方式表达了对故土的依恋和对殖民主义的激愤。在殖民主义向内陆推进的过程中，非洲人利用自己的传统文明组织起大规模的、遍及全洲的抗击殖民者的斗争。其中最锐利的武器是宗教。共同的宗教信仰为各部落的团结提供了纽带，对起义领袖的神化有助于维护其权威和统一指挥，原有的宗教组织为起义提供了有效的组织系统，对理想社会的向往使起义军爆发出超人的力量。在伊斯兰教盛行地区，出现了圣战运动。例如豪萨圣战、苏丹马赫迪起义和索马里圣战等。非洲伊斯兰教不同于阿拉伯半岛的伊斯兰教。非洲人用传统宗教的观念理解伊斯兰教，既信奉真主安拉，又尊崇马赫迪，还加入了许多非洲传统宗教的崇拜仪式。这种非洲式伊斯兰教容易宣传、动员和领导非洲人的反抗斗争。在基督教盛行地区，形成了各种形式披着宗教外衣的反抗斗争。在南部非洲，出现了曾经波及几内亚湾沿岸国家的埃塞俄比亚运动。在中部非洲，出现了望塔楼运动。在尼亚萨兰，奇伦布韦领导非洲浸礼会发动声势浩大的反英起义。这些反抗有的是利用非洲化基督教发起的，有的本身就属于独立教会运动。独立教会是在《圣经》被翻译成非洲语言后,当非洲人把传统宗教的信仰和习俗融合进基督教的程度超过传教士所能容许的范围时,不得不从传教士主持的基督教会中分离出来的结果。教徒们在宗教大旗下提出了"非洲只属于非洲人""将白人逐出非洲"的口号。武装斗争无疑是民族主义的一种普遍形式,但深入看来,它也是非洲文明反击异质文明侵略的一个组成部分。然而这些反抗斗争绝大部分都不可避免地遭到失败。非洲有识之士认识到,要想击败殖民者,就必须有现代的火器和组织形式,进而掀起了早期改革运动和由现代政党领导的民族主义运动。

在殖民时代,非洲国家掀起了多次改革运动,如埃塞俄比亚的迪奥多尔二世改革、马达加斯加的拉达马一世改革等。这些改革都是在遭遇外来文明入侵时,希望"师夷之长技以制夷"的结果。改革者破除封建贵族的割据,把国家划分为若干由中央政府直接控制的地方辖区,有些还引进了欧洲的内阁制,以此来巩固国家统一、加强中央集权。他们还限制或废除奴隶贸易及各种苛捐杂税,兴修道路,兴办邮电事业,企图形成货物畅通的国内统一市场。在文化上,兴建印刷厂和学校以启民智,向外派遣留学生学习先进技术,了解国际发展大势。所有这些改革措施都围绕"强兵"这个中心目标进行。他们引进了近代西方的军队建制,聘请外国教练训练本国士兵,设立兵工厂制造所需火器,有些国家还改革了军队给养制度,提高了军队的组织纪律性和民众对它的拥戴程度。这些改革的最突出成就就是建立了一支数量庞大、装备精良、士气高涨的军队。但是由于封建帝王野心膨胀、穷兵黩武,或帝国主义的武装干涉扼杀,这些改革都不可避免地失败了。最根本的原因是改革未能触及封建文明的根基。虽然采取了措施以发展商品经济,但只是把它当作封建经济的补充;虽然引进了内阁制,但只想把它嫁接在封建传统上。这说明,在殖民地条件下,非洲国家不可能进行彻底的、成功的、西方式的现代化。

政党最早产生于欧洲资本主义国家。它是市场经济发展、阶级分化和自由民主思想的产物。非洲被纳入资本主义世界体系后,受到欧美政治思潮和政治斗争的影响,逐渐形成了以争取民族独立为主要任务的民族主义政党。1879年建立的祖国党不仅是埃及、还是非洲第一个民族主义政党。如果说第一次世界大战前民族主义政党主要产生于知识分子较为集中的殖民地的话,那么一战后民族主义政党便遍地开花。据不完全统计,在非洲的31个殖民地先后成立了90多个民族主义政党和组织。二战后的10年间,活跃在民族解放斗争中的政党达140个,其领袖多是经历了两次世界大战考验、在战争中积累了经验的知识分子老兵。这些政党多是由反对殖民主义和种族主义的各阶层人士结成的统一战线式的政党，它们的奋斗目标也经历了从通过与殖民当局合作以争取自治到要求实现民族独立的过程。它们出版刊物，深入群众进行宣传，争取人民支持，组织农村抗税、城市请愿罢工罢市，发动士兵哗变等。两次大战期间，非洲发生的城市斗争中规模较大的达 16 次之多。例如，成立于 1946 年的非洲民主联盟就是联合了法属非洲和赤道非洲的广大人民群众参加的、统一战线性质的政党，它主张在法兰西联邦范围内争取非洲人的政治经济和社会权利。即使这样，仍遭到法国殖民当局的严酷镇压。它后来虽然发生分裂，但一部分殖民地的支部提出了反对留在法兰西共同体内的主张，号召争取民族独立。几内亚的塞古·杜尔就宣布："宁愿贫穷而享受自由，不愿富裕而受人奴役。"在非洲民主联盟的领导下，法属西非和赤道非洲殖民地争取民族独立的进程大大加快。民族主义政党在非洲人寻求文明新生的努力中发挥了重要作用。

黑人文化复兴运动与泛非主义

在非洲大陆各民族争取民族独立的同时，海外非洲人开展了声势浩大的弘扬黑人文化传统的运动。在英语世界，被称为"非洲民族主义之父"的布莱登和被誉为"泛非主义之父"的杜波依斯都发挥了非常重要的作用。

布莱登（1832—1912）出生于西印度群岛，1851 年移居利比里亚。他反对把非洲人看成是劣等民族反对用欧洲文明来教化黑人的殖民主义文化侵略，提出了"非洲个性"的思想。所谓"非洲个性"就是指非洲人有不同于其他民族的同一性、价值观，有自己的能力和成就，也有自己的历史和前途。非洲人并不比世界上其他种族差，各种族都是神的整体的不同方面的表现，是平等的。虽然由于生活的环境不同，产生了一些差异，但这不是造成非洲近代以来落后的原因，相反是欧洲殖民者进行的奴隶贸易和殖民统治致使非洲停滞不前。黑人区别于其他人种的独特性在于非洲是"世界精神温室"，它会帮助校正欧洲文明的偏差。他说："当文明民族，由于惊人的物质发展的结果，为一味追求物质利益所驱使，而使他们的精神观念蒙上阴影、精神敏感性受到损害时，或许他们将不得不求助于非洲已发现的某些古朴的信仰因素。"黑人传统精神表现为人与人、人与自然、人与神的和谐一致。人与人结成村社，这是一个资源公有、没有阶级分化、友爱合作的大家庭共同体。人们悠闲地生活于自然之中，享受和体验自然。由于崇拜自然，人神不分，宗教浸染了人们的日常生活，因此，黑人文化具有精神上的优势，黑人要发扬光大这种优势，但不必排斥欧洲文明，而是为我所用。"要求欧洲人的帮助，但不要使自己欧化；而是要求他们帮助我们满足自己的需要，实现自己的行动。"由于黑人文化具有独特性，因而只有在非洲大陆，黑人文化才能安全地得以发展。他鼓励美洲黑人"返回非洲"，移居利比里亚，并以此为中心建立西非国家。布莱登的"非洲个性"思想讴歌了非洲传统精神，帮助黑人重塑民族自豪和自尊。由于它以反殖民主义为出发点，因而不免要陷于"非洲独特论"，过分夸大非洲传统文明的先进性。

泛非主义的主要领导人是美国黑人杜波依斯。他不但是泛非运动的重要理论家，还是泛非运动的实践者，他参加了从 1900 年到 1945 年召开的六届泛非会议，其中 4 次是由他组织召开的。1897 年，杜波依斯提出了"泛黑人运动"的概念，指出共同的受奴役、受压迫和受歧视的经历使之必须冲破部落界限，以共同的肤色为基础形成黑人种族意识。"黑人只有通过泛黑人运动才能成为世界历史中的一个因素。"1915 年他出版《黑人》一书，介绍黑人的光辉历史和灿烂文化，大大激发了黑人的民族自豪感。该书影响深远，非洲第一批民族解放运动的著名领导人几乎都受它的启发。在第一次泛非大会上，杜波依斯起草了《1900 年泛非会议告世界各国书》，指出世界上半数以上的人因肤色被剥夺享受现代人类的各种机会的权利，这是人类历史发展中出现的倒退现象。只要这些人获得自治，得到受教育和发展的机会，必将给全世界带来良好的结果并加速人类的发展。到 30 年代，来自非洲的一些民族主义知识分子逐渐挑起了泛非运动的重担。1944 年，一些留学英国的黑人学生和流亡政治团体逐渐组成了"泛非联盟"，开始在泛非主义旗帜下发挥重要作用。1945 年在曼彻斯特召开的泛非大会就由杜波依斯和恩克鲁玛共同担任主席，这意味着泛非主义正由一个海外组织向本土组织转化。大会通过了《告殖民地人民书》，宣布"所有殖民地人民都享有掌握他们自己命运的权利，所有的殖民地都一定要从外国帝国主义的政治或经济控制下解放出来。殖民地各族人民一定要有权选举自己的政府，不受外国的约束。我们告诉殖民地人民，必须用自己所能使用的一切手段为这些目的而战斗……这是走向彻底的社会、经济和政治解放的第一步，也是彻底解放的必要前提……走向有效行动的唯一道路就是组织群众"。这次大会之后，非洲非殖民化运动发展迅速，先后有多个独立国家诞生。泛非主义运动适应形势的新发展，逐渐演变为主张非洲统一的全非人民大会，为"非洲统一组织"的出现奠定了基础。泛非主义弘扬非洲的传统，有力地揭批了殖民主义和种族主义。通过宣传泛黑人和泛非意识，唤醒了非洲人"沉睡的灵魂"，促进了使非洲成为"非洲人的非洲"的运动。

"黑人性"运动

30 年代，留学巴黎的法国海外属地的青年学子发起了声势浩大的"黑人性"运动，其代表人物是塞内加尔的桑戈尔、马提尼克岛的赛泽尔和圭亚那的达玛斯。1934 年，他们共同创办了《黑人大学生》杂志，发表旨在提高黑人民族自尊心的作品。1939 年赛泽尔在长诗《还乡笔记》中第一次使用了"黑人性"（Negritude，又译作"黑人特性""黑人传统精神"等）一词。不久，《黑人大学生》借用该词，使之迅速在说法语的黑人中流传开来。1948 年法国著名作家萨特在给桑戈尔编的《黑人和马尔加什人法语新诗选》作的序言"黑肤的奥尔甫斯"中引用了该词，"黑人性"一词便传遍世界文坛。其实，"黑人性"运动和"黑人文化复兴运动"一脉相承。桑戈尔曾明确指出："如果说在 1931—1935 年，我们这些讲法语的黑人发起了黑人传统精神运动，那是因为讲英语的黑人，更确切地说是美国黑人已经在我们之前发起了黑人文化复兴运动。"也就是说，"黑人传统精神绝非其他什么东西，而是美国黑人文化复兴运动所揭示和宣布的黑人个性，而我们在黑人传统精神方面的独创性只是试图对其含义做出精神的界定，即我们希望把黑人传统精神转化为战斗的武器、解放的工具和对 20 世纪人道主义的贡献"。

所谓"黑人性"，按桑戈尔的定义，就是指"它代表了一种与白人文明不同但却与之平等的黑人文明概念，而不只是字面上的意思"。具体而言，它是"黑人世界的文化价值的总和，正如这些价值在黑人的作品、制度、生活中表现的那样"。为了实现"黑人性"，就要追求"求本溯源"，在精神上、美学上和政治上发扬光大非洲丰富的文化遗产，进而找回"迷失的自我"。"为了成为自我，必须首先同那些迷途的、害怕成为自我的兄长做斗争，这是一群凶恶残暴的同化者；最后，还必须同自己做斗争，即必须消除对世事袖手旁观的惰性，必须根除蒙昧主义和斩断温情主义。"

　　"求本溯源"就是确认非洲历史和文化的特殊性和伟大性，歌颂传统村社制度和精神智慧的优越性。在"黑人性"诗歌中，赞美黑色和黑人的词句比比皆是，如"黑母亲""黑色的大地""黑肤色的女人""黑色的花朵""坚钢""柔和的油"和"宇宙生活的火种"等。同时还谴责西方文明的腐朽和没落，往往把它描绘成"死气沉沉的机器和大炮的世界""四分五裂的世界""分崩离析的欧洲""心胸狭窄混浊不堪的巴黎""着了魔的蠢货""凶恶的强盗"等。对西方文明进行批判的目的就是为了反对种族歧视，以图改变黑人被压迫的悲惨处境。但从中可以明显看出来，"黑人性"运动在反对种族主义时，走上了鼓吹黑人血统优越的道路，即"黑人性"运动变成了"反种族主义的种族主义"。"黑人性"运动很快就认识到这种方向上的偏差，迅速改变了对西方文明一味排斥和贬低的做法，转而主张文化的互补融合。桑戈尔认为："文化的融合即文化的开放、混合和合并。"文化融合必须以我为主。"每个种族应该以自己的方式融合，每个人应根植于自己的种族、大陆和民族的价值中。只有这样，才能使自己存在，然后再向别的大陆、种族和民族开放，达到发展和繁荣。"但是，桑戈尔认为，西方文明能贡献给非洲的只是"技术方法""推论式的理性"。无疑，"黑人性"运动后期的理论指导比前期要多一份理性，少一份"矫枉过正"之嫌。即使它存在着这样或那样的缺陷，但对破除种族主义迷信，彰显非洲黑人民族自豪感都做出了历史性贡献。

法侬主义

　　弗朗茨·法侬（Franz Fanon，1925—1961）生于法属马提尼克岛，是"黑人性"运动的一个领袖赛泽尔的学生。但他扬弃了"黑人性"运动精神，提出了"民族文化和自由战斗互为基础"的新理论，成为非洲非殖民化运动的一位重要理论家。法侬在法国留学期间广泛涉猎了黑格尔、马克思、列宁的著作，当时的著名思想家胡塞尔、海德格尔和萨特的思想对他影响尤为深刻。大学毕业后他积极投身于阿尔及利亚的反法民族解放战争，成为重要的领导人之一。流亡期间撰写了大量的文学和理论著作，主要有《黑皮肤，白面具》《地球上不幸的人们》《为了非洲革命》《阿尔及利亚革命第五年》等。法侬首先提出了"黑人想要什么"的问题。他说："在白人的世界里，有色人在身体发展的图表上遇到重重困难。……我被手鼓声、食人魔、知识贫乏、拜物教、种族缺陷……所击垮，我让自身远离我自己的存在……除了断肢、切除、用黑色的血液溅污我的整个身躯的大出血外，我还能是什么呢？"这就是殖民地黑人在殖民者的知识暴力中的历史写照。处在这个境遇中的黑人到底需要黑人文化、还是民族文化呢？作为赛泽尔的学生，法侬早期也信奉"黑人性"理念，忙于发掘殖民前黑人文化的辉煌灿烂、尊贵和庄严，以此恢复黑人文化的原貌，平衡黑人的心理情感，张扬对黑人文化未来的希望。但是当他投入火热的反法斗争后，发现无区别吸收殖民者的理论话语，追忆远古的生活，容易使人被这些木乃伊碎片弄得昏昏欲睡，因为这些碎片是静止的，实际上象征着消极和虚无，它不仅与当前的历史相对抗，还对抗自己的人民。法侬指出：非洲人需要的是民族文化，在人民反抗侵略者的战斗中实实在在地形成了民族，民族文化是一个民族在思想领域里为描述、证明和赞颂人民创造自身并维护自身存在的行动而做出的全部努力，因而民族文化不是复古的文化，而是战斗的文化。它依靠广泛的群众斗争，为民族解放而战并在此基础上进行文化建设。[①]

其次，法侬认为：民族文化与自由战斗互为基础。在殖民状态下，文化由于双重地失去了民族和国家的支持而坍塌和消亡。因而，它的存在所需要的条件是民族的解放和国家的振兴。民族聚集了文化创造不可或缺的各种要素，只有这些要素才能使文化可信、有效、有生命力和创造力。而民族主义既能认最热诚和最有效的方式保卫民族文化，而且还能使民族文化向其他文化开放，从而影响和渗透其他文化。殖民地人民为恢复民族主权而进行的自觉和有组织的斗争不但体现了民族文化的存在，还为民族文化的前进开辟了全新的道路。因为斗争的目标是根本改变人们之间的一系列关系，斗争的结果不仅是消灭了殖民主义，还消灭了殖民化（黑皮肤、白脸谱）的人。法侬所说的殖民主义还包括西方资本主义制度及其价值观念对当地社会的渗透，因而消灭殖民主义实际上不仅要推翻殖民统治，还意指要彻底消灭资本主义制度。要达到这个目标，就要靠殖民地那些"赤贫如洗，毫无保留"的农民进行以眼还眼、以牙还牙的暴力斗争。因为，暴力具有"非凡的净化力……能使当地人从自卑感、失望和冷漠中解脱出来，……使人民大众了解社会真理、掌握真理"。在获得民族独立和建立民族国家之后，民族文化的发展方向并非是对社会

▶ ▶ ▶ ▬▬▬▬▬▬▬▬▬▬▬▬▬▬▬▬▬▬▬▬▬▬▬▬▬▬▬

① 法侬：《论民族文化》，载罗钢、刘象愚主编：《后殖民主义文化理论》，中国社会科学出版社，1999。

主义与资本主义两者进行选择的问题，并非是根据业已存在的价值观念来确定自己，而是要竭尽全力去发现自己特有的价值观念、方法及其独特的方式，走独立于发达资本主义和社会主义之外的第三条道路。

从以上分析可以看出：法侬主义比"黑人性"运动更贴近非洲当时的现实，他把民族文化和暴力斗争结合起来的思想虽然比较激进，但也一扫一味恢复再现传统文化的陈腐，给民族文化的发展增添了活力。法侬虽然英年早逝，但他的思想在当时就引起了国际理论界的重视，后殖民主义理论兴起后，法侬被誉为后殖民主义最重要的思想先驱，证明法侬主义仍具有现实的指导意义和理论的启迪作用。

"非殖民化"与民族国家的建立

殖民地民族解放运动的发展沉重打击了殖民宗主国。第二次世界大战后，国际形势发生了不利于殖民统治的重大变化。老牌殖民强国相继衰落，美国更加强大。苏联崛起，积极支持民族解放运动。印度独立和中国革命的胜利迫使殖民帝国松动在非洲的统治，并极大地鼓舞了非洲人民争取独立的士气。已力不从心的殖民宗主国难以按原来的方式统治下去，被迫对殖民统治进行改革，不得不推行政治上的"民主化"和经济上的"非自由化"政策，开始了非殖民化进程。[①]1947年，英国殖民部发出殖民政策改革电文，要求在"间接统治"的基础上实现殖民政府"有效率、民主化和本地化"。一是先把受过教育的非洲人纳入各级文官系统，在立法议会占大多数的应是非直接选举的非洲人，但地方选举可先积累经验。二是立法议会议员以政府各部领导资格向总督负责。三是立法议会的非洲成员掌握除财政、安全和外交的政府各部。四是代表多数党的非洲各部长组成内阁议会，集体负责，然后建立一个英国式的政府。在经济上，英国从自由放任向注重经济发展和社会福利过渡。1940年的《殖民地改革和福利法案》规定，每年以500万英镑用于殖民地今后十年的发展。殖民者虽然进行了一系列改革，但并未打算给殖民地以独立。1960年，第15届联大通过《非殖民化宣言》，认为外来统治是对基本人权的践踏，违反了《联合国宪章》的基本原则；宗主国应采取步骤无条件将所有的权力移交给托管

▶ ▶ ▶ ────────────────────────────────

① 李安山：《日不落帝国的崩溃——论英国非殖民化的"计划"问题》，《历史研究》，1995年第1期。

地和非自治领土的人民，使之能享有完全的独立和自由，并完全根据自己的意愿建立自己的民族国家。在强大的国际压力下，殖民者不得不加快撤退的步伐，准许殖民地人民按自己的意愿选择自己的未来，非洲掀起了独立建国的风暴。1957 年，加纳独立，这是撒哈拉沙漠以南非洲第一个获得独立的国家。1958 年，几内亚冲破法国的各种阻挠宣布独立。1960 年共有 17 个国家宣告独立。这一年也因此而被称为"非洲独立年"。1961—1969 年又有 16 个国家独立。1970—1990 年也有 12 个国家相继独立。1994 年，南非成功进行了多种族和平民主大选，这标志着殖民主义对非洲的政治统治的基本终结，非洲赢取政治独立的任务基本完成。

由于非洲各国是在非常特殊的国际环境下独立的，与资产阶级革命时代欧洲的民族国家相比，非洲的民族国家并非典型，是一堆早产的青苹果。虽然实现了领土统一和主权独立，有些国家表面上还实现了主权人民化，但最大的问题是没有形成具有同质性的国民文化，国内市场也并非完全统一。国内各民族没有有机联系的经济利益，没有共同信奉的现代文化，必然造成民族国家主权统一性和文化同质性的严重脱节。于是独立后的非洲国家对外来现代文明几乎没有成熟的选择能力，采取了拿来主义的态度。

第三节
非洲文明发展的不同模式

非洲国家获得独立后，为了保持政治独立，促进经济发展、社会进步和文化繁荣，建设新文明，在当时国际形势的强烈影响下，匆匆做出了选择，各自走上了不同的发展道路。概括起来有以下三种：资本主义、非资本主义和非洲式社会主义。这三种发展道路虽有很大差异，但从结果来看，都不尽如人意；虽有少数亮点，但总体上都处于混乱停滞的状态。反映出来的一个核心问题是非洲传统文明与现代文明的强烈冲突与艰难融合。

资本主义

在战后的发展历程中，差不多有一半的撒哈拉以南非洲国家一度走上了资本主义发展道路，如博茨瓦纳、布隆迪、喀麦隆、中非共和国、乍得、赤道几内亚、加蓬、冈比亚、科特迪瓦、莱索托、马拉维、利比里亚、毛里塔尼亚、尼日尔、尼日利亚、卢旺达、塞拉利昂、南非、斯威士兰、扎伊尔、多哥、乌干达、上沃尔特（布基纳法索）等。促使它们做出这种选择有内外两方面的原因：外因一是与殖民宗主国难以割断的历史联系；二是西方国家繁荣的吸引和美苏在非洲争霸时美国的利诱。老牌殖民主义强国并不甘心退出非洲，在非洲民族解放运动蓬勃发展和国际压力加大时，迫不得已开始实行"非殖民化"政策。它们表面上允许非洲殖民地独立，但实际上机锋深藏，设置机关，迫使非洲国家继续保持与宗主国的经济联系，复制宗主国的政治体制和经济政策。英国撤出尼日利亚就是一个典型。二战后，西方资本主义国家迅速恢复，经济高速增长，其骄人的成绩让部分非洲国家非常羡慕。冷战开始后，为了与苏联争夺非洲，美国积极援助拉拢部分非洲国家，使之成为美国阻击非洲的社会主义发展的前哨阵地。内因是这些非洲国家在独立时已存在一些政党，这些政党的领导人具有迅速追赶西方国家的强烈愿望。于是在强大的压力下，长期受殖民统治和西化影响的一些非洲国家"自觉"地进行资本主义的实践。

走资本主义道路的非洲国家在政治上实行民主制，或采用多党总统制，或实行议会民主制。在采用多党总统制的国家，总统或由全国公民直接投票普选产生，如喀麦隆；或通过国家立法机构选举产生，如博茨瓦纳。总统具有广泛的权力，集行政、立法、司法和军事大权于一身。虽然也实行三权分立，规定了议会对政府的监督和弹劾权，但非洲国家的总统往往权力过大，可以宣布紧急状态，解散议会和提前举行大选。在实行议会民主制的国家，国家元首或世袭，或选举产生，但都是象征性的，没有实际权力，内阁才是权力中枢。内阁由议会中的多数党领袖受国家元首委托组成，向议会负责。如果议会对内阁不信任，内阁就必须总辞，或提请国家元首解散议会重新进行大选。但在非洲国家，由于执政党在议会中占多数席位，因而内阁很少会被迫总辞。从形式上看，非洲似乎在政治发展上跟上了西欧、北美领导的西方世界大潮，但实际情况并非如此。多党民主制并未给非洲带来民主和稳定，相反却是不断的内战、族际冲突、军事政变等。为什么多党民主制在非洲如此短命？首先，政治民主化并非单纯引进宪法、组建多党就可以建立，相反它是西方社会在科学革命、政治革命和工业革命推动下产生的，特别是商品经济的发展起到了巨大作用。商品是天生的平等派，不但可以摧毁自然经济，还要求自由竞争，进而要求实行人人平等的民主主义。在非洲独立初期，这些条件基本上都不具备。非洲广大农村（80% 以上的人生活在农村）依然是落后的生计经济，沿海和核心城市的经济主要依赖世界市场。在这样的基础上难以产生多党民主，这个舶来品难以落地生根。其次，非洲国家的多党并非以利益或政见、意识形态之差别为基础，而是以部落或地方为基本单位，因而多党竞争并非良性竞争，为全国各族人民谋利益，而是为本部落或地方谋私利，打击排斥其他部落。再次，非洲国家人民自主参政意识薄弱，政治动员沿用传统做法。非洲 80% 以上的民众是文盲，不知道多党民主是何物。政治领袖往往利用酋长的权威，迫使本部落的人投票，同时贿选、造假选民册等其他非法活动层出不穷。其必然结果就是选举极不公正，一人或一党胜选往往会引起其他政客和政党的不满，进而发展成骚乱等。实行多党制的国家往往政局混乱、动荡，军事政变和内战层出不穷，政权更迭频繁。

在经济上，走资本主义道路的国家注重发挥市场的力量，但也加强了国家对经济的干预。大多数国家实行的是类似"国家资本主义"或"有计划的经济自由主义"的政策。除了把接管殖民政府移交的资产变成国营事业外，这些国家还在银行业、交通运输、外贸等领域建立了一系列的国有企业和公私合股、合营企业；对本国和外国的私人资本并未实行国有化，相反，通过一系列法律鼓励和保护私人资本的发展，积极引进外资，逐渐形成了由多种经济成分组成，以私有经济为主的混合经济制度。国有经济的增加在一定程度上为实现迅速经济增长和减轻贫困的战略目标提供了一定的国家支持。积极壮大私有经济，发挥市场的作用不仅较为合理地配置了资源，还及时地促使进口替代工业化战略向以出口导向工业化战略的转型。总的来看，这类国家经济发展状况比较平稳，工业生产有一定程度的增长，人民生活水平得到了改善，但也存在一些问题，如忽视农业，农业投资大大减少；对外资依赖性依然较强，出口品种单一，国民经济易受国际经济波动的影响和国际经济秩序的制约等。这些问题在 70 年代资本主义世界发生经济危机时严重恶化。发达国家肆意压低农矿产品价格、提高制成品价，给非洲国家出口导向的经济以毁灭性打

中非友好：周恩来与恩克鲁玛

击，非洲外贸赤字和外债直线上升。更为严重的是许多非洲国家的粮食自给率大大降低，45 个国家是缺粮国。经济形势恶化和政治混乱相互交织促使一些非洲国家转而寻求新的文明发展模式。

非资本主义——以社会主义为发展方向

非资本主义是区别于资本主义和社会主义的中间道路或第三条道路。它认为资本主义不能解决新解放国家面临的问题，科学社会主义也不适合非洲的具体情况，于是就要"在资本主义体系的山坡和社会主义山坡形成的这个山谷中开辟出一条道路来"，"只有这条道路能使这些国家的广大劳动人民避免剥削和贫困，才有可能克服殖民主义时期遗留下来的落后状态，开创向社会主义发展的条件。"[1] 实际上，这

▶ ▶ ▶ ────────────────────────────

① 邻兰琴编：《关于非资本主义发展道路问题的言论摘编》，《亚非问题参考资料增刊》，总 24 期。克·埃·若尔科夫斯基：《非资本主义的发展和社会主义方向》，《现代外国哲学和社会科学文摘》，80：8。

种发展模式的本质就是不经过资本主义发展阶段，实现从殖民主义到社会主义的直接过渡。这一理论是苏联学者在 60 年代初提出来的，受到了渴望摆脱殖民主义和资本主义长期影响的部分非洲国家的欢迎。当然，这也与欧洲社会主义国家特别是苏联对非洲的渗透和影响分不开。社会主义阵营曾对非洲的民族解放运动给予大力支持；在他们取得独立后，又对他们的建设和发展给予多方面的无私援助，并帮助他们在国际舞台上捍卫国家主权和民族尊严。当然，苏联还借助社会主义建设所取得的巨大成就向非洲展示其社会主义制度的优越性，输出意识形态。这种思想渗透与苏联奉行南下扩张战略、与美国在非洲争霸的战略互相支持、互相促进。苏联通过军援、派遣军事顾问团等"军事存在"强烈影响了非洲国家对发展道路的选择，一定程度上催生了 70 年代中期非洲社会主义第二次高潮的出现。许多"前线国家"纷纷奉行"科学社会主义"，实际上就是苏联式的社会主义，西方国家称之为"非洲马克思主义"或"非洲共产主义"。

这些国家都实行一党专政。对以前的多党要么重新组合合并成一个全民党，要么以执政党的特权宣布其他政党为非法或进行武装取缔。这些执政党的理论就是要通过阶级斗争，在以工人阶级为基础的无产阶级政党领导下消灭大资产阶级，削弱中产阶级，建立更加有利于向社会主义过渡的社会基础。对于非洲是否存在明显的阶级分化问题，它们认为，早在非洲沦为殖民地以前，就已存在阶级；沦为殖民地后，殖民主义强加的经济剥削使殖民地人民"无产阶级化"，并逐步形成了官僚买办和资产阶级等"特权阶级"。要想在非洲实现真正的社会主义，就必须先走非资本主义道路。党不但要对资产阶级进行革命，还要反对封建主义，消灭封建部落酋长、传统宗教领袖等。国家政治的核心是建立一个强有力的党。党"不仅代表人民，而且它本身就是人民，因而拥有至高无上的地位；高于议会和政府，并领导政府，它将永远执政"。"党即国家，国家即党"。[①] 政府沦为党的工具。正由于此，所以这些国家没有反对党，执政党也就成了全能党。一党制的目标是"一个社会，一个国家，一个政党和一个领袖"。这就造成了党、行政、司法、立法和军事五位一体的垂直一元化领导。党的主席或总书记集所有大权于一身，不但终身执政，还大搞个人崇拜和神化。这种高度集权的政治体制固然在一定时期维护了稳定，并给经

▶ ▶ ▶

① 见扎伊尔 1974 年和 1978 年宪法。转引自张宏明：《多维视野中的非洲政治发展》，社科文献出版社，1999，142 页。

济高速发展创造了一定条件，但从长远来看，它超越了非洲的现实情况，在资本主义并未正常发展的情况下，怎么革资产阶级的命？这种政治上的激进和专制严重挫伤了人民群众建设国家的积极性。独裁造成严重政治和经济腐败，买官卖官、权力寻租等等丑恶现象大面积蔓延，这与广大群众民不聊生、哀鸿遍野形成了非常巨大的反差。有些执政党号称全民党，实际上要么是某个大部落为主的党，要么就是以某个小部落为主搞各部落的恐怖平衡的党。这两种类型都容易引起部落在分配权力时发生冲突。更为严重的是，执政党由于决策不民主而容易失误，这种失误造成的后果是全局性的，而且由于政治体制的僵化难以及时得到纠正，失误的代价积重难返，往往需要采取非常手段来解决。

国家经济建设的主要目标是通过国家干预和经济的计划化以及改变生产关系来改造经济基础，发展生产力，消灭经济上的对外依赖性，促进社会的平等和福利。即通过党制定经济发展计划来指导经济发展和维护国家主权。这些国家认为农业是发展的基础，但工业是决定因素，尤其重工业是带动农业、轻工业和其他经济部门的火车头。具体措施首先是实行国有化，限制私人经济的发展。把前宗主国资本控制的大部分企业收归国有，在重要领域建立了国营企业，废除了部落土地所有制，收回了外国资本经营的种植园。国有化切断了对外资的依赖，确立了国营经济的主导地位。为限制私人经济，国家发动了"反奸商运动"，对私营企业重新审核并颁发许可证，实际上得到许可的人寥寥无几。这就完全剔除了市场在经济发展中的作用，商品流通完全由政府计划调拨来完成。其次推行优先工业化和农业集体化战略。在苏联工业化模式的示范作用下，这些国家热衷于迅速工业化，集中财力、物力建设大型现代工业企业。其资金无非是两个来源，一是社会主义友邦的无偿援助；二是从工农业产品剪刀差中积累的财富。在农村开展农业集体化运动，成立了农业合作社、互助组和生产队等。国家通过贷款和机械化生产队帮助农村集体生产组织，对农牧产品实行定量征购制。这些措施在一定时间内促进了工农业的发展，有些国家建立起了自己的工业基础，粮食生产有一定的提高；但从长远看，贪大求快的工业化脱离了非洲实际。由于资金、技术、管理人员有限和国内市场狭小，往往造成开工不足，效率低下，亏损严重，多数国家农产品既不能满足国内工业的需求，又难以出口换取更多的外汇，有些国家还不得不从国外进口粮农产品。另外，在这种体制下对劳动力需求大增，人口增长率迅速超过经济增长率，人均国民收入下降。为提高经济增长速度，就持续过度开垦、过度烧荒、过度放牧，造成严重的生态危机，不但破坏了当代的可持续发展能力，还提前破坏了子孙后代的生存能力。

总之，把苏联式社会主义移植到非洲，严重脱离了非洲的具体情况。在经济落后、社会发育极不充分的条件下发展社会主义是急躁冒进之举，因为真正的社会主义是建立在资本主义高度发达基础上的。一些非洲国家不得已调整了政策，用讲求效率代替革命性口号。正如贝宁总统克雷库所说："通过科学利用资本主义在科学和经济方面给全人类带来的一切积极因素发展贝宁的生产力"，摆脱贫困，最终建立一个社会主义社会。这说明了这些走非资本主义道路的国家已从狂热转向务实，但这种局面也未能维持多久。这种无根的文明移植一遇到狂风暴雨就转瞬之间消失得无影无踪。

村社社会主义

村社社会主义是不同于资本主义和非资本主义道路的，以非洲传统村社为基础的一种发展道路。倡导村社社会主义的代表人物是加纳前总统恩克鲁玛、几内亚前总统塞古·杜尔、塞内加尔前总统桑戈尔、坦桑尼亚前总统尼雷尔等。他们认为非洲传统村社中孕育着社会主义。桑戈尔甚至说：在欧洲人到来之前，我们已经实现了社会主义，因为村社本身就具有集体主义（村社共同体的责任感，集体利益优先于个人利益的观念等）、平等主义（人生而平等，财产归村社公有，集体生产和劳动，平均分配）、民主主义（"大树下的民主"，意见一致或一致同意的原则）、人道主义（互相帮助，体恤老弱病残和儿童）等特点。与前两者不同，他们不承认非洲有剥削和阶级的分化，认为黑非洲社会是一个以村社为基础的、无产阶级的社会，因而他们拒绝在各种学说的掩盖下，把社会各阶级对立的基本矛盾硬套到非洲内部的特殊情况上。当然他们也反对社会主义思想，因为它寻求在人与人之间不可避免的冲突的哲学基础上建立幸福的社会。但他们并不排斥借鉴资本主义和社会主义的经验，要把其中某些具有科学和技术价值的因素，像嫁接嫩枝一样，移植到黑人特性的粗大树干上。[①] 也就是说，村社社会主义其实就是利用当前时代的物质成就促使非洲古老传统中的社会主

▶ ▶ ▶ ▬▬▬▬▬▬▬▬▬▬▬▬▬▬

① 李保平：《非洲传统文化与现代化》，北京大学出版社，1997，190—191 页。

义因素和原则重新复活并发扬光大，防止剥削，使之永不在非洲发生。

走村社社会主义道路的国家在政治上都实行中央集权的一党制，因为国家就是一个大的村社共同体。由于非洲没有阶级分化，因而政党并不是阶级分化的产物，不是某一阶级的党，而是在反对殖民主义的斗争中建立和壮大的，是几乎包括所有公民的群众性政党。正因为这样，所以要实行一党制。例如，坦桑尼亚宪法就规定："坦盟具有至高无上的地位"，"国家的一切政治活动都由党来进行或在党的监督下进行"，因而党的领袖就是全国最大的酋长，既是国家首脑，又是军队统帅，所有权力集于一身。党内坚持非洲传统民主，让党员有充分发表意见的自由。例如坦盟的各级组织就像一条双向的全天候通道，通过它可以把政府的目标、计划和难题传递给人民，同时，也可把人民的建议、愿望和误解传递给政府。这种政治体制符合非洲传统，比多党制更有效地维护了民族团结和国家统一。但由于非洲传统中固有的祖先崇拜和部落神崇拜，这些全国最大的酋长也往往被神化，权力得不到监督和制衡。这些领袖往往蜕变成为所欲为的独裁者，最终引发政权的非正常更迭。

由于村社社会主义强调的是村社，因而在经济上更重视改变农村的面貌。对城市的工商业一律实行国有化，将生产资料掌握在国家手里。发展工商业的资金、原料等不是依赖外国，而是要自力更生、独立自主，从农业领域的辛勤劳动中获得。根据村社土地共有的传统原则，这些国家废止了自由占有土地，实现了土地公共所有；然后把附近分散居住的人民集中到一个大村庄里，实行集体劳动、平均分配。这种经济发展战略在初期确实调动了人民的劳动热情，促进了经济增长，缩小了贫富差距。但好景不长，国家强制进行的、贫穷的平均主义抑制了群众的进取心和积极性，磨洋工、出工不出力成为普遍现象，生产率下降，人民得不到实惠，生态环境遭到严重破坏。可以说，历史的经验已经证明：经济上的村社社会主义是贫穷社会主义，在村社基础上建设社会主义是乌托邦。

尽管独立后非洲的发展极其不平衡（有些国家经济状况好，有些差）和不协调（政治、经济、社会和文化发展不配套），也没有达到预期的目标，但非洲的发展历程表明，任何国家在选择发展模式时都要正确处理传统文明与现代文明的关系。拔高传统搞建设就好像在沙地上建高楼大厦，随时都有倒塌的危险。贬损传统只会抑制广大群众建设美好未来的热情和积极性，不利于国家的发展；完全照搬外国的发展经验同样也会出现水土不服，犯教条主义的错误。多党民主制和自由市场经济这些西方资本主义文明的基本内核是它们经过多年的摸索总结出的符合自己实际的成果，但对于非洲国家来说恐怕只是一个理想的模式。苏联式社会主义也只是苏联在建设现代文明时的一种探索，把这种正在探索的模式奉为圭臬无疑是急功近利的做法。非洲的经验教训昭示我们，无论是自己的传统文明、还是外来的现代文明，都要进行去伪存真、去粗留精的鉴别；传统文明中孕育着现代文明，现代文明中包含着传统文明，二者是一个相互联系的、不能完全断裂的统一体。任何只取一方、抛弃另一方或割断两者相互联系的思想和政策都是不足取的。另外还要充分认识到，现代文明的核心现代性并非完美无缺。民主化、工业化、科学化和世俗化是人类文明史上前所未有的成就，但这种以人为中心的文明造成了巨大的生态破坏，从根本上动摇了人类文明持续发展的能力。非洲文明的发展既要扬弃自己的传统文明和现代文明，又要努力探索新的文明发展模式。

第四节
非洲文明发展的新探索

如前所述，由于采用了并不适合本国国情的文明发展模式，非洲大部分国家的经济在80年代急剧下滑，从1980—1987年撒哈拉以南非洲人均国民生产总值的增长率为−2.9%。80年代因此而被称为非洲"失去发展的十年"。在全世界最贫穷的30个国家中，非洲占22个。在政治上，中央集权的一党制之弊端逐渐显露出来。高度集权容易形成自己无法解决的腐败，决策失误常造成难以忍受的灾难性后果，这就形成了经济危机与政治混乱的恶性循环。恰在这时国际形势发生了巨大变化：苏联解体、东欧社会主义政权垮台，冷战结束，非洲失去了被美苏两大集团竞相争夺的战略地位。西方工业化国家以经济援助为诱饵迫使非洲国家接受并开始民主化进程。苏联在戈尔巴乔夫改革后，不但停止了对非洲社会主义国家的援助，甚至还呼吁他们一起回归资本主义。全球化浪潮也必然冲击着非洲。在内外两种压力

饥饿的儿童

的作用下，非洲的经济发展走上了实用主义的道路，多党民主浪潮汹涌而来，非洲文明复兴的思想勃然兴起。那么，在全球化进程中，非洲是逐渐边缘化、被抛弃了呢？还是会成为时代的弄潮儿，创造出新的文明呢？这是世人关注的一个焦点问题。

非洲的经济调整和民主化浪潮

对于非洲的经济危机有两种截然不同的看法。世界银行和国际货币基金组织认为：造成危机的原因是地理环境差、人口增长过快等结构性因素和国家对经济干预过多、资源配置不合理、发展环境封闭等"政策失误"。要走出困境就必须进行结构调整，实现经济的自由化、市场化和私有化。只有这样，才能得到西方控制的这些国际组织的"结构调整贷款"和"部门调整贷款"。代表非洲国家的非统组织和非洲经委会认为：非洲经济发生危机固然与非洲社会组织的多样性、政治的不稳定性和文化上的落后观念有关，但最关键的原因是非洲经济的开放性和依赖性，这造成了非洲收支严重不平衡，经济易受世界市场的影响而波动，外债沉重，发展战略易受发达国家左右等。因此，非洲经济发展必须以自力更生为指导，改变完全依赖原料出口的结构，要依靠本国的市场来满足人民的需要。这两种看法虽有很大不同，但有一个共同点：就是非洲经济必须改革、调整。非洲的替代方案在实践中已被修正，苏联解体和东欧社会主义政权的垮台使之失去了最后一根救命稻草，于是非洲的经济开始从计划经济向市场经济调整，但也注意发挥国家的作用，从片面追求工业化转向重视农业，原先那些效益差、亏损严

重、缺乏竞争力的国营企业被私有化。私有经济活跃了市场，强化了竞争机制，给
经济注入了活力。市场机制的强化使价格体系趋于合理，资源配置走向合理化，农
民的生产积极性得到提高，非洲经济逐渐走出低谷。1990—1994 年平均年增长率
为 1.1%，1994 年达 2.4%。非洲经济虽然进入逐渐加速的增长时期，但许多痼疾仍

非洲人争取人权的斗争

未治愈，有些甚至愈演愈烈。例如：一半人口的绝对贫困依然如故，外债负担如滚雪球一样，越滚越大，严重制约经济发展。

在经济衰退的同时，非洲政治体制的弊端大暴露。最严重的两个方面是：压制反对党和反对派，实行部落或地方民族统治。在一党专制之下，任何不同的声音都遭到压制，人民的基本政治权利得不到保障。非洲几乎所有国家都是多民族或多部落的国家，一党专制一方面意味着党的领袖代表的民族或部落利用政权的力量建立起对别的民族或部落的全面优势，甚至统治，致使国家政权和军队部落化，从而激起其他民族或部落的极大不满。部落或地方民族冲突此起彼伏，军事政变层出不穷。另一方面就是权力不受约束必然产生腐败，任人唯亲、裙带风、侵吞国家财产、贪污腐化到了无以复加的程度。与当权者的奢靡豪华相比，国内的百姓生活极端贫困，于是人们把经济危机与政治腐败联系起来，迫切要求民主多党制和参政权。西方国家推波助澜。美国负责非洲事务的前助理国务卿科恩明确指出：美国对非政策的重点之一就是推动民主化进程。美国还公然支持各国反对派，并设立"非洲民主基金"，帮助组织选举和政党培训。法国总统密特朗在第16次法非首脑会议上，一方面号召非洲国家顺应民主化潮流，另一方面就是把经援与民主化直接挂钩，减少对专制政府的援助，增加对已开始民主化进程的国家的援助。其他西方国家也纷纷效仿美、法的做法，给非洲国家施加了巨大压力。

非洲民主化进程从1988年的阿尔及利亚和贝宁开始。工人、学生掀起了全国性的罢工和示威活动，提出了"要民主，要自由，要面包"等口号。各国的反对党如雨后春笋相继成立。贝宁还通过和平夺权完成了向多党民主制的过渡。此后，民主化浪潮迅速席卷全非洲。除极少数国家（如卡扎菲的利比亚）外，几乎所有非洲国家都实行了多党制。然而，非洲民主化的浪潮太过凶猛，以致20多个国家发生了严重动乱，甚至武装冲突。不过狂风巨浪过后是喜人的平静。到1996年，非洲53个国家中有40个已实行了多党制，其余国家大多处于军政权统治下或是无政党状态。这与1989年（当时非洲51国中有40个实行一党制和军人统治）相比，发生了翻天覆地的变化。从表面上看，非洲探索文明发展的钟摆似乎又恢复到独立初期的模式，实际上这绝不是一次机械的轮回。非洲国家吸取了以前发展的教训，对症下药，采取了许多措施。例如非洲国家纷纷制定法律，规定政党必须是全国性的，不得只吸收某个族群入党，党的名称、标志、口号等不得出现含有族群内涵的

等待投票的选民

词汇，以此促使部落党向现代意义上的政党转变，使议会民主由部落实力争斗向真正的公平竞争转变。喀麦隆总统阿希乔还提出了"有秩序的民主"的概念，意在说明非洲国家需要民主，但不要混乱。对待传统文明中的顽固堡垒酋长制，非洲国家也根据国情采取了具体消解措施。例如加纳调整了酋长的权力范围，使之不能参与重大决策。尼日利亚更进一步，表面上对酋长礼貌有加，但其实将其所有土地收归国有，从而剥夺了酋长最根本的权力即土地分配权。这些措施无疑有助于非洲文明的新发展。可以说，非洲在寻求适合自己实际情况的发展道路上又进行了一次新的探索，在建立国民文化的征程上走出了新的一步。但从总体上来看，非洲国家落后的、不能独立自主的经济和遭受了殖民主义摧残的传统文明仍将制约着它们探索新文明的进程，这决定了非洲探索新文明的发展模式必将是一个艰难曲折的过程。

非洲文明复兴的思想与行动

非洲复兴思想出现于1994年南非多种族民主大选之后，不久便在整个非洲大陆蔚然成风。这一思想追根溯源可以归结到19世纪末主张恢复和弘扬非洲的历史文化传统的泛非主义，近因是非洲在完成反殖民主义、种族主义和政治民主化的历史重任之后，为了应对全球化的挑战而做出的对未来的设计。从这一点来看，非洲复兴思想与传统意义上的复兴（如文艺复兴）概念有所不同。另外，与以前的精英思想运动不同，非洲复兴思想根植于社会和人民。它的主要内容是：强调非洲人不同于欧洲人、中国人等的同一性，要以非洲人独特的方式来解决非洲的问题，消除非洲大陆内部的各种政治分歧，使之恢复为一个整体；巩固非洲大陆的政治民主，因为只有民主的非洲国家才会致力于非洲的联合；打破非洲和世界经济之间的新殖民主义关系，争取建立平等的国际经济秩序；发动非洲人把命运掌握在自己的手里，防止非洲变成地缘政治和世界大国争夺战略利益的俎上肉；加速为满足人民基本需要的、以人民为中心的、以人民为动力的经济增长和发展。总之，非洲复兴就是要凝聚非洲内部的力量，创造一个有利的外部环境，推动非洲的经济发展，迅速提高人民的生活水平。

如何实现这一伟大战略构想呢？或者说推动非洲复兴的动力是什么？从根本上来说，是非洲人要求掌握自己命运的愿望和努力，这不仅包括普通大众，特别是穷人，也包括爱国资产阶级和知识分子精英。具体来说是通过非洲各地区的一体化，乃至整个非洲的一体化来推动。为此，许多国家积极行动起来，做了许多实际的努力，尤以非洲几个地区性大国最为积极。南非前总统曼德拉和现总统姆贝基都利用多种场合，在国内外鼓吹宣传非洲复兴思想，姆贝基被称为"非洲复兴人"。南非政府还多次组织学术研讨会，就"非洲复兴"思想在理论上和实践中出现的问题进行深入讨论。南非执政党——非洲人国民大会——在它的第50届全国代表大会上接受了这一思想，使之成为其意识形态的一个关键部分，并把2000年定为"非洲世纪"的破晓之年。南非政府也吸收了这一思想，尤其是在外交事务中积极进行实践。南非政府准备通过"非洲复兴和国际合作法案"，设立"非洲复兴基金"。非统组织和非洲的一些地区组织也积极推动这一思想的实践。1999年在博茨瓦纳的哈博罗内设立了"非洲复兴学院"，协调非洲各国的非洲复兴事业。

虽然非洲复兴思想在广泛传播，非洲复兴运动在蓬勃发展，但也遇到了一系列问题。最困难的问题是如何协调非洲50多个国家的行动，促进非洲地区一体化的早日实现。其核心就是在应对全球化的挑战、推动地区一体化进程中，如何对待地区大国的作用，如何对待小国来之不易的独立主权。

全球化、区域化和民族国家

从文明的角度看，全球化就是世界的压缩和对世界作为一个整体的意识之强化，进而形成全球共同体和全球文化。[①] 全球化对非洲是一个新型的巨大挑战。依附论的代表人物、埃及经济学家萨米尔·阿明指出：全球化就是资本主义的世界扩张，但由于边界的存在，就不可避免地出现世界的两极分化。非洲国家要想在全球化进程中不被边缘化，就必须与中心国家"脱钩"。这个脱钩是相对的，既不是闭关自守也不是文化保守主义，而是要使外围国家与中心国家的关系服从于外围国家内部发展的要求和逻辑。由于非洲国家在政治、经济、文化上都处于劣势，讨价还价的谈判能力不足，因而非洲国家必须采取地区化的形式。[②] 阿明的思想在非洲有广泛的市场，但应该看到，阿明的理论也存在一些问题：一是 90 年代以来的全球化与资本积累和帝国主义时代的全球一体化是有差别的。当前的全球化以信息技术革命为推动力，使世界的经济、政治、文化交流和渗透加强，地球迅速被压缩和变小。对非洲国家来说，既有分享全球化带来的益处的机遇，也有进一步边缘化的巨大挑战。二是非洲的地区化并非完全是为了应对资本主义扩张的地区化，而是在利用其机遇、应对其挑战过程中，通过维护主权又限制主权而达成的介入性地区主义。三是非洲国家要通过区域化使全球化的逻辑服从于非洲发展的逻辑，这恐怕是难以做到的。因为即使非洲完全联合起来，其谈判能力也不可能从根本上改变全球化的方向和趋势。

非洲的地区化包括两个层次，一个是全洲性的，如非洲统一组织；另一个是次区域的组织，如阿拉伯马格里布联盟、中部非洲国家经济共同体、西非国家经济共同体、南部非洲发展共同体等。非统的工作重点经历了两个阶段：第一阶段主要致力于反殖民主义和种族主义，维护已独立的民族国家的主权独立。它根据联合国不干预国家内部事务的原则规定后殖民主义时代边界不可侵犯，这在一定程度上保证了该地区的安全与和平。冷战即将结束时，非统组织的工作重点转入第二阶段，一方面要积极解决非洲爆发的大规模族际冲突，另一方面致力于非洲经济一体化。第

▶ ▶ ▶ ────────────────

① R.Robertson, *Globalization:Social Theory and Global Culture*（《全球化：社会理论与全球文化》），London, 1992; M.Featherston, "Global Culture:An Introduction", *Theory, Culture and Society*, Vol.7, 1990.

② 马马杜·阿尔法·巴里等：《萨米尔·阿明谈全球化与脱钩》，《西亚非洲》，1998 年第 5 期。

非洲的艾滋病患儿

29 届非统首脑会议通过《建立预防、处理和解决非洲国家内部冲突的安全机制的宣言》，随后设立了"冲突处理中心"，组建了干预冲突的"非洲快速反应部队"。先后调解和干预了索马里、布隆迪、卢旺达、利比里亚、塞拉利昂、安哥拉、莫桑比克、苏丹等国的冲突，收到了良好效果。第 27 届非统首脑会议签署了《建立非洲经济共同体条约》，大多数国家已批准实施，计划在 2003 年发行统一的非洲货币。非洲次区域性组织的功能大体上相当于非统组织第二阶段的作用。以西非国家经济共同体为例，一方面致力于维护地区稳定，如利比里亚内战爆发后，西非国家经济共同体迅速派出七国维和部队制止族际冲突，安排监督大选。另一方面积极推动西非经济联盟的建立。首先是建立西非关税同盟，实现人力资源、资本等的自由流动。其次，在 2005 年实现全面经济联盟。从非洲区域化的发展可以看出：这个区域主义是一种介入性区域主义。它在经济上表现为国家的宏观经济控制权和金融监管权已部分融入了贸易和投资的区域自由化进程。在政治上，通过设立地区性人权机构来反对各国的人权迫害和民主倒退和衰败。在军事上，实行人道主义军事干预。总之，介入性区域主义既承认民族国家主权，又在更新对传统主权原则的认识。

非洲的民族国家是在非殖民化过程中诞生的，非洲人民视主权如生命。在冷战结束前，他们奉行的是绝对主权论，认为国家是国际关系的行为主体，各主权国家在国际交往时要遵循"独立自主""互相尊重""互不干涉和侵犯"的原则，以便保护本国的生存和发展权，争取在国际经济和政治秩序中获得平等的权利和地位，反对任何外来的干涉和侵犯。这种思想和行为保障了来之不易的主权，维持了肇建不久的民族国家的独立自主和尊严。而在冷战结束后，特别是全球化加速发展的今天，各民族国家融入全球经济、政治和文化的程度越来越深，在这种情况下，非洲国家既想从全球化进程中最大程度地获利，又反对西方发达国家提出的"主权过时论"或"干涉主权论"（即人权高于主权的人道主义干涉）。因为西方国家主导的全球化进程中的所谓"干涉主权论"只是按发达国家的标准来选择干涉的国家和干涉的程度，并不是真正倡导普遍性的"人权高于主权"的原则，其真实目的是利用联合国以自己的价值标准塑造以自己为主导的世界。于是非洲国家为了全球共同利益和民族国家利益的最大化，积极主动参与地区一体化进程。非洲国家的这种主动变化为非洲的区域化打下了良好基础。

总之，在既有的不平等国际经济和政治秩序基础上进行的全球化，对非洲这样一个全世界最落后的大洲来说，显然是挑战大于机遇。非洲国家通过自身的变化，以区域化为工具积极迎接挑战。这里应该指出的是：区域化与全球化并不完全矛盾和冲突，相反，区域化不但是全球化的重要内容和有机组成部分，而且开放的区域主义（不是封闭的、保护过度的区域主义）还是推动全球化的重要力量，两者是相互推动的关系。这种区域化实际上就是重在开发内部潜力，把民族化与种族化相结合的新文明模式。这种民族文化减少了争取独立时的族裔民族主义色彩，更多地表现为公民民族主义。这种区域化所表现的种族性特点也不同于反对殖民主义时的"黑人性"，更多的表现是为了积极应对和参与全球化而作出的集体认同，在某种意义上是超级民族主义，在另外的意义上又是对民族主义的超越。[1] 所以，非洲文明的复兴既要融入全球文明发展大潮，又要坚持集体自力更生，走一条把不断超越传统和选择性吸收外来文明相结合的创新之路。

[推荐阅读书目]

1. 凯文·希林顿：《非洲史》，赵俊译，东方出版中心，2012 年。

2. 埃里克·吉尔伯特，乔纳森·T·雷诺兹：《非洲史》，黄磷译，海南出版社，2007 年。

3. 艾周昌，陆庭恩主编：《非洲通史》（古代卷、近代卷、现代卷），华东师范大学

▶　▶　▶

① 安东尼·D.史密斯：《全球化时代的民族与民族主义》，中央编译出版社，2002。

出版社，1995 年。

4. 宁骚主编：《非洲黑人文化》，浙江人民出版社，1993 年。

5. 张宏明：《多维视野中的非洲政治发展》，社科文献出版社，1999。

作者简介

（按姓氏拼音排列）

安然，北京师范大学历史学院副教授，研究方向为美国史，在《世界历史》《史学理论研究》《史学月刊》等核心期刊发表学术论文二十余篇。

包茂红，北京大学历史学系教授，研究方向为环境史、亚太区域史、世界近现代史，著有《森林与发展：菲律宾森林滥伐研究（1946–1995)》，《环境史学的起源和发展》。

董正华，北京大学历史学系教授，研究方向为现代化理论与世界现代化进程，主要论著有《世界现代化进程十五讲》《走向现代的小农》。

高毅，北京大学历史学系教授，研究方向为欧美近现代史、法国史，著有《法兰西风格——大革命的政治文化》《托克维尔悖论浅析》。

郭华榕，北京大学历史学系教授，研究方向为法国史、欧洲史，著有《法兰西第二帝国史》《法兰西文化的魅力》《法国政治制度史》。

何维保，历史学博士，中国社会科学院美国研究所助理研究员，研究方向为美国的对外战略与对外政策、美俄关系、美国外交史，研究成果有合著《美国的非常年代》、译著《不可抗拒的帝国：美国在 20 世纪欧洲的扩展》。

李隆国，北京大学历史学系副教授，研究方向为欧洲中古史、史学理论与史学史，著有《史学概论》。

刘大明，湖南师范大学历史文化学院教授，研究方向为法国大革命史、法国近代史、西欧近代文明进程，著有《"民族再生"的期望：法国大革命时期的公民教育》。

刘婷，北京大学历史学博士，研究方向为拉丁美洲史，著有《试析殖民时期大秘鲁"白银经济圈"的形成及其影响》。

马克垚，北京大学历史学系教授，研究方向为世界中古史、封建社会发展比较研究，著有《西欧封建经济形态研究》《英国封建社会研究》《封建经济政治概论》等。

彭小瑜，北京大学历史学系教授，主要研究方向为教会史和教会法，著有《教会法研究：历史与理论》。

王红生，北京大学历史学系教授，研究方向为印度史，著有《二十世纪世界史》《尼赫鲁家族与印度政治》《神与人：南亚文明之路》。

颜海英，北京大学历史学系教授，研究方向为埃及学，著有《古代埃及文明探研》《走遍埃及》等。

许平，北京大学历史学系教授，研究方向为法国社会史、欧洲史，著有《法国农村社会转型研究 19 世纪—20 世纪初》《一场改变了一切的虚假革命——20 世纪 60 年代西方学生运动》等。

昝涛，北京大学历史学系副教授，研究方向为土耳其现代史研究，著有《现代国家与民族建构——20 世纪前期土耳其民族主义研究》。

张雄，北京大学历史学系副教授，研究方向为欧美史、意大利史，主要研究成果有论文《意大利"南方问题"的缘起和发展》《19 世纪意大利的铁路建设和现代化》等，译著《欧洲多样性与欧洲联合》等。

郑家馨，北京大学历史学系教授，研究方向为非洲史、殖民主义史，著有《南非史》《一方水土养育一方文明：非洲文明之路》，合著《殖民主义史》等。

朱孝远，北京大学历史学系教授，主要研究方向为欧洲中古史、西方文化史、史学理论，著有《欧洲涅槃：过渡时期欧洲的发展概念》《欧洲文艺复兴史（政治卷)》《宗教改革与德国近代化的道路》《如何学习研究世界史》等。